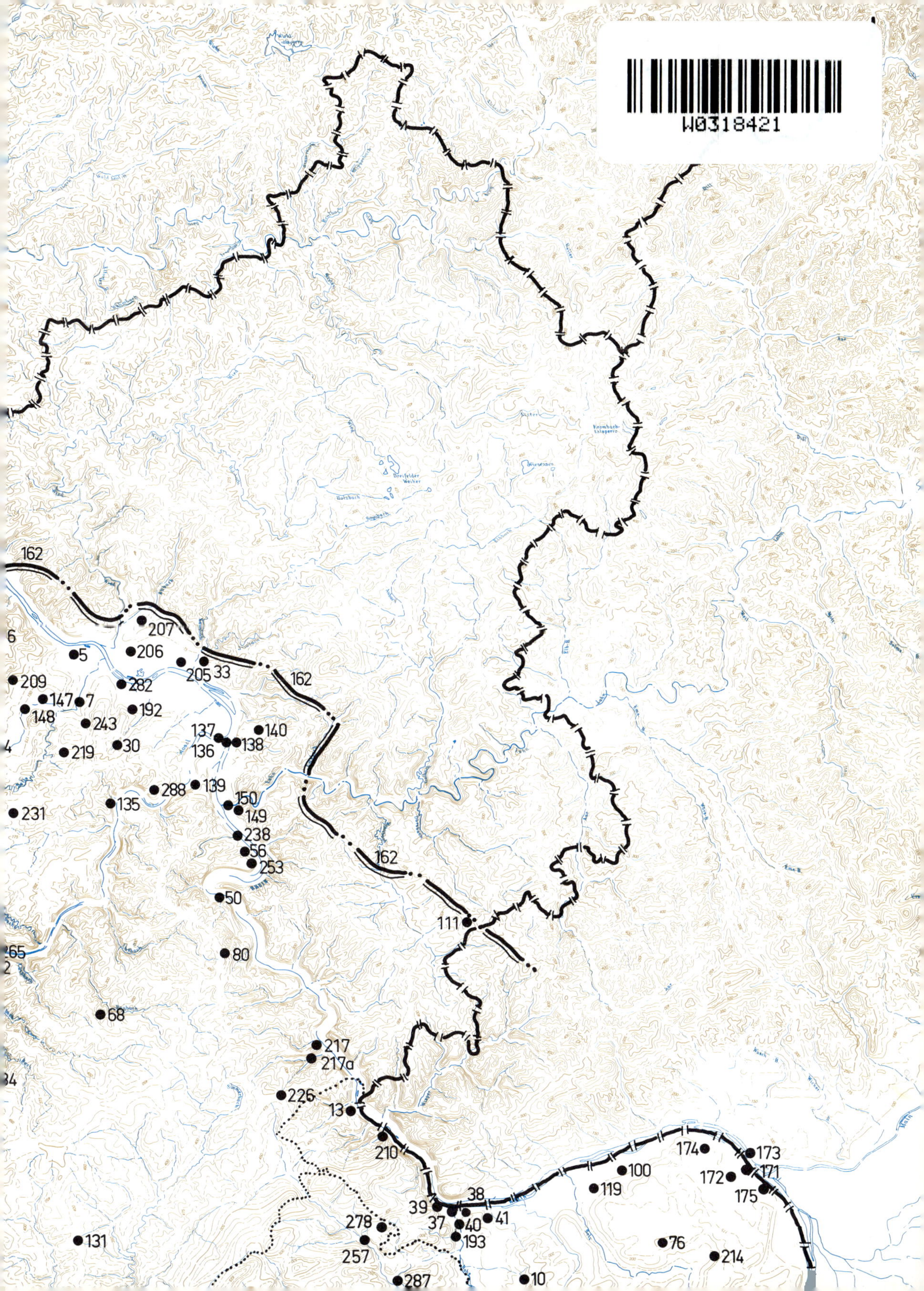
162
207
206
5
205
33
162
209
282
147
7
148
192
243
140
137
138
136
219
30
288
139
150
135
149
231
238
56
253
162
50
111
80
68
217
217a
226
13
210
174
173
100
172
171
119
175
38
39
37
40
41
278
193
131
257
76
214
287
10

Legende zur Karte der im archäologischen Teil beschriebenen Objekte

1 Alflen
2 Altrip
3 Alzey
4 – Dautenheim
5 Andernach
6 – Kell
7 – Miesenheim
8 Annweiler
9 Armsheim
10 Aspisheim
11 Auen
12 Ausoniusstraße
13 Bacharach
14 Bad Bertrich
15 Bad Dürkheim
16 – Limburg, Höhensiedlung
17 – Annaberg, Landgut
18 – Drachenfels
19 – Ungstein
20 – Burgus
21 Bad Kreuznach
22 –, Siedlung, Kastell
23 – Bosenheim
24 – Planig
25 Bad Neuenahr-Ahrweiler
26 – An den Maaren
27 – Tiefbachtal
28 –, Bad
29 Barweiler
30 Bassenheim
31 Becherbach-Gangloff
32 Bechtheim
33 Bendorf
34 Berg
35 Bernkastel-Kues
36 Besslich
37 Bingen
38 –, Lager, Vicus
39 – Bingerbrück
40 – Büdesheim
41 – Kempten
42 Bitburg
43 Böbingen
44 Bollendorf, Villa
45 –, Menhir
46 –, Dianadenkmal
47 –, Denkmal a. d. Sauer
48 –, Kiesgräber
49 Boos
50 Boppard
51 Bosenbach
52 Brachtendorf
53 Breitenbach
54 –, Gutshof
55 Breitenheim
56 Brey
57 Briedel
58 Bruchmühlbach-Miesau
59 Brücken
60 Bruttig-Fankel
61 Büchel
62 Bundenbach
63 Burgbrohl
64 Busenberg
65 Detzem
66 Dienheim
67 Dittelsheim-Heßloch
68 Dommershausen-Dorweiler
69 Echternach (Luxemburg)
70 Echternacherbrück
71 Eich
72 Eisenberg
73 Enkenbach-Alsenborn
74 Ernzen
75 –, Felsinschrift
76 Essenheim
77 Feilbingert
78 Fell
79 Ferschweiler Plateau
80 Fleckertshöhe
81 Fließem-Otrang
82 Frankelbach
83 Freckenfeld
84 Gebroth
85 Germersheim
86 Gerolstein
87 Glan-Münchweiler
88 Göllheim
89 –, Gutshof
90 Gönnheim
91 Gommersheim
92 Grafschaft-Nierendorf
93 Großsteinhausen
94 Grünstadt
95 – Sausenheim
96 Hagenbach
97 –, Römerstraße
98 Hambuch
99 Heckenmünster
100 Heidesheim
101 Herforst
102 Hermeskeil-Gusenburg
103 – Otzenhausen
104 Herchweiler
104 a Herschweiler-Pattersheim
105 Heßheim
106 Hilst
107 Hinzweiler
108 Hochscheid
109 Hohen-Sülzen
110 Holsthum
111 Holzhausen
112 Hontheim-Entersburg
113 Horath
114 Horbach
115 Hütschenhausen-Spesbach
116 Igel
117 –, Grutenhäuschen
118 Imsbach
119 Ingelheim
120 Insul
121 Jettenbach
122 Jünkerath
123 Kandel
124 Kappeln
125 Kastel-Staadt
126 Katzenbach
127 Kempfeld
128 Kenn
129 a Kindsbach
129 b –, Heidenfelsen
130 Kinheim
131 Kirchberg
132 Kirchheimbolanden
133 Kirn
134 Kleinsteinhausen
135 Kobern-Gondorf
136 Koblenz
137 –, Moselbrücke
138 –, Rheinbrücke
139 –, Stadtwald, Tempel
140 – Niederberg
141 Kollig
142 Konken
143 Konz
144 Kottenheim
145 –, Beller Berg
146 Kreimbach-Kaulbach
147 Kretz
148 Kruft
149 Lahnstein
150 – Niederlahnstein
151 Landau
152 – Godramstein
153 – Nußdorf
154 Landscheid

Fortsetzung vor dem hinteren Buchdeckel

Die Römer in Rheinland-Pfalz

Die Römer in

Herausgegeben von
Heinz Cüppers

Theiss

Rheinland-Pfalz

mit Beiträgen von
Helmut Bernhard, Walburg Boppert,
Heinz Cüppers, Karl-Viktor Decker,
Hans G. Frenz, Mathilde Grünewald,
Margot Klee, Ernst Künzl, Otto Roller,
Gerd Rupprecht, Wolfgang Selzer,
Hans-Helmut Wegner

Gedruckt mit Unterstützung des Kultusministeriums Rheinland-Pfalz und des Förderkreises des Rheinischen Landesmuseums Trier e. V.

CIP-Titelaufnahme der Deutschen Bibliothek

Die **Römer in Rheinland-Pfalz** / hrsg. von Heinz Cüppers. Mit
Beitr. von Helmut Bernhard . . . – Stuttgart : Theiss, 1990
ISBN 3-8062-0308-3
NE: Cüppers, Heinz [Hrsg.]; Bernhard, Helmut [Mitverf.]

Redaktion: Gabriele Süsskind

Schutzumschlag: Jürgen Reichert, Kornwestheim
Abbildung Schutzumschlag: Das Polydusmosaik aus Trier

Gesamtherstellung: Grafische Betriebe Süddeutscher
Zeitungsdienst, Aalen
Printed in Germany
ISBN 3 8062 0308 3

Vorwort

Die Vorlage des Bandes »Die Römer in Rheinland-Pfalz« erfüllt den langgehegten Wunsch einer zusammenfassenden Darstellung der fünfhundertjährigen Geschichte römischer Präsenz an Rhein und Mosel. Forschungsgeschichte und Katalog der Fundorte illustrieren die wechselvolle und sehr unterschiedlich praktizierte Denkmalaufnahme und Dokumentation, die ehemals andersgeartete Zuständigkeit der Landesämter für Vor- und Frühgeschichte und der vorgeordneten Konservatorämter. Dies erklärt auch, warum Akten und Funde teilweise außerhalb des heutigen Bundeslandes gelagert werden.

Der großen Zahl für Rheinland-Pfalz nachgewiesener Fundstellen einerseits steht im Bereich der Grenzprovinzen eine relativ geringe Zahl konservierter und erhaltener Denkmale in der Landschaft entgegen, deren zugehöriges Fundgut an Siedlungs-, Grabfunden oder den aus den römischen Lagern und Befestigungsbauten des Limes geborgenen Materialien die Museen und Depots in Koblenz, Mainz, Worms und Speyer füllen. Ein verstärktes öffentliches Interesse führt dazu, daß wichtige Fundplätze wenigstens auswahlweise und bei gut erhaltener Bausubstanz konserviert und teilweise auch rekonstruiert werden, und wenn auch hier und dort Kritik aufkommt, sollte die Veranschaulichung an dem bestimmten, historischen Ort als überzeugender empfunden werden als die Zerstörung, Auskofferung, Herrichtung für landwirtschaftliche Nutzungen oder was immer.

Die hier getroffene Auswahl der Denkmäler, Fundstellen, Geländedenkmäler der Germania superior wird ergänzt durch die Funde und Baudenkmäler, die durch günstige Umstände im Gebiet der Treverer und der Belgica secunda erhalten geblieben sind. Exemplarische Höhepunkte der antiken Baukunst sind sie – eingebunden in die Stadt- und Naturlandschaft – von besonderer Ausprägung, die trotz des ruinösen Zustandes oder der Umnutzungen doch etwas von der einstigen Pracht einer Weltstadt widerspiegeln, die dennoch auch mit Elementen des »Provinziellen« auf einem einheimischen Substrat Umformungen und auch qualitätvolle Weiterentwicklungen aufweisen, wie dies die lebensnahen Reliefs der Grabdenkmäler von Neumagen illustrieren. Über die besondere Geschichte der Örtlichkeit hinaus ist im Erscheinungsbild der Militärprovinz und der Zivilprovinz auch ein Element unterschiedlicher Kulturentwick-

lung abzulesen, das durch Verwaltung, Handel und Güteraustausch, Handwerk und Industrieaktivitäten, besonders aber auch im kultischen Bereich verschiedene Traditionen und Grundlagen der Entwicklung aufweist, deren Höhepunkt der Tempelbezirk im Altbachtal bietet.
Die Entwicklung der frühchristlichen Gemeinde und die Ausweitung der christlichen Religion folgt den römischen Reichsstraßen und birgt ein tragendes Element der Kontinuität über die Völkerwanderungszeit hinaus, bis in die Neuzeit nachwirkend.
Unterschiedliche Fundstellendichte und die Dokumentationsunterlagen der zu verschiedenen Zeiten eingerichteten archäologischen Denkmalämter (früher Ämter für Vor- und Frühgeschichte in Koblenz, Mainz, Speyer und Trier) sowie Verluste durch Kriegseinwirkung zwingen dazu, für den Raum der Pfalz und den Regierungsbezirk Trier eine Auswahl zu treffen. Aus dem Bestand der bei früheren Grabungen geborgenen Funde und nicht mehr sichtbaren Bauanlagen (Tempel und Heilige Bezirke, Villen und Gutshöfe, Hausgrundrisse der Vici und Stadtanlagen) werden daher nur exemplarisch jene Orte ausgewählt, die von besonderer Bedeutung sind. So können aus den ausgedehnten Brand- und Körpergräberfeldern mit Tausenden von Beigaben nur einzelne Grabinventare und Beigaben aus den Museumssammlungen vorgestellt werden, um den Umfang dieses Buches nicht zu sprengen.
Besonderer Dank ist dem Kultusministerium des Landes Rheinland-Pfalz für die Gewährung einer Druckbeihilfe auszudrücken, die Umfang und Ausstattung dieses Buches erst ermöglichte. Auch ein Beitrag des Förderkreises des Rheinischen Landesmuseum Trier e. V. diente diesem Vorhaben.
Neben den Autoren und Verfassern der Beiträge gilt der anerkennende Dank dem Konrad Theiss Verlag und hier besonders Herrn Schleuning und seinen Mitarbeitern Frau Gabriele Süsskind und Herrn Rolf Bisterfeld. Mit ausdauernder Geduld haben sie die Umstände und Verzögerungen in Kauf genommen, um der Reihe der Römer in Baden-Württemberg, Hessen und Nordrhein-Westfalen mit diesem Band einen weiteren hinzuzufügen.

Trier, den 1. Februar 1990 Heinz Cüppers

Die Autoren des Bandes

Dr. Helmut Bernhard, Oberkonservator, Landesamt für Denkmalpflege, Archäologische Denkmalpflege, Amt Speyer (Be)

Dr. Walburg Boppert, wissenschaftliche Mitarbeiterin am Römisch-Germanischen Zentralmuseum Mainz

Dr. Heinz Cüppers, Ltd. Museumsdirektor, Rheinisches Landesmuseum Trier, Leiter der Archäologischen Denkmalpflege des Landesamts für Denkmalpflege Rheinland-Pfalz (Cü)

Dr. Karl-Viktor Decker, Oberkustos, Landesmuseum Mainz

Dr. Hans G. Frenz, wissenschaftlicher Mitarbeiter am Römisch-Germanischen Zentralmuseum Mainz

Dr. Mathilde Grünewald, Direktorin, Museum der Stadt im Andreasstift, Worms (Gr)

Dr. Margot Klee, Konservatorin, Saalburgmuseum, Bad Homburg v. d. H. (Kle)

Dr. Ernst Künzl, Direktor, Römisch-Germanisches Zentralmuseum Mainz

Dr. Jürgen Oldenstein, Institut für Vor- und Frühgeschichte der Universität Mainz (Ol)

Dr. Otto Roller, Leitender Museumsdirektor, Historisches Museum der Pfalz, Speyer

Dr. Gerd Rupprecht, Oberkonservator, Landesamt für Denkmalpflege, Archäologische Denkmalpflege, Amt Mainz (Ru)

Dr. Siegfried von Schnurbein, Privatdozent, Römisch-Germanische Kommission, Frankfurt (vS)

Dr. Wolfgang Selzer, Hauptkustos, Landesmuseum Mainz

Dr. Winfried Weber, Bischöfliches Dom- und Diözesanmuseum Trier (Web)

Dr. Hans-Helmut Wegner, Hauptkonservator, Landesamt für Denkmalpflege, Archäologische Denkmalpflege, Amt Koblenz (We)

Inhalt

Allgemeiner Teil

Römerforschung in Rheinland-Pfalz
von Karl-Viktor Decker und Wolfgang Selzer

Die römische Geschichte in Rheinland-Pfalz
von Helmut Bernhard

Kunst und Kunsthandwerk
von Ernst Künzl

Architektur und Urbanistik
von Hans G. Frenz

Antike Religionen
von Hans G. Frenz

Die Anfänge des Christentums
von Walburg Boppert

Wirtschaft und Verkehr
von Otto Roller

Römerforschung in Rheinland-Pfalz

von Karl-Viktor Decker und Wolfgang Selzer

Bereits das Mittelalter kennt erhaltene Römerbauten in Trier und Mainz, die oft phantasievoll ausgedeutet werden. Ein Mönch der Abtei St. Matthias in Trier überliefert eine Grabinschrift des legendären Gründers der Stadt Trier, Trebeta. In den Gesta *Abb 1* Trevirorum, der Trierer Bischofschronik, berichtet er, man habe diese Inschrift auf einer Marmortafel graviert im Grabhügel des Trebeta auf dem Mons Iuranus (Petersberg im Osten Triers) gefunden. Er verbindet so die anscheinend schon am Ende des 10. Jahrhunderts entstandene Trebeta-Sage mit einem geographischen Fixpunkt, dem auf dem Petersberg liegenden – heute noch sichtbaren – römischen Grabhügel »Franzensknippchen«. Die Trebeta-Sage mit der Angabe des hohen Alters von Trier (1300 Jahre vor der Gründung Roms) sollte die Vorrangstellung der Bischofsstadt erweisen, hatten doch Städte wie Reims, Toul und Metz ihre Entstehung auf Remus, den Mitbegründer Roms, und die Könige Tullus Hostilius und Mettius Rufus zurückgeführt. Otto von Freising, der Geschichtsschreiber Kaiser Friedrich Barbarossas, erwähnt die Trierer Palastaula: »Gezeigt wird dort (in Trier) das Palatium von erstaunlicher Bau- *Taf 10* art, das ganz so wie die babylonischen Mauern aus luftgetrockneten (!) Ziegeln errichtet, bis heute noch fest geblieben ist, daß es nicht nur keinen Feind fürchtet, sondern auch mit keiner Kunst der Kriegsmaschine gebrochen werden kann.« Derselbe Otto von Freising weiß zu berichten, »daß bis zum heutigen Tag sein (des Drusus) Denkmal *Abb 2, 41* zu Mainz gezeigt wird«. In der Passio der Heiligen Aureus und Justinus, die er um 1300 niederschrieb, erwähnt der Mönch Sigehard aus dem Kloster St. Alban zu Mainz die älteste (römische) Stadt Mainz, die er im Bereich des ihm bekannten römischen Aquäduktes im Zaybachtal ansiedelt. Eine köstliche Erklärung findet Eberhard von Windeck (1380–1440), enger Vertrauter Kaiser Sigismunds, für die Bezeichnung »Goldenes Mainz«. Er greift dabei auf Drusus zurück: »Do wart ein keiser, hieß Trusus; derselbe was ein Dutscher (!) man . . . und wonete zu Menz mit sinem huse (Hausgesinde). Do sprach er, er wolt niergent anders ligen (begraben liegen) wann in der schonen stat Menz, do sin beste frunde ligen begraben . . . Er starp in Menz und die von Menz begruvent in also (wie) sie einen herren billigen (billigerweise) sollten begraben: do man zalt (zählt) von konig Treverus 12 hundert jor in den winachten uf sant Thomastag (21. Dezember). Do kamen sin frunde und sin magen (Verwandte)

und alle sin gesinde und trugent (schichteten auf) mit iren schilten und iren dartschen (kleinen, länglichrunden Schilden) den berg Trusenloch durch ere (zu Ehren) dez vorgenannten keisers und noment (nahmen) den leimen (Lehm) naher (nahe bei) Oppenheim zehen schühe von dem berge und machten im (ihm, dem Berge Trusenloch) oben dri spitzen und satzten dozwuschen (setzten zwischen) die dri spitzen ein kupfern sule (Säule), die was (war) hundert und 64 schühe hoch. Daruf so stunt ein knopf, der was überguldet (vergoldet). Nü nomen (nahmen) sie den doten keiser und branten in (ihn) zu pulver, als dezmols (damals) sitte was, und daten (taten) daz pulver in den vergulten knopf. Den sah (sah) man verre glissen (fernhin glitzern), wannen er stunt (stand) hoch uf der küpfern sulen (Säule): und dovon (davon) hieß die stat gulden Menz . . .« Diese Erzählung zeigt deutlich, wie es dem Autor an jeglicher historischer Kritik mangelt. Zu solcher waren erstmals die älteren Humanisten berufen, »Männer, die in der Wiederbelebung des klassischen Altertums nicht einen vollwertigen Ersatz, wohl aber eine willkommene Ergänzung der kirchlichen Weltanschauung sahen« (Schrohe). Der bedeutende Humanist Conrad Celtis begründete 1491 die allerdings nur kurzlebige »Rheinische Gelehrte Gesellschaft«. Zum Kreis des Conrad Celtis zählte Theodoricus Gresmundus (Dietrich Gresemund der Jüngere), einer der bedeutendsten Mainzer Humanisten und gleichzeitig Sammler römischer Altertümer. Geboren 1477 in Speyer

◁ *Abb. 1 Gemälde des legendären Gründers der Stadt Trier, Trebeta (im 2. Weltkrieg zerstört)*

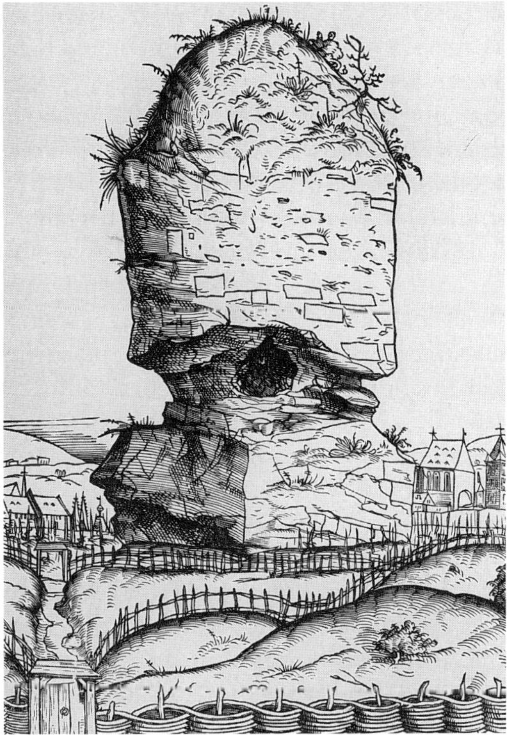

Abb. 2 Der Drususstein zu Mainz. Zeichnung von Johann Huttich, Collectanea (1525)

erhielt er durch seinen Vater, Professor der neugegründeten Mainzer Universität, eine gediegene humanistische Ausbildung. Befreundet mit dem Schlettstadter Humanisten Jakob Wimpfeling und dem bekannten Abt Johann Trithemius von Sponheim war er nach dem Studium der Jurisprudenz in Padua und Bologna kurz als Lehrer in Heidelberg tätig, was ihn mit Conrad Celtis und Johannes Reuchlin zusammenbrachte. 1501 sehen wir ihn in Rom, wo er fleißig antiquarische Studien betrieb. Nach Mainz zurückgekehrt und am geistlichen Gericht als Generalvikar tätig, sammelte er römische Altertümer und gab antike Autoren heraus. Bei einem Besuch des Straßburger Humanisten Beatus Rhenanus zeigte er diesem seine Inschriftensammlung und seine römische Münzsammlung und führte ihn zum Drususstein. Beatus Rhenanus mahnte Gresemund zur Publikation und Gresemund übergab sein Manuskript dem Drucker, leider ging das Manuskript nach dem plötzlichen Tode Gresemunds im Oktober 1512 verloren.

Im Jahre 1513 kam Johannes Huttichius (Johann Huttich), geboren 1487 im nassauischen Strinz-Trinitatis, als Magister und Examinator nach Mainz. Er war Schüler des berühmten Rhagius Aesticampianus (Johann Reck aus Sommerfeld). Huttich begann in der Nachfolge von Gresemund mit der Sammlung und Aufzeichnung von römischen Altertümern. Bei diesen Forschungen unterstützte ihn der Kanonikus und Doktor beider Rechte Balthasar Geyer. Beide hielten zwischen 1513 und 1517 fleißig Umschau nach römischen Altertümern und befragten dabei die Bürger in Mainz und die Bauern der Umgebung. Mäzen dieser Forschungen war der Domherr Dietrich Zobel von Gibelstadt, der auch schon die Arbeiten Gresemunds gefördert hatte. Im Druck erschienen Huttichs »Collectanea antiquitatum in urbe atque agro Moguntino repertarum« 1520 bei Johann Schöffer in Mainz, eine zweite Auflage folgte 1525.

Huttich traf in seinem Werke eine bewußte Auswahl von 44 römischen Denkmälern (11 Sarkophagen mit Inschriften, 18 Grabsteinen, 8 Weihesteinen, 6 Legionsbau-
Abb 2 inschriften, einem Grabmal und dem Drususstein). Nur drei von den abgebildeten Objekten – darunter der Drususstein – sind heute noch erhalten. Huttich zeichnete auch römische Steine in Worms, wo man schon im 15. Jahrhundert verschiedene römische Inschriften und Altäre am bischöflichen Palast eingemauert hatte. Auch Huttich hatte die meisten römischen Denkmäler in Mainz in Gebäuden, Kirchen und Mauern vorgefunden, wohin sie ihrer Eigenart wegen von Geistlichen und einflußreichen Bürgern gebracht worden waren.

In der Freien Reichsstadt Speyer sammelte man zu Beginn des 16. Jahrhunderts ebenfalls römische Altertümer, denen z. B. der junge Melanchthon seine Aufmerksamkeit schenkte. Zu erwähnen ist die »Wunderkammer« des Vorsitzenden des Reichskammergerichts, des Grafen Wernher von Zimmern, die in bunter Mischung »Naturalia und Artificalia« aufbewahrte und das Interesse des Deutschen Königs Ferdinand des Ersten während seines Aufenthaltes in der Freien Reichsstadt im Jahre 1542 erregte. Nicht zu vergessen ist die Kunstkammer des Domherrn Simon von Liebenstein, die Kaiser Karl V. im Jahre 1544 besuchte. Weitere Berichte über römische Funde verdanken wir dem Speyerer Geschichtsschreiber Eysengrein (1563). Im Jahre 1611 beschloß der Rat der Freien Reichsstadt im Hof zum Retscher, dem Gebäude des reichsstädtischen Gymnasiusm, römische Denkmäler aufzustellen, deren genaue Beschreibung Christoph Lehmann bereits im Jahre 1612 lieferte. Von römischen Funden in Rheinzabern berichtet der Humanist Beatus Rhenanus (rerum Germanicarum libri tres) 1531. »Man findet bei Grabungen Urnen, welche die Asche vornehmer Römer enthalten und Sarkophage, aber auch Stempelbilder und Gefäße aus rotem Ton«.

In seiner »Geometrischen Beschreibung des Oberamtes Zweibrücken und der Kellerei Kirkel« vom Jahre 1564 führt Tileman Stella die im Volke bekannten »heidnischen Stätten« an. Auch in den Waldbeschreibungen (Beforchungen) des kurpfälzischen Forstmeisters Philipp Velmann wird 1599 wie in den Ämterbeschreibungen des zweibrückischen Kellers Johannes Hoffmann solcher »heidnischen Stätten« Erwähnung getan.

Triers »ragende Altertümer« fanden frühzeitig das Interesse der gelehrten Humanisten. Man studierte Bildwerke und Inschriften. Das Werk von Johann Enens »Medulla Gestorum Treverensium« erschien im Jahre 1514. Die berühmte Sammlung des Grafen von Mansfeld in Clausen enthielt römische Stücke aus Trier. Genannt werden muß das Werk des Juristen und von 1569–1577 Trierer Stadthistorikers Wilhelm Kyriander

Abb. 3 Karte aus dem Werk des Jesuiten Alexander Wiltheim »Luxemburgum Romanum«, verfaßt zwischen 1630 und 1682

»Annales sive commentarii de origine et statu antiquissimae civitatis Treverorum«. Von großer Bedeutung für die Römerforschung des Trierer Landes ist der Reisebericht der beiden Humanisten Ortelius und Vivianus »Itinerarium per nonnullas Galliae Belgicae partes« aus dem Jahre 1584. Neben Trierer Altertümern wird hier auch schon eine »gestückte Römerstraße« bei Riol erwähnt. Auf Anordnung des Trierer Kurfürsten Caspar von der Leyen wurden zu Anfang des 17. Jahrhunderts »Grabungen« in den Trierer Barbarathermen durchgeführt. Kurfürst Philipp Christoph von Sötern (1623–1652) befahl die Öffnung der römischen Ruwerwasserleitung. Mit römischen Altertümern beschäftigten sich die Schriften der Trierer Jesuiten und Historiker Christoph Brower (Antiquitatum et Annalium Trevirensium Proparasceue, 1607) und Jakob Masen (Notae et additamenta zu Browers Parasceue, 1670).
Der Trierer Raum berührt das große Werk des Jesuiten Alexander Wiltheim »Luxem- *Abb 3*

burgum Romanum«. Das zwischen 1630 und 1682 verfaßte Werk war beim Tode Wiltheims unvollendet. Es wurden mehrere Abschriften des Manuskriptes hergestellt, aber zur Veröffentlichung in Buchform kam es erst 1842. Das Werk Wiltheims befaßt
Abb 558 sich u. a. mit Themenkreisen wie Augusta Treverorum (Trier), Topographie und Wirtschaftsgeographie der Arduenna Silva (Ardennen, Eifel), römischen Straßen und Villen. In seiner Tabula geographica verzeichnete Wiltheim mit anerkennenswerter Genauigkeit römische Orte und Denkmäler, erster Versuch einer archäologischen Karte. Die Historiker des 18. Jahrhunderts in Trier wie der Weihbischof J. N. von Hontheim (Prodromus Historiae Treverensis diplomaticae et pragmaticae, 1757) fußten bei ihren Berichten über römische Altertümer auf Wiltheims Werk.

In Mainz machte sich im frühen 17. Jahrhundert als bedeutender Sammler römischer und mittelalterlicher Inschriften der Domvikar Georg Helwich einen Namen. Seine Nachfolge als Sammler römischer Altertümer trat der aus Köln stammende Heinrich Engels an, der ab 1636 in Mainz nachweisbar ist. In der zweiten Hälfte des 17. Jahrhunderts wurde Mainz unter Kurfürst Johann Philipp von Schönborn in eine großartige Festung umgewandelt. Bei den riesigen Erdbewegungen kamen immer wieder römische Funde ans Tageslicht. Eine Nachricht aus dem 18. Jahrhundert (Pater Fuchs) besagt, daß »der Doktor Craffto Hiegell um die Jahre 1680 Altertümer verzeichnete. Er wollte selbige stuckweis in kleinen Piecen herausgeben, es ist aber nur das Specimen I (Collectanea) herausgekommen.« Johann Craffto Hiegell, 1658 in Mainz geboren, war kurmainzischer Truppenarzt. Der kurmainzische Festungskommandant Johann Karl, Freiherr von Thüngen, selbst eifriger Sammler von römischen Altertümern, dürfte das Interesse Hiegells gefördert haben. Beider Sammlungen wurden später – ein typisches Mainzer Schicksal – in alle Winde zerstreut. Aus dem weiteren Umfeld von Mainz publizierte Merian 1645 in seiner »Topographia Palatinatus Rheni« eine ganzseitige Abbildung »des wunderlichen alten Gebäws, sambt etlichen Müntzen, so im
Abb 611 Amt Stromberg bey Windesheim Anno 1617 unter der Erde gefunden«. Dabei handelt es sich um Reste einer römischen Villa.

In Speyer befaßte sich in der Mitte des 18. Jahrhunderts der Konrektor des Speyerer Gymnasiums Magister Georg Litzel in seinen Schriften mit römischen Gräberfunden aus Speyer. Er stellte auch Beobachtungen am spätrömischen Kastell Altrip an. Von ihm wissen wir, daß es zu seiner Zeit sieben stattliche Privatsammlungen gab, die römische Funde enthielten, welche beim Wiederaufbau der Stadt Speyer seit 1697 ans Tageslicht gekommen waren. Im westpfälzischen Raum ließ Herzog Karl II. von Zweibrücken, angeregt durch Ausgrabungen auf italienischem Boden, »auf dem schwarz Acker« (Schwarzenacker bei Homburg, heute Saarland) ausgraben. Das Universalgenie am Zweibrücker Hof, Johann Christian von Mannlich, gab seiner Enttäuschung Ausdruck, daß der Ausgräber Creuzer nur etwa 300 »völlig gleich geartete Töpf« fand. Im Keller der Orangerie des Karlsberger Schlosses, das 1793 durch Revolutionstruppen zerstört wurde, befand sich eine Sammlung von römischen Monumenten und Sarkophagen aus zweibrückischen Landen, die – bei der Zerstörung unbe-

Abb. 4 Votivsteine aus dem ersten Band der »Alten Geschichte von Mainz« von Pater Joseph Fuchs (1771). Kupferstich von W. C. Rücker

schädigt – zu Anfang des 19. Jahrhunderts als Viehtröge und Bausteine verkauft wurden. Römerzeitliche Überreste aus der Pfalz erwähnt auch Johann Daniel Schöpflin in seiner »Alsatia illustrata«. Eine neue Heimat fanden Pfälzer wie Mainzer Altertumsfunde als Geschenke im Antiquarium des Mannheimer Schlosses, das 1763 von Kurfürst Karl Theodor begründet wurde. Die 1753 gegründete Mannheimer Academia Theodoro Palatina förderte das Antiquarium, da sie sich das »Studium der vaterländischen Geschichte« zur Aufgabe gesetzt hatte. Seit 1776 war der Alzeyer Landschreiber von Koch außerordentliches Mitglied dieser Akademie, vor allem auch, weil er sich um die Altertümer des Oberamtes Alzey verdient gemacht hatte.

In Mainz beschäftigten sich in der ersten Hälfte des 18. Jahrhunderts eine Reihe von Persönlichkeiten mit römischen Funden. Zu nennen sind der Ingenieurobristleutnant Fontana, der Kurmainzer General und Hofarchitekt Maximilian von Welsch, der Ingenieurhauptmann Kühn und der Hauptmann der Artillerie Sebastian Fuchs. Sein Sohn, der Pater Joseph Fuchs, Mönch des Seligenstädter Benediktinerklosters, verwertete die Aufzeichnungen und betrieb eigene Forschungen und Grabungen. Auf Geheiß des Kurfürsten Emmerich Joseph von Breidbach-Bürresheim begann Pater Fuchs seine Arbeit an der »Alten Geschichte von Mainz«. Im Jahre 1771 erschien der *Abb 4* erste Teil »Von Erbauung der alten Vestung Maguntiacum bis in die Zeiten des Trajanus« des auf vier Bände konzipierten Werkes.

Der zweite Band »Enthält die Zeiten vom 98.–180. Jahr« wurde 1772 publiziert. Die Kupferstiche im ersten Band stammen von dem bekannten Stecher Rücker, den zweiten Band illustrierte Johann Wilhelm Lindenschmit, Großvater des später so berühmten Archäologen Ludwig Lindenschmit. Wahrscheinlich lagen beim Tode des Kurfürsten Emmerich Joseph im Jahre 1774 die beiden weiteren Bände im Manuskript vor, aber es kam zu keiner Drucklegung mehr. Die neue Regierung unter Kurfürst Erthal, Gegner der Aufklärung, arretierte Pater Fuchs in seinem Seligenstädter Kloster, wo er bereits 1782 starb.

Das Werk des Paters Fuchs bedeutet trotz vieler unbewiesener Hypothesen und Deutungen einen Fortschritt in der Mainzer Römerforschung. Fuchs beklagt in seinem Werk das bisherige Schicksal der Mainzer Römerfunde: »Die unzählige Menge römischer Denkmäler und Alterthümer in und um Mainz machte diese Stadt schon vor 400 Jahren her zu einem offenen Markte römischer Alterthümer und Seltenheiten, woher viele Fürsten und Große ihre Kabinete ausschmückten.« Er schreibt weiterhin: »Tausend schöne Stücke sind in Frankreich, England, in Holland, Niederlande, Lothringen, Ober- und Niedersachsen, Hessen, Schweiz, Savoyen, Schweden und Rußland von Mainz hinweggeführt worden.« In Johann Friedrich Franz Lehne erhielt Pater Fuchs einen würdigen Nachfolger. 1771 in Gernsheim geboren und durch seinen Onkel Hofrat Professor Müllenkampf gefördert, absolvierte er Gymnasium und Universität in Mainz. 1792 schloß er sich den Mainzer Klubbisten an und ging nach der Eroberung von Mainz ins Exil nach Paris. Eine Italienreise gab ihm 1797 Anregungen für seine späteren Altertumsforschungen. 1798 nach Mainz zurückgekehrt wurde er Professor an der Zentralschule und Redakteur des »Amtlichen Boten vom Donnersberg«. Es war Lehnes Wunsch, »der Stadt Mainz eine Sammlung der noch in ihrem klassischen Boden verborgenen Schätze des Altertums zu verschaffen, die so lange zur Bereicherung fremder Museen entführt wurden«. Unterstützt vom Departementpräfekten Jean Bon St. André und der 1802 gegründeten „Société des Sciences et Arts pour le Département du Mont-Tonnere« ließ er im römischen Friedhof bei Zahlbach Ausgrabungen durchführen, wo schon Pater Fuchs römische Grabsteine geborgen hatte. Diese Funde und beim Festungsbau in Mainz-Kastel gewonnene Denkmäler bildeten den Grundstock für eine Antiquitätenhalle in der Burse, einem ehemaligen Universi-

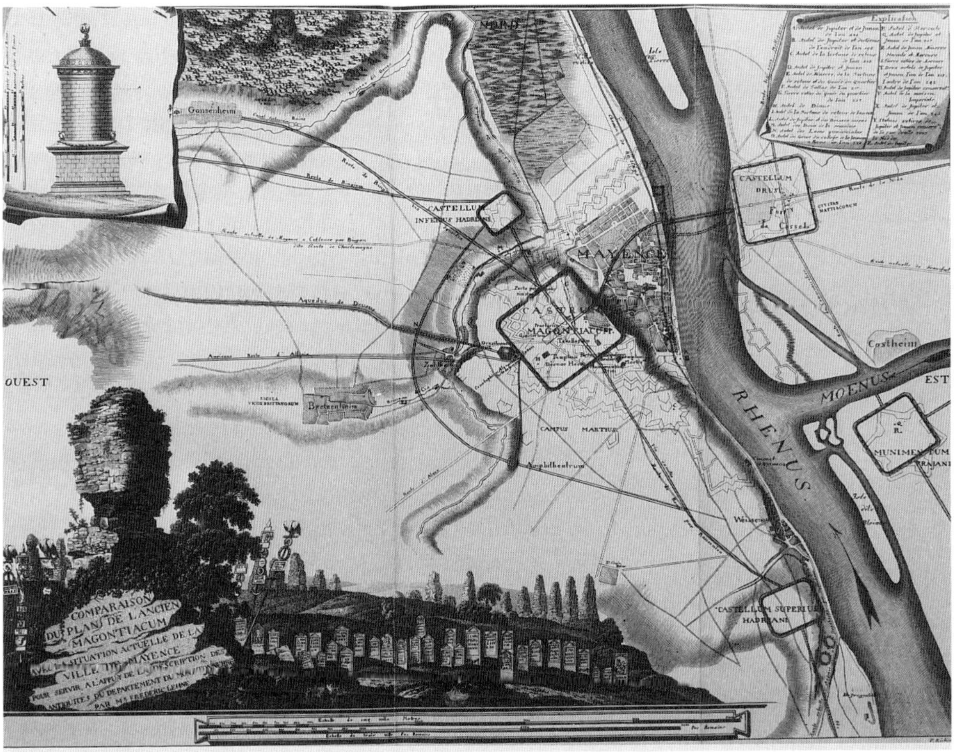

Abb. 5 Plan von Johann Friedrich Franz Lehne, »Comparaison du plan de l'ancien Mogontiacum avec le situation actuelle de la ville de Mayence«

tätsgebäude an der Großen Bleiche. 1815 besuchte und bewunderte Goethe diese Halle. Lehnes gesammelte Schriften erschienen nach seinem Tode in den Jahren 1836–1839. Die beiden ersten Bände behandeln »Die römischen Alterthümer der Gauen des Donnersberges«. Wichtig ist der publizierte Plan »Comparaison du plan de *Abb 5* l'ancien Magontiacum avec le situation actuelle de la ville de Mayence«, der allerdings im Festungsdenken seiner Zeit verhaftet ist.

Für den Binger Raum ist zu erwähnen, daß der Pfarrer Gärtler (1731–1818), der von 1764–1782 in Bingen tätig war, bei Hausbauten den Zug der spätrömischen Stadtmauer verfolgte und bereits an der Pfarrkirche danach graben ließ. Er entdeckte auch im Binger Wald römisches Mauerwerk einer Villa rustica und glaubte dort das von Tacitus Historien IV, 70 erwähnte Kastell Bingium gefunden zu haben.

Von römischen Münzfunden im Bad Kreuznacher Kastellgebiet und bei der Saline Theodorshalle wird 1773 berichtet: »Es ist zu bedauern, daß diese Urnen (mit Münzen) aus einem Rest des Aberglaubens eines Schätze gierigen Pöpels, soweit ich weiß, alle zertrümmert und die Münzen an die Kupferschmiede, Gürtler, Juden etc. so

schändlich veräußert worden sind, daß sich dermahlen nur noch wenige unter hiesigen Inwohnern vorfinden, noch mehr aber ist zu bedauern, daß man denen noch bei 8 Schuhe hohen Ruderibus (römischen Kastellmauern) nicht nachgrabet, ihren Schutt aushebet, ihre inneren Einrichtungen observiert, deren Münzen und sonstigen Zeugnissen nachspürt . . .«
Interesse für die gefährdeten Trierer Altertümer suchte ein im Stil des Sturmes und Dranges geschriebenes Jugendwerk Michael Franz Josef Müllers »Kurzer geographisch-historischer Entwurf Trierischer Alterthümer mit kritischen Anmerkungen und Kupfern; ein Prodromus einer allgemeinen Trierischen Geschichte (1788)« zu wecken. In die »Franzosenzeit« fällt die Gründung einer für die Alterstumsforschung im Trierer Raum bedeutsamen Gesellschaft. Es ist die im Jahre 1801 von 15 »Freunden der Wissenschaften und Künste« in Trier gegründete »Gesellschaft für nützliche Forschungen«. Die Aufgaben, die sie sich stellte, waren recht weitgehend: »Hebung von Handel, Industrie, Landwirtschaft und aller öffentlichen und privaten Wohlfahrt.« Doch bald schon schob sich die Sorge um Sammlung und Erhaltung der Trierer Altertümer in den Vordergrund. Th. Sanderad Müller, ehemaliger Bibliothekar der Abtei St. Maximin, wurde 1808 zum Mitglied ernannt und ihm die »Mitsorge der vaterländischen Alterthümer« übertragen. Er hielt einen »freundschaftlichen Vortrag über die Mißhandlung der Alterthümer, Kunstwerke und wissenschaftlichen Gegenstände«. Gleichzeitig wird erstmals die Altertümersammlung der Gesellschaft erwähnt: »freilich noch klein, obschon groß im Verhältnis mit der kleinen Zeit«. Den Kern der Gesellschaft bildeten die 15 »citoyens eclairés«, mit sanftem Spott die 15 »Unsterblichen« genannt. Aber schon bei der Gründung waren 50 »korrespondierende Mitglieder« ernannt worden. An diese Mitglieder sandte man 1808 ein gedrucktes Rundschreiben mit der Aufforderung, alle Entdeckungen von römischen Altertümern der Gesellschaft mitzuteilen. Somit wäre 1808 das Geburtsjahr einer systematischen Römerforschung im Trierer Raum. Bereits 1809 publizierte der erste Präsident der Gesellschaft J. B. M. Hetzrodt seine wertvollen »Notices sur les anciens Trévirois; suivies de recherche sur les chemins romains qui ont traversé le pays des Trévirois«. Stärkste Persönlichkeit im Kreise der »Unsterblichen« war bis 1848 der Bibliothekar und Direktor des Trierer Gymnasiums Johann Hugo Wyttenbach. Förderlich für die Trierer Altertumsforschung wirkte sich das Interesse des preußischen Kronprinzen und späteren Königs Friedrich Wilhelm IV. aus. Bedauerlich allerdings war, daß der preußische Regierungs- und Baurat Quednow, der die Regierungssammlung römischer Steinmonumente 1820 in der Porta Nigra und den Kaiserthermen aufstellen ließ, mit der Gesellschaft für nützliche Forschungen in ständigem Hader lebte. Quednow, ein eifriger Forscher, publizierte 1820 eine »Beschreibung der Alterthümer in Trier und dessen Umgebungen aus der gallisch-belgischen und römischen Periode«. Erst 1844 verschmolz die Regierungssammlung mit der Sammlung der Gesellschaft für nützliche Forschungen. Eine Grundlage für die exakte archäologische Forschung bildete die erste genaue topographische Aufnahme des Trierer Bezirks zu Beginn des 19. Jahrhun-

derts durch den französischen Obersten J. J. Tranchot. Die Tranchotkarten (und die 1815–1820 von preußischen Offizieren ausgeführten Restkarten) enthalten Hinweise auf »Römerstraßen« und römische Denkmäler. Auf den Tranchotkarten fußten die Untersuchungen des Hauptmanns F. W. Schmidt zu dem römischen Straßensystem auf dem linken Rheinufer. Auch der Geologe und Historiker Johannes Steininger widmete in seiner »Geschichte der Trevirer unter der Herrschaft der Römer« (1845) den Römerstraßen einen Teil seines Werkes. Als Herausgeber des Manuskripts »Eiflia illustrata« von Schannat aus dem Jahre 1739, das er übersetzte und mit zahlreichen Anmerkungen versah, muß Georg Bärsch, 1819–1834 Landrat in Prüm/Eifel, erwähnt werden. Der von 1841–1845 am Trierer Gymnasium tätige Dr. Jacob Schneider arbeitete 1843 an einer archäologischen Fundstellenkarte des Trierer Bezirks und wies erstmals den Verlauf der spätantiken Langmauer nach (Die Trümmer der sog. Langmauer, 1843). Große Verdienste um das römische Trier erwarb sich der Oberlehrer G. Schneemann, 1841–1864 Sekretär der Gesellschaft für nützliche Forschungen. Er publizierte das heute noch recht lesenswerte Büchlein. »Das Römische Trier und die Umgegend nach den Ergebnissen der bisherigen Funde« (1852). Durch die Grabungen in römischen Villen (z. B. der Palastvilla von Nennig) ist der Domkapitular Johannes Nikolaus von Wilmowsky bekannt, wenn auch sein Hauptverdienst die Erforschung des Trierer Doms bleiben wird. »Von Wilmowsky wird unter den Trierer Altertumsforschern immer einen Ehrenplatz einnehmen; an lebensvoller Auffassung der Trierer Vorzeit, an unermüdlichem Forschungstrieb, an rastlosem Sammeleifer tat es ihm niemand zuvor; durch bewunderungswürdiges Zeichentalent überragte er alle« (Hettner). Intensive archäologische Landesaufnahme betrieb Philipp Schmitt, seit 1848 Pfarrer von St. Paulin in Trier. 1855 war sein Manuskript »Der Kreis Trier unter den Römern und in der Urzeit« fertiggestellt. Aber nach Schmitts Tod 1856 muße die Gesellschaft für nützliche Forschungen »ihr lebhaftes Bedauern ausdrücken, daß ihr vorerst die Mittel abgehen, vorstehende Werke, in welche sich die Resultate vieljähriger, sorgfältiger, mit Umsicht und Sachkenntnis vorgenommener Forschungen niedergelegt finden, der Öffentlichkeit zu übergeben und so mehr der Wissenschaft brauchbar zu machen«.

Im Koblenzer Raum ließ die Fürstin Louise Wilhelmine zu Wied seit 1791 durch den Ingenieurhauptmann C. F. Hoffmann im römischen Kastell Niederbieber graben und auch alle sonstigen Funde sammeln, um sie im Fürstlichen Schloß zu Neuwied auszustellen, wo Goethe sie 1815 sah. C. F. Hoffmann brachte 1823 seine Publikation »Über die Zerstörung der Römerstädte an dem Rhein zwischen Lahn und Wied« heraus. Im Jahre 1820 erteilte der Staatskanzler Fürst von Hardenberg dem königlich-preußischen Hofrat Wilhelm Dorow den Auftrag, »die Altertumsforschung in den rheinisch-westfälischen Provinzen zu organisieren« und ernannte ihn zum »Dirigenten eines an der Universität Bonn zu errichtenden vaterländischen und altertümlichen Museums«. Dorow, 1790 in Königsberg geboren, trat mit 21 Jahren in den diplomatischen Dienst ein, den er infolge einer Kriegsverletzung 1817 quittierte. Seine Arbeit in Bonn

begann Dorow mit großem Idealismus. Durch Veröffentlichungen und Aufrufe in Amtsblättern und viele Reisen machte er sein Museum auch im Koblenzer Raum bekannt und erwarb in kurzer Zeit eine stattliche Sammlung. Doch die Professoren der 1818 wiedergegründeten Bonner Universität, ganz der idealistischen Tradition eines Winckelmann verpflichtet, lehnten Grabungs- und Dokumentationsmethoden des begabten Außenseiters ab. 1822 bereits resignierte Dorow und zog sich nach weiterer kurzer diplomatischer Tätigkeit frühzeitig in den Ruhestand zurück, den er mit Ausgrabungen und Publikationen verbrachte. Zu erwähnen sind seine beiden Publikationen »Die Denkmale germanischer und römischer Zeit in den rheinisch-westfälischen Provinzen (1823–1826)« und »Opferstätte und Grabhügel der Germanen und Römer am Rhein (1826^2)«. Von großer Bedeutung für den zur preußischen Rheinprovinz gehörenden Koblenzer Raum war die Gründung des Vereins von Altertumsfreunden in Bonn im Jahre 1841. Bereits 1842 erschien der erste Band der Bonner Jahrbücher. Fragen nach den Plätzen der beiden Rheinübergänge Cäsars wurden diskutiert. Man suchte Drususkastelle im Koblenzer Raum zu lokalisieren. Grabungsbefunde sollten
Abb 416 die historische Überlieferung stützen. Ein in Engers aufgedeckter spätrömischer Burgus wurde als »Vorwerk der cäsarischen Rheinbrücke« angesprochen. Römische Relikte in Weißenthurm erklärte man als Spuren eines Legionslagers aus der Zeit des Vindexaufstandes. Eine fruchtbare, von denkmalpflegerischen Gesichtspunkten gelenkte Tätigkeit entwickelte K. A. von Cohausen von Koblenz aus. Zu nennen ist seine frühe Arbeit »Alte Verschanzungen auf dem Hunsrücken und ihre Beziehung zu Koblenz« (1858).

Im Birkenfelder Raum wurde bereits 1843 der Verein für Altertumskunde im Fürstentum Birkenfeld gegründet. Nach den Statuten sollte der Verein »den frühen Zustand des Fürstentums Birkenfeld sowie die Vorgänge in demselben erforschen«. Man wollte dies »durch Sammlung geschichtlicher Überlieferungen, durch Aufsuchen und Ausgraben von Denkmälern, Gebäuden und Straßen aus früher Zeit sowie durch sonstige zweckdienliche Nachforschungen« erreichen.

Für die Altertumsforschung des Mainzer Raumes begann ebenfalls ein Aufschwung im Zeitalter der Romantik. 1823 wurde der Verein für Kunst und Literatur in Mainz von Niklas Müller, einer führenden Figur in den patriotisch-romantischen Bestrebungen für die heimatliche Geschichtsforschung gegründet. In seiner Wohnung trafen sich am 11. Dezember 1841 19 Mainzer Altertumsfreunde zur Gründung einer »Gesellschaft der Freunde vaterländischer Geschichtsforschung und Altertumskunde«. Das Gründungsprotokoll war überschwenglich: mit den Idealen der »virtus, constantia und concordia« sollte die Altertumsforschung begonnen werden. Sie sei »mit der Geschichte der Vorzeit ein Studium, verwandt mit Weltkunde, mit Archäologie, mit alter und ältester Sprachkunde, mit Geognostik und Kosmogonie, mit dem Mythos, mit der Symbolik, mit dem ganzen Glaubens- und Kulturstand der geschichtlichen fabelhaften Vorzeit«. In wöchentlichen Sitzungen wurden die Vereinssatzungen ausgearbeitet und im Februar 1842 dem Justizministerium in Darmstadt vorgelegt. Doch

Abb. 6 Ludwig Lindenschmit (1809–1893). Gemälde im Besitz des Römisch-Germanischen Zentralmuseums, Mainz

dauerte es zwei Jahre, bis Anfang 1844 die großherzogliche Regierung die Genehmigung erteilte. Am 31. 1. 1844 konstituierte sich der »Verein zur Erforschung der rheinischen Geschichte und Alterthümer in Mainz«, später kurz »Mainzer Altertumsverein« genannt. Erster Direktor wurde der Kreisrichter Dr. Josef Emele (1796–1847), der sich durch seine »Beschreibung römischer und deutscher Alterthümer in dem Gebiet der Provinz Rheinhessen« (1825) einen Namen gemacht hatte. Zweiter Konservator des Vereins wurde der später so berühmte Ludwig Lindenschmit. Der neue Verein erhielt rasch eine beträchtliche Mitgliederzahl, die erste Vereinsliste nennt 262 Namen. Dank seiner intensiven Tätigkeit und seiner Veröffentlichungen wurde der Mainzer Altertumsverein in ganz Deutschland so bekannt, daß er den Zusammenschluß aller deutschen Geschichts- und Altertumsvereine betreiben konnte. Zu diesem Zusammenschluß kam es auf der Versammlung im Akademiesaal des kurfürstlichen Schlosses zu Mainz im September 1852. In der Sektion 3 dieser Versammlung wurde der so bedeutende Entschluß gefaßt, eine Sammlung für die Altertümer der Vor- und Frühzeit ganz Deutschlands in Nachbildungen zu schaffen. Damit war der Grundstein des Römisch-Germanischen Zentralmuseums gelegt. Unauslöschlich ist mit diesem Museum der Name Ludwig Lindenschmit verbunden. Ludwig Lindenschmit (1809–1893) ergriff nach dem Gymnasialabschluß in Mainz den Künstlerberuf an der Münchner Akademie, besuchte daneben aber auch historische Kollegs. 1831 wurde er als Zeichenlehrer an der Gewerbeschule in Mainz angestellt. Als zweiter

Abb 6

Konservator des Mainzer Altertumsvereins war er bald »Betreuer, Mehrer und spiritus rector« (Mathy) der Sammlung. Das neue Zentralmuseum, das Antikenkabinett sowie die Sammlung des Altertumsvereins wurde ehrenamtlich von diesem Ludwig Lindenschmit mit ein paar Gehilfen betreut, was ihn »zu einer Kapazität des 19. Jahrhunderts auf den Gebieten Vor- und Frühgeschichte, der Denkmalpflege und der Museumskunde« (Mathy) machte. Er knüpfte Kontakte zu ausländischen Kollegen und kein Geringerer als Kaiser Napoleon III. gründete 1861 nach dem Vorbild des Mainzer Zentralmuseums das Musée Gallo-Romain in St. Germain-en-Laye und ernannte Ludwig Lindenschmit zu seinem Berater. Nach 1871 gelang es Ludwig Lindenschmit, für das Zentralmuseum den Status einer öffentlichen Stiftung und einen jährlichen Zuschuß des neuen deutschen Kaiserreiches zu erlangen. Er publizierte in vier Bänden des Sammelwerkes »Die Alterthümer unserer heidnischen Vorzeit« viele römische Altertümer. Genannt werden muß sein Werk »Tracht und Bewaffnung des römischen Heeres während der Kaiserzeit« (1882).

Wie in Mainz wurde auch in der Pfalz die Römerforschung im 19. Jahrhundert vom gebildeten Bürgertum getragen und fand ihre Stütze bei geschichtsbegeisterten Fürsten und Staatsmännern. Grundlage bildete auch hier der Verein. Nach dem Willen König Ludwigs I. übernahm der seit 1827 tätige »Geschichtliche Verein des Rheinkreises« die Pflege der einheimischen Altertümer. Den Vorsitz in diesem Verein führte *Abb 7* der erste Regierungspräsident Franz Josef, Edler von Stichaner (1769–1856). Er war einer der ersten Förderer des Museumswesens in der Pfalz und aktivierte die Sammlung von Altertümern, denn die vielen alten Speyerer Sammlungen waren in den Kriegswirren des 17. und 18. Jahrhunderts zugrunde gegangen. Der Distrikts-Baukondukteur Mattlener errichtete 1826 die Antikenhalle im Domgarten zu Speyer, denn bis dahin waren die Sammlungen der Stadt im Rathaus oder im Heidentürmchen bescheiden untergebracht. Eine Publikation der in der Antikenhalle untergebrachten Altertümer verdanken wir dem Speyerer Lehrer J. M. König. Sie wurde 1832 unter dem Titel »Beschreibung der Römischen Denkmäler, welche seit dem Jahre 1818 bis zum Jahre 1830 im königlich Bayerischen Rheinkreise entdeckt wurden und in der antiquarischen Sammlung zu Speyer aufbewahrt werden« publiziert. Der »Geschichtliche Verein des Rheinkreises« geriet nach dem Weggang seines Präsidenten v. Stichaner 1832 in eine erste Krise und mußte nach erneutem Beginn 1834 eine zweite erleben. Der 1839 neukonstituierte nunmehr »Historische Verein für die Pfalz« überlebte die Ereignisse von 1848/49 nicht. Wohl auf Initiative der Stadt Speyer wurde der Historische Verein der Pfalz erneut im Jahre 1869 gegründet. Die Sammlungen wurden aus der Antikenhalle im Domgarten in das zweite Obergeschoß des Speyerer Realgymnasiums verbracht, wo sie bis zum Jahr 1909 verblieben. Der Neugründung des Historischen Vereins der Pfalz folgte eine Intensivierung der archäologischen Forschung. Schon 1865 hatte A. Heintz in einer anonymen Schrift »Die Bayerische Pfalz unter den Römern« den Versuch unternommen, »die römischen Funde mit topographischen Gegebenheiten als Ergänzung der antiken Überlieferung heranzuziehen« (Bernhard).

Abb. 7 Staatsrat Franz-Joseph, Edler von Stichaner (1769–1856). Lithographie 1832

1884 legte dann Chr. Mehlis in den Mitteilungen des Historischen Vereins der Pfalz eine archäologische Karte der Rheinpfalz und der Nachbargebiete vor. Chr. Mehlis, seit den siebziger Jahren in Neustadt ansässiger Gymnasialprofessor, gilt als originelle Figur Pfälzer archäologischer Forschung. Mitglied des Bad Dürkheimer Altertumsvereins und des Historischen Vereins der Pfalz entwickelte er eine rege Aktivität, die aber leider spekulativer Betrachtung mehr Raum gab als nüchterner Fundvorlage. Wesentlich zurückhaltender kommentierte dagegen z. B. L. Grünenwald, von 1896 bis 1902 Konservator des Historischen Museums Speyer, die Bodenfunde seiner Zeit. Durch den bahnbrechenden Aufsatz von H. Dragendorff war die Terra-Sigillata-Forschung in den Vordergrund gerückt. Bereits 1896 publizierte v. Harster die Sigillata-Gefäße des Speyerer Museums. Für die Erforschung dieser Keramikgattung in dem römischen Töpferort Rheinzabern ist der Name W. Ludowici immer ein leuchtendes Vorbild. W. Ludowici, ein Ziegelfabrikant, verlegte 1884 seinen Betrieb von Ludwigshafen nach Jockgrim in die Nachbarschaft von Rheinzabern. 1905 standen hier bereits fünf Fabriken mit 600 Arbeitern. Funde, die seine Arbeiter in seinen Tongruben oder im benachbarten Rheinzabern tätigten, übersandte er dem Speyerer Museum. Von 1901 bis 1914 führte er in und bei Rheinzabern Grabungen durch. In eigener Regie pu- *Abb 8*

Abb. 8 Spätrömische Ziegelgräber in Rheinzabern (1911). Aus: W. Ludowici, Römische Ziegelgräber, Katalog IV
Abb. 9 Felix Hettner (1851–1902)

blizierte er in fünf Katalogen, Standardwerken römischer Keramikforschung, seine Ergebnisse. Die Arbeiten Ludowicis zeigten die große Bedeutung des römischen Rheinzabern als Ort von Militärziegeleien im 1. und 4. Jahrhundert n. Chr. und großer privater Töpfereien im 2. und frühen 3. Jahrhundert n. Chr. Die umfangreiche Sammlung W. Ludowicis erhielt im neuerbauten und 1910 eröffneten Historischen Museum der Pfalz einen eigenen großen Saal.

Kurz vor der Eröffnung des neuen Museums war die Römerforschung der Pfalz mit
Abb 15 der Berufung F. Spraters, eines fachlich ausgebildeten Konservators, in ein neues, wissenschaftlich fest fundiertes Stadium getreten. Noch vor dem Ersten Weltkrieg erschien aus der Feder von J. Hildenbrand 1911 eine Pubikation über das römische Lapidarium des Speyerer Museums.

Eine Straffung und Institutionalisierung erfuhr auch die Römerforschung im Trierer Raum durch die Gründung des Provinzialmuseums in Trier. Bereits 1874 unterzeichnete der Preußische Kultusminister den Gründungserlaß für das Trierer Provinzialmuseum (wie auch gleichzeitig für das Provinzialmuseum in Bonn). 1875 bestätigte der Oberpräsident der Rheinprovinz den Gründungserlaß, nachdem die Gesellschaft für nützliche Forschungen sich bereit erklärt hatte, ihre Sammlungen – unter Vorbehalt des Eigentumsrechtes – in das neue Museum einzubringen. Direktor des neuen

Museums wurde der erst 26jährige Dr. Felix Hettner, der am 1. 6. 1877 sein Amt antrat. Er war der erste Facharchäologe, der mit öffentlichen Mitteln ausgestattet in Trier forschen durfte. Schnell überwand Hettner die hartnäckige Opposition der etwas verstaubten Gesellschaft für nützliche Forschungen und formte sie zu einem über den ganzen Trierer Bezirk verbreiteten Altertumsverein. Er verschmolz die vorhandenen Sammlungsbestände der Gesellschaft, der Regierung und der Stadt Trier, die im Gymnasium, der Porta Nigra und an anderen Orten verstreut lagen, zu dem Organismus des Provinzialmuseums, dessen Bau 1889 an der Ostallee eingeweiht werden konnte. Mit erst 30 Jahren verwirklichte Hettner die Herausgabe der Westdeutschen Zeitschrift, deren Zweck es sein sollte, »die westdeutsche Vergangenheit im Lichte allgemein-geschichtlicher Vorgänge aufzuhellen«. Im Januar 1882 erschien das erste Heft. Die Museographie, die neben Süd- und Westdeutschland auch Holland, Belgien und die Schweiz umfaßte, knüpfte Kontakte zwischen den einzelnen Sammlungen. Eine glückliche Hand hatte Hettner auch mit der Gründung des Korrespondenzblattes, welches in großer Auflage »wichtige neue Funde rasch zur Kenntnis brachte, kleineren Untersuchungen einen weithin sichtbaren Platz bot, über die neueste antiquarisch-historische Literatur Westdeutschlands orientierte« (Lehner). Hettners erste Grabung in Trier galt den Barbarathermen, es folgten Grabungen in den römischen Gräberfeldern Triers und Untersuchungen an den römischen Bauwerken und der römischen Stadtbefestigung. Sein großes Verdienst ist die Überwachung der städtischen Kanalisationsarbeiten. Doch überstrahlt werden die Trierer Erfolge durch die glucklichen Ausgrabungen im konstantinischen Kastell Neumagen und die Entdeckung der berühmten Grabmonumente. Die Forschungen Hettners galten auch den galloromischen Tempelbezirken wie den römischen Gutshöfen. Hettner demonstrierte daran den Typ der Luxusvilla und der Wirtschaftsvilla. Die spätrömischen Straßenbefestigungen wie Neumagen, Bitburg und Jünkerath wurden erstmals untersucht. Von seinen zahlreichen Publikationen seien die Abhandlungen »Zur Kultur von Germanien und Gallia Belgica« und »Die Römischen Steindenkmäler des Provinzialmuseums zu Trier« genannt. Daß Hettner in den neunziger Jahren eine führende Position in der Reichslimeskommission übernahm, war ein Verlust für die Trierer Forschung, aber ein Gewinn für eine große Aufgabe, die Erforschung des römischen Grenzwalls. Das 1892 erstmals erschienene »Limesblatt« trug deutlich die Handschrift Hettners. 1898 übernahm Hettner wieder das Trierer Museum, das H. Lehner interimsweise geleitet hatte. Aber schon kurz nach seinem silbernen Doktorjubiläum wurde der erst 51jährige durch einen Gehirnschlag dahingerafft. Als letztes großes Werk wurde Hettners »Illustrierter Führer durch das Provinzialmuseum in Trier« 1903 von H. Lehner herausgegeben. Dem Nachfolger Hettners Hans Graeven ist ein Stadtplan des römischen Trier zu verdanken.

Abb 9

Abb 409–412

Abb 408, 223, 313

Der Verein für Altertumskunde im Fürstentum Birkenfeld war nach anfänglich guten Erfolgen unter seinem Präsidenten Dr. Upmann in seiner Tätigkeit erschlafft und mußte im Jahre 1884 von dem Gymnasialdirektor Back neu begründet werden. Back besorgte für die Vereinssammlung eine Unterkunft im Gymnasialgebäude und beschäftigte sich mit den römischen Altertümern, vor allem den Römerstraßen im Fürstentum. Im Osterprogramm 1891 und 1893 des Birkenfelder Gymnasiums publizierte er »Römische Spuren und Überreste im oberen Nahegebiet«. Unter seinem Nachfolger Professor Hahn wurde 1911 das neue Birkenfelder Landesmuseum eingeweiht. Die römischen Altertümer des Fürstentums wurden dann 1914 durch H. Baldes und G. Behrens in dem »Katalog Birkenfeld« vollständig vorgelegt.

In Bad Kreuznach war 1856 der »Antiquarisch-Historische Verein für Nahe und Hunsrücken« gegründet worden, der die Aufgabe übernahm »die vorhandenen Alterthümer und Documente aufzusuchen, dieselben, soweit sie sich dazu eignen, zu sammeln und nach ihren geschichtlichen und Kunstbeziehungen zu erörtern«. Eine öffentliche Sammlung wurde ins Leben gerufen. Ab 1857 erschienen Berichte, in denen vor allem der Kustos des Vereins, Baumeister P. Engelmann, nützliche Sammlungsverzeichnisse und Zeichnungen publizierte. Die 1860 beim Bau der Rhein-Nahebahn entdeckten reichen römischen Gräberfunde von Bingerbrück und die Funde vom spätrömischen Kastell Kreuznach nahmen die Kraft des Vereins voll in Anpruch. Vor allem das spätrömische Kastell Kreuznach war lange Jahre Gegenstand ausführlicher Untersuchungen. 1869 publizierte P. Engelmann die Ergebnisse unter dem Titel »Das römische Kastell (die Heidenmauer) bei Kreuznach«. Neben der Sammlung des Vereins gab es einige Privatsammlungen, deren wichtigste Gegenstände später ins Museum gelangten. Nur die Sammlung des »Hobbygräbers« Antiquar Müller wurde in alle Welt verkauft, da es erst sehr spät gelang, ihn in ein festes Verhältnis zur Museumsleitung zu bringen. 1880 publizierte der Professor Dr. Otto Kohl vom Kreuznacher Gymnasium die römischen Inschriften und Steinskulpturen der Stadt Kreuznach im Programm des königlichen Museums zu Bad Kreuznach. Derselbe Professor Kohl entdeckte auch das Gladiatorenmosaik in der römischen Prunkvilla im Ellerbachtal. Seine Grabungsergebnisse im spätrömischen Kastell publizierte er 1912 in den Bonner Jahrbüchern. In Alzey wurde im Jahre 1904 zur Gründung eines Museums aufgerufen und eine Kommission für »vaterländische Natur- und Altertumskunde« gegründet. 1906 konstituierte sich der Verein für vaterländische Natur- und Altertumskunde. Mit ihm eng verbunden war von Anfang an das Museum, das, ausgehend von einem Raum im alten Amtsgericht, im Jahre 1913 bereits über einen großen Saal und zehn weitere Räume verfügte. Die Römerforschung in Alzey war bereits durch die Entdeckung des spätrömischen Kastells im Jahre 1902 im Beisein von Professor Schumacher aus Mainz angeregt worden. Der Besitzer des Kastellgeländes Jean Braun übergab 1919 seine reiche römische Sammlung dem Museum, und sein Neffe, der späterhin berühmte Archäologe W. Unverzagt, publizierte 1916 und 1919 Keramiken des Kastells Alzey in zwei Monographien.

In Worms, der alten Reichsstadt, wo man schon im 16. Jahrhundert römische Steindenkmäler aufgestellt hatte, regten Mitglieder der Stadtverordnetenversammlung und dort wohnende Mitglieder des Historischen Vereins im Großherzogtum Hessen 1879

Abb. 10 Das Paulusmuseum in Worms, eröffnet 1881

die Gründung eines Altertumsvereins an. Die Industrialisierung der Stadt brachte vielfältige Funde zutage, und man wollte die Abwanderung der Funde in auswärtige Museen und Sammlungen stoppen. Schon 1881 konnte in der instandgesetzten Pauluskirche das neue Paulusmuseum der Stadt Worms feierlich eröffnet werden. Eine fruchtbare und intensive archäologische Arbeit für das neue Museum leisteten Sanitätsrat Dr. Koehl und Gymnasialprofessor Dr. Weckerling, beide Kustoden der neuen Sammlung. Das Protektorat übernahm der Großherzog von Hessen. Von Anfang an stand dem Altertumsverein wie dem Museum das Mäzenatentum der Familie von Heyl zur Seite. Der Industrieherr Freiherr Maximilian von Heyl übernahm im Jahre 1888 den Vorsitz des Altertumsvereins und leitete ihn bis 1925. *Abb 10*
Im benachbarten Frankenthal gründete der Adjunkt Johann Kraus im Jahre 1892 den Frankenthaler Altertumsverein. Bereits 1893 wurde im nördlichen Seitenschiff der alten Abteikirche das Erkenbert-Museum eröffnet, dessen Neubau 1914 eingeweiht wurde. 1909 wurde auch in Pirmasens ein Heimatmuseum begründet, eine Heimstatt für römische Funde.

Abb. 11 Constantin Koenen (1854–1929), auf dem Foto links

Für den Koblenzer Raum war die Gründung des Bonner Provinzialmuseums im Jahre 1876, dessen erster Direktor E.Aus'm Weerth wurde, von großer Bedeutung. 1868/69 war bereits in Andernach der Altertumsverein »Alt-Andernach« gegründet worden. *Abb 11* C. Koenen, der bedeutende »Altertumsforscher aus eigener Kraft« (1854–1929), untersuchte die römischen Gräberfelder Andernachs und publizierte den wichtigen Aufsatz über die vorrömischen, römischen und fränkischen Gräber von Andernach in den Bonner Jahrbüchern (1888). Die Andernacher Ergebnisse gingen in sein wichtiges Werk »Gefäßkunde der vorrömischen, römischen und fränkischen Zeit in den Rheinlanden« über. Koenen grub auch in Remagen und Urmitz. H. Lehner (1866–1938), der spätere Direktor des Bonner Provinzialmuseums, erforschte die spätantike Befestigung von Andernach und legte seine Ergebnisse in den Bonner Jahrbüchern (1901) vor. In Koblenz wurde 1883 der Kunst-, Kunstgewerbe- und Altertumsverein für den Regierungsbezirk Koblenz gegründet und bereits 1889 ein Museum im alten Schöffenhaus am Florinsmarkt errichtet. 1901 publizierte A. Günther (1861–1940), der bedeutende Koblenzer Lokalarchäologe, wichtige frührömische Grabfunde aus Koblenz-

Neuendorf. Durch die Arbeiten Koenens und Lehners wurden im Bereich des neolithischen Erdwerkes Urmitz frührömische Lageranlagen und Gräberfelder entdeckt. Im Koblenzer Stadtwald grub R.Bodewig (1857–1923) aus Lahnstein in einer Ansiedlung der frühen bis mittleren Kaiserzeit, dem sog. »Trevererdorf«. Ihn unterstützte dabei der Oberlahnsteiner Altertumsverein, der im Jahre 1914 ein eigenes Ortsmuseum errichtete. 1904 wurde der Mayener Geschichts- und Altertumsverein gegründet, der in dem Eifelmuseum auf der Genovevaburg eine Heimstatt erhielt. P. Hörter (1860–1930) war die treibende Kraft in diesem Verein, der zahlreiche Grabungen durchführen ließ, die in den »Mayener Fundbüchern« des Vereins mustergültig dokumentiert sind. Ein Schwerpunkt der Vereinsarbeit war die Erforschung der – auch römischen – Basaltlavaindustrie von Mayen. 1911 wurde in Neuwied der »Verein für Heimatpflege und Altertumskunde« gegründet. Für die Limesforschung im Koblenzer Raum ist das Wirken G. Loeschckes, des berühmten Archäologen, insofern von Wichtigkeit, als er durch seinen Freund Hettner als Streckenkommissar für den ersten Abschnitt des Limes vom Rheim bis zum Fehrbach bei Höhr-Grenzhausen gewonnen werden konnte. Loeschcke und Hettner unterschieden erstmals zwei zeitlich verschiedene Bauzustände der Limesanlagen. Schüler Loeschckes war Franz Oelmann, der als junger Wissenschaftler bei der Reichslimeskommission tätig war und 1913 Direktorialassistent am Privinzialmuseum Bonn wurde. Neben der Bearbeitung der Einzelfunde des Kastells Ems gelang ihm mit seiner Publikation »Die Keramik des Kastells Niederbieber« 1914 ein Werk, das zu den grundlegenden Werken römischer Keramikforschung zählt.

Die römischen Funde des unteren Ahrtales wurden in dem von Rektor P. Joerres 1907 gegründeten Ahrgau-Museum Ahrweiler gesammelt. In Remagen ist die Römerforschung durch den Bürgermeister Reuleaux in der 2. Hälfte des 19. Jahrhunderts gefördert worden. Anfang unseres Jahrhunderts war es dann vor allem der Apotheker Funck, der in Zusammenarbeit mit dem Bonner Provinzialmuseum (H. Lehner) die Bauperioden des Kastells Rigomagus klärte und ein Museum einrichtete. *Abb 455*

Die Mainzer Römerforschung wurde in der zweiten Hälfte des 19. Jahrhunderts durch eine intensive Forschungstätigkeit des Mainzer Altertumsvereins bestimmt, hinter der die überragende Persönlichkeit eines Ludwig Lindenschmit stand. Im Auftrag des Altertumsvereins entstand zwischen 1875 und 1905 als erste Zusammenfassung der Katalog römischer Inschriften des Mainzer Museums, begonnen von J. Becker und fortgeführt von J. Keller und K. Körber. V. Geissner publizierte in drei Folgen die im Mainzer Museum befindlichen gestempelten Terra-Sigillata-Gefäße (1902–1907). Zu Beginn des 20. Jahrhunderts intensivierte sich die Forschungstätigkeit unter dem Eindruck bedeutender Funde wie der Mainzer Jupitersäule und dem Dativius-Victor-Bogen. *Abb 84, 105* Die rechtliche Grundlage zur Rettung der Bodenaltertümer bot das neue hessische Denkmalschutzgesetz vom 16. 7. 1902. Landespfleger für Bodenaltertümer wurde 1909 E. Anthes. Mit der neuen Blütezeit der Römerforschung sind in Mainz untrennbar die Namen Schumacher, Neeb und Keßler verbunden. Karl Schumacher *Abb 12*

(1860–1934) war nach pädagogischer Tätigkeit in Südwestdeutschland 1887 Assistent am Badischen Landesmuseum in Karlsruhe geworden. Im September 1900 wählte ihn der Vorstand des Römisch-Germanischen Zentralmuseums zum ersten Direktor. Ludwig Lindenschmits Sohn wurde zweiter Direktor. 1906 wurde unter Führung von Karl Schumacher die Mainzer Zeitschrift begründet, die 1909 in Professor Neeb einen langjährigen tüchtigen Schriftleiter fand. Im ersten Band der neuen Mainzer Zeitschrift publizierte K. Schumacher den damaligen Wissensstand über das römische Mainz. Dabei trennte Schumacher erstmals Lager, Zivilsiedlung, Gräberfelder und Villen und schuf so die Grundlage für alle weiteren topographischen Untersuchungen. Die Grabungen von G. Behrens und E. Brenner kurz vor dem Ersten Weltkrieg im Legionslager Mainz waren von K. Schumacher angeregt worden. E. Neeb legte in einer Grabung in Mainz-Weisenau erstmals Teile eines römischen Gräberfeldes systematisch frei. Ihm gelang es auch, Baureste im Bereich des heutigen Mainzer Südbahnhofs als römisches Bühnentheater zu identifizieren. Am eifrigsten aber betrieb Karl Schumacher die römische Siedlungsarchäologie. Im Jahre 1908 publizierte er eine einfarbige archäologische Karte von Mainz und Umgebung. In der Reihe der Handbücher des Römisch-Germanischen Zentralmuseums erschien als Nr. 2 seiner »Siedelungs- und Kulturgeschichte der Rheinlande« die römische Periode im Jahre 1923.

In Trier übernahm nach Graevens frühem Tod E. Krüger im Jahre 1906 die Geschicke des Provinzialmuseums. Als Fortsetzung des Korrespondenzblattes der Westdeutschen Zeitschrift gab Krüger in den Jahren 1908–1916 das Römisch-Germanische Korrespondenzblatt heraus. In jährlicher Folge erschienen die Trierer Jahresberichte, bis im Jahre 1926 die neue Trierer Zeitschrift, Vierteljahreshefte für Geschichte und Kunst des Trierer Landes und seiner Nachbargebiete, herausgegeben wurde. E. Krüger standen in Trier als Direktorialassistenten seit 1911 bzw. 1918 P. Steiner und S. Loeschcke zur Seite. Professor Georg Loeschcke, der die kulturwissenschaftliche Abteilung der kurz vor dem Ersten Weltkrieg konstituierten »Rheinischen Gesellschaft für wissenschaftliche Forschung« übernommen hatte, gelang es 1912, Mittel für die Herstellung einer archäologischen Karte der Rheinprovinz – zunächst für fünf Jahre – zu erhalten. Gedacht war an Blätter der 1-cm-Karte (1:100 000) mit vierfarbigem Überdruck. Man begann die Arbeit mit dem Regierungsbezirk Trier (F. Oel-
Abb 13 mann, F. Drexel). 1920 übernahm Josef Steinhausen (1885–1959) die Weiterarbeit an der archäologischen Karte. Frucht der umfassenden Arbeit dieses gewissenhaften und humorvollen Gelehrten war das Werk »Archäologische Karte der Rheinprovinz I. Ortskunde Trier – Mettendorf (1932)«. Es folgte 1936 das umfassende Werk »Archäologische Siedlungskunde des Trierer Landes«. H. Dragendorff und E. Krüger lieferten
Abb 308, 309 1924 eine umfassende Publikation des berühmten Grabmals der Secundinier, der »Igeler Säule«. W. v. Massow veröffentlichte 1932 die berühmten Grabmäler von Neumagen. Er selbst, einer der besten Kenner provinzialrömischer Kunst, übernahm als Nachfolger von E. Krüger die Leitung des Provinzialmuseums Trier, das seit 1934 wie das Provinzialmuseum in Bonn den Namen »Rheinisches Landesmuseum« annahm.

Abb. 12 Karl Schumacher (1860–1934)

Abb. 13 Josef Steinhausen (1885–1959)

Auf Initiative von S. Loeschcke wurde von 1926 bis 1934 in wirtschaftlich schweren Zeiten ein gewaltiges archäologisches Objekt, die Ergrabung des Kultbezirkes im Trierer Altbachtal durchgeführt. S. Loeschcke führte auch größere Untersuchungen in den römischen Töpfereien im Wald von Speicher-Herforst durch. Wichtige Arbeiten zur römischen Provinzialarchäologie und zum Trevererproblem werden H. Koethe verdankt. *Abb 517*

Im Koblenzer Raum ließ nach dem Ersten Weltkrieg die Tätigkeit der lokalen Altertumsvereine – wohl auch eine Folge der schwierigen wirtschaftlichen und politischen Verhältnisse – spürbar nach und mußte durch eine intensivere Denkmalpflege seitens des Bonner Provinzialmuseums aufgewogen werden. Eine gesetzliche Hilfe bot das preußische Ausgrabungsgesetz von 1914. Trotz eng begrenzter finanzieller Mittel wurden unter H. Lehner und seinem Nachfolger F. Oelmann beträchtliche Leistungen erzielt. J. Hagen publizierte sein bedeutendes Werk »Die Römerstraßen der Rheinprovinz«. H. Aubin schrieb 1926 seinen grundlegenden Aufsatz »Der Rheinhandel in römischer Zeit«. F. Oelmann führte wichtige Untersuchungen an einem gallo-römischen Gutshof bei Mayen durch, zahlreiche römische Gräberfelder wurden untersucht. In Neuwied wurde 1926 ein Kreismuseum eröffnet, das eng mit dem Namen H. Eich (1869–1951) verbunden ist. In den dreißiger Jahren sind Namen von Archäo-

Abb. 14 Gustav Behrens (1884–1955)

Abb. 15 Friedrich Sprater (1884–1952)

logen des Bonner Museums zu nennen, die auch im provinzialrömischen Bereich arbeiteten: K. Böhner, E. Neuffer, H. v. Petrikovits und W. Haberey.

Die Römerforschung in den zwanziger und dreißiger Jahren im Mainzer Raum ist bestimmt durch die starke Persönlichkeit eines G. Behrens (1884–1955). Geboren in Birkenfeld wurde er 1910 nach philologischen und archäologischen Studien Volontär am Römisch-Germanischen Zentralmuseum zu Mainz. In den zwanziger und dreißiger Jahren widmete er einen großen Teil seiner Arbeitskraft der Bodendenkmalpflege, die das Zentralmuseum in den hessischen Provinzen Rheinhessen und Starkenburg betreute. Für diese Aufgabe brachte Behrens Helfer aus allen Teilen der Bevölkerung zusammen, die sich im »Immergrünkreis« lose zusammenfanden. 1926 übernahm G. Behrens nach dem Ausscheiden von K. Schumacher die Leitung des Römisch-Germanischen Zentralmuseums Mainz. In zahlreichen Aufsätzen beschäftigte er sich mit dem römischen Mainz und seinen Bauten, epigraphischen Denkmälern und Funden, ohne daß es ihm vergönnt war, eine zusammenfassende Monographie über das römische Mainz zu schreiben. Auch die politische Entwicklung in den dreißiger Jahren machten ihm, der als »Römling« verschrien war, zu schaffen. Als wichtiger Persönlichkeit ist des ersten Direktors des 1910 neu erstandenen Städtischen Altertumsmuseums Mainz und langjährigen Schriftleiters der Mainzer Zeitschrift Professor Ernst Neeb (1861–1939) zu gedenken, der mit dem zeichentalentierten Kustos P. T. Kessler

Abb 14

die Forschung vorantrieb. Zu erwähnen sind die Arbeiten K. Bittels, der 1928 wichtige Grabungen im Mainzer Legionslager durchführte.
Die Römerforschung in Bingen wurde durch J. Como gefördert. Herausragendes Ergebnis war die Entdeckung des berühmten Binger Arztgrabes im Jahre 1925. *Abb 218*
In Bad Kreuznach wurde die Forschungstradition eines Engelmann und Kohl durch K. Geib fortgesetzt. Der historisch-antiquarische Verein für Nahe und Hunsrück wurde in »Verein für Heimatkunde in Kreuznach« umbenannt. 1932 begann man mit Hilfe der Stadt Kreuznach den Umbau der Kreuzstraßenschule zu einem Museum.
In Alzey wurde der 1906 begründete Verein für »Vaterländische Natur- und Altertumskunde« 1926 in den »Altertumsverein für Alzey und Umgebung« umbenannt. 1929 und 1931 entdeckte F. Behn den berühmten Spolienfund in dem »Skulpturenbau C« auf dem spätrömischen Kastellgelände. Leiter des Museums wurde G. Durst, dem die lokale Forschung zu großem Dank verpflichtet ist.
Die hochherzige Stiftung des Freiherrn von Heyl ermöglichte 1928 in Worms den Ausbau des verfallenen Andreasstiftes zum Städtischen Museum. Mit der Eröffnung dieses Museums im Jahre 1930 übernahm die Stadt Worms die Pflicht für Pflege und Förderung der Sammlungen. 1934 wurden die Museumssammlungen mit der städtischen Gemäldegalerie, der Stadtbibliothek, der Volksbücherei und dem Stadtarchiv zu den »Städtischen Kulturinstituten« zusammengefaßt. Spiritus rector dieser kulturellen Bestrebungen war der Schüler und Nachfolger von A. Weckerling Friedrich-Maria Illert (1892–1966).
In der Pfalz wurde die Römerforschung in der Zeit nach dem Ersten Weltkrieg durch die Persönlichkeit F. Spraters bestimmt. F. Sprater (1884–1952) publizierte 1927 die *Abb 15* westpfälzischen Terra-Sigillata-Manufakturen von Blickweiler und Eschweiler Hof. Den Stand der Römerforschung umriß er in den beiden Bänden seines Werkes »Die Pfalz unter den Römern« (1929/30). Als Beilage zum ersten Band erschien eine wichtige Karte der römischen Fundstellen in der Pfalz. Große Verdienste erwarb sich Sprater in der Bodendenkmalpflege, indem er ehrenamtliche Bodendenkmalpfleger in allen wichtigen Orten einsetzte.
Der Zweite Weltkrieg stellt einen scharfen Einschnitt in der Geschichte der Römerforschung unseres Landes dar. Mit zunehmendem Bombenkrieg erlitten viele Museen und Denkmalämter schwerste Gebäude- und Sachschäden. Als Beispiel sei auf die schweren Zerstörungen im August 1942 im Römisch-Germanischen Zentralmuseum Mainz und im Altertumsmuseum Mainz (jetzt Landesmuseum Mainz) hingewiesen. Nach Kriegsende begann 1945 der mühsame Wiederaufbau der Museen und der Denkmalpflege. Im Mainzer Raum ist er mit den Namen V. Arens, G. Behrens, K. Böhner, K. H. Esser, H. J. Hundt, H. Klumbach, H. Menzel, W. v. Pfeffer, H. Schermer, B. Stümpel und W. Volbach verbunden. G. Behrens leitete bis 1952 die Geschicke des Römisch-Germanischen Zentralmuseums Mainz und gleichzeitig die Bodendenkmalpflege in Rheinhessen. W. Volbach trat die Direktorenstelle am Römisch-Germanischen Zentralmuseum 1954 an, die Bodendenkmalpflege in Rheinhessen übernahm

H. Schermer vom Altertumsmuseum Mainz im Jahre 1953, der aber schon 1955 durch einen allzu frühen Tod der Forschung entrissen wurde. Seine Nachfolge trat B. Stümpel an, der 1956 Leiter des neubegründeten Landesdienstes für Vor- und Frühgeschichte wurde.

Im Trierer Raum gelang es unter kaum mehr vorstellbaren Mühen das Rheinische Landesmuseum und die Trierer Denkmalpflege nach dem Zweiten Weltkrieg wieder aufzubauen. Hier leisteten der Nachfolger W. v. Massows im Direktorenamt H. Eiden und seine Mitarbeiter (E. Gose, W. Reusch u. a.) hervorragende Arbeit, die 1956 zur Wiedereröffnung des Rheinischen Landesmuseums führte. In dieser schweren Zeit eröffneten sich durch die schweren Kriegszerstörungen Untersuchungsmöglichkeiten, die weitgehend genutzt wurden.

Die erste Phase des Wiederaufbaus der Römerforschung in der Pfalz ist noch mit dem Namen F. Spraters verbunden, von dessen Alterswerken »Das römische Rheinzabern« (1948) und »Das römische Eisenberg« (1952) genannt seien. Mit der Einrichtung des Landesdienstes für Vor- und Frühgeschichte der Pfalz im Jahre 1956 begann eine fruchtbare Forschungsperiode.

Der Wiederaufbau von Museen und Römerforschung in Worms wird nach dem Zweiten Weltkrieg F. M. Illert und seinem Sohn und Nachfolger G. Illert verdankt.

Im Koblenzer Raum ist der Wiederaufbau einer Römerforschung eng mit dem Namen J. Röder (1914–1975) verbunden, der ab 1956 den neubegründeten Landesdienst für Vor- und Frühgeschichte im Koblenzer Raum leitete. Ausgebildeter Archäologe und Ethnograph konnte er wichtige Ergebnisse zum Steinabbau (Basalt, Tuff) im Koblenzer Raum in römischer Zeit publizieren. Hingewiesen sei auf seine Arbeiten im Lagervicus von Andernach, die Entdeckung römischer Wasserleitungssysteme in der Pellenz und die Aufdeckung des berühmten spätrömischen Frauengrabes von St. Aldegund. 1964 eröffnete er die Staatliche Sammlung für Vorgeschichte und Volkskunde, die 1971 in »Landesmuseum Koblenz, Staatliche Sammlung technischer Sammlung« umbenannt wurde.

Die Wiedereröffnung der kleineren Museen im Koblenzer Raum mit wichtigen römischen Sammlungen nach dem Zweiten Weltkrieg ist mit den Namen F. Hörter (Eifelmuseum Mayen), H. Hunder (Museum Andernach) und J. und R. Schütz (Kreismuseum Neuwied) verbunden. Die Neuordnung des Museums Remagen wird S. Gollub verdankt. In den fünfziger Jahren entdeckten Ahrweiler Hobbyarchäologen unter der Leitung des Museumsleiters Lilienthal vom Ahrgaumuseum römische Mauerreste und Schlackenplätze im Ahrweiler Stadtwald. Der Leiter des Institut für Vor- und Frühgeschichte der Universität Bonn, O. Kleemann, setzte im Bereich einer römischen Villa rustica mit Öfen und Werkplätzen zur Eisenverarbeitung eine mehrjährige Ausgrabung an, die er in den sechziger Jahren mit erfolgreichen Geländebegehungen im Kreisgebiet Ahrweiler verband. Der Initiative O. Kleemanns ist auch die Errichtung eines Museums in Sinzig zu verdanken. Eine Neubegründung der beginnenden achtziger Jahre ist das Pellenzmuseum in Nickenich mit seinem Förderverein.

Die römische Geschichte in Rheinland-Pfalz

von Helmut Bernhard

Die Kelten

Die Bewohner des Mittelmeerraumes zeigten bereits Jahrhunderte vor den caesarisch/augusteischen Eroberungszügen Interesse an Land und Leuten nördlich der Alpen. Literarische Zeugnisse dieser Kontakte sind kaum aussagekräftig.
Der Grieche Hekataios bezeichnete gegen Ende des 6. Jahrhunderts v. Chr. die Bewohner im Hinterland der griechischen Kolonie Massilia/Marseille als Kelten. Sein Landsmann, der Geschichtsschreiber Herodot, erwähnte um 450 v. Chr., daß die Quellen der Donau im Land der Kelten lägen. Mit diesen Aussagen sind keinerlei Kenntnisse über die Bewohner unseres Raumes zu gewinnen. Der archäologische Befund führt hier weiter. Südwestdeutschland lag im 6. Jahrhundert v. Chr. in einer weitgehend einheitlichen Kulturzone, die den Mittelgebirgsraum von Nordostfrankreich bis Böhmen umfaßte. In Nachahmung mediterraner Sozialstrukturen bildeten sich in der Kernzone dieses Raumes befestigte Fürstensitze und überaus reiche, z. T. mit mittelmeerländischen Importgütern ausgestattete Grablegen unter mächtigen Hügeln heraus. Die Güter des Südens wie Wein in massiliotischen Amphoren, griechische Keramik, Bronzen und vieles andere mehr deuten intensiv auf Handelsverbindungen hin. Welche Güter im Gegenzug über die Alpen und rhoneabwärts gingen, ist nur zu erahnen. Neben Sklaven waren es wohl in der Hauptsache landwirtschaftliche Produkte. Monopole im Handel begünstigten einzelne Familien, die ihren Reichtum und ihre Macht in aufwendigen Siedlungen auf Höhenzügen (etwa die Heuneburg an der oberen Donau) und Luxusgütern zum Ausdruck brachten. Sicherlich war auch der Raum an Rhein und Mosel in Einflußzonen solcher Familien aufgeteilt.
Nach 480 v. Chr. strömten aus dieser nördlichen Randzone kulturelle wie religiöse Einflüsse in den Kernbereich der Hallstattkultur und führten zu erheblichen Umwälzungen. Einen wesentlichen Einfluß auf diese Entwicklung scheinen die Bewohner zwischen Mittelrhein, Saar und Mosel genommen zu haben. Dort finden sich seit 450 v. Chr. die Zentren wirtschaftlicher Macht, die sich durch »Fürstengräber« wie Bad Dürkheim, Rodenbach, Schwarzenbach oder Weißkirchen usw. kundtun. Man ist gewohnt, die Bevölkerung seit dieser Zeit mit den literarisch bezeugten Kelten gleichzu-

setzen. Die Grundlage für den wirtschaftlichen Aufschwung dieser Region wird man sicherlich in der rentablen Ausbeute der reichen Eisenerzlager sehen können.
Die intensiven Handelsverbindungen mit dem Süden weckten schließlich bei den Kelten auch Begehrlichkeiten. Die Keltenwanderungen, die gegen 400 v. Chr. einsetzten, hatten sicherlich vielschichtige Ursachen. Da der Mittelmeerraum nunmehr unmittelbar betroffen war (387 Plünderung Roms, 279 Kelten vor Delphi), sind die antiken Quellen über die Ereignisse und die Völker ausführlicher. Livius und Pompeius Trogus nennen als Hauptgrund für die Wanderungen Übervölkerung. Aber auch interne Fehden und reine Eroberungslust mögen Antrieb für die Bewegung in der keltischen Welt gewesen sein, die Oberitalien bis zum Apennin zum keltischen Siedlungsgebiet machte. Erst mit der Ausweitung der römischen Macht nach Norden ging die keltische Selbständigkeit seit 225 v. Chr. zugrunde.
Im 2. Jahrhundert v. Chr. entstanden im erheblich erweiterten keltischen Siedlungsraum zwischen der ungarischen Tiefebene und Ostfrankreich stadtartige Siedlungen (Oppida), die wiederum in Nachahmung südlicher Siedlungsformen zentrale Aufgaben als Stammesmittelpunkte, Marktflecken und Industriezentren wahrnahmen. Die Sozialstruktur, teilweise mit Königen, viel häufiger aber mit einflußreichen Adelsfamilien in mächtigen Stammesverbänden blieb bis zu Caesars Gallischem Krieg weitgehend bestehen.

Kimbern und Teutonen

Zwischen 113 und 101 v. Chr. traten erstmals Stämme ins Licht der Geschichte, die ursprünglich weit nördlich des keltischen Siedlungsbereiches wohnten, und sich bedingt *Abb 16* durch Überbevölkerung, Sturmfluten oder auch aus reinem Wandertrieb auf den Weg nach Süden machten. Nach Poseidonius war erstes Ziel das Land der keltischen Bojer in Schlesien und Böhmen. 113 v. Chr. hatte der Zug bereits das inneralpine Norikum erreicht. Dort heimsten sich herbeigeeilte römische Truppen eine vernichtende Niederlage ein. Die drastische Neuorganisation des römischen republikanischen Heeres unter Marius führte dann 102 v. Chr. bei *Aquae Sextiae* zur Vernichtung der Teutonen und Teilen der verbündeten keltischen Kriegsscharen. Die bereits ostwärts durch die Alpen gezogenen Kimbern wurden im folgenden Jahr bei *Vercellae* in Oberitalien vernichtet.
Erstmals seit Hannibals Kriegszug war Italien wieder von den Alpen her in akute Gefahr geraten; ein Grund mehr, die Entwicklungen nördlich der Alpen in der Folgezeit immer wachsam im Auge zu behalten. Mit den Kimbern- und Teutonenzügen waren erstmals auch Völker in Erscheinung getreten, die nicht mit den seit Jahrhunderten bekannten Kelten in Verbindung standen.

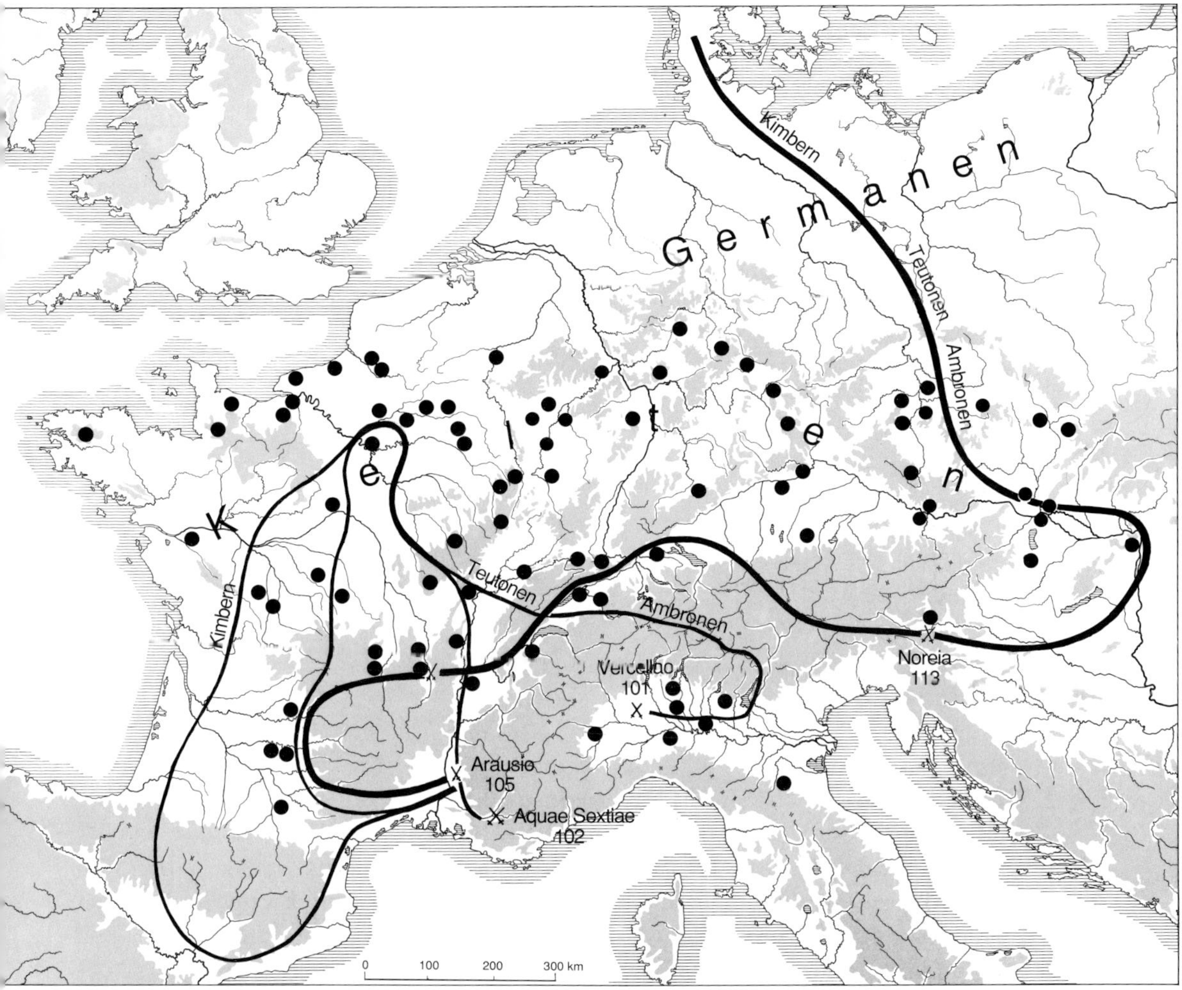

Abb. 16 Keltische Oppida und die Züge der Kimbern und Teutonen. Ihnen schlossen sich die Ambronen, eine Völkerschaft unbestimmter Herkunft, an.

Caesar und die Gallier

Im 2. Jahrhundert v. Chr. war neben dem keltisch besiedelten Oberitalien (*Gallia cisalpina*) auch das Hinterland der reichen griechischen Kolonie *Massilia*/Marseille mit keltischer Bevölkerung als Provinz *Gallia Narbonensis* oder *Gallia transalpina* (zwischen 125 und 118 v. Chr.) dem Römischen Reich eingegliedert worden. Damit war in erster Linie eine Landverbindung nach Spanien gewonnen. Nunmehr reichten die römischen Interessen nach Norden bis an den Genfer See. Das gesteigerte Interesse, wenn nicht sogar Begehrlichkeiten Roms am »freien Gallien« wurde auf diese Weise zumindest unterschwellig geweckt. Zum Vollzug fehlte lediglich die geeignete Person und ein geeigneter Vorwand.

Abb. 17 Gaius Iulius Caesar

Abb 17 Diese fand sich in dem über alle Maßen ehrgeizigen Gaius Iulius Caesar. 58 v. Chr. erhielt er als Konsul des Jahres 59 auf fünf Jahre als Provinz Oberitalien (*Gallia cisalpina*) und auf Beschluß des Senates noch zusätzlich das jenseitige Gallien (*Gallia Narbonensis*) zur Verwaltung hinzu. Als Truppen standen Caesar vier Legionen zur Verfügung. Die Entwicklung an der Nordgrenze machte bereits 58. v. Chr. ein rasches Eingreifen in Angelegenheiten des freien Gallien notwendig. Nachdem mit den Arvernern der einstmals mächtigste Stamm Galliens 122 v. Chr. besiegt worden war, sahen sich die nördlich benachbarten Häduer als Herren Mittelgalliens. Die östlich benachbarten Sequaner wollten den Häduern diesen Rang streitig machen, holten als Verbün-
Abb 18 dete die germanischen Scharen des Ariovist über den Rhein und besiegten 62 v. Chr. bei dem bislang nicht genau lokalisierten Magetobriga die Häduer. Ariovist verlangte von den Sequanern ein Drittel des Ackerlandes, so daß sich für diese der Sieg als ein zweifelhafter Gewinn herausstellte.

Verschärft wurde die Lage durch das Ansinnen der Helvetier, aus ihren alten Stammessitzen auswandern, um den fast täglichen Gefechten mit den Germanen zu entgehen. Diese Auswanderungsbestrebungen lieferten Caesar den Grund zum Eingreifen in die inneren Verhältnisse Galliens. Er besiegte die Helvetier bei *Bibracte* und verwies sie in ihre alten Stammessitze. Ariovist wurde 58 v. Chr. vermutlich bei Mühlhausen im El-

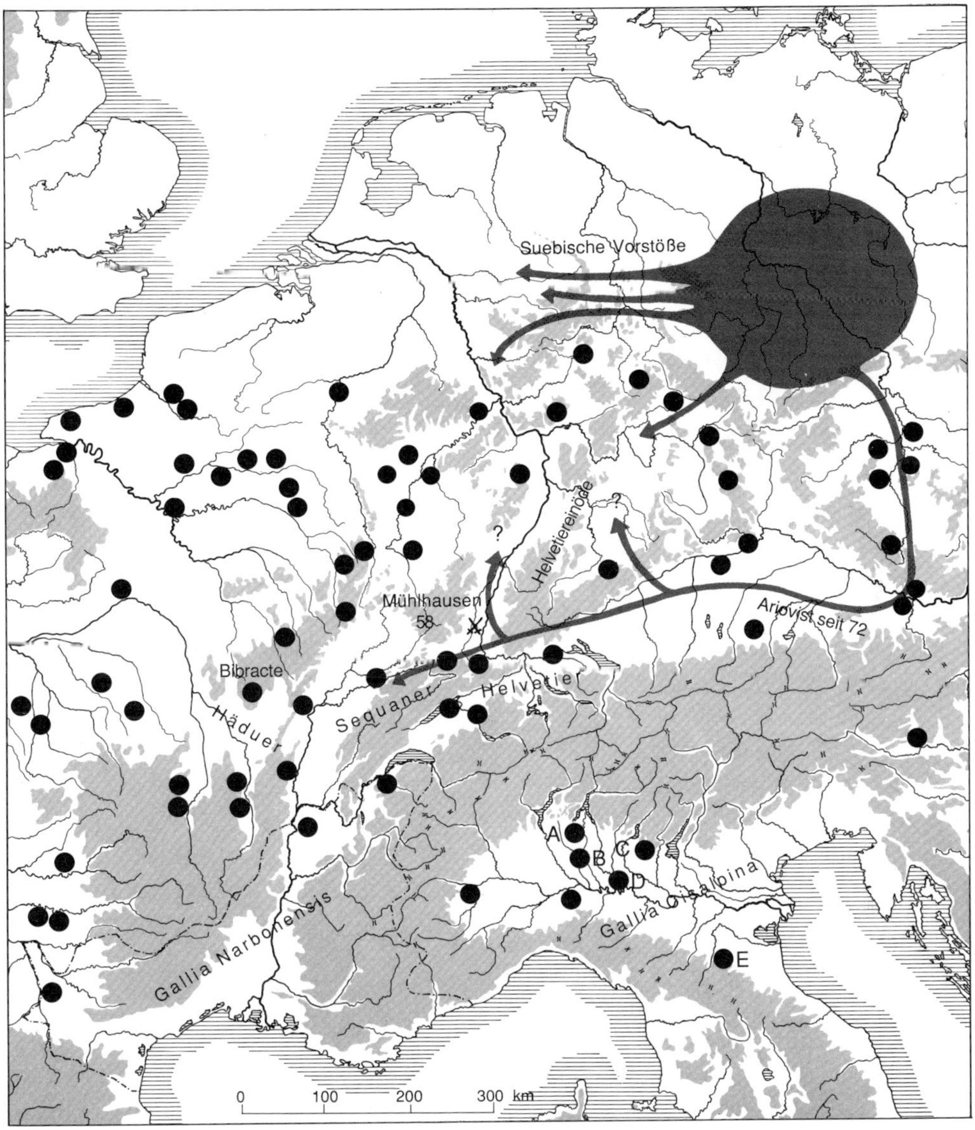

Abb. 18 Zug des Ariovist und keltische Oppida. In Oberitalien sind aus einigen Oppida römische Bürgerkolonien (A–E) entstanden (n. Lenz/Bernhard)

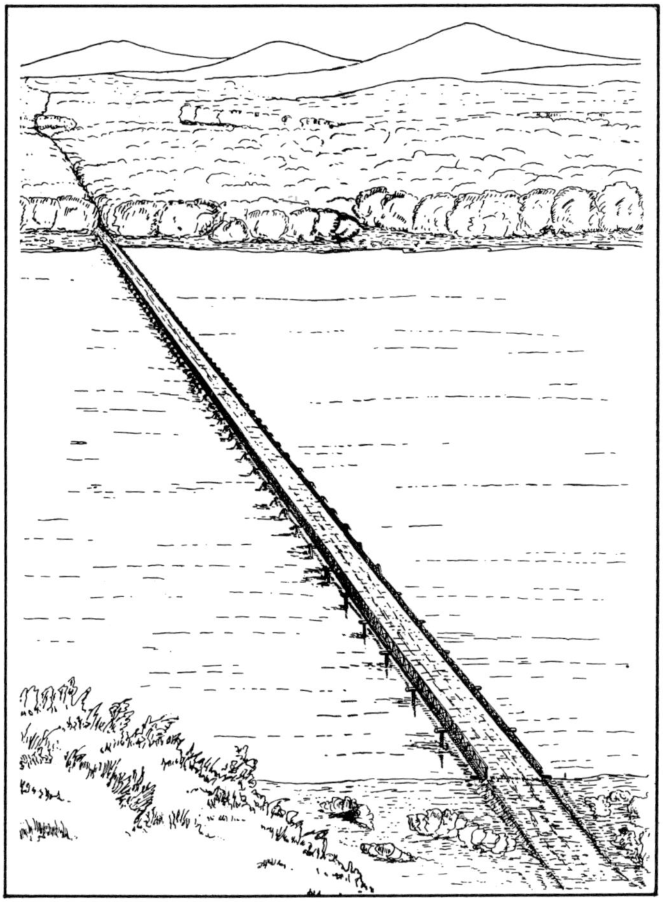

Abb. 19 Caesars Rheinbrücke (n. Saatmann u. a.)

saß vernichtend von Caesar geschlagen und über den Rhein zurückgetrieben. Damit war der bis 50 v. Chr. andauernde Gallische Krieg begonnen, der südliche Oberrhein nun unter römischem Einfluß. Diese Grenzzone blieb künftig von militärischen Ereignissen verschont, das Kriegsgeschehen verlagerte sich nach Mittelgallien und an den Mittelrhein.

Die Einflußnahme Caesars in Mittelgallien führte 57 v. Chr. zu einem Bündnis der nördlich benachbarten Stämme der Belger. Mit Ausnahme der Remer stellten sich Nervier, Viromanduer, Atrebaten und Atuatuker gegen Caesar und unterlagen. Der Feldzug des Jahres 56 richtete sich gegen die Küstenvölker am Atlantik. Damit schien ganz Gallien unterworfen und befriedet.

Gleichzeitig mit den Unternehmungen des Ariovist am Oberrhein rückten suebische *Abb 18* Scharen gegen Mittel- und Niederrhein vor und bedrängten die beidseits des Flusses siedelnden Stämme. Darauf überquerten die rechts des Rheins siedelnden Usipiter und

Tenkterer den Rhein. Durch Caesars Eingreifen konnten sie im Gebiet der Eburonen vernichtet werden. Offenbar standen 56 die Treverer, deren Siedlungsgebiet bis an den nördlichen Oberrhein und an den Mittelrhein reichte, im Bündnis mit den Römern. Zumindest aber duldeten sie die Stationierung römischer Truppen unter dem Legaten T. Labienus im Jahr 56 und den Durchzug der römischen Streitmacht 55. Auch die Ubier, die auf der östlichen Seite des Neuwieder Beckens siedelten, waren mit Rom befreundet, so daß innerhalb von zehn Tagen eine Brücke über den Rhein geschlagen *Abb 19* werden konnte, das Heer übersetzen und die feindlichen Gebiete, vor allem wohl im Bereich der Sugambrer, verwüsten konnte. Diese hatten die Usipiter und Tenkterer unterstützt. Die hervorragende Pionierleistung des Brückenbaus und die Strafexpedition mit vier Legionen und zahlreicher Reiterei (über 20 000 Mann) sollte den Feind vor allem vor weiteren Einfällen abschrecken.

Nach der 1. und 2. britannischen Expedition (55 und 54) wurde 53 ein weiterer Rheinübergang notwendig. Diesmal stellten sich die Treverer gegen Caesar, nachdem eine romfeindliche Adelspartei unter Indutiomarus die Oberhand gewonnen hatte. Eine Mißernte brachte für die Versorgung der römischen Truppen ernste Probleme, so daß 54/53 eine Aufteilung der Legionen in mehrere Winterlager notwendig wurde. Diese Aufsplitterung und die Kenntnis von erheblichen römischen Verlusten beim 2. Britannienfeldzug machten die nordgallischen Stämme wagemutig. Der Angriff der Eburonen unter ihrem Führer Ambiorix auf das Winterlager des Q. Turius Sabinus bei Aduatuca in eburonischem Gebiet endete mit der Vernichtung der Legion. Der Legat Q. Cicero im Gebiet der Nervier entging knapp dem gleichen Schicksal, weil Caesar in Eilmärschen noch rechtzeitig eingreifen konnte. Daraufhin wurde die Belagerung des dritten Winterlagers mit den Truppen des Labienus an der treverisch/remischen Stammesgrenze aufgegeben. Ein erneuter Angriff der Treverer auf das Lager führte zum Tod des Indutiomarus. Dennoch blieb der treverische Widerstand ungebrochen. Erst das Eingreifen Caesars führte zur Aufgabe der Aufständischen. Die Führer der caesarfeindlichen Trevererpartei flüchteten zu den rechtsrheinischen Germanen. Cingetorix, dem Schwiegersohn des Indutiomarus, der Caesar von Anfang an freundlich gesinnt war, wurde die Führung der Treverer übertragen. Das Gebiet der Eburonen wurde verständlicherweise am stärksten verwüstet. Nach Caesars Angabe wurden diese sogar ausgerottet.

Der zweite Rheinübergang, wenig oberhalb der alten Stelle, sollte wiederum die römische Macht demonstrieren und die östlich des Flusses siedelnden Stämme von Übergriffen abschrecken, nachdem der Eburonenführer Ambiorix zu den rechtsrheinischen Stämmen geflohen war.

Im großen gallischen Aufstand des Jahres 52, den der Arverner Vercingetorix angezettelt hatte, fehlten bezeichnenderweise Treverer und Eburonen. Dagegen werden erstmalig die Mediomatriker mit einem Aufgebot benannt. Der Aufstand scheiterte nach Anfangserfolgen mit der Belagerung des Oppidums Alesia und der Gefangennahme des Vercingetorix.

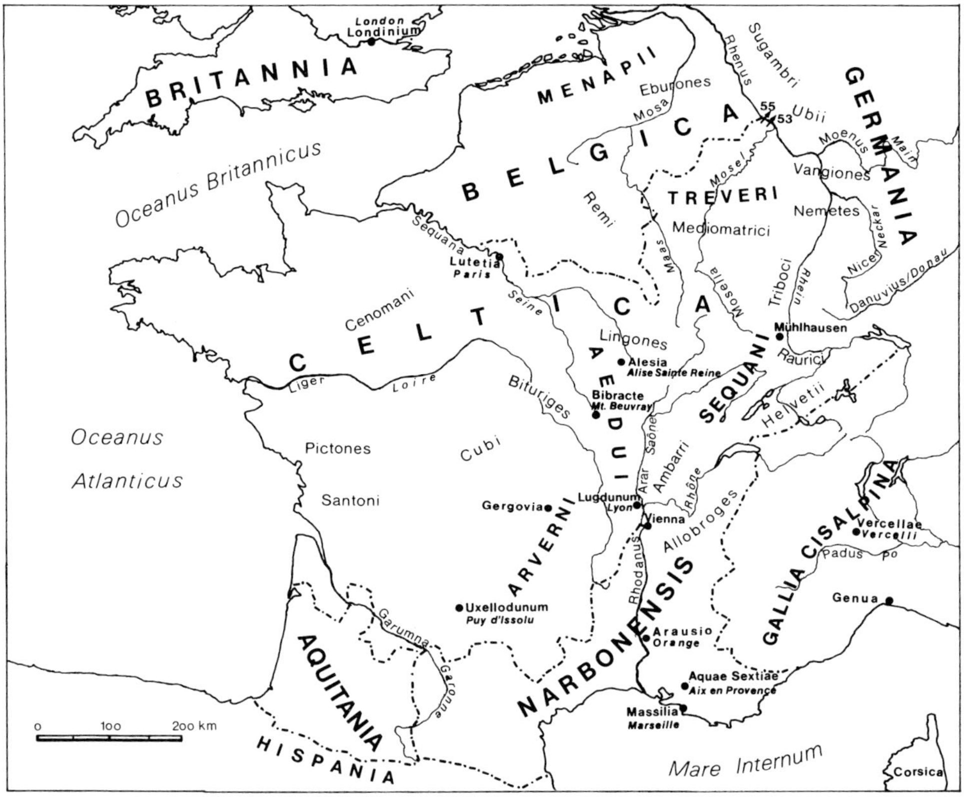

Abb. 20 Gallien zur Zeit Caesars (n. Filtzinger)

51 erhoben sich die Treverer mit germanischer Unterstützung erneut, dies ein Zeichen, daß Cingetorix nicht Herr der Lage war. Der Aufstand scheiterte an der Kampfkraft von nur zwei Legionen unter Labienus. Auch scheinen sich nochmals die Eburonen erhoben zu haben, was zu einer weiteren, sicher endgültigen Verwüstung ihres Gebietes führte.

Eine Heerschau aller römischen Truppen im westlichen Randgebiet der Treverer im Jahr 50 sollte die überlegene römische Macht und Vergeblichkeit weiterer Aufstände verdeutlichen. Nach acht Jahren Krieg war Gallien ein ausgeblutetes Land. Die Stammesschätze waren geplündert, die einstmals florierende Goldwährung ruiniert und Teile der aufständischen Bevölkerung in die Sklaverei verkauft. Die einstmals blühenden städtischen Zentren (Oppida) waren verwaist, die ländlichen Siedlungen vielfach zerstört. Die Rückkehr Caesars nach Italien und der Beginn des Bürgerkrieges verhinderten zunächst eine Neugliederung Galliens. Die verbliebenen Truppen reichten aus, Gedanken an weitere Aufstände gar nicht erst aufkommen zu lassen.

Keltische Stämme zur Zeit Caesars an Rhein, Mosel und Saar

Die *commentari de bello Gallico* Caesars, zunächst als Rechtfertigung aller Maßnahmen gegenüber dem Senat verfaßt, sind eine unschätzbare Quelle für die Geschichte, Ethnographie und Geographie Nordgalliens. Nicht nur werden erstmals die einzelnen Stämme genannt und hinreichend lokalisiert, sondern auch ihre Gebräuche, Stammesverfassungen, Kampfesweise usw. erklärt. Vielfach enthalten sie teilweise tendenziöse und subjektive Beurteilungen, im ganzen müssen die Ausführungen aber als hinreichend glaubhaft gewürdigt werden, zumal weitere zeitgenössische Angaben zur Überprüfung nicht zur Verfügung stehen.

Die Mediomatriker

Dieser keltische Stamm spielte während des Gallischen Krieges nur eine untergeordnete Rolle. Erst im Zusammenhang mit dem großen gallischen Aufstand von 52 wird er mit der Entsendung von 5000 Kriegern benannt. Das Stammesgebiet in caesarischer Zeit umfaßte als Kern den Raum der Civitas Mediomatricorum der Kaiserzeit, reichte aber westwärts über die Maas bis in das Gebiet um Verdun. Im Osten reichte ihr Territorium über die Vogesen hinweg an den Rhein im oberen Elsaß. Im Süden grenzten die Mediomatriker an die Leuker, im Norden an die Treverer. Projiziert auf eine heutige Landkarte gehörten das Oberelsaß, die Südpfalz, der Raum um Pirmasens und Zweibrücken, der Bliesgau im Saarland und als Kernraum Lothringen zum Stammesgebiet. Ein überörtliches Zentrum (Oppidum), das in der Bedeutung dem kaiserzeitlichen Hauptort *Divodurum*/Metz voranging, ist erst neuerdings im Stadtgebiet von Metz entdeckt worden.
Weiterhin gab es eine größere Zahl von kleinen Höhensiedlungen, die in der Terminologie Caesars als *castella* zu gelten haben. Zu nennen sind die Anlagen Heidelsburg, Maimont, Ernolsheim, Saverne-Usspanne, Hèrapel-Forbach. Weitere archäologische Quellen sind im Mediomatrikergebiet mehr als spärlich, so daß über die Siedlungs- und Bevölkerungsstruktur zur Zeit Caesars vorerst keine Aussagen möglich sind.

Die Treverer

Der hervorragende archäologische Forschungsstand im nördlich anschließenden Treverergebiet gibt dagegen ein anschauliches Bild vom Leben dieses bedeutenden keltischen Stammes, der sich teilweise germanischer Abkunft rühmte. Der Name wird erstmals 58 genannt, als eine treverische Gesandtschaft Caesar von der Bedrängnis durch 100 Suebengaue, wohl im Bereich des Mittelrheines, berichtet. Im Zusammenhang mit den beiden Rheinübergängen 55 und 53 und dem Aufstand erfahren wir Näheres über diesen Volksstamm. Wir hören von rivalisierenden Adelsparteien unter Indutiomarus und Cingetorix, die Ausdehnung des Trevererergebietes von der Maas bis an

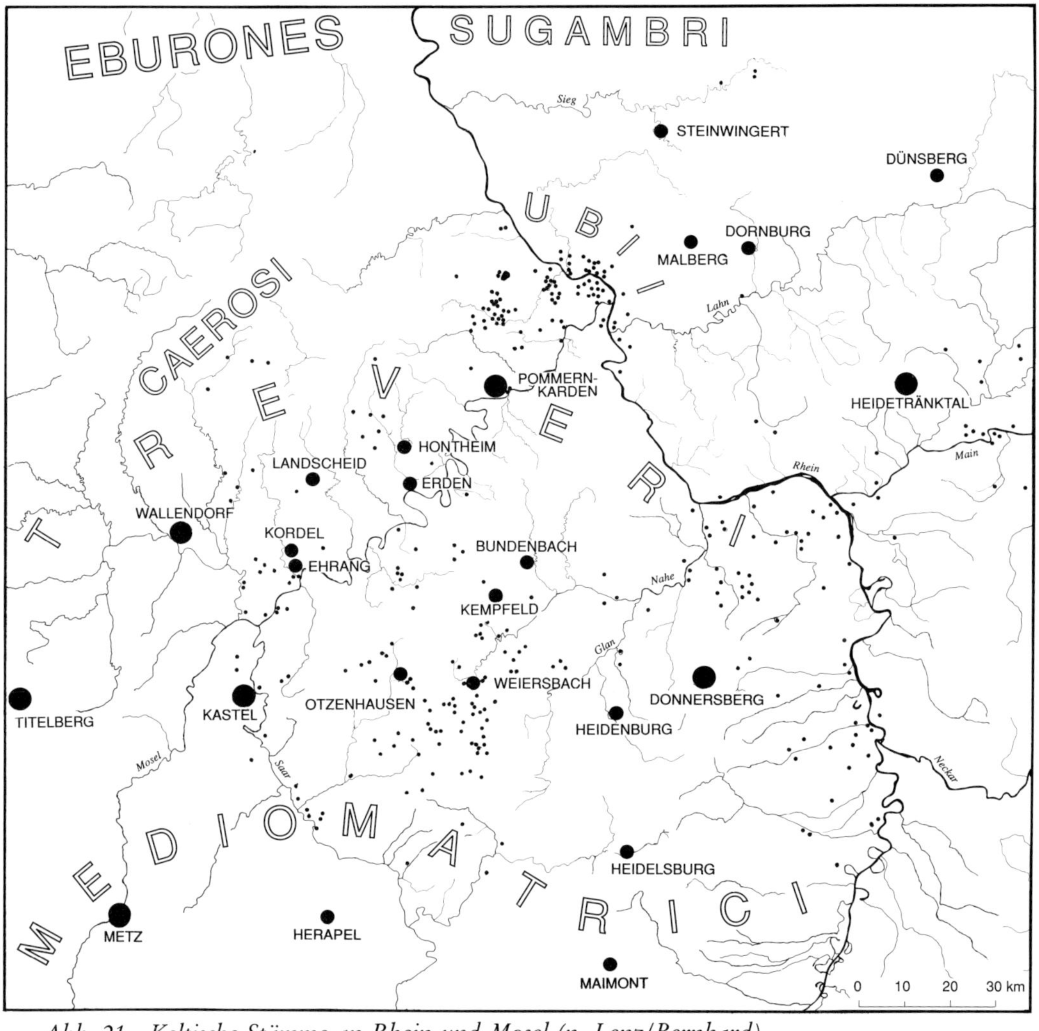

Abb. 21 Keltische Stämme an Rhein und Mosel (n. Lenz/Bernhard)

den Rhein mit den *Silvae Arduennae* – Ardennen, Hunsrück und Eifel – wird beschrieben. Die genaue Ausdehnung des Treverergebietes zur Zeit Caesars ergibt sich wieder aus der Kombination verschiedener Nachrichten, vor allem aus der Größe der *civitas Treverorum* zur Kaiserzeit. Ebenso wie die Mediomatriker verloren die Treverer in der Kaiserzeit ihre oberrheinischen und mittelrheinischen Gebiete. Im Westen reichten sie an die Remer und im Norden an die Kleinstämme der Caerosen und Segner und an den größeren Stamm der Eburonen. Alle drei Gruppen standen in Tributverhältnis zu den Treverern.

Caesar nannte zwar die führenden Adligen, nicht aber deren Oppida oder Castella. Wahrscheinlich waren diese Anlagen nicht direkt in kriegerische Handlungen verwikkelt und blieben deshalb unerwähnt.

Im Treverergebiet sind immerhin sechs Oppida (Titelberg, Kasselt, Castel, Otzenhausen?, Martberg und wohl auch der Donnersberg) und mindestens acht kleinere Bergfestungen (Castella) archäologisch nachzuweisen.

Die Oppida dienten mit ihren großen Einwohnerzahlen dem Warenumschlag und der Produktion handwerklicher Güter. Zumindest für den Titelberg und den Martberg ist Münzprägung nachzuweisen. Der Titelberg, im Westen des Treverergebietes, im heutigen Luxemburg gelegen, spielte eine bedeutende Rolle. Mit 42 ha umwallter Innenfläche hatte diese keltische Stadt ihre wirtschaftliche Blüte sogar erst in der Zeit nach dem Gallischen Krieg. Durch die Anlage der wichtigen Straße von *Lugdunum*/Lyon, *Divodurum*/Metz über die neugegründete *Augusta Treverorum*/Trier zum *Oppidum Ubiorum*/Köln unter dem Statthalter Vipsanius Agrippa geriet der Titelberg abseits der Handelswege und verkümmerte dann zu einem kleinen Vicus. Die Oppida von Kasselt bei Wallendorf mit etwa 42 ha und Castel an der Saar mit 40 ha Innenfläche teilten das gleiche Schicksal. Der Ringwall von Otzenhausen im Saarland gehört mit

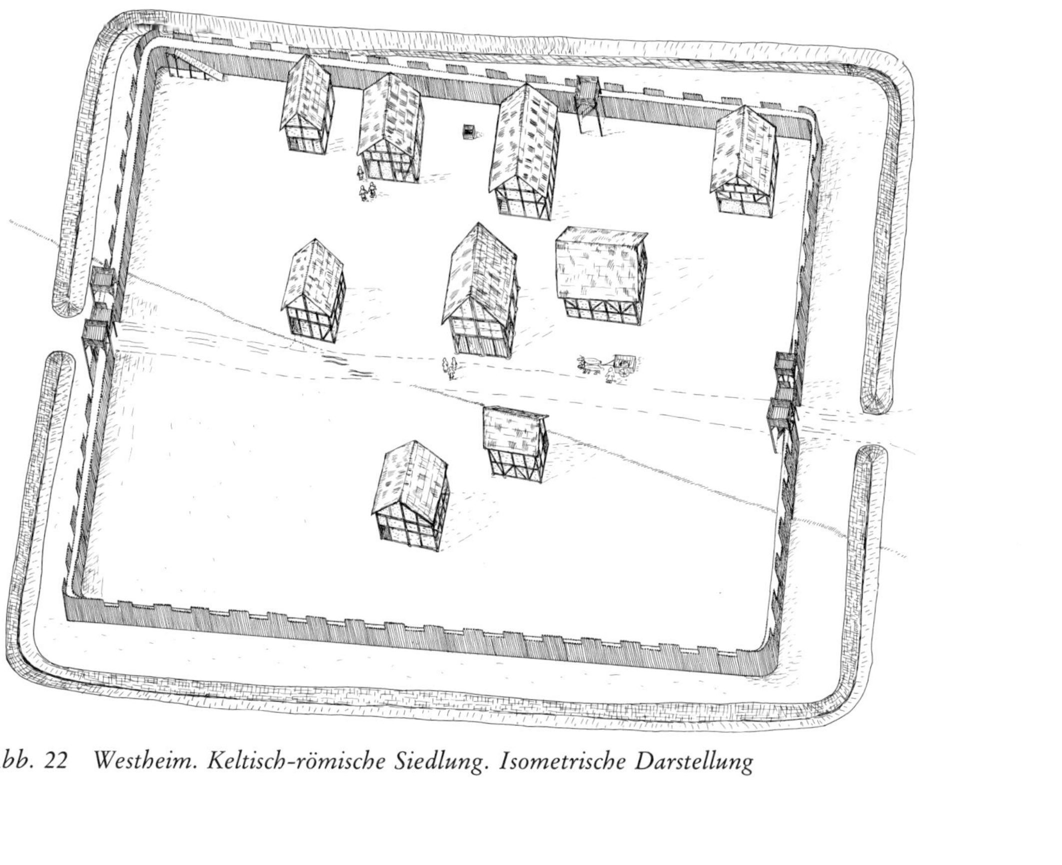

Abb. 22 Westheim. Keltisch-römische Siedlung. Isometrische Darstellung

10 ha Fläche zu den kleineren Anlagen. Als wichtigstes Zentrum an der Untermosel gilt seit den neuesten Forschungen der Martberg bei Pommern-Karden mit einer umwallten Innenfläche von 40 bzw. 70 ha. Ganz im Osten, wohl noch im Treverergebiet, liegt das Oppidum auf dem Donnersberg, dessen Wälle eine Fläche von 240 ha umschlossen, in caesarischer Zeit aber schon viel kleiner war und wenig später völlig aufgelassen wurde.

Ein weiterer Siedlungstyp war das sog. Castellum, das als Wohnsitz von Adelsfamilien mit ihren Hintersassen anzusprechen ist. Mit ein bis zwei Hektar Innenfläche boten diese Anlagen Platz für Adelshöfe und eine dorfartige Ansiedlung mit kleineren Wohnbauten und Vorratsspeichern. Im Treverergebiet gehören zu diesem Siedlungstyp noch die Burgwälle von Bundenbach, Ehrang, Kempfeld, Landscheid, Erden, Kordel, Weiersbach und Kreimbach.

Unter »aedificia« sind mit Caesar wohl kleine Höfe oder Weiler auf dem flachen Land zu verstehen. Sind solche Anlagen bisher auch kaum erforscht, so gehören doch die meisten bekannten Funde zu diesem Siedlungstyp. Manche Anlagen erreichten die Größe von Dörfern und waren zusätzlich befestigt, wie die neuerlich entdeckte Siedlung Hambach bei Düren im Eburonengebiet zeigt, oder waren kleine Gehöfte wie
Abb 610, 22 Westheim, ebenfalls mit Wall und Graben gesichert.

Vor allem die zahlreichen Grabfunde des Treverergebietes gehören zu Friedhöfen dieser ländlichen Bevölkerungsgruppe. Bestattungsplätze wie Goeblingen-Nospelt, Hoppstädten-Weiersbach, Horath, Wederath – als Gemeinschaftsnekropole mehrerer Höfe – Biewer, Euren, Olewig, oder im Osten des Treverergebietes Bingen-Sponsheim, Dromersheim, Wöllstein, Wallertheim usw. zeigen den sozialen Stand und die Wirtschaftskraft dieser Bevölkerung. Die beiden reichen Gräber von Goeblingen-Nospelt mit Bronzegeschirr sind ebenso wie die Wagengräber von Hoppstätten Ausdruck feudaler Lebensweise, die sich im Totenkult noch zu erkennen gibt. Die Verteilung der Grab- und Siedlungsfunde deutet auf eine systematische Erfassung des besiedelbaren Landes hin. Dennoch lassen sich im Treverergebiet bestimmte Besiedlungszentren erkennen, die nicht allein auf unterschiedlichem Forschungsstand beruhen können. Am Mittelrhein erkennt man ein Zentrum zwischen Neuwied und Mayen, am nördlichen Oberrhein in Rheinhessen und dem Nordteil der Pfalz und schließlich zwischen dem Oberlauf der Nahe und dem Hochwald.

Das Gebiet der Ubier

Caesars Rheinübergänge erfolgten im Gebiet der Ubier, zu denen freundschaftliche Beziehungen bestanden. Ihr Siedlungsraum läßt sich heute kaum mehr abgrenzen. Archäologisch faßbare Siedlungszentren sind allenfalls um Neuwied und bei Braubach an der Lahnmündung zu erkennen, da die Mittelgebirgszone des Westerwaldes landwirtschaftlich wenig günstig und daher siedlungsarm ist. Das umfangreiche Fundmaterial der rheinnahen Bereiche entspricht völlig dem des keltischen Kulturkreises;

so wurde z. B. in dem reich ausgestatteten Grab 2 von Heimbach-Weis ein Angehöriger der Oberschicht mit Kampfwagen, Bärenfell und flügelgeschmücktem Helm nach 50 v. Chr. beigesetzt. Zeigt die Ausstattung mehrheitlich keltische Züge, so widerspricht dies Caesars Aussage von der germanischen Herkunft der Ubier. Im 3. oder 2. Jahrzehnt v. Chr. wurden diese in die ehemaligen Stammesgebiete der Eburonen umgesiedelt, ihr altes Siedlungsgebiet vielleicht dann von den Chatten besetzt.

Die Gebiete der Eburonen, Segner, Condrusen, Paemaner und Caerosen

Die Stämme gelten bei Caesar als Tributpflichtige der Treverer. An gleicher Stelle werden sie den linksrheinischen Germanen (*Germani cisrhenani*) zugewiesen, obgleich noch im ersten Jahr des Gallischen Krieges für Caesar der Rhein unzweifelhaft die Grenze zwischen Kelten und Germanen darstellte. Damit sagte Caesar aus, daß auch westlich des Rheines Völker siedelten, die in Sprache und Bräuchen eher den rechtsrheinischen Germanen als den Kelten, etwa den Treverern, ähnelten. Tatsächlich weist auch die archäologische Sachkultur dieser Bereiche, zu denen die gesamte Landschaft zwischen Niederrhein und Küste zählt, erhebliche Unterschiede zu den Funden des klassischen Keltengebietes im Mittelgebirgsraum auf. Eine genaue Abgrenzung der einzelnen Stammesgebiete zwischen Maas und Rhein ist nicht mehr möglich.
Eine umwallte Siedlung von 200 m Länge, die vor kurzem bei Hambach, Kreis Düren, ausgegraben werden konnte, wurde offenbar gewaltsam geräumt, ein reicher Schatzfund mit Münzen und Goldringen konnte von den Besitzern nicht mehr geborgen werden. Vielleicht ergibt sich mit dieser zerstörten Siedlung ein direkter Beleg für die Verwüstung des Eburonengebietes durch Caesars Truppen in den Jahren 53 und 51.
Während die nahezu ausgerotteten Eburonen ebenso wie die Segner später namentlich nicht mehr in Erscheinung treten, sind die Namen der Caerosen, Paemaner und Condrusen noch in mittelalterlichen Namen erhalten geblieben. Ihre Siedlungsgebiete lagen westlich der Eburonen und nördlich der Treverer.

Die Stämme am Oberrhein

Wie bereits erwähnt, reichten zu Caesars Zeit die Gebiete der Mediomatriker und Treverer an den Rhein. Die später in der Kaiserzeit dort siedelnden Völker der Triboker, Nemeter und Vangionen werden zwar unter den sieben Stämmen des Ariovistzuges genannt, aber alle Angaben in den Commentarien zum Gallischen Krieg sind jüngere Einfügungen, die nicht die Siedlungsverhältnisse um 58–50 v. Chr. beschreiben.
Im Raum um Mainz werden im 1. Jahrhundert n. Chr. die Aresaces und die Caeracaten genannt. Mit guten Gründen sieht man zumindest in den Aresaces einen treverischen Teilstamm, der dann wohl auch schon im 1. Jahrhundert v. Chr. in Rheinhessen ansässig war.

Die Zeit bis zur Okkupation unter Augustus

Eine umfassende administrative Neuordnung Galliens bis zum Rhein blieb Caesar versagt. Seine Rückkehr nach Rom führte zum Bürgerkrieg von 49 bis 45 v. Chr. In Gallien blieb nur ein unbedingt notwendiges Maß an Truppen zurück, die immer wieder aufflackernde Aufstände rasch bekämpfen konnten.
Zwischen Rhein und Mosel machten wiederholt vordringende Suebenverbände ein Eingreifen notwendig. Der Statthalter von 39 bis 37 v. Chr. in Gallien, M. Vipsanius Agrippa, war sogar gezwungen, den Rhein zu überschreiten, um die römische Präsenz zu demonstrieren. Die Statthalter C. Carrinas und M. Nonius Gallus hatten sich um 29 v. Chr. mit Aufständen im östlichen Gallien auseinanderzusetzen, für die wiederum wohl Sueben Auslöser waren. An diesen Unruhen waren namentlich die Treverer beteiligt. Im treverischen Oppidum auf dem Titelberg (Luxemberg) läßt sich eine Brandschicht um 30 v. Chr. datieren. Zur gleichen Zeit wurde auf dem Petrisberg oberhalb der Talweite der späteren Augustusstadt Trier ein militärischer Posten angelegt. Keramikfunde und dendrochronologisch untersuchte Holzreste lassen eine genaue Datierung zu. Im nördlichen Stadtgebiet fanden sich Spuren eines Erdlagers, das älter als die Stadtanlage von 18/17 v. Chr. sein muß.
Bereits 25 v. Chr. mußte der Statthalter M. Vinicius als dritter römischer Feldherr den Rhein überschreiten, nachdem römische Kaufleute im rheinnahen, wohl rechtsrheinischen Gebiet ermordet worden waren. Immerhin zeigt dies bereits erste direkte Handelsverbindungen über den Fluß hinweg an. Auch während der zweiten Statthalterschaft des Agrippa mußten 19 v. Chr. Germaneneinfälle zurückgeschlagen werden. 17/16 v. Chr. erlitt M. Lollius mit der 5. Legion weit westlich der Rheinlinie gegen die verbündeten Sugambrer, Usipiter und Tenkterer eine empfindliche Niederlage.
Für die administrative Gliederung blieb die alte gallische Stammesordnung weitgehend erhalten. Bürgerkolonien (*coloniae*) – sonst ein Mittel für die rasche Romanisierung unterworfener Gebiete – wurden in Nordgallien nicht gegründet. Lediglich am Hochrhein mit Augst und Nyon am Genfer See sind seit 44 v. Chr. solche Kolonien in relativer Nähe der romanisierten *Gallia Narbonensis* eingerichtet worden. Von erheblicher wirtschaftlicher Bedeutung war sicherlich der Bau einer direkten Straßenverbindung vom Mittelmeer über *Lugdunum*/Lyon, *Divodurum*/Metz, dem Platz der späteren Stadt Trier in Richtung Köln.

Römische Präsenz am Rhein und die Germanenfeldzüge

Unmittelbar nach der Niederlage des Lollius begab sich Kaiser Augustus 16 v. Chr. selbst nach Gallien wo er bis 13 v. Chr. blieb, um die gallisch/germanischen Verhältnisse selbst zu ordnen. Der Alpenfeldzug der Stiefsöhne des Kaisers, Tiberius und

Drusus, 15 v. Chr. sicherte das Voralpenland mit dem rätischen und vindelikischen Stammesgebiet zwischen dem durch Erbschaft römisch gewordenen Königreich Norikum und dem seit Caesars Tagen römischen Helvetien bis zum Hochrhein. Voraussetzung für Operationen östlich des Mittel- und Niederrheins bildeten feste Standlager, die etwa seit 13 v. Chr. in *Noviomagus*/Nijmegen, *Vetera*/Xanten am Niederrhein und in *Mogontiacum*/Mainz errichtet wurden. Während in den Hauptgarnisonen *Vetera* und Mainz sicherlich jeweils zwei Legionen stationiert waren, konnte in einem Lager bei Dangstetten am Hochrhein nur eine halbe Legion untergebracht werden. Kleinere Lager bestanden wohl in *Fectio*/Vechten, *Novaesium*/Neuss, *Bonna*/Bonn und *Asciburgium*/Moers-Asberg. Damit zeigt sich deutlich der Schwerpunkt

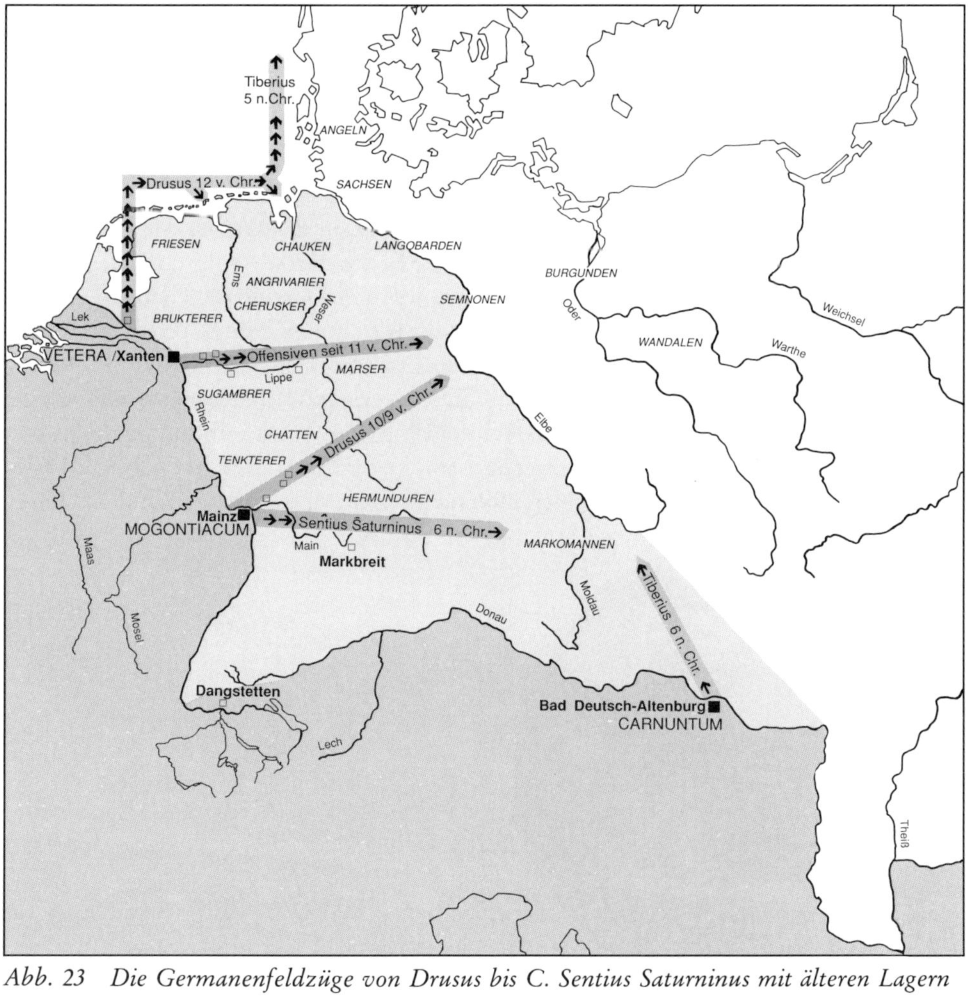

Abb. 23 Die Germanenfeldzüge von Drusus bis C. Sentius Saturninus mit älteren Lagern

der geplanten Aktionen. Der Hoch- und Oberrhein war seit Caesars Eingreifen nicht mehr gefährdet. Die germanischen Vorstöße hatten sich nach Norden verlagert. Damit standen rund fünf bis sechs Legionen und eine nicht geringe Zahl von Hilfstruppen am Rhein. Mit der Errichtung der beiden Standlager in Mainz und *Vetera*/Xanten gegenüber günstigen Aufmarschzonen im Gebiet von Main, Wetterau und Lippe begann die römische Geschichte der Rheinlande.

Mit 25 Lebensjahren hatte der kaiserliche Prinz Nero Drusus Claudius die schwierige Aufgabe übernommen, die Germanenprobleme militärisch zu lösen. Der Feldzug des Jahres 12 v. Chr., von *Vetera* ausgehend, richtete sich gegen die Sugambrer, Usipiter und Tenkterer, die wieder einmal den Rhein überschritten hatten. Im gleichen Jahr galten Flottenexpeditionen, von Vechten bei Utrecht ausgehend, der Befriedung von Chauken und Friesen an der Nordseeküste und der Erkundung von Schiffswegen im Weserbereich. Die Unkenntnis der Gezeiten führte beinahe zur Katastrophe, so daß die Idee eines kombinierten Germanienfeldzuges zu Wasser und zu Land aufgegeben werden mußte.

Der Feldzug des Jahres 11 v. Chr. richtete sich wieder gegen Sugambrer und Usipiter, die dem römischen Vorstoß immer wieder auswichen. Die Sugambrer wandten sich dabei nach Süden gegen die Chatten, die sich zunächst einem romfeindlichen Bündnis verweigert hatten. Ein Vorstoß des Drusus zur Weser, in das Gebiet der Cherusker, brachte ebenfalls keinen Erfolg und scheiterte letztlich an Versorgungschwierigkeiten. Als die Römer ein Lager im Gebiet der Chatten, wohl im Bereich des ehemaligen ubischen Siedlungsgebietes zwischen Sieg und Main errichteten, traten die eher neutral gebliebenen Chatten der romfeindlichen Allianz bei, so daß sich der Schwerpunkt der militärischen Handlungen 10 v. Chr. nach Süden verlagerte. Ausgangspunkt wurde
Abb 23 das Lager *Mogontiacum*/Mainz mit Marschrichtung vom Mainmündungsgebiet über die Wetterau nach Nordhessen, dem Kerngebiet der Chatten. 9 v. Chr. wählte Drusus die gleiche Route, erreichte die Gebiete der suebischen Markomannen und der Che-

Abb. 24 Ludwigshafen-Rheingönheim. Glasmedaillon mit Drusus II und seinen Kindern Tiberius, Germanicus und Julia (entstanden zwischen 19 und 23 n. Chr.)

rusker und schließlich sogar die Elbe. Dort errichtete er ein Siegesmal. Auf dem Rückmarsch nach Mainz stürzte Drusus vom Pferd und zog sich tödliche Verletzungen zu. An dieses Ereignis erinnert noch heute das Grabmal des Drusus in Mainz, das allerdings nur ein Kenotaph (Leergrab) ist, da der Leichnam des Drusus nach Rom überführt wurde. Auf die Nachricht von dem Unglück eilte der Bruder Tiberius an den Rhein, um die Feldzüge zum Abschluß zu bringen. Jedenfalls konnte 8/7 v. Chr. Tiberius die Sugambrer endgültig überwinden und große Teile der Bevölkerung in linksrheinisches Gebiet umsiedeln. *Abb 378, 41*

Damit war Germanien bis zur Elbe zur fast tributpflichtigen Provinz geworden; dies bezeugt als Feldzugsteilnehmer jedenfalls der Offizier Velleius Paterculus, dem wir wichtige Angaben verdanken.

Archäologische Zeugnisse der Feldzüge, die seit 10 v. Chr. von Mainz ausgingen, sind fast nicht vorhanden. Von der sicher dichten Reihe von Feldlagern und Posten entlang der Vormarschlinie zur Elbe ist lediglich das Versorgungslager Rödgen in der Wetterau bei Bad Nauheim mit großen Speicherbauten zur Lebensmittelversorgung der Truppe im Gebiet der Chatten bekannt geworden. Der Oberrhein zwischen Basel und Mainz war nicht nur als Verkehrsachse genutzt, sondern sicherlich auch militärisch geschützt.

Lediglich in Speyer ist ein solcher Posten aus der Drususzeit nachweisbar. Zeitgleiche Anlagen werden für Worms, Seltz und Straßburg vermutet. Immerhin hat nach einer sehr umstrittenen Nachricht des Florus, Drusus über 50 Kastelle anlegen lassen.

Germanien bis zur Varusniederlage

Nach dem glücklichen Abschluß der Offensivphase durch Tiberius kehrte der Stiefsohn des Kaisers nach Rom zurück und feierte den verdienten Triumph. 6 v. Chr. fiel Tiberius beim Kaiser in Ungnade und mußte die Zeit bis 2 n. Chr. auf Rhodos in der Verbannung verbringen. Der nächste bekannte militärische Oberbefehlshaber am Rhein, Gnaeus Domitius Ahenobarbus, der Großvater des späteren Kaisers Nero, Statthalter und Kommandeur des rheinischen Heeres bis 1 n. Chr. siedelte herumirrende Hermunduren in ehemaligen Wohngebieten der Markomannen – wohl zwischen Main und Elbe – an. Etwa seit 5 v. Chr. hatten sich die suebischen Markomannen unter ihrem König Marbod im böhmischen Raum niedergelassen. Domitius überschritt auch als erster Feldherr die Elbe, schloß mit den dort wohnenden Stämmen Frieden und errichtete ein Siegesdenkmal für Augustus. Schließlich versuchte er eine Gruppe von Cheruskern in ihre ehemaligen Wohngebiete zurückzuführen.

Bereits unter Domitius Ahenobarbus gibt es Anzeichen für eine Provinzbildung zwischen Rhein und Elbe. Unter Publius Quinctilius Varus (7–9 n. Chr.), dem Nachfolger von M. Vinicius und C. Sentius Saturninus, wurde die Romanisierung Germaniens konsequent fortgeführt. Neben Steuererhebung und Gerichtstagen nach römischem

Recht ist der Ausbau von Lagern in der Funktion von Zentralorten zu nennen. Der Historiograph der augusteischen Zeit, Cassius Dio, bezeichnet diese sogar als Städte. Natürlich war das Land keineswegs in seiner Gesamtheit in römischer Hand. Die einzelnen Stützpunkte oder Gebietsstreifen, etwa entlang der Lippe, waren zusätzlich von dichten Wäldern und Sümpfen getrennt.
Der Cheruskerfürst Arminius, der als römischer Bürger und Offizier im römischen Heer gedient hatte, stellte sich an die Spitze eines erneuten germanischen Aufstandes, konnte Varus mit drei Legionen und sechs Kohorten, insgesamt 18000 Soldaten, in einen Hinterhalt locken und die gesamte Heeresmacht vernichten. Gemeinhin wird der bislang nicht lokalisierte Ort der Schlacht im *Teutoburgensi saltu* mit dem Teutoburger Wald – einer modernen Benennung – in Verbindung gebracht. Eine Allianz mit Marbod, die Arminius angestrebt hatte, kam nicht zustande, so daß der Aufstand auf Germanien beschränkt blieb und nicht auf die Gebiete jenseits von Rhein und Donau übergriff. Die Rheinlinie konnte gehalten werden, aber alle römischen Anstrengungen östlich des Rheins seit 12 v. Chr. waren vergebens gewesen.

Versuche zur Rückeroberung Germaniens unter Germanicus

Durch den Verlust dreier Legionen war der gesamte Niederrhein möglichen germanischen Angriffen schutzlos ausgeliefert. Der Legat Lucius Nonius Asprenas übernahm mit den verschont gebliebenen Mainzer Legionen die Grenzsicherung dort. Die erwartete germanische Offensive blieb aus, dennoch wurde der kriegserprobte Tiberius von Augustus in das Krisengebiet beordert. Der Verlust dreier Legionen – der *legiones XVII*, *XVIII* und *XIX* – mußte durch Truppenneuaufstellungen rasch ausgeglichen werden. Vor der Niederlage hatte die Rheinarmee aus sechs Legionen bestanden, jetzt wurden acht Legionen stationiert. Eine weitere lag im Voralpenland. Zwei lagen in *Vetera*, zwei *apud aram Ubiorum* in Köln. In Mainz waren die *legiones XIV Gemina* und die *XVI (Gallica)* im Stammlager auf dem Kästrich und die *legio II Augusta* bei Mainz-Weisenau stationiert. Die Rheinarmee wurde jetzt in zwei Armeekorps, das obere
Abb 25 Heer (*exercitus superior*) und das untere Heer (*exericitus inferior*) aufgeteilt, die jeweils Legaten (*legati Augusti pro praetore*) unterstanden. Für das obere Heer in Mainz war Gaius Silius und für das untere am Niederrhein Aulus Caecina verantwortlich. Der erste Feldzug 11 n. Chr. über den Rhein unter dem Oberbefehl des Tiberius und des Germanicus, seinem Neffen und Adoptivsohn, in untergeordneter Funktion, sollte eher der militärischen Demonstration als dem Beginn der Wiedereroberung dienen. Im Folgejahr kam es zu einem kombinierten Flotten- und Truppeneinsatz. Man wollte den loyal gebliebenen Nordseeküstenstämmen die römische Schlagkraft demonstrieren und sie damit am Bündnis festhalten.
Der schlechte Gesundheitszustand des 75jährigen Augustus machte die Rückkehr des designierten Thronerben Tiberius nach Rom notwendig, so daß Germanicus nunmehr

POL YDVS
COMPRESSORE

2 Bad Kreuznach. Gladiatorenmosaik (M Bad Kreuznach)

Vorhergehende Seite:
1 Trier. Das Polydus-Mosaik aus dem Bereich der Kaiserthermen (RLM Trier)

3 *Bad Kreuznach. Oceanusmosaik. Detail (M Bad Kreuznach)*

4 Dienheim. Grabrelief des Kavalleristen Silius. Kalkstein (LM Mainz)

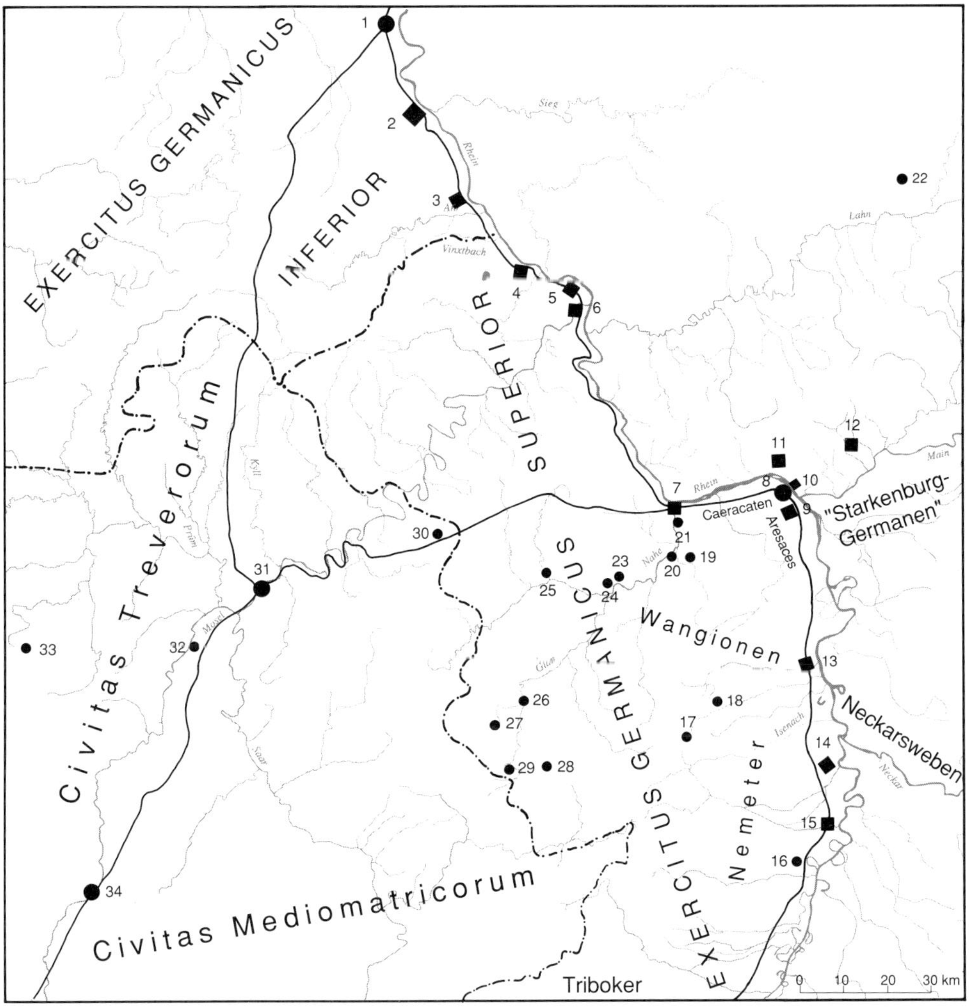

Abb. 25 Rheingrenze von 9 bis 74 n. Chr. Militärterritorium und Stämme an Rhein und Mosel. 1 Köln, 2 Bonn, 3 Remagen, 4 Andernach, 5 Urmitz, 6 Koblenz, 7 Bingen, 8 Mainz, 9 Mainz-Weisenau, 10 Mainz-Kastel, 11 Wiesbaden, 12 Hofheim, 13 Worms, 14 Ludwigshafen-Rheingönheim, 15 Speyer, 16 Westheim, 17 Enkenbach-Alsenborn, 18 Wattenheim, 19 Badenheim, 20 Bad Kreuznach-Bosenheim, 21 Gensingen, 22 »Dünsberg«, 23 Boos, 24 Sobernheim »Steinhardter Hof«, 25 Kirn, 26 Altenglan-Mühlbach, 27 Wahnwegen, 28 Hütschenhausen-Spesbach, 29 Schönenberg-Kübelberg, 30 Wederath, 31 Trier, 32 Wincheringen, 33 Goeblingen-Nospelt, 34 Metz

Im Gegensatz zum rechtsrheinischen Vorland finden sich seit 50 v. Chr. im Rheintal westlich des Flusses immerhin noch Spuren von keltischer Bevölkerung. Eine befe-
Abb 610, 22 stigte keltische Siedlung konnte unlängst weitgehend bei Westheim erforscht werden. Man hat den Eindruck, daß die Siedlung von der zweiten Hälfte des 1. Jahrhunderts v. Chr. bis in spätaugusteisch/tiberische Zeit bestanden hat und dann planmäßig geräumt wurde. Vielleicht kündigen sich in diesem Beispiel die Umwälzungen in der tiberischen Grenzpolitik mit gezielter Einweisung germanischer Siedler in einzelne Landlose an, dem die keltische Restbevölkerung ebenfalls Folge leisten mußte.

Triboker, Nemeter und Vangionen bildeten schon in der Frühzeit *civitates,* die mit der Einrichtung der Provinz *Germania superior* um 90 n. Chr. peregrine Selbstverwaltungsrechte erhielten.

Abb. 26 Mainz. Grabstein des Caeracaten Ruto

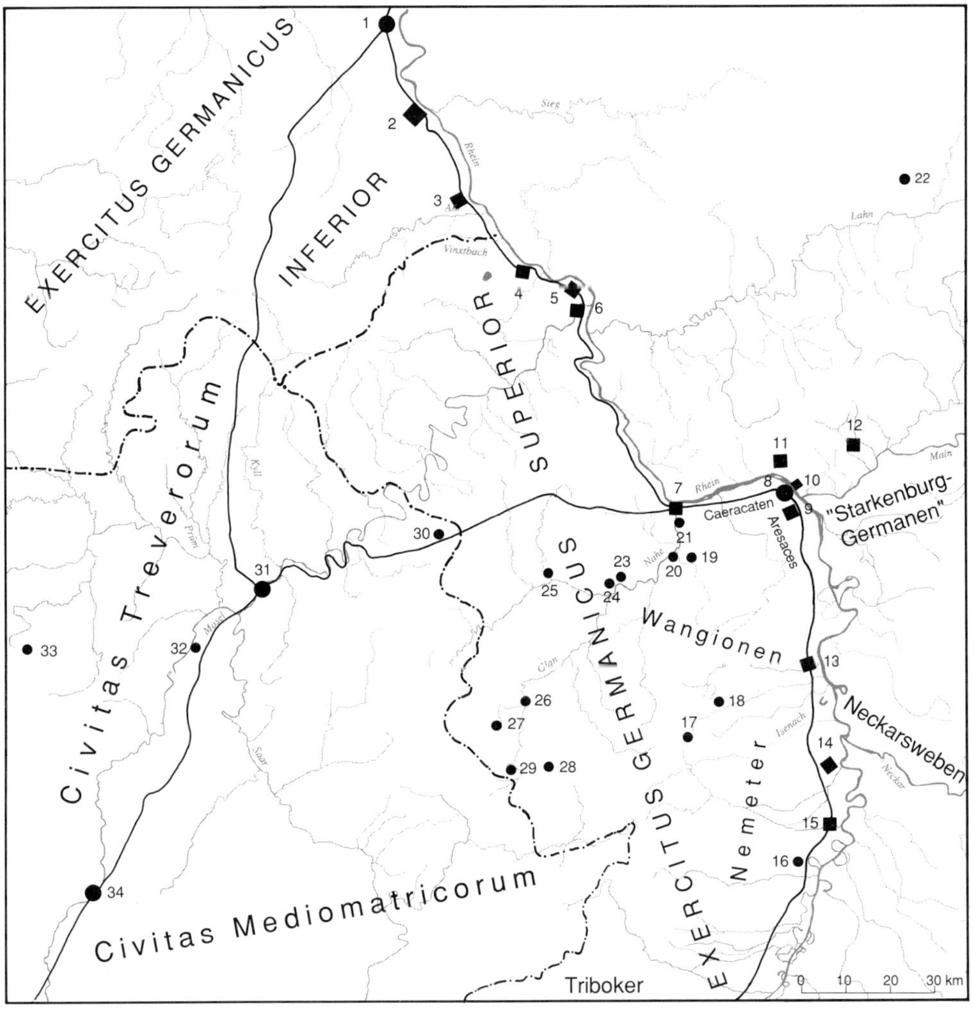

Abb. 25 Rheingrenze von 9 bis 74 n. Chr. Militärterritorium und Stämme an Rhein und Mosel. 1 Köln, 2 Bonn, 3 Remagen, 4 Andernach, 5 Urmitz, 6 Koblenz, 7 Bingen, 8 Mainz, 9 Mainz-Weisenau, 10 Mainz-Kastel, 11 Wiesbaden, 12 Hofheim, 13 Worms, 14 Ludwigshafen-Rheingönheim, 15 Speyer, 16 Westheim, 17 Enkenbach-Alsenborn, 18 Wattenheim, 19 Badenheim, 20 Bad Kreuznach-Bosenheim, 21 Gensingen, 22 »Dünsberg«, 23 Boos, 24 Sobernheim »Steinhardter Hof«, 25 Kirn, 26 Altenglan-Mühlbach, 27 Wahnwegen, 28 Hütschenhausen-Spesbach, 29 Schönenberg-Kübelberg, 30 Wederath, 31 Trier, 32 Wincheringen, 33 Goeblingen-Nospelt, 34 Metz

mit dem Oberbefehl über das Rheinheer betraut wurde. Für die beiden darauffolgenden Jahre sind keine weiteren Kampfhandlungen bezeugt. Germanicus war vielmehr mit zivilen Aufgaben, etwa Durchführung des *census* (Steuerschätzung) in den drei gallischen Provinzen beschäftigt. Bei diesen Besitzveranlagungen und Personenerfassungen kam es immer wieder zu Unruhen. Dies zeigt gleichzeitig, daß man die Lage an der Rheinfront als friedlich einschätzte.

Die Nachricht vom Tod des Augustus am 19. August 14 n. Chr. führte im Rheinheer zu Meutereien. Während das obere Heer in Mainz schließlich den Treueid auf den neuen Kaiser Tiberius leistete, konnte das untere rheinische Heer nur durch Strafaktionen zur Räson gebracht werden. Der folgende Feldzug gegen die Marser am Niederrhein hatte eher diziplinarische Ziele für die eigene Truppe. Im Jahr 15 begann eine regelrechte Offensive gegen Germanien, die sich völlig von dem vorsichtigen Taktieren des Tiberius 11 und 12 unterschied. Während Aulus Caecina vom Niederrhein gegen die Cherusker vorrückte, zog Germanicus auf dem alten Vormarschweg von Mainz über die Wetterau gegen die Chatten und reaktivierte in *monte Tauno* ein Lager seines Vaters Drusus. Zu einem entscheidenden Treffen mit den Chatten kam es allerdings nicht, da diese sich immer wieder dem Kampf entzogen, doch konnte der chattische Vorort Mattium eingenommen werden, der heute mit guten Gründen mit der Befestigung auf dem Dünsberg in Verbindung gebracht wird. Die Zwietracht der Germanen, die eine allgemeingermanische, antirömische Allianz nicht zuwege gebracht hatte, zeigte sich auch innerhalb des cheruskischen Stammes. Germanicus mußte im Verlaufe des Feldzuges den romfreundlichen Segestes, Schwiegervater des Arminius, aus einer Belagerung der Arminiuspartei befreien. Ein Flottenunternehmen emsaufwärts bekriegte die Brukterer. Schließlich erreichte man die Stätte der Varus-Niederlage, errichtete über den Gebeinen der Gefallenen einen Grabhügel und erstellte einen Altar. Der Rückmarsch der niedergermanischen Truppen unter dem Legaten Caecina führte beinahe zur Vernichtung. Die von Germanicus befehligte Flotte wurde durch Stürme stark dezimiert. Auch im Jahr 16 waren die Erfolge nicht besser. Eine Schlacht gegen Arminius bei Idistaviso führte nicht zur Entscheidung, die Flotte wurde wiederum nahezu vernichtet, ein Feldzug gegen die Chatten blieb ergebnislos.

Tiberius, seit 15 v. Chr. mit den nordalpinen Verhältnissen bestens vertraut, drängte auf den Abbruch der Germanenfeldzüge. Germanicus kehrte daraufhin nach Rom zurück, feierte seinen Triumph und trat seinen zweiten Konsulat an.

Tiberius' Ziel war eine Grenzsicherung entlang von Rhein und Donau mit einer vorgelagerten breiten Front von Klientelrandstaaten abhängiger Stämme, welche den Frieden im Grenzbereich gewährleisteten.

Im Bereich des oberen Heeres war z. T. schon bald nach der Varuskatastrophe eine *Abb 25* Kette von Hilfstruppenlagern errichtet worden. Damit lösten sich die Auxiliarverbände aus dem Umkreis der Legionen, denen sie in der Offensivphase weitgehend unmittelbar zugeordnet waren. Die Verteilung auf Standquartiere am Rhein zeigt den Beginn der defensiven Grenzsicherung. Mehr oder minder in diese Zeit datierbare

Truppenlager sind in Andernach, Urmitz, Koblenz, Bingen, Worms, Rheingönheim, Speyer und Straßburg nachgewiesen oder erschlossen. *Abb 217, 373, 491*
Das dem Legionslager Mainz vorgelagerte Mainmündungsgebiet war durch das vermutete Brückenkopfkastell Mainz-Kastel und gegen Ende der Regierungszeit des Tiberius vielleicht durch das Erdlager von Hofheim gesichert. Auch die Region um Wiesbaden blieb in römischer Hand. Eine bequeme Flußverbindung über den Rhein war bereits in dieser Periode mit einer festen Holzbrücke gewährleistet. Der wohl in die Zeit des Germanicus vor 17 n. Chr. gehörige, erst kürzlich entdeckte, dreitorige Ehrenbogen in Mainz-Kastel ist wahrscheinlich von der 14. Legion zum Abschluß der Feldzüge errichtet worden. *Abb 42*

Germanische und keltische Stämme zwischen Rhein und Mosel

Ober- und Mittelrhein

Seit etwa 20 n. Chr. sind im Vorfeld des Oberrheines bei Groß-Gerau, um Ladenburg/Mannheim und vielleicht erst etwas später um Diersheim Fundgruppen suebischer Siedler festzustellen. Die Gebiete liegen gegenüber dem Mainzer Militärzentrum, gegenüber Rheingönheim bzw. gegenüber Straßburg. Die Ansiedlung der suebischen Bevölkerung, welche die ca. 70 Jahre zuvor verlassenen keltischen Siedlungsgebiete eingenommen hatte, ist ein prägnantes Beispiel der tiberischen Grenzsicherung. Offenbar wanderten die Stammesverbände aus dem Bereich des böhmischen Marbodreiches zu und übernahmen die Aufgabe von loyalen Militärsiedlern. Die Gruppe um Ladenburg und Mannheim bezeichnete sich als *Suebi Nicretes* (Neckarsueben) und ging später sogar mit diesem Namen in eine eigene Verwaltungseinheit (*civitas*) über.
Auch westlich des Oberrheines um Brumath und Straßburg im Elsaß, im Umfeld von Speyer und Worms sind suebische Siedlergruppen nachzuweisen bzw. historisch bezeugt. Die im Stammesaufgebot des Ariovist genannten Triboker, Nemeter und Vangionen bildeten in der Folgezeit ein wesentliches Element der zivilen Bevölkerung des linksrheinischen Oberrheingebietes. Im gut erforschten Nemeterbereich um Speyer läßt sich erkennen, daß eine Vielzahl römischer Landgüter von diesen Germanen gegründet wurde. Auch in dieser Ansiedlung von Sueben ist eine Stabilisierung der Grenzsicherung zu sehen. Die ältesten germanischen Funde in Speyer und Mutterstadt reichen in das erste Jahrzehnt v. Chr. zurück, so daß eine Umsiedlung der Germanen vielleicht schon zwischen 10 und 8 v. Chr. anzunehmen ist, und damit im Zusammenhang mit den tiberischen Umsiedlungen am Niederrhein, etwa den Sugambrern, zu sehen ist. Eine Ansiedlung schon zur Zeit Caesars ist historisch wie archäologisch auszuschließen. Die ältesten germanischen Funde zeigen ein suebisch/elbgermanisches Formenspektrum, jedoch ist der Zwischenaufenthalt der drei Stämme seit 57 v. Chr. bislang ungeklärt.

Im Gegensatz zum rechtsrheinischen Vorland finden sich seit 50 v. Chr. im Rheintal westlich des Flusses immerhin noch Spuren von keltischer Bevölkerung. Eine befe-
Abb 610, 22 stigte keltische Siedlung konnte unlängst weitgehend bei Westheim erforscht werden. Man hat den Eindruck, daß die Siedlung von der zweiten Hälfte des 1. Jahrhunderts v. Chr. bis in spätaugusteisch/tiberische Zeit bestanden hat und dann planmäßig geräumt wurde. Vielleicht kündigen sich in diesem Beispiel die Umwälzungen in der tiberischen Grenzpolitik mit gezielter Einweisung germanischer Siedler in einzelne Landlose an, dem die keltische Restbevölkerung ebenfalls Folge leisten mußte. Triboker, Nemeter und Vangionen bildeten schon in der Frühzeit *civitates*, die mit der Einrichtung der Provinz *Germania superior* um 90 n. Chr. peregrine Selbstverwaltungsrechte erhielten.

Abb. 26 Mainz. Grabstein des Caeracaten Ruto

Abb. 27 Ober-Olm. Brunneninschrift mit Nennung der Aresaces. Weihung an Mars Leucetius eines unbekannten Stifterpaares, das die Ableitung der Quelle (fons) durch sein Grundstück zum Tempel gestattete

Keltische Stammesstrukturen haben sich offensichtlich nördlich der Vangionen im Umland von Mainz erhalten. Dort sind suebische Funde bislang nur im militärischen Umkreis, etwa im Legionslager von Mainz oder in Bingen aufgetreten und bezeugen dort germanische Hilfstruppen. Während man in den inschriftlich wie historisch bezeugten Caeracaten vielleicht germanische Einflüsse erkennen mag (Mattiaker als *Abb 26* chattischer Teilstamm), werden die Aresaces um Mainz-Weisenau als treverischer Un- *Abb 27* terstamm angesehen. Beide Stämme bildeten wohl kleine *civitates,* die im Bannkreis des Militärlandes (*prata legionis*) um Mainz in ständiger Abhängigkeit zum Militär standen und später auch keine besonderen Selbstverwaltungsrechte erhielten.

Die frührömische Besiedlung des Neuwieder Beckens zeigt mehr keltisch/treverische denn germanische Einflüsse. Anders als im Oberrheingebiet ist eine weitgehende Konstanz von vorrömischer und frühkaiserzeitlicher Bevölkerung festzustellen. Eine Vielzahl von Waffengräbern mit militärischer Ausrüstung zeigt auch hier einen frühkaiserzeitlichen, wohl treverischen Stammesverband, der mit zusätzlichen Aufgaben der Grenzsicherung betraut war.

Nahe und Glan

Treverische Siedler lassen sich im Umfeld der Flußläufe vor allem durch ihre großen Bestattungsplätze erkennen. In Einzelfällen ist eine Konstanz der Nekropolen von der vorrömischen Zeit zur frühen Kaiserzeit zu belegen. Andere Gräberfelder begannen erst in augusteisch/tiberischer oder gar claudischer Zeit. In vielen Gräbern finden sich römische militärische Ausrüstungsgegenstände wie Schild, Lanzen, Gladien usw. Die Beigabenausstattung ist eindeutig keltisch/treverisch. Eine Zuschreibung dieser Bevölkerung an die germanischen Vangionen, wie lange Jahre angenommen, ist nicht begründet.

Die Bestattungsplätze Badenheim, Bad Kreuznach-Bosenheim, Gensingen, Boos, *Abb 206* Kirn, Sobernheim-Steinhardter Hof an unterer und mittlerer Nahe wie die weiteren

Abb 473
Abb 307

osttreverischen Gräber von Altenglan-Mühlbach, Schönenberg-Kübelberg, Enkenbach-Alsenborn, Hütschenhausen-Spesbach, Wahnwegen oder Wattenheim umreißen den Raum, der nach 17 n. Chr. zu Lasten der freien *civitas Treverorum* dem neugeschaffenen Militärsprengel zugeschlagen wurde. Auch die ehemals treverischen Gebiete um Mainz, Bingen, im westlichen Neuwieder Becken, Mayener Maifeld und der unteren Mosel wurden aus dem treverischen Stammesverband ausgegliedert und unter Militärverwaltung gestellt. Außer den kleinen Stämmen der Caeracaten und Aresaces um Mainz finden sich in den rheinnahen Gebieten auch in der mittleren Kaiserzeit keinerlei Anzeichen von *civitates* oder *pagi.* Gleiches gilt für die Bereiche bis zum Beginn des niedergermanischen Militärsprengels am Vinxtbach sowie für die Räume im Hunsrück und an unterer und mittlerer Nahe.

Abb. 28 Mainz-Weisenau. Grabinschrift des Respectus und seiner Kinder Veranius und Samocna. Die ausdrückliche Nennung treverischer Herkunft (nationae Treveris) bezeugt, daß seit tiberischer Zeit das Gebiet am Rhein nicht mehr zu den Treverern gehörte

In der Provinz *Belgica* blieb der Kernbereich der Treverer, der im Norden am Mittellauf der Sauer an die *civitas* der Tungrer, im Süden am Mittellauf von Mosel und Saar an die *civitas* der Mediomatriker und im Westen an der Maas an die *civitas* der Remer angrenzte.

In augusteisch/tiberischer Zeit verblieb die Siedlungsstruktur noch weitgehend in den alten keltischen Traditionen. Eine große Zahl von ländlichen Siedlungen bestand weiter fort. Die Höhensiedlungen der caesarischen Zeit waren jedoch aufgelassen. Die Oppida verödeten oder schrumpften zu unbedeutenden Kleinsiedlungen. Siedlungen an den neuen Fernstraßen blühten hingegen auf. Mittelpunkt der *civitas* der Treverer bildete die Neugründung *Augusta Treverorum*/Trier mit einer Moselbrücke seit 18/17 v. Chr. und großzügigen Abmessungen von Straßennetz und Siedlung.

Die treverischen Sozialstrukturen lassen sich auch sehr gut in den Bestattungsplätzen fassen. Das große Gräberfeld von Morbach-Wederath im Hunsrück liefert hierzu die besten Einblicke. Gräber adliger Familien wie in Wincheringen an der Saar (um 10 v. Chr.) oder Goeblingen-Nospeltin Luxemburg (um 20 v. Chr.) oder gar das Reitergrab im westlichen Treverergebiet von Weiler, Commune d'Autelbas (Belgien) (um 40 n. Chr.) zeigen die wirtschaftliche und kriegerische Potenz der Treverer in der Romanisierungsphase.

Auch die Mediomatriker mußten Teile ihrer Gebiete abgeben. Die ehemals zugehörige Landschaft am mittleren Oberrhein war offenbar schon seit dem Ariovistzug verlassen worden, so daß die Vogesen die Ostgrenze bildeten. Bezogen auf das Bundesland Rheinland-Pfalz blieb lediglich der Raum zwischen Pirmasens und Zweibrücken bei der *civitas Mediomatricorum.*

Außer den Gebietsverlusten büßten die Treverer auch den Status einer tributfreien Civitas (*civitas libera*) ein. Nunmehr mußten die Treverer bei Bedarf in besonderen Notsituationen erhebliche Summen aufbringen und wurden zur niederrangigen verbündeten Civitas (*civitas foederata*) abgestuft. Die Aufstellung einer nationalen Reitereinheit, der *ala Treverorum,* und der Unterhalt dieser Truppe aus eigenen Mitteln, allerdings unter einem einheimisch/treverischen Präfekten, mag weiteren Unmut gebracht haben. Als Gallien auch nach Beendigung der Germanenfeldzüge weiter überhöhte Steuern und Abgaben leisten mußte, führte dies 21 n. Chr. zum Aufstand. Von den Rebellen namentlich bekannt sind der Treverer Julius Florus und der Häduer Julius Sacrovir. Ihre Vorfahren hatten aufgrund besonderer Verdienste unter Caesar das römische Bürgerrecht erhalten. Florus und Sacrovir gehörten zur Oberschicht der beiden mächtigen gallischen Stämme. Die beginnende Romanisierung mit dem Einzug römischer Verwaltungsstrukturen hatte dieser Schicht deutlich vor Augen geführt, daß sie nicht mehr alleinige Herren in ihrem Land waren. Der Aufstand erfaßte weite Teile Galliens und konnte nur unter Anstrengungen unterdrückt werden, wobei sich an der Niederwerfung Julius Indus mit seiner Elitereitereinheit (*ala Indiana Gallorum*) besondere Verdienste erworben hat. Wie zu Caesars Zeiten zeigten sich auch jetzt Spannungen innerhalb der treverischen Aristokratie.

Abb 28

Von Tiberius bis zu Neros Tod

Wie wenig Kaiser Tiberius die Lande jenseits des Rheines noch interessierten, zeigt eine Begebenheit im Gebiet der Friesen. Seit den Drususfeldzügen war dieser Stamm nördlich des Rheins tributpflichtig und blieb auch nach der Rücknahme der Grenze auf die Rheinlinie unter römischem Einfluß. Ein Präfekt verwaltete das Gebiet und achtete auf die Ablieferung der Tribute in Form von Rinderhäuten. Mehr brachte das karge Land nicht zustande. Als der Präfekt Olennius die Abgaben heraufsetzte, kam es zu Aufständen, in deren Folge es gelang, das römische Joch abzuschütteln. Tiberius verzichtete auf die Wiedereingliederung der Friesen in den Reichsverband.
Nach Tiberius' Tod (36 n. Chr.) folgte Gaius, der Sohn des Germanicus, auf den Thron. Im Feldlager am Niederrhein 12 n. Chr. geboren, war Gaius früh an das Soldatenleben gewöhnt. Den Beinamen »Caligula«, Stiefelchen, erhielt er von den Soldaten wegen seines Schuhzeugs.
Ein Einfall der Chatten am Mittelrhein 39 n. Chr. bot dem ungestümen Gaius einen willkommenen Anlaß, seine militärischen Fähigkeiten unter Beweis zu stellen. Mit einem überzogenen Truppenaufgebot von rund 25 000 Mann – es wurden eigens mit den *legiones XV* und *XXII Primigenia* zwei neue Legionen aufgestellt – wurde der eher unbedeutende Germaneneinfall gesühnt. Am Sommerfeldzug des Jahres 40 nahm der Kaiser selbst teil. Die militärische Führung oblag dem neuen Kommandeur des oberen Heeres, Servius Sulpicius Galba, der im Dreikaiserjahr 68 noch eine Rolle spielen sollte. Die militärischen Ergebnisse waren mager und führten zu keiner bleibenden rechtsrheinischen Besetzung. Lediglich das Erdlager von Hofheim war eine Gründung dieser Zeit, wenn es nicht sogar schon unter Tiberius angelegt worden war, wie die neuere Forschung betont. Jedenfalls bezeichnet dieser vorgeschobene Posten die entfernteste römische Präsenz östlich von Mainz.
Nach der Ermordung des Gaius kam Claudius, ein jüngerer Sohn des Drusus, als Fünfzigjähriger auf den Thron. Der gelehrte Mann hatte eigentlich keinerlei militärische Qualitäten, hatte aber einen ausgeprägten Sinn für Verwaltungsdinge, so daß die 14 Jahre seiner Regierung (41–54 n. Chr.) zum Segen für Rom gediehen. Auch er folgte der Devise des Augustus und Tiberius und beschränkte sich auf das Erreichte. Er mußte dem Legaten des niedergermanischen Heeres Cn. Domitius Corbulo seine ehrgeizigen Feldzüge östlich des Rheines eigens verbieten. Für seinen Gehorsam, aber auch für Erfolge gegen die Friesen und die Chauken, die wieder ihre Freiheit verloren, erhielt Corbulo 47 n. Chr. die Triumphalinsignien. Der Mainzer Legat Curtius Rufus, der nie einen Krieg geführt hatte, wurde mit den gleichen Ehrungen bedacht, da er im Gebiet der Mattiaker im Taunus Silberbergwerke erschlossen hatte. Dies hatte den Zorn der Legionssoldaten herausgefordert, die in einem Brief an Claudius forderten, er möge doch gleichzeitig mit Übertragung eines Legionskommandos die Triumphalinsignien verleihen, damit seine Soldaten nicht erst dafür geknechtet werden müßten. Wie gesichert Claudius die Situation an den Grenzen einschätzte, zeigt der Britannien-

feldzug des Jahres 43. Diese militärisch nicht leichte Aufgabe erforderte erheblichen Truppeneinsatz. Man kannte die Wildheit der Inselbewohner seit Caesars Tagen. Die Straßburger *legio II Augusta* unter dem Kommando des späteren Kaisers Vespasian, die Mainzer *legio XIV gemina* und die Kölner *legio XX Valeria victrix* und eine Vielzahl von Hilfstruppen wurden zu diesem Unternehmen aufgeboten.
Die Rhein- und Donaugrenze wurde mit einer dichten Kette von Auxiliarlagern gesichert. Die Hilfstruppen waren nun die eigentlichen Träger der Grenzsicherung. Damit hatte sich die schon unter Tiberius begonnene Loslösung dieser Verbände von den Legionsstandorten weiter fortgesetzt. Im obergermanischen Militärsprengel fanden sich um Mainz sechs Alen und neun Kohorten, von denen Abteilungen in Bingen, Mainz-Weisenau und Worms lagen. Die Namen der Besatzungen der restlichen Auxiliarlager zwischen Andernach und Tuttlingen sind weitgehend unbekannt. Auch scheinen am südlichen Oberrhein zwischen Speyer und Straßburg und bis Basel noch weitere, bislang nicht lokalisierte Lager bestanden zu haben. Der Wirtschaftsentwicklung des oberrheinischen Raumes kam der Ausbau der Rheinuferstraße als militärische Verbindungsachse zwischen dem Hoch- und Niederrhein sichtlich zugute.
Der Britannienfeldzug hatte zu einer erheblichen Verschiebung der Legionen geführt. Aus Straßburg wurde die *legio II Augusta* ersatzlos abgezogen. Mainz erhielt anstelle der 14. Legion die *IV Macedonia* und die *XXII Primigenia.* Die in Mainz-Weisenau stationierte *legio XV* ersetzte 45/46 in Vetera die *XXI rapax,* die wiederum die *XIII gemina* in *Vindonissa* ablöste. Die lange Strecke zwischen Mainz und *Vindonissa* blieb ohne Legionsstandort, ein Zeichen, wie wenig man mit einer Bedrohung in diesem Raum rechnete.
Dennoch wagten sich 50 n. Chr. die Chatten über den Rhein und stießen wohl nach Süden vor, wurden aber von einem Aufgebot der Vangionen, Nemeter und einer Reiterabteilung auf dem Rückweg mit Beute beladen gestellt und über den Rhein zurückgedrängt. Aus Angst vor römischer Vergeltung und gleichzeitiger Bedrohung durch die verfeindeten Cherusker im Norden ihres Siedlungsgebietes baten die Chatten um Frieden und stellten Geiseln (Tac. ann. XII 27). Der Mainzer Legat Publius Pomponius erhielt dafür die Triumphalinsignien.
Auch der zivile Verwaltungsbereich kam unter Claudius nicht zu kurz. Norikum und Rätien wurden zu Provinzen erhoben. Am Platz der *Ara Ubiorum* wurde 50 n. Chr. auf Betreiben von Claudius Gattin Agrippina die bislang nördlichste römische Veteranenkolonie als *Colonia Claudia Ara Agrippinensium* gegründet. Sie war dort im Feldlager als Tochter des Germanicus geboren worden. Auch Trier als Vorort der Treverer wurde offenbar unter Claudius zur Colonia erhoben. Ob es sich dabei allerdings nur um einen Ehrentitel (Titularkolonie) oder um eine volle rechtliche Erhebung mit latinischem Bürgerrecht (*ius Latii*) gehandelt hat, ist in der neuesten Forschung sehr umstritten.
Unzweifelhaft hat sich Claudius auch um die wirtschaftliche Entwicklung der *Gallia* bleibende Verdienste erworben. Erst jetzt hatte dieses reiche Gebiet die Entbehrungen

des Gallischen Krieges endgültig überwunden. Durch die Eroberung des südlichen Britannien hatte sich der wirtschaftliche Schwerpunkt stark nach Nordgallien verlagert.

Während der neronischen Zeit (54–68 n. Chr.) sind im Gebiet zwischen Rhein und Mosel keine bedeutenden Ereignisse zu vermelden. Der Selbstmord des Kaisers 68 n. Chr. führte zum Ende des julisch/claudischen Kaiserhauses und zu einer gefährlichen Reichskrise.

Das Vierkaiserjahr 68–69 n. Chr. und die Aufstände gallisch-germanischer Stämme

Schon vor Neros Tod waren die Provinzen von Unruhen erschüttert. C. Iulius Vindex, Statthalter der *Gallia Lugdunensis,* konnte Servius Sulpicius Galba, der jetzt Statthalter der *Tarraconensis* im nördlichen Spanien geworden war und seinen Kollegen in der Provinz Afrika zum Abfall von Nero bewegen. Vindex, der Galba als Kaiser vorgeschlagen hatte, erlitt zwar bei Besançon eine Niederlage gegen den Mainzer Legaten Lucius Verginius Rufus, jedoch hatte diese durch den Tod Neros keine weiteren Auswirkungen. Galba, von Senat und Prätorianern als Kaiser anerkannt, machte seine Position durch verhängnisvolle Personalentscheidungen und sein unglückliches Verhalten wieder zunichte. Anstelle des tüchtigen und beliebten obergermanischen Legaten Verginius Rufus, der allerdings den Makel hatte, am Tod des Vindex Schuld zu tragen, berief er den unfähigen Titus Hordeonius Flaccus nach Mainz. Der beliebte Fonteius Capito, Statthalter am Niederrhein, war 68 einer angeblich von Galba angeordneten Verschwörung zum Opfer gefallen. Als Nachfolger wurde Aulus Vitellius bestimmt, der schon Anfang 69 in Köln zum Kaiser ausgerufen wurde. Er wurde sogleich von den Treverern und Lingonen und den Statthaltern von Britannien, Gallien, Spanien und Rätien anerkannt. Die restlichen Donauprovinzen mit Kleinasien und Afrika setzten auf Marcus Salvius Otho, den neuen Kandidaten der Prätorianer in Rom, der Galba im Januar 69 besiegt hatte.

Vitellius folgte dem Gesetz des Handelns, lehnte ein Übereinkommen mit Otho ab und ließ die zwei rheinischen Heeresgruppen, rund 70 000 Mann, nach Italien ziehen. Otho hatte zwar die weit von Rom entfernten Truppen des Ostens auf seiner Seite, war aber mit seiner geringen italischen Militärmacht nicht einmal in der Lage, die Alpenpässe gegen Vitellius zu sperren. In einer Feldschlacht vor Cremona unterlag Otho und gab sich den Tod. Vitellius hatte, gestützt auf die rheinischen Legionen, den Sieg errungen. Die Legionen des Donauraums und des Ostens votierten zunächst für den Sieger; aber schon im Juli 69 wurde in Alexandrien Titus Flavius Vespasianus zum Kaiser ausgerufen. C. Licinius Mucianus, Legat in Syrien, dem Vespasian im Jüdischen Krieg das Militärkommando führte, hatte zuvor auf seine Ausrufung verzichtet. Dem Votum schlossen sich die Truppen des Orients und des Donauraums an, die sich durch Vitellius übervorteilt fühlten. Hinzu kam der traditionelle Neid auf die Rheinarmee.

Die Polarisierung zwischen Osten und Westen führte 69 zur größten Reichskrise des Jahrhunderts.

Bataver und Treverer

Acht im Lingonenland stationierte Bataverkohorten mußten sich dem Zug der rheinischen Legionen nach Italien anschließen. Ständige Reibereien mit den Legionaren der Bonner *legio I* veranlaßten ihre vorzeitige Rückkehr und Abordnung nach Mainz ohne die erhoffte Belohnung beim Einzug in Rom. Inzwischen hatte der junge batavische Adlige Iulius Civilis, Präfekt einer Bataverkohorte, angeblich als Anhänger des Vespasian einen Aufstand provoziert, römische Händler überfallen und Kastelle im Batavergebiet zerstört. Nachweislich waren aber die Übergriffe zusammen mit den verbündeten Friesen und Cannanefaten schon im Mai 69, also vor der Erhebung des Vespasian erfolgt, so daß der Aufstand im eigenen batavischen und nicht in Vespasians Interesse begonnen worden war. Der schwache Mainzer Legat Hordeonius Flaccus, der den Oberbefehl über die gesamte verbliebene Rheinarmee innehatte, veranlaßte Strafaktionen durch die Restlegion unter Munius Lupercus in *Vetera;* dieser wurde aber geschlagen. Auch war es nicht möglich, den Abmarsch der acht Bataverkohorten aus Mainz zu verhindern, geschweige denn sie im Bonner oder Neusser Raum durch die verbliebenen Legionare abzufangen. Somit erhielt Civilis einen willkommenen Truppenzuwachs. Dem Aufstand hatten sich inzwischen auch die rechtsrheinischen Tenkterer und Brukterer angeschlossen. Im Spätsommer 69 konnte Civilis das Doppellegionslager *Vetera,* das nur mit ca. 5000 Mann besetzt war, einschließen. Nur der beherzte Entsatz von *Vetera* durch den Mainzer Legaten C. Dillius Vocula im November 69 verhinderte eine Katastrophe. Schon zu diesem Zeitpunkt waren die Verpflegungsvorbereitungen mehr als mangelhaft gewesen. Ein weiterer Proviantttransport für *Vetera* wurde von Civilis abgefangen, so daß Vocula sich mit seinen Truppen nach *Gelduba*/Krefeld-Gellep und schließlich nach *Novaesium*/Neuss zurückziehen mußte, um die angespannte Versorgungslage durch seine Mannschaft nicht noch zu vergrößern. Prompt schloß Civilis die Festung zum zweiten Mal ein, konnte das Lager *Gelduba* gewinnen und ein Reitergefecht bei *Novaesium* für sich entscheiden. Flaccus war inzwischen aus Mainz in Neuss eingetroffen, konnte sich zu keinen Entscheidungen durchringen und wurde schließlich von den eigenen Soldaten ermordet, als er ein Geldgeschenk des Vitellius im Namen des Vespasian auszahlen ließ; im Kernland der Vitellianer ein geradezu dümmliches Unterfangen.
Inzwischen war Vespasian in Rom einmarschiert und hatte Vitellius bezwungen (20. Dezember 69). Nun hatte der Aufstand auch den Mittel- und Oberrhein erreicht. Die Legionsfestung Mainz war von vereinigten Chatten, Mattiakern und Usipitern belagert und konnte nur durch das Eingreifen des Vocula, der von Neuss aus anrückte, gerettet werden. Inzwischen hatten auch die Treverer und Lingonen für die Aufständischen Partei ergriffen. Nach dem Tod des Vitellius bestand eigentlich keine Veranlas-

sung mehr für Kriegshandlungen, wenn es sich nur um einen Aufstand gegen die Vitellianer gehandelt hätte. Die Ziele waren aber inzwischen weiter gesteckt. Die Aufständischen glaubten aufgrund ihrer militärischen Erfolge, daß die Zeit reif sei für ein eigenständiges Gallisches Reich (*Imperium Galliarum*). Außerdem mag der Brand des Kapitoltempels in Rom als ein Menetekel für den Niedergang Roms gewertet worden sein.
Diesen kühnen Gedanken vertraten neben dem Bataver Civilis vor allem die Treverer Iulius Classicus, ein ehemaliger Reiterpräfekt, und sein Landsmann Iulius Tutor, der *praefectus ripae Rheni*, der mit der wichtigen Aufgabe der Flußverteidigung am Rhein betraut war sowie der Lingone Iulius Sabinus. Classicus war es gelungen, zur Jahreswende 69/70 den Mainzer Legaten Vocula, den einzigen ernsthaften Gegner ihrer Pläne, ermorden zu lassen. Die Legionen in Mainz und Neuss und die Bürger von Köln mußten den Treueeid auf das *Imperium Galliarum* leisten. Offiziere, die sich weigerten wurden getötet oder verjagt.
Der weiterhin belagerten 15. Legion mit Resten der 5. Legion in *Vetera* wurde freies Geleit zugesichert, falls sie ebenfalls auf das gallische Reich den Eid ablegten. Als die Legionare die Bedingungen annahmen, wurden ihre Offiziere ermordet und die wehrlosen Mannschaften niedergemetzelt. Neben Lupercus und Vocula waren auch die Legionslegaten Herennius Gallus (*legio I* in Bonn) und Numisius Rufus (*legio XVI* in Neuss) von den Aufständischen getötet worden. Die Mannschaften dieser beiden Legionen mußten nach der Zerstörung ihrer Lager nach Trier, dem Zentrum des treverischen Aufstandes, abmarschieren. Nur die Veteranenkolonie Köln war mit einigem Verhandlungsgeschick der Zerstörung durch die Aufständischen entgangen.
Dennoch fand die geglückte Erhebung gallischer und germanischer Stämme nicht überall in Gallien Zustimmung. Zwar waren neben den Treverern und Lingonen auch die Nervier, Tungrer und Baetasier dem Bund beigetreten, aber schon die Sequaner sperrten sich mit Waffengewalt. Inzwischen hatte Vespasian in Italien seine Position gefestigt und rüstete gegen den gallischen Aufstand. Eine Versammlung der nordgallischen Stämme in Reims, dem Hauptort der Remer, sollte über »Freiheit oder Frieden« entscheiden. Während die Remer unter dem Eindruck der vespasianischen Bedrohung zum Frieden mahnten, erwiesen sich die Treverer unter Iulius Valentinus als Scharfmacher. Aus Italien rückten fünf Legionen, aus Spanien drei und aus Britannien eine weitere Legion an. Gegen die von *Vindonissa* heraneilende *legio XXI rapax* hatte sich am Oberrhein südlich Mainz Tutor mit seinen Treverern, verstärkt durch Triboker, Vangionen, Caeracaten sowie durch Mainzer Legionare verschanzt. Beim Heranrükken der Vespasianer liefen nach den ersten Gefechten die Soldaten mit Ausnahme der Treverer massenweise zum Gegner über. Tutor mußte sich hinter die Nahe bei Bingen zurückziehen und ließ die Brücke der Rheinuferstraße abbrechen. Dennoch wurde der Fluß überquert und Tutor geschlagen. Die Kunde von der Niederlage ließ die niederrheinischen Legionen vor Trier vom gallischen Imperium abfallen. Der Treverer Valentinus zog sich mit seinen Soldaten bei *Rigodulum*/Riol auf eine Berghöhe zurück

und wurde nach der Erstürmung der Bergfestung von den Legionaren des Quintus Petillius Cerialis gefangen genommen. Eine Plünderung Triers durch die vespasianischen Truppen konnte gerade noch verhindert werden. Cerialis wollte die Treverer durch Milde wieder für die römische Sache gewinnen. Ein Gegenschlag der Aufständischen unter Tutor, Classicus und Civilis traf die Truppen des Cerialis in Trier völlig überraschend. Zwar konnten jene das römische Lager einnehmen und die Moselbrücke besetzen, der Kampfkraft der Legionare waren sie aber auf Dauer nicht gewachsen. Cerialis drängte die Aufständischen nach Norden zurück und konnte Civilis vor *Vetera*, dem Ort seines großen Triumphes, vernichtend besiegen. Damit war der gallische Aufstand blutig beendet. Rom zeigte sich jedoch maßvoll. Valentinus und Sabinus wurden hingerichtet. Tutor und Classicus setzten sich mit 113 treverischen Ratsherren ins rechtsrheinische Germanien ab. Die gesamte treverische Oberschicht hatte sich so stark korrumpiert, daß man zu diesem Zeitpunkt mit guten Gründen von einem Ende der treverischen Stammesaristokratie sprechen kann.

Vespasian und die Wiederherstellung der römischen Macht

Das schmähliche Versagen der rheinischen Truppen erforderte einschneidende Reformen. Rom hatte gegenüber den Provinzialen in Nordgallien und im Militärsprengel am Rhein erheblich an Ansehen verloren. Die rechtsrheinischen Germanen waren wegen ihrer leichten Erfolge auch in Zukunft zu weiteren Übergriffen ermutigt. Sämtliche Legionen wurden ausgetauscht, einige für immer aufgelöst. Nach *Vindonissa*/Windisch kam die *legio XI Claudia*, nach *Argentorate*/Straßburg die *legio VIII Augusta* und nach *Mogontiacum*/Mainz die *legiones I adiutrix* und *XIV gemina*. Am Niederrhein wurde die *legio XXI rapax* in *Bonna*/Bonn, die *legio VI victrix* in *Novaesium*/Neuss, die *legio XXII Primigenia* im neu an anderer Stelle errichteten *Vetera II* und schließlich in *Noviomagus*/Nijmegen gegenüber den Batavern die *legio II adiutrix* stationiert.

Das seit Augustus gültige Konzept, als Hilfstruppen auch nationale, einheimische Volksaufgebote einzusetzen, wurde unter Vespasian wegen der bitteren Erfahrungen *Abb 95* zugunsten fremder Auxilien aufgegeben. Die neuen Truppen stammten nunmehr mehrheitlich aus Spanien oder dem Donauraum. Im obereren Heeresabschnitt waren bis 74 n. Chr. sechs Alen und zwölf Kohorten stationiert. Der Grenzabschnitt am Niederrhein wurde in gleicher Weise organisiert.

Über die Verteilung der Hilfstruppen an Mittel-, Ober- und Hochrhein sind wir ungleich schlechter unterrichtet als am Niederrhein. Im Einzugsbereich des Legionslagers von *Vindonissa* sind dies Zurzach und an vorgeschobener Stelle rechtsrheinisch Hüfingen, das allerdings dann unter Vespasian aufgegeben wurde. Die militärische Besetzung des sicher geschützten Abschnittes zwischen Basel und dem Legionslager in Straßburg ist ebenso unbekannt wie die der weiten Strecke nördlich davon bis

Speyer. Erst dort ist ein flavisches Erdkastell unbekannter Größe und Besatzung nachweisbar. Das Lager von Ludwigshafen-Rheingönheim war ganz gewiß im Rahmen der Aufstände in Mitleidenschaft gezogen worden. Immerhin mußte ein Auxiliar um 70 n. Chr. unter dem Boden einer Mannschaftsbaracke eine Barschaft von 144 Denaren verstecken, die er nicht mehr bergen konnte. Ein während der Kampfhandlungen gefallener Soldat wurde mit Gürtel und Schwert 1886 im Bereich des Lagergrabens entdeckt. Über die militärische Besetzung von Worms ist nichts bekannt wie auch für den weiteren Streckenabschnitt bis Mainz. Dort war das Legionslager 69 n. Chr. von den Germanen belagert und wohl auch beschädigt, aber nicht zerstört worden. Der Einzug der treuesten vespasianischen Legionen im Doppellager bedeutete auch einen entsprechend repräsentativen Ausbau in Stein. Der *legio I adiutrix* oblag die Errich-
Abb 43 tung der Wehrmauer samt den prunkvollen Toranlagen; die *legio XIV* errichtete die neue Rheinbrücke, während der Bau der 8 km langen Wasserleitung wohl eine Gemeinschaftsleistung beider Legionen war.

Im Mittelrheinabschnitt waren sicher Bingen, Koblenz und Andernach nach Beseitigung der Schäden weiter militärisch besetzt. Für Remagen, schon im Kommandobereich des unteren Heeres gelegen, ist eine frühflavische Besatzung gesichert.

Vespasian kannte aus seiner Straßburger Zeit die Verhältnisse am Oberrhein aus eigener Anschauung. Die Verkehrsverbindung von der Donau zum Rhein war nach dem bisherigen Grenzverlauf sehr mühsam und weit, so daß der Ausbau einer direkten Strecke von Straßburg durch das Kinzigtal zur Donau geboten schien. Das Aufgebot einer erheblichen Truppenmacht mit zusätzlicher Abordnung der *legio VII gemina* aus Spanien wie die Verleihung der Triumphalinsignien an den Legaten Pinarius Clemens lassen sicher nicht nur an Verdienste im Rahmen des Straßenbaues denken. Jedenfalls brachte der Feldzug erstmals seit der varianischen Niederlage einen erheblichen Landgewinn rechts des Rheins. Neben dem oberen Neckargebiet um Rottweil, dem Neckarmündungsraum um Heidelberg und Ladenburg wurde die fruchtbare Wetterau bis Friedberg durch Kastelle gesichert.

In dem Maß wie nun das östliche Vorfeld des Rheinlaufes geschützt war, wurden die alten Hilfstruppenlager wie Speyer, Rheingönheim und vielleicht auch Worms entbehrlich. Damit endete im westlichen Ober- und Mittelrheingebiet die militärische Phase und die zivile Periode konnte beginnen.

Die Chattenkriege Domitians und der Saturninusaufstand

Als 81 Domitian, der jüngere Sohn Vespasians, dem frühzeitig verstorbenen älteren Sohn Titus auf den Thron gefolgt war, konnte dieser sich sogleich in Germanien militärische Lorbeeren verdienen. Wieder einmal hatten die Chatten in ungebrochener Kriegslust eine bedrohliche Haltung eingenommen. Durch die militärische Präsenz in der Wetterau fühlten sie sich nunmehr unmittelbar durch Rom bedrängt. Das chatti-

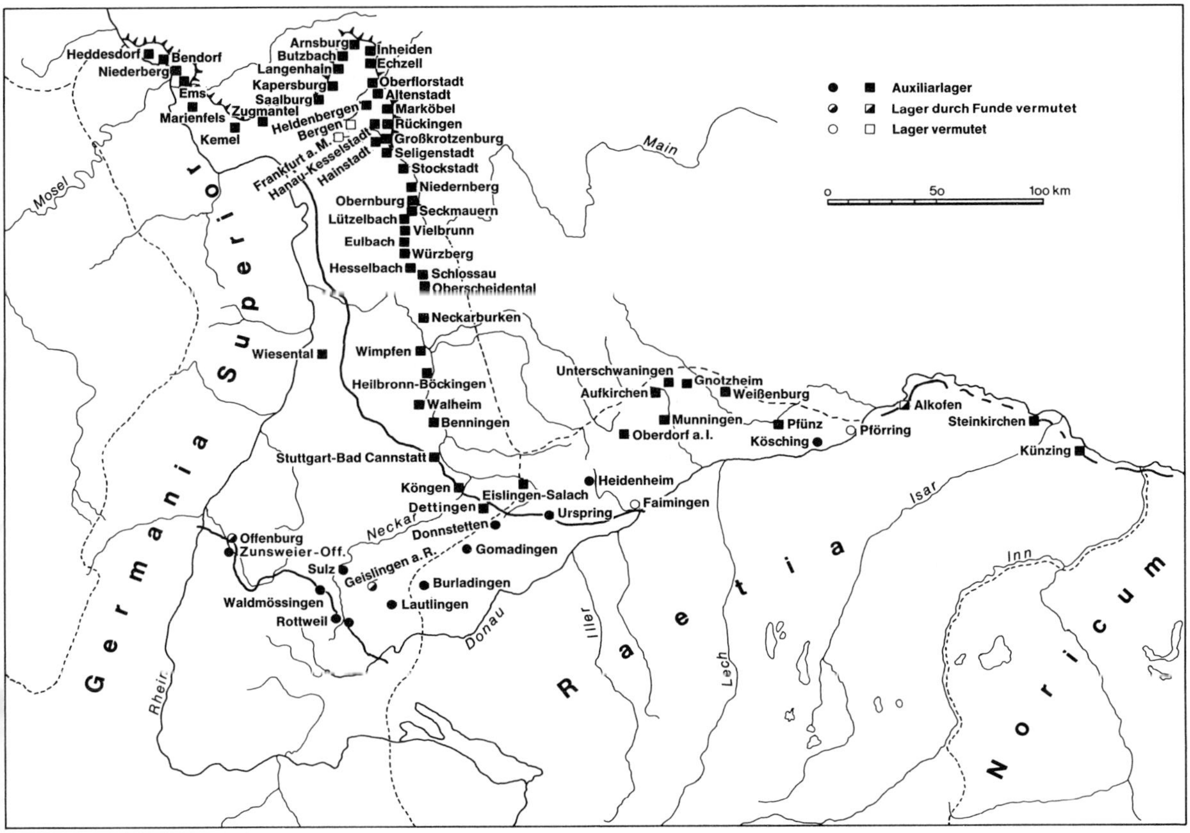

Abb. 29 Römische Kastelle im rechtsrheinischen Südwestdeutschland aus vespasianischer (Kreis) und domitianischer Zeit (Quadrat) (n. Filtzinger)

sche Hauptsiedlungsgebiet lag nördlich im Raum von Kassel und Fritzlar, reichte aber bis an den Rand der Wetterau heran.

Um gegen diesen schwierigen Gegner einen triumphwürdigen Erfolg zu erzielen, mußte Domitian schon erhebliche Vorbereitungen treffen. Bis 83 war in Mainz ein beachtliches Truppenaufgebot versammelt. Zusätzlich zu den beiden Hauslegionen kam aus Bonn die *legio XXI rapax* nach Mainz-Weisenau. Weitere Legionen, darunter die *legio IX Hispana* aus Britannien, stellten Detachements. Domitian residierte mit seinem Hof in Mainz. Der Grabstein des kaiserlichen Vorkosters Zosimus und die Weiheinschrift des A. Didius Gallus Fabricius Veiento, eines bedeutenden kaiserlichen Militärberaters, sind epigraphische Zeugnisse aus dem Bereich des kaiserlichen Hauptquartiers in Mainz. Um den Gegner in Sicherheit zu wiegen, waren die Truppen dort versammelt, unter dem Vorwand in Gallien und am Rhein einen *census* (Steuerschätzung) durchzuführen. *Abb 30*

Abb. 30 Mainz. Grabstein des Tiberius Claudius Zosimus, Vorsteher der Vorkoster Domitians. Zeugnis für die Anwesenheit des Kaisers in Mainz, 2. Hälfte 1. Jh. n. Chr.

Im Frühjahr 83 begann mit rund 30000 Legionaren und weiteren Hilfstruppen der Überraschungsangriff gegen die Chatten. Wie gewohnt stellte sich der Gegner keiner Entscheidungsschlacht, so daß auch im Folgejahr noch kein greifbares Ergebnis erzielt war. Immerhin kehrte Domitian 84 nach Rom zurück, so daß sein Kriegsziel durchaus erreicht schien.

Vielleicht wurde der geplante abschließende Feldzug des Jahres 85 durch die bedrohlichen Ereignisse an der Donaufront vereitelt. Die Daker waren in die Provinz Mösien eingefallen, hatten die Truppen geschlagen, den Statthalter getötet, und auch im Jahr 86 waren die Römer noch immer nicht Herr der Lage. Die *legio I adiutrix* wurde aus

Abb. 31 Trauernde Germania und gefesselter Germane unter einem Siegeszeichen (tropaion) mit der Münzumschrift Germania capta = besiegtes Germanien. Prägung des Jahres 85 n. Chr.

Mainz abgezogen. An ihre Stelle rückte die *legio XXI rapax.* In der Folgezeit verlagerte sich das militärische Gewicht in den Donauraum.
Der Gebietszuwachs war eher mäßig. Jedoch wurde die Scheitellinie des Taunus zu einer Grenzlinie ausgebaut. Der Militärschriftsteller Frontin berichtet, daß unter Domitian eine Grenzlinie von 120 Meilen (= rund 178 km) angelegt wurde, die vom Rhein am Neuwieder Becken bis zum Main reichte. Von da führte der Limes durch den Odenwald zum Neckar und weiter über die Schwäbische Alb zur Donau.
Um den germanischen Gebietszuwachs herauszustellen, wurden die beiden Militärbereiche zusammen mit dem neu eroberten rechtsrheinischen Raum und den Stammesgebieten der Sequaner und Lingonen zu zwei germanischen Provinzen erklärt (*Germania superior* – Obergermanien, *Germania inferior* – Niedergermanien) und somit endgültig von der *Gallia Belgica* abgetrennt.
Die Revolte des obergermanischen Statthalters C. Antonius Saturninus am Neujahrstag 89 sollte zu einem schweren Rückschlag in der jungen Provinz führen. Die Mainzer Legionen verweigerten den Treueeid auf Domitian und hatten ihren Befehlshaber zum Gegenkaiser ausgerufen. Domitian rüstete in bemerkenswerter Schnelle zum Gegenschlag, als hätte er von der drohenden Revolte am Rhein schon vorher Kenntnis erhalten, und rückte selbst mit den Prätorianern gegen Mainz. Aus Spanien eilte die *legio VII gemina* unter dem späteren Kaiser Trajan herbei; aus Rätien wurden Hilfstruppen herbeibeordert. Die *legiones XI Claudia* in *Vindonissa* und die *VIII Augusta* in Straßburg verhielten sich eine Zeitlang neutral. Als auch die von Domitian gegründete und daher loyale *legio I Minerva* in Bonn nicht auf die Seite der Aufständischen übertrat, verbündete sich Saturninus mit den Chatten. Zu der Entscheidungsschlacht südlich von Bonn konnten die Germanen wegen erheblichen Eisganges auf dem Rhein nicht eingreifen, so daß Lucius Antonius Lappius, der niedergermanische Statthalter, das Treffen, bei dem Saturninus den Tod fand, für Domitian gewinnen konnte.
Der Aufstand war für die neuen Siedlungsgebiete östlich des Oberrheins verheerend. Eine Vielzahl von Kastellen mit den dazugehörigen *vici* war den Zerstörungen durch die Chatten zum Opfer gefallen. Lappius konnte die Chatten besiegen und mit ihnen einen dauerhaften, über rund 80 Jahre währenden Frieden schließen.
Die Revolte hatte für die Mainzer Legionen Konsequenzen; sie wurden an die gefährdete Donaufront versetzt (89: *legio XXI rapax,* um 92: *legio XVI gemina*). Dafür zog von Xanten die *legio XXII Primigenia pia fidelis* in Mainz ein. Die Reduzierung auf nur noch eine Legion sollte einen möglichen Unruheherd verringern. Zugleich aber wurde auch in Niedergermanien die Zahl der Legionen auf drei reduziert. Ein Zeichen für den beginnenden Friedensprozeß am Rhein.

Das römische Heer

Die Truppen Caesars und der Gallier

Seit 58 v. Chr. machten die keltischen Stämme schmerzliche Erfahrungen mit Caesars schlagkräftigen Legionen. Die militärischen Erfolge Caesars beruhten aber nicht nur auf der Schlagkraft seiner Truppen, sondern vor allem auf mangelnder einheitlicher Militärführung bei den Kelten. Der Gallische Krieg begann 58 v. Chr. auf römischer Seite mit sechs Legionen und zahlreichen Hilfstruppen und wurde mit einer Truppenmacht von zehn Legionen und zusätzlichen Hilfstruppen beendet. Nach Caesars eigenem Bekunden (de bello Gallico VII 65) standen 52 v. Chr. in Gallien 22 Einheiten wohl weitgehend keltischer Fußtruppen (Kohorten).
Die Sollstärke der caesarischen Legionen umfaßte rund 6000 Mann, war aber real geringer. Zur Überwindung der Gallier waren letztlich gut 50 000 bis 60 000 Mann römischer Truppen notwendig geworden. Die Weite des Landes und die immer wieder aufflackernden antirömischen Allianzen und Aufstände hatten eine endgültige Niederwerfung vereitelt oder zumindest erschwert. Im Bereich zwischen Rhein und Mosel sind aus dieser Zeit bislang keine Spuren entdeckt worden. Weder Truppenlager noch Reste der beiden Rheinbrücken konnten bisher nachgewiesen werden, so daß wir nach wie vor allein auf die historischen Quellen angewiesen sind. So bleibt auch die Ausrüstung des caesarischen Heeres weitgehend unbekannt.
Das keltische Kriegswesen läßt sich im treverischen Bereich in Ansätzen anhand der archäologischen Funde belegen. Der keltischen Oberschicht (*nobiles*) sind vor allem Grabfunde mit Reiterausrüstung (Sporen, Pferdeschirrung, Langschwerter, Bronzehelme usw.) zuzuweisen. Ob sich bei den Fußtruppen weitere soziale Abstufungen anhand von Schwertkriegern und Lanzenkämpfern ablesen lassen, ist noch ungeklärt. Dazu gesellten sich noch die gefürchteten gallischen Bogenschützen und Schleuderer. Die keltischen Truppenverbände waren weitgehend aus den Hintersassen (*klientes, ambaktes*) der gallischen Nobilität gestellt und waren somit auf den mehr oder weniger großen Einflußbereich ihres Kriegsherren bezogen. Daraus erklärt sich die unheilvolle Zersplitterung der gallischen Kriegsführung, die letztlich der römischen, zentral geführten Kampfkraft unterlegen sein mußte.

Das Heer der Kaiserzeit

Kaiser Augustus hat das militärische Konzept der späten Republik konsequent fortgeführt und ausgebaut. Die Legionen, die sich aus römischen Bürgern rekrutierten, bildeten weiterhin die Hauptsäule der römischen Militärmacht. Der ungeheuere Zu-

Abb. 32 Die westlichen Provinzen Roms (n. Filtzinger)

0 100 200 km
Legionslager
Stadt
Caledonia
Vallum Antonini
Vallum Hadriani
Mare Germanicum
Superior
Eburacum
York
Deva
Chester
Britannia
Britannia
Isca
Caerleon
Camulodunum
Colchester
Verulamium
St. Albans
Londinium
London
Inferior
Isca Dumnoniorum
Exeter
Oceanus Britannicus
Mare Cantabricum
Cimbri
Saxones
Chauci
Langobardi
Weser
Angrivarii
Germania
Frisii
Ems
Visurgis
Amasia
Teutoburgiensis
Saltus
Cherusci
Semnones
Noviomagus
Nimwegen
Vetera Castra
Xanten
Batavi
Germania
Magna
Sugambri
Albis/Elbe
Saale
Hermunduri
Menapii
Ubii
Novaesium Neuss
Apud Aram Ubiorum
Köln
Bonna Bonn
Chatti
Inferior
Marcomanni
Main
Moenus
Remi
Belgica
Mogontiacum
Mainz
Treveri
Augusta Treverorum
Trier
Superior
Rhein
Castra Regina
Regensburg
Sequana
Durocortorum
Reims
Mediomatrici
Lutetia
Paris
Seine
Aquae
Baden-Bad.
Danuvius/Donau
Augusta Vindelicum
Augsburg
Argentorate
Straßburg
Sumelocenna
Rottenburg
Alauni
Iuvavum
Salzburg
Gallia
Lugdunensis
Lingones
Germania
Rhenus
Dangstetten
Noricum
Raetia
Dijon
Vindonissa
Windisch
Brigantium
Bregenz
Ambisontes
Liger/Loire
Aug. Rauric.
Augst
Vesontio
Besancon
Innsbruck
Pictones
Avaricum
Bourges
Augustodunum
Autun
Helvetii
Curia
Chur
Reschen
Brenner
Limonum
Poitiers
Aedui
Sequani
Aventicum
Avenches
Julier
Bozen
Santoni
Bituriges
Arar Saône
Splügen
Tridentum
Trient
Aquileia
Ambarri
Salassi
Opitergium
Oderzo
Mediolanium
Saintes
Augustonemetum
Clermont Ferrand
Lugdunum
Lyon
Gr. St. Bernhard
Comum
Como
Augusta Praetoria
Aosta
Kl. St. Bernhard
Verona
Bricia
Brescia
Aquitania
Arverni
Vienna
Vienne
Transpadana
Burdigala
Bordeaux
Rhodanus/Rhône
Allobroges
Padus Po
Garumna
Garonne
Ravenna
Genua
Narbonensis
Gallia
Tropaeum Alpium
Arretium
Aquae Sextiae
Aix en Provence
Tiber
Massilia
Marseille
Narbo Martius
Narbonne
Tiberis
Tarraconensis
Corsica
Roma

wachs an neuen Provinzen machte aber auch die Einbindung der provinzialen Bevölkerung in den Militärdienst notwendig. Diese Hilfstruppen (*auxilia*) belasteten die Staatskasse viel weniger als die teueren Legionen. Ferner war der Erwerb des römischen Bürgerrechtes nach Ableistung des Militärdienstes bei den Hilfstruppen ein probates Mittel zur Romanisierung der provinzialen Bevölkerung. Andererseits barg die militärische Schulung dieser Hilfstruppen auch gewisse Gefahren, wie etwa der Bataveraufstand 69 n. Chr. zur Genüge gezeigt hat.

Die Legionen

Unter Augustus umfaßte das römische Heer 28 Legionen mit einer Mannschaftsstärke von 5000 bis 6000 Mann. Die kleinste Einheit der Legion bildete die Gemeinschaft *Abb 37* (*contubernium*) von acht Soldaten (*milites, gregarii*), die am Anfang zusammen in einem Zelt, später in einer Stube der Mannschaftsbaracke wohnten, schliefen, gemeinsam die Mahlzeit zubereiteten und auch nebeneinander kämpften. Ihr schweres Gepäck (Lederzelt, Schanzpfähle, Handmühle usw.) trug ein Maultier, das der Gruppe gehörte.

Aus jeweils zehn solcher Acht-Mann-Gruppen bildete sich die *centuria*, die mit einer heutigen Kompanie vergleichbar ist. Die 80 Mann starke Einheit wurde von einem *centurio* befehligt, dem ein Stellvertreter (*optio*), ein *tesserarius* als »Feldwebel«, ein Sekretär (*librarius*) und ein Bursche (*calo*) Dienste leisteten. Die Centurie bildete die kleinste taktische Einheit der Legion. Zwei Centurien bildeten ein Manipel, eine Bezeichnung, die sich aus der alten Heeresgliederung erhalten hatte, der aber keine weitere Aufgabe zukam.

Die Kohorte als nächst größere Einheit setzte sich aus drei Manipeln oder sechs Centurien zusammen. Zu den kämpfenden 480 einfachen Soldaten (*milites*) kamen noch rund 120 Personen an Dienstgraden und Helfern hinzu. Darunter befanden sich auch die Trompeter (*tubicen*), Hornbläser (*cornicen*) und die Feldzeichenträger (*signifer*). Die Legion umfaßte zehn solcher Kohorten. Gegen Mitte des 1. Jahrhunderts n. Chr. wurde die Mannschaftsstärke der 1. Kohorte verdoppelt. Sie hatte auch einen bevorzugten Platz im Lager und war die angesehenste Einheit der Legion.

Der Legionskommandeur (*legatus legionis*) entstammte dem Senatorenstand wie sein erster Stellvertreter, der senatorische Militärtribun (*tribunus laticlavius*). Der Legionslegat unterstand direkt dem Statthalter, dem der militärische Oberbefehl oblag. Nach Ablauf der meist dreijährigen Legionsleitung folgte oft das Amt des Konsuls. Der Lagerkommandant (*praefectus castrorum*), der ranghöchste Truppenführer, entstammte dem Ritterstand. Als Stabsoffiziere fungierten fünf Militärtribune (*tribuni angustclavii*), die ebenfalls ritterlicher Herkunft waren. Diese konnten kleinere Legionsabteilungen (*vexillia*) leiten.

Dazu kam eine Vielzahl von Chargen, die militärische Aufgaben und Verwaltungsaufgaben erfüllten, als Techniker die vielfältigen Bauaktivitäten leiteten, als Handwerker für die differenzierte Ausrüstung vom Koppelbeschlag bis zum Katapult Sorge trugen oder als Ärzte im Lazarett arbeiteten.

Die Legion hatte nur eine kleine Reitertruppe von 120 Mann, die in vier Gruppen zu je 30 Reitern (*turmae*) eingeteilt waren. Den Legionsreitern kamen nur Aufgaben als Kuriere oder Späher zu. Als Kavallerie wurden stets Hilfstruppen, etwa Gallier oder verbündete Germanen eingesetzt.

Der Legionsdienst dauerte in der Regel 20 Jahre, weitere fünf Jahre mußte sich der Soldat als Veteran noch im Legionsumkreis zur Verfügung halten und erhielt dann seine angesparten Erträgnisse (*stipendia*) einschließlich Geschenken (*donativa*) ausbezahlt und gegebenenfalls Land zugewiesen.

Die Hilfstruppen (*auxilia*)

Diese Einheiten rekrutierten sich aus der provinzialen Bevölkerung, meist frisch unterworfener Stämme. Mit der Stationierung abseits ihrer Aushebungsgebiete wurde eine nationale Ergänzung der Truppe kaum mehr möglich. Lediglich Spezialtruppen wie orientalische Bogenschützen erhielten weiterhin Zuzug aus ihrem Herkunftsgebiet. Meist wurden die Einheiten nach ihren Ursprungsgebieten benannt. Alen trugen manchmal den Namen ihres Gründers wie z. B. *ala Indiana* = Indus oder *ala Rusonis*. *Abb 44*

Die Reitereinheiten (*alae*) standen unter den Hilfstruppen in hohem Ansehen, da diese nationalen Einheiten eine Legionskavallerie ersetzten. Der Kommandeur (*praefectus alae*) hatte zuvor als Militärtribun in Legionsdiensten gestanden. Die einfache Reitereinheit (*ala quingenaria*) war in 16 Züge (*turmae*) zu 32 Reitern (*eques*) gegliedert, die jeweils einem *decurio* unterstanden. Dieser hatte die gleichen Aufgaben wie der *centurio* der Infanterie (*cohors*). Eine *ala milliaria* war hingegen in 24 Züge zu 42 Reitern unterteilt und galt als die ranghöchste Hilfstruppe.

Die Infanterieeinheiten (*cohortes*) stellten in der Frühzeit lediglich eine Ergänzung der Legionstruppe dar und durften einfachere militärische Aufgaben erfüllen. Mit der Lösung von den Legionsstandorten übernahmen sie im Vorfeld der Legionsplätze am Rhein die Grenzverteidigung am Limes und wurden wie die Alen selbständig operierende Einheiten. Die Gliederung entsprach der der Legionskohorten. Eine *cohors quingenaria* umfaßte sechs Centurien zu 80 Mann. Eine *cohors milliaria* hatte eine doppelte Sollstärke. Daneben gab es teilweise berittene Einheiten (*cohortes equitatae*), die 500 oder 1000 Mann umfaßten, sechs bzw. zehn Centurien an Fußtruppen und vier bzw. acht Reiterzüge mit 120 oder 240 Mann umfaßten. Alle Einheiten wurden von Präfekten kommandiert.

Zu Beginn des 2. Jahrhunderts wurden kleinere Einheiten, *numeri*, eingeführt. Sie umfaßten vier Centurien mit je 30 Mann, waren teilweise beritten und wurden von einem Legionscenturio (*praepositus numeri*) geleitet.

Nach 25 Jahren Dienst erhielt der Auxiliarsoldat das volle römische Bürgerrecht, Abfindungen und Vergünstigungen bei der Steuer oder bei Dienstleistungen, konnte heiraten oder seine »wilde Ehe« legalisieren. Auch seine Kinder erhielten das volle Bürgerrecht und konnten später in der Legion Dienst verrichten. Die Entlassungsurkunde (Militärdiplom) auf einer Bronzetafel regelte alle Einzelheiten.

Die Flotte

Obgleich der Hauptstützpunkt der römischen Rheinflotte (*classis Germania pia fidelis*) in Niedergermanien in Köln-Alteburg lag, waren wohl auch Mittel- und Oberrhein mit Flotten-Detachements gesichert. Derartige Militärhäfen werden in Mainz und Straßburg vermutet. Aber auch den Legionen unterstanden eigene Schiffsverbände. Außer leichten Wachschiffen sind schwere Kriegsschiffe und Flottentransporter bekannt, die gerudert und besegelt werden konnten. Neben 44 Ruderern (Rojer = *remiges*) auf einer Flußliburne sind vier Matrosen (*velarii*) für Segeldienste sowie eine kleine Kampftruppe bezeugt, die einem *centurio classicus* unterstanden. Für den Schiffbetrieb war der Kapitän (*trierarchus*), ein Offizier (*gubernator*) und ein Unteroffizier (*celeusta*) verantwortlich. Die gesamte Rheinflotte unterstand einem Präfekten (*praefectus ripae Rheni*). Unter Tiberius sind rund 1000 Schiffe der Rheinflotte bezeugt.

Die Truppenlager und ihre Besatzungen

Während Legions- und Auxiliarlager der Frühzeit oftmals einen polygonalen Grundriß aufweisen, waren Gründungen seit der Mitte des 1. Jahrhunderts rechteckig mit abgerundeten Ecken. Der Raumbedarf richtete sich nach der Größe der Einheit und reichte von 40 ha für ein Zweilegionenlager bis zu 0,6 ha für Numeruskastelle. Auch Art und Zahl der Innenbauten war von der Art der Einheit abhängig, folgte aber weitgehend einem einheitlichen Schema. *Abb 33–35*

Die Umwehrung bestand zunächst aus Holz oder gar aufgeschichteten Rasensoden und wurde später durch eine Mauer mit angeschüttetem Erdwall (*intervallum*) ersetzt. Von den vier Lagertoren war die *porta praetoria* an der einen Schmalseite meist dem Feind zugewandt. An der rückwärtigen Schmalseite lag die *porta decumana* und an den beiden Längsseiten die *porta principalis sinistra* (linkes Lagertor) und die *porta principalis dextra* (rechtes Lagertor). Das Vorfeld der Wehrmauer war durch ein oder mehrere Gräben (*fossae*) als Annäherungshindernisse gesichert. Hinter der Umwehrung verlief die Lagerringstraße (*via sagularis*). Die Innenfläche des Lagers war durch eine breite Lagerstraße (*via principalis*) zwischen den beiden Längsseitentoren in den vorderen (*praetentura*) und rückwärtigen Lagerteil (*retentura*) getrennt.

Abb 36 Das Lagerzentrum bildete das Stabsgebäude (die *principia* – Plural!) für verwaltungsmäßige und kultische Aufgaben. Einem Innenhof war zur *via principalis* hin meist eine Vorhalle vorgelagert, die als Versammlungs- und Exerzierraum diente. Im rückwärtigen Teil der Kommandantur lagen hinter einer Querhalle (*basilica*) meist fünf Räume. Im mittleren war das Fahnenheiligtum (*aedes*) mit den Feldzeichen (*signa, vexilla*),

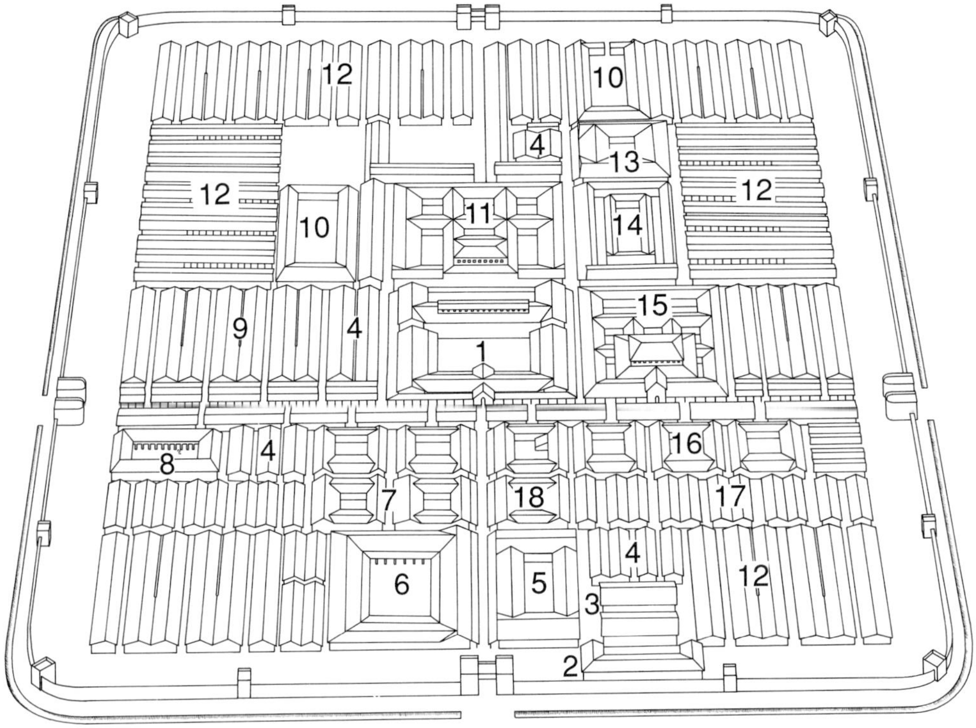

Abb. 33 *Das Legionslager Neuss. 1 Principia, 2 Fabrica, 3 Horrea, 4 Unterkünfte von Immunes, 5 Wirtschaftsbau, 6 Magazin, 7 Bad, 8 Schola der 1. Kohorte, 9 Kasernen der 1. Kohorte, 10 Wirtschaftsbau vom Hoftyp, 11 Prätorium, 12 Centurienkasernen, 13 Wirtschaftsbau vom Basartyp, 14 Lazarett, 15 Bad, 16 Häuser ritterlicher Offiziere und des Tribuns laticlavius, 17 Unterkünfte einer Hilfstruppe, 18 Kommandeurshaus einer Hilfstruppe*

Abb. 34 *Hofheim am Taunus. Steinkastell Periode I. 1 Früher Spitzgraben, 2 Haupttor, 3 linkes Seitentor, 4 rechtes Seitentor, 5 rückwärtiges Lagertor, 6–13, 22–27 Mannschaftsunterkünfte, 14 Speicherbau, 15 Kommandantenhaus, 16 Stabsgebäude, 17, 19–21 Speicherbauten (?), 18 Werkstatt (?), 28 Lazarett (?) (n. Nuber)*

Abb. 35 *Numeruskastell Hesselbach im Odenwald (n. Baatz)*

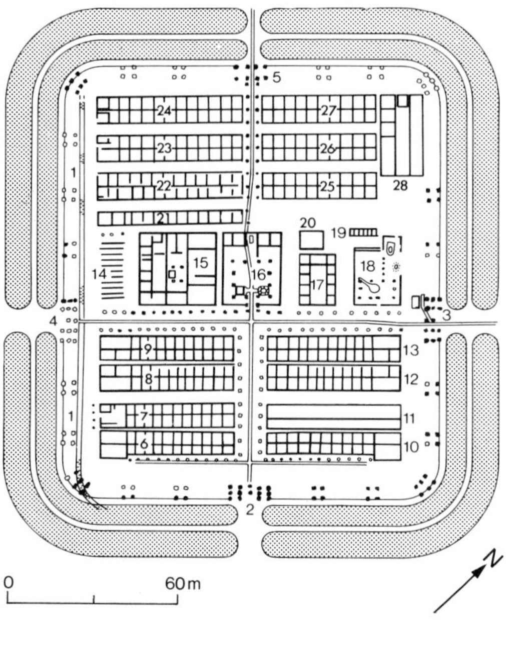

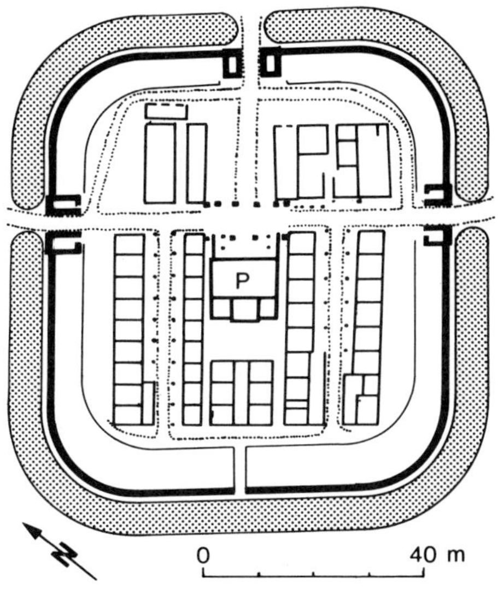

den Truppenaltären und den Kaiserbildnissen untergebracht; in dessen Kellerbereich wurde die Truppenkasse verwahrt. In weiteren Räumen (*tabularia*) walteten die Schreiber und befanden sich die Diensträume des Fahnenträgers (*signifer*). Weitere Räume, manchmal an den Seiten längs des Innenhofes, waren die Waffenkammern (*armamentaria*). Im Innenhof befand sich auf einem Podest das Tribunal, von dem aus Befehle gegeben und Ansprachen gehalten wurden. Das Kommandeurshaus (*praetorium*) befand sich im Legionslager oft hinter den *principia*, in Auxiliarkastellen rechts daneben. Der Bautyp entsprach der mediterranen Innenhofvilla (peristyl).

Die Mannschaftsbaracken (*centuria*) bestanden aus zehn Contubernien mit einem Schlaf- und Wohnraum mit Herd und einem Vorraum. Die Wohnung des *centurio* lag an einer Schmalseite als quadratischer Kopfbau. Jeweils zwei Centurien waren als Manipelkaserne zusammengefaßt. In Legionslagern waren die Centurien kohortenweise zusammengefaßt und umlagerten schützend die Versorgungs- und Verwaltungsgebäude. Legionslagern wie Hilfstruppenkastellen gemeinsam waren Speicher

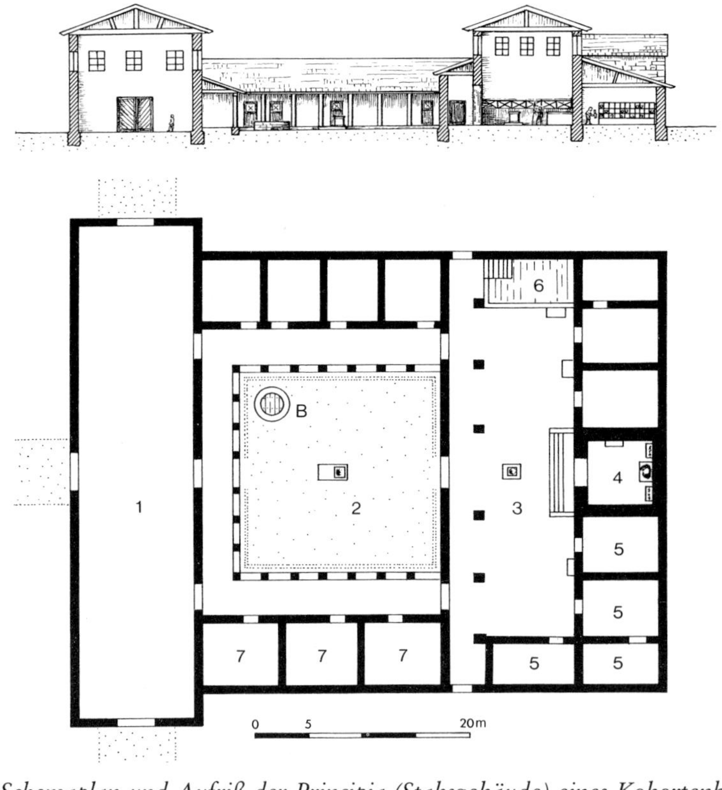

Abb. 36 Schemaplan und Aufriß der Principia (Stabsgebäude) eines Kohortenkastells. 1 Vorhalle, 2 offener Hof mit Altar und Brunnen B, 3 Querhalle, 4 Fahnenheiligtum, 5 Schreibstuben und Versammlungsräume, 6 Tribunal, 7 Waffenkammern (n. Baatz)

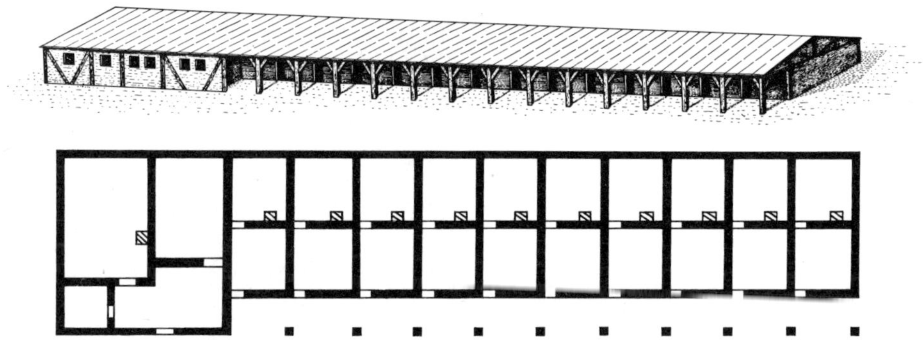

Abb. 37 Mannschaftsbaracke für eine Centurie mit 10 Mannschaftsräumen (contubernia) und dem »Kopfbau« mit Wohnung des Centurio (n. Baatz und Filtzinger)

(*horrea*), Lazarette (*valetudinaria*), Werkstätten (*fabricae*), Latrinen, Ställe (*stabula*) und Bäder innerhalb oder außerhalb des Lagers. Auf die Legionslager beschränkt blieben Tribunenhäuser, ebenfalls vom mediterranen Innenhoftyp, Unterkünfte der Spezialisten (*immunes*), Versammlungshäuser (*scholae*), vielfältige Wirtschaftsbauten sowie zusätzliche Unterkünfte der Hilfstruppen.

Das Legionslager Mainz

Der wesentliche Truppenstandort bildete seit der Okkupation das Zweilegionenlager auf dem Kästrich. Das 36 ha große Lager wurde um 13 v. Chr. mit leicht polygonalem Grundriß als Holz-Erde-Lager gegründet und hatte auch nach seinem Ausbau in Stein *Abb 38* unter Vespasian seine Form nicht verändert, welche bis zur Aufgabe um 353 n. Chr. beibehalten blieb. Nach den schlimmen Erfahrungen mit großen Truppenansammlungen während des Saturninusaufstands 88/89 n. Chr. zog die *legio XXII Primigenia* zwischen 92 und 97 n. Chr. als alleinige Truppe ein.

Im Doppellegionslager war eine zusätzliche Aufnahme der zahlreich in Mainz nachgewiesenen Hilfstruppen im Legionslager aus Platzgründen nicht möglich. Diese müssen im Umfeld stationiert gewesen sein. Ein Teil lag wohl bei Weisenau; viele Hilfstruppenlager sind sicherlich noch nicht nachgewiesen. Teilweise waren die Einheiten auch auf Garnisonen am Rhein verteilt.

Von der baulichen Gestalt des Legionslagers wissen wir fast nichts. Zu schnell ging die neuzeitliche Bebauung ohne vorherige Ausgrabungsmöglichkeiten über das Areal hinweg. Mit einiger Wahrscheinlichkeit läßt sich die mächtige *porta praetoria* aus an *Abb 43* anderer Stelle wieder verwendeten Bauteilen rekonstruieren, falls es sich nicht doch um Baureste des großen Statthalterpalastes handelt. Die Lage der *porta decumana* und der *porta principalis dextra* sind bekannt, so daß sich die Lagerstraßen erschließen lassen. Der Ausbau der Tore und der Wehrmauer in Stein lag offenbar allein in der Verantwortung der *legio I adiutrix*.

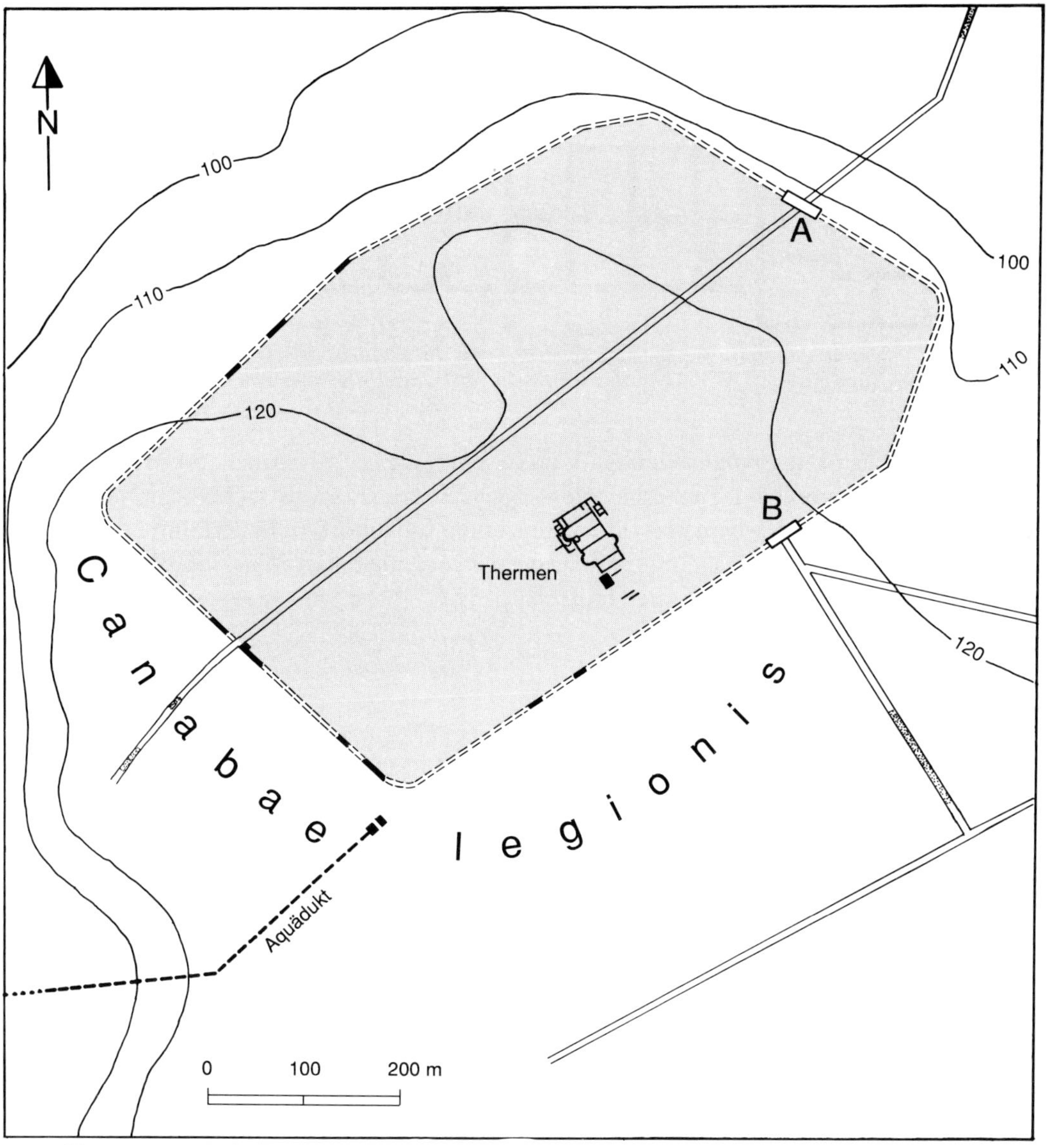

Abb. 38 Legionslager Mainz. A Porta praetoria, B Porta principalis dextra

Von den Innenbauten sind lediglich die Lagerthermen nachgewiesen, die sicher aus Platzgründen in die Zeit nach 90 n. Chr. gehören und von der *legio XXII* im nunmehr geräumigen Lager vielleicht anstelle des überflüssig gewordenen zweiten Legatenpalastes errichtet wurden. Ein nicht näher datierter Speicherbau (*horreum*) lag in der *praetentura*. Gemäß dem bekannten Gliederungsschema sind unterhalb der *via princi-*

Abb. 39 Marktbreit, Kr. Kitzingen. Gesamtplan des Legionslagers. Stand 1987 (n. Wamser)

palis die Verwaltungs- und Wohnbereiche des/der Kommandanten zu vermuten. Die Stationierung von zwei Legionen setzt die Existenz von zwei Legatenpalästen und der doppelten Anzahl von Tribunenhäusern und Kohortenkasernen voraus. Das überwiegende Vorkommen von Ziegelstempeln der 4. und 14. Legion in der südöstlichen und solchen der 1. und 22. Legion (während ihrer ersten Stationierung in Mainz) in der nordwestlichen Lagerhälfte geben Hinweise auf die Verteilung der Legionen vor 90 n. Chr.

Das neuentdeckte frührömische 40 ha große Doppellegionslager am Main bei Marktbreit, rund 140 km Luftlinie von Mainz entfernt, ist als Feldzugslager vielleicht in seiner baulichen Gestalt ein getreues Abbild des Mainzer Mutterlagers zwischen 10 v. und 9 n. Chr. Die um 5 ha größere Innenfläche zeigt die zusätzliche Einbeziehung von Auxilien an. *Abb 39*

Im Süden und Südosten des Lagers befanden sich die Lagervorstädte (*canabae*), die im

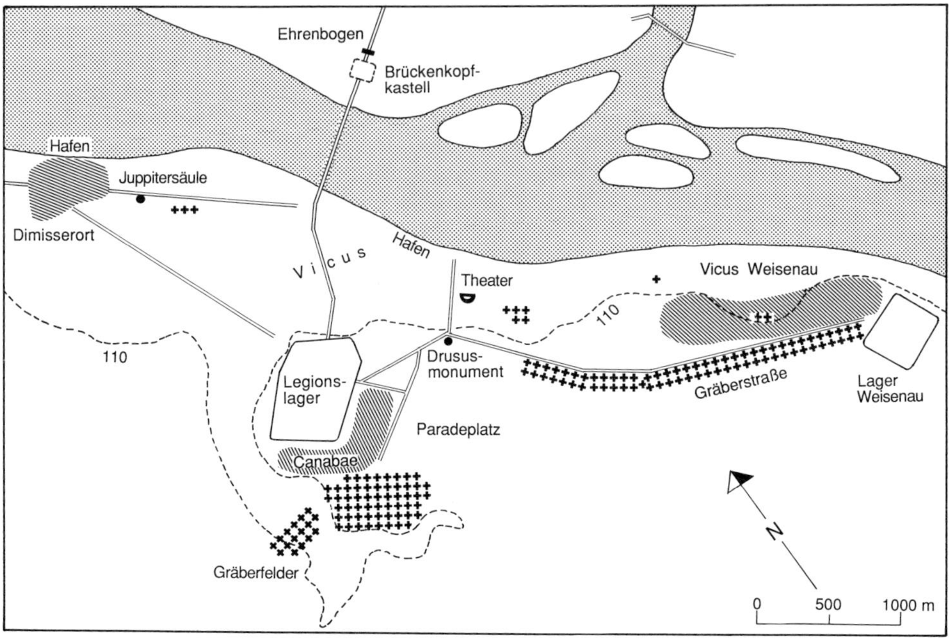

Abb. 40 Das frührömische Mainz

Abb. 41 Drusus-monument (n. Frenz)

Abb. 42 Mainz-Kastel.
Ehrenbogen für Germanicus (n. Frenz)

Bataveraufstand zerstört wurden, während das Lager selbst sich gegen die Aufständischen halten konnte.
Im Zusammenhang mit dem Ausbau des Lagers in Stein wurde unter Vespasian Frischwasser von den Quellen bei Finthen (*ad fontes*) und Drais mit einer Wasserleitung herangeführt. Das Zahlbachtal wurde mit einem mächtigen Aqädukt überbrückt. *Abb 377*
Die Bauten führten offenbar die *legiones I* und *XIV* gemeinsam durch.
Die *via praetoria* führte über die Terrassenkante des Kästrich hinab zum Rhein. Dort bestanden am Kappelhof mindestens seit dem 1. und am Brand seit dem 2. Jahrhundert militärische Hafenanlagen, deren zeitliches und funktionales Verhältnis zum Hafen am Dimesser Ort noch ungeklärt ist. Die zwischen Rhein und Lager in der sumpfigen Flußaue entstandene Siedlung trug, anders als die Siedlungen im Lagerumfeld, mehr zivilen Charakter.
Eine feste Brückenverbindung über den Rhein bestand seit tiberischer Zeit. Ein Ausbau in Stein erfolgte durch die *legio XIV gemina* in flavischer Zeit (unter Domitian ?).
Südlich des Drususmonuments zeichnet sich eine große siedlungsfreie Fläche ab, die alljährlich als Paradeplatz der Legionen zum Gedenktag des Drusus- und Germanicustodes (*discursio*) und als Versammlungsplatz der gallischen *civitates* zum gleichen Anlaß (*supplicatio*) diente. In der Zwischenzeit war er wohl ein großer Manöverplatz der Legionen.
Eine rund 2000 m lange Gräberstraße, in der neben Militär- auch Zivilpersonen ihre letzte Ruhe fanden, reichte von dem Versammlungsplatz bis zu dem keltisch geprägten *vicus* Weisenau. *Abb 40, 385*

Abb. 43 Mainz. Legionslager. Rekonstruktion der Porta praetoria (n. Büsing mit Ergänzungen)

Südöstlich an den *vicus* anschließend war nicht erst in den Chattenkriegen des Caligula (39/40 n. Chr.), sondern schon unmittelbar nach der Varusniederlage (9 n. Chr.) ein wichtiger Waffenplatz entstanden, in dem kurzzeitig zwei bis drei zusätzliche Legionen stationiert waren. Die bislang nicht nachweisbaren Standorte der Auxilien im Umkreis des Legionslagers werden z. T. auch in Weisenau gelegen haben. Zu Übungszwecken wurden im Umfeld des Legionsstandortes sicherlich auch vielfach Übungsschanzlager angelegt, wie sie im Bereich um *Vetera*/Xanten in großer Zahl festgestellt werden konnten.

Die Auxiliarlager am Rhein

Bereits in der Okkupationsphase war der Rhein durch kleinere Posten gesichert. Regelrechte Hilfstruppenlager sind hingegen erst mit der Beschränkung auf die Rheinlinie nach der Varuskatastrophe zwischen 9 und 17 n. Chr. anzunehmen. Bis in claudi-

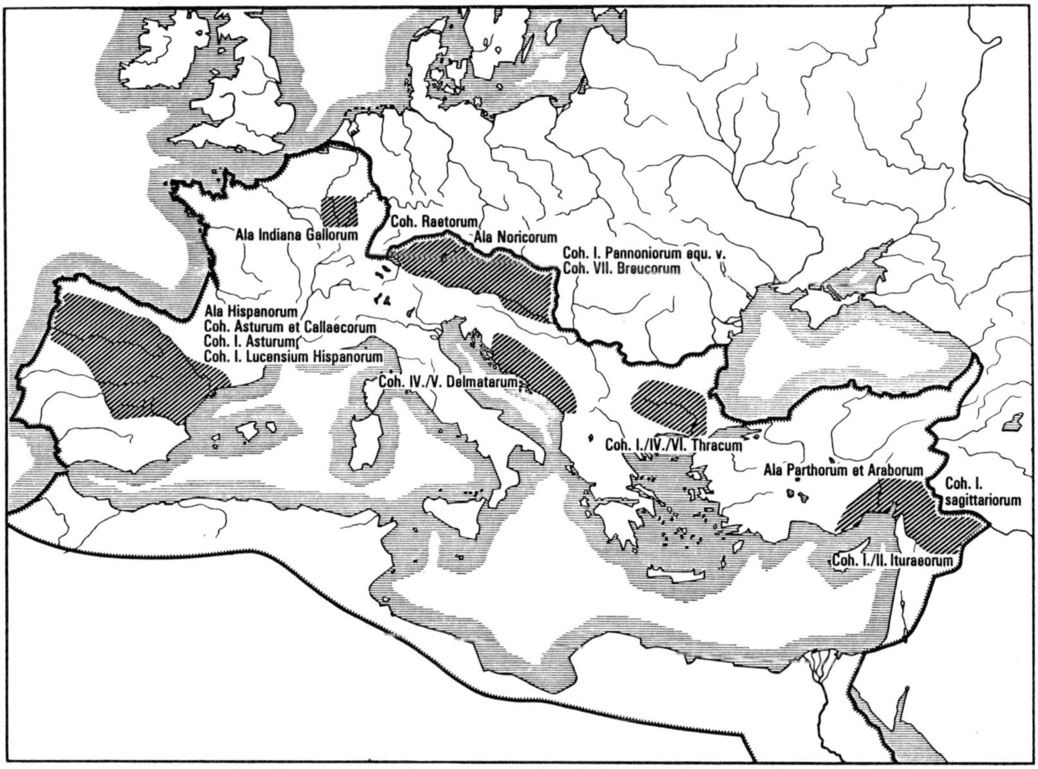

Abb. 44 Herkunftsgebiete (Erstrekrutierung) der frührömischen Auxilien von Mainz (n. Pferdehirt)

sche/flavische Zeit sind solche Lager in Andernach, Urmitz (Mühlheim-Kärlich), Koblenz, Bingen, Worms, Rheingönheim, Speyer zu belegen oder zu erschließen. Jedoch ist in keinem Fall die bauliche Gestalt hinreichend gesichert, noch die Besetzungsgeschichte geklärt. Für Andernach, Bingen/Bingerbrück und Worms sind zwar Truppen bezeugt, doch die Lager noch nicht lokalisiert. In Worms sind vier Kohorten und vier Alen nachgewiesen, die wohl nicht gleichzeitig dort stationiert waren, sondern jeweils in der Gruppierung Kohorte/Ala nacheinander folgten.
Diese Einheiten sind aber ebenso wie die von Bingen und Worms teilweise in Mainz im Umfeld der Legionen bezeugt, so daß vielleicht nur einzelne Abteilungen (Vexillationen) in den Hilfstruppenlagern von Bingen und Worms stationiert waren. In einigen Fällen folgten die Auxilien den Legionen in ihre neuen Bereitstellungsräume. Zufällig angeschnittene Lager bei Nackenheim oder Worms-Horchheim entziehen sich einer näheren Beurteilung. Neuerdings durch Luftbilder festgestellte Lager südlich von Worms und bei Germersheim lassen sich ebenfalls noch nicht deuten. Vielleicht sind es nur Schanz-Übungslager.

Hilfstruppen am Rhein	Besatzung	Größe
Andernach:	?	?
Urmitz (Mühlheim-Kärlich):	?	älteres Lager: 400 × 380 m
		jüngeres Lager: 300 × 275 m
Koblenz:	?	?
Bingen/Bingerbrück:	Coh. IV. Delmatarum	?
	Coh. I. Pannoniorum equitata veterana	
	Coh. I. sagittariorum	
Mainz/Mainz-Weisenau:	Ala Indiana Gallorum	?
	Ala Hispanorum	
	Ala Noricorum	
	Ala Parthorum et Araborum	
	Ala Rusonis	
	Ala Sebosiana	
	Coh. Asturum et Callaecorum	
	Coh. I. Asturum	
	Coh. I. Ituraeorum	
	Coh. II. Ituraeorum	
	Coh. I. Lucensium Hispanorum	
	Coh. IV. Thracum	
	Coh. VI. Thracum	
	Coh. I. Noricorum	
	Coh. XXIV. voluntariorum	
Worms:	Ala Agrippiana	?
	Ala Hispanorum	
	Ala Indiana Gallorum	
	Ala Sebosiana	
	Coh. I. Thracum	
	Coh. VII. Breucorum	
	Coh. Raetorum	
	Coh. Raetorum et Vindelicorum	
Ludwigshafen-Rheingönheim:	?	älteres Lager: 350 ? × 280 m
		jüngeres Lager: 250 ? × 187 m
Speyer:	?	Posten A
		Lager B
		Lager C

Der Limes

Anders als im niedergermanischen Bereich wurde in Obergermanien die nasse Grenze aufgehoben und durch eine Grenzlinie im neu eroberten rechtsrheinischen Land gesichert. Zur Überwachung der rund 375 km langen obergermanischen Limesstrecke waren ausschließlich Hilfstruppen eingesetzt. Vom 2. bis 3. Jahrhundert standen neben den beiden Legionen am Rhein in Mainz und Straßburg mit rund 11 000 Legionaren 22 Auxiliarkohorten, drei Alen und eine Vielzahl kleiner Numeruseinheiten direkt am Limes, also rund 18 000 Mann im Dienste der Grenzverteidigung. Die starke Verteilung der Truppen in Wachttürmen, Kleinkastellen und größeren Lagern ließ eine effektive Verteidigung gegen massive Feindeinwirkung kaum zu. Lediglich Raubzüge kleinerer und mittlerer Germanengruppen konnten wirksam zurückgeschlagen werden. Die Legionen im Hinterland hatten die Aufgabe, feindliche Stammesgruppen, denen ein Durchbruch gelungen war, abzufangen und zu vernichten. Bis zur Mitte des 3. Jahrhunderts blieb dieses Konzept einigermaßen brauchbar. Gleichzeitig ist ganz offensichtlich, daß von einer allmählichen Aufgabe des Limes, etwa seit 233 n. Chr., nicht die Rede sein kann. Die Grenzsicherung konnte nur aufrecht erhalten werden,

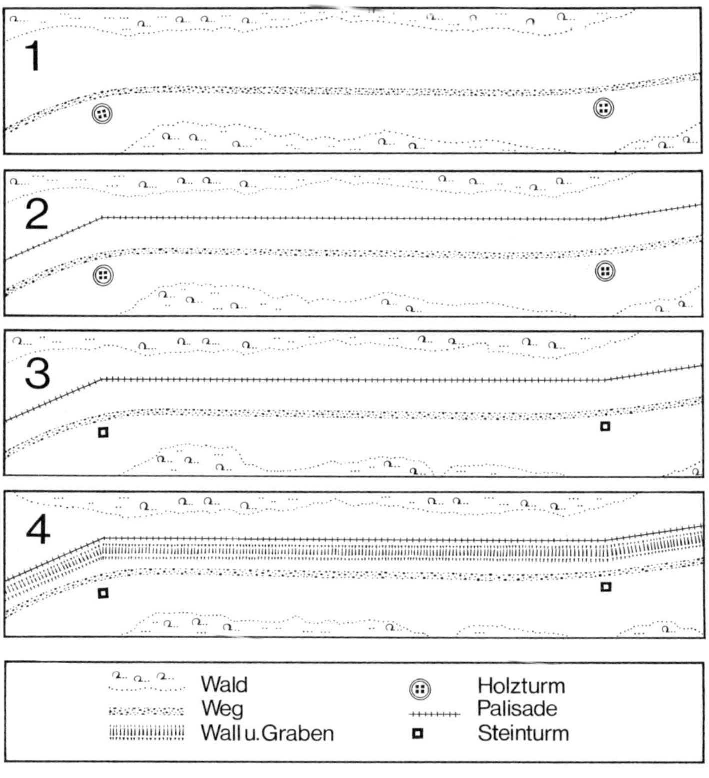

Abb. 45 Aufeinanderfolge der vier wichtigsten Bauphasen am obergermanischen Limes (n. Baatz)

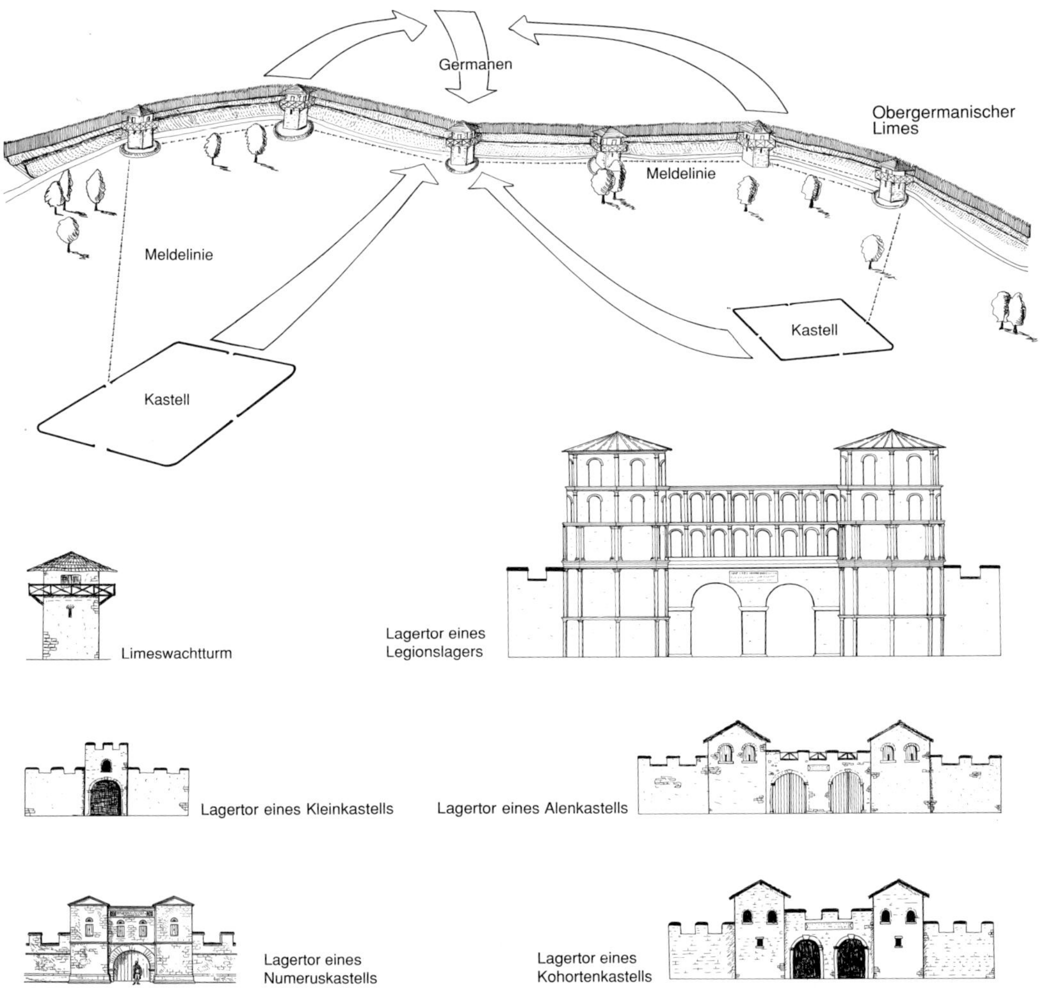

Abb. 46 Abwehr eines germanischen Einfalls am obergermanischen Limes. Turm, Tore von Grenzkastellen und eines Legionslagers (Mainz) im Größenvergleich

wenn alle Glieder vom Wachtturm bis zum Alenkastell ständig in Funktion blieben und dies war sicher bis 259/260 durchweg der Fall.

Abb 418, 216 Die Auxiliarlager der domitianisch/trajanischen Zeit wie Heddesdorf, Bendorf und Niederberg lagen in gehörigem Abstand zur Grenzlinie, die seit Domitian (81–96 n. Chr.) im Mittelgebirge zunächst als Waldschneise mit Weg und hölzernen Wacht-
Abb 45 türmen ausgebildet war. Bereits unter Hadrian (117–138 n. Chr.) wurde zusätzlich eine durchgehende Palisadenreihe errichtet. Um 150 n. Chr. waren die meisten Holz-
Abb 354 wachttürme durch Neubauten aus Stein ersetzt und um 200 n. Chr. zwischen Palisade und Wachtturmreihe Wall und Graben angelegt worden.

Die Wachttürme standen je nach Geländesituation in 300 bis 1000 m Abstand, waren
also in Sichtkontakt untereinander und konnten somit bei Bedarf das jeweils nächstge- *Abb 46*
legene Kastell alarmieren. Bei den Holztürmen standen vier massive Eckpfosten in einem rund 5 m messenden Quadrat, das von einem runden Entwässerungsgraben umzogen war. Der dreigeschossige Turm hatte ein massives, aus Balken und Trockenmauern gebildetes Untergeschoß, darüber den Eingangsbereich, der nur mit Leitern erreicht werden konnte und als Wohnraum diente und darüber den mit einem Pilz-
dach überdeckten Beobachtungsbereich. Die Steintürme boten in dem nunmehr nutz- *Abb 46*
baren Untergeschoß zusätzliche Speichermöglichkeiten. Um das Obergeschoß herum verlief eine hölzerne Galerie.

Die Besatzung eines Limesturmes umfaßte allenfalls vier bis fünf Mann. An dem rund 75 km langen rheinland-pfälzischen Limesabschnitt zwischen Rheinbrohl und Holzhausen lassen sich 69 Wachttürme nachweisen oder erschließen. In Kleinkastellen wie
bei Rheinbrohl, Am Forsthofweg, Anhausen, Fehrbach, Hillscheid, Becheln und bei *Abb 357*
Pfarrhofen waren kleinere Einheiten stationiert. Vielfach dienten sie auch nur der Bereitstellung von Ersatzmannschaften für die Wachtturmbesatzungen. Unmittelbar an
der Limesstrecke lagen in dem hier interessierenden Abschnitt sechs Kastelle, die z. T. *Abb 47*
unterschiedlichen Zeitphasen angehörten:

Kastell Arzbach: Steinkastell von 0,7 ha Fläche für einen Numerus, im frühen 2. Jahrhundert gegründet.

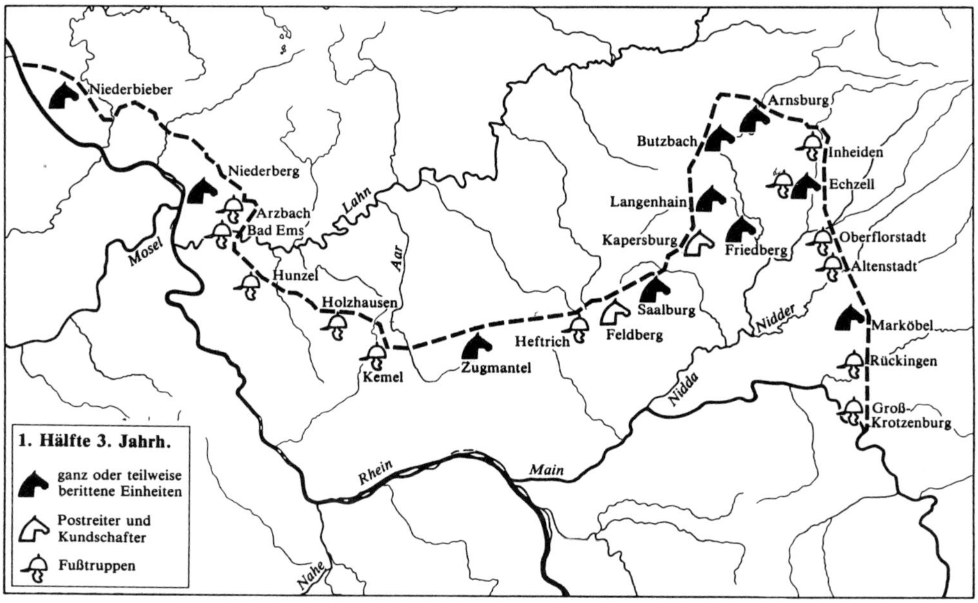

Abb. 47 Truppengattungen am Nordabschnitt des obergermanischen Limes im 3. Jh. n. Chr. (n. Pferdehirt)

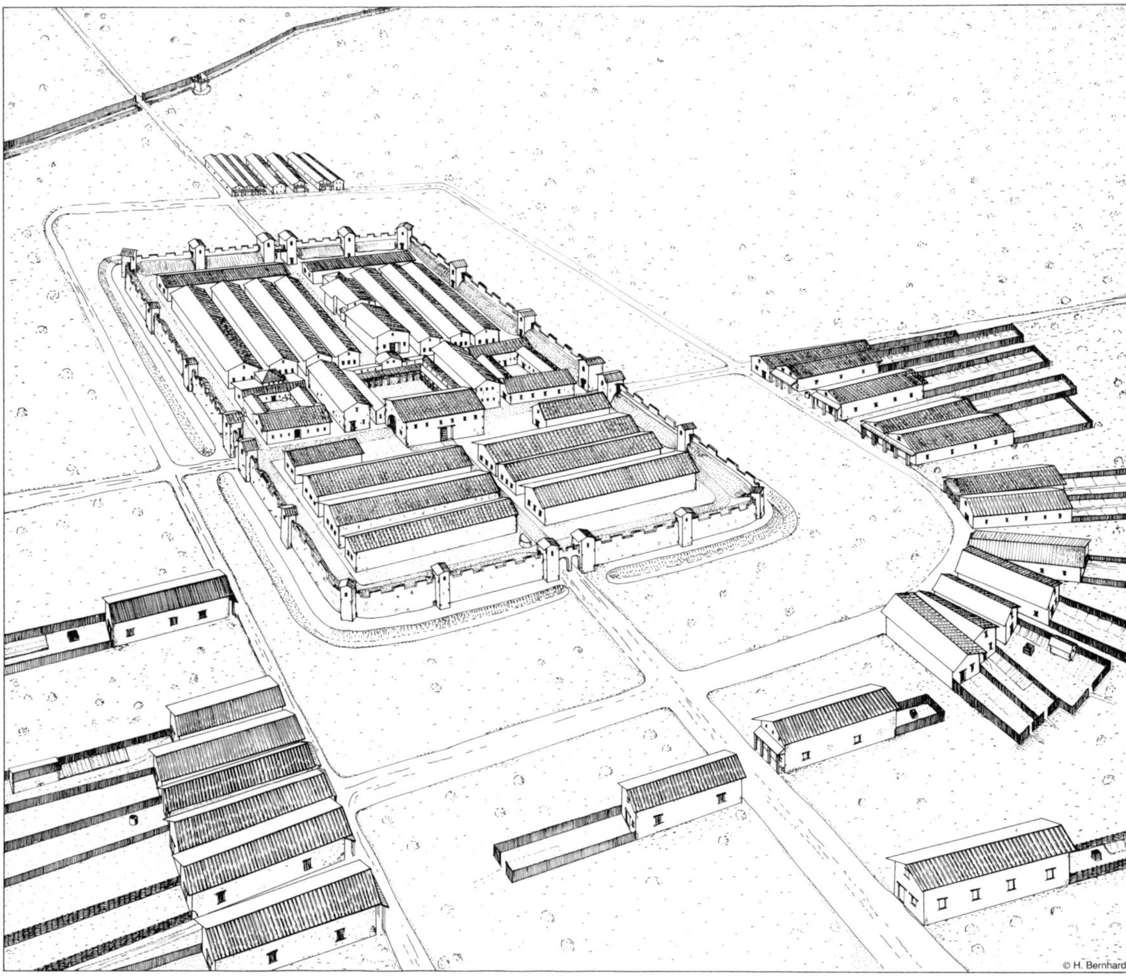

Abb. 48 Neuwied-Niederbieber. Das Auxiliarlager und sein Vicus um 200 n. Chr. Es sind nur dort Gebäude rekonstruiert, wo entsprechende Befunde dies nahelegen. Der ehemalige Vicus war sicherlich umfangreicher.

Kastell Bad Ems: Steinkastell von 1,3 ha Fläche für einen Numerus, im frühen 2. Jahrhundert gegründet.

Kastell Hunzel: Steinkastell von 0,7 ha Fläche für einen Numerus, seit der Mitte des 2. Jahrhunderts.

Abb 362 *Kastell Marienfels:* Holzkastell 1 bzw. 2 ha Fläche, Kohortenkastell? Bestand bis zur Mitte des 2. Jahrhunderts?

Kastell Niederbieber: Steinkastell von 5,2 ha Fläche für zwei Numeri, nach 185 n. Chr. errichtet. *Abb 48, 419*
Kastell Holzhausen: Steinkastell von 1,4 ha Fläche, Kohortenkastell, nach 185 n. Chr. errichtet. *Abb 300, 301*
Im Mittelgebirgsbereich waren folgerichtig nur Fußtruppen eingesetzt worden. In den älteren Kastellen, die im offenen Neuwieder Becken errichtet waren, war hingegen der Einsatz berittener Einheiten wie auch in dem später gegründeten Niederbieber sinnvoll.
Die Anlage des großen Kastells von Niederbieber ersetzte die kleinere limesferne Garnison von Heddesdorf, gab diesem Limesabschnitt ein stärkeres militärisches Gewicht und gewährleistete einen besseren Schutz des angrenzenden fruchtbaren Neuwieder Beckens. Durch die überraschenden und vernichtenden Kampfhandlungen 259/260 n. Chr. ging dieses Lager und der angrenzende Limesbereich mitsamt dem Hinterland bis zum Rhein verloren.

Die Ausrüstung des Heeres

Legionare und Auxiliare waren im 1.–3. Jahrhundert bis auf truppenspezifische Unterschiede ähnlich ausgerüstet, aber dennoch sicher gut unterscheidbar. In Kleidung und Bewaffnung zeigten sich bei den Hilfstruppen stärker die nationalen Eigenheiten als bei den Legionen, die ihre Traditionen weitgehend aus mediterranen Quellen schöpften.

Kleidung

Der klassische »Soldatenrock« war die kurzärmelige Tunika, ein T-förmig geschnittenes Hemd aus Leinenstoff. Für kältere Jahreszeiten konnte eine wollene Tunika darüber gezogen werden. Das Gewand reichte ungegürtet bis zu den Waden; mit Gürtel bis zu den Oberschenkeln. Bei der Frage nach dem »darunter« stellt sich die gleiche heikle Frage wie beim schottischen Kilt. Der Soldat trug das Gewand »pur«. Bereits im 2. Jahrhundert setzte sich auch bei den Fußtruppen eine halblange Kniehose durch, die bei den Reitereinheiten schon lange gebräuchlich war. Das Heer der Spätzeit war ausschließlich mit den langen Hosen, die sich an der gallisch/germanischen Beintracht orientierten, bekleidet.
Bei den Mänteln war das purpurfarbene *paludamentum* den Offizieren vorbehalten. Rechteckig geschnitten war das *sagum.* Im 2. Jahrhundert wurde es von der halbkreisförmig geschnittenen *paenula,* z. T. mit Kapuze, verdrängt. Dieser Mantel war bei der Reiterei schon sehr früh beliebt (der Mantel wurde mit einer Fibel an der Schulter geschlossen und diente gleichzeitig als Decke).
Die Güte des Schuhwerks war eine Voraussetzung für große Marschleistungen. Die

offene Sandale mit genagelter Sohle (*caliga*) war ein idealer Fußschutz und für lange Märsche wesentlich besser geeignet als geschlossenes Schuhwerk. Immerhin mußte der Fußsoldat gut 30 kg Traglast mitschleppen. Während des Marsches bot das offene Schuhwerk auch bei kalter Witterung keine Probleme. Die Stabsoffiziere und der Kommandeur trugen anstelle der *caligae* den geschlossenen Stiefel (*calceus*). Diese Stiefel ersetzten im Laufe der Zeit – unserer Witterung angepaßt – die offenen Sandalen.

Wie in der Spätantike war der Militärgürtel das Zeichen des Soldaten. In der Frühzeit trug der Legionar zwei mit Metallplättchen beschlagene Gürtel (*cingula*) mit beweg-
Abb 50 licher Gürtelschließe. An einem Gürtel war links der Dolch (*pugio*), an dem anderen rechts das Kurzschwert (*gladius*) befestigt. Nach der Mitte des 1. Jahrhunderts wurde nur noch ein Gürtel getragen, an dem der Dolch befestigt wurde. Das Schwert hing nunmehr an einem schmalen Schultergurt. Der Unterleib war durch einen mit Metall beschlagenen Schurz vor Verletzungen geschützt.

Die Bewaffnung

Ein ausreichender Körperschutz war eine Art Lebensversicherung für den Soldaten. Der aus Blech getriebene, der Körperform angepaßte Muskelpanzer diente meist nur als Paradepanzer oder als Schutz für die hohen Offiziere. Einen idealen Schutz bot der Kettenpanzer aus kleinen Metallringen (*lorica hamata*), der in vernietetem Zustand die beste Sicherung bot. Die Schulter- und Nackenpartie war durch zusätzlich mit Leder unterfütterte Kettenpanzerstreifen geschützt. Schwerthiebe blieben nahezu unwirksam, Speerwürfe und Lanzenstiche konnten in der Wirkung stark gemildert werden, so daß die Verwundung nicht tödlich endete. Schon im 1. Jahrhundert wurden die Kettenpanzer bei den Legionären durch Schienenpanzer (*lorica segmentata*) aus Blechstreifen ersetzt. Bereits im 3. Jahrhundert war dieser schwere Panzertyp wieder verschwunden. Nur bei den Panzerreitern (*catafractarii*) des 3. Jahrhunderts, die als Reaktion auf parthische gepanzerte Truppen neu eingeführt worden waren, haben sich mit Metallplatten beschlagene Panzer erhalten. Daneben gab es Schuppenpanzer (*lorica squamata*), bei denen Metallplatten auf das Untergewand aufgenäht waren. Bei den Auxilien blieb der Kettenpanzer hingegen bis zum 3. Jahrhundert im Gebrauch.

Den Kopf schützte ein Metallhelm (*cassis, galea*). Die Truppen Caesars und des Augustus verwendeten einen Helm mit getriebenem kleinen Knauf, Nackenschutz und Wangenklappen (Typ Montefortino), der sich aus einer keltischen Helmform entwikkelt hatte. Eine neue Helmart (Typ Hagenau) hatte einen aufgesetzten Knauf, etwas verlängerten Nackenschutz und einen Stirnschutz. Nach der Mitte des. 1. Jahrhun-
Taf 20 derts kam der Typ Weisenau auf, der zur Aufnahme des Helmbusches (*crista*) einen gabelförmigen Aufsatz hatte. Auch waren die Ohren ausgespart, was das Wahrnehmen von Befehlen erleichterte. Mannschaften trugen den Helmbusch kammartig; beim *centurio* war der Busch (*crista transversa*) quergestellt. Im 2. und 3. Jahrhundert

Abb. 49 Mainz. Sog. Schwert des Tiberius. Reich verzierter Gladius eines Mainzer Legionars. 1. Jh. n. Chr.

Abb. 50 Ludwigshafen-Rheingönheim. Schwert und Gürtelbeschlag eines Auxiliars (40–70 n. Chr.)

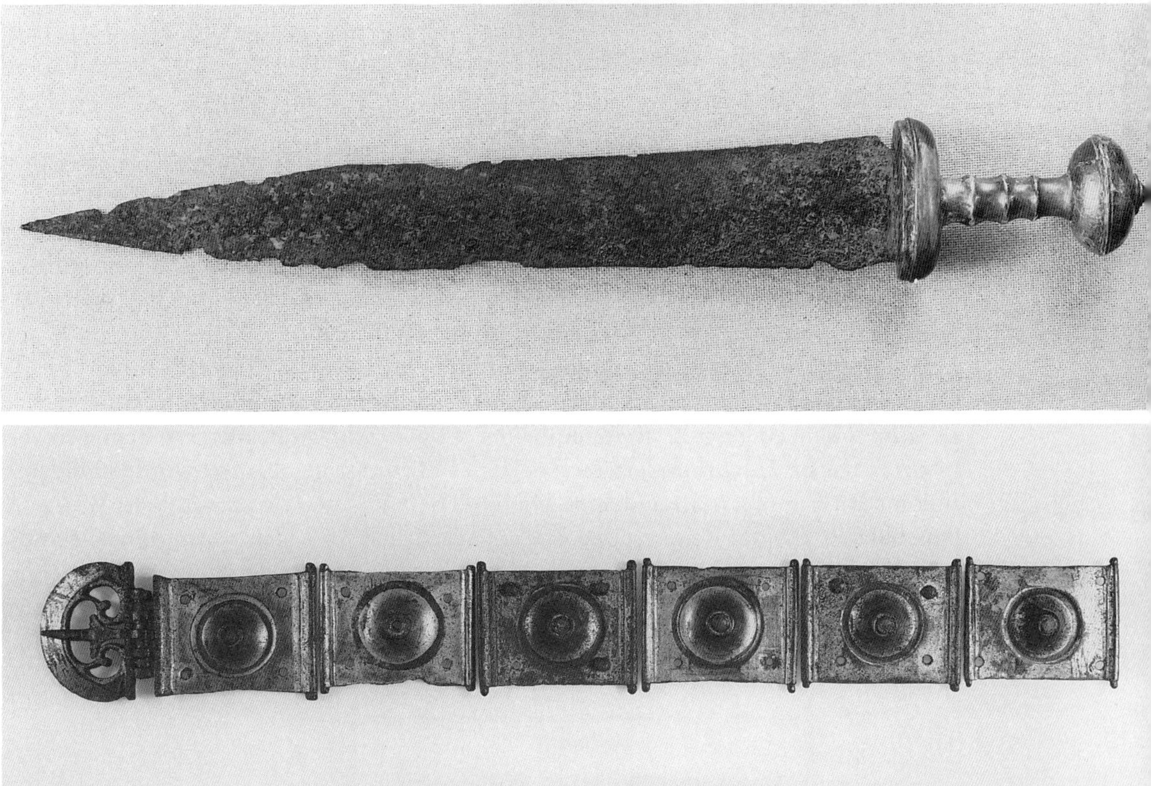

Abb. 51–55 Grabsteine von Mainzer Legionaren (von links nach rechts): G. Faltonius Secundus, 22. Legion; Publius Urinus, 14. Legion; C. Iulius Niger, 2. Legion; L. Appuleius Iadestinus, 1. Legion; Q. Castricius Severus, 4. Legion (LM Mainz)

wurden die Helme erheblich verbessert, Nacken- und Stirnpartie wurden besonders bei den Reitern besser geschützt.
Schutz vor Fernwaffen und Schwerthieben bot der Schild aus Holz mit Lederüberzug und aufgemalten Emblemen (*scutum*), aus denen die Zugehörigkeit zu einer bestimmten Einheit abzulesen war. Die Griffzone wurde durch einen Schildbuckel (*umbo*) geschützt. Anfangs war der Schild oval, später rechteckig und leicht gebogen. Im 2. und 3. Jahrhundert ersetzte ein kleinerer, runder Schild (*parma*) den großen.
Abb 50 Das Kurzschwert (*gladius*) war die geeignete Nahkampfwaffe und mehr zum Stechen als zum Hieb eingesetzt. Reitereinheiten trugen von Anbeginn ein Langschwert (*spatha*), das im 2. Jahrhundert auch bei den Fußtruppen eingesetzt wurde und damit eine andere Kampfesweise andeutet. Der Dolch (*pugio*) war eine zusätzliche Waffe der Fußsoldaten. Bei der Reitertruppe war er entbehrlich. Der Wurfspeer (*pilum*) war die gefürchtete Fernwaffe der Legionäre. Mit gehärteter pfeilartiger Spitze und weichem Eisenschaft hatte er eine enorme Durchschlagkraft. Das *pilum* wurde nach einmaligem

Wurf für den Gegner unbrauchbar. Bei den Hilfstruppen wurden stattdessen Wurfspeere eingesetzt, dort gab es auch noch Stoßlanzen.

Weitere Fernwaffen wie Schlaufenschleuder (*funda*) und Reflexbogen wurden von Spezialeinheiten bedient, die meist im östlichen Mittelmeerraum rekrutiert wurden. Torsionsgeschütze für Pfeile (*catapulta*) und Steinkugeln (*ballista*) sowie Wurfgeschütze (*onager*) waren die Artillerie der Legionen und wurden häufig im Festungskampf eingesetzt.

Legionen wie Auxilien trugen Feldzeichen, die der optischen Orientierung dienten. Der Feldzeichenträger trug oft einen Gesichtshelm und hatte ein Wolfs- oder Bärenfell übergehängt. Der Legionsadler (*aquila*) war das Hauptzeichen, das durch Kaiserbildnisse (*imago*) ergänzt werden konnte. Doppelcenturien (Manipel) trugen eigene Feldzeichen ebenso wie die Auxiliarkohorten. Diese *signa* bestanden aus einer Schmucklanze mit einer am Schaft angebrachten Namenstafel. Legionsabteilungen (*vexilla*) trugen besondere Zeichen. Die mit Steinbrucharbeiten am Kriemhildenstuhl *Abb 419*

bei Bad Dürkheim betrauten *vexilla* der *legio XXII* haben solche Zeichen an den Steinbruchwänden eingemeißelt. Das *vexillum* findet sich auch bei den Reitereinheiten, die auch *signa* führten. Die Numeruseinheiten benutzten ein Schlangenfeldzeichen (*drago*) mit flatterndem Stoffschlauch.
Der akustischen Befehlsübermittlung dienten Signalhörner (*cornu, tuba, lituus*). Der Legionskommandeur verschaffte sich mit der posaunenartigen *bucina* Gehör.

Rekrutierung und Besoldung

Während die Legionare in der Regel als römische Vollbürger freiwillig Dienst leisteten, konnten die peregrinen Auxilien mit »Nachdruck« ausgehoben werden.
Die Herkunft der Mainzer Legionen läßt sich nur anhand von Angaben auf Grabstei-
Abb 51–55 nen ermitteln. Die wenigen Angaben von *origo* und *domus* lassen für die Legionen des 1. Jahrhunderts eine überwiegende Rekrutierung in Oberitalien erschließen. Vereinzelt kamen Soldaten aus dem mittelitalischen Etrurien und Umbrien. Aber auch Gemeinden in der *Gallia Narbonensis* und *Lugdunensis*, in der spanischen *Baetica* und im
Abb 44 *Noricum* werden als Herkunft genannt. Die ursprünglichen Aushebungsorte der Auxilien ergeben sich aus ihren Namen, da aber eine nationale Ergänzung später nur in Ausnahmen möglich war, standen alle Provinzen als Herkunftsgebiete offen.
Das einmalig zur Rekrutierung ausgezahlte Handgeld (*viaticum*) betrug für Legionare wie Auxiliarsoldaten 75 Denare. Der Sold (*stipendium*) wurde in drei Raten jährlich ausbezahlt. Ein Teil wurde für Verpflegung, Kleidung, Waffen, Vereinsbeiträge einbehalten. Ein einfacher Soldat erhielt im 1. Jahrhundert rund 225 Denare Jahresgehalt. Nach der ehrenvollen Entlassung (*honesta missio*) – in der Regel nach 25 Dienstjahren – erhielt der Legionär ein Entlassungsgeld von 3000 Denaren. Mit möglichen Ersparnissen, falls er sparsam gelebt hatte, konnte er als Veteran eine einfache Existenz aufbauen. Die Auxiliarsoldaten erhielten offenbar keine gesonderte Geldzuweisung, sondern wurden mit dem erstrebten Bürgerrecht abgegolten. Die höheren Truppenchargen hatten natürlich erheblich höhere Erträgnisse und konnten die Armee durchaus als reiche Leute verlassen.
Die Verpflegung der Soldaten bestand in der Regel aus Getreide, Fleisch und Käse; hinzu kamen Olivenöl, Salz und saurer Wein als teuere Importgüter. Die Produktion und Bereithaltung allein der Grundnahrungsmittel erforderte erhebliche Anstrengungen. Das Legionsterritorium allein konnte die 2100 Tonnen Getreide, die eine Legion jährlich verbrauchte, kaum aufbringen. Die Hilfstruppen hatten einen zusätzlichen Bedarf von 200 bis 300 Tonnen Getreide. Hinzu kam die Versorgung der rasch anwachsenden Zivilbevölkerung im Lagerumkreis. Nur die rasche Maximierung der landwirtschaftlichen Produktion in der Provinz konnte den erheblichen Bedarf dekken. Allein um den Getreide-Jahresbedarf einer Legion zu sichern, war der Ertrag von rund 3000 ha Anbaufläche notwendig; dies entsprach der Überschußproduktion von 30–50 Landgütern (*villae rusticae*) mittlerer Größe.

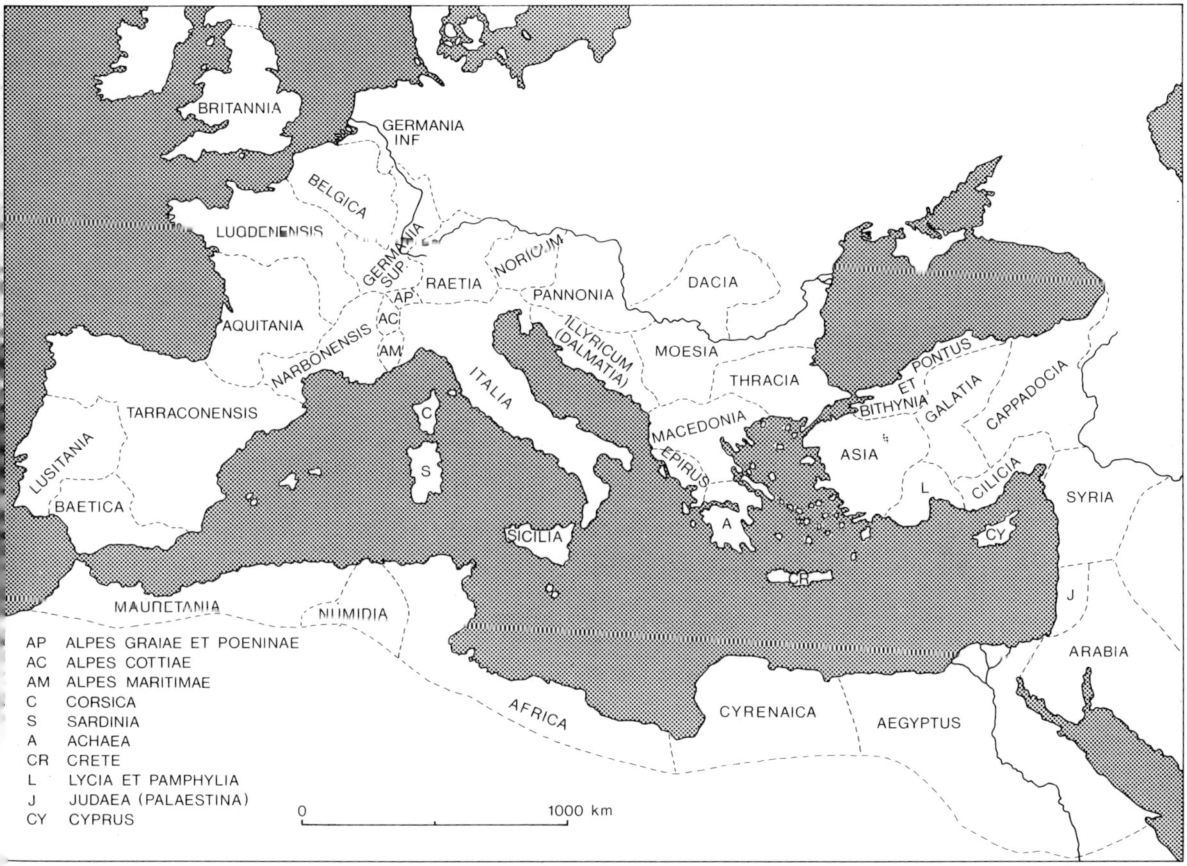

Abb. 56 Die römischen Provinzen im 2. Jh. (n. Baatz)

Die beiden Militärsprengel werden Provinzen

Um das Jahr 85 erhielten die beiden Militärbereiche (*exercitus Germania superior, exercitus Germania inferior*) am Rhein als *Germania superior* und *Germania inferior* Provinzstatus. Das heutige Bundesland Rheinland-Pfalz umfaßte mehr oder minder große Bereiche dreier römischer Provinzen: *Germania superior, Germania inferior* und *Provincia Belgica*. *Abb 56*

Germania superior

Der Name »Germania« für die weitgehend von keltischer Bevölkerung besiedelten Gebiete war ein geschicktes Propagandamittel Domitians. Ließ er doch 85 nach Ab-

Abb 31 schluß der Chattenkriege Münzen mit dem Rückseitenbild *Germania capta* (besiegtes Germanien) prägen. Wegen dieser »Erfolge« ließ sich Tacitus (Tac. Germ. 37) zu den spöttischen Bemerkungen hinreißen, daß Germanien seit 210 Jahren vergeblich besiegt werde. Allenfalls zwischen Main und Taunus waren durch Domitians Eroberungen chattisch/mattiakische Bevölkerungsgruppen als Germanen Reichsangehörige geworden. Neben diesen machten nur die ehemals föderierten Oberrheingermanen um Groß Gerau, am unteren Neckar, in Mittelbaden sowie mindestens seit Chr. Geb. die Triboker, Nemeter und Vangionen das germanische Element der Provinz *Germania superior* aus. Keltischer Herkunft waren aber die meisten der Neusiedler in den frisch erworbenen rechtsrheinischen Gebieten (Tac. Germ. 29). Den größten Anteil an der Provinz hatten somit die Stammesgebiete der keltischen Rauraker, Helvetier, Sequaner und Lingonen. Auch der Raum um die Provinzhauptstadt *Mogontiacum* bis hin zum Neuwieder Becken war als ehemals treverisches Gebiet keltischer Siedlungsraum. Mit rund 93 500 km^2 Fläche gehörte die *Germania superior* zu den Provinzen mittlerer Größe. Im Süden reichte sie bis zum Genfer See (*lacus Lemanus*), im Westen über das Plateau von Langres hinaus und schloß die Quellgebiete von Seine, Marne und Maas mit ein. Die Grenze führte über den Hauptkamm der Vogesen, zog über das Pfälzer Bergland und den Hunsrück, querte in der Höhe von Bernkastel-Kues die Mosel und reichte am Vinxtbach (*ad fines* = an der Grenze) den Rhein. Sitz des Statthalters blieb *Mogontiacum*/Mainz.

Germania inferior und Belgica

Von der rund 16 500 km^2 großen niederrheinischen Provinz gehört noch ein schmaler Streifen an der Ahr bis zum Straßenvicus *Icorigium*/Jünkerath in unseren Betrachtungsraum. Der Statthalter hatte seine Residenz in der *Colonia Claudia Ara Agrippinensium*/Köln.

Als nördlicher Teil der *tres Galliae* (*Aquitania, Lugdunensis, Belgica*) war die *Belgica* als Provinz bei der Neuordnung Galliens durch Agrippa und Augustus wohl um 16 v. Chr. entstanden. Mit rund 95 000 km^2 Fläche gehörte sie zu den Provinzen mittlerer Größe. Verwaltungsmittelpunkt war am Anfang *Durocortorum*/Reims, der Hauptort der Remer. Im Gegensatz zu den Treverern hatte sich dieser Stamm immer loyal zu den Römern verhalten. Wohl erst im 3. Jahrhundert wurde die *Augusta Treverorum*/Trier Sitz des Provinzstatthalters. Ausschlaggebend dafür war wohl die besondere wirtschaftliche Entwicklung und die günstige Lage der Moselmetropole an der wichtigen von Agrippa angelegten Fernstraße vom Mittelmeer nach Köln.

Die Statthalter und die Verwaltung der drei Provinzen

Als eroberte Gebiete gehörten die beiden Germanien und die *Belgica* zur Gruppe der kaiserlichen Provinzen. Sie unterstanden daher im Gegensatz zu den Senatsprovinzen (etwa der *Gallia Narbonensis*) direkt dem Kaiser. Da dieser seine 15, später sogar 34 Provinzen nicht selbst verwalten konnte, entsandte er Vertreter. Je nach Rang der Provinz, der sich vor allem durch Legionsstationierungen kundtat, waren die Vertreter ehemalige Konsuln (Prokonsuln), so in den beiden Germanien, oder ein Statthalter im Range eines Prätors, der noch Konsul werden konnte, in den gallischen Provinzen. Da die beiden Germanien dem Kaiser als Prokonsul selbst unterstanden, konnten seine örtlichen Verteter nur im Range eines Prätors agieren, obwohl sie in ihrem senatorischen Rang dem Kaiser gleichgestellt, d. h. ebenfalls Konsuln gewesen waren.
Der Titel der Statthalter am Rhein lautete: *legatus Augusti pro praetore*. Zwar waren die Statthalter an kaiserliche Weisungen gebunden, konnten aber frei die Geschicke der Provinz sowie über Krieg und Frieden mit den Grenzvölkern bestimmen. Ihre Amtsgewalt (*imperium*) umfaßte vor allem die militärische Führung der Provinztruppen und erst in zweiter Linie die zivile Verwaltung und das Gerichtswesen als Richter in gewichtigen Straf- und Zivilprozessen. Ferner oblag ihnen die diplomatische Vertretung des Reiches gegenüber den Nachbarvölkern. Legaten wurden daher nur erfahrene, im Laufe ihrer Ämterlaufbahn geschulte Angehörige der Senatorenschicht, die das besondere Vertrauen von Kaiser und Senat genossen und in der Regel älter als 45 Jahre waren. Von den rund 85 Statthaltern, die bis zum 3. Jahrhundert jeweils in Mainz oder Köln amtierten, sind etwa 50 Personen namentlich bekannt. Keiner entstammte der Oberschicht des Nordwestens. Offenbar waren landsmannschaftlich keltische Verbindungen unerwünscht. Der rasche Wechsel der Legaten – in der *Belgica* jährlich, in den rheinischen Provinzen alle zwei bis drei Jahre – sollte eine allzu große Machtfülle gegenüber dem Kaiser verhindern.
Die Verwaltung (*officium*) kam mit einem für heutige Verhältnisse erstaunlich geringen Personalbestand aus. Das *officium* bestand aus Soldaten und Offizieren der Truppe und gewährleistete bei dem raschen Wechsel der Statthalter die Kontinuität der Verwaltung. Ein persönlicher Beraterstab (*consilium*) war dagegen mehr an die Amtszeit des Legaten gebunden. Eigentlich wurde die Administration nur bei übergeordneten Aufgaben wie Straßenbau oder Errichtung einer Wasserleitung tätig und beschränkte sich sonst auf eine »Eingriffsverwaltung«, wenn die Gebietskörperschaften (*civitates*) ihre Aufgaben nicht mehr wahrnehmen konnten, oder sich etwa durch überzogene Bauprojekte erheblich zu verschulden drohten.
Keinesfalls war der höherrangige konsulare Statthalter gegenüber dem prätorischen weisungsbefugt. Um 55 n. Chr. scheiterte das ehrgeizige Kanalbauprojekt der Verbindung von Mosel und Saône des obergermanischen Heereslegaten L. Antistius Vetus am Einspruch seines belgischen Kollegen Aelius Gracilis.
Die Finanzverwaltung der beiden Germanien und der *Belgica* wurde durch einen rit-

terlichen Prokurator (*procurator provinciae Belgicae utriusque Germaniae*) wahrgenommen, der seinen Amtssitz in Trier hatte. Seine Aufgaben umfaßten den Einzug der direkten Steuern (*tributa*) und teilweise der indirekten Steuern (*vectigalia*). Aber auch die Aufgaben der Staatspost waren für die drei Provinzen zentral durch einen *praefectus vehiculorum per Belgicam et duas Germanias* ebenso wie die Verwaltung der kaiserlichen Güter durch einen *procurator rationis privatae* geregelt. Das Personal dieser Stäbe wie auch die Verwaltung des Legaten der *Belgica* stellte das Militär der Rheinlegionen.

Benefiziarier

Dem Legaten unterstand neben den regulären Truppenkörpern eine Leibwache (*equites singulares* und *pedites singulares*), die auch innerhalb der Provinz Polizeiaufgaben erhielt und kleinere Unruhen sowie das Bandenunwesen bekämpfen sollte. Daneben waren an wichtigen Stellen innerhalb der Provinz Legionssoldaten als Polizeiposten stationiert. Der Benefiziarier hatte den Rang eines Unteroffiziers (*principalis*) und konnte vom Statthalter (*beneficiarius consularis*) wie von einem Legionskommandeur (*beneficiarius legati*) abkommandiert werden. Der Polizeistation war meist ein eigener Kultbezirk zugeordnet. Beim Dienstwechsel zum 23., 29. Dezember oder 13. Januar bzw. 15. oder 18. Juli setzten die Benefiziarier Weihesteine. Benefiziarierposten sind in Rheinland-Pfalz in Remagen, am Vinxtbach – Provinzgrenze –, Mainz, Nierstein, Altrip, Eisenberg, Erpolzheim?, Germersheim und Trier inschriftlich belegt.

Gerichtswesen

Der Statthalter konnte mit dem vom Kaiser verliehenen *ius gladii* über alle Provinzialen (römische Bürger und Peregrine) richten. In der Regel oblagen ihm wesentliche Rechtsfälle, welche die Kompetenz (niedere Gerichtsbarkeit) der Gemeinden überschritten; etwa Zivilprozesse mit einem Streitwert über 2500 bis 3000 Denare. Römische Bürger konnten gegen Urteile des Statthalters in Rom Revision einlegen. Für Urteile, welche durch die Gemeinden gefällt worden waren, galt der Statthalter als Appellationsinstanz. Ein Rechtsanwalt (*causidicus*) und zwei Verfasser von Schriftsätzen (*pragmatici*), die auf Grabsteinen in Mainz benannt sind, waren in ihrer Eigenschaft als Ratsherren rechtsrheinischer *civitates* wohl juristische Vertreter ihrer Gemeinden am Sitz des Statthalters.
Aufgaben der höheren Gerichtsbarkeit sind möglicherweise an die Kommandeure der Legionen im Provinzgebiet delegiert worden. Bei der Größe der Provinz war es dem Statthalter sicher nur vereinzelt möglich, etwa in Helvetien oder im Lingonengebiet Recht zu sprechen. Diese Aufgaben werden in einfachen Fällen die Legionskommandeure in *Vindonissa* (bis 101 n. Chr.), in Mirebeau (bis Mitte 2. Jh.) oder in Straßburg wahrgenommen haben.

Zivilverwaltung der Provinzen Germania und Belgica

Kaiser
(seit dem 3. Jh. auch Prätorianerpräfekt und Kabinettsminister, *magister scriniorum*)

Germania
Statthalter (Prokonsul auf 2–3 Jahre)
Gehalt etwa 1 Million Sesterzen
(*legatus Augusti pro praetore*)

Belgica
Statthalter (Prätor auf 1 Jahr)
Gehalt etwa 300 000 Sesterzen
(*legatus Augusti pro praetore*)

Militärverwaltung
Legionen, Auxilien, classis Germania

Zivilverwaltung

Militärverwaltung
Auxilien, classis Britannia

Kriminal- und Zivilgerichtsbarkeit
(über alle Provinzialen)

Sicherung der Provinz
nach innen

Überwachung der autonomen Lokalverwaltung
(*coloniae, municipia, civitates*)

Provinzialcensus (Personenstands- und Eigentumsregister) in unregelmäßigem Zeitraum

---

Die Organe der Administration

Statthalter

Officium

Comites
(Vertrauensleute)
adsessor, consiliarius

(Concilia)
Landtage der gallischen
Civitates

Legionscenturien (*primi ordines*):	Leitung der berittenen Leibwache des Statthalters (*equites singulares*) Germania: 480 Mann Belgica: 240 Mann
Unteroffiziere (*principales*):	Stallmeister und Reitknechte (*stratores, pedites singulares*) Fußtruppe ca. 480 Mann
Gefreite (*immunes*):	Hilfspersonal für die Verwaltung, 200 Mann in den Germanien, 100 Mann in der Belgica
Kanzleivorstand:	im Hauptquartier des Statthalters (*princeps praetorii*)
Kanzleidirektoren:	*3 cornicularii*
Gerichtsabteilung:	*3 commentarienses* 1 für Zivilprozesse: *ab actis civilibus* 2 für Strafrecht *10–20 speculatores:* } Ausübung der Strafrechtspflege *5–10 questionarii:* }
Straßenpolizei:	*30–60 beneficiarii,* Leiter von Straßenposten
Dolmetscher:	*interpretes*
Opfergehilfen:	*haruspices, victimarii*
Amtsschreiber:	*librarii, exactii, exceptores*
Liktoren	5 *lictores* mit Rutenbündeln (*fasces*) für prokonsulare Statthalter

Finanz- und Wirtschaftsverwaltung

Leiter der Staatskasse (*rationalis*) in Rom (*fiscus*)

Finanzprokurator
procurator Augusti provinciae Belgicae et duarum Germaniarum
Sitz in Trier, zuständig für Belgica und die beiden Germanien

Angehöriger des Ritterstandes, war zuvor Stabsoffizier
200 000 Sesterzen Jahresgehalt

Aufgaben:

Staatliche Besoldung

Verwaltung des Finanz- und Steuerbereiches | Richter in Fiskalprozessen

Finanzarchiv (*tabularium*) für beide Germanien und Belgica in Trier

Verwalter der Steuereingänge: *tabularii*

Kassenbeamte: *dispensatores, arcarii*

Protokollanten: *commentarienses*

Kanzleischreiber: *librarii, notarii*

Direkte Steuern (*tributa*) von den Munizipialbehörden (*coloniae, municipia, civitates*)

Steuereintreiber: *exactores tributorum*

Indirekte Steuern (*vectigalia*): Einzug zunächst durch Steuerpächter (*publicanii*), später Direkteinzug durch den Fiskus

1% Verkaufssteuer (*centesima rerum venalium*)

4% Steuer beim Sklavenverkauf (*vicesima quinta venalium mancipiorum*)

5% Sklavenfreilassungssteuer (*vicesima libertatis*)

5% Erbschaftssteuer nur von römischen Bürgern (*vicesima hereditatium*) ging direkt nach Rom

Zölle

2½% Einfuhrzoll (*quadragesima Galliarum*): Zollverwaltung durch einen Prokurator in Lyon?
Staatliche Kontrolle durch *vilici* und *tabularii*

Domänenverwaltung: durch *procurator patrimonii*, Leitung einer Domäne (*saltus*) durch *saltuarii*

Verwaltung kaiserlicher Erbschaften und konfiszierter Güter durch *procurator rationis privatae per Belgicam et duas Germanias*

Verwaltung kaiserlicher Bergwerke, Steinbrüche und Ziegeleien (*figlinae*) zumeist durch Pächter

Militärisches Verpflegungswesen (*annona militaris*) durch einen *praepositus copiarum*

Speicherverwaltung durch *dispensatores horreorum*

Fischerei- und Salzmonopol

Postwesen: Aufsicht durch einen *praefectus vehiculorum per Belgicam et duas Germanias.*
Fuhrdienst und Straßenunterhalt durch angrenzende Gemeinden

Kuriere: *tabellarii, cursores*

Das Städtewesen im linksrheinischen Obergermanien

Im Gegensatz zu Gallien konnte die römische Verwaltungsgliederung nur bedingt auf alte keltische Stammesgrundlagen zurückgreifen. Im Süden der Provinz hingegen bildeten die keltischen Helvetier, Sequaner und Lingonen Stammesterritorien (*civitates*) wohl überwiegend mit latinischem Recht (*ius Latii*). Dieses, ursprünglich den italischen Bundesgenossen zugesprochene, eingeschränkte Bürgerrecht erlaubte Grunderwerb und galt als Vorstufe zum vollen römischen Bürgerrecht (*civitas Romana*). Innerhalb dieser Gebiete lagen die Veteranenkolonien *Iulia Equestris*/Nyon, *Aventicum*/Avenches und *Augusta Raurica*/Augst, deren Bürger das volle römische Bürgerrecht innehatten. Die Stammesgebiete der Rauraker, Triboker, Nemeter und Vangionen waren sicherlich nur als *civitates* peregrinen Rechtes organisiert, d. h. deren Einwohner (*incolae*) galten aus der Sicht Roms als »Ausländer«. Das Territorium einer peregrinen *civitas* war Staatsbesitz, Grunderwerb war nur einem römischen Bürger (*civis Romanus*) möglich. Die Einwohner erhielten Landlose nur zur Nutzung und waren pacht- und steuerpflichtig. Aus der Oberschicht dieser *civitates* wählte die Bürgerversammlung auf Lebenszeit den Stadtrat (*ordo decurionum*), der 100 Sitze umfaßte. Wahlvoraussetzung war Geburt als freier Mann, ein Mindestvermögen von 100 000 Sesterzen und entsprechender Grundbesitz. Damit entstammten die Dekurionen weitgehend der einflußreichen Schicht der Grundherren, die ihren Hauptwohnsitz außerhalb der »Stadt« auf dem flachen Land der *civitas* hatten. Aus der Gruppe der Ratsherren wurden die ehrenamtlichen Jahresbeamten gewählt. Die auf ein Jahr befristete Verwaltung war mit jeweils zwei Personen besetzt. An der Spitze standen die beiden Bürgermeister (*duoviri*), denen die niedere Gerichtsbarkeit unterstand sowie der alle fünf Jahre fällige Kommunalcensus mit dem das Personenstandsregister als Steuergrundlage berichtigt wurde. Die Bürgermeister hafteten mit ihrem Vermögen für den Eingang der Steuern und weiterer Sonderlasten. Die Finanzverwaltung besorgten zwei Kämmerer (*quaestores*), für die öffentliche Ordnung waren zwei *aediles* zuständig. Zur Durchführung der vielfältigen Verwaltungsaufgaben standen natürlich weitere Hilfskräfte zur Verfügung. Amtssitz war die Kurie (*curia*), der eine Marktbasilika mit Forum angegliedert war. Ein Marktrecht (*ius nundiarum*) hatten sicherlich weitere *vici* der *civitas*.

Abb 58

Von den Jahresbeamten wurden Stiftungen sowie die Finanzierung öffentlicher Baumaßnahmen aus der Privatschatulle erwartet. Nach der Ableistung der Verwaltungspflichten (*munera*) erreichten die Jahresbeamten zumeist das volle Bürgerrecht; dies allein war wohl der Anreiz für die kostenträchtigen Ämter. Zumeist aus der Gruppe der Freigelassenen (*liberti*), die zu Vermögen gekommen waren, entstammten die *seviri Augustales*, öffentlich bestellte Priester, denen der Kaiserkult unterstand. Bedeutung im Gemeinwesen kam auch den berufsständischen Vereinigungen (*collegia*) und vielfältigen Kultbrüderschaften (*curiae*) zu. Der Hauptort einer Civitas (*caput civitatis*) hatte in einer peregrinen Gemeinde den Rang eines »Dorfes« (*vicus*). Dieser

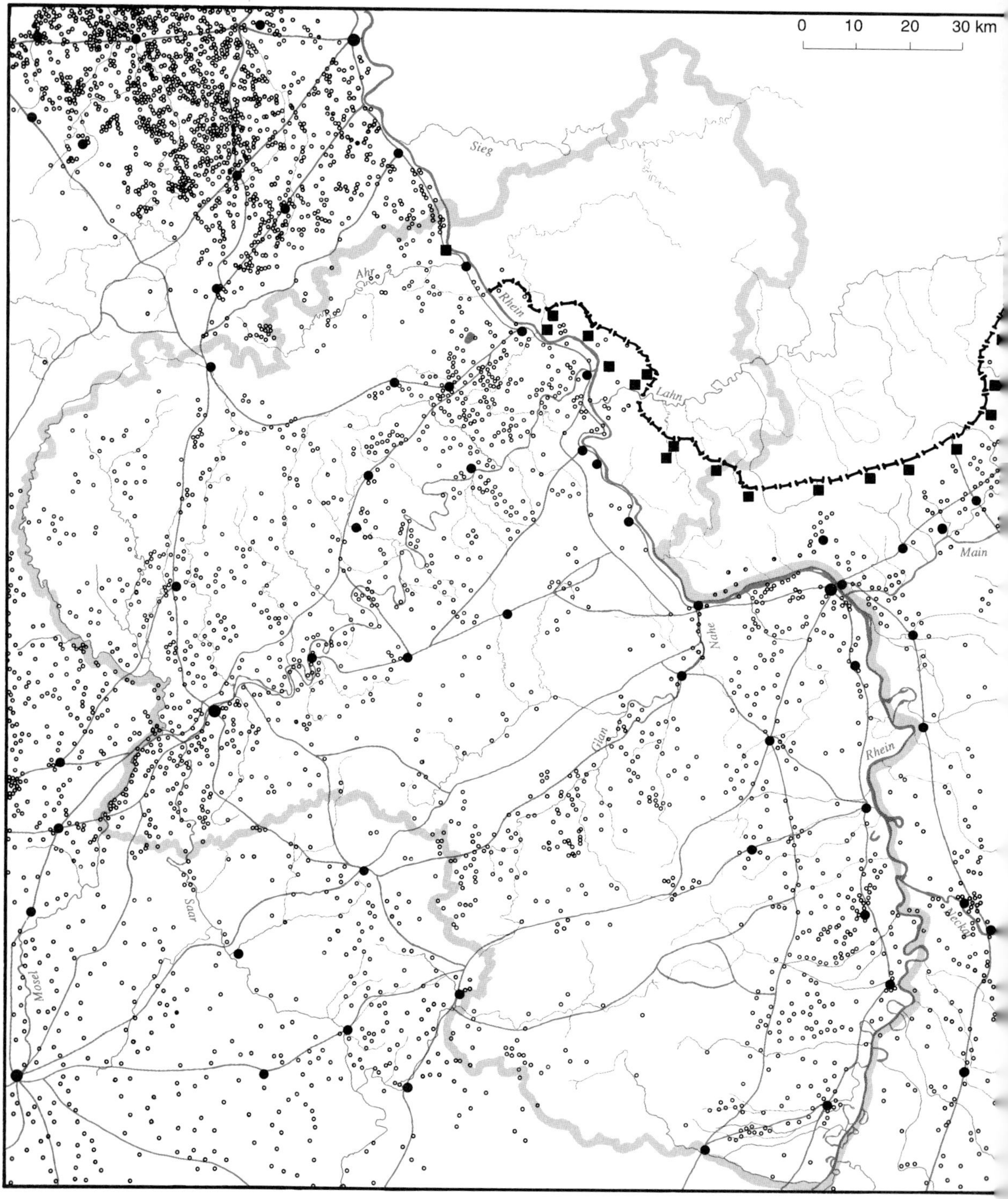

Abb. 57 Siedlungskarte von Rheinland-Pfalz in römischer Zeit. Villen, Stationen, Vici, Kastelle und Städte mit rekonstruiertem Straßennetz. Die unterschiedliche Siedlungsdichte ist von der Gunst des Naturraumes und vor allem vom Forschungsstand abhängig.

Hauptort zusammen mit weiteren kleineren Ansiedlungen und dem gesamten »flachen Land« bildeten die *civitas*. Die *vici* wie auch der schon stadtartige Hauptort hatten als zentrale Orte in der weitgehend durch Einzelhöfe bestimmten *civitas* wichtige Aufgaben zu erfüllen. Hier konnte die landwirtschaftliche Produktion umgeschlagen und auf dem Gutshof notwendige Dinge aus den Handwerksbetrieben des *vicus* beschafft werden. Die Quellen für Nachrichten und soziale Kontakte ist ferner nicht zu unterschätzen. Die Verteilung dieser zentralen Orte innerhalb einer *civitas*, ihre möglichen Einzugsgebiete und ihre Beziehung zum Verkehrsnetz läßt wichtige Rückschlüsse auf die Verwaltungsgliederung eines Territoriums zu. Fehlen solche zentralen Orte, die innerhalb einer Tagereise zu erreichen sein mußten, sind völlig andere Verwaltungs- und Besitzstrukturen, etwa in Form von Domänen oder Großgrundbesitz (*fundus*) vorauszusetzen.

Civitas Tribocorum

Diese *civitas* mit dem Hauptort *Brucomagus*/Brumath umfaßt nahezu das gesamte mittlere und nördliche Elsaß. Nur ein kleiner Zipfel zwischen Lauter und Saarbach reicht in das heutige Rheinland-Pfalz hinein. Mit rund 5000 km^2 Fläche war sie die größte der obergermanischen Gebietskörperschaften. Weitere *vici* sind *Helius*/Ehl, *Tabernae*/Zabern und *Saletio*/Seltz. Der Bereich um das Legionslager *Argentorate* mit den Zivilsiedlungen (*canabae legionis* und weiteren *vici*) unterstand militärischer Zuständigkeit. Im späten 3. Jahrhundert wurde der Hauptort nach *Argentorate*/Straßburg verlagert. Die Verkehrsgunst der *civitas* wurde durch die wichtige Fernstraße entlang des Rheines und eine nicht minder bedeutsame Verbindung von *Argentorate* bzw. *Brucomagus* über *Tabernae* nach *Divodurum*/Metz bestimmt.

Civitas Nemetum

Die Grenzen haben sich offenbar in dem mittelalterlichen Gau- und Bistumssprengel überliefert. Im Süden reicht das Gebiet der Nemeter bis an die Selz und im Norden bis *Abb 58* an die Isenach. Der Rhein bildet die Ostgrenze; die Provinzgrenze am Ostrand des Pfälzerwaldes die Westbegrenzung. Mit rund 2700 km^2 ist die *civitas* relativ klein. Hauptort ist *Noviomagus*/Speyer, das durch seine Lage an der wichtigen Rheinuferstraße wirtschaftliche Bedeutung und einen gewissen Wohlstand erhält. Als weitere *vici* sind *Concordia*/Altenstadt und *Tabernae*/Rheinzabern zu nennen. Ein Dorf *Rufiniana* wird allein durch Ptolemaeus um die Mitte des 2. Jahrhunderts nördlich von *Noviomagus* bezeugt. Der Militärvicus von Rheingönheim war zu dieser Zeit bereits verödet. Weitere vicusartige Gemeinwesen sind in Mutterstadt und bei Böhl-Iggelheim archäologisch nachgewiesen.

Das direkte Umland von Noviomagus zeigt nur bescheidene Hofstellen, so daß hier sicher nicht mit den Wohnsitzen der städtischen Magistrate und damit der Ober-

schicht der *civitas* in Form von repräsentativen Landgütern zu rechnen ist. Diese lagen wohl am klimatisch günstigen Haardtrand, so etwa das Landgut des Barbatius Silvester bei Walsheim oder die Anwesen bei Wachenheim. Für die *civitas* Nemetum sind lediglich drei Dekurionen nachgewiesen, darunter ein C. Candidius Calpurnianus, der auch Ratsherr in der benachbarten *civitas Ulpia Sueborum Nicretum* gewesen ist. Weitere Namen von Magistraten sind nicht belegt. Ein unbenanntes Kollegium hatte im städtischen Theater eigene reservierte Plätze. Ein *sevir* Pompeianus wirkte als Eingeweidebeschauer (*haruspex*) im Rahmen des Mithraskultes.
Ganz im Westen an der Grenze zur Belgica ist im 3. Jahrhundert ein Domänenbesitz (*saltus*) bei Waldfischbach nachzuweisen. Ob es sich um eine private oder gar kaiserliche Domäne gehandelt hat, ist aus den Inschriften nicht zu erschließen.

Civitas Vangionum

Die dritte nach einem germanischen Stamm benannte *civitas* schließt nördlich an die *Abb 58* *civitas Nemetum* an. Der Flächenumfang ist nicht mehr genau zu bestimmen, da im späten 3. Jahrhundert wahrscheinlich das Territorium der Vangionen zugunsten der neu entstandenen *civitas Mogontiacensis* verkleinert wurde. Möglicherweise reichte sie im 2. und 3. Jahrhundert unmittelbar an das Militärland um *Mogontiacum*/Mainz heran und erstreckte sich im Nordwesten bis zur Nahe und umfaßte somit sicher mehr als 3000 km^2 Fläche. Auffallend ist die weite Erstreckung nach Westen bis zur westpfälzischen Moorniederung. Die landwirtschaftliche Nutzfläche überschreitet die der *civitas Nemetum* vor allem durch die Einbeziehung des fruchtbaren rheinhessischen Hügellandes bei weitem, zumal auch die dicht besiedelten Gebiete an Lauter und Alsenz zum Territorium gehörten.
Die wichtige Straßenverbindung vom Civitashauptort *Borbetomagus*/Worms nach Westen in Richtung *Divodurum*/Metz erstreckt sich voll auf Civitasgebiet. Dieser Straßenverbindung zusätzlich zur Hauptverkehrsachse entlang des Rheins verdankt der Ort seine besondere wirtschaftliche Bedeutung. Als Ratsherren werden L. Romanus Respectus und C. Lucius Victor genannt. Als Ädil fungierte ein Vegetius Gattus. Als *vici* gelten *Altaiensium*/ Alzey und der Industrieort Eisenberg. In Eisenberg wird ein M. Adiutorius Memor als *decurio* benannt, wohl ein weiterer Ratsherr der *civitas Vangionum. Buconica*/Nierstein ist zwar in den Itinerarien benannt, war aber wohl nur eine Straßenstation an der Fernstraße nach Mainz. Ein *vicus magio vetus* (CIL XIII 4085) liegt zwischen Altaiensium und der Provinzhauptstadt, wohl noch in Vangionengebiet, ist aber bislang nicht im Gelände nachweisbar.

Mogontiacum

Das Umland des Truppenstandortes *Mogontiacum* war bis zum Ende des 3. Jahrhunderts direkt in die militärische Verwaltung einbezogen. Wahrscheinlich war das eigentliche militärische Nutzland (*prata legionis*) klein und umfaßte wohl nur einen Gebietsstreifen entlang des Mainmündungsgebietes. Der Nachweis der Gebiete der einheimischen *Aresaces* und *Caeracates* in unmittelbarer Nachbarschaft zu den Militäranlagen erschwert die Deutung noch zusätzlich. Vielleicht war die ausgedehnte einheimisch/keltische Siedlung von Weisenau der Vorort der *Aresaces* und das Mars Loucetius-Heiligtum bei Ober-Olm deren Stammesheiligtum. Beide Stämme sind nur für das 1. Jahrhundert n. Chr. bezeugt und spielten später in der Territorialgliederung keine Rolle mehr.

Neben der Lagervorstadt (*canabae legionis*) südlich und südöstlich des Legionslagers entwickelte sich in der Moorniederung zum Rhein hin schon seit dem frühen 1. Jahrhundert ein ausgedehnter ziviler *vicus*. Hier sind vor allem Handwerksbetriebe nachweisbar. Als Militärvicus (*canabae*) ist eine Ansiedlung am sog. Dimesser Ort zu bestimmen, möglicherweise der frühere Militär- und Handelshafen von *Mogontiacum*. Jedenfalls weihten Bewohner (*canabari*) dieser Siedlung um 59 n. Chr. die große Jupitersäule *publice*, also im Auftrag des gesamten Gemeinwesens.

Die Provinzhauptstadt *Mogontiacum* hat bis zum Ende des 3. Jahrhunderts niemals den Rechtsstatus eines Civitas-Hauptortes, eines *municipiums* oder gar einer *colonia* wie etwa die Provinzhauptstadt der *Germania inferior*, Köln, erhalten. In ihrer Erscheinungsform hatte sie aber auf jeden Fall das Aussehen einer Stadt. Wenigstens die römischen Bürger von Mainz waren durch eine Art Stadtrat (*ordo decurionum civium Romanorum*) vertreten. Bislang sind drei dieser Ratsherren namentlich bekannt. Zusammen mit drei Quästoren repräsentieren die drei Ratsherren eine Vorstufe der Stadtbildung in juristischem Sinn. Spätestens nach der Ummauerung der Stadt am Ende des 3. Jahrhunderts erhielt *Mogontiacum* zwischen 293 und 305 n. Chr. »Stadtrechte« als *civitas* und ist im 4. Jahrhundert *municipium*. Zu diesem Zeitpunkt waren die feinen Unterschiede im Bürgerrecht längst durch die allgemeine Verleihung an alle Provinzialen durch Caracalla (*constitutio Antoniniana* 212 n. Chr.) aufgehoben und der auf ein Stammesterritorium bezogene Civitas-Begriff auf den Hauptort der Siedlung übergegangen (*civitas Mogontiacensis*).

Der zivile *vicus* unterhalb des Legionslagers bis zum Rhein war bis zum 3. Jahrhundert in mehrere Stadtviertel unterteilt, von denen im 1. Jahrhundert ein *vicus novus* – dies setzt einen älteren Stadtteil voraus – und ein *vicus Salutaris* genannt werden. Für das 2. bzw. 3. Jahrhundert sind ein *vicus navaliorum*, ein *vicus Apolliensis*, ein *vicus vobergensis*, ein *vicus capite limitis* und ein *vicus victorum* oder *victoriae* bekannt. In den zivilen Verwaltungsbereich dieser Siedlung gehören ein *curator vicanorum*, ein *quaestor*, ein *actor* und vielleicht ein *tabularius*.

Mogontiacum hatte als militärisches Zentrum und als Verwaltungsmittelpunkt der Provinz mit dem Sitz des Statthalters auch eine große wirtschaftliche Bedeutung. Nur wenige Weihe- oder Grabsteine nennen uns Zivilpersonen, welche die weitgespannten Handelsbeziehungen andeuten. Neben Personen aus Italien (Pollenzo, Piacenza) kommen Leute aus Cartagena/Spanien, Pannonien (dem heutigen Ungarn), Rhodos und aus der Provinz *Pontus*/Bithynien (Anatolien) vor. Aber noch viel mehr als die Inschriften zeigen die Bodenfunde die intensiven Handelsverbindungen: Glas und Tafelgeschirr aus Italien und Südgallien und Amphoren für Wein, Öl und Fischsaucen aus Italien und Spanien.

Die Gutshöfe (*villae rusticae*) reichten bis an das Umfeld des Legionslagers heran. Freilich läßt sich nicht bestimmen, ob eine Hofstelle innerhalb oder außerhalb des militärischen Nutzlandes gelegen hat. Lediglich bei Gonsenheim und Marienborn lassen sich durch die Reste von Mosaikböden besser ausgestattete Landgüter nachweisen, die Hinweise auf die Oberschicht von *Mogontiacum* geben. Ob ein Bezug der Grabinschrift eines Bankiers (*argentarius*) zu einem Gutshof bei Laubenheim gegeben ist, bleibt fraglich. Soweit sich die restlichen *villae rusticae* beurteilen lassen, handelt es sich um einfache ländliche Betriebe.

Die Gebiete zwischen Nahe und Vinxtbach

Der rund 5000 km^2 umfassende Raum nördlich von Mainz zwischen den Provinzgrenzen zur *Belgica* und zur *Germania inferior* und dem Rhein bzw. dem Verlauf des *Abb 58* Limes gehörte in römischer Zeit keiner erkennbaren Gebietskörperschaft an. Mit dem Gebiet um Mainz handelt es sich hierbei um altes treverisches Territorium, das 16 n. Chr. durch Einrichtung des obergermanischen Militärsprengels von der *civitas Treverorum* abgetrennt worden war. Zeigt das Gebiet zwischen Nahe und Unterlauf der Mosel (Hunsrück) keine sonderliche Siedlungsgunst, so war das fruchtbare Neuwieder Becken mit Pellenz und Maifeld um Mayen nördlich *Confluentes*/Koblenz um so stärker besiedelt. Hier läßt sich sogar weitgehend eine Bevölkerungskontinuität von der spätkeltischen zur frührömischen Periode erkennen. Für das dicht besiedelte Nahetal bilden die *vici* von *Bingium*/Bingen und Kreuznach – erst in einer karolingischen Quelle als Cruciniacum bezeichnet – Zentralorte mit wichtigen Funktionen, die sich u. a. aus der Ansiedlung von Händlern und Handwerkern ergaben.

Ein *vicus,* mehr in der Funktion als Straßenstation denn als Marktort, findet sich im Hunsrück an der Fernstraße Mainz – Bingen – Trier bei *Dumnissus*/Kirchberg. Eine vicusartige Ansiedlung ist in Moselnähe bei Mittelstrimmig zu vermuten. Ausgedehnte Siedlungsspuren, die auf einen *vicus* hindeuten, finden sich auch im Stadtwald bei Stromberg. Unweit davon ist ein besser ausgestatteter Gutshof mit Mosaikboden nachweisbar, der vielleicht den Mittelpunkt einer Domäne bildete.

Ohne Zentralort sind hingegen die dicht besiedelten Gebiete zwischen Nahe, Alsenz, Glan und der westpfälzischen Moorniederung. Auch wenn man diesen Raum bis zur Nahe noch der *civitas Vangionum* zuordnen würde, fehlt weit und breit ein Marktort. Die *vici* von Eisenberg im Osten, Kreuznach und *Dumnissus*/Kirchberg im Norden und von Tholey im Westen waren für die Bewohner des Kerngebietes nur in mehrtägigen Reisen zu erreichen. Vielleicht wurde dieser siedlungsdichte Raum durch Großgrundbesitzer in Domänenbezirken verwaltet, so daß zentrale Orte nicht notwendig

Abb. 58 Provinz- und Civitaseinteilung zwischen Rhein und Mosel mit den zentralen Orten (Vici, Stationen, Städte)

waren. Für die beiden rund 70 km langen Straßenverbindungen von Kreuznach nach Tholey waren bei einem Fehlen von Straßenorten jeweils zwei bis drei Stationen (*mansiones*) notwendig.

Die Landgüter bei Steinwenden und Katzenbach bzw. Rockenhausen oder Boos zeigen immerhin erheblichen Wohlstand der ländlichen Bevölkerung an und deuten durch diese repräsentativen Güter eine landsässige Oberschicht an.

Der Raum nördlich der Mosel ist hingegen wieder durch eine dichte Folge von *vici* als *Abb 58* zentralen Orten bestimmt. Neben den Moselorten *Contrua*/Gondorf und *Cardena*/Karden ist vor allem der Industrieort Mayen mit Töpferei und zentraler Mühlsteinproduktion für das Gebiet bestimmend. Die *vici* von Nachtsheim und Alflen stehen in Bezug zu Fernstraßen, ebenso wie der *vicus* von *Confluentes*/Koblenz seine Bedeutung am Kreuzpunkt der Fernstraßen und an der Mündung der Mosel mit Brücken über die Mosel und den Rhein erhält. Der ebenso wie Koblenz aus einem Kastellvicus entstandene Ort *Antunnacum*/Andernach erzielt wie die Orte *Vosolvia*/Oberwesel, *Salisio*/Salzig oder *Boudobriga*/Boppard seine wirtschaftliche Bedeutung aus der Lage am Rhein und der wichtigen Rheinufer- und Limesstraße nach Norden. Der Töpfereiort Weißenthurm (Urmitz) nutzte die Lage an der Fern- und Wasserstraße.

Dieses Gebiet war offenbar in keine Gebietskörperschaft eingegliedert, sondern unterstand provinzunmittelbar einer Verwaltung durch Domänen oder Großgrundbesitzer. Das ausgedehnte Landgut von Thür in der Nähe von Mayen mag das Zentrum einer solchen Gutsdomäne (*fundus*) gewesen sein. Durch Grabdenkmäler wie bei *Abb 423, 424, 436* Nickenich oder Ochtendung werden weitere einflußreiche Familien bezeugt. Diese Großgrundbesitzer verwalteten im Auftrag der Provinzverwaltung in Mainz die Ländereien direkt und übernahmen wie in den *civitates* auch die niedere Gerichtsbarkeit.

Das Limeshinterland

Auch in dem schmalen Gebietsstreifen zwischen Limes und Rhein sind keine Anzeichen für Selbstverwaltung der hier lebenden Bevölkerung zu erkennen. Dieser Raum war wohl als militärisches Nutzland direkt den Kastellkommandeuren der Lager von Heddesdorf (bis 185 n. Chr.), Bendorf (bis frühes 2. Jh.), Niederbieber (seit 185 n. Chr.), Koblenz-Niederberg, Bad Ems, Marienfels oder Holzhausen (seit 185 n. Chr.) unterstellt. Der größte Teil der Bevölkerung lebte in den z. T. recht ausgedehnten Lagervici. Gutshöfe sind hingegen nur in geringer Zahl zu verzeichnen. Südlich der Lahn fehlen solche landwirtschaftlichen Betriebe sogar völlig. Unter staatlich/militärischer Kontrolle standen wohl schon die Bleigruben an der Lahnmündung.

5 Trier. Die Thermen am Viehmarktplatz

6 a Hagenbach. Silberne Votivbleche aus dem Schatzfund

6 b Boppard. Tonstatuette der keltischen Pferdegöttin Epona

Germania inferior

Von der zweiten germanischen Provinz fällt nur der Gebietsstreifen bis zur Ahr in unsere Betrachtung. Ob dieses Gebiet schon zum Territorium (*ager coloniae*) der Provinzhauptstdt Köln (*Colonia Claudia Ara Agrippinensium = CCAA*) gehörte, ist nicht zu klären. Jedenfalls hätte es dann den Anreiz geboten, grundsteuerfrei Grund und Boden zu erwerben. Vor allem entlang der Ahr sind in dichter Folge durchaus respektable Landgüter wie das von Ahrweiler entdeckt worden. *Rigomagus*/Remagen mit dem ersten Hilfstruppenlager des niedergermanischen Limes und einem ausgedehnten *vicus* hatte wohl die Funktion eines Marktortes. Die Töpfersiedlung *Sentiacum*/Sinzig ist sicherlich nur ein reiner Gewerbeort ohne weitere Verwaltungsaufgaben gewesen. Der Vinxtbach bildete die Grenze *ad fines* der beiden Provinzen. Der südlich des Baches gelegene Benefiziarierposten unterstand dem Mainzer Statthalter, der nördlich gelegene war mit Angehörigen des niedergermanischen Heeres besetzt. Auch das Gebiet im »Dreiländereck« zwischen den beiden Germanien und der *Belgica* bei Jünkerath gehörte zur *Germania inferior*. Durch eine Weiheinschrift sind dort die *Talliates* bezeugt, die durchaus einen Gau gebildet haben können und somit unmittelbar nördlich an den *pagus Carucatum* im Treverergebiet angrenzten.

Belgica

Civitas Treverorum

Ebenso wie bei der südlich benachbarten *civitas Mediomatricorum* ist das Trevererggebiet direkt aus dem keltischen Stammesterritorium hervorgegangen. Auch nach Verlust der rheinseitigen Gebiete umfaßte die *civitas* immerhin noch rund 12 800 km² Fläche. Sie reichte im Osten an die Provinzgrenze, im Westen an der Maas fast an das Territorium der Remer, im Norden an Mittellauf von Sauer und Prüm an das Gebiet der *civitas Tungrorum*. Im Süden grenzt das Gebiet an die *civitas* der Mediomatriker. *Abb 58*
Neben der Mosel und wohl auch teilweise der Saar als schiffbaren Flüssen brachten die Fernstraßen von Lyon über Metz nach Köln und von Mainz nach Reims eine hervorragende Verkehrslage, die den Fernhandel begünstigte. Wohl noch von alten keltischen Einteilungen haben sich die Namen von vier Gauen (*pagi*) erhalten. Der *pagus Carucum* ist im Bereich um *Beda*/Bitburg im Norden der *civitas* anzusetzen, der *pagus Vilcias* und der *pagus Teucorias* sind nicht mit Sicherheit zu lokalisieren. Ein *pagus Ac*... oder *Ag*... könnte nach dem Fundort einer Weihung im Bereich von *Belginum*/Wederath gelegen haben. Vielleicht handelt es sich bei den *Vosugones* aus dem *vicus* Titelberg in Luxemburg ebenfalls um einen Gau. Diese und die Teucariaten hielten sich als Gemeinwesen Sklaven (*servi publici*).
Von 14 namentlich genannten Orten im Trevererggebiet sind sicherlich nicht alle länd-

liche *vici,* sondern es verbergen sich darunter wie bei Detzem (*ad Decimum*) oder Trier-Quint (*ad Quintum*) lediglich Straßenposten. Von Bedeutung für die Infrastruktur der Civitas sind *Noviomagus*/Neumagen, *Belginum*/Wederath, *Beda*/Bitburg, *Ausava*/Oos, Tholey »*vicus* Wareswald«, *Contiomagus*/Pachten im Osten und Altrier, *Ricciacus*/Dalheim, *Andethanna*/Niederanven, Titelberg, Mamer, *Orolaunum*/Arlon, *Vertunum*/Virton, Martelange und *Eposium*/Carignan im Westen. Mit diesen Orten waren die Fernverbindungen mit Herbergen und Gaststätten (*tabernae*) ausgestattet und auch der Bezug zu ländlichen Siedlungen (*villae rusticae*) im weiteren Umfeld gewährleistet. In unmittelbarer Nähe der *Augusta Treverorum* kann bei Pallien ein *vicus Voclanniones* lokalisiert werden. Ein *vicus Seniae* wird im Südosten der Stadt vermutet.

Die dichte ländliche Besiedlung weist neben kleinen und mittleren Hofstellen wie Bollendorf oder Weitersbach auch Landgüter mit repräsentativer Architektur auf, die z. T. mit kostbaren Mosaiken ausgestattet waren. Zu den Bauten der ländlichen Oberschicht gehörten im 1.–3. Jahrhundert u. a. Anlagen wie die von Otrang, Newel, Oberweis, Meckel (Kr. Bitbug-Prüm), Kommlingen (Kr. Trier-Saarburg) und auf Luxemburger Seite die prachtvolle Anlage von Echternach, Nennig am saarländischen Moselabschnitt oder Fremersdorf, Niedaltdorf, Mechern, Besseringen, Dillingen und Tholey heute im Saarland gelegen.

Unmittelbar vor den Mauern von Trier lagen suburbane Villen von beachtlicher Größe und Ausstattung etwa bei St. Maximin oder St. Matthias, Villa Albana bei St. Eucharius, St. Martin, St. Marien oder in Trier-Euren. Sichtlich gehörte die im Tuchhandel zu Reichtümern gekommene Familie der Secundinier mit ihrem Grabmal
Abb 308, 309 in Igel bei Trier zur einflußreichen Gruppe der treverischen Großgrundbesitzer, deren Klientel aus diesen Kleinbauern bestand. Diese Oberschicht stellte auch die Gruppe der Ratsherren der *civitas*. Vom Trierer *ordo decurionum* sind leider nur drei Personen namentlich bekannt: C. Apronius Raptor, Iustus Mucianus und Victorius Caupius.

Civitas Mediomatricorum

Mit rund 15 500 km² Fläche gehört auch diese *civitas* zu den großen gallischen Stammesterritorien. Im Norden grenzte das Territorium an das treverische Gebiet an, im
Abb 58 Süden an die *civitas* der Leuker, im Osten bis an den Vogesenhauptkamm, und im Westen reicht das Gebiet gut 30 km über die Maas hinweg. Der Raum um *Verodunum*/Verdun wurde gegen Ende des 3. Jahrhunderts als eigene *civitas* abgetrennt. Das Territorium der *civitas* scheint ebenfalls in verschiedene *pagi* unterteilt gewesen zu sein, wie der Vicusname *Decempagi* und eine fragmentarische Bezeichnung bezeugen.

Neben dem Hauptort *Divodurum*/Metz finden sich eine Anzahl *vici* wie *pons Saravi*/Saarburg, *Decempagi*/Tarquimpol, *Marosallum*/Marsal, *Vic*/Bodat, *ad Duodecimum*/Delma, *Scarponna*/Dieulouard, *Ibliodurum*/St. Marcel, Le Hèraple, *vicus Saravus*/Saarbrücken oder Bliesbrück und Schwarzenacker. Dazu kommen mehrere Orte, die

im 2. Jahrhundert hochwertige Terra Sigillata produzieren, wie Blickweiler, Mittelbronn, Boucheporn oder Chemery. Die Mehrzahl dieser Siedlungen liegt an oder in der Nähe wichtiger Fernstraßen.
Landgüter, die Mittelpunkt eines Domänenbezirks gewesen sein können, sind in Böckweiler im Saarland und bei Saint Ulrich und Teting in Lothringen nachgewiesen. Als »suburbane« Villa gilt Bierbach unweit des *vicus* von Schwarzenacker. Im Einzugsgebiet dieses Ortes muß auch die Landschaft zwischen Pirmasens und Zweibrükken gelegen haben. Die fruchtbaren, aber teilweise schwer bearbeitbaren Muschelkalkböden brachten nur kleinere aber zahlreiche Hofstellen wie bei Groß- oder Kleinsteinhausen hervor. Im kargen Bundsandsteingebiet um Pirmasens zeigen sich ebenfalls Hofstellen von Kleinbauern, etwa in Nünschweiler. Der unmittelbare Zweibrücker Raum weist mindestens zwei größere Landgüter bei Zweibrücken-Ixheim und Zweibrücken-Niederauerbach auf.

Innerer und äußerer Friede im 2. Jahrhundert

Die Regierungszeiten der Kaiser Trajan (98–117), Hadrian (117–138) und Antoninus Pius (138–161) boten dem Land zwischen Rhein und Mosel günstige wirtschaftliche Entwicklungsmöglichkeiten. Gesichert durch die Grenzlinie des Limes und die Legionsstandorte Mainz mit der 22. Legion und Straßburg mit der 8. Legion konnte sich das zivile Leben ungestört entfalten. Während dieser Zeit bildete sich in Stadt und Land ein Siedlungsbild heraus, das bis in die zweite Hälfte des 3. Jahrhunderts Bestand hatte. Die einfachen Holzbauten der Frühzeit wurden durch Steinbauten oder massivere Fachwerkbauten ersetzt.
Die Führung des Reiches lag in den Händen fähiger Kaiser, die sich seit Kaiser Nerva (96–98) die Nachfolge durch Adoption geeigneter Männer regelten. Erst Mark Aurel, der sonst so kluge Monarch, hat mit der Berufung seines Sohnes Commodus zum Nachfolger, das bewährte Prinzip des »Adoptivkaisertums« durch das alte dynastische System zu ersetzen gesucht.
Die fernen Schauplätze der Dakerkriege (101–102, 105–106) und der Partherkriege (161–165) berührten nur einzelne rheinische Truppenverbände, die an diesen Kriegen teilnahmen. Die Germanen im Vorfeld des Limes profitierten von den intensiven Handelsverbindungen und sahen bis zur Mitte des 2. Jahrhunderts keinen Grund zu kriegerischen Unternehmungen.

Dunkle Vorzeichen im 2. Jahrhundert

Aber schon um 150 n. Chr. lassen sich Unruhen etwa im Süden der obergermanischen Provinz bei den Helvetiern erkennen, die zu Zerstörungen und zum Verbergen von

Münzen führten. 162 fielen die Chatten in das Rhein-Main-Gebiet ein und überschritten wohl auch den Rhein. Rund 70 Jahre hatte dieser Stamm Ruhe gegeben. Nur das beherzte Eingreifen des obergermanischen Statthalters C. Aufidius Victorinus konnte Schlimmeres verhindern. Im gleichen Jahr bedrohten die Kaledonier britannische Siedlungen. Die vom parthischen Kriegsschauplatz zurückgekehrten Truppen schleppten Typhus (Pest) ein, so daß auch unter der Zivilbevölkerung erhebliche Verluste entstanden. Vor allem Norikum und Rätien waren davon betroffen.
167 überschritten die Markomannen die Donau und belagerten in Oberitalien Aquileia und Verona. Bis 175 dauerten die Markomannenkriege des Kaisers Mark Aurel, dann waren die Grenzen Rätiens, Norikums und Pannoniens wieder gesichert. Ein entscheidender Schlag gegen Markomannen, Quaden und Sarmaten blieb jedoch aus, da ein Aufstand des syrischen Statthalters einen militärischen Einsatz notwendig machte. Bereits 177/178 überschritten die drei Völkerschaften erneut die Reichsgrenze. Die Schwächung des Reiches durch die Markomannenkriege gaben wiederum den Chatten 169 n. Chr. Anlaß zu Einfällen, die zu Zerstörungen im Rhein-Main-Gebiet führten. Dem späteren Kaiser (192) M. Didius Severus Iulianus gelang als Kommandeur der 22. Legion die Vertreibung der Germanen. Bereits 172 mußte er sich, nunmehr zum Statthalter der *Belgica* aufgestiegen, mit Kriegszügen der Chauken, die im Elbemündungsgebiet ansässig waren, auseinandersetzen. Offenbar hatten diese die Küste bedroht. Noch zur Zeit Mark Aurels wird von einem Aufstand der Sequaner im südlichen Obergermanien berichtet. Um 185 war es zu einer Revolte von Fahnenflüchtigen (*bellum desertorum*) unter einem Maternus gekommen. Nach dem Zeugnis des Herodian und der Historia Augusta, Commodus, wurden in weiten Landstrichen Galliens und Germaniens Gutshöfe verwüstet, Städte geplündert, Kriminelle aus den Gefängnissen befreit. Sogar das Standlager der 8. Legion in Straßburg konnte von den Aufständischen belagert werden. Offenbar haben Kampftruppen der rheinischen Legionen diesem Spuk ein Ende bereitet. Immerhin konnte um 185 der Limes durch neue Kastelle wie etwa Niederbieber oder Holzhausen verstärkt werden. Die Ermordung des Commodus (192) löste Verhältnisse wie im Dreikaiserjahr nach Neros Tod (68/69) aus. Als Nachfolger wurde der unbeliebte, weil sparsame Pertinax, ein Freund Mark Aurels, von den Prätorianern beseitigt. Auf ihn folgte Didius Iulianus, der zuletzt bis 184/185 Statthalter in Niedergermanien gewesen war. Die Donaulegionen entschieden sich für den Afrikaner Septimius Severus, die Ostlegionen für Pescennius Niger und die britannischen Truppen für Clodius Albinus. Severus ernannte Albinus zum Mitregenten und Nachfolger (Cäsar), um gegen Niger im Orient freie Hand zu haben. Als Severus allerdings nach seinem Sieg seinen Sohn Bassianus als M. Aurelius Antoninus, genannt Caracalla, zum Cäsar bestimmte, ließ sich Albinus zum Kaiser (Augustus) ausrufen und landete mit Truppenmacht in Gallien. Die Entscheidung fiel in Lyon zuungunsten des Albinus. Die rheinischen Legionen in Straßburg, Mainz, Bonn und Xanten standen auf der Seite des Septimius Severus, so daß es zu keinem Blutvergießen kam. Aber noch 205/206 mußten Detachements der genannten Legionen gegen

Abtrünnige und Rebellen (*defectores et rebelles*) vorgehen. Man hat darin Anhänger des ermordeten Clodius Albinus in Gallien gesehen. Eine Inschrift der Civitas Treverorum in Mainz, zu Ehren des Septimius Severus und Caracallas gesetzt, stattet Dank für die Hilfe der *legio XXII* in einer Belagerung ab (*honoris virtutisque causa civitas Treverorum in obsidione ab ea defensa*). Offensichtlich handelt es sich hierbei um ein Eingreifen der Mainzer Legion gegen Albinus oder dessen Anhänger 197 n. Chr. Die Stadt war zwischen 160 und 180 n. Chr. mit einer großzügig dimensionierten Stadtmauer und repräsentativen Toranlagen befestigt worden.

Die Germanen und die Krise des 3. Jahrhunderts

213 n. Chr. trat erstmals ein germanischer Stammesbund in das Licht der Geschichte, der bis zum 5. Jahrhundert die römisch-germanischen Auseinandersetzungen bestimmen sollte. Hauptträger dieses »Allmänner«-Bundes waren die suebischen Semnonen, eine elbgermanische Gruppe, die durch gotischen und burgundischen Druck nach Süden verdrängt worden war und dort auf die Hermunduren traf, die bislang friedlich vor der Reichsgrenze gelebt hatten. Durch Aurelius Victor werden alamannische Reiterschwärme im Jahr 213 bezeugt. Ohne daß es zu bedrohlichen Grenzüberschreitungen gekommen wäre, entschloß sich Caracalla zu einem Präventivkrieg. Dazu wurden Abteilungen nahezu aller Legionen in Rätien zusammengezogen. Aurelius Victor berichtet, daß der Kaiser in der Nähe des Mains die Alamannen besiegt habe. In diese Auseinandersetzungen waren auch wieder die Chatten verwickelt. Dem Friedensvertrag wurde aber nicht nur durch Waffengewalt, sondern auch durch Geldzahlungen Nachdruck verschafft. 213 nahm Caracalla ob seiner Erfolge den Titel *Germanicus maximus* an. Ein Zeugnis dieses Feldzuges ist wohl eine Grabinschrift aus Speyer, die einen Aurelius Vitalis, Soldat der in Mösien (Bulgarien) stationierten *legio IV Flavia* nennt. Dieser nahm an einer germanischen Expedition teil (*agens expeditione Germaniae*), wohl dem Caracallafeldzug, und wurde von seinem Stubengenossen begraben. Unter den Severern setzte trotz beginnender wirtschaftlicher Probleme eine intensive Bautätigkeit ein. Vor allem dem Ausbau des germanisch/rätischen Straßennetzes wurde große Bedeutung geschenkt. Ein Großteil privater, inschriftlich bezeugter Stiftungen fällt in diese Zeit. Ausdruck einer gewissen gallischen Renaissance war die Einführung der gallischen Meile, der Leuge (1 Leuge = 1,5 römische Meilen = 2,2 km) und die Anwendung keltischen Rechts. Mit der *Constitutio Antoniniana* des Caracalla erhielten jetzt alle Provinzialen das römische Bürgerrecht. Dennoch war die Krise überall sichtbar. Die Steuereinnahmen gingen zurück; die ehemals verpachteten Steuer- und Zolleinnahmen wurden nun vom Staat eingezogen; das Geldvolumen stieg, der Silbergehalt der Denare sank, so daß zwangsläufig um 200 n. Chr. die Preise erheblich in die Höhe schossen. Dazu kamen die Unsicherheiten im Innen- und Außenhandel. Die Belastung der Bevölkerung stieg. Ein Gegensatz von Bürger und Staatsgewalt

entstand, so daß schon um 200 die Anfänge der spätantiken Staatswirtschaft zu erkennen sind. An den Grenzen wuchs der germanische Druck. Die Verträge von 213 hatten aber immerhin 20 Jahre Frieden beschert.

Aber 233 brachen die Alamannen um so stärker in das Reichsgebiet ein. Vor allem Rätien wurde von den Einfällen erheblich betroffen. Im mittleren und nördlichen Obergermanien sind Auswirkungen der Einfälle der am Kriegszug beteiligten Chatten offenbar wieder rasch beseitigt worden, denn sie sind im archäologischen Fundbestand kaum zu erkennen. Der Zeitpunkt des Germaneneinfalles war gut gewählt. Der 25jährige Severus Alexander war mit seinen Truppen im Osten durch die wiedererstarkten Parther/Perser gebunden. Dort hatte sich mit dem Auftreten der romfeindlichen Sassaniden ein für Rom bedrohlicher Dynastiewechsel vollzogen. Der orientalische Kriegsschauplatz sollte in der Folgezeit zusammen mit dem germanischen alle militärischen Kräfte Roms binden. Die rasche Rückkehr der westlichen Kampfverbände nach Rätien und Germanien klärte bereits 234 die Lage. Für das Jahr 235 war ein Vergeltungsschlag geplant, der von Mainz aus geführt werden sollte. Dazu waren vor allem in Pannonien Rekruten ausgehoben worden, die dem von einfachster Herkunft zu ritterlichen Ehren gekommenen C. Iulius Verus Maximinus zur Ausbildung unterstellt waren. Im Bereitstellungslager in der Nähe von Mainz wurde eine bunte Mischung von orientalischen Einheiten, spanischen, donauländisch/pannonischen und einheimischen Verbänden zusammengezogen.

Der Feldzug führte zu keinem nennenswerten Ergebnis, da der Feind in gewohnter Manier einer entscheidenden Begegnung auswich. Als Severus durch Verhandlungen mit Geldzahlungen einen Frieden erreichen wollte, wurden er und seine Mutter Mamaea von den auf Beute versessenen Soldaten im Feldlager bei Mainz ermordet. Die Truppe rief den beliebten Heerführer Maximinus zum Kaiser aus. Aber auch er konnte nur einen bescheidenen und für die römische Seite durch große Verluste erkauften Frieden sichern.

Mit Maximinus Thrax (235–238), so wegen seiner thrakischen Herkunft genannt, begann die bewegte Zeit der Soldatenkaiser. Die Truppe bestimmte fortan die Geschicke des Reiches. Nach dem Tod des Maximinus folgten als Kaiser allein im Jahr 238 Gordian I. und II., D. Caelius Balbinus, M. Clodius Pupienus, von 238–244 Gordian III., Philippus Arabs von 244–249 und 249–251 Decius, der mit seinem Sohn und Mitregenten im Kampf gegen die Goten in der Dobrudscha fiel. Die gotischen Kriegszüge im Illyrikum (Balkan) banden auch in der Folgezeit römische Truppen. Aus den Reihen der Provinzstatthalter dieses Raumes wurden C. Vibius Trebonianus Gallus (252–253) und als Gegenspieler 253 n. Chr. M. Aemilius Aemilianus zu Kaisern ausgerufen. Der Drang nach Alleinherrschaft führte Aemilianus zu einem Kriegszug gegen Gallus nach Italien. P. Licinius Valerianus sollte im Auftrag des Gallus Truppen aus rheinischen Verbänden zusammenziehen, wurde aber 253 selbst zum Kaiser gekürt und erkämpfte sich darauf in Italien die Alleinherrschaft. Der darauffolgende Einsatz dieser Truppen gegen den mächtigen Sassanidenherrscher Schapur führte zu

Abb 94

Abb. 59 Münze. Kaiser Gallienus (259–268)

einer merklichen Schwächung der Garnisonen am germanischen und rätischen Limes. Ein weiterer Germaneneinfall 254 betraf das Oberrheingebiet und sein Hinterland sowie das nordwestliche Rätien, er wurde aber rasch zurückgeschlagen. Bei den Kämpfen hat sich Gallienus als Stellvertreter des Valerian durch rasches und energisches Eingreifen verdient gemacht. Auf Münzprägungen wurde er 256 als *restitutor Galliarum* (Wiederhersteller Galliens) gefeiert. Die jüngste um 256 n. Chr., im rechtsrheinischen Limesgebiet gesetzte Inschrift des Kaiserhauses aus Herbrechtingen/Hausen im Lonetal nennt Gallienus als *Germanicus maximus*. *Abb 59*
257 erschienen die einst friedlichen Rheingermanen als Stammesbund der Franken auf Raubzügen, die das niedergermanische Gebiet erheblich in Mitleidenschaft zogen. Der ungehinderte Zug der Franken durch ganz Gallien bis nach Spanien und die Zerstörung der Küstenstadt Tarraco (Tarragona) zeigt, daß die Grenzverteidigung nicht mehr funktionierte und auch die am Rhein stationierten Legionen mit ihren stark reduzierten Mannschaften nicht mehr Herr der Lage wurden. Das Konzept der linearen Verteidigung an der Reichsgrenze hatte sich überlebt.
Um die natürliche Einfallroute in Richtung burgundische Pforte zu schützen, wurden die aufgelassenen Militäranlagen am südlichen Oberrhein und Hochrhein wieder instandgesetzt. Auch das seit 101 n. Chr. verlassene Legionslager von *Vindonissa* wurde durch das Militär verteidigungsbereit gemacht. Eine fragmentierte Bauinschrift läßt sich auf Valerian, Gallienus und dessen Sohn Saloninus als Cäsar beziehen. Offenbar standen diese Sicherungsmaßnahmen im Zusammenhang mit einem großen, kurz zuvor erfolgten Alamanneneinfall des Jahres 259, als germanische Scharen über die Alpenpässe über Ravenna bis kurz vor Rom gelangten und dort nur durch eiligst zusammengewürfelte Milizen vertrieben werden konnten. Die Alamannen konnten auf dem Rückmarsch bei Mailand durch Gallienus und seiner schnellen berittenen Einsatztruppe gestellt und vernichtet werden. In der Münzprägung wurde dieser Erfolg als der fünfte Germanensieg des Kaisers gefeiert.
Der Aufstand des pannonischen Statthalters Ingenuus machte im Juli 260 ein Eingreifen des Gallienus an der mittleren Donau notwendig. Dazu wurden wieder Truppen von der Rhein- und Donaugrenze abgezogen. Saloninus blieb mit den Beratern Silva-

nus für zivile und Postumus für militärische Dinge in Köln als Stellvertreter (Cäsar) zurück.
Kaiser Valerian war schon seit 257 auf dem östlichen Kriegsschauplatz gebunden und hatte seinem Sohn alle Gewalt im Westen übertragen. Der Kaiser wurde im Spätsommer 260 von den Sassaniden gefangen genommen, ein bis dahin einmaliger Vorgang in der römischen Geschichte. Die endgültige Katastrophe erfolgte im Herbst 260 n. Chr. Der Limes wurde auf breiter Front überrannt und die Germanen drangen ungehindert weit nach Gallien vor. Ziel war die burgundische Pforte und die Alpenpässe. Auch die Franken waren über den Niederrhein in die *Belgica* eingedrungen. Als Postumus einen mit Beute beladenen fränkischen Trupp auf dem Rückmarsch stellte und die Beute unter die Soldaten verteilte, kam es zum Konflikt mit der Zivilverwaltung unter Silvanus. Dieser bestand auf einer völligen Ablieferung der Beute zugunsten der Staatskasse. Die Soldaten rebellierten ob des Ansinnens und erhoben Postumus zum Augustus. Um einer drohenden Belagerung Kölns zu entgehen, wurden Saloninus und Silvanus an Postumus ausgeliefert und umgebracht. Die Usurpation führte zur Herauslösung der germanischen, gallischen, britannischen und spanischen Provinzen aus dem Reichsverband. Bis 274 n. Chr. bestand dieses »Gallische Sonderreich« und regelte seine Angelegenheiten in eigener Regie, da die Zentralgewalt gar nicht mehr dazu in der Lage war.

Archäologische Zeugnisse der Germaneneinfälle

Die Vielzahl der kriegerischen Ereignisse zwischen 233 und 260 läßt es im Einzelfall kaum möglich erscheinen, eine Zerstörung, Brandschichten, verborgene Gegenstände oder Münzschätze mit einem bestimmten historischen Ereignis in Verbindung zu bringen. Dennoch gibt es einige Funde und Befunde, die sich recht gut auswerten lassen.

Kastell Niederbieber

Abb 419 Das 5,2 ha große Lager zweier Numeri am Anfang des obergermanischen Limes hatte für die Verteidigung dieses Limesabschnittes eine besondere strategische Bedeutung, schloß doch unmittelbar westlich das fruchtbare, dicht besiedelte Neuwieder Becken an. Die Ausgrabungen ergaben an mehreren Stellen Hinweise auf eine gewaltsame Zerstörung durch die Germanen, hier wohl durch die Franken. Neben drei Münzschätzen mit jeweils Schlußmünzen des Valerianus (257), Saloninus (258/259) und Gallienus (259) wurden vor allem im Bereich des Fahnenheiligtums (*sacellum*) und
Abb 110 dessen Umgebung innerhalb der Principia ein absichtlich zerstörtes rundes Militärsignum, eine Silberplatte mit einer Kohorteninschrift, ein Reiter- oder Infanteriehelm zusammen mit einem menschlichen Skelett entdeckt. Im Bereich der Waffenkammer

waren schon im 19. Jahrhundert Reste der militärischen Ausrüstung geborgen worden. Ein Feldzeichen der benachbarten *cohors VII Raetorum equitata* aus dem Kastell Niederberg bezeugt die Beteiligung der Kohorte beim Kampf um das Kastell Niederbieber. Mit dem gewaltsamen Untergang des Hauptmilitärlagers am nördlichen Ende des obergermanischen Limes um 259/260 war das Schicksal des gesamten Streckenabschnittes bis weit in den Taunus hinein besiegelt. *Abb 335*

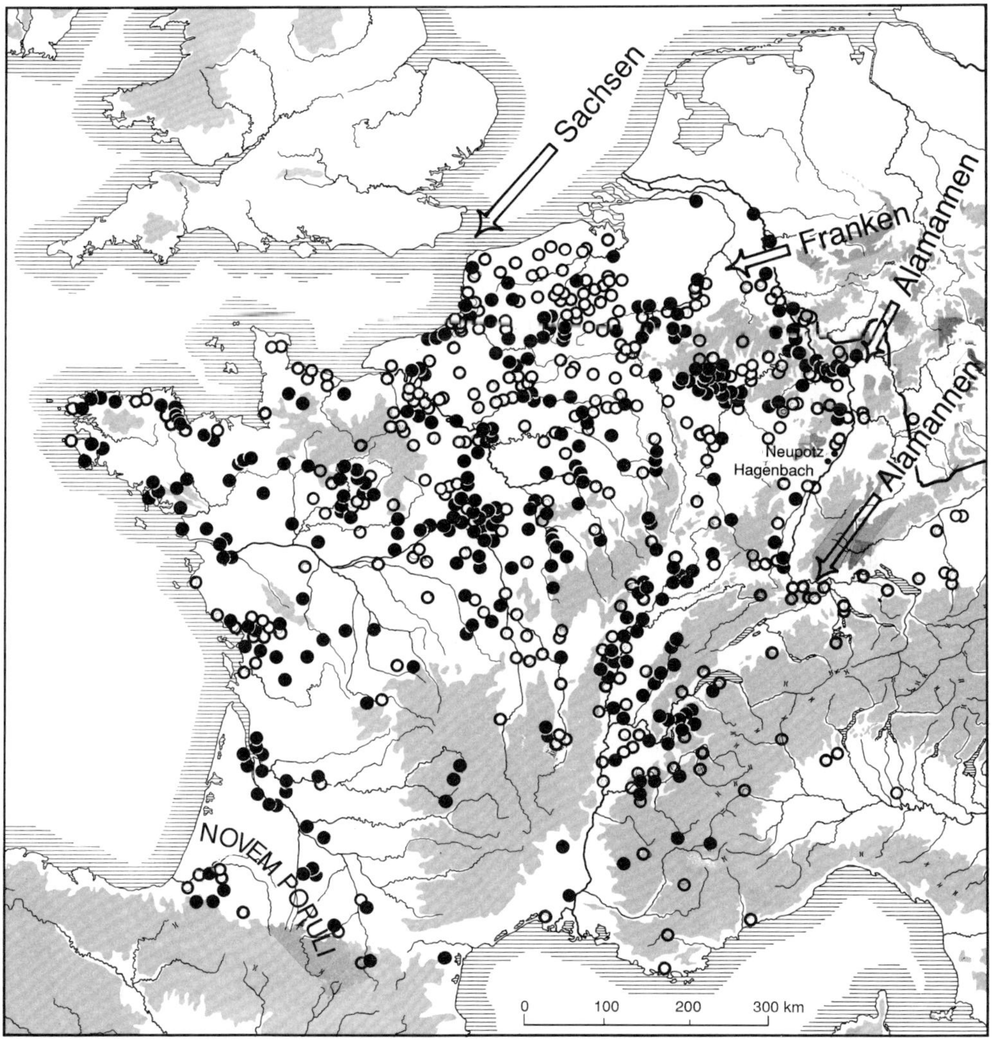

Abb. 60 Münzschätze des 3. Jh. in Gallien, ○ 250–269, ● 270–280 mit Lagehinweis auf die Depotfunde Hagenbach und Neupotz

Metallhortfunde von Hagenbach und Neupotz

Die germanischen Beutezüge nach Gallien und sogar nach Spanien belegen die zwei Depotfunde aus Hagenbach und Neupotz in der Nähe des Industrieortes *Tabernae*/ Rheinzabern. Beide Funde gelten mit guten Gründen als germanisches Beutegut, das *Taf 6a* beim Übersetzen über den Fluß durch ein Unglück verloren ging. Der Hagenbacher *Abb 280* Fund enthält Silberschmuck und silberne Votivbleche, die aus einem oder mehreren Marsheiligtümern am nördlichen Pyrenäenfuß im Gebiet der *Novempopuli* stammen. *Abb 463* Der Neupotzer Fund im Gerät und über 160 Bronzegefäße enthält einige prägefrische Münzen, die bis Gallienus reichen. Wenigstens dieser Fund steht im Zusammenhang mit den Ereignissen 259/260.

Münzschatzfunde zwischen Rhein und Mosel

Geldhorte, die in den Notzeiten verborgen wurden, sind ein unmittelbares Zeichen für Bedrohung, denn die ehemaligen Besitzer waren nicht mehr in der Lage, die versteckten Sachen wieder in Besitz zu nehmen. Die Verteilung der Funde zeigt, daß zwischen 254 und 260 bis auf einen Hort im *vicus* von Dalheim in größeren Siedlungen kein Geld versteckt werden mußte. Alle Funde dieser Zeit gehören zu den offenen ländlichen Siedlungen. Während Horte wie von Zeiskam, Landstuhl oder Neuhofen und weitere, die auf der Münzschatzkarte zu finden sind, im Zusammenhang mit Einfällen der Zeit um 254 verborgen wurden, stehen die restlichen Funde mit den großen Überfällen 259 und 260 bzw. mit den Wirren in den ersten Jahren des Gallischen Sonderreiches in Verbindung. Die Funde von Landstuhl und Spesbach wurden inmitten der unwegsamen westpfälzischen Moorniederung verborgen und machen eher den Eindruck von Opferfunden. Die Münzreihen der größeren Siedlungen wie auch vieler Guthöfe brechen keineswegs um 260 n. Chr. ab, sondern zeigen noch Münzumlauf bis weit in die siebziger Jahre des 3. Jahrhunderts. Diesen Umstand kann man nur so deuten, daß die Germaneneinfälle von 254–260 nicht zu solchen Zerstörungen führten, wie bislang immer angenommen wurde. Ziel der germanischen Beutezüge war vielmehr das innere Gallien. Die Gebiete zwischen Rhein und dem nunmehr zerstörten Limes blieben im 3. und 4. Jahrhundert durchaus im Rahmen eines geregelten Münzumlaufs. Da den Alamannen wie Franken Geldverkehr fremd war, zumal mit Münzen, deren materieller Wert gleich Null war, kann man diesen Umstand nur mit dem Verbleiben römischer Bevölkerungsteile östlich des Rheines erklären. Die militärische Präsenz im Limesgebiet war allerdings beendet. Die Auxiliarverbände waren entweder aufgerieben oder abgezogen worden. Jedenfalls erscheinen die alten Truppenbezeichnungen nicht mehr im Grenz- und Feldheer des späten 3. bzw. 4. Jahrhunderts.

Das Gallische Sonderreich

Die Revolte des Postumus (→ S. 120) führte nicht wie üblich zu einem Bürgerkrieg. Obgleich nahezu alle westlichen Provinzen, mit Ausnahme der *Narbonensis* von Gallienus abgefallen waren, versuchte Postumus nicht, die Alleinherrschaft zu erreichen. Seine Bemühungen galten vielmehr ganz der Sicherung der Rheingrenze. Gallienus gelang es nicht, die Westprovinzen wieder einzugliedern. Sogar der tüchtige Reitergeneral Aureolus, der für Gallienus manchen Sieg errungen hatte, fiel vom Kaiser ab, mußte aber in Mailand, da Hilfe von Postumus ausblieb, kapitulieren und verlor sein Leben. Gallienus fiel zu gleicher Zeit (268) einer Verschwörung zum Opfer. Nachfolger wurde ein Claudius, der sich nach seinem Gotensieg Gothicus nannte, 268–270 n. Chr.
269 rebellierte in Niedergermanien Ulpius Cornelius Laelianus gegen Postumus. Der Aufstand konnte rasch mit Waffengewalt beendet werden. Als aber Postumus seinen Soldaten die Plünderung von Mainz, das sich dem Aufstand angeschlossen hatte, verwehrte, wurde er selber ermordet. Nach einer kurzen Herrschaft des M. Aurelius Marius, eines ehemaligen Waffenschmieds, wurde M. Piavonius Victorinus Nachfolger (269–271). Dieser ist unter Postumus als Prätorianertribun bezeugt und besaß in Trier einen opulenten Stadtpalast, wie ein Mosaik mit seinem Namen ausweist. Neben Spanien war unter Victorinus das Häduergebiet mit seinem Hauptort *Augustodunum*/Autun zu Claudius Gothicus übergegangen. In Britannien und Südgallien gab es offenbar ebenfalls Bestrebungen, sich vom Sonderreich zu lösen. Nach der Ermordung des Victorinus 271 konnte die Kaisermutter immerhin den Statthalter von Aquitanien C. Pius Esuvius Tetricus als Nachfolger durchsetzen. Als Angehöriger der senatorischen Oberschicht fand er nicht die Gunst des Militärs. Ein Aufstand des Statthalters der *Belgica*, Faustinus, schwächte ebenso wie die wieder beginnenden Germaneneinfälle die Position des Kaisers. Mit Aurelian (270–275) war zudem ein ernstzunehmender reichsrömischer Gegner erwachsen, der die westlichen Provinzen unter die Gesamtherrschaft bringen wollte. Eine Entscheidungsschlacht auf den katalaunischen Feldern an der Marne konnte vermieden werden, weil sich Tetricus ergab. Überaus gnädig ließ Aurelian den gallischen Exkaiser und seinen Sohn Tetricus II. am Leben und billigte ihm einen Verwaltungsposten in Italien zu. Damit waren die Westprovinzen seit 274 wieder unter der Herrschaft Roms vereinigt.
Durch das Sonderreich waren Strukturen gebildet worden, die für die Folgezeit in den Westprovinzen bestimmend werden sollten. Köln, bereits von Gallienus als Nebenresidenz gewählt, blieb auch unter Postumus Zentrum des *Imperium Galliarum.* Postumus imitierte die reichsrömische Organisation, indem er einen Senat mit Konsulat schuf, Prätorianereinheiten bildete und in der von Gallienus in Köln gegründeten Münzstätte Edelmetall prägen ließ, sonst ein Privileg des Kaisers in Rom. Erst unter Tetricus wurde die gallische Residenz nach Trier verlegt, da Köln, direkt an der Grenze, zu unsicher war. Eine Mainzer Truppenmünzstätte war vielleicht schon unter

Abb. 61 Münze. Kaiser Tetricus (270–274)

Abb 61 Victorinus nach Trier verlegt worden. Auf Münzen des Tetricus werden allein drei Siege über Germanen bezeugt, die ebensoviele fränkische Einfälle westlich des Rheines voraussetzen. Wichtige Straßen etwa von Köln nach Bavai oder nach Trier wurden durch Kleinkastelle – *burgi* – gesichert. Offiziellen Charakter hat ein *burgus* bei Mittelstrimmig, *Abb 393* allerdings abseits jeglicher Fernstraßen, der am 23. Mai 268 oder 269 durch den Präfekten Lupu(linius)? Amminus während der Regierungszeit des Victorinus errichtet wurde. In der Turmbefestigung „Brechter Knippchen" an der Prüm mag man eine weitere Anlage wie in Mittelstrimmig erkennen.

Unmittelbar nach dem Zusammenbruch der Grenzverteidigung wurden im gallischen Hinterland auf geeigneten Höhen Verteidigungsanlagen errichtet. Wenn auch eine Vielzahl dieser Anlagen zunächst nur den Charakter von temporär benutzten Fluchtsiedlungen hatte, werden doch schon an einigen Stellen Dauersiedlungen mit gewerblicher *Abb 321, 322* Produktion entstanden sein. Der Große Berg bei Kindsbach wurde unter Tetricus mit einer doppelschaligen Holzumwehrung gesichert. Offenbar sollten solche Höhensiedlungen in bescheidenem Maß die offen im Gelände, nicht durch Mauern gesicherten *Abb 598, 341* *vici* ersetzen. Neben großen Bergsiedlungen in der Pfalz wie Heidelsburg, Heidenburg oder Großer Berg gibt es vor allem an der Mosel und in der Eifel eine Vielzahl kleinerer Höhenbefestigungen, deren Errichtung auf Initiative privater Grundherren hindeutet. Eine militärische Besetzung der Höhen ist bislang nicht bezeugt.

Die Entwicklung bis zur Tetrarchie

Schon zu Beginn seiner Regierung hatte Aurelian (270–275) in Rätien bittere Erfahrungen mit dem juthungischen Teilstamm der Alamannen gemacht. Es war nicht zu verhindern, daß die Germanen bis nach Mittelitalien vorstießen und erst durch drei

Schlachten bezwungen werden konnten. Der Bau der aurelianischen Mauer um Rom ist eine Folge dieser Ereignisse. Bereits 274, im Jahr seines großen Erfolges – hatte er doch die Reichseinheit wieder hergestellt –, mußte sich der Kaiser wieder gegen Juthungen im Donaugebiet zur Wehr setzen. Sein gewaltsamer Tod und eine mehrmonatige Ungewißheit in der Nachfolge, die dann der schon sehr alte Senator Tacitus 275/276 und danach Florianus 276 antraten, führten zwischen 275 und 276 zu den folgenschwersten Germaneneinfällen seit 260. Neben Franken und Alamannen waren ostgermanische Vandalen, Lugier und Burgunden beteiligt; die letzten drei Stämme wohl auf dem rätischen Kriegsschauplatz.

Diesmal handelte es sich nicht um Streif- und Beutezüge nach Gallien entlang der Fernstraßen, sondern um eine flächendeckende Zerstörung. Zwischen Hoch- und Niederrhein gab es kaum eine Stadt und einen Gutshof, die nicht von den Zerstörungen betroffen waren. Antike Nachrichten sprechen von 60 bis 70 eroberten Städten. Die große Zahl der Münzschätze zeigt die plötzliche Bedrohung, die, im Gegensatz zur Postumuszeit, mehr den Mittel- und Oberrhein als den mittleren Niederrhein betroffen hat. Gingen die Vorstöße 260 n. Chr. vor allem entlang der Straße Köln – Tongern – Bavai, so wurde jetzt die Straße Mainz – Trier – Reims benutzt, um nach Gallien zu gelangen. Offenbar ging in dieser Zeit auch der gesamte nördliche niedergermanische Limes in den heutigen Niederlanden einschließlich weiterer Landstriche im Hinterland zugrunde. Zur gleichen Zeit nutzen Nordseestämme – erstmalig genannt die *Saxones*/Sachsen – die Gelegenheit zum Plündern der gallischen Atlantikküste. Auch hier zeigen vermehrte Münzschatzfunde das Ausmaß der Katastrophe an.

Selbst befestigte Koloniestädte wie die *Colonia Ulpia Traiana*/Xanten oder im Süden die *Augusta Raurica*/Augst wurden verwüstet und nie mehr in der alten Form aufgebaut. Auch Trier wurde vom Feind besetzt. In einer Kleinstadt wie *Noviomagus*/Speyer zeugen im ganzen Stadtgebiet Brandschichten und die Reste getöteter Bewohner vom Umfang der Katastrophe. Ebenso wie in Speyer wurden auch in Augst die Leichen in die Brunnen geworfen. Militärische Gegenmaßnahmen waren erst wieder dem tatkräftigen Probus (276–282) möglich, der von den östlichen Truppen zum Kaiser ausgerufen wurde und 277, nach der Säuberung Rätiens von Feinden, das bis dahin schutzlos den Germanen ausgelieferte Rheinland und Gallien von Germanen befreien konnte. Die Kämpfe zogen sich vereinzelt noch bis 281 hin, dann war die Rheingrenze wieder gesichert. Erstmals seit 235 trug ein römischer Kaiser auch wieder einen Angriff über den Rhein vor und erreichte Neckar und Alb. Eine Inschrift in *Augusta Vindelicum*/Augsburg, der Provinzhauptstadt Rätiens, nennt Probus als Erneuerer der Provinzen und der Festungswerke (*restitutor provinciarum et operum publicorum*). Zwei Usurpatoren – Proculus und Bonosus –, die sich zwischen 275 und 277 in Gallien und am Rhein erhoben hatten, wurden von Probus beseitigt.

Seine Aufmerksamkeit richtete der Kaiser auf die Grenzsicherung; besonders der stark gefährdete Bereich zwischen Donau und Rhein, eine Landstrecke zwischen Iller und Bodensee, wurde unter Probus gesichert. Ein Ausbau der Grenze an Hoch- und

Oberrhein unter Probus wird vermutet. Aus den verheerenden Zerstörungen und der Entvölkerung weiter Landstriche war zwangsläufig eine gravierende Wirtschaftskrise entstanden. Die Zwangsansiedlung gefangener Germanen in den entvölkerten Gebieten, etwa im Norden der *Germania inferior,* und die Aufhebung von Anbaubeschränkungen im gallisch/germanischen Weinbau waren Ansätze staatlicher Strukturhilfe. Gefahren im Osten des Reiches machten einen Feldzug gegen die Perser notwendig. Während der Vorbereitungen wurde Probus 282 ermordet. Seine Nachfolger, der Prätorianerpräfekt Carus (282–283) und seine Söhne Carinus (282–285) und Numerianus (282–284) übernahmen die Macht, erlitten aber mit einem frühen gewaltsamen Tod das typische Schicksal der Soldatenkaiser.

Diokletian und die erste Tetrarchie

Mit der Ausrufung des Kommandeurs der kaiserlichen Garde, des Dalmatiers Diocles, gelangte ein Mann an die Macht, der zum Segen für die Sicherung des Reiches werden sollte. Nach der Überwindung von Carinus im Frühjahr 285 nannte er sich C. Aurelius Valerius Diocletianus. Der Name steht für pragmatische Leistungen in Militär- und Verwaltungswesen. Teilweise fußte seine Neuordnung bereits auf Grundlagen, die sich seit Gallienus herausgebildet hatten. Vor allem die Einsicht, daß die vielfältigen Aufgaben im Reich nur auf mehreren Schultern verteilt bewältigt werden konnten, führte zu einer Aufgabenteilung. Sein Landsmann M. Aurelius Valerius Maximianus übernahm 285 als Cäsar Aufgaben im Westen. Unter dem Eindruck der Usurpation des Carausius in Britannien wurde Maximianus 286 zum Augustus ernannt. Allerdings hatte Diokletian als *senior Augustus* den höheren Rang und konnte, falls notwendig, über die Dinge des Westens mitbestimmen. Die Rangfolge ist auch daraus ersichtlich, daß Diokletian sich dem Hauptgott Jupiter und Maximianus Herkules unterstellte.Am 1. 3. 293 bestimmten beide Herrscher ihre Stellvertreter und designierten Nachfolger: Galerius wurde in Sirmium bei Belgrad und Constantius Chlorus in Mailand zum Cäsar ernannt. Dieses System (Tetrarchie) sollte Usurpationen verhindern, die in der vergangenen Zeit neben den Einfällen der äußeren Feinde der Hauptgrund für kriegerische Auseinandersetzungen im Innern gewesen waren und gleichzeitig der veränderten Kriegslage mit den Schauplätzen im Osten und Westen des Reiches Rechnung tragen. Zum 1. 5. 305 traten die beiden Augusti zurück und machten ihren Nachfolgern Platz. Während Maximianus in der Folgezeit noch versuchte, die Macht wiederzugewinnen, zog sich Diokletian völlig aus der Politik zurück und verbrachte seine Tage im prachtvollen Palast in *Spalato*/Split an der dalmatinischen Küste. Als Cäsaren wurden ganz im Sinne des Adoptivkaisertums nicht die Söhne der neuen Augusti sondern Maximianus Daia im Osten und Severus im Westen bestimmt.

Die zweite Tetrarchie

Zur Sicherung der Viererherrschaft war Konstantin, der Sohn des Herrschers des Westens Constantius Chlorus als Geisel am Hof des Galerius in Nikomedeia in Kleinasien untergebracht. Durch eine Flucht zu seinem Vater nach Britannien entzog er sich dem ungeliebten Kaiserhof. Constantius Chlorus verstarb im Juli 306 in *Eburacum*/York und das Heer rief seinen Sohn als Nachfolger zum Augustus aus. Aber er wurde von Galerius nur als Cäsar anerkannt, denn Severus galt als rechtmäßiger Herrscher des Westens. Inzwischen hatte Maxentius, der Sohn des Maximianus, in Italien rebelliert. Bei einem Kriegszug gegen Maxentius fand Severus 307 in Italien den Tod. Maxentius gebot nun über Italien und die nordwestafrikanischen Provinzen, Konstantin über Britannien, Germanien, Gallien und die iberische Halbinsel. Trotz der Ehe mit Fausta, der Schwester des Maxentius, konnte ein Kampf um die Alleinherrschaft im Westen nicht ausbleiben. 312 siegte Konstantin in der Schlacht an der Milvischen Brücke in Rom über Maxentius. Bereits 311 war Galerius gestorben und Licinius als Nachfolger nachgerückt. Konstantin strebte die Alleinherrschaft über das Gesamtreich an, die er 324 mit dem Sieg über Licinius erreichte.

Abb. 62 Die Einteilung des Reiches in Präfekturen und Diözesen seit Diokletian

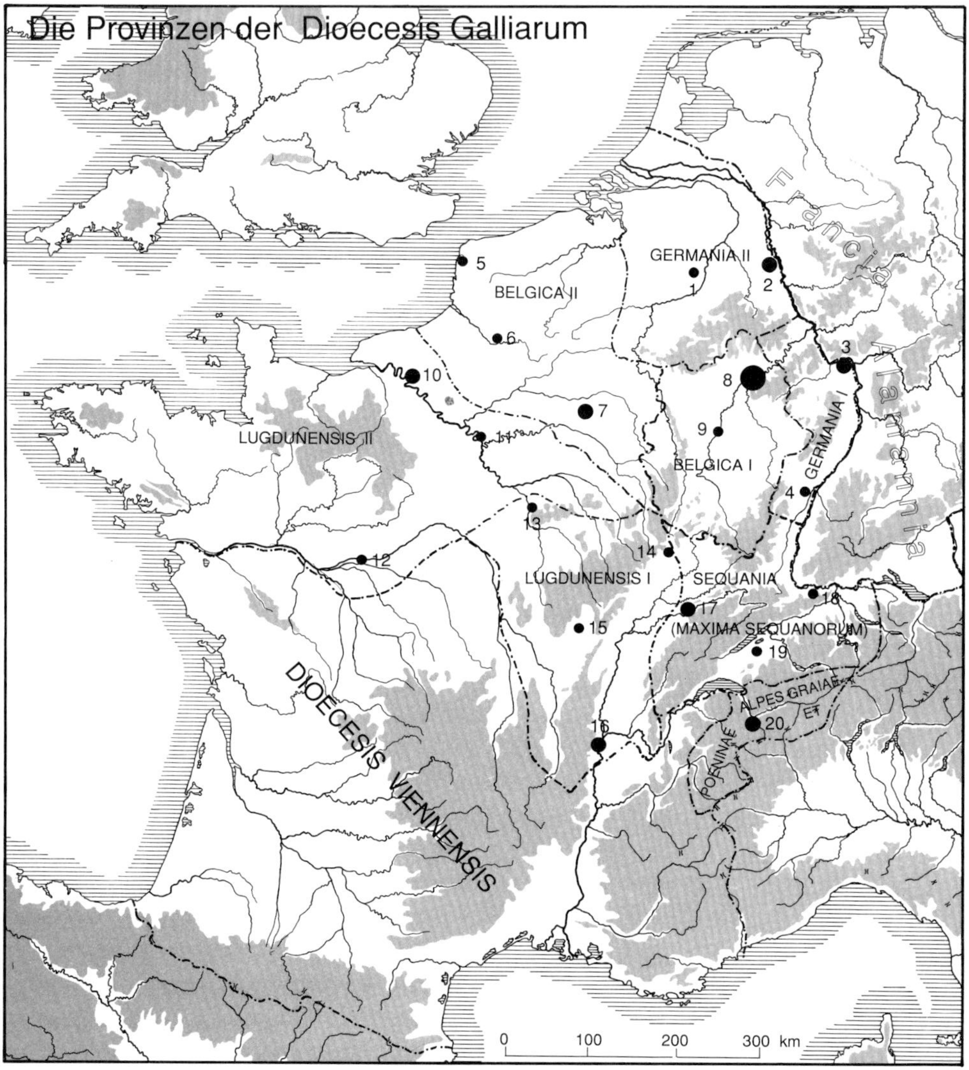

Abb. 63 Die Städte der gallischen Diözese im 4. und 5. Jh. 1 Tongeren (Tungri), 2 Köln (Colonia Claudio Ara Agrippinensium), 3 Mainz (Mogontiacum), 4 Straßburg (Argentoratum), 5 Boulogne (Gesoriacum), 6 Amiens (Ambiani), 7 Reims (Remi), 8 Trier (Treveri), 9 Metz (Mediomatrici), 10 Rouen (Rotomagus), 11 Paris (Parisii), 12 Tours (Turones), 13 Sens (Senones), 14 Langres (Lingones), 15 Autun (Augustodunum), 16 Lyon (Lugdunum), 17 Besançon (Vesontio), 18 Augst (Augusta Raurica), 19 Avenches (Aventicum), 20 Martigny (Octodurum)

7 St. Aldegund. Beigaben eines spätrömischen Frauengrabs

8 *Trier. Kaiserthermen. Außenansicht*

Reformen im Reich seit Diokletian

Die außerordentlich bedrohliche Lage des Reiches im Innern und Äußern machte eine völlige Umgestaltung der prinzipatzeitlichen Verwaltungs- und Militärorganisation notwendig. Diokletian verkleinerte die Provinzen erheblich, um sie überschaubarer zu machen, indem er etwa den gesamten Südteil der *Germania superior* abtrennte und zu einer selbständigen Provinz *Sequania* umwandelte. Seit dem späten 4. Jahrhundert nannte sich die Provinz dann *Maxima Sequanorum* mit der Hauptstadt *Vesontio*/Besançon. Obergermanien wurde in *Germania prima*, Niedergermanien in *Germania secunda* umbenannt. Die *Belgica* wurde in *Belgica prima* und *secunda* geteilt. Trier wurde Hauptstadt der *Belgica I*, Reims die der *Belgica II*. Schon unter Gallienus waren die senatorischen Statthalter der Rheinprovinzen durch *praesides* aus dem Ritterstand abgelöst worden. Die auf 260 n. Chr. datierte Inschrift aus *Vindonissa* nennt einen *p(raeses) G(ermaniae) s(uperoris)*. Diesen unterstanden nunmehr nur die zivile Verwaltung. Im Laterculus Veronensis, einem Manuskript des 7. Jahrhunderts läßt sich die diokletianische Neuordnung ablesen. Die über 100 z. T. neugegliederten Provinzen des Reiches wurden in zwölf Diözesen (*dioeceses*), übergeordneten Verwaltungseinheiten, unter Leitung eines *vicarius* zusammengefaßt. In der kirchlichen Verwaltungsgliederung der katholischen Kirche hat sich die Diözese als Begriff noch erhalten. Unter Konstantin wurden 318 einzelne Diözesen einer Präfektur als übergeordneter Instanz unterstellt. Dem gallischen Präfekten (*praefectus praetorio Galliarum*) mit Sitz in Trier unterstanden die Diözesen von Britannien, Gallien, der Viennensis (oder die *dioecesis septem provinciarum*) und die *dioecesis Hispaniarum*, der auch Teile Nordafrikas zugehörten. Er nahm gleichzeitig die Aufgaben des *vicarius* der gallischen Diözese wahr. Hierin zeigt sich die besondere Stellung Triers für den gesamten Westen. Von Trier aus wurde der gewaltige Raum von Britannien bis nach Mauretanien verwaltet. Die Dreiteilung Galliens, schon bei Caesar beschrieben, war durch diese Verwaltungsreform aufgehoben und durch nur zwei Diözesen ersetzt worden.

Abb 63 *Abb 62*

Heeresreform, Grenzsicherung und Schutz des Hinterlandes

Das lineare Verteidigungskonzept an Rhein und Donau erwies sich seit dem 3. Jahrhundert als ungeeignet. Schon Gallienus hatte mit Erfolg berittene, schnell bewegliche Einsatztruppen aufgestellt und damit in der Germanenabwehr Maßstäbe gesetzt. Die Tetrarchie befestigte den gefährdeten Hochrhein und vor allem den Donau-Iller-Limes. So wurde über den Trümmern der Augster Unterstadt das *castrum Rauracense*, Garnison der neuausgehobenen *legio I Martia*, angelegt. Vor allem der Grenzbereich von der *Germania I* zur Provinz *Sequania* war wohl schon um 300 durch mehrere Festungsbauwerke etwa bei Breisach, Oedenburg bei Biesheim, Horburg bei Colmar und bei Egisheim gesichert.

Am Mittel- und Oberlauf des Oberrheines ist bislang ein Grenzausbau nicht festzustellen. Der durch zahlreiche Flußschlingen verzweigte Rhein hat als natürliches Hindernis eine durchgehende Festungslinie mit Kleinfestungen (*burgi*) und Türmen (*turres*) sicherlich nicht erfordert. Das Verteidigungskonzept lag offenbar in der Überwachung des Flusses selbst und dazu waren Flottenstützpunkte unumgänglich. Das Konzept der Flußverteidigung hat uns noch im Zusammenhang mit der valentinianischen Militärgrenze zu beschäftigen. Dort soll auch die Gliederung und Bewaffnung des spätantiken Heeres beschrieben werden (→ S. 138, 164).
Am Oberrhein behielt die *legio VIII Augusta* weiterhin ihren Standort in *Argentorate*/Straßburg. Mit der Verlagerung des Civitashauptortes von *Brocomagus*/Brumath nach Straßburg fand auch die Zivilbevölkerung Schutz in der Legionsfestung. Die Sollstärken der spätrömischen Legionen waren auf Bruchteile der prinzipatzeitlichen gesunken, zumal ein Teil der Verbände an das mobile Feldheer abgegeben werden mußte. In Mainz stand weiterhin die *legio XXII Primigenia*, die erst in der Spätzeit des Konstantin I. den Beinamen *C(onstantiana) v(ictrix)* annahm. An das Lager auf dem Kästrich schloß seit dem späten 3. Jahrhundert die ummauerte Stadt unmittelbar an.
In der *Germania II* belegten die *legio I Minerva* und die *legio XXX Ulpia victrix* weiterhin ihre Standorte in Bonn bzw. im Raum Xanten. Die Heeresgliederung der Tetrarchie beschränkte sich hauptsächlich auf den Schutz der Grenzen. Als Verbände des Feldheeres werden in bezug auf die beiden Augusti Diokletian und Maximian die *Iovianii* und die *Herculiani*, in bezug auf Galerius und Constantius die *Martenses* (Mars) und die *Solenses* (Sol), jeweils aus den Namen der persönlichen Schutzgötter abgeleitet. Als kleinere berittene Einheiten erscheinen die *equites Dalmatae, equites Mauri* und die *equites Stablesiani.* Unter Constantius Chlorus wurden zur Verteidigung der gefährdeten Küste mit den *legiones I, II, III Flavia* drei neue Legionen aufgestellt. Die Sicherung dieses Abschnitts (*litus Saxonicum per Britannias*) galt den immerwährenden Einfällen sächsischer Seeräuber. Unter Diokletian standen in den Grenzprovinzen jeweils zwei Legionen, zu denen weitere Auxiliarverbände gehörten. Für die *Germania I* sind uns die Namen und Garnisonen dieser Einheiten nicht bekannt. In dieser Zeit werden die Grenzformationen *limitanii* genannt, unter Konstantin findet sich dann die Bezeichnung *ripenses* (Ufertruppen). Das Grenzheer unterstand einem *dux*, der in der *Germania I* seinen Sitz in Mainz hatte. Eine Ehreninschrift des Valerius Concordius für den Cäsar Constantius aus den Jahren 293–305 in Trier bezeugt einen solchen militärischen Befehlshaber, wohl für die *Germania I.* Sein Ehrentitel lautet *vir perfectissimus.* Schon zu diesem Zeitpunkt oblag die militärische Führung eigenen *duces,* während die Zivilverwaltung *praesides* unterstellt war. Unter Konstantin I. wurde das unter den Tetrarchen reduzierte Feldheer kräftig verstärkt. Zunächst war es ein Begleitheer (*comites, comitatus*) in der unmittelbaren Umgebung des Kaisers, das später selbständig unter Heermeistern (*magistri militum* oder *magistri equitum,* bzw. *peditum* für Reiterei oder Fußvolk) agierte. Dem Feldheer wurden ferner Abteilungen von vier Rheinlegionen zugeschlagen. Von der *legio I Martia* in der

Sequania finden wir die *Martii*, von der *VIII Augusta* in Straßburg die *Octavani*, von der *I Minerva* in Bonn die *Minervii* und von der *XXX Ulpia victrix* bei Xanten die *Tricensimani* im Feldheer. Eine comitatensische Abteilung der Mainzer *XXII Primigenia* ist nicht bezeugt. Die Abteilungen umfaßten kaum mehr als 500 bis 1000 Mann. Daneben sind kaiserliche Gardeeinheiten, sog. *scholae*, und aus angeworbenen Germanenverbänden *auxilia* bezeugt. Vielfach hatten die Verträge mit den Germanen die Stellung von solchen Truppen zur Folge.

Unter Konstantin ist der Neubau von Befestigungen im Hinterland erfolgt. An der
wichtigen Straße von Köln nach Trier wurden die Orte *Icorigium*/Jünkerath und *Be-* *Abb 313, 223*
da/Bitburg befestigt. Zum gleichen Bautyp gehört an der Mosel die Festung von *No-* *Abb 408*
viomagus/Neumagen. Der gesamte Oberlauf der Mosel zwischen der Residenzstadt Trier und der Mündung bei Koblenz war zusätzlich durch eine dichte Folge von kleineren Höhenfestungen gesichert.

Der Ausbau der Rheinlinie mit Festungen scheint in der Spätzeit des Konstantin oder
erst durch dessen Söhne erfolgt zu sein. Neben Andernach wurden Koblenz und Bop- *Abb 183, 332,*
pard ummauert. Von den Orten *Vosolvia*/Oberwesel, Bingen, Worms, Speyer oder *235*
Seltz fehlen bislang jegliche Spuren einer Befestigung dieser Zeit. Ziegelstempel der Mainzer *legio XXII* mit dem Beinamen *C(onstantiana) v(ictrix)* bei Flörsheim am Main mögen einen kleinen *burgus* im Vorfeld der Grenze bezeugen. Das gesamte Mainmündungsgebiet stand unter römischer Kontrolle. In Wiesbaden wurden die

Abb. 64 Mainz. »Bleimedaillon«. Probeabschlag einer goldenen Gedenkmünze um 300 n. Chr. Zu erkennen ist die ummauerte Stadt Mainz, das Brückenkopfkastell Kastel, die Rheinbrücke mit hölzernem Aufbau, über die Gefangene geführt werden

Heilbäder bis zur Mitte des 4. Jahrhunderts genutzt. Im weiter entfernten Odenwald konnten aus dem dort anstehenden Granit gewaltige, bis zu 30 Tonnen schwere Säulen für die Trierer Doppelbasilika gebrochen werden. Ein solches Unternehmen über den Rhein war nur durch militärische Präsenz oder zusätzliche Verträge mit den Germanen möglich. Daß Mainz weiterhin der wichtigste Waffenplatz in der nunmehr verkleinerten *Germania I* blieb, zeigt u. a. der Bleiabschlag seines Goldmedaillons aus *Abb 64* der Zeit um 300 n. Chr., gefunden in der Saône bei Lyon, mit dem befestigten *Mogontiacum,* der Rheinbrücke und dem Brückenkopfkastell »Castellum«, Mainz-Kastel.

Germaneneinfälle, Usurpationen und innere Unruhen

Die Zeit zwischen 275 und 335 n. Chr. brachte zahlreiche kriegerische Ereignisse, die zeigen, daß eine dringend notwendige Ruhepause für Entwicklung und Wiederaufbau in den nordwestlichen Provinzen und damit auch in den Landen zwischen Rhein und Mosel eigentlich nicht gegeben war. Nach den großen Zerstörungen brauchte die Region alle ihre Kräfte für den Wiederaufbau, der trotz aller Wirren betrieben werden konnte.

Während der Tetrarchie fielen 286 Alamannen und Burgunder ins Reichsgebiet ein und konnten durch Maximian im Hinterland von Mainz ausgehungert werden. Maximian wurde sogar bei der Feier seines ersten Konsulates in Trier 287 oder 288 von einem fränkischen Plünderungshaufen gestört, der unverhofft vor den Mauern auftauchte. Ein Angriff des Kaisers über den Niederrhein mit Vernichtung der fränkischen Siedlungen brachte kurzfristig wirksame Verträge.

289 mußte sogar Diokletian zur Hilfe kommen und durch einen Vorstoß bis zu den Donauquellen alamannisches Gebiet verwüsten. 291/292 setzte Maximian an unbekannter Stelle wieder über den Rhein, vielleicht um gebrochene Verträge zu sühnen. 293 konnte der Cäsar Constantius in alamannisches Gebiet einfallen und einen Teilfürsten gefangennehmen. In diesem Zusammenhang wird zum erstenmal der Name Alamannia als Siedlungsland benannt. 286 hatten saxonisch/fränkische Plünderer die Atlantikküste bedroht. Mit ihrer Bekämpfung wurde der Flottenführer Carausius betraut. Durch die Aufgabe verführt, rebellierte Carausius gegen Maximianus und konnte Britannien für sich gewinnen. 289 gelang ihm auf dem Kontinent die Einnahme des wichtigen Kriegshafens *Gesoriacum*/Boulogne. In *Rotomagus*/Rouen richtete er sogar eine Münzstätte ein. Erst 293 konnte Constantius dem Carausius die festländischen Gebiete entreißen und mit dem Bau von Schiffen die Invasion der Insel vorbereiten. Der Usurpator benutzte zur Sicherung seiner Herrschaft auch germanische Hilfe. Nachdem das Batavergebiet an der Rheinmündung wieder von den Römern kontrolliert und damit fränkischer Nachschub für Carausius abgeschnitten war, konnte 296 Constantius Britannien wiedergewinnen.

Im Jahr 302 durchbrachen die Alamannen die neuen Grenzsperren am Hochrhein und gelangten bis nach Langres und wurden dort besiegt. Eine erfolgreiche Schlacht bei *Vindonissa* galt offenbar zurückflutenden Alamannen. Zwischen 303 und 304 überquerten wiederum Alamannen den zugefrorenen Oberrhein, konnten aber durch überraschendes Tauwetter ihren Vormarsch nicht fortsetzen und wurden überwältigt. Den Tod des Constantius in Britannien nutzten Franken 306 zu einem Einfall aus. Der überraschende Gegenschlag des Sohnes führte zur Gefangennahme von zwei Frankenfürsten, Ascarius und Merogaisus, die zur Abschreckung im Trierer Amphitheater wilden Tieren vorgeworfen wurden. Danach überquerte Konstantin den Rhein und verwüstete das fränkische Bruktererland. Als Folge wurde gegenüber Köln ein großes Brückenkopfkastell mit fester Brücke errichtet und nach 312 fertiggestellt, um den Anspruch auf rechtsrheinisches Gebiet kundzutun und rasch in Feindesland gelangen zu können. Den Krieg Konstantins gegen Maxentius nutzten die Franken 310 und 312 wiederum zu Kriegszügen. Auch in der Folgezeit bis 318 mußten die germanischen Stämme am Niederrhein immer wieder bekriegt werden. Eine umfassende Zerstörungsaktion östlich des Rheines verschaffte dann für einige Zeit Ruhe. Ein Triumph des Crispus, von 318 bis 326 als Cäsar mit der Verwaltung des Westens beauftragt, deutet auf weitere Germanenkriege hin. An der alamannischen Front blieb es im frühen 4. Jahrhundert erstaunlich ruhig. Vielleicht ist ein Grund mangelnde historische Überlieferung, denn 331 führte der Cäsar Konstantin für einen 328 errungen Sieg den Titel Alamannicus. Immerhin bezeugen zahlreiche Münzschätze im Hinterland des Oberrheingebietes irgendwelche Unruhen. Der Ausbau der Grenzsicherungen hat dann weitere Übergriffe bis weit in die vierziger Jahre hinein verhindert.

Trier als Kaiserresidenz

Das Gallische Sonderreich von 260 bis 274 hatte seine Residenz in Köln in unmittelbarer Grenznähe. Dort war auch eine Münzstätte eingerichtet worden. Immerhin besaß Victorinus als Prätorianertribun unter Postumus in Trier nach Ausweis eines Namensmosaiks einen respektablen Stadtpalast, der ein ganzes Quartier (*insula*) ausfüllte. Der Bau bzw. das Mosaik wurden unter Victorinus wiederhergestellt. Auch nach seiner Erhebung zum Kaiser des Gallischen Sonderreiches verblieb der Hauptsitz in Köln. Aber bereits um 270 war eine seit Gallienus in Mainz arbeitende Münzprägestätte nach Trier verlegt worden.

Nach den katastrophalen Zerstörungen 275 schien die Wiedereinrichtung der Residenz in Köln direkt an der Grenze nicht geboten. Die rückwärtige, geschützte Lage Triers an der wichtigsten Straßenverbindung vom Süden nach Norden erfüllte alle Voraussetzungen für einen Verwaltungsmittelpunkt des Westreiches. Mit 285 ha ummauerter Fläche übertraf die Stadt alle vergleichbaren römischen Metropolen und da- *Abb 511*

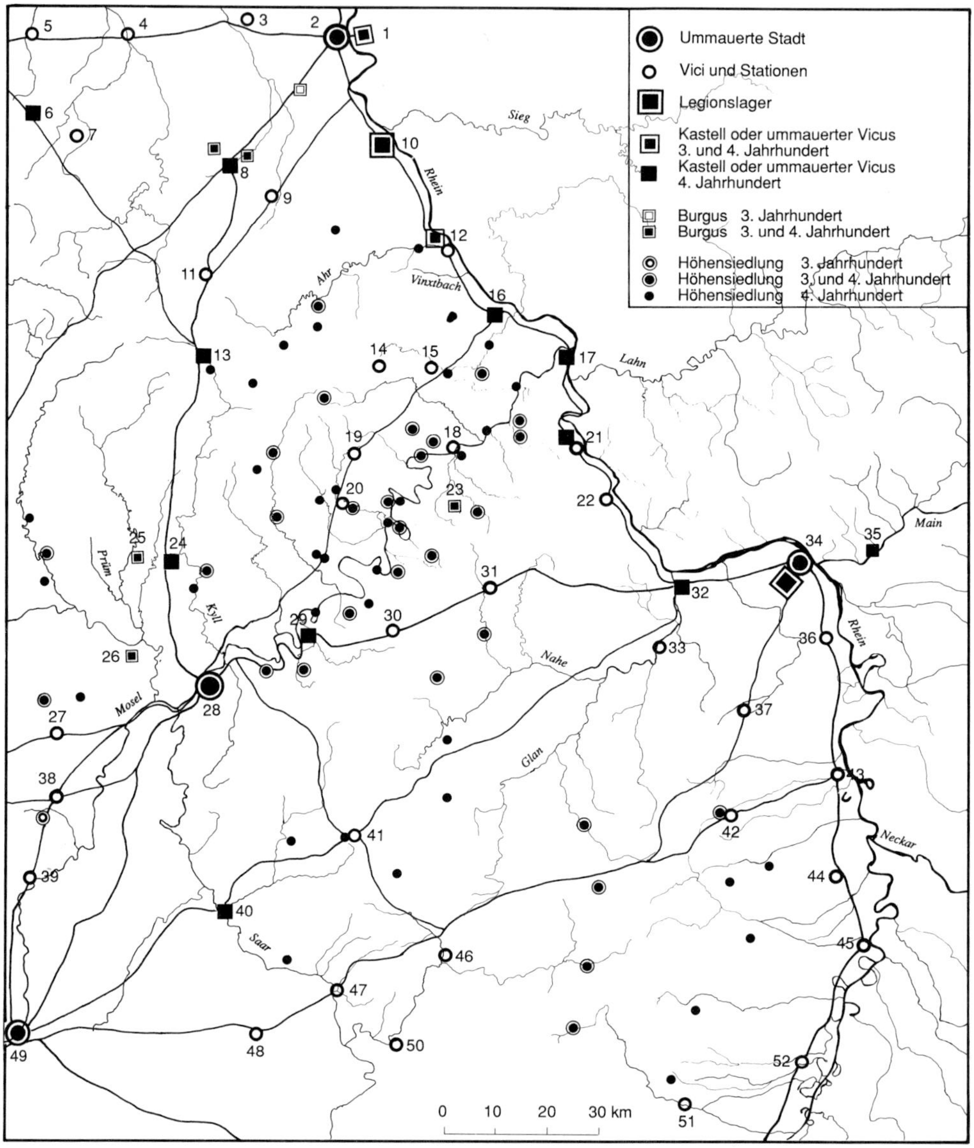

*Abb. 65 Gebiet zwischen Rhein und Mosel vom späten 3. Jh. bis zur Mitte des 4. Jh.
1 Köln-Deutz (Divitia), 2 Köln (Colonia Claudia Ara Agrippinensium), 3 Bergheim-Großkönigsdorf (Tiberiacum?), Jülich (Iuliacum), 5 Rimburg, 6 Aachen (Aquae Granni), 7 Aachen-Kornelimünster (Varnenum?), 8 Zülpich (Tolbiacum), 9 Euskirchen-Rheder (Belgica), 10 Bonn (Bonna), 11 Marcomagus?, 12 Remagen (Rigomagus), 13 Jünkerath (Icorigium), 14 Nachtsheim, 15 Mayen, 16 Andernach (Antunnacum), 17 Koblenz (Confluentes), 18 Karden (Cardena), 19 Alflen, 20 Bad Bertrich, 21 Boppard (Bodobriga), Vicus und Festung, 22 Bad Salzig (Salisio), 23 Mittelstrimmig, 24 Bitburg (Beda), 25 Bracht,*

mit sogar Köln, das nur 97 ha ummauerte Fläche aufzuweisen hatte. Aber erst 293, als Constantius Chlorus zum Cäsar des Westens erhoben wurde, wurde Trier Residenzstadt. Die Großbauten wie die beiden Thermen, das Forum, das Amphitheater, der Circus, die Stadtmauer mit den Torbauten, die Wasserleitung sowie die größeren Tempel hatten die Zerstörungen von 275 überdauert oder waren wiederherzustellen. Das zügig durchgeführte Neubauprogramm legte ganze Stadtviertel nieder und errichtete auf einer 800 × 350 m großen Fläche anstelle von 25 Stadtquartieren (*insulae*) die imperiale Residenz, von der die Thermenanlage, die Palastaula sowie einige Wohnpaläste nachgewiesen sind. *Abb 536, 561* Zum gleichen Zeitpunkt wurde die seit 274 geschlossene und zwischenzeitlich nach *Lugdunum*/Lyon verlegte Münzstätte wieder eröffnet. Die kaiserliche Hofentfaltung in diesem Regierungs- und Repräsentationsviertel, die auch den Circus und das Theater für Massenveranstaltungen miteinbezog, machte Trier *Abb 533, 528* und ganz Gallien zum zeitweiligen Mittelpunkt des Reiches. Nachdem Konstantin I. die Alleinherrschaft errungen hatte, verlegte er 324 seine Residenz nach Byzanz und weihte 330 die erweiterte Stadtsiedlung als Constantinopolis ein. In Trier blieb mit seinem Sohn Crispus als Cäsar wenigstens ein Mitglied der kaiserlichen Familie mit reduzierter Hofhaltung präsent. Auch nach der tragischen Tötung des Cäsaren und seiner Stiefmutter Fausta 326 – angeblich hatte Fausta mit Crispus Ehebruch begangen – nahm der älteste Sohn Konstantins, Constantinus II., aus der Ehe mit Fausta die Stelle als Cäsar des Westens bis 337 ein.

Der Wiederaufbau des Landes – Die konstantinische Blüte

Die innen- und außenpolitischen Wirren ließen erst nach 300 einen Wiederaufbau und die Neubelebung von Handel und Wirtschaft in Stadt und Land zu. Die Germaneneinfälle von 275/276 hatten am Rhein und auch im gallischen Hinterland die Infrastruktur vernichtet. Kaum ein Hof und kaum eine größere Siedlung waren verschont geblieben. Schon zu diesem Zeitpunkt wurden wegen Bevölkerungsmangels weite Gebiete nicht mehr besiedelt. In der *Germania I* und der *Belgica I* scheint der Wüstungsprozeß eine geringere Rolle gespielt zu haben als etwa im Norden der Provinz

---

26 Echternach, 27 Niederanven (Andethanna), 28 Trier (Augusta Treverorum), 29 Neumagen (Noviomagus), 30 Hinzerath (Belginum), 31 Kirchberg (Dumnissus), 32 Bingen (Bingium), 33 Bad Kreuznach (Vicus Cruciniacum?), 34 Mainz (Mogontiacum), Stadt und Legionslager, 35 Flörsheim, 36 Nierstein (Buconica), 37 Alzey (Vicus Altiaiensium), 38 Dalheim (Ricciacus), 39 Garche (Caranusca), 40 Pachten (Vicus Contiomagus), 41 Tholey »vicus Wareswald«, 42 Eisenberg, 43 Worms (Borbetomagus), 44 Mutterstadt, 45 Speyer (Noviomagus), 46 Schwarzenacker, 47 Saarbrücken (Vicus Saravus), 48 Hèrapel, 49 Metz (Divodurum), 50 Bliesbrück, 51 Altenstadt (Concordia?), 52 Rheinzabern (Tabernae)

Germania II und in einem breiten Streifen entlang der Atlantikküste. Dort wurden schon unter Maximianus und Constantius germanische Bevölkerungsgruppen (*laeti*) angesiedelt und unter die Aufsicht spezieller Laetenpräfekten (*praefecti laetorum*) gestellt. Auch für das Treverergebiet sind solche Ansiedlungen bezeugt.
Die fruchtbaren Lößböden des Rheintales und die Gebiete an Nahe, Glan, Mosel und Saar wurden weiterbesiedelt. Eine Reduzierung ist allenfalls auf Sandböden oder in der Randlage zu den Mittelgebirgen zu erkennen. Stark betroffen war sicherlich der Hunsrück, wo offenbar nur die Straßensiedlungen überlebt haben, so daß hier sarmatische Gruppen, wohl als Kriegsgefangene, angesiedelt werden mußten, wie Ausonius um 370 ausdrücklich bezeugt. Die Sarmaten sind ein nichtgermanischer Volksstamm, der ursprünglich in den Steppen nördlich des Schwarzen Meeres siedelte und im 4. Jahrhundert im heutigen ungarischen Tiefland vor der pannonischen Donaugrenze lebte. Aber auch im Rhein- und Moselbereich ist seit 300 die Ansiedlung von Germanen festzustellen, die nicht nur durch ihren Dienst im Grenzheer in diesen Raum kamen, sondern als Wehrbauern aufgegebene Hofstellen übernahmen.
In den Civitashauptorten wie *Noviomagus*/Speyer oder *Borbetomagus*/Worms ging die Bevölkerung stark zurück. In Speyer blieb gut die Hälfte der mittelkaiserzeitlichen Stadt unbebaut. Nur entlang der Hauptstraßen entwickelte sich neues Leben. Von elf bekannten Hofstellen im Umkreis bestanden zwei Siedlungen weiter. Für Worms möchte man die gleiche Entwicklung annehmen. Für beide Städte ist auch im frühen 4. Jahrhundert eine Ummauerung nicht nachweisbar. Auch die *vici* von Rheinzabern, Eisenberg oder *Altaiensium*/Alzey blieben ohne Befestigung. In allen Fällen wurde, soweit der Forschungsstand ein Urteil zuläßt, die Siedlungsfläche erheblich verkleinert. Im Umland von *Mogontiacum* scheint die ländliche Besiedlung auch in konstantinischer Zeit in Blüte gestanden zu haben, trotz einiger Wüstungsstellen. *Vici* am Mittelrhein wie Bingen, Boppard oder Koblenz wurden in konstantinischer Zeit durch Festungen ersetzt, in denen natürlich auch Zivilbevölkerung leben konnte.
Abb 235, 183, 408, 223, 313 Die Festung Boppard wurde etwas unterhalb des zerstörten *vicus* errichtet, die Festungen von *Antunnacum*/Andernach, *Noviomagus*/Neumagen, *Beda*/Bitburg oder *Icorigium*/Jünkerath über den Resten der *vici*. Kleinsiedlungen wie *Belginum*/Wederath, *Dumnissius*/Kirchberg blieben unbefestigt. In *Rigomagus*/Remagen wurde das *Abb 455* mittelkaiserzeitliche Kastell in eine spätantike Festung umgewandelt. Ein Weiterbestehen des zugehörigen *vicus* ist zweifelhaft. Im *vicus* von Alzey wurden in konstantinischer Zeit villenartige Gebäude wieder renoviert oder neu errichtet.
Ein Neubau von Gutshöfen im 4. Jahrhundert im Rheintal ist bisher nicht nachgewiesen. Neuere Grabungen lassen erkennen, daß Schäden des 3. Jahrhunderts behoben und teilweise größere An- oder Umbauten durchgeführt wurden. Eindrucksvoll zeigt *Abb 199* dies das Herrenhaus des Landguts von Bad Dürkheim-Ungstein; dort wurde die Front auf 104 m Länge vergrößert. Dagegen wurde die Palastvilla von Bad Kreuznach in eine Kleinfestung umgebaut. Der Gutshof »Am Silberberg« bei Ahrweiler zeigt nur noch eine Teilnutzung der ursprünglichen Hausanlage.

Im Trierer Land, im Umkreis der Kaiserresidenz, wurden vor allem die repräsentativen Bauten renoviert und z. T. mit neuen Mosaikböden versehen. An der Mündung der Saar in die Mosel entstand noch in der ersten Hälfte des 4. Jahrhunderts in *Contionacum*/Konz ein rund 84 m langer Neubau mit zentraler Halle, der zumindest in der *Abb 337, 338*
zweiten Hälfte des 4. Jahrhunderts als kaiserliche Sommerresidenz fungierte.

Den Wohlstand breiter Bevölkerungsschichten in konstantinischer Zeit zeigen vor allem die aufwendigen Bestattungen in Grabkammern, Sarkophagen oder reich ausgestatteten Erdgräbern. In kaum einer Gutshofnekropole fehlen reiche Glasbeigaben. Von höchstem Luxus zeugt die Beigabe von Diatretgläsern wie in der Nekropole von Hohen-Sülzen oder Niederemmel. Farbige oder geschliffene Gläser wie von St. Alde- *Abb 298*
gund oder Römerberg-Heiligenstein heben sich noch etwas aus der uniformen Beiga- *Taf 7*
bensitte mit Trink- und Eßgeschirrausstattungen in Glas oder Keramik heraus. Allein die Grablege in einem Steinsarg erforderte schon erhebliche Mittel. Aber nicht nur auf dem Land scheint nach dem Reichtum der Gräber Wohlstand geherrscht zu haben, sondern auch in den Städten. In Speyer sind zwei Familiengräber an der südlichen Ausfallstraße reich mit Gläsern ausgestattet. Die aufwendigen Funde aus den Wormser Nekropolen sind ebenso berühmt wie die aus den Trierer Gräbern.

Dennoch teilte die soziale und politische Entwicklung in konstantinischer Zeit die Bevölkerung mehr denn je in zwei Gruppen: in die besitzende Schicht und in eine breite Schicht, die noch stärker als zuvor in Abhängigkeit geraten war.

Aus dieser ländlichen Unterschicht (*plebs rusticana*) rekrutierten sich im späten 3. Jahrhundert erstmals Aufständische. 285 waren im inneren Gallien Bauernrevolten gemeldet worden. Die Auseinandersetzung mit diesen als *baugaudes* bezeichneten Gruppen sollten bis zur Auflösung der römischen Strukturen in Gallien die innenpolitischen Wirren bestimmen. Das Mosel- und Rheingebiet wurde offenbar von diesen Revolten weitgehend verschont. Jedoch meldet ein Lobredner (*panegyricus*) des Kaisers Maximianus, daß auch der Trierer Raum betroffen sei. Die Grabinschrift eines *praefectus arcendis latronicis,* also Leiters eines Rebellen- oder Räubersuchkommandos, der wohl in Bingen seine Station hatte, stammt aus Daun bei Kirn am Südrand des Hunsrück.

Noch unter Diokletian war 294 die Währung reformiert worden. Der Antoninian, die klassische Münze des 3. Jahrhunderts, war vor allem im Gallischen Sonderreich total entwertet worden. Als Ersatz wurde der Follis eingeführt, der keinerlei Silbergehalt mehr aufwies. Manche Barschaft mit guten silberhaltigen Antoninianen wurde aus Spekulationsgründen dem staatlichen Zugriff entzogen. Mit Einführung der neuen Währung wurden die alten Münzen eingezogen. Auch die Verordnung Diokletians über die Höchstpreise von Waren und Leistungen im Römischen Reich war eine vergebliche Maßnahme zur Eindämmung der Inflation. Letzten Endes hing das Florieren der Wirtschaft allein am Vertrauen, das ein Investor in die politischen Zeiten setzte. Daran hat sich bis heute nichts geändert! Die konstantinische Wirtschaftsblüte war durch dieses Vertrauen bestimmt.

Zivilverwaltung in der Spätantike

Kaiserhof

Kanzleileiter (*magister officiorum*)
Schutz des Kaisers mit der Leibgarde (*protectores domestici*)
Verwaltung des Hofes
Aufsicht über Verwaltung und Bevölkerung mit Spitzeln (*agentes in rebus*)
Leitung der Waffenfabriken

|

Präfektur (*per Gallias*)

(*praefectus praetorio Galliarum*)
Sitz in Trier, seit 395 in Arles

umfassende Gerichtsbarkeit in zweiter und letzter Instanz
allgemeine Verwaltung, keine Befugnisse über Militär
Einzug der Naturalsteuer (*annona*)
Aushebung und Besoldung des Heeres und Aufsicht über die Waffenmagazine

|

Diözese
Leitung durch einen Vikar

Stelle des *vicarius Dioecesis Galliarum* ist nicht besetzt und wird vom Praefekten in Trier in Personalunion wahrgenommen

Statthalter
praesides der Provinzen Germania I und II, Belgica I

Verwaltung
Gerichtsbarkeit
Einzug von Steuern und Pachten für den *comes sacrarum largitionum*
und den *comes rerum privatarum*
später auch Einzug der *annona* für den Präfekten

Städteverwaltung
ordo decurionum

Präfektur

Prätorianerpräfekt (*vir illustris*)

Officium
(ca. 2000 Beamte in Trier)

Beirat
(*assessores, consiliarii*)

Kanzleileiter:	*princeps officii* wird von den *agentes in rebus* des kaiserlichen Hofes gestellt	
Strafrechtsabteilung	Leiter: *commentariensis*	
Zivilrechtsabteilung	Leiter: *ab actis*	
Rechnungs- und Steuerabteilung	*numerarii*	
Postwesen	*regendarius*	
Scholae (Büros):		
ministeria litterata	Schreiber	*exceptores*
	Rechnungsgehilfen	*chartularii, scriniarii*
ministeria illitterata	Boten	*singularii, mittendarii*
	Exekutivgehilfen	*ducenarii, centenarii, biarchii*

Statthalter
praeses, corrector, iudex, rector
auf ein Jahr bestellt (*vir perfectissimus*)

Officium

Beirat
assessores, consiliarii

Kanzleileiter	*princeps officii*
Gerichtsabteilung:	*commentariensis, ab actis*
Rechnungsabteilung:	*numerarii*, seit 365 2 *tabularii* 1. *tabularius* für die Kasse der Präfekten 2. *tabularius* für den *comes sacrarum largitionum* zuständig

Städtische Verwaltung

Gemeinderat:	*ordo decurionum*
Anwalt der Unterschicht (*plebs*):	*defensor civitatis* wird vom Präfekten bestellt, später Anwalt der Städte gegen die Reichsverwaltung

Finanzverwaltung

Leiter des Fiskus:	*comes sacrarum largitionum*
Leiter des Kronvermögens:	*comes rerum privatarum* solange der Kaiserhof in Trier bestand (bis 355) gab es keinen eigenen *comes largitionum per Gallias*, dessen Bereich dann die gesamte gallische Präfektur umfaßte
Leiter der gallischen Diözese:	*rationalis summarum Galliarum*
Zentralkassen	Leiter: *thesauri*
Münzen, Gold- und Silberwerkstätten	Leiter: *procuratores monetae*
Zeugfabriken (Webereien, Herstellung der Amtstrachten)	Leiter: *procuratores gynaeceorum*
Fuhrdienste	*sacrae largitiones*
Einzug von indirekten Steuern (*vectigalia*)	*praepositi vectigalium*, soweit diese nicht durch den Statthalter für den *comes sacrarum largitionum* eingezogen wurden
Zölle	
Senatorensteuer	*collatio glebalis*
Gewerbesteuer	*collatio lustralis*

Militärverwaltung in der Spätantike

Kaiser

Heermeister der Fußtruppen (*magister peditum*) bestimmte seit ca. 400 n. Chr. als *magister utriusque militiae* die militärischen Geschicke des Reiches

Heermeister der Reiterei (*magister equitum*)

magister equitum per Gallias
(seit 350 n. Chr.)
Amt unter Valentinian I. und Gratian nicht besetzt

duces, Leiter der Grenzverteidigung ← *comites* des Feldheeres weisungsbefugt

dux Germaniae primae
(bis ca. 395 n. Chr.) in Mainz

dux Mogontiacensis
(seit ca. 395 n. Chr.) in Mainz

praesides limitanii

(zeitweise *comes per utramque Germaniam* = für beide Germanien)

comes Argentoratensis
(seit ca. 395 n. Chr. Aufsicht über Feldheer und Grenztruppen im Abschnitt südlich von Seltz)

praeses milites	*Pacenses*	– Seltz
	Portisienses	– Porz (Wörth?)
	Menapii	– Rheinzabern
	Anderetiani	– Germersheim
	Vindices	– Speyer
	Martenses	– Altrip
	Secundae Flaviae	– Worms
	Armigeri	– Mainz
	Bingenses	– Bingen
	Balistarii	– Boppard
	Defensores	– Koblenz
	Acincenses	– Andernach

nach 407 n. Chr. ins Feldheer übernommen, restliche Einheiten vernichtet

Von den Konstantinssöhnen bis Magnentius

Der Tod Konstantins I. 337 führte zu Nachfolgekämpfen, denen vor allem die Angehörigen von Theodora, der zweiten Frau des Constantius Chlorus, zum Opfer fielen. Lediglich deren Enkel Julian, der spätere Kaiser, und Gallus überstanden den Aufruhr. 337 übernahmen die bisherigen drei kaiserlichen Prinzen (*caesares*) und Söhne Konstantins den Augustustitel. Konstantin II. behielt mit Trier als Residenz den Westen, Constantius II. übernahm den Osten und Constans den Mittelbereich mit Italien, den Donauprovinzen, Griechenland und Afrika. 339 war das Einvernehmen beendet und Konstantin II. rüstete gegen Constans und verlor 340 vor Aquileia Schlacht und Leben. Über Ereignisse während der Regierungszeit des Constans (340–350) ist wenig bekannt. Der Perserkrieg Constantius II. verlagerte das Interesse der Geschichtsschreibung nach Osten. Zwischen 341 und 342 werden Germaneneinfälle bezeugt, die sich offenbar im Norden der *Germania II* abspielten.

In die Regierungszeit des Constans fiel am Mittelrhein der Bau der großen Festung
Abb 236 *Bodobrica*/Boppard, zumindest wurde in dieser Zeit das Kastellbad im Innern der Festung errichtet. Die Sicherung des Binnenlandes übernahmen kleinere Militärposten in befestigten Höhensiedlungen. Vor allem der Moselbereich zwischen Trier und der Rheinmündung war mit einer dichten Reihe solcher Stationen gesichert. Grö-
Abb 598 ßere Siedlungen wie die Heidelsburg bei Waldfischbach oder der für die Straßenver-
Abb 321 bindung Mainz – Metz wichtige Große Berg bei Kindsbach zeigen in dieser Zeit einen Siedlungshöhepunkt. In dieser Periode wurde auch der Kult in den heidnischen Heiligtümern untersagt und viele Kultplätze durch christliche Eiferer zerstört.

Constans, der Kaiser des Westens, war bei Militär, Verwaltung und Bevölkerung offenbar nicht sonderlich beliebt. Nur so ist zu erklären, daß er 350 einer von breitem Konsens getragenen Revolte zum Opfer fiel und Magnentius, ein Offizier halbgermanischer Abstammung, seinen Thron usurpieren konnte. Magnentius war als *comes rei militaris* und Kommandeur der Palasttruppen zu hohen Ehren gekommen. Er wurde in Gallien, Britannien und Hispanien anerkannt. Italien und Afrika folgten kurze Zeit später, so daß nur noch der Donauraum und das Illyrikum fehlten, um das ganze von Constans regierte Gebiet zu beherrschen. Die Auseinandersetzung um diesen Raum sollten die Ereignisse der kommenden Jahre bestimmen.

Bürgerkrieg unter Magnentius und die Germaneneinfälle von 351–355

Der Herrscher des Ostens, Constantius II., rüstete gegen Magnentius und versuchte, die verlorenen Provinzen wieder für die constantinische Familie zu erlangen. 351 wurde Decentius, der Bruder des Usurpators, zum Cäsaren ernannt und mit der Wahrung der Aufgaben im Westen betraut. Magnentius zog mit großer Truppenmacht in den Donauraum, nachdem er die Pässe von Pannonien nach Italien hatte sperren kön-

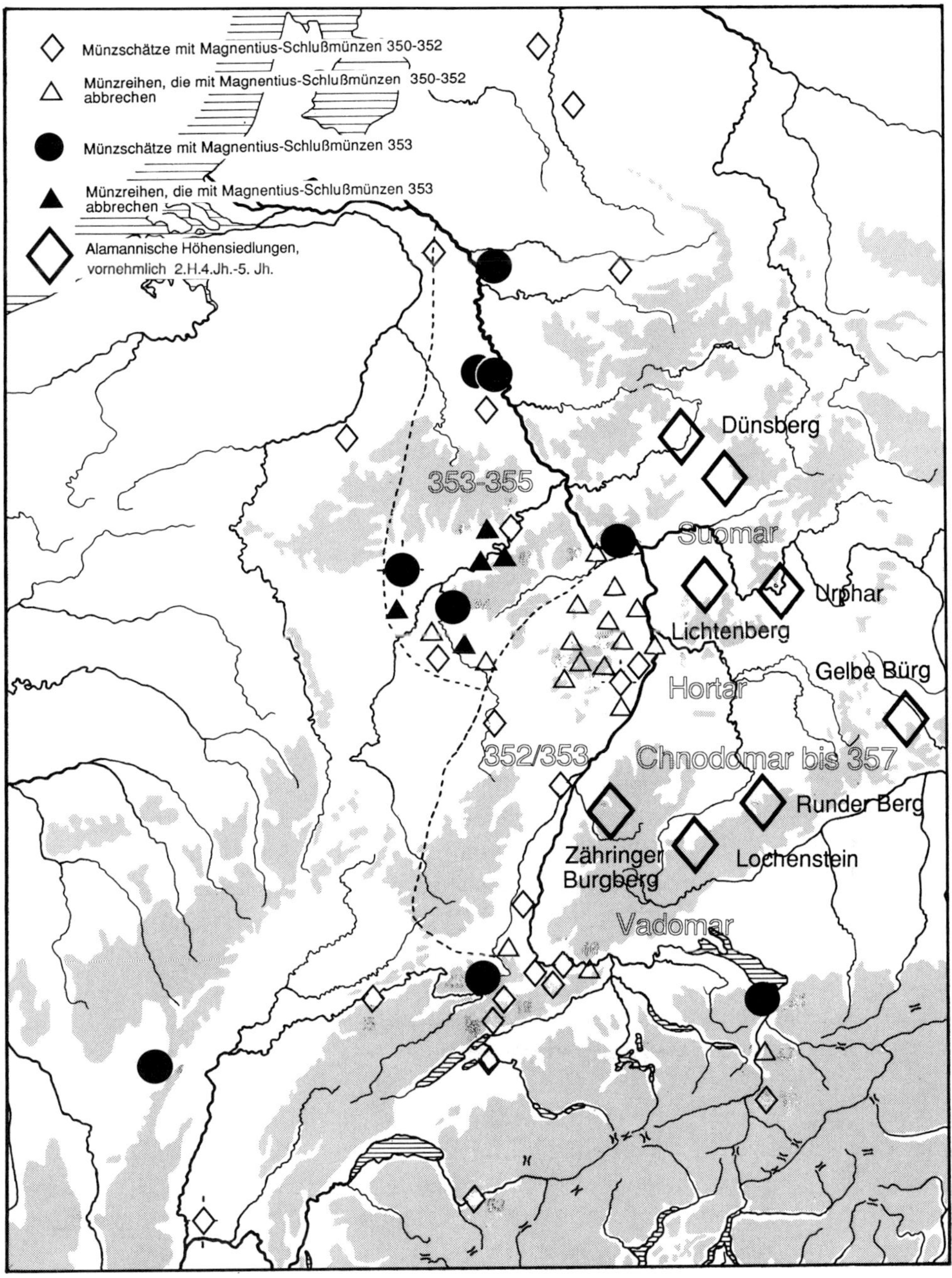

Abb. 66 Die Germaneneinfälle zwischen 352–355 n. Chr.
– – – mögliche germanische Einfallbereiche

nen. In *Mursa*/Osiek an der Drau stießen die beiden Heeresverbände im Spätsommer 351 zusammen und lieferten sich eine blutige Schlacht, in deren Verlauf Magnentius gut zwei Drittel seines Heeres verlor. Vor allem die *legio XXII* und große Teile der *VIII Augusta* wurden bei diesem Kampf aufgerieben. Constantius II. konnte aber erst im Spätjahr 352 Italien gewinnen. Im September 352 setzen in der Münzstätte Aquileia wieder Prägungen für Constantius II. ein.

Nach der Schlacht bei Mursa suchte Magnentius die Unterstützung weiter Kreise. Münzprägung mit Darstellung des Christogramms sollte ebenso wie die Erlaubnis heidnischer Opfer an den alten Kultplätzen breite Zustimmung für die Sache des Usurpators im Westreich erreichen. Im Binnenland wurden die notdürftig hergerichteten Befestigungen wie z. B. der Große Berg bei Kindsbach durch Baumaßnahmen ergänzt und mit regulären Truppen gesichert. Die militärische Lage verschlechterte sich bis 352 für Magnentius und Decentius so rapide, daß beide nur noch im Selbstmord einen Ausweg sahen. Magnentius schied in Lyon, Decentius in Senon bei Verdun aus dem Leben.

Die Abwesenheit großer Truppenverbände und die Reduzierung der Grenztruppen war den rechtsrheinischen Germanenstämmen nicht verborgen geblieben. Im Spätjahr
Abb 66 352 oder im Frühjahr 353 wurde die gesamte Rheinzone zwischen Hochrhein und Nahemündung von den Alamannen unter ihrem Fürsten Chnodomar erobert. Schon 351/352 hatte Decentius gegen die Alamannen eine Niederlage erlitten und war zu einer Verstärkung der Grenzabwehr nicht mehr fähig. Zu diesem Zeitpunkt endete zwischen Basel und Mainz alles römische Leben. Die Städte am Rhein wurden ebenso zerstört wie die Gutshöfe und die Höhensiedlungen. Ein breiter Gebietsstreifen zwischen Rhein, Nahe und Saar wurde für gut sieben Jahre der römischen Kontrolle entzogen. Nur im Umkreis des Mainzer Truppenstandortes ist noch bis zum Spätjahr 353 römische Präsenz feststellbar. Dann begann nach Ausweis von Münzschätzen und Münzreihen, die zu diesem Zeitpunkt abbrechen, auch dort die alamannische Periode. Einige antike Schriftsteller (Libanios Orat. 18, 33) sehen sogar Constantius II. als Urheber dieses Einfalles, da er die Alamannen dazu ermutigt habe, um die Streitkräfte des Usurpators zu binden. Das Moselgebiet wurde erst seit 353 von Franken- und Alamanneneinfällen berührt. Im Sommer 353, noch während der Regierung des Magnentius und Decentius kam es in Trier zum Aufstand unter Poemenius, der die Kaiserstadt dem Zugriff des Decentius entzog.

354 zog Constantius II. mit Truppen an den Hochrhein bei Augst und traf im rechtsrheinischen Breisgau auf die Alamannenfürsten Gundomad und Wadomar. Obwohl keine Schlacht bezeugt ist, kam es zu einem förmlichen Friedensschluß, der aber keinerlei Auswirkungen zeigte. Ein weiterer Feldzug im Folgejahr wurde durch den Heermeister (*magister equitum*) Arbitio durchgeführt, brachte aber keinen entscheidenden Erfolg.

355 wurde zur Klärung der völlig verworrenen Lage der Heermeister (*magister militum*) Silvanus, selbst fränkischer Herkunft, an den Niederrhein entsandt. Dort fiel er

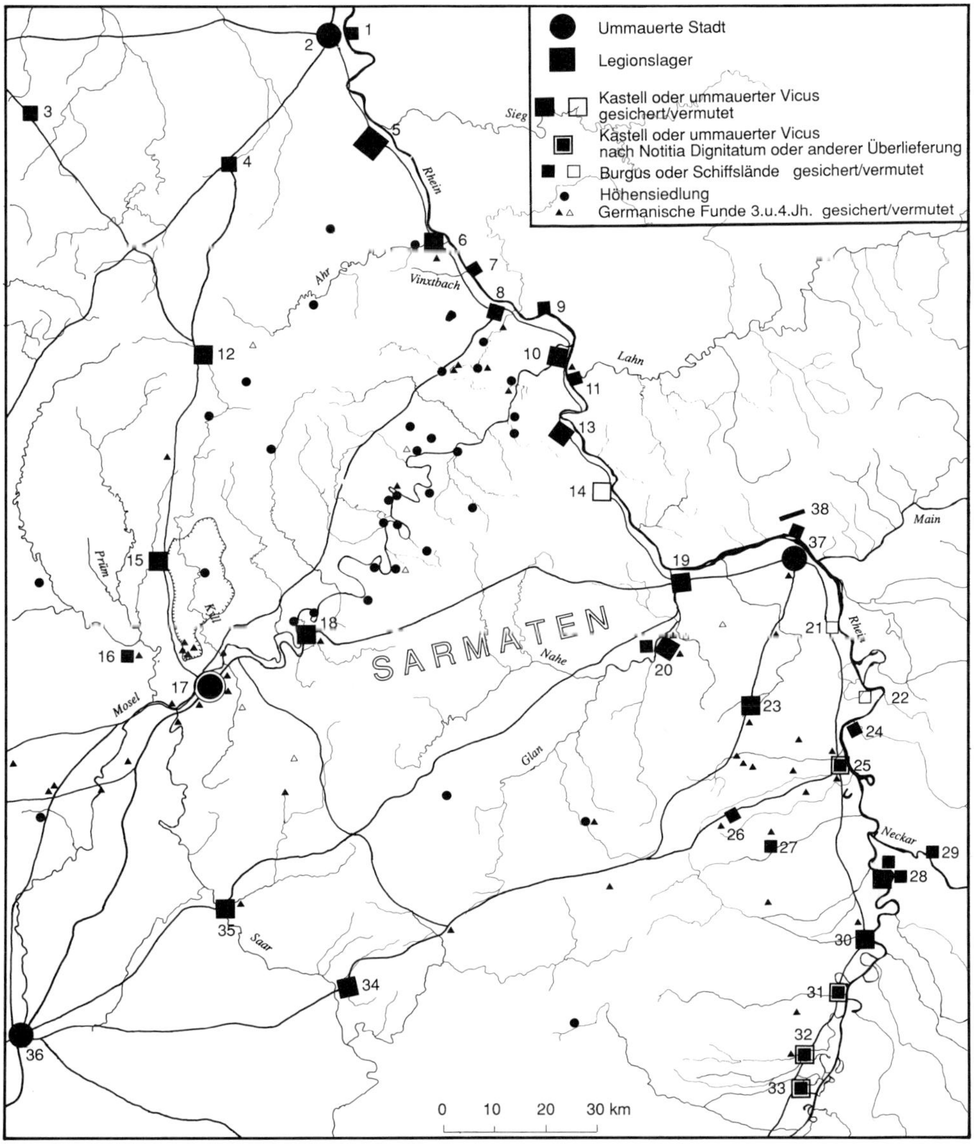

Abb. 67 Gebiet zwischen Rhein und Mosel in der 2. Hälfte des 4. Jh. 1 Köln-Deutz (Divitia), 2 Köln (Colonia Agrippina), 3 Aachen (Aquae Granni), 4 Zülpich (Tolbiacum), 5 Bonn (Bonna), 6 Remagen (Rigomagus), 7 Rheinbrohl, 8 Andernach (Antunnacum), 9 Engers, 10 Koblenz (Confluentes), 11 Niederlahnstein, 12 Jünkerath (Icorigium), 13 Boppard (Bodobriga), 14 Oberwesel, 15 Bitburg (Beda), 16 Echternach, 17 Trier (Treveri), 18 Neumagen (Noviomagus), 19 Bingen (Bingium), 20 Bad Kreuznach (Cruciniacum?), Festung und Burgus, 21 Nierstein (Buconica), 22 Eich, 23 Alzey (Vicus Altiaiensium), 24 Zullestein, 25 Worms, 26 Eisenberg, 27 Bad Dürkheim-Ungstein, 28 Alta ripa, Hauptfestung und Burgus, Schiffslände, 29 Ladenburg

einer Intrige zum Opfer, die der krankhaft mißtrauische Constantius gegen ihn gesponnen hatte. Nachdem man ihm durch gefälschte Briefe Absichten zur Usurpation unterstellt hatte, blieb ihm keine andere Möglichkeit, als sich gegen den Kaiser zu erheben. 355 wurde er von Getreuen des Constantius ermordet. Ebenso ging es Poemenius, der Trier 353 für den Kaiser von den Anhängern des Magnentius befreit hatte. Diese Wirren bewogen nunmehr die Franken, Köln zu belagern und einzunehmen. Damit war auch der gesamte Niederrhein in fränkischer Hand. Nach Ammianus Marcellinus war lediglich die Festung Remagen und ein Turm (*turris*) bei Köln noch erhalten geblieben. Der Germaneneinfall führte zu umfangreichen Zerstörungen im Moselgebiet, die auch Trier nicht verschonten.

Julian in Gallien und am Rhein

355 berief der Kaiser seinen 24 Jahre alten Vetter Julian zum Cäsar und betraute ihn mit der Leitung der Feldzüge in Gallien und am Rhein. Obwohl Julian keinerlei militärische Erfahrungen mitbrachte, mauserte er sich dennoch zu einem erfolgreichen

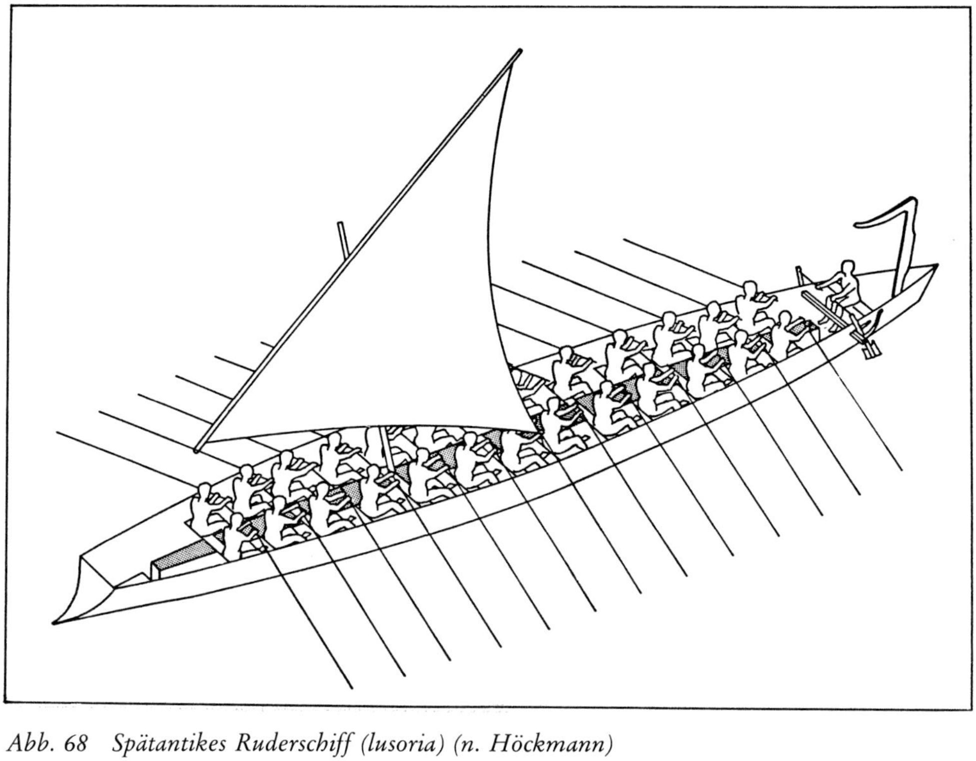

Abb. 68 Spätantikes Ruderschiff (lusoria) (n. Höckmann)

Feldherren. Constantius II., der sich in seiner 18jährigen Herrschaft nur mit Krieg und Thronräubern auseinandersetzen mußte, war gegenüber allem krankhaft mißtrauisch geworden. Daher sah er auch in Julian einen möglichen Konkurrenten, den es klein zu halten galt. Die Leitung der Feldzüge sollte der Heermeister (*magister equitum et peditum*) Marcellus, ein enger Vertrauter des Kaisers, mit dem Heermeister (*magister equtum*) Ursicius übernehmen. Ausgangspunkt der Operationen wurde Reims, die Hauptstadt der *Belgica II*. Trier, z. T. zerstört, war als Hauptquartier unmittelbar am Rand des germanisch besetzten Raumes zu sehr bedroht. Alle Militäranlagen am Rhein waren bis auf die beiden Örtlichkeiten zerstört, das Land in der Hand der Barbaren. Straßburg, Brumath, Zabern, Seltz, Speyer, Worms und Mainz werden ausdrücklich genannt. Militärische Operationen waren dringend geboten, weil im Frühjahr 356 die Alamannen bis nach *Augustodunum*/Autun im Häduergebiet vorgedrungen waren und dort wichtige Verbindungen in Innergallien bedrohten. Der kaiserliche Prinz traf im Juni 356 im Hauptquartier in Reims ein und mußte sich einem bereits beschlossenen Feldzugplan beugen.

Mit einem Heereszug von Reims über Metz und die Zaberner Senke im Elsaß, der wichtigen Verbindung nach Innergallien, sollte das alamannische Kernland direkt angegriffen werden, während der Kaiser selbst von Süden vom Bodensee aus gegen die Alamannen vorstoßen wollte. Constantius II. überquerte den Hochrhein und rückte gegen Alb und Schwarzwald vor, konnte aber keinen dauerhaften Erfolg erzielen, da der Feind einer offenen Schlacht auswich. Schließlich kam es zu einem Vertragsschluß, der keinerlei Wert haben sollte, wie die Ereignisse des folgenden Jahres zeigten. Constantius kehrte mit seinen Soldaten nach Italien zurück, ohne sich an der Rückeroberung der entrissenen Lande weiter zu beteiligen.

Julians Truppen zogen die alte Militärstraße hinab durch das verwüstete Ober- und Mittelrheingebiet vor das von Franken besetzte Köln. Die Hauptstadt der *Germania II* konnte von den Feinden befreit werden. Winterquartier nahmen die Truppen bei dem Ort *Senones*, der neuerdings mit Senon in der *civitas Verodunensium*, ca. 90 km südwestlich von Trier, gleichgesetzt wird. Dort wurde Julian mit seinen Truppen von Alamannen ergebnislos belagert. Obwohl Marcellus mit seinen Truppen nur wenig entfernt Quartier hatte, kam er Julian nicht zur Hilfe. Erst die Ablösung des Marcellus und des Ursicius gestatteten Julian selbständiges Handeln. Mit Severus als neuem, loyalem *magister equitum* wurde dem Prinzen eine wirkliche Hilfe zuteil.

Die Episode mit der Belagerung durch Alamannen zeigte, daß auch die *Belgica I* noch weiterhin germanischen Vorstößen ungeschützt ausgeliefert war. Auch muß sich Trier als grenznahes Winterquartier wohl wegen der großen Schäden und der ständigen Bedrohung durch Germanen nicht zum Truppenquartier geeignet haben.

Im Frühjahr 357 zogen die Truppen Julians wieder in das Oberrheingebiet. Der dem mißtrauischen Kaiser ergebene Heermeister (*magister peditum*) Barbatio sollte, von Rätien kommend, wo er einen Juthungeneinfall abwehren konnte, die Germanen von Süden her in die Zange nehmen. Während Barbatio schon in der Höhe von Basel stand und Julian wiederum von Zabern nach Süden vorrückte, konnte ein Trupp plündernder Laeten unbemerkt zwischen den beiden Heeresgruppen hindurch bis vor Lyon gelangen und erst auf dem Rückmarsch von Julians Truppen überwältigt werden. Barbatio versuchte ohne Abstimmung den Rhein auf einer Schiffsbrücke zu überqueren und erlitt eine empfindliche Niederlage. Daraufhin entließ er seine Truppen bereits im Sommer in die Winterlager, als sei der Feldzug erfolgreich beendet und überließ Julian die Bereinigung der mehr als verworrenen Lage am Rhein. Durch die Erfolge mutig geworden, stellten sich die Alamannen bei Straßburg in einer Feldschlacht Julian entgegen. Ammianus Marcellinus, der die Schlacht ausführlich beschrieben hat, berichtet, daß Julians schwaches Heer einer Allianz von sieben alamannischen Gaufürsten entgegentreten mußte. Neben Chnodomar, als oberstem Kriegsherren und seit 351 Anführer der alamannischen Vorstöße, werden die Fürsten Vestralpius, Urius, Ursicius, Serapion, Suomarius und Hortarius genannt. Chnodomar forderte Julian auf, die rechtsmäßig durch das Schwert bzw. durch vertragliche Regelung mit Constantius II. erworbenen linksrheinischen Gebiete zu verlassen. Trotz fast dreifacher Überlegenheit der Alamannen (ca. 35 000 gegen 13 000 Mann) konnte Julian den Sieg erringen. Chnodomar geriet in römische Hand.

Nachdem die wichtige Festung *Tabernae*/Zabern mit Proviant für ein Jahr ausgerüstet worden war, zog der Prinz in Richtung Mainmündungsgebiet. Dort überschritt er den Fluß und erreichte das Bergland, wohl Taunus oder Spessart. Auch den nördlichen Alamannenstämmen sollte die römische Präsenz mit Truppenmacht vor Augen geführt werden. Er ließ das alamannische Land verwüsten, konnte kriegsgefangene Römer befreien und schließlich ein Auxiliarlager wieder ausbauen, das schon unter Trajan angelegt worden war. Dort ließ er eine Besatzungstruppe zurück. Die alamannischen Anführer baten um einen Frieden, der für zehn Monate gewährt wurde.

Der Feldzug des Jahres 358 sollte wieder in das alamannische Gebiet vorgetragen werden. Probleme scheint schon in den Feldzugsjahren davor die Verpflegung des Heeres gebracht zu haben. Offenbar gab es, bedingt durch die Verwüstungen und Mißernten nirgendwo ausreichend gefüllte Speicher oder genügend ackerbaulich genutzte Flächen, und Julian wollte keinesfalls erst nach der Ernte des Sommers 358 den Feldzug beginnen. So ließ er aus Aquitanien Proviant herbeischaffen. In der Zwischenzeit brachte er salische Franken in Toxandrien wieder unter römische Kontrolle. Die unter Constans dort angesiedelten Laeten hatten sich in der Krisenzeit offenbar kräftig bedient, an Plünderungszügen beteiligt und ihr Siedlungsgebiet ausgeweitet.

Der Alamannenfeldzug zielte wieder auf das Mainmündungsgebiet. Dem alamannischen Teilstamm unter Führung des Hortarius, der wohl südlich an das Gebiet des Suomar angrenzte, war schwerer beizukommen. Offenbar hatten sich die Alamannen im Odenwald verschanzt. Nach Verwüstung des alamannischen Siedlungslandes, wohl im Bereich des heutigen Kraichgaus, bat Hortarius um Frieden und mußte die Kriegsgefangenen herausgeben.

Um die gespannte Versorgungslage am Rhein zu sichern, ließ Julian 359 aus Britannien große Getreidemengen per Schiff heranbringen. Kleinere Feldzüge dienten dazu, den Rhein auf seiner ganzen Länge wieder zu einem sicheren Schiffahrtsweg werden zu lassen. Fünf Festungen in der *Germania II* und *Antunnacum*/Andernach und *Vingo*/Bingen in der *Germania I* wurden wiederhergestellt und als Proviantlager benutzt. Gemäß der Verträge mußten die Alamannen Baumaterial und Arbeitskräfte stellen. Aber nicht alle Alamannengaue waren befriedet. Ein Vorstoß Julians bis an die Grenzlinie des alten Limes brachte einen Friedensschluß mit Hortarius und Vadomarius, dessen Gau gegenüber dem Hochrhein lag. Mit den Brüdern Hariobaudus und Makrian konnten ebenso Verträge geschlossen werden wie mit den restlichen Fürsten, die der Schlacht bei Straßburg entkommen waren (Urius, Ursicius und Vestralpus). Die Friedensschlüsse brachten die Rückgabe von rund 20 000 Kriegsgefangenen, worunter sicherlich verschleppte Zivilbevölkerung zu vermuten ist.

Eine verheerende Niederlage gegen die Sassaniden im Osten veranlaßte Constantius II., aus dem Westheer große Truppenverbände abzuziehen. Das Heer meuterte gegen dieses Ansinnen und rief Julian kurzerhand zum Augustus aus.

Im Sommer 360 inspizierte der neue Kaiser die Rheinlinie und überschritt am Niederrhein den Fluß, um einen fränkischen Volksstamm unter Tribut zu nehmen. *Abb 90*

Im Frühjahr 361 war Vadomarius vertragsbrüchig geworden, indem seine Alamannen am Hochrhein in römisches Gebiet eingefallen waren. Ein römischer Vergeltungsschlag setzte den Vertrag wieder in Kraft. Vadomarius wurde durch eine List gefangen und nach Hispanien verbannt.

Inzwischen rüstete Constantius gegen seinen Vetter. Um das Gesetz des Handelns auf seiner Seite zu haben, zog Julian seinerseits gegen den rechtmäßigen Kaiser und Vetter. Angeblich zog Julian mit rund 23 000 Mann von Gallien quer durch alamannisches Gebiet, wohl auf der alten Kinzigtalstraße über die Donauländer gegen Osten. Der plötzliche Tod Constantius II. am 3. November 361 verhinderte einen Bürgerkrieg und machte Julian zum Alleinherrscher. Er sollte Gallien nie mehr zu Gesicht bekommen. Er starb am 26. Juni 363 an den Folgen seiner schweren Verletzungen, die er sich auf dem Feldzug gegen die Sassaniden im Euphratgebiet zugezogen hatte.

Die Abwehr von möglichen Germaneneinfällen hatte er dem Haudegen Charietto übertragen. Dieser Germane, der anfangs gegen die Römer auf fränkischer Seite gekämpft hatte, war nach dem Untergang des Magnentius auf die römische Seite übergewechselt und hatte mit der Abwehr germanischer Plünderer im Treverergebiet Ansehen gewonnen. Julian ernannte ihn zum *comes per utramque Germaniam.* Chef des Feldheeres wurde der Kavalleriegeneral (*magister equitum*) Flavius Iovinus, der 362 aus dem Gefolge Julians nach Gallien zurückgekehrt war.

Valentinian I.

Nach einer kurzen Interimsregierung des Flavius Iovianus wählte das Militär Flavius Valentinianus zum Augustus. Er war pannonischer Abstammung wie die Constantine und hatte es in der Ämterlaufbahn bis zum Tribunen der kaiserlichen Garde (*schola palatina*) gebracht. Da eine Alleinherrschaft bei der Fülle der ungelösten Aufgaben nicht sinnvoll erschien, wurde sein Bruder Valens zum Mitkaiser bestimmt. Valens gehörte bis dahin zur kaiserlichen Leibgarde (*protectores domestici*). Valentinian übernahm den Westen mit der gallischen und italischen Präfektur. Unter Julian hatte er Gallien kennengelernt. Valens übernahm als junior Augustus den Osten.
Die Feldzüge des Julian am Rhein hatten auf die Germanen nachhaltige Wirkung. Von 361 bis 364 herrschte an der Rheinfront Ruhe. Erst der Thronwechsel machte den Alamannen wieder Mut, diesmal in Rätien einzufallen. Im Januar 365 überquerten sie den zugefrorenen Rhein und fielen in Gallien ein. An einem uns unbekannten Ort kam es zwischen den römischen Truppen des Franken Charietto und einer Schar plündernder Alamannen zu einem verlustreichen Kampf, in dem Charietto fiel. Der General des Feldheeres (*comes rei militaris*) Severianus kam zwar zur Hilfe, wurde aber verwundet. Bereits im Herbst 365 kam es zu weiteren Einfällen der Alamannen. Ihre Abwehr überließ Valentinian dem Heermeister der Fußtruppen (*magister peditum*) Dagalaifus – nach dem Namen unzweifelhaft ebenfalls ein Germane –, der aber keinen Erfolg erzielen konnte. Der *magister equitum* Iovinus hatte mehr Glück und konnte den Gegner 367 bei *Scarponna* an der Mosel und in der Nähe von Chalons-sur-Marne besiegen. 367 kam aus Britannien die Kunde von Einfällen der nördlichen Nachbarvölker. Der *comes* Theodosianus, Vater des späteren Kaisers, stellte die Ordnung wieder her. Zur gleichen Zeit hatten sich die Franken und Saxonen erhoben und die nördlichen Gebiete geplündert. Eine schwere Krankheit des Kaisers war bald glücklich überstanden, aber in Sorge um die Zukunft seiner Dynastie legte Valentinian im August 367 seinem gerade achtjährigen Sohn Gratian den Purpur des Augustus an und machte ihn damit zum Thronfolger. Ausgangsbasis für den mehr als notwendig gewordenen Feldzug gegen die Alamannen wurde das grenznähere Trier, ein Zeichen daß sich die ehemalige konstantinische Residenz halbwegs wieder erholt hatte. Die Konzentration von Truppen an zentraler Stelle führte offenbar zur Schwächung des Grenzschutzes. Jedenfalls war es dem Alamannenfürst Rando möglich, im Frühjahr 368 ungehindert Mainz zu überfallen und die dort versammelte christliche Gemeinde, die wohl gerade wegen des Osterfestes von den weltlichen Dingen abgelenkt war, auszuplündern und Teile der Bevölkerung zu verschleppen. Der Sommerfeldzug des gleichen Jahres zielte auf alamannisches Gebiet am Oberrhein. Die militärische Leitung war dem bewährten Heermeister Sebastianus übertragen worden. Neben dem Kaiser nahmen auch der neunjährige Gratian mit seinem Erzieher Ausonius an dem Kriegszug teil. Decimus Magnus Ausonius war als Rhetoriklehrer zur Erziehung des Prinzen an den Kaiserhof nach Trier berufen worden. Ihm verdanken wir wenigstens stichpunktartig eine Beschrei-

bung des Feldzuges. Darin werden der Neckar und die alte verlassene Stadt *Lopodunum*/Ladenburg erwähnt.
Der über den Rhein vorgetragene Feldzug sollte wie zu Julians Zeiten die Alamannen einschüchtern. Eine Wiederherstellung der alten seit 260 verlorenen Grenze war freilich nicht mehr möglich. Auch die größten militärischen Anstrengungen hätten die Alamannen und die nordöstlich dahinter siedelnden Burgunden nicht mehr vertreiben können. So blieb nur eine Sicherung der Flußgrenzen an Rhein und Donau. Über das Festungsbauprogramm sind wir durch die Zeugnisse des Ammianus sowie des Lobredners Symmachus in Stichpunkten informiert. In der *Notitia dignitatum*, einem spätantiken Staatshandbuch, ist die Aufstellung der Grenztruppen zwischen Andernach und Seltz verzeichnet, so daß die Namen der Einheiten bekannt sind.
Die Baumaßnahmen am Rhein inspizierte der Kaiser persönlich. So unterzeichnete er am 19. 6. 369 in *Alta ripa*/Altrip ein Gesetz und begutachtete den Bau des rechtsrheini- *Abb 176, 177*
schen Brückenkopfes. Ein Vorstoß im gleichen Jahr über den Rhein brachte keine greifbaren Erfolge. Der Bau einer Kleinfestung auf dem *mons piri*, den man bei Heidelberg sucht, führte zum Konflikt mit den Alamannen. Da der Bau bestehende Verträge verletzte, verlangte eine germanische Gesandtschaft den Abbruch der Arbeiten. Als dies nicht geschah, wurde die Baumannschaft niedergemacht. Weiterhin kümmerte sich der Kaiser um den Bau eines Hafens bei Speyer und unterzeichnete Ende August in Breisach ein Gesetz. Er nahm auch Verbindung mit den Burgundern auf, die als Feinde der Alamannen unmittelbar nordöstlich an deren Siedlungsgebiete angrenzten. Valentinian wollte damit den Alamannenfürsten Makrian und sein Territorium zwischen Mainmündung und Taunus in die Zange nehmen. Bereits 370 erschien ein angeblich 80 000 burgundische Krieger starkes Aufgebot am Rhein. Da aber ein Feldzug gegen die Alamannen zu der Zeit der römischen Seite ungelegen kam, zogen die Burgunder erbost wieder ab. Ein Vorstoß gegen Makrian 371 und die Absicht, ihn gefangenzunehmen, endete ergebnislos, da dieser von dem Ansinnen Wind bekam und sich mit seinen Getreuen im Taunus verschanzen konnte. Nach einigen Versuchen, Makrian durch Intrigen zu beseitigen, kam es 374 mit dem Bukinobantenfürsten zu einem Vertrag, der ihn zum Frieden und zum Schutz der Reichsgrenze verpflichtete. Vertragsbestandteil war offensichtlich die Räumung von Wiesbaden. Dort hatte Valentinian am 4. Juni 369 ein Gesetz unterzeichnet und den Bau einer Sperrmauer (Heidenmauer) beginnen lassen, die nun durch den Vertragsschluß nicht mehr fertiggestellt wurde.
Der Einfall der Quaden und Sarmaten nach Pannonien 374 machte für 375 einen Feldzug gegen quadisches Gebiet notwendig. Eine Gesandtschaft dieser Germanen reizte den Kaiser durch ihr popanzhaftes Verhalten derart, daß Valentinian mit 55 Jahren am 17. November 375 an den Folgen eines Schlaganfalles verstarb.

Das Festungsbauprogramm Valentinians am Rhein

Anders als am Hoch- oder Mittelrhein machte der verschlungene Lauf des Oberrheins mit seinen Altrheinarmen in einer breiten Flußaue eine Überwachung durch eine dichte Festungskette fast unmöglich. Ziel einer Grenzabwehr mußte es vielmehr sein, von einigen Hauptstützpunkten zusammen mit zahlreichen kleineren Posten und Schiffsländen aus den Schiffsverkehr zu überwachen. Der überraschende Fund der *Abb 383* Mainzer Römerschiffe hat die Bedeutung der spätantiken Flotte auf dem Rhein deutlich werden lassen. Die Grenzüberwachung mußte vor allem die rechtsrheinischen Fluß- und Bachmündungen sichern. Nur dort konnte der Feind Flöße oder Boote zum Überqueren des Flusses bereitstellen. Dieses Konzept hatte offenbar schon unter Julian Wirkung gezeigt, war aber auf ausgebaute Stationen angewiesen, die erst unter Valentinian eingerichtet wurden.

Die Hauptstadt der *Germania I, Mogontiacum*, hatte schon unter Magnentius ihre Haustruppe, die *legio XXII*, verloren. Das Areal des Legionslagers wurde aufgelassen und Steine der Tore und Innenbauten abgetragen und zum Bau einer neuen Mauer verwendet, die den östlichen Lagerteil mit in die Stadtumwehrung einbezog. Diese Maßnahme mag schon unter Julian ausgeführt worden sein. In der Notitia werden für Mainz die *milites Armigeri* belegt, die in der ummauerten Stadt ihre Garnison hatten. Vor der rheinseitigen Stadtmauer lag der Hafen mit den Schiffen der spätrömischen *Abb 68* Flotte. Diese leichten Ruderschiffe (*lusoriae*) mit etwa 30 Mann Besatzung konnten mit rund 10 km/h zu Tal fahren. Für die Bergfahrt mußten die Boote zusätzlich vom Ufer aus gezogen (getreidelt) werden, so daß es wichtig war, die Stützpunkte so anzulegen, daß eine Rückkehr innerhalb Tagesfrist möglich war. Zur Sicherung der Mainmündung waren auch rechts des Rheines kleinere Militäranlagen notwendig, von denen wir leider nur sehr wenig wissen. Die Brücke war durch das Brückenkopfkastell *Castellum* gesichert. Mindestens bei Wiesbaden-Biebrich bestand wahrscheinlich ein massiver *burgus*, vielleicht mit Schiffslände. Ob der bei Flörsheim vermutete *burgus* auch noch in valentinianischer Zeit genutzt wurde, bleibt offen.

Eine ebenso große Bedeutung wie die Mainmündung hatte die Neckarmündung. Ihrer Sicherung galt die ganze Aufmerksamkeit des Kaisers. Neben einer Basisfestung in trapezoider Form bestanden auf dem rechten Rheinufer ein kleiner, wohl rechteckiger *Abb 69* *burgus* und unmittelbar an der Neckarmündung ein weiterer *burgus* mit Schiffslände. *Abb 70* Der Neckar selbst war durch eine Schiffslände vom gleichen Typ in Ladenburg und durch die Befestigung auf dem *mons piri* wohl bei Heidelberg gesichert. Als Besatzung nennt uns die Notitia für Altrip die *milites Martenses.*

Die Nahemündung war durch die Festung *Bingium*/Bingen mit den *milites Bingenses* gesichert. Offenbar entstand die Festung schon unter den Constantinen, denn sie wird 359 unter Julian wiederhergestellt und als Proviantlager genutzt.

Abb 332 Die Moselmündung war schon seit Konstantin durch das massive Kastell *Confluentes*/ Koblenz gesichert worden, das unter Valentinian mit den *milites Defensores* besetzt

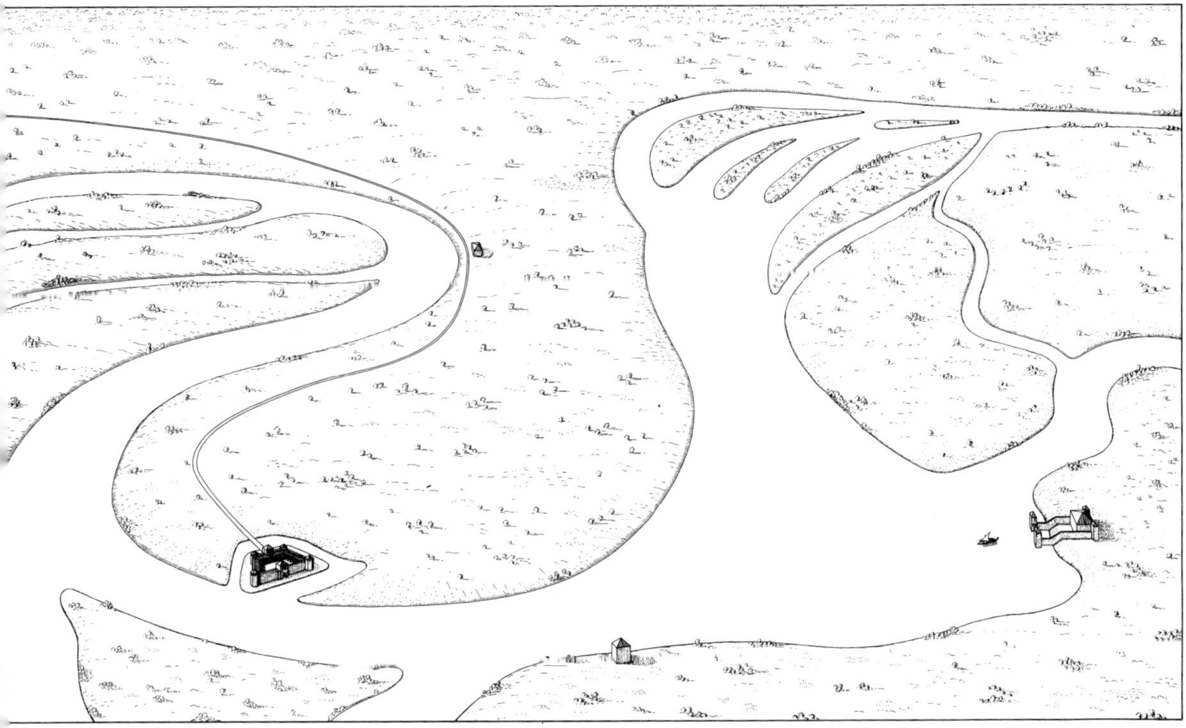

Abb. 69 Altrip. Rekonstruktionsbild der spätantiken Neckarmündung mit Hauptkastell (links), Station bei Rheingönheim (links oben), Burgus (Mitte unten) und Schiffslände (rechts)

war. Rechtsrheinische *burgi* in unmittelbarer Nähe sind bislang nicht bekannt geworden.

Auch die alten Civitashauptstädte wie Worms oder Speyer wurden militärisch gesichert. Für *Vangiones,* wie Worms jetzt genannt wurde, sind die *milites secundae Flaviae* bezeugt. Die Festung selbst scheint neuerdings lokalisiert zu sein. Für *Nemetae*/ *Abb 620* Speyer erwähnt der Lobredner Symmachus einen Hafen, der mit guten Gründen an der Einmündung des Speyerbaches in den Rhein gesucht werden kann. In Speyer wurde unter Valentinian eine recht ansehnliche Stadtummauerung ausgeführt, inner- *Abb 499* halb der die *milites Vindices* ihre Garnison hatten. Der Truppenstandort *vicus Iulius*/ Germersheim mit den *milites Anderetiani* wird in der Notitia zum erstenmal überhaupt genannt und ist noch nicht lokalisiert. Die Garnison der *milites Menapii* in *Tabernae*/Rheinzabern liegt abseits des Flußlaufes und hatte wohl nur Aufgaben zur Überwachung von Straße und militärischer Ziegelproduktion. Die Flußsicherung hin- *Abb 461* gegen übernahm Pforz (jetzt Maxau) mit den *milites Portisienses,* die allerdings nur durch Ziegelstempel erschlossen sind und in der Notitia nicht erwähnt werden. Die

Anlage selbst ist nicht gefunden. Für *Saletio*/Seltz werden die *milites Pacenses* als Truppe genannt.

Die Strecke zwischen Worms und Mainz erscheint mit rund 75 Stromkilometern viel zu lang, um ungesichert zu sein. Deshalb vermutet man bei Eich und bei Nierstein weitere Flußstationen.

Am Mittelrhein ist in *Vosolvia*/Oberwesel eine Festung vorauszusetzen, für die es einige Indizien gibt. Nördlich schließt nach 20,5 Stromkilometern die große Festung
Abb 235 von *Bodobrica*/Boppard an, die mit den *milites Balistarii* besetzt war und in den dreißiger oder vierziger Jahren des 4. Jahrhunderts errichtet wurde. Am nördlichen Ende
Abb 183 der obergermanischen Flußgrenze lag *Antunnacum*/Andernach mit den *milites Acincenses.*

Abb 344, 416, 417 Die Schiffsländen von Neckarau, Zullestein, Niederlahnstein, Engers und Rheinbrohl standen sichtlich in operativem Bezug zu den Stützpunkten auf dem linken Rheinufer. Ihre Lage oftmals an der Einmündung von z. T. schiffbaren Bächen ist auffallend.

Das Binnenland wurde durch zusätzliche Festungen und *burgi* gesichert. Die Festung
Abb 180 *Altaiensium*/Alzey ist mit Sicherheit eine valentinianische Neugründung. Der Kaiser
Abb 203 unterzeichnete 370 und 373 dort Gesetze. Die Festung von Bad Kreuznach ist offen-
Abb 253, 202 bar zeitgleich. Kleinere *burgi* wie bei Eisenberg und Bad Dürkheim-Ungstein dienten sowohl der Straßensicherung als auch der Überwachung der Bevölkerung und hatten wichtige Aufgaben in der Versorgung mit Lebensmitteln.

Die irregulären Höhensiedlungen in der Pfalz sind mehrheitlich in den Wirren der Magnentiuszeit untergegangen. Lediglich Anlagen wie der Lemberg bei Pirmasens
Abb 342 und die Heidenburg bei Kreimbach haben noch in valentinianischer Zeit bestanden.

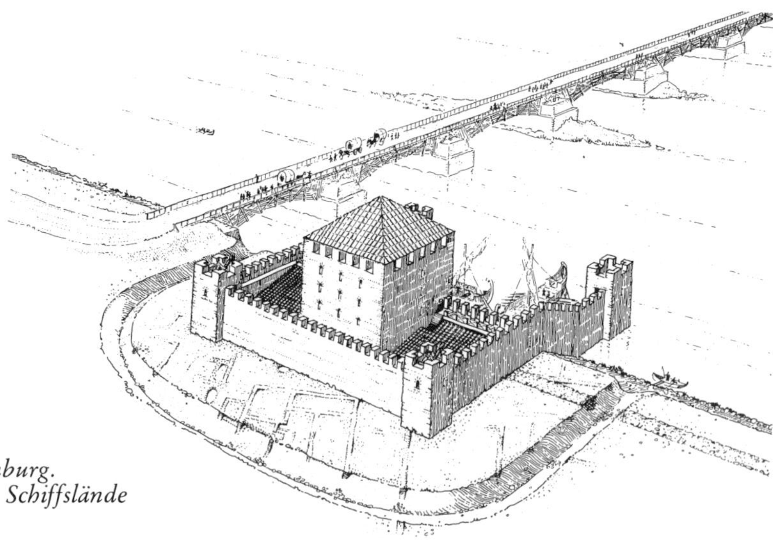

Abb. 70 Ladenburg. Valentinianische Schiffslände (n. Heukemes)

Ganz anders ist hingegen das Bild zwischen Mosel und Ahr. Dort sind solche Anlagen noch nachweisbar. Eine Befestigung wie Polch-Ruitsch mit zugehörigem Gräberfeld deutet sogar eine militärische Besatzung germanischer Herkunft an.

Die Alamannen

Die Auseinandersetzungen seit Julian zeigten deutlich, daß sich die alamannischen Stämme im 4. Jahrhundert in unmittelbarer Grenznähe niedergelassen hatten und dort siedelten. Dies belegen auch die zahlreichen Grab- und Siedlungsfunde aus dieser Zeit. Politische und militärische Führer dieser Teilstämme bezeichnet Ammianus als *reges* (Könige) oder *reguli* (Kleinkönige). Die Namen sind seit Julians Zeit bekannt: Vadomarius, Hortarius, Urius, Ursicius, Vestralpus, Chnodomarius, die Brüder Macrianus und Hariobaudes sowie Suomarius. Unter Valentinian werden Rando und Macrianus als Führer der Alamannen im Main-Mündungsgebiet genannt. Dieser Teilstamm wird als Bukinobanten bezeichnet. Die *Brisigavi* gaben dem heutigen Breisgau um Freiburg ihren Namen. Die Lentienser bewohnten den Linzgau nordöstlich des Bodensees und schließlich die Rätowarier das Ries um Nördlingen. Mittelpunkte dieser Stämme waren Höhensiedlungen, wie sie Valentinian bei *Solicinium* im Neckargebiet erstürmt hatte. Im unmittelbaren Vorland von Mainz sind solche Anlagen auf dem Dünsberg nördlich Gießen, auf der Glauburg und wohl auch auf der Heunescheuer bei Lichtenberg im Odenwald unweit der unter Konstantin genutzten Granitsteinbrüche nachweisbar. Die nordöstlich angrenzenden Burgunder werden uns noch später zu beschäftigen haben.

Von Gratian bis Theodosius

Nach dem Tod des Valentinian bestand die Gefahr, daß das Heer im Feldlager im Quadenland den beliebten *comes* Sebastianus zum Augustus erheben könnte. Dem kam der 16jährige Gratian zuvor, indem er seinen vierjährigen Bruder Valentinian II. zum Mitregenten ausrief. Sein Lehrmeister Ausonius wurde 378 zum *praefectus praetorio* in Gallien und später sogar noch zusätzlich für Italien und Afrika ernannt. 379 trat Ausonius dann sein Konsulatsamt an.

An der Rheingrenze herrschte bis 378 Ruhe. Erst die Kunde vom Einbruch der Westgoten in Thrakien 378 und von einem bevorstehenden Abzug von Westtruppen zur Hilfestellung machte die alamannischen *Lentienses* mutig, wieder einen Einfall zu wagen. Ein Vorstoß konnte zurückgeschlagen werden, ein weiterer Einfall unter dem *regulus* Priarius ging bei Breisach über den Rhein. Die Lage gestaltete sich so bedrohlich, daß Truppen, die schon auf dem Weg nach Pannonien waren, zurückgerufen wurden. Die Heermeister Nannienus und Mallobaudes konnten die Alamannen bei *Argenta-*

ria/Horburg bei Colmar schlagen und über den Rhein hinweg bis auf die Anhöhen des Schwarzwaldes verfolgen. Ein Friedensschluß wurde mit der Stellung von alamannischen Jungmannen zum römischen Herresdienst besiegelt. Valens wagte inzwischen den Waffengang mit den Westgoten, ohne die westliche Verstärkung abzuwarten. In der Schlacht bei Adrianopel 378 verlor er Leben und zwei Drittel des Heeres. Der *Abb 96* junge Gratian wählte 379 als Mitherrscher den erfahrenen spanischen General Theodosius. Dieser konnte die Westgoten besiegen und als Föderaten in Dakien und Mösien ansiedeln. 378 waren nochmals Alamanneneinfälle zurückzuwerfen, dann war die Rheingrenze wenigstens eine Zeitlang sicher. Bis 381 war Trier ständiger Residenzsitz Gratians, danach hielt er sich vielfach nur noch in Mailand auf.

383 erhob sich in Britannien Magnus Maximus. Ein gleichzeitiger Einfall der Juthungen in Rätien machte die Situation bedrohlich, da Maximus mit Heeresmacht nach Gallien drängte. Die Heere Gratians und Maximus' trafen bei Paris aufeinander, Gratians Truppen gingen kampflos zum Gegner über. Offenbar war Maximus, anders als der hochgebildete Gratian, ein Feldherr ganz nach dem Geschmack der Truppe. Auf der Flucht wurde Gratian getötet. Rechtmäßiger Herrscher im Westen war nun der zwölfjährige Valentinian II. in Mailand. Nach einem kurzzeitigen Arrangement mit dem Hof in Mailand und Theodosius in Konstantinopel zog Maximus doch über die Alpen, wurde aber vor Aquileia 388 von Theodosius geschlagen. Inzwischen hatten die Franken am Niederrhein mobil gemacht und waren unter ihren Führern Sunno, Merobaudes und Genobaudes in die *Germania II* eingefallen. Die Heermeister Nannienus und Quintinus drängten den Feind über den Fluß zurück. Quintinus setzte dem Gegner nach und erlitt mit seiner Truppe ein ähnliches Schicksal wie Varus 9 n. Chr. Valentinian II. rückte 389 mit dem Heerführer Arbogast nach Gallien vor und sühnte den fränkischen Einfall. Die Spannungen zwischen dem 17jährigen Kaiser und seinem Heerführer spitzten sich zu. Valentinian starb am 15. Mai 392 auf ungeklärte Weise. Im Besitz der gesamten Macht war sich der heidnische Franke aber bewußt, daß er als Usurpator keinerlei Chancen hatte. Deshalb holte er sich in der Person des Flavius Eugenius, eines Professors für lateinische Grammatik und Rhetorik, eine Galionsfigur. Zu einem Bruch mit Theodosius kam es, als dieser seinen neunjährigen Sohn Honorius zum Augustus des Westens erhob. Ein Kriegszug mit starken Verbänden des gallischen Heeres scheiterte 394 in den Julischen Alpen an den Grenzsperren nach Pannonien. Eugenius fiel und Arbogast schied durch Selbstmord. Theodosius verstarb kurze Zeit nach seinem Sieg im Januar 395 in Mailand. Honorius war zu diesem Zeitpunkt elf Jahre, sein Bruder Arcadius, der nun im Osten regierte, 18 Jahre alt. Es ist nur zu verständlich, daß sich alle möglichen Karrieristen zum Vormund dieser jugendlichen Kaiser aufspielen wollten.

Honorius und Stilicho

Waren bislang die Franken in die höchsten militärischen Ämter aufgestiegen, so kam mit Stilicho erstmals ein ostgermanischer Vandale an die Spitze des Militärs. Mehr noch: Er war mit dem Kaiserhaus verschwägert und gab seine Tochter dem jungen Honorius zur Frau. Kurzum er war der eigentliche Machthaber im Westen. 396 war er in diplomatischer Mission am Rhein und erneuerte bestehende Verträge mit Alamannen und Franken. Die Rheingrenze und Gallien sollten bis 406 keinen Anlaß für militärische Einsätze mehr bieten. Viel problematischer waren die Verhältnisse im Donauraum. Nach dem Einbruch der Westgoten und ihrer siegreichen Schlacht bei Adrianopel war es Theodosius zwar gelungen den Stamm zu besiegen, aber eine Vertreibung über die Reichsgrenze war nicht mehr möglich. So blieb nur der Ausweg, die westgotische Landnahme auf römischem Boden zu legitimieren und den Goten den Status von Föderaten zuzubilligen.
401 setzten sich die Westgoten des Alarich vom Illyrikum nach Italien in Bewegung, angeblich vom Hof in Konstantinopel dazu ermuntert, um das gotische Problem dem Westen anzuhängen und um dem verhaßten Germanen Stilicho zu schaden. Dieser hatte gerade gegen Vandalen und Alanen (Sarmaten) an der oberen Donau zu kämpfen, die aus ihren zugewiesenen Sitzen vor der pannonischen Grenze aufgebrochen und in Reichsgebiet eingedrungen waren. Stilicho siedelte die beiden Bevölkerungsgruppen in Rätien und Norikum an und verpflichtete die wehrfähigen Mannen zur Waffenhilfe gegen die Goten. Aber auch das Feldheer und große Teile der Grenztruppen in der gallischen Präfektur wurden zum Zug über die Alpen abkommandiert. Der massierte Truppeneinsatz konnte die gotische Belagerung der Residenz Mailand zwar aufheben, aber es waren noch zwei Schlachten 402 notwendig, um die Goten wieder in das Illyrikum zurücktreiben zu können. Eine offenbar ostgotische Invasion unter Radagaisus konnte erst 406 bei Florenz gestoppt werden. Unter dem Eindruck der direkten Gefährdung wurde der Kaiserhof des Honorius nun in das sichere, von Sümpfen umgebene Ravenna verlegt.

Der Germanen- und Alaneneinfall 406/407

Obwohl die Verteidigungskraft Galliens so geschwächt war wie noch nie zuvor, hielten sich Alamannen und Franken an die geschlossenen Verträge. Gefahr kam vielmehr aus dem Osten. Im Donauraum hatten sich Vandalen, Quaden und Alanen, ein Stamm iranischer Herkunft, darunter die unter Stilicho angesiedelten Stammesteile, nach Westen aufgemacht. Im sagenhaft reichen Gallien suchten sie Beute und Siedelland. Im Spätjahr 406 erreichten sie den Rhein. Den einzelnen Gruppen standen eigene Führer vor, so daß ein einheitliches militärisches Konzept fehlte. Die Alanen unterstanden einem Goar, ein anderer alanischer Trupp einem Respendial, die Vandalen Godegisel,

gegen den schon Stilicho im Donaugebiet gekämpft hatte. Am Mittelrhein wurde der Zug von den Franken in Erfüllung ihrer Grenzschutzverträge abgefangen. Godegisel fiel mit angeblich 20 000 seiner Krieger. Nur die Hilfe der Alanen rettete den Zug vor der Vernichtung. In der Neujahrsnacht 406/407 überquerten die verbündeten Alanen und Germanen bei Mainz den Rhein und vernichteten den gesamten Grenzschutz zwischen Bingen und Seltz. Wenn Hieronymus überliefert, daß Worms nach langer Belagerung erobert, Mainz zerstört und Speyer von den Germanen eingenommen wurde, muß man bemerken, daß er keinesfalls Augenzeuge dieser Ereignisse war, sondern im weit entfernten Bethlehem von diesen Ereignissen aus Erzählungen informiert wurde. Immerhin zeigen die genannten Städte die Einbruchszone dieser Invasion deutlich an, wenngleich sie wohl geplündert aber nicht zerstört wurden. In der letzten Fassung der *Notitia dignitatum,* die um 425 entstanden ist, fehlen gerade die Truppeneinheiten des Grenzabschnittes zwischen Bingen und Seltz, während die nördlichen Garnisonen von Boppard bis Andernach später als sog. pseudocomitatensische Einheiten im Feldheer wieder auftauchen. Dort sind allerdings auch die *Anderetiani* aus *vicus Iulius*/Germersheim genannt, die vielleicht mit wenigen Truppenteilen den Einfall überstanden hatten. Die restlichen Grenztruppen wurden also vernichtet. Da im Innern Galliens kein Feldheer stand, konnten sich die Germanen ungehindert ausbreiten, so daß sie erst 409 unter dem Druck des Usurpators Konstantin III. nach Spanien auswichen. 428 setzten die restlichen Vandalen unter Geiserich nach Nordafrika über, während die Quaden (Sweben) im heutigen Portugal ihr eigenes Reich gründeten. Alanen werden im 5. Jahrhundert im Raum um Orleans bezeugt.
Das Datum 406/407 spielte in der Diskussion um das Ende der römischen Herrschaft seit langem eine bedeutende Rolle. Kein römischer Fund im Rheingebiet konnte jünger als dieses Datum sein, da nach allgemeiner Auffassung zu diesem Zeitpunkt jegliche römische Macht erloschen war. Inzwischen zeigt aber auch die Rheinzone, daß römische Zivilsation durchaus noch bis weit in das 5. Jahrhundert hinein weiterbestanden hat.

Die Erhebung von Konstantin und Iovinus und das Burgunderreich am Rhein 407–443

Durch den großen Alanen- und Germaneneinfall war nahezu die gesamte gallische Präfektur außer Kontrolle geraten, die Verbindungen zu Britannien abgeschnitten, und es bestand die Gefahr von Saxoneneinfällen an der britannischen Küste. Da vom weströmischen Kaiserhof in dieser Situation kein Schutz zu erwarten war, riefen die Britannier Konstantin III. zum Augustus aus. Dieser setzte mit Truppen nach Gallien über und konnte durchaus erfolgreich die Rheingrenze sichern, nachdem die Alamannen doch noch auf Kriegszug gegangen waren. Auch die Burgunder, deren Wohnsitz hinter denen der Alamannen lagen, waren durch die Ereignisse in Bewegung geraten und standen mit Truppen unter ihrem König Gunticarius im Rheingebiet. Inzwischen hatte Stilicho den Goten Sarus als Heermeister nach Gallien gegen den Usurpator entsandt, der einen Feldherrn des Konstantin in einer Schlacht besiegen und den Kaiser in der Stadt Valencia einschließen und belagern konnte. Die Belagerung brachte keinen Erfolg, Sarus zog sich nach Italien zurück.

Eine Revolte am Kaiserhof in Ravenna führte 408 zur Hinrichtung des bewährten Stilicho. Eine antigermanische Koalition hatte obsiegt und durch diese törichte Tat das Reich vollends in eine Krise gestürzt. Ausgangspunkt war eine überzogene Einforderung von Subsidien durch den Goten Alarich, die ihm als Föderaten für seine Leistungen im Kampf gegen Ostrom zustanden. Alarich durchzog nun Italien und konnte 410 Rom nach dreimaligem Anlauf einnehmen. 413 zogen die Goten aus Italien nach Südgallien ab, in der Hoffnung dort geschlossene Siedlungsgebiete zu erlangen, was ihnen in Italien verwehrt worden war. 418 wurden die Westgoten zwischen Garonne und Toulouse als Föderaten angesiedelt.

411 traf der Feldherr Constantius mit gotischen Kontingenten im Auftrag des Honorius in Gallien ein. Konstantin wurde seit vier Monaten schon in seiner Residenz Arelate von Teilen seines eigenen Heeres belagert. Schließlich wurde der Usurpator besiegt und als Gefangener nach Ravenna geschickt und dort hingerichtet.

Während der Belagerung kam es zur Erhebung des Iovinus zum neuen Augustus. Urheber dieser Proklamation seien die Burgunder des Gunticarius und die Alanen des Goar gewesen. Dies zeigt, daß diese Völker zunächst im Heer des Konstantin standen, in dem auch fränkische und alamannische Kontingente bezeugt sind. Die Unklarheiten in der historischen Überlieferung sind kaum mehr zu klären. Nach Aussage des Geschichtsschreibers Olympiodor wurde Iovinus von der alanisch/burgundischen Allianz in einem uns unbekannten Ort *Mundiacum* in der *Germania II* zum Kaiser proklamiert. Man glaubte an eine Verschreibung von Provinz und Ort und sah mit der Korrektur auf *Germania I* und *Mogontiacum*/Mainz einen Beweis für die Lokalisierung des Burgunderreiches um Worms. Andere Forscher nahmen die Notiz des Olympiodor als korrekt und verlegten das Burgunderreich an den Niederrhein, zumal die Burgunder 435 einen Einfall in die *Belgica I* gewagt hätten und wegen dieses Bruchs des Föderatenvertrages von Aëtius bekämpft worden seien.

Wahrscheinlicher ist tatsächlich eine Ansiedlung der Burgunder am Oberrhein. Dort war durch die Ereignisse von 406/407 die Grenzverteidigung völlig zusammengebrochen. Die Franken hatten sich in der Folgezeit am Niederrhein relativ ruhig gezeigt und die Aufgaben des Grenzschutzes übernommen. Militäraktionen gegen die Franken 428 am Niederrhein durch Aëtius wären sicher nicht notwendig geworden, wenn dort die Burgunder als Föderaten gesessen hätten.

Lediglich die Alamannen, die alten Hauptgegner des 4. Jahrhunderts, waren unsichere Kandidaten. Dann war es doch sicher sinnvoll, die Burgunder als traditionelle Alamannenfeinde, zwischen Mainz und Seltz in den ehemaligen *civitates* der Vangionen und Nemeter anzusiedeln. Damit hätte auch das viele Jahrhunderte später aufgezeich-

nete Nibelungenlied einen historischen Hintergrund gewonnen. Da die Burgunder eine weitgehend intakte Siedlungslandschaft mit Städten, Festungen und *villae rusticae* angetroffen haben, ist ein archäologischer Nachweis sehr schwierig. Die lange Nachbarschaft zu den Alamannen hat sicher zusätzlich eine gewisse Vertrautheit mit römischen Einrichtungen und Kulturgut ermöglicht, so daß mancher burgundische Fund nicht anders aussieht als ein römischer. Verbindungen zum ursprünglich burgundischen Siedlungsgebiet an der Oder zeigten indes Gräber mit Schwertbeigaben, etwa aus Alzey oder Mainz-Bretzenheim schon im frühen 4. Jahrhundert. Dies sind allerdings Gräber von Personen, die im römischen Grenzheer Dienst taten und keine Zeugnisse von Ansiedlungen burgundischer Bevölkerung. In diesen Zusammenhang
Abb 71 gehört auch der Grabstein des Hariulf, der aus königlich burgundischem Geschlecht stammte und im späten 4. Jahrhundert in Trier als kaiserlicher Leibgardist (*protector domesticus*) diente. Aus der Zeit des förderierten Burgunderreiches am Oberrhein stammt der mögliche Grabfund von Worms-Abenheim mit einer Gürtelschnalle, die der Modetracht des Odergebietes entspricht.

Die alte Hauptstadt *Mogontiacum* gehörte sicher nicht zum burgundischen Föderatengebiet am Rhein. Dort ist noch mit römischen Militärkontingenten und Einrichtungen der Zivilverwaltung zu rechnen. Ob der *dux Mogontiacensis* als Chef des Grenzheeres nach 413 nur noch die Aufgabe hatte, die föderierten Germanen in den Kastellen zu überwachen, ist eine offene Frage. Im Bereich der beiden *civitates* um Worms und Speyer gibt es eine Fülle von archäologischen Zeugnissen für ein Weiterbestehen von Besiedlung in Stadt und Land bis zur Mitte des 5. Jahrhunderts.

Abb. 71 Trier. Grabinschrift für Hariulf, Protector domesticus (kaiserlicher Leibgardist), Prinz aus dem Burgundergeschlecht. Spätes 4. Jh.

Abb. 72 Alzey. Spätantike Festung. Lebensbild der letzten Siedlungsphase. 5. Jh. (nach J. Oldenstein)

Zu dem Föderatenstatus der Burgunder gehörte nicht nur die Besetzung und Wiederherstellung der Grenzfestungen, sondern auch die Nutzung der *burgi* – wie Eisenberg und Bad Dürkheim-Ungstein – und der Festungen wie Bad Kreuznach und Alzey. In letzteren ließ sich eine militärische Nutzung für das zweite Viertel des 5. Jahrhunderts durch Grabungen belegen, gleichzeitig aber eine Zerstörung der Befestigung, die mit einer planmäßigen Schleifung der Anlagen abschloß. Man ist versucht, diesen Befund mit der Niederzwingung der Burgunder durch Aëtius 435 in Verbindung zu bringen. 437 führte ein hunnischer Vorstoß zur völligen Niederlage der Burgunder, deren Reste noch bis 443 am Rhein belassen und dann in die *Sapaudia* (Savoyen) südlich des Genfer Sees umgesiedelt wurden, um dort innerhalb kürzester Zeit ein bedeutender Machtfaktor zu werden. Offenbar war der burgundische »Untergang« doch nicht so endgültig, wie wir es uns nach der Überlieferung des Nibelungenlieds vorstellen.

Abb 253, 202
Abb 203, 72

Von Aëtius bis zum Ende römischer Präsenz in Gallien

Nach der Beseitigung des Usurpators Iovinus 413 mit gotischer Hilfe war die Einheit des Westens einigermaßen gesichert. Britannien hatte sich allerdings unter eigene Verwaltung gestellt, da die Reichsregierung der Insel im Kampf mit den Sachsen nicht mehr beistehen konnte. Der Heermeister Constantius konnte bis zu seinem Tod 421 vor allem im Süden der gallischen Präfektur wieder Ordnung schaffen. Für 420/421 wird ein fränkischer Einfall in Trier gemeldet. Ein *comes domesticorum* Castinus zog gegen die fränkische Invasion, welche die dritte innerhalb kurzer Zeit sein sollte, zu Felde. Der Tod des Honorius 423 führte zur Usurpation eines Johannes im Westen, der von Theodosius nicht anerkannt wurde. 425 wurde der sechsjährige Enkel des Theodosius I. als Valentinian III. zum weströmischen Kaiser ausgerufen. Zu diesem Zeitpunkt erschien erstmals Aëtius als Heerführer in Italien. Der Tod des Johannes ließ ihn auf die Seite Valentians III. umschwenken, und er kämpfte bereits 428 als *comes* des Feldheeres am Rhein oder im Norden der *Germania II* und der *Belgica II* gegen die Franken, 430 gegen Juthungen und Noriker. 435–437 war er in Gallien mit den Burgundern beschäftigt und verhinderte deren Ausbreitung nach der *Belgica.* In die gleiche Zeit fiel die vierte Eroberung Triers durch die Franken. Aëtius hatte die besten Beziehungen zu den Hunnen, die damals an der Donau in der Provinz Pannonien siedelten. Als junger Mann war er als Geisel am hunnischen Hof gewesen. In seinem Heer gab es sicherlich einen bedeutenden Anteil hunnischer Krieger. Die Niederlage der Burgunder 436 gegen die Hunnen mag auf einen militärischen Alleingang dieser asiatischen Krieger zurückgehen. Andererseits ist dies wenig glaubhaft, da die Hunnen als *Chuni auxiliares* noch bis 437 im Auftrag des Aëtius gegen die Aufständischen in der Bretagne und gegen die Westgoten kämpfen.

Neben weiteren Kämpfen gegen die Westgoten im Südwesten der gallischen Präfektur waren um die Mitte des 5. Jahrhunderts Einsätze gegen die Franken notwendig, die sich unter ihrem König Chlogio bis zur Somme ausbreiten wollten. 451 setzten sich die Hunnen von Pannonien aus gegen Gallien in Bewegung und dürften dabei den Oberrhein überquert haben, da die Zerstörung von Mainz, Trier und Metz durch Hunnen in dieser Zeit gesetzt wird. Vielfach sind die hunnischen Zerstörungen und ihre Greueltaten überzeichnet dargestellt worden. Vor allem die christliche Überlieferung bringt das Martyrium vieler Priester und Bischöfe mit dem Hunnenzug in Verbindung. Jedenfalls traf am 20. Juni 451 ein gewaltiger Heereszug mit Ostgoten, Gepiden, Alanen, Skiren und anderen Völkern auf hunnischer Seite auf den Katalaunischen Feldern in der Champagne auf die Streitmacht des Aëtius, dem die Westgoten, Franken, Burgunder und Sachsen in Erfüllung ihrer Bündnispflicht zur Hilfe gekommen waren. Der Sieg des Aëtius und seiner Verbündeten hatte einen hohen Preis: Er wurde von Germanen gegen Germanen ausgetragen. Da Aëtius den hunnischen Machtfaktor, wenn auch geschwächt erhalten wollte, verhinderte er die völlige Vernichtung der Steppenkrieger. Der gewaltsame Tod des verdienten Feldherren am Hof zu Ravenna 454 erinnert an das Ende des Stilicho. Das Ende der römischen Macht in Gallien kam kurze Zeit danach. 455 mußte ein römisches Heer unter dem Heermeister Aegidius vor Köln eine schwere Niederlage gegen die Rheinfranken hinnehmen. 459 wurde Köln von den Franken besetzt. Die Alamannen ließen sich auf dem linken Rheinufer nieder. 455 wurde Trier ein weiteres Mal durch die Franken geplündert, aber noch nicht endgültig eingenommen. Um 475–479 richtete der südgallische Senator und Bischof Sidonius Apollinaris an einen *comes* Arbogast in Trier einen Brief, der bezeugt, daß die Stadt noch unter autonomer spätantiker Herrschaft stand. Kurze Zeit später wurde Trier in die Francia Rhinensis, die rheinfränkische Herrschaft eingegliedert. 486 endete zwischen Maas und Seine das Reich des Syagrius durch den Sieg der Franken unter Clodwig und damit die letzte römische autonome Bastion in Gallien, immerhin zehn Jahre nach dem Ende des weströmischen Kaisertums in Italien. Die neuen Herren im ehemals römischen Gallien waren nun Westgoten, Burgunder, Franken und Alamannen, die aus ihrem eingeschränkten Status als mehr oder minder romtreue Bundesgenossen (*foederati*) eigene Königreiche nach germanischem Recht gebildet hatten. Anders als das oströmisch/byzantinische Reich hatte Westrom die ganzen Folgen der Völkerwanderung zu tragen gehabt. Durch die Westbewegung der Hunnen waren vor allem die ostgermanischen Völker unter Druck geraten und hatten sich schließlich auf weströmischem Boden niedergelassen. Das frühe Mittelalter hatte begonnen. *Abb 76*

Das Siedlungsbild bis zum Ende der Römerherrschaft

Germania I

Die Sicherung der Rheingrenze unter Valentinian I. brachte für die Rheinzone eine rund 30 Jahre währende Periode der Ruhe. Die Verwüstungen der Magnentiuszeit ließen sich aber nicht mehr völlig beseitigen. In den Städten reduzierte sich das Leben auf die Bereiche hinter den Festungsmauern. In Speyer etwa ließ sich durch die neuesten Grabungen zeigen, daß hier zahlreiche Privathäuser, z. T. mit eigenen Bädern, neu errichtet wurden. Auf dem Land ging die Siedlungskonzentration weiter. Vor allem die Güter der Kleinbauern hatten kaum eine Überlebenschance, wenngleich es, wie der kleine Hof von Gönnheim zeigt, solche Anlagen noch gab. Viele größere Anwesen *Abb 275* wurden repariert oder umgebaut. Das einstmals blühende Landgut von Bad Dürkheim-Ungstein wurde nur noch reduziert bewirtschaftet, während im benachbarten *Abb 199* Gutshof am Annaberg unweit des zerstörten Hauptgebäudes ein ca. 80 m langer Neu- *Abb 196* bau entstand. Die Funde der zweiten Hälfte des 4. Jahrhunderts streuen im Rheingebiet über die gesamte Altsiedelfläche, so daß von einer Wüstungsperiode oder einer Bewirtschaftung der Ackerflächen von den geschützten Siedlungen aus, also einer Vorstadtbewirtschaftung, nicht gesprochen werden kann. Auch die Qualität der Funde, vor allem aus Gräbern, zeigt noch einen gewissen Wohlstand. Große Güter lagen wohl auch im Umland von Mainz. 371/72 konnte sich unter Valentinian I. der Kanzleileiter (*magister officiorum*) Remigius nach seiner Suspendierung vom Dienst auf sein Landgut bei Mainz zurückziehen.

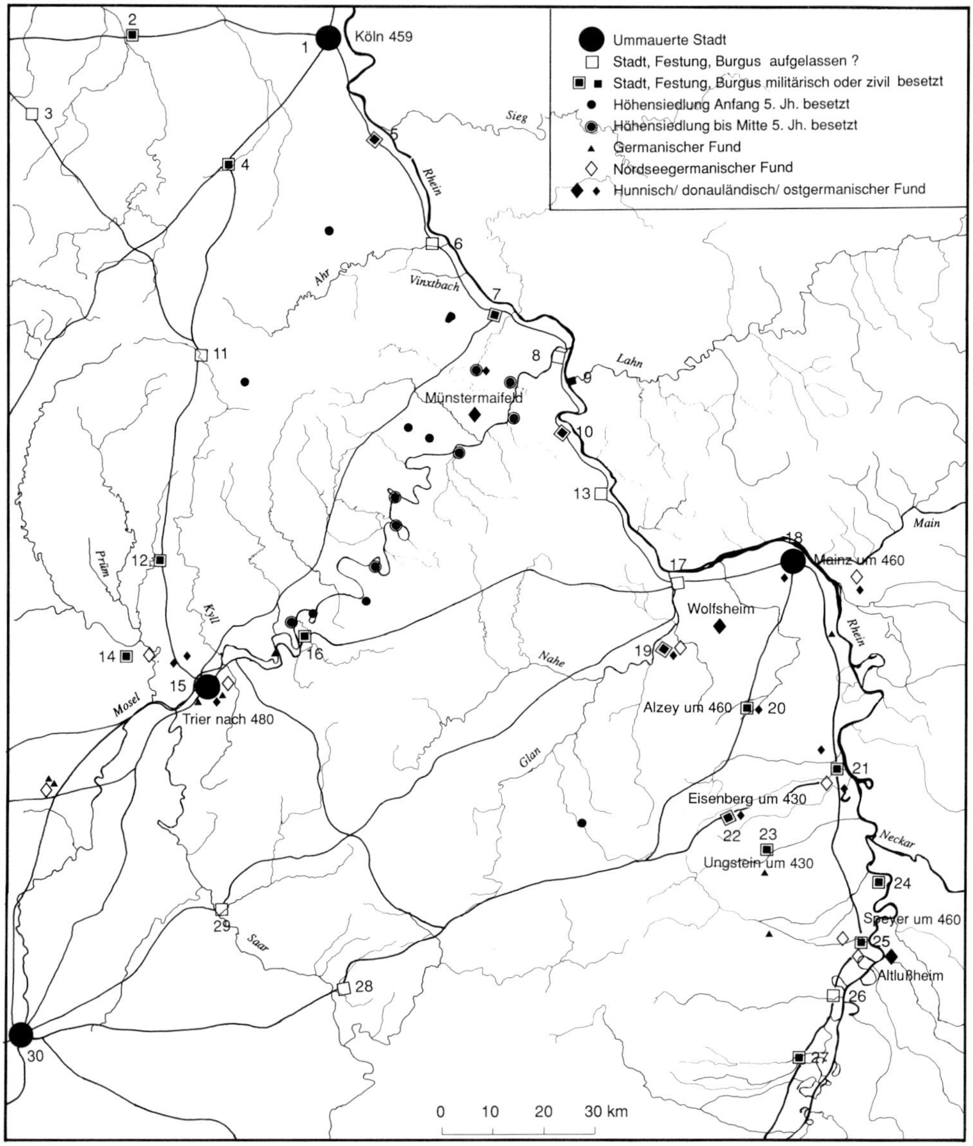

Abb. 73 Gebiet zwischen Rhein und Mosel im 5. Jh. und das Ende der römischen Präsenz. 1 Köln (Colonia Agrippina), 2 Jülich (Iuliacum), 3 Aachen (Aquae Granni), 4 Zülpich (Tolbiacum), 5 Bonn (Bonna), 6 Remagen (Rigomagus), 7 Andernach (Antunnacum), 8 Koblenz (Confluentes), 9 Niederlahnstein, 10 Boppard (Bodobriga), 11 Jünkerath (Iuliacum), 12 Bitburg (Beda), 13 Oberwesel (Visolvia), 14 Echternach, 15 Trier (Treveri), 16 Neumagen (Noviomagus), 17 Bingen (Bingium), 18 Mainz (Mogontiacum), 19 Bad Kreuznach (Cruciniacum?), 20 Alzey (Vicus Altiaiensium), 21 Worms (Vangiones), 22 Eisenberg, 23 Bad Dürkheim-Ungstein, 24 Alta ripa, 25. Speyer (Nemetae), 26 Germersheim (vicus Iulius?), 27 Rheinzabern (Tabernae), 28 Saarbrücken (Vicus Saravus), 29 Pachten (Contiomagus), 30 Metz (Mediomatrici)

Während in den geschlossenen Siedlungen schon um die Mitte des 4. Jahrhunderts wohl unter Einfluß des Christentums die Beigabensitte endet, lassen sich auf dem flachen Land bis ins 5. Jahrhundert reiche Grabausstattungen nachweisen. Hierin sind die von den Kirchenvätern immer wieder scharf attackierten »heidnischen« Landbewohner (*pagani*) zu sehen. Diese Bevölkerung war es auch, die noch bis zum 5. Jahrhundert in den alten Heiligtümern geopfert hat. Durch den Zuzug germanischer Gruppen hat sich das Bild mit »heidnischen Beigaben« in den Gräberfeldern der Höfe vor allem im frühen 5. Jahrhundert noch besonders verstärkt.

Im Bergland zwischen Nahe und Blies änderte sich die Siedlungssituation seit der Magnentiuszeit. Nach den Alamanneneinfällen von 352 sind dort weite Landstriche wüst geblieben. Es gab nur noch einzelne Siedlungsinseln etwa im Umfeld der Höhensiedlungen Heidenburg bei Kreimbach, um Rothselberg oder bei Zweibrücken. Die *Abb 470* gleichmäßige Streuung von Münzen des späten 4. Jahrhunderts zeigt aber, daß die Region sicherlich noch landwirtschaftlich genutzt wurde. Kleine *burgi* vom Typ Eisenberg mögen für die Straßen- und Binnenlandsicherung wie für die Lagerung der Naturalabgaben (*annona*) unabdingbar gewesen sein.

Belgica I

Die Wiedereinrichtung der westlichen Kaiserresidenz unter Valentinian I. 367 n. Chr. brachte nach den Notzeiten neuen Glanz an die Mosel. Schon allein der Sitz der gallischen Präfektur in Trier hätte zu einer gewissen wirtschaftlichen Blüte geführt. Die Residenz hingegen verschaffte der Stadt und der Region eine herausragende Stellung innerhalb des Reiches. Mit der Beseitigung der Zerstörungen, dem Umbau der öffentlichen Gebäude, der Errichtung der Doppelbasilika in der Stadt ging auch auf dem flachen Land ein Neubauprogramm einher. Die Kaiservilla bei Konz an der Saarmün- *Abb 337, 338* dung als Sommerresidenz ist ein Umbau dieser Zeit; neu errichtet wurden die Villen von Pölich, Leiwen und Niederemmel, die alle im lieblichen Moseltal angelegt wur- *Abb 446, 352* den. Der festungsartige Palast von *Palatiolum*/Pfalzel wurde umgebaut und durch *Abb 589, 590* Truppenunterkünfte erweitert. Unweit nördlich der Kaiserstadt wurde ein rund 220 km² großes Areal als kaiserlicher Domänenbezirk mit einer Mauer – Langmauer – ein- *Abb 348* gefaßt. Repräsentatives Zentrum wurde die Villa von Welschbillig. *Abb 607*

All der Glanz römischer Bauten darf aber den Blick nicht für die realen Lebensumstände breiter Bevölkerungskreise an Rhein und Mosel trüben. Der unerhörte Bedarf von Militär und Verwaltung in klingender Münze oder in Naturalien hatte zu einer Zwangswirtschaft geführt, die mit den goldenen Zeiten des 2. Jahrhunderts nichts mehr gemein hatte. Die Bindung der Landwirte an die Scholle, die Abhängigkeit der Kleinbauern von den Großgrundbesitzern, die Erblichkeit der Berufe, die Bürgschaft der Curialen in den Städten für das Steueraufkommen verbunden mit Korruption in der Verwaltung führte im späten 4. Jahrhundert zu einer allgemeinen Staatsverdrossenheit.

Die Verlegung des Kaiserhofes nach Mailand spätestens 395, der Zentralverwaltung nach Arles wenige Jahre später (um 402) und die Invasion ostgermanischer und alanischer Völkerschaften in Gallien (407), ließen das künstlich am Leben erhaltene Staatsgefüge vollends zerbrechen.

Das spätantike Heer und die Germanen

Die germanischen Vorstöße seit dem 3. Jahrhundert hatten eine Umstellung von der linearen Grenzverteidigung zur tiefgestaffelten Binnenlandsicherung zur Folge. Erst unter Valentinian I. war das Verteidigungskonzept so weit ausgebildet, daß bis 407 ein Schutz Galliens weitgehend gewährleistet war. Die Grenztruppen (*limitanii*) unterstanden einem *dux*, der für die *Germania I* seinen Sitz in Mainz hatte (*dux Germaniae primae*).
Das bewegliche Feldheer unterstand einem höherrangigen *comes* (etwa *comes utramque Germaniae* = für beide Germanien) und teilte sich in Fußtruppen (*pedites*) und Kavallerie (*equites*). Besondere Ereignisse erforderten den Einsatz von Heermeistern, die als Vertreter des Kaisers den Titel *magister militum* trugen. Wir kennen solche Meister für Fußtruppen und Kavallerie (*magister peditum, equitum*) oder in ganz hohem Rang für beide Chargen als *magister utriusque militae*. Zu einem späten Zeitpunkt im 4. Jahrhundert war der Grenzabschnitt von Seltz bis Horburg einem *comes* des Feldheeres unterstellt, der seinen Sitz in Straßburg hatte (*comes Argentoratensis*). Die restliche Grenzstrecke bis Andernach unterstand dem *dux Mogontiacensis*. In der Kaiserresidenz Trier standen besondere Eliteeinheiten wie die kaiserliche Leibgarde (*protectores domestici*).

Die Wehranlagen

Während in den ummauerten Städten wie Mainz, Speyer oder Worms die Einheiten der Grenztruppen in einem Stadtquartier ihre Garnison hatten, ist die Festung *Alta*
Abb 72, 176 *ripa*/Altrip im 4. Jahrhundert eine rein militärische Anlage. Die mittelkaiserzeitlichen Kastelle waren im Vergleich dazu nur einfache umwehrte Mannschaftsunterkünfte. Um die Wirkung von Geschossen oder Brandpfeilen abzuschwächen, blieb der Innenhof der Festung frei von Bebauung. Die Unterkünfte schmiegten sich eng an die Festungsmauer an. Die Mauerstärken von meist 3 m sollten die Wirkung von Katapulten oder Mauerbrechern mindern. Die Eck- und Zwischentürme der Festung ragten weit über die Mauerflucht hinaus, so daß tote Winkel vor der Mauer mit Geschossen bestrichen werden konnten. Die Wehrgräben, oft sehr breit, lagen weitab der Mauern. Nur so konnte man geschlossen marschierende Verbände auflösen und mit Geschossen eliminieren. Festungen von quadratischer Form wie Alzey oder Kreuznach gehörten offenbar schon zum Kommandobereich des Feldheeres, da sie im Verzeichnis der

Grenztruppen fehlen. In Alzey läßt sich das eben beschriebene Schema mit dem weitgehend freien Innenhof ebenfalls feststellen. Die kleinen *burgi* vom Typ Eisenberg *Abb 253* zeigen eine ähnliche Anordnung. Über einen freien Innenhof konnten wenigstens die oberen Geschosse des *burgus* Tageslicht erhalten. Die Einheiten des Feldheeres waren auch aus Versorgungsgründen über verschiedene Garnisonen in Gallien verteilt und konnten bei Bedarf schnell vereint werden.

Die Ausrüstung

Bereits gegen Ende des 2. Jahrhunderts war der Nahkampf mit Schwert und Dolch vom Kampf mit der Hiebwaffe abgelöst worden. In der Spätantike hatte sich das lange Hiebschwert (*spatha*) vollends durchgesetzt. Dazu kam die Axt als Wurf- oder Hiebwaffe sowie Lanzen und Spieße. Unter orientalischem Einfluß hatten Pfeil und Bogen als Fernwaffen eine erhebliche Einsatzsteigerung erfahren. Der in der Prinzipatszeit allgemein übliche schwere Helm wurde von den einfachen Soldaten kaum noch getragen. Die Offiziere hatten leichte, aus Lamellen oder wenigstens aus zwei Kalotten zusammengesetzte Helme, ab und zu mit farbigem Metall verziert. Der Lamellenpanzer war weitgehend gegen die leichteren Kettenhemden ausgetauscht worden. Der große und schwere Legionarschild war durch einen leichten kleinen Rundschild ersetzt worden. Nach der Mitte des 4. Jahrhunderts wurden breite Militärgürtel getragen, die bis zu fünf kerbschnittverzierte Bronzebeschläge aufwiesen. Gegen 400 wurden die Gürtel und ihre Beschläge schmaler. Die Soldaten der niederrheinischen und nordbelgischen Heeresverbände trugen einfache Gürtelgarnituren mit lanzettförmigen Riemenzungen, die Soldaten des obergermanischen Bereiches und des Hinterlands in der *Belgica* punzverzierte Garnituren mit scheibenförmigen Riemenzungen. Vor allem die Soldaten germanischer Herkunft bekamen solche Gürtel mit in ihre Gräber, so daß aus der Form ihr Rekrutierungsgebiet zu erschließen ist. Die schweren Soldatenmäntel wurden mit massiven Fibeln, sog. Zwiebelknopffibeln, geschlossen. An der Ausführung dieser Spangen läßt sich gut der Rang des Soldaten erkennen. Die normale Ausführung bestand aus Bronze, wertvoller war eine zusätzliche Vergoldung. Fibeln aus massivem Edelmetall standen nur den höchsten Offizieren zu.

Zahlreiche Gräber mit Militärgürteln und Zwiebelknopffibeln westlich der Reichsgrenze zeigen aber gleichzeitig, daß viele germanische Soldaten – oft waren es wohl ausschließlich Offiziere – gerade im Umfeld von Militäranlagen bestattet wurden. Auch in den Nekropolen der Städte wie Speyer, Worms oder Trier sind solche Militärbestattungen angetroffen worden und bezeugen in jedem Fall nichtrömische Personen, da römische beigabenlos, vor allem ohne militärische Ausrüstungsteile beigesetzt wurden.

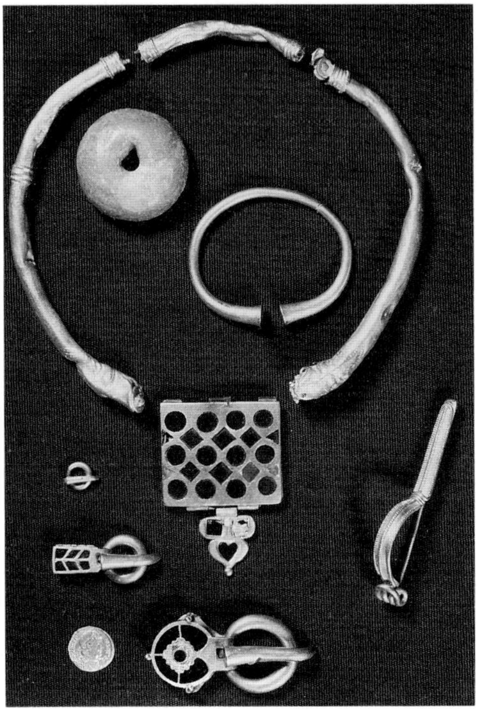

Abb. 74 Wolfsheim. Beigaben aus einem donauländisch/hunnischen Grab. 5. Jh.
Abb. 75 Altlußheim, Rhein-Neckar-Kreis. Schwertoberteil aus einem donauländisch/hunnischen Grab. 5. Jh.

Germanen in Stadt und Land

Neuere Untersuchungen haben gezeigt, wie stark das Gebiet zwischen Rhein und Mosel bereits seit dem 3. Jahrhundert von Germanen besiedelt war. Der erhebliche Bevölkerungsrückgang nach den Katastrophen von 275 und vor allem von 352–355 hatte die Ansiedlung germanischer Gruppen geradezu notwendig gemacht. Es hat vielfach den Anschein, als ob solche Germanen neben ihren Aufgaben im Heer auch für die Landwirtschaft eine wichtige Rolle spielten. Anders lassen sich die germanischen Funde in Gutshöfen oder deren Friedhöfen nicht erklären. Die kleinen Militärposten nördlich der Mosel waren ebenso mit germanischen Soldaten besetzt wie die dichte Postenreihe am Oberlauf der Mosel bis Trier. Auch in den Höhensiedlungen der Pfalz sind Germanen bezeugt. Nicht nur auf dem Land, sondern auch in den Städten müssen die Germanen an ihrer besonderen Tracht zu erkennen gewesen sein, wie die Funde von Fibeln oder Halsringen vor allem in Gräbern – so etwa in Worms – zeigen.

In die Zeit nach der großen Invasion von 407 führen einige bedeutende germanische Funde. Im Gräberfeld einer *villa rustica* bei Wolfsheim in Rheinhessen wurde im zweiten Drittel des 5. Jahrhunderts ein Angehöriger jener germanischen Führungsschicht mit Goldschmuck und Schwert bestattet, die am Hofe Attilas als die Auser- *Abb 74*

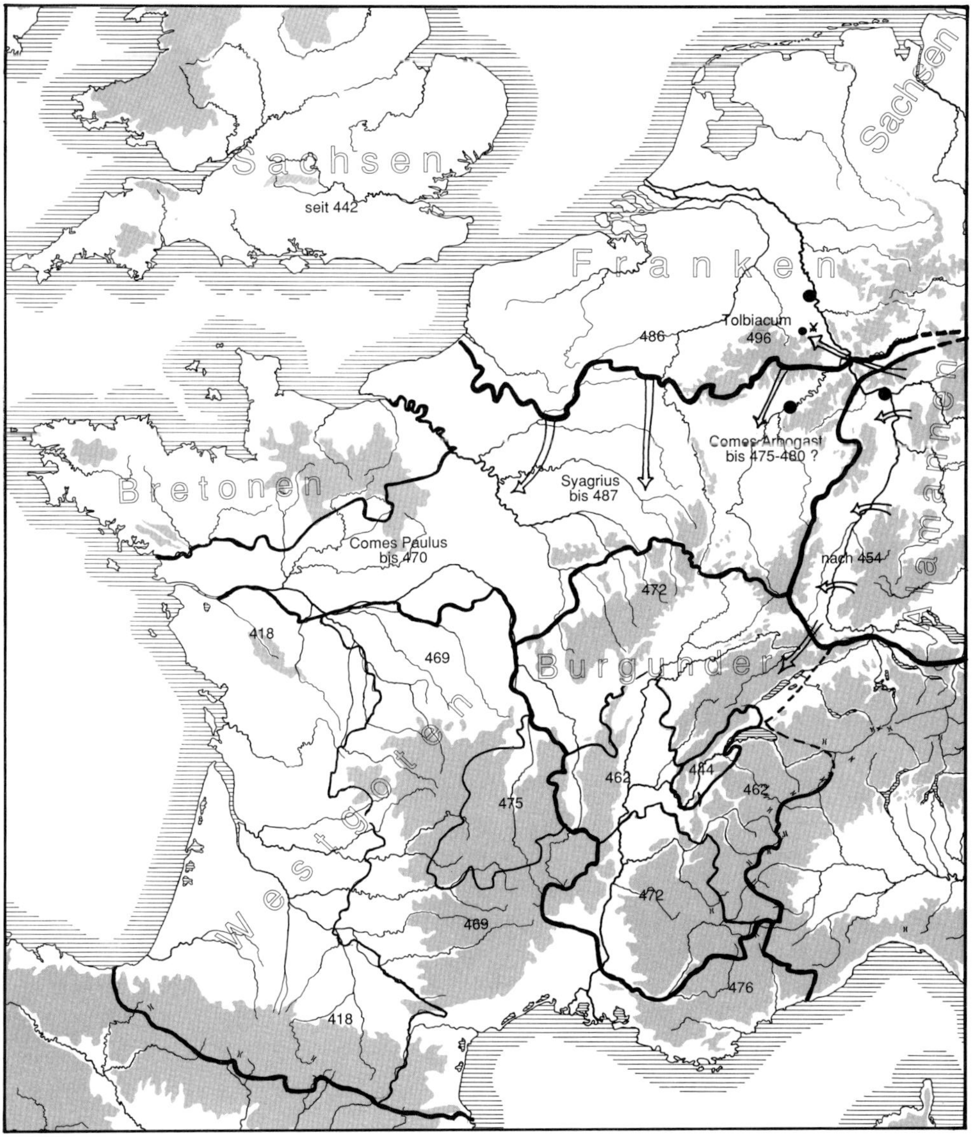

Abb. 76 Die Ausbreitung der germanischen Stämme in Gallien im 5. Jh. Die Jahreszahlen bezeichnen die Zugewinne

wählten (*logades*) galten. Diese Gefolgsleute waren gotischer oder iranischer Herkunft und gehörten zur Oberschicht ihrer Stämme. Ebenso wie der reiche Krieger, der
Abb 77 in Sichtweite zum antiken *Nemetae*/Speyer auf der rechten Rheinseite bei Altlußheim bestattet wurde, führt der Wolfsheimer Fürst in die Zeit nach der Zerschlagung des Burgunderreiches 436. Vielleicht hat Aëtius nach der Umsiedlung der Burgunder an den Genfer See Angehörige dieser hunnisch/ostgermanischen Führungsschicht samt ihren Kriegern als Föderaten gewonnen. Eine unzweifelhaft hunnische Bestattung der gleichen Zeit ist in einem Brandgrab von Münstermaifeld mit einem hunnischen Bronzekessel als Urne zu erkennen. Aber dieser hunnisch/ostgermanische Einfluß bleibt nur eine Epsiode.

Um die Mitte des 5. Jahrhunderts lassen sich erste alamannische Siedler auf dem linken Rheinufer nieder. Vor allem im Umfeld der Städte sind Siedlungen und Gräberfelder dieser Zeit zuzuweisen. Dabei lassen sich seit 450 auch nordseegermanisch/sächsische Einflüsse erkennen, vermutlich ehemalige Föderaten in römischen Diensten. Bis um 500 kann man allerdings keineswegs von einer flächendeckenden alamannischen Landnahme sprechen. Erst mit der Niederlage der Alamannen gegen die Franken 496 in der Schlacht bei *Tolbiacum*, das mit Zülpich in der Nordeifel gleichgesetzt wird, setzte eine breite germanische Besiedlung ein. Bis zu diesem Zeitpunkt haben sich vereinzelt noch romanische Bevölkerungsrelikte in Stadt und Land gehalten.

Im Moselgebiet dagegen läßt sich auch nach Ausweis der Namenskunde ein mehr oder weniger friedliches Nebeneinanderleben von Franken und Romanen noch bis weit in das 6. und 7. Jahrhundert hinein nachweisen.

Kunst und Kunsthandwerk

von Ernst Künzl

Die römerzeitliche Kunst in einer Grenzprovinz des Reiches ist immer ein schwierig darzustellendes Thema. Einheimische Traditionen verbinden sich mit mediterranen Einflüssen, lokale Phänomene stehen südlichen Importen gegenüber, die Romanisierung der einheimischen Bevölkerung findet in den künstlerischen Produkten ebenso einen Ausdruck wie die mittelmeerischen, nach dem Norden verpflanzten Traditionen. Unser Urteil über die Kunst der Römerzeit wird nicht einfacher durch die immer wieder zu betonende Tatsache, daß es im Altertum keine Kunst um der Kunst allein willen gegeben hat, sondern daß alle künstlerischen Äußerungen auf politische, religiöse oder soziale Impulse hin geschahen. Kein antiker Bildhauer hätte einen Torso modelliert, um künstlerische Formen zu erproben, kein antiker Maler hätte für sich allein Gemälde produziert, ohne diese für Auftragsarbeiten zu verwenden.

Großplastik aus Stein ist den Kelten der Spätlatènezeit im Rheinland wie in Gallien nicht unbekannt gewesen, hat jedoch ebenso wie die Malerei keine wichtige Rolle gespielt. Beide Ausdrucksformen sind wie die monumentale Steinarchitektur oder die Gemmenkunst aus dem Süden von den Römern mitgebracht worden. Mit einer großformatigen keltischen Holzplastik ist allerdings nach den Funden aus Südwestdeutschland und Ostfrankreich durchaus zu rechnen.

In anderen Bereichen, etwa in der Metallkunst kleineren Formates, der Waffenproduktion, den Münzen, den Keramiken oder den Gläsern traf sich der mittelmeerische Einfluß ebenfalls mit einer eigenen keltischen Tradition.

In Rheinland-Pfalz haben wir (als einzigem Bundesland der Bundesrepublik Deutschland) zwei römische Provinzhauptstädte, *Mogontiacum* – Mainz für die Provinz *Germania superior* (Obergermanien) und die *Colonia Augusta Treverorum* – Trier für die Provinz *Gallia Belgica* (Belgisch-Gallien), wobei Trier in der Spätantike als Kaiserresidenz sogar eine besonders wichtige Stellung im Westen des Römischen Reiches einnahm.

Ich möchte meine Skizze der römerzeitlichen Kunst aus dieser Region auf die Gebiete von Mainz und Trier konzentrieren, andernfalls käme man bei der Fülle des Materials zu keinem lesbaren Ergebnis. Dem aufmerksamen Leser werden sich außerdem in den

topographischen Beiträgen sowie in den anderen Überblicksartikeln unter diversem Etikett auch Aspekte der Kunst erschließen.
Das Hauptgewicht unserer Überlegung liegt in der Plastik, denn Skulpturen haben sich (zwar oft nur fragmentarisch) in großer Anzahl erhalten. Die kostbaren Tafelgemälde der Antike hingegen sind aus allen Perioden verschwunden. Die Malerei bietet sich als eine Wanddekoration und als eine keramische Kunst dar, folglich nur in einem schwer einschätzbaren, gewiß aber oft ärmlichen Ersatz.
Dem modernen Museumsbesucher erschließt sich beim Besuch der Sammlungen von Mainz und Trier ein sehr konträres Bild, welches der antiken Realität wohl nicht entspricht. Wer die Zusammenhänge nicht kennt, glaubt beim Besuch der Mainzer Steindenkmälersammlung verständlicherweise an ein Übergewicht des Militärs. Wer die Trierer Sammlungen besucht, wird vor allem durch die überreichen Grabdenkmäler des 2. und 3. Jahrhunderts n. Chr. beeindruckt, die besonders im Neumagener Spolienfund (in spätantikes Mauerwerk verbaute Skulpturen) erhalten sind. In beiden Fällen wird das Bild durch den Zufall der archäologischen Erhaltung etwas einseitig. Wenn man sich vorstellt, daß in Trier die Neumagener Funde fehlen würden, sähen unsere Urteile wohl anders aus. Die großen Grabdenkmäler des 2. und 3. Jahrhunderts, in Pfeilerform, in Altarform oder in Form künstlerisch ausgestalteter Grabbezirke (alles Dinge, die wir aus Trier kennen), scheint es in Mainz auch gegeben zu haben, doch liegt aus diversen Gründen, zu denen neben den Kriegszerstörungen allerdings auch ein Nachholbedarf an archäologischem und historischem Bewußtsein gehört, die große Kunst der römischen Provinzhauptstadt Mainz arg im dunkeln.

Die Kunst im 1. Jahrhundert n. Chr.

Blicken wir auf Mainz und Trier im 1. Jahrhundert n. Chr., so dürfen wir nicht die ersten künstlerischen Aktivitäten übersehen, die bald nach den Stadtgründungsphasen im vorletzten Jahrzehnt des 1. Jahrhunderts v. Chr. eingesetzt hatten. In Mainz ist dies ein weniger unter dem Aspekt der Kunst als vielmehr der politischen Demonstration
Abb 41, 378 zu verstehender Grabbau, das Drususmonument, im Süden der Stadt, wo nach dem Tode des älteren Drusus 9 v. Chr. das römische Militär einen 30 m hohen Bau errichtete, der die gesamte Landschaft beherrschte. Dieses Runddenkmal darf man nicht aus dem Auge verlieren, wenn man die künstlerischen Aktivitäten der Folgezeit richtig einschätzen will: Rom betonte seine Präsenz. Im Bereich der bildenden Kunst sah dies so aus, daß man ganz sicher von der kaiserlichen Familie Porträts aus Italien importiert hat. Dies war aber nur ein kleiner Teil der Tätigkeiten. Sehr rasch bildeten sich eigene Werkstätten, denn die enorme Konzentration vom Militär im Mainzer Raum brachte Geld mit sich, wirkte anregend auf die umliegende keltische oder hinzugezogene Bevölkerung, förderte die Romanisierung ebenso wie den wirtschaftlichen Aufschwung. Anhand der reichen militärischen und auch zivilen Mainzer Grabdenkmäler des 1.

Abb. 77 Mainz. Grabrelief des Adlerträgers Musius. Kalkstein (LM Mainz)
Abb. 78 Mainz. Grabrelief des Bogenschützen Monimus. Kalkstein (LM Mainz)

Jahrhunderts n. Chr. haben wir ein ziemlich gutes Bild, was unter diesem wirtschaftlichen Aufschwung zu verstehen ist: Bereits sehr bald ließen sich die verstorbenen Soldaten der Okkupationsarmee auf den Friedhöfen rings um die Mainzer Legionsfestung und auf der Straße zwischen dem Legionsstandort auf dem Kästrich und der Militärstation in Weisenau im Süden bestatten. Der erste sog. Provinzialstil der Skulptur hier am Rhein war aus Italien importiert; Norditalien (selbst eine romanisierte kelti-

Abb. 79 Mainz-Weisenau. Grabrelief des Blussus und seiner Familie. Kalkstein (LM Mainz)

sche Provinz) spielte die Hauptrolle, aber auch Einflüsse aus Zentralitalien und Rom sind zu registrieren. Grabstelen mit dem Bild des stehenden Soldaten wie jene des Mu-
Abb 77, 78 sius oder mit der Büste des Verstorbenen wie jene des Monimus bezeugen einen Einfluß Italiens über die sozialen Grenzen der Soldaten hinweg. Offiziere, Legionssoldaten und auch noch nicht mit dem römischen Bürgerrecht ausgestattete Hilfstruppensoldaten ließen sich im gleichen Stil darstellen, wobei kein Unterschied zwischen Leuten aus dem Westen des Imperiums und Orientalen festzustellen ist. Der Bogenschütze Monimus aus dem Vorderen Orient läßt sich in einem typisch oberitalischen Stil darstellen, die Form der von den Werkstätten in Mainz angebotenen Grabreliefs wird also bereits als kanonisch anerkannt, ohne daß die Besteller daran Kritik geübt hätten.

Nicht zu vergessen ist, was man an den Neumagener Grabdenkmälern besonders
Taf 4 schön sehen kann, aber auch an anderen Beispielen wie dem Silius aus Dienheim, daß alle antiken Steinskulpturen farblich gefaßt waren. Wie immer man die künstlerische Qualität auffaßt, der heutige Zustand entspricht nicht mehr dem antiken Eindruck. Viele dieser Skulpturen wirkten durch die farbliche Fassung sehr viel direkter und weniger beiläufig als in der modernen Erhaltung.

Abb. 80 Mainz-Weisenau. Grabrelief eines Ehepaares. Kalkstein (LM Mainz)

Eine bis zwei Generationen nach dem Eintreffen der römischen Armee, in den Jahren etwa zwischen 30 und 50 n. Chr., sehen wir die Wirkungen dieser durch das römische Militär eingeführten Provinzialkunst auf die einheimische Bevölkerung. Man paßte sich schnell den Okkupanten an, man akzeptierte das römische Vorbild ebenso wie die Tatsache der römischen Besetzung offenbar ohne Schwierigkeiten. Etliche Aufstände in Gallien, darunter auch in Trier, haben keine großen Wirkungen nach sich gezogen, auch die Wirren des Bataverkriegs um 69/70 n. Chr. haben, unter dem Aspekt der künstlerischen Aktivitäten gesehen, so gut wie keine Spuren hinterlassen. Doch gehen wir auf die Jahre zwischen 30 und 50 n. Chr. zurück: Ein Schlaglicht auf die Situation der Zivilbevölkerung wirft der bekannte Grabstein des Blussus und seiner Familie aus *Abb 79* Mainz-Weisenau, eines Rheinschiffers, der zu Geld gekommen ist und der sich mit seiner Frau noch in einheimischer keltischer Tracht darstellt, während sein Sohn Primus mit Namen und modischer Frisur bereits nach römischer Art ausstaffiert ist.
Bei einem anonymen Ehepaar, ebenfalls aus Mainz-Weisenau, sehen wir eine ähnliche *Abb 80* Demonstration des neu gewonnenen Reichtums, in diesem Fall sogar durch ein besonders aufwendig gestaltetes Grabmal in eigenartiger architektonischer Form (monumentalisierte Grabstele).

Abb. 81 Andernach. Grabmal des Auxiliarsoldaten Firmus. Kalkstein (RLM Bonn)
Abb. 82 Ingelheim-Niederingelheim. Grabrelief eines Ehepaares, Kalkstein (LM Wiesbaden)
Abb. 83 Mainz. Grabrelief des Kavalleristen Romanius. Kalkstein (LM Mainz) ▷

Die Übergangsformen der Romanisierung sieht man auch auf einem großformatigen
Abb 82 Grabdenkmal aus Niederingelheim, wo die Frau noch die einheimische keltische Tracht trägt, während der Mann bereits in der Toga als römischer Bürger figuriert. Ein Ruhmesblatt der Mainzer Kunst im 1. Jahrhundert n. Chr. sind die großformatigen Soldatendarstellungen, die wir aus Mainz selbst sowie auch aus der Umgebung
Abb 220 finden, wobei besonders einige Darstellungen aus Bingerbrück überraschend eindurcksvoll sind, beispielsweise jene des stehenden Annaius, eines Hilfstruppeninfan-
Abb 81 teristen aus Dalmatien. Vergleichbar ist der großformatige Grabstein des Firmus aus

C·ROMANIVS
EQ·ALAE·NORIC
CLAVD·CAPITO
CELEIA·AN·XL·STIP·XIX
H·S·E·H·EX·T·F·C

Andernach. Diese Soldatenreliefs sind außerdem wertvolle Zeugnisse für unsere Kenntnis der römischen Bewaffnung des 1. Jahrhunderts n. Chr.

Sehr bald emanzipierten sich die rheinischen Werkstätten (wobei neben Mainz die Kölner Werkstätten im 1. Jh. n. Chr. führend waren) von den Vorbildern Italiens und propagierten eigene Kreationen. Zu diesen neuen Angeboten zählten beispielsweise die Reiterkampfszenen. Ein in siegreicher Pose dahersprengender Kavallerist reitet einen Gegner nieder. Vorbilder finden sich in der Triumphalkunst und Architekturplastik Italiens und vorher bereits auch in der Kunst Griechenlands, aber die Werkstätten von Mainz und Köln haben daraus um die Mitte des 1. Jahrhunderts n. Chr. einen bestimmten Typus gemacht. Für eine Zeitlang war dieser Typus sehr erfolg-
Abb 83 reich, in Mainz ist der Grabstein des Romanius das prominenteste Beispiel.

Nach dem Bataverkrieg der Jahre 69/70 n. Chr. kommt eine neue Form auf, das Totenmahl. Auch die Vorbilder hierfür stammen aus dem Mittelmeerraum, sie werden aber ganz plötzlich hier ins Spiel gebracht. Man ist sich noch nicht darüber einig, wie das Motiv überliefert wurde. Es kann sein, daß die Werkstätten selbst solche Themen propagierten, vielleicht spielten manchmal auch Kundenwünsche eine Rolle. Das Motiv des Totenmahls ist das letzte aus der sehr erfolgreichen Reihe militärischer oder militärisch geprägter Themen hier am Rhein. Aus dem Trierer Land können wir direkt keine Entsprechung zu den Mainzer und Kölner Grabreliefs finden, dagegen haben wir aus der Gegend zwischen Koblenz, dem Trierer Land und Belgien im 1. Jahrhundert n. Chr. eine Reihe von Reiterkampfszenen, die von großformatigen Grabbauten stammen müssen. Es ist dies eine spezifische Kunst jener Landschaften, die man in Mainz bisher nicht finden kann.

Formal sind die frühen Skulpturen in Mainz nur teilweise befriedigend. Ein Teil der Skulpturen ist sehr ansprechend modelliert, direkt, zupackend, mit einem Sinn für angemessene Form, allerdings ohne großes Raffinement. Ein Teil der Skulpturen ist allerdings schlichtweg ungeschickt, unbeholfen, und ein Blick auf das Relief des Adler-
Abb 77 trägers (*aquilifer*) Musius zeigt, daß dies nicht etwa nur für Reliefs einfacher Soldaten zutrifft.

Immerhin, als mit dem Jahre 43 n. Chr. die Invasion Britanniens unter Kaiser Claudius begann, hatte sich ein halbes Jahrhundert lang die römische Provinzialkunst in Mainz schon so gut ausgebildet, daß sie als Tochterkunst weiter nach Britannien verpflanzt werden konnte. Die frühesten Denkmäler römischer Skulptur in Britannien sind von der Kunst der Rheinzone beeinflußt, so wie diese aus Italien stammt. Innerhalb von ungefähr einem Jahrhundert hat man mit der Abfolge Italien – Rheinland – Britannien das Musterbeispiel einer Wanderung von Provinzialstilen.

Diese hier sehr knapp skizzierten Vorgänge sind alles andere als einfach zu verstehen. Man muß dazu wissen, daß die Kunst im Italien des 1. Jahrhunderts v. Chr. ein äußerst komplexes Gemisch aus verschiedensten Überlieferungen war. Rom hatte seit der Schlacht von Zama (202 v. Chr.) den Mittelmeerraum beherrscht, wenn es auch noch 170 Jahre bis zur Schlacht von Actium (31 v. Chr.) dauern sollte bis Rom auch nominell zwischen Ägypten und Spanien, zwischen Gallien und Kleinasien den Erdkreis beherrschte. Auf dem Gebiet der Kunst allerdings stellt sich uns ein kompliziertes Problem dar, denn um das Jahr 200 v. Chr. gab es nur bedingt das, was wir jetzt mit römischer Kunst bezeichnen. Natürlich kann man immer sagen, jegliche Kunst auf dem Gebiet, welches Rom politisch beherrscht hat, ist römische Kunst. So kann man die neoattische Kunst Athens im späten 2. Jahrhundert und im 1. Jahrhundert v. Chr. durchaus auch als römisch bezeichnen, sind doch diese Dinge für einen Markt produziert worden, welcher von der siegreichen römischen Republik bestimmt wurde. Doch mit einer solchen politischen Etikettierung allein ist es nicht getan. Man muß auf dem Gebiet der Kunst auch die verschiedenen Wurzeln klarlegen, die Eigenheiten beschreiben, den Sinn einer historischen Entwicklung klarlegen können. Zu den schwierigsten Problemen überhaupt, welche die Archäologie der Alten Welt zu bieten hat, gehört die Kunst in Italien im 1. Jahrhundert v. Chr. Hier traf sich so gut wie alles, was damals aktiv war, Gemmenschneider aus Ägypten, Bronzegießer aus Griechenland, römische Politiker mit Ambitionen, die für entsprechende Aufträge sorgten; man bemerkt eine überschäumende Bauaktivität, die Herausbildung neuer künstlerischer Audrucksmittel wie des sog. zweiten Stils der römischen Wanddekoration, eine sehr betonte Entwicklung auf dem Gebiet der Porträts oder die ersten sog. historischen Reliefs. Als in

Abb. 84 Mainz. Große Jupitersäule. Kalkstein. Rekonstruktion auf dem Deutschhausplatz

Abb. 85, 86 Mainz. Jupiter und Genius des Nero von der großen Jupitersäule. Kalkstein (LM Mainz)

den Jahren um 15 v. Chr. Kaiser Augustus die römische Rheingrenze militärisch und politisch neu ordnete, als also Städte wie Mainz und Trier gegründet wurden, verpflanzte man folgerichtig Kunstelemente speziell aus dem so aktiven Italien nach Norden.

Es ging dabei nicht nur um Grabdenkmäler. Als die Mainzer Zivilbevölkerung um das Jahr 60 n. Chr. dem Kaiser Nero ihre Dankbarkeit und ihrer Loyalität zeigen wollte, *Abb 84* stellte man eine große reliefverzierte Säule auf, von unten bis oben mit Götterreliefs überzogen, oben bekrönt vom Standbild eines vergoldeten bronzenen Jupiters mit Adler und Blitz. Für Mainz war dies damals eine unerhörte Schöpfung, ähnliches gab es anscheinend in der ganzen Rheinzone kaum zu sehen, Vorbilder standen allenfalls in Rom. Die Wirkung war auch ungeheuer, in der Zukunft entstanden Imitationen dieser Jupitersäule zuerst im Umkreis von Mainz, dann in immer weiteren Abstand,

zuerst anscheinend getreuer, später immer variierter, und die sog. große Mainzer Jupitersäule von 60 n. Chr. wurde zum Urbild der vielhundertfachen Gesellschaft von Jupitersäulen und Jupitergigantensäulen im Nordwesten des Römischen Reiches, mit dem Schwerpunkt in Obergermanien und im östlichen Gallien. Während aber die Jupitergigantensäulen ein Phänomen der einheimischen Religiösität sein werden, ist die große Mainzer Jupitersäule ein Pantheon mittelmeerischer, graekorömischer Religion *Abb 85*
bis hin zu den Astralgottheiten Sol (Sonne) und Luna (Mond) oben, bis hin zum Genius des Kaisers Nero, ein Denkmal also, welches mit einheimischen keltischen Vor- *Abb 86*
stellungen anscheinend nichts zu tun hat. Die Form ist nicht im griechischen Sinne perfekt, verrät aber eine hinreichende Vertrautheit mit mittelmeerischer Skulpturentechnik und Ikonographie. Die beiden signierenden Bildhauer Samus und Severus haben hier eine für Mainz bedeutsame Pionierarbeit geleistet, die über die Grenzen der Hauptstadt Obergermaniens hinaus gewirkt hat.

Fast könnte man sagen, die griechische Form, der Hellenismus, meldet sich zu Wort, nachdem seit einem halben Jahrhundert Provinzialkunst aus Italien nach Mainz verpflanzt wurde. Eine solche Feststellung würde die Tatsachen zwar etwas vereinfachen, aber auch in Trier, wo wir die frühe Grabkunst so sehr vermissen, bemerken wir plötzlich in der zweiten Hälfte des 1. Jahrhunderts n. Chr. diese neue hellenisierende Kunst. Ein Bau auf der Ostseite der ersten Trierer Moselbrücke, vielleicht ein Bogen, trug ein

Abb. 87 Trier. Kampfrelief von einem dreiseitig reliefierten Block. Kalkstein (RLM Trier)

Abb 87 Kampfrelief zwischen Römern und Barbaren, in den Formen teilweise übertrieben, aber interessant im Versuch, späthellenistische Kampfreliefs des 2. Jahrhunderts v. Chr. 200 Jahre später auf unserem Boden nachzuempfinden.

Wir haben, wenn wir Mainz und Trier vergleichen, verschiedene Rhythmen vor uns. In Mainz begegnet uns ein sehr frühes Einsetzen eines aus Italien verpflanzten Provinzialstils. Dann erfolgt mit dem Ende des 1. Jahrhunderts n. Chr. ein Rückgang der vom Militär geprägten Monumente; seit der Mitte des 2. Jahrhunderts n. Chr. folgt dann das übliche Anwachsen der religiösen Kunst parallel zur Krisenzeit des Römischen Reiches, eine geläufige Tatsache allenthalben in den Nord- und Nordwestprovinzen. Sowohl in Mainz mit der Jupitersäule des Jahres 60 n. Chr. wie auch in Trier mit dem Kampfrelief von der Moselbrücke gewinnen wir Einblicke in die Möglichkeiten, welche gute Werkstätten haben konnten, ohne Rücksicht auf vorherige lokale Bedingungen. Beides sind Werke, die nicht mit der keltischen Vorgeschichte direkt zusammenhängen. In Mainz allerdings bringt es der Zufall der schlechten Erhaltung mit sich, daß wir aus den folgenden beiden Jahrhunderten zwar viele Skulpturen kennen, die künstlerische Qualität dieser Werke jedoch bis auf einige Ausnahmen nicht sehr beachtenswert ist.

Die Kunst des 2. und 3. Jahrhunderts

Ganz anders im Trierer Gebiet. Dort beginnt im 2. Jahrhundert n. Chr. die Ruhmesperiode der Trierer Lokalkunst des 2. und 3. Jahrhunderts, vertreten vor allem durch die großen Grabdenkmäler mit ihrem Erzählstil. Diese treverische Erzählfreude beherrscht die Kunstgeschichten römischer Provinzialskulptur unserer Gegend des Römerreichs, sie beherrscht auch die Schulbücher der Gymnasiasten: Wie oft ist wohl Abb 88 schon das Neumagener Schulrelief reproduziert worden? Vergessen wir aber nicht,

Abb. 88 Neumagen. Schulrelief von einem Grabmal. Sandstein (RLM Trier)

Abb. 89 Neumagen. Weinschiff von Grabdenkmal. Sandstein (RLM Trier)

dies ist nur ein Teil der Trierer oder der Mainzer Wirklichkeit (denn nach einigen Fragmenten zu urteilen, hat es ähnliche Darstellungen auch in Mainz gegeben): All diese Bilder vom täglichen Leben, vom Verladen von Fässern, von Schiffsfahrten, von *Abb 89* Wagentransporten, von Familienmahlzeiten am Eßtisch, schön gedeckt mit flauschi- *Abb 153* ger Tischdecke und was dergleichen Themen mehr sein mögen. Bemerkenswert ist es allerdings schon, daß die Blütezeit dieser Trierer Alltagsdarstellungen zusammenfällt mit der politischen und ökonomischen Krise des Reiches allgemein, also mit der Zeit nach 160 n. Chr. bis ins späte 3. Jahrhundert n. Chr. Natürlich ist es auch wirtschaftliche Propaganda, wenn auf den Grabmonumenten von Weinhandel und von Tuch- *Abb 174* produktion die Rede ist, und es ist ja auch nicht so gewesen, daß in jenen Jahren der Geldentwertung, der Kriege und Bürgerkriege, der Regierungswechsel allenthalben, der Seuchen und Katastrophen alle Landstriche gleichermaßen gebeutelt wurden. Nach den Trierer Grabdenkmälern hat man allerdings den Eindruck, als sei das Trierer Land eine friedliche Enklave gewesen. Ganz kann das so nicht gewesen sein, auf den Grabdenkmälern präsentiert sich jedoch neben den immer gegenwärtigen religiösen und mythologischen Motiven eine intakte private Welt. Man bedenke ferner, daß all diese Reliefs rechts und links der Ausfallstraßen standen, bunt bemalt, jedem Reisenden sofort ins Auge fallend. Das Grabmal von Igel, mit 23 m eines der höchsten Monu- *Abb 308, 309* mente nördlich der Alpen, macht Propaganda für die Familie der Secundinii, Tuchhändler in Trier. Die antiken Friedhöfe hatten auch die Funktion moderner Plakatwände. Wer sich der *Augusta Treverorum* näherte, konnte leicht bereits an den Grabdenkmälern die wirtschaftliche Prosperität der Handwerker und Händler ablesen, er konnte ferner auch genügend Hinweise auf den Bildungsstand und die Vertrautheit der Trierer Bürger mit griechischer Mythologie bemerken.

Wer die Kunst römischer Provinzen nur mit dem Auge der Stadt Rom und von dort aus auch nur mit dem Auge der sozial hohen Schichten sieht, wird den einzelnen Phänomenen nicht gerecht werden. Die anhand der hochrangigen Porträts oder der Staatsreliefs zu erarbeitende Stilabfolge im Rom der Prinzipatszeit, vom Klassizismus in der Zeit des Kaisers Augustus über den typischen Stil in der Zeit der Kaiser Claudius und Nero bis hin zum flavischen Stil, die fernere Entwicklung von der Zeit des Kaisers Trajan über den hadrianischen und frühantoninischen Klassizismus bis zum Stilumbruch in spätantoninischer und severischer Zeit, die stilistischen Veränderungen und Sprünge in der 1. Hälfte des 3. Jahrhunderts bis hin zur typischen Kunst der Tetrarchen (und in dieser knappen Aufzählung sind etliche wichtige Punkte gar nicht erwähnt), all dies wird man in der Kunst der Randprovinzen nicht in entsprechender Form wiederfinden. Der Grund liegt schon darin, daß selbst in der Hauptstadt Rom die Phänomene nicht gut erfaßt werden können, wenn man nur die Kunst der kaiserlichen und senatorischen Führungsschicht, also besonders die Porträts und die offiziellen Staatsreliefs berücksichtigt. Schon die Kunst der einfachen Leute in und um Rom bietet ein sehr verschiedenes Bild, von den Regionen Italiens ganz zu schweigen. Das Problem berührt auch die Frage, ob es eine sog. Reichskunst gegeben hat, und was der Unterschied zwischen einer römischen Reichskunst und den verschiedenen Provinzialstilen gewesen sein mag. Bei näherem Zusehen merkt man, daß es eine Reichskunst im engen Sinn nicht einmal bei den verschiedenen Kaiserporträts gegeben hat. Natürlich gab es Editionen, die in Rom kreiert wurden, welche Tendenz immer diese Porträts auch gehabt haben, aber exemplarische Untersuchungen anhand provinzialer Kaiserporträts haben verschiedene Redaktionen in den verschiedenen Reichsteilen ergeben. Die Porträts des Kaisers Hadrian (117–138) sehen in der Stadt Rom anders aus als in Britannien, in Nordafrika anders als in Griechenland, in Kleinasien anders als in Palästina. Mit dem Begriff einer Reichskunst kommt man oft nicht weiter.

Die Kunst des Mainzer und des Trierer Landes unter dem Aspekt Italiens allein zu sehen, würde heißen, sich selbst Fesseln anzulegen. Man würde dauernd zwischen lokalen Richtungen und Importen aus Italien hin und her schwanken, ohne daß man dabei der eigenen Entwicklung gerecht werden könnte. Außerdem verhindert die Erhaltungslage ein klares Urteil. Von den importierten Kaiserporträts aus Italien in der frühen Kaiserzeit hat sich z. B. in Mainz kein einziges erhalten. Ob die späteren Mainzer Kaiserbildnisse oder Gouverneursbildnisse importiert oder am Ort produziert worden waren, sei dahingestellt. *Abb 90* Das spätantike Mainzer Bildnis des Kaisers Iulianus (361–363) ist in all seiner großformatigen Unbeholfenheit ganz sicher ein lokales Produkt. Doch wissen wir vom Bildnis des Kaisers Iulianus aus der Mitte des 4. Jahrhunderts viel zu wenig, um abschätzen zu können, ob etwa seine Bildnisse im Osten des Reiches sehr viel prägnanter waren oder nicht.

Nehmen wir ein anderes Beispiel aus der offiziellen Kunst. In der Zeit der Flavier

Abb. 90 Mainz. Kolossalkopf des Kaisers Iulianus Apostata. Sandstein (LM Mainz)

Abb. 91 Mainz. Relief aus dem Bereich des Legionslagers. Kämpfende Soldaten. Kalkstein (LM Mainz)

Abb. 92 Trier. Relief mit drei Togati. Kalkstein (RLM Trier)

(69–96 n. Chr.) ist ein traditioneller hellenistischer Stil zumindest in Trier anhand des Kampfreliefs vom Brückenende auf der Stadtseite gut greifbar. Nehmen wir dazu aus Mainz ein Kontrastbeispiel. Die Architekturreliefs aus dem Mainzer Legionslager, be-
Abb 91 sonders jene mit den marschierenden und kämpfenden Soldaten, sind deshalb aufschlußreich, weil die Werkstatt einer künstlerischen Richtung verpflichtet ist, die selbst in der privaten Sepulkralkunst bereits überholt war. Es sind Nachläufer von unbeholfenen, aber erzählfreudigen Tendenzen der ersten Hälfte des 1. Jahrhunderts n. Chr., die aber bereits, beispielsweise in der Votivkunst, damals schon durch die etwas ältere große Jupitersäule übertroffen worden waren. Man sieht, auch die Scheidung zwischen offizieller und privater Kunst trifft nicht immer den wesentlichen Punkt. Wir haben damit auch eine Frage berührt, die bisher nicht recht zu beantworten ist, was es nämlich mit den offiziellen Staatsdenkmälern bei uns auf sich hat. Die sog. historischen Reliefs der Stadt Rom, also die offiziellen Reliefs, die Allegorien, die Dekoration von Ehrenbögen und großen staatlichen Monumente, diese scheinen bei uns

Abb. 93 Spay. Kolossale Reliefköpfe (Kaiser und Prinz). Sandstein (LM Mainz)

bisher zu fehlen, oder sie sind vielleicht deshalb noch nicht erkannt worden, weil es sich nur um kleine Fragmente handelt. Das bereits erwähnte Trierer Kampfrelief gehört zu *Abb 87* den wenigen Ausnahmen. Gerade aber der Stil solcher Reliefs wäre aufschlußreich. Die Togati auf einem weiteren Trierer Relief lassen erkennen, daß es solcher Dinge *Abb 92* mehr gegeben hat, im Falle dieses Trierer Werks sogar auf einem Niveau, welches ohne weiteres mit italischen Produkten des frühen 2. Jahrhunderts n. Chr. zu vergleichen ist. Daneben kann kein Zweifel sein, daß es Kaiserdenkmäler gab, die sich in lokaler Tradition befanden. Dies betrifft besonders die Reste eines erstaunlich großen Reliefmonumentes aus Spay südlich von Koblenz, die sicherlich verschleppt worden sind. *Abb 93* Man hat dort Köpfe eines Knaben und eines bärtigen Mannes gefunden, und allein die Dimension des Männerkopfes von über 50 cm Höhe läßt auf ein Relief von über 4 m Höhe schließen. Reliefs dieser Dimension sind weder sepulkral noch rein dekorativ, sie sind auch nicht einfach als religiöses Votiv zu verstehen; hier haben wir ein Kaiserdenkmal vor uns. Die bekannten Schwierigkeiten, römische Kaiserporträts aus den

Randprovinzen mit den italischen Editionen zur Deckung zu bringen, führen uns hier auch in das Problem der Deutung. Ein Kaiser antoninischer bis severischer Zeit ist wohl porträtiert, vielleicht am ehesten Marcus Aurelius (161–180) eher als Lucius Verus oder Septimius Severus, doch sei dies vorerst nur angedeutet (die beiden Köpfe müssen noch ausführlich publiziert werden). Der Kinderkopf ist als Porträt eines Prinzen zu verstehen. Darstellungen kaiserzeitlicher Familienmitglieder, oft über mehrere Generationen hinweg, sind eine Tradition der Staatsreliefs seit der Ara Pacis in Rom; ein prominentes Beispiel aus einer Provinz ist das große sog. Partherdenkmal aus Ephesos (Wien), wo die Dynastie des Marcus Aurelius und des Lucius Verus samt Vorfahren dargestellt ist und auch dies in einem lokalen Stil, in diesem Falle im Stile des kleinasiatischen Hellenismus des 2. Jahrhunderts n. Chr. Die beiden Köpfe von Spay stehen in der eigenen Tradition der Rheinlande. Der unbekümmert auftretende Stil und ein fühlbarer Expressionismus machen sie zu Geschwistern des lokalen Erzählstils, dessen beste Beispiele die Grabdenkmäler des Trierer Landes zu sein scheinen.

Redaktionen von Kaiserporträts sind oft auch eine Frage der Vorlage. Im Falle des *Abb 94* Bronzekopfes des Kaisers Gordianus III. (238–244) aus dem Kastell Niederbieber wurde wohl mit Recht vermutet, daß der einheimische Künstler nach dem Regierungsantritt des Gordianus diesen Kopf nach Münzvorbildern geschaffen hat. Die Übereinstimmung mit anderen Darstellungen dieses Kaisers ist im Profil hinreichend, in der Vorderansicht weniger befriedigend. Hier haben wir einmal einen kleinen Einblick in solche Mechanismen.

Es mag Zufall sein oder nicht, aber gerade in Trier fassen wir einige bessere Kaiserporträts, besser im Sinne von einer größeren Nähe an die mediterranen Editionen. Hierzu *Abb 95* gehört ein leider sehr beschädigtes Bildnis des Kaisers Vespasianus (69–79). Nachdem Trier eine der Kaiserresidenzen des Reiches geworden war, ist es natürlich im 4. Jahrhundert n. Chr. kein Wunder, wenn man zwischen offiziellen und lokalen Produkten eben in der Residenz keinen Unterschied mehr sehen kann. Das Bildnis des Kaisers *Abb 96* Gratianus (378–383) aus Trier darf angesichts der historischen Bedingungen als eine Primäredition betrachtet werden, und es ist wohl kein Wunder, daß wir auch ein Privatporträt dieser Zeit in derselben Qualität aus Trier besitzen.

Betrachtet man auf der anderen Seite die Stiftungen der Privatleute, Grabdenkmäler wie religiöse Weihedenkmäler, so kann man selbstverständlich im 1. Jahrhundert n. Chr. ein andauerndes Wechselspiel zwischen dem mediterranen Einfluß und einheimischen, auf keltischer Tradition beruhenden Tendenzen feststellen. Es ist auch begreiflich, daß man dies besonders an kleineren Orten sehr prägnant sehen kann. In der

Abb. 94 Neuwied-Niederbieber. Bronzeporträt des Kaisers Gordianus III. (RLM Bonn)
Abb. 95 Trier. Marmorporträt des Kaisers Vespasianus (RLM Trier)
Abb. 96 Trier. Marmorporträt des Kaisers Gratianus (RLM Trier)
Abb. 97 Trier. Spätantikes Marmorporträt (RLM Trier)

Abb. 98 Alzey. Venus von doppelseitigem Kultrelief. Sandstein (M Alzey)

Abb. 99 Mainz-Finthen. Rosmerta. Bronze (LM Mainz) ▷

kleinen Stadt Alzey (*vicus Altiaiensium*) südlich von Mainz, hat man anscheinend rasch auf die Mainzer Skulptur reagiert. Zumindest in flavischer Zeit finden wir dort Weihedenkmäler, die direkt von der Mainzer Kunst abhängen, sei es von der großen Mainzer Jupitersäule, sei es von Mainzer militärischen und zivilen Grabdenkmälern. Es zeigt sich dann aber auch, daß beispielsweise an einem Viergötterstein oder an einem Doppelrelief mit Venus und Vulcanus in solch einer kleinen ländlichen Mittelpunktsiedlung ein Mischstil entstand, an dem stärker noch als beispielsweise in Mainz oder Trier die einheimischen Tendenzen sichtbar werden. Die Künstler in Alzey, die sicherlich aus Mainz zugewandert sind, oder die man aus Mainz engagiert hat, haben sehr unbefangen die mediterrane Ikonographie mit eigenen Vorstellungen verbunden, beispielsweise durch das in den Nordwestprovinzen auftretende und sehr seltene Detail der realistischen Angabe der weiblichen Genitalzone. In solchen Momenten entfernt sich die einheimische Kunst ganz radikal von den graekorömischen Traditionen. Wie weit dies Bestellerwunsch war oder nicht, sei dahingestellt.

Abb 98

Am Niveau der Kunst in Mainz allein kann es sicher nicht gelegen haben, denn wir können zumindest in einigen wenigen Fällen Gegenbeispiele nennen. Der Bronzekopf der Göttin Rosmerta aus Mainz-Finthen ist in einem sehr bemühten italischen Stil ge-

Abb 99

Abb 102 halten, und die kleine Tonform eines flötespielenden Pan, Rest eines Mainzer Bildhauerateliers (eine Tonform, die als Materialsammlung für einen Bildhauer gedient hat), zeigt die Verbundenheit mit hellenistischen Typen ganz deutlich.

Ein Urteil über künstlerische Qualität ist natürlich immer auch ein Urteil über die tatsächlichen antiken Möglichkeiten oder Einschränkungen, die uns oft nur indirekt erschließbar sind. Man hat in Mainz den Eindruck, daß man manchmal auch ein besseres Niveau hätte erreichen können. So hat man beispielsweise angesichts der flavischen Militärarchitektur und Militärdekoration und den sog. Prätoriumsreliefs den Verdacht, daß man vielleicht unter Zeitdruck genommen hat, was sich anbot, ohne lange nach besseren Ateliers zu suchen. Vielleicht hat man auch nur einfach gespart.

Abb 100 Selbst in der mittleren Kaiserzeit stellt sich dieses Qualitätsproblem. Die Medea auf dem Schlangenwagen aus Medard gehört in eine sehr anspruchsvolle literarische und künstlerische Tradition, der Künstler jedoch, der dieses Relief von einem Grabbau der mittleren Kaiserzeit ausführte, hatte nur eine sehr vage Vorstellung von dem, was in diesem Fall anscheinend der Besteller von ihm verlangte.

Als Kontrast dazu, unter dem Gesichtspunkt der Geschicklichkeit und des Niveaus, möge man nur einige Trierer Beispiele betrachten. Selbst ganz sicher einheimische und *Abb 101* nicht importierte Arbeiten wie beispielsweise eine Gruppe von Bacchus und Satyr aus

Abb. 100 Medard. Medea, von einem Grabbau. Sandstein (Pfarrkirche Medard)

Abb. 101 Neumagen. Gruppe von Bacchus mit Satyr. Kalkstein (RLM Trier)

Abb. 102 Mainz. Pan mit der Flöte. Ausguß aus Tonform (LM Mainz)

Abb. 103 Trier. Barbarathermen. Amazone. Marmor (RLM Trier)
Abb. 104 Trier. Barbarathermen. Relieffragment. Marmor (RLM Trier)
Abb. 105 Mainz. Bogen des Dativius Victor. Rekonstruktion. Sandstein (LM Mainz)

Neumagen (also ehemals aus Trier) zeigen, wie routiniert die Trierer Werkstätten mittelmeerische Vorbilder verarbeiten konnten. Im Bereich der Kunstkopien hohen Grades haben wir leider aus Mainz kaum Belege – wenn man die kleine Tonform mit dem flötespielenden Pan einmal als einziges Beispiel beiseite läßt –, aber glücklicherweise sind uns einige ganz wenige Fragmente aus Trier erhalten. Hier sind zuerst die Amazone und der Jünglingskopf aus den Barbarathermen in Trier zu nennen, erstklassige Kopien oder Nachschöpfungen griechischer Vorbilder. Die Amazone ist eine der besten Kopien der Amazone des Phidias (sog. Typus Mattei). Aber auch hier kann man nur sagen, daß Mainz leider eine sehr mitgenommene Stadt ist. Das Mainzer Theater im Bereich des heutigen Südbahnhofs war riesig, es erreichte die Dimensionen solcher Theater wie jenes von Orange in Südfrankreich. Unbekannt ist hingegen, wie das Bühnengebäude des Mainzer Theaters dekoriert war. Vielleicht war dieser Schmuck nicht geringer als die Prunkfassaden der Barbarathermen in Trier oder wie ähnlich dekorierte Theaterfassaden anderer Provinzen. Nur weil sich nichts erhalten hat, darf man in solchen Fällen keine falschen Folgerungen ziehen. Außerdem fehlen uns in Mainz bisher noch Hinweise auf die zu fordernden Großbauten. Wir wissen nicht, wo sich der Gouverneurspalast befand, wir wissen auch nicht, wo sich das Mainzer Amphitheater befand, wir wissen ferner nicht, wo der Mainzer Circus lag. Die Stadt war Sitz des Statthalters der Provinz Obergermanien, war über vier Jahrhunderte hinweg Standort der Legionen, hatte aber als zivile Siedlung nie den Rang einer *colonia* bekommen, anders also als Trier und Köln. Dies muß aber in den Nordwestprovinzen des Römerreiches nicht viel heißen. In den ehemals keltischen Siedlungsgebieten haben die Römer eine andere juristische Politik betrieben. Während in Spanien, in Nordafrika, in Italien oder in Dalmatien jede nur einigermaßen ansehnliche Siedlung zumindest den Rang eines *municipium* bekam, wenn nicht sogar den einer *colonia*, haben die Römer diese beiden Titel in den Rheinlanden, in Gallien und Britannien nur sehr sparsam verwendet. Man hat dort einfach auf die alte Stammesstruktur der Kelten mehr Rücksicht genommen. In der Realität waren die Städte in jenen Provinzen ohne den Status eines *municipium* oder einer *colonia* genauso wichtig und genauso prachtvoll ausgestattet wie Städte in anderen Provinzen des Reiches. Dies gilt in unserem Falle besonders für Mainz, damit man nicht dem Irrtum unterliegt, die juristischen Unterschiede zwischen den Hauptstädten Obergermaniens und der *Gallia Belgica* hätten sich zu stark ausgewirkt. *Ein* Unterschied bestand sicherlich, und das war die Tatsache, daß Mainz über die Jahrhunderte hinweg wegen seiner strategischen Lage eben immer Militärstandort geblieben ist.

Abb 102

Abb 103, 104

Mainz war auch die Auffangstation nach dem Fall des Limes 259/260. Ein Zeugnis ist der Bogen des Dativius Victor in Mainz. Dativius Victor war ein städtischer Beamter aus dem rechtsrheinischen Gebiet von Frankfurt-Heddernheim (*Nida*), der anscheinend wegen der kriegerischen Entwicklungen um die Mitte des 3. Jahrhunderts als Flüchtling nach Mainz kam. Sein Vermögen hatte er evakuieren können, denn er hat den Mainzern eine Säulenhalle (*porticus*) und jenen Bogen gestiftet, der als Zeugnis der

Abb 105, 380

Kunst im Mainz der Mitte des 3. Jahrhunderts jetzt noch so wertvoll ist. Die Reliefs mit Jupiter und Juno sowie mit anderen Szenen sind zwar arg verrieben, aber man kann auch jetzt noch an ihnen ablesen, daß selbst in Zeiten der größten Not in der Mitte des 3. Jahrhunderts n. Chr. Mainzer Werkstätten einen bestimmten hochrangigen Formenkanon bewahrten.

Die Grabdenkmäler des Trierer Landes

Eines der auch in der Öffentlichkeit am besten bekannten künstlerischen Elemente der Römerzeit in Deutschland sind die Grabdenkmäler des Trierer Landes, denen man vergleichbare auch aus anderen Teilen der Nordprovinzen zur Seite stellen kann. Stelen, Grabaltäre und Pfeilergrabmäler sind natürlich nicht auf die Trierer Gegend beschränkt. Die ersten Beispiele finden wir auch in Mainz und in Köln, wobei man in Köln das Poblicius-Denkmal zu erwähnen hat und in Mainz die große Grabinschrift der Cassii, welche von einem Turmgrabmal zu stammen scheint. Die richtige Blüte erreichte dieses Phänomen allerdings erst in Trier im 2. und in der ersten Hälfte des 3. Jahrhunderts. Es ist nun nicht so, daß immer das Pfeilergrabmal der bestimmende Typus war. Der Hauptgesichtspunkt liegt auch gar nicht im Typus des Grabdenkmals, sondern in der sozialen Repräsentation. Wir dürfen an Grabdenkmälern wie den mit

Abb. 106 Neumagen. Mundschenkrelief von Grabmal. Sandstein (RLM Trier)

Abb. 107 Neumagen. Grabmal des Albinius Asper. Kalkstein (RLM Trier)

Weingefäßstapeln kombinierten Moselschiffen auch keine rein ästhetischen Maßstäbe *Abb 89* anlegen, haben sie doch einen anderen Zweck als etwa Kunst in unserem Sinne. Es war Reklame, es war die Darstellung des Reichtums privater Familien. Diese Grabdenkmäler hatten also eine starke soziale Funktion. In Italien hatte man diese Phase bereits hinter sich. Demonstrationen eines ökonomischen Wohlstandes und einer geistigen Heimat kann man auch in Italien an Grabdenkmälern des 1. Jahrhunderts v. Chr. und des 1. Jahrhunderts n. Chr. ablesen, und zwar typischerweise an solchen von sozial niedrigen Schichten, beispielsweise von Handwerkern oder Freigelassenen. Im 2. und 3. Jahrhundert n. Chr., als im Trierer Land (aber nach einigen Fragmenten auch in der Mainzer Gegend und wahrscheinlich allenthalben in unseren Provinzen) diese Alltagsszenen richtiggehend dominierten, betonte man in Italien entweder die Grabinschrift, man stiftete Grabaltäre, man wandte sich jedoch vor allem dem Reliefsarkophag zu. Die figürlichen Sarkophage sind in Italien das Äquivalent zu den dekorierten oberirdischen Grabpfeilern und Grabdenkmälern der Rheinlande und des Trierer Landes.
Künstlerisch und inhaltlich bewegen sich die Trierer Grabdenkmäler in einem weiten Horizonte, von zupackender Alltagsschilderung bis zu interessanten psychologischen

Abb 106 Studien einzelner Figuren, wie sie etwa der melancholische Mundschenk einer Gelageszene darstellt. Der anrührende Stil mancher dieser Reliefs hat seine Wirkung über *Abb 308, 309* die Jahrtausende nicht verfehlt. Die sog. Igeler Säule gehört ferner zu den wenigen Denkmälern des Altertums, die nie im Boden gewesen sind, die immer aufrecht standen und die deshalb einen besonderen Platz im Rahmen der kulturellen Hinterlassenschaft des Altertums verdienen. Neben den vielen alltäglichen und mythologischen Szenen auf den Pfeilergrabmälern sei nicht vergessen, daß auch das Genus des reliefverzierten Sarkophags bei uns nicht unbekannt war. Eine große Rolle spielten die Sarkophage nicht, doch gibt es auch, wie im Falle des Rankensarkophags aus Trier, Beispiele hohen Niveaus. Der Typus des Pfeilergrabmals, dessen Struktur und Herkunft ich hier nicht ausführlich behandeln kann, berührt sich mit der Form der monumentalen Stele, für die es aus den Jahren etwa um 40 n. Chr. aus Mainz-Weisenau das hervor- *Abb 80* ragende Beispiel des Grabmonumentes eines Ehepaares gibt, für die wir aber auch aus *Abb 107* Neumagen (also Trier) das Beispiel der Grabstele des Albinius Asper und seiner Frau besitzen, ein Denkmal, welches in seiner Monumentalität durchaus den großen Reliefs des Mittelmeerraumes gerecht wird.

Abb. 108 Welschbillig. Herme. Kalkstein (RLM Trier)

Die Masse der erhaltenen Skulpturen im Mainzer Bereich liegt im 1. Jahrhundert, etwas weniger wissen wir über das 2. bis 3. Jahrhundert; in Trier dominiert weniger das 1. Jahrhundert als die mittlere Kaiserzeit des 2. bis 3. Jahrhunderts. Hochrangige Denkmäler aus der Zeit der Kaiserresidenz des 4. Jahrhunderts konzentrieren sich auf Trier. Der Überblick wäre unvollständig ohne einen Hinweis auf ein sehr eindrucksvolles Skulpturenzeugnis der zweiten Hälfte des 4. Jahrhunderts, die Hermengalerie von Welschbillig. Es ist die reiche Dekoration eines langgestreckten Wasserbeckens von 60 × 18 m, bestehend aus einem steinernen Zaun und aus ehemals insgesamt 112 Hermen, also Bildnissen mit pfeilerförmigem Körper in griechischer Tradition. Die Themen sind Porträts von Griechen, Römern und Barbaren sowie Köpfe von Göttern. Diese große Anlage gehört in das späte 4. Jahrhundert n. Chr. Es ist jene Zeit, in der Kaiser Valentinianus I. (364–375) und sein Sohn Gratianus (367–383) als Kaiser in Trier herrschten. Zwar mag es unsicher sein, ob die Villa von Welschbillig für die kaiserliche Familie selbst gedacht war oder für einen hohen Beamten, auf jeden Fall handelt es sich in dieser Gegend der Südeifel um ein direkt melancholisches Beispiel am Ende der antiken kulturellen Tradition.

Abb 108, 609

Abb 608

Abb. 109 Trierweiler-Sirzenich. Frauenbüste von Möbel. Silber (RLM Trier)

Metallarbeiten und Kunsthandwerk

Kein Bild der antiken Kunst ist vollständig ohne die künstlerischen Äußerungen großen und kleinen Formates in Metall, Glas, Edelstein oder Keramik. Die Auswahl muß
Abb 372 allerdings oft rigoros sein. Das Bronzeporträt aus Rheingönheim ist mit einer Höhe von 18,5 cm ungefähr nur zur Hälfte lebensgroß. Es ist eine kleine Statue oder eine große Statuette. Der dargestellte Römer aus dem frühen 1. Jahrhundert n. Chr. muß jedoch ein prominenter Mann gewesen sein, denn aus Pompeji am Golf von Neapel gibt es eine Wiederholung des Bildnisses. Die Metallkünstler unter der Rubrik »Kleinkunst« zu nennen, ist von vornherein ein Risiko, denn nicht allein das schon erwähnte
Abb 94 Porträt des Kaisers Gordianus III. aus Niederbieber oder der Kopf der Rosmerta aus

Abb. 110 Neuwied-Niederbieber. Relief von Feldzeichen. Silber (RLM Bonn)

Mainz-Finthen haben gezeigt, daß wir uns natürlich (auch von den Dimensionen her) *Abb 99* auf dem Gebiet der Metallkunst prinzipiell auf dem Niveau der ganz großen Kunst befinden können. Metall ist jedoch ein gesuchtes Material, und es hat sich entsprechend wenig erhalten. Noch mehr gilt dies für das Edelmetall, für Silber und Gold. Hier versagt oft die Analyse des Archäologen, er verwandelt sich notgedrungen in einen Chronisten, der Verluste oder geringe Überlebende aufzählt. In Trier fand man 1628 einen sehr großen spätantiken Silberschatz, der 254,5 Pfund (!) schwer war und der leider eingeschmolzen wurde, bevor ihn jemand zeichnen konnte. Wäre er erhalten, er würde auf dem Range des berühmten Schatzes von Kaiseraugst (Schweiz) stehen. So bleibt uns in der Edelmetallkunst für unser Gebiet nur die Resignation. Zwei kleine spätantike silberne Frauenbüstchen, die wohl zu einer Sänfte oder einem vergleichba- *Abb 109* ren Möbel gehörten, sind nur ein geringer Ersatz. Glücklicherweise besitzen wir mit der silbernen Feldzeichenscheibe aus Niederbieber und mit dem »Schwert des Tibe- *Abb 110* rius« aus Mainz zwei hochrangige Produkte. Der sitzende Tiberius auf dem Scheiden- *Abb 49* blech des Mainzer Schwerts und der jugendliche Feldherr (Tiberius?) des Niederbieberer Kohortenfeldzeichens vertreten ein sonst verlorenes Gebiet militärischer Repräsentationskunst. Der Archäologe ist in solchen Fällen zu einer Analyse im Detail verpflichtet, er darf aber nicht vergessen, daß wir hier nur ganz sporadische Blitzlichter vor uns haben.

Kunsthandwerkliche Fähigkeiten gab es in unserem Raum über die gesamte Kaiserzeit hinweg. Erhaltene Glanzleistungen wie die spätantiken Diatretgläser sollten uns den Blick nicht verstellen. Exzellente Produkte des Kunsthandwerks gab es ohne wesentliche Rücksicht auf wirtschaftliche Schwierigkeiten. Auch in den Krisenzeiten des 3. Jahrhunderts n. Chr., als wirtschaftliche Schwierigkeiten auftraten und als militärische Einfälle der Germanen das Reich bedrohten, führte man weitgehend die Kleinkunstproduktion fort. Wir können dabei die gesamte Zeit von den sechziger Jahren des 2. Jahrhunderts n. Chr. an für das Römische Reich gerade im Norden eine Krisenzeit nennen. Doch geht parallel dazu ein Aufschwung auf verschiedenen künstlerischen Gebieten. Das betrifft vor allem die religiöse Weihekunst, das betrifft ferner auch die Kunst der Grabdenkmäler, doch handelt es sich noch um andere Bereiche: Auf dem Gebiet teuren Schmuckes brechen sich Techniken Bahn, die vorher keine große Rolle spielten, z. B. Durchbrucharbeiten (*opus interrasile*). Der Niedergang der Reliefsigillata aus Formschüsseln muß zusammen gesehen werden mit dem Aufschwung von freihändig dekorierter Keramik (Barbotine-Keramik); speziell in Trier *Abb 172* entsteht im mittleren 3. Jahrhundert die sog. Spruchbecherkeramik, eine Dekoration in weißer Barbotine-Malerei auf schwarzem Grunde, die manchmal sogar durch farbige Effekte verstärkt wurde. Der Götterbecher aus Trier rührt an die Grenzen von *Taf 16* großformatiger Malerei und mag uns angesichts seiner Entstehungszeit in den schwierigen Jahren um die Mitte des 3. Jahrhunderts n. Chr. einen Eindruck geben, daß die künstlerischen Aktivitäten von äußeren Einflüssen nicht lahmgelegt wurden. Das gleiche gilt für die Produzenten von Kleinskulpturen im Metall der Kupferlegierung

Abb. 111 Neuwied-Niederbieber. Genius. Bronze (Privatbesitz)

Abb. 112 Morbach-Hinzerath. Quellgöttin. Bronzestatuette (RLM Trier)

9 *Trier. Porta Nigra*

10 Trier. Die Palastbasilika

11 Der Dom zu Trier. Rechts: römischer Kernbau und romanische Westfront

12 *Trier. Constantinische Deckenmalereien aus dem Bereich des privaten Wohnpalastes (Bischöfl. Dom- und Diözesanmuseum (Trier)*

13 Trier. Musenmosaik
14 a Trier. Das Monnusmosaik, benannt nach seinem Mosaizisten. Detail. Ennius und Hesiod (RLM Trier)
14 b Münster-Sarmsheim. Mosaik mit Sonnengott Sol und Tierkreiszeichen. Mittelbild (RLM Bonn)

ENN
IVS

ESIO
DVS

15 a Trier. Wandmalerei. Jason und Medea (RLM Trier)

15 b Trier. Wandmalerei. Ländliche Szene vor einer Villa (RLM Trier)

(Bronze) wie auch für die Gemmenschneider. Aus dem Mainzer und Trierer Raum stammen einige der besten kleinen Bronzeskulpturen der gesamten Nordprovinzen, beispielsweise Dokumente aus der kleinen Siedlung *Belginum* (Wederath) an der Überlandstraße zwischen Mainz und Trier, wo sowohl die Statuette einer Quellnymphe wie die kleine Figur einer Amme ungebrochene mediterrane Tradition in bester Form verraten. *Abb 112, 398*

Verglichen damit dürfte es normal sein, wenn sich die Produktion von militärisch wichtigen Metallkunstwerken in den Grenzkastellen auch in schwierigen Zeiten hält, wie es die Bronzestatuette des Genius von Niederbieber aus dem Jahr 246 dokumentiert, die mit dem Bronzeporträt des Kaisers Gordianus III. gleichzeitig ist. *Abb 111* *Abb 94*

Auf dem Gebiet der Steinschneidekunst, der Gemmenkunst in edlem Material, muß es selbstverständlich sehr viel mehr gegeben haben als uns erhalten ist. Der Trierer Cameo mit der Familie des Kaisers Konstantin wird zwar in seiner mäßigen künstlerischen Qualität den Ansprüchen, die man machen zu können glaubt, nicht gerecht, doch darf man gerade auf dem Bereich der transportablen Gemmen keine willkürlichen Urteile nur aufgrund lokaler Erhaltung fällen. *Taf 18a*

Mosaike und Wandmalereien

Ein Überblick über die Kunst der Römerzeit im Bereich von Mainz und Trier bedarf fernerhin einer Skizze der Mosaiken und Wandmalereien, obwohl wir auch hier wiederum die Schwierigkeit haben, daß die Hauptstadt Obergermaniens, Mainz, sich hier sehr viel schlechter darstellt als Trier. Dies ist vielleicht dem Erhaltungszustand zuzuschreiben, obwohl gerade auf dem Gebiet der Flächenkunst Mutmaßungen entschieden riskant sind. Die Funde aus der Villa von Bad Kreuznach haben natürlich gezeigt, *Taf 2, 3* daß auch aus der Nachbarschaft von Mainz großformatige Mosaiken mit figürlicher Dekoration zu erwarten sind, wie man es schon vorher durch das Mosaik mit Sol aus *Taf 14b* der Villa von Münster-Sarmsheim (Rheinisches Landesmuseum Bonn) kannte. Allerdings bestimmen bisher die zahlreichen Bodenmosaiken des Trierer Landes, sei es aus Trier selbst, sei es aus der Nachbarschaft wie beispielsweise Nennig, das Bild noch *Abb 531* sehr stark und machen es einseitig. Wenn man die Vielfalt der Bodenmosaiken betrachtet, so muß man feststellen, daß die figürlichen Szenen im allgemeinen wenig attraktiv sind. Nicht, daß es diesen Szenen an künstlerischer Erfindung mangelt, aber im allgemeinen beschränken sie sich auf Figuraldarstellungen sehr statischer Art, und die repräsentativen oder bewegten Reliefs auf dem Gebiete der Skulptur laufen den Mosaiken hier den Rang doch sehr stark ab, und zwar besonders in Trier. Auch religiöse Vielfigurenmosaiken wie das Dioskurenmosaik vom Trierer Kornmarkt sind auffällig *Abb 113* steif. Sehr viel attraktiver hingegen sind die Ornamentalzonen der Mosaiken; die Bodenmosaiken nehmen wie selbstverständlich auf diesem Sektor die Rolle von Bodenteppichen für sich in Anspruch. Figuraldekoration bringt man hingegen lieber an die

Wände als auf den Boden, führt sie aber in Malerei aus. Das übermächtige Beispiel der Wandmalerei in Italien muß man mit Vorsicht auf die Nordprovinzen übertragen. Die wirklich gute Tafelmalerei ist uns sowieso nicht mehr erhalten. Was wir haben ist auch in Italien ein Abglanz der großen Malerei in der Wanddekoration und in anderen Medien. Es wäre ungefähr so, als hätten wir von Botticelli oder Michelangelo selbst überhaupt nichts, einige Motive dieser Maler wären uns auf Fresken von Privathäusern mehr schlecht als recht tradiert worden, und vielleicht könnten wir das eine oder andere Motiv Albrecht Dürers auf Gläsern oder Keramiken wiedererkennen. Die Situation ist unter diesem Aspekt unbefriedigend, doch müssen wir den römischen Freskodekorateuren Gerechtigkeit widerfahren lassen. Das, was sie anbieten wollten, sollte ja auch keine Kunst sein, sondern Gebrauchsdekoration für Wohnbereiche.

In einigen Fällen hat man dabei auch einen hohen Standard beibehalten, so beispielsweise auf einer Wand aus dem Palastviertel in Trier mit der Darstellung der Sage von
Taf 5a Jason und Medea, eine Dekoration im architektonischen Stil der zweiten Hälfte des 1. Jahrhunderts n. Chr., die sich durchaus mit Wänden des sog. »vierten Stils« vom Golf von Neapel vergleichen läßt. Solche Dinge sind aber die Ausnahme. Im 1. und 2. Jahrhundert n. Chr. dominieren in den Rheinlanden flächige Wanddekorationen, sehr oft mit rechteckiger Felderaufteilung der Wände in den Farben Rot und Schwarz, manchmal auch in anderer graphischer Anordnung, manchmal sogar in sehr grellen Farben wie Hellblau, Gelb und Grün. Da hier bisher die Trierer Wandmalereien das wissenschaftliche Bild etwas zu sehr bestimmt haben, sei hier auf zahlreiche Funde aus anderen Teilen von Rheinland-Pfalz verwiesen, die unsere Vorstellungen differenzieren können. Vorherrschend ist eine graphische Gestaltung, weniger eine figürliche. Es ist auch keineswegs so, daß die Motive der Wandmalereien mit jenen der Mosaiken Hand in Hand gehen. Im Gegenteil, beide unterliegen anscheinend eigenen Gesetzen, die Inhalte sind aber in der Regel dekorativ und nicht figürlich. Eine Grabkammer in Trier-Ehrang mit einem sehr graphischen System möge stellvertretend für eine bestimmte Art der abstrakten Wanddekoration stehen, die ganz anders als die Wand mit Jason und Medea (Trier) aufgebaut ist.

Wie sehr auf dem Gebiete der Malerei der Zufall unser Bild bestimmt, möge zum Schluß ein kostbarer Fund belegen, die Deckenmalereien eines großen Zimmers mit
Taf 12 Kassettendecke im Bereich der Trierer Residenz des Kaisers Konstantin. Es handelt sich um Malereien aus der Zeit wohl nach 317 n. Chr. mit Eroten sowie mit Bildnissen von Männern sowie von Frauen, die man als Porträts kaiserlicher Damen der konstantinischen Familie zu erklären suchte. Es könnte sich dabei jedoch auch um Allegorien und Personifikationen handeln. Durch diesen in langen Jahren mühevoller Restaurierung bewahrten Fund sind wir in der Lage, das Niveau großformatiger Malerei im frühen 4. Jahrhundert und im Umkreis der römischen Führungsschicht wenigstens annähernd abschätzen zu können.

Abb. 113 Trier. Mosaik vom Kornmarkt (RLM Trier)

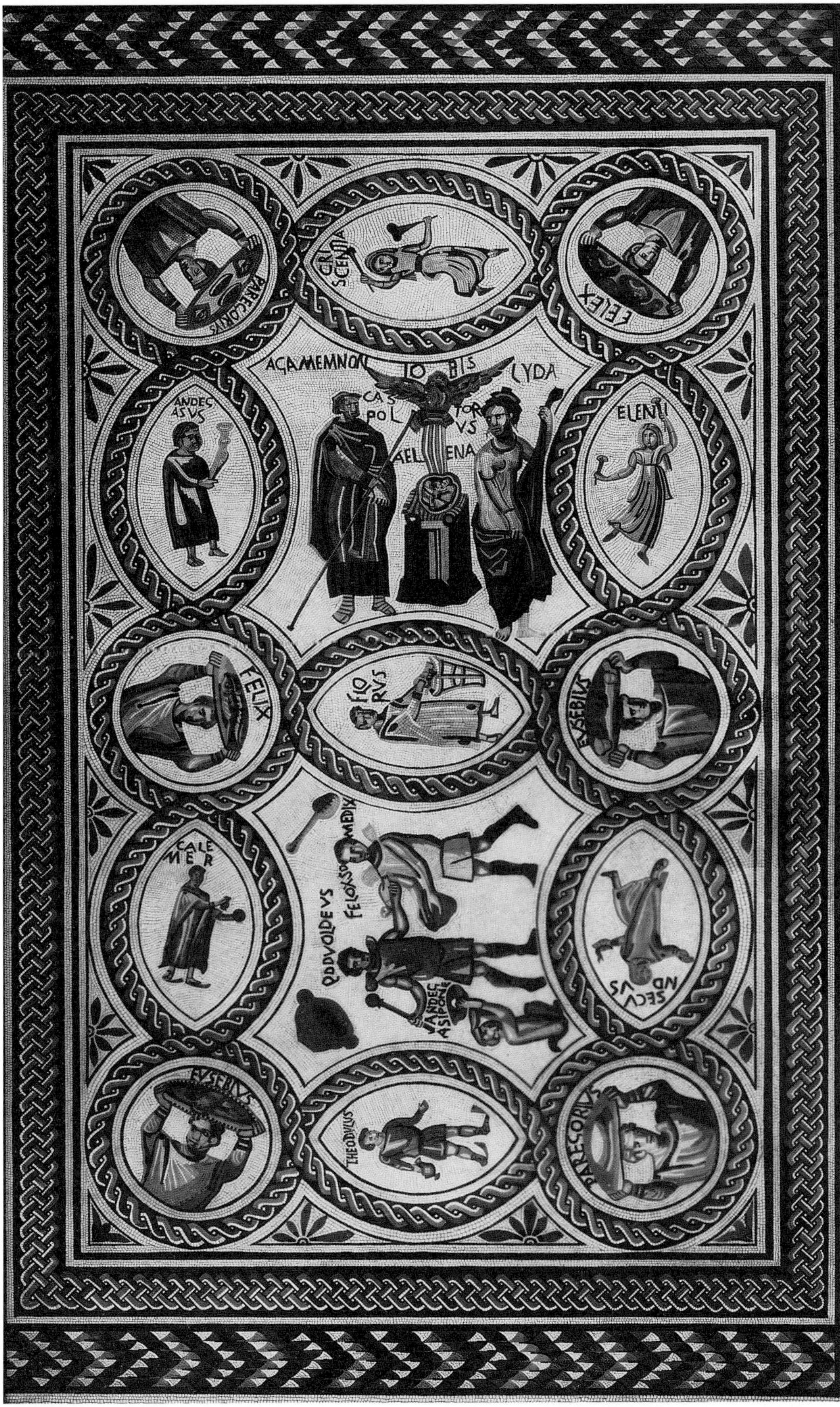
PARECORIVS
CRI SCENTIA
FELEX
AGAMEMNON
IOBIS
LYDA
CAS POL
TOR VS
AELENA
ANDEC ASVS
ELENA
FELIX
FLO RVS
EVSEBIVS
CALE MER
MEDIX
FELOXSVS
ODDVOLDEVS
ANDEC ASIPONE
SECV NDVS
EVSEBIVS
THEODVLVS
PARECORIVS

Zusammenfassung

Betrachten wir zum Schluß Mainz und Trier noch einmal mit einem gewissen Abstand, so bleiben die beträchtlichen Unterschiede im Erscheinungsbild der beiden Städte. Bei genauerem Hinsehen meint man natürlich, viele der schwierigen archäologischen Befunde vor einem gemeinsamen historischen Hintergrund sehen zu können, doch bleibt unbestreitbar, daß Mainz durch die bis in die späte Antike präsente Armee einen besonderen Charakter als Provinzhauptstadt *und* Legionsstandort behielt, der sich in der einen oder anderen Form im Stadtbild wie auch in der künstlerischen Produktion bemerkbar machte. Trier hat ferner nach der wirtschaftlichen Prosperität der mittleren Prinzipatszeit und nach der Krise des späten 2. bis zum späten 3. Jahrhundert hinterher im 4. Jahrhundert als Kaiserresidenz im Nordwesten des Imperiums eine Sonderstellung eingenommen, die es über die Zeiten hervorheben wird. Diese fortgesetzten Hinweise auf Politik, Wirtschaft, Religion oder Sozialstruktur sind deshalb notwendig, weil wir uns immer wieder den zweckgebundenen Charakter antiker Kunst vor Augen halten müssen.

In Rheinland-Pfalz, also im Bereich der römischen Provinzen *Germania superior* und *Gallia Belgica,* hing die künstlerische Produktion auch sehr stark von der mit Kaiser Augustus einsetzenden raschen Romanisierung des größten Teils der Bevölkerung zusammen. So konnte man hier das griechisch bestimmte Formenerbe aus dem Mittelmeerraum mit den bodenständigen keltischen Traditionen verschmelzen. Besonders auf dem Gebiete der Skulptur entstand so im 1. bis 3. Jahrhundert n. Chr. ein unverwechselbarer Provinzialstil: Die in Neumagen verbauten Trierer Grabmonumente und ihre Reliefs prägen seit Jahrzehnten unser Bild vom Leben und vom Tod im römischen Deutschland.

Architektur und Urbanistik

von Hans G. Frenz

Definition des Begriffes Stadt

Zu den wichtigsten Neuerungen, die von den Römern an den Rhein gebracht wurden, gehört die städtische Siedlungsform: Städtisch nicht im Sinn des Zusammenlebens einer größeren Zahl von Menschen an einem Platz, sondern als speziell strukturiertes und durch die Art der gemeinsamen Teilnahme der Einwohner an der Verwaltung politisch-rechtlich ausgezeichnetes Gebilde, das zugleich administrative, kultisch-religiöse und durch Konzentration von Handel und Gewerbe politische und wirtschaftliche Zentralfunktion eines bestimmten Gebietes übernimmt. Damit geht Hand in Hand die architektonische Gestaltung durch vielfältig differenzierte zweckbestimmte Bauformen in einem eng geschlossenen Siedlungskomplex.
Eigentlich kannte der Römer nur eine einzige Stadt, nämlich die *urbs Roma*, die Stadt Rom selbst. Der Status aller übrigen urbanen Gebilde gleich welcher Größe ergab sich aus der Geschichte dieser Gemeinwesen in ihrer Beziehung zur Stadt Rom, durch die ein bestimmter Rechtszustand erreicht wurde. Man unterscheidet zwischen *colonia* und *municipium*. Der Begriff *colonia* bezeichnet eine Pflanzstadt, die von Rom aus neu gegründet oder auch einem bestehenden nichtrömischen Gemeinwesen übergeordnet wurde, indem eine Anzahl römischer Bürger sich an der entsprechenden Stelle, meist ursprünglich aus militärischer Notwendigkeit, ansiedelte. *Municipium* dagegen bezeichnet ein bereits bestehendes Gemeinwesen, das durch Verträge oder als Folge politischer Veränderungen in festgelegte Pflichten – daher das Wort, abgeleitet von *munus* (Pflicht) – und Rechte zu Rom trat. Dabei erhielten die Einwohner zugleich das römische Bürgerrecht. In der Kaiserzeit wurde der Status an andere Gemeinwesen gewöhnlich von Rom aus, d. h. vom Kaiser aus, als bloßer Rechtstitel vergeben, wobei der einer *colonia* höheren Rang besaß. In dem Gebiet und dem Zeitraum, die hier angesprochen werden, war dies der gewöhnliche Vorgang. Die Situation im schon seit alters her urbanisierten Osten des *Imperium Romanum* steht hier nicht zur Debatte. Aus dem Rechtsstatus als *colonia* oder *municipium* ergaben sich zwingend bestimmte Formen der Verwaltung bzw. Selbstverwaltung der jeweiligen Gemeinwesen. Die Größe oder die Existenz städtischer Strukturen allein war für den Rechtsstatus ohne Belang.

Alle übrigen Ortschaften galten als *vici* (Ansiedlungen). Daneben existiert noch der Begriff *oppidum* als allgemeine Bezeichnung von stadtartigen Gemeinwesen ohne Berücksichtigung des Rechtsstatus. In diesem Sinn konnte z. B. Caesar das Wort zur Bezeichnung der befestigten gallischen Siedlungen verwenden.

Verwaltungsorgane

Grundsätzlich herrschte das Prinzip städtischer Selbstverwaltung, die mit ihren Organen und Körperschaften ein kleineres Abbild der Verwaltung der Stadt Rom war. Die städtischen Ämter waren als unbezahlte Ehrenämter für ihren Träger mit erheblichen finanziellen Aufwendungen und Verpflichtungen (*munera*) verbunden. Daher mußten die Mitglieder des *ordo decurionum*, der Körperschaft, aus der Magistrate gewählt wurden, außer bestimmten rechtlichen Voraussetzungen (z. B. Bürgerrecht, absolute Unbescholtenheit) insbesondere auch einen bestimmten Vermögensstand nachweisen. Dieser Rat der *decuriones* bestand in der Regel aus 100 Personen und entsprach dem Senat der Stadt Rom. An der Spitze der Magistrate stand ein Kollegium von zweimal zwei Männern, die in einer *colonia* den Titel *duoviri iure dicando* und *duoviri aediles* führten. Die ersten hatten die Aufgaben des Bürgermeisters, und die beiden anderen waren zuständig für verschiedenste Verwaltungsaufgaben wie Aufsicht über Straßen- und Marktverkehr, Bäder, Wasserversorgung usw. In einem *municipium* waren diese vier als Viermännerkollegium zusammengefaßt, von denen zwei als *quattuorviri iure dicando* und zwei als *quattuorviri aediles* fungierten. Im Grunde hatten sie dieselben Aufgaben wahrzunehmen wie die *duoviri* in den *coloniae*. Weiter gab es *curatores, quaestores* usw. vergleichbar den nachgeordneten stadtrömischen Magistraten. Aus Angehörigen der niedrigeren Stände wurde das Sechsmännerkollegium der *seviri augustales* gebildet, denen der lokale Kaiserkult oblag.

Verwaltungsmäßig vergleichbar waren die verschiedenen *civitates* (Volksgemeinden) strukturiert, deren Organe in den Orten residierten, die den jeweiligen Hauptort einer *civitas* bildeten und entsprechend nicht *vicus,* sondern ebenfalls *civitas* genannt wurden. Damit wurde wiederum die Entstehung städtischer Strukturen in den jeweiligen Orten verstärkt. Für die Römer konnte eine derartige Entwicklung nur vorteilhaft sein. Die mehr oder weniger freiwillige Konzentration der politischen Führungsschicht der einzelnen Stämme und Volksgruppen an einem Ort und deren Beteiligung an der Selbstverwaltung hatte zunächst eine bessere Kontrolle der Unterworfenen zur Folge, die bei Belassung der Stammesstruktur weniger gut möglich war, und die leichtere Durchsetzung ihres politischen Willens. Der engere Kontakt mit den Römern und das höhere Sozialprestige der »Stadt«bewohner bewirkte zugleich eine stärkere Romanisierung der einheimischen Führungsschichten. Urbanisierung stellte gewissermaßen den Motor der Romanisierung der eroberten Gebiete dar. Besonders intensiv mußte sich diese Wechselwirkung entlang der Rheinlinie bemerkbar machen. Dort führte die Konzentration größerer Truppenverbände, deren Angehörige zum großen Teil juristisch Römer waren und sich auch aus römischer bzw. stark romanisierter Bevölkerung rekrutierten, rasch zur Ausbildung von Lageransiedlungen mit städtischem Charakter. Das engere Rheingebiet zeigte sich deshalb rascher und stärker urbanisiert als das militärfreie angrenzende gallische Hinterland.

Städte und stadtartige Gemeinwesen römischer Zeit im heutigen Rheinland-Pfalz

Im definierten rechtlichen Sinne römische Stadt war im heutigen Rheinland-Pfalz allein die Stadt Trier (*colonia Augusta Treverorum*) zumindest seit dem 1. Jahrhundert n. Chr., die auch Amtssitz des Statthalters der Provinz *Gallia Belgica* wurde. Eine Stadt im faktischen Sinne war außerdem die Ansiedlung um das Legionslager Mainz (*Mogontiacum*), dessen starke Garnison sehr schnell die Entstehung auch einer größeren Zivilsiedlung nach sich zog. Auch entwickelten sich offenbar im Zusammenhang mit den Gedenkveranstaltungen zu Ehren des Drusus Maior und auch des Germanicus schon früh urbane Strukturen. Aus Gründen, die wir letztlich nicht kennen, blieb aber *Mogontiacum* der Rechtstitel auch nur eines *municipium* bis in die spätere Kaiserzeit verwehrt, obgleich die Ansiedlung, in rechtlichem Sinn ein Konglomerat von mehreren *vici*, später als Amtssitz des Statthalters der Provinz *Germania superior* politisch einen mit Trier und Köln vergleichbaren Rang einnahm. Sowohl Mainz als auch Trier könnten von ihrer Größe von ungefähr 100 Hektar und von ihrer Funktion her auch nach heutigen Begriffen sehr wohl als Städte gelten. Beider Entstehen im Grunde ohne einheimische größere Vorgängersiedlung stand im Zusammenhang mit dem Beginn der Offensive gegen Germanien am Ende des 1. Jahrhunderts v. Chr. Daneben existierten zahlreiche kleinere Ortschaften (*vici*) als Marktflecken, als Vororte einer einheimischen Volksgruppe (*civitas*), Lagerdörfer (*canabae*) auf militärisch verwaltetem Terrain. Alle diese Ansiedlungen blieben an Größe stark hinter den beiden Hauptorten zurück, konnten aber mehr oder minder städtischen Charakter erreichen, ohne je den Status eines *municipium* zu erhalten. Die wichtigsten derartigen Orte waren *Borbetomagus* (Worms), *Noviomagus* (Speyer), *Vicus Altaiensium* (Alzey), *Bingium* (Bingen), *Confluentes* (Koblenz). Für weitere sei auf den topographischen Teil verwiesen.

Die rechtliche Stellung eines Ortes läßt sich gewöhnlich nur anhand epigraphischer Zeugnisse oder aus literarischen Quellen ermitteln. Für das Aussehen und die städtische Struktur freilich kommt den archäologischen Befunden das größere Gewicht zu. Im Grund wollte sich jeder Ort als Abbild der *urbs Roma* nicht nur in den magistralen Einrichtungen, sondern auch im architektonischen Erscheinungsbild darstellen. Eigene Möglichkeiten und Bedürfnisse und die Größe bzw. Kleinheit des Gemeinwesens spielten hierbei natürlich ebenfalls eine gewichtige Rolle.

Die besten Kenntnisse haben wir von Trier, bei dem sich schon seit längerer Zeit aus

den Grabungen der frühzeitige urbane Charakter des Ortes mit einem frühen regelmä-
Abb 511 ßigen, geplanten Straßensystem und der entsprechenden baulichen Infrastruktur ablesen läßt. Trier nahm zusätzlich in der Spätantike Hauptstadtfunktion wahr, nachdem der Ort durch die diokletianischen Reformen eine der Kaiserstädte des Reiches geworden war. Dies hatte die Ausstattung mit kaiserlichen Repräsentationsbauten zur Folge, deren Reste noch heute eindrucksvoll das Stadtbild bestimmen. Unser Bild von Mainz dagegen, wo es offenbar nie zu einer vergleichbaren einheitlichen Stadtplanung gekommen ist, war lange Zeit durch die Betonung des Garnisonscharakters der frühen Stadt verkannt. Erst allmählich lassen sich auch hier in Teilbereichen urbane Strukturen deutlicher erkennen, die neben der militärischen auch die zivile Seite der Stadt stärker verdeutlichen.

Städtische Infrastruktur und städtische Architektur

Straßen und Brücken

Auffälligster Unterschied bei innerörtlichen Straßennetzen ist ein geplantes oder ein sich aus natürlichen Gegebenheiten entwickelndes Straßensystem. Während Trier z. B. offenbar bereits in früher Zeit über ein geplantes rechtwinkliges Straßensystem mit entsprechenden Ver- und Entsorgungseinrichtungen verfügte, entwickelte sich die defacto-Stadt Mainz eher ungeplant nach den topographischen Gegebenheiten und Notwendigkeiten (Verbindung Legionslager – Brücke, Verbindung der Lager untereinander, offenbar unter Benutzung älterer Wege). Eine gewisse Planung läßt sich in Mainz
Abb 378, 41 im Zusammenhang mit dem Drususmonument erkennen, dessen Lage für den Verlauf
Abb 375 einer der frühen Hauptstraßen bestimmend wurde und ebenso die Lage des römischen Bühnentheaters beeinflußt hat.

Die gefahrlose Überquerung der Flüsse im Verlauf der Verkehrswege sicherzustellen, ist natürlich Aufgabe von Brückenbauten. Bedeutendster römischer Brückenbau ist in
Abb 544 Rheinland-Pfalz die zumindest in Teilen noch antik erhaltene Moselbrücke in Trier, die insbesondere die Verbindung der Stadt mit dem Heiligtum des Lenus Mars sicherstellte, während die Mainzer Brücke über den Rhein primär militärischen Bedürfnissen zu dienen hatte, um die Verbindung der Legionsfestung zu Mainz-Kastel und den vorgeschobenen Limesgebieten zu sichern. Einem spätestens in tiberischer Zeit entstandenen hölzernen Bau folgte bald, wohl in der Zeit nach 70 n. Chr., der Bau einer Pfahlrostbrücke mit Steinpfeilern und mit hölzerner Fahrbahn, deren Reste erst Ende des vorigen Jahrhunderts endgültig zerstört wurden.

Tore und Befestigungen

Tore markierten den Beginn der Stadt, stellten also eine Materialisierung der magischen Grenze der Stadt (*pomerium*) dar wie z. B. im frührömischen Trier, das zwar Tore, aber noch keine Mauer besaß. Auch später behielt ein Torbau diese magische Funktion zusätzlich zu der rein technischen des militärischen Schutzes in Verbindung mit Stadtmauern bei. Zugleich diente die Architekturform des Stadttores oder Lagertores in besonderer Weise der Demonstration politisch-militärischer Macht des Imperiums. Daher wurden Bauten von wahrhaft imperialer Dimension geschaffen, wie sie die Porta Nigra noch heute verkörpert und wohl auch die Mainzer *porta praetoria* verkörpert hat. *Taf 9* *Abb 43*
Sich mit einer Mauer zu umgeben war Vorrecht der Stadt im rechtlichen Sinn. So hatte Trier als *colonia* bereits recht früh eine geplante Ummauerung, die erst in zweiter Linie militärischen Zwecken diente, Mainz dagegen, dem, soweit wir wissen, das Stadtrecht abging, erhielt als städtisches Gebilde ohne städtische Rechte erst in militärisch kritischer Zeit eine aus der Not entstandene Mauer. *Abb 511*

Wasserversorgung und -entsorgung

Je größer eine Siedlung wurde, desto dringender stellten sich die Probleme der Versorgung mit gutem Trink- und auch Brauchwasser für Thermen, Gewerbebetriebe, Privathäuser, Latrinen usw. Wichtigstes Beispiel für derartige Wasserbauten sind die Überreste des Mainzer Aquäduktes.
Mit der Wasserversorgung steht die Kanalisation in einem unmittelbaren Zusammenhang. Das verbrauchte Wasser wurde in großen Abwasserkanälen unter den Straßen zu den Flüssen geleitet, die das Abwasser aufnehmen mußten. Reste davon sind in Trier und an einigen Stellen auch in Mainz nachgewiesen, wenn auch die monumentale Erhaltung wie z. B. in Köln fehlt. *Abb 377*

Hafenanlagen

Schiffstransport war auch und insbesondere in römischer Zeit die billigste Methode für Massen- und vor allem Schwergut. So bedurften alle Orte an schiffbaren Flüssen entsprechender Kaianlagen und Flußhäfen, von denen in Trier Reste steinerner und in Mainz zumindest hölzerner Molen und Kais gefunden wurden. Inschriftlich bekannt ist in Mainz ein *vicus navaliorum*, ein Ortsteil, dessen Name auf das Vorhandensein auch von Werften hindeutet.

Forum

Wie Rom wollte jede Stadt auch ihr Forum haben als Mittelpunkt des städtischen Lebens, einen Platz an dem sich gewöhnlich die Heiligtümer und Einrichtungen der städ-
Abb 513 tischen Selbstverwaltung konzentrierten. Am Forum ist gewöhnlich in einer *colonia* bzw. einem *municipium* auch das *capitolium*, der Tempel der von Rom übernommenen Capitolinischen Trias zu suchen. Orten ohne Stadtrecht fehlt dieses Heiligtum. Das Forum hatte in der Regel seinen Platz im Schnittpunkt der Hauptstraßen einer Stadt, des *decumanus* und des *cardo*, sofern ein geplantes Straßensystem vorhanden war.
In Mainz scheint noch ein anderes unter Militärkontrolle stehendes Forum in unmittelbarer Nähe des Legionslagers speziell für den Handel wohl auch mit Leuten von jenseits der Grenze des Imperiums existiert zu haben.

Verwaltungsbauten

Hierzu gehören insbesondere die Bauten der Provinzialverwaltung, die *praetoria* der Statthalter, ebenso Verwaltungsbauten für die Gremien einer Stadt oder *civitas*, die über den funktionalen Charakter hinaus auch einen repräsentativen haben mußten.
Abb 41, 42 Bauten wie das Drususmonument in Mainz oder der Ehrenbogen in Mainz-Kastel, die einzelnen Mitgliedern des Kaiserhauses errichtet wurden, gehörten zu den imperialen Bauten. In Trier kommen, bedingt durch seine Funktion als spätantike Kaiserstadt, noch Repräsentationsbauten des Kaisers und der Reichsverwaltung hinzu.

Tempel und Heiligtümer

Hier sind im wesentlichen zwei Tempeltypen zu unterscheiden: zum einen der weit
Abb 260 verbreitete sog. gallo-römische Umgangstempel mit quadratischem Grundriß, dessen höherer Zentralraum von einer niedrigeren äußeren Umgangshalle mit Säulen oder einfacheren Stützen umgeben war. Die andere Form entspricht dem römisch-mittelmeerischen Bautyp als Peripteraltempel oder auch als Pseudoperipteros oder Tempel
Abb 523 mit Säulenvorhalle oder Antentempel. Unabdingbar für Städte im rechtlichen Sinn war ein *capitolium*, das im Typ des römischen Tempels gestaltet sein mußte. Für Trier ist ein *capitolium* erschließbar aus der Existenz einer entsprechenden Votivgruppe der Capitolinischen Trias, in Mainz wird es wegen des anderen Rechtsstatus fehlen, obwohl dort über 100 Jupiterweihungen bekannt sind.

Theater

Zu unterscheiden sind Bühnentheater mit halbkreisförmigem Zuschauerraum und abschließendem Bühnengebäude als Ort gehobenerer Darbietungen und auch als Ort für

Kulthandlungen und Amphitheater mit ovalem Zuschauerraum, deren Arena Schauplatz der niederen Vergnügen wie Tierhetzen und Gladiatorenkämpfe waren.
Trier hatte ein Amphitheater, darüber hinaus nur Theater in kultischem Bereich, die religiösen Bezirken angegliedert waren. Aus Mainz kennen wir das größte Bühnentheater der germanischen Provinzen, dessen Lage offenbar Bezug nahm auf das Drususmonument und, sollte es der Ort der kultischen Gedenkfeier für jenen gewesen sein, ebenfalls eher dem religiösen Bereich angehörte. Über ein Amphitheater gibt es nur unbestätigte Notizen des 18. Jahrhunderts. Seine Existenz darf aber vorausgesetzt werden wie aus einem Weihealtar eines Gladiators oder der kleinen Figur eines Boxers geschlossen werden kann. *Abb 528* *Abb 379*
Circusbauten für Wagenrennen sind nur in Trier bekannt. *Abb 533*

Thermen

Öffentliche Bäder gab es praktisch in allen, auch den kleineren Orten. Daher ist hier der Unterschied zwischen Mainz und Trier besonders auffällig. Während in Trier inzwischen drei große Thermenanlagen der verschiedenen römischen Epochen bekannt sind, kennen wir aus Mainz nur eine offenbar militärisch genutzte Anlage innerhalb des Lagers und eine sehr kleine zivile Therme. Da bereits ein kleiner Ort wie das rechtsrheinische *Castellum Mattiacorum* eine erheblich größere Anlage besaß, scheint hier eine besonders gravierende Forschungslücke manifest zu werden. *Abb 554, 561 566*

Wohnbauten

Private Häuser hatten unterschiedliche Größe und Bauweise. Zumeist wird man mit teilweise unterkellerten Fachwerkbauten ohne Obergeschosse und nur vereinzelt mit reinen Steinbauten zu rechnen haben. Den hohen erreichten Lebensstandard kann man an den Privathäusern am ehesten erkennen an technischen Einrichtungen wie Badeanlagen, Hypokaustheizungen, Ausstattung mit Wandmalereien und Fußbodenmosaiken.

Grabbauten

Hominem mortuum in urbe ne sepelito neve urito (einen Toten darf man innerhalb der Stadt weder begraben noch in ein Brandgrab bringen) heißt es lapidar im römischen Zwölftafelgesetz. Diese Bestimmung hat auch in den Provinzen ihre Gültigkeit nicht verloren. Daher befinden sich die Grabstätten immer außerhalb der Siedlungen bzw. hier im Grenzbereich außerhalb der Militärlager. Bevorzugt waren Plätze entlang den aus den Orten hinausführenden Hauptstraßen, die oft auf beiden Seiten von langen Reihen von Grabstätten gesäumt waren. Besonders gut faßbar ist jetzt in Mainz die Nekropole entlang der Verbindungsstraße der beiden Militärlager, die als besonders vornehm einzustufen ist. Alles, was mit Grablegung und Grab zu tun hatte, war im juristischen Sinn *res privata*, unterlag also außerhalb der zuerst genannten Bestimmung keiner weiteren staatlichen Kontrolle. Das Grab bot jedem, der über genügend Kapital verfügte, ein letztes Mal Gelegenheit, seinen Reichtum, seine Macht und seine persönliche Wertstellung demonstrativ zur Geltung zu bringen. Insbesondere war es auch politisch unbedeutenden Personen möglich, dort ihr eigenes Bildnis öffentlich in Form einer Statue, Büste oder Reliefs zur Geltung zu bringen – ein Privileg, das sonst nur in Ausnahmefällen und unter kaiserlicher Aufsicht wahrgenommen werden durfte. Zugleich ließ sich in der Gestaltung des Grabmonumentes, seinen Reliefbildern und seiner Formwahl der Glaube des Inhabers oder seine Wünsche und Vorstellungen von einem Leben nach dem Tode allen Vorübergehenden deutlich machen.

Antike Religionen

von Hans G. Frenz

Grundlagen und Entwicklungen

Die religiöse Entwicklung im Rheingebiet unter römischer Herrschaft entspringt dem Zusammentreffen römischer *religio* mit den einheimischen, d. h. keltischen und germanischen Vorstellungen in augusteischer Zeit. Die römische Religion hat zu diesem Zeitpunkt bereits eine fortgeschrittene Stufe erreicht. Ihre Ursprünge liegen in den Vorstellungen der Bauerngemeinschaften des latinischen Volksstammes, zu dem auch die Römer ethnisch gehörten. Deren Religion basierte auf der bildlosen Vorstellung von Naturmächten und -kräften, die ebenso segenspendend wie unheilbringend auf das Leben der Menschen einwirken. Darum versucht der Römer sich einerseits dieser positiven Einwirkungen zu versichern, andererseits die Mächte nicht herauszufordern. Störungen der gegebenen Ordnung durch den Menschen – bereits das Bestellen der Felder kann eine solche sein – verlangen eine bestimmte Sühne, positives Einwirken der Gottheit erfordert eine entsprechende Gegenleistung des Menschen, der daraus seinen Nutzen gezogen hat. Kontakte mit der Gottheit sieht der Römer deshalb als unumgänglich an, doch bergen sie das Risiko, sich dabei falsch zu verhalten. Daher entwickelten die Römer in für sie charakteristischer Weise formale Regeln dafür, die einem juristisch abgesicherten Geschäftsverkehr entsprechen. Bei der Abwicklung dieser »Geschäfte«, also Kulthandlungen usw., ist die Einhaltung aller Regeln, Formeln und Rituale mit peinlicher Genauigkeit nötig, um Wirkung und Gültigkeit zu erreichen und reibungslosen Verkehr mit der Gottheit zu garantieren. Bereits ein falscher Text oder ein unbeabsichtigter Versprecher machen den ganzen Vorgang ungültig und zwingen zur Wiederholung, während die korrekte Abwicklung dieser Rituale sozusagen den Erfolg garantiert. Äußeres Kennzeichen, das auch heute noch am leichtesten faßbar ist, ist das Wesen der Gelübde (*vota*), die der Mensch als einzelner oder die Gemeinschaft als ganzes ablegt und nach Erfüllung der Bedingung durch die Gottheit einlöst in Form eines Opfers, der Stiftung eines Altars, eines Götterbildes oder in anderer vorher festgelegter Form. Die gerade auch auf den römischen Inschriften aus Deutschland immer wiederkehrende Formel *v(otum) s(olvit) l(ibens) l(aetus)* *Abb 114* *m(erito)*, auf deutsch »... hat sein Gelübde gern und freudig entsprechend dem Ver-

Abb. 114 Mainz. Weihealtar für Bellona. Votiv-Formel

dienst (der Gottheit) eingelöst«, verdeutlicht wieder das Geschäftsmäßige dieses Vorganges. Diese Vorstellungen und die daraus entstandene Scheu im Umgang mit den Göttern haben noch etwas anderes bewirkt. Die Gottheiten der Römer fordern von ihren Anhängern keinen missionarischen Eifer, sie erheben keinen Alleinvertretungsanspruch. Vielmehr erkennt der Römer in den Göttern anderer Völker dieselben Kräfte und Mächte nur unter anderem Namen. Er setzt die fremden Götter je nach vergleichbarer Wesensart und hierarchischem Rang im jeweiligen Pantheon, der besonderen Verehrungsform, später auch der bildlichen Vorstellung, mit seinen eigenen gleich und behandelt sie entsprechend. Zumindest die Römer der Kaiserzeit waren sich dieses Vorganges bewußt. Der Historiker Tacitus prägte dafür den Begriff der *interpretatio romana* im Zusammenhang mit germanischen Gottheiten, eine Begriffsbildung, die der Altertumswissenschaftler weitergehend auf alle solchen Gleichsetzungen anzuwenden pflegt.

Relativ jung sind die bildlichen Vorstellungen, die sich die Römer von ihren Göttern machten. Sie sind gewöhnlich anthropomorph und stammen meist aus der griechischen Welt, entweder direkt vermittelt oder auf dem Umweg über die Etrusker. Bezeichnend ist die Überlieferung, daß die erste bildliche Fassung des Iupiter Capitolinus für den Haupttempel Roms von dem etruskischen Bildhauer Vulca geschaffen wurde. Die Übernahme der Gestalt bewirkte oft zugleich auch eine Verschiebung in den Wesensvorstellungen der jeweiligen Gottheit. Der als *interpretatio romana* beschriebene Vorgang eignet allerdings den meisten antiken Religionen im Mittelmeerraum. Es blieb dem Gott der Juden und hieraus hergeleitet, der Christen vorbehalten, zu fordern, der Gläubige dürfe keine anderen Götter neben ihm haben.

Über die einheimischen Religionsvorstellungen sind wir sehr viel schlechter unterrichtet, da keine eigene schriftliche Überlieferung vorliegt. Was römische Autoren erwähnen ist spärlich und meist zufällig. Hauptquelle unserer Kenntnis sind daher die archäologischen Funde, die Überreste der Kultstätten, Weiheinschriften und -skulpturen, die in großer Zahl erhalten, aber doch nur ein verschwindend geringer Rest dessen sind, was einmal existierte.

Die Entwicklung der Folgezeit stellt sich dar als Wechselwirkung zwischen den einheimischen Religionsformen und den von den Römern mitgebrachten. Dabei spielt der Vorgang, den wir »Romanisierung« nennen, zumindest in den äußeren Formen eine bedeutende Rolle. Im Sinne der *interpretatio romana* werden die einheimischen Götter römischen gleichgesetzt. Aber die Unschärfe solcher Wesensvergleiche führt oft zu regional unterschiedlichen Ergebnissen, z. B. kann eine einheimische Gottheit sowohl als Mercurius Iovantucarus als auch als Mars Iovantucarus interpretiert werden. Die einheimische Bevölkerung übernimmt im Lauf der Zeit mit Schrift und Sprache auch die durch die *interpretatio romana* entstandene Götternamensform zur Benennung der eigenen Gottheiten. Mit dem römischen Götternamen wird gewöhnlich auch die römische bildliche Fassung der Gottheit übernommen. Die keltisch-germanischen Götter werden so Teil der hauptsächlich von der griechischen Kunst geprägten bildlichen Götterwelt des Imperium Romanum. Die Vermengung der römischen mit den einheimischen Vorstellungen spiegeln besonders die Inschriften. Hier gibt es solche mit rein römischen Götternamen, mit rein einheimischen Götternamen, mit römischen Götternamen und einheimischen Beinamen und solche, bei denen durch Voranstellen des Wortes *deus* (Gott) deutlich gemacht wird, daß nicht die rein römische Gottheit gemeint ist. Ähnliches gilt für die Bildwerke, bei denen manchmal nur an den unterschiedlichen Attributen zu erkennen ist, ob der römische oder einheimische Gott gemeint oder gar eine Mischvorstellung gegeben ist.

Parallel dazu verläuft eine durch verschiedene Faktoren bedingte sich allmählich verstärkende Hinwendung zu orientalischen Kulten, deren charakteristische Züge in Mysterien- und Erlösungsgedanken liegen. Da hier der allgemeine Zugang durch Initionsriten, Geheimhaltung usw. beschränkt war, bildeten sich feste Kultgemeinden, die zugleich auch Solidargemeinschaften der Gläubigen wurden. In diesem Zusammenhang ist auch das Aufkommen des Christentums zu sehen.

Unberührt von alledem bleiben der offizielle, staatlich ausgeübte Kult, der Kaiserkult, und die offizielle Verehrung von Personifikationen wie Victoria, Fortuna oder Genien als Personifikation einzelner Truppenkörper, die eher unter politischem Aspekt zu sehen sind. Sie finden ihr Ende mit Übernahme des Christentums als Staatskult.

Abb. 115 Trier. Fleischstraße. Gruppe der Capitolinischen Trias. Marmor (RLM Trier)

Aspekte einzelner Kultbereiche

Wir müssen unterscheiden zwischen den vom Staat selbst bzw. seinen Repräsentanten offiziell im Sinne römischer *religio* zum Wohle des Staates ausgeübten Kulten und privater Religionsausübung, die sich in andere Richtungen bewegte und sich leichter neuen Vorstellungen wie den aus dem Orient vordringenden Erlösungsreligionen öffnete.

Staatskult: Im Bereich der staatlichen Kultausübung stehen hinter dem römischen Namen die römischen Götter. Allen voran geht die Verehrung des Iupiter Capitolinus mit seinen Begleiterinnen Iuno und Minerva. Jede *colonia* hatte ihr *capitolium* als kultischen Mittelpunkt (→ Urbanistik). In Köln z. B. hat die Kirche »Maria im Capitol« nicht nur die religiöse Kontinuität des Platzes fortgeführt, sondern auch den Namen mit über die Zeit bewahrt. Das Aussehen dieser Götterdreiheit kann eine Statuen-
Abb 115 gruppe aus Trier vermitteln, die wohl als Votiv für die Capitolinische Trias dort aufgestellt war. Iupiter als Beschirmer der Stadt und des Staates erhält in den Inschriften häufig den Beinamen *Optimus Maximus* (der Beste und Größte) oder *Conservator*

(der Bewahrer). Das eben Gesagte gilt auch für die vom Militär offiziell verehrten Götter wie Mars oder auch Minerva, später auch für Konkretisierungen von Begriffen wie *victoria* (Sieg), *bonus eventus* (der glückliche Ausgang einer Sache). Verehrung von Truppen- und Korporationsgenien oder Feldzeichenverehrung stehen neben dem Kaiserkult eher als politische Loyalitätserklärung denn als religiöser Akt. Entsprechend sind als Träger dieser Kulte die Angehörigen der politischen und militärischen Führungsschicht der Provinz, der Stadt oder Garnison auszumachen.

Private Religionsausübung: Dieser Bereich umfaßt alle Bevölkerungsschichten. Hier stehen römische gleichrangig neben den einheimischen Göttern. Private Hoffnungen, Wünsche und Anliegen sind hier ebenso mitbestimmend wie die Zugehörigkeit zu bestimmten Volksgruppen und die »Zuständigkeit« der Gottheiten für bestimmte Dinge und Tätigkeiten und der Grad der Romanisierung der einheimischen Bevölkerung. Charakteristisch erscheint die Paarbildung von Gottheiten, also männliche Gottheit und Kultgefährtin, wobei gewöhnlich der Gott mit lateinischem, die Göttin mit ein- *Abb 255* heimischem Namen benannt wird. Die Tatsache, daß gerade in altrömischen Religionsvorstellungen vergleichbare Paarbildungen zu beobachten sind, erleichtert offenbar die *interpretatio romana* auch dann, wenn die Gottheiten nicht immer auch eine römische Parallele besitzen. Auch die Vielzahl der Beinamen für eine Gottheit bedingt nicht grundsätzliche Wesensunterschiede, sondern stellt sich dar als lokale oder völkische Ausprägung der Gottheit.

Orientalische Kulte: Träger der orientalischen Kulte sind zunächst Soldaten und minderprivilegierte und gefährdete Bevölkerungsgruppen, denen die Vorstellung von einem besseren Leben nach dem Tod, sozusagen als Kompensation für die auf Erden erlittene Unbill, in besonderer Weise zusagen mußte. Die verstärkte Hinwendung zu solchen Kulten erfolgte insbesondere mit der zunehmenden allgemeinen Unsicherheit seit Beginn des 3. Jahrhunderts n. Chr. und erfaßte allmählich auch die führenden Schichten, bis zuletzt mit dem Christentum einer dieser orientalischen Kulte zum Staatskult wurde.

Kultausübung

Zentraler Bestandteil der Kultausübung ist das Opfer, das an einem Altar dargebracht wird. Als Opferherr kann dabei nach römischer Vorstellung jeder auftreten, insbeson- *Abb 116* dere aber der *pater familias* als Oberhaupt der Sippe, der Kaiser und die Träger staatlicher Macht. Er nimmt die Funktion des Priesters wahr. Der Opferherr wird dabei unterstützt von Hilfspersonal für bestimmte Tätigkeiten. Man unterscheidet zwischen unblutigen Opfern (Spenden von Wein, Weihrauch, Feldfrüchten) und blutigen Opfern (rituelle Tötung von Lebewesen). Durch Verbrennen der Gaben auf einem Altar werden diese dem weiteren menschlichen Gebrauch entzogen. Bei Tieropfern sind dies nur bestimmte Stücke des Opfers, während der Rest unter die Gemeinde verteilt

Abb. 116 Mainz. Eisgrubkaserne. Opferszene. Relief auf der Seite eines Weihealtars (LM Mainz)

Abb. 117 Mainz. Opfergerät. Reliefs auf den Seiten eines Weihealtars für den Genius einer Centurie (LM Mainz) ▷

wird. Der eigentlichen Opferhandlung muß eine kultische Reinigung vorausgehen. Für all dies wird ganz bestimmtes Gerät verwendet, das gelegentlich als Original, vielfach aber in bildlicher Darstellung vor allem auf den Votivaltären erhalten ist. So finden sich Bilder von Kannen und Schalen sowie Opferservietten, die der Reinigung dienen, weiter Kästchen für Weihrauch, besondere Spendeschalen für Trankopfer, der Schlegel zum Betäuben des Opfertieres, Beil und Messer zum anschließenden Schlachten und Zerlegen, ein Weihwedel zum Besprengen mit Wasser. Hier sei der Hinweis auf den Ritus des katholischen Gottesdienstes erlaubt, der eine Vielzahl der Bestandteile und Abläufe solcher Opferhandlungen bewahrt hat. Jeder Gottheit stehen bestimmte Tiere, die keine Fehler haben dürfen, als Opfer zu. So erhält Iupiter einen weißen Stier. Ein Opfer für Iupiter zeigt ein fragmentiertes Wandgemälde in Trier. Wir

Abb 117

befinden uns noch zu Beginn der Opferhandlung. Hinter dem Altar steht der Opferherr in weißer Toga, links ein Knabe als Opferdiener (*camillus*). Neben diesem steht ein weiterer Helfer (*popa*) mit dem Schlegel in der Hand, mit dem er den Stier im Hintergrund zur Einleitung des Hauptopfers betäuben wird. Im fehlenden rechten Teil des Gemäldes werden die übrigen Helfer zum Schlachten des Tieres (*victimarii*) dargestellt gewesen sein. Zwei ähnliche Opferszenen sind unter den Reliefs am Bogen des Dativius Victor in Mainz dargestellt, der dem Iupiter geweiht war. Eine unblutige Opferhandlung, wohl eine Weihrauchspende, findet sich in abgekürzter Darstellung als Nebenbild auf einem Weihealtar aus Mainz.

Kultort ist in der Regel das Heiligtum oder der Tempel der Gottheit, deren Altar stets außerhalb des Tempelgebäudes steht. Das Heiligtum ist auch der Platz, an dem zur Er- *Abb 523*

füllung der eingegangenen *vota* die gelobten Weihedenkmäler aufgestellt werden. Im häuslichen Bereich erfolgt die Verehrung der Laren der Familie. Auch das Grab ist Ort kultischer Handlungen, die den *manes* (Totengeistern) der Verstorbenen gelten. In der Sakralarchitektur sind zwei Haupttypen zu unterscheiden. Der eine ist der griechisch-römischer Tradition folgende langgestreckte Tempeltyp mit Säulenfassade oder -ring-
Abb 523 halle (z. B. Trier, Tempel am Herrenbrünnchen), der andere ist der sog. gallische Umgangstempel mit quadratischer, höherer Cella, die von einer niedrigeren umlaufenden Säulen- oder Pfeilerhalle umgeben ist und kultischen Erfordernissen bei der Vereh-
Abb 260, rung der einheimischen Götter Rechnung trug (z. B. Hochscheid, Sirona-Heiligtum).
296 Dagegen versammelten sich die Anhänger orientalischer Kulte, am deutlichsten faßbar
Abb 452 bei Mithras, in oft unterirdischen Kulträumen, zu denen nur die »Eingeweihten« Zutritt hatten (→ Christliche Religion).

Götter

Die Vielfalt der Göttervorstellungen zeigt sich insbesondere in der Fülle der Götternamen, die uns durch Weiheinschriften bekannt sind, und den zahllosen Götterbildern:
Alauna → Matronen
Ancamnae → Matronen
Apollo: Himmels-, Licht- und Heilgott
Beiname: Grannus. Keltischer Licht- und Heilgott
Abb 426 Kultgefährtin: Sirona
Abb 295, 296 Heiligtümer: Tempel von Hochscheid
Abb 297 Bildliche Fassung: Jugendlicher unbekleideter Mann mit Lockenhaar
Attribute: Bogen und Pfeile (im Köcher), Kithara. Begleittier ist der Greif.
Arduinna → Diana
Attis: Sterbender und wiedergeborener Gott im Kybele-Mythos
Kultgefährtin: Kybele
Abb 550 Bildliche Fassung: Jüngling in orientalischem Hosengewand und phrygischer Mütze
Aveta → Matronen
Aufaniae → Matronen
Bacchus: Lateinische Namensform für den griechischen Gott Bakchos oder Dionysos, den Gott des Weines. Früh schon mit dem altitalischen Liber gleichgesetzt. Er wird in einem Mysterienkult verehrt, der seinen Anhängern ewige Seligkeit nach dem Tode verheißt.
Abb 495 Bildliche Fassung: Meist jugendlich und mit Kranz aus Weinlaub
Abb 114 *Bellona*: Italische Göttin des Krieges in seiner schrecklichen blutigen Form. Parallelgottheit zu Mars. Später unter erheblicher Wesensverschiebung mit der orientalischen Maa (Magna Mater) gleichgesetzt. Es gibt auch eine einheimische Göttin mit gleichem Namen.

Biviae → Quadruviae
Boudina → Matronen
Caelestis Dea: Römischer Name der Stadtgöttin von Karthago Tanit. Unter diesem Namen genießt Kaiserin Iulia Domna göttliche Verehrung, während ihr Sohn Caracalla als Sol Invictus auftritt.
Bildliche Fassung: Auf einem Löwen sitzende Frau (Münzbilder)
Caiva → Matronen
Cambus → Mercurius
Camulus → Mars
Casses → Matronen
Cautes → Mithras
Cautopates → Mithras
Cernunnos: Einheimische ursprünglich totemistische Gottheit in Tiergestalt, die dann anthropomorph aufgefaßt wird.
Keine Beinamen
Bildliche Fassung: Männliche nackte Gestalt im Schneidersitz mit Hirschgeweih am Kopf *Abb 118*
Cissonius → Mercurius
Conservator → Iupiter
Conservatrix → Fortuna

Abb. 118 Mainz-Hechtsheim. Statue des Cernunnos (LM Mainz)

Abb. 119 *Trier. Statue der Diana (RLM Trier)*

Abb. 120 *Trier. Esus. Relief von der Seite eines Weihedenkmals (RLM Trier)* ▷

Abb. 121 *Trier. Altbachtal. Statue der Fortuna mit Adoranten (RLM Trier)* ▷

Diana: Dem griechischen Mythos zufolge Schwestergottheit des Apollo. Interpretatio romana einer einheimischen Wald- und Berggottheit mit verschiedenen lokalen Ausprägungen.

Beiname: Arduinna (als Gottheit der Ardennen)

Kultgefährte: Silvanus

Abb 289, 119 Bildliche Fassung: Zurückgreifend auf griechische Artemistypen als Frau in Jagdkostüm, bestehend aus kurzem Chiton und Stiefeln

Attribute: Bogen, Pfeile (im Köcher), kreuzförmige Brustbinde, Begleittier ist ein Jagdhund.

Dolichenus: Gleichsetzung des Iupiter mit dem Baal von Doliche in Syrien

Beinamen: → Iupiter

Kultgefährtin: Iuno

Bildliche Fassung: Auf einem Stier stehender bärtiger gepanzerter Mann. Charakteristische Weihegaben sind dreieckige Bronzebleche mit dem Bild des Gottes.

Domesticae → Matronen

Domesticus → Mercurius

Epona: Keltische Gottheit der Pferde und Maultiere, die schon in republikanischer Zeit von den Römern übernommen wurde

Keine Beinamen

Bildliche Fassung: Weibliche Gestalt, die auf einem Pferd (Maultier) entweder im Herren- oder häufiger im Damensitz reitet oder stehend bzw. thronend zwei antithetisch auf sie zukommende Tiere füttert *Taf 6b*

Esus: Einheimische Gottheit, die gelegentlich dem Mercurius gleichgesetzt wird

Kultgefährten: Gelegentlich mit Tarvos Trigaranos vereint, ohne daß jener als Kultgefährte im eigentlichen Sinn angesprochen werden darf

Bildliche Fassung: Mann in kurzem Gewand mit Axt, beim Fällen eines Baumes dargestellt *Abb 120*

Eventus Bonus: Personifizierung des »Guten Ausganges« einer Tätigkeit oder Situation. Im militärischen Bereich bevorzugt

Bildliche Fassung: In der Art eines Genius

Fortuna: Römische Ausprägung der griechischen Tyche. Schicksals-, insbesondere Glücksgöttin. Als solche naturgemäß im militärischen Bereich verstärkt verehrt

Beinamen: Conservatrix, Reddux

Bildliche Fassung: Stehende oder thronende Frau in langem Gewand *Abb 121*

Attribute: Füllhorn, Steuerruder, Globus, Mauerkrone

Genius: Das Wort bedeutet ursprünglich die dem Manne innewohnende »Kraft« insbesondere die Zeugungskraft und ist als Wirkungsprinzip an den lebenden Menschen gebunden. Besondere Bedeutung gewinnt der Genius des Kaisers. Losgelöst vom Individuum entwickelt sich die Vorstellung von Genien von Kollektiven, zuerst als Genius Populi Romani, dann als Genius von Korporationen, Truppenteilen usw. und insbesondere auch von Örtlichkeiten

Das benennende Beiwort steht im Genetiv: Genius Augusti (des Kaisers), Pagi (des Gaues), Populi Romani (des römischen Volkes), Collegii ... (des Kollegiums der ...), Iuventutis (der Jungmannschaft), Tectorum (der Leibwächter), Centuriae, Cohortis, Legionis, Loci (des Ortes)

Abb 86 Bildliche Fassung: Ruhig stehender bartloser Jüngling mit Lockenhaar und entblößtem Oberkörper, der an einem Altar spendet

Attribute: Füllhorn, Spendeschale

Grannus → Apollo

Herecura: Einheimische Fruchtbarkeitsgöttin

Hercules: Der Heros genoß vielfach göttliche Ehren und wurde mit einheimischen Göttern identifiziert

Beiname: Saxanus (als Gott der Steinbrüche im Brohltal)

Abb 246, 274, 331 Bildliche Fassung: Hergeleitet von verschiedenen griechischen Heraklestypen als nackter muskulöser bärtiger Mann mit seinen charakteristischen Attributen

Attribute: Keule, Löwenfell

Honos Aquilae: Militärpolitische Personifikation der »Ehre« des Legionsadlers. Vgl. auch Pietas Legionis

Intarabus → Mars

Iovantucarus → Mars und Mercurius

Isis: Aus Ägypten stammende Fruchtbarkeits- und Vegetationsgottheit. Auch mit Kybele gleichgesetzt oder Züge der Fortuna annehmend

Kultgefährte: Serapis

Abb 122 Bildliche Fassung: Weibliche Gestalt in langem Gewand mit charakteristisch geknoteter hoher Gürtung, auch ägyptisierend mit dem Horus-Knaben an der Brust

Iuno: Matronale römische Göttin. Zweite Gottheit der Capitolinischen Trias

Beinamen: (römisch) Regina

Kultgefährte: Iupiter als einheimische Gottheit

Bildliche Fassung: Stehende Frau in Tunika und Mantel. Als Begleiterin des Dolichenus auf einer Kuh stehend

Attribute: Zepter, Diadem, Begleittier ist der Pfau

Iupiter: Staats- und Stadtgott der Römer. Himmels- und Wettergott. Gleichsetzung mit dem einheimischen Himmelsgott Taranis bzw. dem syrischen Baal von Doliche oder dem phrygischen Sabazios

Beinamen: (römisch) Optimus Maximus, Conservator, (orientalisch) Dolichenus, Sabazios

Abb. 122 Fließem. Statue der Isis (RLM Trier)
Abb. 123 Alzey. Kastell. Jupitergigantenreiter (M Alzey)

Kultgefährtin: Iuno und Minerva (als Capitolinische Trias) *Abb 115*
Bildliche Fassung: Stehender oder thronender bärtiger Mann in Toga oder Chlamys (Capitolinus) oder gepanzerter Reiter über einem liegenden Giganten (Jupitergigantenreiter). *Abb 123*
Heiligtümer: Zahlreiche Kultplätze, hauptsächlich der einheimischen Gottheit, bezeichnen die Jupitergigantensäulen.
Attribute: Zepter, Blitzbündel, Globus, Rad, Begleittier ist der Adler.
Kybele: Ursprünglich kleinasiatische Muttergottheit. Im Mythos mit Attis verbunden. In einem orgiastischen Kult verehrt
Kultgefährte: Attis
Bildliche Fassung: Langgewandete Frau mit Schleier
Attribute: Mauerkrone, Begleittier ist der Löwe
Lares: Ursprünglich einzelner Schutzgott der Familie, des Hauses, einer Örtlichkeit, später meist in der Mehrzahl genannt
Meist mit einem erläuternden Beiwort genannt: Lares Familiares, Compitales
Bildliche Fassung: sehr junger Mann in kurzem wehendem Gewand, meist im Tanzschritt

Attribute: Trinkhorn, Schale
Laurentes → Nymphae
Lenus → Mars
Leucetius → Mars
Liber: Als Liber Pater italischer Feld- und Fruchtbarkeitsgott. Nimmt später Züge des Dionysos bzw. Bacchus an.
Lucena: Einheimische Muttergottheit. Mit einer italischen Geburtsgottheit identifiziert. Gleichsetzung mit der einheimischen Virodactis.
Luna: Mondgöttin. Mischvorstellungen mit Unterweltsgöttinnen, aber auch mit Diana
Bildliche Fassung: Frauengestalt mit Mondsichel im Haar
Maia → Rosmerta
Manes: Gottheiten, denen der Begräbnisplatz geweiht ist, schließlich Totengeister des einzelnen Verstorbenen
Bildlich nicht gefaßt
Mars: Stamm- und Kriegsgott der Römer
Beinamen: Leucetius, Intarabus, Camulus, Iovantucarus (auch als Beiname des Mercurius!) Lenus (dem Namen Mars vorangestellt). Einheimische durch die Interpretatio romana nicht ganz präzis erfaßte Gottheit in zahlreichen lokalen Varianten, Aspekt nicht nur kriegerisch

Abb. 124 Mainz. Mars. Reliefpfeiler von den Principia (?) des Legionslagers (LM Mainz)

Kultgefährtin: Nemetona *Abb 270*
Heiligtümer: Tempel des Lenus Mars in Trier, Tempel des Mars Leucetius bei Klein-Winternheim *Abb 524, 525*
Bildliche Fassung: Bärtiger bewaffneter Mann (eher römisch) oder unbärtiger unbekleideter jugendlicher Mann mit Helm (eher einheimisch)
Matronen: Dreiheit keltischer Mutter- und Fruchtbarkeitsgottheiten in zahllosen lokalen Ausprägungen besonders in der Germania inferior. Gelegentlich treten sie auch als Einzelgöttinnen auf.
Beinamen: Domesticae, Casses, Parcae, Aufaniae, Ollogabiae, Suleviae, Xulsugiae, Ancamnae. Als Einzelgöttin Sulevia, Suleva, Caiva, Sulis; vermutlich auch Alauna, Aveta, Boudina *Abb 125*
Heiligtümer: Beim Tempel des Lenus Mars in Trier *Abb 526*
Bildliche Fassung: Drei thronende Frauen verschiedenen Alters *Abb 324*
Attribute: Große ballonartige Kopfhauben, Schalen mit Obst und Feldfrüchten
Mercurius: Gott des Handels und Gewerbes. Götterbote und Totengeleiter
Beinamen: (einheimisch) Cambus, Vissucius, Cissonius, Iovantucarus (auch als Beiname des Mars!), (römisch) Domesticus. Einheimische durch die Interpretatio romana nicht ganz präzis erfaßte Gottheit für Handel, Gewerbe und Reichtum. Zahlreiche lokale Varianten einer wohl übergreifend verehrten einheimischen Gottheit
Kultgefährtin: Rosmerta *Abb 99*

Abb. 125 Trier. Altbachtal. Statue einer Muttergottheit (RLM Trier)

Heiligtümer: Tempel bei Mainz-Finthen

Abb 437, 587, 248 Bildliche Fassung: Junger Mann mit kurzem Lockenhaar, meist nur mit Mäntelchen bekleidet

Attribute: Flügelhut und -schuhe, Geldbeutel, Caduceus (von zwei Schlangen umwundener Stab). Begleittiere sind Hahn, Bock und Schildkröte.

Minerva: Dritte Gottheit der Capitolinischen Trias. Patronin von Handwerk und Künsten

Keine Beinamen. Möglicherweise mit Nemetona gleichgesetzt

Kein Kultgefährte

Bildliche Fassung: Stehende bewaffnete Frau in Untergewand und Mantel

Attribute: Helm, Speer, Schild, Medusenhaupt

Mithras: Persischer Lichtgott, Sonne zur Mittagszeit, wenn sie am heißesten brennt. Als solcher mit Sol wesensverwandt. Durch rituelle Stiertötung werden seine Anhänger neu geboren. Kultische Organisation in kleinen soldatisch strukturierten rein männlichen Gemeinden

Kultgefährten: Cautes und Cautopates als Personifizierung des Mithras als Morgen und Frühling bzw. Abend und Herbst

Abb 451, 414 Bildliche Fassung: Jüngling in persischem Hosengewand und phrygischer Mütze. Als Cautes und Cautopates in gleicher Tracht mit erhobener bzw. gesenkter Fackel. Mithras wird gewöhnlich bei der Tötung des Stiers dargestellt.

Nantosuelta: Anscheinend einheimische Unterweltsgottheit. Als weiblicher Aspekt des Sucellus aufgefaßt

Keine Beinamen

Abb 496 Bildliche Fassung: Frau in langem Gewand

Attribute: Zepter mit einem Häuschen auf der Spitze, Honigkuchen (?). Begleittier ist der Rabe

Nemetona: Weiblicher Aspekt der als Mars interpretierten einheimischen Gottheit

Keine Beinamen

Kultgefährte: Mars

Heiligtümer: Tempel des Mars Leucetius bei Klein-Winternheim

Bildliche Fassung: Im Typus von Minerva (?) oder Victoria (?)

Neptunus: Über die römische Meergott-Funktion hinaus auch Flußgott und Patron der Schiffahrt

Keine Beinamen

Bildliche Fassung: Nackter bärtiger Mann

Attribute: Dreizack, Delphin, Schiffsbug

Numen: Wirken und Kraft der Gottheit, die oft anonym bleibt. Später wird der Begriff auch auf den Kaiser übertragen.

Nymphae: Wald- und besonders Quellgöttinnen. Einzelwesen oder auch als Paar oder Dreiheit.

Beinamen: Laurentes (Bedeutung unklar)

Bildliche Fassung: Junge Frauen in langem Gewand oder teilweise entblößtem Körper
Attribute: Schilfzweige, Wassergefäße

Ollogabiae → Matronen

Optimus Maximus → Iupiter

Parcae → Matronen

Pallas → Minerva

Pietas Legionis: Militärpolitische Personifikation der Pietas, des pflichtgerechten Verhaltens gegen Götter und Menschen, hier natürlich gegenüber dem Kaiser. Vgl. auch Honos Aquilae

Pisintus → Vertumnus

Pritona → Ritona

Proserpina: Eigentlich nur die lateinische Form des Namens der griechischen Unterweltsgottheit Persephone. Durch Umdeutung des Namens als Göttin interpretiert, die über die Ernte wacht

Quadruviae (gewöhnlich in Verbindung mit Biviae und Triviae): Gottheiten der Wegekreuzungen bzw. Wegegabelungen
Keine Beinamen
Bildlich nicht gefaßt

Reddux → Fortuna

Regina → Iuno

Ritona: Einheimische lokale Göttin (auch als Pritona bezeichnet)

Rosmerta: Weiblicher Aspekt des einheimischen mit Mercurius gleichgesetzten Gottes. Gelegentlich mit der italischen Gottheit Maia gleichgesetzt
Kultgefährte: Mercurius

Abb. 126 Mainz. Reliefmedaillon mit Serapis (LM Mainz)

Heiligtümer: wie Mercurius

Abb 99 Bildliche Fassung: Frau in Tunika und Mantel

Attribute: Caduceus wie Mercurius, Diadem

Sabazios: Gleichsetzung des Iupiter mit einer kleinasiatischen Gottheit, die dem Dionysos nahekommt und in einem orgiastischen Kult verehrt wird

Beinamen: → Iupiter

Bildliche Fassung: nicht überliefert

Charakteristische Weihegaben sind Metallhände mit Fruchtbarkeitssymbolen

Saxanus → Hercules

Serapis: Ursprünglich kleinasiatische Gottheit, dann Stadtgott von Alexandria. Mit dem ägyptischen Osiris gleichgesetzte Vatergottheit

Kultgefährtin: Isis

Abb 126 Bildliche Fassung: Thronender bärtiger Mann

Attribute: Zepter, Modius (Scheffel) auf dem Haupt

Silvanus: Ursprünglich italische Waldgottheit. Aufgefaßt als männlicher Aspekt der Diana benannten einheimischen Gottheit. Im Bild dem einheimischen Gott mit dem Schlegel angeglichen

Keine Beinamen

Kultgefährtin: Diana

Abb 261, Bildliche Fassung: Bärtiger Mann in kurzer Tunika

293 Attribute: Schlegel

Sirona: Weiblicher Aspekt des Grannus

Kultgefährte: Apollo

Heiligtümer: wie Apollo als Grannus

Abb 127 Bildliche Fassung: Verwendet wird der Typus der griechischen Hygieia, eine weibliche Gestalt, die eine Schlange aus einer Schale füttert

Attribute: Schale, Schlange

Sol: Sonnengott, insbesondere die Interpretatio romana des Baal von Emesa, der Heimat der Kaiserin Iulia Domna. Gleichsetzung auch mit Iupiter oder Mithras. Unter diesem Namen genießt Kaiser Caracalla göttliche Verehrung, während seine Mutter als Dea Caelestis verehrt wird. Später identifizieren sich die Kaiser mit Sol.

Bildliche Fassung: Jüngling, bei Kaisern deren Bildnis, im Strahlenkranz

Sucellus → Vulcanus

Suleva → Matronen

Sulevia → Matronen

Suleviae → Matronen

Sulis → Matronen

Tarvos Trigaranos: Einheimische Wasser- und Wald(?)gottheit

Keine Beinamen

Bildliche Fassung: Für die Gottheit ist nur eine einheimische Bildvorstellung bekannt. Sie wird als Stier mit drei Hörnern dargestellt.

Abb. 128 Victoria. *Bronzestatuette aus der Mosel bei Trier (RLM Trier)*

Abb. 127 Hochscheid. Sirona-Tempel. Statue der Sirona (RLM Trier)

Attribute: Begleittier ist eine Dreiheit von Kranichen.
Triviae → Quadruviae
Tutela: Weibliche Personifikation einer Schutzfunktion. Meist als Tutela Loci Schutzgottheit einer Örtlichkeit
Venus: Als Göttin der Liebe mit der griechischen Aphrodite gleichgesetzt und somit mythische Stammutter der Römer
Bildliche Fassung: Abgeleitet von Aphroditetypen der spätklassischen und hellenistischen Zeit als unbekleidete junge Frau *Abb 98*
Vertumnus: Eigentlich römische Gottheit vermutlich der wechselnden Jahreszeiten. Interpretatio romana der einheimischen Gottheit Pisintus
Bildliche Fassung: Schöner Jüngling (als römische Gottheit)

Abb. 129 Mainz. Bronzestatuette des Vulcanus (LM Mainz)

Victoria: Personifikation und Künderin des militärischen Sieges
Abb 128 Bildliche Fassung: Junge geflügelte Frau in dünnem langem Gewand
Attribute: Globus, Siegespalme, Kranz, Schild, auf dessen Fläche die Siegesnachricht notiert wird
Virodactis → Lucena
Vissucius → Mercurius
Voroius: Einheimische Gottheit mit Zügen des Mercurius (?)
Vulcanus: Römischer Gott des Feuers und der Schmiede. Interpretatio romana des einheimischen Unterweltsgottes Sucellus
Keine Beinamen
Kultgefährtin: Möglicherweise Nantosuelta
Abb 129, 214 Bildliche Fassung: Bärtiger Mann in kurzem Hemdgewand (Exomis), das oft die rechte Schulter freiläßt, und kleiner Spitzkappe
Attribute: Schlegel (Hammer), Zange, Amboß
Xulsugiae → Matronen

Die Anfänge des Christentums

von Walburg Boppert

Die sog. konstantinische Wende

Kaiser Konstantin war aus der Schlacht gegen Maxentius an der Milvischen Brücke in Rom am 28. Oktober 312 als Sieger hervorgegangen. Er hatte seinen Sieg nach der bekannten nächtlichen Vision im Vertrauen auf den Schutz des Christengottes im Zeichen des Kreuzes errungen. Diese Entscheidung änderte die Situation des Christentums in der römischen Welt von Grund auf. Sie machte Konstantin zum Alleinherrscher im Westen und erlaubte ihm, im sog. Mailänder Edikt von 313, zusammen mit Licinius, dem Kaiser im Osten, die Beschlüsse zu erlassen, die das Christentum aus der Verfolgungssituation befreiten und als gleichberechtigte Religion neben den alten Kulten offiziell anerkannte. Das Mailänder Edikt bezeichnet somit den Anfang einer Reihe von gesetzgeberischen Maßnahmen, mit denen Konstantin die Kirche immer mehr förderte. Innerhalb eines knappen Jahrhunderts wurde der römische Staat offiziell in einen weitgehend christlichen umgewandelt. Die Kaiser Theodosius und Gratian erließen 381 ein Edikt, worin alle Untertanen auf das 325 unter Konstantins Vorsitz beim Konzil von Nicaea beschlossene Glaubensbekenntnis verpflichtet wurden. 391 wurden der Besuch der Tempel und die Opfer verboten, 392 schließlich jeglicher Götterkult.

Vorkonstantinisches Christentum in Rheinland-Pfalz

Welche Quellen weisen auf die Ausbreitung des Christentums in vorkonstantinischer Zeit in Rheinland-Pfalz und in welchem Umfang haben sich kaiserliche Entscheidungen gegen Christen hier ausgewirkt?
Die schriftlichen Quellen, die wir für das vorkonstantinische Christentum in den antiken belgischen und germanischen Provinzen beanspruchen dürfen, sind eher in anderem Zusammenhang gemachte, beiläufige Erwähnungen antiker Schriftsteller. Das früheste Zeugnis für die Existenz christlicher Gemeinden geht auf Irenaeus zurück, den Lyoner Bischof kleinasiatischer Herkunft, der sich als Schüler des Johannesjün-

gers Polycarp sah. In seiner gegen die Gnosis gerichteten, um 180 entstandenen Schrift »Adversus haereses« berichtet er im Zusammenhang mit Äußerungen über die in der ganzen Kirche einheitlich überlieferte Rechtgläubigkeit auch von christlichen Gemeinden in den beiden Germanien. Sein Zeugnis ist besonders glaubwürdig, weil Irenaeus, der für die Missionierung von Lyon aus die keltische Sprache erlernte, mit den benachbarten Provinzen vertraut gewesen sein muß und sie auch verwaltungstechnisch richtig benennt.

Weniger sicher ist die Äußerung Tertullians derselben Zeit einzuordnen, der die Ausbreitung des Christentums bei Dakern, Sarmaten, Skythen und auch den Germanen preist.

Obwohl die Kunde von Christus auch über die Militärstraßen von Oberitalien an den Rhein gelangt sein kann, ist der alte Rhône-Saône-Mosel-Weg vom Mittelmeer über Lyon nach Trier offensichtlich der erfolgreichere gewesen. Trier ist nach den überlieferten Bischofslisten und den archäologischen Zeugnissen im 3. Jahrhundert Bischofssitz geworden. Hauptträger des Christentums waren wohl griechisch-orientalische Kaufleute.

Vom Rhein, wo in den Provinzhauptstädten Mainz und Köln christliche Gemeinden zu erwarten wären, fehlen dagegen – abgesehen von der Notiz des Irenaeus – sichere Zeugnisse für das Christentum im 3. Jahrhundert. Im Gegensatz zu Trier, das im ruhigeren Hinterland lag, Residenz des gallischen Sonderkaisertums, seit 293 Kaiserstadt und außerdem Sitz höchster Behörden war, blieb die Rheinzone von der Mitte des 3. Jahrhunderts an ständig Germaneneinfällen ausgesetzt und deshalb in ihrem Leben weitgehend von militärischen Gesichtspunkten bestimmt. Mainz war Frontstadt. Die Legionare, die dort mit ihren Familien lebten, und die Händler, die von der Garnison angezogen wurden, lebten auf Militärterritorium und unterstanden der Aufsicht der Militärbehörden. Mainz scheint, nach Aussage seiner frühchristlichen Grabinschriften (s. u.), auch nur wenig griechisch sprechende Menschen in seinen Mauern beherbergt zu haben, so daß sich Einflüsse aus dem früh christianisierten Osten hier offenbar nur schwach auswirkten.

Archäologische Zeugnisse

Der zeitweilig optimistischen Forschungsmeinung, in bestimmten, später als typisch christlich geltenden Dekormotiven wie dem Fisch (bildliche Auflösung des griech. Akrostichons ΙΧΘΥΣ: Iesus Christos Theou Hyios Soter – Jesus Christus Gottes Sohn, Heiland), Hirschen, Tauben oder dem Schafträger ein Indiz für kryptochristliches Christentum zu sehen, ist die Erkenntnis gefolgt, daß diese, in der heidnisch-antiken Bildwelt weit verbreiteten Motive, von den Christen erst in ihrem Sinne umgedeutet wurden. Ebensowenig ist die als geometrischer Dekor weit verbreitete Kreuzornamentik im Sinne des Christentums beweiskräftig. Auch der Ost-West-Richtung von frühen Körperbestattungen und fehlenden Beigaben kommt ohne zusätzliche, sicher christliche Kriterien (Inschriften oder Bestattung in Kirchennähe) keine christliche Signifikanz zu.

Zur Frage der Christenverfolgung an Rhein und Mosel

Wie weit sich die kaiserlichen Entscheidungen zu Kirchenfragen in vorkonstantinischer Zeit in den belgisch-germanischen Provinzen auswirkten, d. h. ob und in welchem Umfang es hier zu Christenverfolgungen kam, läßt sich aufgrund der dürftigen Quellenlage nicht mit Sicherheit erschließen.

Voraussetzung für die Toleranz, die der römische Staat im allgemeinen dem Polytheismus seiner Völker entgegenbrachte, war die Anerkennung der römischen Götter und vor allem die geforderte Verehrung für den Kaiser, in dem sich das Heil des Staates konkretisierte. Zur Erflehung des Göttersegens war jeder römische Bürger zum Opfer verpflichtet. Je mehr die Christen ihren Platz in der römischen Gesellschaft, Verwaltung und im Militär beanspruchten, umso häufiger kollidierte berechtigtes römisches Staatsinteresse mit den Geboten des christlichen Bekenntnisses. Als im 3. Jahrhundert die Bedrängnis durch die Barbaren an allen Grenzen zum beherrschenden Thema römischer Reichspolitik geworden war, steigerte sich die Aufforderung zum Opfer zum Opferzwang, das öffentlich vollzogen und amtlich bescheinigt wurde.

Die diokletianische Verfolgung, die als die schlimmste der Kirche gilt, traf die Christen um so unvorbereiteter, als sie trotz der Verfolgungen unter Decius und Valerian im 3. Jahrhundert auch Phasen einer ruhigen Entwicklung erlebt hatten. So verehrte der 235 mit seiner Mutter Iulia Mamaea in Mainz ermordete junge Kaiser Severus Alexander im Lararium seines Palastes neben den antiken Heroen vielleicht auch Christus. Diokletian versuchte, mit den 303/04 erlassenen Bestimmungen zur Besänftigung der Götter und Rettung des Reiches den alten römischen Glauben wiederherzustellen und das Unheil bringende Christentum auszurotten. Der Cäsar des Westens, Constantius Chlorus, der Vater Konstantins des Großen, stand aber dem Christentum offensichtlich schon so nahe, daß er sich bei der Durchführung der Erlasse darauf beschränkte, in seinem Reichsteil einige Kirchen zerstören und Vermögen einziehen zu lassen. Mit den Auswirkungen dieser Christenverfolgung mußten sich noch die Bischöfe des Westens, u. a. auch Agricius von Trier und Maternus von Köln, auf den von Konstantin einberufenen Bischofsversammlungen in Rom (313) und Arles (314) auseinandersetzen.

Sichere Anhaltspunkte für Christenverfolgungen in unserem Gebiet – wie sie in der Lyoner Gemeinde 177 bezeugt sind, wo mehr als 40 Christen im Amphitheater einen grausamen Tod erlitten – gibt es nach Quellenlage nicht. Dagegen finden sich Hinweise auf Verfolgungen in Heiligenlegenden (Bonn, Köln, Xanten) versteckt, konkret auch in der Wendung *sociata m(artyribu)s* in der Grabschrift der Rudufula aus Köln. Die für ein Martyrium in Trier beanspruchte Wendung *qui meruit sanctorum sociari sepulcra* in der Grabschrift des Subdiakons Ursinianus ist wohl eher mit den Gräbern der Bischöfe Felix und des Bekenners Paulinus (s. u.) in Zusammenhang zu bringen. Es scheint auch fraglich, ob die Vita des Soldatenheiligen Ferrutius der diokletianischen Verfolgungszeit bzw. überhaupt unserem Gebiet zuzuweisen ist. Alles, was über Ferrutius, der angeblich in Mainz-Kastel begraben wurde, bekannt ist, findet sich erst in seiner Grabschrift in der Abtei Bleidenstadt aus dem 7. Jahrhundert. Ältere Nachrichten über ein Martyrium fehlen. Die komplizierte Entstehung der Geschichte des Martyriums von Angehörigen der sog. Thebäischen Legion könnte aber trotzdem, ohne daß dies an Einzelgestalten in der Rheinzone nachweisbar ist, einen geschichtlich wahren Kern über den Märtyrertod christlicher Soldaten enthalten.

Die Kirche in Trier

Der Zeitraum, in dem sich das Christentum nach Konstantins Sieg in den belgisch-germanischen Provinzen unter römischer Herrschaft frei entfalten konnte, betrug etwa 150 Jahre. In den ersten 100 Jahren, bis etwa 400, bis aus Sicherheitsgründen die Kaiserresidenz nach Mailand und die Präfektur nach Arles verlegt wurde, war Trier in der glücklichen Lage der *urbs opulentissima*. Es entfaltete sich hier ein in jeder Hinsicht großstädtisch-internationales Leben, an dem auch die Kirche wesentlich beteiligt war. Der Afrikaner Lactantius wurde 317 zum Erzieher des Konstantinsohnes Crispus nach Trier berufen, wo seine berühmte Schrift »De mortibus persecutorum« (Über die Todesarten der Christenverfolger) entstand. Hier hielten sich auch die großen Kirchenlehrer des 4./5. Jahrhunderts Athanasius, Hieronymus, Ambrosius und Martin von Tours zeitweilig auf.
Ganz anders sah die Situation der Rheinzone aus. Nach Konstantins Tod 337 erlebte sie, verschanzt hinter eilig vervollständigten Stadtmauern oder in neu errichteten Kastellen, in ständiger Gefahr vor germanischen Invasionen, eine Vorahnung dessen, was Trier erst im 5. Jahrhundert bevorstand. So ist die quantitativ und qualitativ unterschiedliche Quellenlage durchaus nicht zufällig.

Die ersten Bischöfe in Trier

Bischofslisten ab dem Ende des 3. Jahrhunderts, Zeugnisse der Kirchenväter, mehrere hundert christlicher Grabinschriften, Architektur und Kleinkunst erlauben, vom christlichen Trier in der Römerzeit ein recht anschauliches Bild zu zeichnen.
Die Reihenfolge der ersten Bischöfe von Trier, zwar erst in mittelalterlichen Handschriften überliefert, ist durch den Vergleich mit Konzilsakten, Urkunden und kirchengeschichtlichen Erwähnungen gesichert. Versuche mittelalterlicher Geschichtsschreiber, in den ersten Bischöfen von Trier und Mainz Apostelschüler zu sehen, gehören jedoch ins Reich der Legende. Die Vorgänger des in den Konzilsakten von Arles 314 historisch bezeugten ersten Bischofs von Trier Agricius waren Eucharius und Va-

lerius. Durch sie wird der Beginn des Trierer Bistums in das Ende des 3. Jahrhunderts datiert. Bischof Cyrillus widmete in spätestantiker Zeit den beiden *sacerdotes* eine Grabschrift. Ob Bischof Maternus, der hier begraben sein soll, auch wirklich Bischof von Trier war, wird heute in der Forschung bezweifelt. Als Bischof von Köln wird er in der von Konstantin 313 nach Rom berufenen Synode aufgeführt. Unter dem Vorsitz des römischen Bischofs Miltiades sollte die Synode im sog. Donatistenstreit entscheiden. In der Unterschriftenliste der im darauffolgenden Jahr in Arles stattfindenden Synode, die demselben Gegenstand gewidmet war, ist dann Bischof Agricius von Trier mit seinem Exorzisten Felix genannt. In die Amtszeit des Bischofs Agricius fällt die Familientragödie im kaiserlichen Haus, die zur Aufgabe kaiserlichen Palastgeländes führte. Wahrscheinlich durch Vermittlung der Kaiserinmutter Helena wurde dieses Gelände der Kirche geschenkt. Auf ihm entstand eine große Doppelkirchenanlage. *Abb 573*

Die Trierer Kirche im arianischen Streit

Nachfolger von Agricius war Maximin. Während seiner Amtszeit geriet die trierische Kirche mitten in die theologischen Auseinandersetzungen der Kirche im Osten über das Verhältnis von Gottvater und Sohn. Anders als der Westen, der theologisch-spekulativem Ringen wenig Verständnis entgegenbrachte, war in der Kirche des philosophisch seit Jahrhunderten geschulten Ostens die göttliche Wesenheit (Hypostase) zum Gegenstand erbitterter Diskussionen und Lehrmeinungen geworden. Sehr vereinfacht gesprochen ging es der einen Seite um die eine Wesenheit von Gottvater und Sohn (Homousie), der anderen um eine gewisse Unterordnung der göttlichen Wesenheit des Sohnes unter die des Vaters (Homoiusie). Auf dem von Konstantin einberufenen Konzil von Nicaea 325 war die von ihm vorgeschlagene Definition – homousios – unter dem Eindruck der kaiserlichen Autorität von fast allen Bischöfen akzeptiert worden. Athanasius, seit 328 Bischof von Alexandria, wurde zum unerbittlichen Verfechter dieser Entscheidung, die noch heute im Glaubensbekenntnis der christlichen Kirchen verankert ist. Die theologisch-philosophischen Differenzierungen der Gegenseite, auf der die meisten östlichen Bischöfe standen, sind mit dem Begriff »Arianismus« nur unzureichend oder gar nicht erfaßt. Aber Athanasius verstand es, alle Gegner der Orthodoxie mit diesem Namen zu belegen. Er knüpft sich an Arius, einen Presbyter der alexandrinischen Kirche. Weitergehend als die wesensmäßige Differenzierung der Göttlichkeit Jesu leugneten die extremen Nachfolger des Arius schließlich die Göttlichkeit Jesu Christi überhaupt. Für den Westen war der östliche Dogmenstreit in seiner feinen theologischen Differenzierung offenbar kaum von Interesse gewesen. Hilarius von Poitiers bekannte auf der Synode von Béziers 356, bis dahin noch nichts von der nicaenischen Definition gehört zu haben.
Mit der Verbannung des alexandrinischen Bischofs Athanasius nach Trier wurden die Trierer Bischöfe in die theologische Problematik eingeweiht und in den Dogmenstreit mit verwickelt. Als Residenz der Konstantinsöhne Constantinus II. († 340) und seines

nachfolgenden Bruders Constans († 350) wurde Trier zur Anlaufstelle bischöflicher Appellationsgesuche am Kaiserhof.

Athanasius gelang es, während seiner zweijährigen Verbannung nach Trier (335–337) und in späteren kürzeren Besuchen, die westliche Kirche unter dem römischen Bischof völlig auf die orthodoxe Lehrmeinung festzulegen und in diesem Sinne zu führen. In Maximin, dem Ortsbischof, fand Athanasius einen Mitstreiter, in dessen Nachfolger Paulinus einen ebenso unbeugsamen Anhänger der Orthodoxie. Auch nachdem Constantius II. nach dem Tode seines Vaters Athanasius die Rückkehr nach Alexandria gestattet hatte, behielt er die Fäden zur Führung der westlichen Partei in der Hand. Für die Selbstsicherheit, mit der Athanasius die Trierer Kirche gestärkt hatte, spricht, daß ihr Bischof Maximin 342 einer Delegation östlicher Bischöfe, die dem Kaiser in Trier eine arianisch erscheinende Version des Glaubensbekenntnisses der Synode von Antiochia (341) überbringen wollten, ungestraft die kirchliche Gemeinschaft verweigern konnte, obwohl sie kaiserliche Gäste waren. Diese brüske Reaktion war die Antwort Maximins auf die Absetzung des Bischofs Paulus von Konstantinopel durch Constantius II. Maximin wirkte auch an der Vorbereitung der Synode von Serdica (Sofia) 342/43 entscheidend mit, auf der die Kirche und Reich belastenden Schwierigkeiten beigelegt werden sollten. Im Zusammenhang mit dieser Synode wird er zum letzten Mal erwähnt, wenn man von der umstrittenen Kölner Synode 346 (s. u.)
Abb 574 absieht. Unter Maximin wird die Doppelkirchenanlage größtenteils vollendet worden sein. Wie Athanasius berichtet, wurde in ihr schon während der Bautätigkeit Gottesdienst gefeiert. Bis zur Erneuerung des nicaenischen Glaubensbekenntnisses auf dem zweiten ökumenischen Konzil von Konstantinopel 381 blieb der »Arianismus« Mittelpunkt kirchlicher Auseinandersetzungen. Er bot den Kaisern, die seit Konstantin als Vermittler und Vollzugsgewalt von beiden Seiten angerufen wurden, Gelegenheit zu staatlichen Entscheidungen und Eingriffen. Die komplizierte Verknüpfung politischer und theologischer Fragen läßt sich hier im einzelnen nicht darstellen. Vereinfacht gesprochen standen die östlichen Bischöfe auf seiten Constantius II., während die Interessen der Bischöfe des Westens von Constans wahrgenommen wurden. Als Constantius II. 350 schließlich Alleinherrscher im Römischen Reich geworden war, versuchte er unter Ausschaltung des athanasischen Einflusses, dem Westen das »arianische« Glaubensbekenntnis aufzuzwingen. Paulinus, Schüler und Nachfolger Maximins, geriet in Verdacht, die gegen Constantius gerichtete aggressive Kirchenpolitik fortzusetzen. Als Paulinus sich auf der Synode von Arles 353 weigerte, Athanasius zu verurteilen, wurde er nach Phrygien verbannt. Dort starb er wahrscheinlich 358. Bald
Abb 576, nach seinem Tode wurde seine sterbliche Hülle nach Trier gebracht, wo er in der nach
577 ihm benannten Kirche seit 386 verehrt wird.

Die Trierer Kirche im späten 4. Jahrhundert

Unter Valentinian und Gratian erlebte Trier in seiner Architektur und Bildung noch einmal eine ähnliche Blüte wie zu Beginn des Jahrhunderts unter der konstantinischen Familie. Valentinian hatte für seinen Sohn Gratian den berühmten Rhetor Ausonius aus Bordeaux als Erzieher gewonnen. Doch war Ausonius, der die gesamte antike Bildung in sich aufgenommen hatte und rhetorisch versierte, aber inhaltlich unverbindliche Dichtung schrieb, dem Christentum nur oberflächlich zugetan. Wie Julian im Westen übte auch Valentinian in kirchlichen Fragen Zurückhaltung. Seine kühle Einstellung gegenüber Martin von Tours beleuchtet eine Legende. Danach war das Eingreifen überirdischer Mächte erforderlich, um dem heiligen Bischof eine Audienz zu verschaffen und den Kaiser zu veranlassen, sich von seinem Thron zu erheben. Eine sehr viel entschiedenere christliche Richtung erhielt die Politik des jungen Gratian unter dem Einfluß des Mailänder Bischofs Ambrosius. Ambrosius, vor 340 als Sohn des *praefectus praetorio Galliarum* (Präfekt der gallischen Präfektura) in Trier geboren, wurde zum Führer der Kirche im Westen, der konsequent den Anspruch des Christentums im römischen Staat sowohl gegen die gebildete, dem antiken Kult anhängende Oberschicht (in der Auseinandersetzung mit Symmachus) als auch gegen Kaiser Theodosius selbst durchsetzte. Vielleicht kam es unter Gratian mit stillschweigender staatlicher Billigung zu Zerstörungsaktionen an heidnischen Kultstätten durch Christen, z. B. im Altbachtal in Trier oder der Jupitersäule in Mainz, die in Hunderte von Stücken kleingeschlagen wurde.

Diese heftigen Reaktionen zeigen, daß die alte Religion noch nicht völlig untergegangen war. Sie lebte auf zwei Ebenen weiter: in der einfachen Bevölkerung, die in der *interpretatio romana* sicher auch noch vorrömische Götter verehrte und in Kreisen der philosophisch gebildeten Oberschicht, die als Auftraggeber des spätantiken Myste- *Abb 113* rienmosaiks am Trierer Kornmarkt zu vermuten ist.

Im Verlaufe des 4. Jahrhunderts hatte sich das Christentum, zumindest in Trier – in aller Ruhe und unter staatlichem Schutz – ungestört ausbreiten können. Es gehörte jetzt mehr Mut dazu, der Kirche fernzubleiben als in sie einzutreten. Das christliche Bekenntnis fing an, als Empfehlung bei irdischen Geschäften und in der Laufbahn des Beamten zu dienen. Weite Kreise der guten Gesellschaft legten Wert auf kirchliche Betätigung (Lietzmann). Die Kirche war zu einem wesentlichen Element des öffentlichen Lebens geworden.

Auf den allgemeinen Trend der Zeit reagierten auch die kunstgewerblichen Betriebe schnell. Neben mythologischen Szenen werden biblische und solche des Neuen Testa- *Abb 588* mentes auf Glasschalen dargestellt. Sinnentwertet wirken schließlich christliche Motive auf Spielsteinen.

Mit der Anpassung an die Welt lief die Kirche Gefahr, in der konsequenten Befolgung der christlichen Gebote nachzulassen. Asketische Bewegungen, die z. T. einen strengen Dualismus vertraten, gliederten sich im Orient schon früh als eigene Gruppen aus

den kirchlichen Gemeinschaften aus. Von dem Eremiten Antonius, der mit Gleichgesinnten in Ägypten, fern von der Welt, Gott im Gebet suchte, berichtete Athanasius dem Westen in seiner Lebensbeschreibung des Heiligen. Dieses Beispiel oder auch das heiligmäßige Leben des Martin von Tours, den die Trierer aus eigener Anschauung kannten, müssen die weltmännischen Christen hier sehr beeindruckt haben. Der Afrikaner Augustinus, der spätere Kirchenvater, erfuhr von der Lebensform des Antonius durch seinen Freund Ponticianus, der, aus Trier kommend, ihn in Mailand aufsuchte. Ponticianus erzählte ihm von einem Spaziergang mit drei anderen Hofbeamten in den kaiserlichen Gärten vor der Stadtmauer in Trier. Zwei seiner Freunde seien beim Umherwandeln in eine Hütte eingetreten, in der einige Knechte Gottes wohnten, »Arme im Geiste, derer das Himmelreich ist«. Dort hätten sie ein Buch mit der Lebensbeschreibung des Antonius gefunden, das sie noch zur selben Stunde zur Umkehr ihres Lebens und Aufgabe des Hofdienstes bewog. Auch ihre Bräute entschlossen sich, gleich ihnen, der Welt zu entsagen. Während diese frühe Form mönchischen Lebens in Trier Bewunderung fand, stieß der asketische Radikalismus des Priscillianus und seiner Anhänger auf feindselige Ablehnung und fand in Trier ein tragisches Ende.
Priscillianus, aus vornehmer spanischer Familie, besann sich in der zunehmenden Verweltlichung auf das Urchristentum. Er betonte jedoch den für ihn unüberbrückbaren Gegensatz zwischen Geist und Fleisch so sehr, daß der spanische Episkopat ihn des Manichäismus und der Magie beschuldigte. Gegen diesen Vorwurf fand Priscillianus weder bei Ambrosius in Mailand noch bei Damasus in Rom Rückhalt. Er wandte sich dann an den Usurpator Maximus in Trier. Inzwischen suchte die spanische Gegenpartei, der sich offenbar der Trierer Bischof Britto angeschlossen hatte, den Herrscher mit zweifelhaften Mitteln vom Ketzertum Priscillians zu überzeugen. Und obwohl sogar Martin von Tours, wegen seiner Askese von einigen selbst angefeindet, sich für ihn einsetzte, wurde Priscillianus mit mehreren seiner Anhänger um 385 in Trier hingerichtet. Es war das erste Mal, daß kirchliche Stellen einen »Ketzerprozeß«, d. h. eine innerkirchliche Angelegenheit, mit Hilfe des Staates durch ein Todesurteil beendeten. Deswegen riefen der Prozeß und das Urteil den Protest zahlreicher Bischöfe hervor, u. a. auch den des Ambrosius. Felix, der als Nachfolger des inzwischen verstorbenen Britto von den Gegnern des Priscillianismus zum Bischof gewählt worden war, erfuhr trotz seiner eigenen Untadeligkeit Ablehnung und Mißachtung des italischen Episkopates. Er scheint sein Bischofsamt dem innerkirchlichen Frieden zuliebe aufgegeben zu haben und um 399 gestorben zu sein. Felix ist der letzte Bischof vor dem Ende der Römerherrschaft, von dem wir etwas mehr als seinen Namen wissen.
Mit der Verlegung der kaiserlichen Residenz nach Mailand und der Präfektur nach Arles verlor Trier nicht nur einen großen Teil seiner städtischen Oberschicht, sondern auch die Trierer Kirche ihren Glanz. Trier erlebte jetzt im 5. Jahrhundert mit den Verwüstungen durch Germanen und Hunnen die Situation der Rheinzone. Trotz aller Zerstörung blieb die kirchliche Organisation erhalten, wie die nicht unterbrochene Bischofsliste zeigt. Aber das Bild, das Salvian von Marseille von den Trierer Christen

16 *Trier. Götterbecher. Farbmalerei und Weißbarbotinedekor (RLM Trier)*

17 In Trier geprägte Münzen (Nominale) in Gold aus dem Schatzfund von Arras (RLM Trier)

zeichnet, die inmitten von Tod und Verwüstung noch immer Zirkusspiele forderten, mit denen sie die Kaiser unterhalten hatten, ist vernichtend. »Du verlangst also öffentliche Spiele, Trierer? Wo, ich frage dich, sollen sie abgehalten werden? Etwa über dem Grab und der Asche? Etwa über den Gebeinen und dem Blut der Erschlagenen? ... Von Brand geschwärzt ist noch die Stadt, und du willst eine festliche Miene aufsetzen! Alles ist in Trauer, du bist lustig. Und darüber hinaus forderst du durch deine schändlichen Gelüste Gott heraus und reizest den Zorn der Gottheit durch schlimmen Aberglauben ...«

Die Kirche an Rhein, Mosel und im ländlichen Hinterland

Quellen

In der Rheinzone, im Moselgebiet und erst recht im ländlichen Hinterland beruht unsere Kenntnis von der Ausbreitung und kirchlichen Organisation des Christentums auf einer im Vergleich zu Trier sehr viel dürftigeren Quellenlage. Die literarischen Nachrichten, in denen die Kirche von Trier oder einzelne ihrer Persönlichkeiten in Ereignissen von überregionalem Interesse für die Reichs- und Kirchengeschichte erwähnt werden, fehlen für dieses Gebiet fast vollständig. Wenige literarische Erwähnungen (Ammianus Marcellinus, Hieronymus, Salvian oder Orosius z. B.) werfen meist im Zusammenhang mit den Zerstörungen von Städten und Siedlungen durch Germanen- oder Hunneneinfälle ein Streiflicht auf die kirchliche Situation der betroffenen Orte. Auf sie beschränkt sich außer der Akte der umstrittenen Kölner Synode (s. u.), mittelalterlichen Bischofslisten, Heiligenviten und Martyrologien die historische Überlieferung. Auch die um 400 entstandene Notitia dignitatum, ein Ortsverzeichnis zu staatlichen Verwaltungszwecken (Bürgin-Kreis) kann als indirekte Quelle für die Kirchenorganisation angesehen werden, da sich die kirchliche Organisation an der reichsrömischen zivilen und militärischen orientierte.
Frühchristliche Grabinschriften stellen eine der wichtigsten Quellen für die Verbreitung des Christentums und seinen Personenkreis dar. In Gallien steht Trier mit seiner Fülle überlieferter Inschriften (einschließlich der Fragmente mehr als 800) an der Spitze und wird darin nur noch von Rom übertroffen. Im Rhein- und Moselgebiet sind Inschriften weitaus geringer nachgewiesen. Die Grabinschriften sind besonders am Rhein in nestartiger Verbreitung in Städten und städtischen Siedlungen überliefert. Sie sind in unserem Gebiet nicht datiert. Die mit Hilfe epigraphischer Kriterien erarbeitete Chronologie kann deshalb oft nur Anhaltspunkte für einen Datierungsspielraum von einigen Jahrzehnten geben. Im Gegensatz zu Trier, wo inschriftliche Erwähnungen von Hofämtern oder Militärchargen durch die historisch belegte Präsenz der Behörden die Datierung um 400 eingrenzen, fehlen solche Angaben in den In-

schriften des übrigen Gebietes. Die meisten Inschriften sind aber erst im 5. Jahrhundert oder später entstanden und bezeugen die Kontinuität des Christentums über das Ende der Römerherrschaft hinaus.

Archäologische Zeugnisse

Einige eindeutig als christlich ausgewiesene Gegenstände und wenige sichere Baube-
Abb 140 funde (Mainz, St. Alban; Boppard, St. Severus) ergänzen die Nachweise römischen Christentums in diesem Gebiet. Bei ihnen ergeben sich häufig ähnliche Datierungsprobleme. Falls der Fundzusammenhang nicht durch weitere Funde (Münzen und dergleichen) zusätzlich gesichert ist, kann auch der Fundort der Gegenstände für spätrömisches Christentum oft nur mit Vorbehalt beansprucht werden. So ist damit zu rechnen, daß frühchristliche Gegenstände erst viel später an ihren Fundort gebracht
Abb 130 wurden. Das könnte z. B. der Fall sein bei dem mit Christogramm verzierten Löffel, der ohne weitere Angaben auf dem Hof Iben in Rheinhessen gefunden wurde. Das-
Abb 131 selbe gilt auch für den Silberlöffel aus Eßweiler (Pfalz) mit der Inschrift *Luciliane vivas* (Lucilianus, du mögest leben!). Die eingravierte Taube und das Rankenwerk reichen nicht aus, ihn überhaupt als christlichen Gegenstand zu beanspruchen. Spätrömische christliche Gegenstände oder Teile von ihnen konnten später auch sekundär wieder-

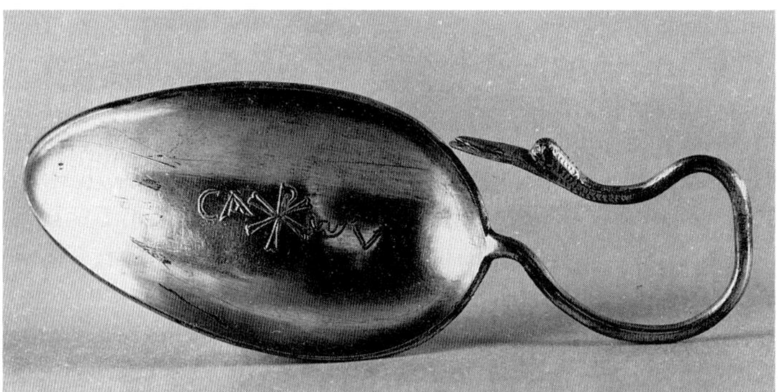

Abb. 130 Mit Christogramm verzierter Löffel vom Hof Iben in Rheinhessen

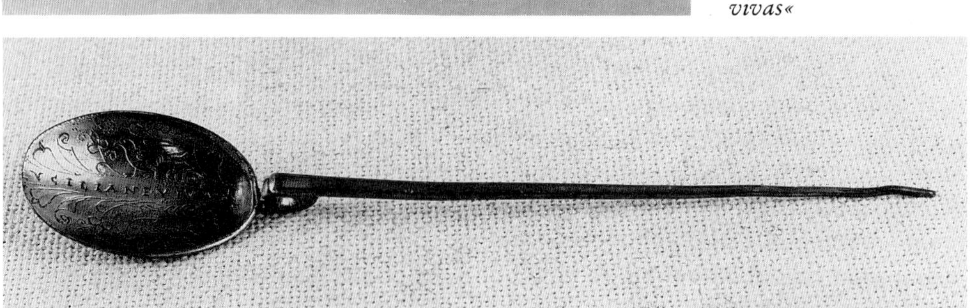

Abb. 131 Essweiler. Silberlöffel mit Inschrift »Luciliane vivas«

Abb. 132/133 Reliefierte Elfenbeinpyxis von der Untermosel, Berlin, ehem. Staatl. Museen

verwendet werden. Vielleicht gehen die vergoldeten Bronzepreßbleche mit Szenen des Alten Testamentes, christlichem Dekor und Inschrift, die den Holzbecher von Wiesoppenheim bei Worms ummanteln, auf Kästchenbeschläge zurück, wie sie im 4. Jahrhundert in Gallien verbreitet waren. Der Wiesoppenheimer Becher gehört in den Grabzusammenhang eines reich ausgestatteten fränkischen Grabes. Bei der bekannten »Magierfibel« mit der Darstellung der drei Magier oder Weisen vor Maria und dem Kind, die in Minden an der Sauer auf einem fränkischen Friedhof gefunden wurde, handelt es sich sicherlich um ein Importstück aus dem Mittelmeerraum. Dagegen kann die reliefverzierte Elfenbeinpyxis aus dem 5. Jahrhundert mit dem lehrenden Christus *Abb 132, 133* inmitten seiner Apostel und der Opferszene des Isaak, die in einem Moseldorf gefunden worden sein soll, tatsächlich aus dem Moselraum stammen. Eine vergleichbare Pyxis kommt aus dem Amphitheater in Trier. Sie wurde im frühchristlichen Kult verwendet. Es bleibt offen, ob sie in Trier hergestellt oder aus Kleinasien importiert wurde.

So läßt sich ein Bild vom Christentum in Rheinland-Pfalz, Trier ausgenommen, nur mosaiksteinartig aus einer Vielzahl sicherer, vermuteter oder durch Analogieschlüsse gewonnener Hinweise und Fakten nachzeichnen.

Die Bischofssitze Mainz, Worms und Speyer

Jesses von Speyer, Victor von Worms und Marinus/Martinus von Mainz sind als die frühesten Bischöfe dieser Bistümer neben dem historisch mehrfach bezeugten Bischof Maximin von Trier in der Teilnehmerliste der umstrittenen Synode von Köln 346 überliefert. Hauptverhandlungspunkt dieser Synode war die Absetzung des Kölner Bischofs Euphrates, der des Arianismus beschuldigt worden sein soll. Da die Synode in keiner zeitgenössischen Quelle erwähnt wird, und dem Bischof Euphrates nach der kirchengeschichtlichen Überlieferung kaum ein solcher Vorwurf gemacht werden konnte, geriet die Kölner Synodenakte früh in den Verdacht, eine Fälschung zu sein. Neuere Forschungen bestärken diesen Verdacht, was den Hauptverhandlungspunkt angeht. Ungeachtet der Beurteilung des Euphrates-Falles enthält aber die Teilnehmerliste der Kölner Synode, mit deren Anerkennung unsere Kenntnis vom Stand der Christianisierung Galliens und Germaniens im 4. Jahrhundert steht und fällt, offensichtlich doch einen Kern Wahrheit. Die in ihr überlieferten Namen decken sich weitgehend mit den um zehn weitere bei Athanasius überlieferten Namen gallischer Bischöfe, die nachträglich der Synode von Serdica zustimmten. Man nimmt deshalb an, daß eine entsprechende Synode in Gallien, wenn auch nicht in Köln, stattgefunden hat. In der Einrichtung der Bistümer Speyer und Worms haben sich vielleicht die Beschlüsse von Serdica ausgewirkt, die die Civitas-Ordnung als Richtlinie bei Bistumsgründungen anregten. Die Bischofssitze in Worms und Speyer gehen frühestens in konstantinische Zeit zurück. Außer ihren 346 bezeugten Bischöfen sind für Worms und Speyer in der Römerzeit keine weiteren mehr bekannt. Als nächster Wormser Bischof ist 614 Bertulf historisch gesichert.

Etwas günstiger ist die Überlieferungssituation in *Mainz*. Mainz wurde als Hauptstadt der Provinz Germania I Sitz eines Bischofs. Als erster bekannter Bischof gilt Marinus, der wahrscheinlich mit dem Mainzer Martinus identisch ist, der die Synode von Serdica 343 unterzeichnete und in der Teilnehmerliste der Kölner Synode erscheint. Auch Mainz wird aufgrund seines Garnisonsstatus erst in konstantinischer Zeit Bischofsstadt geworden sein. Auf Marinus/Martinus folgen Sophronius/Suffronius, Theomast/Theonest, Aureus und Maximus. Maximus ist der letzte römerzeitlich bekannte Bischof von Mainz. Weitere namentlich nicht bekannte Bischöfe sind vielleicht noch einzufügen. Die Bischofsliste bricht mit der Einnahme der Stadt durch die Franken ab und wird erst in merowingischer Zeit mit Bischof Sidonius weitergeführt. Bischof Theomast wurde zu Beginn des 5. Jahrhunderts aus Mainz vertrieben, verstarb in Poitiers und wurde dort auch beigesetzt. Sein Gedächtnis bewahrte die 791 bezeugte Theomastuskirche beim römischen Rheinhafen. Bischof Aureus erlitt mit seiner Schwester Iustina wahrscheinlich 436 oder 451 unter den Hunnen das Martyrium. Er wurde in der ältesten Mainzer Bischofsgrablege bei St. Hilarius/Aureus im Zahlbachtal bestattet, dem großen römischen Friedhof seit dem 1. Jahrhundert. Die Ermordung des Mainzer Priesters Alban wird in Zusammenhang gebracht mit dem Rheinüber-

gang der Alanen, Vandalen und Sueben in der Neujahrsnacht 406/07. Auf Ereignisse in diesem Zusammenhang wird sich auch der Bericht des Hieronymus in seinem bekannten Brief an Ageruchia beziehen, daß die einst blühende Stadt erobert und schwer beschädigt sei und in der Kirche eine große Menschenmenge ums Leben kam. Ammianus Marcellinus erwähnt ein ähnliches Ereignis 40 Jahre früher. 368 nutzte der Alamannenfürst Rando die Gelegenheit, während eines Feldzuges Valentinians I. die von Truppen entblößte Stadt Mainz zu überfallen. Die verheerende Wirkung des Angriffs wurde dadurch begünstigt, daß er an einem christlichen Feiertag erfolgte. Beide Berichte erwähnen direkt oder indirekt Gottesdienste, die von vielen Menschen besucht wurden. Damit erhebt sich die Frage nach dem Standort der ältesten Mainzer Bischofskirche. Spätantike Mauerzüge unter dem heutigen Dom sprechen nicht für den gesuchten sakralen Vorgängerbau, sondern eher für römische Lagerhäuser. Nach den Ergebnissen der Grabung 1950/51 lag die älteste Mainzer Bischofskirche unter der heutigen Johanniskirche. Sie hatte die gleiche Achse wie diese und kann mit über 13 m Breite als Monumentalbau angesprochen werden. Ältere christliche Kulträume in Privathäusern sind in Mainz wie auch sonst im Römischen Reich anzunehmen.
Besser als die Gemeindekirche innerhalb der Stadt ist die Coemeterialkirche vor der Stadtmauer im Süden archäologisch erfaßt. Hier wurde in einer großen, seit dem 1. Jahrhundert belegten Nekropole der Märtyrer Alban bestattet. Noch in spätrömischer Zeit wurde über seinem Grab eine einschiffige, apsidenlose Basilika von etwa 50 x 100 röm. Fuß (ca. 15 x 30 m) als Gedächtniskirche errichtet. Der Bau entstand in einer Zeit, als es Aëtius noch einmal gelungen war, zwischen den Germanen- und Hunneneinfällen, diesen Rheinabschnitt zu sichern. Die Albanskirche, in bester spätrömischer Mauertechnik sorgfältig ausgeführt, ist die letzte monumentale, bis ins Mittelalter weiterwirkende römische Bauleistung im Mainzer Raum (Esser). Frühchristliche Grabinschriftsteine bezeugen die Weiterbelegung auch anderer antiker Nekropolen in Mainz durch römische Christen.
Worms. Obwohl aus Worms im 4. Jahrhundert nur Bischof Victor durch die Kölner Synode überliefert ist, muß die Wormser Gemeinde zu Beginn des 5. Jahrhunderts intakt gewesen sein. Es ist ungewiß, ob die Burgunder, die vermutlich 413 als *foederati* im Wormser Raum angesiedelt wurden (Orosius), schon hier oder erst nach ihrer Ansiedlung in Gallien zum christlichen Glauben übergetreten sind. Die Wormser Bischofskirche wird unter dem heutigen Dom angenommen. Frühchristliche Grabinschriften mit romanischen Namen sind aus Worms nicht überliefert.
Speyer. Die christliche Gemeinde unter dem 346 bezeugten Bischof Jesses lebte am Ende des 4. Jahrhunderts in der valentinianischen Festung auf dem Domhügel zusammen mit den Grenzverteidigungstruppen. Den Fortbestand der christlichen Gemeinde bezeugt eine 34 cm hohe, konisch zulaufende Kalksteinsäule mit abgesetzter, *Abb 134*
leicht verbreiterter Oberfläche, in die ein Christogramm im Kreis eingeritzt ist. Die kultische Verwendung – als Mittelstütze (*stipes*) für eine Altarplatte (*mensa*), als Gabentisch oder zu einem anderen nicht bekannten Zweck – ist ungeklärt. Der Fund

Abb. 134 Speyer. Kalksteinsäule mit Christogramm

stammt aus dem Bereich einer an der Festungsnordseite angebauten Kasematte. Dort wurde auch das Fragment einer frühchristlichen Lampe, wahrscheinlich mediterraner Herkunft, entdeckt. Die Zeitstellung der Coemeterialkirche St. German in der spätantiken Nekropole ist umstritten. Frühchristliche Grabinschriften sind aus Speyer nicht überliefert.

Christentum in den Kastellen

Im Zuge der Verteidigungsmaßnahmen wurden besonders unter Valentinian außer den Städten auch Kastelle und befestigte Plätze ausgebaut oder neu angelegt. Aus überraschend vielen Kastellen sind uns christliche Zeugnisse oder Hinweise auf christliche Gemeinden erhalten. Sie belegen, daß rund 50 bis 100 Jahre nach der ersten Erwähnung der rheinischen Bischöfe das Christentum über Stadt und Civitas hinausgedrungen und erste neue Mittelpunkte auf dem Land in den Kastellorten gefunden hat. Die Christen in den befestigten Siedlungen sind in Beamten der Militärverwaltung, Offizieren und Soldaten mit ihren Familien und in der einheimischen Bevölkerung zu suchen. Obwohl die Kirchen im Schutz der Festungsmauern und der Militärverwaltung standen, sind sie nicht als reine »Garnisonskirchen« anzusprechen. Einen Hinweis auf die Gemeindeorganisation im Kastellort *Bingen* gibt die Grabschrift des Presbyters Aetherius (5./6. Jh.). Die Grabschrift würdigt seine Menschenfreundlichkeit, Rechtschaffenheit und Bindung an Christus. Der Aetherius-Stein ist mit dem etwa

Abb 135

Abb. 135 Bingen. Grabinschrift des Presbyters Aetherius

Abb. 136 Alzey. Brotstempel mit zwei sternförmigen Christogrammen

zeitgleichen der *hone(s)ta femina Mauricia* in der Martinskirche eingemauert. Die Gemeindekirche des Presbyters wird unter der Martinskirche an der Rheinseite im Kastell vermutet. Die Annahme, daß sie auf einer heidnischen Kultanlage erbaut wurde, beruht auf dem Fund von mehreren Votivdenkmälern. In den anderen Kastellen ist von ähnlichen kirchlichen Verhältnissen auszugehen. Archäologische Zeugnisse belegen ein spätrömisch-frühmittelalterliches Christentum. Spätantike Kirchen werden schof Maximin von Trier mit dem Mainzer Bischof Marinus/Martinus. Nach der Legende soll dieser seinen »geistlichen« Sohn Lubentius nach Trier zur Ausbildung geschickt haben. Nach der Priesterweihe beauftragte ihn Maximin mit der Seelsorge in Kobern. Aus dem Raum der benachbarten Gemeinden *Kobern/Gondorf/Lehmen* sind zudem mehrere christliche Grabinschriften mit meist romanischen Namen aus dem 5./6. Jahrhundert überliefert.

Karden ist durch die Vita des hl. Castor ebenfalls mit dem Trierer Bischof Maximin verbunden. Castor, in Trier zum Priester geweiht, entschloß sich, vielleicht nach dem Vorbild der Trierer Einsiedler, zu einer ähnlichen Lebensform in Karden. Aus Karden könnte auch die im benachbarten *Müden* gefundene frühchristliche Grabschrift eines Patricius für seine Frau Eumenia stammen.

Offenbar hatte das Christentum im Moselgebiet mit Unterstützung der Trierer Kirche rasch Fuß gefaßt. So gewinnt die Vermutung, daß Christen dieser Gemeinden an der um 400 erfolgten Zerstörung der großen römischen Kultanlage auf dem Pommerner Martberg über Karden mitgewirkt haben, durchaus an Wahrscheinlichkeit.

Christen nach dem Zeugnis der Grabinschriften

In der Regel widmen die nächsten Angehörigen – Eltern, Ehegatten, Kinder und Geschwister – den Verstorbenen die Grabschrift. Wie zu allen Zeiten äußert sich auch in den christlichen Inschriften Schmerz und Trauer, besonders beim Tod vieler jung Ver-

Abb. 144 Trier. Grabinschrift des Crispinus für seine früh verstorbene Frau Maura

Abb. 145 *Trier. Grabstein des Probatius*

Abb. 146 *Mainz. Inschrift des Soldaten Florentinus*

storbener. Hilflos steht Crispinus dem Tod seiner mit 17 Jahren, 9 Monaten und 20 Tagen verstorbenen Frau Maura gegenüber. Ihre Ehe währte 10 Monate und 27 Tage, bis *Abb 144* sich das Gesetz des Schicksals (*decretum genesis*) erfüllte. Die Tote ruht in *XPO IHU*. Das Namengut der Trierer Inschriften gleicht in seiner Vielfalt dem anderer Großstädte im Römischen Reich. Die Tatsache, daß etwa ein Viertel aller Namen griechischen Ursprungs ist, beweist eher die allgemeine Durchdringung griechisch-römischer Zivilisation als einen entsprechenden Anteil der Bevölkerung aus dem griechi-

19 Trier. St. Matthias. Albanagruft mit bemaltem Reliefsarkophag

Abb. 145 Trier. Grabstein des Probatius

Abb. 146 Mainz. Inschrift des Soldaten Florentinus

storbener. Hilflos steht Crispinus dem Tod seiner mit 17 Jahren, 9 Monaten und 20 Tagen verstorbenen Frau Maura gegenüber. Ihre Ehe währte 10 Monate und 27 Tage, bis *Abb 144* sich das Gesetz des Schicksals (*decretum genesis*) erfüllte. Die Tote ruht in *XPO IHU*. Das Namengut der Trierer Inschriften gleicht in seiner Vielfalt dem anderer Großstädte im Römischen Reich. Die Tatsache, daß etwa ein Viertel aller Namen griechischen Ursprungs ist, beweist eher die allgemeine Durchdringung griechisch-römischer Zivilisation als einen entsprechenden Anteil der Bevölkerung aus dem griechischen Osten. Er wird z. B. in den wenigen, griechisch verfaßten Inschriften greifbar, die meist Syrern gewidmet sind. Einige in Trier belegte Namen wie Maura, Bonifatius, Numidius, Optata oder typisch christliche Namen wie Adeodatus oder Quodvultdeus kommen besonders in Afrika vor und weisen auf einen intensiveren Kontakt zwischen Trier und Afrika um 400. Diese Beobachtung kann auch der Bericht des Ponticianus an seinen Landsmann Augustinus bestätigen.

Abb 145 Die ältesten Inschriften zeichnen sich durch besondere Kürze aus. Erwähnungen von Hofämtern (*palatinus* Probatius oder die kaiserlichen Kleiderverwalter – *a veste sacra* – Bonifatius und Felix) und militärischen Funktionen finden sich selten. Aus Mainz ist *Abb 146* die flüchtig eingeritzte Inschrift des Soldaten Florentius bekannt. Zivile Berufe werden im allgemeinen nicht genannt. Die Trierer Inschrift eines *negotiator* Silvanus stellt eine Ausnahme dar und schlägt eine Brücke zu den aufwendigen Grabmälern der Großkaufleute im Trierer Land in früherer Zeit. Die Differenzierung der kirchlichen Hierarchie spiegelt sich in den Ämtern: *ostiarius* (Türsteher), *lector*, *subdiaconus*, *diaconus* und *presbyter*. Auch Frauen verpflichten sich als *puella Dei* Gott und der Kirche in besonderer Weise. Auf die chaotischen Lebensumstände am Ende der Römerzeit reagierten die Christen unterschiedlich. Das deprimierende Bild, das Salvian von den Christen der Moselmetropole zeichnete, traf vielleicht am ehesten auf die zu, die das Christentum aus Karrieregründen allzu schnell angenommen hatten. Andererseits zeigt Salvians eigenes Leben, der sich wie seine Frau Palladia in gegenseitigem Einverständnis in klösterliche Gemeinschaften nach Südfrankreich zurückzog, den entschlossenen Ernst, ihr Leben besonders Gott zu weihen. In den Grabschriften finden sich auch bei Laien Hinweise für diese Haltung. So unterscheidet die Grabinschrift der *Abb 138* Meteriola aus Remagen zwischen 23 Ehejahren und weiteren 8 Jahren, 7 Monaten und 18 Tagen, in denen die Verstorbene als Schwester in unserem Herrn Jesus Christus lebte – vielleicht in ähnlicher Askese wie Salvian.

In der Zeit der Bekehrung kam der Taufe entscheidende Bedeutung im Leben der Gläubigen zu. Sie war die Voraussetzung für die volle Aufnahme in die Gemeinde. In dem als *fidelis* Bezeichneten ist der getaufte Christ zu sehen.

Abb 147 Die Inschrift des Euticianus aus dem 4. Jahrhundert in Trier beschränkt sich sogar auf diese Angabe und den Namen des Verstorbenen. Die Erwähnung, daß der Verstorbene im Taufkleid (*in albis*) gestorben ist, spricht für das Aufschieben der Taufe bis zur Todesstunde. Für viele Christen bedeutete der Todestag den Anfang eines neuen Lebens und war deshalb besonders erwähnenswert. Dabei übernahmen die Christen vielfach die römischen Wochentagsnamen. Die nur in der Presbyter Lecontius-Inschrift in Trier belegte Numerierung der Wochentage *feria q(u)arta* als Mittwoch hat sich im Westen nicht durchgesetzt.

Das Christentum konnte auch in den germanisch-belgischen Provinzen am ehesten dort festen Fuß fassen, wo römische Kultur und Zivilisation einen Nährboden bereitet hatten. In Trier, dem Mittelpunkt intensiven Handels, überregionaler Behörden und Kaiserresidenz ist die Kirchenorganisation früher nachzuweisen als in der militärisch

Abb. 135 Bingen. Grabinschrift des Presbyters Aetherius

Abb. 136 Alzey. Brotstempel mit zwei sternförmigen Christogrammen

zeitgleichen der *hone(s)ta femina Mauricia* in der Martinskirche eingemauert. Die Gemeindekirche des Presbyters wird unter der Martinskirche an der Rheinseite im Kastell vermutet. Die Annahme, daß sie auf einer heidnischen Kultanlage erbaut wurde, beruht auf dem Fund von mehreren Votivdenkmälern. In den anderen Kastellen ist von ähnlichen kirchlichen Verhältnissen auszugehen. Archäologische Zeugnisse belegen ein spätrömisch-frühmittelalterliches Christentum. Spätantike Kirchen werden über Analogieschlüsse späterer Bauten oder die Patrozinienforschung erschlossen, sind aber archäologisch sicher nicht immer nachzuweisen.

In *Alzey* belegen wenige Fragmente frühchristlicher Grabsteine die Existenz frühen Christentums, außerdem ein Brotstempel mit zwei sternförmigen Christogrammen, die über einer Gruppe von drei Männern in römischer Gewandung eingeritzt sind. Gebäudereste unter der späteren Kirche St. Georg im Bereich des Kastells lassen einen frühchristlichen Kultbau aus dem letzten Viertel des 4. Jahrhunderts vermuten. Dabei könnte die Sekundärverwendung heidnischer Votivdenkmäler in diesem Bau die Vorstellung vom Triumph der christlichen Religion über die Antike stützen. In der Baugeschichte vieler Kirchen sind diese Auffassungen zum Tragen gekommen – neben dem Aspekt der praktischen Materialverwendung.

Abb 136

Der spätantike Burgus von *Eisenberg* scheint ebenso wie die größeren Militäranlagen von Bad Kreuznach und Alzey inmitten der planierten Ruinen ziviler Siedlung angelegt worden zu sein (Bernhard). Als eines der ältesten frühchristlichen Zeugnisse wird ein Brotstempel angesehen, der in der Befestigungsanlage von Eisenberg gefunden wurde. Es ist ein Tonplättchen von 5,2 x 4,2 cm, 1 cm dick. Der Stempel wird in die zweite Hälfte des 4. oder den Anfang des 5. Jahrhunderts datiert. Die flache Vorderseite zeigt in erhöhter Form ein Christogramm. Die Rückseite weist auf drei Seiten einen Randsteg auf. Parallel dazu steht in der Mitte noch einmal ein Steg mit zwei würfelartigen Formen. Um die Stempelkante läuft die Inschrift: *ad pane pingere utere felix*. Die Stempelvorderseite konnte als Mittelstück eines Kreuzornamentes benutzt werden, die Stempelrückseite, seitlich angelegt, ergab die Kreuzesarme. Der Brotstempel wurde von den gläubigen Christen zur Signierung ihres gewöhnlichen Brotes gebraucht, mit dem man noch im 7. Jahrhundert das eucharistische Mahl feierte.

Abb 253
Abb 137, 254

Im Kastell *Bad Kreuznach* geht die Pfarrkirche St. Martin auf eine spätantike Kirchen-

Abb. 137 Eisenberg. Frühchristlicher Brotstempel

Abb. 138 Remagen. Grabstein der Meteriola, 5. Jh.

anlage zurück. In der Westecke des Kastells wurden Teile des Fundamentes ausgegraben, die einen rechteckigen Saalbau von 11 x 25 m mit etwas kleinerer und vermutlich erst später angesetzter Apsis erschließen. Für die Kirche ergibt sich ein »terminus post quem« aus der Tatsache, daß ihre Längsmauern an die Mauer des valentinianischen Kastells angebaut wurden und daß die Ostmauer vor der Apsis auf einer Schuttschicht des späten 4. Jahrhunderts erbaut wurde, die eine Münze des Magnentius enthielt. Im Kastell fand sich außerdem eine kleine Silberplatte mit Christusmonogramm und Alpha/Omega, wahrscheinlich Teil eines Kästchenbeschlages. Zwei Ringe mit Christusmonogramm aus dem spätrömischen Friedhof beim Kastell gelten als verloren.

Auch in *Koblenz* ist mit einer vergleichbaren Entwicklung wie in den anderen Kastellorten zu rechnen. Innerhalb des Kastells fand sich unter der Liebfrauenkirche ein Saalbau, der vielleicht ins 5. Jahrhundert zu datieren ist, durch den eingezogenen Rechteckchor aber auch später sein kann. Die Kirchenanlage geht auf einen älteren römischen Profanbau zurück. Für die Existenz einer christlichen Gemeinde spricht die Grabschrift für einen *lector* Leupa(r)dus aus dem 5./6. Jahrhundert.

Die aus *Andernach* überlieferten frühchristlichen Grabinschriften des 6./7. Jahrhunderts knüpfen an eine spätrömische Tradition an. Die Coemeterialkirchen St. Peter und St. Gervasius und Protasius weisen in spätantike Zeit.

Einige Mauerzüge der Pfarrkirche von *Remagen* wurden als spätrömisch angesehen, doch ist nur im Fragment eines gitterartigen Reliefs mit Christogramm, das sich mit spätrömischen Chorschranken aus St. Matthias in Trier vergleichen läßt, ein Hinweis auf eine spätantike Kirche gegeben. Die Grabschrift der Meteriola, die spätestens noch ins 5. Jahrhundert gehört, belegt die tiefe Gläubigkeit der Christen am Rhein (s. u.). *Abb 138*
Durch Inschriftfragmente sind Christen auch in den Kastellen *Neumagen* (Mosel) und

Abb. 139 Altrip. Bronzene Lampe in Taubenform

Pachten (Saar) nachgewiesen. Im Kastell *Bitburg* (Eifel) spricht die an der Westmauer des Kastells errichtete Kirche für eine christliche Gemeinde in vermutlich spätrömi-
Abb 139 scher Zeit. Im Kastell *Altrip* legt eine bronzene Hängelampe in Taubenform eine Verwendung im christlichen Kult nahe.

In *Boppard* bezeugen frühchristliche Grabinschriften ab der Mitte des 5. Jahrhunderts bis wahrscheinlich in das 8. Jahrhundert die Kontinuität einer christlichen Gemeinde. Viele romanische Namen belegen in Übereinstimmung mit Inschriften des Moselmündungsgebietes durch Eigenheiten der Formulierung und vulgärlateinische Formen die langanhaltende Romanisierung in diesem Gebiet. In Boppard ist eine Grabschrift aus dem späten 5. oder 6. Jahrhundert einem Diakon Besontius und seiner Nichte oder Enkelin Iusticiola, eine spätere dem Presbyter Nonnus gewidmet. Durch Grabungen in der Bopparder Severuskirche sind wir in der glücklichen Lage, die Kirche zu kennen, an der Presbyter und Diakon wirkten. Der Vorgängerbau der Severuskirche in Boppard, an die Nordmauer des Kastells angelehnt, gehört im eigentlichen Sinn nicht mehr zu dem bisher besprochenen Typus der Kastellkirche. In ihr konnte man von einer zumindest zeitweiligen Gleichzeitigkeit militärischer Funktionen und
Abb 140 gottesdienstlicher Betreuung der Kastellbewohner ausgehen. Dagegen wurde die Kirche in Boppard erst nach dem Abzug der Balistarii nach 406/07 errichtet.

Der Zeitpunkt, wann im Inneren der Festung an der Stelle des Kastellbades mit einfachen Mitteln und beschränktem Können (Eiden) die Kirche erbaut wurde – in der zweiten Hälfte des 5. oder erst im 6. Jahrhundert – ist umstritten. Der vollständig aus-
Abb 141 gebildete Typ einer frühen Gemeindekirche außerhalb der Civitas, wie er uns in Bop-
–143 pard entgegentritt, läßt auf eine bereits ausgeformte gottesdienstliche Liturgie mit entsprechender Raumgliederung schließen (→ Boppard).

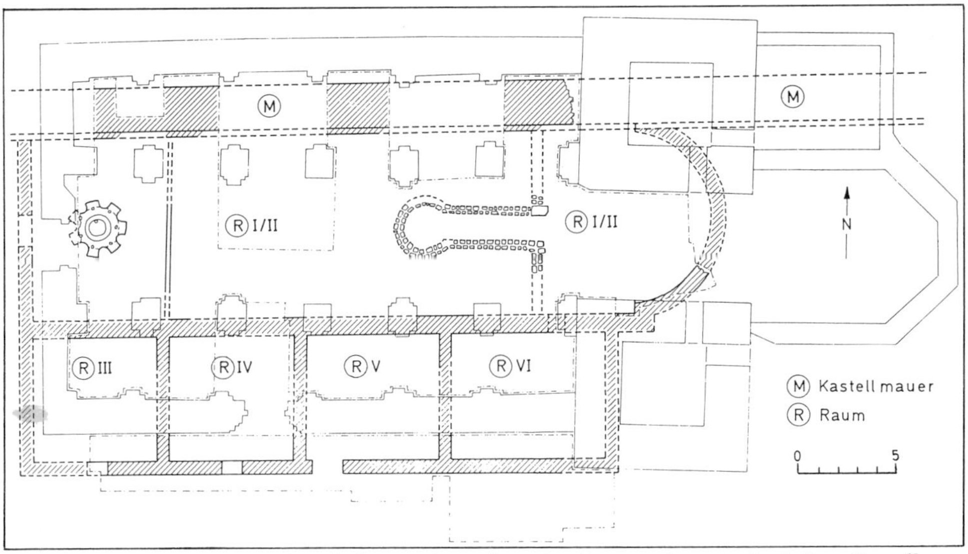

Abb. 140 Boppard. Frühchristliche Kirche, erbaut im Innern des spätrömischen Kastells. Grundriß

Abb. 141 Boppard. Ambo in der frühen Gemeindekirche

Abb. 142 Boppard. Baptisterium

Abb. 143 Boppard. Innenraum der frühchristlichen Kirche. Im Vordergrund Baptisterium. Im Hintergrund Chorschranke mit Ambo. Rekonstruktionszeichnung

Der Kirchenbau nutzte weitestgehend die Lagerthermenanlage und ist ost-west orientiert. Durch das Niederreißen der Trennwand zwischen Raum I und II des Vorgängerbaues entstand ein langgestreckter, rechteckiger Saal (9 x 32 m). Im Osten bezog er den halbkreisförmigen Abschluß als leicht eingezogene Apsis mit ein. Die Inneneinteilung des Baus läßt an seiner Bestimmung als christlichem Kultbau keinen Zweifel. Eine Amboanlage mit kanzelartiger Erweiterung stößt aus der Apsis ins Kirchenschiff vor. *Abb 141* Ambo und Chor sind eine Trittstufe höher als das Langhausniveau. Gegenüber dem Kirchenschiff war der Chorraum durch eine Brüstungsmauer abgeschrankt. Auf eine weitere Untergliederung des Kirchenlanghauses im westlichen Teil weisen Spuren eines Schwellbalkens, der in Querrichtung in den Fußboden eingelassen war. Die auf ihm errichteten Schranken teilten einen kleinen rechteckigen Raum ab. Dieser Raum ist durch das kreisrunde Becken von 60 cm Tiefe, einer lichten oberen Weite von 1,30 m und innen umlaufender Trittstufe als Baptisterium ausgewiesen. Auf dem Bek- *Abb 142* kengrund ist ein Wasserablauf zur Versicherung vorgesehen. Den Beckenrand begleitet ein 80 cm breites Mauerband mit halbkreisförmigen Aussparungen. Die Pfostenlöcher auf den Mauervorsprüngen dienten zur Aufnahme von Holzpfosten für eine Art Baldachin über dem Taufbecken. Seine geringe Tiefe spricht für die Spende der Taufe *Abb 143* durch Übergießen (Aspersion). Zur typenkundlichen Einordnung des Taufbeckens verweist der Ausgräber auf das Taufbecken des Baptisteriums von der Lateranbasilika in Rom als Vorbild und auf die achteckige Taufbeckenanlage der alten Kölner Bischofskirche. Im Abendland war der Typus weit verbreitet. Parallelen zur Bopparder Amboanlage finden sich in Köln (Bischofskirche, St. Ursula) und Liebfrauen in Trier. In der alten Kirche diente die Kanzel nicht nur der Verkündigung, sondern auch der Vorstellung der Neugetauften vor der Gemeinde und der Wiederaufnahme des Büßers nach der Rekonziliation. Die Bopparder Kastellkirche wird in ihrer räumlichen Ausstattung allen gottesdienstlichen Funktionen Taufe, Verkündigung und Eucharistiefeier unter einem Dach gerecht. Der abgeschrankte Chorraum läßt bereits die Trennung von Klerus und Gemeinde klar erkennen. Neben den zur Kirche umgebauten Räumen des Kastellbades wurden auch die Annexräume von der Gemeinde genutzt. Eiden hält den Raum VI für ein Diakonikon, eine Art Sakristei. Die anderen Räume *Abb 140* III – V konnten zur Taufvorbereitung der Katechumenen verwendet worden sein oder in Zusammenhang mit den caritativen Aufgaben des Diakons stehen, z. B. als Lagerraum für Lebensmittel zur Speisung der Bedürftigen. Die von K. Nagel versuchte Rekonstruktion des Kirchenraumes will eine Vorstellung vom Kircheninneren vermit- *Abb 143* teln. Einzelheiten wie die Ausführung der Abschrankung des Baptisteriums oder die Verhüllung des wahrscheinlich nicht fest installierten Altares durch ein Ciborium bleiben zu diskutieren.

Außer den kirchlichen Gemeinden in den Civitates und Kastellen läßt sich an der Mosel spätrömisches Christentum auch in Siedlungen nachweisen, die sich zunächst vorwiegend auf gewerbliche Betriebe gründeten.

In der Vita Maximini verknüpfen sich Berichte um den kirchenpolitisch aktiven Bischof Maximin von Trier mit dem Mainzer Bischof Marinus/Martinus. Nach der Legende soll dieser seinen »geistlichen« Sohn Lubentius nach Trier zur Ausbildung geschickt haben. Nach der Priesterweihe beauftragte ihn Maximin mit der Seelsorge in Kobern. Aus dem Raum der benachbarten Gemeinden *Kobern/Gondorf/Lehmen* sind zudem mehrere christliche Grabinschriften mit meist romanischen Namen aus dem 5./6. Jahrhundert überliefert.

Karden ist durch die Vita des hl. Castor ebenfalls mit dem Trierer Bischof Maximin verbunden. Castor, in Trier zum Priester geweiht, entschloß sich, vielleicht nach dem Vorbild der Trierer Einsiedler, zu einer ähnlichen Lebensform in Karden. Aus Karden könnte auch die im benachbarten *Müden* gefundene frühchristliche Grabschrift eines Patricius für seine Frau Eumenia stammen.

Offenbar hatte das Christentum im Moselgebiet mit Unterstützung der Trierer Kirche rasch Fuß gefaßt. So gewinnt die Vermutung, daß Christen dieser Gemeinden an der um 400 erfolgten Zerstörung der großen römischen Kultanlage auf dem Pommerner Martberg über Karden mitgewirkt haben, durchaus an Wahrscheinlichkeit.

Christen nach dem Zeugnis der Grabinschriften

In der Regel widmen die nächsten Angehörigen – Eltern, Ehegatten, Kinder und Geschwister – den Verstorbenen die Grabschrift. Wie zu allen Zeiten äußert sich auch in den christlichen Inschriften Schmerz und Trauer, besonders beim Tod vieler jung Ver-

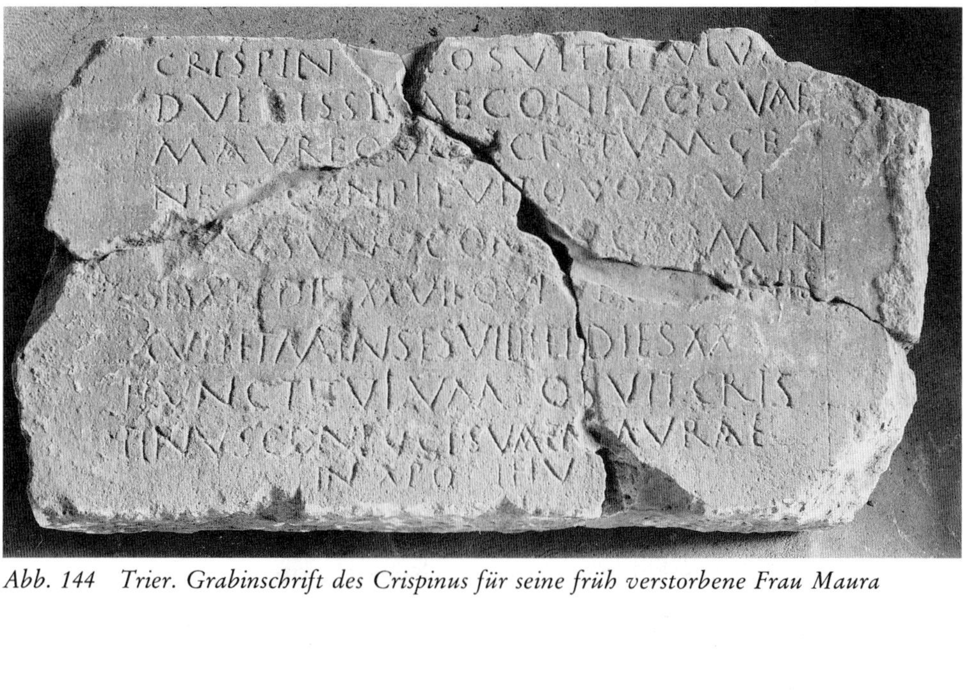

Abb. 144 Trier. Grabinschrift des Crispinus für seine früh verstorbene Frau Maura

18 a Trier. Cameo (Sardonyx) mit der Constantinischen Familie (Stadtbibliothek)

18 b Trier. Viergespann auf Kontorniat (RLM Trier)

19 Trier. St. Matthias. Albanagruft mit bemaltem Reliefsarkophag

Abb. 147 Trier. Grabinschrift des Euticianus, 4. Jh

organisierten Rheinzone. Im Hinterland lassen sich sichere Spuren des Christentums nur im Zusammenhang mit gewerblich-militärischen Anlagen beobachten. Um 400 war die städtische Bevölkerung wohl weitgehend christianisiert. Doch lebte alter Glaube zweifellos nicht nur auf dem Lande weiter, wie Salvians Enttäuschung über die Christen in Trier erkennen läßt.

Der Zusammenbruch der römischen Herrschaft traf die junge Kirche in der Rheinzone viel stärker als die Trierer Kirche. In den rheinischen Bistümern Mainz, Worms und Speyer bricht im Gegensatz zu Trier die Bischofsliste ab und wird erst in merowingischer Zeit wieder fortgesetzt. Die Trierer Kirche leistete in der Zeit des Übergangs, als die kirchliche Organisation in Mainz gelähmt war, am nördlichen Mittelrhein Seelsorge und Missionierungshilfe. Dabei gelang es ihr, ihre Grenzen sogar über die spätantiken Provinzgrenzen auszudehnen. Die Kontinuität christlicher Gemeinden über das Ende der römischen Herrschaft bis in fränkische Zeit bezeugen frühchristliche Grabinschriften, die in Fülle aus Trier und den Städten und spätrömischen Kastellen an Rhein und Mosel überliefert sind.

Wirtschaft und Verkehr

von Otto Roller

Wirtschaft allgemein

Lediglich in den hellenistischen Staaten und in Ägypten gab es vor der römischen Kaiserzeit eine gezielte und einigermaßen systematische Förderung der Wirtschaft, ausgelöst durch oft ehrgeizige, politische und militärische Ziele, keinesfalls einer allgemeinen Wohlfahrt wegen. Römische Kaiser haben, abgesehen von wenigen Ausnahmen, wie z. B. Hadrian, keine Wirtschaftsförderung betrieben. Dagegen griffen sie mit dirigistischen Maßnahmen in den Markt ein, etwa um die Getreidezufuhr nach Rom sicherzustellen.
Als die linksrheinischen Gebiete in das Römische Reich einbezogen wurden, trafen die Römer hier eine überwiegend agrarisch tätige Bevölkerung an, daneben ein gut entwickeltes Gewerbe, das den gesamten Güterbedarf, soweit er nicht in der Hauswirtschaft hergestellt wurde, zu decken vermochte. Lediglich Luxusgüter wurden auch über größere Entfernungen importiert. Vermutlich gehörte auch Wein in einem gewissen Umfang zu den Importgütern.
Die Bedürfnisse der anrückenden römischen Armee und ihres Gefolges waren nur für Getreide und Fleisch aus dem Land zu decken, andere Lebensmittel, die für den Römer wichtig waren wie Olivenöl, *garum* und Wein, ganz zu schweigen von Delikatessen, mußten importiert werden. Das Heer war zunächst zumeist Selbstversorger, teils durch seine logistischen Einrichtungen, teils durch eigene Produktion, auch von Konsumgütern, z. B. Gebrauchskeramik. So gab es eine Fibelfabrik im Kastell Ludwigshafen-Rheingönheim.
Die Vorverlegung der Grenze über den Rhein und die Schaffung einer zivilen Administration brachten auch für das Gebiet des heutigen Rheinland-Pfalz einen kräftigen Aufschwung der Privatwirtschaft mit durchaus beachtlichen Ansätzen zur Großproduktion von Konsumgütern, z. B. von Tafelgeschirr. Geraume Zeit stimulierend wirkte die Baukonjunktur, an öffentlichen Hoch- und Tiefbauten wie Stadtmauern, Tempel, Theater, Amphitheater, Thermen, Wasserleitungen, Abwasserkanäle, Brükken und Straßen, aber auch im privaten Bereich.
Gegen Ende des 2. Jahrhunderts scheint die Konjunktur zu Ende gegangen zu sein.

Die einsetzende Krise des Römischen Reiches führte ab dem 3. Jahrhundert auch zu erheblichen Folgen für die Wirtschaft. Massive Eingriffe des Staates, z. B. Erblichkeit der Berufe, steigende finanzielle Belastung der städtischen Bevölkerung und als Folge von beiden eine große soziale Mobilität – das einzige Mittel für den antiken Menschen, um den Belastungen auszuweichen – behinderten nun die freie Entwicklung der Wirtschaft und führten teilweise zu einer Rückkehr zur Naturalwirtschaft, vor allem aber auch zur Verstaatlichung etwa der für die Verteidigung notwendigen Gewerbe, z. B. im Bereich der Metallverarbeitung. Beachtlich sind die Unterschiede im Technologiestandard innerhalb des Reichsgebietes. Dies mag teilweise mit der Arbeitskräftesituation zusammenhängen. Im allgemeinen gab es keinen Mangel an Arbeitskräften, so daß von daher kaum Anreiz bestand, Maschinen und Geräte, die Arbeitskräfte einsparten, zu konstruieren. Erfindungen in diesem Bereich scheinen mehr zufällig gewesen zu sein und erlangten – abgesehen vom militärischen Sektor – oft keinerlei weitere Verbreitung. Das beste Beispiel dafür ist noch immer das *vallus*, die römische Ernte- *Abb 162* maschine, die sogar in der Historia naturalis des Plinius beschrieben wurde. Obwohl dieses Werk sicher eine gewisse Verbreitung hatte, scheint, nach den Funden bildlicher Darstellungen zu schließen, die Verbreitung dieser Maschine nicht über das Gebiet der Provinz *Gallia Belgica* hinauszureichen, obwohl es an geeigneten Einsatzflächen, etwa in Nordafrika, nicht gefehlt hätte. Der relativ hohe Standard des gallischen Handwerks machte sich auch in römischer Zeit positiv bemerkbar, es sei hier nur an die Technik des Wagenbaus erinnert, die schon in vorrömischer Zeit weit über den Standards Italiens und Griechenlands gediehen war.

Die Eroberung unseres Gebietes fällt wohl zusammen mit einem letzten Aufschwung der Sklavenzahl als Folge des Gallischen Krieges und des nachfolgenden Bürgerkrieges. Das Ende der ausgesprochenen Eroberungskriege führte zusammen mit den großen, vermutlich aus Kostengründen erfolgten Freilassungen in der frühen Kaiserzeit zu einem kräftigen Rückgang der Sklavenzahl. In unserem Raum dürften sie als Arbeitskräfte keine Rolle mehr gespielt haben. Ob daraus letztlich höhere Lohnkosten erwuchsen, ist schwer zu entscheiden, jedenfalls kostete es auch erhebliche Summen, Sklaven zu unterhalten. Die zu beobachtenden Innovationen in der Landwirtschaftstechnik in den Nordwestprovinzen wie das schon genannte *vallus*, aber auch der Einsatz der Sense zum Mähen, deuten vielleicht an, daß zumindest kein Überfluß an Ar- *Abb 160* beitskräften in der Landwirtschaft bestand. Ein Proletariat wie in Rom, das ausschließlich von der öffentlichen Hand unterhalten werden mußte, gab es in den Städten der gallisch-germanischen Provinzen sicher nicht.

Als Primärenergie stand dem gesamten Altertum nur Holz – in ariden Gebieten noch getrockneter Mist – zur Verfügung. Die wesentlich energiereicheren fossilen Brennstoffe wurden nicht genutzt, obwohl sie punktuell bekannt waren wie die Nutzung von aus Ausbissen gewonnener Steinkohle in Britannien und im Saarland zeigt. Die Qualität des Brennstoffes Holz konnte lediglich durch die Umwandlung in Holzkohle gesteigert werden, was offenkundig in größerem Umfang geschah, zumal bestimmte Produktionsprozesse im Bereich der Metallurgie und der Glasherstellung mit Holz nicht möglich waren. Die langsame Regeneration der Wälder, zusammen mit dem Verbiß durch Ziegen, hat in den regenarmen Gebieten der Mittelmeerlandschaften zu entsprechenden ökologischen Schäden geführt, die noch heute spürbar sind. In West- und Mitteleuropa kam es während der Römerzeit sicher zu einem ersten sehr starken Eingriff in den Waldbestand. Daß er keine schlimmeren ökologischen Folgen hatte, mag mit dem doch beträchtlichen Rückgang von Siedlungsdichte und wirtschaftlicher Betätigung in der Völkerwanderungszeit und dem frühen Mittelalter zusammenhängen, der eine Regeneration der Wälder bei uns zuließ.

Unsere Kenntnis der Nutzung der Wasserkraft in römischer Zeit ist noch relativ gering. *Abb 367* Immerhin gibt es neuerdings aus Lösnich, WL, ein gutes Beispiel eines römischen Mühlkanals. Wasserkraft wurde auch im Bereich der Aufbereitung von Erzen und zum Sägen von Steinen benötigt und eingesetzt. Viele Anlagen zur Nutzung der Wasserkraft mögen durch kontinuierliche Nutzung bis zur Unkenntlichkeit verändert oder gar zerstört worden sein. Belege für die Nutzung der Windkraft als Antrieb zum Beispiel von Mühlen sind aus römischer Zeit nicht bekannt geworden.

Zu den entscheidenden Neuerungen, die die Römer mitbrachten, gehörte ein in seinen Werten vom Staat garantiertes Münzsystem. Zwar hatten die Kelten im 2. und 1. Jahrhundert v. Chr. schon Münzen gekannt, doch kann man von einer Geldwirtschaft noch nicht sprechen. Eine solche beginnt mit dem Aufmarsch der römischen Armeen am Rhein zur Eroberung Germaniens, denn die Soldaten erhielten ihren Sold in gemünztem Metall, das sie entweder ausgaben, oder – wie manche Schatzfunde zeigen – auch sparten. Mit Einrichtung der beiden germanischen Provinzen beginnt der große wirtschaftliche Aufschwung, in dessen Gefolge auch größere Mengen Geld unter die Leute kommen. Doch bereits in dieser Zeit, zum Teil sogar schon vorher, verschlechtert sich die Münzqualität. Dies mag u. a. auch auf den gewaltigen Abfluß von Edelmetall aus dem Reich in Form von Subsidien und Tributen zurückzuführen sein. Seit dem 3. Jahrhundert beschleunigt sich der Währungsverfall, es kommt zu mehreren Inflationen. Am Ende der Römerzeit haben wir wieder eine reine Naturalwirtschaft; sie hat während der ganzen Römerzeit wohl nie völlig aufgehört. Da nicht bekannt ist, wie viele Münzen geprägt wurden und auch nur ein Bruchteil der Funde auf uns gekommen ist, haben wir auch keine Vorstellung, ob das umlaufende Geld überhaupt für eine richtige Geldwirtschaft ausreichte. Mehrfach aufgedeckte Falschmünzerwerkstätten aus der Zeit des gallischen Sonderreiches, deren Produktion offensichtlich toleriert wurde, sind doch sehr gewichtige Hinweise auf einen ausgesprochenen Kleingeldmangel zumindest in dieser Zeit. Dabei war die Entwertung schon so weit vorangeschritten, daß der durch dieses Falschgeld entstandene wirtschaftliche Schaden billigend in Kauf genommen wurde. Gold- und gute Silbermünzen verschwanden bei den leisesten Anzeichen einer Krise sofort aus dem Umlauf und wurden gehortet.

Für die Geldversorgung sind wir für diese Zeit seit der Mitte des 3. Jahrhunderts gut unterrichtet. Danach ist natürlich die im Lande gelegene Münzstätte Trier für lange

Zeit maßgeblich an der Geldversorgung beteiligt. Aus den pfälzischen Fundmünzen ist für das Ende des 4. Jahrhunderts eine Dominanz von Arles und Lyon gegenüber der Trierer Produktion neben einer kräftigen Komponente an Münzen von Aquileia und Siscia zu erschließen.

Verkehr

Ohne eine ausreichende Infrastruktur läßt sich der gewaltige wirtschaftliche Aufschwung Galliens und Germaniens in der römischen Kaiserzeit so wenig erklären wie die an Umfang und Entfernung erstaunlichen Truppenverschiebungen oder etwa die gut funktionierende Nachrichtenübermittlung durch den *Cursus publicus,* die kaiserliche Post. Schon der antike Geograph Strabon weist darauf hin, daß Gallien in verkehrstechnischer Hinsicht von der Natur besonders begünstigt ist: Alle großen Flußsysteme sind bis weit auf ihren Oberläufen schiffbar, entspringen teilweise nahe beieinander oder sind nur durch niedere Wasserscheiden voneinander getrennt. Diese Gunst wirkte sich auch bei dem von den Römern angelegten Straßennetz aus, das zeigt besonders schön der älteste Straßenzug, der unser Gebiet erreichte, erschloß und durchzog. M. Vipsanius Agrippa baute während einer seiner beiden gallischen Statthalterschaften (39/38 und 20/19 v. Chr.), eine Straße von Lyon über Chalon-sur-Saône, Dijon, Langres, Metz, Trier nach Köln.

Sie folgte zunächst dem Saônetal bis Chalon-sur-Saône, verlief von dort langsam ansteigend nach Norden, erreichte auf dem Plateau von Langres mit 400–500 m über NN ihren höchsten Punkt und stieg bei Toul in das Moseltal hinab. Im Raum der mittleren Mosel sind beidseits des Flusses Straßenzüge nachgewiesen, sie führen von Dalheim in Luxemburg nach Trier. Der südliche Arm überschreitet als Querverbindung zwischen Stadtbredimus und Palzem die Mosel und strebt in nordöstlicher Richtung *Abb 148* nach Trier, der nördliche Arm verläuft parallel zur Mosel, überschreitet bei Wasserbillig die Sauer und führt dann zum westlichen Brückenkopf der Trierer Moselbrücke. In ihrem weiteren Verlauf berührt sie Bitburg und Jünkerath, um über Zülpich Köln zu erreichen.

Sicher nur wenig jünger ist die zweite große Straßenachse, die Rheinland-Pfalz längs des Rheins von Süden nach Norden durchzieht. Sie stellt die kürzeste Verbindung der Rheinlande mit Italien dar und wird spätestens mit dem Beginn der augusteischen Operationen auf dem linken Rheinufer von Mainz aus errichtet worden sein. Sie führte vom Großen St. Bernhard über Martigny, Avenches, Augst, Straßburg, Speyer, Worms, Mainz, Bingen, Koblenz, Bonn nach Köln.

In diesen Straßenzug münden, von Westen kommend, drei ebenfalls frühe Straßen ein. Die südliche führt von Lyon über Chalon-sur-Sâone und Besançon zum Rhein bei Basel. Die mittlere verläßt die Straße Lyon – Köln bei Metz und führt durch die Kaiserslauterner Senke nach Mainz. Die nördliche ist unter dem Namen »Ausoniusstraße« *Abb 190, 191* bekannt und verbindet Trier über den Hunsrück mit Mainz. Diese Straßen bildeten

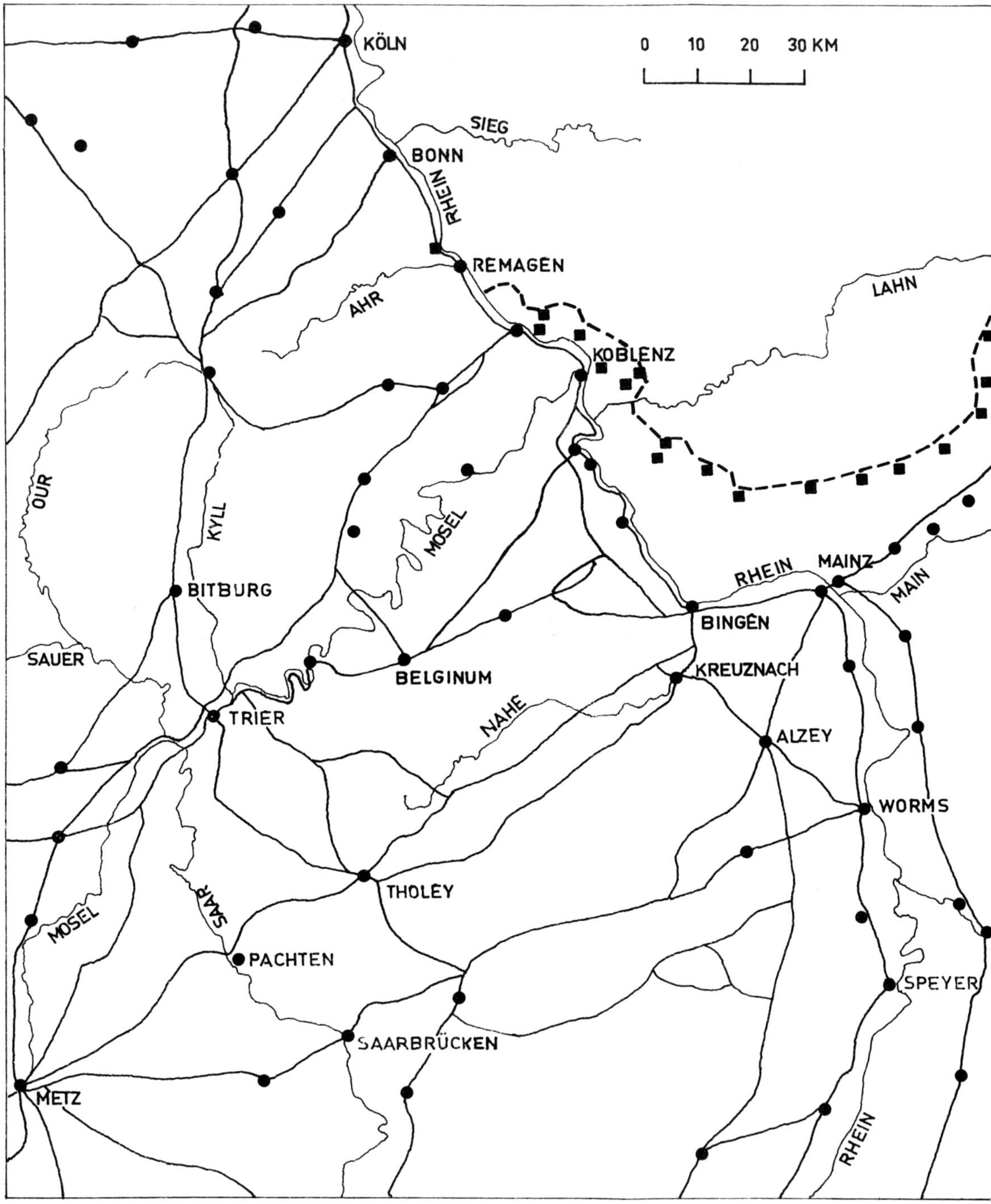

Abb. 148 Reichs- und Fernstraßen zur Römerzeit in Rheinland-Pfalz

zusammen das Kernstück für den weiteren Ausbau der Infrastruktur. Keine der vielen weiteren Straßen, die in der Folgezeit Städte, Gutshöfe und auch Kastelle miteinander verbanden, erlangte ihre Bedeutung.

Wie beim heutigen Straßennetz lassen sich also zumindest in der Bedeutung, bestimmt aber auch beim Ausbau, Unterschiede feststellen. Neben den *viae publicae* gab es die *viae privatae* und die *viae vicinales,* an Länge übertraf ihr Netz sicher die öffentlichen Straßen. Das römische Straßennetz reicht bis in die heutige Zeit. Eine große Zahl moderner Straßen liegt auf antiken Trassen, andere werden als Feld- und Waldwege noch heute genutzt. Und auch in Lehnworten wirkt der römische Straßenbau nach: Straße (*strata*), Chaussee (*via calceata*), also eine gleich dem Soldatenschuh bewehrte Straße, oder die altertümliche Bezeichnung von Nebenstraßen als Vizinalstraßen (*viae vicinales*).

Bei der Trassenführung mied man enge Täler, führte die Straßen auch über Hochflächen und sah zu, daß sie die Endpunkte auf kürzest möglichem Wege miteinander verbanden, wobei notfalls kräftige Steigungen in Kauf genommen wurden. Ein besonders eindrucksvolles gerades Straßenstück ist der Verlauf der Rheintalstraße in der Pfalz. Sie zieht hochwasserfrei auf dem Hochgestade fast schnurgerade von Seltz im nördlichen Elsaß bis Worms. Die geländebedingt notwendigen Abweichungen von der Geraden sind als Polygonalzüge in sich ebenfalls gerade gezogen.

Schnitte durch Römerstraßen weisen erstaunliche Parallelitäten mit modernen Straßen auf. Sie sind stets mehrschichtig aufgebaut, und der Straßenkörper erreicht dadurch *Abb 512* eine Dicke von bis zu einem Meter. Da die heute im Straßenbau übliche Verdichtung mit Maschinen nicht möglich war, verdichtete man durch Zugabe von Mörtel, weshalb gelegentlich Römerstraßen schon mit Mauern verglichen wurden. Die auf diese Weise erzielte Festigkeit manifestiert sich in den heute noch erhaltenen Stücken römischer Straßendämme, z. B. im Bienwald zwischen Hagenbach und Jockgrim oder an der Ausoniusstraße bei Elzerath (Hunsrück). *Abb 190*

Im Aufbau des Straßendamms finden sich – mit Varianten – von unten beginnend ein Steinsatz, grob geschichtet, manchmal mit Mörtel gebunden, das sog. *statumen.* Darüber kann eine mörtellose, quer geschichtete Steinlage folgen oder eine mit Mörtel gemischte Kiesschicht. Darüber kommt eine Schicht aus groben Kieseln, Steinen, gelegentlich auch Schutt, von den Römern *ruderatio* genannt. Darüber liegt der Deckenbelag, auch *summa glarea* genannt. Er bestand bei den Straßen nördlich der Alpen außerhalb der Städte aus Sand und Kies, was zu einem starken Verschleiß führte und zu erheblichem Aufwand beim Straßenunterhalt. Der Straßenkörper war leicht gewölbt, um die Oberfläche zu entwässern, und beidseits von einem Straßengraben begleitet. Gelegentlich findet sich als seitliche Begrenzung des Straßenkörpers eine Reihe senkrecht gestellter Steine. Die Breite betrug im allgemeinen 20 römische Fuß, das sind 6 Meter.

Römische Straßenbautechnik manifestiert sich vor allem in den Kunstbauten, seien es Paßstraßen, Tunnels oder Brücken. Von letzteren sind in Rheinland-Pfalz eine ganze

Anzahl nachgewiesen. Die berühmteste davon kennen wir allerdings nur aus einer
Abb 19 zeitgenössischen Beschreibung, nämlich die Rheinbrücke, die G. Julius Caesar im
Neuwieder Becken schlagen ließ. Die von ihm selbst gegebene Beschreibung weist sie
als eine Pfahljochbrücke aus. Pfeilerbrücken sind am Rhein und an der Mosel mehr-
Abb 382, fach belegt, z. B. in Mainz und Koblenz, in Trier und bei Palzem sowie bei Wasserbil-
333, 545, lig über die Sauer. Die Fundamentierung der Pfeiler verlangte großes Geschick und
546 ziemlichen Aufwand, wie bei den Untersuchungen an der Trierer Moselbrücke festge-
stellt werden konnte. Der Oberbau aller römischen Brücken, die über mehrere Strom-
pfeiler verfügten, war ein hölzernes Sprengwerk, auf dem dann der Fahrbelag aufge-
bracht wurde. Steinbogenbrücken, wie man sie aus Südfrankreich, Italien, Spanien
oder anderen südlichen Provinzen kennt, sind bei uns bislang nicht nachgewiesen.
Bei starken Höhenunterschieden im Verlauf eines Straßenzuges bauten die Römer die
Strecke gern als Geleisestraße aus, d. h. man legte im Spurweitenabstand der Fahr-
zeuge, der demnach genormt sein mußte, zwei Rillen an, in denen die Räder liefen. Da-
Abb 192 mit war das Fahrzeug in der Spur fixiert und konnte etwa bei der Talfahrt wegen des
Schubs der Last seitlich nicht ausbrechen und abstürzen. Bei stark befahrenen Gelei-
sestraßen vertieften sich die Rillen im Laufe der Zeit.

Zur Orientierung für die Reisenden gab es Reisehandbücher. In ihnen sind die öffentlichen Straßen aufgeführt, und zwar mit Ausgangspunkt und Zielort, der Gesamtlänge der Strecke sowie einer Aufgliederung in Teilstrecken mit Angaben von Orten und Stationen und der Entfernung zwischen diesen.

Unser Land ist in einem erhaltenen solchen Handbuch, dem *Itinerarium provinciarum Antonini Augusti* mit den obengenannten besonders wichtigen Straßen sowie einigen weiteren Strecken vertreten. Es gab Reisehandbücher aber auch in graphischer
Abb 149 Form. Ein solches *Itinerarium pictum* ist die *Tabula Peutingeriana,* eine Weltkarte,
mit schematischer Eintragung aller wichtigen Straßen und Entfernungen zwischen
größeren Orten. Aus Rheinland-Pfalz sind darauf aufgeführt die Rheintalstraße, die
Ausoniusstraße und die Straße Metz – Trier – Köln. Die Orientierung für den Reisen-
Abb 150, 279 den vor Ort gaben längs der Straßen aufgestellte Steinsäulen, die die Entfernung vom
Hauptort des Gebietes, in dem man unterwegs war, angaben. Hauptort konnte die
Provinzhauptstadt sein, oft war es aber auch nur die Hauptstadt einer Civitas. Gemessen wurden die Entfernungen zumeist in römischen Meilen (= 1,4814 km). Solche Meilensteine kennt man von der Straße Trier – Köln. Ab dem beginnenden 3. Jahrhundert wurden in Gallien und Germanien die Entfernungen nur noch in Leugen, einem gallischen Maß, auf den Distanzsäulen angegeben, dabei ist eine Leuge ungefähr 2200 Meter. Solche Leugensteine wurden an der Rheintalstraße in größerer Zahl gefunden.

Auf einem der Reliefs der Igeler Säule ist ein zweirädriger Personenwagen dargestellt, hinter dem ein solcher Stein mit der Entfernungsangabe 4 Leugen zu sehen ist.

Unsere auf dem Kraftfahrzeug beruhende und mit so gut wie keiner physischen Anstrengung verbundene Mobilität verstellt den Blick darauf, daß auch vor der Zeit von Eisenbahn und Auto starker Verkehr auf den Straßen herrschte. Dies gilt nicht nur für

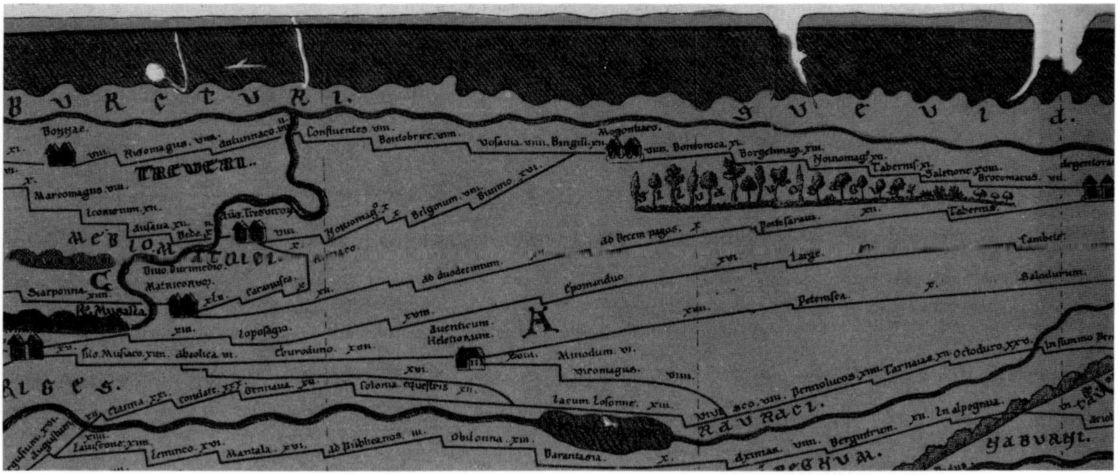

Abb. 149 Tabula Peutingeriana. Mittelalterliche Abschrift einer römischen Straßenkarte des 4. Jh. n. Chr. Oben: Straße Bonna-Bonn über Confluentes-Koblenz, Mogontiacum-Mainz nach Argentorate-Straßburg. Links die Mosel mit Augusta Treverorum-Trier

Abb. 150 Leugenstein von Altrip aus der Zeit des Kaisers Diokletian

den Nahbereich, sondern auch für große Entfernungen. Zur Unterbringung der Reisenden gab es spezielle Unterkünfte, die sog. *mansiones*. Sie boten Einstellmöglichkeit für Wagen, Ställe für Reit- und Zugtiere, Schlafstätten für die Reisenden und zumeist Bad und Gaststätte. Um diesen Funktionen gerecht zu werden, entwickelte sich ein bestimmter Typus von Gebäuden wie z. B. in Augst bei Basel, bei der Saalburg im

Taunus oder bei Chesterholm am Hadrianswall nachgewiesen. Ein Teil davon mag ausschließlich für offizielle Reisende wie Beamte, Militärs und Kuriere bestimmt gewesen sein, andere waren allgemein zugänglich. In den Städten lagen sie zumeist an den Ausfallstraßen. Obwohl bislang in Rheinland-Pfalz nicht nachgewiesen, muß es sie an den obengenannten großen Fernstraßen auch gegeben haben.

Wer und was war auf den Straßen unterwegs? Eine große Zahl von Reisenden ging zu Fuß und trug sein Gepäck selbst. Andere ritten auf Pferden, Maultieren, Mauleseln oder Eseln. Diese Tiere wurden auch als Saumtiere eingesetzt und trugen Lasten wie auf der Igeler Säule dargestellt.

Bei den verwendeten Fahrzeugen sind solche für Personen- und Lastenbeförderung zu unterscheiden. Schon aus ökonomischen Gründen (Bauaufwand für das Fahrzeug, *Abb 151* Zahl der Zugtiere und Straßenzustand) verwendete man soweit möglich zweirädrige Fahrzeuge. Für schwerere Lasten und für längere Reisen gab es vierrädrige Wagen. Fahrzeugnamen sind uns in großer Zahl überliefert, die Zuordnung bereitet gelegentlich Schwierigkeiten. Wir verfügen auch über zahlreiche Darstellungen von Wagen auf Reliefs, Mosaiken und Wandmalereien, die die Vielfalt des römischen Wagenparks belegen. Dabei fällt auf, daß die Fahrzeuge auf Darstellungen in den Nordprovinzen technisch entwickelter erscheinen als etwa in Italien, was ein deutlicher Hinweis auf den hohen Standard keltischer Wagenbaukunst ist. Hierzu zählt das Speichenrad und vermutlich auch der drehbare Achsschemel.

Abb. 151 Vierrädriger Lastwagen von der Igeler Säule

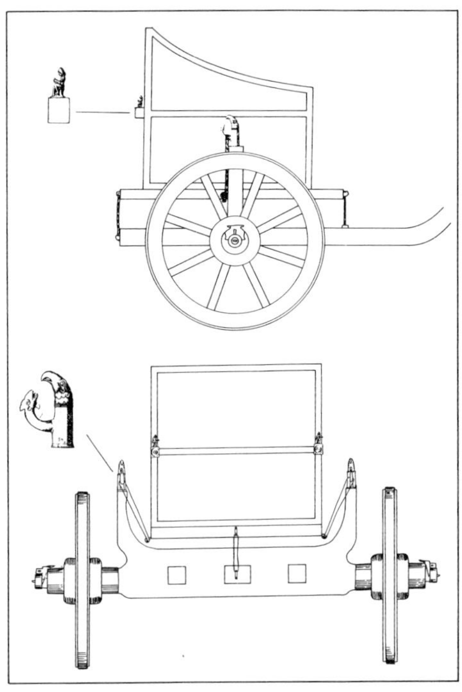

Abb. 152 Böbingen. Reisewagen. Rekonstruktionszeichnung

Abb. 153 Trier. Grabmal mit Wagenfahrt

Die Fahrzeugaufbauten bei Lastwagen waren wohl austauschbar, das zeigen die verschiedenen Darstellungen etwa zweirädriger Lastwagen (*plaustrum*). So kann man wahlweise Körbe, Kasten, Leitern, den sog. *culleus*, eine wieder zugenähte Tierhaut, für den Transport von Flüssigkeit oder Fässer als Aufbau und Last sehen.
Bei Fahrzeugen für den Personenverkehr stellte sich angesichts der Straßenverhältnisse das Problem der Federung. Man löste es durch Aufhängen des Wagenkastens mit *Abb 152* Bändern an senkrechten, vom Achsschemel aufsteigenden Holmen. Die Bänder waren in bronzene Gabeln, geschmückt mit gegenständigen Vogelköpfen, eingehängt; sie *Abb 350* wurden in größerer Zahl gefunden.
Als Zugtier scheint das Pferd bei uns eine größere Rolle gespielt zu haben als in Italien, *Abb 151* wo das Ochsengespann zumindest den Lastverkehr fast völlig beherrschte. Einmal war Gallien seit altersher für seine Pferdezucht bekannt, zum anderen gab es reichlich Anbauflächen für hochwertiges Futtergetreide, das für das anspruchsvolle Pferd im Gegensatz zum genügsamen Ochsen benötigt wurde.
Straßenbau wie Wagenkonstruktion ließen nur relativ beschränkte Lasten zu, maximal wenig mehr als eine halbe Tonne. Damit erhebt sich die Frage wie z. B. große Bauquader, aber auch Statuen über Land transportiert wurden. Dies erfolgte auf Kufen, *Abb 154* für kurze Strecken auch mit Rollen. Für den Einsatz von Kufen bot sich in erster Linie die Winterzeit an. Zu den größten Stücken, die bei uns transportiert wurden, gehörten die in Trier für den Bau des Domes im 4. Jahrhundert vom Felsberg im Odenwald herbeigeschafften Granitsäulen mit einem Gewicht von bis zu 30 Tonnen. Den größten Teil ihres langen Weges haben diese Stücke aber sicher auf dem Wasserweg über Rhein

Abb. 154 Igel. Schwertransport auf der Straße

und Mosel zurückgelegt. Dies lenkt unsere Aufmerksamkeit auf die Bedeutung der Binnenschiffahrt für den Güterverkehr in römischer Zeit.

Massengüter und Schwertransporte verlagerte man, wo immer möglich, auf Wasserstraßen. In unserem Raum waren dies nicht nur Rhein und Mosel, die schon von ihrer Wasserführung her einen dauernden Verkehr mit relativ großen Schiffen zuließen, sondern auch zahlreiche kleinere Flüsse. Auf ihnen war der Verkehr vom Wasserstand abhängig, diesen konnte man, wie dies noch bis in die Neuzeit geschah, mit relativ einfachen Mitteln wie Stauwehren korrigieren. Ob die Römer auch schon Kammerschleusen gekannt haben ist noch umstritten. Von ihrer Wasserführung und von den belegbaren Transportgewichten her, ist Schiffahrt in römischer Zeit z. B. möglich gewesen auf Erft, Nette, Kyll, Sauer, Saar und Blies. Von der Wasserführung her dagegen muß Schiffahrt auf der Isenach unmöglich gewesen sein, obwohl die nördlich von Bad Dürkheim gelegenen römischen Steinbrüche ohne eine zugeordnete Wasserstraße schwer verständlich wären. In Anlehnung an das von Plinius in seiner Historia naturalis, Buch 3, für den Tiber beschriebene Verfahren wird auch hier oberhalb der Ladestelle für die Produkte der Steinbrüche ein Stausee angelegt worden sein, der von Zeit zu Zeit abgelassen, den Fluß dann auf die für die Transporte erforderliche Wassertiefe von ca. 0,9 m brachte. Einen Ableitungskanal unbekannten Alters, vielleicht antik, der direkt nach Speyer führt, kennt man am Speyerbach, auf ihm konnte Baumaterial von der Haardt direkt in den Stadtkern von Speyer gebracht werden.

Wie wurden die verwendeten Wasserfahrzeuge angetrieben und welche Formen von Fahrzeugen kamen zum Einsatz? Sieht man von Schiffen ab, die dem Militär oder der Verwaltung dienten, mußte die Schiffahrt aus Kostengründen mit möglichst wenig Personal auskommen.

Bei der Talfahrt reichte je nach Strömung das Steuern des Fahrzeugs aus. Bei geringer Strömung hat man auch gestakt, Spitzen von Stakstangen sind mehrfach gefunden worden. Auf den kleineren Flüssen wurde Schiffahrt zumeist nur deswegen praktiziert, weil schwere Lasten talwärts zu bringen waren.

Auf dem Rhein konnte man auch segeln, wie dies bis in das 19. Jahrhundert sowohl bei der Tal- wie bei der Bergfahrt gemacht wurde. Ansonsten wurden die Fahrzeuge getreidelt, d. h. von Land aus gezogen. Dies kann man auf einem der Reliefs der Igeler Säule gut sehen und in der Mosella des Ausonius, Verse 41–42 nachlesen. Daß in der Antike offensichtlich keine Tiere dazu eingesetzt wurden, hängt wohl damit zusammen, daß Ochsen zu langsam waren und Pferde wegen der ungünstigen antiken Anspanntechnik keine entsprechende Zugleistung mehr erbrachten. Der Personalaufwand für das Treideln läßt sich anhand von Vergleichszahlen, wie sie bis in das 19. Jahrhundert vorliegen, feststellen. Danach rechnete man für 15 Tonnen Last ein Pferd oder sieben bis acht Knechte. Ihre Zahl hing von den Strömungsverhältnissen ab, als Durchschnittswert lassen sich knapp zwei Tonnen Last pro Mann festhalten. *Abb 68* *Abb 155*

Dank einer größeren Zahl von Schiffsfunden in den letzten Jahrzehnten, verbunden mit sorgfältiger Analyse antiker Schiffsdarstellungen, sind wir über Schiffstypen auf unseren Flüssen recht gut informiert. Die einfachsten Fahrzeuge waren Einbäume, wie sie schon in prähistorischer Zeit gebaut wurden. Vielleicht schon in der Latènezeit, spätestens in römischer Zeit hat man sie ausgebaut, indem man entweder ein Plankenbord aufsetzte oder den Einbaum der Länge nach aufschnitt und zwischen die so entstandenen Eckstücke einen Plankenboden einsetzte, wodurch ein Plattschiff entstand.

Das Plattschiff war für die Binnengewässer mit ihren sehr unterschiedlichen Wassertiefen seines relativ geringen Tiefgangs wegen besonders praktisch. Es konnte auch ohne Hafenanlagen überall an flachen Ufern durch Auflaufen anlegen und dort be- bzw. entladen werden. Plattschiffe, auch als »Oberländer« bekannt, fuhren bis zum Aufkommen der Dampfschiffahrt auf dem Rhein.

Im April 1982 wurden in Mainz zwei solche römische Plattschiffe gefunden, die nach der dendrochronologischen Untersuchung im Jahre 81 n. Chr. gebaut wurden. Für den Einsatz auf den kleineren Flüssen waren sie allerdings zu groß. Bei Straßburg

Abb. 155 Tuchtransport auf der Mosel. Links zwei Treidler, rechts Flußgott. Sockel der Igeler Säule

wurde aus dem Bett der Bruche eine Art Lastfloß aus römischer Zeit geborgen, dessen Tragfähigkeit mit 3,5 Tonnen berechnet wurde und dabei mit einem Tiefgang von 0,33 Metern auskam. Vielleicht wurden solche Lastflöße (Tannenholz) auf der Isenach eingesetzt, was im Vergleich zum Einsatz von Schiffen die erforderliche Mindestwassertiefe erheblich gesenkt hätte. Auch der Verbund von Einbäumen zu einer Art Katamaran zum Transportieren größerer Gewichte ist gelegentlich erwogen worden.

Abb 68, 383 Vermutlich Kriegsschiffe bzw. Reiseschiffe waren dagegen die berühmten Mainzer Römerschiffe, die im Winter 1981/82 gefunden wurden, handelt es sich bei ihnen doch um ausgesprochene Ruderschiffe. Der als gelegentliche Ladung interpretierte Fund von Holzkohle in einem der Wracks ändert daran nichts. Das berühmte Weinschiff von Neumagen wird man in den Bereich künstlerischer Freiheit verweisen müssen. Es handelt sich dabei um ein Kriegsschiff, wie sie auf See eingesetzt wurden, auf Binnengewässern bis zur Größe des Mittel- und Oberrheins aber völlig unbrauchbar waren. Bei den Schiffen, die gerade in unserem Raum in großer Zahl unterwegs waren, wird man auch an einen heimischen Schiffsbau denken müssen. Dies wird noch dadurch unterstrichen, daß bei den Schiffsfunden von Zwammerdam in Holland Holz aus Süddeutschland verbaut wurde und das zum Dichten der Schiffe verwandte Kalfat Pollen enthielt, die ebenfalls in den mittelrheinisch-süddeutschen Raum weisen. Auf einheimischen Schiffsbau weist schließlich auch die Tatsache hin, daß alle bekannten Fahrzeuge, die aus Planken gebaut wurden, in keltischer Schiffsbautradition gezimmert wurden.

Landwirtschaft

Trotz einer hochentwickelten gewerblichen Produktion war das Römische Reich ein Agrarstaat. Die Mehrheit der Bevölkerung war in der Landwirtschaft tätig. Wohlstand drückte sich in erster Linie in Grundbesitz aus, dieser war auch die Grundlage für die Besteuerung.

Wegen des Verbots wirtschaftlicher Betätigung wurde die römische Oberschicht zwangsläufig auf Landbesitz und Landwirtschaft als Erwerbsquelle verwiesen. Dadurch entstanden in Italien große Landgüter, die mit Hilfe billiger Arbeitskräfte bewirtschaftet wurden. Besonders rentabel waren dabei Sonderkulturen wie der Anbau von Wein und Oliven. Italien wurde dadurch schon in spätrepublikanischer Zeit von Getreideeinfuhren abhängig. In den Provinzen scheint die Entwicklung anders verlaufen zu sein. Ein hoher Standard der Landwirtschaft garantierte eine Überschußproduktion, die einen entsprechenden Markt suchte. Bei günstigen Transportmöglichkeiten wie in Teilen Galliens konnte dies der Export nach Italien sein. In unserem Raum war neben der nicht in der Agrarproduktion tätigen städtischen Bevölkerung vor allem die Armee ein bedeutender Abnehmer von Nahrungsmitteln (allein die in Obergermanien stationierten Truppen benötigten pro Jahre ca. 10 000 t Brotgetreide, dazu noch Futtergetreide).

Das heutige Rheinland-Pfalz besteht aus sehr unterschiedlichen Naturräumen, die in klimatischer Hinsicht stark differieren. Auch bei den Bodenarten und -qualitäten setzt sich diese Vielfalt fort. In der Geschichte der Besiedlung seit der jüngeren Steinzeit, also seit dem beginnenden Ackerbau, erkennt man Flächen, die schon von Natur aus, bedingt etwa durch beschränkte Niederschläge, kaum bewaldet waren und als erste landwirtschaftlich genutzt wurden. Dies gilt für Rheinhessen, die Vorderpfalz, das Neuwieder Becken und größere Talauen an anderen Flüssen. Bis zur römischen Okkupation hatten Bevölkerungszunahme und verbesserte Landwirtschaftstechnik zu einer kräftigen Ausweitung der Anbauflächen geführt. So wurden im Laufe des 1. Jahrtausends v. Chr. z. B. in der Westpfalz auch schwerere Böden unter den Pflug genommen. Die ausgedehnten Waldgebiete in den gebirgigen Gegenden unseres Landes wurden durch Beweiden, hauptsächlich mit Schweinen, in die landwirtschaftliche Produktion mit einbezogen. Eine für die Treverer schon in vorrömischer Zeit belegte intensive Pferdezucht bedingte einen entsprechenden Anbau von Futtergetreide, wofür auch Böden in Frage kamen, die für Weizenarten kaum oder nicht nutzbar waren.
Bis heute ungelöst für unser Gebiet ist die Frage nach der Landaufteilung in römischer Zeit. Da wir nur wenig über die vorrömische Siedlungsstruktur und damit auch über die Landaufteilung keltischer Zeit wissen, ist der Grad der möglichen Änderung schwer abschätzbar. Die erkennbare römische Siedlungsstruktur mit städtischen Siedlungen einerseits und Einzelhöfen andererseits besagt gar nichts zur Landaufteilung. So ist es möglich, daß Teilgebiete von den römischen Landvermessern aufgenommen und in römische Einheiten gegliedert wurden, andere dagegen nicht. Die Villa von Mayen mit ihrer Siedlungskontinuität von der Latènezeit bis in das 4. Jahrhundert *Abb 387* n. Chr. spricht wohl für die Beibehaltung vorhandener Aufteilung des dortigen Raumes. Das Territorium einer römischen Colonia, wie z. B. Trier dagegen, war sicher durch ein Kataster, eine sog. Centuriation, gegliedert. Dasselbe dürfte für die Stammesgebiete der Vangionen und Nemeter, also das südliche Rheinhessen und die Vorderpfalz, gelten, wo wegen mehrfachem Bevölkerungswechsel im 1. Jahrhundert v. Chr. die hergebrachte Landaufteilung wahrscheinlich nicht mehr vorhanden war. Römische Vermessungsnetze umfaßten jeweils nur das Territorium einer Gebietskörperschaft (*civitas*). Die Orientierung eines solchen Systems basierte nicht auf abstrakten Linien, die willkürlich gezogen wurden, sondern benützte Flüsse, Hauptstraßen oder markante Geländepunkte. Innerhalb der so entstandenen Systeme konnten die Fluren dann als Blöcke, z. B. eine *centuria,* das sind 710 × 710 m = 50,41 ha oder 1420 × 1420 m = 201,64 ha, auch *saltus* genannt, aber auch in Streifenformen, je nach Orientierung *strigae* oder *scamnae* genannt, aufgeteilt sein. Ob im Flursystem Galliens und Germaniens im Zusammenhang mit der Neuvermessung des Straßensystems (Umstellung der Entfernungsangaben von Meilen auf Leugen) auch eine Änderung der Flureinteilungen, eine sog. *renormatio,* erfolgte, ist nicht bekannt.
Soweit durch Geländebegehungen Erkenntnisse über die Dichte der ländlichen Besiedlung vorliegen, z. B. aus Rheinhessen, dem Raum Zweibrücken – Pirmasens oder

zwischen Landau/Neustadt und Speyer, ergeben sich nach Bodenqualität und vorherrschender Nutzung schwankende Betriebsgrößen. Die Gutshöfe (*villae rusticae*) liegen gerne an den Grenzen zwischen feuchten und trockenen Ökotopen, bei stärkerem Geländerelief passen sie sich den natürlichen Siedlungskammern an.

Faßbar von den Einzelhöfen ist für uns heute nur noch der Hofbezirk mit Wohn- und Wirtschaftsgebäuden, umgeben von einer Hofmauer, bei ärmeren Betrieben vielleicht auch nur einem Zaun. Diese Hofbezirke liegen bevorzugt an nach Süden exponierten
Abb 199 Hängen (z. B. zwischen Landau und Speyer oder die Villa »Am Weilberg« bei Ungstein) oder bei stärkerem Relief auf den Bergzungen zwischen den tiefen Bachtälern (z. B. zwischen Pirmasens und Zweibrücken). In der Rheinebene nördlich von Speyer sind die Gutshöfe längs von Bachläufen angelegt. Die Lage der Höfe im Grenzbereich von trockenen und feuchten Ökotopen läßt verschiedene Nutzungen zu, d. h. im feuchteren Bereich Wiesen, auf dem trockeneren Areal Ackerbau. Diese Mischform war notwendig, da auch bei überwiegendem Ackerbau Futter für die Zugtiere angebaut werden mußte. Bei fast allen festgestellten *villae rusticae* sind wir bezüglich ihrer wirtschaftlichen Betätigung auf Vermutungen angewiesen. Anhaltspunkte dafür liefert sicher die noch zu Beginn dieses Jahrhunderts übliche Nutzung der Felder und das heißt überwiegend Ackerbau, in höher gelegenen Gebieten und im Waldbereich dominierte die Viehzucht und wo das Klima dies zuließ, findet sich der Weinbau als Sonderkultur.

Bei einer ganzen Anzahl *villae rusticae* aus Rheinland-Pfalz kennen wir das ganze
Abb 420, 264 Hofareal oder können seine Ausdehnung erschließen (z. B. Newel, Oberweis, Ot-
594, 606 rang, Vierherrenborn, Weilerbüsch und Weitersbach im Regierungsbezirk Trier,
Abb 387, 613 Mayen und Winningen im Regierungsbezirk Koblenz, Dautenheim und Ungstein im Regierungsbezirk Rheinhessen-Pfalz, um nur einige Beispiele zu nennen). Die Größe dieser durch Mauer oder Zaun eingefaßten Hofflächen schwankt von ca. 0,6 ha beim Hof von Newel bis 10 ha beim Hof von Oberweis. Betrachtet man die Verteilung der Gebäude in den Hofarealen, so schälen sich zwei Typen heraus. Am weitesten verbreitet, auch außerhalb unseres Gebietes, ist die Form, bei der die Gebäude auf dem gan-
Abb 156 zen Hofareal verteilt, für uns oft regellos erscheinend, aber sicher einem rationalen Betriebsablauf folgend, errichtet sind. Beim anderen Typus liegen die Nebengebäude
Abb 264 entlang der Hofmauer, so z. B. Otrang, Weilerbüsch oder sind parallel zu dieser angeordnet. Diese Art von Hofanlagen ist in der *Gallia Belgica* weit verbreitet (Anthée bei Namur), kommt aber auch sonst vor (Oberentfelden, Kanton Aargau).

Von den Hofgebäuden kennt man am besten das Wohnhaus. Einmal ist es von der Bausubstanz her das massivste Bauwerk des Hofes, daher oft noch als Schutthügel erkennbar oder wegen seines starken Mauerwerks eine Behinderung der Landwirtschaft. Größe und Ausstattung variieren ungemein und zeigen damit einmal eine starke soziale Differenzierung, zum anderen auch den individuellen Geschmack der Hofbesitzer. Bei der Betrachtung der durch Ausgrabung erschlossenen Grundrisse erkennt man oft mehrere Bauphasen. Sie verraten uns, daß eine solche *villa rustica* oft

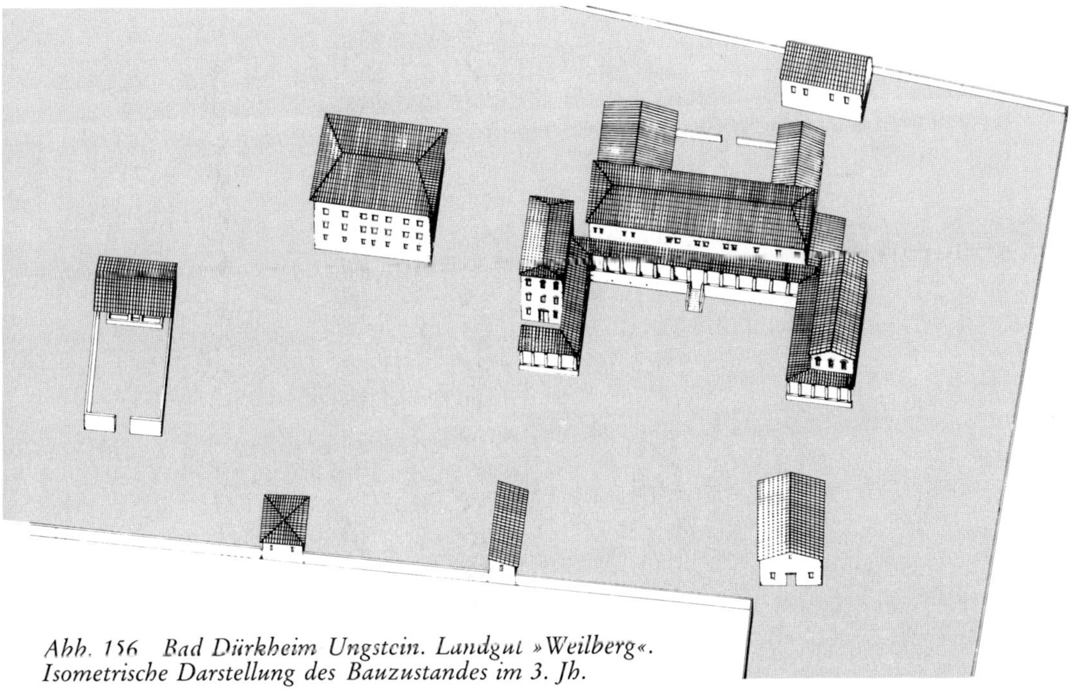

Abb. 156 Bad Dürkheim Ungstein. Landgut »Weilberg«. Isometrische Darstellung des Bauzustandes im 3. Jh.

über viele Generationen besiedelt war. Man erkennt steigenden Wohlstand als Ursache für den Ausbau, sicher manchmal auch einfach die Freude an Um- und Ausbauten. Die Grundform des Herrenhauses ist sehr einheitlich. Das Gebäude hat eine ausgeprägte Schaufassade. Sie besteht aus einer portikusartigen Halle und einem Mitteleingang, der beidseits von einem vorspringenden und wohl auch höheren Bauteil, einem Eckrisaliten, flankiert wird. Durch die Portikus erreicht man eine große zentrale Halle, von der aus in der Regel alle Räume des Gebäudes direkt oder über Korridore erreichbar sind. Herde, Backöfen und Kellerabgänge zu den nicht selten unter der Portikus oder einem der Eckrisaliten liegenden Kellern weisen die Halle als Hauptraum der hauswirtschaftlichen Tätigkeit im Herrenhaus aus. Ohne auf die Genesis der Gebäudeform näher einzugehen, kann man feststellen, daß diese zentrale Halle bei den einfachen Gehöften alle wirtschaftlichen Tätigkeiten aufnahm, die unter Dach vorgenommen werden konnten. Mit steigendem Lebensstandard sind diese Arbeiten in Nebengebäude verlegt worden.

Zum Herrenhaus gehörte stets auch ein Bad. Manchmal ist dieses schon von der Anlage her in das Gebäude integriert (z. B. Newel, Wittlich oder Ungstein), fast immer *Abb 615, 199* gehört das Bad dann zu den Gebäudeteilen, die ein- oder mehrmals umgebaut wurden. Ein gewichtiger Grund dafür war wohl die starke Beanspruchung der Bauteile des Bades durch die Hitze und das Wasser. Vielfach ist das Bad erst nachträglich an das Herrenhaus angesetzt (z. B. Mayen, Weitersbach). In sehr großen Villen konnte es auch *Abb 387, 606*

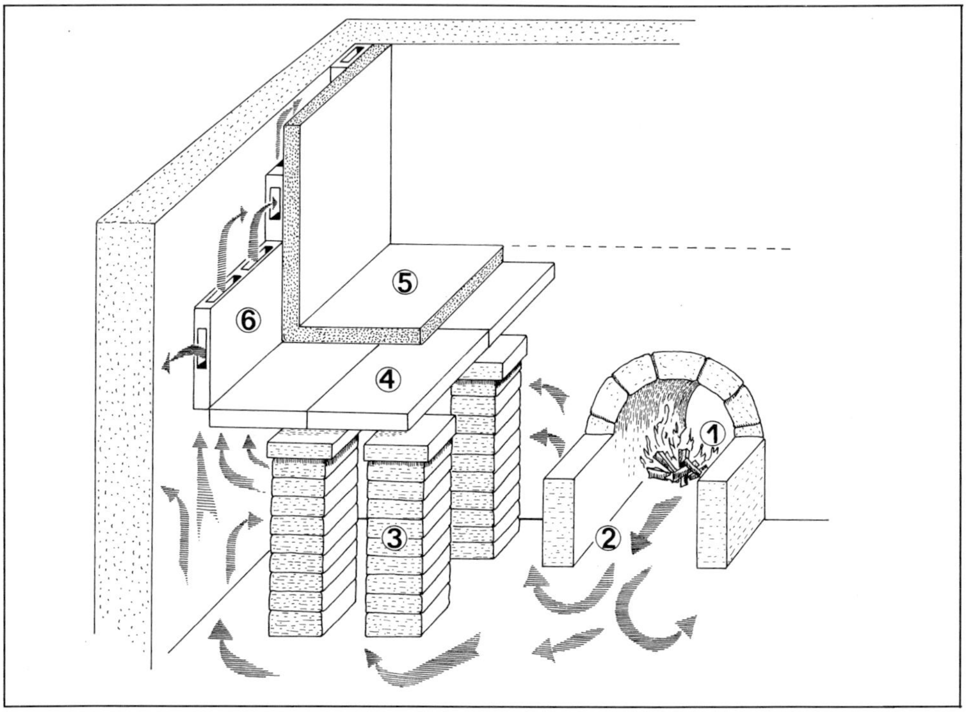

Abb. 157 Schema einer Hypokaustanlage. 1 Feuerungsraum, 2 Heizkanal, 3 Hypokaustpfeiler, 4 Suspensuraplattten (Ziegel oder Naturstein) 5 Fußboden, 6 Wandheizungsziegel (tubuli)

Abb 265 mehrere Badetrakte geben, z. B. in Fließen-Otrang zwei Bäder. Die Anlage der Bäder entspricht dem üblichen Schema. Es gibt einen Umkleideraum (*apodyterium*), Kaltbad (*frigidarium*), Laubad (*tepidarium*) und Warmbad (*caldarium*) gelegentlich dazu noch eine Sauna (*sudatorium*). In den Baderäumen befanden sich gemauerte Wannen.
Abb 157 Das Wasser wurde über dem Feuerungskanal (*praefurnium*) der Fußbodenheizung des Bades erwärmt. Dafür gab es zwei Möglichkeiten: Entweder lag auf den Wangen des Präfurniums ein Metallkessel (*testudo*) mit direktem Anschluß an die Wanne. Das erhitzte Wasser stieg auf und floß in die Wanne, kühlte sich dort ab, sank und floß zurück in den Kessel, also eine Zirkulation, bei der das Wasser mehrmals in die Wanne kam; oder das im Kessel erhitzte Wasser wurde mit einer Leitung zur Wanne geführt, dort durch Zumischen kalten Wassers auf die richtige Badetemperatur gebracht und nach Gebrauch als Abwasser weggeführt. Dabei nutzte man dieses Abwasser noch als Spülwasser für die Toilette.

Außer den heizbaren Räumen des Bades verlangten die klimatischen Verhältnisse in unserem Gebiet unbedingt auch heizbare Wohnräume. Zumindest ein Raum war auch in den einfachsten Gutshäusern mit einer Fußbodenheizung ausgestattet, nicht selten lag er in einem der beiden Risalitbauten. Im Gegensatz zu klimatisch begünstigteren Gebieten, z. B. Britannien, kommen Kanalheizungen, die man als Sparheizungen bezeichnen kann, bei uns seit dem 3. Jahrhundert vor; die heizbaren Räume sind sonst immer voll hypokaustiert. Offensichtlich lassen sich die Räume eines Herrenhauses in ausgesprochene Winter- und Sommerräume untergliedern. Dies gab es in Form der Sommer- und Winterküche noch bis vor kurzem in ländlichen Gebieten Süddeutschlands.

Wohlstand und Geschmack der Bewohner manifestieren sich für uns, abgesehen von der Ausdehnung des Wohngebäudes, fast ausschließlich in den erhaltenen Teilen von Bodenbelägen und Resten der Wandmalerei. Bei den Bodenbelägen sind vor allem die Mosaiken, zumindest im Trierer Land, recht häufig belegt (z. B. Oberweis, vor allem *Abb 433* aber die fast palastartig zu nennenden Villen von Otrang und von Bad Kreuznach). *Taf 2, 3* Reste von Wandmalerei sind sehr zahlreich gefunden worden. Sie reichen von relativ einfachen Dekoren bis zu sehr kunstvollen Malereien, die sich durchaus mit solchen städtischer Provenienz messen lassen, z. B. Oberweis und vor allem »Am Silberberg« in Ahrweiler.

Überzeugender Beweis für den Wohlstand der Hofbesitzer bleibt für uns die flächenmäßige Ausdehnung der Herrenhäuser. Man kann sie z. T. durchaus als Paläste bezeichnen. Die weithin sichtbaren Fassaden erreichten oft erstaunliche Dimensionen. Die Villa von Ungstein prangte mit einer Frontlänge von 120 m, die Villa von Wittlich *Abb 615* überragte mit ihrer Fassade von 140 m Länge das Liesertal und bedeckte bei einer Tiefe von bis zu 28 m eine Fläche von weit über 3000 m². In ähnlichen Dimensionen bewegen sich auch die Flächen der Villen von Otrang mit 3600 m², wobei die Schaufassade eine Breite von 60 m hatte, und die gewaltige Villenanlage von Bad Kreuznach. Nur *Abb 204* selten sind Teile der gärtnerischen Gestaltung der Umgebung der Herrenhäuser erkennbar. Dazu zählt auch das große Wasserbecken der Villa von Horath mit 18 m *Abb 304* Breite und 32,5 m Länge. Die Portikus des Herrenhauses umfaßt das eine Ende des Beckens, vielleicht waren die in den Park hineinragenden Ufer des Beckens von einfachen Holzlauben begleitet, die die architektonische Form der Portikus in Holz aufnahmen. Auch die Villa von Otrang hatte einen abgeschlossenen, dem Herrenhaus zugeordneten Garten. Wie ein solcher Garten aussah, zeigt sehr schön die Ausgrabung der Palastvilla von Fishbourne bei Chichester in Britannien.

Je nach Wirtschaftsform gehörten zu einer *villa rustica* bestimmte Formen von Nebengebäuden. Bei Ackerbau braucht man Getreidespeicher, bei Viehzucht Ställe und *Abb 444* Heuschober und bei Weinbau Kelterhäuser. In allen Fällen sind Stallungen für Ge- *Abb 200, 368* spanne anzunehmen und je nach Größe der Anlage auch Wohngebäude für Arbeiter, *Abb 158* und zwar sowohl für Dauerarbeitskräfte als auch für Saisonarbeiter. Viele Höfe hatten auch Anlagen für gewerbliche Produktion, die außerhalb der landwirtschaftlichen Saison genutzt wurden.

Zur Funktionsfähigkeit des Gutsbetriebs bedurfte es einer ausreichenden Wasserversorgung. Brunnen genügten wohl anfangs, vor allem bevor das Bad zur Selbstver-

Abb. 158 Wittlich. Stall mit Futterkrippe

ständlichkeit wurde. Die damit notwendigen Wassermengen konnten nur über eine Fließleitung von einer höher gelegenen Quelle oder mit Hilfe von Schöpfrädern oder Pumpen in Verbindung mit Zisternen zugeführt werden. So wurde die Villa von Weitersbach über eine hölzerne Fließwasserleitung versorgt, die Villa von Newel hatte eine Zisterne, die von einer Holzleitung gespeist wurde und bei Anlagen von der Größe der Villen von Otrang oder Ungstein ist eine kontinuierliche Wasserversorgung mit einer Fließleitung selbstverständlich zu erwarten.

Abschließend noch ein Blick auf gewerbliche Produktionen im Bereich von *villae rusticae*. Hier wird man kaum unterscheiden können zwischen Herstellung und Reparatur von Gerät für den Eigenbedarf und solcher für den Verkauf. Häufig sind Schmieden nachgewiesen, die man für den eigenen Betrieb auch benötigte. Anders liegt der Fall bei Ziegel- und Töpferöfen. Hier ist der Eigenbedarf, auch an Ersatz, viel zu gering, als daß sich die Produktion dafür lohnte. Vor allem aber dann, wenn Rohstoffe wie Erze abgebaut, geröstet oder verhüttet werden, erfolgte dies wohl stets für den Verkauf.

Schließlich sei noch darauf hingewiesen, daß zum Gutshof ein Friedhof für die Bewohner und zumeist auch ein oder mehrere Tempel gehörten, beides findet sich aber stets außerhalb der Hofmauer.

Was wurde angebaut? Zwar besitzen wir aus Rheinland-Pfalz bislang noch keine so hervorragend auswertbaren Befunde, wie sie etwa das Kastell Welzheim lieferte, doch läßt die weitgehende Übereinstimmung von Befunden, die vom Niederrhein bis nach Süddeutschland vorliegen, es zu, daß wir diese Ergebnisse auch als für den Ackerbau in römischer Zeit bei uns typisch ansehen können. Die vorherrschende Getreideart ist danach der Dinkel gewesen, sein Anteil erreicht in den Funden meist 70–90 Prozent. Ihm folgten Emmer und mit Abstand Einkorn, die ja ebenfalls zu den Spelzgetreidearten zu zählen sind. Im Vergleich dazu traten die anderen Getreidearten völlig zurück, am ehesten scheint Roggen noch eine Rolle gespielt zu haben. Ob dieses Bild im treverischen Bereich mit seiner Pferdezucht sich zugunsten ausgesprochener Futtergetreide wie Gerste und Hafer verschiebt, ist leider nicht belegbar. Die Vorliebe für Spelzgetreide ist einmal praktisch bedingt durch den Schutz des Korns, den ihm der harte Spelz gewährt, sowie die geringere Anfälligkeit für Krankheiten, zum anderen aber auch durch den gegenüber Weizen kräftigeren Geschmack und den höheren Anteil an Kleber, der eine bessere Mehlqualität ergibt.

An Ölfrüchten sind Lein, Leindotter und Mohn, an Hülsenfrüchten Erbsen, Linsen und Ackerbohnen belegt. Erstaunlich ist die Vielfalt an Gemüse- und Salatpflanzen wie etwa der Garten-Melde, dem Sauerampfer, Möhren, Pastinak und Feldsalat, um nur einige zu nennen.

Auch bei Obst läßt sich eine breite Palette von Arten belegen, die nicht von in den heimischen Wäldern vorkommenden Bäumen stammen, sondern von kultivierten Sorten. Dies gilt z. B. für Zwetschgen, Pflaumen, Pfirsiche, Süß- und Sauerkirschen sowie Walnüsse. Besonders hervorzuheben sind die verschiedenen Rebsorten, die, neben offenkundigen Abkömmlingen der Wildrebe (*vitis silvestris*), die schon seit Jahrtausenden in den Auwäldern am Rhein heimisch ist, als importierte Kulturreben anzusehen sind. In Ungstein wurden Traubenkerne gefunden, die sehr an die heutigen Sorten Riesling, Traminer und Burgunder erinnern. Hinzuzufügen sind der Elbling, der wohl die älteste Kulturrebe in Italien schon war, und am Oberrhein der Gänsfüßer, beides Rebsorten, die heute kaum mehr angebaut werden. Ersterer kommt allerdings in Luxemburg und an der Obermosel noch reichlich vor, was ein Hinweis auf seine einstige Beliebtheit im treverischen Gebiet sein dürfte.

Abb 159

Abb. 159 Trier. Weinlese. Relief

Abb. 160 Bosenbach. Schärfen der Sense mit dem Wetzstein. Relief

Abb. 161 Igel. Grabkisten mit Tonnendach. Links: Werfelkorb, Schlagblatt für die Saat und Dechsel, rechts: Winkellot, Traufel, Dechsel und Pinsel

Abb. 162 Trier. Römische Mähmaschine (vallus)

Über die Geräteausstattung, die zur Bewirtschaftung der Äcker, Wiesen, Obstbaumkulturen und Weinberge bei einem Gutshof notwendig war, sind wir aus verschiedenen Quellen sehr gut unterrichtet. Neben der antiken Fachliteratur wie Cato, Columella und Varro gibt es Darstellungen auf Reliefs, Mosaiken und Wandmalereien, außerdem sind zahlreiche Werkzeuge als Bodenfunde zutage gekommen.

Eiserne Pflugscharen der verschiedensten Formen, Hacken und Spaten dienten der Bodenbearbeitung. Zum Schneiden von Gras und Getreide sind Sicheln und Sensen belegt. Das Treverergebiet hat dazu noch mehrere Darstellungen einer Getreideerntemaschine, besser vielleicht als Ährenrupfmaschine bezeichnet, geliefert. Das *vallus* genannte Gerät ist eine Art Frontmäher; ähnliche Geräte, vor allem mit gleicher Art der Anspannung der Zugtiere, sind in der Frühphase der Industrialisierung im 19. Jahrhundert in England gebaut worden. Für die Arbeiten in der Obstkultur und im Weinberg gab es spezielle Messerformen, die sowohl als Funde geborgen wurden als auch auf Reliefs dargestellt sind. *Abb 160, 161* *Abb 162*

Eine nicht geringe Rolle in den höher gelegenen Teilen von Reinland-Pfalz dürfte die Viehzucht gespielt haben. Auf die für die Treverer überlieferte Pferdezucht haben wir schon hingewiesen. Analysen des Tierknochenanfalls bei Grabungen in römischen Siedlungen zeigen, daß das Rind hier an erster Stelle stand. Es lassen sich zumindest zwei Rassen stets unterscheiden, nämlich große Tiere, die italischer Tradition entspringen, und eine kleinere sog. »Landrasse«. Erstere waren auf Arbeitsleistung und Fleisch gezüchtet, die Milcherzeugung trat zurück. Letztere gingen offensichtlich auf einheimische prähistorische Rinderrassen zurück, bei denen bekanntlich seit dem Beginn der Haustierhaltung im Neolithikum eine ständige Verringerung der Größe konstatiert werden konnte.

An zweiter Stelle der Knochenfunde liegen stets die des Schweins, dessen Fleisch und die daraus hergestellten Würste und Schinken sich in römischer Zeit allergrößter Beliebtheit erfreuten. Letztere wurden auch exportiert, z. B. nach Italien. Gemästet wurden die Schweine häufig im Wald, wohin man sie herdenweise trieb.

In den bergigen Gebieten von Rheinland-Pfalz hat schließlich die Schafzucht in römischer Zeit und vermutlich auch schon vorher große Bedeutung gehabt. Aus Wolle gefertigte Stoffe und Kleidungsstücke waren ein bekanntes Erzeugnis der Treverer und wie das Grabmal von Igel zeigt Quelle großen Wohlstandes. *Abb 308, 309*

Weit verbreitet war die Hühnerhaltung, wie auch Gans, Ente und Taube auf dem Geflügelhof nicht fehlten.

Im Zusammenhang mit der Viehzucht ist auch ein bemerkenswerter archäologischer Befund zu sehen: Bei Landscheid fand man eine Fülle von aus Lesesteinen gebildeten Steinwällen. Sie umschlossen Flächen ausgesprochen schlechter Bodenqualität und sind wohl als Viehhürden zu interpretieren, vielleicht als Schafpferche. Mit in die archäologischen Denkmäler zur Landwirtschaft muß man auch die Langmauer einbeziehen, gleichgültig welcher der Deutungen vom kaiserlichen Jagdpark bis hin zum Gestüt man zuneigt. *Abb 346* *Abb 348*

Die Forstwirtschaft

In einem Land, von dem auch heute noch 38 Prozent der Fläche mit Wald bedeckt sind, hat dieser als Wirtschaftsfaktor immer eine bedeutende Rolle gespielt. Auf die Waldweide haben wir bei der Besprechung der Landwirtschaft schon hingewiesen. Holz spielte eine entscheidende Rolle als Brennmaterial. Holz wurde sowohl frisch verfeuert als auch in sozusagen »konzentrierter« Form als Holzkohle. Die Bedeutung des Holzes als Baumaterial war gewaltig. Gerade in den nordwestlichen Provinzen des Römischen Reiches, wo der Fachwerkbau eine in prähistorische Zeiten zurückgehende Tradition hatte, gilt dies besonders. Große, gutgewachsene Stämme brachte ein florierender Holzhandel zu den Hafenstädten, wo sie für den Schiffbau verwendet wurden. Die aus verschiedenen Ursachen resultierende und in der Kaiserzeit bereits als katastrophal zu betrachtende Entwaldung weiter Teile Italiens machte sogar den Holzhandel dorthin aus den benachbarten Provinzen rentabel. Viel Holz benötigte man schließlich für Geräte- und Waffenschäfte, für hölzernes Gerät und Gefäße wie Fässer und Bottiche sowie für den Bau von Fahrzeugen. Ein archäologischer Nachweis forstlicher Betätigung ist außerordentlich schwer. Es muß zahlreiche Köhlereien gegeben haben, die Holzkohle produzierten. Sie war beliebtes Heizmaterial für die

Abb. 163 Waldfischbach. Grabstein eines Saltuariers mit Loogaxt

20 Helme der Mitte und der zweiten Hälfte des 1. Jh. aus dem Rhein bei Mainz (M Worms)

Lambert-Dahm 1982

21 *Das spätantike Trier aus der Vogelschau (Zeichnung L. Dahm)*

22 a   Worms. Gesichtskrüge (M Worms)

22 b   Wormser Krüge (M Worms)

Fußbodenheizungen und vor allem als hochwertiger Brennstoff z. B. für Rennöfen, Töpfereien und Glasschmelzen und viele andere technische Zwecke sehr begehrt.
Es gibt zahlreiche Funde von Waldarbeiterwerkzeugen wie Äxte, Keile und Sägen. In dem Depotfund von der Heidelsburg bei Waldfischbach fand man auch die Ketten, mit denen die Stämme aus dem Wald herausgeschleift wurden. Wichtigstes Stück dieses Fundes aber ist eine Loogaxt, wie sie der römische Förster trug. Sie wies den Träger als Inhaber polizeilicher Gewalt im Wald aus, war aber auch ein Gebrauchsgegenstand, mit dem die Bäume gekennzeichnet wurden, die das Holzfällerkommando zu schlagen hatte. Auf dem Grabstein von Waldfischbach ist ein solcher Förster in gallischer Kleidung mit der Loogaxt abgebildet. Daß es sich bei dem dortigen Förster um einen kaiserlichen Beamten gehandelt hat, zeigt ein ebendort gefundenes Inschriftbruchstück, das seinen Titel nennt: *saltuarius*. Er stand also einer kaiserlichen Domäne vor, deren wichtigstes Produkt Holz war. Holz wurde offenkundig auch an Ort und Stelle weiter verarbeitet, z. B. zu Wagenrädern, wie die reichlich gefundenen Nabenringe belegen. Wollkämme zeigen, daß auf der Domäne Schafzucht, Pflugscharen, daß auch Landwirtschaft betrieben wurde.

Abb 600
Abb 163
Abb 599

Loogäxte sind im Pfälzer Wald bis zur Französischen Revolution als Rangabzeichen von Waldschultheißen getragen worden. Diese waren Nachfolger des römischen *saltuarius* und Vorläufer unseres modernen Försters, der wie sie noch heute Polizeigewalt im Wald hat, eines der bemerkenswertesten Beispiele einer Kontinuität seit der Antike.

Gewinnung von Bodenschätzen

Nimmt man ein gängiges Lexikon zur Hand, um festzustellen, was es an Bodenschätzen – und das heißt in diesem Falle heute noch abbauwürdige – in Rheinland-Pfalz gibt, findet man nur wenig. Aufgeführt werden Baugrundstoffe (Steine, Sand, Kies und Bims) sowie Erden für keramische Erzeugnisse wie Tone und Kaolin. Daneben gab und gibt es aber eine große Zahl von Erzen, deren Abbau bis in die Neuzeit rentabel war. Teilweise wurden diese Bodenschätze schon in vorgeschichtlicher Zeit gewonnen, z. B. Eisenerze, in römischer Zeit wurde der Abbau intensiviert.
Kies und Sand Sie brauchte man für die verschiedensten Bereiche des antiken Hoch- und Tiefbaus in beträchtlichen Mengen. Die Kriterien, die schon Vitruv für die Sandgewinnung nennt – sie gelten sinngemäß auch für den Kiesabbau – haben noch heute Gültigkeit. Im Gegensatz zur heute üblichen Gewinnung auf großen Flächen und Transport mit Lkw über große Entfernungen, mußten Kies und Sand zur Römerzeit schon der beschränkten Transportkapazitäten wegen möglichst nahe am Verbrauchsort ergraben werden, es wird also viele relativ kleine Entnahmestellen gegeben haben. Sand wurde benötigt für Mörtelherstellung und Wandputz sowie selbstverständlich für den römischen Beton (*opus caementitium*). Für letzteren verwandte man auch Kies

und wo es diesen nicht gab, hat man Steine auf die entsprechenden Größen als Splitt und Schotter zerkleinert.

Besonders groß war der Kies- und Schotterbedarf beim Straßenbau. Dort ergab sich pro Straßenkilometer ein Mindestbedarf von 3000 m^3; das bedeutet, daß in Rheinland-Pfalz nur für die großen Hauptstaßen allein schon ein Bedarf von wenigstens 1,5 Mio. m^3 zu decken war.

Stein Wie Sand und Kies ist auch Stein ein Rohstoff, der erst in der Römerzeit sytematisch gesucht und abgebaut wurde. Zwar sind schon vorgeschichtliche Befestigungen aus Stein und Holz gebaut worden, aber das dafür benötigte Material wurde nur in unmittelbarer Nähe solcher Anlagen entweder aus dem Verwitterungsschutt aufgelesen oder ergraben, offenkundig aber nicht in Steinbrüchen abgebaut. Lediglich für die Gewinnung von Mühlsteinen gab es schon in vorgeschichtlicher Zeit bedeutenden Basaltlavaabbau im Raum Mayen. *Abb 339*

Die umfangreiche Bautätigkeit zunächst der römischen Armee, dann auch der Gebietskörperschaften und Privater führte zu einer gewaltigen Nachfrage nach Stein. Da die in Italien vorherrschenden Gesteinsarten hierzulande nicht vorkommen, vor allem helle Steine, die die Römer besonders schätzten, kaum auftreten, importierte man große Mengen heller Kalksteine aus dem Gebiet südlich von Metz, wobei Mosel und Rhein als Transportwege dienten.

Abb. 164 Bad Dürkheim. Römischer Steinbruch Kriemhildenstuhl

Die fortschreitende Romanisierung der Provinzbevölkerung brachte zweifelsohne eine gewisse Barbarisierung des Geschmacks und damit auch stärkere Verwendung der nahegelegenen, vorwiegend rötlichen Gesteinsarten, hauptsächlich Sandsteine, wie sie in den linksrheinischen Gebirgen dominieren. Daß zumindest die Armee auch weiterhin bemüht war, hellen Stein sowohl für Bauzwecke als auch für Bildwerke zu erhalten, zeigen die am Haardtrand von Bad Dürkheim an in nördlicher Richtung *Abb 164* nachgewiesenen Steinbrüche der in Mainz stationierten Legionen, in denen eine gebleichte Art des Hauptbuntsandsteins abgebaut wurde. Sie sind nachweisbar von der Mitte des 1. Jahrhunderts n. Chr. bis wenigstens zum Ende des 2. Jahrhunderts, 60 km Luftlinie vom Garnisonsort entfernt.

Welche verschiedenartigen Materialien über die Jahrhunderte weg bei den Großbauten einer römischen Stadt Verwendung fanden, läßt sich in Trier feststellen. Das umfangreichste Bauwerk, die Stadtmauer, ist in Fundament und Mauerkern aus Schieferplatten errichtet, als Blendsteine wurden Kalksteine von der oberen Mosel verwandt. Die Porta Nigra dagegen ist aus einem weißgrauen bis grünlichen Sandstein, der an der unteren Kyll und im Biewerbachtal, also in geringer Entfernung flußabwärts gewonnen wurde, gebaut. Beim Amphitheater und den Kaiserthermen dominieren Kalksteine, bei ersterem kommt bereits auch weißer Sandstein vor. Die Pfeiler der älteren Brücke sind aus Kalkstein, während die Pfeiler der jüngeren Brücke überwiegend aus Lavablöcken, zu geringerer Menge aus Maaskohlenkalk (Blaustein) und weißem Sandstein errichtet wurden. Die Uferrampen bestanden im Westen aus Basalt, im Osten aus Sandstein.

Die große Beliebtheit von Tuff als Baumaterial in Italien wiederholt sich nördlich der Alpen dort, wo entsprechende Vorkommen anstehen. Dies trifft für die Vordereifel im Bereich von Brohl- und Nettetal bis nach Mayen zu, und hier konnte die Gewinnung entsprechender Tuffquader nachgewiesen werden z. B. bei Kretz, MYK. Die Basaltlava des Mayener Gebietes erfreute sich aber auch als Rohmaterial für Mühlsteine großer Beliebtheit. Der überwiegende Teil der auf rheinland-pfälzischem Gebiet so gewonnenen Steine wanderte rheinabwärts, z. B. zu den Großbaustellen des römischen Köln.

Kalk Die römische Mauertechnik erforderte als Bindemittel Kalk und dies angesichts der gewaltigen Bautätigkeit in nicht geringer Menge. Schon wegen der Transportkosten kann man davon ausgehen, daß alle nur irgendwie brauchbaren Kalkvorkommen genutzt wurden. Die dadurch manchmal fehlende Qualität verbesserte man dann durch Zuschlagstoffe, hierzulande in erster Linie Ziegelkleinschlag bzw. -mehl, aber auch Tuff, der ja reichlich in der Vordereifel anstand, läßt sich nachweisen.

Ton Zu den besonders reichlich vorkommenden Materialien gehören die verschiedenen Erden, die sich für die Produktion von Geschirr und Ziegeln eignen. Ihre unterschiedliche Qualität wie auch die Lage der Vorkommen zu den Verkehrswegen spiegeln sich in der Produktion wider. Relativ selten sind feinste jungtertiäre bzw. altdiluviale Tone, die sich zur Produktion feinsten Tafelgeschirres, der sog. *Terra Sigillata,*

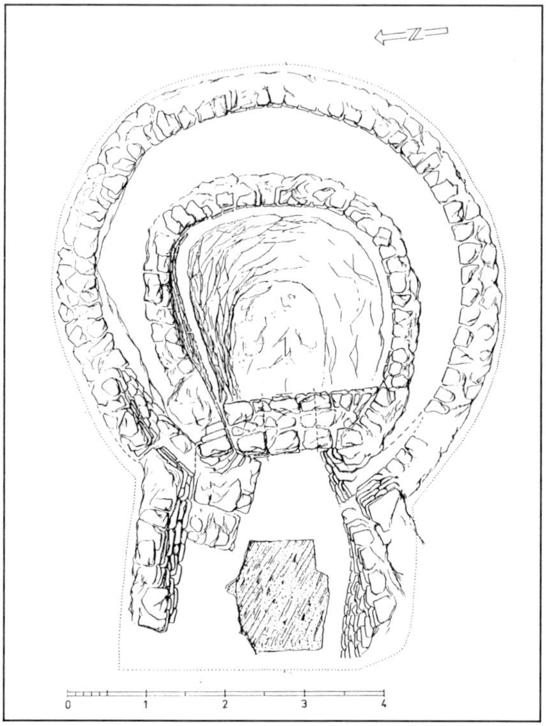

Abb. 165 Gilzem. Zwei römerzeitliche Kalköfen auf Bolsheck, 3. Jh. n. Chr.

eigneten, z. B. im Raum Jockgrim/Rheinzabern sowie bei Trier und in geringerem Umfang bei Sinzig. Der Abbau der Tone erfolgte zumeist im Tagebau, seltener bergmännisch. Diese Technik ist mehrfach in der Südpfalz nachgewiesen, wobei die Sohle der Stollen etwa bei 6 m Tiefe lag, z. B. bei Lingenfeld, bei Knittelsheim und vor allem im Raum Jockgrim, alle GER.

Eisenerz Schon in vorgeschichtlicher Zeit sind linksrheinische Eisenerze in großem Umfang abgebaut worden und lieferten die Basis für beträchtlichen Wohlstand keltischer Stämme. In römischer Zeit setzte sich der Abbau fort. Ausgangspunkt waren abbauwürdige Vorkommen in verschiedenen geologischen Horizonten, vor allem im Mittel- und Oberrotliegenden sowie im Unteren Buntsandstein. Dazu traten noch tertiäre Spaltenfüllungen und die Gewinnung von Rasen- und Sumpfeisen. In zwei Bereichen von Rheinland-Pfalz hat der Abbau großen Umfang angenommen.

Abb 209 Bei Ahrweiler wurde Brauneisen in Pingen abgebaut, die sich über eine Fläche von 20 km^2 verteilten. Alle 2–3 km konnte ein Verhüttungsplatz festgestellt werden. Im Raum Eisenberg ist das Erz auch im Tagbau gewonnen worden. Hinweise auf Bergbau nach Eisenerz gibt es nicht, was angesichts der ausreichenden Vorkommen an der Oberfläche und in Oberflächennähe nicht verwundern kann.

In Eisenberg erreichen Schlackenhalden, typisch als Reste der Verhüttung, eine Mächtigkeit von mehreren Metern. 1883 wurde dort eine aus drei Öfen bestehende Anlage zum Verhütten von Eisenerz gefunden. Ein Ofen davon ist konserviert und im Historischen Museum der Pfalz in Speyer zu sehen. Er war rund und kuppelförmig. Oben hatte er eine zentrale Öffnung und seitlich einen Kanal, aus dem nach Abschluß des Verhüttungsprozesses die glühende Schlackenmischung abfloß. Sie wurde nach dem Erkalten mechanisch zertrümmert, die Eisenstücke ausgelesen und dann zusammengeschmiedet. *Abb 252*

Kupfererz Kupferglanz und Malachit kommen in verschiedenen geologischen Formationen vor, z. B. im sog. Voltziensandstein des Oberen Buntsandsteins und in den sog. Standenbühler Schichten des Oberrotliegenden. Örtlich war dieser Abbau unter antiken Verhältnissen wohl rentabel, wie die Ergebnisse des frühneuzeitlichen Abbaus zeigen. Recht gut erhalten sind noch die Schächte eines Kupferbergwerks bei Kordel. Leider vor einer eingehenden Untersuchung verschüttet wurden die Schächte, die man bei Göllheim entdeckte. Sie erreichten im Einzelfall eine Tiefe von 26 m, also wesentlich mehr als bei den Kordeler Stollen bislang bekannt. *Abb 422, 166*

Quecksilber, Silber und Gold Der reichliche Quecksilberabbau seit dem Mittelalter in der Nordwestpfalz läßt daran denken, daß dieser Abbau in die Römerzeit zurückreicht, doch ist bislang kein Nachweis dafür erbracht worden. Silberabbau kann, entsprechend der nachantiken Ausbeutung, nur von geringer Bedeutung gewesen sein. Häufig überschätzt wird das sog. Rheingold. Dies ergibt eine nüchterne Analyse seiner Gewinnung etwa durch die Kurfürsten von der Pfalz und moderne Versuche sowohl mit der althergebrachten Goldwaschbank als auch unter Zuhilfenahme moderner Fördertechnik. Nachdem bei der Analyse der in Südwestdeutschland gefundenen Goldobjekte vorgeschichtlicher Zeitstellung kein Rheingold nachweisbar war, dürfte sich auch bei den nicht allzu zahlreichen römischen Goldobjekten ein ähnlich negativer Befund einstellen.

Abb. 166 Newel-Butzweiler. Pützlöcher beim Kupferstollen, Steinmetzzeichen

Salz- und Mineralquellen Salzquellen sind in nachantiker Zeit in der nördlichen Pfalz vielfach zur Salzgewinnung genutzt worden. Angesichts der elementaren Bedeutung des Salzes für die menschliche Ernährung ist auch eine Gewinnung in römischer Zeit nicht unwahrscheinlich. Mineralquellen waren z. T. schon in römischer Zeit bekannt. So gibt es römische Funde in eindeutigem Zusammenhang mit den jeweiligen Quellen in Bad Bertrich, Bad Breisig, Bad Tönisstein und Gerolstein.

Gewerbliche Produktion

Neben der Landwirtschaft, die wir als den wichtigsten Wirtschaftszweig in römischer Zeit erkannt haben, läßt sich im linksrheinischen Gebiet eine ausgedehnte gewerbliche Produktion nachweisen. Schon in keltischer Zeit kann man eine intensive Arbeitsteilung feststellen, sie wird nunmehr verfeinert.

Im zeitlichen Ablauf der Jahrhunderte römischer Herrschaft liefen mehrere, offenkundig unabhängig voneinander existierende Produktionssysteme nebeneinander. Mit der Okkupation begann sofort eine eigene gewerbliche Produktion des Militärs, um dessen Bedarf autark zu decken. Daneben produzierten sowohl Handwerker in den städtischen Siedlungen als auch während der in der Landwirtschaft ruhigen Zeit auf den Höfen Beschäftigte gewerbliche Erzeugnisse. In einzelnen Fällen erreichte diese Produktion Größenordnungen moderner industrieller Fabrikationen. Da sie auf handwerklicher Basis erfolgte, spricht man von Manufakturen. In spätrömischer Zeit nahm der staatliche Einfluß auf die gewerbliche Produktion zu, sei es durch die Erblichkeit der Berufe, den Korporationszwang und die Einrichtung staatlicher Werkstätten, diese wiederum primär für die Bedürfnisse von Armee und Verwaltung arbeitend. Archäologisch sind diese Erscheinungen schwer nachweisbar.

Ziegeleien

Die Verarbeitung von Ton begann mit Militärbetrieben sofort nach der Okkupation. Sie produzierten Ziegel und auch Geschirr für die Armee. Während zunächst größere Entfernungen – etwa vom Mainzer Legionslager – für die Ziegelproduktion in Kauf genommen wurden, wenn die Produktionsvoraussetzungen günstig waren wie in
Abb 458 Rheinzabern, und dazu der Rhein als geeigneter Transportweg für Massengüter trat, hat man später, wo möglich, näher beim Legionslager gelegene Produktionsstandorte gesucht. Mit der Vorverlegung der Grenze im rechtsrheinischen Gebiet wurden die Legionsziegeleien für Mainz nach Nied bei Frankfurt verlegt. Erst im 4. Jahrhundert entstanden linksrheinisch wieder umfangreiche militärische Ziegeleien. Rheinzaber-
Abb 461 ner Ziegel finden sich im gesamten Befehlsbereich des *dux Mogontiacensis,* also bis zum nördlichen Mittelrhein. Im Vergleich zu den Militärbetrieben haben private Zieg-

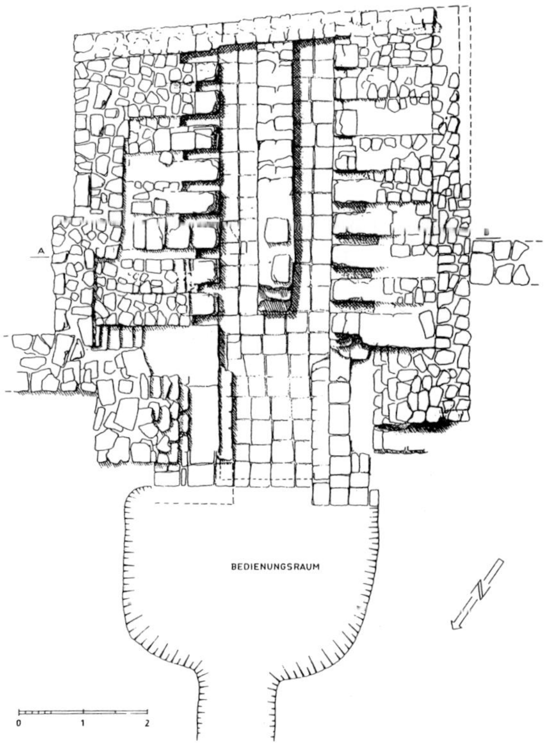

Abb. 167 Temmels. Ziegelofen mit Bedienungsraum. Grundriß

ler, von Ausnahmen abgesehen, nur im engeren Umkreis der Produktionsstätte geliefert. Zu diesen Ausnahmen zählen zum Beispiel die Betriebe mit den Stempeln ADIV, ARMO und CAPI, die 305 zum Bau der Basilika in Trier und für den Kastellbau nach Köln-Deutz geliefert haben.

Ziegelöfen wurden mehrfach gefunden, sie sind heute nach demselben Konstruktionsprinzip gebaut. Über einer, häufig begehbaren, mit mehreren Zügen versehenen Feuerkammer erhebt sich die ebenfalls begehbare rechteckige Brennkammer, von ersterer durch den gelochten Boden getrennt. In einem Ofen in Rheinzabern zeigt die Brennplatte noch die Abdrücke senkrecht stehender halbrunder Ziegel (*imbrices*). Das Produktionsprogramm der Ziegeleien war, wie etwa die Funde in Rheinzabern zeigen, sehr vielfältig. Neben Dachziegeln und Ziegelplatten unterschiedlicher Formate, z. B. für den Ziegeldurchschuß beim sog. *opus mixtum*, entstanden reichlich Sonderformen wie etwa *tubuli* für die Heißluftführung in den Wänden sowie quadratische und runde Platten für Hypokaustpfeiler. Da gab es auch Ringsegmente für Brunnenschalen, Dachziegel mit Rauch -und Lichtluken oder rautenförmige kleine Ziegel für Bodenbeläge. *Abb 167*

Abb. 168 Speyer. Gefäße aus einer frührömischen Terra-Nigra-Töpferei

Geschirrproduktion

Wichtigster Zweig der antiken Konsumgüterfabrikation war die Geschirrproduktion. Sie läßt sich grob in zwei Hauptgruppen gliedern: die Gebrauchsgeschirrherstellung und die Tafelgeschirrproduktion.

Die in den Randgebieten des Mittelmeeres häufig hergestellte Schwerkeramik – als *dolia* und *amphorae* bekannt – wurde zwar als Transportbehälter für importierte Lebensmittel wie Wein und Öl oft in unseren Raum gebracht, aber anscheinend hier nicht hergestellt. Außerdem benützte man anstelle der als Lagerbehälter dort gebräuchlichen *cullei* und *dolia* aus Ton in den Nordprovinzen Holzfässer.

Die Herstellung von Gebrauchsgeschirr stellte keine besonderen Anforderungen an die Tonqualität. Sie konnte daher vielerorts betrieben werden. Man findet Töpferöfen bei den *vici*, aber auch bei Gutshöfen. Umfangreicher war schon die Produktion in
Abb 169 größeren Städten wie Trier und Mainz. Daneben entstanden aber auch regelrechte
Abb 485, 604 Töpferzentren wie Speicher, Mayen und Weißenthurm. Sie verdankten ihre Bedeutung den günstigen betrieblichen Voraussetzungen wie Ton und Brennstoff sowie günstigen Verkehrsanbindungen. Dazu kamen sicher noch bestimmte Qualitätsstandards hinsichtlich der Härte des Scherbens.

Die Produktionspalette bei Gebrauchsgeschirr umfaßte Kochgeschirre wie auch das weite Spektrum an kleineren Vorrats- und Transportgefäßen. Das bekannteste ist sicher der Einhenkelkrug, der das am meisten hergestellte Gefäß der Römerzeit gewesen sein dürfte. Beim Kochgeschirr sollte bedacht werden, daß bei der Herstellung der Speisen gegart, aber nicht eigentlich gekocht wurde, und dieses konnte sehr gut in Keramik geschehen. Moderne Kochverfahren knüpfen häufig an diese alten Traditionen an.

Sowohl aus dem Bereich des Gebrauchsgeschirrs wie der Tafelgeschirre, kommt die nicht geringe Menge an Grabkeramik, die teilweise speziell für diesen Zweck gefertigt wurde.

Das Tafelgeschirr zerfiel in mehrere Gruppen, denen alle eine feine Oberfläche gemeinsam war. Aus Italien kam mit den Soldaten die Terra Sigillata, ihr stehen einheimische Produkte aus dem keltischen Erbe wie die belgische Ware und die Terra Nigra gegenüber. *Abb 168*

Die Terra Sigillata wurde zunächst importiert. Ihre große Beliebtheit in den Nordwestprovinzen des Reiches führte zur Eröffnung von Produktionsstätten in Marktnähe. Sie setzten allerdings Tonqualitäten voraus, die nicht überall vorkamen, dazu auch über das normale Töpferhandwerk hinausgehende Fähigkeiten. Daher halten sich die Imitationen von Terra Sigillata in Grenzen.

Abb. 169 Trier. Töpferei am Pacelliufer

Gegen Mitte des 2. Jahrhunderts n. Chr. begannen Betriebe in Rheinzabern auf der Basis der dort vorkommenden feinen Tone mit der Terra-Sigillata-Produktion. Weitere Produktionsstätten für dieses rotglänzende Tafelgeschirr in Rheinland-Pfalz entstanden später noch in Trier und Sinzig. Von der Produktionsmenge her erreichten sie allerdings nicht den Ausstoß der Rheinzaberner Manufaktur.
Für die Terra-Sigillata-Herstellung mußten die Tone speziell aufbereitet werden. Dies erfolgte in Becken, in denen der Ton über längere Zeit durch Zugabe von Wasser und Fäkalien einem Reinigungsprozeß unterzogen wurde, bis er die gewünschte Feinheit erreichte. Das noch ungebrannte, lederharte Geschirr scheint in eine aus dem gleichen Ton hergestellte Suspensur getaucht worden zu sein, die bei oxydierendem Brand in einer Temperatur von ca. 950°C sich auf der Gefäßoberfläche zu einem Glanztonfilm schließt.

Abb. 170 Rheinzabern. Formschüssel für reliefverzierte Gefäße

Abb. 171 Rheinzabern. Terra-Sigillata-Schüssel

Abb. 172 Rheinzabern. Krug mit applizierten Ornamenten (Barbotinetechnik)

Die Ausgrabungen in Rheinzabern haben neben den Tonbecken und Brunnen große Trockenhallen und spezielle, relativ große Öfen ergeben, alles Hinweise auf den Umfang der Produktion. Bei den Öfen wurde die Hitze in Röhren durch die Brennkammer geleitet, so daß das Brenngut nicht mit den Flammen in Berührung kam wie das bei normalen Töpferöfen gebräuchlich war, also eine Art Vorläufer des Muffelofens. Das Produktionsprogramm läßt sich in drei Gruppen gliedern:

Glattes, unverziertes Tafelgeschirr. Teller, Schüsseln, Näpfe, Tassen und Becher wurden in großen Stückzahlen auf der Scheibe gedreht. Die Gleichförmigkeit etwa der Randprofile erreichte man wohl durch die Verwendung von Schablonen. Diese Geschirre wurden zu Servicen zusammengestellt. Der größte Teil der Produktion entfiel auf diese Herstellungsart, schätzungsweise gegen 90 Prozent. *Abb 571*

Reliefverziertes Geschirr. Mit Hilfe von Formschüsseln wurde reliefverziertes Geschirr, fast ausschließlich Schüsseln, produziert. Es ist nicht bekannt, wie oft eine Formschüssel ingesamt benützt werden konnte, wahrscheinlich aber schon einige hundertmal. Der Anteil dieses Geschirrs an der Rheinzaberner Produktion dürfte unter zehn Prozent gelegen haben. *Abb 170, 171*

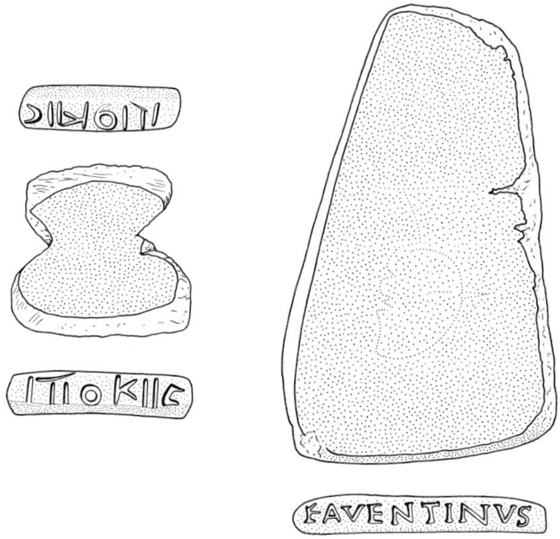

Abb. 173 Namensstempel zweier Töpfer aus Rheinzabern. Links: Leo fec(it), rechts Faventinus

Individuell verziertes Geschirr. Unter dieser Bezeichnung fassen wir zusammen:
Abb 172 Drehscheibenware mit applizierter Reliefornamentik, sog. Barbotineware. Reliefverzierung konnte auch auf scheibengedrehte Gefäße aufgebracht werden. Sie wurde entweder freihändig aufgetragen oder in Formen gepreßt und appliziert. Neben Tellern sind es vor allem Becher, Krüge bzw. Kannen und Reibschalen. Einzelstücke können durchaus künstlerischen Rang erreichen, z. B. der sog. Gladiatorenkrug aus Rheinzabern. Der Anteil dürfte fünf Prozent betragen haben.

Andere Verzierungen auf scheibengedrehter Ware wie Kerbschnitt, Glasschliffdekore und Weißbarbotine. Mengenmäßig sind die damit dekorierten Gefäße unbedeutend. Die Dekore wurden entweder in die noch ungebrannten Gefäße, zumeist Platten und Becher, geschnitten, oder sie wurden aus weißem Pfeifenton aufgetragen – auch hier sind es vorzugsweise Platten, Teller und Becher.

Zu einer Art archäologischem Leitfossil wurden die Terra-Sigillata-Gefäße dadurch,
Abb 173 daß viele von ihnen Namensstempel tragen. Allein aus Rheinzabern sind rund 300 Namen bekannt. Ob es sich dabei um den Namen des Fabrikanten, des Töpfers, des Ofenmeisters oder gar des Händlers handelt wissen wir nicht. Diese Namensstempel, genau wie die ja bei der Formschüsselware festliegenden Dekore, erlauben uns recht gut, die Verbreitung dieser Geschirre festzustellen, aber auch Rückschlüsse auf die Produktionsmengen zu ziehen. Zu deren Feststellung kann auch auf sog. Töpferrechnungen zurückgegriffen werden, wie man sie aus La Graufesenque im Tarntal in Frankreich kennt, wie sie aber auch aus Rheinzabern in Bruchstücken vorliegen. Danach wird die Produktion in der Blütezeit Rheinzaberns zwischen 0,5 und 1 Million Gefäße pro Jahr gelegen haben. Die Verbreitung reichte vom Antoninuswall in

Schottland bis zum Schwarzen Meer. Schwerpunkt war Obergermanien und die östlich anschließenden Provinzen Rätien, Noricum und Pannonien. Dazu kam ein beachtlicher Export in die Germania libera bis nach Skandinavien und in den Weichselbogen.

Zur Organisationsform der Rheinzaberner Manufaktur – und dies gilt sinngemäß auch für Trier und Sinzig – wissen wir nichts. Auszuschließen ist wohl, daß es sich um einen Großbetrieb handelte. Eher ist an mittelgroße Unternehmen oder genossenschaftliche Organisationsformen zu denken. Die große Zahl von Namen, die uns durch Stempel überliefert sind, spricht dafür. Sie legt auch nahe, daß es sich dabei um die Töpfer und Formschüsselhersteller handelte. *Abb 459*

Belgische Ware, die in ihren Formen wie auch durch Namensstempel oft an frühen Sigillaten orientiert scheint, ist u. a. in Trier hergestellt worden. Dies gilt auch für die Herstellung der sog. Schwarzfirnisware, die sich vom 2. bis zum 4. Jahrhundert großer Beliebtheit erfreute. Hier sind vor allem Becher zu nennen, die mit Sprüchen garniert sind. Das Trierer Töpferzentrum ist ein hervorragendes Beispiel, welch breites Produktionsspektrum in einem solchen städtischen Töpferviertel anzutreffen ist, reicht es doch von Öllampen bis hin zu Terrakotten.

Weitere Produktionen

Die Herstellung von Glas scheint in unserem Bereich keine Rolle gespielt zu haben. Hier dominierten wie im ganzen Rheinland die Kölner Werkstätten mit ihrer reichen Produktionspalette, vor allem auch an Luxusgläsern. Lediglich im Trierer Töpferviertel sind Rohglasbrocken und Stücke von Glasfritte als Hinweise auf eine Glasfabrikation gefunden worden.

Eisen und Buntmetalle wurden in allen städtischen Siedlungen verarbeitet, z. T. auch auf Gutshöfen. Aber nur in der Nähe der ausgebeuteten größeren Lagerstätten mag eine über normale Werkstätten hinausgehende Verarbeitung anzutreffen sein. Das wird immer wieder für Eisenberg angenommen, wo meterdicke Schlackenhalden dies für die Eisenverarbeitung nahelegen. Die Verarbeitung der beim nahgelegenen Göllheim gewonnenen Kupfererze wird ebenfalls in Eisenberg vermutet, doch fehlen bislang ausreichende Beweise dafür.

Für den treverischen Bereich ist mit einer ausgedehnten Textilproduktion auf der Basis von Wolle zu rechnen. Natürlich sind archäologische Zeugnisse zur Produktion selbst nicht zu erwarten – Webstühle bestanden aus Holz, sind also vergänglich. Doch geben die Darstellungen auf der Igeler Säule ein eindrucksvolles Bild vom Textilhandel, beginnend mit der Stoffprobe bis hin zum Transport der in Ballen verpackten Ware zu Lande und auf dem Wasser. Wichtigstes Erzeugnis waren Stoffe, die man wohl am ehesten mit unserem Loden vergleichen kann, aus denen schwere Mäntel und auch Hosen hergestellt wurden. Der Textilexport aus der *Gallia Belgica* wird auch in der antiken Literatur erwähnt. *Abb 309* *Abb 174*

Neben den bisher genannten, über den Umfang normaler Werkstätten hinausgehenden Produktionsschwerpunkten gab es selbstverständlich viele weitere verarbeitende Betriebe, z. B. Werkstätten, in denen Knochen und Geweihe verarbeitet wurden und natürlich der weite Bereich organischer Materialien, die nur unter sehr günstigen Bedingungen einmal erhalten bleiben wie Holz und Leder. Von solchen Materialien verarbeitenden Werkstätten kennen wir im wesentlichen nur die dort verwandten Werkzeuge. Mustert man die auf uns gekommenen Werkzeugfunde durch, so stellt man fest, daß sie ziemlich genau den Bestand an Werkzeugen wiedergeben, der auch heute noch neben den modernen Maschinen zur Grundausstattung handwerklicher Betriebe gehört. Dies ist ein eindrucksvoller Beweis für die schon im Altertum entwickelten Zweckformen bei Geräten, die kaum mehr verbesserungs- oder entwicklungsfähig waren.

Der Handel

Zeugnisse für einen ausgedehnten Handel gibt es für die römische Zeit in großer Zahl. Beschränkungen des Handels gab es eigentlich nicht; der Zoll von 2,5 Prozent, *quadragesima* genannt, an den Grenzen größerer Wirtschaftsgebiete, z. B. Galliens, dürfte kein Hindernis für die Warenströme gewesen sein. Lediglich die Transportkosten können für Einschränkungen in der Distribution von Waren gesorgt haben. Gallien bildete mit den beiden germanischen Provinzen, Britannien und Spanien einen Wirtschaftsraum von beträchtlicher Potenz, und es ist sicher kein Zufall, daß der wirtschaftliche Schwerpunkt der EG nahezu mit diesem Gebiet identisch ist.
Von besonderem Interesse ist für uns die Frage, ob die römischen Kaufleute mit allen Waren handelten oder ob es Spezialisten gab. Wenn wir hier das epigraphische Material des Nehalenniae-Tempels von Colijnsplaat in Holland heranziehen, obwohl es weit außerhalb von Rheinland-Pfalz liegt, so gibt es dafür zwei gewichtige Gründe: Einmal ist dieses Material wegen der häufigen Nennung von Kaufleuten als exemplarisch zu betrachten, zum anderen befinden sich unter den Dedikanten der dort gefundenen Altäre auch Treverer. Die bisher gefundenen Altäre zeigen, daß beide Arten von Kaufleuten nebeneinander vorkommen. Einmal werden dort Kaufleute genannt, die mit bestimmten geographisch fixierten Gebieten Handel trieben, z. B. Britannien oder Gallien, andererseits werden uns Kaufleute von dort bekannt, die mit Keramik, Salz oder Fischsoße gehandelt haben(*negotiatores rei cretariae, negotiatores salarii* und *negotiatores allecari*). Anderwärtig werden auch Wein- und Textilhändler genannt.
Danach ist sowohl mit dem in einem bestimmten geographischen Bereich tätigen Händler mit dann wohl reichem Warensortiment im Angebot wie auch mit spezialisierten Kaufleuten zu rechnen, die über z. T. weite Strecken Handel trieben. Für die Größe solcher Handelsfirmen liefern Kontorszenen auf treverischen Grabmälern beredtes Zeugnis. Die Erzeugnisse der heimischen Produktion dienten natürlich primär

Abb. 174 Tuchprobe aus St. Wendel (RLM Trier)

der Versorgung der Bevölkerung unseres Raumes. Doch sind einige Warengruppen auch sehr viel weiter verhandelt worden. Auf den europaweiten Export von Terra Sigillata haben wir schon oben hingewiesen. Gleichfalls weite Verbreitung erlangte die Trierer Schwarzfirnisware und dann in spätrömischer Zeit die sog. Mayener Ware, ein robustes Gebrauchsgeschirr. Betrachtet man die Verbreitungskarten dieser Exportwaren, dann erkennt man die Bedeutung der Flußtäler für den Warentransport, ob er nun zu Lande oder auf dem Wasser verlief. Gewichtiger vom Material her als Keramik waren die Exporte von Stein. An der Spitze hinsichtlich der Verbreitung rangieren die Mühlsteine aus Basalt, hergestellt in der Vordereifel. Dazu kam ein enormer Export von Bausteinen nach Niedergermanien, gab es doch nördlich von Siebengebirge und Eifel keine Steinbrüche mehr. Alle dort benötigten Bausteine mußten dorthin gebracht werden, wobei der Rhein und seine Nebenflüsse als ideale Transportwege genutzt werden konnten.

Weitere bedeutende Exportartikel waren Stoffe und fertige Kleidung, hergestellt aus Wolle und Leinwand im Treverergebiet.
Dem Export stand ein beträchtlicher Import gegenüber. Hier ist vor allem die Einfuhr von Lebensmitteln und Gewürzen zu nennen. An der Spitze standen Öl und Fischsoße aus Spanien, beide unerläßlich für die römische Küche. Weit dahinter rangierten die importierten Delikatessen wie Schalentiere und hier nicht gedeihende Obstsorten. Vor allem in der Kaiserresidenz Trier waren selbstverständlich alle bekannten und transportfähigen Delikatessen aus dem Römischen Reich zu haben.
Bei den Gewürzen steht ganz oben das Salz, das besonders auch zur Konservierung von Lebensmitteln benötigt wurde. Bei den Konsumgütern waren es vor allem hochwertige Geschirre aus Edelmetall, Glas oder Keramik, die hierher gebracht wurden. Schließlich sind für Bauzwecke polierfähige Steine in großer Menge importiert worden, wobei neben italischem Marmor auch solcher aus Nordafrika und von den griechischen Inseln vorkommt. Diese kostbaren Materialien wurden als Wandverkleidung oder für Bauzierat wie Säulen, Kapitelle, Gesimse u. ä. verwandt.
Nicht vergessen werden sollte die recht hohe Einfuhr von Kunstwerken aus Italien und dem griechischen Bereich.

Archäologischer Teil

Ausgrabungen

Archäologische Denkmäler

Erläuterungen und Abkürzungen zum archäologischen Teil

* im Text =	im Gelände sichtbare Bodendenkmäler
■ im Text =	sichtbare Wachttürme am Limes
Abb	Abbildung
Ao	Aufbewahrungsort
B	Breite
betr	betrifft
bzw	beziehungsweise
ca	zirka
dh	das heißt
Dm	Durchmesser
ebda	ebenda
ehem	ehemalig, ehemals
ev	evangelisch
evtl	eventuell
germ	germanisch
H	Höhe
Jh	Jahrhundert
kath	katholisch
L	Länge
LfD	Landesamt für Denkmalpflege
LM	Landesmuseum
Lit	Literatur
lt	laut
lW	lichte Weite
M	Museum
MA, ma	Mittelalter, mittelalterlich
N	Norden, nördlich
nChr	nach Christi Geburt
O	Osten, östlich
og	oben genannt
prot	protestantisch
RGK	Römisch-Germanische Kommission
RLK	Reichslimeskommission
RLM	Rheinisches Landesmuseum
röm	römisch
S	Süden, südlich
Str	Straße
sog	sogenannt
T	Tiefe
ua	unter anderem
usw	und so weiter
Verf	Verfasser
vChr	vor Christi Geburt
W	Westen, westlich
WP	Wachtposten
zB	zum Beispiel
zT	zum Teil
zZ	zur Zeit

Die Landkreise
werden mit ihren Autokennzeichen genannt

AK	Altenkirchen/Westerwald
AW	Ahrweiler
AZ	Alzey-Worms
BIR	Birkenfeld
BIT	Bitburg-Prüm
COC	Cochem-Zell
DAU	Daun
DÜW	Bad Dürkheim
EMS	Rhein-Lahn-Kreis
FT	Frankenthal (Pfalz)
GER	Germersheim
KH	Bad Kreuznach
KIB	Donnersbergkreis
KL	Kaiserslautern
KO	Koblenz
KUS	Kusel
LD	Landau
LU	Ludwigshafen
MT	Westerwaldkreis
MYK	Mayen-Koblenz
MZ	Mainz-Bingen
NR	Neuwied
NW	Neustadt a. d. Weinstraße
PS	Pirmasens
SIM	Rhein-Hunsrück-Kreis
SP	Speyer
SÜW	Südliche Weinstraße
TR	Trier
WL	Bernkastel-Wittlich
WO	Worms
ZW	Zweibrücken

Abenheim → Worms
Ahrweiler → Bad Neuenahr
Albsheim → Obrigheim

Alflen COC

Münzfund

SW des Ortes in der Flur »Auf dem Klopp« wurde bereits 1844 im Bereich eines röm Vicus ein Münzfund von etwa 10 000 Antoninianen geborgen. Die Münzen sollen sich in einem »geflammten Doppelhenkelkrug« befunden und insgesamt ein Gewicht von »50 Pfund« gehabt haben. Die älteste Prägung sei von Valerian, die Schlußmünze von Tetricus I/II.
Die Mehrzahl der Stücke wurden eingeschmolzen oder verschleudert. Einige wenige Exemplare kamen in das RLM Trier. We

Lit: FHettner, Römische Münzschatzfunde in den Rheinlanden, Westd Zeitschr 7, 1888, 153 f – KJGilles, Kreis Cochem-Zell, Jahrbuch 1985, 106 f – ESchmidt, BJb 31, 1861, 62 ff – H-HWegner, Berichte zur Archäologie an Mittelrhein und Mosel 1, 1987, 217 ff

Alsenborn → Enkenbach

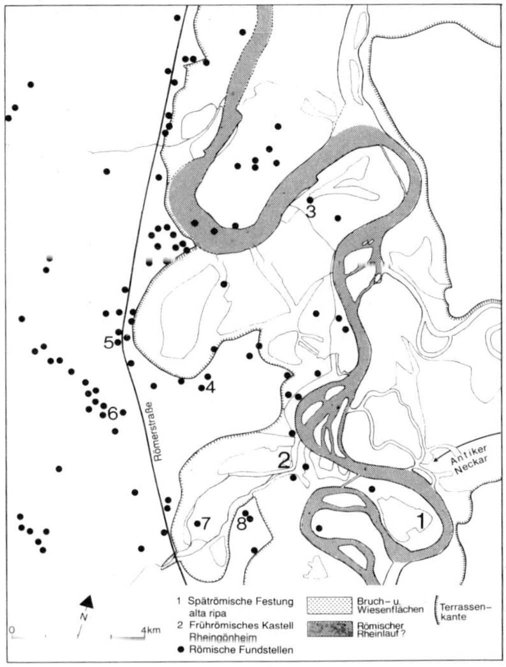

Abb. 175 Altrip. Rheinlauf zur Römerzeit. Lage der spätrömischen Festung Alta ripa (1) und des frührömischen Kastells Rheingönheim (Stadt Ludwigshafen) (2)

Altrip LU

Spätantike Festung Alta ripa
Abb 69, 139, 150, 175-179

Neben dem Namen Altrip hat sich in der Pfalz nur noch in Rheinzabern die Wurzel einer antiken Siedlungsbezeichnung erhalten. Der Name *Alta ripa* bezieht sich auf die Stelle oberhalb des Ufers am Rhein.
Die Reste der Hauptfestung liegen heute unter der Ortschaft Altrip auf einer schmalen Landzunge, die weit in die Flußaue des Rheines vorragt. Der Flußlauf hat sich seit röm Zeit ganz erheblich verändert und ist nur in Grundzügen rekonstruierbar. Die Bedeutung der Festung für den spätantiken Rheinlimes liegt darin, daß nur wenig N der Neckar in den Rhein mündete. Das untere Neckarland lag nach dem Verlust der rechtsrheinischen Gebiete nach 260 nChr wie rund 200 Jahre zuvor im besonderen Interesse des röm Militärs. Dies bezeugen neben den 3 Anlagen bei Altrip, bzw Neckarau, insbesondere die befestigte Schiffslände über den Ruinen von *Lopodunum* (Ladenburg) und eine in der antiken Literatur erwähnte Befestigung auf dem *mons Piri,* die allerdings noch nicht im Gelände nachgewiesen werden konnte. Neben der Hauptfestung sind ein kleiner Burgus, wohl ehem auf der rechten Rheinseite, und in Mannheim-Neckarau eine Schiffslände unmittelbar an der Neckarmündung auf dem rechten Rheinufer bekannt.
Die Hauptfestung. Grabungen im Hauptkastell führte der Historische Verein der Pfalz zwischen 1886 und 1888 durch. Sie erfaßten Mauerreste in der NW-Ecke der Festung. Eine vorläufige Klärung des Grundrisses brachten dann die Ausgrabungen der RGK unter der Leitung von G. Bersu

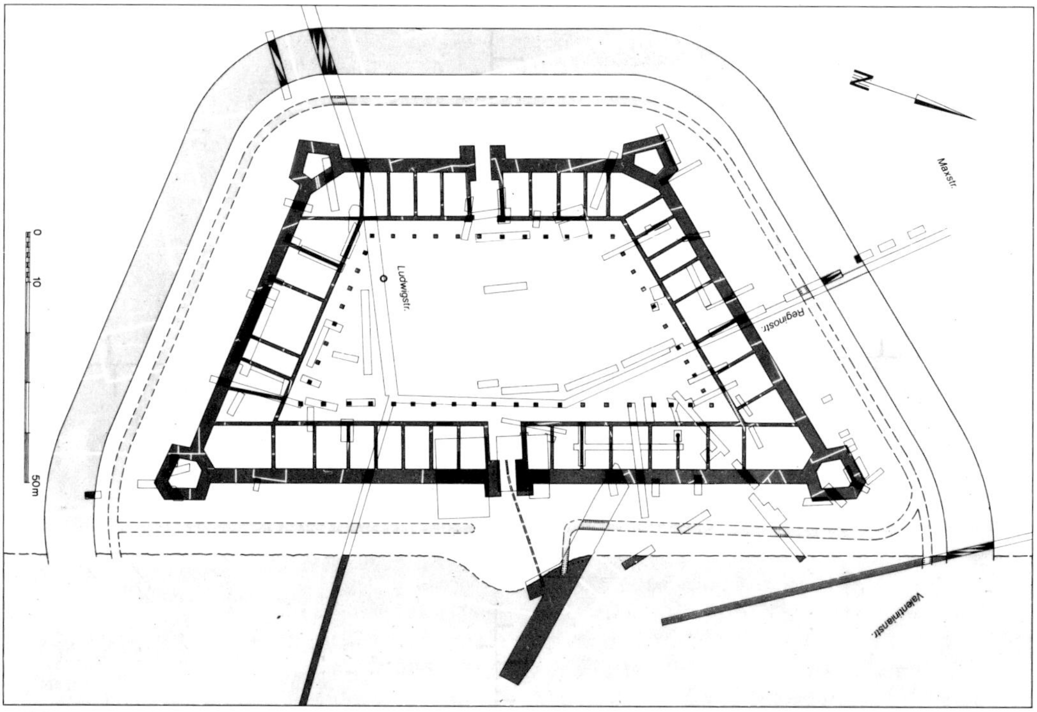

Abb. 176 Altrip. Die spätrömische Festung. Grundriß

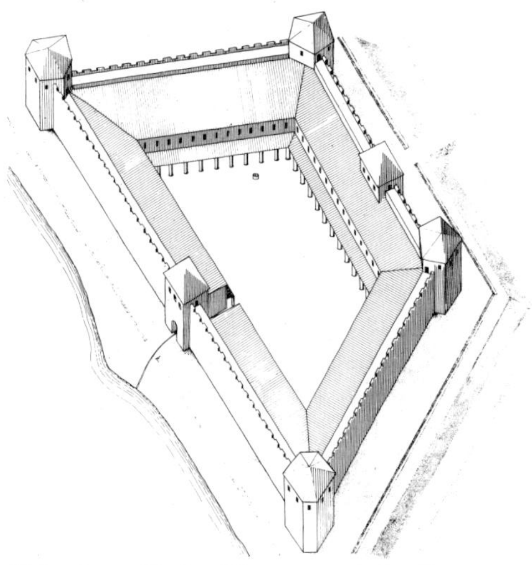

Abb. 177 Altrip. Die spätrömische Festung. Isometrische Zeichnung

1926, 1927 und 1932. Die Untersuchungen wurden 1961 durch K. Kaiser und G. Stein wieder aufgenommen. 1981 gelang bei Grabungen der RGK und des LfD der Nachweis der rheinseitigen Toranlage mitsamt der Uferbefestigung. Die Auswertung der unveröffentlicht gebliebenen Ergebnisse von 1932 ergab einen überraschend vollständigen Grundriß der spätantiken Befestigung.

Die nicht völlig symmetrische, trapezförmige Festung war mit der Längsseite von 141 m dem Rhein zugewandt, lag vermutlich nicht direkt am Strom, sondern an einem Seitenarm, der als Hafen diente. Die Ecken der Wehrmauer (B ca 3 m) waren mit polygonalen Türmen geschützt. Dahinter lagen im ballistisch toten Winkel die Kasematten (B 8 m), begrenzt durch einen umlaufenden Säulengang. Im Erdgeschoß konnten bislang 40 Räume nachgewiesen werden, die als Mannschaftsunterkünfte, Verwaltungsräume, Speicher usw dienten. Ein weiteres Geschoß mit der gleichen Zahl von Räumen ist anzunehmen. Toranlagen gab es nur im O und W. Das 1981 freige-

legte O-Tor hatte einen knapp 3 m breiten Durchlaß. Der Innenhof blieb von Bebauung frei. Auf der Berme (B 15 m) konnte ein kleiner Graben festgestellt werden. Als Annäherungshindernis diente der Sohlgraben (B 9 m), der mit dem Rhein in Verbindung stand und wohl immer Wasser führte. Vor der Front konnten Boote und Schiffe landen.
Der Trinkwasserversorgung dienten Brunnen im Festungsbereich, von denen bislang einer in der Ludwigstr nachgewiesen werden konnte. Der feine Schwemmsand des Baugrundes machte massive Fundamentierungsarbeiten notwendig. 1961 wurde unter der ausgebrochenen W-Mauer eine dichte Reihung von Pfählen nachgewiesen, die der Fundamentsicherung gedient hatte. Darüber wurde in mehreren Lagen Stampfbeton aufgebracht und dann aus massiven Blöcken die Mauern aufgeführt. In den vom ma Steinraub verschont gebliebenen Mauerresten fanden sich zahlreiche zweitverwendete Inschriftplatten und Bildnissteine. Sie stammten aus den Ruinen der um 352 nChr zerstörten Siedlungen. Einige Inschriften beziehen sich auf das antike Worms. Andere Forscher hingegen vermuteten, daß die meisten Spolien aus dem um 260 nChr zerstörten rechtsrheinischen *Lopodunum*-Ladenburg stammen. Die Böden der Innenräume waren meist mit Ziegelplatten ausgelegt, einzelne Räume mit Fußbodenheizungen versehen und die Wände bemalt. Die Dächer der Kasematten waren mit Ziegeln gedeckt. Als Kaiser Valentinian I. am 16. Juni 369 nChr *Alta ripa* bei einer Inspektionsreise besuchte und dort ein Gesetz unterzeichnete, war der Neubau der Hauptfestung wohl schon fertiggestellt, so daß er die Bauarbeiten der rechtsrheinischen Befestigungen überwachen konnte. Dieser Aufenthalt ist bei Ammianus Marcellinus und Symmachus bezeugt.
Unter den archäologischen Funden – Münzen, Keramik, Baureste, militärische Ausrüstung – gibt es einige Hinweise, daß bereits vor 369 nChr röm Bauten im späteren Festungsbereich gestanden hatten. Ob es sich hierbei um eine Anlage im Zusammenhang mit einem Flußübergang gehandelt hat, bleibt ungewiß. In der Notitia dignitatum sind für *Alta ripa* als Besatzung die *milites Martenses* genannt. Auf gestempelten Ziegeln im Fundmaterial von Altrip wird diese Truppe mit dem Kürzel *MART* bezeugt. Eine Bronzelampe in Form einer Taube deutet auf liturgischen Gebrauch im christlichen Gottesdienst.
Die Geschichte des Militärplatzes endet in der Neujahrsnacht 406/407 nChr, als Alanen, Sueben und Vandalen den Rhein überquerten und die Grenzverteidigung zwischen Seltz (Elsaß) und Bingen vernichteten. Dicke Brandschichten in der Festung zeugen von einem großen Schadensfeuer, das wohl auf diese Ereignisse zurückzuführen ist. Dennoch wurde die Anlage weiterhin bewohnt. Das Dach wurde notdürftig hergerichtet und auf der rheinseitigen Berme im frühen 5. Jh zwei Webhütten erbaut. Die Festung bot zumindest im 5. Jh einer romanisch/germ Bevölkerung Unterkunft. Hinweise auf militärische Besatzung im 5. Jh gibt es bislang nicht. Um 700 wurde der W Wehrgraben mit Pfählen versteift. Man war also bemüht, den Verteidigungscharakter zu erhalten. Kurze Zeit später, im 8./9. Jh, wurde die Festung in Teilbereichen abgetragen. Jedoch müssen noch im 14. Jh Mauerreste über den Boden aufgeragt haben.
Die Schiffslände (Mannheim-Neckarau). Aus den Beschreibungen von Ammianus Marcellinus (28,2,2) und Symmachus (orationes 2,20) geht hervor, daß Kaiser Valentinian 369 nChr persönlich die Bauarbeiten an einer Befestigung überwacht hat. Danach wurde die Hauptströmung des Neckar abgeleitet und das Ufer mit Eichenpfählen gesichert. Die Befestigung selbst lag direkt am Rhein, in unmittelbarer Nähe der antiken Neckarmündung. Erwähnt werden Mauern, die mit Türmen zur Strömung reichen. Innerhalb der Vormauern stand nach Symmachus an erhöhter Stelle ein Mittelbau, der mit einem Dach aus Bleiplatten gedeckt war. 1936 konnte H. Gropengießer die Reste dieser Anlage (22 × 18 m) im Gelände nachweisen. Mit Türmen besetzte Flügelmauern riegelten zwischen Turm und Fluß einen 170 m² großen Bereich ab. Innerhalb der Anlage war es also möglich, mit einem Schiff ungestört zu landen. Dieser als Schiffslände vom spätantiken Rhein- und Donaulimes (Ungarn) wohlbekannte Bautyp ist im näheren Umkreis aus Ladenburg, beim Zullestein und in Engers archäologisch nachgewiesen.
Der Burgus. Von einer weiteren Kleinfestung (*burgus*) sind heute keine Spuren mehr vorhan-

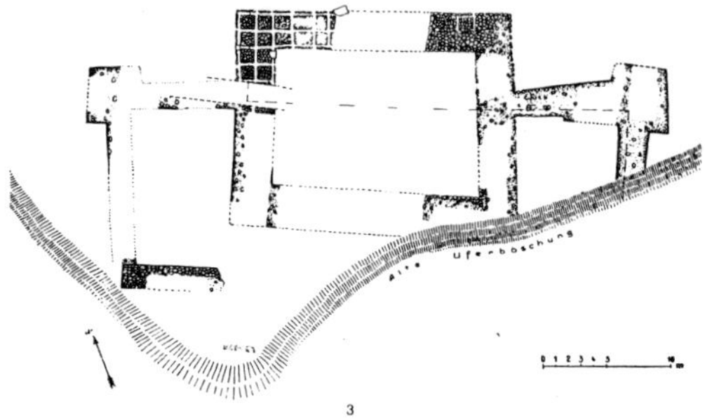

Abb. 178 Altrip (Mannheim-Neckarau). Schiffsländе. Grundriß (n. Gropengießer)

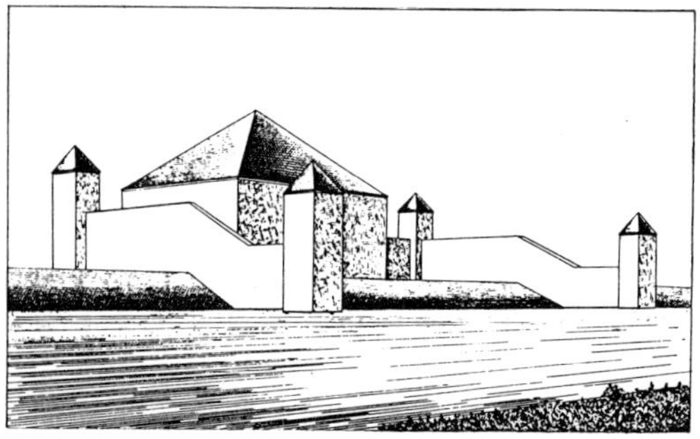

Abb. 179 Altrip (Mannheim-Neckarau). Rekonstruktionszeichnung der Schiffslände (n. Schleiermacher)

den. Von dieser Anlage, die seit der Änderung des Rheinlaufes 1609 inmitten des Flusses lag, wurden 1891 kurz vor der Zerstörung Reste aufgemessen. Ihre Lage wird sich kaum mehr klären lassen. Wahrscheinlich lag sie S der Neckarmündung am rechten Rheinufer. Eine feste Brückenverbindung hat wohl zu keiner Zeit bestanden. Der wichtige Flußübergang wurde allenfalls mit einer Schiffsbrücke bewältigt, normalerweise werden Fähren benutzt worden sein.
Vor dem Eingang zur ev Kirche sind zwei ehem in der Festungsmauer verbaute Säulen aufgestellt.

vS, Be

Ao: M Speyer, LfD Speyer
Lit: WHarster, MittHVP 13, 1888, 190 ff – EAnthes, 10. BerRGK 1917, 86 ff – GBersu, PfälzMus 45, 1928, 3 ff – HGropengießer, BadFundber 13, 1937, 117 f – WSchleiermacher, Germania 26 1942, 191 ff – GStein u WSchleiermacher, 49. BerRGK 1968, 85 ff – GStein, in: ThMaurer, Altrip, Porträt eines Dorfes, 1970, 24 ff

Alzey AZ

*Siedlung und spätantikes Kastell**
Abb 72, 98, 123, 136, 180

Über dem Selztal, oberhalb von Alzey, wurde auf einem sanften Ausläufer des Mehlberges etwa um Chr Geb eine röm Zivilsiedlung angelegt. Der Name dieses Vicus ist uns durch eine Inschrift bekannt, die in Zweitverwendung in der Mauer des spätantiken Kastells eingemauert war; es handelt sich um eine Weihung an die Nymphengottheiten. Sie nennt als Stifter die *vicani Altiaienses,* die den Altar am 22. November 223 nChr in einem Heiligtum aufstellten. Der röm Ortsname ist keltischen Ursprungs, und man kann wohl annehmen, daß die archäologisch bezeugte keltische Vorgängersiedlung am Ort »Altiaia« hieß.
Im Laufe des 1. JhnChr wächst der Vicus zu einer blühenden Siedlung heran und entwickelt sich neben Bad Kreuznach zu einem mittelstädtischen Zentrum im Hinterland der Provinzhauptstadt Mainz. Über das Aussehen des Vicus kann man wenig sagen, da seine Überreste lediglich unter dem Kastell, das nur einen kleinen Teil der Siedlung überdeckte, genauer erforscht werden konnten. Die wenigen Baubefunde sowie die Kleinfunde aus den Gräberfeldern und dem Vicusbereich lassen aber ebenso wie die aufgefundenen Architektur-, Inschriften- und Skulpturreste den Schluß zu, daß wir uns die röm Ansiedlung von ihrer Struktur und ihren öffentlichen Einrichtungen her als recht wohlhabende Kleinstadt vorzustellen haben. Die Germaneneinfälle um die Mitte des 3. Jh, denen das rechtsrheinische Provinzgebiet zum Opfer fällt, gingen auch an Alzey nicht spurlos vorüber, wie ein Münzschatz von 381 Münzen zeigt, der während dieses Zeitraums vergraben wurde.
Erst um 300 änderten sich die schwierigen Zeitläufte wieder zum Besseren. Im Vicus wurden villenartige Großbauten errichtet, die zeigen, daß die Bevölkerung dank stabilerer politischer Verhältnisse bereit war, wieder in größerem Rahmen zu investieren. Die friedvollen Zeiten nahmen aber im Jahre 352 nChr ein jähes Ende, als die Alamannen in breiter Front über den Fluß in linksrheinisches Gebiet einfielen. Alzey ging in Flammen auf und wurde dem Erdboden gleichge-

macht. Bei jeder bisher in Alzey durchgeführten Ausgrabung ist man auf die bis zT 1 m starke Brandschicht, die die Katastrophe nachhaltig verdeutlicht, gestoßen.

Die Siedlung bleibt nun als Trümmerfeld ca 16 bis 18 Jahre wüst liegen, bis zwischen 367 und 370 nChr über Teilen des Vicus ein spätröm Kastell errichtet wird. Der Grund für seine Erbauung an dieser Stelle ist in der Bedeckung des Selzüberganges und der damit zusammenhängenden Straßenkreuzung zu sehen, die wohl schon für die Anlage des Vicus eine Rolle spielten. Die Bauzeit des Kastells kann man aufgrund von 2 Münzen auf einem Bauhorizont des Kastells mit einem Prägedatum zwischen 367 und 375 nChr (Gratian, Gloria Novi Saeculi) und einer Erwähnung im Codex Theodosianus, die die Anwesenheit des Kaisers Valentinian I. in *Alteium* 370 nChr bezeugt, ziemlich genau eingrenzen. *Alteium* wurde im Zuge eines Festungsbauprogramms des Kaisers Valentinian I. entlang der Rhein-Donau-Grenze erbaut. In der näheren Umgebung wurden etwa zur gleichen Zeit die Kastelle Kreuznach, Altrip und Speyer errichtet.

Die im Fundament ca 3 m breiten Mauern umschließen eine Fläche von 163 × 159 m. 4 weit vorspringende Eck- und 10 Zwischentürme zeigen genau wie die beiden stark befestigten Tore, daß die Festung auf Verteidigung eingerichtet war. Die Mauer- und Turmhöhen sind zwischen 9 und 12 m zu veranschlagen. Der Innenhof des Kastells war nur spärlich bebaut. Die Kasernen lagen mehrstöckig im Windschatten der Wehrmauer, direkt an diese angebaut. Teile der SW-Kaserne und der SO-Eckturm können heute noch besichtigt werden. Vor dem Kastell zog sich in 11 m Entfernung ein Spitzgraben (B 8 m, T ca 3 m) entlang.

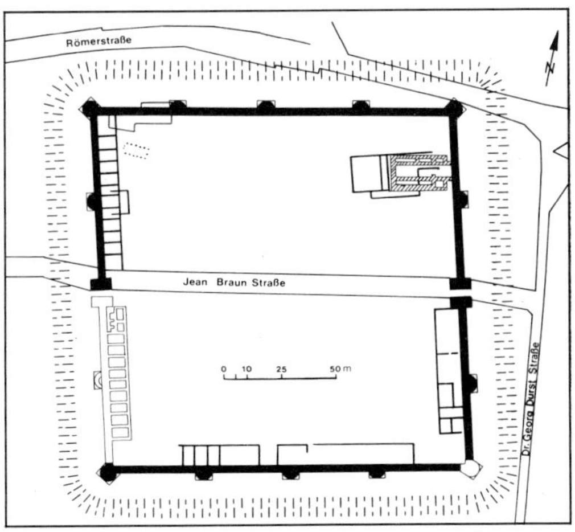

Abb. 180 Alzey. Das spätantike Kastell. Grundriß

Das valentinianische Lager wurde in den Wirren um 400 teilzerstört. Während die Außenmauern mehr oder weniger erhalten geblieben sind, brannten die Kasernen zT ab. Auch ein valentinianischer Brunnen wurde im oberen Teil zerstört. Als nach 406/407 die Rheingrenze wieder einigermaßen stabilisiert war, zog eine neue Truppe von stark ostgerm Einschlag in das Kastell ein, die die halbzerstörte Anlage ihren Bedürfnissen entsprechend umbaute. Teile der wohl zT verfallenen NW-Kaserne wurden im Bereich des Zwischenturmes völlig abgerissen, und hinter dem Turm errichtete man ein großes Fachwerkgebäude. Vor der Kaserne wurden weitere Fachwerkbauten hochgezogen, die mit röm Ziegeln gedeckt worden sind. Weiterhin wurde der zerstörte Brunnen wieder ausgehoben und die verfallene Brunnenfassung neu aufgesetzt. Auch der Wehrgraben wurde umgebaut. Statt eines V-förmigen Spitzgrabens hob man einen Sohlgraben (B ca 8 m) aus. Auch das O-Tor wurde zugemauert. Das Kastell unterschied sich während der zweiten Periode also wesentlich von der der ersten, besonders auch dadurch, daß der Innenhof jetzt recht intensiv, dafür aber unregelmäßig bebaut war.

Welcher Art und Nationalität die Truppe gewesen ist, die während der zweiten Bauphase in Alzey stationiert war, kann momentan nicht gesagt werden. Es ist nicht auszuschließen, daß es sich um Burgunder handelte, archäologisch läßt sich dies jedoch nicht nachweisen.

Um die Mitte des 5. Jh wurde das Kastell nach Ausweis der Befunde und Funde durch Brand zerstört, zu einem Zeitpunkt also, als die röm Epoche am Rhein endgültig zu Ende ging. Ol

Ao: M Alzey

Lit: 1750 Jahre Alzey. Festschrift, 1973, 11 ff – HBernhard, Alzeyer Geschichtsblätter 16, 1981, 123 ff – JOldenstein, 67. Ber RGk, 1986, 289 ff

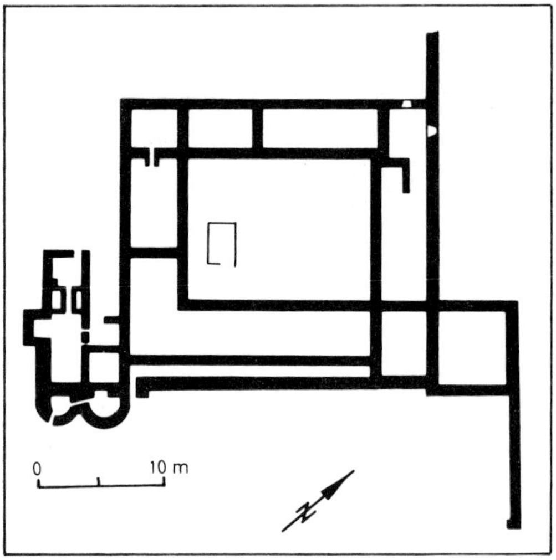

Abb. 181 Alzey-Dautenheim. Villa rustica. Grundriß

Alzey-Dautenheim AZ

Gutshof
Abb 181

Obwohl der röm Gutshof »In den Kirschkläuern« schon zu Beginn des Jh ausgegraben wurde, ist sein Grundriß auch heute noch der vollständigste in ganz Rheinhessen. Das Gebäude repräsentiert eine Variante des Portikus-Risalittyps, bei dem in der Frontseite eine Portikus zwischen zwei vorspringenden Ecktürmen sitzt. Der linke Eckturm wurde in diesem Fall zu einer Badeanlage ausgebaut. Ob der Innenhof überdacht war, bleibt fraglich, da die damit verbundene große Spannweite des Dachgebälks Konstruktionsschwierigkeiten mit sich gebracht hätte. Der Gutshof bestand mindestens in der Zeit des 2.–4. JhnChr. Curschmann zeigte, daß es neben diesem Gutshof noch zahlreiche andere Siedlungsstellen in der Dautenheimer Gemarkung (und nicht nur dort) gab. – Ein Modell des Hauptgebäudes steht im Museum Alzey. Ru

Ao: M Alzey
Lit: JCurschmann, MZ 17 – 19, 1921/24, 79 ff; 37/38, 1942/43, 69 ff – HBernhard, Alzeyer Geschichtsblätter 17, 1982, 25 ff

Andernach MYK

Kastell
Abb 82, 182, 183

Der Name des antiken Andernach, *Antunnacum,* wird auf dem Meilenanzeiger von Tongern, dem Itinerar des Antoninus, der Tabula Peutingeriana, bei Ammianus Marcellinus, der Notitia dignitatum und bei Venantius Fortunatus genannt. Es hat eine bedeutsame verkehrsgeographische Lage am N-Rand des Neuwieder Beckens. Hier bildet es den Kreuzungspunkt von Fernstraßen aus dem linksrheinischen Binnen-

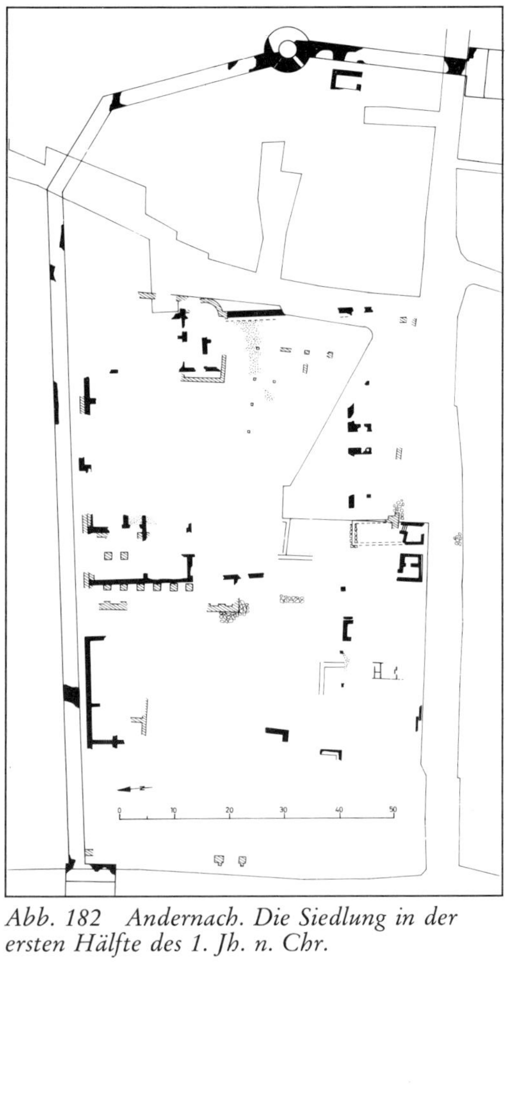

Abb. 182 Andernach. Die Siedlung in der ersten Hälfte des 1. Jh. n. Chr.

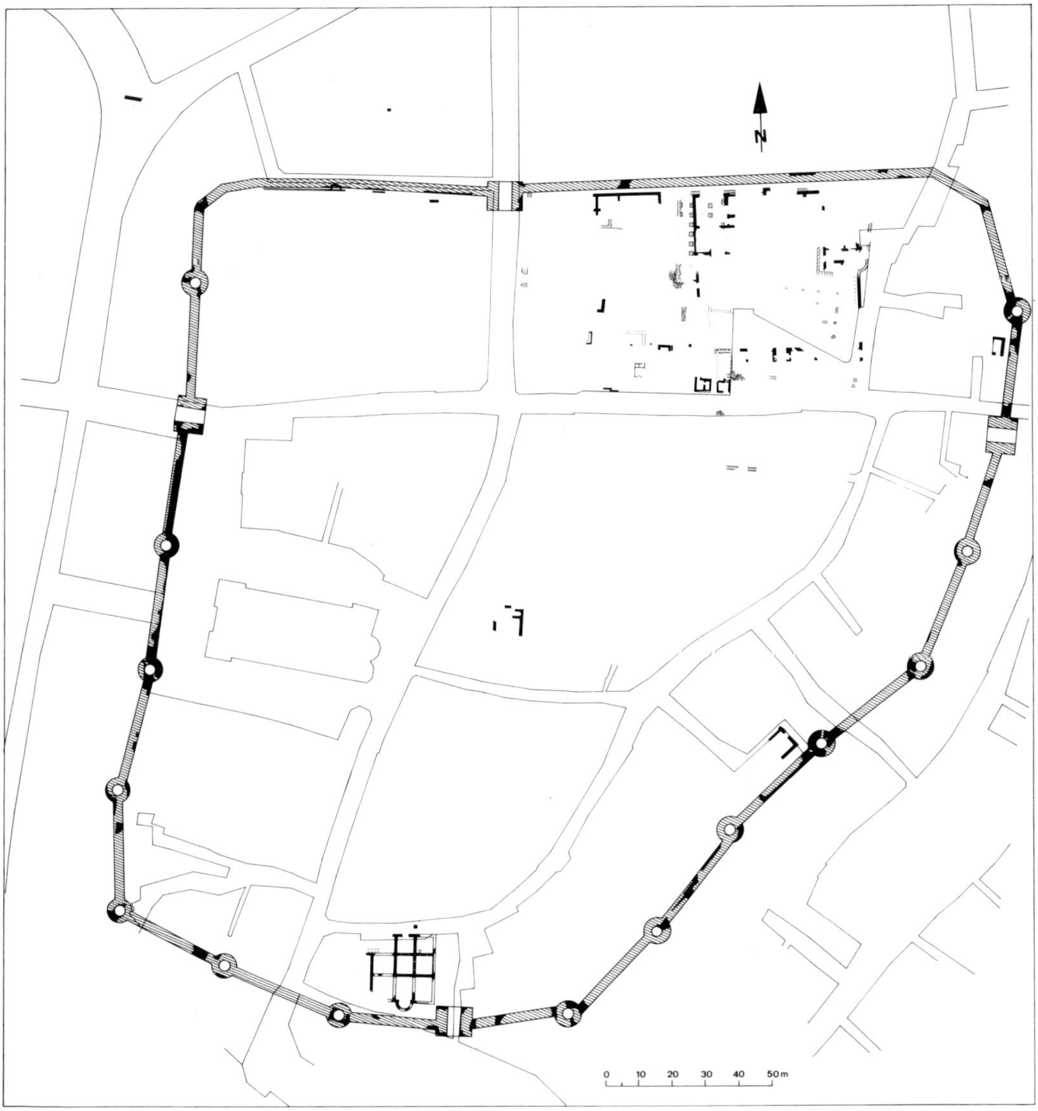

Abb. 183 Andernach. Das spätrömische Kastell. Grundriß

land (zB Mayen, Trier) mit der Rheintalstraße (Mainz – Köln). Seine größere Bedeutung entstand jedoch durch die Funktion als Verladehafen für die Gewerbegüter aus der Gegend um Mayen und der Pellenz (Mühlsteine, Töpfereiware, Tuffsteinmaterialien ua). Eine vorröm Siedlung ist aufgrund von Grabfunden belegt und wird durch den auch in röm Zeit noch gebräuchlichen keltischen Ortsnamen gestützt.

Zu dem frühröm Kastell gibt es bisher noch keine Grabungsbefunde. Sein Standort war wahrscheinlich auf dem hochwasserfreien »Hügelchen«, das O der spätröm Ortsbefestigung auf der höchsten Erhebung der Hochstr zu lokalisieren ist. Aufgrund des im Gräberfeld vor dem Burgtor gefundenen Grabsteines des Firmus war Andernach um die Mitte des 1. Jh von einer *Cohors Raetorum* besetzt. 2 von Angehörigen der Rheinflotte geweihte Altäre weisen auf eine Flottenstation hin.

Im Bereich W des »Hügelchens« am Merowinger Platz und an der Kreuzung Hochstr/Agrippastr wurden einige röm Siedlungsfunde gemacht, die offensichtlich zu einem ausgedehnten Vicus in spättiberisch-claudischer Zeit zu rechnen sind. Mit seinem W-Teil liegt er im Bereich eines alten, bereits in vorgeschichtlicher Zeit verlandeten Rheinarmes, der eine erheblich ins Land reichende Bucht bildete. Hier wird der röm Hafen vermutet (Röder), dessen Becken gegenüber dem Siedlungsgelände in spätröm Zeit durch eine Kaimauer abgegrenzt war. Mit der Anlage des rechtsrheinischen Limes verlor Andernach seine militärische Bedeutung.

Der Vicus bestand weiter und gewann hohe wirtschaftliche Bedeutung, insbesondere als Stapel- und Umschlagplatz am Rheinstrom, als der wichtigsten Verkehrsverbindung von Hochrhein und Niederrhein. Dies wird vermutlich auch der Grund sein, warum die spätantike Befestigung nicht auf dem Hügelchen, sondern unmittelbar am Hafen angelegt wurde, obgleich diese Region stark hochwassergefährdet auf dem Gelände des früh- und mittelkaiserzeitlichen Vicus des zT verlandeten Rheinarmes und auf angeschüttetem Boden errichtet wurde.

Die wehrhafte Mauer des Kastells war dem Gelände stark angepaßt und umfaßte einen Raum von etwa 5,6 ha. Die an den Außenflächen mit Grauwackesteinen verblendete Mauer (B 3 m) hat sich an vielen Stellen vorzüglich, zT 4 – 5 m hoch erhalten, da sie streckenweise auch während des MA weiter benutzt wurde. Von einem Graben wurden bisher noch keine Reste ermittelt. Die kreisrunden, zu gleichen Teilen außen und innen über die Stadtmauer vorspringenden Türme haben außen 8 m, innen 3,5 m Durchmesser. Bisweilen sind sie nach außen bzw von innen mit Schlupfpforten versehen. Die Abstände zwischen den Türmen betragen im Lichten 30 m. Die Rheinfront (L 240 m) hat keine Türme. Nach dem ergänzten Plan besaß das Kastell nach N, S, O und W je ein Tor. Nur das W-Tor konnte von Lehner untersucht werden, es hatte nur einen Durchgang (B 4 m), wie dies bei den meisten der vergleichbaren antiken Anlagen üblich war. Er war von 2 massiven, rechteckig nach außen und innen vorspringenden Torwangen bekannt. Die Rheinuferstraße führte durch das Kastell hindurch. Der Kreuzungspunkt mit der von über Mayen führenden Fernstraße lag im Innern der Stadt. Vermutlich ist die Stadtbefestigung kurz nach dem Fall des Limes wieder verstärkt worden, eine gründliche Erneuerung dieser Befestigung hat durch Julian stattgefunden. Ohne neuere Grabungsergebnisse ist jedoch eine genaue Datierung kaum zu erhoffen. Als Folge des Vandaleneinbruches von Ende 406 wurden die verschont gebliebenen Grenztruppen von ihren Garnisonsorten Boppard, Koblenz und Andernach abgezogen.

Andernach gilt als ein typisches Beispiel für die Besiedlungskontinuität aus röm Zeit bis zum frühen MA. Venantius Fortunatus, der um 565 auf seiner Rhein- und Moselreise den Ort besucht hat, erwähnt ausdrücklich die starke Befestigung des Kastells. We

Ao: RLM Bonn, Stadtm Andernach

Lit: HLehner, BJb 107, 1901, 1 ff – Anthes, Ber RGK 10, 1917, 96 ff – KBöhner, TZ 19, 1950, 90 ff – KZimmermann, Rhein Vierteljbl 25, 1960, 207 ff – JRöder, Germania 39, 1961, 208 ff – HvPetrikovits, Journal of Roman Studies 61, 1971, 178 ff mit weit Lit – GStein, SJ 19, 1961, 8 ff – H-HWegner, Führer zu arch Denkmälern in Deutschland 12, 1986, 101 – ders, Berichte zur Archäologie an Mittelrhein und Mosel 1, 1987, 217 ff – KSchäfer, Antunnacum, in FJHeyen (Hrsg), Andernach, Geschichte einer rheinischen Stadt, 1988 17 ff

Andernach-Kell MYK

Altar für Apoll und die Nymphen
Abb 184

Der Weihestein (H 84 cm) wurde bei Ausschachtungsarbeiten zur Vergrößerung des Lagerschuppens des Mineralbrunnens Bad Tönisstein entdeckt, freigelegt und geborgen. Er besteht aus Brohler Tuff. Seine Inschrift lautet: *Nimphis et*

Abb. 184 Andernach-Kell. Altar für Apoll und die Nymphen

A(p)/ollini sacr(u)/(m) Iunis Flav(i)/us c(enturio) coh(ortis) I Civium Romanoru/m v(otum) s(olvit) l(ibens) m(erito). (Den Nymphen und Apoll geweiht. Junius Flavius, Centurio der I. Kohorte römischer Bürger [hat den Stein gesetzt und damit] sein Gelübde freudig und nach Verdienst erfüllt).

Der Stein hat eine Parallele: die bereits 1886 am gleichen Ort aufgefundene Weihung für dieselbe Gottheit. Er ist ein weiteres Zeugnis dafür, daß die Quelle in röm Zeit eine gewisse Bedeutung hatte. Die Weihung dürfte in das letzte Drittel des 1. JhnChr zu datieren sein. In dieser Zeit arbeitete eine Abordnung der Kohorte in den nahegelegenen Steinbrüchen im Brohltal. We

Ao: LfD Koblenz
Lit: HEiden 44 ff

Andernach-Miesenheim MYK

*Grabkammer**
Abb 185

Im Frühsommer 1968 wurde durch Bimsabbau ein röm Gebäude halb zerstört. Die Fundstelle liegt am O-Hang der Netteniederung in der Nähe des Hofgutes Nettehammer, in dessen Nahbereich während der Römerzeit eine ausgedehnte Gutshofanlage bestanden hat. Zu ihr gehörte offenbar auch dieser Quaderbau. Erhalten waren die Fundamentlage und die untersten Steine des aufgehenden Mauerwerkes eines in den Hang einschneidenden kleinen Rechteckbaus (3,6 × 3,1m) mit vorgezogenem seitlich angeordnetem Eingang. Die Außenmauern bestehen aus Tuffsteinquadern (B 40 cm) verschiedener Länge, die in einzelnen Lagen verlegt und mit Eisenklammern miteinander verbunden waren. Hervorzuheben ist die äußerst sorgfältige und präzise Steinmetzarbeit, die bei Nutzbauten in ländlichen Bereichen nicht häufig anzutreffen ist.

Das Gebäude hat nach Ausweis der im Innern angetroffenen Kleinfunde in der zweiten Hälfte des 1. JhnChr bestanden und ist durch Brandeinwirkung zerstört worden. Eine eindeutige Zweckbestimmung ist vom Befund her nicht zu erschließen. Der Grundriß und die Befunde im Innern deuten auf die Nutzung als Vorratskeller. Doch spricht die aufwendige Bauweise und die Lage abseits vom Wohnbereich in einer Hanglage eher für einen Grabbau oder ein kultischen Zwecken dienendes Gebäude.

Der Bau wurde geborgen und vor dem Eingang des Eifelmuseums in Mayen wieder aufgerichtet. We

Ao: LfD Koblenz
Lit: HEiden 59 ff

Annweiler SÜW

Spätrömische Höhensiedlung Trifels
Abb 186

Die bereits in der vorröm Eisenzeit besiedelte Höhenkuppe zeigt auch Siedlungsspuren der späten röm Kaiserzeit. Jedoch sind durch den Bau

Abb. 185 Andernach-Miesenheim. Grabkammer. 1. Jh. n. Chr. Wieder aufgerichtet vor dem Eifelmuseum in Mayen

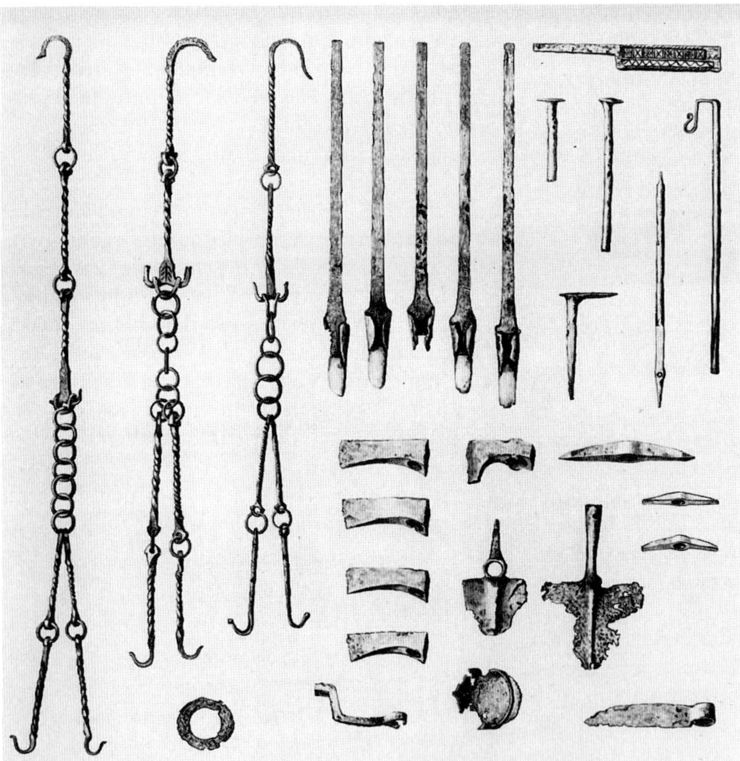

Abb. 186 Annweiler. Depotfund vom Trifels (n. Sprater)

der salisch/staufischen Reichsburg alle diese Bauspuren und eine evtl Befestigung zerstört worden, so daß nur noch Funde wie Scherben oder Münzen Hinweise geben können. 1937/38 wurde vor der Ringmauer der Hauptburg auf der N-Seite ein Depotfund mit Kesselhaken, Äxten, Hacke, Schaufel, Nabenringen, Deichselnägeln, Hufschuh, Stäben mit Schaftlappen, Amboßeinsatz und weiteren Eisenteilen geborgen. Die Funde gingen im 2. Weltkrieg verloren.
Bei der Anlage eines Parkplatzes unterhalb des Burgfelsens wurden einige Brandgräber (?) des 4. Jh zerstört. Der Bestattungsplatz deutet auf eine Dauersiedlung mit Bezug auf eine Römerstraße. Der Depotfund, der von seinen Besitzern nicht mehr geborgen werden konnte, gibt Hinweise auf eine unfreiwillige Auflassung der Siedlung im Zusammenhang mit den Germaneneinfällen um die Mitte des 4. Jh Be
Lit: FSprater, in: Festschrift Oxé, 1938, 207 ff – EChristmann, Pfälzer Heimat 11, 1960, 41 ff – HBernhard, MittHVP 79, 1981, 47 f

Abb. 187 Armsheim. Beigaben eines latènezeitlichen Brandgrabs

Armsheim AZ

Amphorengrab
Abb 187

Bei Ausschachtungsarbeiten für die neue Sporthalle am Ortsausgang nach Schimsheim wurde 1957 ein latènezeitliches Brandgrab vom Ende des 2. JhvChr gefunden. In dem Grab befand sich auch eine röm Amphore. Sie belegt die weitreichenden Handelsbeziehungen röm Weinproduzenten und Kaufleute schon zu dieser frühen Zeit. Ru
Ao: M Alzey
Lit: BStümpel, MZ 54, 1959, 50 f

Aspisheim MZ

Badebecken
Abb 188

Der Abbruch einer längs der ev Kirche verlaufenden Mauer führte 1984 zur Entdeckung eines halbrunden Wasserbeckens einer röm Badeanlage, die zu einem noch unbekannten Gutshof gehört haben muß. Das Becken (Dm ca 1,70 m, T 0,70 m) konnte über eine Stufe betreten werden. Ein Wasserabfluß in Form eines Bleirohres befand sich am Beckenboden, der dazugehörige Zufluß konnte jedoch nicht entdeckt werden. Mehr-

Abb. 188 Aspisheim. Halbrundes Wasserbecken einer Badeanlage. Grabungsfoto

schichtiger *opus-signinum*-Mörtel kleidete das ganze Becken aus. Streufunde weisen den Befund ins 3. JhnChr.
Am Fundort ist heute eine Marmortafel mit entsprechendem Hinweis angebracht. Ru

Auen KH

Siedlungsfunde
Abb 189

Die Gemarkung Auen ist ein typisches Beispiel dafür, wie ein anscheinend fundleeres Gebiet dank der Aufmerksamkeit einer Person innerhalb weniger Jahre als weißer Fleck von der archäologischen Fundkarte verschwand. Bisher sind röm Wasserleitungen sowie andere Siedlungsspuren bekannt geworden. Hier sei nur der Stempel auf einem Reibschüsselbruchstück vorgestellt. Der Stempel *MERC* könnte analog zu einem in Frankreich gefundenen Exemplar zu *Mercullo F(ecit)* ergänzt werden und dürfte damit gallischer Produktion entstammen: Ein gutes Beispiel des weiträumigen Warenverkehrs in röm Zeit. Ru

Ao: Privatbesitz
Lit: BStümpel, MZ 76, 1981, 169

Abb. 189 Auen. Töpferstempel MERC

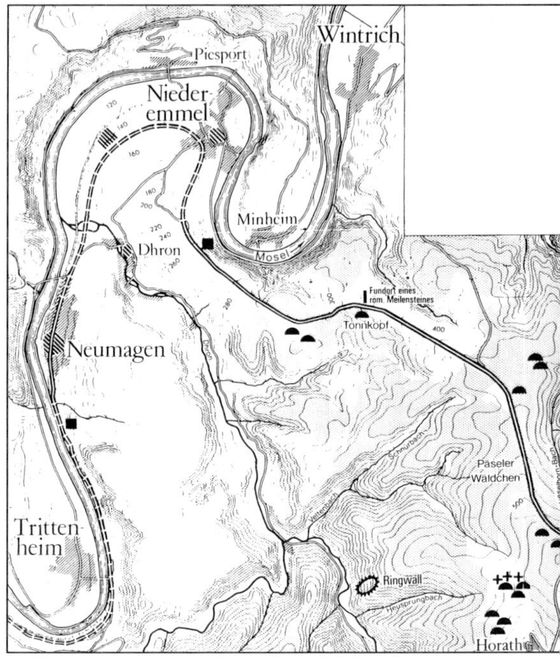

Ausoniusstraße*

Abb 190, 191

Ausonius beschreibt in seiner »Mosella«, einem Loblied auf die gesegnete Landschaft und den fischreichen Fluß, sehr anschaulich den Straßenzug, den er nach Beteiligung an einem Feldzug gegen die Alamannen von Mainz aus nach Trier benutzt.
»Überquert hatte ich die schnelle Nahe – Nebel lag über dem Wasser –, nachdem ich die neuen Stadtmauern für das alte Bingen (Vingum) bewundert . . . Von da reise ich in einsamer Fahrt durch unwirtliche Wälder, ohne Spuren menschlicher Zivilisation zu sehen, und passiere das ausgedörrte Kirchberg (Dumissus), wo die Erde dürstet, dann das von nie versiegender Quelle bewässerte Tabernae und die Äcker, die kürzlich sarmatischen Siedlern zugewiesen wurden. Dann endlich erblicke ich am Rande des Landes der Belgen Neumagen (*Noviomagus*), das berühmte Kastell des verewigten Konstantin. Reiner liegt hie die

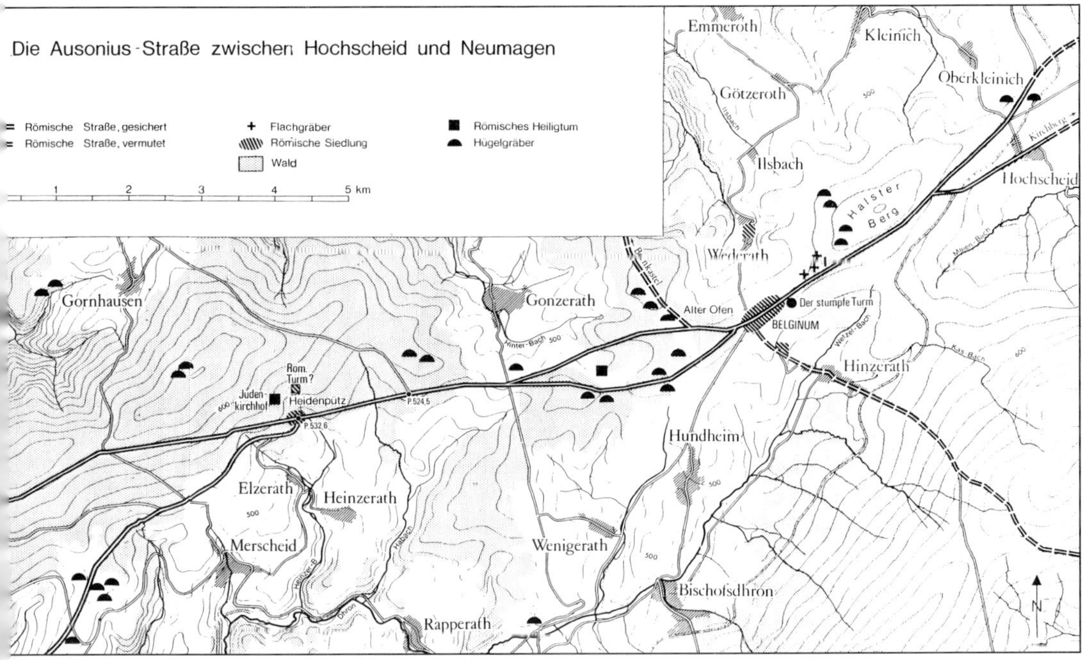

Abb. 190 Ausoniusstraße zwischen Hochscheid und Neumagen

Abb. 191 Ausoniusstraße beim Weinplatz

Luft auf den Feldern, und wolkenlos eröffnet die Sonne mit heiterem Licht das blaue Firmament; nicht mehr muß man durch wie gefesselt miteinander verflochtene Äste den Himmel suchen, den das Waldesdunkel ausschließt.«
Die wichtige Reichsstraße ist ebenfalls auf der Peutingerschen Karte vermerkt (5. JhnChr) mit Angabe der Einzelentfernungen zwischen den verschiedenen Stationen. Ihre Anfänge reichen bis in vorröm Zeit zurück, wie vorgeschichtliche Gräberfelder besonders bei → Horath und der Kultbering bei → Elzerath wahrscheinlich machen.
Von den Hunsrückhöhen führt die Straße mit sanftem Gefälle bei Niederemmel in das tief eingeschnittene Moseltal, um alsbald über die Dhron nach Neumagen zu ziehen. Die steil ansteigenden Berge auf der Gegenseite des Flusses umschließen wie das Rund eines Amphitheaters eine weite Moselschleife.
Mit dem Bau der Provinzialstraße – Hunsrückhöhenstraße wurde die Trasse der Römerstraße auf weite Strecken verändert, der Unterbau zerstört. Ein eindrucksvolles Stück ist noch von der Abzweigung Horath bis zur Abzweigung Kempfeld-Gornhausen unverändert erhalten. Von breiten Materialgräben bergseitig begleitet, ist der geradlinige Straßenzug dammartig überhöht, so daß er auf natürliche Weise vor Regenüberschwemmung und Schneeverwehung geschützt war. Cü

Lit: WBinsfeld, FVFD 34, 1977, 202 ff

Bacharach MZ

*Straße**
Abb 192

Neben der Schloßbergstr, am Hang des Kühlberges, ist ein Straßenabschnitt (L ca 50 m) zu sehen, der in seinem Ursprung röm ist. Hier befand sich der steile Anstieg einer der von der röm Rheintalstraße auf den Hunsrück hinaufführenden Verkehrsadern. In ihrem weiteren Verlauf stieß diese Strecke bei Rheinböllen auf die Hunsrückhöhenstraße (→ Ausoniusstraße). Deutlich haben sich die im Laufe der Zeit immer tiefer in den Fels geschliffenen Radspuren erhalten. In diesem Abschnitt weist die Straße eine Steigung von 10,6% auf; die Spurbreite beträgt 1,30 m Ru

Abb. 192 Bacharach. Römische Straße mit Radspuren

Bad Bertrich COC

Römisches Thermalbad
Abb 193

Reste der antiken Badeanlage wurden verschiedentlich im Bereich des Kurhauses beobachtet. Die Quellstrecke war – dies kam anläßlich einer Verbesserung der Wasserführung zutage – auf mehrere Meter Dicke innerhalb des felsigen Kamins mit einem Estrich versiegelt, in welchem die bleiernen Steigleitungen das Wasser direkt den Badebereichen zuführten. Hierdurch war gewährleistet, daß der Wasserauswurf gegen jegliche Schmutzimmissionen, besonders wohl auch bei Hochwasser des Üssbachs, geschützt war. Gleichzeitig wurde erreicht, daß sich in den oberen klüftigen Gesteinen keine Nebenvorbrüche bilden konnten, die den unkontrollierten Verlust an dem kostbaren Naß nach sich gezogen hätten. Architekturreste, Säulen und Mauerwerk, die auf Tempelbauten weisen, wurden bei der kath und ev Kirche beobachtet. Ein weiterer Kultbau ist W

auf der Höhe vermutet worden (Weihealtar), während in der Flur »Kuheck« eine weitere Kultstätte vermutet wird. Beidseits der Straße nach Üss lassen Baureste auf eine Ansiedlung schließen, die in Verbindung mit den anderen Fundstellen einen größeren Vicus und Kurort erschließen läßt, auch wenn oberirdisch keinerlei Bauereste röm Zeit mehr sichtbar sind.
An der Gemeindegrenze nach Hontheim wurde ein Münzschatz geborgen, der in die Zeit um 273 nChr datiert. Ein weiterer Münzschatzfund von 1478 Münzen, fast ausschließlich sog Folles (geprägt 294–346 nChr), kam 1976 zutage.
Eine zierliche Marmordarstellung der Diana mit Jagdhunden weist auf ein entsprechendes Heiligtum der Jagd- und Waldgöttin hin. Cü
Lit: BJb 85, 1888, 6 f Karte auf Taf II; 145, 1940, 196; 146, 1941, 211 L – Die Kunstdenkm d Rheinprov, Lkr Cochem 1, 1959, 73 – Rhein Kunststätten, [2]1981, Nr 184, 4 f

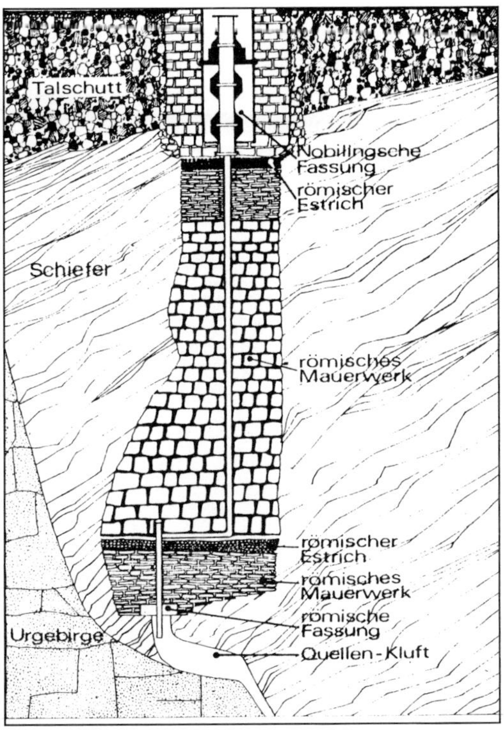

Abb. 193 Bad Bertrich. Römische Quellfassung. Schnitt

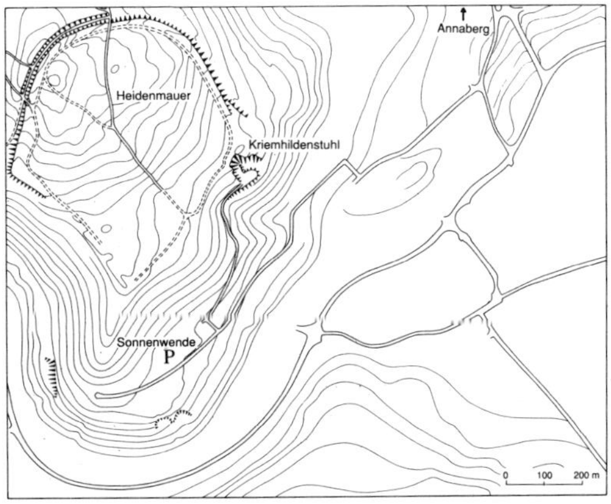

Abb. 194 Bad Dürkheim. Kriemhildenstuhl. Lageplan

Bad Dürkheim DÜW

*Steinbruch**
Abb 163, 194, 195

Der röm Steinbruch »Kriemhildenstuhl« liegt im N der Stadt fast an der Plateaukante des Heidenberges. Man erreicht ihn zu Fuß durch das Klinikum Sonnenwende. Die Fundstelle ist seit dem MA bekannt und wurde daher mit der Sagenwelt des Nibelungenliedes in Verbindung gebracht.
Ausgrabungen fanden 1884, 1893/94, 1916/17, 1934/35 und 1937–1939 statt und zeigen einen nahezu völlig von Schutt freigeräumten röm Steinbruch, wie er in dieser Gestalt in der Antike niemals bestanden hat. Er liegt ca 150 m über der Talaue, was für den Transport von Steinblöcken zu Wasser und auf der Straße gewisse Probleme brachte. Die Anlage eines Steinbruches in der Höhe ist wohl damit zu begründen, daß der röm Steinhauer dort die Lagerung und Güte des Sandsteines ohne große Erdabdeckungen begutachten konnte. Im unteren Bereich ist der Buntsandstein mit Erdmassen überlagert. Die Freilegungen der 30er Jahre lassen die einzelnen Abbauphasen gut erkennen.
Nach den Untersuchungen von F. Röder hat der Steinbruch um 200 nChr nur kurze Zeit bestanden. Die Gesamtmenge bewegten Steines betrug etwa 20 000 m^3, wovon ca 10 000 m^3 als Bauqua-

der abtransportiert wurden. Diese Menge reichte allenfalls zur Errichtung eines Baues, etwa eines Tores in Mainz. Die noch gut erkennbaren Schrotrillen zeigen, daß überwiegend Blöcke (L 1,20–3 m, B 0,6–1,4 m, H ca 0,60 m) gewonnen wurden. Wie roh bossierte Halbfertigfabrikate zeigen, wurden vereinzelt auch Kapitelle und runde Werkstücke (Säulenbasen?) ausgearbeitet. Meist wurden jedoch aus dem Kriemhildenstuhl Quader gewonnen. Die unterste, erste Abbauebene ist heute unter dem Ausgrabungsschutt verborgen. War eine Ebene mit mehreren Arbeitsköpfen (jeweils in Benutzung befindlicher Arbeitsbereich) erschöpft, wurde die höher gelegene Ebene begonnen und die alte mit Schutt der zweiten verfüllt. Einzelne Arbeitsköpfe befinden sich heute in ca 25 m Höhe, so daß das Abwerfen von Blöcken mit großem Bruchrisiko verbunden war, falls keine Schuttablagerung die Fallhöhe verringert hat. Die Steinblöcke wurden zunächst mit Schrothämmern an zwei Seiten von der Felswand freigehauen und dann mit Setzkeilen von der Unterseite her abgelöst. Die entsprechenden Geräte wurden bei den Grabungen gefunden. Der Transport ins Tal erfolgte mit Rutschen und Rollen. Die Transporttrasse läßt sich am Hang unschwer erkennen.

Neben der Studienmöglichkeit für röm Steinbruchtechnik verdient der Kriemhildenstuhl wegen seiner Felsinschriften und -zeichen besonderes Interesse. Unter den Inschriften befinden sich Namen von Personen zT mit Angabe der Dienststellung, Bezeichnungen von Militäreinheiten, Anweisungen für den Betriebsablauf, Weihungen an Götter und das Kaiserhaus, eine Gedächtnisinschrift an einen Verstorbenen. Folgende Inschrift-Beispiele seien aufgeführt: *(angulus) Aici* (Arbeitskopf des Aicus); *ob m(emoriam) Da(tivi) Pr(o)c(uli) S(igniferis)* (zum Gedächtnis an den Signumträger Dativus Proculus); *(H)ostili Geniali/ angulus Quin(ti)/ Purpurionis* (aus der Abteilung des Hostilius Genialis wird dem Purpurionis der Arbeitskopf des Quintus zugewiesen); *(angulus) Septimini VI id Aug* (Arbeitskopf des Septiminus am 8. August übergeben); *Vog(e)llin(us) P(e)rpet(uus) Leg(io) XXII P(ia)* (Vogellinus Perpetuus, Angehöriger der XXII. Legion); *Natalis m(iles) l(egionis) XXII p(iae) f(idelis)* (Natalis, Soldat der XXII. Legion, der getreuen und rechtschaffenen); *I(ovi) o(ptimo) m(aximo)/et Genio/ I(m)peratore/Luc(io) Septimo/ Severo vex(i)l(latio) l(egionis) XXII p(iae) f(idelis)* (Dem größten und besten Jupiter und Genius des Imperators Lucius Septimius Severus durch das Fähnlein der XXII. Legion, der getreuen und rechtschaffenen, geweiht).

Abb. 195 Bad Dürkheim. Kriemhildenstuhl. Inschriften des Gettonius, Ursus und Dossus

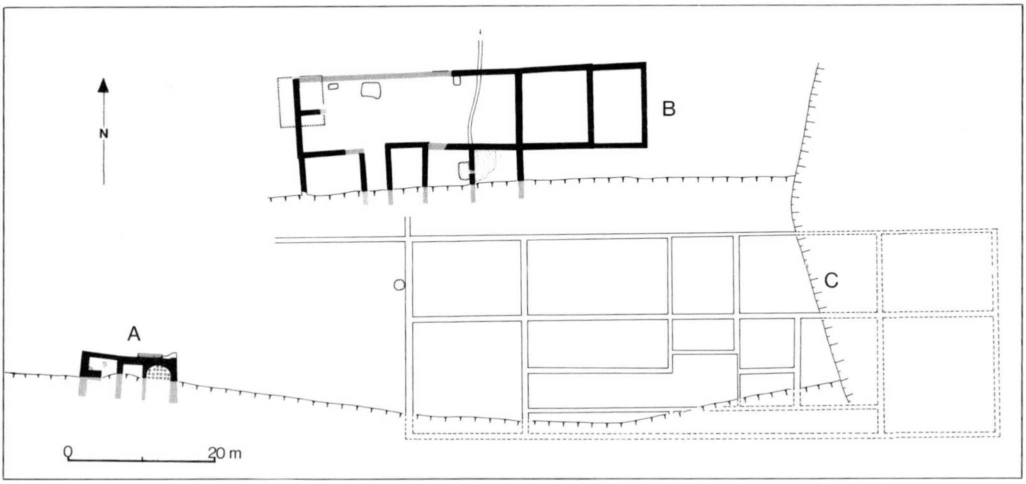

Abb. 196 Bad Dürkheim. Herrenhaus eines Landguts. Grundriß. (A) Badegebäude, (B) Bau 2. Jh., (C) Bau 4. Jh.

Die Auswahl der Inschriften zeigt, daß der Steinbruch von der in Mainz stationierten 22. Legion genutzt wurde. Es gibt keine Hinweise, daß der Kriemhildenstuhl schon seit dem 1. JhnChr in Benutzung stand. Vielmehr wurde er für eine ganz bestimmte Bautätigkeit und innerhalb kurzer Zeit um 200 nChr ausgebeutet.
Unter den figürlichen Darstellungen sind Köpfe, Phallus und Vulva, Menschen, Tiere, Radzeichen, ein Hakenkreuz zu vermerken. Gerade die Radzeichen spielten in den 30er Jahren für die Entdeckung des Kriemhildenstuhles als vermeintliches germ Heiligtum eine besondere Rolle. Auch wenn heute nicht alle Zeichen in ihrer Bedeutung erklärt werden können, so lassen sich die meisten durchaus mit der Organisation des Steinbruchbetriebes und mit der Vorstellungswelt der Arbeiter in Verbindung bringen.
Der Kriemhildenstuhl ist keineswegs der einzige röm Steinbruch in der Region. Röm Steingewinnung ist ferner am Brunhildisstuhl wenig unterhalb des Kriemhildenstuhles zu vermuten, im Kallstädter Tälchen und am Weilerkopf nachweisbar. Be

Ao: M Bad Dürkheim

Lit: HNesselhauf, 27. BerRGK 1937, 73 f – FSprater, Limburg und Kriemhildenstuhl, 1948, 39 ff – HNaumann, MittHVP 63, 1965, 34 ff – JRöder, ebda 67, 1969, 110 ff

Landgut

Abb 196

1979 wurde bei Flurbereinigungsmaßnahmen »Am Annaberg« eine ausgedehnte Siedlungsstelle ausgegraben. Bereits 1875 und 1883 waren bei Rodungsarbeiten Mauerreste angetroffen worden, aus denen angeblich eine Inschrift der in Mainz stationierten 14. Legion stammen soll. Durch die Anlage von Weinberg-Terrassen im 19. Jh waren die Fassaden der einzelnen Gebäude völlig abgetragen worden. Der röm Gutshof liegt am oberen Drittel eines flachen Tales, das im O von den Höhenzügen des Michel- und Spielberges und im W vom Gebirgsrand begrenzt wird. Über Holzbauten der Zeit um 100 nChr wurde zu Beginn des 2. Jh ein Herrenhaus (L 30 m) in Stein errichtet (B).
Da die Eingangsfront bei der Anlage von Weinbergen abgetragen wurde, läßt sich der Bautypus des Herrenhauses nicht mehr genau erkennen. Sicherlich handelte es sich um das übliche Schema mit seitlichen Risaliten und Portikus (Säulengang). Bis zur Mitte des 4. Jh wurden im O zwei größere Räume ausgebaut. Ein Quellhorizont im N des Gebäudes wurde durch eine Rinne aus Sandstein zur Frischwasserversorgung genutzt. Von den freigelegten Räumen war ein Zimmer mit Hypokaustheizung ausgestattet.

Unterhalb des Herrenhauses lag ein separates Badegebäude (L 13 m), das nur noch zu einem Drittel erhalten war (A). Freigelegt wurde ein halbrundes, durch Hypokaust heizbares Badebecken *(caldarium)*, an das im W 2 weitere Räume anschlossen, die offenbar als Laubad *(tepidarium)* und Kaltbad *(frigidarium)* dienten. Abwasser wurde mittels einer Rinnenleitung auf der N-Seite des Bades abgeleitet. Nach Ausweis der Funde wurde das Hauptgebäude B um die Mitte des 4. Jh zerstört oder aufgelassen.
In der zweiten Hälfte des 4. Jh wurde wenig unterhalb deshalb ein Neubau errichtet, der noch auf 60 m Länge anhand völlig ausgebrochener Fundamentgruben nachgewiesen werden konnte (C). Aus Gründen der Symmetrie war er wohl ca 80 m lang und mit der Frontseite wie Bau B nach S gerichtet. Von sicher vorauszusetzenden Nebengebäuden konnte nur eine kleine Trümmerstelle oberhalb Bau B nachgewiesen werden. Ein zugehöriges Gräberfeld muß oberhalb des Gutshofes im Bereich der Leistadter Ziegelhütte gelegen haben. Von dort stammen die Beigaben einiger Brandgräber der Zeit um 100 nChr.

Unter den Funden aus dem Villenbereich verdienen Bruchstücke von ornamental und figürlich verzierten Glasschliffschalen Kölner Produktion Beachtung. Gefäße solcher Güte finden sich vornehmlich in städtischem und selten in ländlichem Milieu. In die Zeit des großen Villenneubaus gehört die Beschlagplatte eines breiten Militärgürtels, ein Hinweis auf die militärische Prägung auch des flachen Landes im späten 4. Jh. Die Reste des Herrenhauses wurden bei der Flurbereinigung völlig beseitigt. Bei einem modernen Laufbrunnen in der Nähe der Stelle sind Rinnen der röm Wasserleitung verwendet worden. Be

Ao: M Bad Dürkheim, LfD Speyer

Lit: FSprater, Limburg und Kriemhildenstuhl, 1948, 43, 49 – HBernhard, SaalbJb 37, 1981, 66 ff

*Spätrömische Bergbefestigung Drachenfels**
Abb 197

An der Römerstraße, die bei Bad Dürkheim in das Gebirge eintritt und an der Höhensiedlung → Limburg Bad Dürkheim-Ungstein vorbei-

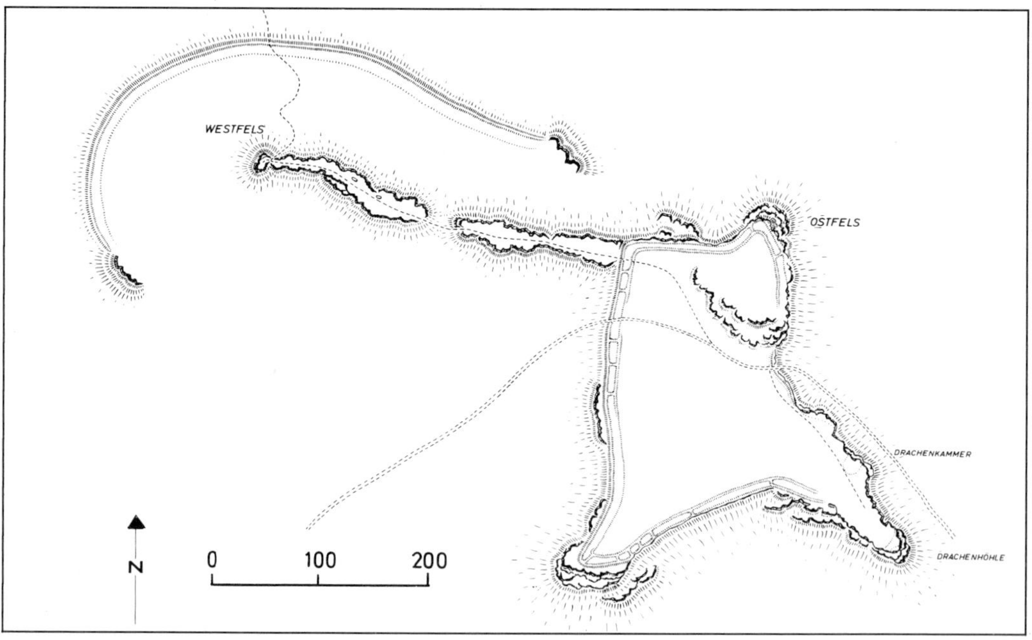

Abb. 197 Bad Dürkheim. Spätrömische Bergbefestigung Drachenfels. Lageplan

zieht, liegt eine weitere ausgedehnte Befestigung. Zu erreichen sind die eindrucksvollen Reste der Siedlung vom Bad Dürkheimer Tal aus über das Forsthaus Saupferch.
Das Plateau des Drachenfelses beschreibt ein Rechteck mit eingezogenen Seiten, das an den Ecken durch Felsformationen und Steilabfällen natürlich geschützt ist. Der Drachenfels (570 m üNN) überragt die Umgebung und ist auch deshalb als Befestigung gut geeignet. Unterhalb des langgezogenen W-Felsens zieht in Bogenform ein Wall, dessen zeitliche Zugehörigkeit zur spätröm Anlage nicht gesichert ist. Er kann zu einer vorgeschichtlichen Siedlung gehören. Die Befestigungsreste auf dem Plateau sind am besten im S und W zu erkennen. Ein Doppelwall mit vereinzelt sichtbaren Quermauern deutet auf eine kasemattenartige Anlage der Wehrmauer. Offenbar waren Räume direkt in den ballistisch toten Winkel hinter der Frontmauer angebaut. Die Innenfläche (ca 5 ha) war sicherlich nur zT bebaut. Offenbar gehört die Anlage zu der Gruppe der um 352 nChr aufgelassenen Höhensiedlungen. Im Tal S der Befestigung verläuft die Römerstraße von Bad Dürkheim zur → »Heidelsburg« bei Waldfischbach. Be

Lit: MittHVP 6, 1877, 45 – FSprater, Die Pfalz unter den Römern 1, 1929, 71 f – FMRD IV 2, 2225 – HBernhard, MittHVP 79, 1981, 49 f – Fundberichte aus der Pfalz 1966–1970, MittHVP 81, 1983, 12

Abb. 198 Bad Dürkheim-Ungstein. Landgut »Weilberg« (A), Burgus (B), Gräberfeld (C). Lageplan

Bad Dürkheim-Ungstein DÜW

*Landgut**
Abb 156, 198-200

Die konservierten und teilweise ergänzten Mauerreste des röm Landgutes »Weilberg« liegen in den Weinbergen N des Ortes. Von weitem schon ist das rote Ziegeldach eines Schutzbaus über einem antiken Kelterhaus zu erkennen.
In der archäologischen Forschung ist die Fundstelle seit dem 19. Jh bekannt, der Hang wird aber schon 1309 »zu wile« genannt. Unzweifelhaft verbirgt sich darin das Wort villare als Bezeichnung für eine Besiedlung, also für die untergegangene Villa.
Die Anlage von Weinbergmauern im 18./19. Jh nahm auf den Grundriß des Herrenhauses Rücksicht. Der ausgedehnten Trümmerstelle wurden Mauern vorgeblendet und die Gebäudereste hoch mit Erde überdeckt, so daß die Mauerreste bis heute erstaunlich gut erhalten blieben. Bei der Rebflurbereinigung wurde die Anlage 1981 erfaßt und mußte ausgegraben werden. Die Ausdehnung der gesamten Gutshofanlage (7,5 ha) – Herrenhaus und Wirtschaftsgebäude – erlaubte nur eine teilweise Freilegung. Teile des ausgedehnten Herrenhauses sind heute unter einer Grünanlage erhalten. Im Villenbereich sind Spuren einer spätkeltischen Siedlung (etwa bis 50 vChr) festgestellt worden. Die röm Besiedlung beginnt um 20/30 nChr. Damals wurden Holzbauten errichtet, de-

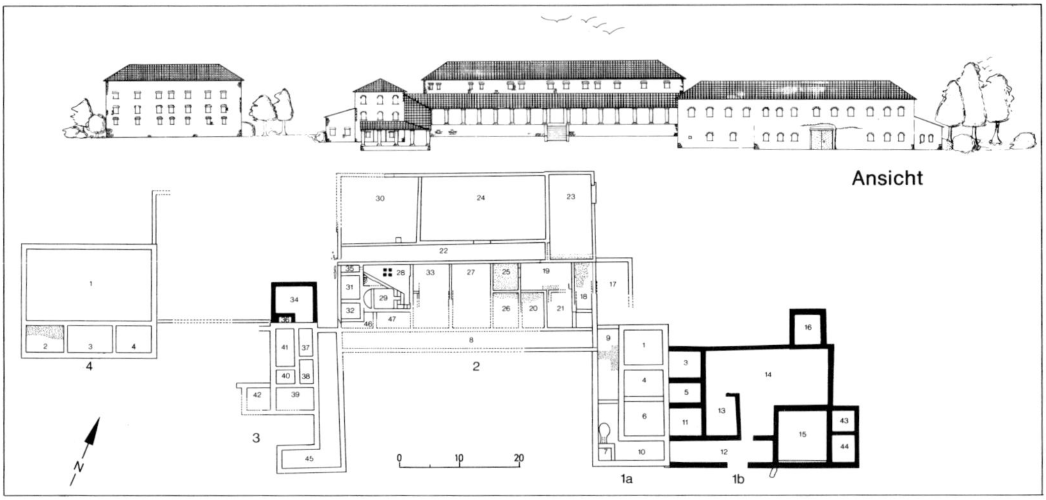

Abb. 199 Bad Dürkheim-Ungstein. Landgut Weilberg. 1a–3 Herrenhaus, 4 Nebengebäude, schwarz: Anbauten des 4. Jh. Grundriß und zeichnerische Rekonstruktion

ren Ausdehnung nur in Spuren erfaßt werden konnte. Zu Beginn des 2. Jh wurden Steingebäude errichtet. Mit 70 m Länge, die Vorderfront umzogen von einer säulengeschmückten Portikus, gehört das Herrenhaus zu den Risalitvillen mit U-förmiger Wandelhalle. Flankiert wurde die Säulenhalle von zwei Flügelbauten (Risaliten). Hauptgebäude (2) und Eckrisaliten (1a, 3) waren sicher mehrgeschossig.

Der Haupttrakt (43 × 30 m). Um das Geländegefälle auszugleichen, konnte die Säulenhalle der Front nur über eine Treppe erreicht werden. Deutlich sind heute noch die hochliegenden Räume zu erkennen. Die Räume 18, 19, 20 und der Kellerraum 21 mit seiner wohlerhaltenen Treppe konnten 1989 restauriert und zugänglich gemacht werden. In den vorderen Gebäudeteil war im W ein 200 m² großes Bad eingebaut (28–32, 35, 46, 47). Die mehrfach umbaute Anlage zeigt das übliche Schema mit Heiß-, Lauwarm- und Kaltbad. An den Korridor schlossen sich nach hinten 3 größere Räume an (23, 24, 30). Der mittlere Raum (24) war als Hofbereich nicht überdacht. Raum 23 mit einer großen zweiflügeligen Toranlage diente wohl als Remise, Raum 30 als Gewerbebereich.

Mit ca 2000 m² weiteren Räumen im Obergeschoß hatte das Herrenhaus gewaltige Ausmaße. Spätestens im frühen 4. Jh reichte auch dieser Platz nicht mehr aus, und an den O-Seitenflügel wurde ein Bautrakt (L 31 m) angefügt. Die Front des Hauptgebäudes wurde somit auf 104 m verlängert. Der Hofbereich des Gutshofs war im 2.-3. Jh mit einer Mauer eingefriedet, an die einzelne Wirtschaftsgebäude angebaut waren. Der Nebenbau 4 mit 400 m² Grundfläche hatte im vorderen Teil einen schmalen, zT beheizten Wohnbereich, an den hangseits eine große Halle angrenzte, die Gewerbezwecken diente. Hier fand sich ein T-förmiger Ofen zum Trocknen von Getreide. In den rückwärtigen Teil eines der Wirtschaftsgebäude waren 3 Beckenanlagen eingefügt, die unzweifelhaft der Traubenverarbeitung dienten. In den langrechteckigen Bassins A und C wurden die Trauben mit den Füßen zerquetscht und der Most in dem tiefer liegenden Becken B aufgesammelt und dann in Fässern vergoren. Neben weiteren Zeugnissen für Weinbau wie Geräten und erhalten gebliebenen Traubenkernen ist dieses Kelterhaus ein beredtes Zeugnis für Weinbau im 3./4. Jh. Daneben wurde auch Getreide angebaut und wohl auch Viehzucht betrieben. Abseits der Wohnbereiche lagen feuergefährliche »Betriebe«, in denen Metall verarbeitet wurde, auch 2 Backöfen konnten festgestellt werden.

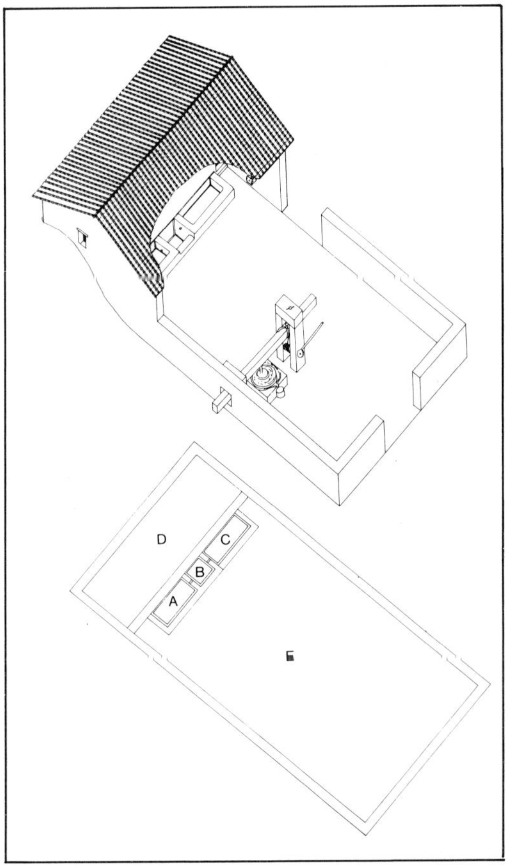

Abb. 200 Bad Dürkheim-Ungstein. Landgut Weilberg. Grundriß und Rekonstruktionsversuch des Kelterhauses. A, C Tretbecken, B Mostsammelbecken, D Lagerraum, E Arbeitsraum

Von dem zum Landgut gehörigen Friedhof konnten von dem Bestattungsplatz des 1.–3. Jh keine Spuren mehr nachgewiesen werden. Aus dem frühen 4. Jh sind von 2 Stellen Steinsärge, zT mit reichen Glasbeigaben erhalten geblieben. Die große Gutsanlage wurde um die Mitte des 4. Jh wohl infolge der Germaneneinfälle aufgelassen und zerstört. Die jüngsten Münzen, darunter 2 kleine Schatzfunde, wurden 348 nChr geprägt. In der zweiten Hälfte des 4. Jh wurde ein kleineres Landgut etwas unterhalb neu errichtet, bzw aus alten Nebengebäuden renoviert. Im frühen 5. Jh endet die röm Besiedlung auf dem Weilberg.

Be

Ao: M Bad Dürkheim, LfD Speyer
Lit: ChrMehlis, MittHVP 11, 1879, 56 ff – ders, Korrbl Dt. Ges. Anthr. Ethn. u. Urgesch. 4, 1898, 25 f – FSprater, Limburg und Kriemhildenstuhl, 1948, 44 – HBernhard, ArchKorrbl 12, 1982, 217 ff – ders, Pfälzer Heimat 35, 1984, 1 ff – Führungsblatt: Das römische Weingut »Weilberg« bei Bad Dürkheim-Ungstein 1983

Spätrömische Höhensiedlung »Limburg«
Abb 201

Der langgestreckte Höhenrücken des Limburgbereiches reicht weit in das Bad Dürkheimer Tal hinein. Das Plateau trug eine Siedlung der jüngeren vorröm Eisenzeit. Am Fuß des Berges wurde ein Schatz mit über 70 Gold- und Silbermünzen gefunden, der nach 42 vChr verborgen worden ist. Im 4. JhnChr trug der Berg eine Siedlung, deren Spuren durch die Klosterbauten weitgehend zerstört worden sind. Einzelne Münzen und Scherbenfunde bezeugen ebenso wie 13 Körpergräber mit Beigaben am Hang eine Dauersiedlung in der ersten Hälfte des 4. JhnChr. S des Berges führte eine röm Straßentrasse über die Höhe in

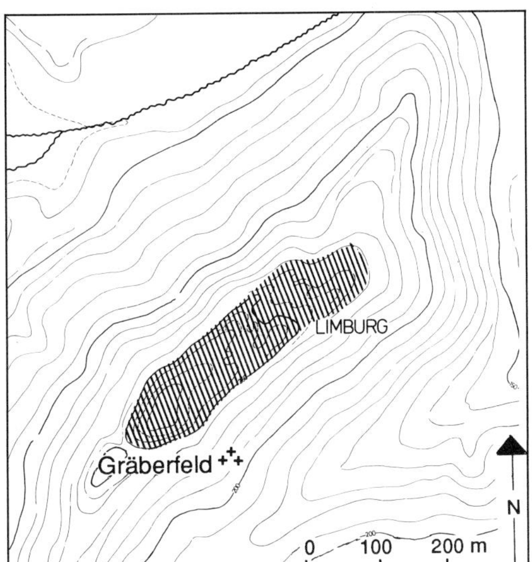

Abb. 201 Bad Dürkheim-Ungstein. Spätrömische Höhensiedlung Limburg

Richtung → Drachenfels. Die Dammschüttung dieser Straße ist heute noch am Fuß des Ebersberges zu erkennen. Be

Ao: M Bad Dürkheim

Lit: FSprater, Limburg und Kriemhildenstuhl, 1948 – FMRD IV 2, 384 ff – HBernhard, SaalbJb 37, 1981, 62 ff – ders, MittHVP 79, 1981, 43 f

*Spätrömischer Burgus**
Abb 202

1979 wurde inmitten des dichtbebauten Ortskernes bei einer Kellerausschachtung ein spätröm Festungswerk *(burgus)* entdeckt und 1980 im anschließenden Hofbereich untersucht. Es war nicht möglich, die Gesamtausdehnung, die Lage und das Aussehen von Toren und Wehrgräben zu ermitteln. Der zentrale rechteckige Turm mit etwa 35 m Länge und 2,7 m dicken Mauern war von einer Wehrmauer (L ca 54 m) umgeben, an die auf der Innenseite quadratische Türme angebaut waren. Vergleichbare Burgus-Anlagen sind bislang nur aus → Eisenberg und → Bad Kreuznach bekannt. Es handelt sich um Bauformen, die vom Festungsbau des Mittelmeergebietes abgeleitet sind und unter Valentinian I. in der nordalpinen Befestigungstechnik Einzug hielten. Der Burgusturm ist entsprechend dem Befund in Eisenberg mit einem offenen Lichthof und 3 überdachten Räumen zu rekonstruieren. Der Turm dürfte 10–15 m hoch gewesen sein. Um die Vorbefestigung herum ist ein breiter Wehrgraben als Annäherungshindernis vorauszusetzen. Ein zugehöriges Gräberfeld mit beigabenlosen Bestattungen wurde im SW der Anlage festgestellt. Der Burgus konnte den N ansteigenden Hang an keiner Stelle überragen, so daß eine gute Aussicht nicht die primäre Standortbedingung ergab. Wichtiger war die Möglichkeit, die Wasserversorgung durch Brunnen zu gewährleisten.

Die Kleinfestung wurde nach der Mitte des 4. Jh zur Sicherung des Grenzhinterlandes zum Schutz der ländlichen Bevölkerung und der Straßenverbindungen angelegt. Weiterhin dürfte der Burgus auch als befestigter Speicher gedient haben, denn im späten 4. Jh lag die Vorratshaltung und -verteilung in militärischer Obhut. Die wenigen Funde zeigen, daß der Burgus noch im ersten Drittel des 5. Jh bewohnt war. Erst im Laufe des hohen MA

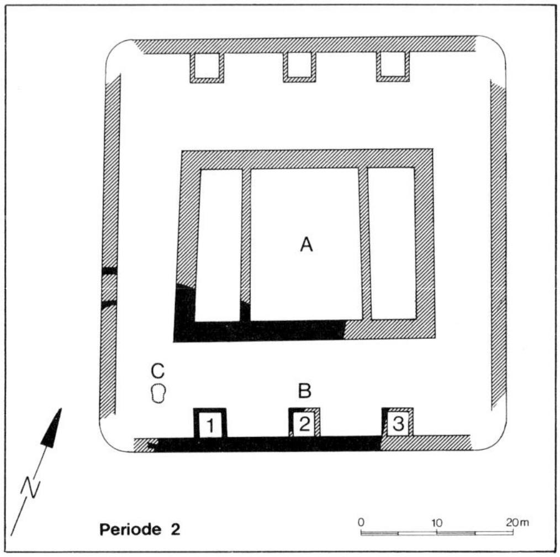

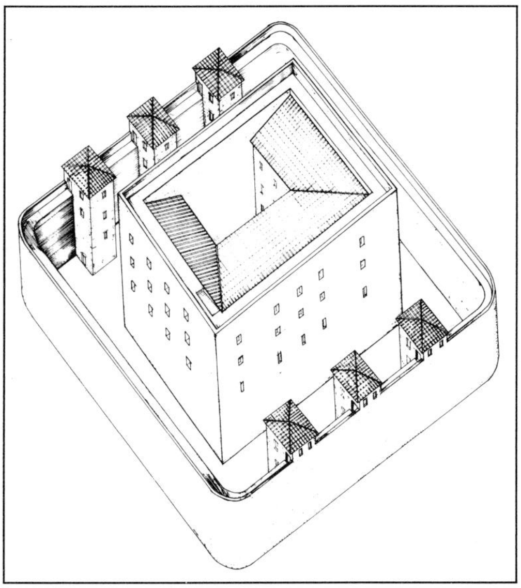

Abb. 202 Bad Dürkheim-Ungstein. Spätrömischer Burgus. Grundriß und Rekonstruktionsversuch. A Kernwerk, B Vorbefestigung mit Türmen 1–3, C Brunnen

wurde er gänzlich abgetragen. Geringe Reste der Umfassungsmauer sind im Hofanwesen an der Kirchstr 19 noch zu erkennen. Be

Ao: M Bad Dürkheim, LfD Speyer

Lit: HBernhard, SaalbJb 37, 1981, 23 ff – ders, ArchKorrbl 12, 1982, 217 ff – ders, Pfälzer Heimat 35, 1984, 12 f

Bad Kreuznach KH

*Zivilsiedlung und Kastell**
Abb 203

Die Anfänge des röm Kreuznach, dessen lateinischer Name »Cruciniacum« ma Ursprungs ist, reichen bis in den Beginn der Römerherrschaft zurück. Dieser frühe Vicus lag O der Bahnlinie nach Bingerbrück im Bereich der heutigen Gensinger und Planiger Str.
Zuvor muß es dort, wie entsprechende Gräber zeigen, eine spätlatènezeitliche Ansiedlung gegeben haben. Ursache der Besiedlung dieses Platzes mag die verkehrsgünstige Lage gewesen sein, da hier die Nahetalstraße auf eine die Nahe kreuzende Straßentrasse traf. Belegt ist der frühe Abschnitt der Kreuznacher Geschichte nur durch Grabfunde vom Schwabenheimer Weg, aus dem auch die bekannten bleiernen Verfluchungstäfelchen stammen. Ob Militär zu dieser frühen Zeit in Kreuznach stationiert war, bleibt offen. Die Siedlung scheint um 270/275 zerstört und zu Anfang des 4. Jh wieder aufgebaut worden zu sein. Mit der Errichtung des valentinianischen Kastells wurden große Teile des ehem Vicus überbaut. Das Kastell (165 × 170 m) entspricht in seiner Bauweise und Geschichte in vielen dem → Alzeyer Kastell, so daß auf dessen Darstellung hingewiesen sei, zumal der Forschungsstand in Kreuznach weitergehende Schlüsse kaum erlaubt. – Im Schulhof des Gymnasiums an der Römermauer sowie in der Böschung der Gensinger Str sind Mauerreste dieses Kastells zu besichtigen. Ru

Lit: BStümpel, Führer 12, 1976, 162 ff – HBernhard, SaalbJb 38, 1982, 99 ff

*Herrenhaus eines Landguts**
Abb 204, 205, Taf 2, 3

1893 wurde die Kreuznacher Villa erstmals durch die Auffindung eines Gladiatorenmosaiks bekannt, 1966 dann noch einmal durch die zufällige Entdeckung des Oceanus-Mosaiks. Diese Funde sowie die zwischenzeitlich bei Baumaßnahmen entdeckten Mauerreste führten dank der Förderung durch die DFG 1975–1980 zu Plangrabungen im noch nicht überbauten Villenareal. Ein Drittel der Grundfläche des großen Herrenhau-

Abb. 203 Bad Kreuznach. Kastell. Reste der Mauer

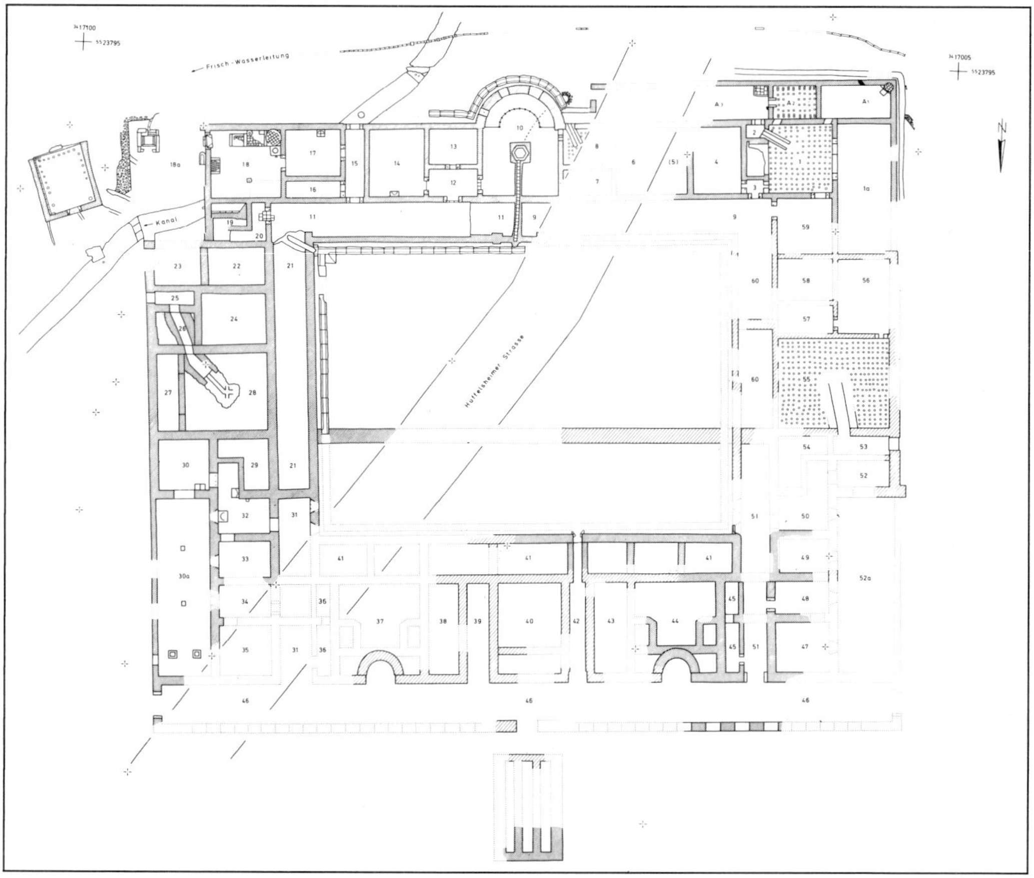

Abb. 204 Bad Kreuznach. Herrenhaus eines Landguts. Grundriß

ses, ca. 70 × 80 m, konnte erforscht werden, so daß es wegen des symmetrischen Grundrisses möglich war, daraus zusammen mit einigen früheren Teilbeobachtungen das Gesamtgebäude zu rekonstruieren. Es handelt sich um einen terrassenförmig angelegten Peristylbau mit Kryptoportikus und Portikus in der N-Fassade, der Schauseite des Hauses. Die 4 Gebäudetrakte umschließen einen nicht überdachten Innenhof, zu dem sich die Räume über eine Portikus öffnen. Zentral in der S-Front liegt, apsidial erweitert, ein großer Empfangs- und Repräsentationssaal, der durch seinen aufwendigen Innenausbau auffällt: Oceanus-Mosaikboden, Wasserspiel in der Raummitte und Triklinium (Speisesofa). Während der Grabung konnten in anderen Teilen der Villa Reste von weiteren Mosaiken gefunden werden sowie z. B. die sehr gut erhaltene Küche, die Wasserver- und -entsorgungsanlagen, die Toilette und ein besonders ausgestattetes Lararium.

Unmittelbar neben der Küche kam der in den Felsen gehauene Vorratskeller, bei dem die Standspuren von Amphoren erhalten geblieben waren, zutage. Weiter entfernt lagen die Badeanlage und längs einer Hofmauer zahlreiche kleine Gebäude, die jedoch allesamt wegen der neuzeitlichen Bebauung nicht näher erforscht werden konnten. Nach Aussage der Funde wurde die Villa nach Abriß eines Vorgängerbaues in der zweiten Hälfte des 2. JhnChr errichtet, um 275 zerstört und im 4. JhnChr zu einer Wohnfestung umge-

Abb. 205 Bad Kreuznach. Gladiatorenmosaik. Detail

baut. Der Besitzer ist nicht bekannt, muß aber aufgrund des aufwendigen Baues in der wohlhabenden Oberschicht gesucht werden.
Die Ausgrabungsfunde konnten nicht sichtbar erhalten werden. Es ist geplant, auf der durch Zuschüttung neu entstandenen Oberfläche den Grundriß der Villa lagerichtig zu markieren. Unmittelbar daneben werden in der neu errichteten Römerhalle die Mosaiken und weitere Funde aus der Villa und dem Kreis Bad Kreuznach gezeigt.
Ru

Ao: M Römerhalle Bad Kreuznach
Lit: GRupprecht, MZ 75, 1980, 219 ff – MWitteyer, Die Terra Sigillata aus der röm Villa von Bad Kreuznach, Magister-Arbeit, München 1983 3 – GRupprecht, Archäologie in Deutschland 4/1986, 36 ff; 3/1989, 18 ff

Bad Kreuznach-Bosenheim KH

Gräberfeld
Abb 206

An der Straße Kreuznach–Planig liegt auf Bosenheimer Gemarkung kurz vor Planig der Fundort eines wahrscheinlich zur röm Siedlung von → Bad Kreuznach-Planig gehörenden frühröm

Abb. 206 Bad Kreuznach-Bosenheim. Frührömisches Gräberfeld. Bronzelampe

Gräberfeldes, von dem bis in die 50er Jahre zahlreiche Fundmeldungen kamen. Es handelt sich um stark einheimisch geprägte Grabinventare.
Ru

Ao: RLM Bonn, LM Mainz, Darmstadt, M Alzey und Bad Kreuznach
Lit: BStümpel und HSchermer, MZ 48/49, 1953/54, 59 ff

Bad Kreuznach-Planig KH

Siedlung und Militärposten
Abb 207

NW des Ortes lag seit Beginn der Römerherrschaft eine kleine Siedlung am Appelbach. Sie dürfte einheimisch-röm Charakter gehabt haben,

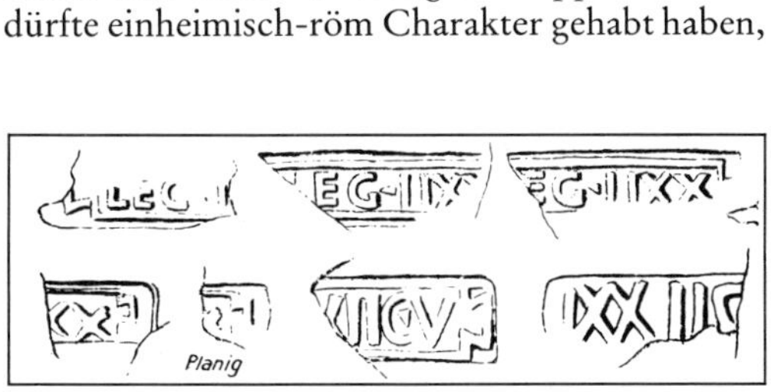

Abb. 207 Bad Kreuznach-Planig. Ziegelstempel der 22. Legion

wie es das zugehörige Gräberfeld (→ Bad Kreuznach-Bosenheim) und vorröm Funde zeigen. Ziegelstempel der 22. Legion lassen die Errichtung eines Militärpostens zur Sicherung der rechten Naheuferstraße innerhalb der röm Siedlung gegen Ende des 3. Jh vermuten. Ru

Lit: GBehrens, MZ 27, 1932, 32 – WSchnellenkamp, MZ 28, 1933, 77 ff

Bad Neuenahr-Ahrweiler AW

Gutshof am Silberberg
Abb 208

Am Fuße des Silberbergs N der ma Stadt wurde 1980 beim Neubau der B 267 Mauerwerk eines röm Gebäudes mit bemaltem Wandverputz angerissen und anschließend untersucht.
Es handelte sich um das Herrenhaus eines röm Landguts (73 × ca 25 m). Der S Gebäudeteil wird von einer Portikus abgeschlossen, im W ist der Badetrakt gelegen. An einem parallel zur Rückfront verlaufenden Korridor gliedern sich seitlich Raumgruppen, die einen großen zentral gelegenen Raum umschließen. Fast alle Räume sind mit einer Hypokaustanlage ausgestattet. Wo diese fehlt, konnten Reste anderer Heizungsmöglichkeiten festgestellt werden. Der Grundriß des Gebäudes läßt trotz mehrmaligem Umbau einen Typ erkennen, wie er im 2. und 3. JhnChr in dieser Region häufig vorkommt. Er läßt sich zB gut mit dem Landgut von → Oberweis, vergleichen. Der über das verlassene und ausgebrannte Gebäude kurz nach dessen Auflassung abgerutschte Hangschutt von bis zu 3 m Mächtigkeit hat eine spätere Zerstörung der Baureste weitgehend verhindert und die Befunde gut erhalten. Alle Räume des Gebäudes und seine Außenseite waren verputzt und farbig ausgemalt. Die Bemalung ist von hervorragender Qualität und zT noch recht gut. Die Höhe des erhaltenen Mauerwerks (1,50 m) vermittelt einen gesicherten Eindruck der Raumkommunikation innerhalb eines röm Gebäudes. Außerdem konnte eine Fülle von architektonischen Details festgestellt werden, die über Anlagen und technische Gestaltung solcher Gebäude wichtige neue Erkenntnisse zulassen, zB umgestürzte Fachwerkwände von bisher nicht gefundenen Ausmaßen, die gesicherte Maße für die Raumhöhe liefern, Stampflehmwände, die Bemalung der Türwangen und -schwellen und vollständig erhaltene Heizungsanlagen (*hypocaustum*). Von einer Küche des späten 3. Jh ist ein vollständiger Herd mit Backofen vorhanden.
Der Sinngehalt einer vollständig erhaltenen Ritzinschrift (Graffito), eine Neckerei zwischen zwei Personen (Schülern?) von zwei verschiedenen Händen in den farbigen Wandverputz geritzt, weist einen der Schreiber als einen gebildeten Mann aus, der das Lateinische hervorragend sprach und der gewohnt war zu schreiben.

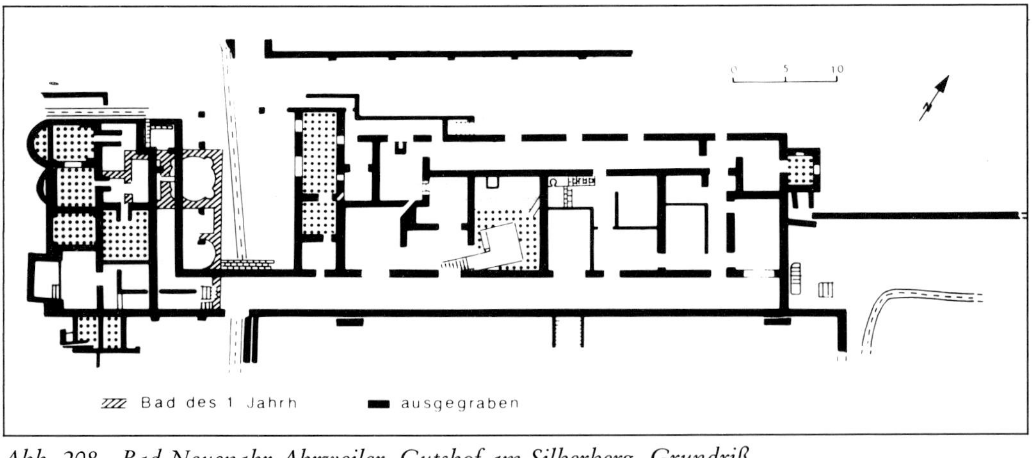

Abb. 208 Bad Neuenahr-Ahrweiler. Gutshof am Silberberg. Grundriß

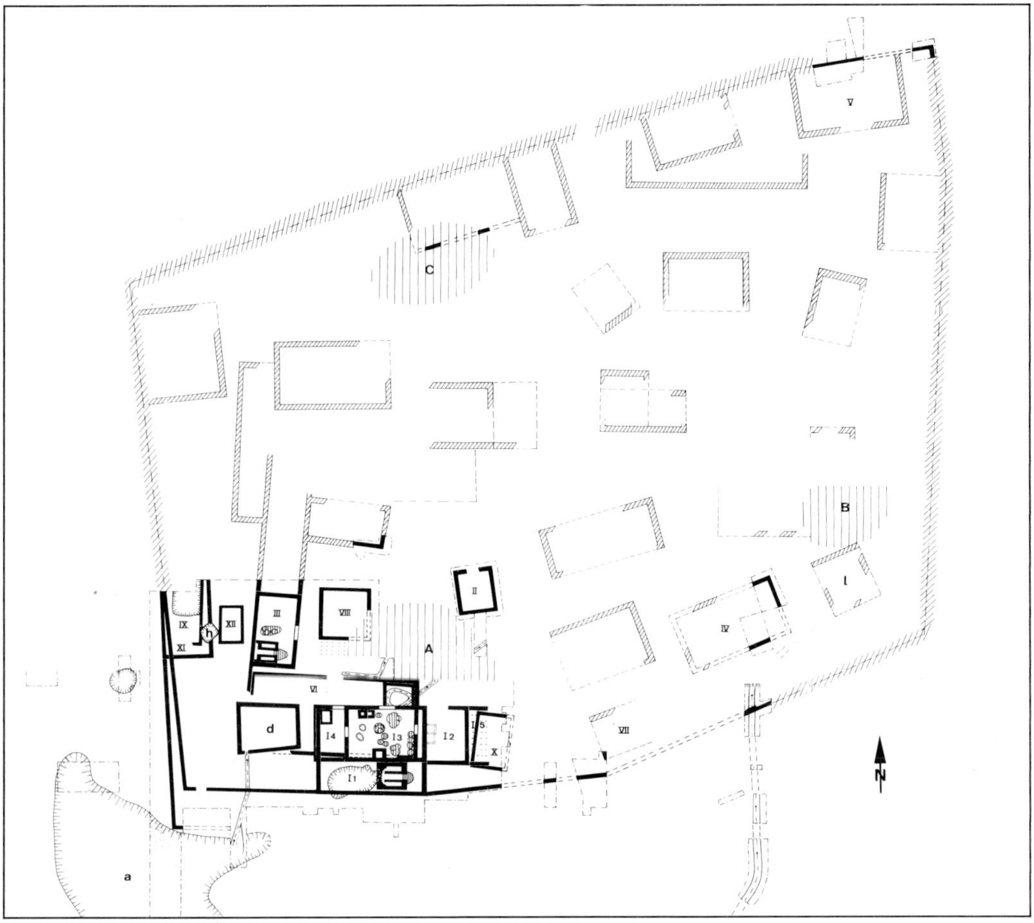

Abb. 209 Bad Neuenahr-Ahrweiler. Eisenschmelzanlage an den Maaren. Hausgrundrisse

Unter dem großen Herrenhaus, dessen Räume nunmehr nahezu vollständig freigelegt sind, liegt ein Gebäude des frühen 1. JhnChr. Dieses wurde in der zweiten Hälfte des 1. Jh einplaniert. Als sichtbarer Beleg hierfür mag ein gut erhaltener Keller und ein Präfurnium aus dieser Zeit dienen. Auf dieser Planierschicht wurde das große Haus des 2. und 3. Jh errichtet, welches wahrscheinlich 260 nChr unter dem Eindruck der den Limes überrennenden Germanen planmäßig aufgegeben wurde und dann niederbrannte. Die noch stehenden Ruinen wurden hauptsächlich im Zentralteil des Gebäudes um die Wende vom 3. zum 4. Jh noch einmal aufgesucht. Dabei diente der große Zentralraum offensichtlich zum Wohnen und ein anschließender Raum als Werkstatt. Wahrscheinlich endete um die Mitte des 4. Jh diese Nutzung. In der zweiten Hälfte des 4. Jh wurde die Ruinenstätte noch einmal kurzzeitig bewohnt. Danach deckte sehr bald der Hangschutt des abrutschenden Silberberges den gesamten Platz zu. We

Ao: LfD Koblenz

Lit: HFehr und JBlänsdorf, Gymnasium 89, 1982, 497 ff – Denkmalpflege in Rheinland-Pfalz 1982–83, 1984, 177 ff – H-HWegner, Archäologie in Deutschland 1, 1985, 4 ff

Eisenschmelzanlage an den Maaren
Abb 209

Im ausgedehnten Waldgebiet S der Ahr bis an Kesselinger- und Vinxtbach kamen schon vor einiger Zeit Reste von röm Besiedlung in Zusammenhang mit röm Eisenerzgewinnung und -verarbeitung zutage. Unter der Leitung von O. Kleemann fanden seit 1959 in einem ausgedehnten Forschungsprojekt mehrere Grabungskampagnen statt. Dabei wurden an mehreren Stellen Verhüttungs- oder ähnliche Anlagen aus röm Zeit lokalisiert. Bei den schon obertägig sichtbaren Anlagen handelte es sich um »Hausfundamente« und die zusammengestürzten Reste alter, aus Trockenmauerwerk errichteter Häuser. Diese liegen deutlich in Gruppen vereinigt und waren unterschiedlich groß. Einmal scheint eine solche Ansiedlung sogar von einem schwachen Graben mit dahinter aufgeschüttetem Wald umgeben gewesen zu sein. Um die Häuser zogen sich eine Vielzahl alter Gräben, bei denen es sich möglicherweise um alte Wegerinnen handelt. Zu diesen Ansiedlungen gehörten auch Wasserleitungsreste, die überall entdeckt wurden. Außerdem fanden sich in ihrer Nähe Trichtergruben als noch sichtbare Überreste alter Schürfstellen, in denen der reichlich vorkommende Brauneisenstein abgebaut wurde. In einer dieser Häuserpartien lag ein Eisenschmelzofen. Hier fand sich besonders viel Eisenschlacke. (Nach einem Zeitungsartikel von Prof. Dr. O. Kleemann, Universität Bonn).
We

Lit: K-JGilles, Stahl und Eisen 81, 1961, 16, 1069 ff – OKleemann, Vor- und Frühgeschichte des Kreises Ahrweiler 1971, 25 ff, 77 f

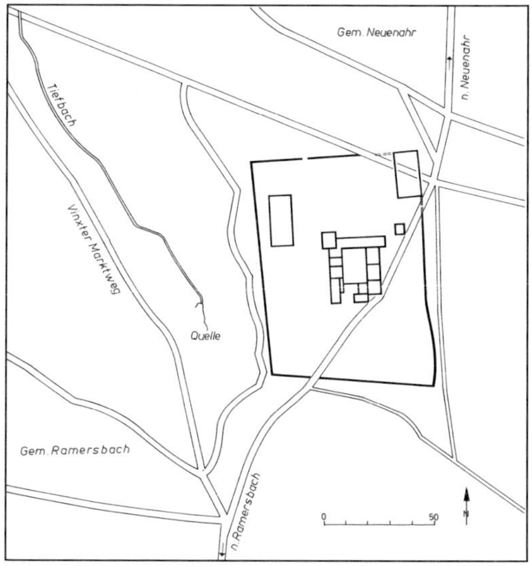

Abb. 210 Bad Neuenahr-Ahrweiler. Gutshof im Tiefbachtal. Grundriß

Gutshof im Tiefbachtal
Abb 210

Im NO der Gemarkung Ramersbach waren obertägig einige Erdwälle und Steinrippen zu erkennen. Sie lagen am oberen Hang unmittelbar über dem alten Quellbecken des heutigen Tiefbachs und ließen sich deutlich zu Grundrissen von Häusern zusammenfügen (O. Kleemann). Der bisher archäologisch nicht eindeutig ergrabene röm Gutshof wurde vom Institut für Geodäsie der Universität Bonn im Frühjahr 1960 kartographisch aufgemessen. Nach den erkennbaren obertägigen Geländemerkmalen handelt es sich offensichtlich um eine von einer Umfassungsmauer umgebene Anlage (100 × 75 m). In der Mitte der O-Hälfte der umgrenzten Fläche liegt ein mehrräumiger Gebäudekomplex. Er hebt sich deutlich als Zentrum der gesamten Anlage heraus. Bei den übrigen erkennbaren Anlagen handelt es sich wohl um Nebengebäude. Einzelne Teile der Umfassungsmauer sowie auch die Grundmauern der Gebäudereste heben sich zT noch 20–40 cm über die Oberfläche hinaus und sind gut zu erkennen. Von der N-Mauer fehlt im O-Teil ein kleines Stück. Außerdem zeigt sich im N und S je eine Torlücke.

Das Hauptgebäude (L 30–32 m, B 36–38 m) ist offensichtlich nach W orientiert. Um einen Zentralbau oder Halle gruppieren sich zahlreiche Räume. Die og Quelle des Tiefbachs entspringt außerhalb des ummauerten Areals. Sie war gewiß in röm Zeit gefaßt und hat die Wasserversorgung der ganzen Anlage sichergestellt.

Die gesamte Gutsanlage scheint mehrphasig zu sein, wie schon aus dem obertägig erkennbaren Befund hervorgeht. Sie entspricht ungefähr den

röm Gutshöfen und Gebäudetypen von Köln-Braunsfeld (F. Fremersdorf) und Mayen (F. Oelmann). An datierenden Funden wurde bisher aussagefähiges Material nicht geborgen. We
Lit: OKleemann, BJB 160, 1960, 301 ff – ders, Vor- und Frühgeschichte des Kreises Ahrweiler, 1971, 30 ff

Wasserleitung im Geisbachtal

Direkt am Hang Ö des Holzabfuhrweges parallel zum Geisbachtal verläuft eine röm Wasserleitung, die an mehreren Stellen zum Vorschein kam (C. Albrecht). Dabei handelt es sich um einen gemauerten Leitungskanal, der durch »Ausgleichskammern« ergänzt wird. Die Wasserleitung selbst ist auf eine Länge von etwa 1,5 km beobachtet worden und hat in diesem Bereich einen Höhenunterschied von etwa 190 m. Die Quellfassung (ca 4 × 4 m) konnte nicht restlos klärend ermittelt werden. Offenbar hatte sie mehrere Zuläufe. Die Wasserleitung mit ihren »Kammern« oder »Einstiegsschächten« war sauber in Grauwackemauerwerk ausgeführt und innen mit Trasskalkmörtel mit Ziegelsplittzusätzen ausgekleidet. Die Abdeckung bestand offensichtlich aus Schieferplatten. We

*Römerbad Ahrweiler**
Abb 211

Der Neubau der Umgehungsstraße B 267 um Ahrweiler schneidet auf der Strecke vom Autobahnzubringer bis in das Ahrtal hinauf auf einer Trassenlänge von 3 km 4 röm Gutsgebäude. Eines davon befindet sich zwischen der heutigen Kreisverwaltung und dem Bahnhof von Bad Neuenahr-Ahrweiler. Die Gutsanlage selbst wurde schon Anfang des 20. Jh durch den Bahnbau zum großen Teil zerstört. Weitere Reste kamen beim Neubau des Landratsamtes zutage. Erhalten und sichtbar ist heute noch die Thermenanlage, die damals vom Rheinischen Provinzialmuseum Bonn konserviert wurde. Hinzugehört eine Wasserleitung (ca 700 m), die aus der Elligschlucht im NW herangeführt wurde. Diese röm Gutsanlage wird von Römer- und Frankengräbern sowie einer frühgeschichtlichen Siedlung flankiert. Bei der Gesamtanlage handelte es sich ursprünglich um einen ähnlichen Typ wie in → Winningen, vierperiodig, mindestens 150 × 150 m in der Ausdehnung.
Beim Neubau der Umgehungsstraße B 267 wurden diese Reste schützend in den modernen Baukörper einbezogen. Eine Fußgängerbrücke zwischen Bahnhof und Kreisverwaltung überspannt von S nach N Bahn und Straße und bietet einen Zugang zu diesem archäologischen Denkmal. Das eigentliche antike Bauwerk steht noch etwa 2,5 m hoch bis zur Unterkante der Fahrbahn und umfaßt mindestens 4 Räume: das Ziegelhypokaust mit Wandtubuli (teilrekonstruiert), die halbkreisförmige Wanne sowie einen Vor- und Heizraum mit mächtigem Tuffkanal (*praefurnium*) und Bruchsteinbogen zum Wannenhypokaust. Wie der 0,12 m starke Hypokaustunterestrich über der Fundamentstickung mit großem

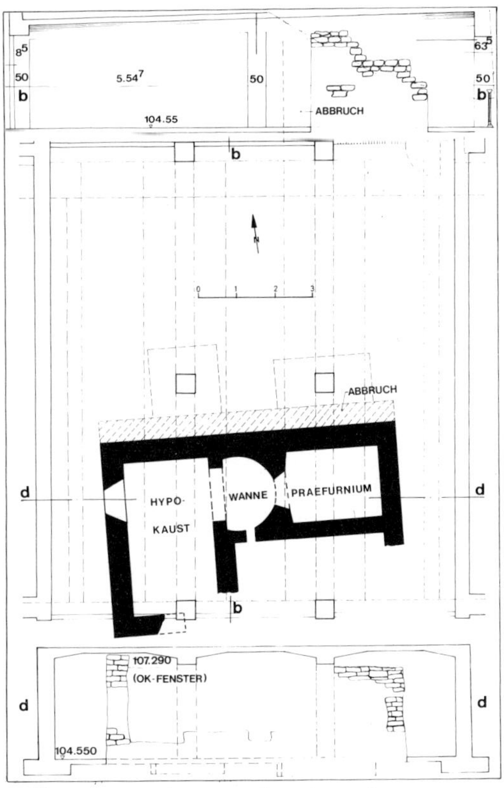

Abb. 211 Bad Neuenahr-Ahrweiler. Thermenanlage. Grund- und Aufriß

Ziegelsplitt, sind auch die Abdrücke von Hypokaustplatten und Tubuli viereckig, oben und unten offene Kacheln im Boden- und Wandputz mit feinem Ziegelgranulat als Mörtelzuschlag gemagert. Unter der modernen Betondecke sind gerade noch die Fensterbank der W- und die Balkenlöcher der N-Wand im Ansatz erhalten.

We

Ao: RLM Bonn, LfD Koblenz

Lit: OKleemann, Vor- und Frühgeschichte des Kreises Ahrweiler, 1971, 25 ff, 78 f mit weit Lit – KWilhelmi, Das Rheinische Landesmuseum Bonn, Ber a d Arbeit des Museums, 1980, 2, 21 ff

Brandgrab

Bei der Gründung des Brückenbauwerks für die B 266 »An den Ulmen« wurde 1973 ein römisches Brandgrab angeschnitten. Über die Fundumstände ist wenig, über die Fundzusammenhänge nichts bekannt. Eine ordnungsgemäße Untersuchung konnte durch das Amt nicht durchgeführt werden, da der Befund schon durch die Bauarbeiten zerstört war. Es konnte nur noch ermittelt werden, daß die Funde in einer nahezu rechteckigen Grube (3 × 2 m) gelegen haben, deren Wände verziegelt waren. Dabei handelt es sich um zahlreiche Keramikreste und Leichenbrand, eine »flache Bronzeschale mit Ausgußtülle«, die zu einem Drittel zerstört ist, dicht daneben lag ein »Ziegelplattengrab«. Gegenüber lag eine »einfache Urnenbestattung« mit Terra-sigillata-Gefäßen und eine Schale von Millefioriglas. Zudem wurde eine »Schmuckkassette« gefunden, von der der Beschlag mit dem Schloß und dem Schlüssel erhalten geblieben war. Insgesamt handelt es sich um ein reiches Brandgrab aus dem 1. Jh und weitere Bestattungen, die durch die Bauarbeiten durcheinander gewühlt worden waren. We

Ao: Institut für Vor- und Frühgeschichte der Universität Bonn

Bad Tönisstein → Andernach-Kell
Bäsch → Thalfang

Barweiler AW

Tempel

Abb 212, 213

Beim Bau der Umgehungsstraße S von Barweiler kamen die Grundmauern eines quadratischen Umgangstempels zutage. Das Rheinische Landesmuseum Bonn erschloß in einer Nachuntersuchung weitere Befunde. Die zunächst wegen der großen Eile, die der Straßenbau verursachte, angelegten Suchschnitte erbrachten Fundamentteile eines röm Bauwerkes. Diese Reste ließen sich zu einem quadratischen Umgangstempel ergänzen. Der NW-Teil der Anlage liegt unter dem Garten eines Wohnhauses und stand deshalb für eine Untersuchung nicht zur Verfügung. Im S hatten ein ma Kalkofen und die Straßenbauarbeiten die S Umgangsmauern bereits zerstört.

Der Umgang maß im Lichten etwa 13 × 13 m. Das Fundament (B 1,15 m) bestand aus Bruchsteinen, die nur im aufgehenden Mauerwerk gemörtelt waren. Dank des vorhandenen Befundes ließ sich der gesamte Grundriß ermitteln und ergänzen. Etwa in der Mitte der O-Flucht lagen verstreut Estrichbrocken. Die Cella zeigte 2 Bauperioden. Die O-Flucht war doppelt vorhanden (Abstand der beiden Mauern 80 cm). Es stellte sich heraus, daß die Cella verkleinert worden

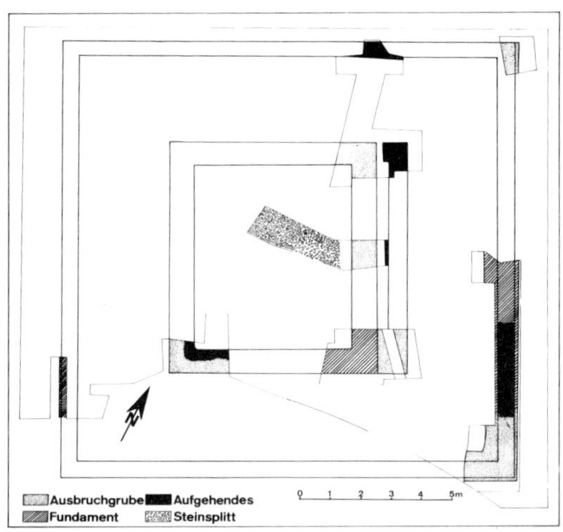

Abb. 212 Barweiler. Umgangstempel. Grundriß

Abb. 213 Barweiler. Tongefäße aus dem Tempel

war. In der Cella selbst zeigten sich Reste einer bis zu 10 cm dicken unregelmäßigen Stickung aus Steinsplitt und Mörtelresten. Sie haben wohl den Boden des inneren Raumes gebildet. In der NO-Ecke des Umgangs der äußeren Mauer befand sich auf dem gewachsenen Boden eine schwarze Brandschicht von 2 bis 4 cm Dicke. Sie war mit Dachschiefer und Rotsandsteinplatten belegt.
In der Nähe der SO-Ecke des Umgangs entdeckten Arbeiter in einer Grube beieinanderliegend eine große Menge von kleinen Gefäßen aus Ton, von denen 90 Stück geborgen werden konnten. Mit wenigen Ausnahmen handelt es sich um grautonige, mittel- bis dickwandige, geschmauchte »belgische Ware«. Daneben fanden sich noch 4 Spiegelchen.
Die Kleingefäße sind in die zweite Hälfte des 1. JhnChr zu datieren. Sie scheinen mit dem Kult im Barweiler Tempelbezirk im Zusammenhang zu stehen und waren wohl als Votivgabe gedacht. In diesem Zusammenhang sind auch die zahlreichen Terrakotten zu sehen, die mit den Töpfchen zusammenlagen. Dazu kamen noch Münzen des Vespasian und Domitian zum Vorschein. We
Ao: RLM Bonn
Lit WHaberey, BJb 143/44, 1938/39, 388 ff – OKleemann, Vor- und Frühgeschichte des Kreises Ahrweiler, 1971, 25 ff, 81f

Bassenheim MYK

Gutshof, Gräber

Aus Bassenheim ist ein röm Gutshof bekannt, der 1885 entdeckt wurde. Dabei sind Gebäudereste und umfangreiche Hypokaustanlagen zutage getreten.
Bei der Bimsgewinnung wurde in der Nähe des Sackenheimer Hofes am Fuße des Karmelenberges ein röm Gräberfeld aus dem 1. JhnChr zerstört. Ein ähnliches Gräberfeld wurde 1979 ebenfalls bei Ausbimsungsarbeiten im Distrikt »Am Buchenwald« und 1984 in der Flur »zu Steimer« beseitigt. Die wesentlichen Befunde wurden durch die Bimsausbeute vernichtet. We
Ao: RLM Bonn, LfD Koblenz
Lit: HFehr u EWelker, ArchKorrbl/16, 1986, 193 ff – H-HWegner, Führer zu arch Denkmälern in Deutschland 12, 1986, 109 ff – ders, Berichte zur Archäologie an Mittelrhein und Mosel 1987, 221 ff

Becherbach-Gangloff KH

Viergötterstein
Abb 214

Von einem Merkur-Heiligtum auf dem Roßberg soll der heute im Historischen Museum Speyer aufbewahrte Viergötterstein stammen, von dem in der Abbildung Vulkan mit Zange, Amboß und Hammer gezeigt wird.
Zwei ebenfalls im Museum Speyer befindliche Merkurweihungen nehmen direkt Bezug auf das Heiligtum. Ru
Ao: M Speyer
Lit: GBauchhenß, Jupitersäulen, 1981, 133

Bechtheim AZ

Gebäudereste
Abb 215

Vor der Neuanlage eines Wingerts im Gewann »Steinacker« O des Ortes konnte 1981 ein schon 12 Jahre vorher auf dem Nachbargrundstück be-

Abb. 214 Becherbach-Gangloff. Viergötterstein. Vulkan

obachteter Befund verfolgt werden, der zu einem größeren Gebäude gehört haben muß. Obwohl weitere Mauerfluchten aufgenommen werden konnten, war es nicht möglich, das Aussehen des ganzen Gebäudes zu erschließen. Der auf einer Sanddüne in der Rheinebene errichtete Bau gehörte entweder zu einer Straßenstation oder einem Gutshof aus dem 2.–3. JhnChr. Die meisten Mauern waren nur noch in der Form von Ausbruchsgrubenfüllungen erkennbar. Ru

Lit: BStümpel, MZ 69, 1974, 239

Bendorf MYK

Kastell am Limes
Abb 216

S des Ortskerns von Bendorf, etwa 500 m stromaufwärts von der Mündung des Saynbachs nahe am rechten Rheinufer, liegen die Reste des Ka-

Abb. 215 Bechtheim. Gebäudereste. Grabungsfoto

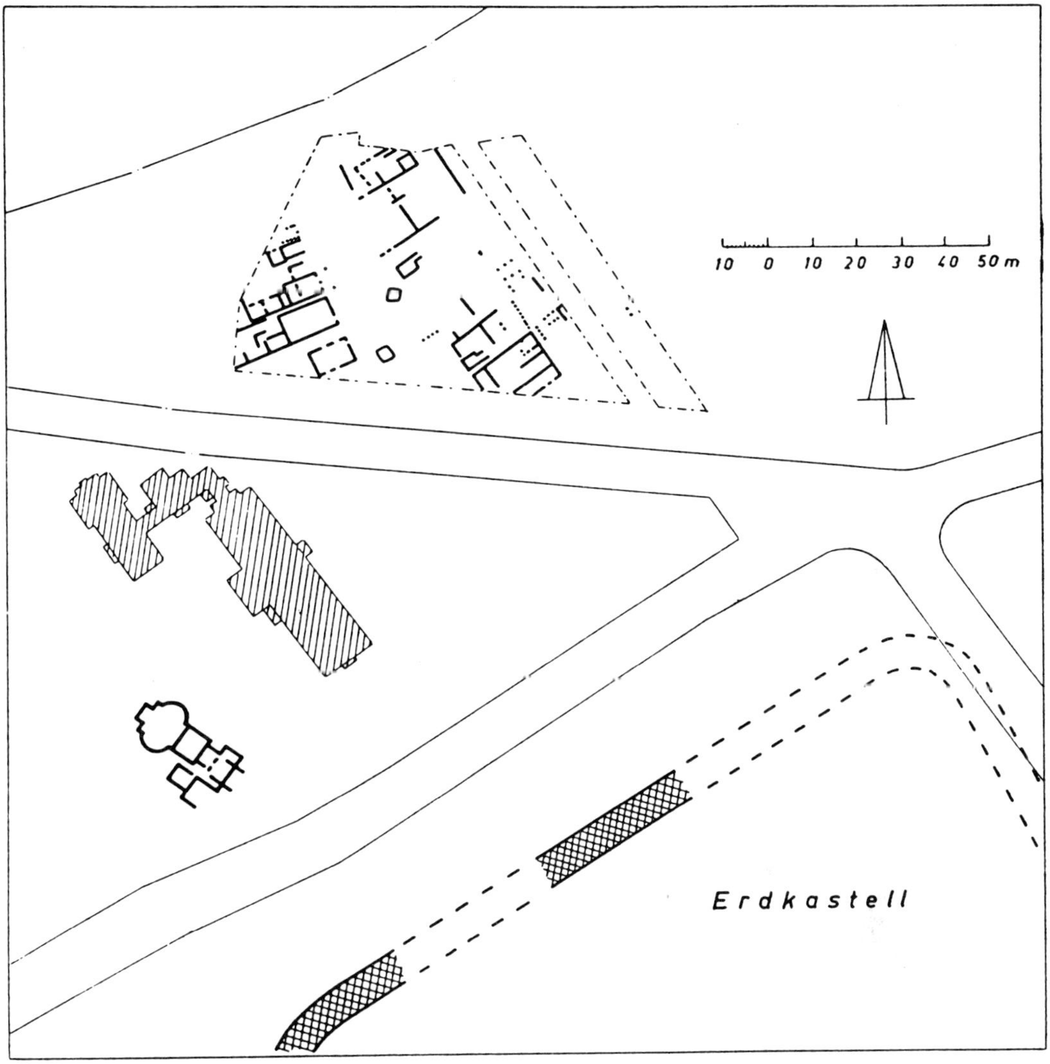

Abb. 216 Bendorf. Kastell. Bad und Teil des Lagerdorfs. Grundriß

stells und Lagerdorfes Bendorf. Bereits 1896 durch die RLK und 1910–1937 durch das RLM Bonn fanden in diesem Areal umfangreiche Ausgrabungen statt. Dabei wurden Spuren mehrerer Holzkastelle festgestellt. Sie sind offensichtlich alle in der zweiten Hälfte des 1. JhnChr entstanden. Das jüngste Erdkastell, ein Kohortenkastell (2,8 ha) hatte in der SW-Seite ein Tor. Außerdem fand man ein steinernes Militärbad, das die für eine Kohorte übliche Größe hatte. Es ist von der *Cohors I Thracum* in den letzten Regierungsjahren Domitians erbaut worden (Ziegelstempel). Die militärische Besetzung des Platzes hörte schon unter Kaiser Trajan auf.

Das Lager Bendorf diente insgesamt auch der Sicherung des fruchtbaren und siedlungsbegünstig-

ten Neuwieder Beckens, wie auch dem Schutz des Transportwegs Rhein. Hier sind möglicherweise auch die Rheinbrücken Caesars zu vermuten (55 und 53 vChr). Aus ähnlichen militärischen Gründen besetzten es während des Chattenkrieges (83–85 nChr) oder umittelbar darauf für längere Zeit röm Truppen. Das früheste Kastell wurde vermutlich schon in claudischer Zeit erbaut.
Durch den Ausbau der B 42 N vom Kastellgelände wurden 1968 umfangreiche Bimsvorkommen ausgebeutet. Dieses Vorhaben löste Ausgrabungen aus. Die in die Oberfläche eingetieften Siedlungsspuren zeigten bald, daß auf der untersuchten Fläche von etwa 4000 m^2 das Lagerdorf im Anschnitt lag. Es orientierte sich nach dem jüngsten Erdkastell. Zu beiden Seiten eines Straßenzugs, der auf die Mitte der NW-Front des Kastells zulief, gruppierte sich je eine Häuserzeile. Im O der untersuchten Fläche schien die Bebauung auszudünnen. Die langgestreckten, ausschließlich in Holzbauweise errichteten Gebäude, richteten sich mit schmalen Traufabständen giebelseitig zur Straße, gelegentlich sogar mit Vorbau. Der straßenseits gelegene Bauteil war in 3 Fällen unterkellert. Eine Ausnahme bildete ein in Bruchstein gemauerter Keller mit Lehmverband. Außerdem lagen in der Straße des Lagerdorfes jeweils vor der Häuserzeile 2 Brunnen. Hinzu kam noch eine Vielzahl von grubenartigen Vertiefungen, deren Benutzung nicht eindeutig geklärt werden konnte. Aufgrund der Analyse der Keramik (L. Bakker) reicht die Besiedlungszeit des Lagerdorfes bis in spätflavische Zeit zurück und bestand auch nach Auflassung des Kastells ebenso wie die Badeanlage bis in die Mitte des 2. JhnChr. We
Ao: RLM Bonn, LfD Koblenz
Lit: HEiden 36 ff – ders, Ausgrabungen am Mittelrhein und Mosel 1963–1976, Tafelband, 1982, 85 ff – DBaatz, Der römische Limes, 1974, 80 ff

Berg AW

Siedlung

Etwa 750 m O des Hochtürmen, dicht N der Gemarkungsgrenze zu Kirchsahr, liegt in einem ziemlich ebenen Gelände der »Heidengarten«. Er wird gekennzeichnet durch ein Rechteck (B ca 60 m),das von einem teilweise erhaltenen flachen Wall eingeschlossen wird. In einer Ecke liegt eine runde Vertiefung, vermutlich ein Brunnen. Nicht weit davon entspringt eine Quelle. Nach den schon vor einiger Zeit aufgelesenen röm Scherben könnte es sich um einen umwallten Gutshof handeln. We
Lit: BJb 142, 1937, 231 f – OKleemann, Vor- und Frühgeschichte des Kreises Ahrweiler, 1971, 25 ff, 83 f

Bernkastel-Kues WL

Princastellum

Unter anderen Örtlichkeiten benennt der Geograph von Ravenna (Anfang 8. JhnChr) eine Örtlichkeit *Princastellum,* die mit dem heutigen Bernkastel zu identifizieren ist. Zwar wurden im Bereich der Stadtansiedlung bislang keine sicheren Funde röm Zeit nachgewiesen, doch ist der Platz der das Tal und die Tiefen beherrschenden Burg Landshut schon in spätröm Zeit befestigt gewesen.
Hierauf weisen unterhalb der Burg gefundene Gürtelschnallen und Beschläge, Keramik und Eisenfunde hin. Cü
Lit: K-JGilles, Trier, 326 f – ders, TZ, Beih 7, 1985, 108

Besslich TR

*Grabmalrest**

Links vom Eingang der Kapelle ist ein Sandsteinblock (H 90 cm, B 30 cm) eingemauert, der, stark verwittert, einfache Ornamentik von Ranken und Rosetten zeigt. Der Stein stammt von einem größeren Grabmal. Cü
Lit: Ortskunde Trier-Mettendorf, 1932, 15

Bingen MZ

Militärlager und Vicus
Abb. 135, 217, 218

Entsprechend seiner besonderen geographischen Lage (Einmündung der Nahe in den Rhein; Ende der offenen Landschaft der unteren Nahe sowie der Ingelheimer Rheinebene und Beginn des engen oberen Mittelrheintals) war Bingen zu Beginn der Römerherrschaft militärisch wie zivil ein wichtiger Stützpunkt. Obwohl wir weder auf Binger noch Bingerbrücker Seite militärische Anlagen nachweisen können (→ Brücke), so sind diese doch vorauszusetzen. Bekannt sind dagegen die in Bingen in der ersten Hälfte des 1. Jh stationierten Hilfstruppen: *cohors IV Delmatarum, cohors I Pannoniorum* und *cohors I Sagittariorum*. Später übernahmen wohl Abteilungen der 14. und 22. Legion aus Mainz den Schutz des Platzes. Die Zivilsiedlung erhielt 359 als Folge verheerender Germaneneinfälle eine Festungsmauer, von der Ausonius (Mosella 1) berichtet. Einen *praefectus militum Bingensium* erwähnt die Notitia dignitatum (Occ. 41) für den Beginn des 5. Jh. Archäologische Funde und Befunde kennen wir aus Bingen nahezu nur in Form von Grabfunden entlang der Mainzer Str sowie längs der Straße nach Köln auf Bingerbrücker Seite. Dazu kommt noch der Friedhof O und S der Burg Klopp, aus dem das berühmte Arztgrab stammt. Ru

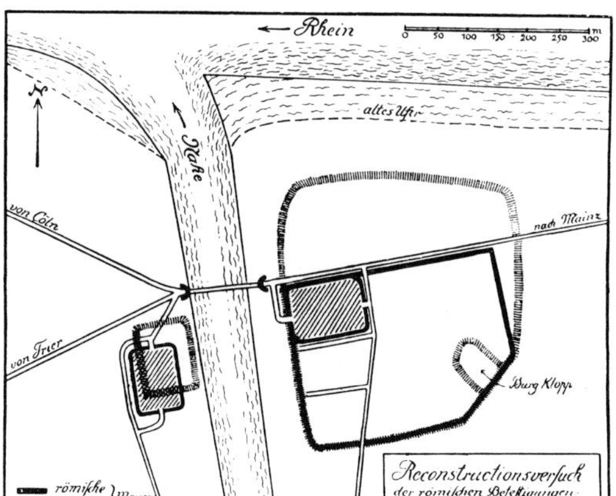

Abb. 217 Bingen. Übersichtsplan

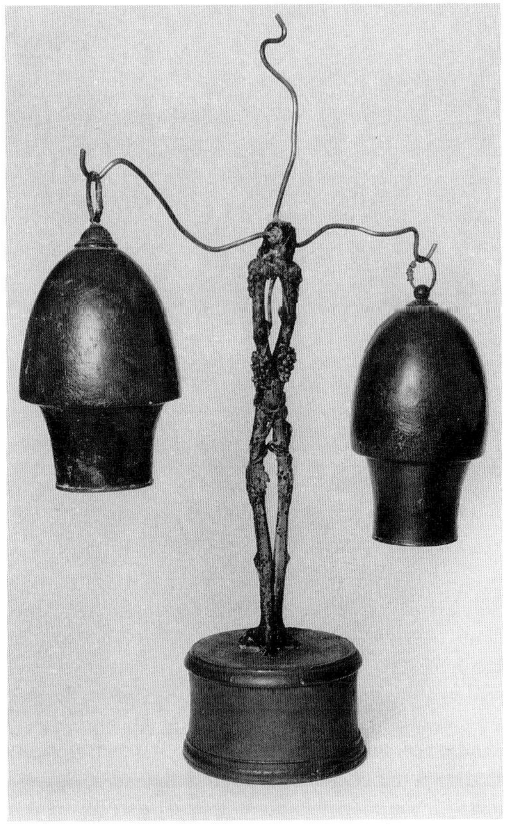

Abb. 218 Bingen. Grabbeigaben eines Arztes. Ständer mit Schröpfköpfen

Ao: Binger Heimatm
Lit: GBehrens, Kat Bingen, 1920, 49 – HKlumbach, Führer z arch Denkmälern in Deutschland 12, 1976, 127 ff – EKünzl, BJb 182, 1982, 1 ff – BOldenstein-Pferdehirt, Jb RGZM 30, 1983, 303 ff

Brücke
Abb. 219

Während des Dükerbaus von Bingerbrück nach Bingen im Jahre 1983 wurden aus der Nahe Eichenpfähle mit eisernen Pfahlschuhen und eine größere Anzahl von Spolien gebaggert. Die Funde bezeugen an dieser Stelle die Nahebrücke

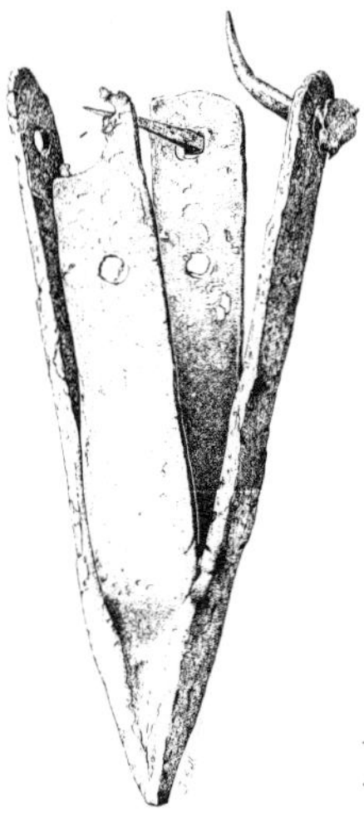

Abb. 219 Bingen. Pfahlschuh von der Nahebrücke

im Zuge der Fernstraße Mainz–Köln. Sie ist nicht identisch mit der flußaufwärts liegenden Drususbrücke, für die ein röm Alter nicht bewiesen werden kann. Nach dendrochronologischen und dendroarchäologischen Untersuchungen von E. Hollstein handelt es sich um die Gründungspfähle einer Pfahlrostbrücke, die unter Kaiser Vespasian 77 nChr gebaut wurde. In dieser Zeit entstanden zugleich in Trier und Mainz Brücken, so daß es naheliegt, an ein umfassendes Brückenbauprogramm zu denken. Eine weitere, auf die Zeit um 305 datierte Holzprobe weist möglicherweise auf eine unter Kaiser Konstantin errichtete Kai- oder Uferbefestigung hin. Ru

Lit: GRupprecht, Heimatjb Lkr Mainz-Bingen 29, 1985, 29 ff

Bingen-Bingerbrück MZ

Grabstein
Abb. 220

Beim Bau des Bahnhofs (um 1860) wurde eine große röm Nekropole entdeckt, aus der neben Zivilgrabsteinen auch Grabsteine von Soldaten der in Bingen stationierten Kohorten zutage kamen. Die Grabinventare gingen der Forschung größtenteils verloren.

Der abgebildete Grabstein gehörte zum Grab des *Annaius Pravai F(ilius) Daverzus/ mil(es) ex Coh(orte) IIII Delmatarum/ ann(orum) XXXVI stipend(iorum) XV/ h(ic) s(itus) e(st) h(eres) p(osuit).* (Annaius, Sohn des Pravaius, Daverzus, Soldat der 4. delmatinischen Kohorte, 36 Jahre alt, 15 Dienstjahre, liegt hier begraben. Den Grabstein ließ der Erbe setzen.)

Annaius, der aufgrund seiner Namensform kein röm Bürgerrecht besaß und aus Dalmatien

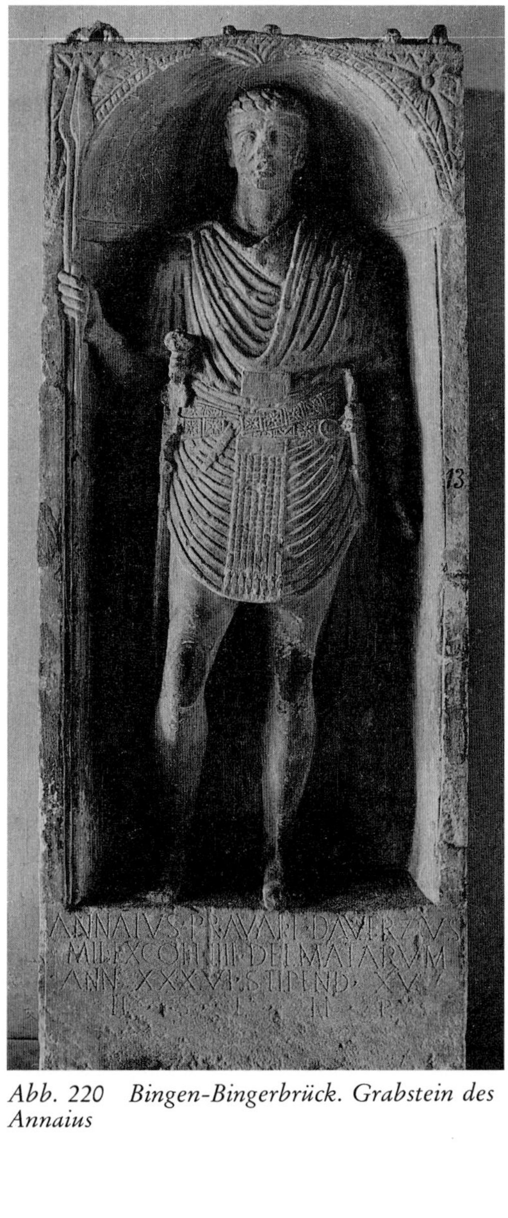

Abb. 220 Bingen-Bingerbrück. Grabstein des Annaius

Abb. 221 Bingen-Büdesheim. Ziegelbrennofen. Grabungsfoto

stammte, war im 1. JhnChr Soldat in Bingen gewesen und dort während seiner Dienstzeit verstorben. Sein Abbild über der Inschrift zeigt ihn in Tunika und Soldatenmantel mit seinen Waffen: 2 Lanzen, Schwert und Dolch (beide am Koppel) sowie Schild. Ru

Ao: M Bad Kreuznach

Lit: CIL XIII 7507 – GBehrens, Kat Bingen, 1920, 130 ff – HGabelmann, BJb 172, 1972, 135 – BOldenstein-Pferdehirt, Jb RGZM 30, 1983, 303 ff

Bingen-Büdesheim MZ

Ziegelbrennofen
Abb. 221

Unterhalb des Scharlachberges kam im Zuge des Ausbaus der Saarlandstr ein mit Hangschutt überdeckter Rest eines quadratischen Ziegelbrennofens (2,10 × 2,10 m) zutage. Unter dem noch erhaltenen Brennraumboden (Tenne) mit seinen Heißluftlöchern lag der Heizraum, der aus dem Hauptkanal und den rechtwinklig davon nach beiden Seiten abzweigenden leicht ansteigenden Nebenkanälen (2 × 7) bestand. Von den sich über der Tenne befindlichen Brennraummauern war fast nichts mehr erhalten.

Der Ofen gehört aufgrund der in der Umgebung gemachten Lesefunde ins 2.–3. JhnCh und weist auf die lokale Selbstversorgung bei Baumaterial hin. Ru

Bingen-Kempten MZ

Gutshof
Abb 222

In der Gärtnerei Regner liegen unter abgeschwemmtem Löß die Mauern vom Hauptgebäude (ca 36 × 46 m) eines Gutshofes in teilweise noch beträchtlich guter Erhaltung. Der Bau wurde mehrfach infolge militärisch und naturbedingter Zerstörung verändert. Die Münz- und Keramikfunde datieren die Anlage ins 3.–4. JhnChr.

Vom Baubefund her aussagekräftig war eine Testgrabung des Jahres 1984, die einer Heizanlage mit Heißwasserbereitung galt. Im Grabungsfoto ist links der Arbeitsplatz des Heizers mit Zugangstür (links oben) zu sehen. Nach rechts bzw rechts oben abzweigend liegen 2 Heizkanäle (Präfurnien). Über der Mitte des nach rechts laufenden Heizkanals war, wie die halbrunden Aussparungen in den aufgehenden Heizkanalwänden anzeigen, ein großer Wasserkessel eingebaut. Auf

Abb. 222 Bingen-Kempten. Heizanlage eines Gutshofs. Grabungsfoto

diese Weise konnte nicht nur der sich nach rechts anschließende Baderaum beheizt werden, sondern es war auch möglich, ununterbrochen heißes Wasser zu erzeugen. Ru

Bingerbrück → Bingen

Bitburg BIT

*Beda vicus**
Abb 223, 224

An einer schon in vorröm Zeit bestehenden Fernverbindung durch die Eifel, die durch Hügelgräberfelder und Siedlungsstellen gekennzeichnet ist, entstand auf einer über die Plateaufläche hinausragenden natürlichen Erhebung ein Vicus. Für das Gebiet eines Trevererpagus der *Bedenses* wurde der Ort zu einem zentralen Markt mit Tempeln, Kolonnaden und einem szenischen Theater, wie eine Inschrift von 245 nChr ausweist. Außerhalb des Siedlungskerns wurde eine Inschrift geborgen, die die Errichtung eines »Pharos« überliefert, in dem ein Leucht- und Rauchzeichen vermittelnder Signalisationsturm

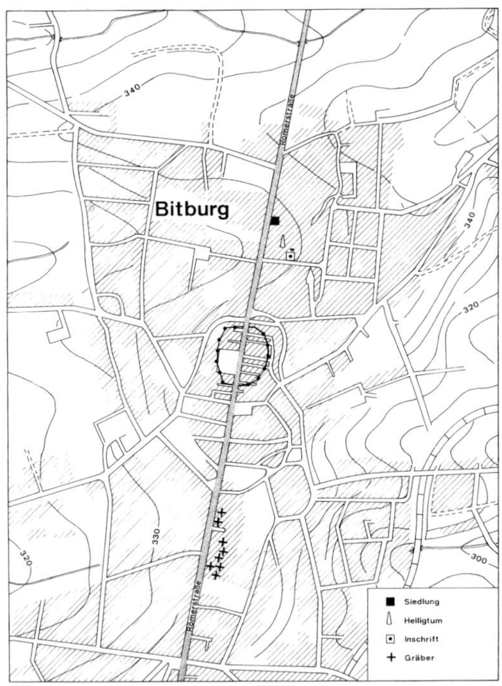

Abb. 223 Bitburg. Vicus, spätrömische Befestigung Römerstraße und Fundstellen

zur Nachrichtenübermittlung zu erkennen ist. 198 hat ein Lucius Ammiotius Gamburio eine Bühne mit Loge (*proscenium cum tribunali*) sowie einen Geldbetrag von 50 000 Denaren gestiftet zum Unterhalt der Bühne und zur Abhaltung von Spielen, für deren Durchführung die Ortsvorsteher (*curatores vici*) zu sorgen hatten.
An Gottheiten sind durch Reliefs überliefert Jupiter, Sol, Vulcanus, Apollo Grannus und Sirona und die Verehrung des Mercurius Vassocaletes.
Die Römerstraße Trier–Köln verlauft in geradezu modellhafter Geradlinigkeit über den das Gutland beherrschenden Hügel, um dann N mit gleichmäßigem Anstieg höhere Berghänge zu überwinden. Von der Bebauung entlang der Straße sind bislang nur spärliche Reste beobachtet worden, die aber, wie in → Jünkerath, eine dichte Folge schmaler Häuser in Giebelstellung zu rekonstruieren erlauben. Nach den Zerstörungen des 3. JhnChr wird der strategisch wichtige Ort mit einer im Grundriß ovalen Befestigungsmauer umzogen, die neben den »Torbauten« an der W-Seite 7, an der O-Seite 6 Wehrtürme mit wechselnden Zwischenabständen erhielt. Innerhalb des Mauerringes (2 ha), wurden 1984 umfangreiche Mauerzüge, Keller und Brunnenschächte entdeckt. Münzfunde und Scherben reichen vom 1.–5. JhnChr.

Abb. 224 Bitburg. Sichtbarer Rest der Befestigungsmauer

Im Abstand von 22–28 m ist der Befestigung ein Graben vorgelagert, der an der W-Seite an verschiedenen Stellen nachgewiesen wurde.
Größere Strecken der Mauer wie auch Teile der Türme sind ebenfalls an der W-Seite auf größere Länge erhalten und sichtbar (von der Murengasse, entlang der B 257 bis zur Kreuzung Römerstr mit der Dauner Str).
Aus der Befestigungsmauer wurden verschiedentlich Inschriften geborgen, die hier als Spolien verbaut waren. Auf das »Theater«, das auf der Höhe der Marienkirche vermutet wird, weist eine Bauinschrift mit flankierenden Viktorien, die auch eine Kolonnade, wohl entlang der Haupt- und Durchgangsstraße, erwähnt. Cü
Ao: RLM Trier
Lit: FVFD 33, 1977, 119 – Ortskunde Trier-Mettendorf, 1932, 27 ff – TZ 24/26, 1956/58, 530 ff – K-JGilles, Trier, 324 f

Böbingen SÜW

Wagengrab
Abb 152, 225

1834 trug der Landwirt Mohr in den »Hölzer Wiesen« einen flachen Erdhügel ab und entdeckte dabei einen umfangreichen Bronzefund, der noch bis vor kurzem als Depotfund von Geinsheim-Böbingen als ein Zeugnis für die Alamanneneinfälle um 260 nChr galt. Eine Analyse der Fundstücke durch A. Radnoti ergab dann aber deutliche Hinweise auf eine oder mehrere Grabausstattungen mit Pferdegeschirr und Wagen unter einem Grabhügel. Die Pferdegeschirrteile (Jochbeschläge, Trensen) gehörten zu 3 oder 4 Zugtieren. Eine reich verzierte Emailplatte war offenbar auf der Stirn eines der Pferde zusammen mit der Schirrung angebracht. Zu einem Wagen gehörten Endbeschläge in Würfelform mit sitzenden Satyrknaben, die am Wagenkorb befestigt waren.

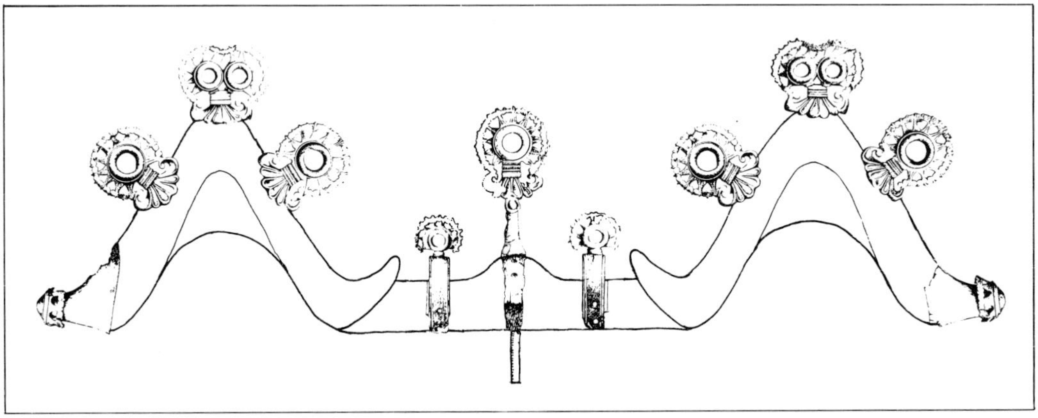

Abb. 225 Böbingen. Wagengrab. Jochbeschläge. Rekonstruktion

Die adlerköpfigen Aufsätze dienten zur federnden Befestigung des Wagenkorbes auf dem Fahrgestell. In den Bereich des Totenkultes gehören ein Bronzekandelaber (H 1,4 m) und eine Bronzelampe.
Die Bestattung eines Toten mitsamt seinem Fuhrpark ist in röm Zeit in unserem Raum fremd, wenngleich die Mitgabe von Wagen ins Grab in der vorchristlichen Eisenzeit durchaus üblich war. A. Radnoti bringt die Wagenbestattung von Böbingen mit einem Bestattungsbrauch in Verbindung, der in Thrakien, dem heutigen Bulgarien üblich war. Thrakische Truppenverbände sind am Rhein überliefert, so daß die Vermutung, daß hier ein Veteran thrakischer Herkunft in dem nahegelegenen Gutshof bei → Gommersheim gelebt und nach einheimischem Grabbrauch beigesetzt wurde, einige Wahrscheinlichkeit birgt.

Be

Ao: M Speyer
Lit: FSprater, PfälzM 39, 1922, 125 ff – ARadnoti, MittHVP 67, 1969, 87 ff – HBernhard, in: Geinsheim in der Pfalz, hrsg v Stadt Neustadt 1988, 25 ff

Bollendorf BIT

*Gutshof**
Abb 226, 227

Am W-Rand des Ferschweiler Plateaus und oberhalb des Ortes Bollendorf liegt an einer Geländeausweitung über dem Sauertal eine röm Siedlungsstelle, die *villa rustica* von Bollendorf. In ausgesucht landschaftlich schöner Lage, besteht der seit 1907 konservierte Hausgrundriß aus der nach SW orientierten Frontseite mit Portikus und risalitartigen Eckräumen, an die ein großer Raum als eigentlicher Gemeinschafts- und Wohnraum anschließt. Der Rück- und Bergfront ist an der NW-Ecke noch ein Raum vorgelagert. Im Zuge einer Erweiterung wurde ein langgestreckter, korridorartiger Raum der Rückfront zugefügt.
Bedingt durch das relativ stark geneigte Gelände ist die Risalit- und Portikusfront als Keller ausgebildet, wodurch eine Zugangstreppe von außen erforderlich war, um das allgemeine Nutzungsniveau zu erschließen. Dementsprechend erhebt sich die Frontseite mit dem Aufgehenden des Kellergeschosses sehr markant aus dem Terrain. Die turmartigen Eckräume flankieren die offene, mit Säulen verzierte Eingangshalle und Portikus, von der aus der Hauptraum zu begehen war. Wirtschaftliches Wohlergehen bot dem Hauseigentümer im 2. JhnChr die Möglichkeit zu einer umfangreichen Umbaumaßnahme, die auch zivi-

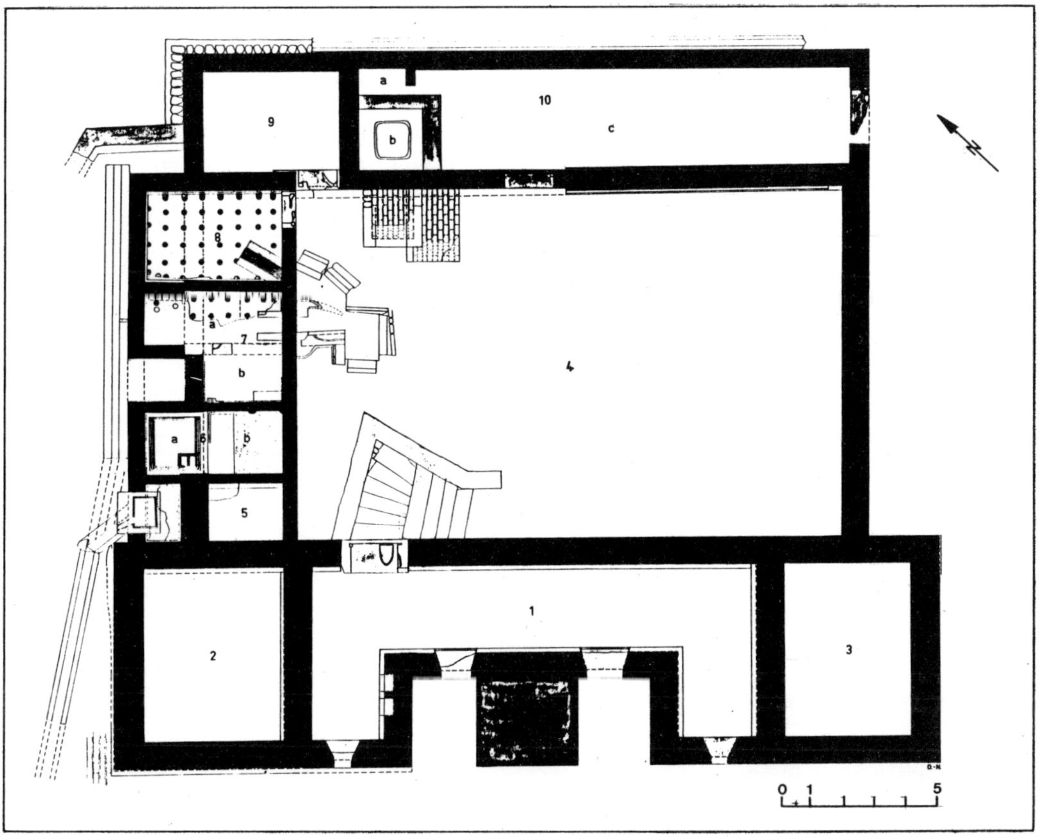

Abb. 226 Bollendorf. Hauptgebäude eines Gutshofs. Grundriß

Abb. 227 Bollendorf. Rekonstruktion des Hauptgebäudes

lisatorischen Luxus mit Einrichtung eines Bades nach mediterranem Vorbild mit sich brachte.
An der W-Seite wurde die tragende Außenwand zT aufgebrochen und ein dreiteiliges Bad mit Heiß-, Lau- und Kaltbad errichtet. Die Feuerstellen des Hypokaustums waren im Hauptraum installiert. Zwischen Kaltbad und Eckrisalit sind ein Wasserauffang und die Ablaufrinne aus einem großen Quader gebildet, die gleichzeitig den Ablauf der Wasserbecken aufnahmen. Derart regelmäßig bespült, wird diese Installation als Toilette genutzt worden sein.
Das Haus war, wie Funde von Glas- und Tongefäßen, eisernen Gerätschaften und Münzen bezeugen, vom 2. bis in das beginnende 3. JhnChr bewohnt.
Der Gutshof ist zu erreichen von der Zufahrtsstraße zum Vogelgehege und Schloß, dem bergan führenden Wege folgend, ca 400 m vom Parkplatz. Cü
Ao: RLM Trier
Lit: PSteiner, Trierer Jahresber 12, 1919/20, 1923, 1 ff – FVFD 33, 1977, 154

Abb. 228 Bollendorf. Fraubillenkreuz

*Menhir Fraubillenkreuz**
Abb 228

Auf der Plateaufläche steht ein großer Menhir, der der Überlieferung nach in der Missionszeit des Willibrord zu Beginn des 8. Jh zu einem Kreuz umgewandelt worden sein soll.
Der nach unten verjüngte Schaft ist im Sockel an den gerundeten Seiten etwas gebaucht, zieht dann stark ein und greift rechtwinklig zu den Kreuzarmen aus, der senkrechte Balkenteil der Oberseite ist etwas breiter. Im Kreuzungsteil der Arme ist eine Nische mit einfachem Giebel ausgearbeitet. Das an einer leichten Wegerundung stehende Mal ist in seiner monumentalen Schlichtheit dem Wanderer von überraschender Wirkung. Nur wenige Meter links hinter dem Kreuz ist im Unterholz eine durch einen Graben umgrenzte runde Plateaufläche zu erkennen, die, in napoleonischer Zeit angelegt, als Napoleonsgärtchen benannt und überliefert wird. Cü

*Dianadenkmal**
Abb 229

Unterhalb der Niederburg, am Rande zum flacher auslaufenden Gelände der bebauten Mittelterrasse des Sauertales, steht eines der für die Mittelgebirgslandschaften typischen »Felsendenkmäler«, wie sie auch aus dem benachbarten Luxemburg, dem saarländischen und lothringischen Raum bekannt geworden sind.
Aus einem größeren, verstürzten Felsblock herausgearbeitet, ist der Denkmalfuß nur an der Vorderseite abgeschrotet und geglättet, die Seiten greifen ohne Bearbeitung ungleichmäßig aus, da sie ursprünglich wohl im Erdreich verdeckt lagen. Über den abgeschroteten Flächen erhebt sich der stelenförmige Schaft des eigentlichen Denkmals mit Inschriftfläche und bekrönendem Relief.
In kapitalen Lettern lautet die Weiheinschrift: *Deae Dianae / Q(uintus) Postumius / potens V(otum) S(olvit)* (Der Göttin Diana hat Quintus Postumius das Gelübde erfüllt).
Durch eine vorstehende Profilleiste abgesetzt folgt das Relief einer Ädikula mit seitlichen Pilastern und daneben, deutlich unterschieden, je eine Säule. Dazwischen erscheint, stark bestoßen,

Abb. 229 Bollendorf. Dianadenkmal

Abb. 230 Bollendorf. Das sog. Schmittenkreuz

die Göttin Diana mit ihren Begleittieren, Jagdhund und Hirsch, von denen nur die Beine erhalten sind. Das fehlende Oberteil, mit den Körpern der Figuren und einem wohl giebelförmigen Abschluß, ist vielleicht erst in der Zeit des Willibrord zu Beginn des 8. Jh gewaltsam zerstört worden.

Cü

Lit: Ortskunde Trier-Mettendorf, 1932, 58 ff

*Denkmal an der Sauerpromenade**
Abb 230, 231

Reste eines Denkmalsockels aus Sandstein, gefunden beim Bau der neuen Badeanstalt.
N des Orts, saueraufwärts, bei der alten Schmiede (heute Gaststätte für Campingplatz), steht aus einem Felsklotz geschlagen ein altarförmiger Sockel, das sog »Schmittenkreuz«. Über dem stufenförmigen Einzug und gekehlten Sockelabschluß erhebt sich ein rechteckiger Block mit abgeschrägten Kanten, in den ein Kreuz eingelassen war. Nach älteren Zeichnungen und Beschreibungen war ein Denkmalaufbau mit »tonnendachförmigem« Deckel vorhanden, das die Darstellung eines mit Waren beladenen Schiffes trug.

Cü

Lit: Ortskunde Trier-Mettendorf, 1932, 56 ff

Abb. 231 Bollendorf. »Schmittenkreuz«. Rekonstruktion

Abb. 232 Bollendorf. Kiesgräber

*Kiesgräber**
Abb 232

SW von Ferschweiler, auf der Plateaufläche, ist ein geglätteter Fels erhalten, in den 5 kastenförmige Vertiefungen eingearbeitet sind. Es handelt sich um die Reste von Aschenkisten, für Brandbestattungen und Beigaben bestimmt, die zZ ihrer Entstehung mit jeweils einem Deckel in Form eines Hausgiebels (Häuschenstein) oder einer kleinen Pyramide, versehen waren. Vergleichbare Einzelkisten mit entsprechenden Abdeckungen wurden auf der gesamten Plateaufläche beobachtet, so auch bei Holsthum, sind aber in sehr ausgeprägter Form auch aus dem Gebiet des S Hunsrücks und aus den Vogesen bekannt geworden. Cü

Lit: Ortskunde Trier-Mettendorf, 1932, 52 ff

Boos KH

*Gutshof**
Abb 233, 234

1921 und 1922 wurden durch das Bonner Provinzialmuseum Teile eines röm Gebäudes untersucht, auf die man bei Arbeiten an der Kirche gestoßen war. Mehrfach kamen in den folgenden Jahrzehnten neue Einzelerkenntnisse hinzu. Man sprach den Architekturbefund als den Rest einer Badeanlage an.

Wie in → Heidesheim steht aber auch in Boos die Kirche auf den Mauern des Hauptgebäudes einer röm *villa rustica*. Während in Heidesheim und anderswo von der röm Bausubstanz in der Regel jedoch nur noch das Fundament und untere Lagen des Aufgehenden erhalten blieben, liegt die Kirche in Boos über dem Kryptoportikusgeschoß. Insofern sind Türen-, Fenster- und Gewölbedeckenkonstruktionen in dieser Gebäudeebene im Mauerwerk vollständig.

Das Herrenhaus (20 × 17 m) wurde in einen nach N ansteigenden Hang hineingebaut, so daß sich von da her die Anlage eines Kryptoportikusgeschosses von selbst anbot. Die Schauseite des Gebäudes lag wohl im S. Lange Gänge an der S- und W-Seite, jeweils mit Oberlichtfenstern ausgestattet, erschließen dahinter liegende Räume durch Türen und große Innenfenster, die mit den Oberlichtfenstern korrespondieren. Mindestens zwei Treppen verbinden dieses Geschoß mit dem darüberliegenden (Auftritt 35 cm, Steigung 35 cm). Die Räume (H 3,4 m) tragen weiß bemalte Wand-

Abb. 233 Boos. Hauptgebäude eines Gutshofs. Kryptoportikus

verputzreste; rote Striche in Kombination mit schwarzen Begleitstrichen betonen die Raumecken. Opus-signinum-Estrich bedeckt die Fußböden. Bei nur mäßigem Licht und ohne fest installierte Heizmöglichkeit dürfte das Kryptoportikusgeschoß wohl Abstell- und Lagerzwecken sowie der Vorratshaltung gedient haben. Wohnräume befanden sich dagegen auf jeden Fall im darüberliegenden Geschoß, da dort der Unterboden eines Hypokaustums und seines Präfurniums erhalten blieb. Diese Höhe entspricht ungefähr dem heutigen Nutzungsniveau der Kirche. Von der Qualität der Innenausstattung der Wohnräume zeugen z. B. eine verzierte Stuckleiste wie auch einzelne Mosaiksteine.

Über Lesefunde läßt sich der Bau in das 2. bis 3. JhnChr datieren. Eine teilweise Zerstörung oder ein Bauschaden führten in der Südostecke neben dem Kryptoportikuseingang zu einer massiven Eckverstärkung mit großen Sandsteinquadern. Oder war damit eine Befestigung beabsichtigt?

Nebengebäude konnten bislang noch nicht entdeckt werden. Der zugehörige Friedhof lag ca 100 m NW. Der ausgegrabene Teil des Hauses soll restauriert werden, um anschließend der Öffentlichkeit zugänglich zu sein. Ru

Ao: RLM Bonn

Lit: HLehner, BJb 127, 1922, 276, 289; 128, 1923, 136 – BStümpel, MZ 60/61, 1965/66, 168; 63/64, 1968/69, 199 – GRupprecht, Die römischen Gewölbe von Boos. Archäologie in Deutschland 2/1988, 8 f

Abb. 234 Boos. Hauptgebäude eines Gutshofs. Stuckgesims

Boppard SIM

*Vicus, Kastell**
Abb 140-143, 235, 236, Taf 6b

Etwa 20 km S von Koblenz und dem Neuwieder Becken, auf dem vom in das Rheintal einmündenden Seitental des Mühlenbaches gebildeten Schwemmkegel und der dadurch entstehenden Talweitung, ist schon frühzeitig eine Siedlung entstanden. Auch wenn bisher an dieser Stelle vorröm Fundgegenstände datierender Art noch nicht aufgetreten sind, ist davon auszugehen, daß dieser charakteristische Siedlungsplatz nicht erst zur Römerzeit aufgesucht wurde. Schon früh wurde in der Forschung dieser Wohnplatz mit dem in dem Itinerar des Antoninus verzeichneten Ort *Bodobrica* 8 Leugen stromaufwärts von *Confluentes* (Koblenz) in Verbindung gebracht. Hier ist eine offene Straßensiedlung (*vicus*) im NW des heutigen Boppard an der röm Rheinuferstraße belegt. Nachgewiesen sind Kleinhausbauten mit Funden des 1.–3. JhnChr. Besonders bemerkenswert ist die Tonstatuette einer reitenden Epona mit vorzüglich erhaltener Bemalung. Aus der röm Spätzeit gab es hier noch keine Befunde. Beobachtungen konnten bisher nur bei Aufschlüssen von Kanalarbeiten und Bauausschachtungen gemacht werden, so daß sich daraus das Ende des Vicus nicht endgültig erschließen läßt. Doch ist vermutlich die Besiedlung auch dieses Straßenvicus in das spätröm Kastell etwa gut 1 km O des Vicus aufgegangen, bestand aber wohl nach Ausweis der Funde bis ins 3. Jh.
Mitte des 4. Jh wurde im Stadtkern des heutigen Boppard auf leicht zum Strom hin abfallendem hochwasserfreiem Gelände in unmittelbarer Flußnähe das spätröm Kastell *Bodobrica* errichtet. Seine Umfassungsmauern sind stellenweise noch bis zu einer Höhe von 9 m vorhanden und

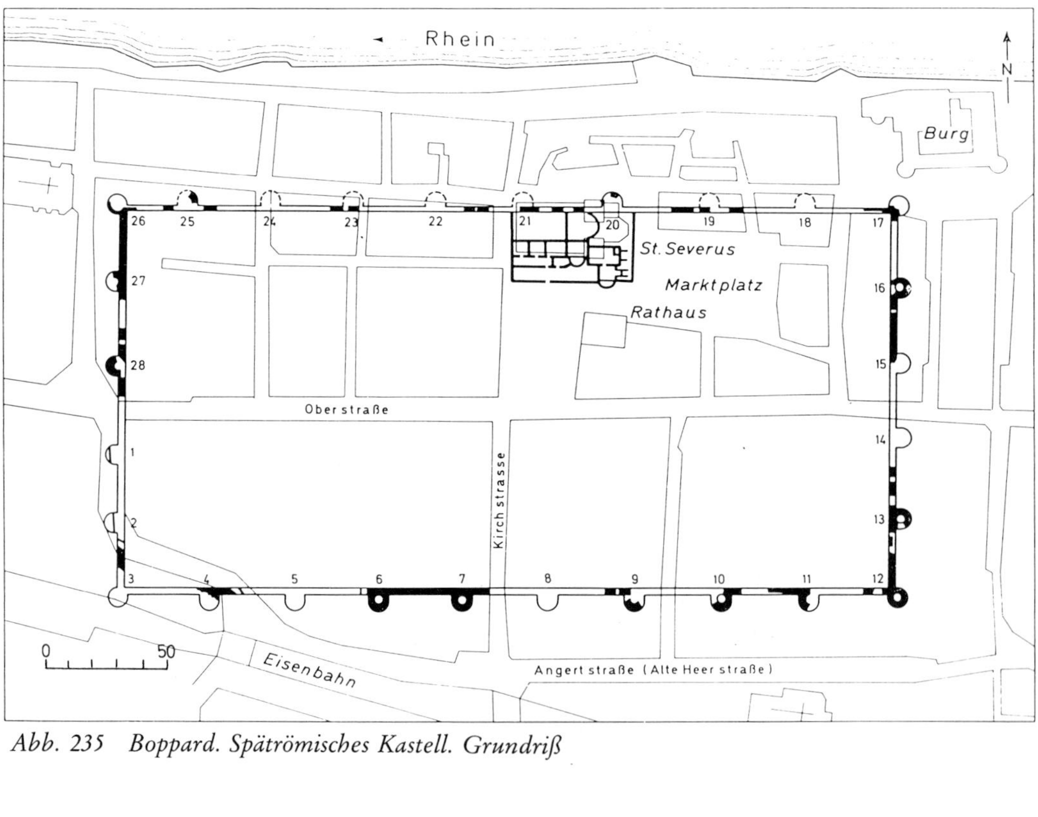

Abb. 235 Boppard. Spätrömisches Kastell. Grundriß

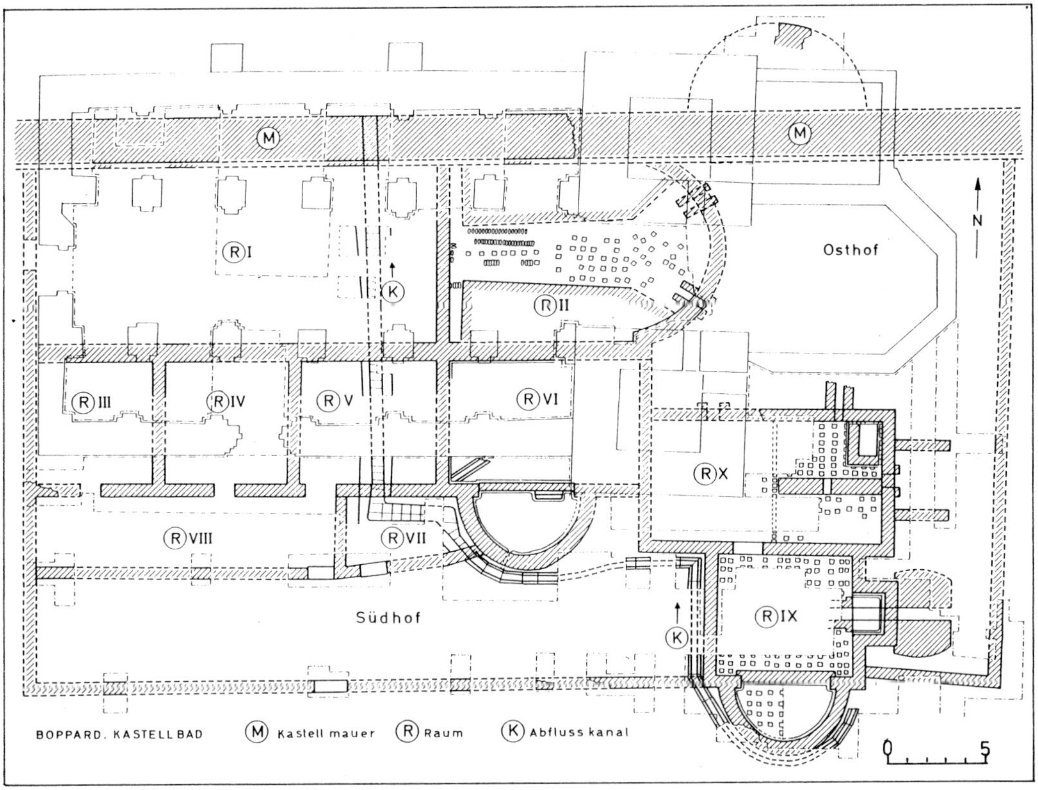

Abb. 236 Boppard. Kastellbad. Grundriß

bilden damit die am besten erhaltenen Festungsmauern aus der Römerzeit N der Alpen. Die mit 28 Rundtürmen in regelmäßigem Abstand von 27 m ausgestattete Wehrmauer hat eine Mauerstärke von 3 m, an der Rheinfront sind es lediglich 2 m. Die gesamte Wehrmauer umschließt ein Rechteck von 308 × 154 m. Bis in das 12. Jh diente die röm Mauer als Stadtbefestigung. Stationiert waren hier – nach der Notitia dignitatum – *milites balistarii*, eine Art Festungsartillerie.
In der Zeit von 1963 bis 1966 fanden in der St.-Severus-Kirche am Marktplatz von Boppard umfangreiche Ausgrabungen statt (H. Eiden). Hier standen insbesondere die Fragen der Entstehung und Kontinuität der spätröm befestigten Siedlungen im Forschungsvordergrund. Danach ergab sich folgendes Bild: In dem Kastell wurde Mitte des 4. Jh an der inneren N-Mauer ein Militärbad (50 × 35m) angebaut. Seine zahlreichen Räume entsprachen dem üblichen Bauschema röm Badeanlagen, insbesondere in militärischen Bereichen. Datiert ist das Bad durch 4 Bronzemünzen des Constantius II., die zwischen 341 und 346 geprägt wurden. Sie lagen unter dem Boden des Umkleideraumes und geben den frühestmöglichen Baubeginn des Bades an. Ziegelstempel der 22. Legion im Kastellbad lassen eine Datierung bis spätestens 352/355 zu. Vielleicht gehörte der Bau des gesamten Kastells *Bodobrica* aber auch in die am Rhein nachgewiesene Bautätigkeit des Julian 357–359.
Nach der allmählichen Aufgabe der röm Reichsgrenze und dem Abzug der regulären Truppen nach 406 wurden nahezu alle militärischen Kastellareale von der Zivilbevölkerung genutzt und für ihre Zwecke umgebaut und in Besitz genommen. In dieser Zeit, etwa 4. Jh, war die Christianisierung fortgeschritten. Dies geht insbesondere

aus Grabinschriften des Friedhofs an der Straße hervor. Spätestens in der zweiten Hälfte des 5. Jh planierten die Bewohner Boppards das Kastellbad und errichteten eine christliche Kirche, die aus einem Saal (L 32 m, B 9 m) bestand. Die halbkreisförmig gewölbte Wand im O des Bades bildete das Fundament der Apsis. Ambo oder Bema mit schlüssellochförmigem Grundriß (L 6 m, B 2 m) mit rundem kanzelartigem Ende war von dem leicht erhöhten Chor zugänglich.

Im W der Kirche war ein Raum abgetrennt, in dessen Mitte sich ein Taufbecken (Dm 1,3 m) befand. Es hatte 7 halbkreisförmige Ausbuchtungen an seinem Rande, in denen Eintiefungen für Holzpfosten als Stützen für einen Oberbau zu erkennen sind. Im Innern befand sich eine umlaufende Stufe, über die man das Becken betreten konnte. Entsprechungen zu diesem spätröm Taufbecken im S und SO legen eine Datierung in die zweite Hälfte des 5. Jh nahe (→ auch S 253).

Diese frühchristliche Kirche ist nach Ansicht des Ausgräbers H. Eiden eines der wenigen sicheren Beispiele einer spätantiken-frühma Gemeinde- und Taufkirche, die sich kontinuierlich bis zur heutigen St.-Severus-Kirche entwickelt hat. We

Ao: LfD Koblenz

Lit: HEiden, Ausgrabungen an Mittelrhein und Mosel 1963–1976, Tafelband, 1982, 215 ff – ders in: JWerner; EEwing (Hrsg), Von der Spätantike zum frühen Mittelalter, 1979, 317 ff – HFehr, ArchKorrbl 9, 1979, 355 ff – H-HWegner, Berichte zur Archäologie an Mittelrhein und Mosel 1, 1987, 222 f

Bosenbach KUS

*Skulptur- und Inschriftenreste**
Abb 160

In der Wolfskirche sind bzw waren zahlreiche Bildnissteine eingemauert. Das Relief eines Sensenschleifers vor einem Tisch mit Krug und Geldbörse gehörte ebenso wie der Skulpturrest eines Löwen mit niedergerissener Hirschkuh zu einem oder mehreren Grabdenkmälern. Die beiden Stücke befinden sich heute im Turmchor der Kirche. Ein Steinblock mit Pilasterkapitell und ein Block mit Inschriftrest sind in der NO-Ecke des Kirchturms eingemauert. Das stark beschädigte Brustrelief einer Figur befindet sich über dem Torbogen der Friedhofsmauer. Be

Lit: FSprater, Die Pfalz unter den Römern 2, 1930, 30 – Espérandieu, 1922, 6118 – DMalitius, Römische Inschriften, 188 ff

Bosenheim → Bad Kreuznach

Brachtendorf COC

Gallo-römische Tempelanlage

Bei Dünnfuß im Distrikt Nimmer wurde durch das RLM Bonn eine gallo-röm Tempelanlage archäologisch untersucht. Der dicht an der Landstraße Kaisersesch – Karden gelegene ummauerte Tempelbezirk (40 × 35 m) enthält 3 Tempel, wovon 2 mit je einer Cella und Säulenumgang dem üblichen gallo-röm quadratischen Tempeltypus entsprechen. Der dritte liegt zwischen den beiden und besteht aus einer Doppelcella mit Säulenumgang. Die 3 Tempel sind zwar alle nahezu in O-Richtung orientiert, weichen aber im einzelnen in ihrer Ausrichtung voneinander ab. Gegenüber dem mittleren Tempel, an der Stelle, wo der Opferaltar zu stehen pflegt, befand sich ein schräg zu der Tempelfront verlaufendes Mauerfundament. An beiden Enden standen offensichtlich Altäre. Die Gebäude im O-Teil des Tempelbezirks dienten wohl als Wohnbauten, mit Herdstellen, Kellern und dergleichen. 14 m N der Umfassungsmauer lag ein kreisrunder, gemauerter Brunnen (T 8 m, Dm 1,20 m).

Auf den Tempelumgängen wurden reichliche Reste bemalten Wandverputzes gefunden. Außerdem konnte viel Keramik, eine Anzahl der bekannten kleinen Tonväschen und Terrakotten aus dem Tempelbezirk geborgen werden, weiterhin ein Bruchstück einer sitzenden Matrone mit Hündchen auf dem Schoß (H 14 cm). Zu erwähnen sind noch Kleinbronzen des Tetricus I. und eine aus der Mitte des 3. Jh mit stehender, weiblicher Figur.

Ansehnliche Reste von großen Statuen lassen auf den Kult mehrerer weiblicher Gottheiten schließen, die aber nicht dem üblichen Matronentypus angehören. Darunter sind eine weibliche Sitzstatue, offenbar einer Göttin, Fragmente einer zweiten weiblichen Gottheit und andere figürliche Bruchstücke aus Tuffstein; Bruchstücke vom Oberkörper einer gewandeten Götterstatue aus gelbem Sandstein (H 35 cm, B 55 cm), gelockter Kopf einer Götterstatue aus gelbem Sandstein (H 25 cm, B 22 cm). Daneben kamen zahlreiche Architekturteile, die Basis einer toskanischen Säule mit angearbeitetem Schaftstück (H 73 cm), Säulenschaftfragmente aus Tuffsandstein (H 95 cm), Architekturstücke mit dem Kopf des Jupiter Ammon aus gelbem Sandstein und Fragmente von Schieferplatten zutage. We

Ao: RLM Bonn

Lit: HLehner, BJb 131, 1926, 360; 133, 1928, 260 f; 134, 1929, 143 f, 178 f; 140/41, 1936, 463

Breitenbach KUS

*Inschriften an prot. Kirche**
Abb 237

In der O-Wand der prot Kirche ist ein Steinblock mit den Resten einer Grabinschrift vermauert, und am Kirchturm ist ein weiterer mit dem Namen Ianii zu erkennen. Eine Weiheinschrift an Mars befand sich im gleichen Bereich, wurde ausgebrochen und ist heute im Museum Speyer deponiert: *Marti (s)/a(crum) Natiron(ius)/Nicroniu(s)* (Dem Gott Mars hat Natironius Nicronius diesen Stein geweiht). Bei Erdarbeiten im Bereich der Kirche wurde bereits 1833 eine Löwenfigur

Abb. 237 Breitenbach. Grabinschrift an der prot. Kirche

entdeckt, die mit einer Pranke eine Hirschkuh geschlagen hat und festhält. Solche Figuren dienten zur Bekrönung von Grabdenkmälern. Nach der Überlieferung stammen die röm Steine von dem Gutshof → Breitenbach-Trumpelhaus oder von der Gräberanlage → Breitenbach-Pfalzrech. Be

Lit: CIL 13, 6198, 11707 – Espérandieu, 1922, 6076 – GTrautmann, Westrich Kalender 1966, 57 – DMalitius, Römische Inschriften, 191 f

Gutshof
Abb 240

Grabungen am Hang des Vogelsberges, Gewann »Trumpelhaus«, erbrachten 1898/99 Teile eines Herrenhauses mit Portikus (F) und Eckrisaliten. Die Eingangsfront war nach N zur Niederung

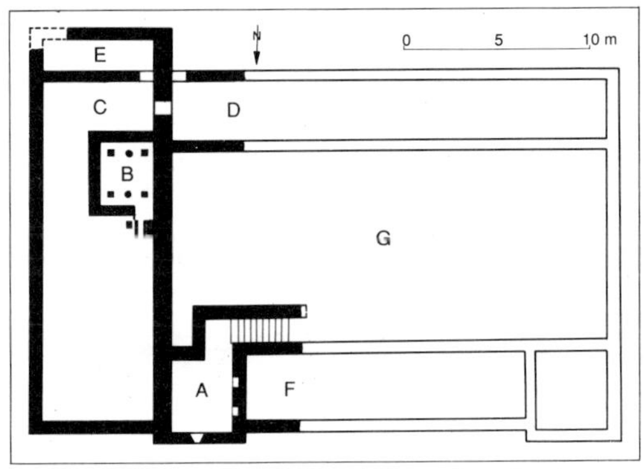

Abb. 238 Breitenbach. Hauptgebäude eines Gutshofs. A Keller, B Bad, C, E Räume, F Portikus, D Säulenhalle, G Innenhof oder Halle. Grundriß (schwarz: ergrabener Befund)

des Labaches ausgerichtet. Im O-Risalit befand sich ein Keller (A) mit 2 Fenstern und Bogennischen. Die Räume C und E sind zu einem späteren Zeitpunkt hinzugefügt worden. Raum B war durch ein Hypokaustum heizbar und wurde als Badebereich genutzt. Erwähnt wird ein halbrundes Badebecken (ca Dm 2,60 m), das im O von Raum C angebaut war. Der zentrale Innenraum G war entweder als offener Hof oder als überdachte Halle genutzt. Der langschmale Raum D an der Rückfront des Baus kann durchaus auch als Säulenhalle ausgebildet gewesen sein. Die Ausdehnung des Gebäudes nach W ist nicht bekannt, es dürfte sicherlich aber noch 35–40 m weiter gereicht haben. An Funden werden eine Trense, eine Glocke, ein Bleirohr, Nägel und Ketten sowie eine Münze des Kaisers Gallienus erwähnt. Be

Lit: LGrünewald, MittHVP 23, 1899, 255 ff – ders, ebda 25, 1901, 35 ff – FSprater, Die Pfalz unter den Römern 1, 1929, 122 ff – FMRD IV 2, 2132

Grabmal

Etwa 800 m NW des Gutshofes wurden 1955/56 die Reste eines größeren Grabdenkmales festgestellt. Es wurden zahlreiche Gesimsstücke und Steinblöcke, eine Löwenplastik mit niedergerissenem Eber sowie ein bärtiger Männerkopf auf engem Raum zusammen entdeckt. Das Fragment einer männlichen (?) Figur kam ca 130 m von dieser Stelle entfernt zutage. Bei den Funden handelt es sich um die Reste von einem oder mehreren Grabdenkmälern, die in Versturzlage am ehem Aufstellungsort aufgedeckt wurden. 1965 wurde in unmittelbarer Nähe eine runde Aschenkiste ausgegraben.

Der große Abstand des Bestattungsplatzes zum Gutshof im Gewann → »Trumpelhaus« läßt vermuten, daß die Grabanlage zu einem weiteren Gutshof gehörte, der im Gelände noch nicht nachgewiesen werden konnte, vielleicht aber am Pfalzberg gelegen hat. Be

Ao: M Speyer

Lit: Fundberichte aus der Pfalz 1956–1960, MittHVP 68, 1970, 91; 1966–1970, MittHVP 81, 1983, 23 – DMalitius, Römische Inschriften, 193

Breitenheim KH

*Sandsteinreliefs**
Abb 239

Die bisher einzigen röm Funde aus Breitenheim sind die in der ev Kirche eingemauerten Grabmalfragmente, deren ursprünglicher Aufstellungsort unbekannt ist. Darunter sind zwei Attisfiguren sowie ein weiteres Fragment mit dem Oberkörper einer Tänzerin, die Klangbleche rhythmisch zusammenschlägt. Ru

Lit: WZimmermann, Kunstdenkmäler, 1935, 132 f – JHagen, Römerstraßen, 1931, 469

Brey MYK

Wasserleitung

In der Region des Mittelrheins ist die Technik, die Wasserversorgung mittels Stollen sicherzustellen, die gegebenenfalls auch durch Felsen geführt werden, aus röm Zeit einige Male belegt. Diese Art des Wasserleitungsbaus fand nicht nur im Bimsgebiet Anwendung, sondern auch im Bereich des Berglandes, bei dem massive Felsgesteine zu durchdringen waren. Eine der bekanntesten ist die Wasserleitung von Brey, S Koblenz. Hier ist am Hang eines kleinen Seitentales des Rheins eine Stollenleitung 75 m lang nachgewiesen und zT untersucht worden. Der Schacht wurde ins geschieferte Grauwackegestein, das

Abb. 239 Breitenheim. Sandsteinrelief an der ev. Kirche

unmittelbar unter einer dünnen Waldhumusdecke ansteht, eingetrieben. Eine Reihe von Dellen im Leitungsverlauf im Gelände machen die einzelnen Einstiegsschächte kenntlich. Sie lagen von Mitte zu Mitte gemessen etwa 6–10 m auseinander, waren etwa quadratisch und zwischen 1,2 × 1,2 m und 2 × 2 m weit. Sie erreichten bei 4–4,5 m Tiefe den Boden des Stollens. Dieser war im Mittel 1 m breit und bis 2,2 m hoch. In die Sohle war die Wasserrinne eingelassen. Sie war hier offenbar ohne Mörtel aus Schieferplatten erstellt und auch mit Schieferplatten abgedeckt und hatte einen Querschnitt von 0,25 × 0,25 m und in der gemessenen Strecke ein Gefälle von 1:40. Bemerkenswerte Funde wurden in diesem Zusammenhang nicht gemacht. We

Lit: WHaberey, Die röm Wasserleitung nach Köln, 1971, 148 f

Briedel COC

Gutshof

Schon im 19. Jh wurden die Reste eines röm Gutshofs in der Gemarkung Briedel von E. aus'm Weerth ausgegraben. Der Gutshof liegt in einer sanften Talsenke, die sich von N nach S erstreckt und von leichten Höhenzügen umgeben ist. Nur nach SW hin öffnet sich das Tal. In der Umgebung finden sich Spuren röm Bergbaus. Das Herrenhaus (L 41,6 m, B 26,3 m) des Gutshofs hat offensichtlich nach Grundriß und Aufbau Ähnlichkeit mit dem von Allenz und Manderscheid. Eine Vielzahl von Resten von fein abgeschliffenem rotem Wandverputz mit grünen, weiß abgesetzten Leisten weist auf offensichtlich ausgemalte Wohnräume hin, die sich um das Atrium, den inneren quadratischen Hof, gruppierten. Die Wirtschaftsräume befanden sich im etwas tiefer gelegenen O-Teil des Gebäudes. Hier ist die Küche mit Herd und auch ein Keller festgestellt worden. Eine Vielzahl von Keramik, sogar Töpfe mit Getreideresten und Knochen wurde geborgen. Das Mauerwerk, nur noch in den Fundamenten erhalten, war in Grauwacke und Tonschiefer errichtet. Das Gebäude war vermutlich mit Schieferplatten und überwiegend Ziegel (*tegulae* und *imbrices*) gedeckt gewesen. Holzreste der Dachkonstruktion konnten noch festgestellt werden. Der Gutshof muß duch gewaltsame Einwirkung zerstört worden sein. Neben der üblichen Gebrauchskeramik wurden ua ein kleiner silberner Löffel mit Rosettenverzierung, ein spiralförmig gewundener Armring von blauem Glas und einige Münzen der Kaiser Maximinian und Maximin gefunden. Insgesamt wird es sich hier um eines der großen Landgüter des 3. und 4. Jh gehandelt haben. Die zahlreichen röm Grabhügel in den umgebenden Wäldern lassen auf eine intensive Besiedlung dieser Region schließen. We

Ao: RLM Bonn, RLM Trier, Privatbesitz

Lit: EaWeerth, BJb 61, 128

Bruchmühlbach-Miesau KL

Gutshof
Abb 240

Auf einer schmalen Landzunge im S von Miesau zwischen der Niederung des Neuwoogbaches und des Glanes lag eine röm Siedlungsstelle, die 1970/71 und 1985 bei Bauarbeiten für die Neubausiedlung Buchholz ausgegraben wurde. Im Volksmund galt die Fundstelle als Standort einer Wüstung. Das Hauptgebäude entspricht dem Schema kleiner Portikusbauten mit Eckrisaliten. Die Front war nach N ausgerichtet. In Stein gebaut waren lediglich die beiden Eckrisaliten und die Fundamente der Säulenfront, während die im S anschließende Halle nur durch kleine Funda-

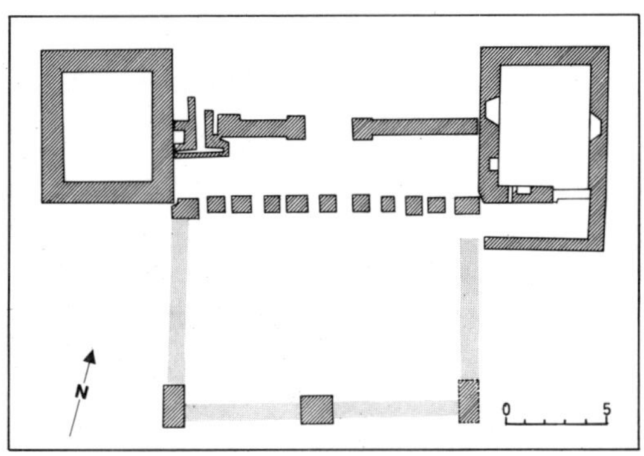

Abb. 240 Bruchmühlbach-Miesau. Hauptgebäude eines Gutshofs. Grundriß

mentblöcke angedeutet wird, auf denen eine Fachwerkkonstruktion aufsaß. Eine größere Zahl von Pfostengruben deutet auf einen älteren, in Holz errichteten Vorgängerbau hin. Die Finanzkraft des Hofbesitzers reichte nur zur Ausgestaltung der Fassade in Steinbauweise aus. Im O Eckrisalit befand sich ein Keller mit 2 Bogennischen und Lichtschächten.
In der Spätzeit (3./4. Jh) wurde in die Portikusfront ein Getreideröstofen (Darre) eingebaut und dabei Säulen der Front zweitverwendet. Im Vorfeld N des Gebäudes wurden 1985 2 Kanalzüge einer Entwässerung festgestellt. Nach Ausweis der umfangreichen Funde wurde die sandige Geländedüne, die wie eine Halbinsel in die Niederung reicht, im frühen 2. Jh besiedelt und gegen die Mitte des 4. Jh wieder aufgelassen. Be

Ao: LfD Speyer

Lit: KWKaiser u DMalitius, Westricher Heimatblätter 4, 1973, 3 ff – diess, Jb Gesch Stadt u Landkreis Kaiserslautern 10/11, 1972/73, 321 ff – HBernhard, MittHVP 79, 1981, 29 ff

Brücken KUS

Gutshof
Abb 241

1928 wurde im Gewann »Ober dem Schmidtsgrund« Mauerwerk angepflügt und 1929 bei einer Grabung ein kleines Gebäude freigelegt.
Der langrechteckige Bau (L 31,6 m, B 13,5 m) ist nach O zu einer Talmulde hin ausgerichtet. An

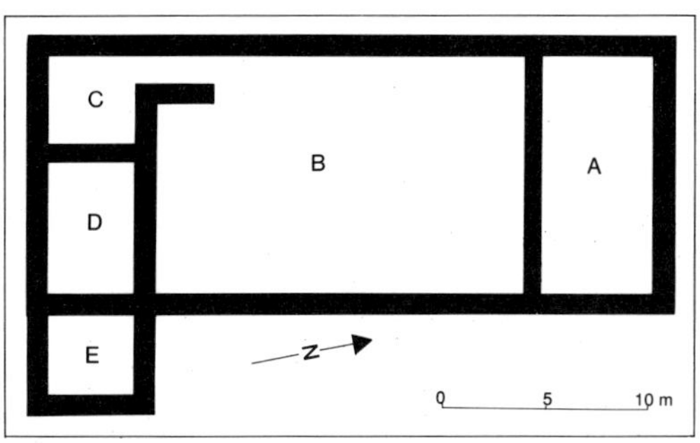

Abb. 241 Brücken. Hauptgebäude eines Gutshofs. Grundriß

ihn wurde zu einem späteren Zeitpunkt ein Eckrisalit (E) angebaut. Eine vorgelagerte Portikusfront ist nicht anzunehmen, obwohl ein Säulenbruchstück erwähnt wird. Der einfache Grundriß besteht aus 5 Räumen. Der Keller C war mit einer Wandnische und einem plattenbelegten Boden ausgestattet. Heizbare Räume und eine Badeanlage wurden nicht entdeckt, wohl aber Heizröhren (*tubuli*), die auf eine Heizmöglichkeit hindeuten. Funde sind leider nicht mehr überliefert, so daß eine genaue Zeitbestimmung des landwirtschaftlichen Anwesens vorerst nicht möglich ist. Be

Lit: FSprater, Die Pfalz unter den Römern 1, 1929, 122

Bruttig-Fankel COC

Gutshof

In der Gemarkung Bruttig in der Flur »Im Wertchen« befindet sich eine altbekannte Stelle eines röm Gutshofs. Er liegt typisch am leicht abfallenden S-Hang vor dem Steilabfall zur Mosel. Der Platz ist teilweise mit Gestrüpp bestanden und mit Lesesteinhaufen überdeckt. Nur wenige Ziegelbrocken, Keramik des 2./3. Jh konnten aufgelesen werden. Obertägig sind vereinzelt noch Mauerzüge zu erkennen. Außer den röm Ziegeln usw wurden noch Kleinbronzen des 3. Jh, besonders Tetricus II., Claudius II., und des 4. Jh aufgelesen. We

Ao: RLM Bonn

Lit: BJb 127, 1922, 288 ff

Büchel COC

Grabhügel
Abb 242, 243

1973 wurde auf dem Grabhügel von Büchel und seiner näheren Umgebung eine umfangreiche wissenschaftliche Untersuchung durchgeführt. Der Hügel liegt etwa 3 km N des Orts als Einzelhügel in einem geneigten Hang im Walddistrikt »Schimmligheck«. Im Gelände zeichnet sich eine leichte hügelartige Erhebung (Dm ca 19 m, H

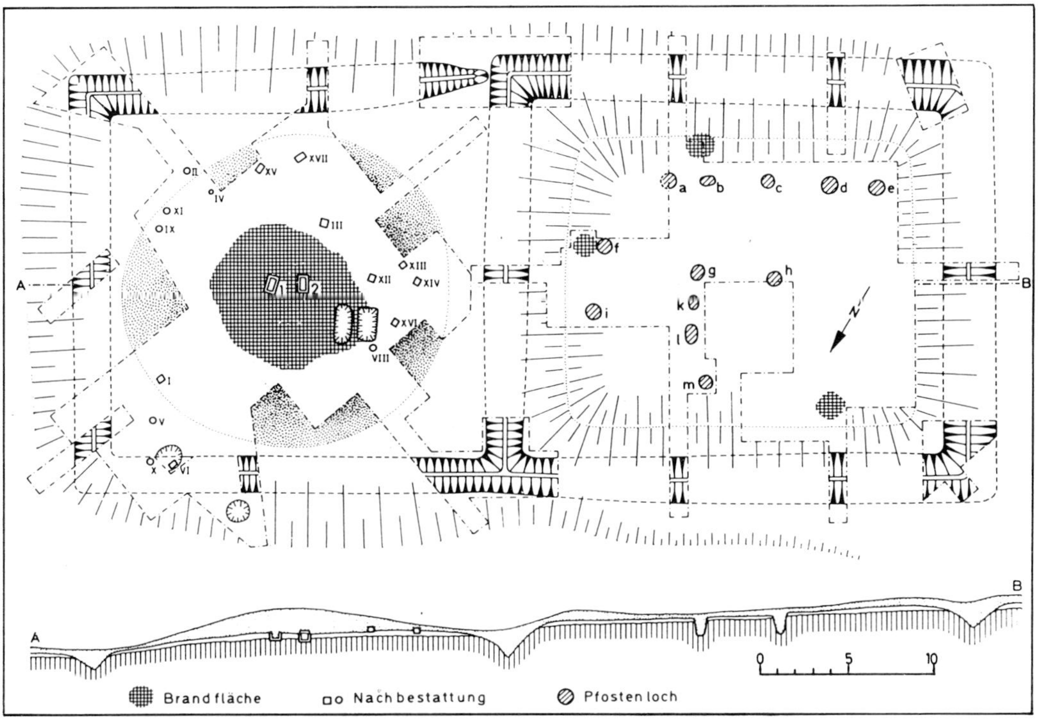

Abb. 242 Büchel. Grabhügel (links) und umwallte Anlage mit Pfostenstellungen (rechts). Grundriß und Profilschnitt

1,70 m) ab. Der Hügel lag in einem durch eine flache Mulde begrenzten Quadrat.
Die wissenschaftlichen Grabungen (H. Eiden) erbrachten gute Ergebnisse: An der Stelle des späteren Grabhügels war auf der alten Oberfläche ein Scheiterhaufen errichtet worden. Darauf weist eine in der Hügelmitte aufgefundene, fast kreisrunde Fläche (Dm 10,50 m) deutlich hin. Sie war im anstehenden Lehm stark verziegelt. Darauf lagen verkohlte Holzteile, mit Asche und sonstigen Resten des Scheiterhaufens durchsetzt. Am W-Rand dieser Fläche wurden, nachdem der Scheiterhaufen niedergebrannt war, zwei rechteckige Gruben in den Boden eingetieft. Ihr Inhalt bestand aus einer Vielzahl von der bei der hohen Hitze zersprungenen Tonware, von im Brand geschmolzenem, teilweise zusammengebackenem Bronzegeschirr. Ferner fand sich Grobkeramik mit einer beachtlichen Menge von gerösteten Getreidekörnern. Offenbar wurden nach dem Niederbrennen des Scheiterhaufens die verbliebenen Rückstände in diese beiden Gruben geschaufelt. Sie sind zu gleicher Zeit angelegt, da von mehreren Gegenständen Teile sowohl in der einen als auch in der anderen Grube vorgefunden wurden. In der Mitte der Brandfläche und damit in der Hügelmitte wurden sodann zwei sog Aschenkisten aus Tuffstein in den Boden eingegraben. Diese Behältnisse, die im allgemeinen neben den vom Scheiterhaufen eingesammelten Skelettresten ausgewählte Teile der persönlichen Habe enthalten, waren schon bestohlen.
Eine der Steinkisten war bereits in alter Zeit geöffnet und ihres Inhaltes beraubt worden. Den Inhalt der zweiten Kiste hatten Raubgräber zwar geplündert, die Reste boten aber noch genügend Anhaltspunkte für Rückschlüsse auf die hohe Stellung des Bestatteten. In der Steinkiste stand ein Holzkasten aus Edelkastanie mit Leder überzogen und mit Beschlägen aus Bronze. Die

Abb. 243 Büchel. Grabhügel. Bronzebeschläge einer Kassette

Schloßrosette, der Überwurf des Steckschlosses und der Griff sind reich ornamentiert. In der Kassette lagen entsprechende Wertsachen, ua ein goldener Fingerring mit Gemme, 2 kleine Glasfläschchen, eine Bronzelampe in Form einer Silenmaske, deren Docht noch erhalten war. Keiner dieser Gegenstände war mit dem Scheiterhaufen in Berührung gekommen. Beide Steinkisten sind nachweislich zum gleichen Zeitpunkt in die Erde gekommen. Demnach handelt es sich um eine Doppelbestattung, über die dann der Hügel aufgeschüttet wurde.
Die Qualität der Grabausstattung und die reichen Beigaben zeigen, daß es sich bei diesem Grabhügel um einen Bestattungsplatz von Angehörigen einer gehobenen Gesellschaftsschicht handelt. Sie wird unter den reichen Grundbesitzern der Landschaft zu suchen sein, die zum alten Stammesgebiet der Treverer gehörten. In der Umgebung sind mehrere Wohnplätze nachgewiesen, die nach Lage und Umfang als zugehörige Höfe in Frage kämen. Die Hauptbestattung in diesem Grabhügel wurde in frühflavischer Zeit (etwa 70–80 nChr) beigesetzt. Aber noch bis weit in die zweite Hälfte des 2. Jh fanden Beisetzungen statt. Möglicherweise handelt es sich dabei um Angehörige der gleichen Familie. In dem benachbarten mit Wall und Graben umgebenen Areal wurden mehrere Reihungen von Pfostenlöchern und Pfostenstellungen freigelegt und beobachtet, wohingegen Grabgruben fehlen. Vermutlich haben wir es hier mit den Resten eines Holzbaus zu tun, der an diesem Platz gestanden hat, um dort die Totenfeiern zu begehen. We

Ao: LfD Koblenz

Lit: HEiden, 30 ff – ders, Ausgrabungen an Mittelrhein und Mosel 1963-1976, Tafelband, 1982, 69 ff – H-HWegner, Bericht zur Arch an Mittelrhein und Mosel 1, 224 ff

Büdesheim → Bingen

Bundenbach BIR

*Altburg, vorrömische Bergbefestigung**
Abb 244, 245

SO von Bundenbach und im Bereich an Versteinerungen bekannter Schiefergruben und Stollen liegt auf einem schmalen Bergsporn zum Hahnenbachtal und oberhalb der ma Schmidtburg die Altburg.
Von dem breiten Bergstock her verengt sich der Sattel zu dem ausgeprägten Bergsporn und wird bei steil abfallenden, klüftigen Hängen von einem

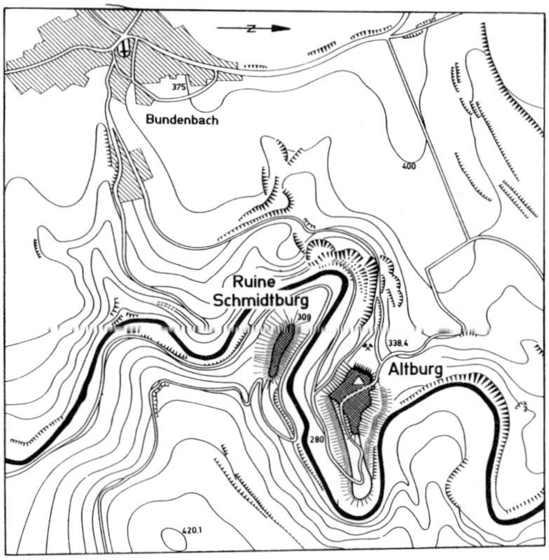

Abb. 244 Bundenbach. Altburg. Lageplan

Abb. 245 Bundenbach. Altburg. Hausgrundrisse

Graben von ca 7 m Breite und einem Wall von 80 m Länge und 7 m Höhe abgegrenzt. Eine Plateaufläche, in flachen Terrassenabsätzen, läuft spitz zu dem bachumflossenen Steilhang aus.
R. Schindler konnte 1971–1975 die Fläche (ca 1,5 ha) freilegen. Über 3600 Pfostengruben von zT stark differierenden Durchmessern wurden aufgenommen. Aus der unterschiedlichen Flucht der Pfosten konnten über 200 Haus-, Hütten- und Baugrundrisse rekonstruiert werden, die eine relativ ausgedehnte Burgsiedlung und auch eine sehr verschiedene Nutzung der Hauseinheiten erschließen lassen. Auch wurden zwei- bis fünffache Erneuerungen und Reparaturen der Bauten festgestellt. Von besonderem Reiz ist, daß die Anfänge der Siedlung und ihre verschiedenen Ausbau- und Wachstumsphasen aus dem Befund herausgearbeitet werden konnten.
Neben den Pfosten wurden in den Fels eingeschrotete Rinnen und Gräben beobachtet, die in fast gleichmäßigen Abständen kurze, rechtwinklig angeordnete Querrinnen mit geringerer Tiefe zeigen. Die obere Fläche gleich hinter dem Wall wird durch diese Palisaden mit Stützen umgrenzt. Die Fläche zeichnet sich durch große Pfostenbauten, einen polygonal im Grundriß angelegten Bau – wohl ein Holztempel – und eine tief in den Felsen eingearbeitete Grube mit Zugangstreppe, als Zisterne und Wasserstelle gedeutet, aus. Über der Grube erhebt sich heute ein Schutzhaus, in dem der Befund konserviert und zu besichtigen ist.
Bei der geringen Humusüberdeckung ist eine stratigraphische Differenzierung des spärlichen Scherben- und Fundmaterials nicht möglich gewesen, doch läßt sich insgesamt die Besiedlung auf die Zeit von der Mitte des 2. JhvChr bis in caesarische Zeit festlegen.
Als letzter Teil der Schutz- und Befestigungsanlagen wurde der Wall errichtet, der mit einer drei- bis zweischaligen Schiefermauer verstärkt ist und mit einem Gerüst von Spaltbohlen stabilisiert wurde.
1988 konnte mit Rekonstruktionen eines Teils der Palisade, der Toranlage und einzelner Hausbauten eine bessere Veranschaulichung der vorgeschichtlichen Bauformen und Bautechniken

dem Publikum auf dem Fundplatz zugänglich gemacht werden. Cü

Lit: RSchindler, Die Altburg bei Bundenbach, Trierer Grabungen und Forschungen 10, 1977 – AHaffner, Trier – Augustusstadt der Treverer, 1984, 52 ff u Kat-Nr 103

Burgbrohl AW

Votivaltar
Abb 246

Im Brohltal sind schon im 19. Jh zahlreiche Abbaureste der röm Tuffsteingewinnung festgestellt worden. In diesen Steinbrüchen fand man eine Anzahl von Votivsteinen, -altären und -inschriften. Sie sind überwiegend Herkules Saxanus, dem Schutzgott der Steinbrüche, geweiht. Aus den Inschriften lassen sich zahlreiche Truppenteile des niedergerm Heeres erschließen.
Besonders interessant ist ein Felsrelief (H 2,26 m, B 2,50 m) aus Tuffstein. Es ist in 5 Nischen gegliedert, die mittlere birgt eine Inschrift, aus der hervorgeht, daß das Felsrelief von den Legionen VI, X, XXII, den *alae*, *cohortes* und der *classis* (niedergerm Flotte) unter dem Befehlshaber Quintus Acutius dem Jupiter und Herkules Saxanus geweiht wurde. Abordnungen dieser Heeresverbände haben zu dieser Zeit wohl im Brohltal gearbeitet. Eine andere Inschrift erwähnt die *cohors I civium Romanorum.*
Die Steine sind mehrheitlich in flavischer Zeit entstanden. We

Ao: RLM Bonn
Lit: BJb 143/144, 1939, 333 – HLehner, Steindenkmäler, Nr 113 – FHettner, Katalog 24, CIL XIII 7706

Busenberg PS

*Weiheinschrift**
Abb 247

An der W-Spitze eines Felsriffes zwischen »Tannenwald« und »Langenwald« oberhalb des Bärenbrunner Hofes befindet sich eine auf 56 cm Länge erhaltene Inschrift mit etwa 10 cm hohen Buchstaben: *Vosego Silvan[o]* (dem Gott Vosegus Silvanus). Der Name des Weihenden ist nicht angegeben, bzw nicht mehr erhalten.
Mit dieser Inschrift läßt sich der einheimische Gott Vosegus erstmals mit dem italischen Waldgott Silvanus gleichsetzen. Auch hier zeigt sich die übliche Form, einheimische Götter mit altröm Gottheiten zu verbinden. Die Personifizie-

Abb. 246 Burgbrohl, Felsrelief für Jupiter und Herkules Saxanus

Abb. 247 Busenberg. Weiheinschrift für Vosegus Silvanus

rung eines Waldes mit einer Gottheit findet sich in gleicher Weise im Schwarzwald – Diana Abnoba – und bei den Ardennen (mit Hunsrück und Eifel) – Diana Arduenna. Die antike Waldbezeichnung *silva Vosegus* ist heute noch in den Vogesen und im Wasgau (Südpfälzer Bergland) erhalten; umfaßte aber in der Antike das Gebiet des gesamten Pfälzer Waldes und die französischen Vogesen. Be

Lit: OGödel, Pfälzer Heimat 31, 1980, 121 ff – EMensching, ebda 33, 1982, 7 ff

Butzweiler → Newel
Dautenheim → Alzey
Dellhofen → Oberwesel

Detzem TR

Meilensteine und Schatzfund
Abb 248

An der röm Talstraße nach Neumagen wurden gegenüber von Pölich, an der Grenze von Pölicher und Detzemer Helt, beim Bau der Moseltalbahn 7 Säulen mit angearbeiteter Plinthe von röm Meilen- bzw Leugensteinen geborgen. Ein achter Stein war bereits 1820 entdeckt worden. Unter Trajan 100 nChr und Caracalla im Jahre 212 aufgestellt, weist die Entfernungsangabe die Distanz von Trier mit 9 Leugen aus, was einer Entfernung von fast 20 km entspricht.
Detzem – abgeleitet von *ad decimum lapidem* (zum zehnten Leugenstein) – ist von der hier in Verbindung mit der Fernstraße festgelegten Leugenzahl bestimmt und wird mit einer Straßenstation und Übernachtungsmöglichkeiten ausgestattet gewesen sein. Im Ort wurden Siedlungsreste dicht S auf den Fluren »Olk« und »Hinter Gehrend« nahe der Mosel beobachtet. Beim Bahnhof wurde 1915 ein Gräberfeld vom RLM Trier untersucht, das neben einem Hallstattgrab 70 Brandgräber erbrachte, die vom Ende der Spätlatènezeit bis zum 3. JhnChr reichen.

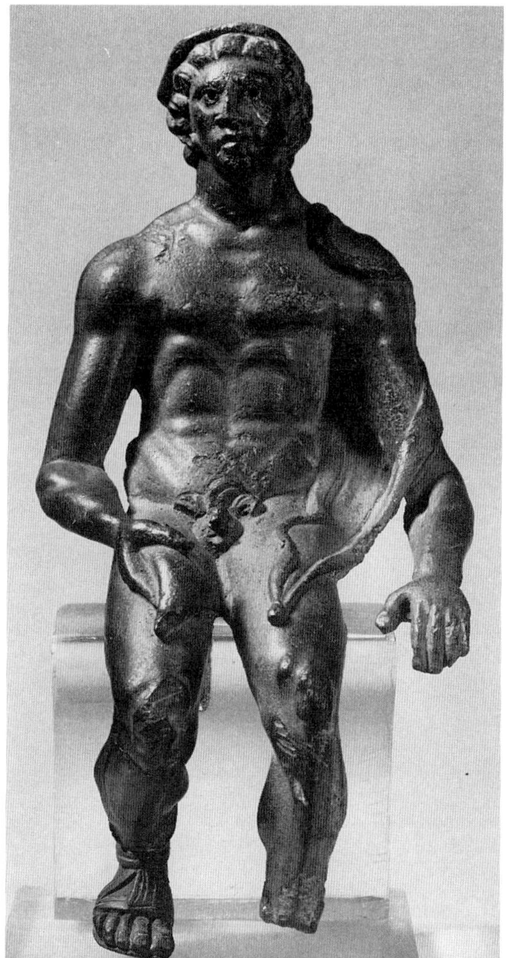

Abb. 248 Detzem. Merkur. Bronzestatuette

Im Gemeindewald, etwa 3,6 km S, wurde ein großer Bronzekessel geborgen, der mit bronzenen Zierscheiben, Gebrauchsgegenständen und figürlichen Kleinbronzen gefüllt war. Cü
Ao: RLM Trier
Lit: Die Kunstdenkm d Rheinprov, Landkreis Trier, 1936, 81 – Trierer Jahresber 9, 1916, 1920, 11 f – FHagen, Römerstraßen der Rheinprovinz, 2 1931, 333 – FHettner, Die römischen Steindenkmäler des Provinzialmuseums zu Trier, 1893, 5 – HMenzel, Die römischen Bronzen aus Deutschland III, Trier 1966

Dhronecken → Thalfang

Dienheim MZ

Grabstein
Taf 4

Im Jahre 1834 wurde in der Nähe des Sulzbrunnens der Grabstein des Silius, eines Reiters der *ala Picentiana*, gefunden. Der Stein gehört aufgrund epigraphischer Merkmale in die zweite Hälfte des 1. JhnChr und wurde für einen Hilfstruppensoldaten errichtet, der wie üblich kein röm Bürgerrecht besaß. Über dem Inschriftenfeld ist der Verstorbene bei einer Mahlzeit zu sehen, wobei ihm ein Diener zur Seite steht. Unter der Inschrift sieht man sein Pferd samt Burschen. Bemerkenswert sind die Farbspuren auf dem Grabstein, die es erlauben, sich eine realistische Vorstellung vom Aussehen röm Grabsteine zu machen. Ru
Ao: LM Mainz
Lit: CIL XIII 6277 – LLindenschmit, MZ 3, 1908, 136 f, Taf. III, 2 – KKörber, MZ 11, 1916, 79 f – HGabelmann, BJb 172, 1972, 138

Dittelsheim-Heßloch AZ

Frauengrab
Abb 249

In einem Steinsarkophag wurden 1934 in Heßloch zusammen mit dem Skelett einer sehr jungen weiblichen Person mehrere Überreste von Musikinstrumenten gefunden. Es handelt sich um ein

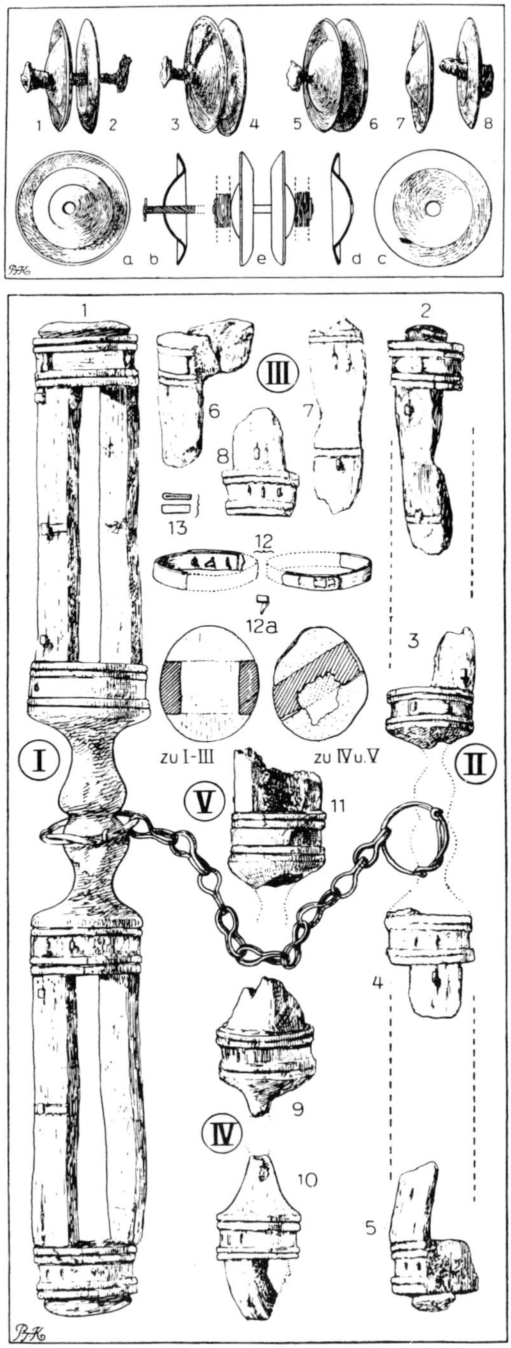

Abb. 249 Dittelsheim-Heßloch. Musikinstrumente aus einem Frauengrab

Schellenklanginstrument aus Holz- und Buntmetallteilen, das in seinem Aussehen vielleicht einem Sistrum ähnelte. Weitere Beigaben datieren die Bestattung in das 3.–4. JhnChr. Ru
Ao: M Worms
Lit: HBiehn, MZ 31, 1936, 14 ff

Dommershausen-Dorweiler SIM

Frührömische Grabgärten

500 m S des Ortes in der Flur »Auf der Höhe« wurden am Friedhof bei Straßenbauarbeiten röm Grabgärten zerstört. Sie waren von einem Spitzgraben (B 1,50 m) umgeben, der 1,70 m tief im Schieferfelsen eingearbeitet war. Die Füllung des Grabens war humoser Boden mit Schieferbruchstücken. Im Innern der Fläche wurde ein Brandgrab in einer 1,40 m in den gewachsenen Boden eingetieften Grube (1,50 × 1 m) aufgefunden mit Tonurne und Tonbecher. Eine Vielzahl von Scherben kam unbeachtet in den Abraum. We
Ao: RLM Bonn
Lit: BJb 133, 1928, 263 f

Dorweiler → Dommershausen
Drachenfels → Bad Dürkheim

Echternach (LUX) – Echternacherbrück BIT

Burgus
Abb 250

Im Zuge der heutigen Bundesstraße ist die Brücke über die Sauer nach Luxemburg mit dem Standort der antiken Brückenanlage ziemlich identisch. Beim Bau der Prinz-Heinrich-Bahn (auf Luxemburger Sauerseite) wurde ein Pfeiler eingeschüttet, der Reliefsteine röm Zeit in seinem Aufbau zeigte.
Auf die besondere Bedeutung dieses Überganges, der einer Abkürzungsstraße zwischen den Fernstraßen Trier–Bitburg–Köln, Arlon–Trier und Metz–Trier unter Umgehung der Moselmetropole diente, weist die spätantike Befestigung des Felskegels mit der Kirche St. Peter und Paul hin. Der natürliche Hang war wahrscheinlich seit dem

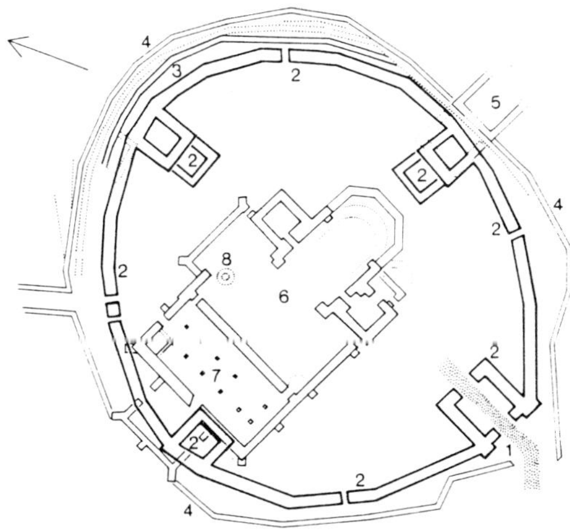

Abb. 250 Echternach (Luxemburg). Spätantike Befestigung, 4. Jh. 1 Zugangsweg, 2 Toranlage und Türme, 3 Befestigungsmauer d, 4 jüngere Ringmauer, 5 Kärner und Kapelle, 6, 7 Krypta und Kirche St. Peter und Paul, 8 Brunnenschacht

Ende des 1. JhnChr für einen monumentalen runden Grabbau benutzt worden, der dem großen Gutshof in der Schwarzacht zuzuordnen wäre. Eine Ringmauer (Dm 53 m) wandelte den Hügel zu einem Refugium der Bewohner in der Talniederung und wurde gegen Ende des 3. JhnChr unter Verwendung zahlreicher Spolien errichtet. Eine weitere, innere Ringmauer (Dm 49 m) wurde gegen die ältere Anlage gelehnt und mit einem Torturm und 3 weiteren Türmen an der Innenseite der Mauer bewehrt. 4 kleine, leicht schließbare Schlupfpforten ermöglichten den Verteidigern Ausfälle und Erkundungsunternehmungen. Ein in den Felsen eingeschroteter Brunnen sicherte die Versorgung mit Trinkwasser. Diese Befestigung, im 4. Jh eingerichtet, wird als Kleinkastell wie → Bitburg und → Neumagen vornehmlich der Sicherung des Brückenübergangs über die Sauer und als Polizeiposten der Sicherung der Straßenstrecke im Vorfeld der kaiserlichen Residenz gedient haben. Nach den Funden zu urteilen war die Anlage bis in das 5. JhnChr belegt. Cü
Ao: RLM Trier
Lit: JMetzler/JZimmer/JBakker, Ausgrabungen in Echternach, 1981 – JKrier, Trier, 327 f

Ehrang → Trier

Eich AZ

Soldatenhelme

Während der Baggerarbeiten in der Altrhein-Kiesgrube kamen außer unzähligen Kleinfunden auch 2 weitgehend unversehrte röm Helme des Typs Hagenau bzw Weisenau zutage. Ihr Vorkommen an dieser Stelle sowie die große Zahl anderer Funde aus den ersten 3 Jahrhunderten deutet auf einen Rheinübergang hin, an dem es bei den Übersetzmanövern immer wieder zu Verlusten gekommen ist, sei es aus Unachtsamkeit, sei es durch Naturgewalt. Ru

Ao: M Worms und Privatbesitz

Lit: BStümpel, MZ 69, 1974, 241; 71/72, 1976/77, 284 – JOldenstein, MZ 83, 1988, 257 ff

Eisenberg KIB

Industriesiedlung
Abb 137, 251–255

Das Eisbachtal öffnet sich hinter Ebersheim zu einer Talweite, in der bereits in frühröm Zeit ein dorfartiges Gemeinwesen (*vicus*) angelegt wurde. Die Anbindung an den wichtigen Straßenzug von Worms nach Metz, der am N-Hang über dem Eisbach verlief, begünstigte die wirtschaftliche Entwicklung des Vicus. Planmäßige Forschungen haben im Siedlungsbereich kaum stattgefunden, so daß alle Aussagen über die Topographie, Struktur und Geschichte des antiken Ortes leider immer noch auf zufällig entdeckten Funden basieren müssen.

Die Römerstraße. Die Trasse ist heute noch recht gut als Feldweg kenntlich. Im Gewann »Senderkopf« im O der Siedlung wird sie von einem Grä-

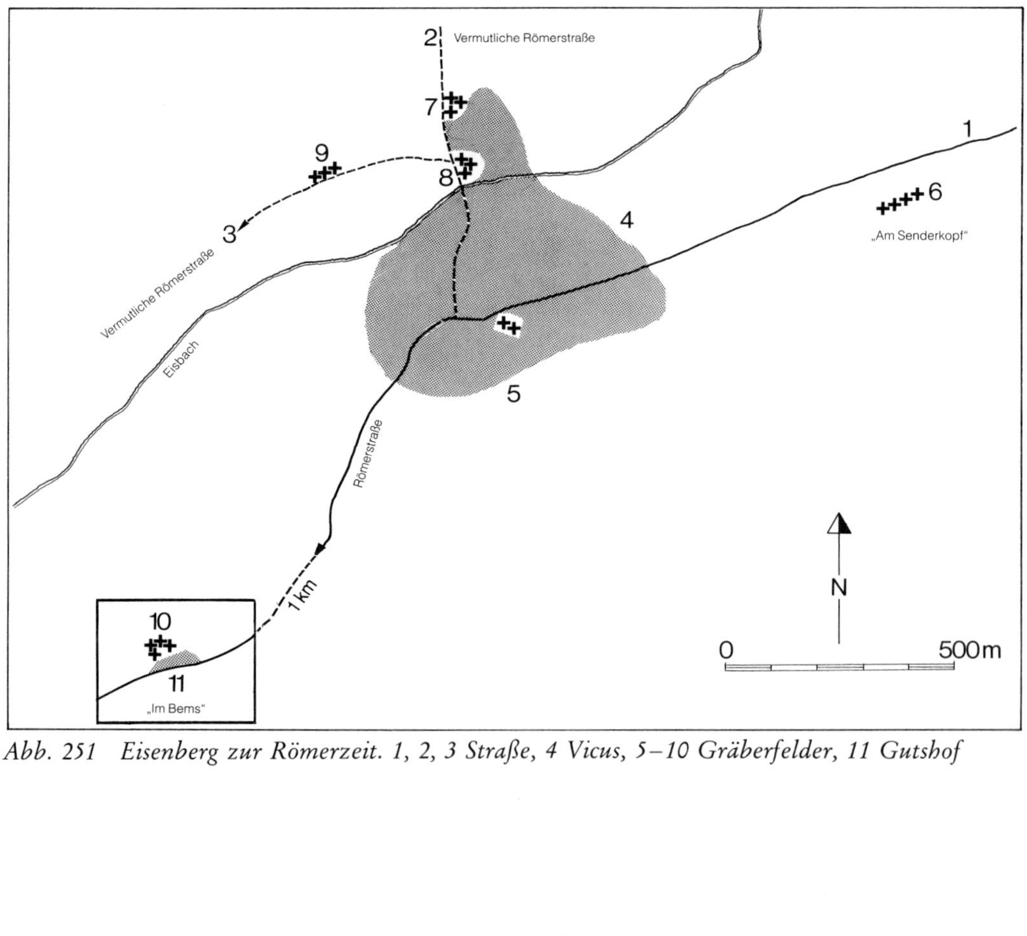

Abb. 251 Eisenberg zur Römerzeit. 1, 2, 3 Straße, 4 Vicus, 5–10 Gräberfelder, 11 Gutshof

berfeld flankiert und durchzieht dann das Areal des *Vicus*, um in SW-Richtung den Stumpfwald zu erreichen. Der Straßenkörper (B ca 6 m) ist als Kiesschüttung bei Erdarbeiten im Bereich der Tonfabriken immer wieder angeschitten worden.

Der Vicus. Der Vicus (ca 600 × 700 m = ca 4,5 ha) erstreckte sich an den Hängen N und S des Eisbaches. Während von der N-Hälfte unter dem heutigen Ort Eisenberg nur geringe Funde zu verzeichnen sind, wurden auf der S-Seite bei Baumaßnahmen für Industrieanlagen immer wieder Funde zutage gefördert.

Unser derzeitiger Kenntnisstand reicht keineswegs aus, um die innere Gliederung der antiken Siedlung zu erkennen. So sind weder weitere Straßenzüge noch vollständige Gebäudegrundrisse nachgewiesen worden. Unterhalb der Römerstraße wurden mehrfach einzelne Mauerzüge festgestellt. 1933 konnte ein N-S verlaufendes Fundament (L 15 m), wohl von einem Streifenhaus ergraben werden. Im gleichen Bereich, weiter im W wurden in den 50er Jahren Baufundamente freigelegt. Funde des 1. JhnChr sind im gesamten Siedlungsgebiet anzutreffen. Aus der Zeit nach der Mitte des 4. Jh gibt es dagegen sehr wenige, so daß zu vermuten ist, daß der Vicus nach 350 nChr weitgehend aufgelassen war.

Der Name der sicher bedeutenden röm Ansiedlung ist nicht überliefert. Manche Forscher brachten Eisenberg mit dem bei Claudius Ptolemaios benannten Ort *Rufiniana* in Verbindung. Dies läßt sich nicht belegen. 2 Weihesteine des Ratsherren (*decurio*) *Marcus Adiutorius Memor* benennen eine *Civitas St...* Es ist jedoch nicht notwendig, um Eisenberg eine eigene Gaugemeinde zu konstruieren, deren Vorort der Vicus gewesen wäre. Nach H. Wolff war Adiutorius eher ein Ratsherr der *civitas Vangionum* und hat einen Geldbetrag (*stipem*) gestiftet.

Industrieanlagen. Eisenverarbeitung. Die Aufdeckung von dicken Schlackenschichten und einer großen Zahl von Schmelzöfen im Vicusbereich zeigt deutlich, daß in Eisenberg über das für röm kleinstädtische Siedlungen übliche Maß hinaus Metallgewerbe betrieben wurde. Inmitten dicker Eisenschlackenschichten, die manchmal bis zu 5 m Mächtigkeit erreichen, wurden mehrfach auch Schmelzöfen angetroffen. Es handelt sich dabei um einfache, zuckerhutförmige Anla-

Abb. 252 Eisenberg. Schmelzöfen zur Eisengewinnung (Rekonstruktionszeichnung)

gen von 1,40 m festgestellter Höhe, 20 cm dickem Mantel aus feuerfestem Ton und 30 cm lichter Weite. In wechselnden Schichten wurde in diese Öfen Eisenerz und Holzkohle gefüllt und mit Hilfe eines Gebläses durch eine Tondüse so lange Sauerstoff zugeführt, bis die zum Schmelzen notwendige Temperatur erreicht war. Auf der Ofensohle lagerte sich ein stark mit Schlacken gemischtes Rohprodukt, die sog Luppe, ab. Erst durch Ausglühen und Schmieden konnte daraus Barreneisen gewonnen werden. In frühröm Zeit wurden noch in eisenzeitlicher Tradition Barren in Form einer Doppelpyramide hergestellt, später einfache Barren in rechteckiger Form. Sprater nahm wegen des hohen Nickelgehaltes von Erz- und Schlackenproben an, daß das Roherz aus dem Donnersberg-Raum stammte, dies läßt sich nach den Entdeckungen von H. Walling sicher nicht mehr aufrecht erhalten, da in unmittelbarer Nähe von Eisenberg bei → Ramsen ausgedehnte Schürfgrubenfelder (Pingenfelder) festgestellt wurden.

Bronze- und Messingverarbeitung? F. Sprater vermutete in Eisenberg auch ein Zentrum der obergerm Buntmetallindustrie. Ausgangspunkte für seine These waren Funde von Schmelzresten von Bronze und Messing. Kupfererzgewinnung in röm Zeit ist bislang im Umkreis von Eisenberg nur in → Göllheim nachgewiesen. Zinkerze (Galmei), die zur Herstellung von Messing Verwendung fanden, wurden in röm Zeit allenfalls im rechtsrheinischen Wiesloch abgebaut und sicherlich kaum erst nach Eisenberg transportiert und dort verarbeitet. So fehlt für eine marktbeherrschende Bronze- und Messingindustrie in Eisenberg jeglicher Beleg. Buntmetallschmiede, die für den regionalen Markt arbeiteten, gab es in jeder röm kleinstädtischen Siedlung.

Schachtanlagen. Im Bereich der ausgedehnten Schlackenschichten wurden immer wieder Schächte angetroffen, die im 1./2. Jh lediglich holzverschalt, im 3./4. Jh quadratisch in Stein ausgemauert wurden. Die Schächte reichen weder auf den Grundwasserhorizont noch zu den feuerfesten Klebsanden, so daß sie weder als Brunnen noch als Bergwerkschächte anzusprechen sind. In der Verfüllung wurden immer wieder Eisenschlacken, aber auch eine große Zahl von Steindenkmälern, Kleinfunden und Tierknochen geborgen. Die Funktion der Schächte bleibt also weiterhin unklar.

Benefiziarierstation. Eine kleine Bronzetafel und eine eiserne Signumlanze als Amtszeichen eines Straßenpolizisten bezeugen eine Straßenstation in Eisenberg.

»Zu Ehren des Kaiserhauses hat Marcus Aurelius Senillius Severus, Straßenpolizist des Statthalters, dem Mars Loucetius und der Victoria Nemetona einen Topf mit Podest und eine Schale aufgrund eines Gelübdes gern, freudig und nach Gebühr gestiftet. An den 10. Kalenden des Mai im Jahr als Gratus und Seleucus Konsuln waren (= 23. April 221 nChr).« Die Funde stammen aus einem Metalldepotfund, der um 1930 in der Nähe der Römerstraße gefunden wurde. Weder die Lage der sicherlich vorauszusetzenden Benefiziarierstation noch die des Mars- und Victoria-Heiligtums sind bekannt.

Der Burgus. Die Fundamente eines mächtigen Bauwerkes sind im Gewann »Hofstatt« seit dem 18. Jh bekannt. Zu diesem Zeitpunkt müssen noch erhebliche Mauerreste über der Erde erhalten gewesen sein. Nach Schürfungen 1882 wurde 1919 der genaue Grundriß ermittelt und 1952 ein Brunnen (T 14,20 m) und Spuren einer Vorbefestigung ergraben. Die spätantike Kleinfestung war rechteckig (L 26 m, B ca 19 m). Um einen Lichthof mit Brunnenanlage (A) gruppierten sich 5 Räume (B–F), die mit Pultdächern bedeckt waren. Die Mauerstärke (B 1,90 m) ermöglichte den Bau eines massiven Festungswerkes mit mindestens zwei Obergeschossen. Um den Burgusturm

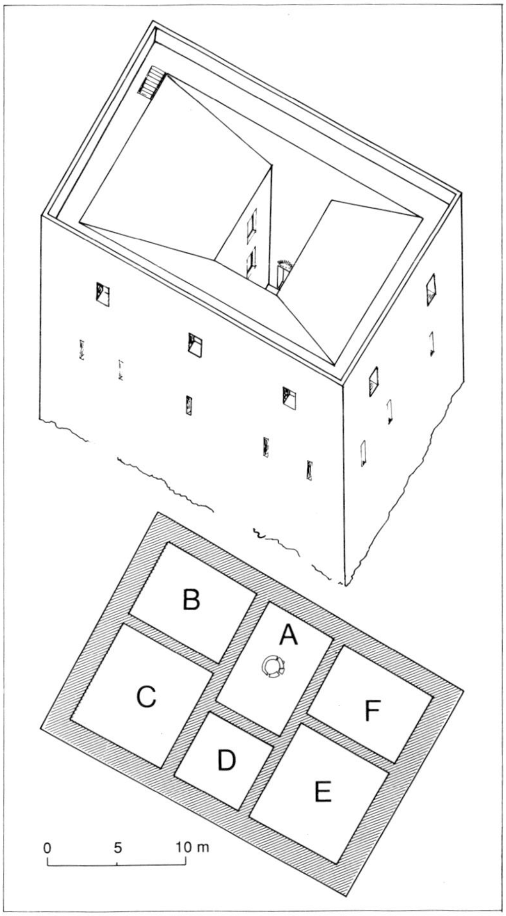

Abb. 253 Eisenberg. Burgus. Grundriß und Rekonstruktionszeichnung. A Lichthof mit Brunnen, B–F Räume

herum ist eine Vorbefestigung, wie sie bei der Kleinfestung von → Bad Dürkheim-Ungstein festgestellt wurde, anzunehmen. Davor sind als Annäherungshindernisse breite Wehrgräben vorauszusetzen. Die Kleinfestung wurde in der zweiten Hälfte des 4. Jh errichtet und hat noch im frühen 5. Jh bestanden. Der Burgus diente ebenso wie die vergleichbare Anlage von Ungstein der Sicherung der Straßen und Siedlungen der Umgebung. Zusätzlich diente er sicherlich auch als befestigter Speicher. Als wichtiges Zeugnis frühen Christentums gilt ein Tonplättchen mit Christo-

Abb. 254 Eisenberg. Brotstempel. Tonplättchen mit Christogramm und Umschrift (A–D)

gramm und der Inschrift *ad panem pingere utere felix* (auf das Brot zu drücken, gebrauche es glücklich), das 1919 im Burgus gefunden wurde. *Götterverehrung.* Eine große Zahl von Götterinschriften stammt aus den Fundamenten der spätröm Kleinfestung (*burgus*). So etwa der 1761 geborgene Zwischensockel einer Jupitergigantensäule und der 1903 entdeckte Altar für Merkur und Rosmerta, den der Ratsherr einer Civitas *Marcus Adiutorius Memor* gestiftet hat; oder aus dem Burgusbereich ein Weihealter für Mars und Victoria. Verbaut war ferner eine Weihung an Merkur mit dem bislang unbekannten Beinamen *Defensor* (Verteidiger), den die Veteranen Lucius Maximinus und Lucius Felicio und der *decurio* (Ratsherr einer Gaugemeinde) oder ein Rittmeister in einer Reitereinheit) Lucius Leontius gemeinsam in Auftrag gaben. In militärischen Zusammenhang gehört ein Säulenoberteil toskanischer Ordnung mit der Inschrift: *L(ucius) Val(erius) Sera/mil(es) leg(ionis) XXII/ Marti v(otum) s(olvit) l(ibens) m(erito)* (Der Soldat der 22. Legion Lucius Valerius Sera hat dem Gott Mars sein Gelübde gern nach Gebühr erfüllt). Da Valerius die Weihung als aktiver Legionssoldat vollbracht hat, hat Sprater auf die militärische Leitung der Metallverarbeitung geschlossen. Dies ist möglich, aber mit einer Inschrift allein nicht beweisbar.

Gräberfelder. Zum *vicus* gehören mindestens 3 Bestattungsplätze. Nekropolen lagen im Bereich der Hauptstr, der Rippeter Str und an der Tiefenthaler Str. Von dort stammen Brandgräber des 1.–3. Jh. Ein ausgedehntes Gräberfeld, wohl zu einer *villa rustica* gehörig, erstreckte sich längs der Römerstraße am »Senderkopf«. Von dort stammen qualitätvolle Glasbeigaben des frühen 4. Jh. Grabfunde der spätröm Zeit, vor allem von der Burgusbesatzung, sind bislang noch nicht nachgewiesen worden.

Gräberfeld und *Gutshof »In der Bems«.* Ca 1500 m W des *vicus* ist an der Römerstraße ein großer Bestattungsplatz nachgewiesen, der mit Gräbern der Zeit um 200 nChr einsetzt. Aus der Zeit um 400 nChr stammen 4 Sarkophagbestattungen mit reichen Gefäßbeigaben. Das Waffengrab eines Knaben der gleichen Zeit deutet auf die

Abb. 255 Eisenberg. Altar für Merkur und Rosmerta, gesetzt von einem Decurio

germ Herkunft der Bewohner, die in einer nahegelegenen *villa rustica* lebten. Offensichtlich wurde die Nekropole noch während der gesamten ersten Hälfte des 5. Jh belegt. Von den Gebäuden des zugehörigen Hofes wurden nur einige Mauerzüge freigelegt. Be

Ao: M Speyer, M Eisenberg

Lit: FSprater, Das römische Eisenberg, 1952 – HWalling, MittHVP 75, 1977, 28 f – OKriesel, Kirchheimbolanden, 1978, 84 ff – HBernhard, SaalbJb 37, 1981, 36 ff – ders, in: Eisenberg (Pfalz) Geschichte einer Stadt, 1988, 614 ff – Epigraphische Studien 12, 1981, 142

Elzerath → Morbach
Engers → Neuwied

Enkenbach-Alsenborn KL

Gutshof
Abb 256

Auf einer Geländekuppe, die heute bewaldet ist, liegt oberhalb einer Wiesenniederung in der Waldabteilung »Dreherkopf« eine kleinere röm Siedlungsstelle. 1962/63 und 1972 fanden dort Ausgrabungen statt, die einen einfachen, langrechteckigen Baugrundriß (11,50 × 15,50 m) zutage förderten. Von einem Eingang (B 2 m) im O ist ein Türangelstein erhalten geblieben. Im Gebäudeinnern zeigte sich keine weitere Raumeinteilung. An der S-Seite fand sich eine Feuerstelle (*praefurnium*) für eine einfache Heizung. Neben wenigen Funden des 2./3. Jh sind überwiegend Scherben und Münzen des 4. Jh geborgen worden. Der Bau ging um die Mitte des 4. Jh durch Brand zugrunde. Er gehörte zu einem Kleinbauerngehöft auf wenig ertragreichen Böden. Solche Siedlungen entziehen sich wegen ihrer bescheidenen Bausubstanz oftmals der archäologischen Erforschung. Be

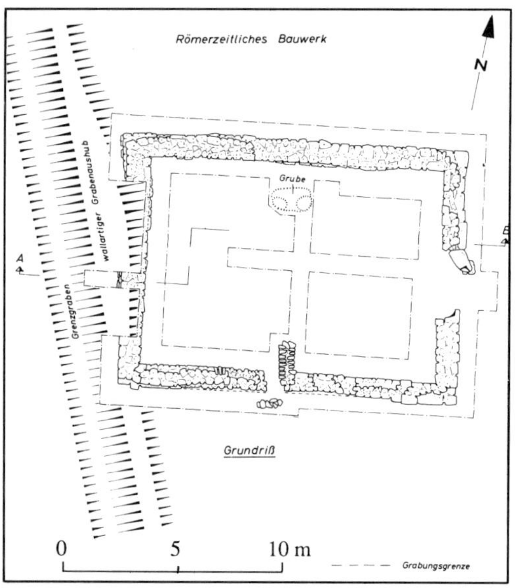

Abb. 256 Enkenbach-Alsenborn. Gebäude eines Bauernhofs

Ao: LfD Speyer, Privatbesitz

Lit: FWWeber, Nordpfälzer Geschichtsblätter 42, 1962, 665 ff – HFehr, Kaiserslautern und Rockenhausen, 1972, 77 ff – HWalling u KWKaiser, Pfälzer Heimat 24, 1973, 81 ff – HBernhard, MittHVP 79, 1981, 19 ff

Ernzen BIT

*Altar und Ädikula**
Abb 257

Bei Wegebauarbeiten wurde am W Ortsende die Fundamentquaderlage eines Altares und einer Ädikula freigelegt und etliche Fragmente des Altares und des Giebels der Kapelle geborgen. Die teilweise erhaltene Weiheinschrift nennt die einheimisch-treverische Wald- und Vegetationsgottheit Intarabus, dem auf eigene Kosten ein Germanius ein Gelübde erfüllte.
Giebel und Gesimsprofile lassen eine aus Sandsteinquadern erstellte Kapelle erschließen, in der wohl ein etwa lebensgroßes Bild der Gottheit stand, während der Giebel einen zierlich gegliederten Kantharos zeigt, der von Tänien-Zierbändern eingerahmt ist.
Die sorgfältige und materialaufwendige Ausführung bezeugt den Stifter als einen begüterten Herrn, der wohl auf den fruchtbaren Flächen des Ferschweiler Plateaus mit Ackerbau und Viehzucht zu Wohlstand gekommen war. Cü

Lit: HCüppers, TZ 36, 1973, 89 ff

Abb. 257 Ernzen. Weihealtar des Intarabus. Rekonstruktion
Abb. 258 Ernzen. Felsinschrift an die Waldgöttin Artio

Inschrift an die Waldgöttin Artio
Abb 258

Am felsigen Steilrand des Ferschweiler Plateaus, NO von Schloß Weilerbach und dem langgestreckten Bachtal mit Zuweg nach Ferschweiler, ist an einem Felsen der »Schweigestelle« benannten romantisch zerklüfteten Felsgalerie die Inschrift: *Artioni Biber*, in kapitalen Lettern eingemeißelt.
In dankbarer Erfüllung eines Gelübdes und frommer Absicht hat ein einheimischer Bewohner namens Biber die Anrufung an die bärengestaltige Waldgöttin Artio anbringen lassen. Cü
Lit: Ortskunde Trier-Mettendorf, 1932, 87 – FVFD 33, 1977, 145

Essenheim MZ

Sarkophag

Anläßlich der Neuanlage eines Spargelfeldes NO des Ortes wurde 1980 im Rahmen einer Plangrabung ein Sarkophag freigelegt. Die anthropologisch-pathologische Untersuchung des Skeletts ergab, daß die im Alter von 50 bis 60 Jahren verstorbene Frau zu Lebzeiten besonders an einem schlecht verheilten Bruch des linken Beines zu leiden hatte. Ihr Leichnam war auf eine sorgfältig vorbereitete Gipsunterlage (Kopfkissen etc) gelegt und danach mit einer Gipsdecke zugedeckt worden. Beigaben fanden sich keine. Die Stirnseite des Sarkophages trägt eine Inschrift, die besagt, daß Ursinius Restitutus, ein Feldwebel der Feldzeichenträger (*optio signiferorum*), diesen Sarkophag für seine Mutter Sanctinia Restituta anfertigen ließ. Außer diesem Namen wird auf dem Deckel noch eine Tochter erwähnt. Es ist jedoch wahrscheinlich, daß der Sarkophag für diese Bestattung in zweiter Verwendung benutzt wurde und vielleicht auch der Deckel aus einem anderen Grabzusammenhang stammt. Dieser Umstand sowie die Beigabenlosigkeit lassen an eine Bestattung des 4., wenn nicht gar 5. Jh denken. Ru

Ao: Rathaus Essenheim
Lit: BStümpel, MZ 79/80, 1984/85, 262

Feilbingert KH

Tempel

Verschiedene Steinskulpturenfragmente sowie Mauerreste und Kleinfunde weisen darauf hin, daß sich auf dem Lemberg ein Merkurheiligtum befand. Leider fehlen hierzu jedoch Grabungsunterlagen bzw Fundbeobachtungen. Die Steinskulpturenfragmente in der alten Kirche von Bad Münster a. St. sollen ebenfalls vom Lemberg stammen. Ru

Ao: M Speyer
Lit: OKohl, BJb 107, 1901, 292 ff – ders, Westd Zeitschr 20, 1901, 362 – GBehrens, PfälzM 49, 1932, 296 – HChantraine, FMRD IV, 2, 457 – HFehr, Besiedlung, 1972, 152 f

Fell TR

*Heiligtum des Silvanus**
Abb 259–261

Auf dem Burgkopf, der mit tiefer Einsattlung im Mündungswinkel von Saarbach und Strunsbach mit einem schmalen Grat zur Höhe ansteigt, wurde 1840 eine Silvanus-Statue mit Hund, Bär und Eber gefunden.

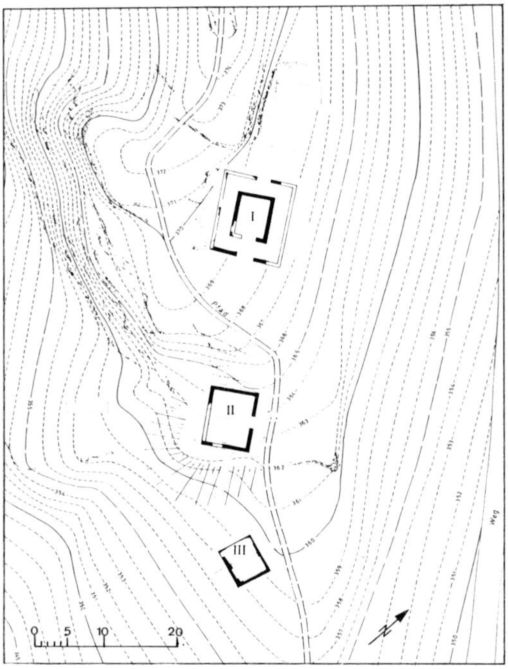

Abb. 259 Fell. Bergheiligtum auf dem Burgkopf. Lageplan

Abb. 260 Fell. Bergheiligtum. Rekonstruktion von Tempel I

Abb. 261 Fell. Bergheiligtum. Kopf einer Silvanus-Statue

Wenig unterhalb einer langgestreckten Felsklippe wurden 1980 und 1981 bei Sondierungen und einer umfassenderen Ausgrabung die Baureste von 2 Mauergevierten (8,80 × 7,10 m bzw 6,10 × 5,30 m) freigelegt, die als Tempel anzusprechen sind. Holzpfosten weisen auf Vorgängerbauten, die nach den Funden noch vorröm Zeit angehören. Wenig oberhalb war ein kleines Plateau durch Abschrotungen gegen die Felsfront und Anterrassierung auf dem Hang gewonnen worden. Ein galloröm Umgangstempel (6,90 × 5,45 m) wurde auf dieser Fläche errichtet. Während die Cella noch dem 2. Jh zugehört, wurde der Umgang mit Schieferdeckung erst in der zweiten Hälfte des 4. Jh aufgerichtet.
Etwas oberhalb sind in den steil aufragenden Felsen zwei schmale Bauten eingearbeitet, bzw die Auflager für Dach- und Deckenbalken ausgeschrotet. Diese Bauten werden für die Priester und Tempeldiener bestimmt gewesen sein, die hier das Heiligtum des Silvanus betreuten. Cü
Ao: RLM Trier
Lit: Ortskunde Trier-Mettendorf, 1932, 102 – KJGilles, TZ Beih 7, 1985, 236 – ders, Kurtrier Jb 23, 1983, 9 ff – PSteiner, TZ 8, 1933, 74 ff

Ferschweiler BIT

*Ferschweiler Plateau**
Abb 262

Aus den Randtälern des Enzbaches, der Prüm und der Sauer hebt sich, über 100 m höher liegend, das Ferschweiler Plateau deutlich heraus, als Teil der Schichtstufenlandschaft der Strandablagerungen des Liasmeeres durch besondere Fruchtbarkeit ausgezeichnet. Mit Tal- und Bacheinschnitten gegliedert, ist das Plateau (L ca 8 km, B bis 5 km) eine von der Natur geformte Festung. Seit der jüngeren Steinzeit begangen, ist eine größere Siedlungsdichte für die Urnenfelderzeit an den Funden abzulesen (späte Bronzezeit). Dieser Zeit gehört die Randbefestigung oberhalb der Felskanten und Abstürze an, während die Kamine und Zugangswege zusätzlich befestigt waren, wie Balkenlöcher und Auflager zeigen. Die Befestigung ist sonst als Holz-Erde-Mauer, zT mit Steinen verfüllt, konstruiert. Hiervon sind Teile an der Wikingerburg sichtbar gemacht worden. Die kontinuierliche Besiedlung zeigen Bestattungen der älteren und Grabhügel der jüngeren Hunsrück-Eifel-Kultur an.
In der Zeit der caesarischen Eroberung waren größere Siedlungen auf dem Titelberg (Luxemburg), bei Wallendorf an der Our und in der Trierer Talweite, neben zahlreichen Ring- und Abschittswällen, wie zB die → Altburg bei Bundenbach, während auf dem Ferschweiler Plateau eine dichte ländliche Besiedlung zu erschließen ist.
Die Niederburg, vorröm Ursprungs, war vielleicht in Verbindung mit dem Bataveraufstand wieder belegt worden.
Neben zahlreichen Siedlungs- und Trümmerstellen röm Wirtschaftshöfe ist die Zahl der hier gefundenen Felsdenkmäler, die hausförmigen Grabsteine (Hüttengrabsteine), der Tonnendächer und Reste von reliefgeschmückten Grabdenkmälern bemerkenswert. (→ auch Bollendorf, Ernzen, Holsthum). Jüngerer Zeit gehören die an abriartigen Felsüberhängen zur Prüm bei Irrel hin erhaltenen Abschrotungen des Gesteins, die zur Gewinnung von Sandstein-Mahlsteinen angelegt worden waren.
Ein Hüttengrabstein ist auf der Gartenmauer des Pfarrhauses aufgesetzt. Cü

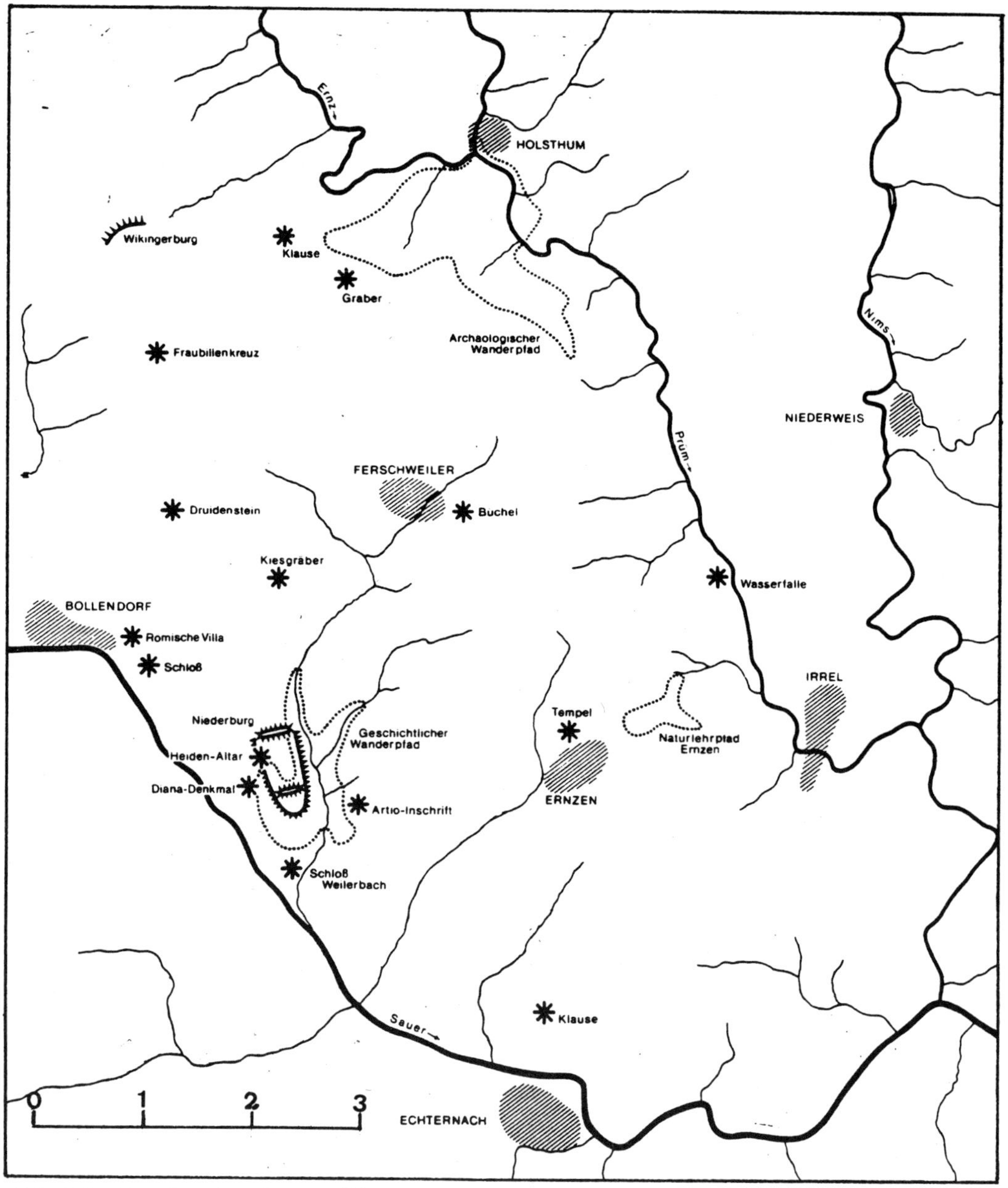

Abb. 262 Ferschweiler Plateau. Übersichtskarte der oberirdisch erhaltenen Denkmäler

Ao: RLM Trier
Lit: Ortskunde Trier-Mettendorf, 1932, 107 f – RSchindler, FVFD 33, 1977, 140

Fleckertshöhe SIM

Straße

Eifel und Hunsrück waren von röm Straßen durchzogen. Eine der wichtigsten Römerstraßen dieser Region folgte von Kastellaun aus im allgemeinen dem Zuge der heutigen Bundesstraße, indem sie ihre Ausbiegungen abkürzte und nach NO südlich des Höhenpunktes 434,4 an Roth vorbei durch Gödenroth zwischen Frankenweiler und Braunshorn zur Höhe 498 verläuft. Hier mündet eine Landstraße, die von Simmern über Laubach auf Ebschied zukommt. In der Nähe der Fleckertshöhe erreicht die Straße die Höhenstraße von Bingen über den Hunsrück nach Koblenz. Die Fortführung nach Boppard senkt sich in steilerem, die vielen Kurven der heutigen Landstraße abkürzendem Abstieg ins Rheintal hinunter. Die Straße ist in einem im Wald und Ackerland erkennbaren breiten Damm mit Bekiesung und Stickung erhalten. zT laufen zwei Straßen nebeneinander her, die sich an bestimmten Stellen wieder überlagern. Bei Halsenbach sind beide Straßen gut erhalten und kreuzen die Landstraße von Gondershausen nach Hungeroth. Vermutlich führen nun beide Straßen nebeneinander nach Kastellaun. Während die ältere wohl schon auf vorgeschichtliche Höhenwege zurückgehen mag, wird die jüngere ein späterer Ausbau und eine jüngere Verbesserung gewesen sein. Ein weiterer Abstieg zum Rhein dürfte von der Höhenstraße Koblenz bis Bingen N von Karbach vorbei über Werlau nach St. Goar abgegangen sein, von wo vielleicht auch eine Verzweigung zur Mosel hinuntergegangen ist. We

Lit: WHagen, Römische Straßen in der Rheinprovinz, 1973

Fließem BIT

Gutshof und Tempelbezirk*
Abb 122, 263–267

Die Römerstraße zieht in geradliniger Trasse von Bitburg nach N und gewinnt mit sanftem Anstieg die Höhe, hinter der nach ca 5 km die Abzweigung nach Fließem zu dem röm Gutsbezirk führt.

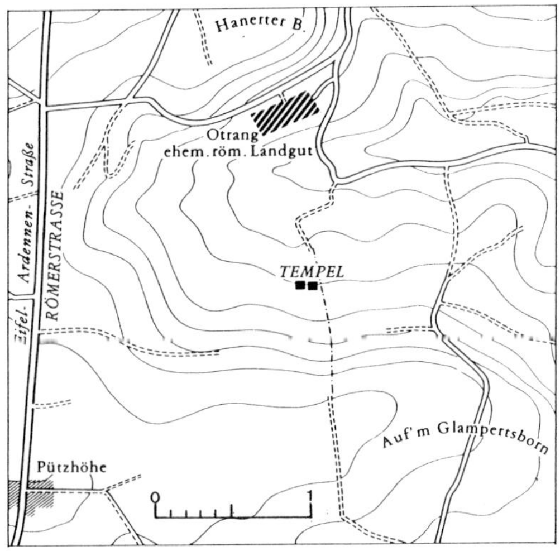

Abb. 263 Fließem. Gutshof und Tempelbezirk. Lageplan

Mit der Grundstücksgrenze schloß das röm Landgut Otrang an die Fernstraße an und hatte hier auch eine direkte Zufahrt zu dem Hofbetrieb an dem sanft geneigten Hang.

Jenseits des Bachtales der Langmauer zur Kyll hin ist ein Tempelbezirk ausgegraben worden, der dem Gutsbetrieb zuzurechnen ist.

Die als Trümmerstelle bekannte Örtlichkeit wurde als Weilerbüsch bezeichnet und war bis zu den Ausgrabungen seit 1843 mit Buschwerk und Steinlesehaufen markiert. Bei Feldarbeiten wurde 1825 ein Mosaikboden entdeckt und auf Veranlassung des Kreissekretärs gesichert, der Fund der Gesellschaft für nützliche Forschungen in Trier gemeldet. Nach ersten Ausgrabungen wurde die Anlage 1838 dem preußischen König Friedrich Wilhelm IV. geschenkt. Die preußische Provinzialverwaltung besorgte künftig die Sicherung der Funde, errichtete Schutzhäuser und stellte einen Wärter ein, der die Anlagen zu betreuen und die Besucher zu begleiten hatte.

Neben den Funden und Bauresten sind die Schutzhäuser der Biedermeierzeit inzwischen ebenfalls unter Denkmalschutz gestellt.

Grabungen und Untersuchungen wurden 1843, 1873/74 im Auftrag der Regierung und unter Beihilfe der »Rheinischen Eisenbahngesellschaft« im Bereich der Wirtschaftsbauten und Nebenge-

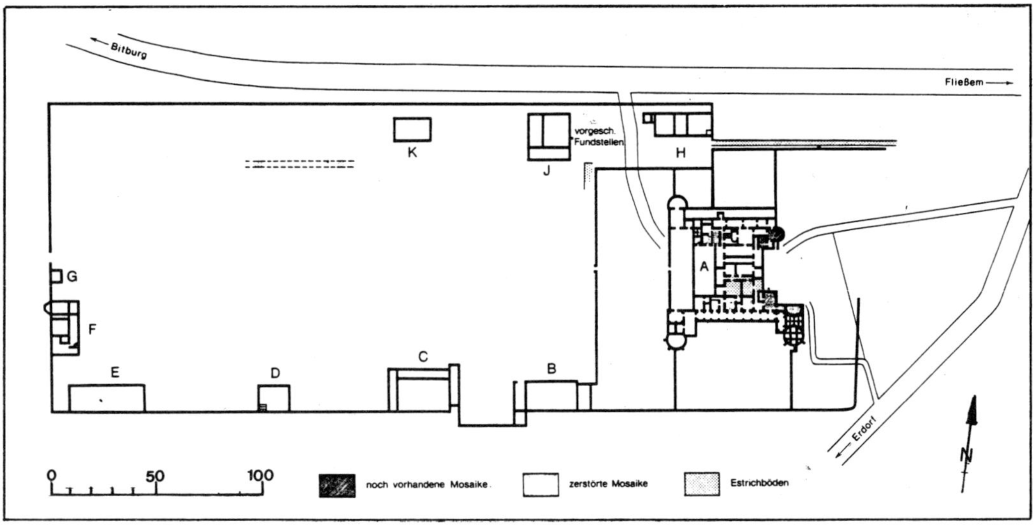

Abb. 264 Fließem. Gesamtplan des Gutshofs. A Herrenhaus, B–E, H–K Wirtschaftsbauten, F Wohnhaus des Verwalters, G Pförtnerhaus

bäude und der Tempel vorgenommen, zu denen ergänzende Untersuchungen 1929 und 1935 kommen. Schäden im letzten Weltkrieg führten zu Erneuerungs- und Sicherungsarbeiten an den Mosaiken und Schutzbauten, die seit 1960 dem Landesamt für Denkmalpflege, Staatliche Verwaltung der Burgen und Schlösser, pflegerisch unterstehen.

In einer weiten, leicht geneigten Hang- und Tallage oberhalb des Kylltales, liegt der ausgedehnte Gutsbetrieb in geschützter Lage an einem SO-Hang, mit Blick auf die eigenen Besitzungen, den am Gegenhang befindlichen Tempelbezirk und in der Weite der Landschaft.

Wirtschaftshof und Herrenhaus werden von einer Umfassungsmauer (379 × 132 m) im Geviert begrenzt. Im O-Teil dieses Bereiches ist durch Mauern abgegrenzt das Herrenhaus mit Gärten und Terrassen gelegen. G wird als Pförtner- und Wächterraum gedeutet, Bau F als Wohnhaus mit Bad und Saalbau für den Verwalter in Anspruch genommen. B–E sowie H–K sind Wirtschaftsbauten, Stallungen, Scheunen, Vorratsräume und Lager für Eigenerzeugnisse. An Zu- und Wirtschaftswegen wurden Abwassergräben beobachtet.

Das Hauptgebäude ist mit 66 Räumen, von denen 14 mit Mosaiken ausgestattet waren, als das Herrenhaus des Grundbesitzers zu bestimmen. Aus dem Grundrißtyp des Risalithauses mit Portikus ist die Anlage durch Erweiterungen und Umbauten erheblich vergrößert worden. Nach drei Seiten hin präsentiert sie sich als prächtige Portikusvilla, deren Eckrisalite zusätzlich durch zierliche Pavillonbauten mit Säulendekor betont werden. Die Raumfolge 43–66 ist zum Tal hin nach SSO orientiert. Die zwischen den Eckbauten errichtete Kryptoportikus ist als Wirtschaftskeller genutzt und terrassenartige Erweiterung des Wohngeschosses. Der zum Berg hin gelegene Trakt ist mit einem älteren Bad (24–29) und einer jüngeren, aber wesentlich größeren Badeinstallation für einen Teil der Hoffamilie versehen (3–14).

Küche und Hauswirtschaft sind in den Räumen 15–18 anzunehmen; 19 und 22 waren beheizt, die Räume 19 und 23 mit Mosaiken ausgelegt. Raum 19 war durch eine Apsis erweitert und hier das Mosaik durch einen kunstvollen Volutenfries mit Tieren (Eichhörnchen, Vogel, Wildpferd und Eule, Wildpferd) angeschlossen worden. In den Raumecken sind noch die ehem verputzten Tubulikamine erhalten. Weitere Kamine sind in den Räumen 44 und 46 konserviert worden. 44 ist mit

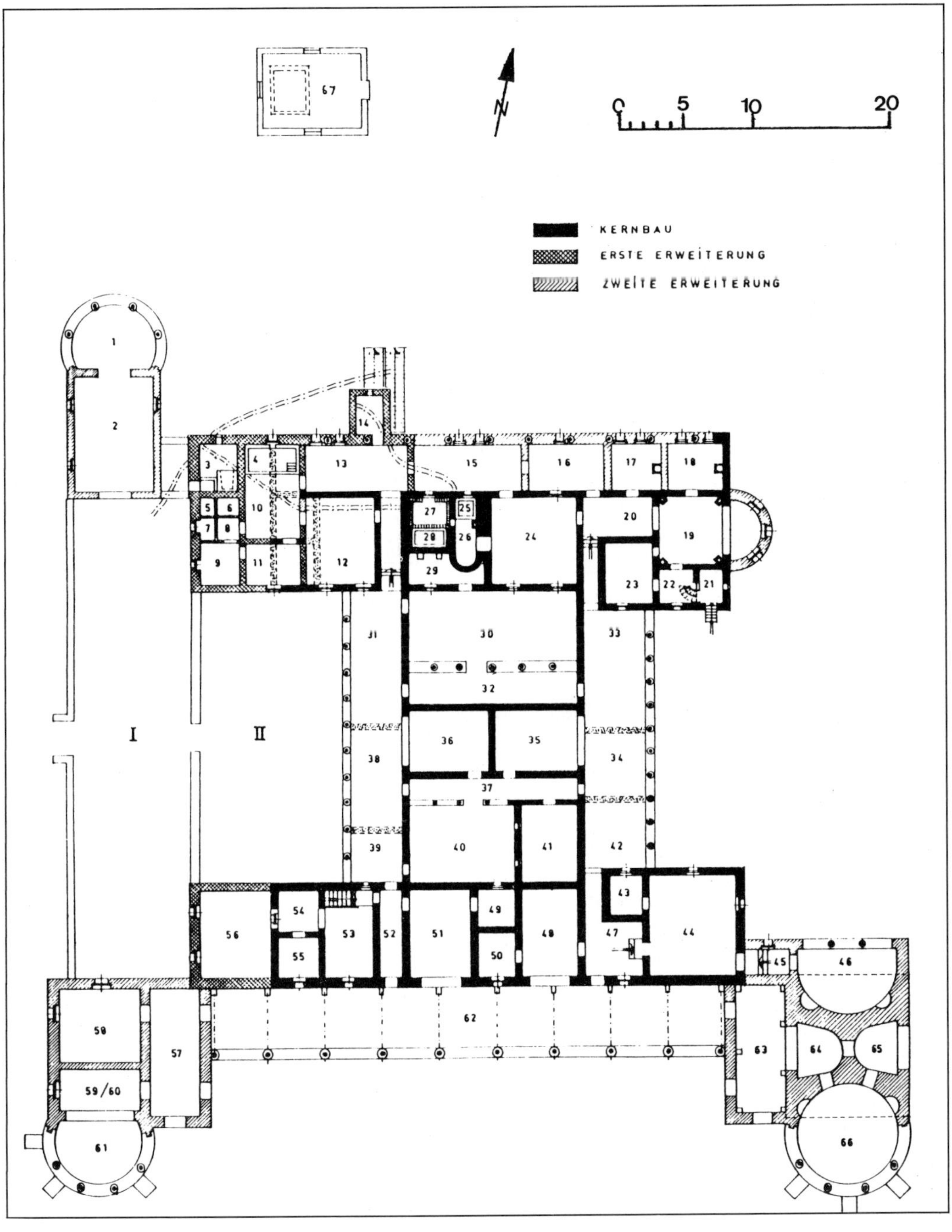

Abb. 265 Fließem. Grundriß des Herrenhauses

Abb. 266 Fließem. Herrenhaus. Mosaikboden in Raum 19

einer Fußbodenheizung versehen, deren System von Bodenplatten, Pfeilern, Deckplatten aus dem Bereich der Kryptoportikus 62 betrachtet werden kann.
Mit breitem Rahmen von Amazonenschilden und Mauerfries ist ein Teppich eingefaßt, der von Flechtbandleisten und feingliedrigem Kreisdekor mit Pflanzenblättern wie eine Spirale angelegt ist. Große Rhomben mit Rechteckfeldern und quergestellten kleineren rhombischen Feldern ergeben ein geometrisches Muster, das je nach Standpunkt plastisch wirkt und wie eine Folge ansteigender Stufen oder aneinandergeschobener Kästen erscheint, eine Form des Dekors optischer Täuschung, die auch seit der Renaissance in Holzeinlegearbeiten und bei Bodenbelägen und Täfelungen oft variiert wird. In dem benachbarten Raum 45, der ursprünglich einen rechteckigen Grundriß hatte, ist ein Teppich von fein in den Farben abgestimmten Blütensternen und Rosetten von einem Blattrosettenfries, in schwarzweißen Steinen gesetzt, eingefaßt.
Die aufwendige Ausstattung der Anlage ist nicht nur aus den Mosaiken, der sorgfältigen bautechnischen Durchführung der Mauerwerke, Heizungsinstallationen und Bädern abzulesen, sondern auch an den zahlreichen Säulenfragmenten, den korinthischen Blattkapitellen und Basen, die die Pavillons an den Eckrisaliten, die Portiken und die Innenhöfe zierten.
Die Anlage, deren Anfang bis in vorröm Zeit zurückzuverfolgen ist, erlebte ihre Blütezeit im 2. und 3. JhnChr. Um 400 aufgegeben, wurde die Trümmerstelle in fränkischer Zeit auch als Grabplatz benutzt.
S des Herrenhauses, am Gegenhang und jenseits eines flachen Taleinschnitts, wurde 1843 ein Tempelbezirk entdeckt, der 1911 erneut untersucht, leider von dem Grundstückseigentümer abgetragen und zerstört worden ist. Es handelt sich um einen gallo-röm Umgangstempel (11,50 × 12,25 m), die Cella maß 5,70 × 6,65 m. 10,30 m

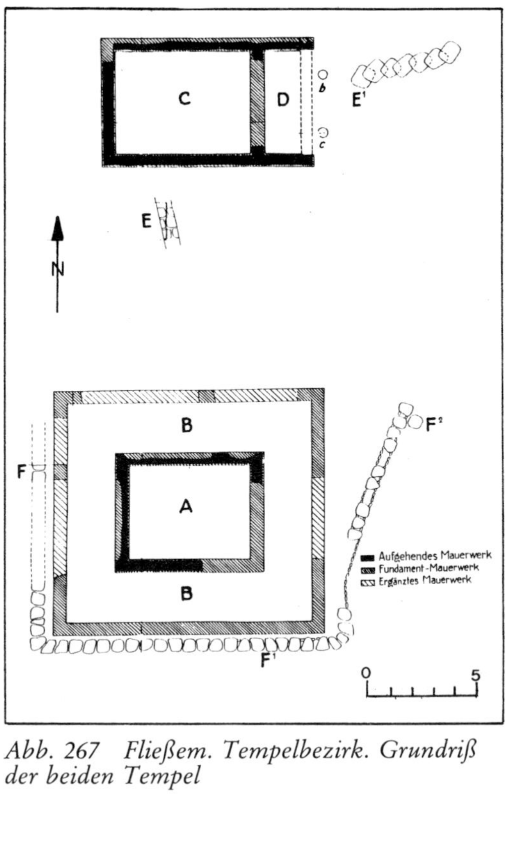

Abb. 267 Fließem. Tempelbezirk. Grundriß der beiden Tempel

entfernt stand ein langrechteckiger Tempel mit Säulenvorhalle (9,60 × 6 m). Skulpturenreste gehören zu Bildwerken der Juno und Minerva. Eine Säule mit Reliefdekor, Diana im Bade und Verwandlung des Aktäon, ein Marskopf sowie Terrakotten und Bronzefiguren des Mars und der Epona erweisen mit Münzen eine kontinuierliche Kulttradition vom 1.–4. JhnChr. Cü

Ao: RLM Trier

Lit: FVFD 33, 1977, 279 ff – HCüppers, Römische Villa Otrang, Landesamt für Denkmalpflege Führungsheft 5, 1979

Frankelbach KL

*Steinbruch »Teufelstein«**

Abb 268, 269

Im SW des Ortes steht ein Felsenriff aus rotem Sandstein an, das in röm Zeit zeitweilig als Steinbruch benutzt wurde.

Die röm Nutzung ist deutlich am typischen Bogenhieb, der beim Abschroten einzelner Blöcke entsteht, zu erkennen. Nach den Abbauspuren wurden größere Quader durch Abschroten an 3 Seiten und Abkeilen von der Basisseite her gewonnen. Solche Spuren sind im SW-Kopf des Felsmassivs zu erkennen. Daneben wurden große runde Steinscheiben gebrochen, die eher als Tischplatten denn als Mühlsteine verwendet wurden.

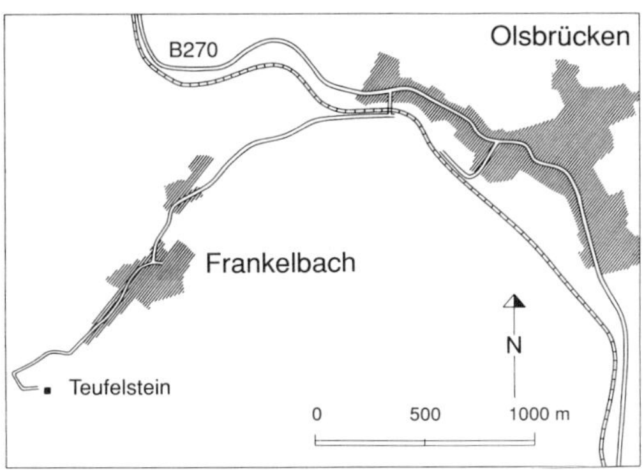

Abb. 268 Frankelbach. Steinbruch »Teufelstein«. Lageplan

Abb. 269 Frankelbach. Steinbruch »Teufelstein«

Keine Frage, daß ein solcher Steinbruch im Volksmund mit dem Teufel in Verbindung gebracht wurde und sich darum Sagen rankten. Be

Lit: FHarster, Die Ausgrabungen des Historischen Vereins der Pfalz während der Vereinsjahre 1884/85 und 1885/86, Festgabe zur 5. Säkularfeier der Universität Heidelberg, 1886, 1 ff – FSprater, Die Pfalz unter den Römern 2, 1930, 92

Freckenfeld GER

Gutshof

Abb 270

Im O von Freckenfeld liegt am S-Hang zur Bienwald-Niederung eine Siedlungsstelle. 1928 entdeckte ein Landwirt beim Pflügen ein Götterrelief. Eine Nachgrabung ergab einen Kellerraum (4,50 × 2,30 m). Die Wände waren aus Kleinquadern sorgfältig gemauert, die Mauerfugen weiß verputzt und die Fugenlinien rot ausgemalt. Die Treppe war ursprünglich aus Holz, lediglich der unterste Treppenabsatz bestand aus einem großen Schwellenstein. In der Stirnwand des Kellers waren 2 Nischen eingefügt.

Das Relief, das über der SW-Ecke des Kellers gefunden wurde, zeigt ein Götterpaar. Der Mann ist mit Keule und einem Langschwert mit peltaför-

Abb. 270 Freckenfeld. Gutshof. Götterpaar, vermutlich Mars Smertius mit Kultgefährtin

migem Ortband dargestellt. Bei der weiblichen Figur, deren Kopf erhalten geblieben ist, sind kennzeichnende Attribute nicht mehr zu erkennen. Eine Zuweisung der beiden Figuren an eine bestimmte Gottheit bereitet somit Schwierigkeiten. Die Kombination von Herkuleskeule und einem Schwert, das Mars zusteht, läßt an den keltischen Gott Mars Smertius und an seine Kultgefährtin denken.
Bei der Siedlung handelt es sich keineswegs um ein Heiligtum, sondern um eine *villa rustica*, in der natürlich auch Kultbilder gestanden haben. Nach Ausweis der Funde ist dieser Siedlungsteil um die Mitte des 3. Jh aufgelassen worden. Be
Ao: M Speyer
Lit: FSprater, PfälzM 45, 1928, 314 ff – ders, Die Pfalz unter den Römern 2, 1930, 42

Friesenheim → Ludwigshafen
Gangloff → Becherbach

Gebroth KH

Inschriftentäfelchen
Abb 271

Ein kleines bronzenes Ansentäfelchen mit der eingeritzten Inschrift *Mezzentius* wurde zusammen mit den Scherben einer vertikal gerippten kugeligen Urne aus grünlichem Glas und einem eisernen Stilus in einem Steinkistengrab 1925 bei Gebroth gefunden. Weitere Beigaben von zerscherbten Gefäßen lagen außerhalb der Kiste. Zu diesem Grab aus dem 1. JhnChr kamen seitdem vereinzelt weitere Beobachtungen von Grabresten, so daß im Fundgebiet mit einem kleinen Gräberfeld und einer zugehörigen Siedlungsstelle zu rechnen ist. Der Fund belegt mit anderen aus den Nachbarorten, daß dieses dem Soonwald unmittelbar vorgelagerte Gelände schon in röm Zeit besiedelt war. Ru
Ao: RLM Bonn
Lit: WHagen, BJb 146, 1941, 218

Abb. 271 Gebroth. Inschriftentäfelchen

Germersheim GER

Vicus Iulius?
Abb 272

Der *vicus Iulius* wird in der antiken Literatur lediglich für das 4./5. Jh in der Notitia dignitatum erwähnt. Als Stationierungstruppe der Festung werden die *milites Anderetiani* genannt.
Germersheim wird mit dieser Namensangabe immer wieder in Verbindung gebracht, obwohl entsprechende archäologische Funde bislang noch ausstehen. Eine größere Ansiedlung des 1.–3. Jh, von der sich der Vicus-Name herleiten könnte, hätte im Altstadtbereich sicherlich Funde hinter-

lassen. Die topographische Situation mit einer weit in die Rheinniederung hineinragenden Niederterrassenzunge läßt im Vergleich mit der Lage der gesicherten Festungen von → Altrip und → Speyer in Germersheim eine spätantike Anlage durchaus vermuten. Außer einer Benefiziarierweihung an die Göttin Maia und einem Münzfund gibt es bislang keine archäologischen Zeugnisse. Der Weihestein trägt folgende Inschrift: Der Göttin Maia hat der Straßenpolizist Gaius Arrius Patruitus den Tempel von Grund auf errichten lassen. Sein Gelübde hat er gern, freudig nach Gebühr erfüllt. Ob das Heiligtum im Bereich des Fundortes des Weihesteins gestanden hat, oder, was wahrscheinlicher ist, der Stein als Baumaterial zum zweiten Mal verwendet wurde, ist kaum mehr zu klären. Be

Lit: FSprater, Die Pfalz unter den Römern 1, 1929, 47 – FMRD IV 2, 2062 – ASchwarz, Pfälzer Heimat 15, 1964, 121 f

Abb. 272 Germersheim. Benefiziarierweihung an die Göttin Maia

Gerolstein DAU

*Gutshof**
Abb 273

Am S-Rand des Orts wurde, gleich am linken Kyllufer, ein Quellvorbruch, der »Siddinger Dreis« neu gefaßt. Hierbei wurden an der von Inschrift- und Reliefsteinen umstellten Quelle, die mineralhaltig ist, 143 Münzen röm Zeit geborgen, die die Nutzung der Quelle schon für die Antike als Gesundbrunnen bestätigen.

Gleich gegenüber, auf einer höher gelegenen Ter-

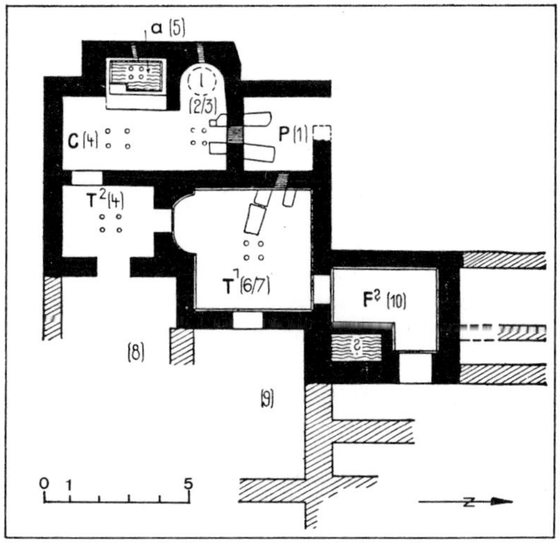

Abb. 273 Gerolstein. Gutshof. Rest des Badetrakts. Grundriß. F Kaltbad, T Laubad, C Heißbad, P Präfurnium

rasse über dem Flußufer hochwasserfrei gelegen, wurden im Ortsteil Sarresdorf 1908 beim Bau der ev Kirche ausgedehnte Mauerreste eines röm Gutshofes freigelegt und zT auch offen gehalten. Das an der N-Seite der Kirche gefundene Badegebäude wurde durch den Unverstand der Besucher und Bewohner vollkommen zerstört und kann nur noch an einem Modell im Museum der Kirchengemeinde betrachtet werden. Von dem Wohntrakt wurden die Mauerzüge im O der Kirche vorgelagerten Bereich konserviert, darunter in einem Schutzhaus auch das Hypokaustum eines beheizten Raumes.

Die Funde an Keramik, Eisengerätschaften, Glasgefäßen und einzelne Architekturelemente (Säulen und Kapitelle) sind in der anschaulichen Sammlung im Museum der ev Gemeinde (S neben der Kirche) ausgestellt. Hier sind auch ausgewählte Funde aus dem sog Judenfriedhof bei → Pelm ausgestellt. Cü

Lit: Kunstdenkm d Rheinprov 12, 3, 1938, 602 ff – FVFD 33, 1977, 316

Gimmeldingen → Neustadt

Glan-Münchweiler KUS

*Reliefsteine in der prot. Kirche**
Abb 274

Bereits 1771 kamen beim Abbruch des gotischen Langhauses 3 Viergöttersteine zutage. Die beiden in der Kirche befindlichen Viergöttersteine zeigen Jupiter als Radgott, Juno, Minerva mit Helm, Schild und Speer und Herkules mit Löwe und Keule, bzw Juno, Merkur mit Caduceus, Minerva

Abb. 274 Glan-Münchweiler. Viergötterstein. Herkules

und Herkules. An der O-Wand der Kirche ist ein Relieffragment mit einer weiblichen und männlichen Figur eingemauert. Der Fries gehörte zu einem pfeilerförmigen Grabdenkmal und stellt eine Opferszene dar. Bei Renovierungen wurde 1958 ein schön behauener Quader mit Relief (67 × 85 cm) in der NW-Ecke des Chorgeviertes angetroffen. Ein Blattkelch endet in einem Früchtekorb mit Pinienzapfen und Granatäpfeln. Daneben befinden sich Weinranken mit einem Siebenschläfer. Das hervorragend gearbeitete Fragment gehört ebenfalls zu einem Grabdenkmal. Aus der O-Wand des Langhauses stammt ein Relieffragment mit Darstellung der Juno mit Zepter. Auf einem weiteren Quader ist ein Inschriftrest erhalten. Be

Ao: M Speyer

Lit: JHildenbrand, Steinsaal, 1911, 42, 67 – Espérandieu, 1922, 6077, 6092, 6080 – KWKaiser, in: 950 Jahre Glan-Münchweiler, 1969, 13 ff – Fundberichte aus der Pfalz, MittHVP 68, 1970, 95 – DMalitius, Römische Inschriften, 194 ff

Spätrömischer Münzschatzfund

Beim Bau eines Supermarktes innerhalb des Ortes wurde 1976 ein Schatzfund mit 35 Prägungen (Folles) entdeckt. Der Prägezeitraum reicht von 330 bis 348 nChr. Der Vergrabungsanlaß ist in den Wirren der Germaneneinfälle um die Mitte des 4. Jh zu suchen. Be

Ao: Privatbesitz

Lit: ASchneider, Westricher Heimatblätter 9, 1978, 158 ff – HBernhard, MittHVP 79, 1981, 26 f – Fundberichte aus der Pfalz 1961–1965, 1978, MittHVP 80, 1982, 310

Godramstein → Landau

Göllheim KIB

Kupfererzbergbau

W Göllheim im Gewann »Bangert« wurden während des 1. Weltkrieges Stollen zur Gewinnung von Kupfererz angelegt und dabei Spuren röm Bergbaus auf Kupfer festgestellt. In einem begrenzten Bereich konnten 12 Schächte untersucht werden, die bis in eine Tiefe von 26 m reichten. Da es kaum sinnvoll ist, auf eine solche Tiefe nur Schächte abzuteufen, muß vermutet werden, daß seitliche Stollen, die den Erzgängen folgten, nicht beobachtet worden sind. S von Schacht 12 konnte auf etwa 300 m Länge ein solcher Stollen nachgewiesen, aber nicht völlig untersucht werden. In der Nähe des gleichen Schachtes wurden auch Spuren röm Tagebaus festgestellt. Schachtpingen und Gruben weiteren Tagebaus lassen sich auch 300 m N nachweisen. Die Funde aus den Schächten bezeugen eine Bergbautätigkeit im 2./3. Jh. Neben dem Skelett eines Mannes, der wohl bei einem Unglücksfall ums Leben kam, fanden sich eine breite Hacke und Eimerbeschläge. Unweit S der Schächte wurde ein Entschwefelungsofen für Kupfererz festgestellt. Verhüttungsspuren – Öfen, Schmelzschlacken – sind im gesamten Bergwerksbereich nicht angetroffen worden. Die Metallverarbeitung muß an anderer Stelle erfolgt sein. Sprater vermutete eine Weiterverarbeitung in → Eisenberg. Be

Ao: M Speyer
Lit: FSprater, PfälzM 33, 1916, 47 ff; 35, 1918, 22 f – ders, Die Pfalz unter den Römern 2, 1930, 99 ff – HWalling, MittHVP 75, 1977, 21 ff

Sarkophag und Gutshof*

Inmitten des Ortes am Königskreuz steht in einer Grünanlage ein Steinsarg (H 1,10 m). Der Sarkophag der ersten Hälfte des 4. Jh wurde 1923 am »Knöpfchesbrunnerweg« entdeckt und enthielt eine Münze und einen Becher. Der Sarg gehört zu einer ausgedehnten Hofanlage, die W der Fundstelle am Hang zu lokalisieren ist. Bislang sind eine Wasserleitung und Bauschuttflächen angeschnitten worden. Die Siedlung gehört zu einer Kette von Gutshöfen, die am S-Hang zwischen Göllheim und Gundheimerhof nachgewiesen sind. Be

Lit: FMRD IV 2, 2115 – Fundberichte aus der Pfalz 1966–1970, MittHVP 81, 1983, 44

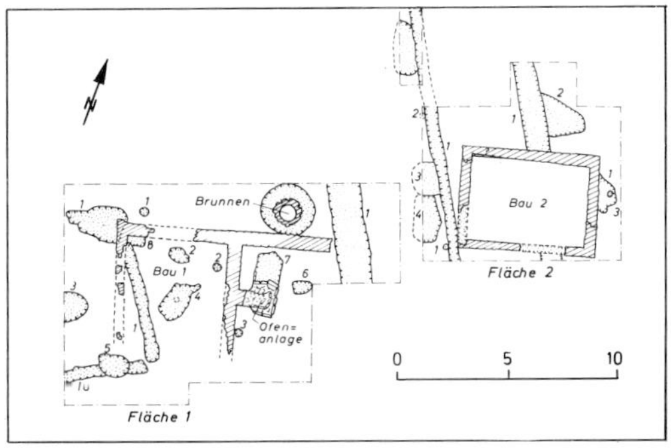

Abb. 275 Gönnheim. Zwei Bauten aus der Siedlung mit Brunnen und Ofenanlage. Grundriß

Gönnheim LU

Siedlung
Abb 275

An der Gemarkungsgrenze Gönnheim-Fußgönheim im Gewann Bäckersgräben befindet sich eine ausgedehnte röm Siedlung. 1977 wurde ein Baukomplex vor seiner drohenden Zerstörung durch ständiges Tiefpflügen archäologisch untersucht. Der nicht vollständig erhaltene Bau 1 (9 × 6 m) wurde im 4. Jh errichtet. In das 2./3. Jh gehören eine Ofenanlage und ein Brunnen mit Steinfassung. Der rechteckige Bau 2 hat eine Größe von 6,50 × 4,50 m. An gleicher Stelle standen seit dem späten 1. Jh Bauten in Fachwerktechnik. Die Siedlung wurde bis in das frühe 5. Jh hinein bewohnt. Weitere Siedlungsspuren sind im O bereits auf Fußgönheimer Gemarkung nachzuweisen. In allen Bereichen finden sich in großer Zahl Eisenschlacken. Es handelt sich somit um eine ausgedehnte Gewerbesiedlung, in der Raseneisenerz aus der nahe gelegenen Niederung eines verlandeten Altrheinarmes verarbeitet wurde. Be

Ao: LfD Speyer
Lit: Fundberichte aus der Pfalz 1976–1977, MittHVP 78, 1980, 17 ff – HWalling, ebda 75, 1977, 30

Gommersheim SÜW

Gutshof

Nur wenige Meter SO der röm Wagenbestattung von → Böbingen liegt die ausgedehnte Trümmerstelle eines röm Landgutes. Baureste konnten bisher noch nicht ergraben werden, jedoch traten seit einer Flurbereinigung 1969 immer wieder Funde zutage. Neben Resten von qualitätvollem bemaltem Wandputz sind Ziegelstücke, Scherben, Münzen und Metallteile gefunden worden. Die Siedlung bestand seit tiberischer Zeit (etwa 20 nChr). Eine Silbermünze (*siliqua*) Konstantins III., zwischen 407 und 411 nChr geprägt, und das Bruchstück eines germ vergoldeten Bronzehalsringes bezeugen Bewohner auf dem Gutshof im ersten Drittel des 5. Jh. Damit gehört das Landgut von Gommersheim zu den röm Siedlungsplätzen auf dem flachen Land, die nach der Vernichtung des Grenzschutzes am Rhein im Jahr 406 noch einige Zeit weiterbestanden haben. Be

Ao: M Speyer
Lit: HBernhard, MittHVP 73, 1976, 37 ff – Archäologie im Neustadter Raum, Neuere Ausgrabungen und Forschungen, 1980, 34 – HBernhard, SaalbJb 38, 1982, 72 ff

Gondorf → Kobern

Grafschaft-Nierendorf AW

Sockel einer Jupitersäule

Auf dem Ammerich bei Nierendorf kam schon im vorigen Jh der vierseitige Sockel einer Jupitersäule zutage. Später fand er in der Kapelle zu Nierendorf als Taufbecken Verwendung, bis er in das RLM Bonn überbracht wurde. We
Lit: BJb 145, 1940, 196, Taf 38 – CIL XIII, 7784 – HLehner, Steindenkmäler 92, mit ält Lit – Rheinische Provinzialblätter 4, 1835, 221 ff – Kunstdenkmäler des Kreises Ahrweiler, 1938, 447 – OKleemann, Vor- und Frühgeschichte des Kreises Ahrweiler, 1971, 99 f

Großsteinhausen PS

Gutshof
Abb 276, 277

An einem S-Hang über dem Hornbachtal befand sich ein Schutthügel (L ca 30 m) eines röm Bauwerkes. Durch Flurbereinigungsmaßnahmen war diese Fundstelle 1966 direkt von der Zerstörung bedroht, so daß 1966 umfangreiche Ausgrabungen stattfinden mußten. Heute ist das Areal aus

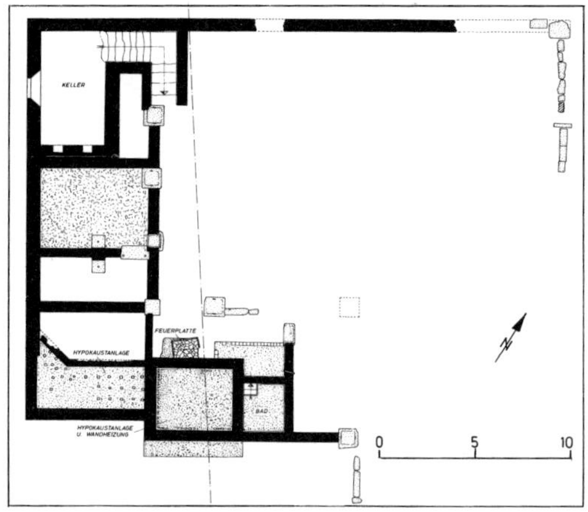

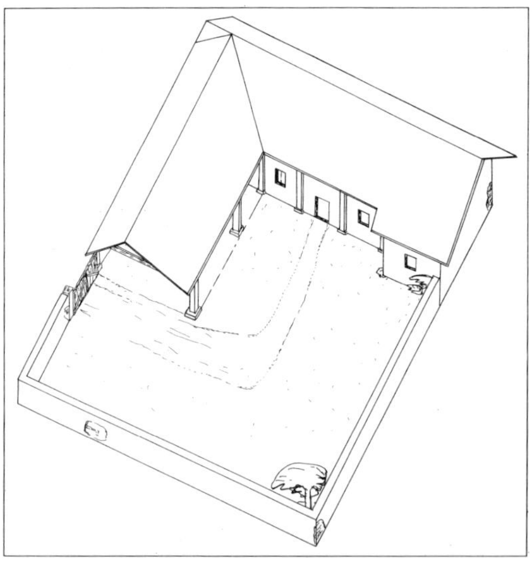

Abb. 276/277 Großsteinhausen. Hofanlage. Grundriß und Rekonstruktion

der landwirtschaftlichen Nutzung herausgenommen und in einem kleinen Wäldchen geschützt. Die Ausgrabungen ergaben einen rechteckigen Hofbereich (28 × 24 m). Der W-Teil und die Hälfte des S-Teiles werden von einer L-förmigen Bauanlage eingenommen. Im N liegt ein Kellerraum mit Fenster und zwei Wandnischen, im S eine Badeanlage.
Die Hofanlage zeigt eine Bauform, die nicht dem gängigen Schema der Portikusvilla mit Eckrisaliten entspricht. Nach dem Fundmaterial wurde das Gebäude im 2. Jh errichtet und um die Mitte des 4. Jh aufgelassen. Be
Ao: LfD Speyer
Lit: HBernhard, MittHVP 79, 1981, 35 f – Fundberichte aus der Pfalz 1965–1970, MittHVP 81, 1983, 47

Grünstadt DÜW

*Steinsärge im Peterspark**
Abb 278

Im Peterspark sind 2 Steinsärge aufgestellt. Der schlichte Sarg aus rotem Sandstein stammt aus dem Gräberfeld von Grünstadt-Asselheim, während der Sarkophag mit stollenförmigem Deckel und Dübellöchern der ehem Eisenklammern bereits 1841 in der Flur »In der Röth« am Hang W des Ortes gefunden wurde. Die weibliche Bestattung hatte als Beigabe einige Nadeln mitsamt der Nadelbüchse, 2 Glasflaschen, 2 Glaskannen und eine Schale ebenfalls aus Glas. 1928 wurden in der gleichen Flur 2 Steinkisten für Brandgräber gefunden. Eine dieser Kisten ist ebenfalls im Peterspark aufgestellt. Be
Ao: M Speyer
Lit: Grünstadter Zeitung vom 12. 8. 1912, 24. 8. 1912 – WLampert, 1100 Jahre Grünstadt, 1975, 12 ff

Abb. 278 Grünstadt. Steinsarg im Peterspark

Grünstadt-Sausenheim DÜW

Grabfunde

Beim Bau der Bahnlinie Grünstadt–Altleiningen wurde 1902 ein röm Bestattungsplatz angeschnitten. Aus einem Brandgrab stammt eine gläserne Urne mit 2 m-förmigen Henkeln, ein Sigillata-Geschirrsatz aus 12 Tellern und Näpfen und weitere Gefäße. Das Grab wurde im letzten Viertel des 1. JhnChr angelegt. In den gleichen Zeitraum gehört ein reich ausgestattetes Brandgrab mit Bronzegeschirr und Geräten. Leider sind die Beigaben nicht vollständig und auch nicht in ihrer Grablage beobachtet worden. Neben einem Bronzebecken mit ehemals 2 Griffen in Gestalt 2 Tigerweibchen wurden ein Kelle/Sieb-Paar mit dem Werkmeisterstempel *CASATUS*, ein Bronzetopf sowie Reste eines Bronzekessels mit eisernem Rand, Kesselhaken, Feuerschaufel und Truhenbeschlägen gefunden. Es handelt sich bei den Funden um die Reste einer überaus reich ausgestatteten Grabanlage und nicht um einen »Küchenfund«. Mit den beiden bekannt gewordenen Gräbern, die zu einer größeren Gutshofnekropole gehören, lassen sich wohl die Bestattungen der Gutsherrschaft fassen. Be
Ao: M Speyer
Lit: LGrünenwald, Urkunden und Bodenfunde, 1927, 77 f

Hagenbach GER

*Römerstraße und Leugensteine**
Abb 279

Der Damm der Römerstraße ist auf der Hochterrasse W des Ortes im Waldgebiet unmittelbar O der B 9 noch gut zu erkennen. N davon ist der Verlauf der Straße nur noch als Wald- bzw Feldweg kenntlich, um im anschließenden Waldgebiet (→ Römerstraße) wieder als Kiesdamm (B ca 6 m) weiterzuziehen.
Bei Rodungsarbeiten neben der Römerstraße wurden 1936 in dichter Lage 6 Leugensteine entdeckt. Nach Inschriften auf 5 der 6 Steine wurden die Säulen zwischen 248 und 317/324 nChr in Entfernung von 16 Leugen vom Civitas-Hauptort *Noviomagus*-Speyer aufgestellt. Genannt werden die Kaiser Decius, Postumus, Carus, Licinius und Licinianus Licinius als Thronfolger (Cäsar). Der unter Postumus im Jahr 267 nChr gesetzte Stein benennt den Civitas-Vorort *Nemetum* (= Noviomagus) als *colonia*, also mit einem Rechtstitel, der nur Städten mit röm Bürgerrecht zusteht. Es wurde vermutet, daß *Noviomagus* sich unter Kaiser Postumus besondere Verdienste erworben habe und deshalb mit dem *colonia*-Titel belohnt worden sei. Die 6 Steine beziehen sich wohl kaum auf Reparaturarbeiten an der röm Fernstraße, sondern sind sicherlich als »Propagandamittel« für die jeweiligen Kaiser zu verstehen.

Abb. 279 Hagenbach. Leugenstein des Decius

Im 3. JhnChr wurde die vorher übliche Zählung nach Meilen (= 1478 m) im gallischen Raum durch die Leuge (= 2,2 km) abgelöst. Weitere Straßensäulen wurden bei der 15. und 13. Leuge entdeckt. Bei der 15. ist eine Nachbildung aufgestellt (→ Römerstraße).
An der Hagenbacher Fundstelle, unweit eines Sägewerkes, wurde 1937 die Nachbildung eines unter Kaiser Carus 282/283 nChr gesetzten Steines aufgestellt: *Imp(eratori) Caes(ari) M(arco)/ Aurelio Caro/ p(io) f(elici) invicto Aug(usto)/ p(ontifici) m(aximo) trib(unicia) p(otestate) p(atri) p(atriae) pro/co(n)s(uli) C(ivitas) N(emetum)/ l(eugas) XVI* (Dem Imperator Caesar Marcus Aurelius Carus, dem getreuen, glücklichen und unbesiegbaren Augustus, Pontifex maximus, Inhaber der tribunizischen Gewalt, Vater des Vaterlandes hat auf Ratsbeschluß die Gaugemeinde der Nemeter (den Stein gesetzt). Bei der 16. Leuge).
Be

Ao: M Speyer
Lit: FSprater, Germania 21, 1937, 28 ff – HNesselhauf, 27. BerRGK 1937, 120 ff

Schatzfund
Abb 280, Taf 6a

Aus einer Kiesgrube SO des Ortes stammen zahlreiche röm Metallobjekte, die über einen Zeitraum von 20 Jahren geborgen wurden. Trotz manchmal unklarer Fundumstände dürften die meisten Gegenstände zu einem gemeinsamen Fund gehören, der im späten 3. Jh beim Überqueren der röm Reichsgrenze im Rhein verlorenging. Den Charakter als Beutefund unterstreichen vor allem zerschnittene Silbergefäße, darunter eine große Platte mit eingelegter goldener Votivinschrift oder Reste eines Trinkbechers (*skyphos*), eines Beckengefäßes mit Henkeln und einer Klappdeckelkanne. Diese Gegenstände waren auch wie einzelne Geräte nur wegen ihres Metallwertes gesammelt und zum Einschmelzen bestimmt worden. Unter dem Silberschmuck verdienen massive Barrenringe, filigran verzierte Armringe und Halsringe sowie 2 große Fibeln besonderes Interesse. Zum größten Teil gebündelt waren 128 dünne Silberbleche, die zT mit Inschriften versehen, als *ex voto* in einem oder mehreren Marsheiligtümern in der S Provinz Aquita-

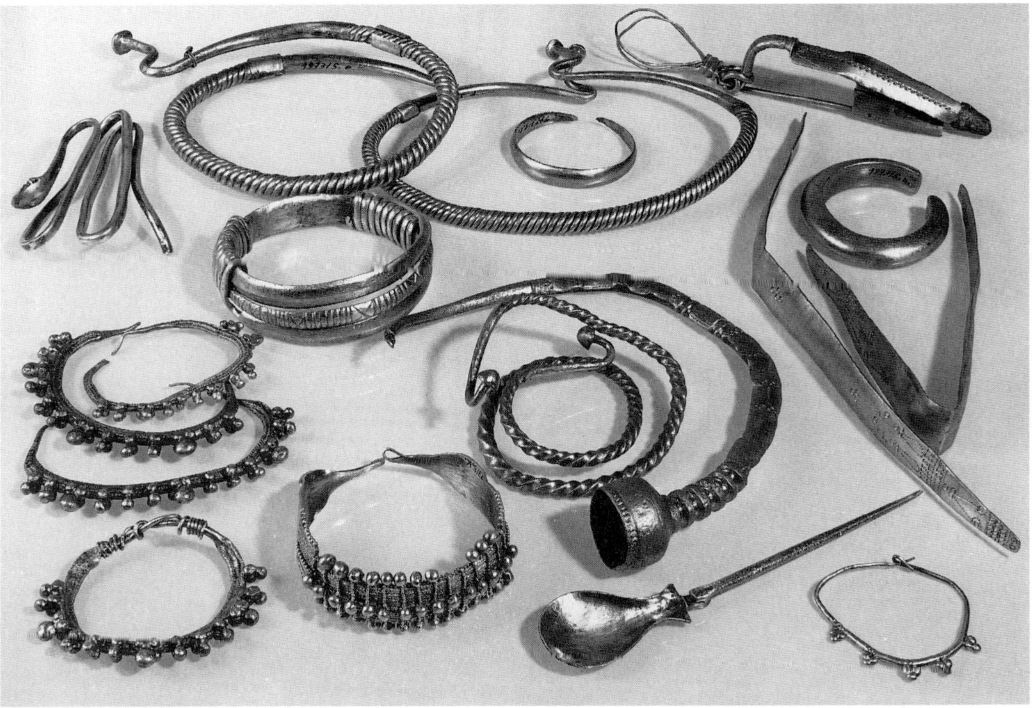

Abb. 280 Hagenbach. Silberschmuck aus dem Schatzfund

nia im Bereich der Novem populi aufgesteckt waren. Das kennzeichnende aquitanische Namensgut der Inschriften läßt den Schluß zu, daß der Sammelfund durch beutemachende germ Scharen nach 260 nChr in Innergallien zusammengeraubt wurde und über den Rhein in germ Stammesgebiete transportiert werden sollte. Bei der Überquerung ging der Sammeltransport verloren. In den gleichen Zeit- und Sachzusammenhang gehört auch der Fund von → Neupotz. Be
Ao: M Speyer, LfD Speyer
Lit: Fundberichte aus der Pfalz 1966–1970, MittHVP 81, 1983, 48 ff – HJEngels, in: Trier – Kaiserresidenz und Bischofssitz, 1984, 84 ff

Hambach → Neustadt

Hambuch COC

Grabgärten
Abb 281

Bei Waldarbeiten wurde in der Nähe von Kaisersesch im Gemeindewald (Jagen 5) ein röm Brandgrab aufgefunden, das mit Schieferplatten umstellt war. Es befand sich innerhalb eines quadratischen Platzes, der von Wall und Graben umgeben war. N davon lag noch eine solche Anlage, im S 2 weitere. Die Gesamtlänge dieser 4 zusammenhängenden Umwallungen beträgt ca 132 m. Dabei handelt es sich um mehrere umgebene Friedhöfe, röm Grabgärten, die möglicherweise nacheinander angelegt worden sind. An Funden wurde eine Vielzahl von Keramik geborgen, aber auch einige Eisenbeschläge.
Eine zweite Reihe von 3 umwallten Plätzen liegt rd 16 m von der ersten entfernt. Diese Begräbnis-

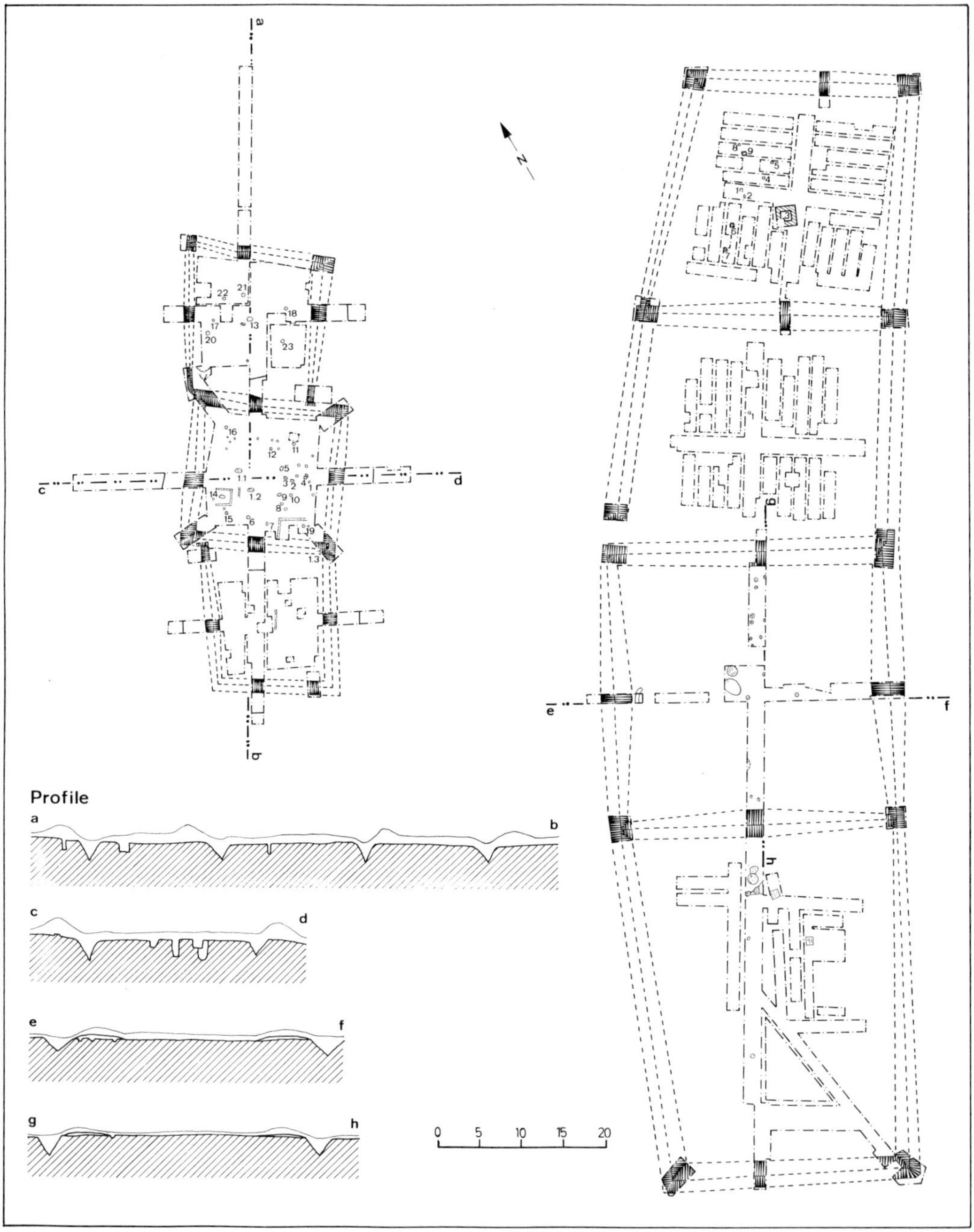

Abb. 281 Hambuch. Grabgärten. Grundriß

plätze sind wesentlich kleiner als die der ersten Reihe. Im Innern einer dieser Anlagen fanden sich zahlreiche frühröm Urnengräber. We

Spätröm Wacht- und Signalturm

Bei Hambuch in der Nähe von Kaisersesch wurden auf dem »Burgberg« (Jagen 7) eine Anzahl Pfostenlöcher und sonstige Einarbeitungen im Schieferfelsen festgestellt. Röm Münzen, Keramikbruchstücke und eine kleine Glasperle konnten aufgelesen werden. Die Fundgegenstände verweisen die Anlage offensichtlich in die späte Kaiserzeit. Außerdem fanden sich Ziegelbruchstücke und Reste von Mörtel. Der Burgberg steigt aus dem Tal eines kleinen Baches steil auf und bildet auf seinem Gipfel einen schmalen, langen Grat. Im Zusammenhang mit den beiden in seiner Nähe vorbeiführenden Römerstraßen, liegt die Annahme nahe, daß es sich hier um die Reste einer spätröm »Wach- und Signalstation« handelt. We

Ao: RLM Bonn
Lit: BJb 128, 1923, 136 f, 140 f, 145; 130, 1925, 316 f, 339 f; 133, 1928, 260, 285; 134, 1929, 143, 166, 173 f – K-JGilles, TZ, Beih 7, 1985, 121 ff – H-HWegner, Berichte z Arch an Mittelrhein und Mosel 1, 1987, 228 ff

Heckenmünster WL

Heil- und Kultbezirk
Abb 282, 283

Am Weg von Heckenmünster nach Erlenbach ist ein wohlschmeckender Sauerbrunnen gefaßt, der, früher abgefüllt und verkauft, seit längerer Zeit den Bewohnern bekannt ist, in den Karten als Viktoria-Quelle bezeichnet. Nicht weit entfernt ist eine Schwefelquelle mit wechselndem Ausstoß gelegen, Wallenborn genannt. Anläßlich eines größeren Waldabtriebs 1966 wurde es möglich, die Örtlichkeit, an der verschiedentlich Mauerwerk und röm Scherben gefunden worden waren, durch eine Grabung zu untersuchen. An der Quelle bestand ein heiliger Bezirk mit vorgelagerten Gäste- und Pilgerhäusern, einer Badeanlage und einer festen Herberge, die nach Abschluß der Untersuchungen wieder verfüllt und mit Erdreich abgedeckt worden sind. Der heilige Bezirk ist von SW nach NO orientiert und von einer Mauer (75 × 33 m) umgrenzt. 2 gallo-röm Umgangstempel und ein offener, achteckiger Kultbau liegen vor der Schwefelquelle. 2 weitere Quellmulden sind in dem SW Gelände, das keine weitere Bebauung erfahren hat, gelegen. An der Umfassungsmauer ist ein H-förmiger Mauerzug freigelegt worden, der in Verbindung mit dem sanft geneigten Gelände als Theaterbühne gedeutet werden muß. An die Mauer ist ein langgestrecktes Gebäude gesetzt worden, das mit vorgelagertem Portikusgang 3, 2 und einen Raum hat, jeweils durch einen schmalen Gang voneinander getrennt. Dem gedeckten Wandelgang ist ein Mauerwerk vorgelagert, das U-förmig sich als Doppelmauer ergibt, vielleicht die Abgrenzung einer Kapelle oder einer »Bank«, wie sie vergleichbar am Zugangsweg zum Tempel des Lenus Mars in Trier-W gefunden worden ist (Gebäude 1).

Gebäude 2 (30 × 20 m), mit risalitförmiger Ausbildung der Front zum Zugangsweg um einen Hof errichtet, zeigt eine gleichmäßige Folge von je 5 Räumen an den Langseiten und 3 Räumen (ein Keller mit Zugang aus dem Hofbereich) an der S hangwärts gelegenen Schmalseite, die durch 4 Pfeilervorlagen verstärkt worden ist.

Gebäude 3, 4 und 5 sind als schlichtere Pilgerherbergen mit gedecktem Gang vor der Kammerfolge zu bestimmen.

Für die heilmäßige Anwendung des Wassers sprechen nicht nur Brunnen für Trinkkuren, sondern auch ein Badegebäude (7/7a), das beheizbar war. Bau 8 wird als Heiltherme bestimmt, wo der Badegast durch eine Eingangshalle mit Fußwaschbecken zu einem beheizten Becken (50 m^2) gelangte; der anschließende kleinere Raum wird als Laubad gedeutet.

Die ältesten Funde gehören dem 1. JhnChr an, die Bauten – im 2. Jh errichtet – wurden offenbar bei den Germaneninvasionen des 3. Jh zerstört und nicht mehr aufgebaut. Dies mochte einmal daran gelegen sein, daß seitdem weite Teile der Landschaft entvölkert waren, oder die Quelle für die Nutzung nicht mehr genug Leistung erbrachte. Zudem sind mit den heißen Quellen von Aachen, Burtscheid und → Bad Bertrich sicher reicher

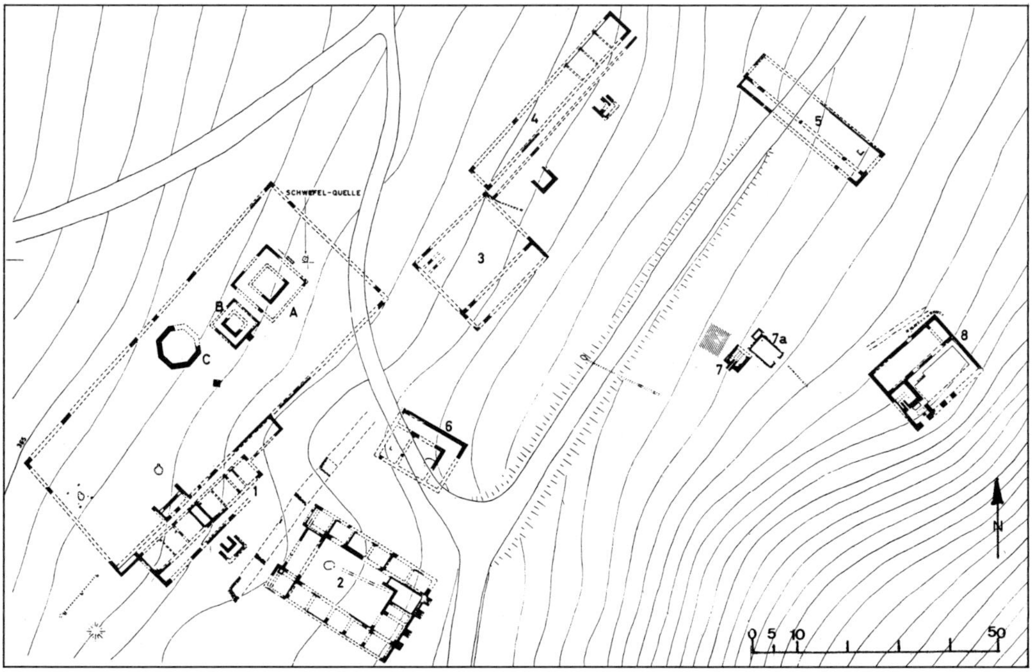

Abb. 282 Heckenmünster. Heil- und Kultbezirk. A, B Umgangstempel, C achteckiger Bau, 1–6 Pilgerherbergen, 7, 7a Bad, 8 Heiltherme. Grundriß

Abb. 283 Heckenmünster. Heil- und Kultbezirk. Rekonstruktion

ausgestattete Bäder verfügbar gewesen, die in der Spätzeit auch hinreichend geschützt waren und den Kurgästen mehr Sicherheit boten. Cü
Ao: RLM Trier
Lit: WBinsfeld, TZ 32, 1969, 239 – ders, FVFD 33, 1977, 221

Heddesdorf → Neuwied

Heidesheim MZ

Gutshof
Abb 284

Wie in → Boos wurde auch in Heidesheim auf den Fundamenten eines röm Gutshofes (*villa rustica*) eine Kirche (Georgskapelle) errichtet. Nach kunstgeschichtlicher Analyse muß dies im 10. oder frühen 11. JhnChr geschehen sein. Beachtenswert ist die Tatsache, daß Heidesheim mit seiner fränkischen Wurzel (Gräberfeld vom ausgehenden 5. bis zum 7. JhnChr zwischen Hammel-, Honig-, Mainzer- und Mühlstr) und seiner nach 1300 erbauten neuen Pfarrkirche 600 bis 900 m SW der Georgskapelle liegt.
Von dem röm Gutshof, dessen Gräberfeld 300 m NW beim Autobahnbau angeschnitten wurde, ist bislang nur ein Teil des Hauptgebäudes bekannt. Um einen Innenhof schien sich ein mehrflügeliger Bau zu legen. Zur Zeit stattfindende Ausgrabungen ergaben bisher zwei Bauphasen. Funde

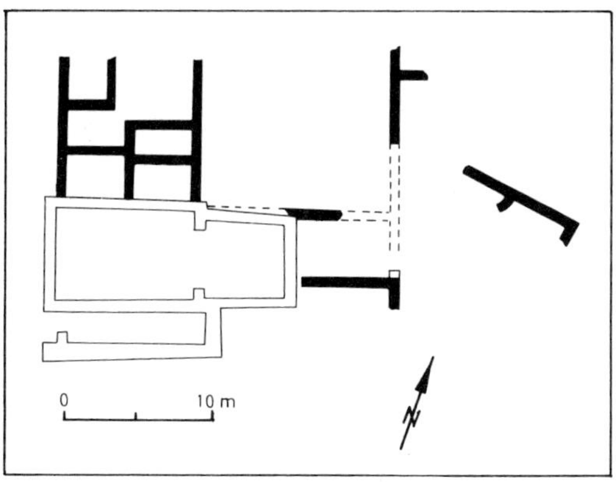

Abb. 284 Heidesheim. Hauptgebäude eines Gutshofs. Grundriß

aus dem Hauptgebäude und dem Gräberfeld belegen eine Nutzungsdauer vom 1. bis zum späten 4. JhnChr. Nach Aufgabe des Gutshofs kam es zu einer veränderten Nutzung des Platzes. In den Fußbodenestrich mehrerer Räume wurden zahlreiche Grabgruben hineingeschlagen, die beigabenlose, wahrscheinlich dem 5. Jh entstammende Körperbestattungen enthielten, darunter zahlreiche Kindergräber. Ru
Lit: BStümpel, 1200 Jahre Heidesheim, 1962, 14 f – WSchleuss, Die Georgskapelle in Heidesheim. Heimatjb des Lkr Mainz-Bingen 32, 1988, 15 ff

Heiligenstein → Römerberg
Helenenberg → Welschbillig
Heppenheim a. d. Wiese → Worms

Herchweiler KUS

Bauwerk

NO des Ortes wurde 1969 »Am Steinberg« ein kleines röm Bauwerk (13/14 × 9 m) ausgegraben. Die schwache Fundamentierung der Grundmauern in Lehmbindung und das weitgehende Fehlen von Dachziegeln deuten auf einen einfachen Fachwerkbau mit Schindel- oder Strohbedachung hin. Brandschichten im Gebäudeinnern bezeugen ein Schadensfeuer. Nach Ausweis des Fundmaterials wurde der Wohnbau im frühen 2. JhnChr errichtet und hat das 3. Jh nicht überstanden.
Der Bau liegt an einem S-Hang oberhalb eines kleinen Wasserlaufs und bezeugt den Typ des kleinsten landwirtschaftlichen Betriebes ohne aufwendige Architektur. Be
Lit: Fundberichte aus der Pfalz 1965–1970, MittHVP 81, 1983, 63

Herforst BIT

*Töpfereibezirk im Langmauerbezirk**
Abb 285

Im Gebiet von Herforst–Speicher und Niersbach sind ausgedehnte Tonvorkommen Anlaß gewesen für die Herstellung von Keramik, wohl schon

Abb. 285 Herforst. Töpferofen mit Feuerungsraum, Schürloch und Resten des Brennbodens

in vorröm Zeit. Die Struktur eines mit großen Ateliers arbeitenden Industriebezirks bekam das Gebiet seit dem 2. Jh, als sich die hier hergestellte Gebrauchskeramik offenbar einer gesteigerten Nachfrage erfreute. Kennzeichnend ist, daß die Tone mit Sandmagerungen weiß bis hellgrau brennen. Seit dem Ende des 3. und besonders im 4. Jh werden Kannen, Krüge, Becher mit Braunengobe in marmorierter Musterung, dann mit breiten Streifen und dünneren Querstrichen verziert (geflammte Ware), die im Laufe der Zeit von hellbraun bis zu schwarzbraun und bis klingendhart gebrannt werden.
Zu Ende des 2. Weltkrieges wurden W neben der hier noch dammartig überhöht verlaufenden Langmauer bei Anlage von Schützengräben einer Werfer-Station Töpferöfen, Scherbenhaufen und Werkräume angeschnitten. Grabungen des RLM Trier 1949/50 führten zur Freilegung eines großen, birnenförmigen Brennofens (Schürkammer und Feuerungskeller auf Brennsohle und Mantel des Brennraumes waren noch über dem Brennboden mit Zuglöchern im Ansatz erhalten). Ein zweiter, kleinerer Ofen mit stark verfrittetem Brennboden lag gleich W neben dem großen. Ein Keller mit Zugangstreppe brachte eine Töpferscheibe. Etwas versetzt lag vor dem Ofen ein größerer, fast quadratischer Werkraum mit Gruben zum Einsumpfen und Kneten des Tons. In der Mauer war ein inschriftloser Altar vermauert. Über die Ateliermauern zieht sich der über 1 m mächtige Schutthügel von Schlacken einer Eisenschmelze hin, die schon ma ist. Cü
Ao: RLM Trier
Lit: Ortskunde Trier-Mettendorf, 1932, 121 ff – FVFD 33, 1977, 196 ff

Hermeskeil-Gusenburg TR

Tempelbezirk
Abb 286

Zufahrt über die Straße Hermeskeil–Gusenburg, vor dem Ortseingang, gegenüber Sportplatz Straßenabzweigung, nach 400 m, links in den Feldern gelegen.
Nach Entdeckung mehrerer Terrakotten führte das Landesmuseum (damals Provinzialmuseum) 1891 an der schon von Pastor Schmitt zu Beginn des Jh mit bedeutenden Mauerresten beschriebe-

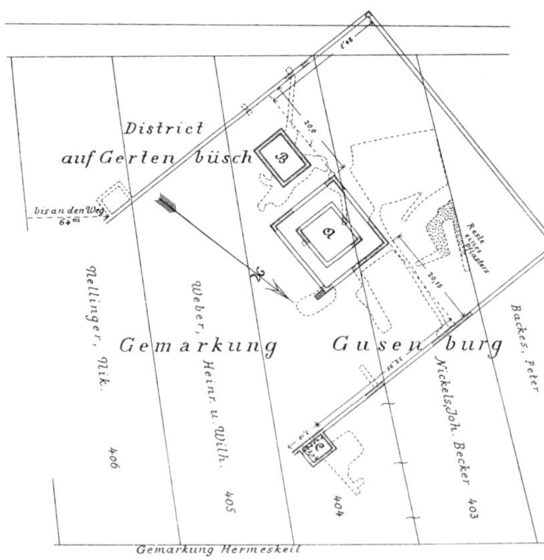

Abb. 286 Hermeskeil-Gusenburg. Tempelbezirk. Grundriß

nen Stelle »Gertenbüsch« Ausgrabungen durch. Der ausgedehnte Bezirk war an 3 Seiten mit einer Mauer begrenzt, die je auf 57,15 × 65,34 m festgestellt werden konnte, während der O-Abschluß nicht erreicht wurde. Etwa in der Mitte der Fläche wurde ein gallo-röm Tempel mit Umgang entdeckt. Die Cella ist 8,20 × 7,55 m groß, der Umgang hat eine Breite von 3 m und war für eine Säulenstellung bestimmt.
S liegt ein weiterer Bau (B; 7,70 × 5.50 m), dem auf der gegenüberliegenden Seite ein drittes Bauwerk entsprach. An der N Umfassungsmauer wurde ein Bau C von 4,45 × 3,30 m entdeckt, dem nach Pfarrer Schmitt an der S, gegenüberliegenden Umfassungsmauer ein gleichartiges Gebäude entsprochen habe.
Tempel A und Gebäude B waren mit Ziegeln gedeckt, Bau C brachte Reste einer Schieferdekkung. In Tempel A und B an der N- und W-Seite wurden Terrakotten gefunden. In C wurden zahlreiche Gerätschaften, Sigillata-Scherben, Glasreste und ein Ring sowie Fibeln ausgegraben. Eine große Menge Nägel, Lanzen- und Pfeilspitzen sowie die Bronzefigur eines Mars bezeugen die Verehrung dieses Gottes, der hier vielleicht dem einheimischen Lenus angeglichen war. Die Terrakotten stellen Minerva, Merkur, Fortuna, Fruchtbarkeits- und Muttergottheiten, Kybele, Amor, Psyche, Liebespaare, Knabenbüsten und Göttinnen mit Mauerkronen dar.
Während Einzelfunde noch in die erste Hälfte des 1. JhnChr datieren, wird die Blütezeit der Kultstätte aus der Masse der Funde in das 2. Jh bestimmt. Am Ende des 4. Jh wird der Platz aufgelassen, wie dies auch für den Bezirk bei → Dhronecken nachzuweisen ist. Cü

Ao: RLM Trier

Lit: FHettner, Drei Tempelbezirke im Trevererlande, Festschr z. Feier des hundertjährigen Bestehens der Ges f nützl Forsch in Trier, 1901

Hermeskeil/Otzenhausen (Saarland)

Ringwall und Tempel*
Abb 287–289

S von Hermeskeil, am Rand des Schwarzwälder Hochwalds bildet der Dollberg einen spitzwink-

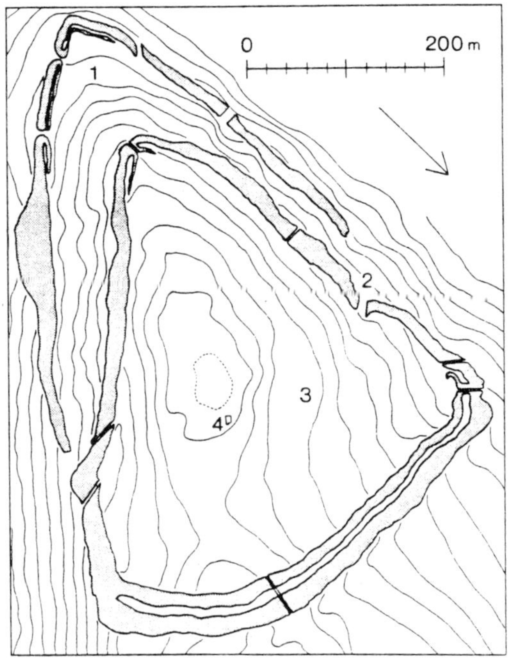

Abb. 287/288 Hermeskeil/Otzenhausen. Ringwall und Tempel. 1 Vorwall, 2 Toranlage, 3 Siedlungsplateau, 4 gallorömischer Tempel. Grundriß und Luftaufnahme

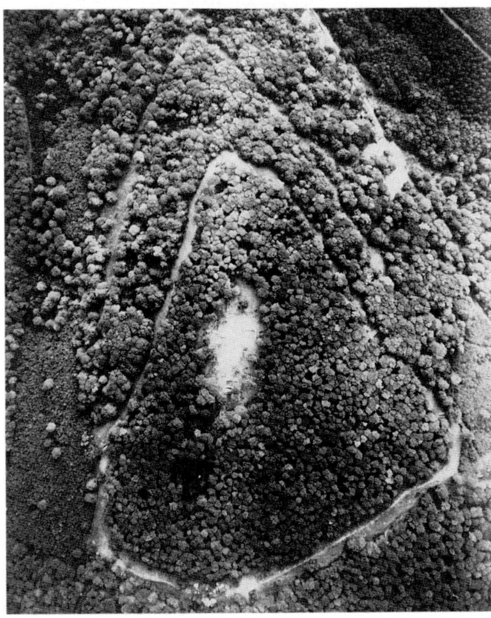

Abb. 289 Hermeskeil/Otzenhausen. Tempel. Statue der Diana

lig auslaufenden Bergsporn, an dessen N Breitseite eine flache Einsattelung durch einen starken und im Versturz noch eindrucksvoll hohen Steinwall (L 460 m, B 40 m) abgegrenzt ist. Der Bergkontur folgend ist der Wall zur spitzauslaufenden Seite weiter geführt, während in etwas tieferer Lage, spitzwinklig ebenfalls von Steinwällen begrenzt, eine Vorburg ausgebildet worden ist. Schmale Durchlässe im Wall führen zur Vorburg, und eine bewehrte Toranlage an der W-Seite der Hauptburg erschließt das ausgedehnte Siedlungsplateau. Ziemlich im Zentrum der Fläche wurde das Mauergeviert eines röm Tempels gefunden, aus dem neben Fragmenten einer Steinskulptur die Bronzefigur einer Diana wohl auf einheimische Kultträger hinweist, die mit Silvanus und Intarabus mehrfach im Trierer Land bezeugt sind. Aus einfachen Bauten des 5./4. JhvChr entstand ein Oppidum der Treverer des engeren Umlandes in der Zeit germ Invasionen und der caesarischen Eroberungszüge in Gallien. Der Kultbau entstand in der langanhaltenden Zeit der wirtschaftlichen Blüte des 2. und 3. JhnChr, doch wurde die geschützte Wallanlage in den unsicheren Zeiten des 4. und 5. Jh sowie in der Merowingerzeit und im 30jährigen Krieg wieder von den Bewohnern des Umlandes verstärkt aufgesucht. Die Masse des hier zusammengetragenen Quarzitgesteins ist auf 228 362 m^3 berechnet worden, ausreichend um 2000 Eisenbahnwaggons zu füllen.
Die Wallanlage ist bequem von Otzenhausen (Saarland) zu erreichen. Cü

Herrnsheim → Worms

Herschweiler-Pettersheim KUS

*Gutshof**
Abb 290, 291

Die Reste des Gutshofes sind am besten von der Straße Herschweiler–Wahnwegen aus zu erreichen. Ein Waldweg führt nach ca 150 m zu den Überresten, die heute im wenig erfreulichen Umfeld eines aufgelassenen Melaphyr-Steinbruches liegen.
Von der Gutshofanlage ist bislang nur das Hauptgebäude bekannt geworden. Nebengebäude kön-

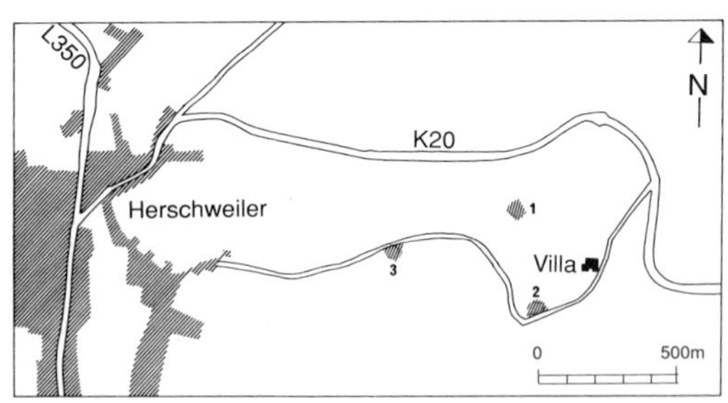

Abb. 290 Herschweiler-Pettersheim. Hauptgebäude eines Gutshofs, 1–3 Nebengebäude. Lageplan

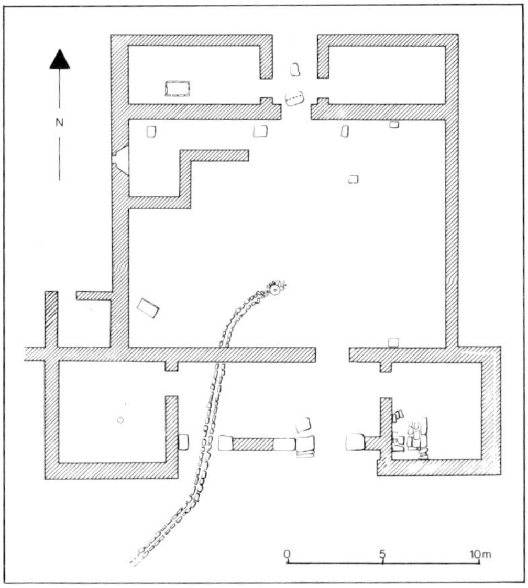

Abb. 291 Herschweiler-Pettersheim. Hauptgebäude eines Gutshofs. Grundriß

nen durchaus noch im N und W verborgen liegen. Dort wurden Mauerreste festgestellt. Der Hof liegt unterhalb des Hühnerkopfes in einem Talschluß. Jedoch ist die Portikusfront nicht etwa nach W ausgerichtet, sondern nach S mit eingeschränktem Blick zum Hühnerkopf. Ausgrabungen fanden von 1958 bis 1961 statt und haben ein kleines Herrenhaus vom Normaltyp mit Eckrisaliten und kleiner Portikusfront freigelegt. Im rückwärtigen Teil der zentralen Halle, die möglicherweise nur zT überdacht war, befand sich ein kleiner Kellerraum mit Rundbogennische und Lichtschacht. Aus dem Zentralraum führte eine Abwasserrinne nach S. Als Gully war der Läufer eines runden Mühlsteines verwendet worden. N der Halle schlossen sich 2 schmale Räume an, in einem davon wurde eine rechteckige Herdplatte freigelegt. Einrichtungen, die auf eine Fußbodenheizung oder einen Badetrakt hinweisen, wurden nicht beobachtet. Allenfalls ein wannenförmiger Einbau im O-Risalit ist als bescheidene Badeanlage zu deuten. Das Landgut wurde im frühen 2. Jh errichtet und bereits im späten 3. Jh wieder aufgelassen. Brandschichten und einige wertvolle Metallteile wie Zügelführungen aus Bronze oder die Ausgußplatte eines Halbdeckelbeckens deuten auf eine Zerstörung bzw auf die überstürzte Flucht der Hofbewohner.

1990 wird der Gutshof einer umfassenden Restaurierung unterzogen. Be

Ao: M Kusel

Lit: KWKaiser, Pfälzer Heimat 14, 1963, 24 – Fundberichte aus der Pfalz 1956–1960, MittHVP 68, 1970, 97 f; 1961–1965, 1978, MittHVP 80, 1982, 320 – HMenzel, Die römischen Bronzen in Deutschland 1, 1960, 38

Heßheim LU

Spätrömisches Grab
Abb 292

Am NW-Rand des Ortes wurde 1909 inmitten eines kleinen Gräberfeldes ein spätröm Körpergrab mit breitem Militärgürtel und einem Kamm mit dreieckiger Griffplatte gefunden. Die bronzenen Gürtelbeschläge bestehen aus einer Schnalle, de-

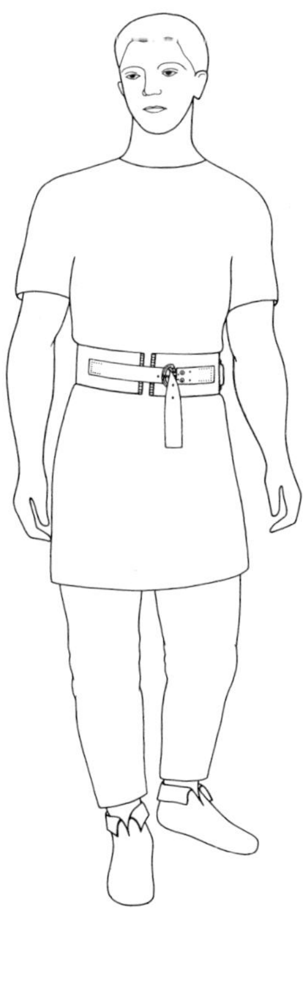

Abb. 292 Heßheim. Militärgürtel. Rekonstruktion

ren Bügelenden in stilisierten Tierköpfen auslaufen. Ein Bügel diente dem Durchzug des 4,5 cm breiten Ledergurtes. Das Lederkoppel (B 12 cm), auf dem Schnalle, Durchzug und Ledergurt befestigt waren, wurde durch 2 Astragaltüllen und 2 punzverzierte Beschläge versteift. Solche Koppel gehörten in der Zeit um 400 nChr zur Militärtracht. Der kleine Kamm germ Herkunft macht es wahrscheinlich, daß der hier Bestattete selber ein Germane war. Daß er inmitten einer Nekropole beigesetzt wurde, die zu einer *villa rustica* gehörte, zeigt in welchem Maß die landwirtschaftliche Produktion im späten 4. Jh unter Obhut des Militärs stand, das wiederum stark mit Germanen durchsetzt war. Be

Ao: M Speyer

Lit: FSprater, PfälzMus 27, 1910, 1 f – HBullinger, MittHVP 67, 1969, 170 – HSchulze, Teildruck Diss 16 – HBernhard, SaalbJb 38, 1982, 79

Heßloch → Dittelsheim

Abb. 293 Hilst. Felsbild. Mars, Diana und Silvanus

Hilst PS

*Felsbild**
Abb 293

Etwa 2 km S Hilst, bereits knapp außerhalb der Landesgrenze befindet sich an einer Felswand ein Relief, das durch Witterungseinflüsse nur noch in Konturen zu erkennen ist. Seit 1979 ist das Relief durch ein kleines Schutzdach vor weiterem Verfall gesichert.

In einem rechteckigen Feld (63 × 85 cm) ist eine Dreiergruppe dargestellt. Links ist Mars mit einem Umhang und einer Lanze, in der Mitte Diana mit Bogen in der linken Hand und mit der Rechten einen Pfeil aus dem Köcher ziehend, dargestellt. Ein Hund als Jagdgefährte sitzt zu Füßen. Bei der rechten Figur mit Lanze dürfte es sich um Silvanus mit Hund als Begleiter handeln.

Felsbilder dieser Art sind auf den O-gallischen Raum zwischen Sauer, Glan und Vogesen beschränkt, in dem leicht zu bearbeitende Buntsandsteinformationen vorkommen.

Das Dreierbild bei Hilst liegt weitab von bekannten röm Siedlungen, wohl aber an einer schon in antiker Zeit genutzten Verkehrsverbindung in den Lothringer Raum. Geleisespuren (B 88–100 cm) sind am SW-Rand der »Oberen Höhe« als vermutliche Reste dieser Verbindung noch sichtbar. Be

Lit: Intelligenzblätter des Rheinkreises 7, 1828, 73 – FJHildenbrand, Steinsaal, 1911, 6 f – FLittig, Germania 2, 1918, 40 f – Espérandieu, 1922, 4474 – EBrauner, 15. Bericht der Staatl. Denkmalpflege im Saarland 1968, 83 ff – Fundberichte aus der Pfalz 1956–1960, MittHVP 68, 1970, 154

Hinzerath → Morbach

Hinzweiler KUS

*Relief an der Kirche**
Abb 294

An der S-Wand der ev Kirche ist ein Relieffragment mit Darstellung des bärtigen Herkules eingemauert. Als charakterisierendes Attribut sieht man das über die linke Schulter gelegte Löwenfell. Be

Lit: DMalitius, Römische Inschriften, 198 f

Abb. 294 Hinzweiler. Büste des Herkules

Hochheim → Worms

Hochscheid WL

*Quellheiligtum**
Abb 127, 295–297

Anläßlich der Erschließung von Süßwasservorkommen wurde SW von Hochscheid, im Hanggelände des Idarwaldes, eine Quelle freigelegt, die schon in röm Zeit als Brunnen ausgebaut und von Sandsteinblöcken im Geviert eingefaßt worden war. Das als heilwirksam bewertete Quellwasser wurde in einen Tempel vom Typ der gallo-röm Vierecktempel mit Umgang einbezogen. Die Cella (6 × 6,25 m) war von der O-Seite her zugänglich. Das Geviert der Säulenhalle (13,50 × 14 m) bildete einen Umgang von 2 – 2,35 m, der ebenfalls von der O-Seite her durch einen Zugang zu betreten war. Die Cella überragte turmartig den Umgang, der mit Säulen oder Pfeilern auf einer Brüstungsmauer ein Schieferdach trug.
Im Innern der Cella wurde neben der Brunnenfassung der Quelle ein Altar gefunden, der die Weiheinschrift des freigelassenen Tiberius Claudius Reburrus an den Gott Apollo trägt. Ein zweiter Altar ist Apollo und der »sancta Sirona« gewidmet. Zwei fast lebensgroße Götterfiguren vor thronartigem Reliefrahmen – ebenfalls aus der Cella – zeigen das Götterpaar. In der Darstellung der griechisch-röm Hygieia nachgeformt, ist Sirona mit langer Tunika und einem Mantelumwurf bekleidet, über der Stirn trägt sie ein Diadem in dem gewellten Haar. Eine Schlange windet sich ihr um den rechten Unterarm und züngelt nach drei Eiern, die die Göttin in geneigter Schale in der linken Hand vor sich hält. Fast vollkommen erhalten, ist die Göttin in strenger Vorderansicht aufgefaßt. Die ihr zur Seite stehende Figur des Apollo ist nur in Fragmenten erhalten. Rechter Arm und Hand, Bruchstücke von Spielbein und Standbein, ein liegender Greif, das Begleittier, und die Kithara, das Musikinstrument des Gottes, sichern die Rekonstruktion und Zugehörigkeit. Eine zweite, ganz erhaltene Apollo-Statue, jedoch zarter modelliert und kleiner, wurde ebenfalls hier geborgen.
Während die Kleinfunde die Existenz des Quell-

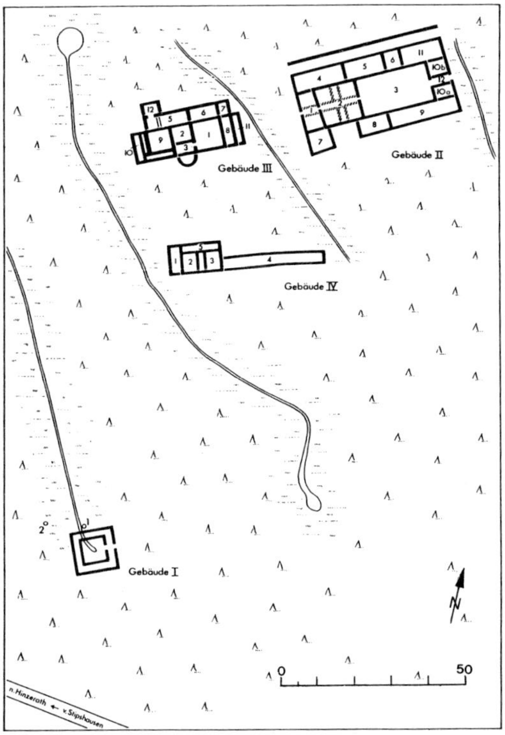

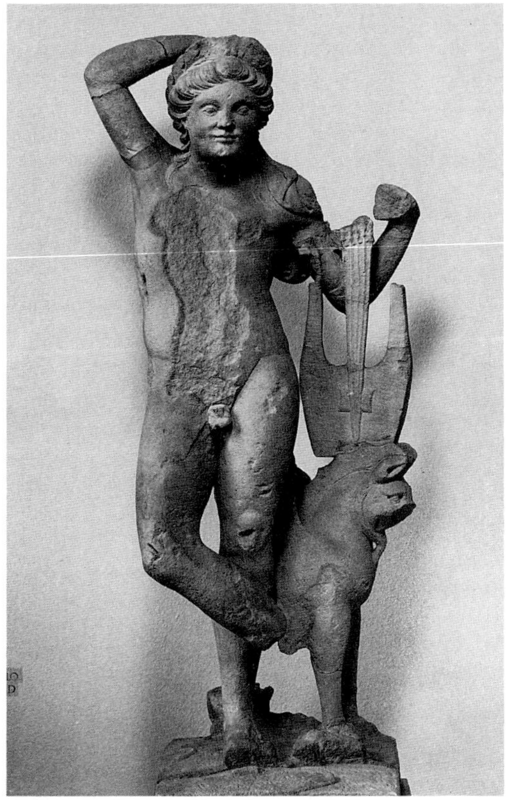

Abb. 297 Hochscheid. Quellheiligtum. Apollostatue mit Kithara und Greif

kultes schon für die zweite Hälfte des 1. JhnChr bezeugen, sind die Statuen erst in der zweiten Hälfte des 2. Jh ausgeführt und hier aufgestellt worden.

Nur 70 m N des Tempels wurden 1962–1966 3 Gebäude freigelegt, die als Pilgerhäuser anzusprechen sind. Gebäude II besteht aus einem Wohnblock und einer langgestreckten Hoffläche, die mit Torhaus und flankierenden, langen Kammern eingefaßt ist. Der N-Seite war ein überdachter Gang (*porticus*) vorgelagert. Auf dem

Abb. 295 Hochscheid. Quellheiligtum mit Tempel I. II, IV Pilgerunterkünfte, III Badegebäude. Grundriß

Abb. 296 Hochscheid. Quellheiligtum. Rekonstruktion

massiven Mauersockel waren die aufgehenden Wände in Fachwerk mit Stein-Schieferfüllung ausgeführt, die Wandflächen zT verputzt und mit einfacher Malerei verziert. Scherbenfunde lassen die Benutzung des Herbergsgebäudes im 2. und 3. Jh erschließen.
W ist Gebäude III als Badeanlage nachgewiesen. Dem Warmbad (*caldarium*) mit außerordentlich großer Wanne (Raum 9) sind kleinere Kammern und das Kaltbad mit Apsis (Raum 3) vorgelagert.
S der Thermen ist Bau IV gleichzeitig mit dem Tempel als schlichte Unterkunft angelegt worden und besteht aus einem Wohnblock mit Flur und 4 Kammern. Nach O schließt ein langer, korridorartiger Raum an, der als Massenunterkunft und Schlafsaal für Pilger zu deuten ist.
Tempel und Unterkunftshäuser mit Bad wurden offenbar seit den großen Invasionen des 3. JhnChr nicht mehr besucht und verfielen im Laufe weniger Jahre. So sind die Skulpturen einer gewaltsamen Zerstörung durch religiöse Eiferer entgangen, stürzten um und ruhten in dem moorigen Grund bis zu ihrer Entdeckung. Gü
Ao: RLM Trier
Lit: GWeisgerber, Das Pilgerheiligtum des Apollo und der Sirona von Hochscheid im Hunsrück, Bonn 1975

Hohen-Sülzen AZ

Gläser
Abb 298

Die kostbarsten Gläser aus Rheinhessen stammen aus zwei 1869 im Gewann »Nachtweide« aufgefundenen Steinsärgen. Es handelt sich um das seit Kriegsende verschollene Diatretglas und den im LM Mainz ausgestellten gläsernen Zweihenkelkrug, der in Schlifftechnik mit einer bacchischen Szene verziert ist. Beide Gläser gehören ins 4. JhnChr Ru
Ao: LM Mainz
Lit: GBehrens, MZ 20–21, 1925/26, 75 ff – Katalog Gallien in der Spätantike, 1980, 69 und 98 f

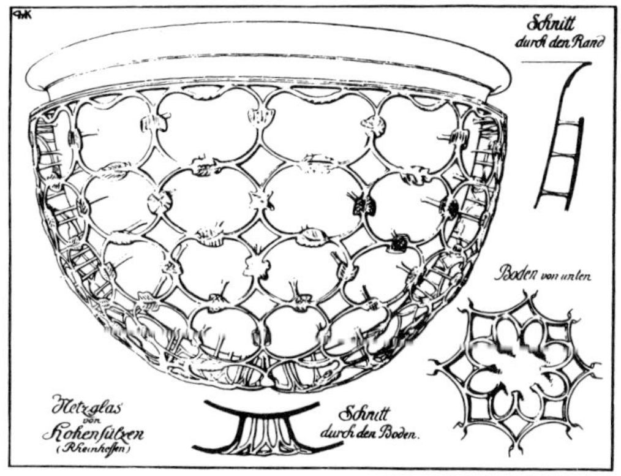

Abb. 298 Hohen-Sülzen. Diatretglas

Holsthum BIT

*Gräberfeld**
Abb 299

Am Wanderweg, »Archäologischer Wanderpfad«, von Holsthum zur Schankweiler Klause ist

Abb. 299 Holsthum. Kistengräber mit Decksteinen

unterhalb des die Ferschweiler Plateaufläche begleitenden Steilhanges eine relativ ebene Geländefläche an einer Eintalung zu passieren, der zum Ernz- und Prümtal hin eine vorspringende Geländezunge folgt.
Hier wurden zwischen Meilerpodien aus Platten zusammengesetzte Grabgruben, flache Steinkisten mit Abdecksteinen in Form von steilen Pyramiden und auch in Giebelform freigelegt und an Ort und Stelle belassen.
Rechts des Weges wurde ein großer Tonnendachstein gefunden, dessen Inschriftgiebel mit Bogenrahmung zu früherer Zeit abgeschrotet worden ist. Cü

Lit: HCüppers, TZ 30, 1967, 110 ff – FVFD 33, 1977, 154

Holzhausen a. d. H. EMS

*Kohortenkastell**
Abb 300, 301

Zwischen Holzhausen a. d. H. und Laufenselden umzieht der Limes den »Grauen Kopf«, die mit 544 m höchste Erhebung des Gebietes, an dessen N-Hang das Kohortenkastell Holzhausen a. d. H. liegt. Nur von einem alten, von Holzhausen nach Laufenselden führenden Weg berührt, haben sich die Fundamente der Kastellbauten in dichtem Waldgelände hervorragend erhalten. Größere Verluste der Bausubstanz vor allem an der N-Ecke scheint es erst zu Beginn des 19. Jh gegeben zu haben, als beim Bau der Bäderstraße (B 260) die Fundamente zur Steingewinnung für den Straßenbelag ausgebrochen worden sind.
Erste Grabungen fanden durch v. Cohausen in den Jahren 1874 und 1882 statt. 1897 ließ die RLK Nachgrabungen an der Umwehrung und im Innenbereich durchführen, denen zwei Jahre später eine kleine Untersuchung im Badegebäude folgte. Innerhalb des Kastellareals wurden 1932 die letzten Sondagen vorgenommen. Teile der römischen Wasserleitung sind 1902 beim Neubau einer modernen Wasserleitung unbeobachtet zerstört worden. Kastell Holzhausen wurde im Jahre 1898 restauriert, indem man die oberen Mauerlagen abnahm und sie der besseren Haltbarkeit wegen neu aufmauerte.

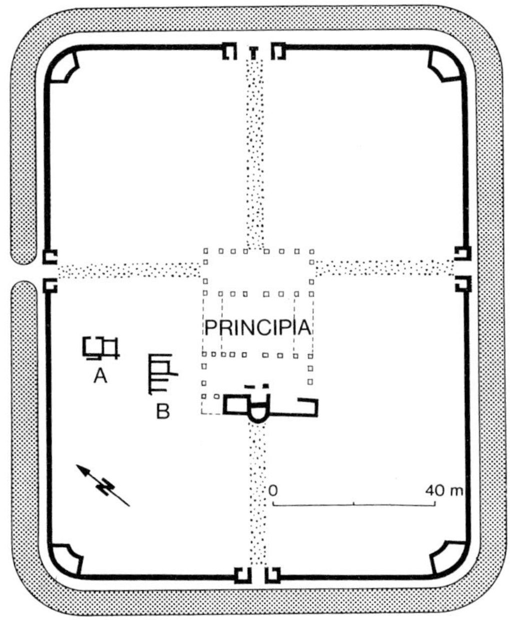

Abb. 300 Holzhausen. Kastell. Grundriß

Die Garnison (1,4 ha) gehört zu den kleinsten Kastellanlagen überhaupt. Ihre Front ist nicht zum Limes orientiert, sondern nach O hin ausgerichtet, wo eine den Pfahl schneidende Straße zum Kastell führt. Ergraben worden ist die Umfassungsmauer (B 1,5 m) der Anlage aus in der Umgebung anstehenden Grauwackesteinen. Maximal noch 3–3,2 m hoch erhalten, zeigte sich hinter waagrechten Steinreihen zum Inneren hin stark vermörteltes und unregelmäßig gesetztes Mauerwerk, das aber wegen der hier angeschütteten Erdrampe für den Wehrgang nicht sichtbar ist. Reste eines gelblich-weißen Mauerputzes mit rotem Fugenstrich ließen sich an der Außenfront mehrfach nachweisen. Vor der Mauer umzog ein tiefer Spitzgraben das Kastell, der nur vor dem zum Limes hin ausgerichteten linken Seitentor (*porta principalis sinistra*) aussetzte.
In den erhaltenen Mauerecken fanden sich einander entsprechende Turmeinbauten, die auch in der abgegangenen N-Ecke zu rekonstruieren sind. Innerhalb eines Mauergeviertes, dessen Innenseite den abgerundeten Kastellecken angepaßt

war, kamen 4 unregelmäßig gesetzte, teilweise noch die Steine der Pfostenverkeilung enthaltende Pfostenlöcher zutage. Die zweigeschossigen Türme, deren Innenräume einen festen Fußboden und Lehmverputz an Wänden und Decken besaßen, dienten wohl als Geschützplattformen. Die Mauer unterbrachen an allen vier Seiten die von je zwei schiefergedeckten Türmen (3,5 × 4 m) flankierten Kasteltore. Nur das Haupttor (*porta praetoria*) besaß 2 Durchfahrten. Hier ließen sich sogar noch die Schwellen der Holztore feststellen. Den Boden des Torweges überzog wie bei den anderen Durchfahrten ein Estrich aus einem Sand-Kies-Gemisch. Zwischentürme konnten nicht nachgewiesen werden. Von den Innenbauten haben sich nur die teilweise aus Stein errichteten *principia* (Stabsgebäude) erhalten. Vollständig aufgemauert war die als Fahnenheiligtum (*sacellum*) dienende, hier nicht unterkellerte Apsis (3,8 × 4,4 m).

Beiderseits des *sacellum* schließen sich unterschiedlich große, rechtwinklige Räume an, die der Verwaltung dienten. Der Verlauf der fast vollständig ausgebrochenen Mauern des NW gelegenen Raumes (5,3 × 3,6 m) konnte anhand der Grenzen des Estrichbodens festgelegt werden. Von einer Hypokaustanlage fanden sich an der SO-Ecke unmittelbar vor der Apsis noch fünf aus Bruchsteinen und Schieferplatten errichtete Pfeiler.

Abb. 301 Holzhausen. Kastell. Porta praetoria

Der mit deutlicher Mauerfuge an die SO-Seite des *sacellum* anbindende Raum (4,5 × 11 m) ist wesentlich größer. Auch hier sind Teile des Mauerwerks ausgebrochen worden. Da sich vom übrigen, in Lehmfachwerk errichteten Principiagebäude nur an eine Steinsetzung anschließende Pfostenlöcher erhalten haben, kann das Gebäude nicht rekonstruiert werden. Die restliche Innenbebauung des Kastells, vor allem die Baracken, waren aus Holz errichtet und haben keine sichtbaren Spuren mehr hinterlassen.

Die Besatzung des Kastells stellte die *cohors II Antoniniana Treverorum,* eine 500 Mann starke Einheit. Sie könnte wie die im Feldbergkastell stationierte Schwestereinheit aus einem *numerus Treverorum* entstanden sein. Zu Ehren von Kaiser Caracalla (211–217) ließ die Kohorte über dem Haupt- sowie dem linken Seitentor folgende gleichlautende Inschriften anbringen: »Dem Kaiser Marcus Aurelius Antoninus Pius, dem Glücklichen, dem größten Sieger über Parther, Briten und Germanen, dem höchsten Priester, dem Prokonsul, dem Vater des Vaterlandes und völlig unbesiegten Herrscher, im 16. Jahr seiner tribunizischen Amtsgewalt, nachdem er dreimal zum Imperator ausgerufen worden ist und viermal das Konsulat innegehabt hat, von der Cohors II Antoniniana Treverorum geweiht, die seiner Majestät tief ergeben ist.« Die dem Kaiser gegenüber betont devote Haltung der Truppe, die auch bei anderen Ehreninschriften dieser Zeit zu belegen ist, charakterisiert deutlich die Stellung des Herrschers. Der auf einer großen Kalksteinplatte angebrachte Text bestand aus vergoldeten Bronzebuchstaben.

Kastell Holzhausen wurde erst während der Regierungszeit von Kaiser Commodus (180–192) im späten 2. Jh gegründet. Es gehört damit ebenso wie das benachbarte → Kastell Niederbieber zu den erst in der Spätzeit am Limes vielleicht schon unter dem Druck der die Grenze gefährdenden Germanen angelegten Garnisonen. Sie bestand bis in die Zeit des Limesfalles 259/60 und ist wohl

nach einer Belagerung durch Feuer zerstört und verlassen worden.
Die Lage des heute nicht sichtbaren Kastellbades zwischen der Garnison und dem Limes bedingt die hier austretende Quelle des Hasenbaches. Aus finanziellen Gründen war der RLK keine umfassende Untersuchung des Gebäudes möglich. So sind nur die Apsiden wohl der Warmbaderäume bekannt, in denen sich Ziegelstempel der 4. Vindelikerkohorte verbaut fanden. Das Dach des Bades war mit Schieferplatten gedeckt.
Zwischen Kastell und Limes sowie vor dem Haupttor erstreckte sich die Zivilsiedlung (*canabae*), von der ebenfalls nur geringe Reste bekannt sind. Die verschiedenen Baureste zeichnen sich als leichte Erhebungen schwach im Gelände ab.
Kle

Ao: M Wiesbaden, Sammlung Naussauischer Altertümer

Lit: LPallat ORL Abt. B Band I Kastell Nr 6, 1904 – KNaß, NassAnnalen 54, 1934, 233 ff – BPferdehirt, Die Keramik des Kastells Holzhausen, Limesforsch Band 16 1976.

Hontheim WL

*Entersburg**
Abb 302

Auf einem schmalen, bis zu 70 m über die Talsohle herausragenden Felssporn, der bis auf einen schmalen Grat ringsum vom Üssbach umflossen wird, ist eine keltische Befestigung des 3. JhvChr in röm Zeit nochmals zur Verteidigung aktiviert und als Refugium genutzt worden. Im dritten Viertel des 3. JhnChr wurde die Bergkuppe durch eine Trockenmauer (B 1,20 m) umgrenzt und auf der so geschützten Fläche mit zT in den Felsen gearbeiteten Plateaus Kammern und Wohnbauten notdürftig eingerichtet. An der N-Seite des Sporns, oberhalb einer alten Wege- und Übergangsstelle über den Bach, wurden die bis zu 2 m dicken Fundamentmauern eines Turmes (10 × 10 m) aufgenommen, der wahrscheinlich als Burgus mit einem Militärkommando besetzt war. Die Münzreihe läßt vermuten, daß die Anlage in den Germaneninvasionen 353–355 nChr untergegangen oder geräumt worden ist.

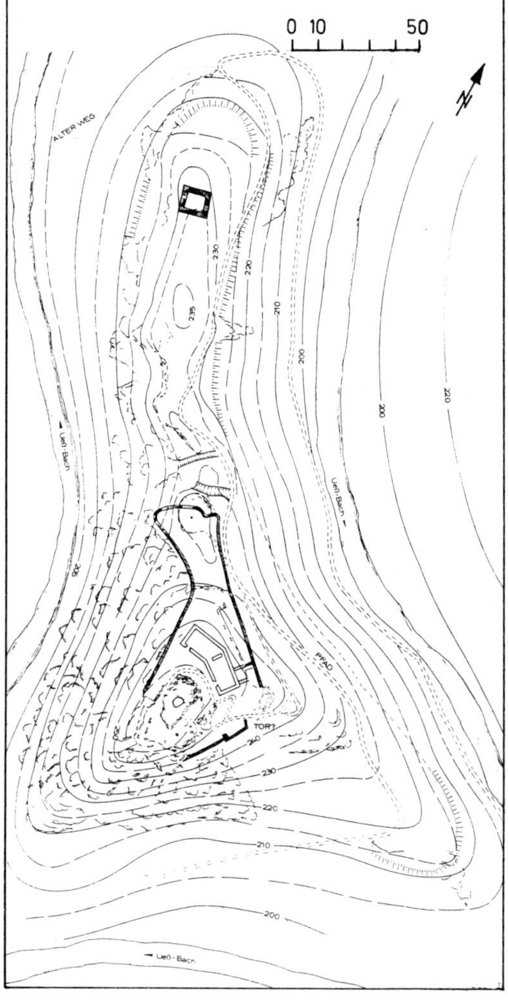

Abb. 302 Hontheim. Entersburg. Lageplan

Der engere Bereich wurde im 12. Jh erneut befestigt und eine Burganlage aufgerichtet mit Palas, Wohngebäude und Toranlage. Kleinfunde des 17. Jh lassen auf die Benutzung der Baureste als zeitweiligen Unterschlupf in Kriegsnöten und Gefahren im Gefolge des 30jährigen Krieges und der Eroberungszüge Ludwigs XIV. schließen. Zu Ende des 19. Jh wurde auf der höchsten Stelle des Felsens ein Aussichtsturm errichtet, der einen

herrlichen Überblick über das Tal- und Waldgelände gewährt und die strategisch günstige Position dieses Bergsporns gut veranschaulicht. Cü
Lit: K-JGilles, Kurtrier Jb 24, 1984, 38* ff – ders, TZ Beih 8, 1985

Horath WL

Landgut und Grabhügel
Abb 303–306

O des Dorfes wurden unweit eines Hügelgrabes, im Volksmund »Tönnchen« genannt, an einer umfangreichen Trümmerstelle »In den Klosterwiesen« im Zuge von Arbeiten des Kulturamtes mehrere Gebäude eines röm Gutshofes untersucht und aufgenommen. Ein versumpftes Wiesengelände, »Schlechtwies«, gehörte zum Gelände und erwies sich als großer Wasser- und Fischteich, an dessen N-Seite ein Herrenhaus mit Seitenrisaliten und vorgelagerter Portikus die Wasserfläche U-förmig umschloß.
Der älteste Bauteil aus der N-Seite ist als kleine Risalitvilla gebildet, die nach Erweiterung und erheblicher Vergrößerung zum Badegebäude umfunktioniert worden war (8–14). Diesem, vielleicht für die Hoffamilie dienenden Bad, das über einen Gang (15 b) direkt erreichbar war, wurde durch Umbau eine zweite Badeanlage an der Ostseite des Hauptraumes 2 zugefügt (18, 18 a, 19 und 20). Für den Hauptraum 2 sichert ein großes Sandsteinkapitell die Aufstellung und Raumverschönerung mit 2 Säulen toskanischer Ordnung, die bei der Breite des Raumes die Decken- und Dachkonstruktion stützen. An der NW-Seite liegt ein Nebenraum, durch den der Keller (7 b) erreicht werden konnte.
Der erst nachträglich vorgeschaltete Raum 7 a war Schmiede- und Erzwerkstätte, in dem noch

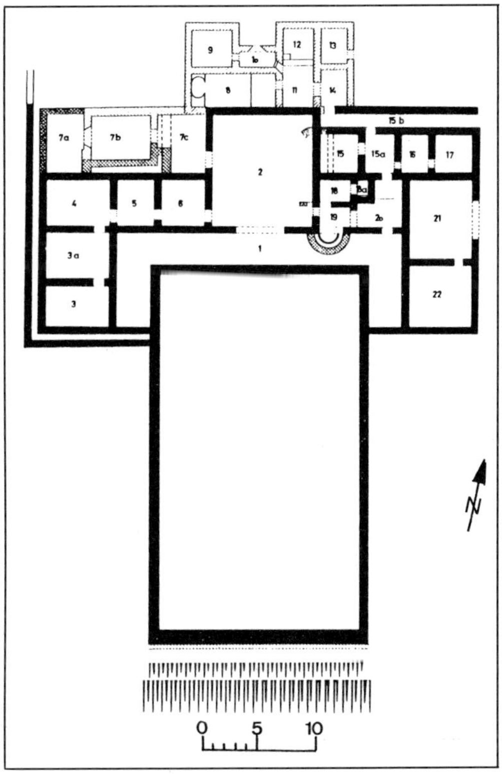

Abb. 304 Horath. Hauptgebäude eines Gutshofs. 1 Portikus, 2 Hauptraum, 8–14, 18–20 Badeanlagen, 7b Keller, 7a Schmiede- und Erzwerkstätte, davor Fischteich

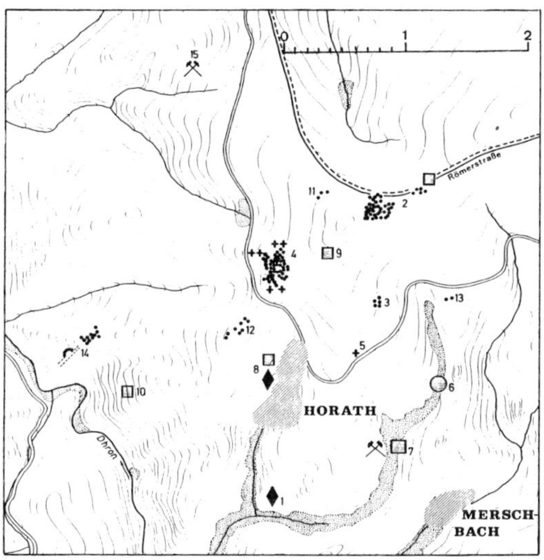

Abb. 303 Horath. Römische Fundstellen. 6 Tumulus »Tönnchen«, 7 Gutshof mit Verhüttungsplatz, 8 Münzschatz

ein birnenförmiger Schmelzofen mit Unterbau und Bühne erhalten war, neben mehreren kleinen Schmiedestellen, an denen Erz-Luppe aufgeglüht und ausgeschmiedet worden ist. Diese erst im 4. JhnChr aufgenommene Tätigkeit wird mit einer Pinge in Verbindung gebracht, die im Hanggelände W der Anlage als Grube im Tagebau zur Gewinnung von Rasenerz angelegt worden ist.
Der große Fischteich war im Bereich einer Grundquelle angelegt, wurde aber auch von einem Rinnsal gespeist, das, von oberhalb kommend, das Herrenhaus in einer grob versteinten »Rasselsau«-Drainage unterfließt. Talseitig ist das Becken durch einen mit Lehm abgedichteten Erdwall aufgestaut.
Neben den Resten eines Wirtschaftsgebäudes wurde mit einem dritten Gebäude vielleicht der älteste Siedlungsplatz in diesem Bereich angeschnitten. Auf einer plateauartig erhöht über dem Bachtal liegenden Fläche war aus Quarzitbrokken und großen Schiefersteinen ein massiver Grundriß gelegt, der im Aufgehenden von einem Holzfachwerk überragt wurde. Die an der O-Seite vortretenden Risalite wurden von einer aus Holzstützen bestehenden Portikus in der Breite des Hauptraumes verbunden. Zum Tal und Bach hin war eine zweite Stütz- und Terrassenwand vorgesetzt, die durch eine Verstärkung im Mittelteil als Zugangstreppe und holzstützenverziertes Vordach zu rekonstruieren ist.
Der Grabhügel »Tönnchen«. Im oberen Bachtal der »Klosterwiesen« lag ein ausgeprägter Grabhügel, noch über 4 m hoch und mit einem talwärts verschliffenen Durchmesser von über 25 m. Mit Buschwerk besetzt, hatte ein Fuchs hier Wohnung genommen und schob mitunter Scherben aus einem Bau. Ein Suchtrichter eines Raubgräbers hatte nur Material der Aufschüttung umgelagert. Das Material der Aufschüttung mit groben Scherben handgemachter Spätlatèneware, einem Spinnwirtel, Glasarmreif und einer Ringperle weist auf einen älteren Siedlungsplatz in nächster Nähe. In Höhe des ursprünglichen Geländeverlaufes wurde eine ausgedehnte Brandschicht (5,50 × 4 m) 0,35 m dick freigelegt. Hierunter lag eine langrechteckige Grube 1,60 × 2,40 m, in der aus Schieferplatten eine Grabkiste gesetzt und ebenfalls mit einer Schieferplatte sorgfältig abgedeckt war. Die noch intakte Höhlung barg eine voll-

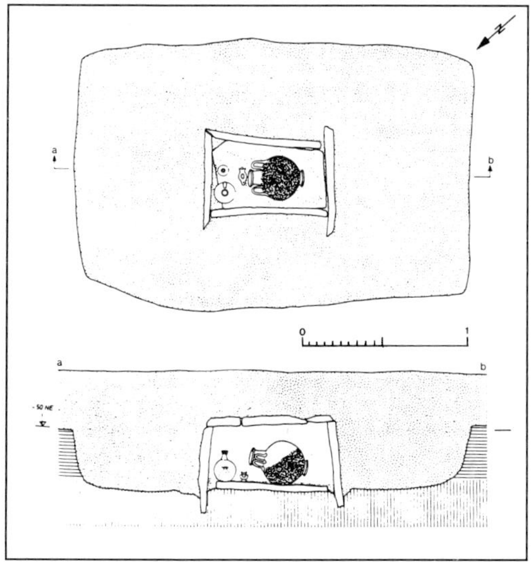

Abb. 305 Horath. Grabhügel mit Kistengrab

kommen erhaltene Glasurne, mit ausgelesenem Leichenbrand gefüllt. Auf dem Plattenboden standen eine bronzene Öllampe mit noch erhaltenem Dochtfaden, ein gläserner Aryballos (kugelförmiges Ölfläschchen) und ein Henkelkrug.
Aus der dicken Aschenschicht und Grubeneinfüllung konnten große Mengen Scherben geborgen werden, die als Rückstand der Verbrennung des Toten (Scheiterhaufen) und einer großen Leichenfeier ein prächtiges Inventar von über 140 Beigaben zu rekonstruieren erlaubten. Neben geschmolzenen Glasflaschen, an denen die Reste von schützenden Korbgeflechten eingedrückt waren, zierlich figürlich geschmückten Griffen einer flachen Schale aus Bronze wurden große Amphoren und Zweihenkelkrüge, Einhenkelkrüge, Teller, Schalen, Töpfe, Goldglimmerschüsseln, Terra-sigillata-Schälchen und eine Spitzamphore geborgen. Die Gefäße datieren die Grablege in das 1. Jahrzehnt des 2. JhnChr.
In Verbindung mit den unterhalb im Tale gelegenen Bauten wird man das Hügelgrab dem Gutsbesitzer zuweisen wollen, der die Steinbauten hat errichten lassen und den Wirtschaftsbetrieb auf den »Schlechtwiesen« zu einer ertragreichen Ansiedlung ausgebaut hatte.

Abb. 306 Horath. Grabhügel. Keramikinventar

Münzschatz von »Hostert«. W des Orts wurde beim Pflügen in einer Ackerterrasse ein großer Topf mit herzförmigem Profil, Variante Niederbieber 89, angefüllt mit 3500 Münzen, geborgen. Wie die zT zusammengebackenen Münzen erkennen lassen und in Übereinstimmung zum Finder waren die Münzen sorgfältig in Rollen in das Gefäß gelegt und abschließend mit Leinen abgedeckt worden. Größere Stücke des Leinens sind mit Kupferoxyd durchtränkt erhalten geblieben. Die Münzen, mit schlechtem Silbersud überzogene Antoniniane, reichen mit Prägungen von Kaiser Gallienus (253–268) bis Diokletian (284–305). Die jüngsten Prägungen stammen aus der Münzstätte Lyon und datieren in das Jahr 289. Demnach wird der Münzschatz in den Jahren kurz nach 290 nChr in der Erde versteckt worden sein. Es ist dies die Zeit innerer Unruhen, die durch marodierende Truppen im Grenzbereich und die Bagaudenaufstände gekennzeichnet ist, die auch die Belgica und die Grenzprovinzen heimsuchten. In diesen Wirren wird ein örtlicher Gutsbesitzer sein Vermögen in Sicherheit gebracht haben.

Von Interesse ist auch die Fundstelle selbst, die in geneigter Hangfläche in einer Ackerterrasse, einer durch Bepflügung entstandenen Feldkante gelegen ist. Die geringe Fundtiefe sichert demnach Feldform und Pflugtechnik in Verbindung mit dem Ackerbau bereits für diese Zeit. Cü

Ao: RLM Trier

Lit: HCüppers, TZ 30, 1967, 114 ff – LKilian, HCüppers, TZ 32, 1969, 173 – FVFD 34, 1977, 213 ff

Horbach PS

*Viergötterstein**

Als Kanzeleinbau ist das Fragment eines Viergöttersteines aufgestellt. Auf der einen Seite erkennt man die opfernde Juno, auf der anderen Herkules mit Fell.
Ein Steinblock mit Resten einer vierzeiligen Inschrift ist im Strebepfeiler S neben dem W-Portal zu erkennen. Die Steine kamen 1976 bei der Renovierung der Kirche zutage. Be

Horchheim → Worms

Hütschenhausen-Spesbach KL

Gräberfeld »Heidenhübel« und Münzschatzfund
Abb 307

Am O-Rand eines flachen Sandbuckels wurden bereits in den 20er Jahren röm Brandgräber festgestellt. Baulanderschließungen führten zwischen 1958 und 1974 zur Aufdeckung von mindestens weiteren 25 Gräbern. Der Bestattungsplatz gehört zur Gruppe osttreverischer Nekropolen wie etwa Altenglan-Mühlbach oder Wahnwegen. Bestattungen lassen sich in Spesbach seit claudischer Zeit nachweisen. In zwei Waffengräbern dieser Zeitschicht finden sich Lanzenspitzen als Beigaben. Während andere vergleichbare Nekropolen in flavischer Zeit (um 70 nChr) enden, wurde der Bestattungsplatz auch noch im 2.–4. Jh benutzt, dh die zugehörige Siedlung bestand von 50 bis 400 nChr.
Beim Torfstechen inmitten des Bruchgebietes kam 1898 ein kleiner Schatzfund mit 42 Münzen zutage. Die Reihe reicht von dem Soldatenkaiser Macrinus (217/218) bis zu Postumus (259/268). Wahrscheinlich ging der Münzbestand während der unruhigen Zeiten verloren oder wurde an unwegsamer Stelle absichtlich versteckt. Der Fund zeigt, daß die ausgedehnte, weitgehend unpassierbare westpfälzische Moorniederung in röm Zeit doch an wenigen Stellen durchquert werden konnte. Be
Lit: Fundberichte aus der Pfalz 1956–1960, MittHVP 68, 1970, 130 f – HFehr, Kaiserslautern und Rockenhausen, 1972, 131 f; 132 – FMRD IV 2, 2102

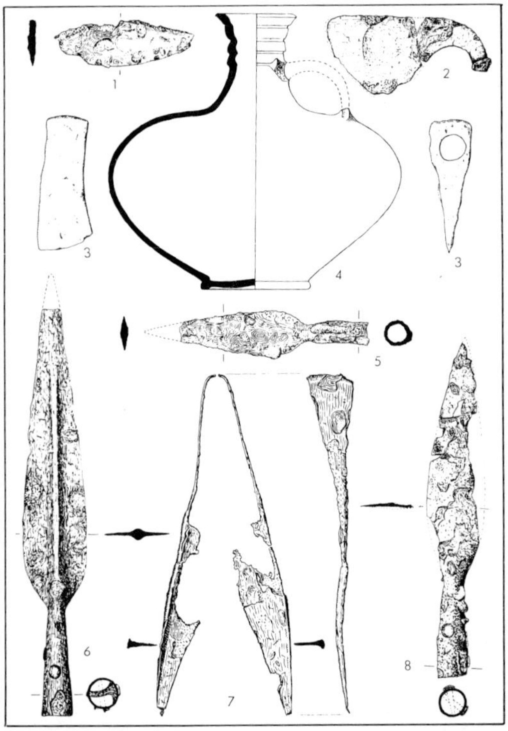

Abb. 307 Hütschenhausen-Spesbach. Beigaben aus einem Waffengrab des frührömischen Brandgräberfeldes (n. Kaiser)

Hundheim → Offenbach

Igel TR

*Grabmal der Secundinier**
Abb 154, 155, 161, 308, 309

An der Römerstraße (heute Bundesstraße) von Trier zur luxemburgischen Grenze ist in der Ortslage von Igel das monumentale Pfeilergrabmal der Familie der Secundinier unverändert noch an Ort und Stelle erhalten. Von dem das

Grabmal bekrönenden Adler (*aquila*) erhielt der Ort seinen Namen.
Im Angesicht der kaiserlichen Sommervilla zu → Konz an der Saarmündung in die Mosel, wurde das Denkmal im MA als Grabmal der Helena gedeutet und blieb so von gewaltsamer Zerstörung verschont.
Auf einem massiven Quaderfundament, das weit ausladend Veränderungen im Erdreich ausgleichen sollte, erhebt sich der auf allen Seiten mit ornamentalen Rahmen und Gesimsen und figürlichen Szenen reliefierte Pfeiler bis zu 23 m Höhe und ist von dem Adler mit ursprünglich weit ausladenden Schwingen bekrönt. Kräftige Gesimse

Abb. 308 Igel. Das Grabmal der Secundinier

gliedern den Pfeiler in Stufenunterbau, Sockelgeschoß, Hauptbildzone, Fries, Attika und Giebel, dem ein geschwungen ansteigendes Schindeldach aufsitzt, das von einem mächtigen Kapitell als Basis für Pinienzapfen und Adler des Jupiter überragt wird.
Durch Terrainabsenkung bietet sich dem Beschauer jetzt der Blick auf eine Quaderlage des Fundamentes mit einer Lage geglätteter Quader als erste Lage des aufgehenden Pfeilers. Die jeweils etwas zurücktretenden Stufen sind mit Tritonen, Seewiddern und Drachen, den auf Delphinen reitenden Putten und in der Mittelstufe mit Flußtransport von Tuchballen auf einem Schiff, den Treidlern am Ufer und einem männlichen Flußgott, der sich auf eine liegende Amphore, aus der die Quelle des Flusses hervorfließt, aufstützt, verziert. Die zur Straße gerichtete Frontseite zeigt eine Tuchprobe, seitlich folgen Tuchwerkstätte, Tuchtransport auf einem vierrädrigen Lastwagen mit Tiergespann und Ballenverschnürung an der Rückseite. Über zwei Relieffelder hinaus entfaltet sich das repräsentative Familienbild mit achtzeiliger Inschrift und im Oberteil den Medaillons der verstorbenen Ahnen. Die überlebensgroß dargestellten lebenden Mitglieder der Familie haben, laut Inschrift, sich und den verstorbenen Eltern das Mal zu Lebzeiten gesetzt *ut haberent*, damit sie auch etwas von der kostspieligen Investition hätten. Dies ist dahingehend zu verstehen, daß der Werbeeffekt dieses Denkmals an der Fernstraße nach Trier bei der Bemessung der Größe durchaus auch einkalkuliert und beabsichtigt war.
Styxtaufe des Achill und Achill mit Polyxena an der Brunnenquelle, die Apotheose des Herakles, der auf einem Viergespann zum Olymp auffährt und von Minerva begrüßt wird, in den kosmischen Tierkreis komponiert, sowie die Befreiung der Andromeda durch Perseus, der auch mit dem abgeschlagenen Haupt der Medusa erscheint, bezeugen Vertrautheit mit der klassischen Mythologie. Zugleich sollen diese Bilder auch die Religiosität und die Jenseitshoffnungen der Secundinier bekunden.
Durch die weit ausladenden Gesimse geschützt, ist die folgende Frieszone auf allen Seiten gut erhalten. In lebendiger Abwicklung sind Vorbereitung von Speisen in der Küche, das Gast- und To-

Abb. 309 Igel. Das Grabmal der Secundinier. Umzeichnung

tenmahl mit Anreichen der Getränke und Abtragen des Geschirrs als Momentaufnahmen aus dem Alltagsleben hier festgehalten. Naturalgaben bringende Pächter und der Transport von Tuchen über ein Gebirge auf Tierrücken weisen auf ausgedehnten Grundbesitz und Aktivitäten im Fernhandel.

Auch die folgende Reliefzone ist den geschäftlichen Aktivitäten gewidmet. In einem Kontor werden die sorgfältig zusammengefalteten Tuche auf Qualität und Reinheit geprüft und auch die Buchführung abgehandelt. An der W-Seite ist ein leichter, zweirädriger Reisewagen mit Wagenlenker und Begleitung gezeigt. Hinter den Rücken der Pferde erhebt sich ein zylindrisches Gebilde, ein Meilenstein mit der Entfernungsangabe vom Standort der Säule und dem Besitztum der Grabinhaber zur *Augusta Treverorum: L IIII* = 4 Leugen. Als Hinweis auf die Unterwelt ist an der Rückseite Eros gezeigt, der zwei Greifen bändigt. Die Giebel sind mit religiösen, mythischen Wesen verziert: Hylas und die Nymphen, Luna und Sol, Mars mit Rhea Silvia und Perseus mit dem Medusenhaupt. An dem Kapitell sind aus dem Blattwerk vortretende Köpfe, an den Ecken schlangenleibig ausgearbeitete Wesen. Über dem Pinienzapfen ist Jupiter in Gestalt eines Adlers dargestellt, der den kleinen Ganymed entführt, damit er den Göttern im Olymp Wein und Nektar ausschenke.

Das Mal ist in Verbindung mit einem Familienfriedhof der hier begüterten Secundinier zu sehen, die in der Stadt Trier wohl die Hauptniederlassung des ausführlich geschilderten Tuchhandels hatten. Das ursprünglich farbig gefaßte Monument war, wie die Inschrift andeutet, zugleich ein praktischer und werbender Hinweis auf dieses Geschäft, jedweden Passanten geschmackvoll auf die Möglichkeit des Tucheinkaufes und die Leistungsfähigkeit der Firma hinweisend.

Die mythologischen Themen mit Achill und den Taten des Herakles versinnbildlichen die Glaubensinhalte der Auftraggeber auf Unsterblichkeit und das Weiterleben nach dem Tode als Lohn für die im Leben gehabten Mühen und erbrachten Leistungen.

Sandstein, hellgrau bis rot, aus örtlich anstehenden Vorkommen. Originalgetreuer Abguß von 1908 im Hof des RLM Trier.

Das Denkmal wurde in den Jahren 1986/87 durch das LfD in Verbindung mit dem Staatsbauamt Trier Nord und dem RLM einer umfassenden konservatorischen Behandlung (der Reinigung, Festigung der Steinoberflächen sowie der Abdekkung der auskragenden Gesimse mit Metall zum Schutz gegen Feuchtigkeit) unterzogen. Cü

Lit: HDragendorff, EKrüger, Das Grabmal von Igel, 1924 – TZ 31, 1968, 222 ff, 227 ff – FVFD 33, 1977, 168 ff

*Tempelförmiges Grabmal**
Abb 310

Oberhalb der Bundesstraße und Eisenbahnlinie Igel–Wasserbillig, ist hinter dem steilen Felsabbruch mit Resten antiken und ma Abbaus auch ein geologischer Gesteinswechsel vom Buntsandstein zum Kalk gelegen. In halber Höhe des sich muldenförmig ausweitenden Berghanges und dicht an einem Feld- und Wirtschaftsweg ragt ein Gemauer mit Dachdeckung empor, dessen S Giebelwand mit einer großen Türöffnung versehen ist, die Seitenwände mit 2 Blendarkaden untergliedert. Ein vorgelagertes Podium war ursprünglich mit 6 Säulen besetzt, die ein entsprechend der Cellaabdeckung vorgezogenes Dach mit Architrav und Giebelaufbau getragen haben. In dem hier stärker geneigten Gelände ist unter dem Podienaufbau ein gewölbter Zugangsstollen erhalten, der hinter einem Türverschluß von kräftigem Gewände eingeengt, zu einem fast quadratischen Raum mit Tonnengewölbe überspannt, sich ausweitet.

Der Bodenestrich ist noch fast vollständig erhalten, während an Wand und Gewölbeflächen stärkere Verwitterung die Putzflächen in Mitleidenschaft gezogen hat. Sicherlich ursprünglich ausgemalt, war das Gewölbe zur Aufstellung von

Abb. 310 Igel. Grutenhäuschen. Rekonstruktionszeichnung des tempelförmigen Grabmals (n. Krencker)

Sarkophagen bestimmt, eine Bestattungsart, die seit dem dritten Viertel des 3. Jh zunehmend in Mode kam und im 4. Jh vorherrschte und bei Heiden und Christen geübt wurde.
Die zugehörige Siedlung ist in dem W anschließenden Mühlental gelegen, wo an der Löwener Mühle verschiedentlich ausgedehnte Mauerreste beobachtet worden sind.
Die Grabanlage wurde 1960 mit Zuschüssen des LfD im Bestand gesichert. Cü
Lit: DKrencker, Das Grutenhäuschen zu Igel, Germania 6, 1922, 8

Imsbach KIB

*Eisen- und Kupfergewinnung**
Abb 311

Im Langental, das durch die Eisengewinnung der Familie Gienanth im 18. und 19. Jh Bedeutung erlangte, zeigen sich anhand von Schlackenhügeln und Tagebauspuren (Pingen) ältere Abbau- und Verhüttungsbereiche, die weitgehend in das hohe MA gehören dürften. Eine begrenzte archäologische Untersuchung im mittleren Langental im Bereich von 4 podienartigen Schlackenhalden ergab eine röm Entstehung im 2. JhnChr. Inmitten einer Halde wurde der Standplatz eines einfachen Schmelzofens nachgewiesen.

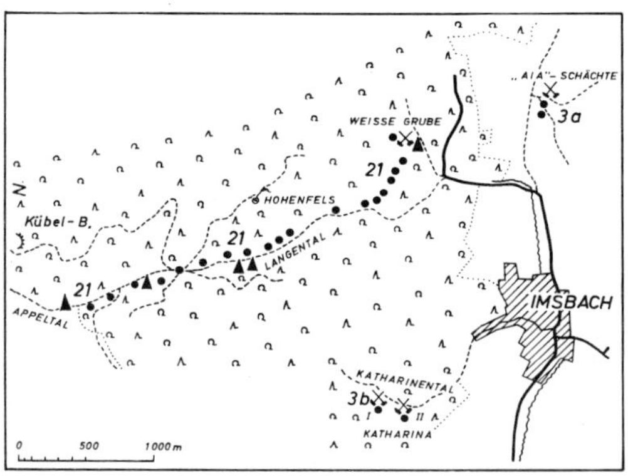

Abb. 311 Imsbach. 21 römische Eisengewinnung im Langental, 3a Bergwerksschacht. N. Walling

Der Umfang der röm Eisengewinnung und -verarbeitung bleibt wegen der Überlagerung durch ma und neuzeitliche Bergbautätigkeit weitgehend ungeklärt.
Ähnlich dem bei → Göllheim nachgewiesenen Schacht- und Stollenabbau von Kupfererz sind im N von Imsbach röm Bergwerkschächte zu erkennen. Bei der Wiederinbetriebnahme der Lagerstätte 1936/37 wurden alte Abbauspuren angetroffen. Wegen der Eierform der Erzbrocken wurden die Schächte im Volksmund »Aia-Schächte« genannt. Im Gelände ist die Lage einzelner Schächte durch Einsenkungen im Acker und durch die Häufung von Erzbröckchen kenntlich.
Weiter gibt es Hinweise, daß unweit davon im Bereich der »Weißen Grube«, die als Museumsbergwerk dem Besucher zugänglich ist, röm Erzgewinnung durch Schürfgruben bezeugt werden kann. Be
Lit: FSprater, Die Pfalz unter den Römern 2, 1930, 103 – HFehr, Kaiserslautern und Rockenhausen, 1972, 157 – HWalling, Mitteilungen der Pollichia 3. Reihe, 21. Bd 1974, 11 ff – ders, MittHVP 75, 1977, 24 ff, 35

Ingelheim MZ

Grabfiguren
Abb 81

Auf der halben Strecke zwischen Mainz und Bingen, dort, wo die Selz das Rheintal erreicht, liegt Ingelheim. Wegen dieser günstigen verkehrsgeographischen Lage ist es verständlich, daß in diesem Raum eine dichte Siedlungskonzentration archäologisch nachgewiesen werden konnte. Mehrere Gutshöfe sind über die zugehörigen Gräberfelder zu erschließen. Leider ohne genaue Fundortangabe sind zwei Figuren einer Nischenstele erhalten, die zahlreiche Details zur Kleidung eines röm Ehepaares erkennen lassen. Bemerkenswert sind die erhaltenen verschiedenfarbigen Bemalungsspuren auf den Skulpturen. Ru
Ao: M Wiesbaden
Lit: HSchoppa, Germania 38, 1960, 143 – HGabelmann, BJb 172, 1972, 137 Nr 39

Insul AW

Spätrömische Befestigung

Der Burgberg, Flur »Alte Burg« (274 m üNN), liegt W von Insul und wird von der Ahr umflossen. Der Berg trägt eine Höhenbefestigung, die am O-Ende des Bergspornes von einem bogenförmigen Abschnittswall mit dahinterliegendem Graben, einer Berme und anschließend einer verstürzten Trockenmauer abgeriegelt wurde. Der jetzt stark eingeebnete Graben läuft auch um die S- und W-Seite, die N-Seite zeigt unter einer vielleicht künstlich abgearbeiteten Felskante einen Steilhang. Auf der ebenen Innenfläche (ca 15 × 40 m) finden sich Schlackenreste, Ziegelbrocken, Nägel und Scherben, die teilweise als spätröm (4. Jh) bestimmt werden können sowie dunkle Kulturschichten. Weite Bereiche der Befestigung und des Plateaus wurden durch die Planierungen der Gemeinde und die Anlage eines breiten Zufahrtsweges zerstört. Dadurch entstand erheblicher Schaden, der nicht mehr zu beheben ist. Offensichtlich handelt es sich um eine spätantike Befestigungsanlage. We

Ao: RLM Bonn, LfD Koblenz
Lit: RvUslar, BJb 142, 1937, 240 f – OKleemann, Vor- und Frühgeschichte des Kreises Ahrweiler, 1971, 91 f – K-JGilles, TZ, Beih 7, 1985, 133 ff

Ixheim → Zweibrücken

Jettenbach KUS

Bergheiligtum
Abb 312

1965 wurde bei der Steinbrucherweiterung am Potschberg auf dem Gipfelplateau ein röm Gebäude ausgegraben. Inzwischen sind die Fundamente völlig beseitigt. Der noch auf 7,30 m Länge erfaßte Bau (B 5,30 m) hatte einen Estrichboden und braun verputzte Wände, die in Feldern mit rot und schwarz abgesetzten Streifen bemalt waren. Im O-Teil des Gebäudes lag das Fragment einer sitzenden weiblichen Gewandfigur aus Sandstein. Im Schutt am Bergfuß wurde ein Sandsteinkopf einer weiteren weiblichen Figur aufgelesen. Die wenigen datierenden Keramikfunde verweisen die Benutzung des O-W gerichteten Baus in das 2./3. Jh. Be

Abb. 312 Jettenbach. Bergheiligtum. Grabungsfoto der Cella

Ao: M Speyer
Lit: Fundberichte aus der Pfalz 1960–1965, MittHVP 80, 1982, 329

Jünkerath DAU

Befestigte Straßenstation – Icorigium
Abb 313–315

Dort wo die Römerstraße Trier–Köln das Kylltal passiert, ist am Kyllübergang eine Straßenstation entstanden, deren Häuser in dichter Reihung mit den Giebelschmalseiten zur Straße orientiert waren. Auf beiden Straßenseiten befanden sich Bürgersteige, die vielleicht mit Lauben überdeckt waren. Bei Frontbreiten von ca 10 m und Bautiefen von 15 bis 24 m war jedes Hausgrundstück durch eine Brandmauer vom Nachbarn getrennt. Neben Verkaufsläden sind Herbergen und Schmieden, Reparaturwerkstätten für die Fahrzeuge zu erwarten. Verhüttungsschlacken und Rückstände lassen auf Eisenverarbeitung schließen.
In den Germaneneinfällen des 3. Jh zerstört, wurde – wie die Münzfunde erkennen lassen – die Örtlichkeit in konstantinischer Zeit mit einer Befestigung gesichert. Kreisförmig im Grundriß

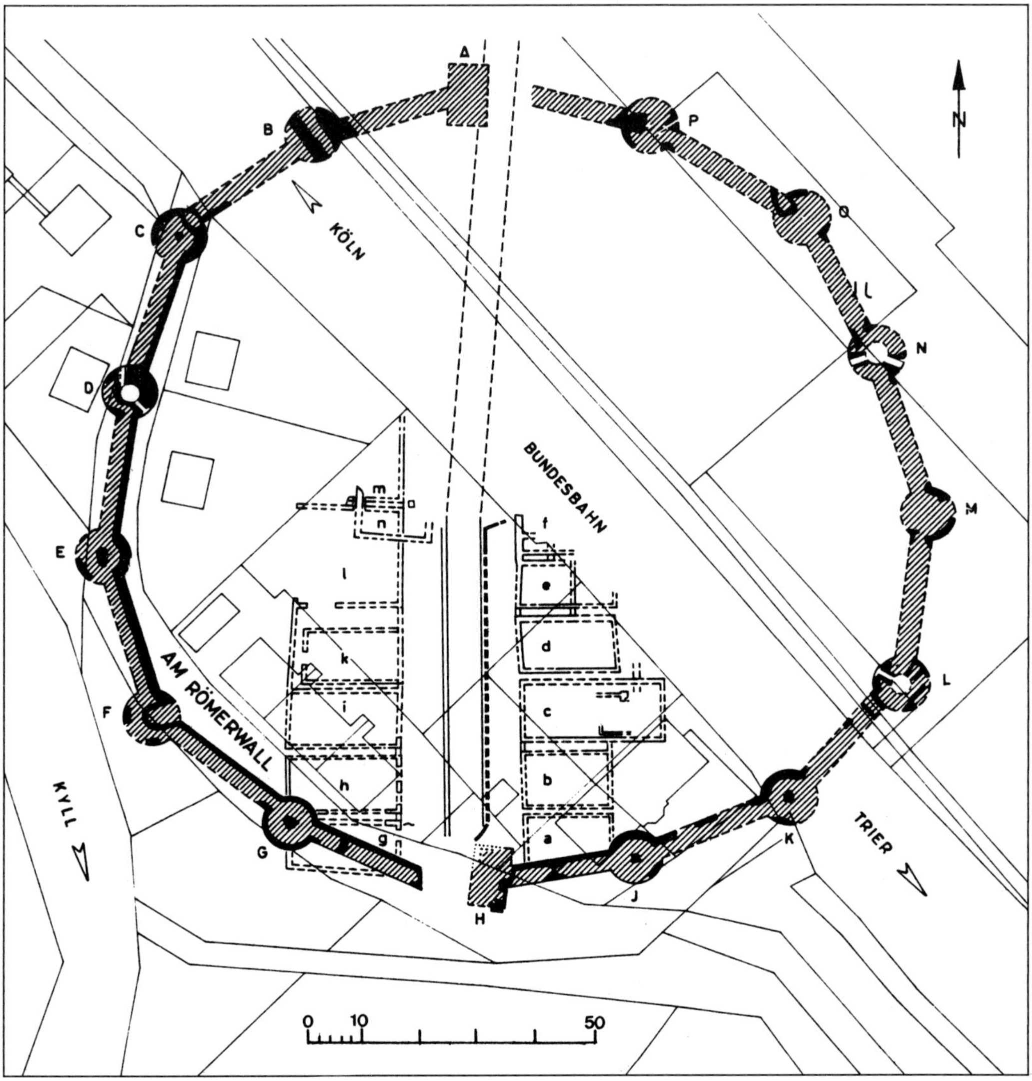

Abb. 313 Jünkerath. Spätrömische Befestigung. A–P Türme, a–u Streifenhäuser. Grundriß

(Dm 135 m) und fast 1,52 ha Innenfläche, ist die Ringmauer 3,70 m breit und war an den Außenseiten sorgfältig mit gleichmäßig zugerichteten Kalkhandsteinen verblendet. Diese Blenderschicht war zugleich verlorene Schalung für die Mauerfüllung aus Kalkmörtel mit Bruchsteinmaterial, das, wie ein moderner Gußbeton, eine massive Mauerfüllung bildete, fest mit der Verblendung vergossen. 13 Rundtürme (Dm bis 10 m) waren in gleichmäßigen Abständen aufgerichtet worden und deckten die einzelnen Mauerstrekken. Nach außen hin weiter vorspringend als an der Innenseite, boten die die Mauer hoch überragenden Türme gute Übersicht über das Vorfeld wie auch über die Ansiedlungen und eröffneten den Verteidigern zugleich auch ein weiteres

Abb. 314 Jünkerath. Relief mit Verkaufstheke

Abb. 315 Jünkerath. Relief mit Segelschiff und Wagenausfahrt

Schußfeld. Von den Torbauten an den Straßendurchlässen wurden rechteckige, massive Fundamente angetroffen, die als vorspringende, die Tordurchfahrt flankierende Türme zu ergänzen sind. An 3 Türmen wurden im Fundamentbereich schmale Durchgänge zu einem runden Innenraum und zur Außenseite leicht abgewinkelte Stollen beobachtet, die den Verteidigern die Aussendung von Spähern oder aber auch Entlastungsangriffe gegen Angreifer und Belagerer ermöglichten. Dem gleichen Grundrißschema entsprechen die Straßenbefestigungen in → Bitburg und → Neumagen.

Als Spolien verbaute Kalksteinreliefs zeigen Szenen aus dem Alltagsleben der Bewohner: Kontorszene mit Kaufladen und Verkaufstheke, eine Wagenausfahrt und ein Schiff mit Segeln, während auf Reliefs aus Rotsandstein Reiter und Jagdhunde, die Heimkehr von der Jagd, zur Darstellung gelangt sind.

Als in den Jahren um 1886 die Eifeleisenbahn gebaut wurde, die mitten durch das Straßendorf und Kastell verläuft, konnte das LM Trier die Grabungen durchführen und die Befunde aufnehmen. Die O-Hälfte liegt noch unter einem Eisenwerk verborgen, während die Kontur der W-Seite der Befestigung der Straße »Am Römerwall« entspricht.

Bei Anlage der Ortskanalisation wurden in den letzten Jahren weitere Teile der Befestigungsmauer zerstört.

Die Örtlichkeit ist in den Itinerarien und auf der Peutinger Karte *Icorigium* benannt, doch ging der Ortsname anders als bei Bitburg und Neumagen, bedingt durch eine längere Unterbrechung der Siedlungsfolge, verloren. Cü

Ao: RLM Trier, M Daun

Lit: HKoethe, TZ 11 Beih, 1936, 50 ff – FVFD 33, 1977, 300 ff

Kärlich → Mülheim

Kandel GER

*Spätantike Gräber**

Ausschachtungen für einen Wohnbau in der Goethestr legten 1958 einen Steinsarkophag und 3 Erdbestattungen einer kleinen spätantiken Nekropole frei. Der Sarg enthielt einen großen Glaskrug, einen bauchigen Glaskrug mit Kettenhenkel und einen Sigillatakrug mit weiß aufgemaltem Spruch *Victura vi(vas)* (Victura möge leben). Der weibliche Beiname Victura ist in den germ und N-gallischen Provinzen bislang noch nicht belegt, wohl aber der Männername Victurus. Ein Trinkbecher aus Glas war nur noch anhand von Splittern zu erkennen. Unter einer Kalküberschüttung hatten sich organische Substanzen wie Lederreste im Fußbereich und Holzreste auf dem Becken erhalten. Dort lag auch der Rest eines Beinringes.
Aus dem benachbarten Erdgrab 2 wurden ein kugeliger Glaskrug und ein Glasbecher geborgen. Die Erdgräber 3 und 4 waren offensichtlich beigabenlos. Nach den Funden gehören die Bestattungen in die erste Hälfte des 4. Jh. Hier wurden die Bewohner eines nahegelegenen Gutshofes begraben. Während diese Hofstelle noch nicht im Gelände nachgewiesen werden konnte, finden sich am S-Hang oberhalb der Bienwaldniederung im W und O Gutshofstellen. Zur O Siedlung gehört ein Brandgräberfeld, das 1984 hochgepflügt und durch Raubgräber zerstört wurde. Der Steinsarg fand im Friedhof Aufstellung. Be
Ao: M Speyer
Lit: Fundberichte aus der Pfalz 1956–1965, MittHVP 68, 1970, 101

Kappeln KUS

*Relief**
Abb 316

An der Giebelwand der Garage am ehem Pfarrhaus erkennt man ein Relieffragment mit Darstellung eines knienden Giganten mit Schlangenbeinen. Über dem ausgestreckten linken Arm befindet sich der Inschriftrest *FELIC*. Wohl Teil eines Grabmals. Be

Abb. 316 Kappeln. Relief. Kniender Gigant

Lit: HFinke, 17. BerRGK 1927, 56 – GBehrens, PfälzM 49, 1932, 294 – DMalitius, Römische Inschriften, 199 f

Karden → Treis

Kastel-Staadt TR

*Wallbefestigung und Treverersiedlung**

Das felsige Hochplateau (800 × 500 m) von Kastel bildet wie der Titelberg in Südluxemburg eine natürliche Festung, die seit dem 5. JhvChr besiedelt wurde und besonders auch in der Zeit der caesarischen Eroberung als treverische Siedlung, Herrensitz und Handelsplatz eine gewisse Bedeutung gehabt hat.
Der befestigte Platz wurde dann nochmals in spätantiker Zeit verstärkt, so daß eine kontinuierliche Besiedlung bis in das 6./7. JhnChr aus den Funden ablesbar ist.

An der zum Saartal gelegenen Steilfront des Felsabfalls sind Kammern und Zellen einer Eremitage im Felsgestein ausgearbeitet, die der französische Eremit Romery zu Ehren der Helena hier angelegt hatte. Als ursprüngliches Besitztum der Trierer Abtei St. Maximin war hier in den Felsen ein Arkosolgrab als Heiliges Grab eingearbeitet worden, das jedoch heute bis zur Unkenntlichkeit verwittert ist. In die Frühzeit gehören auch technische Installationen wie Rinnen und Felseinarbeitungen in Form von Wasserbecken, die vielleicht der Wasserversorgung der Eremiten und Klausner dienen sollten.
Die erhabene Landschaft veranlaßte den Kronprinzen und späteren König von Preußen, Friedrich Wilhelm IV., hier von Schinkel eine Kapelle für die Gebeine des Königs Johann der Blinde von Böhmen (1296–1346), der in der Schlacht von Crecy gefallen war, errichten zu lassen. Nach dem 2. Weltkrieg wurden die Gebeine nach der Stadt Luxemburg, den Stammlanden des Königs, überführt. Cü

Lit: EWackenroder, Die Kunstdenkm d Rheinprovinz Kr Saarburg 1939, 104 ff – KBöhner, FVFD 5, 1966, 179 ff – RSchindler, FVFD 34, 1977, 278 ff

Katzenbach

Brunnen und Gutsanlage**
Abb 317–319

Bei der Neufassung eines Quellhorizontes in einer kleinen Talmulde zum Katzenbachtal hin wurde 1910 unter dicken Schwemmschichten eine röm Brunnenanlage freigelegt. Sie besteht aus einem halbrunden und zwei länglichen Bekken und hat eine Gesamtlänge von 5 m. Das Quellwasser wurde über eine Rohrleitung in das halbrunde Becken geleitet. Die Einleitung erfolgte durch eine runde Öffnung in der Apsismitte, die mit einem Kantharos und zwei flankierenden Delphinen als Relief verziert ist. Zu einer möglichen Überdachung gehören drei Säulenreste.
Im Brunnenbereich wurden auch etliche Münzen gefunden. 10 erhaltene Prägungen reichen von Augustus bis Constans (341/346). Die Brunnenanlage gehört zu dem oberhalb gelegenen → Gutshof am Falkensaß.
Der Brunnen ist heute in Rockenhausen vor dem Nordpfälzischen Heimatmuseum aufgebaut.
Be

Abb. 317 Katzenbach. Brunnenanlage

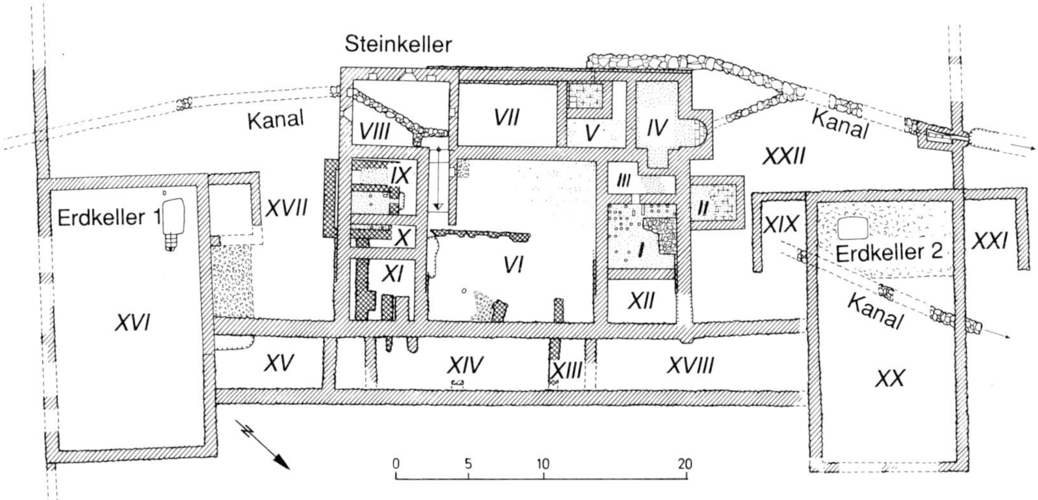

Abb. 318 Katzenbach. Hauptgebäude eines Gutshofs. I–V Bad, VI Hof, VIII Keller, VII, IX–XII Wohntrakt, XIII–XV, XVIII Korridor, XVI, XX Eckrisalite

Gutshof am Falkensaß. Die zwischen 1967 und 1973 ausgegrabene Anlage liegt im S auf der Höhe über dem Ort. Die Frontseite (L 65 m) des Herrenhauses ist hangparallel nach NO ausgerichtet. Mit der eindrucksvollen Schauseite gehört es zum größten ergrabenen Villenkomplex der Westpfalz. Als Vorgängerbau ist ein kleines Hofanwesen (14 × 12 m) mit einem kleinen heizbaren Anbau nachgewiesen. Dieser Bau gehört in das frühe 2. Jh.

Beim Neubau (24 × 18 m) umrahmen 10 Räume einen ehem offenen Hof (VI). Die Räume I–V gehören zu einem Badetrakt, der von Raum III aus beheizt wurde. Mit abnehmender Entfernung von der Wärmequelle ist Raum I als Schwitzbad, Raum IV als Warmwasserbad mit Sitznische und das eingetiefte Becken in Raum V als Kaltwasserbad anzusprechen. Die Frischwasserzuleitung, die einen oberhalb des Hauptgebäudes gelegenen Quellhorizont anzapfte, konnte nicht mehr nachgewiesen werden, wohl aber eine verzweigte Abwasserleitung. Die Leitung konnte von Raum XXII aus gereinigt werden. Ein großer Keller (VIII) war über den Innenhof (VI) mittels einer Kellertreppe zu erreichen. Der Keller erhielt über 2 Fenster Licht. In den Wänden waren vier Rundbogennischen eingelassen. Der eher kleine Wohntrakt wurde nach N rechts und links von 2 großen Risalitbauten begrenzt. Der Korridor (XIII–XV, XVIII) war mit einer Säulenstellung geschmückt. Das Herrenhaus erhielt damit von der Talseite aus eine beeindruckende architektonische Wirkung. An den beiden Flügelbauten setzten Hofmauern an, die nach S weiterführen. Hangaufwärts an diese Mauern angebaut sind noch kleinere Wirtschaftsbauten zu vermuten. Ein größerer Wirtschaftsbau liegt rund 80 m vor der Frontseite des Herrenhauses.

Zu dem Gutshof gehört die → Brunnenanlage in der W anschließenden Talmulde. Aus diesem Bereich stammt auch eine Aschenkiste, die einen Hinweis auf die Lage der Gutshofnekropole gibt. Das Landgut ging in einem Schadensfeuer im 4. Jh unter. Davon zeugen Brandschichten und im Keller noch in Originallage angetroffene Amphoren.

Die wirtschaftliche Bedeutung des Alsenztales in der Antike zeigt die dichte Besiedlung mit großen Gutshöfen. Der S Nachbar war das offenbar noch größere Landgut am Pfingstborn. In N lag ein weiteres Landgut »In der Fehlersheck« und im W am »Oberen Moorborn«. Durch die Verteilung der Landgüter und ihre Lage lassen sich große Besitzflächen von mehr als 200 ha errechnen. Die Wirtschaftskraft, die sich aus solchen Grundbesitzflächen ergab, spiegelt sich deutlich in der

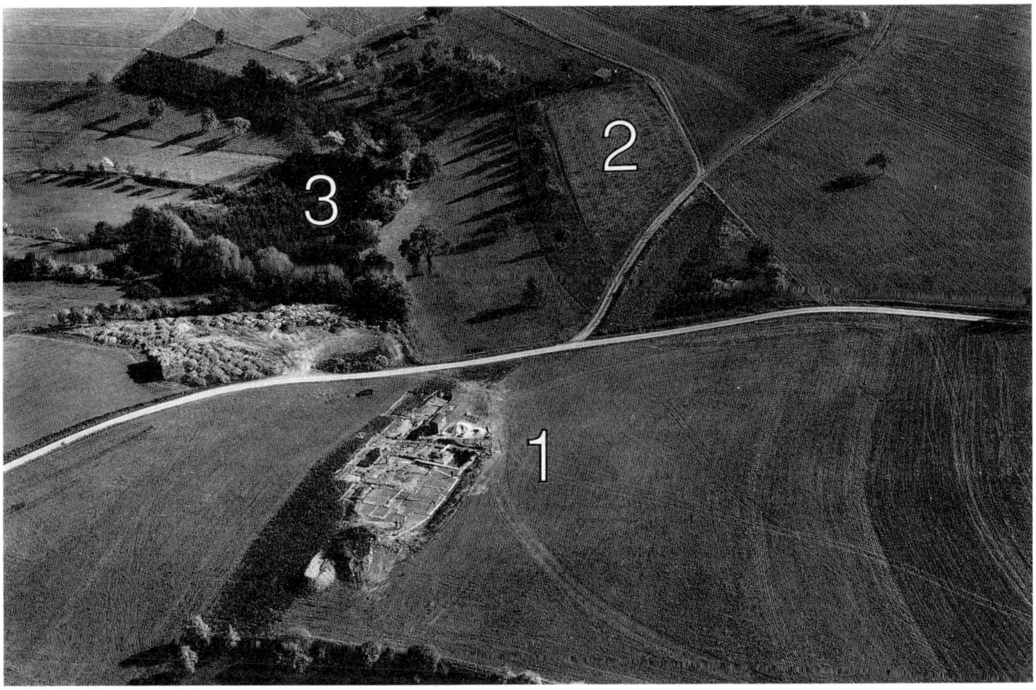

Abb. 319 Katzenbach. Luftbild während der Ausgrabung. 1 Herrenhaus, 2 Gräberfeld, 3 Brunnenanlage

Bauweise der Landgüter wider. Katzenbach gibt dafür ein deutliches Beispiel.
Die Villenfläche am Falkensaß ist aus der landwirtschaftlichen Nutzung herausgenommen. Einzelne Mauerzüge sind sichtbar markiert. Leider mußte der mit erheblichem Finanzaufwand restaurierte Keller wegen Bauschäden wieder verfüllt werden. Be

Ao: MSpeyer, LfD Speyer

Lit: Espérandieu 1922, 6055 – FSprater, Germania 8, 1924, 79 f – FMRD IV, 2, 2301 – HWalling, Nordpfälz Geschichtsver 50, 1970, 34 ff; 51, 1971, 51 ff – HFehr, Kaiserslautern und Rockenhausen, 1972, 157 – Fundberichte aus der Pfalz 1961–1965, MittHVP 80, 1982, 338; 1966–1970, ebda 81, 1983, 122

Kaulbach → Kreimbach
Kell → Andernach

Kempfeld BIR

*Wildenburg – Vorgeschichtliche Bergbefestigung, spätrömischer Burgus**

Auf dem Wildenburger Kopf, dessen N-Seite von einem felsigen Steilabfall begrenzt wird, sind im lichten Hochwald die zusammengestürzten Reste eines zweifachen Steinwalles von flach bogenförmigem Grundriß gut zu erkennen, die bergan bis zu der felsigen Abbruchkante der N-Seite geführt sind.
Eine Grabung und eine Teilrekonstruktion der äußeren und inneren Wallanlage mit Pfostenschlitzmauer 1978 und 1980 führte auf der oberen, schmalen Plateaufläche zur Entdeckung einer aus Platten aufgesetzten und mit Mörtel gefügten Mauer, die durch Scherbenfunde dem 4. Jh zuzuweisen ist. Die Mauer umschließt auch eine Wasserstelle, die seit vorgeschichtlicher Zeit ge-

stätten bezeugen einen gewissen Wohlstand der Bewohner. Eisenbarren, Metallschlacken und Werkzeuge deuten auf die Weiterverarbeitung. Der deutlich ausgeprägte Gewerbecharakter solcher Höhensiedlungen findet sich auch bei weiteren Anlagen wie etwa der → Heidenburg bei Kreimbach.

Beschläge von militärischer Ausrüstung geben Hinweise auf staatliche, wenn nicht sogar militärische Urheber. Der räumliche Bezug zu 2 Straßen, die im N und S des »Großen Berges« vorbeiziehen, unterstreicht die Bedeutung der Siedlung an einer wichtigen Verkehrsverbindung.

Am SO-Fuß des Berges konnte ein Bestattungsplatz nachgewiesen werden. Eine eigene zugehörige Nekropole zeigt wiederum, daß es sich bei den Höhensiedlungen keinesfalls um kurzfristig benutzte Fluchtorte gehandelt haben kann, sondern um Dauersiedlungen. Spuren einer Talsiedlung liegen vermutlich am SW-Fuß des Berges.

Die Siedlung endete ganz offensichtlich in einer Brandkatastrophe im Spätjahr 352/Frühjahr 353. 2 Münzhorte unterstreichen die gewaltsame Zerstörung im Rahmen innenpolitischer Wirren oder germ Einfälle.

Der »Große Berg« ist von der Bundesstraße B 40 am Ortsausgang Einsiedlerhof zu Fuß zu erreichen. Eine Zufahrt mit dem Pkw ist nicht erlaubt. Rekonstruiert sind Teile der Wehrmauer im Torbereich und ein 12 m langes Stück der Holzpalisade. Be

Ao: M Schifferstadt, M Speyer, LfD Speyer, M Kindsbach

Lit: LEckrich, Nordpfälzer Geschichtsverein 43, 1963, 2 ff – KWKaiser, Germania 39, 1960, 225 ff – HFehr, Kaiserslautern und Rockenhausen, 1972, 103 ff – HBernhard, MittHVP 79, 1981, 56 ff; 85, 1987, 37 ff – HJSchulzki, ebda 85, 1987, 79 ff

*Quellheiligtum »Heidenfelsen«**

Abb 323, 324

An der Gemarkungsgrenze zwischen Kindsbach und Landstuhl hat der Bietenbach ein breites Tal geschaffen. Im Hang über dem Talschluß entspringt der Gutenborn. In diesem Quellbereich sind seit 1821 röm Funde bekannt. Ausgrabungen fanden 1903 und 1908 statt, ohne daß Aufzeichnungen über die Reste möglicher Tempelanlagen erhalten sind.

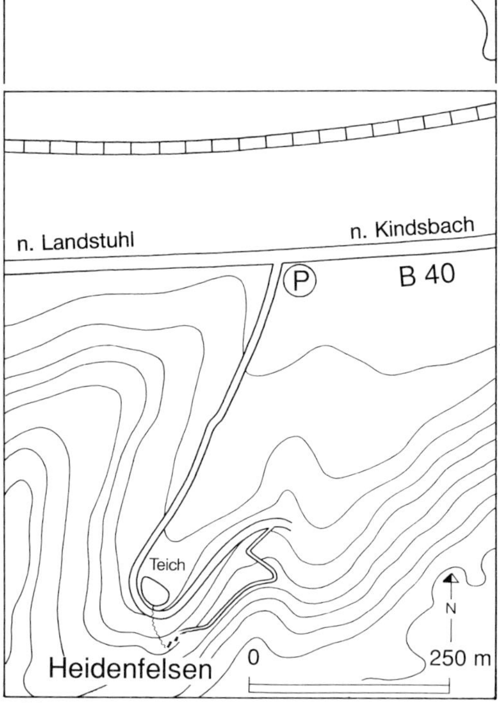

Abb. 323 Kindsbach. Quellheiligtum Heidenfelsen. Lageplan

Im Quellbereich unter einem 1961 aufgestellten Schutzbau sind 2 Felsen mit sehr schlecht erhaltenen Relieffiguren zu erkennen.

Fels 1: Auf dem als Matronenfelsen anzusprechenden kleineren Stein (L 1,90 m) sind 6 Figuren dargestellt: 3 sitzende weibliche Figuren mit nicht mehr erkennbaren Attributen auf dem Schoß. Es handelte sich wohl um Früchtekörbe. Im Gegensatz zu den am Niederrhein stark verbreiteten Matronendarstellungen tragen die Kindsbacher Figuren keine Kopfhauben. Zwischen der 2. und 3. Matrone ist eine Säule mit Kapitell kenntlich, an dem noch Reste einer vierzeiligen Inschrift zu erkennen sind.

L. Grünenwald ergänzte den Schriftrest (..)*VO*(...)/(...)*MA* (...) mit allen Vorbehalten zu *ex voto matris.*

Links der Matronengruppe steht ein Knabe mit

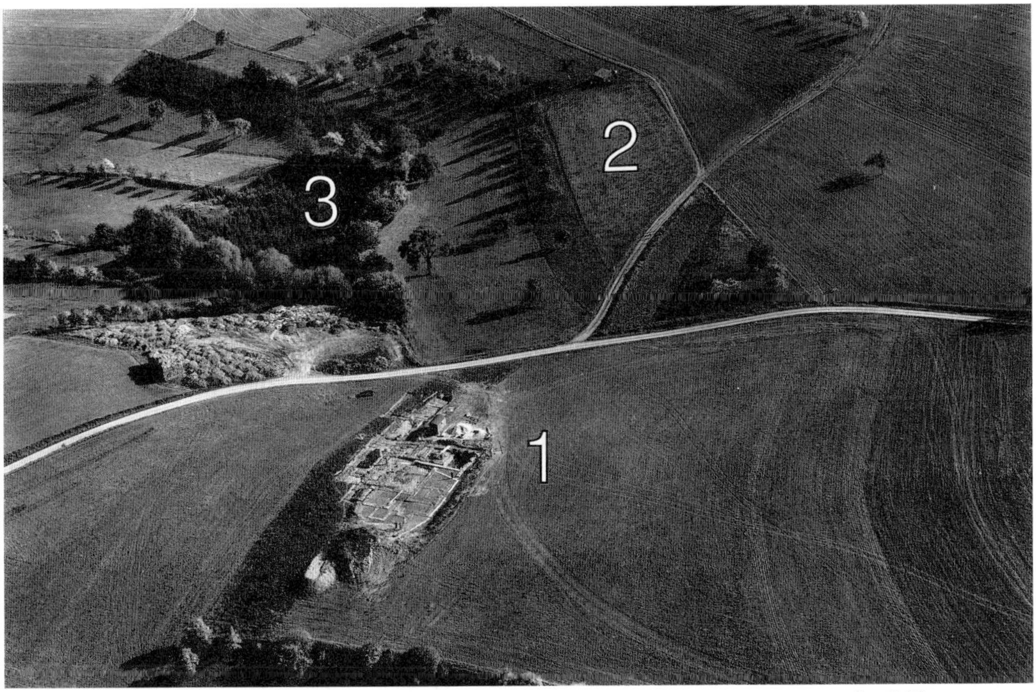

Abb. 319 Katzenbach. Luftbild während der Ausgrabung. 1 Herrenhaus, 2 Gräberfeld, 3 Brunnenanlage

Bauweise der Landgüter wider. Katzenbach gibt dafür ein deutliches Beispiel.
Die Villenfläche am Falkensaß ist aus der landwirtschaftlichen Nutzung herausgenommen. Einzelne Mauerzüge sind sichtbar markiert. Leider mußte der mit erheblichem Finanzaufwand restaurierte Keller wegen Bauschäden wieder verfüllt werden. Be
Ao: MSpeyer, LfD Speyer
Lit: Espérandieu 1922, 6055 – FSprater, Germania 8, 1924, 79 f – FMRD IV, 2, 2301 – HWalling, Nordpfälz Geschichtsver 50, 1970, 34 ff; 51, 1971, 51 ff – HFehr, Kaiserslautern und Rockenhausen, 1972, 157 – Fundberichte aus der Pfalz 1961–1965, MittHVP 80, 1982, 338; 1966–1970, ebda 81, 1983, 122

Kaulbach → Kreimbach
Kell → Andernach

Kempfeld BIR

*Wildenburg – Vorgeschichtliche Bergbefestigung, spätrömischer Burgus**

Auf dem Wildenburger Kopf, dessen N-Seite von einem felsigen Steilabfall begrenzt wird, sind im lichten Hochwald die zusammengestürzten Reste eines zweifachen Steinwalles von flach bogenförmigem Grundriß gut zu erkennen, die bergan bis zu der felsigen Abbruchkante der N-Seite geführt sind.
Eine Grabung und eine Teilrekonstruktion der äußeren und inneren Wallanlage mit Pfostenschlitzmauer 1978 und 1980 führte auf der oberen, schmalen Plateaufläche zur Entdeckung einer aus Platten aufgesetzten und mit Mörtel gefügten Mauer, die durch Scherbenfunde dem 4. Jh zuzuweisen ist. Die Mauer umschließt auch eine Wasserstelle, die seit vorgeschichtlicher Zeit ge-

stätten bezeugen einen gewissen Wohlstand der Bewohner. Eisenbarren, Metallschlacken und Werkzeuge deuten auf die Weiterverarbeitung. Der deutlich ausgeprägte Gewerbecharakter solcher Höhensiedlungen findet sich auch bei weiteren Anlagen wie etwa der → Heidenburg bei Kreimbach.
Beschläge von militärischer Ausrüstung geben Hinweise auf staatliche, wenn nicht sogar militärische Urheber. Der räumliche Bezug zu 2 Straßen, die im N und S des »Großen Berges« vorbeiziehen, unterstreicht die Bedeutung der Siedlung an einer wichtigen Verkehrsverbindung.
Am SO-Fuß des Berges konnte ein Bestattungsplatz nachgewiesen werden. Eine eigene zugehörige Nekropole zeigt wiederum, daß es sich bei den Höhensiedlungen keinesfalls um kurzfristig benutzte Fluchtorte gehandelt haben kann, sondern um Dauersiedlungen. Spuren einer Talsiedlung liegen vermutlich am SW-Fuß des Berges.
Die Siedlung endete ganz offensichtlich in einer Brandkatastrophe im Spätjahr 352/Frühjahr 353. 2 Münzhorte unterstreichen die gewaltsame Zerstörung im Rahmen innenpolitischer Wirren oder germ Einfälle.
Der »Große Berg« ist von der Bundesstraße B 40 am Ortsausgang Einsiedlerhof zu Fuß zu erreichen. Eine Zufahrt mit dem Pkw ist nicht erlaubt. Rekonstruiert sind Teile der Wehrmauer im Torbereich und ein 12 m langes Stück der Holzpalisade.

Be

Ao: M Schifferstadt, M Speyer, LfD Speyer, M Kindsbach

Lit: LEckrich, Nordpfälzer Geschichtsverein 43, 1963, 2 ff – KWKaiser, Germania 39, 1960, 225 ff – HFehr, Kaiserslautern und Rockenhausen, 1972, 103 ff – HBernhard, MittHVP 79, 1981, 56 ff; 85, 1987, 37 ff – HJSchulzki, ebda 85, 1987, 79 ff

*Quellheiligtum »Heidenfelsen«**
Abb 323, 324

An der Gemarkungsgrenze zwischen Kindsbach und Landstuhl hat der Bietenbach ein breites Tal geschaffen. Im Hang über dem Talschluß entspringt der Gutenborn. In diesem Quellbereich sind seit 1821 röm Funde bekannt. Ausgrabungen fanden 1903 und 1908 statt, ohne daß Aufzeich-

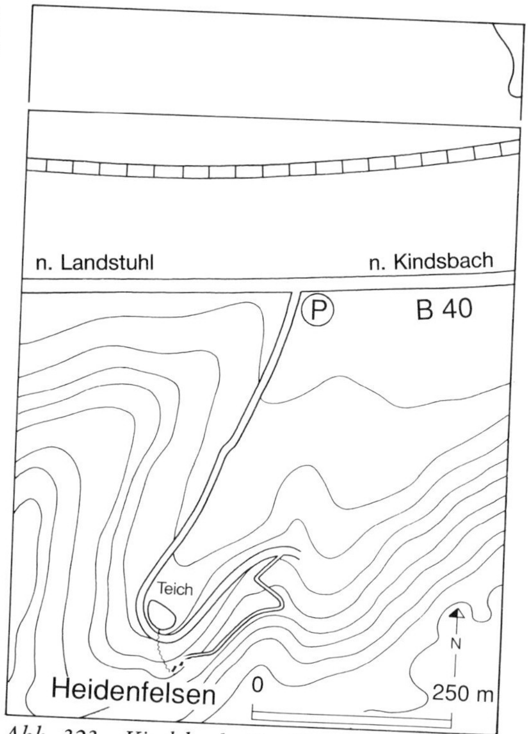

Abb. 323 Kindsbach. Quellheiligtum Heidenfelsen. Lageplan

nungen über die Reste möglicher Tempelanlagen erhalten sind.
Im Quellbereich unter einem 1961 aufgestellten Schutzbau sind 2 Felsen mit sehr schlecht erhaltenen Relieffiguren zu erkennen.
Fels 1: Auf dem als Matronenfelsen anzusprechenden kleineren Stein (L 1,90 m) sind 6 Figuren dargestellt: 3 sitzende weibliche Figuren mit nicht mehr erkennbaren Attributen auf dem Schoß. Es handelte sich wohl um Früchtekörbe. Im Gegensatz zu den am Niederrhein stark verbreiteten Matronendarstellungen tragen die Kindsbacher Figuren keine Kopfhauben. Zwischen der 2. und 3. Matrone ist eine Säule mit Kapitell kenntlich, an dem noch Reste einer vierzeiligen Inschrift zu erkennen sind.
L. Grünenwald ergänzte den Schriftrest (..)*VO*(...)/(...)*MA* (...) mit allen Vorbehalten zu *ex voto matris*.
Links der Matronengruppe steht ein Knabe mit

Abb. 324 Kindsbach. Quellheiligtum. Felsrelief 1. Matronen

knielangem Gewand, rechts 2 Personen ebenfalls mit knielangem Gewand. Die letzteren schreiten auf die Sitzgruppe zu. Die vordere Figur hält rechts vor der Brust einen als Opfergabe gedeuteten runden Gegenstand – Brot oder Apfel? –, in der gesenkten Linken ein Täschchen oder einen kleinen Beutel. Die zweite Figur trägt in der rechten Hand vor der Brust einen länglichen Gegenstand, der als Opfermesser oder als Wanderstab gedeutet wird; die linke Hand zeigt eine Tasche.
Fels 2: Der direkt an der Quellfassung stehende größere Stein (L 3,10 m) trägt auf der Oberseite zwei Inschriften, die sich auf Kriegsereignisse von 1793 und 1870 beziehen. Die Vorderseite zeigt links eine stehende weibliche Figur mit reich gefaltetem Gewand. In den Schoßfalten konnte LGrünenwald runde Früchte erkennen und sprach die Figur als stehende Matrone an. Rechts davon in Kopfhöhe ist eine Dreiergruppe mit opferndem Priester mit Opferschalen an einem Altar und 2 flankierenden Figuren in gallischer Tracht zu erkennen. Darunter stehen in Nischen 3 Figuren in Rüstungen. Die größere mit Schild und Speer ist sicherlich als Mars anzusprechen. Von der gleichen Fundstelle stammen weitere Skulpturen. Vertreten sind Merkur und Rosmerta, Jupiter, Mars (?) in gallischer Tracht, eine Knaben- und eine Männerfigur mit Taube sowie zahlreiche Köpfe von weiteren Figuren. Terrakotten mit Matronendarstellungen und zwei Bronzebleche mit Phallusverzierung verweisen weiterhin auf den »Fruchtbarkeitscharakter« des Quellheiligtums.
Unterhalb des Heiligtums traten zahlreiche Funde und Befunde zutage. Ein Töpferofen sowie 2 Formschüsseln für Sigillata-Bilderschüsseln deuten auf einen Töpfereibetrieb, der im Zusammenhang mit dem Heiligtum stand. Unter dem Fundmaterial ist jedoch das ganze keramische Spektrum des 2./3. Jh und nicht nur Krüge oder Amphoren nachzuweisen. Hier haben sicherlich auch weitere Gebäude gestanden, die im Zusammenhang mit dem Kultbetrieb zu sehen sind.
Das Wasser des Gutenborn wurde noch in neuester Zeit gegen Augenleiden verwandt. Eine chemische Analyse ergab in der Tat auch geringe Spuren von Bor. Bei der Vielzahl der dort verehrten Gottheiten werden die Matronen als Fruchtbarkeitsgöttinnen die Hauptrolle gespielt haben. Nach Münzfunden zu urteilen, wurde das Heiligtum noch bis an das Ende des 4. Jh aufgesucht.

Be

Ao: M Speyer, LfD Speyer
Lit: LGrünenwald, WestdZeitschr 25, 1906, 239 ff – ders, Palatina 1907 – FJHildenbrand, Steinsaal, 1911, 28 – Espérandieu, 1922, 6069 ff – FSprater, Germania 28, 1944–1950, 97 f – HFehr, Jb zur Geschichte von Stadt- und Landkreis Kaiserslautern 3, 1965, 9 ff – RvUslar, ebda 5, 1967, 68 f – HFehr, Kaiserslautern und Rockenhausen, 1972, 99 ff – FGeschwendt, Der vor- und frühgeschichtliche Mensch und die Heilquellen, 1972

Kinheim WL

Landgut
Abb 325, 326

Am rechten Moselufer wurde unterhalb von Lösnich und gegenüber von Kinheim auf einem flach geneigten Gelände bei Waldabtrieb und Anlage von Weinbergen ein Feldweg ausgebaut, bei dessen Ausschachtung die Risalitfront eines röm Landhauses angeschnitten worden ist. Grabungen des Landesmuseums ergaben eine ältere Hausanlage mit Portikus, turmartigen, im Grundriß fast quadratischen Seitenrisaliten und einem Wohn- und Wirtschaftsraum, an dessen O-Seite ein Gang vorgelagert war, während im Raum selbst eine Herdstelle und ein »Schlafzimmer« an der SO-Ecke durch einen Mauerrest wahrscheinlich gemacht wird. Im W Raumteil sprang eine Apsis in den Raum vor, die als Teil einer älteren Badeanlage anzusprechen ist.
Diese ältere Hofanlage wurde in großen Teilen abgetragen und ein größeres Haus mit solider Innenraumgliederung angelegt, das fast das Doppelte an Fläche einnimmt. Der Eingangshalle sind deutlich die turmartigen Eckflügel, der W ganz frei stehend, als Risalitbauten angefügt. Das Mittelportal führte in einen großen Wohnraum, dem nach O 4 Räume und ein breiter, langer Raum anschlossen. Die S-Seite nimmt neben einem portikusartigen Korridor ebenfalls eckrisalitartige Gliederung an. Von einem Hofraum wurden in der SO-Ecke 2 Zimmer mit Hypokaustheizung bedient.
An der W-Seite, aus dem Raum 2 beheizt, ist ein Bad gelegen, das in der Raumfolge 21, 19, 20 mit

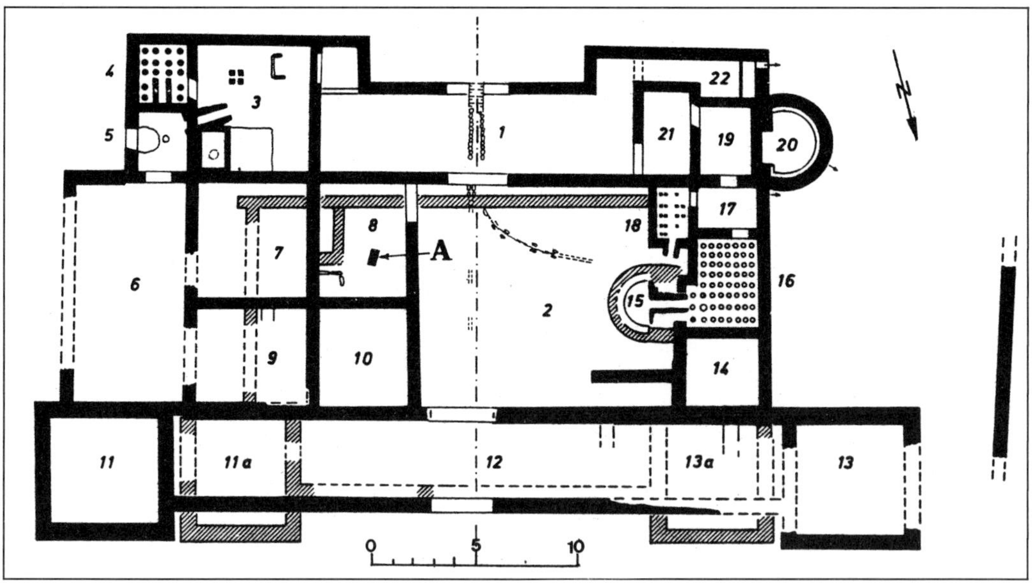

Abb. 325 Kinheim. Hauptgebäude eines Landguts. Grundriß. A Fundstelle der Figur des Sucellus. 15–21 Bad

Abb. 326 Kinheim. Landgut. Steinskulptur des Gottes Sucellus

Apsis, nach außen als Konche vortretend, das Kaltbad (*frigidarium*) mit Vorraum bildet, während 18, 17, als Laubad (*tepidarium*) und 16 als Warmbad (*caldarium*) mit Heizung und über dem Fußboden installierter Wanne zu rekonstruieren sind.
Dem im SO gelegenen Raum 3 mit Hypokaust und Präfurnium von 5 her ist auf massivem Unterbau ein über Stufen zugängliches Becken zugeordnet, das, soweit der Erhaltungsbestand erkennen läßt, keinen Abfluß hatte. Es ist, wohl nach Auflassung der Heizung, erst in einer Umbaunutzung eingerichtet worden.
Im Zerstörungsschutt von Raum 8 wurde die Steinskulptur des Gottes Sucellus (H 81 cm, B 39 cm) gefunden, der neben dem Böttcherhammer und zwei Fässern an der stelenartigen Stütze im Gewandbausch eine dicke Traube trägt und so als Schutzgott auch der Vegetation und guter Weinernte ausgewiesen ist. Cü
Ao: RLM Trier
Lit: WBinsfeld, Trierer Grabungen und Forsch XIV, Festschr 100 Jahre Rheinisches Landesmuseum Trier, 1979, 263 ff – Römer an Mosel und Saar, 1983, 226 Kat Nr 181

Kirchberg SIM

Vicus
Abb 327

Auf der Tabula Peutingeriana ist auf der Straße zwischen Bingen und Trier der Ort *Dumno* (= *Dumnissus*) eingetragen; Ausonius erwähnt ihn. Während sich *Dumnissus* heute noch in den Dorfnamen Denzen, einem Dorf, etwa 1 km NO des Stadtkernes von Kirchberg, sprachlich fortsetzt, hat sich in Kirchberg der antike Name nicht erhalten. Doch sind hier bereits in früherer Zeit namhafte Reste beobachtet worden, die auf eine röm Straßensiedlung (*vicus*) schließen lassen.
Bei der Gelegenheit der Renovierung der Michaelskirche im Zentrum von Kirchberg wurden auch archäologische Untersuchungen durchgeführt (H. Eiden). Bei den Untersuchungen innerhalb der Kirche zu ihren röm Vorgängeranlagen konnten jedoch nur kleinere Flächen aufgemacht werden. Diese Grabungsstelle lag etwa 30 m N der Römerstraße und befand sich damit hinter der Bebauung entlang dieser Straße.
Im Laufe der Sondierungen auf dem Kirchenareal konnte über dem gewachsenen devonischen Lehm eine alte Oberflächenbefestigung in der Art eines Kopfsteinpflasters festgestellt werden. Sie schließt unmittelbar an die Fundamentoberkante der Ummauerung eines Brunnens (Dm 1,3 m) an. Dieses Steinpflaster wurde an mehreren Stellen angetroffen. Darüber lagerte in wechselnder Mächtigkeit und Struktur Abbruchschutt mit röm Einschlüssen.
So konnte neben Hinweisen auf Holzbauten (zB Pfostenlöcher) eine Grube festgestellt werden, in

Abb. 327 Kirchberg. Grabkiste mit Inschrift

deren Füllung neben Keramikresten 6 röm Münzen geborgen wurden. Die Keramik setzt mit dem letzten Drittel des 1. JhnChr ein. Die Mehrzahl stammt jedoch aus dem 2. und einiges aus dem 3. Jh. Hausgrundrisse und eindeutige Siedlungsspuren konnten innerhalb des Kirchenareals nicht festgestellt werden, da die bruchstückhaft erhaltenen röm Mauern durch die ma Bebauung weitestgehend abgeräumt oder wiederverwendet worden waren.
Der O der Siedlung liegende Friedhof ist bekannt. Von dort stammen 2 Grabbehälter (wohl 2. JhnChr) mit Inschrift. Sie wurden 1938 gefunden und befinden sich im Kreismuseum Simmern. Bestattet sind 2 Männer, der eine war von Beruf Kupferschmied. Sie haben, der eine für sich und seinen verstorbenen Bruder, der andere für sich und seine verstorbene Frau, die Grabmäler anfertigen lassen.
Mit dem Fundort dieser Inschriftensteine ist ein weiterer wichtiger Hinweis für die Dauer der Besiedlung des Vicus gegeben und die röm Straße außerhalb des Ortes dadurch nachgewiesen. Der Verlauf der Römerstraße Trier–Mainz kann im Ortsbereich von Kirchberg als gesichert gelten. Sie liegt unter der Trasse der heutigen B 50 und führte wie jetzt mitten durch den Ort. 1850 wurde ihr Fundament bei Bauarbeiten in der Simmerer Str angetroffen. We

Ao: RLM Bonn, Privatbesitz, LfD Koblenz, Kreism Simmern
Lit: KSchumacher, Siedlungs- und Kulturgeschichte der Rheinlande Bd 2, 1923 – JHagen, Römerstraßen der Rheinprovinz, 1931 – JSteinhausen, Archäologische Siedlungskunde des Trierer Landes, 1936 – JGöhl, Aus Kirchbergs Vergangenheit, 1949 – RLaufner, Geschichte des Trierer Landes, bes Böhner, Ewig, Steinhausen, 1964 – HHopstetter u WWagner, Der Landkreis Simmern, in: Heimatführer der deutschen Landkreise Bd 2, 1967 – HEiden, Die Ausgrabungen der Michaelskirche 1967/68, ein Vorbericht, in: Festschrift Kirchberg, 1971, 1 ff

Kirchheimbolanden KIB

Grabanlage
Abb 328

Im heutigen Industriegebiet »Jenseits der Leiselbach« wurde 1964 auf dem Gelände der Tubenfabrik Höhl eine röm Grabanlage ausgegraben. 2 Grabumfriedungen (10 × 10 m) waren im N von einer polygonalen Mauer abgegrenzt. Im Innern der quadratischen Anlagen wurde je eine Steinkiste mit Brandgräbern angetroffen. Kiste I in dem älteren Geviert enthielt noch eine Tonlampe des frühen 2. Jh, Reste einer Glasurne und eines weiteren Glasgefäßes. In Kiste II in dem jüngeren Anbau fanden sich eine doppelhenklige Glasurne mit Leichenbrand, 2 Glaskrüge und eine Bronzelampe mit Aufhängung. Beide Bestattungen gehören in die erste Hälfte des 2. Jh. Be

Ao: M Speyer, M Kirchheimbolanden
Lit: Fundberichte aus der Pfalz 1961–1965, 1978, MittHVP 80, 1982, 340 ff

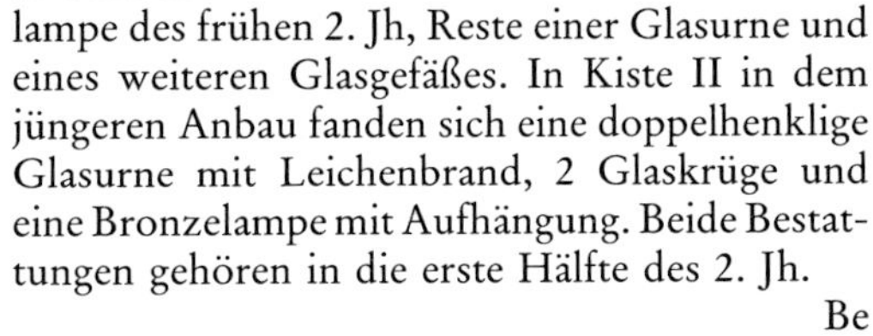

Abb. 328 Kirchheimbolanden. Grabanlage. Rekonstruktionszeichnung

Abb. 329 Kirn. Fußbodenheizung eines Gebäudes. Grabungsfoto

Kirn KH

Fußbodenheizung
Abb 329

Kirn gehört aufgrund von im Herbst 1895 gemachten Funden arretinischer Sigillata auf dem Gelände der ehem Simonschen Ziegelei mit zu den frühesten röm Fundplätzen an der Nahe. Diesem Fundplatz gegenüber kamen 1981 auf der anderen Naheseite bauliche Strukturen zutage. Es konnten die Reste einer Fußbodenheizung freigelegt werden, die zu einem Gebäude gehört haben müssen, das schon beim Bau der Umgehungsstraße angeschnitten worden sein soll. Wenige Streufunde legen eine Datierung dieses Bauwerkes in das 2.–3. JhnChr nahe. Die Lage dieser Fundplätze setzt wahrscheinlich einen Naheübergang voraus. Ru

Lit: JHagen, Römerstraßen, 1931, 392 – JHeep, BJb 61, 1877, 172 ff – BStümpel, MZ 62, 1967, 184

Kleinsteinhausen PS

Gutshof
Abb 330

O des Ortes liegt unweit der Hengstbacher Klamm, einem Wasserriß mit Quellhorizont, ein röm Gutshof, der seit 1904 als Fundstelle bekannt ist. Schürfungen von »Laienforschern« machten 1960 und 1961 reguläre Ausgrabungen notwendig. Freigelegt wurde ein Hauptgebäude des kleinen Portikustyps mit Eckrisaliten. Im SO-Risalit kam eine Kelleranlage (7,4 × 5 m) mit 4 Wandnischen und einem Fenster zutage. Die Decke des Kellerraumes lagerte einstmals auf mächtigen Sandsteinpfeilern. Im S-Teil der anschließenden Halle wurde eine Heizanlage freigelegt, die wohl zum Darren von Getreide diente. Der im frühen 2. Jh entstandene Steinbau weist verschiedene Umbauten auf und wurde um die Mitte des 4. Jh durch Brand zerstört. Die Funde, insbesondere die Münzen, weisen keine Typen bzw Prägungen der zweiten Hälfte des 4. Jh mehr auf. Be

Ao: LfD Speyer

Lit: LGrünenwald, Urkunden und Bodenfunde, 1927, 41 – KWKaiser, Heimatkalender Zweibrücken 1962, 69 ff – Fundberichte aus der Pfalz 1956–1960, MittHVP 68, 1970, 102 f; 1961–1965, 1978, ebda 80, 1982, 348 ff – HBernhard, ebda 79, 1981, 32 ff

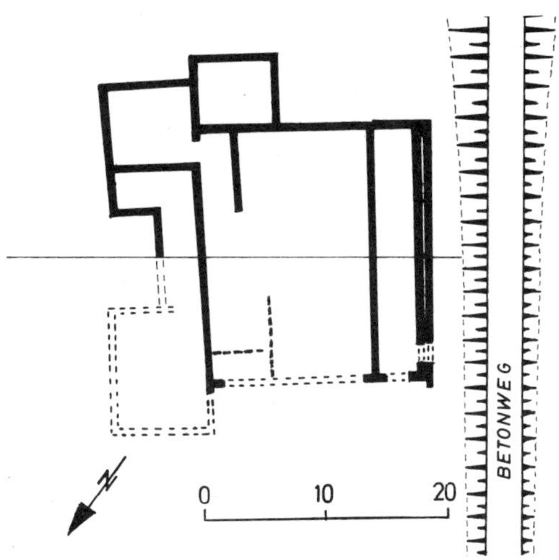

Abb. 330 Kleinsteinhausen. Gutshof. Grundriß des Hauptgebäudes

Kobern-Gondorf MYK

Bronzestatuette
Abb 331

1964 wurde bei Baggerarbeiten in der Mosel vor Gondorf zusammen mit der Bronzestatuette eines Hirsches eine Bronzefigur (H 16 cm) des Herkules gefunden. Aus den Fundumständen ist eine Zusammengehörigkeit etwa im Sinne einer Gruppe nicht zu schließen. Das Löwenfell, dessen Kopfteil mit der Mähne den Hinterkopf der Statuette bedeckt, und dessen Vordertatzen über der Brust verknotet sind, kennzeichnet die Figur als Herkules. Das Fell ist über den Rücken geführt und hängt über den angewinkelten linken Arm herab. Der Gott ist als jugendlicher, kräftiger, muskulöser Mann in schreitender Geste dargestellt. Die Augen waren mit Silber eingelegt. Es ist eine sehr qualitätvolle Arbeit, nach einem griechischen Vorbild. Die Statuette dürfte aus dem 1.–2. JhnChr stammen. We
Ao: LfD Koblenz
Lit: HEiden 49 f

Abb. 331 Kobern-Gondorf. Herkules. Bronzestatuette

Vicus und Gräberfeld

Weitere röm Funde sind auf der Niederburg bei Kobern bekanntgeworden. Durch die ma Bebauung sind sie jedoch schon früh abgeräumt und unbeobachtet zerstört worden.
Im SW des Ortes auf der Mittelterrasse der Mosel wurden frühröm Gräber unter tiefen Hangschuttlagen beobachtet, die durch eine Bauausschachtung zutage kamen. Außerdem befand sich hier in derselben Baugrube ein röm Töpferofen, vermutlich aus dem 2. Jh. Beim Aushub kamen auch fränkische Gräber zutage. Im Ortskern selbst wurden wiederholt Hinweise für einen röm Vicus beobachtet. We
Ao: LfD Koblenz
Lit: H-HWegner, Denkmalpflege in Rheinland-pfalz 1982–83, 1984, 171 f – K-JGilles, TZ, Beih 7, 1985, 138 ff – H-HWegner, Berichte z Arch an Mittelrhein und Mosel 1, 1987, 233 ff

Koblenz KO

*Spätrömisches Kastell**
Abb 332

Die Altstadt von Koblenz steht auf einem röm Kern. Schon 1952 wurde bei den Ausschachtungsarbeiten auf dem Münzplatz im Zentrum der Altstadt in einer Baugrube ein »Spitzgraben« angeschnitten, bei dem es sich um den W Umfassungsgraben eines Auxiliarlagers handeln könnte (n. Filtzinger). Die Funde der »Grabensohle« bewiesen, so Filtzinger, daß das Lager bereits in spättiberisch-frühclaudischer Zeit existierte. Ein

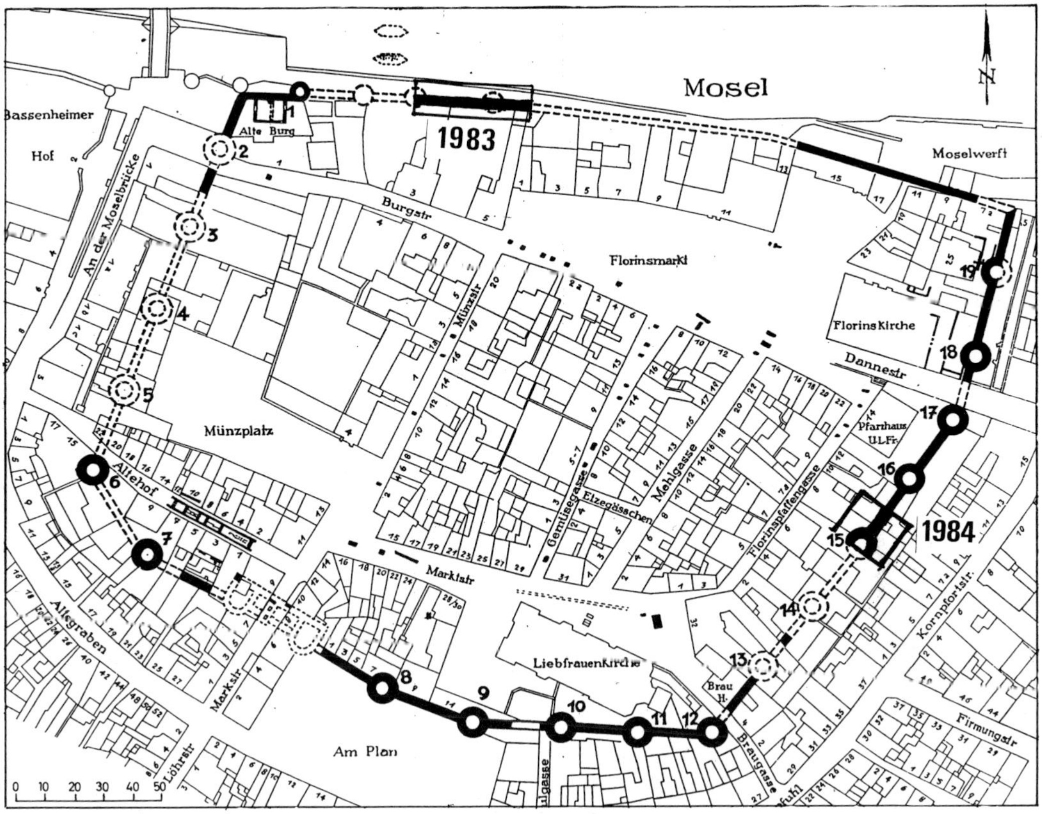

Abb. 332 Koblenz. Das spätrömische Kastell. Grundriß

Vergleich der Koblenzer Funde mit fest datierten Fundplätzen zeige, daß der Kastellgraben in der Zeit zwischen 60 und 70 nChr zugeschüttet worden sein müsse. In diese Zeit fällt der Bataveraufstand. Sicher war eine militärische Anlage am Moselübergang vorhanden. Doch gibt es außer diesen unter äußerst schwierigen Bedingungen in eng begrenztem Raum gemachten stratigraphischen Beobachtungen bisher keinen weiteren Hinweis auf diese Anlage. Der zugehörige Vicus ist zwischen Kastell und Rhein anzunehmen, wohl zwischen Kastorpfaffenstr und dem Stadtschloß und Kastorkirche. In diesem Zusammenhang wurden bei den Baumaßnahmen einer Tiefgarage auf dem Görresplatz Grabgruben, Siedlungsspuren und ein Keller beobachtet und dokumentiert.

Nach der Errichtung des Limes auf der rechten Rheinseite in domitianischer Zeit behielt das röm Koblenz wegen seiner günstigen Verkehrslage an der N-S verlaufenden Rheinuferstraße und den beiden schiffbaren Flüssen Rhein und Mosel auch weiterhin seine Bedeutung. Über die Bebauung dieser offenen Siedlung ist bisher wenig bekannt. Einige in der letzten Zeit beobachteten Befunde (zB eine röm Badeanlage und Fundamente eines röm Hauses) sowie zahlreiche Funde weisen darauf hin, daß dieses Areal im hochwasserfreien Gebiet durchgängig auch im röm Zeit besiedelt war. Das besondere Gewicht, das dieser Siedlung zukam, wurde durch die Flußübergänge an Mosel und Rhein besonders betont.
In spätröm Zeit, wohl nach Aufgabe des rechtsrheinischen Limes, entwickelte sich auf diesem

Areal S der Moselbrücke die Befestigungsanlage, deren Reste im heutigen Stadtbild erkennbar sind. Dieses Kastell wird durch ein unregelmäßiges Viereck mit zweibogig gewölben Seiten gekennzeichnet, das hart an die Mosel anschließt. Eine Fläche von etwa 8,5 ha wird von einer Mauer umschlossen, die an der Moselfront (L 270 m) keine Türme aufweist. Sonst hat der Mauerbering Rundtürme (Dm 10 m), die in Abständen von 24 bis 35 m standen. Die Mauer (B 2–2,5 m, H 5,7 bis 6 m) war in der üblichen Technik röm Schalenbauweise errichtet. Außen hammergerecht bearbeitete Handquader aus Grauwacke, im Innern Gußmauerwerk, teils mit schräggestellten Rollschichten. Teile des aufgehenden Mauerwerkes sind in späteren Bauten (zB Turm 17) erhalten. Seit einiger Zeit ist schon das S-Tor bekannt. Bei Ausschachtungsarbeiten in den letzten Jahren zur Anlage von Tiefgaragen wurde ein beachtliches Mauerstück an der Mosel freigelegt und erhalten sowie im Bereich der Kornpfortstr zwischen Turm 15 und 16, ebenfalls beim Bau einer Tiefgarage, das Mauerwerk archäologisch dokumentiert. Hier ist das O-Tor des Kastells zu vermuten, worauf die besondere Form des aufgrund der Baugrube nur halb freilegbaren Turmes 15 hinweist.

Während das S-Tor (B ca 3,5 m) mit verstärkten Mauerköpfen eher an die Art der Andernacher Toranlage erinnert, dürfte das O-Tor mehr an den rekonstruierten Befund des N-Tores des Kastells Deutz (Köln) anzuschließen sein. Von der Innenbebauung des spätantiken Kastells sind bisher nur wenige Reste bekannt geworden. Wichtig ist ein Großbau, der im Bereich der Liebfrauenkirche angeschnitten wurde. Die Zweckbestimmung dieser Anlage ist noch unbekannt. Es wurden Stempel der *milites Menapii* und der *milites secundae Flaviae* festgestellt. Die Notitia dignitatum nennt als Besatzung *milites defensores.* In diesem spätantiken Gebäude wurde in frühfränkischer Zeit offensichtlich ein Kultraum christlicher Prägung eingerichtet. Sicher stellte das röm *Confluentes* auch in dieser Zeit beim Übergang in die fränkische Epoche mit seinen gut erhaltenen röm Stadtmauern einen Anziehungspunkt der Sicherheit dar. We

Ao: RLM Bonn, M Koblenz, LfD Koblenz

Lit: AGünther, BJb 142, 1937, 65 ff; 145, 1940, 71 ff – PhFiltzinger, ebda 160, 1960, 168 ff – JRöder, Germania 29, 1951, 293 ff – FMichel, Die Kunstdenkmäler der Stadt Koblenz, 1954, 4 ff – H-HWegner, Stadtkernarchäologie in Koblenz, Archäologische Informationen 7, Heft 2, 1984, 104 ff – ders, Führer zu arch Denkmälern in Deutschland 12, 1986, 157 ff – ders, Berichte zur Archäologie an Mittelrhein und Mosel 1, 235 ff

Moselbrücke

Unterhalb der von Erzbischof Balduin von Trier im Jahre 1346 begonnenen steinernen Moselbrücke zwischen Koblenz und Lützel hat sich eine aus dem 4. Jh stammende hölzerne Brücke befunden. Reste von ihr wurden schon im 19. Jh erkannt. Weitere Beobachtungen waren bei Baggerarbeiten zur Moselkanalisierung 1944 möglich. Dabei wurden wieder zahlreiche Steine geborgen.

Daß die Brücke aus der Römerzeit stammen mußte, stand aber außer Zweifel. Ebenso die Tatsache, daß an dieser Brücke eine Zweitverwendung von Steinquadern röm Grabdenkmäler zu beobachten war. Gesicherte Baudaten lagen jedoch nicht vor.

1969 wurde in der S-Hälfte nahe der Flußmitte im Bereich eines bisher noch wenig erkundeten Strompfeilers der Römerbrücke gebaggert. Dabei kamen auf engerem Raum 166 Steinquader, davon gegen 25 mit Relief, und 77 Holzpfähle eines Pfahlrostes mit Rahmenholz zutage. Die Spitzen der Rund- und Vierkantpfähle tauchten bereits 10 cm unter der Wasseroberfläche auf. Die Steinquader lagen im Flußbett ca. 2 m tiefer. Leider konnten die Verhältnisse der Steinquader zum Pfahlrost nicht eindeutig geklärt werden, da keine Unterwasserarbeiten möglich waren. Jedoch ist aus dem Versturz der Steinquader im unmittelbaren Umkreis der dicht beieinander stehenden Holzpfähle mit einiger Sicherheit zu schließen, daß die Mehrzahl der Quader zu einem Steinpfeiler gehörte, der auf dem Pfahlrost aufsaß.

Von den Eichenholzpfählen wurden Proben entnommen und von E. Hollstein, Trier, dendrochronologisch untersucht. Nach dieser Jahrringdatierung ergaben sich für die von ihm untersuchten Proben das Jahr 104 und 176 nChr für den

Verbau der Stämme. Dieses Ergebnis stammt nur von einem Pfeiler und müßte noch auf eine breitere Basis gestellt werden. Es bedeutet aber auf jeden Fall, daß spätestens im Jahr 104 nChr eine Brücke, wahrscheinlich als Holzkonstruktion bestanden hat, an der 176 nChr wieder gearbeitet wurde (Steinpfeiler auf Pfahlrost).
An der Brücke sind noch um die Mitte des 3. Jh in großem Stil Instandsetzungsarbeiten vorgenommen worden. Dabei hat man offensichtlich Schiffsladungen von Steinquadern verbaut, die man durch Abbruch größerer Grabmonumente möglicherweise moselaufwärts gewonnen hatte. Vermutlich ist in den Wirren nach 259/60 nChr, die zur Aufgabe des obergerm Limes führten, der Wiederaufbau der Brücke spätestens im Zusammenhang mit der Errichtung des spätröm Kastells *Confluentes* erfolgt.
Unter den Werkstücken, die 1969 geborgen wurden, verdienen neben einigen Inschriftresten und Architekturteilen unter den Reliefquadern ein Reiterfries aus Kalkstein aus frühflavischer Zeit (70–80 nChr) Beachtung.
In die gewandelte Themendarstellung der rheinischen Sepulkralarchitektur des 2. JhnChr, in der neben mythologischen Szenen Bilder aus der bürgerlichen Umwelt des täglichen Lebens vorherrschen, führt ein Reliefblock mit einer Darstellung aus dem landwirtschaftlichen Bereich. Der in flachem Relief gearbeitete, leider stark beschädigte Bildausschnitt des Steinquaders zeigt ein kräftiges Pferd im Geschirr, das eine Art Mähmaschine (*vallus*) vor sich herschiebt. We
Ao: LfD Koblenz, RLM Bonn
Lit: HEiden 50 ff – HGabelmann, BJb 173, 1973, 132 ff, 143 ff mit weit Lit – HMylius, Geschichte und Kunst des Mittelrheins, Bd 2, 1951, 33 – H-HWegner, Führer z. arch Denkmälern in Deutschland 12, 1986, 165 ff

Rheinbrücke
Abb 333

Die Lage des röm Koblenz an den beiden Flüssen war nicht nur durch die günstige Verkehrssituation an den Wasserstraßen vorteilhaft, sondern auch durch die Flußübergänge über die Mosel und über den Rhein. Gerade an der Stelle, an der das eng in das Mittelgebirge eingeschnittene Rheintal sich zum Neuwieder Becken weitet, und der Fluß sich in breitem Lauf durch die weite Ebene schlängelte, bildete er auch gleichzeitig Sandbänke und Inseln. Eine dieser günstigen Situationen nutzte die Rheinbrücke von Koblenz nach dem heutigen Ehrenbreitstein aus, die schon seit über 40 Jahren bekannt und von Adam Günther in ihrem Verlauf und genauen Lage weitestgehend erforscht wurde. Im Jahre 1980 ergab sich die Gelegenheit, in Zusammenarbeit mit dem Wasser- und Schiffahrtsamt und der Taucherglocke des »Krokodils« den Rheingrund an dieser Stelle nochmals abzusuchen, um neues, insbesondere für die Dendrochronologie geeignetes Quellenmaterial bergen zu können und um den genauen Verlauf mit neuen Meßmethoden eindeutig festzulegen. Schon 1938 waren Arbeiten in diesem Taucherschacht durchgeführt und im Bereich des Kapuzinergrundes 29 Pfähle gezogen worden, im Jahre 1955 noch einmal.
1980 wurde der genaue Befund innerhalb der Taucherglocke jeweils aufgenommen und die Reste der Brückenfundamente dokumentiert. Einige der Pfähle mußten wegen der möglichen Behinderung der Schiffahrt gezogen werden. Sie ragten bis maximal 0,6 m aus dem kiesigen Flußbett heraus. Die oberen Enden waren durchweg

Abb. 333 Koblenz. Pfähle der Rheinbrücke

stark abgerundet und zT beschädigt und ausgesplittert. Nach der genauen Dokumentation der einzelnen Joche wurden einige Pfähle gezogen. Die Spitze der Pfähle war ursprünglich in Pfahlschuhen, die beim Ziehen zT im Flußgrund blieben.
Insgesamt wurden 1980 72 Pfähle in einer Tiefe von 4 bis 5 m unter der Wasseroberfläche festgestellt. Davon wurden 51 gezogen und dendrochronologische Proben entnommen. Alle gezogenen Pfähle standen lotrecht in der Flußsohle 1,7–2 m tief eingerammt. Sie waren offensichtlich nach einem gleichbleibenden Prinzip in einem Raster mit annähernd 1,8 m Seitenlänge eingerammt. Hinweise für Querverbindungen waren an den Pfählen nicht mehr festzustellen. Auch sonst wurden keine weiteren Konstruktionselemente gefunden. Auch Kleinfunde aus der Bau- oder Benutzerzeit des Bauwerks, die in den Fluß gefallen sein könnten, fehlen vollständig.
Die Gruppierung der Pfähle ergibt mehrere Brückenjoche in Form eines Rechteckes (ca 4 × 7 m). Stromauf war ein vorgelagertes Dreieck zu erkennen. Aus der Anordnung der Pfähle ergibt sich eine Jochlänge von etwa 11,5 und eine maximale Breite von 4 m. Daher empfiehlt es sich, von einer Pfahljochbrücke zu sprechen. 6 Joche konnten noch ermittelt werden. Sie stehen alle im Abstand von 15 m zueinander, die lichte Weite zwischen 2 Jochen beträgt 11 m. Insgesamt wurden für die 155 m Überbrückungslänge 11 Joche benötigt. Insgesamt werden wohl auf beiden Seiten 25–28 Joche nötig gewesen sein. Hierfür waren 625 bis 780 Pfähle notwendig.
Aus dem aufgenommenen Befund läßt sich eine geradlinige Pfahljochbrücke zwischen Koblenz und dem heutigen Ehrenbreitstein herleiten. Ihre geborgenen Hölzer ergeben ein klares dendrochronologisches Datum für den Bau im Jahre 49 nChr. Die Brücke wird möglicherweise zur Sicherung röm Macht und zur Vorbereitung der Ausdehnung des Einflußbereiches auf die rechte Rheinseite gedient haben. We
Ao: LfD Koblenz
Lit: HFehr, BJb 181, 1981, 287 ff mit weit Lit

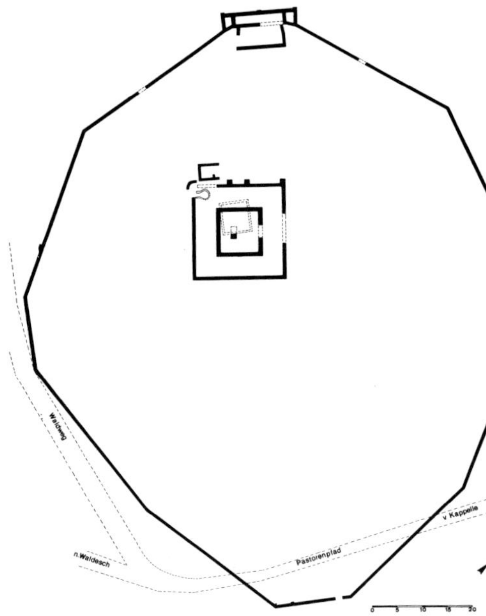

Abb. 334 Koblenz. Gallo-römische Tempelanlage

*Gallo-römische Tempelanlage**
Abb 334

Am W-Abhang des Kühkopfes, auf einem leicht flach abfallenden Geländesporn NO der »Eisernen Hand« befindet sich das Terrain eines gallo-röm Tempels. Um die Jahrhundertwende und 1986–1988 haben hier ausführliche Grabungen stattgefunden. Aufgrund der im Mittelrheinmuseum aufbewahrten Skulpturfragmente von »Kolossalstatuen«, die aus dem heiligen Bezirk stammen, war der Tempel offensichtlich dem Merkur und seiner gallischen Begleiterin Rosmerta geweiht. Die Tempelanlage selbst hat die im Treverergebiet wiederholt beobachtete Form der quadratischen Cella mit Umgang. Die äußeren Mauern des Tempels sind 19,15 × 18,60 m, die entsprechenden Mauern der Cella 9,60 × 9,00 m. Die eine Seite der Cella durchbricht die dünnen Mäuerchen eines früheren kleineren Tempels. Teils neben, teils unter den Seiten derselben liegende 8 Pfostenlöcher weisen auf einen noch früheren Bau hin. Damit sind 3 Bauperioden nachgewiesen. Neben dem Hauptgebäude

steht ein später erbautes kleines Nebentempelchen. Eine polygonale Mauer mit 3 Eingängen umschließt das gesamte Tempelgebiet, in dem noch verschiedene Altarstellen aufgedeckt und festgestellt werden konnten. Der größte Durchmesser des heiligen Bezirks beträgt 106 m. Offensichtlich diente die Anlage vom 1. bis 5. Jh dem Kult. Die im Innern des Tempels festgestellten Münzen gehen vom 1. Jh bis um 400 nChr.
Die Gesamtanlage ist im Gelände gut erkennbar. Der noch vorhandene Befund wurde gesichert und die Umgebung hergerichtet. We
Lit: HLehner, BJb 104, 166 – R Bodewig, West Zeitschr 19, 1900, 30 ff – H-HWegner, Führer 2 arch Denkmälern in Deutschland 12, 1986, 171 ff, HBellinghaus, 2000 Jahre Koblenz, 1973, 39 ff mit weit Lit

Koblenz-Niederberg KO

Kastell
Abb 335

Auf einem sanft nach dem Rhein zu geneigten kleinen Plateau der Mittelterrasse, etwa 1 km vom Rhein entfernt, liegt auf der rechten Rheinseite in dem gleichnamigen Ortsteil das Kastell Niederberg. Die Befestigungsanlage riegelte die von O an Ehrenbreitstein vorbeiführende Hauptstraße nach Koblenz ab und sicherte gleichzeitig den Brückenkopf nach Koblenz. Im Zusammenhang mit der Erforschung des Limes, der etwa 7 km entfernt verläuft, durch die Reichslimeskommission wurden 1894 einige Untersuchungen durchgeführt. Weitere Befundbeobachtungen fanden

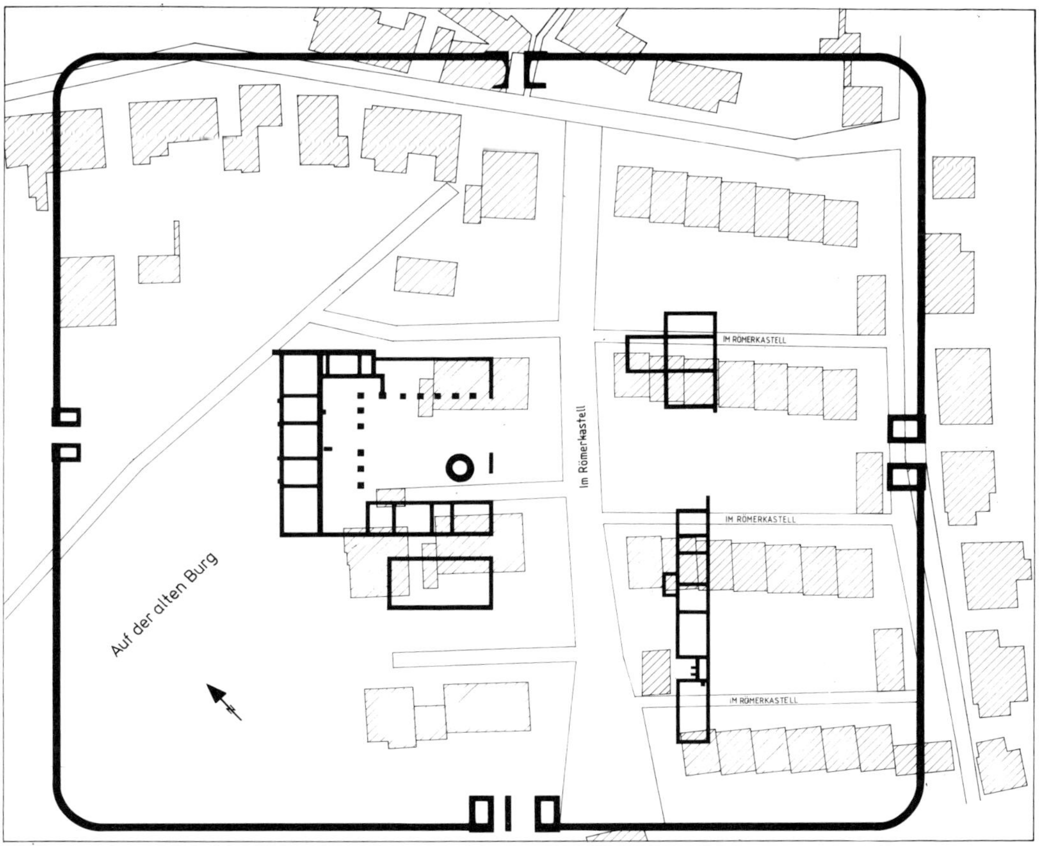

Abb. 335 Koblenz-Niederberg. Kohortenkastell. Grundriß

in der Zeit der Neubebauung des Geländes 1965 statt.
Das Kastell (ca 177 × 157 m) umfaßt 2,8 ha Fläche. Die Kastellmauer wurde mit 1,24 m Breite festgestellt und an den Tortürmen eine 40 cm mächtige Verstärkung beobachtet. 2 Spitzgräben (B 9 bzw 6 m, T 1,9 bzw. 1,4 m) umgaben die Anlage. Im W ist ein Doppeltor (B 8 m) festgestellt worden, die übrigen Eingänge waren 3,2–4 m breit. Im Innern des Lagers konnten außer dem Stabsgebäude nur Teilbefunde ermittelt werden. 30 m von der S-Ecke des Kastells entfernt lag am abfallenden Hang zum Rhein hin eine umfangreiche Badeanlage. N davon, zu beiden Seiten der vom Kastell nach W führenden Straße, dehnte sich das Lagerdorf aus, das in lockerer Form auch die O-Seite des Kastells umzog. An den W-Teil des Vicus schloß sich ein ausgedehntes Gräberfeld an. Am Rande der bebauten Zone wurde S des Kastells schon in den 70er Jahren des 19. Jh ein Ziegelofen entdeckt.
Die Besatzung des Kastells bildete die *cohors VII Raetorum equitata.* Sie ist auf einem Weihestein erwähnt, außerdem durch zahlreiche Ziegelstempel im Lager selbst und der Badeanlage belegt.
We
Ao: M Wiesbaden; LfD Koblenz
Lit: ORLB, Band 1 Nr 2a (1900) – WSchleiermacher, Römischer Limes, 1959, 72 f, 212 f – ERitterling, EStein, Truppenkörper, 1932, 209 f – HBellinghausen, 2000 Jahre Koblenz, 1973, mit weit Lit – H-HWegner, Führer z arch Denkmälern in Deutschland 12, 1986, 171 ff

Kollig MYK

Gutshof

200 m W des N-Ausganges des Ortes befindet sich ein röm Gutshof. Er wurde anhand von Oberflächenfunden und Mauerresten festgestellt. Bemerkenswert ist der Fund eines skulptierten Steines, der jetzt in einem benachbarten Hof eingebaut ist. Außerdem wurde ein goldener Fingerring gefunden.
We
Ao: RLM Bonn
Lit: KKersten, BJb 140/141, 1936, 494 f

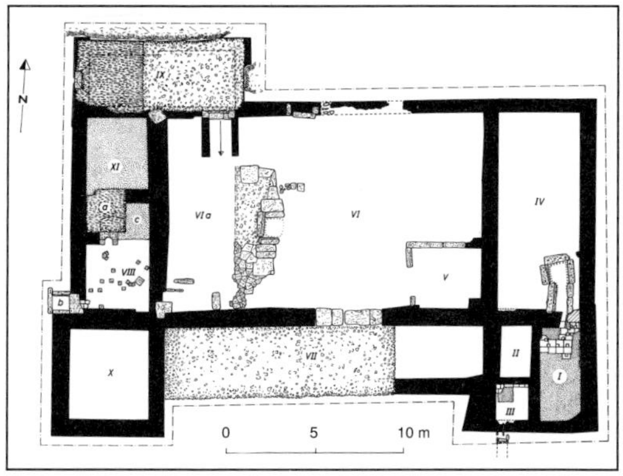

Abb. 336 Konken. Hauptgebäude eines Gutshofs. Grundriß

Konken KUS

Gutshof
Abb 336

Etwa 200 m W des Ortsrandes am leicht geneigten Hang N der Straße nach Herschweiler wurde 1966/67 das Hauptgebäude eines Gutshofes ausgegraben. Die Portikusvilla mit Eckrisaliten (L 30,5 m) ist nach S zur Wiesenaue hin ausgerichtet. Der Bau gehört nach seinem Grundriß zum Normaltyp kleiner ländlicher Anwesen. In den O Eckrisalit war ein kleines Bad (I–III) mit Heiß-, Lau- und Kaltbad eingebaut. Ein kleinerer Raum (VIII) im W konnte beheizt werden. In der NW-Ecke war ein langrechteckiger Kellerraum (IX) eingebaut. Die große zentrale Halle (VI) dürfte überdacht gewesen sein. Das Gebäude hat offensichtlich die Wirren des 3. Jh nicht überdauert.
Be
Ao: LfD Speyer, M Kusel
Lit: Fundberichte aus der Pfalz 1966–1970, MittHVP 81, 1983, 74 ff

Konz TR

Saarbrücke

Die Römerstraße Metz–Trier ist auf dem Obermoselgau seit langem durch alte Gemarkungsgrenzen sowie die Wegetrasse bekannt und in ih-

rem Verlauf gesichert. Neben zahlreichen Siedlungsplätzen einzeln gelegener Landvillen und Herrenhäuser ist es dann aber auch der Ortsname »Tawern«, in dem ein altes *tabernae* als Straßenstation und Wechselstelle überliefert ist, eine Örtlichkeit, die durch Münzfunde, Siedlungsreste und Mauerwerk auf größere Strecke gesichert ist.
Wenig unterhalb der heutigen Straßenbrücke über die Saar bestand bis 1935 eine Straßenbrücke mit Pfeilern aus großen Quadern gefügt und mit massiven Brückenbögen, die nach mehreren Reparaturen dem 18. Jh zuzurechnen waren. Diese Brücke geht auf einen zweifelsohne röm Brükkenbau zurück, von dem wenigstens die Pfeilersubstruktionen im Flußbett zT erhalten waren. Auf diesen Flußübergang zielte nicht nur die erwähnte Fernstraße, sondern auch die rechts der Mosel verlaufende Talstraße, die von zahlreichen ländlichen Anwesen gesäumt war wie das Landgut von → Wasserliesch oder die umfangreiche Anlage von Konz-Könen.
Auch die rechts der Saar verlaufende Talstraße ist zu dem Saarübergang hin orientiert, um dann entlang der Mosel der Trierer Talweite zuzuführen.

Cü

Lit: EHollstein, Kurtrier Jb 20, 1980, 46 ff – HCüppers, Die Trierer Römerbrücken, 1969, 181 ff

*Kaiserlicher Sommerpalast**
Abb 337, 338

Oberhalb der Saarmündung in die Mosel und der Talniederung sind auf einem relativ schmalen Bergsattel ausgedehnte Reste eines größeren Palastbaues beobachtet und bereits von A. Wiltheim (1604–1682) gezeichnet worden. Die Trierer Gesellschaft für nützliche Forschungen hatte 1853 ein noch aufrechtstehendes Mauerwerk S der Pfarrkirche erworben und in den folgenden Jahren bei einer Friedhofserweiterung den Badetrakt der Anlage untersuchen und aufnehmen lassen. Ein umfassender Kirchenneubau 1959–1961 bot zwar Gelegenheit, den Gesamtgrundriß aufzunehmen, doch wurden leider zT die ebenso soliden wie eindrucksvollen Mauern bis in den Fundamentbereich abgetragen und ausgebrochen. Vom Grundriß her entwickelt sich das Gebäude als große Portikusvilla mit Eck- und Mittelrisalit, wobei die Gebäudeachse, dem Gelände entsprechend, OW gerichtet ist und der N-Seite entsprechend auch die S-Seite mit Portikus und Flügelbauten versehen ist. Aus der Symmetrie fällt der W-Trakt mit den Räumen des Badegebäudes heraus. Diese Teile sind nicht nur im Mauerwerk stärker ausgebildet, sondern in der Höhenerstreckung und mit massiven Einwölbungen der Apsidenteile anders ausgeführt als die übrigen Teile der Anlage.
In der Grundfläche 84 × 38 m groß, ist das Kernstück der Anlage ein großer Saal mit Apsis, in der Achse von dem pavillonartigen Vorbau des Mittelrisalits der Portikus her zugänglich. Von Fluren und je einem Hof an der W- und O-Seite flankiert, muß dieser Saal im Gesamtgefüge als basilikaler Bau aus der Gesamtbaumasse herausgeragt haben. Ein stollenförmiger Keller im O Hof erschließt den Heizraum, der mit einem hypokaustierten Segment und Kanalsträngen bereits die Sonderentwicklung der spätantiken Heizungsinstallation illustriert.
Neben Resten von Marmorinkrustation sichern bemalte Putzreste den Nachweis für schlichte, buntfarbene Wand- und Deckenflächen. Das Fragment eines Diatretglases bezeugt die bevorzugte Verbreitung und Benutzung dieser Luxusprodukte im engsten Umkreis des kaiserlichen Hofes.
Scherben und Münzen lassen neben dem Bautyp die Errichtung in die erste Hälfte des 4. JhnChr datieren, während die Zerstörung oder Auflassung der sehr exponierten Anlage in der ersten Hälfte des 5. Jh anzusetzen ist. Zu *Contionacum* wurden unter Valentinian I. am 29. Juni, am 12. Juli, am 29. Juli und am 15. August 371 Erlasse ausgefertigt und unterschrieben, die zweifelsohne diesen Palastbau unter dem Ortsnamen definieren. Und auch die von Ausonius (Mosella 367–69) erwähnten kaiserlichen Mauern, unter denen die Saar in die Mosel mündet, beziehen sich auf diesen Palastbau.
Sichtbar und begehbar sind die hochstehenden Teile der Badekonchen mit Resten der Wannenestriche, die moselseitig gelegene Stützmauer mit Portikus und Mittelrisalit sowie die Eingangsseite des Mittelsaales. Von hier aus Durchgang zum Lichthof und Heizungskeller mit Präfurnium,

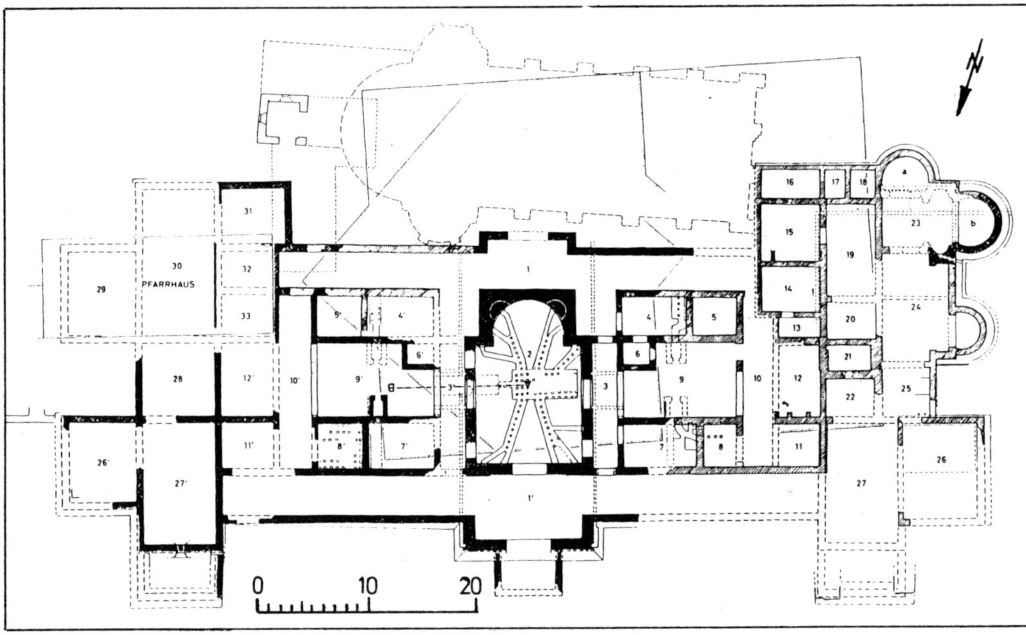

Abb. 337 Konz. Kaiserlicher Sommerpalast. Grundriß

Abb. 338 Konz. Kaiserlicher Sommerpalast. Rekonstruktionszeichnung

Fuchs und Blick in das Hypokaustum, Reste auch von der Krypta aus sichtbar.
Die Wahl der Örtlichkeit war sicherlich bestimmt von der noch heute beeindruckenden Sicht auf Saarmündung und Mosel bis hinauf an die Obermosel, Igel, das Sauertal und in die Trierer Talweite, von wald- und weinbestandenen Hängen und Bergen gesäumt. Cü

Ao: RLM Trier
Lit: ANeyses, Die spätrömische Kaiservilla zu Konz, St Nikolaus Festschrift anläßlich der einweihung der neuen Pfarrkirche St Nikolaus in Konz am 3. April 1961, 57 ff – KPGoethert, Trier, 310 ff

Kottenheim MYK

*Steinbrüche**
Abb 339

Am O-Fuß des Ettringer Beller Berges und des Kleinen Beller Berges erstreckt sich zwischen → Mayen und Kottenheim ein ausgedehntes Steinbruchgelände. Diese Steinbrüche wurden bereits in vorgeschichtlicher Zeit, insbesondere im Bereich um Kottenheim, ausgebeutet. Während der röm Epoche bildeten sie eine wichtige Rohstoffquelle der Steinindustrie. Auch im MA bis in die neuere Zeit dienten sie weiterhin der Steingewinnung. Eine Vielzahl von Abbauspuren sind in die röm Zeit zu datieren, in der der Abbau dieser Basaltvorkommen deutlich zunahm. Das Gestein bildet ein besonders festes und homogenes Material und eignet sich daher besonders gut für die Herstellung von Mühlsteinen.
Aber auch die röm Bauwirtschaft zeigte reges Interesse. So wurde das Steinmaterial nicht nur über den Rhein weit verhandelt, sondern auch über den Landweg. Heute sind die meisten Gruben verlassen, ausgebeutet oder verödet. Das Material entstammt 3 Lavaströmen aus dem Krater des Bellerberges, die nach verschiedenen Himmelsrichtungen ausgeflossen sind. So gibt es den Mayener Strom nach S, den Kottenheimer Strom nach N und den Ettringer Strom nach W.
Für den Nachweis der vorgeschichtlichen und röm Abbauzonen sind die Schutthügelgruppen, die entlang des W-Randes des Mayener Grubenfeldes sich über rd 2 km erstrecken, von hohem Wert. Sie wurden im Laufe der Zeit der Ausbeute allmählich aufgehäuft. Ihre Breite beträgt zT 250 m. Eine fast gleichlange Schuttgruppe taucht am O-Rand des Grubenfelds auf. Sie zieht sich in den Kottenheimer Wald und wird N davon im freien Feld wieder erkennbar. Ebenso treten Schutthügelgruppen und Schuttflächen im Mittelteil des Mayener Grubenfeldes selbst auf. Typisch für diese ausgedehnten Schuttflächen ist, daß ihnen keine erkennbaren Brüche zugeordnet werden können.
Die das Gebiet des Kottenheimer Waldes einnehmenden Schutthügelfelder sind noch gut erhalten und überall da, wo sie der moderne Abbau angeschnitten hat, ergaben sich die Befunde von darunterliegenden alten Steinbrüchen, in denen das Gestein zwischen einem Viertel und der Hälfte seiner nutzbaren Höhe abgebaut ist. Die stehengelassenen Pfeiler und Wände sind die alten Bruchwände, Schutzwände oder Stützpfeiler gegen den Schutt des bereits ausgebeuteten Nachbargeländes. Es sind aber auch Reste von Ausbeutungsgrenzen und Ausbeuteberechtigungen. Während die vorgeschichtlichen und überwiegend hallstatt- und latènezeitlichen Ausbeutespuren mehr im Kottenheimer Forst liegen, befinden sich die röm Reste mehr in der Region NO von Mayen. Hier sind die Gruben des Ausbeutefeldes deutlich erkennbar. Als Begrenzung ist noch die volle ehem Wandhöhe erhalten, während die Grenzen der anderen Ausbeutefelder sich durch verschiedene Niveauhöhen und Reste von Steinwänden erkennen lassen. Hier wurden in großer Zahl Rohlinge röm Handmühlen gefunden, und auf dem völlig freigeräumten Kopf liegen zwei große Rohlinge für Wasser- und Handmühlen. Gleichzeitig sind hier freigeräumte Bruchsohlen erkennbar, mit den Resten der Spaltspuren als durchgehende Rillen, ähnlich denen aus latènezeitlichen Brüchen. Dicht daneben in den Nachbarbrüchen traten viele Spuren der gleichen Art auf, aber auch die ersten Spuren der Keilspaltung. An dieser Stelle ist zu erkennen, wie rein prähistorische Spaltverfahrensweisen langsam von röm beeinflußt werden, in Brüchen, die aber rein röm Produkte herstellten. Die Datierung in das frühe 1. JhnChr ergibt sich aus mannigfachen zwingenden Überlegungen.
Über 200 m von dieser Stelle entfernt liegt ein anderer Platz (Stelle 3), der gleichfalls kleine und große röm Mühlsteinrohlinge erbrachte. Wieder lassen sich deutlich 3 durch stehengelassene Wände herausgehobene kleine Gewinnungsfelder erkennen, die freigeräumt wurden. Es handelt sich nur um einen schmalen Streifen erhaltenen antiken Ausbeutungsgebietes zwischen modernen Tiefgruben. Die Spaltspuren sind hier von anderer Art. Die sorgfältig geschlagenen Keillöcher sitzen dicht an dicht. Zahlreiche röm Keile und andere Steinhauerwerkzeuge wurden hier gefunden. Diese Spalttechnik wurde im 2. und 3. JhnChr angewandt (nach J. Röder).
Die Abbautechnik der frühröm Ausbeutefelder stimmt mit den späteren überein. Sie haben fast

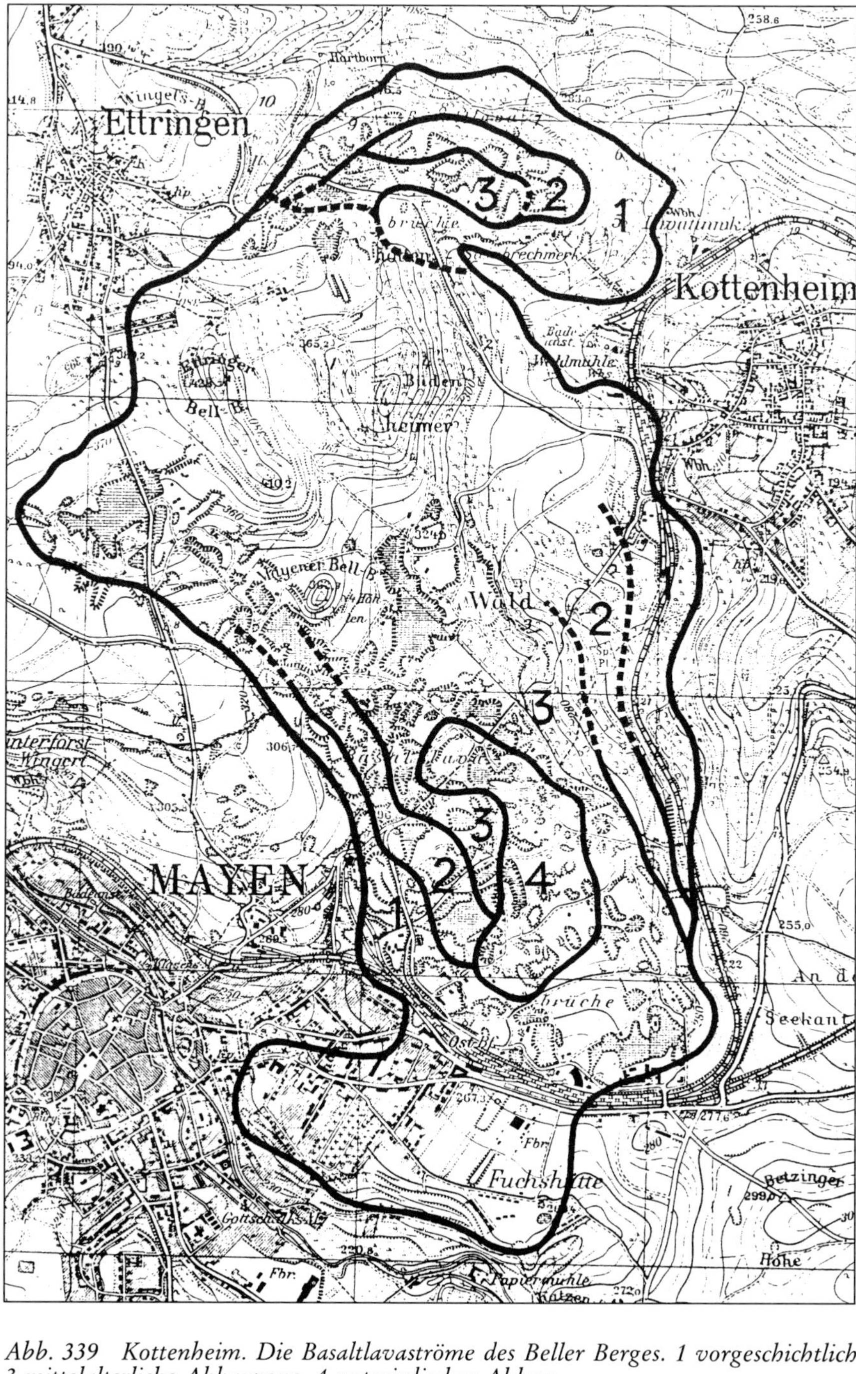

Abb. 339 Kottenheim. Die Basaltlavaströme des Beller Berges. 1 vorgeschichtliche, 2 römische, 3 mittelalterliche Abbauzone, 4 unterirdischer Abbau

die gleiche Orientierung. Dieser Befund geht sicher auf das einheitliche röm Verwaltungswesen in frühester Zeit zurück, das wegen der Wichtigkeit des Gesteinvorkommens ordnend in die Ausbeute eingegriffen hat. In den Steinbrüchen wurden nur die Rohlinge zurechtgeschlagen und abtransportiert. Das Anpassen und die endgültige Fertigstellung der Mühlsteine selbst fand in Andernach in der Nähe des heutigen Merowinger Platzes statt.
Auch in der Spätantike und sogar in fränkischer Zeit wurden noch an mehreren Stellen des Mayener Grubenfeldes Steine gewonnen. We
Ao: RLM Bonn, LfD Koblenz, Eifeler Landschaftsm Mayen
Lit: JRöder, Germania 34, 1956, 248 ff – ders, Bonner Universitätsblätter 1970, 7 ff; 1972, 35 ff – ders, Kölner Römerillustrierte 2, 1975, 138 ff – H-HWegner, Führer z arch Denkmälern in Deutschland 12, 1986, 183 ff

Tempel am Beller Berg
Abb 340

Der Mayener Geschichts- und Altertumsverein grub 1923 am Beller Berg bei Mayen einen kleinen gallo-röm Tempel aus. Er hatte die übliche Form einer Cella (4 × 4,5 m) mit einem Umgang (1,85 m iL). Die Front war offensichtlich nach SO gerichtet. An Funden ist besonders bemerkenswert ein roher Altar aus Basaltlava, der unter dem Estrich des Umgangs lag. Er trug die Aufschrift: *Matronis Domesticis Cassius Fortis V.S.A.M.* Außerdem wurde ein verzierter Altar aus Basaltlava gefunden. Als Reste eines steinernen Kultbildes kann der Fund einer überlebensgroßen Hand mit Fruchtkorb gelten. Außerdem kamen Münzen von Augustus bis Theodosius zutage. Offensichtlich haben wir es hier mit einem röm Tempel zu tun, der auf einheimische Kulttradition zurückgreift. We
Ao: Eifelm Mayen; RLM Bonn
Lit: HLehner, FOelmann, BJb 133, 1928, 267 ff

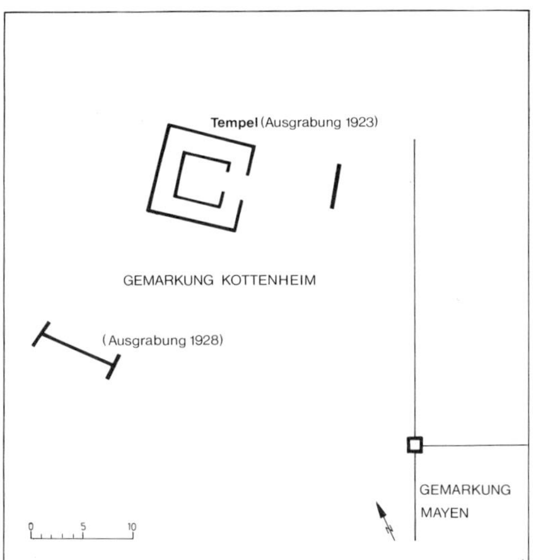

Abb. 340 Kottenheim. Tempel am Beller Berg. Übersichtsplan

Kreimbach-Kaulbach KUS

*Spätrömische Höhensiedlung**
Abb 341, 342

Im mittleren Lautertal, halbwegs zwischen Kaiserslautern und Lauterecken, schiebt sich gleich N von Kreimbach ein Bergrücken von O ins Tal hinein, das so auf wenig mehr als 200 m verengt wird. Der fast 200 m über das Tal aufragende Rücken hat 2 Gipfel, im O den Eisenkopf und im W, zum Lautertal hin, die sog Heidenburg, deren S-Hang durch den großen Steinbruch abgetragen ist. Die archäologischen Siedlungen auf der höchsten Kuppe der Heidenburg sind davon aber nicht betroffen. Auf dem etwa birnförmigen Gipfelplateau (ca 185 × 107 m) waren noch Anfang des 19. Jh Fundamente von Steingebäuden und »Ringmauern« zu sehen, ferner viele behauene Steine mit Reliefs und Inschriften.
Nach den Ergebnissen seiner zwischen 1887 und 1894 durchgeführten Ausgrabungen rekonstruierte Ch. Mehlis hier ein von einer an der Hangkante umlaufenden Quadermauer geschütztes »Kastell«, das von der Mitte des 3. Jh bis um 400 bestanden haben soll. Errichtet war es über den Resten einer keltischen Ringwallanlage. Während die Datierung der Ansiedlung durch die Funde insgesamt immer wieder bestätigt werden konnte, ergaben Nachgrabungen 1929 durch F.

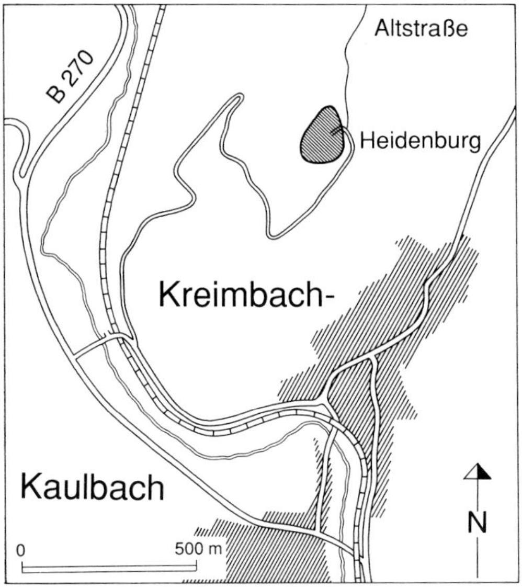

Abb. 341 Kreimbach-Kaulbach. Spätrömische Höhensiedlung Heidenburg. Lageplan

Sprater und 1983 durch die RGK keinerlei Hinweise auf die Existenz der angeblich 1,7 m breiten Quadermauer und damit eines militärischen Kastells.
Am W-Fuß der Heidenburg sollen ferner beim Bau der Eisenbahn röm Bestattungen gefunden worden sein; die genaue Fundstelle ist unbekannt.
Heute ist von archäologischen Resten kaum mehr etwas wahrzunehmen. Das Alter des noch sichtbaren halbmondförmigen leichten Walles am S-Fuß des Gipfelplateaus ist unbestimmt. Der Rundweg an der Kante des Gipfelplateaus führt entlang den schon zur Römerzeit fast völlig eingeebneten Resten des keltischen Walles, dessen Konstruktion und genaues Alter noch unbekannt sind; die keltische Besiedlung dauerte nach den Funden bis in das letzte JhvChr.
Woher und wozu die zahlreichen röm Werk- und Bildsteine auf das Bergplateau geschafft worden sind, ist nicht klar. Sie stammen offensichtlich von Gebäuden und Grabmälern im Tal und wur-

Abb. 342 Kreimbach-Kaulbach. Heidenburg. Hortfund mit über 40 eisernen Werkzeugen

den wohl in der unruhigen Zeit nach dem Fall des Limes, dh ab ca 260 nChr, hier zur Errichtung von Gebäuden ein zweites Mal verwendet. Ein drittes Mal dienten sie um 1900 zur Errichtung des Aussichtsturmes an der N-Spitze des Berges! Wie die röm Bauten ausgesehen haben, gilt es noch zu erforschen, nachdem Mehlis' Deutungen bisher bei keiner der späteren Grabungen bestätigt werden konnten. 1983 wurden lediglich wenige Reste von ungemörtelten einfachen Steinmauern gefunden. Zur röm Siedlung gehört wohl auch die große, noch heute sichtbare Zisterne im SW des Gipfelplateaus.

Die vielen Funde, darunter ein umfangreicher Hortfund mit über 40 eisernen Werkzeugen, belegen verschiedenste handwerkliche Tätigkeiten, vor allem Schmiedewerkzeug ist zahlreich. Einige Gegenstände deuten auf die Anwesenheit von Germanen. Die stattliche Münzreihe von über 700 Stück läßt erkennen, daß die Besiedlung des Berges zur Zeit der Unruhen um 350/353 unterbrochen worden ist. Erst rund 20 Jahre später setzten die Münzen, freilich wesentlich spärlicher, wieder ein; das jüngste Stück konnte noch aus der Zeit von kurz nach 400 stammen. Keramikfunde lassen jedoch darauf schließen, daß die Besiedlung etliche Jahre oder Jahrzehnte ins 5. Jh fortgedauert hat. vS

Ao: M Speyer

Lit: ChMehlis, MittHVP 18, 1894, 160 ff – FSprater, Die Pfalz unter den Römern 1, 1929, 67 ff – NBantelmann, Die Urgeschichte des Kreises Kusel, 1972, 50 f – HBernhard, MittHVP 79, 1981, 58 ff – ders, SaalbJb 38, 1982, 101 f – KHNaumann u KSchultheiß, Westricher Heimatbl 8, 1977, 3 ff

Kruft MYK

Brandgräber

Bei den Ausschachtungsarbeiten für einen Neubau wurde eine röm Aschenkiste freigelegt, in der sich 5 verschiedene Keramikgefäße, 2 Eisenfibeln und Teile eines Schwertes befanden. Neben der Aschenkiste selbst standen 3 weitere Gefäße. Um sie herum zog sich rechteckig ein Graben.

Bei den Ausschachtungsarbeiten für einen weiteren Neubau kam ein röm Brandgrab mit 3 ergänzbaren Gefäßen, einer gut erhaltenen Fibel sowie einer größeren Menge Scherben zutage. Es handelt sich hierbei wahrscheinlich um einen Teil eines röm Gräberfeldes. We

Ao: LfD Koblenz

Römischer Tuffsteinbruch

Abb 343

Im Trasswerk und Tuffsteinbruch »Grube Idylle« traten röm Abbaustollen zutage. Sie sind im Lichten 2 m hoch und durchschnittlich 3 m breit und zeigen Verzweigungen und Vergabelungen. An der Seitenwange eines solchen Stollens fand sich etwa 1 m unter der heutigen Oberfläche in die senkrecht abgeschnittene und gut geglättete Wand eingetieft und sorgfältig geschliffen eine Tabula ansata mit deutlich und scharf in 9–10 cm hohen Buchstaben eingeritzter Inschrift: *Co(hors) XXVI/vol(untariorum) (civium) R(omanorum).*

Etwa 15 m SO befand sich eine weitere Kohorteninschrift (*COH Raetorum*).

Diese erste Inschrift zeigt ua (nach Lehner), daß diese Kohorte, die in vorflavischer Zeit in Windisch, in flavischer Zeit in Baden-Baden gelegen hatte, Anfang des 2. Jh am Limes, vermutlich in Neuwied-Heddesdorf gelegen und in dieser Zeit

Abb. 343 Kruft. Tuffsteinbruch. Felszeichnung

die Krufter Steinbrüche zur Gewinnung ihres Baumaterials benutzt hat. Die zweite leider unvollständige Inschrift gehört wahrscheinlich zu der *cohors VII Raetorum* aus Koblenz-Niederberg. Außerdem fanden sich noch das Fragment eines Altars und Felsinschriften, die auf röm Militärlager hinweisen.
Im Bereich des gesamten Trasswerks und Tuffsteinbruchs befinden sich auch namhafte Reste eines röm Tagebaus des niedergerm Heeres, überwiegend während des 1. Jh ausgebeutet. Der ehem Steinbruch ist weitestgehend mit Schutt und Geröll und zT mit den Trümmern alter, offenbar verfallener Grabdenkmäler verfüllt. Große skulptierte Blöcke, zT von umfangreichen Denkmälern, meist sehr verwittert, lagen regellos zwischen dem losen Geröll des Füllmaterials. Außer einer Anzahl eiserner Werkzeuge fanden sich zwischen den Steinbrocken zahlreiche Keramikbruchstücke, die eine Datierung der Verfüllung in das Jahr um 100 nChr angeben. Innerhalb dieser Deponie fanden sich Altäre, Weiheinschriften, aber auch roh behauene große Tuffsteinquader mit eingeritzten Buchstaben und Marken, zB der *legio I Minerva,* ein zweiter der *legio VI,* 2 der *legio XXX Ulpia victrix.* Auf der Rückseite des letzten Quaders steht *LAV.* Die Marke *LAV I* findet sich auch auf einem anderen Tuffsteinquaderbruchstück. Darin ist wohl ein Steinmetzzeichen zu erkennen.
Außerdem kam ein den Quadriviae geweihtes Tuffsteinaltärchen mit Volutenbekrönung (H 48 cm, B 18 cm) zutage, mit der fehlerhaften Inschrift *QAUDR UBIS.MASUAETA.VSLM.* Ein Denkmal, das vielleicht gerade wegen des Schreibfehlers verworfen wurde. Man erkennt in dem Eigennamen Mansueta.
Inzwischen ist der neuzeitliche Grubenbetrieb stark fortgeschritten, der als röm Tagebau geltende Teil ist verschlammt und nicht mehr zugänglich. We

Ao: RLM Bonn
Lit: Germania, 1921, H 3 – HLehner, BJb 127, 1922, 283 ff; 133, 1928, 283 ff – ders, FOelmann, BJb 130, 1925, 225 ff

Kues → Bernkastel
Lachen-Speyerdorf → Neustadt

Lahnstein-Niederlahnstein EMS

Münzschatzfund

Im Spätherbst 1972 fanden spielende Kinder im Baugebiet »Alte Burg« in Braubach im Erdreich auf einem eng begrenzten Raum eine große Anzahl von Münzen. Sie waren von einer Bauausschachtung mit dem Aushub dorthin gelangt. Das zuständige LfD in Koblenz ermittelte rd 200 Silber- und Bronzemünzen. Doch muß davon ausgegangen werden, daß nicht alle Münzen erfaßt werden konnten. Die Baustelle, der Auffindungsort des Münzfundes, liegt im Bereich eines großen röm Gutshofes, der zu Beginn dieses Jh in der damaligen Feldflur »Im Nonnenweiher« gegenüber dem Bahnhof Niederlahnstein festgestellt wurde. Der Schatzfund besteht aus einigen Sesterzen und ausschließlich gut erhaltenen Silbermünzen (Denare und Antoniniane). Er umfaßt nach der Bestimmung von W. Hagen, Bonn, neben wenigen älteren Stücken die Zeit von Septimius Severus (193–211) bis zur Mitte des 3. Jh (Traianus Decius 250 nChr). Offenbar wurde der Münzschatz von einem Bewohner des Gutshofes »Im Nonnenweiher« vergraben. Er ist auch ein Zeichen für die allgemeine Unsicherheit, die in den Jahren vor dem Fall des röm Limes (259/60) im rechtsrheinischen Limesgebiet in der Lahngegend herrschte. We

Ao: LfD Koblenz
Lit: HEiden, 68 f

Burgus
Abb 344

Unmittelbar am Rhein und an der ehem Lahnmündung liegen unter meterhohen Erdschichten die Reste des spätröm Burgus von Niederlahnstein. Sein Aussehen ist ähnlich dem Burgus von → Neuwied–Engers anzunehmen. Die Ausdehnung seiner Grundmauer (20 × 13 m, B 2,5 m) ist durch die Untersuchungen von Bodewig (1914) und Kutsch (1926) festgestellt worden. Weitere Befunde können kaum mehr ermittelt werden, da ein wesentlicher Teil des Burgus den Bauarbeiten zur Uferbefestigung zum Opfer gefallen ist. Auch dieser Burgus gehört in die spätantiken

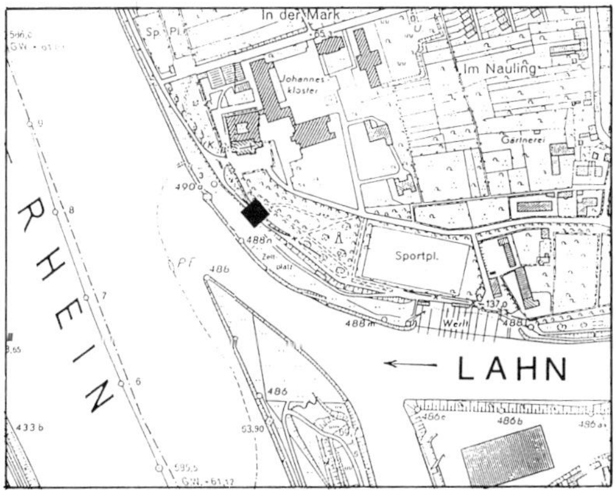

Abb. 344 Lahnstein-Niederlahnstein. Der spätrömische Burgus. Lageplan

valentinianischen Befestigungsanlagen der N Reichsgrenze am Rhein. We

Ao: M Niederlahnstein, M Wiesbaden

Lit: RBodewig, Nass Heimatbl 18, 1915, 121/22; FKutsch, Germania 10, 1926, 78 f, 161 f – ders, Rhein Heimatbl 1927, 137 ff – HSchoppa, NassAnn 62, 1951, 8 ff mit weiteren Literaturangaben – FMichel, Geschichte der Stadt Niederlahnstein, 1954, 11 ff

Landau LD

Besiedlung am Kaffenberg

Das Gebiet der Stadt Landau liegt im Auebereich der Queichniederung und blieb in röm Zeit siedlungsfrei. Am NW-Rand der Stadt liegt auf dem Höhenrücken »Kaffenberg« im Bereich der Eichbornstr über der Queichniederung eine ausgedehnte Zone mit Grabfunden. Neben urnenfelderzeitlichen Bestattungen sind vor allem Gräber der jüngeren Eisenzeit nachgewiesen. Aus dem röm Friedhof an gleicher Stelle, der sich über eine Fläche von gut 200 m Länge erstreckte, stammen bemerkenswerte frühröm Grabfunde. Von etwa 8 frühkaiserzeitlichen Bestattungen enthielten etwa 5 Waffenbeigaben in Form von Schwertern, Lanzen und einem Beil. Waffenbeigaben finden sich nur in Gräbern keltischer oder germ Hilfstruppen. O von Landau sind entsprechende Gräber aus Oberlustadt, Zeiskam, Weingarten oder Böbingen bekannt geworden.

In der Landauer Nekropole vom Kaffenberg enthielt ein 1923 geborgenes Urnengrab neben einem Schwert keltischer Form eine Lanze und zwei Terrinen germ Machart. Die als »Suebengrab« in der Fachliteratur bekannte Bestattung gehört wohl in die Zeit nChr, obgleich nach der rein keltischen Waffenausstattung auch ein Zeitansatz in vorchristlicher Zeit möglich wäre. Eine Bestattung, die 1935/36 geborgen wurde, hatte als Beigabe eine Lanze und eine Gürtelgarnitur wie sie im elbgerm Bereich, vor allem in Böhmen, üblich war. Ein röm Schwert wurde 1910 in einem Grab geborgen, aus dem keine weiteren datierenden Beifunde bekannt wurden. Andere Gräber enthalten zahlreiche Gewandspangen wie Distelfibeln, Kragenfibel und Spangen anderer Formen, wie sie in augusteisch/tiberischer Zeit in Mode waren sowie frühröm Keramik. Der Bestattungsplatz reicht zumindest bis in das 3 JhnChr. Der zugehörige röm Hof gehört zu einer Ansiedlung, die in augusteisch/tiberischer Zeit von einer Familie germ Herkunft gegründet wurde. Man kann in diesen ersten Germanen die historisch bezeugten Nemeter erkennen. Be

Ao: M Landau

Lit: JHagen, PfälzM 36, 1919, 44 ff – KWKaiser, MittHVP 58, 1960, 35 ff – HJEngels, Arch Korrbl 2, 1972, 185

Landau-Godramstein LD

Bildsteine und Inschriften

Beim Abbruch der alten ev Kirche im Ortsbereich wurden 1767 5 Sockelsteine (Viergöttersteine) von Jupitergigantensäulen entdeckt. Ein Viergötterstein mit Darstellung von Juno, Merkur, Herkules und Minerva trägt die Inschrift: *(I(ovi) o(ptimo) m(aximo)/Mansuetus/Natalis (filius)/v(otum) s(olvit) l(ibens) (laetus) m(erito)* (Dem größten und besten Jupiter hat Mansuetus, Sohn des Natalis, sein Gelübde gern und freudig nach Gebühr erfüllt). Von der gleichen Fund-

stelle stammt ein Merkurrelief, das den Gott mit Heroldsstab, Ziegenbock, Traube und Bacchus als Kind zeigt. Ein Weihestein für den keltischen Taranucnus ist dem Hauptgott Jupiter gleichzusetzen.
Im Ortsbereich wurden 1823 die Zwischensockel (Wochengöttersteine) zweier weiterer Jupitersäulen entdeckt. Be
Ao: Reiß-M Mannheim, M Speyer, M Landau
Lit: CIL 13, 6092–6094 – FJHildenbrand, Steinsaal Nr 5, 60, 65 – Espérandieu 8, 1922, 5905 ff, 5913, 5915 ff, 5927 – GBauchhenß, Jupitersäulen, 1981, 134 ff

Landau-Nußdorf LD

*Viergötterstein an der Kirche**
Abb 345

Ein Sockelstein mit den Göttern Jupiter, Minerva, Herkules und Juno befindet sich heute an der NO-Ecke der Kirche. Ursprünglich war der Stein im Kirchturm eingemauert; er wurde 1822

Abb. 345 Landau-Nußdorf. Viergötterstein. Herkules und Juno

herausgenommen und an die heutige Stelle gebracht. Auf der einen noch erkennbaren Seite zeigt sich Herkules mit Löwenfell über der linken Schulter und mit der rechten Hand auf eine Keule gestützt. Juno auf der anderen Seite trägt Chiton und Mantel; der Kopf ist verschleiert. In der Linken hält die Göttin ein Weihrauchkästchen (*acerra*); die Rechte ist an die Brust gelegt. Abgeschlagen ist links wohl ein Altar. Be
Lit: Intelligenzbl des Rheinkreises 1822, 528; 1823, 4 mit Abb – FJHildenbrand, Steinsaal 5 – GBauchhenß, Jupitersäulen, 1981, 199

Landscheid WL

*Burscheider Mauer**
Abb 346

Oberhalb des Kailbaches und unweit Hof Hau ist ein als Trockenmauer gesetzter Ringwall erhalten. Bei Ausgrabungen konnte das Verbausystem mit vernageltem Holzgerüst, wie es Caesar als *murus gallicus* beschreibt, nachgewiesen werden. An der NO-Seite des Wallringes war das Tor, mit einem Kampfturm verstärkt, gelegen.
N und O wurden auf dem plateauartig nur schwach geneigten Gelände ausgedehnte Ackerraine und terrassenartige Begrenzungen beobachtet, die auf frühere Bewirtschaftungs- und Feldformen hinweisen. Zahlreiche einfache Hausgrundrisse weisen auf eine dorfartige Ansiedlung, die neben den Belangen landwirtschaftlicher Nutzung auch begrenzte handwerkliche, den Eigenbedarf deckende Heimproduktionen erledigen konnte (Holzbearbeitung, Wagen- und Gerätebau, Korbflechterei, Metallverarbeitung, Schmiedebetrieb).
Grabhügelfelder, zT in kleinen Gruppen isoliert gelegen, sind noch der späten Eisenzeit zuzuweisen. Der Ringwall wird in die Mitte des 1. JhvChr datiert und seine Erbauung in Zusammenhang mit den kriegerischen Ereignissen in Verbindung mit der röm Eroberung Galliens gesehen. Dem 1. und 2. JhnChr gehören die Siedlungsreste und Geländeformen von Terrassen- und Feldbegrenzungen, Gärten, an. Cü
Lit: RSchindler, TZ 32, 1969, 33 ff – ders, BJb 169, 1969, 281 ff – ders, FVFD 33, 1977, 246 ff

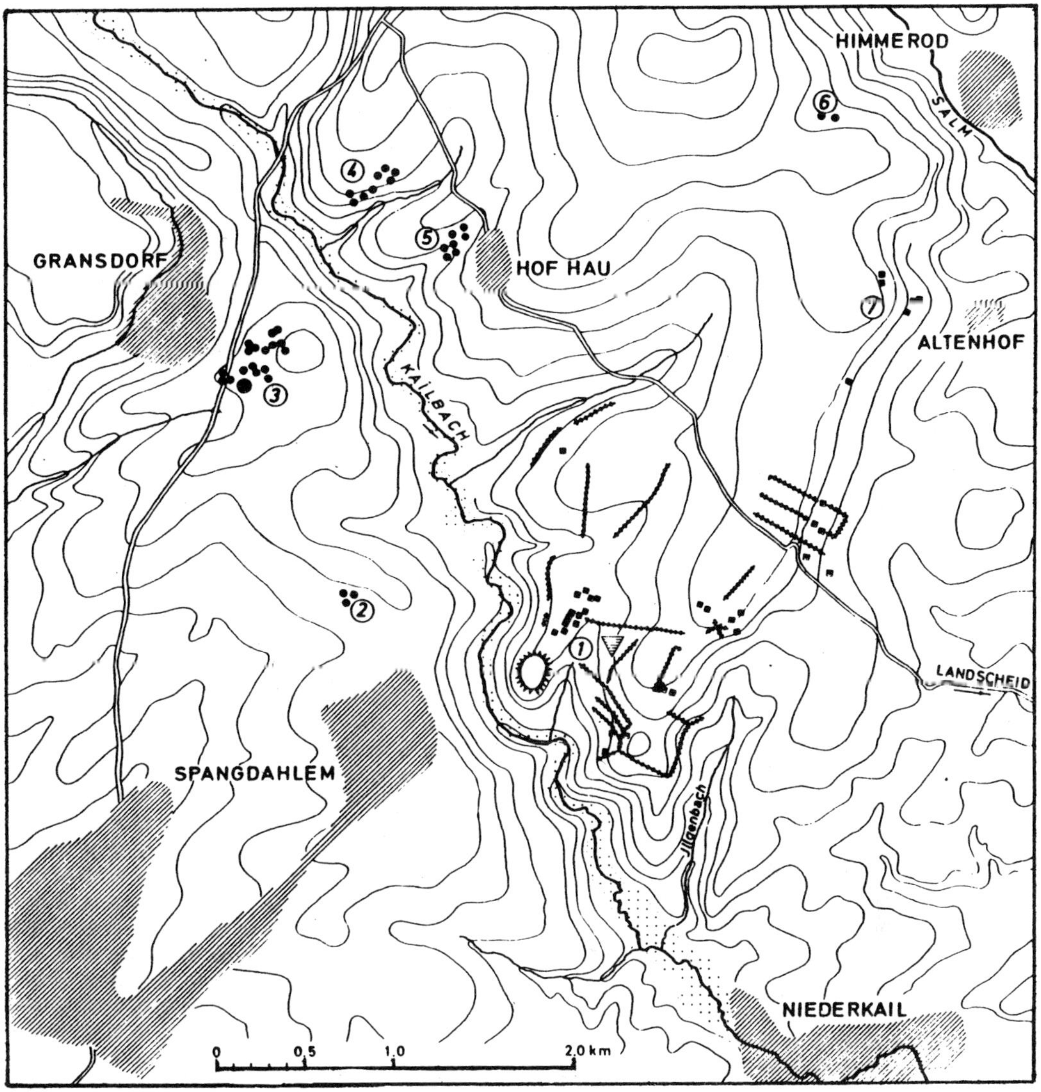

Abb. 346 Landscheid. Ringwall, vorrömische Grabhügelfelder sowie römische Ansiedlung mit Ackerterrassen und Grabgärten

Landstuhl KL

*Relief in der Burg Nannstein**

In der Sickingenburg Nannstein befindet sich über dem Torbogen des Innenhofs ein Relief eingemauert, das wohl den Gott Merkur darstellt. Der Stein wurde vor 1950 am O gelegenen Bärenloch gefunden. Von dort stammt auch eine Weihung an die *Dis Cassibus*, die Götter des wechselhaften Geschicks. Möglicherweise bezeugen eine Münze des Kaisers Hadrian (118–138) und einige

Scherben eine Höhensiedlung wohl spätröm Zeitstellung. Jedoch hat die Anlage der ma Burg alle weiteren Siedlungsspuren beseitigt. Be

Lit: PfälzMus 2, 1885, 45 – Weiner, Die Landstuhler Gegend (Sickingerland) zur Römerzeit, 1923, 9 – HFehr, Kaiserslautern und Rockenhausen, 1972, 109 – KWKaiser, Pfälzer Wald 31, 1985, 8

*Grabmonument**
Abb 347

Auf dem Marktplatz sind seit etwa 1860 drei Steinblöcke aufgestellt, wohl Reste eines Grabmonuments, das ehem in der röm Nekropole am Ringgasser Weg gestanden hat und dort um 1821 entdeckt worden ist. Ein Block trägt eine stark verstümmelte sechszeilige Inschrift, von der lediglich die vierte Zeile mit *v(ixit) a(nnos) V mes(es)* (. . .) (lebte 5 Jahre und . . . Monate) einigermaßen deutbar ist. Alle anderen gelehrten Lesungen, die einen *miles legionis* (Legionssoldaten) oder *nostra hiberna* (unser Winterlager) zu erkennen glaubten, gehören in das Reich der Phantasie. 2 weitere Blöcke zeigen 2 Figuren.
Im Volksglauben wurden die Quadersteine als Würfelsteine des einstmals mächtigen Sickinger Rittergeschlechts angesehen.
Sie stammen aber aus dem Gräberfeld am »Ringgasser Weg« N der Kaiserstr. Beim Bau von Siedlerhäusern in den 30er Jahren wurden ca. 40 Gräber festgestellt. Die meisten Funde stammen aus Körperbestattungen des 4. und 5. Jh. Von Bedeutung sind eine bronzene Tierknopfschnalle, Fragmente eines Tambourins sowie Keramik des fortgeschrittenen 5. Jh, die eine lange Belegungsdauer des Bestattungsplatzes sichern. Unter den Funden des 4. Jh sind viel Terra Sigillata aus den Argonnentöpfereien und einige qualitätvolle Gläser bemerkenswert. Die Funde deuten auf einen gewissen Wohlstand der dortigen Bevölkerung während des 4. Jh.
Im S der Kaiserstr im Bereich des heutigen Friedhofes wurden Brandgräber bei Erdarbeiten zerstört.
Siedlungsspuren wurden um 1900 zwischen ehem Post, Rathaus und Marktplatz angetroffen.
Unklar sind Aussagen über ein Heiligtum, das auf der Anhöhe »Saurütsche« an der Straße nach Mittelbrunn gelegen hat. 1818 wurden mehr als 20 Steine und Reliefs aufgedeckt. Erwähnt werden ein Widderkopf, eine weibliche Figur und die Darstellung eines Knaben. Be

Abb. 347 Landstuhl. Grabmonument »Sickinger Würfel«

Ao: M Speyer
Lit: CIL 13, 615 – LGrünenwald, Pfälz Heimatkunde 1, 1905, 68 ff – HFehr, Kaiserslautern und Rockenhausen, 1972, 105 ff – HBernhard, Jb – Stadt und Landkr Kaiserslautern 14/15, 1976/77, 15 ff

Die Langmauer

*Domänenbezirk**
Abb 348

Entlang der röm Fernstraße Trier–Bitburg zieht eine leichte, wallartige Erhöhung, die in bewaldeten Flächen noch deutlich als Mauerversturz mit vorgelagerter Grabeneintiefung zu erkennen ist und, frühzeitig beobachtet, als Langmauer oder

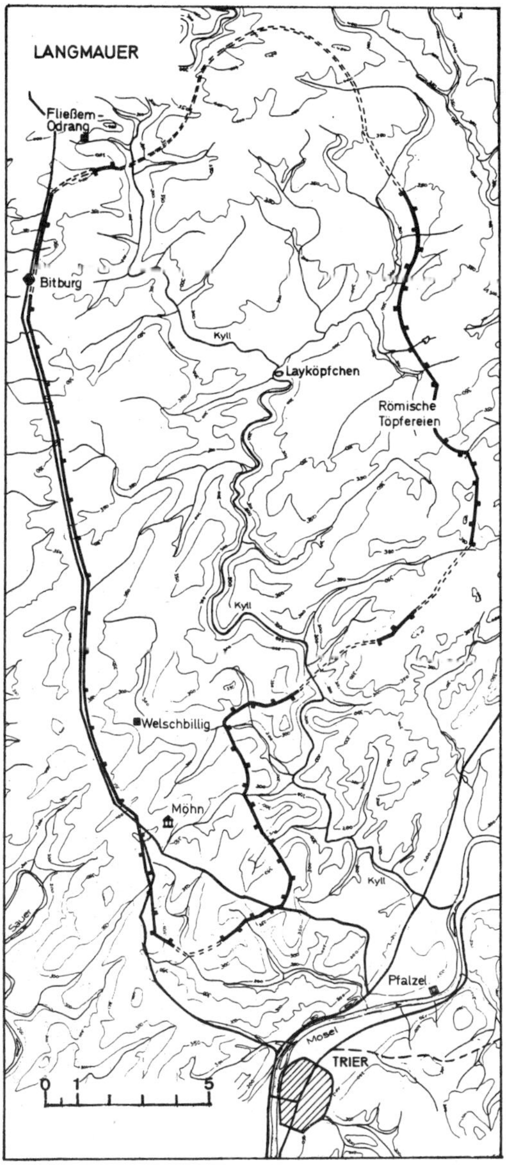

Abb. 348 Die Langmauer. Kaiserlicher Domänenbezirk

Landmauer im Volke bezeichnet wurde. Die Mauer schwingt vor Fließem-Otrang nach O ab, verläuft dann über das Kylltal, O bis nach Kyllburg und nimmt dann, mit ihrem Verlauf einen weiten Bogen beschreibend, am Ortsrand, Spangdahlem bis Herforst in S Richtung, mit einer Abbiegung bei Rothaus, an Zemmer, Schleidweiler, Hoffweiler vorbei, den Abstieg ins Kylltal wieder auf, der oberhalb von Kordel gelegen, an Kimmlinger-Hof und O Butzweiler, dann in SW Richtung bei Aach den Ring schließt. Die 72 km lange Mauer umgrenzt eine Fläche von 220 km² und mißt in NS-Richtung 28 km, und an der breitesten Stelle 12 km in OW-Richtung.

Zwei Inschriften, die jeweils auf die glückliche Fertigstellung eines Mauerabschnittes von 500 Fuß durch das militärische Kommando der *PRIMANI* Bezug nehmen, lassen die Einrichtung dieses »Domänenbezirks« in die spätantike Zeit der Kaiser Valentinian und Gratian datieren, als nach dem Frankeneinfall von 355 nChr, die schon zum großen Teil seit 275 nChr entvölkerten Gebiete erneut mit Krieg und Zerstörung überzogen, von der Restbevölkerung verlassen worden sind.

Die Mauer wird als Schutzmauer gegen wilde Tiere von außen, im Innern zur Aufzucht von Pferden für die Bedürfnisse des Hofes und der Armee gedeutet, auch wenn landwirtschaftliche Betriebe und die Tonindustrie von → Speicher-Herforst weiterhin in Nutzung blieben. Einzelfunde vom Bauernhof bei Newel, die Existenz eines Burgus auf dem Leiköpfchen bei Speicher bezeugen die Anwesenheit von germ »Neusiedlern«, die als Laeten die fruchtbareren Landschaftsteile bebauten, zugleich aber militärische Wach- und Schutzaufgaben zu erfüllen hatten Der kaiserliche Verwalter wird in der Palastvilla mit Hermenweiher in → Welschbillig, die zugleich auch Absteige für den Kaiser und Gefolge bei Jagdveranstaltungen gewesen sein wird, gewohnt haben. Auch eine Verbindung zu dem festungsartigen Palastbau in → Pfalzel ist aus dem territorialen Zuschnitt der dem ma Kloster angehörenden Ländereien im Pfalzeler Wald zu erschließen. Cü

Lit: JSteinhausen, TZ 6, 1931, 41 ff – HCüppers, ANeyses, TZ 34, 1971, 272 ff – FVFD 33, 1977, 196 – K-JGilles, Trier 288 ff

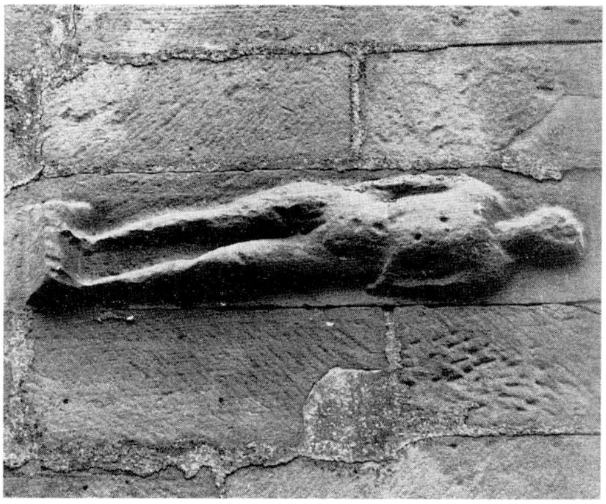

Abb. 349 Langwieden. Relief

Langwieden PS

*Götterstein**
Abb 349

Am Turm der ev Kirche ist in der NW-Ecke in halber Höhe ein Steinquader (L 106 cm, B 29 cm) eingemauert. Zu erkennen ist eine männliche nackte Figur mit dem Rest eines Löwenfelles, so daß eine Zuweisung an Herkules naheliegt. Es handelt sich wohl um die sichtbare erhaltene Seite eines Viergöttersteines. Be

Lit: Fundberichte aus der Pfalz 1956–1960, MittHVP 68, 1970, 106

Leimersheim GER

Depotfunde
Abb 350

Im Ortsbereich sind zwei Verwahrfunde bekannt, die im Zusammenhang mit den Kriegswirren des 3. Jh zu sehen sind.

Vor 1909 wurde in der Mühlgasse ein viereckiger Kasten aus Leistenziegeln aufgedeckt, der neben Eisengerät zwei Wagenaufhänger aus Bronze enthielt, die zur Befestigung des Wagenkastens auf dem Fahrwerk dienten. Die noch aus → Böbingen und → Eisenberg bekannten Stücke zeigen einen Adlerkopf mit Kugel im Schnabel und einen Haken, der als Basilikenkopf (antikes Fabelwesen) ausgebildet ist. In den Haken wurden die Lederbänder der Wagenaufhängung bzw. -federung eingehakt. Da diese Aufhänger immer paarweise gefunden werden, gehören sie zu einem einachsigen Wagen. Eine Nachgrabung der Fundstelle ergab weitere Scherbenfunde, die auf eine Siedlung hinweisen, in der die Gegenstände verborgen worden sind.

Ein zweiter Versteckfund wurde 1925 im N des Ortes, bereits in der Überschwemmungszone eines alten verlandeten Rheinlaufes in der sog Mordlache, geborgen. Der Fund enthielt 365 Antoniniane und Denare, deren Prägezeiten von 216 bis 260 nChr reichen. Bei dem Fund lagen noch das Fragment eines Langschwerts (*spatha*), einer Schere, ein Wetzstein aus Grünstein sowie 30 Spielsteine aus Glasfluß und 4 Bronzeringe.

Beide Funde wurden offensichtlich im Zusammenhang mit dem großen Germaneneinfall des Jahres 260 nChr versteckt. Be

Ao: M Speyer

Lit: PfälzM 26, 1909, 92 – HMenzel, Die römischen Bronzen aus Deutschland I Speyer, 1960, 48, Nr 79, 80 – MBernhart, PfälzMus 44, 1927, 132 f – FMRD IV, 2, 2069.

Abb. 350 Leimersheim. Riemenaufhänger von einem Reisewagen

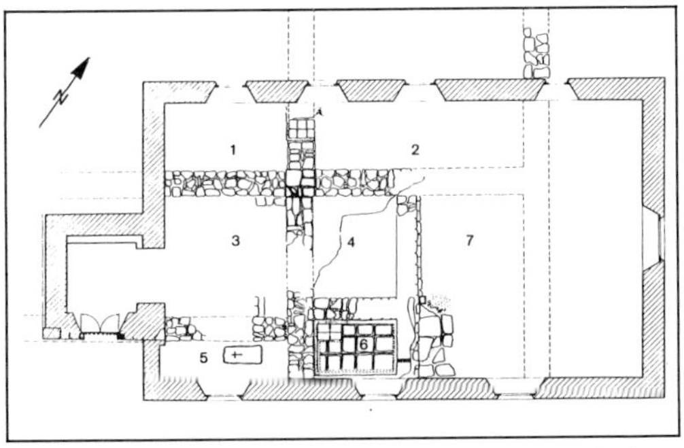

Abb. 351 Leisel. Badeanlage eines Gutshofs. Grundriß

Leisel BIR

Badeanlage
Abb 351

Auf einer ausgeprägten Anhöhe W von Leisel liegt, von Bäumen umgeben, eine kleine Kirche, heute ev Pfarrkirche, die als Wallfahrtskirche »Heiligenbösch« die ursprüngliche Kirche einer abgegangenen Siedlung war.
Bei Ausbesserungsarbeiten am Kirchenboden wurden 1952 die Reste eines mit Ziegelplatten ausgelegten Badebeckens, 1963 weitere Mauerzüge einer röm Anlage mit gleichlaufender Flucht der Mauerzüge aufgemessen, die einer Badeanlage mit zwei Benutzungsphasen zuzuweisen sind. Die älteste Kirchenanlage, wohl eine einfache Saalkirche, (L 11,50 m, B 6 m) war in die Raumfolge der röm Anlage eingepaßt. Der Neubau von 1730, die jetzige Kirche, geht über die röm Mauerzüge hinaus, hat aber bis 1963 teilweise Estrichböden unverändert weiter benutzt, die schon der röm Anlage zugehörten. Cü
Lit: HCüppers, Mitt Verf f Heimatkde Birkenfeld, 28, 1965, 2 ff – EZahn, FVFD 34, 1977, 147 ff

Leiselheim → Worms

Abb. 352 Leiwen. Gutshof. Grundriß. A Hauptgebäude mit Badeanlage (1, 3, 13, 14) und B Wirtschaftsgebäude

Leiwen TR

*Gutshof**
Abb 352

Auf dem Hochplateau wurden im Distrikt Hostert 1980 die Reste eines Landgutes ausgegraben und teilweise konserviert. Das Hauptgebäude A (31 × 20 m) hat mit in Lehm gesetzten Schiefermauern wenigstens eine größere Um- und Erweiterungsphase erlebt. An der S-Seite wurde in der Raumfolge das Warmbad (*1, caldarium*), mit Feuerung aus dem Hauptraum 10, das Laubad (*3, tepidarium*) und ein Kaltbad (*13, 14, frigidarium*) installiert. Von dem Abflußkanal des Frigidariums wurde in Raum 12 eine Latrine bespült.
Das N benachbarte Gebäude B ist als Getreidespeicher und Lagerraum zu bestimmen. Im O-Teil wurde eine T-förmige Getreidedarre freigelegt.
In ca 60 m Entfernung wurde W ein langrechtekkiger Mauergrundriß aufgenommen, dem ein kleiner, isoliert liegender Vorratskeller vorgelagert ist.
Die Anlage ist nach Scherbenfunden im 3. und 4. Jh in Nutzung gewesen. Cü
Lit: TZ 49, 1986, 378 und Plan Abb 17

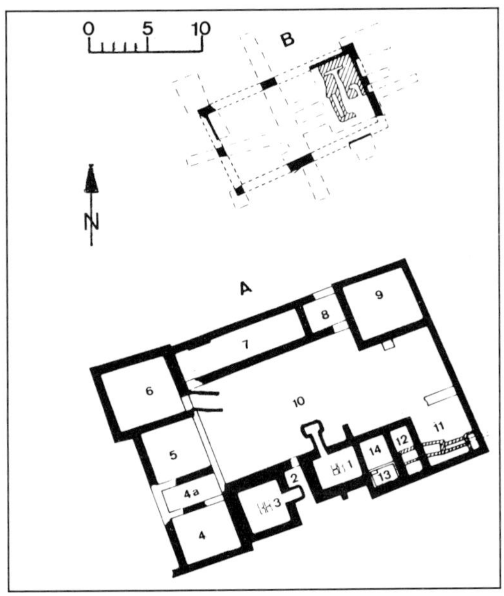

Lemberg PS

Spätrömische Höhensiedlung

Der kleine Burgberg »Lemberg« NO des Ortes fällt durch seine beherrschende Lage ins Auge. Die heute nur spärliche erhaltenen Mauerreste gehören zu der im 12. Jh gegründeten Burg, die 1689 endgültig zerstört wurde.
Seit 1954 konnte der Burgwart im Bereich der mittleren Burg immer wieder röm Gefäßscherben und Münzen auflesen. Die Funde gehören überwiegend in die erste Hälfte des 4. Jh. Unter den Münzfunden aus dem Bereich der Burgschenke liegen so zahlreiche Prägungen konstantinischer Zeit vor, daß sich unter der Münzmasse wohl ein Schatzfund befindet, der mit Prägungen des Usurpators Magnentius 352 nChr abschließt. Nur 2 Münzen gehören in die zweite Hälfte des 4. Jh. Als Bestandteil spätröm Gürteltracht hat ein propellerförmiger Koppelverstärker zu gelten.
Bauliche Anlagen – Ringmauer ua – der spätröm Siedlung sind durch die ma Burg beseitigt worden. Der Lemberg gehört zu den kleinen spätantiken Höhensiedlungen, die sich im pfälzischen Bergland nur noch auf dem Hambacher Schloß bei → Neustadt-Hambach oder von Stauf/KIB und der Guttenburg/SÜW nachweisen lassen, im Moselraum aber häufiger anzutreffen sind. Be
Ao: M Speyer
Lit: FMRD IV 2, 2280 – Fundberichte aus der Pfalz 1956–1960, MittHVP 68, 1970, 109 ff – HBernhard, ebda 79, 1981, 51 – K-JGilles, Spätrömische Höhensiedlungen in Eifel und Hunsrück, TZ, Beih 7, 1985

Limes

Abb 45, 46, 353, 354

Übersicht: Von den 9 Strecken des obergermanischen Limes entfallen die Strecke 1 sowie der erste Abschnitt der Strecke 2 bis zum WP 2/34 bei Kastell Holzhausen auf rheinland-pfälzisches Gebiet.
Hervortretendes Merkmal dieses ersten Limesabschnittes ist die Einschließung des Neuwieder Beckens, einer alten Siedlungskammer am rechten Rheinufer, aus dem einige bereits seit vorgeschichtlicher Zeit begangene Höhenwege vom Rheintal heraufziehen. Die Trassierung des Pfahlgrabens wurde dabei deutlich dem Gelände angepaßt. Vom Vinxtbach an, der als Grenzlinie zwischen den Provinzen Ober- und Niedergermanien offensichtlich bestimmend für den rechts des Rheins liegenden Limesanfang bei Rheinbrohl war, hält der Limes im Gebiet W des Neuwieder Beckens die Höhenrücken der Berge ein, die die Wasserscheide zwischen Rhein und Wied bilden. Auch O des Neuwieder Beckens werden Höhenzüge benutzt, wobei die Römer zur Anlage der Grenze die leicht abfallenden Hänge bevorzugten und selten die Kammlinien der Berge einhielten. Nur oberhalb des Neuwieder Beckens mußten die zT sehr tief eingeschnittenen Talschluchten von Wied, Aubach, Sayn und Brex überwunden werden. Bei der Festlegung des Grenzverlaufs im Lahntal war dagegen offensichtlich der Wunsch mitbestimmend, die heißen Quellen von Bad Ems in das Gebiet des röm Reiches einzubeziehen.
Auxiliareinheiten waren an dieser Strecke in den Kastellen → Niederbieber, Arzbach-Augst und Ems stationiert. Kleinkastelle in Rheinbrohl, am Forsthofweg, in Anhausen, Fehrbach und Hillscheid sicherten exponierte Punkte der Limestrasse wie Taleinschnitte oder Stellen, an denen der Pfahlgraben seine Richtung änderte. Die insgesamt 93 Turmstellen wiesen untereinander sehr unterschiedliche Abstände auf. Kurze Entfernungen von 300 m sind meist durch unübersichtliche Stellen wie Geländeunebenheiten bedingt. Auf den längsten Zwischendistanzen von bis zu 900 m mag dagegen die eine oder andere Turmstelle abgegangen sein.
Die zweite Strecke des Limes umfaßt die Grenzanlage zwischen Bad Ems und Adolfseck. Auch hier war wieder der Wunsch bestimmend, möglichst viele Höhenpunkte in den Trassenverlauf einzubeziehen. Zwischen den Kastellen Hunzel und → Holzhausen folgt der Pfahl auf dem Rükken eines Höhenzuges der einen vorgeschichtlichen Höhenweg bezeichnenden Bäderstraße. Neben Garnisonen wie dem später durch Hunzel

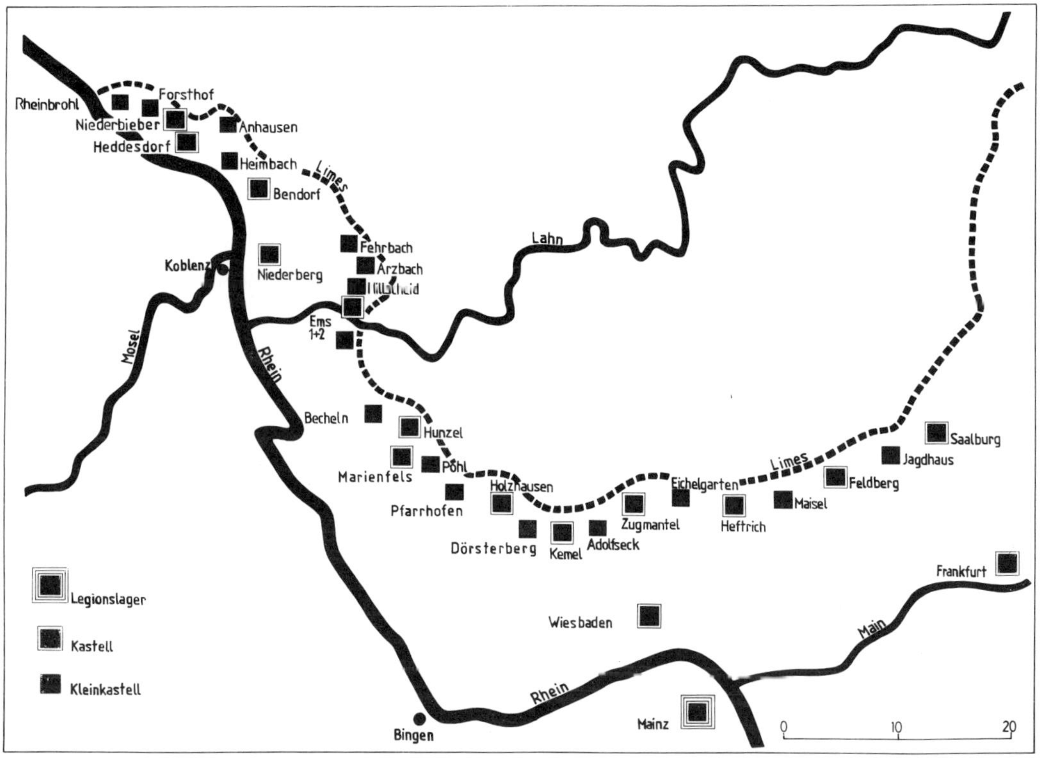

Abb. 353 Der Limes im Westerwald und Taunus. Übersicht

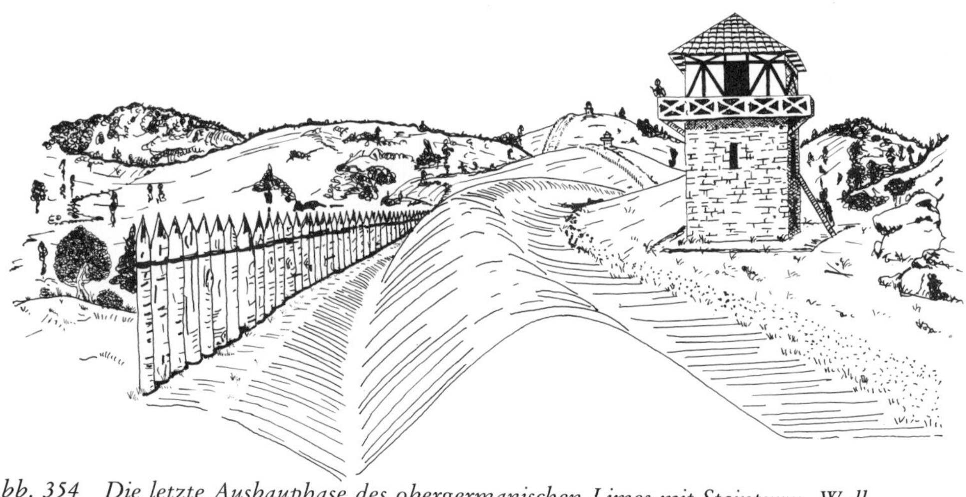

Abb. 354 Die letzte Ausbauphase des obergermanischen Limes mit Steinturm, Wall, Graben und Palisade

abgelösten Marienfels und dem besonders sehenswerten → Holzhausen sind mit Becheln, Auf der Ecke bei Pohl und Pfarrhofen auch am Beginn der zweiten Strecke 3 Kleinkastelle nachgewiesen.

Anders als bei den folgenden Teilabschnitten ist auf den ersten Strecken des obergermanischen Limes die Trassenführung nie verlegt worden. Der in das späte 1. oder frühe 2. JhnChr der zu datierende, geschickt dem Gelände angepaßte Limes reichte in dieser Gegend offenbar stets aus, um die Grenze zu überwachen und zu sichern. Auch auf diesem Stück lassen sich die vier Ausbauphasen des Pfahles (1: Schneise mit Holzturmstellen; 2: Anlage einer durchgehenden Palisade vor dem Schneisenweg; 3: Ersatz der Holztürme durch Steinbauten; 4: Anlage von Wall und Graben hinter der Palisade auf röm Gebiet) an vielen Stellen durch stratigraphische Beobachtungen nachweisen. Da der Verlauf des Pfahlgrabens aber nie verschoben worden ist, finden sich Holz- und Steinturmstellen auf der ersten und am Beginn der zweiten Strecke häufig unmittelbar nebeneinander, wenn sich die Standspuren der Türme nicht sogar an derselben Stelle überlagern.

Der im späten 1. Jh wohl noch in domitianischer Zeit angelegte Limes blieb bis in die Jahre 259/260 nChr besetzt, als die Römer nach wiederholten Franken- und Alamanneneinfällen ihre Grenze an den Rhein zurücknahmen und die rechtsrheinischen Gebiete aufgaben. Kle

Lit: ORL Abt A, Str 1, 1915; Str 2, 1916 – DBaatz, Der röm Limes, 1975 – MKlee, Der Limes zwischen Rhein und Main, 1989

Strecke 1, WP 1/1 – 1/93

Abb 355–360

Am rechten Ufer des Rheins beginnt der Limes auf der Höhe des Vinxtbaches, der alten Grenzlinie zwischen den Provinzen Ober- und Niedergermanien, N von Rheinbrohl mit WP 1/1. In der Nähe der nachgewiesenen Turmstelle steht heute eine von freiwilligen Mitarbeitern erbaute ■ Turmrekonstruktion, für die das Steinmaterial verschiedener römischer Türme verwendet worden ist.

Den Limesbeginn sicherte Kleinkastell Rheinbrohl, von dem sich keine sichtbaren Reste mehr erhalten haben. Zwei Ringgräben umgaben die Anlage von 26 × 26 m.

In N Richtung zog die Grenzlinie durch das Bahlsbachtal zum Dielsberg hinauf, wo ■ WP 1/5 Am Berdelder (Schutthügel von einem Steinturm) sowie ■ WP 1/7 Auf der Steinbrink (Wall und Schutthügel der Steinturmstelle) erhalten sind. Die deutlich dem Gelände angepaßte Trasse umschloß im Wald zunächst den Beulenberg, bevor sie sich nach S wendete und bereits seit vorröm Zeit begangene Höhenwege schnitt. An diesem Streckenabschnitt findet man bis zum WP 1/14 folgende gut sichtbare Turmstellen:

■ WP 1/8 Auf Hottels Buchen: Hinter einer schwer auszumachenden Grabenverengung sind deutlich die Reste von zwei Steintürmen als Schutthügel zu erkennen.

■ WP 1/9 Am Beulenberg: Von dem heute nur

Abb. 355 Limes. WP 1/1. Rekonstruierter Wachtposten am Beginn des Limes bei Rheinbrohl

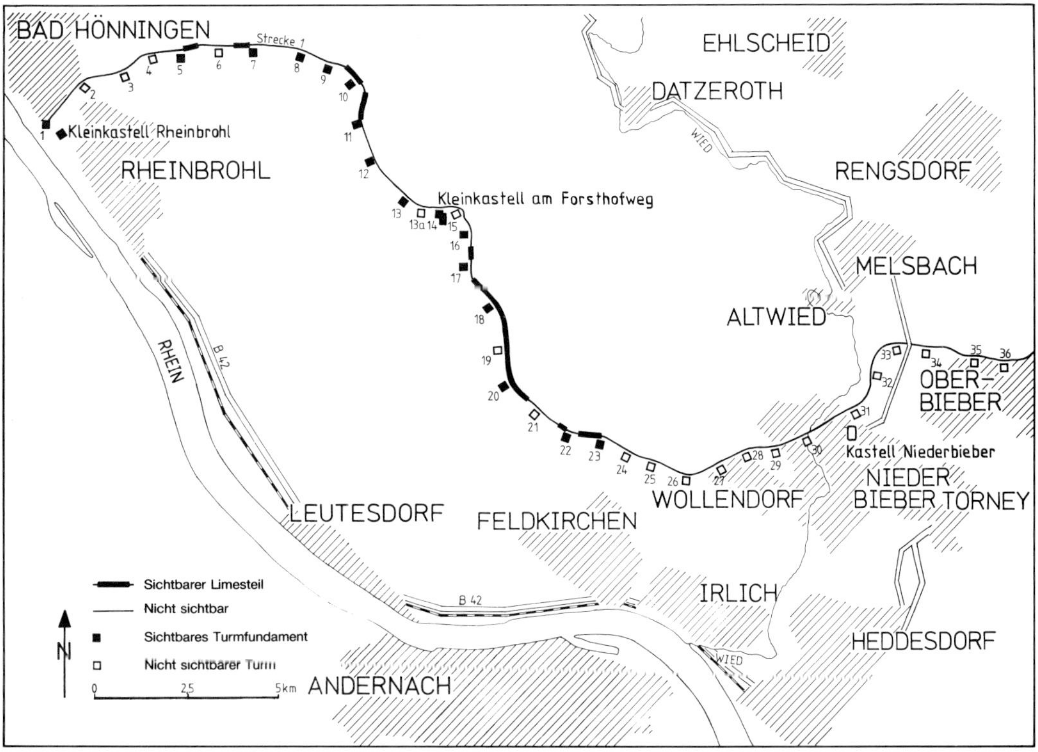

Abb. 356 Limes. Strecke 1, WP 1–36

als Schutthügel erkennbaren Turm (3 × 4 m) konnte mit Kleinkastell Rheinbrohl Verbindung aufgenommen werden;
■ WP 1/10 Am Jagdhaus Wilhelmsruh: An einem vorzüglich erhaltenen Streckenabschnitt bezeichnet ein Ringwall die Steinturmstelle;
■ WP 1/11 Auf dem Freßhelder: Neben dem nicht mehr erkennbaren Holzturm liegt der Schutthügel eines Steinturmes. Bevor der Limes bei WP 1/13 wieder in Waldgelände mündet, zieht er am Weierhof vorbei über Ackergelände. Eine Baumgruppe markiert im freien Feld ■ WP 1/12.

Eine wichtige Stelle nimmt an einem alten, aus dem Rheintal heraufziehenden Weg das neben WP 1/14 gelegene Kastell ■ Am Forsthofweg ein. Innerhalb der quadratischen Anlage konnten Pfostenstandspuren von einem Blockhaus nachgewiesen werden. Etwas O der Anlage schwenkt der Pfahlgraben nach S um und verläuft auf der Höhe des Bergzuges, der die Wasserscheide zwischen Rhein und Wied bildet. Im dichten Wald kann die Turmstelle ■ WP 1/18 Auf der Wurzel aufgesucht werden, an der außer einem Holzturm auch zwei Steinturmstellen nachgewiesen werden konnten. Das etwas N der Turmstelle unterbrochene Wall-Graben-System ermöglichte unweit des Postens den Limesübergang. Leicht aufzufinden sind außer dem hohen Schutthügel von ■ WP 1/20 (Am Tampurhäuschen) weiter S auch Holz- und Steinturmreste bei ■ WP 1/22 Auf dem Schurbusch.

Von WP 1/23 In Eckerts Fichten an bis zum WP 1/38 Im Distrikt Sandschleife hat der das Wiedtal durchziehende Pfahl keine Spuren hinterlassen, so daß streckenweise der genaue Trassenverlauf im Acker- und Wiesengelände nur vermutet werden kann. Das Gelände von → Kastell

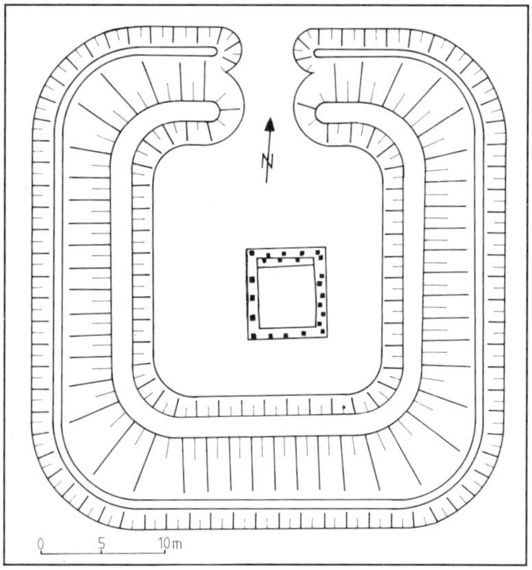

Abb. 357 Limes. Kleinkastell Am Forsthofweg

Niederbieber ist vollständig überbaut und obertägig nicht mehr auszumachen. Auf dem Wingertsberg N von Oberbieber kann bei ■ WP 1/37 eine Turmrekonstruktion aufgesucht werden, die allerdings durch die fehlende Aussichtsgalerie einen nicht ganz korrekten Eindruck vermittelt. Der Turm ist direkt neben den ergrabenen röm Fundamenten von Holz- und Steinturm errichtet worden.

O von WP 1/38 Im Distrikt Sandschleife ist der Limes im Heimbacher Wald auf einem längeren Teilabschnitt hervorragend erhalten. Wall und der davor ausgehobene Graben lassen sich im Gelände mühelos verfolgen. Mit einem hohen Schutthügel gehört ■ WP 1/38 selbst zu den sich deutlich abzeichnenden Turmstellen. Vor Kastell Anhausen liegen die als Schutthügel ebenfalls leicht auszumachenden Turmstellen ■ WP 1/39 Auf der Götz und ■ WP 1/40 Auf der Alteck. Hier wurde einer der sonst selten nachgewiesenen sechseckigen Türme ergraben.

Abb. 358 Limes. Strecke 1, WP 33–66

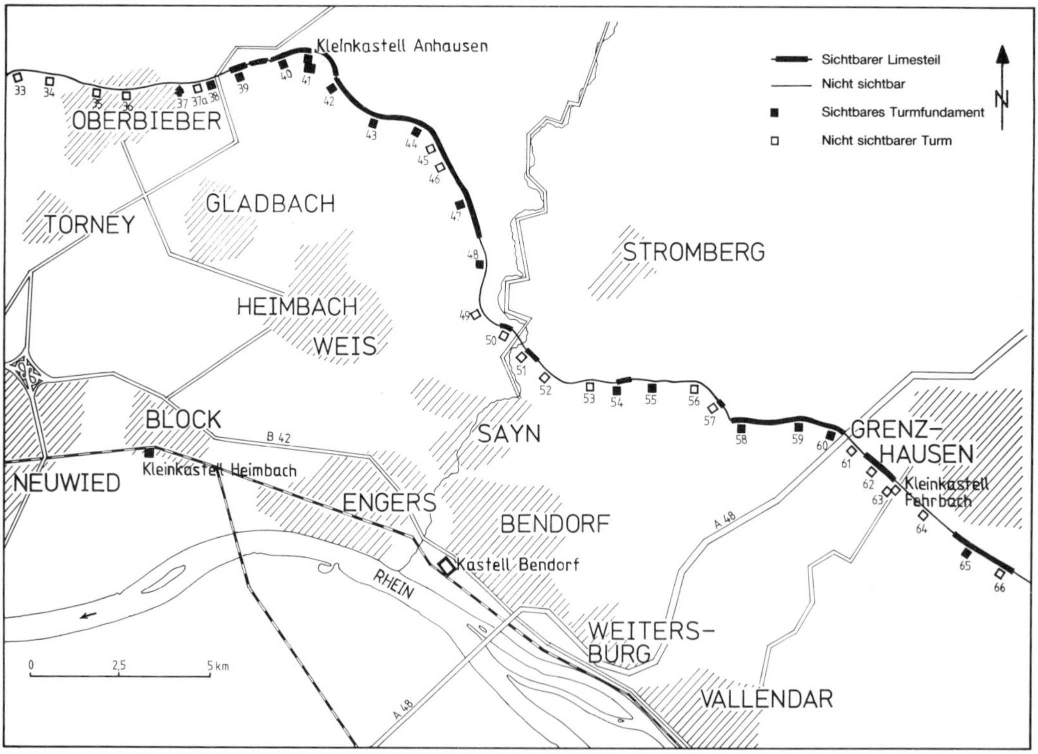

Abb. 359 Limes. WP 1/37 Auf dem Wingertsberg. Rekonstruktion des Steinturms

■ Kastell Anhausen, von dem sich die Umfassungsmauern als teilweise von Gebüsch überwucherte Schuttwälle klar abzeichnen, liegt oberhalb vom Neuwieder Becken am N Punkt der Limestrasse. Es sollte wohl die vom Rheintal heraufziehende Straße überwachen.

Der Pfahl zieht O von Kastell Anhausen zum Saynbachtal an den ■ WP 1/42 Faules Ufer (Schutthügel eines Steinturmes über zerstörtem Holzturm), ■ WP 1/43 Am Kieselweg (außer einem Holzturm sind hier zwei Steintürme nachgewiesen) und ■ WP 1/44 Am alten Saatkamp vorbei, wo ein Holzturm später durch einen Steinbau ersetzt worden ist, zur Turmstelle ■ WP 1/47 Am Huheld. Hier ist der Schutthügel von einem Steinturm mit vorausgehendem Holzturm besonders gut erhalten. Von der mit einem viereckigen und 2 sechseckigen Steintürmen interessanten Turmstelle WP 1/48 Auf dem Hormorgen sind dagegen keine nennenswerten Überreste mehr erkennbar.

Der Limes durchquert das Saynbachtal bei Sayn und zieht, im Wald nur auf einem kurzen Teilstück sichtbar, in O Richtung nach Höhr-Grenzhausen. 1912 ist etwas oberhalb der Sayn 10 m neben WP 1/54 Auf dem Pulverberg ein weiterer Turm rekonstruiert worden. Der folgende ■ WP 1/55 Am Schildchen zeichnet sich als Schutthügel gut ab. Ein älterer Holzturm bestand auch an diesem Posten.

An einem im Wald wieder gut sichtbaren Streckenabschnitt des Limes W von Grenzhausen liegt ■ WP 1/58 Am Steinbrücker Weg. Während die Holzturmstelle keine sichtbaren Reste mehr zeigt, lassen sich die Standorte der beiden jüngeren Steintürme anhand von Schutthügeln leicht erkennen.

W der A 48 (Frankfurt–Koblenz) konnten bei Höhr-Grenzhausen am ■ WP 1/59 Im Bezirk Drei Eichen ein anhand der Grabungsspuren immer noch kenntlicher Holzturm sowie zwei Steinturmstellen nachgewiesen werden. Obwohl hier ein 10 m breiter Durchlaß im Wall bestand, setzte der Graben an dieser Stelle nicht aus. Vielleicht sollte damit der Rückstau des abfließenden Wassers verhindert werden. Bei ■ WP 1/60 Römerbusch wurde außer einer Holzturm- und einer Steinturmstelle ein weiteres, teilweise vom Limeswall überdecktes Gebäude freigelegt, das bei der Aufschüttung des Walles aufgegeben worden sein muß.

Ab Höhr-Grenzhausen behält die Limestrasse ihre O Richtung bei, bevor sie, bei den Montabaurer Höhen nach S abbiegend, das Lahntal bei Bad Ems erreicht.

Vor Kleinkastell Fehrbach sind Wall und Graben hervorragend erhalten, während das auf einer Terrasse oberhalb des Fehrbaches gelegene Kleinkastell selbst im Gelände kaum auszumachen ist. Zu der Aufgabe der hier stationierten Soldaten muß die Sicherung des Fehrbachtales gehört haben, da das einzige Tor der Anlage zum Tal und nicht zum Limes hin orientiert war.

Im zentralen Bereich der von Ringgraben und Schutzmauer umschlossenen Anlage befand sich ein als Werkstatt gedeuteter, 11 × 8 m großer Steinbau. Einen Hinweis auf die hier stationierte Einheit könnte ein Terra-Sigillata-Bruchstück geben, auf dem eine Ritzinschrift die 7. Rätische Kohorte nennt.

Zwischen Kastell Fehrbach und Kleinkastell Hillscheid sind gut sichtbare Limesabschnitte im Vallendarer Stadtwald S von Höhr aufzusuchen. An diesem Teilstück hat sich auch der Schutthü-

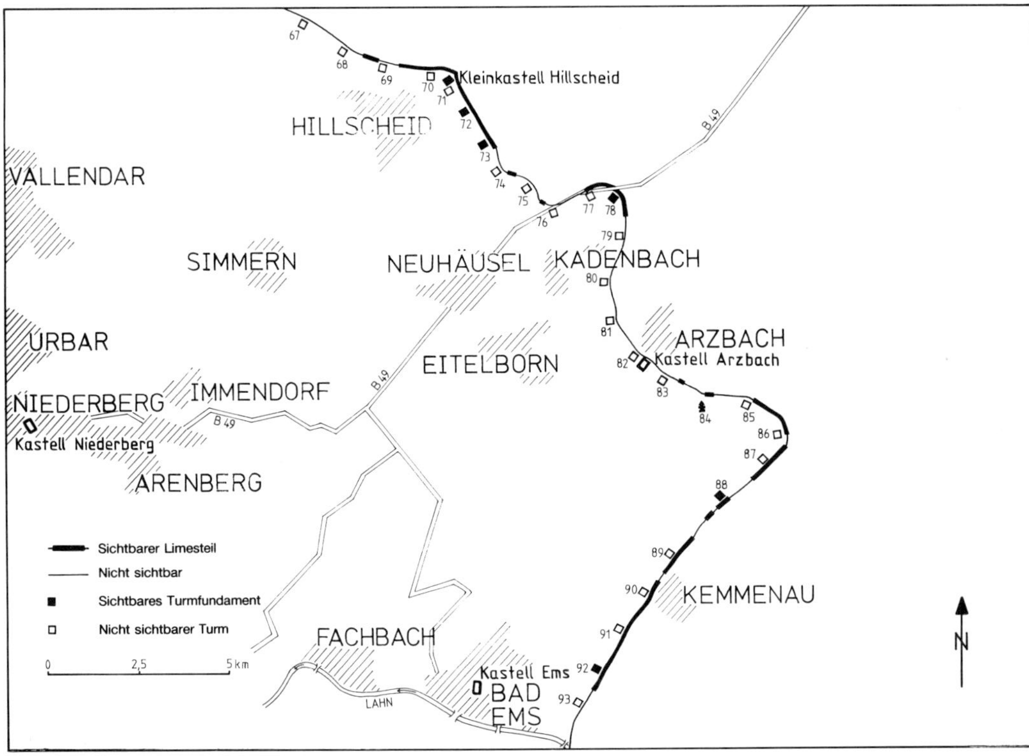

Abb. 360 Limes. Strecke 1, WP 67–92

gel von ■ WP 1/65 Im Vallendarer Stadtwald erhalten, dem ein älterer Holzturm vorausging. Vor der Turmstelle ist ein Limesdurchgang nachgewiesen worden.

Die Höhe N von Hillscheid, einen markanten Punkt dieser Strecke, sicherte ■ Kleinkastell Hillscheid. Eine Erläuterungstafel gibt vor Ort Hinweise zu Aufbau und Datierung der Anlage. O von Hillscheid zieht der Limes hinunter in das Kalterbachtal. Hinter dem hervorragend erhaltenen Wall und Graben kann man die Reste der Steintürme ■ WP 1/72 und ■ WP 1/73 anhand herumliegender Steine bzw. als Schutthügel unschwer ausmachen. Während bei WP 1/73 ein Holzturm gesichert ist, konnte bei WP 1/72 kein Vorgängerbau erfaßt werden.

An der N-Seite der B 49 (Koblenz–Limburg) bilden Wall und Graben des Pfahles auf einem kleinen Stück die neuzeitliche Straßenböschung. Die Mauern des Turmes ■ WP 1/78 Auf dem Haferröder waren extrem massiv aufgeführt. Von diesem an einer topographisch günstigen Stelle errichteten Posten aus bot sich eine hervorragende Fernsicht bis zu den Turmstellen bei den Kastellen Hillscheid bzw Arzbach-Augst.

Das tief eingeschnittene Emsbachtal zu schützen, war die wichtigste Aufgabe von Kastell Arzbach-Augst. O des Flußübergangs zog der Limes zum Weißen Kopf hinauf. Eine ■ »Stefansturm« genannte Rekonstruktion bezeichnet die Stelle von WP 1/84 Auf dem Großen Kopf. Am Weißen Stein biegt der Pfahlgraben scharf nach S um und folgt bis Bad Ems der Höhe des Bergrückens zwischen Ems und Unterbach. Am erhaltenen Teilstück des Limes finden sich als Reste von Steintürmen bei ■ WP 1/88 Am Einsiedlerkopf sowie bei ■ WP 1/92 hohe Schutthügel. Den Emsübergang selbst sicherten am N Ufer der Lahn Kastell

Ems, am S Ufer das Kleinkastell Auf der Schanz.
Kle

Lit: ORL Abt A, Str 1, 1915 – DBaatz, Der röm Limes, 1975 – M Klee, Der Limes zwischen Rhein und Main, 1989

Strecke 2, WP 2/1 – 2/34

Abb 361–365

S der Lahn zieht die Limestrasse zum Wintersberg hinauf. 1874 haben Bürger von Bad Ems diesen Turm nach Abbildungen auf der Trajanssäule zu Ehren von Kaiser Wilhelm I. erbaut. Im freien Gelände S des Wintersberges kann man Wall und Graben nur auf einem kurzen Abschnitt vor WP 2/2 als schwache Bodenmulde erkennen. Die Turmstellen ■ WP 2/2 Im Bezirk Kreuzweg hinter einem Limesdurchgang (B 4 m) sowie ■ WP 2/3 Am Kirschenkopf erscheinen stark durchwühlt. Von ■ WP 2/4 In der Sudheck sind im Garten des Forsthauses Wolfsbusch zwei Turmfundamente erhalten, von denen allerdings nur das vordere gut sichtbar ist.

Auf der Höhe von Becheln schwenkt die Limestrasse nach SO um und folgt auf der Wasserscheide zwischen Lahn und Rhein einem bereits seit vorröm Zeit begangenen Höhenweg. Im dichten Tannenwald markieren neben den hier nicht sehr deutlichen Limesanlagen hohe Schutthügel die Standorte der Türme ■ WP 2/6 O von Becheln und ■ WP 2/7 Im Bechelner Wald. Zwischen den Turmstellen WP 2/7 und WP 2/8 war mit Kleinkastell Becheln eine fast quadratische Anlage von 22 × 24 m Seitenlänge eingeschoben. Außer einer Brandstelle ließen sich im Innenraum je zwei an NO- und SW-Seite ansetzende Quermauern nachweisen.

Besonders eindrucksvoll zeichnet sich der Pfahl mit Wall und Graben im Wald zwischen

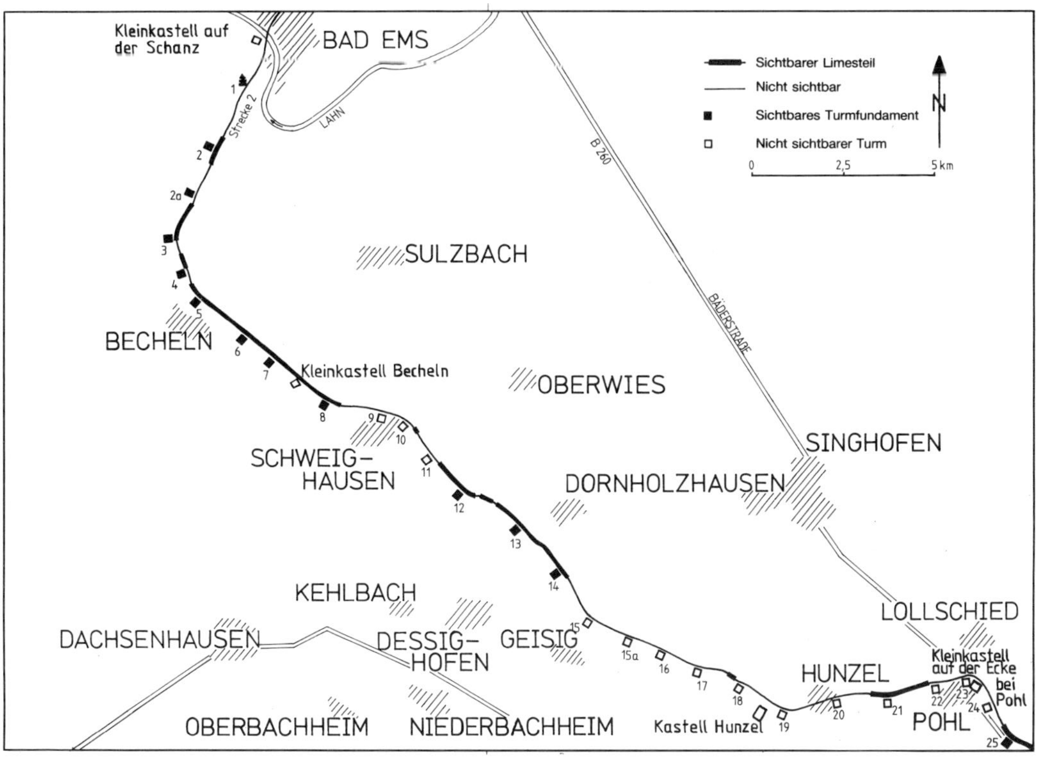

Abb. 361 Limes. Strecke 2, WP 1–25

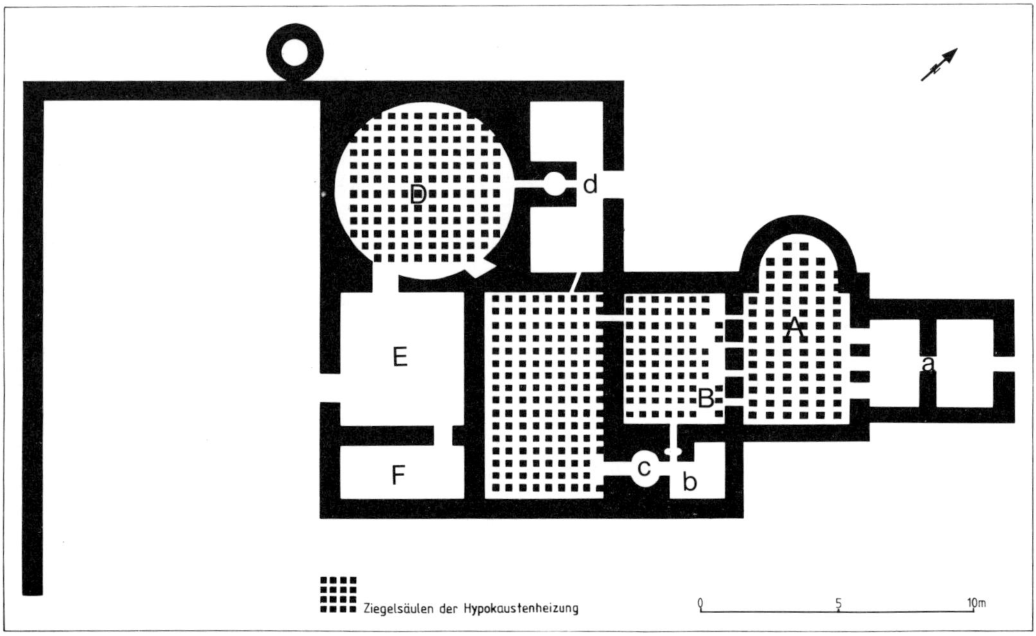

Abb. 362 Limes. Kastell Marienfels. Grundriß des Kastellbads. A, B Warmbad, C Laubad, D Schwitzbad, E Kaltbad mit Kaltwasserwanne (F); a, b, c, d Heizraum

Abb. 363 Limes. Kastell Marienfels. Rekonstruktionszeichnung des Kastellbades

Schweighausen und Dornholzhausen ab. Von der beim Straßenbau teilweise zerstörten Turmstelle ■ WP 2/12 können nur noch geringe Reste ausgemacht werden. Der offenbar ohne Vorgängerbau aus Holz errichtete Steinturm lag an einem Walldurchbruch (B 23 m), an dem der Palisadenzaun aber nicht aussetzte. Um so besser ist ■ WP 2/13 An der Hardt bei Dornholzhausen erhalten. Hinter einer weiteren Unterbrechung im Wall findet man den in der Mitte eingesunkenen Schutthügel

des röm Wachtturmes. Ebenso klar sind bei ■ WP 2/14 In der Wolfskaut die Fundamente des Steinturmes (6 × 6 m) zu erkennen.
Von WP 2/14 zieht die Limestrasse in das Mühlbachtal hinunter. Dieser Geländeeinschnitt wurde von Einheiten gedeckt, die zunächst in dem weiter S gelegenen Kastell Marienfels, später in Kastell Hunzel stationiert waren.
Das Kleinkastell Auf der Ecke bei Pohl ist an einer Biegung des Limes O der B 260 (Bäderstraße) erfaßt worden. Offenbar handelte es sich dabei nur um ein Erdwerk, denn es sind keine Innenbauten bekannt.
Nachdem die obertägig nicht erkennbare Limestrasse bei Pohl scharf nach SO abgeknickt ist, findet sich erst bei ■ WP 2/25 Im Pohler Wäldchen ein wieder gut erhaltener Streckenabschnitt. Wall und Graben schneiden an dieser Stelle einen prähistorischen Grabhügel, während S des Pfahles neben den Ringgräben von zwei Holzturmstellen die Reste von einem Steinturm liegen. Der heutige Waldweg markiert hier noch immer die Stelle eines Limesdurchgangs. Der als hoher Schutthügel erhaltene ■ WP 2/27 Im Kohlwald bei Ober-Tiefenbach bleibt in dichtem Waldgelände schwer zugänglich.

Abb. 364 Limes. Wall und Graben bei WP 2/25 Im Pohler Wäldchen

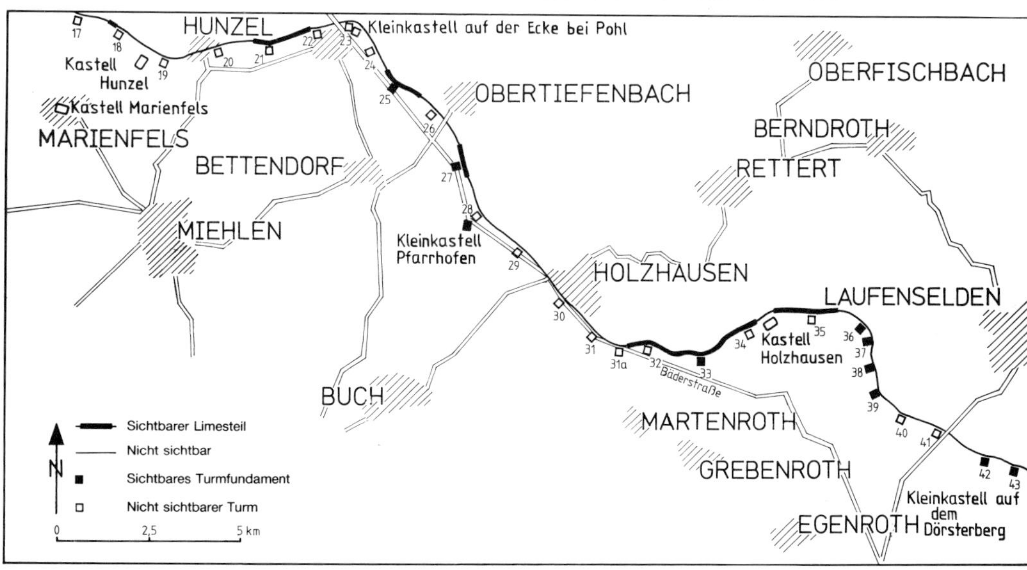

Abb. 365 Limes. Strecke 2, WP 17–43

Zwischen den Kastellen Hunzel und → Holzhausen war auf der höchsten Erhebung des Miehler Gemeindewaldes ■ Kleinkastell Pfarrhofen eingeschoben. Die am Ende des vergangenen Jahrhunderts noch kniehoch erhaltenen Mauerzüge sind mittlerweile fast vollständig ausgebrochen und nur noch als leichte Bodenwellen erkennbar. Ergraben wurde eine Umfassungsmauer aus Bruchsteinmaterial.
O von Holzhausen zieht der Limes wieder durch Waldgelände, in dem er sich entsprechend gut erhalten hat. Auch die Anlage des auf der Erhebung des Grauen Kopfes errichteten → Kastells Holzhausen vermittelt eine gute Vorstellung von Größe und Ausdehnung einer röm Garnison für eine Besatzung von ca 500 Mann.
Bevor der Pfahlgraben O von Kastell Holzhausen hessisches Gebiet erreicht, lohnen W des Kastells mit Mauerresten noch die Turmstellen ■ WP 2/33 Im Holzhäuser Gemeindewald und ■ WP 2/34 W von → Kastell Holzhausen einen Besuch. Kle

Lit: ORL Abt A, Str 2, 1916 – DBaatz, Der röm Limes, 1975 – MKlee, Der Limes zwischen Rhein und Main, 1989

Lingenfeld GER

Spätrömischer Depotfund
Abb 366

Am Steilhang über der Druslach wurde bei Schanzarbeiten im Frühjahr 1945 ein Versteckfund geborgen, der als Winzer- und Küferhort Eingang in die Literatur gefunden hat.
Neben einer Münzbörse von 44 Geldstücken, die mit einer Prägung des Kaisers Magnentius des Jahres 350 nChr abschließt, sind eine Zwiebelknopffibel, ein Gürtelbeschlag, ein Bronzearmring und Teile eines bronzeblechbeschlagenen Schmuckkastens mit Drehschloß bemerkenswert. Weitere Gewandspangen des 1. und 2. Jh sind vielleicht als Altmaterial anzusprechen.
Die mitgefundenen Geräte sind für die Interpretation des Fundes besonders wichtig. Gefunden wurden eine Heu- oder Mistgabel, ein Abzieheisen, ein Zirkel, ein Dechsel, ein Hammer, ein Dengelstock, ein Rebmesser, Wetzsteine, Be-

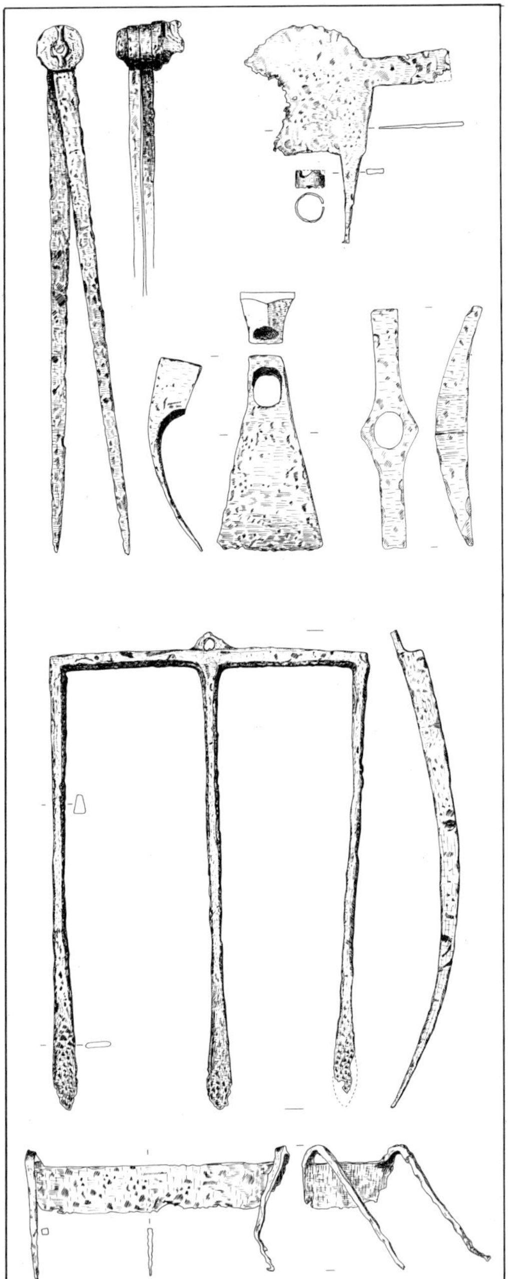

Abb. 366 Lingenfeld. Spätrömischer Werkzeugfund

schläge eines Eimers, einzelne Pfrieme, Achsnägel von einem Wagen sowie 2 Eisenbügel, die als Wagenbeschläge aber auch zur Fesselung von Tier und Mensch dienen konnten. Das Rebmesser ist unmittelbares Gerät des Winzers. Für Holzbearbeitung im weiteren Sinn sind Abzieheisen, Zirkel und Dechsel zu gebrauchen. Auch ein Küfer benötigt solche Werkzeuge. Hammer und Dengelstock sind für den Erhalt von Gerät notwendig. Die Zusammensetzung des Werkzeugbestandes deutet keineswegs auf ein bestimmtes Gewerbe hin, sondern zeigt den notwendigen Bestand in einem landwirtschaftlichen Betrieb, in dem alle Fertigkeiten gefordert waren. Der Hortfund wurde sicherlich im Zusammenhang mit den Kriegswirren um die Mitte des 4. Jh im Umfeld eines Gutshofes verborgen. In unmittelbarer Nähe gefundene Gläser entstammen wohl einer spätröm Bestattung. Be

Ao: M Speyer

Lit: FvBassermann-Jordan, Der Weinbau der Pfalz im Altertum, 1947, 20 – FSprater, Rheinischer Wein und Weinbau 1948 – FMRD IV, 2, 2070 – HBernhard, MittHVP 79, 1981, 5 ff

Lösnich WL

Landgut
Abb 367, 368

In mehreren Grabungskampagnen konnte das RLM Trier 1973–1975 und 1978 ein ausgedehn-

Abb. 367 Lösnich. Landgut. Grundriß.
I Herrenhaus, II Wirtschaftsgebäude mit Kelter, III–VIII Wirtschaftsgebäude, IX Brunnen, X Tempelbezirk, XI Grabbezirk, XII Steinbruch (außerhalb des Plans), XIII, XV Ausschrotungen für Mühlräder, XIV Stauwehrinstallationen

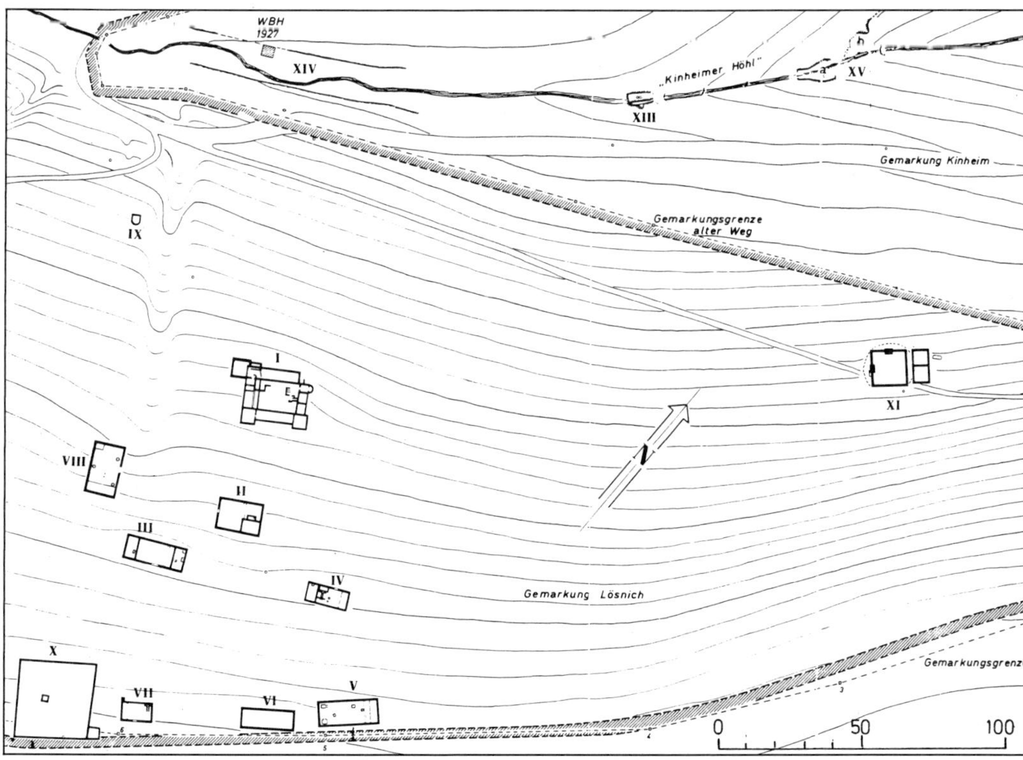

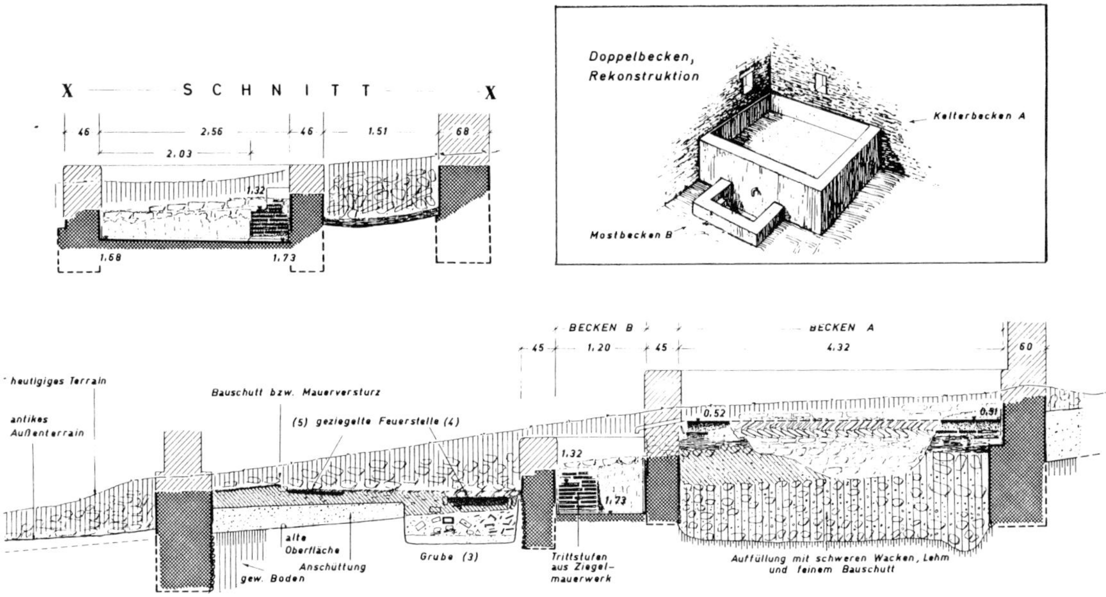

Abb. 368 Lösnich. Kelterhaus. Bau II

tes Landgut mit zahlreichen Wirtschaftsgebäuden, Tempel und Gräberbezirk ausgraben und untersuchen. Im Distrikt »Hinterwald«, dicht an der Gemarkungsgrenze Wolf und Lösnich, und einem hier verlaufenden Weg, der in seiner Führung vielleicht schon in die antike Zeit zurückgeht, konnten 11 Gebäude und Fundbereiche ergraben werden.
An dem sanft geneigten Hang (320–300 m üNN) liegt die Hoffläche oberhalb eines zunächst in NO-Richtung abfließenden Baches, des Kluckertbaches. Das Hauptgebäude I ist durch Um- und Anbauten aus dem Grundschema Portikus, Eckrisalit und Hauptraum erweitert und an der NW-Ecke durch einen massiven Turmaufbau verstärkt worden. In den Wirtschaftsgebäuden wurden unterschiedliche Tätigkeiten ausgeübt. So hatte Bau II ein größeres Kelterbecken mit kleiner Auffangwanne. III und IV waren mit zusätzlichen Herdstellen, IV mit einer Trockendarre versehen, ebenso VII. Die Bauten V, VI und VIII sind als Remise und Werkräume für Geräteherstellung, Schmieden und häusliche Arbeiten bestimmt gewesen. Der Grundriß IX ist als kleines Brunnenhaus oder Apsidenhaus zu deuten.
Dicht an der Gemarkungsgrenze und dem Weg ist ein ummauerter Bezirk festgestellt worden, in dessen Innenfläche ein kleiner Vierecktempel gelegen ist (X).
Die rechteckige Ummauerung XI umschließt einen Grabhügel, in dem mehrere Brandbestattungen geborgen werden konnten. Diesem Bereich sind auch die Grabgärten an der NO-Seite zuzurechnen.
Unterhalb des Herrenhauses wurde in einer künstlichen Erweiterung des Bachtales der Felsen geglättet und eine größere Aufstaumöglichkeit des Wasserzuflusses geschaffen, die in Abflußrichtung durch einen heute abgetragenen Damm mit einer entsprechenden Schieber- und Überlaufvorrichtung ausgestattet war (XIV).
Weiter dem klüftigen Bachtal folgend sind an steileren Felsbänken, über die der Bach zu Tale fällt, künstliche Abschrotungen und unterhalb der Absturzkante Einarbeitungen vom Geröll befreit worden, die von A. Neyses als Teile von Mühlradsubstruktionen, »oberschlächtig« durch Wasserkraft betrieben, erkannt worden sind.

Cü

Lit: ANeyses, TZ 36, 1983, 209 ff

Lohnweiler KUS

Gutshof
Abb 369

An einem O-Hang über der Lauterniederung ist seit 1973 eine ausgedehnte Hofanlage bekannt, von der bei Bauarbeiten mehrere Mauerzüge mit Hypokaustheizung und Keller freigelegt wurden. Ganz offensichtlich wurde an dieser Stelle das Hauptgebäude eines größeren Landgutes angeschnitten.
Auf der ausgedehnten Hangfläche zur Lauterniederung hin lagen die Wirtschaftsgebäude. 1988 konnten eine Hangmauer und ein größeres Haus freigelegt werden.
Die Anlage hat nach Ausweis der geringen Funde zumindest bis zur Mitte des 4. JhnChr bestanden. Der Keller des Herrenhauses mit 2 Wandnischen, Lichtschacht und Treppe ist in einem Privatanwesen erhalten. Be

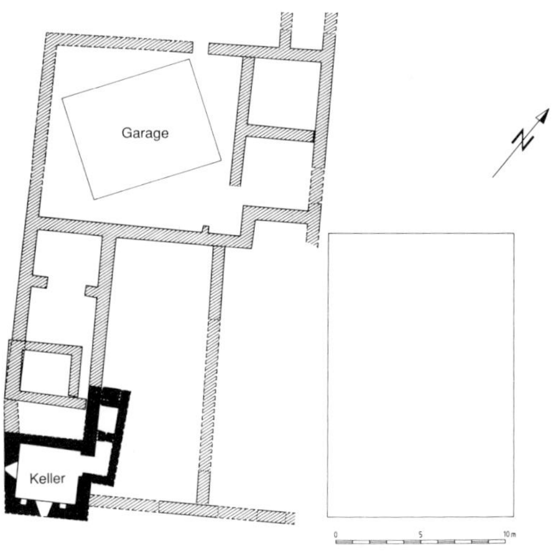

Abb. 369 Lohnweiler. Gutshof. Grundriß des Hauptgebäudes (schwarz: erhaltener Keller)

Ludwigshafen-Friesenheim LU

Gräberfeld
Abb 370

Im Niederungsgebiet des antiken Rheinlaufes wurde um 60 nChr ein Bestattungsplatz angelegt, der neben → Ludwigshafen-Rheingönheim in der Region Ludwigshafen die reichsten frühröm Funde geliefert hat. Bei den Bergungen zwischen 1914 und 1917 wurden 35 Brandgräber und Reste zahlreicher weiterer Bestattungen entdeckt. Der Schwerpunkt der Funde liegt in flavischer Zeit. Die jüngsten Gräber wurden in der ersten Hälfte des 3. Jh angelegt. Die Beigabenausstattung verrät deutliche germ Züge. Neben bestimmten Messerformen finden sich germ Fibeln und auch eine handgetöpferte oberrheingerm Schüssel. 2 Lanzenspitzen aus den zerstörten Gräbern zeigen, daß auch Waffenträger beigesetzt wurden.
All dies deutet auf eine germ Bevölkerungsgruppe, die seit neronischer Zeit unmittelbar am Rheinlauf gegenüber dem Stammesgebiet der

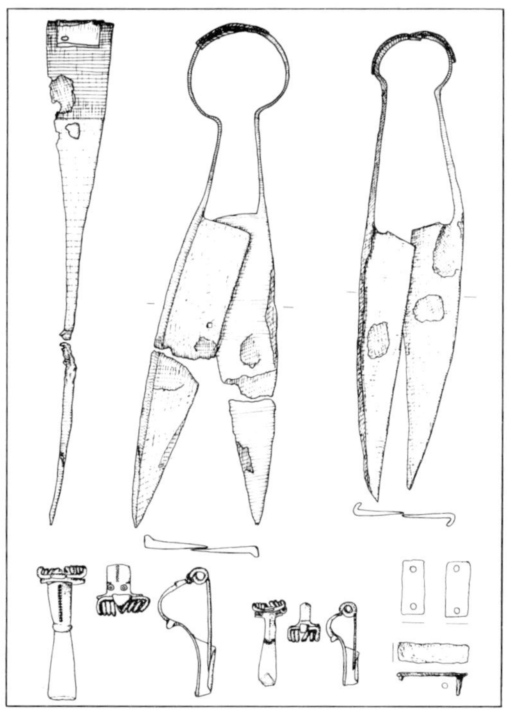

Abb. 370 Ludwigshafen-Friesenheim. Beigaben aus dem frührömischen Gräberfeld

rechtsrheinischen Neckarsueben ansässig war. Die mit Billigung der röm Militärverwaltung angesiedelten Germanen hatten zumindest bis zu den Aufständen nach Neros Tod (68 nChr) Aufgaben als Foederaten zu erfüllen. Sie gehörten zu dem Stamm der Vangionen, der seit etwa 8 vChr ehem keltisches Siedlungsgebiet eingenommen hat.
Die zugehörige Siedlung konnte bislang nicht entdeckt werden. Heute liegt das Fundgelände unter den Anlagen des Chemiewerkes BASF.

Be

Ao: M Speyer, M Ludwigshafen, M Ludwigshafen–Oppau
Lit: FJHildenbrand, PfälzMus 33, 1916, 86 ff – HBernhard, MittHVP 83, 1985, 47 ff

Ludwigshafen-Maudach LU

Reicher Grabfund
Abb 371

In einer Sandgrube wurde 1951 zwischen Maudach und Mundenheim eine Grube (B 2,20 m, L 2,35 m) festgestellt, deren Wände und Boden durch Feuereinwirkung rot verbrannt waren. Eine Pfostenstellung um die rechteckige Grube herum wurde als Konstruktion eines Holzhauses angesprochen, so daß die zahlreichen Keramik- und Bronzegeschirrfragmete als »Küchenfund« Eingang in die Literatur fanden. Erst die Bearbeitung des Fundes durch H. U. Nuber 1972 ergab, daß es sich hierbei um ein überaus reich ausgestattetes Brandgrab handeln muß, das möglicherweise mit einem Grabhügel geschützt war.
Die rot verziegelten Ränder der Grube zeigen, daß der Verstorbene direkt über dem Grab auf einem Scheiterhaufen verbrannt worden war. Die Reste des Leichnams wie die Beigaben stürzten in die darunterliegende Grabgrube (*bustum*).
Die reichhaltige Bronzegeschirrausstattung umfaßt eine Handwaschgarnitur mit Griffschale und Kanne mit enger Mündung, die zur Reinigung bei Tisch oder bei Opferhandlungen diente, sowie ein weites Bronzebecken, das als Waschbecken Verwendung fand. Eine Kanne mit Klappdeckel konnte als Wasserkanne benutzt werden. Das Kelle/Siebpaar hat als universelles Küchengerät Verwendung zum Filtern wie zum Backen in heißem Fett gefunden. Neben einer Kugel- und einer Standamphore dienten 5 Krüge der Vorratshaltung. Mehrere Töpfe und Schüsseln enthielten ehem Speisen. Verwendung bei Tisch fand ein halbierter Sigillata-Geschirrsatz. Der Körperpflege diente ein Satz von Striegeln und eine ei-

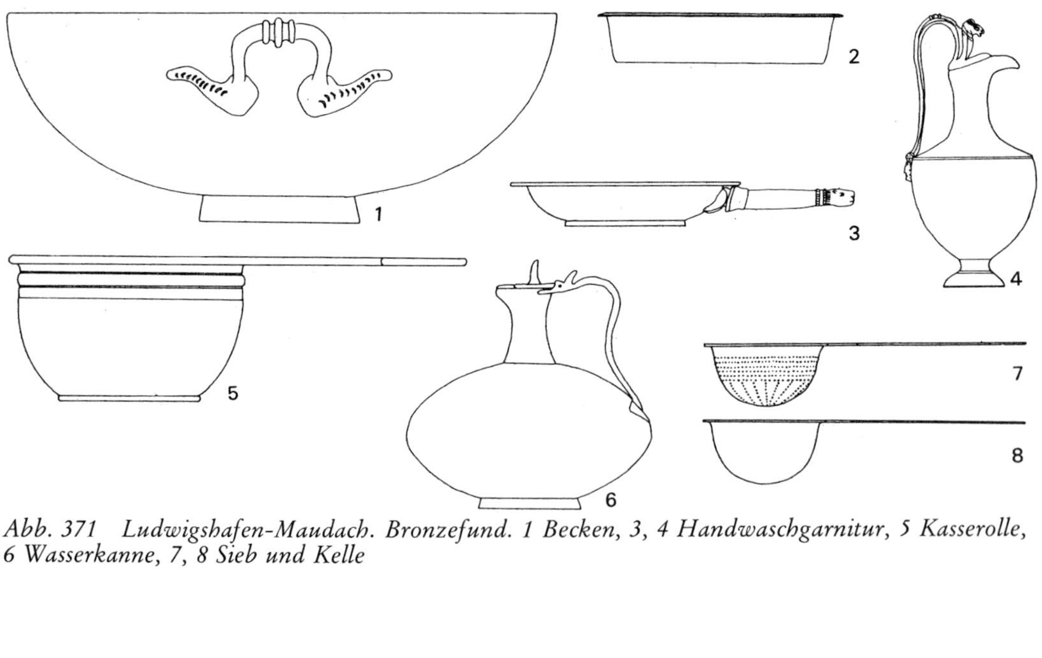

Abb. 371 Ludwigshafen-Maudach. Bronzefund. 1 Becken, 3, 4 Handwaschgarnitur, 5 Kasserolle, 6 Wasserkanne, 7, 8 Sieb und Kelle

serne Schere. Die Formen der Beigaben erlauben es, die Bestattung in die Zeit um 80 nChr zu setzen.
Die zugehörige Siedlung wurde unweit in der gleichen Sandgrube angetroffen und unbeobachtet zerstört. Be

Ao: M Ludwigshafen
Lit: HUNuber, MittHVP 70, 1972, 111 ff – HBernhard, ebda 83, 1985, 137 ff

Ludwigshafen-Rheingönheim LU

Frührömische Hilfstruppenlager
Abb 24, 50, 372, 373

Das Auxiliarlager wurde auf einem schmalen hochwasserfreien Geländestreifen in der Rheinaue angelegt. Es zeigt einen deutlichen Lagebezug zur unweit gelegenen Neckarmündung. Damit wird die strategische Lage im linksrheinischen Vorfeld des unteren Neckarlandes augenfällig. Das Kastell wurde ca 5 km O der Rheinuferstraße, der Hauptverbindung vom Hochrhein nach *Mogontiacum* (Mainz) gegründet. Es muß daher eine W-O-Verbindung mit einem Flußübergang existiert haben, die im Gelände bislang nicht mit Sicherheit nachgewiesen ist.
Von dem Kastell sind heute im Gelände keine Spuren mehr zu erkennen. Die Straße von Rheingönheim nach Altrip verläuft unmittelbar an der S-Seite des Lagers vorbei.
Bereits gegen Ende des 19. Jh wurden die ersten röm Funde im Bereich der Ziegelei Frey bekannt. Um 1872 fand man bei Hafenarbeiten S von Ludwigshafen eine hervorragend modellierte Porträtbüste aus Bronze, von der angenommen wird, daß sie ehem im Kastell gestanden hat. Eine Zuweisung an eine bestimmte historische Person ist nicht endgültig geklärt. Die Deutungen reichen vom jüngeren Drusus über Sejan, Mark Anton, Agrippa zu Gnaeus Domitius Ahenobarbus. 1886 fand man bei der Anlage einer Kartoffelmiete ein menschliches Skelett mit Schwert (*gladius*), Waffengürtel (*cingulum*) und einer Münze des Augustus. 1900/1901 wurde inmitten des Lagers eine Kiesgrube angelegt. Erst 1912 wurden Funde bekannt, die zu Rettungsgrabungen unter Leitung von W. Barthel führten. 1913 wurden die

Abb. 372 Ludwigshafen-Rheingönheim. Porträtbüste aus Bronze

Grabungen im Kastellbereich weitergeführt, als der gesamte W-Teil mit Zivilsiedlung (*vicus*) und Gräberfeld durch weitere Kiesausbeute direkt bedroht wurde. Das Ende der Kiesbaggerei und der 1. Weltkrieg verhinderten weitere Forschungen. Erst 1961/1962 wurden Grabungen von O. Roller wieder aufgenommen. Eine Veröffentlichung der Funde von 1912/1913 mit Ausnahme der Gräber erfolgte erst 1969 durch G. Ulbert. Luftaufnahmen von R. Gensheimer und Geländebegehungen von A. Steiner haben das Bild des frühröm Waffenplatzes 1985/1986 erheblich erweitert bzw revidiert.
Die Größe des Kastells erreicht bei 187 m Breite ca. 250 m Länge (ca 4,67 ha). Dabei ist zu beachten, daß der gesamte W-Teil des Lagers ohne genaue Vermessung abgebaggert ist. Die errechnete Fläche reicht für die Garnison mindestens einer Kohorte, die nach Centurioneninschriften auf Gefäßen hier nachweisbar ist. Zusätzlich ist eine

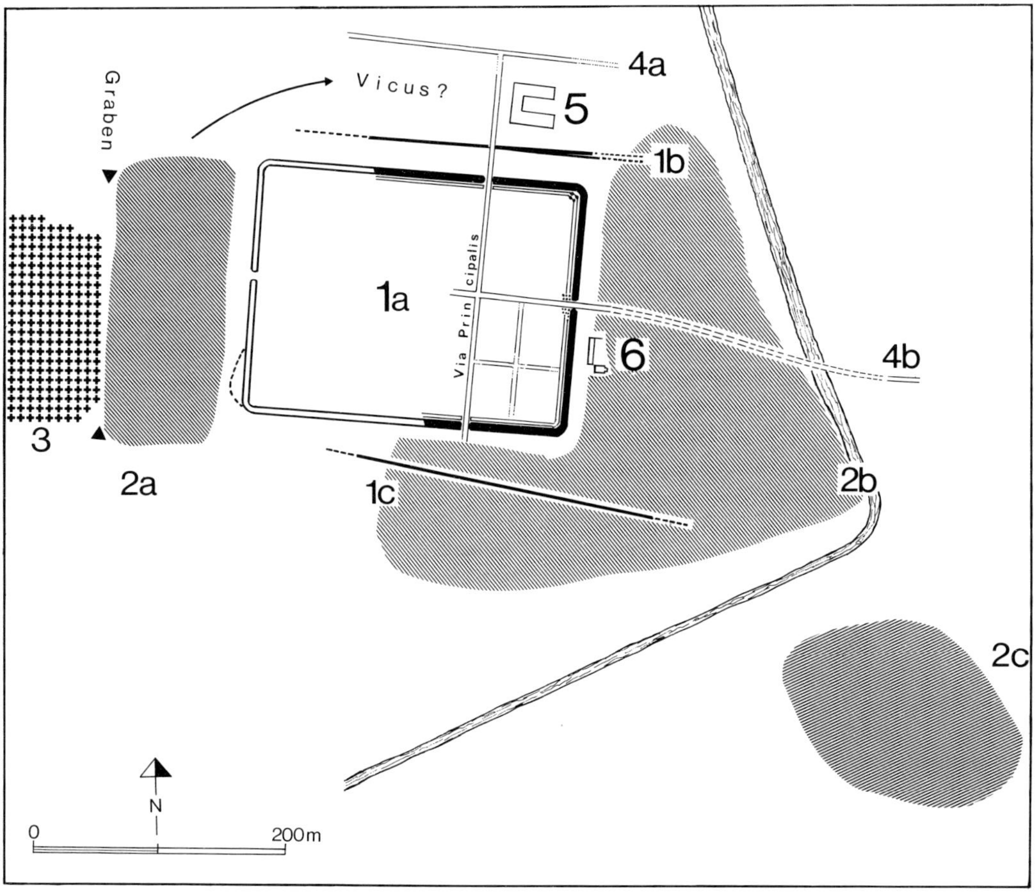

Abb. 373 Ludwigshafen-Rheingönheim. Frührömisches Hilfstruppenlager. 1a Erdlager, 1b, c älteres Erdlager, 2a–c Lagerdörfer, 3 Gräberfeld, 4a, b Straßen, 5 forumartiger Bau, 6 Kastellbad

weitere Fußtruppe wie die erste mit Reiterabteilung (*cohors equitata*) oder einer Reitertruppe (*ala*) zu vermuten. Über ihre Benennung und Herkunft gibt es keine Belege. Aus dem Vorkommen von Gewandspangen (Fibeln) alpenländischer Form und eines Gefäßes oberitalischer Herkunft, die nicht in das Rheingebiet verhandelt wurden, hat G. Ulbert mit guten Gründen auf eine Rekrutierung der Truppe im Alpenraum geschlossen.

Die Gründung des Lagers wird gemeinhin unter Claudius um 43 nChr angesetzt. Ein Ende ergibt sich einerseits aus der Münzreihe, die mit einer Prägung Vespasians 72/73 nChr schließt und andererseits aus der historischen Situation mit Abzug des Militärs um 74 nChr. Die Zivilsiedlung verliert unmittelbar dadurch ihre Bedeutung. Es entwickelt sich daraus anders als etwa in → Speyer kein fortbestehender Vicus. Wohl diente das Areal noch eine gewisse Zeit als Nachschubstation. In den Wirren nach Neros Tod und den Aufständen fiel das Kastell wohl einer Zerstörung zum Opfer. Gefallene, darunter sicher auch der 1886 entdeckte Mann und Brandspuren zeigen dies deutlich. Ein Münzschatz aus einer »Mannschaftsbaracke« im O-Teil des Lagers mit 144 Münzen (Schlußmünze 69/71) ist die in der Notzeit versteckte Barschaft eines Soldaten.

Das Kastell wurde durch einen Spitzgraben (B 6 m, T 3 m) geschützt. Dahinter lag eine zweischalige Holz-Erde-Umwehrung (B 2,60 m), die durch 4 Tore unterbrochen war. Das im O gelegene Haupttor (*porta praetoria*) wurde durch Grabung erfaßt ebenso wie in der NO-Ecke ein eingestellter Holzturm. In den neuen Luftbildern läßt sich die Inneneinteilung der erhaltenen O-Lagerhälfte recht gut erkennen. Auf der Innenseite der Umwehrung verläuft die Wallstraße (*via sagularis*), die von einem Abwassergräbchen begrenzt wird. Die N-S verlaufende Hauptstraße (*via principalis*) ist ebenso zu erkennen wie die Ausfallstraße (*via praetoria*), die noch ein Stück in den Innenhof des dort vermuteten Stabsgebäudes (*principia*) hineinläuft. Im S-Teil des Lagervorderteiles (*praetentura*) ist schwach die Inneneinteilung zu erkennen, die diesen Teil in 4 Abschnitte von je 40 m Länge unterteilt. Es ließen sich dort dann nur verhältnismäßig kurze Mannschaftsbaracken unterbringen. In diesem Bereich fanden 1912 Grabungen statt, die entlang der N-S-Straße mehrere Gruben aufdeckten. In einer fanden sich zahlreiche Metallreste, Gußabfälle sowie 3 Gußtiegel. Man wird anhand dieser Stücke an der Fundstelle eher einen Werkstattbau (*fabrica*) anstelle von Mannschaftsunterkünften annehmen müssen. S des anzunehmenden Stabsgebäudes fanden 1913 Grabungen statt, die angeblich Mannschaftsbaracken mit zwei Bauperioden angetroffen haben. Die Inneneinteilung mit verschiedenen Bauperioden bleibt ohne moderne Grabungen vorerst ungelöst.

Bereits Barthel war N des Lagers ein weiterer Spitzgraben aufgefallen, den er durchaus einer etwas anders orientierten Anlage zuordnen wollte. Roller fand diesen Graben 1961 wieder und konnte sogar zwei Bauperioden nachweisen. Er sah in dem Graben ein zeitgleiches Annäherungshindernis für das Auxiliarlager. Im Luftbild zeigt sich dieser zweiperiodige Graben sehr deutlich. Auch im S des Kastells ist eine ähnliche Grabenspur zu erkennen. Beide bilden den N- bzw S-Abschluß eines weiteren Kastells. Im O reicht der N-Graben bis fast an den Steilabfall der Rehbachniederung heran. Der W-Abschluß ist heute durch die Kiesgrube vernichtet. Sprater berichtet über die Auffindung eines Spitzgrabens (L 80 m, B 3 m, T 1 m) zwischen dem Gräberfeld und der Zivilsiedlung im W des Kastells. Sollte dieser Graben zu der neu festgestellten Anlage gehören, ergäbe sich eine Flächenausdehnung von rd 11 ha. Daß es sich dabei um ein älteres Vorgängerkastell gehandelt hat, ist nur eine – wenn auch die wahrscheinlichere – Vermutung. Neben der Zivilsiedlung im W lassen sich entsprechende Siedlungen auch im O und SO nachweisen. Eine weitere Siedlungsstelle liegt abseits im SO in der Gemarkung von Neupotz.

Ein ausgedehntes Gräberfeld mit ca 400 ergrabenen Bestattungen wurde im W 1913 entdeckt.

Die Luftbilder weisen im N eine weitere Straße nach. Zwischen dieser und dem Kastell läßt sich ein ausgedehnter Holzbau erkennen, der U-förmig einen quadratischen Innenhof umgibt. Die Deutungen reichen von einer Straßenstation bis zu einem Forum (Marktgebäude).

Im O vor der Front des Lagers wurden die Spuren eines steinernen »Badegebäudes« ergraben. Der sehr fragmentarische Grundriß läßt sich durch Luftaufnahmen zu einem größeren Steinbau ergänzen, der wohl noch im 2./3. Jh genutzt wurde. In der mittleren Kaiserzeit bestand sicherlich eine kleinere Ansiedlung weiter. Der Nachweis einer Benefiziarierstation beruht auf einem Ziegelstempel der 8. Legion und 2 Inschriften, welche die Straßenpolizisten C. Julius Adventus (datiert 181 nChr) und einen Quintus (datiert 201 nChr) nennen. Die Steine wurden allerdings in zweiter Verwendung aus der spätantiken Festung → Altrip bzw aus einem fränkischen Plattengrab in Waldsee geborgen. Auch noch im späten 4. Jh läßt sich eine Besiedlung anhand von Grabfunden mit Militärgürteln nachweisen. Be

Ao: M Speyer, LfD Speyer, M Ludwigshafen

Lit: FSprater, Die Pfalz unter den Römern I, 1929, 25 ff – HMenzel, Die römischen Bronzen aus Deutschland, I Speyer, 1960, 17 – GUlbert, Limesforschungen 9, 1969 – ORoller, Pfälzer Heimat 13, 1962, 1 ff; 11, 1964, 81 ff – HBernhard, MittHVP 83, 1985, 130 ff

Lutzerath COC

Grabhügel

Im Lutzerather Wald liegen zwei Grabhügel, einer davon ist stark beschädigt. Ein weiterer Hügel, der sog »Tonhügel«, liegt an der Landstraße nach Kennfuß, unmittelbar S von Kilometerstein 1,6. Dort verlief in SW- bzw NO-Richtung die bedeutende röm Straße über den Hunsrück. Etwa 350 m NO dieses Grabhügels in der Flur »Neuroll« gruppieren sich unmittelbar um eine Quellwiese herum röm Baureste im Boden. Hier handelt es sich um einen röm Gutshof, der am Talhang nach SW hin orientiert ist. Möglicherweise hat der Grabhügel zu ihm gehört. We

Ao: RLM Bonn

Lit: FOelmann, BJb 134, 1929, 151 f

Maikammer SÜW

*Römerstraße**

Zu einer Wegeverbindung von der Ebene in das Bergland führt ein Straßenzug, der bei St. Martin in den Pfälzer Wald eintritt, das Elmsteiner Tal mit einem kleinen Heiligtum an den Gott des Waldes – Vosegus – überquert (→ Neustadt-Lachen-Speyerdorf) und weiter über Esthal nach NW und dann in Richtung zum Forsthaus Johanniskreuz verläuft. Der Zug der Straße von St. Martin am Steilanstieg ist durch ma Wegeführungen stark verunklart. Von den zahlreichen Hohlwegen können aber einzelne durchaus noch in die Römerzeit zurückreichen. Vor dem Sattel an der Totenkopf-Hütte ist ein Straßendamm (L ca 200 m, H 1,50 m, B 5–6 m) gut zu erkennen. Der Dammzug liegt S der Straße. Durch eine Sandgrube unmittelbar vor der Sattelhöhe ist der Straßenkörper angeschnitten worden und somit auch im Querschnitt kenntlich. Be

Lit: Fundberichte aus der Pfalz 1949–1952. MittHVP 54, 1956, 80 – FSprater, Römerstraßen im Haardtgebirge, Festschrift RGZM 1, 1952, 1 ff

Mainz MZ

*Mogontiacum, Legionslager und Zivilstadt**
Abb 2, 4, 5, 26, 28, 30, 38, 40–43, 49, 64, 77, 78, 83–86, 90, 91, 102, 105, 114, 116–118, 124, 126, 129, 146, 374–384, Taf

Um das Jahr 13 vChr war im Gebiet des heutigen Kästrich und SW davon ein Zweilegionenlager (ca 36 ha) errichtet worden. Zusammen mit Vetera bei Xanten am Niederrhein hatte es zunächst die Aufgabe, Basislager für die verschiedenen Feldzüge in germ Gebiet zu sein und später, nach Aufgabe der Offensivpläne, als zentraler rückwärtiger Versorgungspunkt für die Truppen am Limes zu dienen. Die Lagermauer bestand anfangs aus einer Holz-Erde-Konstruktion, die in vespasianischer Zeit durch eine Steinmauer ersetzt wurde. Militärische und politische Aktionen im röm Germanien wie auch im gesamten röm Reich führten im Standort *Mogontiacum* im 1. JhnChr zu häufigem Truppenwechsel, so daß inschriftliche Zeugnisse neben den für diese frühe Zeit wichtigen Legionen, der *XIV Gemina* und *XVI (Gallica)*, noch die *legio I adiutrix, IV Macedonica, XXI rapax* und *XXII Primigenia* erwähnen. Letztere blieb schließlich ab ca 92/97 nChr als Hauslegion mit dem neuen Namen *legio XXII Primigenia Pia Fidelis* bis ungefähr zur Mitte des 4. JhnChr am Ort stationiert.
SW vom Lager entwickelte sich im 1. JhnChr eine halbmilitärisch geprägte und vermutlich im 3. Jh durch eine Mauer geschützte Lagervorstadt. Das zivile *Mogontiacum* bildete sich dagegen nach und nach NO und O des Legionslagers heraus. Über das Aussehen der Stadt ist fast nichts bekannt, so daß über die Lage der öffentlichen Bauten und Straßen nur Vermutungen angestellt werden können. In den Nachkriegsjahren gab es zwar mehrfach aussagekräftige Geländeaufschlüsse, doch fehlt eine entsprechende archäologische Dokumentation der Befunde. Als annähernd gesichert können nur weite Strecken des Verlaufs der Stadtmauer gelten, die Mitte des 3. Jh errichtet wurde und annähernd das heutige Innenstadtgebiet umschloß, nicht aber die Siedlungen in Bretzenheim, am Zollhafen (Dimesser Ort) und in Weisenau. Wie andernorts auch liegen zum Lager bzw zur Stadt gehörigen Gräberfelder an den Ausfallstraßen im Bereich Zahlbachtal, Wallstr, Forsterstr und Albansberg, um nur die größten und wichtigsten zu nennen.
Als um die Mitte des 4. Jh das Legionslager schließlich aufgegeben und abgerissen wurde (nachdem die 22. Legion wahrscheinlich im Verlauf von innenpolitischen Thronkämpfen bei Mursa im heutigen Jugoslawien aufgerieben oder zumindest stark dezimiert worden war), mußte

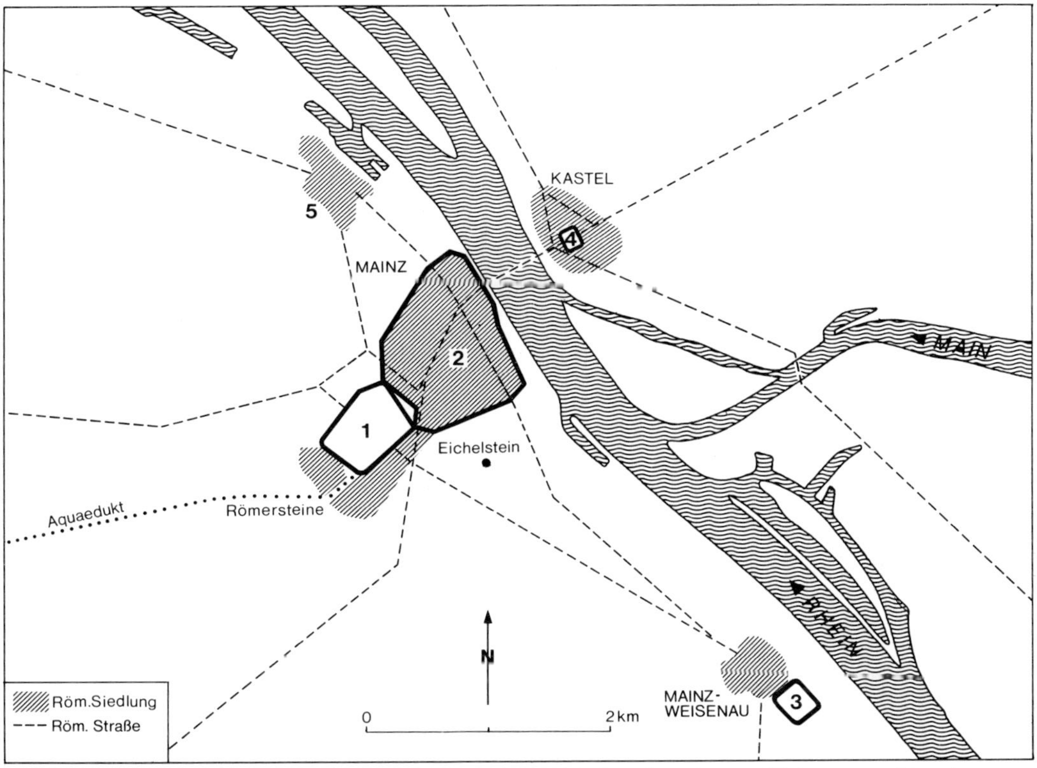

Abb. 374 Mainz. Ubersichtsplan. 1 Legionslager, 2 Zivilstadt, 3 Lager Weisenau, 4 Kastel, 5 römische Hafensiedlung am Dimesser Ort.

die Stadtmauer im Bereich der Legionslagerlücke geschlossen werden, wobei die Steine des abgebrochenen Lagers als Baumaterial ihre zweite Verwendung fanden. Mit Hilfe dieser Spolien wurde in neuerer Zeit mehrfach versucht, die Bauten der Erstverwendung zeichnerisch zu rekonstruieren (zB Büsing: *porta praetoria*). Die Bauglieder des → Dativius-Victor-Bogens stammen auch aus dieser Spolienmauer. Die seit 1983 auf dem Kästrich durchgeführten Grabungen erweiterten durch die Freilegung des → spätantiken Stadttores das Wissen über diese Zeit des Umbruchs zusätzlich.

Ab 406, als Vandalen, Sueben und Alanen in breiter Front bei *Mogontiacum* den Rhein überschritten, verloren Mauer und Tore nach und nach ihre Funktion, da die röm Zivilisation verfiel und mit ihr die den Germanen fremden Bauwerke. Daß Mainz aber nicht unterging, sondern die Unruhen der Völkerwanderung überstand, verdankt es zu einem beträchtlichen Teil der neuen Kraft des Christentums; Mainz war Bischofssitz geworden.

Aquädukt. Um das auf einem wasserarmen Untergrund stehende Legionslager mit genügend Frischwasser versorgen zu können, wurde vom Quellgebiet »Ober den Sandmühlen« und »Königsborn« in Mainz-Finthen (*ad fontes?*) eine fast 9 km lange Wasserleitung zu diesem Lager gebaut. Nach anfänglich unterirdischem Verlauf in einer steinernen, abgedeckten Rinne erhielt die Leitung auf ihren letzten 3 km die Form des Aquäduktes. Ihre größte Höhe erreichten die Pfeiler im Zahlbachtal mit über 25 m, bei einem

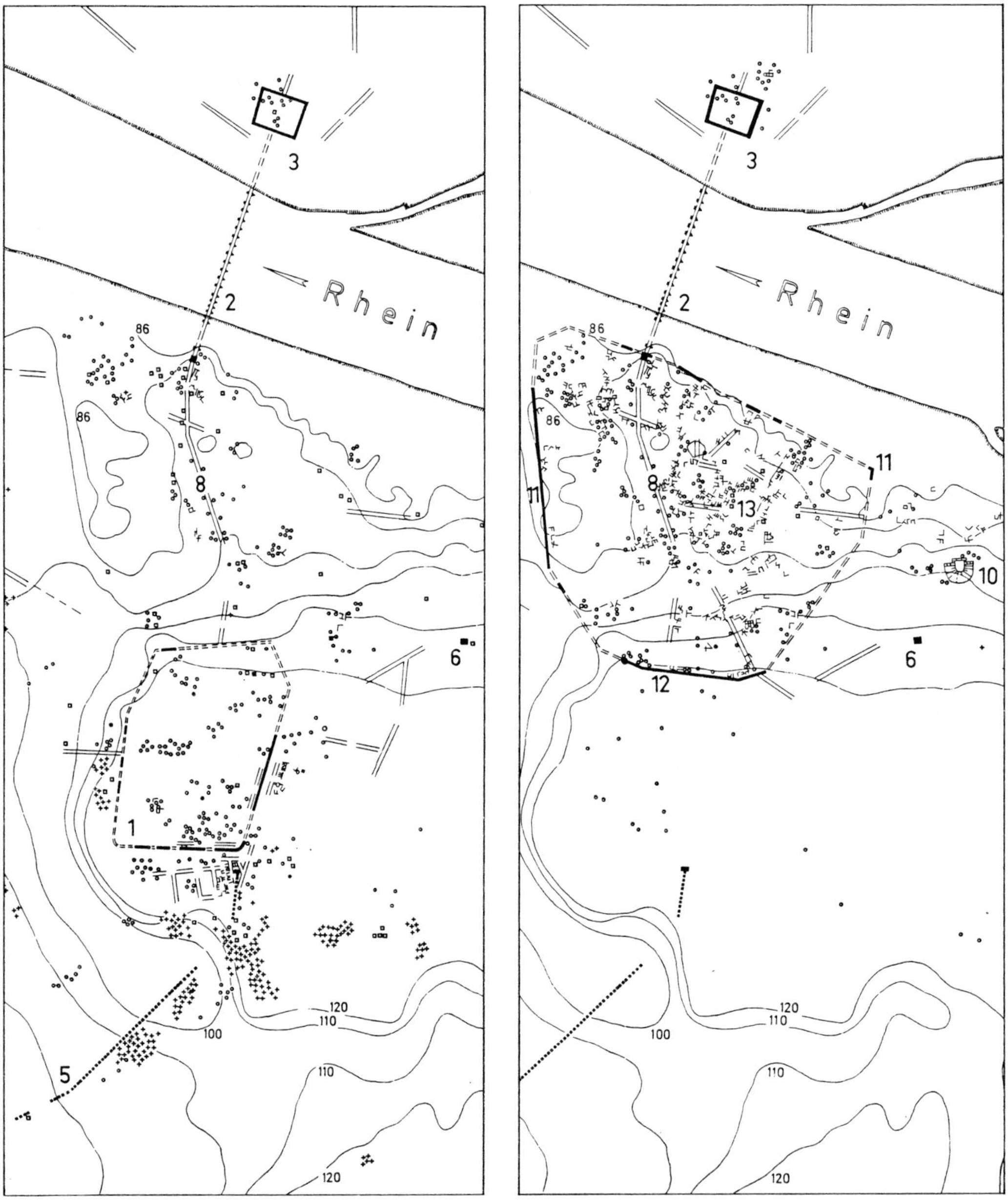

Abb. 375 Mogontiacum-Mainz. Fundstellen 1. Jh. n. Chr. (links); Funde aus dem 4. Jh. und weiter genutzter älterer Bestand (rechts). 1 Kästrich-Lager, 2 Rheinbrücke, 3 Brückenkopf Kastel, 5 Wasserleitung, 6 Drususstein, 8 Emmeranstraße, 10 Theater, 11 Stadtmauer Periode I, 12 Stadtmauer Periode II, 13 römische Bischofskirche (St. Johannis) (nach Esser)

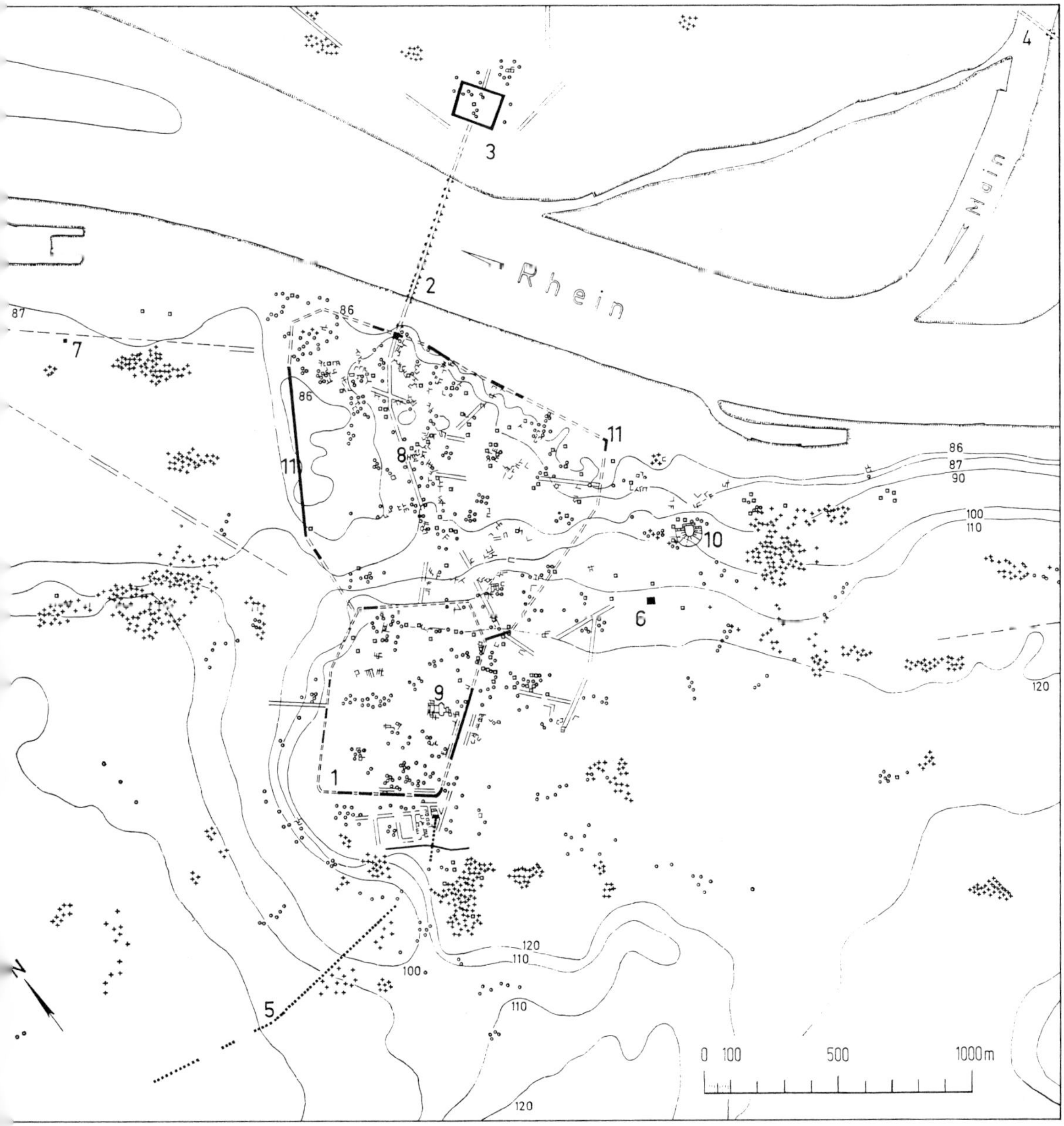

Abb. 376 Mogontiacum-Mainz. Funde aus dem 3. Jh. n. Chr. und weiter genutzter älterer Bestand. 1 Kästrich-Lager, 2 Rheinbrücke, 3 Brückenkopf Kastel, 4 Mainbrücke, 5 Wasserleitung, 6 Drususstein, 7 Jupitersäule, 8 Emmeranstraße, 9 Kastellbad, 10 Theater, 11 Stadtmauer, Periode I (nach Esser)

Abb. 377 Mainz. Aquädukt. Pfeilerreste im Zahlbachtal, die sog. Römersteine

Achsabstand von ca 8,50 m. Als »Römersteine« sind die heute ihrer regelmäßigen Steinverblendung beraubten Gußmauerkerne dort noch auf knapp 600 m Länge zu sehen. Von Pfeiler zu Pfeiler waren einst gemauerte Bögen gespannt, die die wasserführende Steinrinne trugen. Sie bestand im einzelnen aus Hunderten aneinandergesetzter, U-förmig hergerichteter monolithischer Sandsteine (L 2 m, lW 88 × 35 cm). Steinplatten deckten die Rinne ab.

Auf ihrer Gesamtlänge wies die Leitung ein durchschnittliches Gefälle von 0,9% auf. Aus der daraus resultierenden Fließgeschwindigkeit darf bei genanntem Rinnenquerschnitt eine Tagesfördermenge von 6000–7000 m^3 Wasser abgeleitet werden. Das Ende des Aquäduktes bildeten vor der S-Ecke des Militärlagers zwei große Mauerblöcke, in denen die Fundamente von Sammel- und Verteilerbecken gesehen werden müssen.

Vom N Block nahm mindestens eine Tonrohrleitung ihren Ausgang. Stempel auf diesen Rohren sowie im Mauerwerk der Leitung verbaute, von der *legio I adiutrix* und *XIV Gemina Martia victrix* gestempelte Ziegel datieren die Erbauung der Anlage in flavische Zeit (69–96 nChr), in der zudem der erstmalige Ausbau des Legionslagers in Stein erfolgt (unter Kaiser Vespasian). Entsprechend der vorherigen Holz-Erde-Konstruktion des Lagers dürfte auch die Wasserleitung als unabdingbare Voraussetzung für das längst auf Dauernutzung angelegte Lager einen hölzernen Vorläufer gehabt haben.

Die Leitung versorgte das Lager, ihre Bäder und wohl auch die Lagervorstadt (*canabae*). Inwieweit auch die Zivilstadt unterhalb des Lagers mitversorgt wurde, ist noch offen. Einzelne Funde von Wasserleitungsröhren im Stadtgebiet machen diese Anbindung jedoch wahrscheinlich, da sie die beträchtlichen Innendurchmesser von 18–20 cm (Tonrohr), von 29 cm (Steinrohr) und von ca 10 cm (Bleirohr) aufweisen und aufgrund ihrer Wandstärke zugleich auch in Druckrohrleitungen verwendet werden konnten (Höhenunterschied zwischen Legionslager und Stadt ca 30 m).

Eichelstein. Im Innern der S Spitzbastion der Zitadelle, einer unter Kurfürst Johann Philipp von Schönborn 1659–1661 angelegten sternförmigen Befestigung auf dem Jakobsberg, steht ein Gußmauerwerkblock (H ca 19,60 m), der Eichelstein oder auch Drususstein genannt wird. Wie bei den Pfeilern des Aquäduktes ist auch er der ehem regelmäßigen Steinverblendung beraubt, seine Höhe zudem um mehr als die Hälfte dezimiert und selbst der Gußmauerkern durch unpassende Restaurierung entstellt. Das Denkmal weist heute folgende Form auf: Basis (14,6 × 14,6 m, H 2 m), zZ im Erdreich verborgen; Podest (12,2 × 12,2 m, H ca 9,3 m); zylindrischer Aufbau (Dm 10,6 m, H ca 10,3 m), durch eine Einschnürung vom darunterliegenden Podest optisch abgetrennt.

Dieser Mauerwerksklotz stellt den Überrest des Ehrengrabmales für Drusus den Älteren dar.

9 vChr war der Augustusstiefsohn auf dem Rückmarsch von einer Expedition an die Elbe verunglückt und kurz darauf gestorben. Sein Leichnam wurde in das Winterlager *Mogontiacum*-Mainz überführt, wo die Legionen von ihrem Feldherrn Abschied nahmen. Anschließend geleitete der spätere Kaiser Tiberius seinen toten Bruder nach *Ticinum*-Pavia; von da ab führte Kaiser Augustus selbst den Trauerzug nach Rom. Während ihres Traueraktes in *Mogontiacum* stimmten die Legionen spontan für die in den folgenden Jahren

Abb. 378 Mainz. Der Eichel- oder Drususstein

ausgeführte Errichtung eines Denkmals (Eutrop 7, 13, 1: *qui [Drusus] apud Mogontiacum monumentum habet*), an dem jährlich zu Ehren ihres beliebten Heerführers eine Parade mit eingeübten Manöverfiguren veranstaltet werden solle (*decursio militum*). Zudem beschloß der Landtag der drei gallischen Provinzen (*consilium Galliarum*; dazu zählte damals noch das gesamte Gebiet bis an den Rhein), ergänzend zur alljährlichen Gedächtnisfeier der Legionen, am Drusus-Denkmal den Manen des Toten Opfer darzubringen (*supplicatio*). Es gibt gute Gründe, auch das → Bühnentheater am Südbahnhof (ca 300 m NO des Eichelsteines) im Zusammenhang mit diesen Feiern zu sehen, vielleicht sogar seinen Ursprung.

Die größte N der Alpen in situ erhaltene Ruine eines Grabmales wurde in der Forschung schon im 19. Jh nach entsprechenden Vorbildern in Italien als Rundbau auf quadratischem Podium rekonstruiert. Die in der Ruine vor der »Restaurierung« um 1962 noch sichtbare Einschnürung in halber Höhe ist demnach als Ausbruchszone der großen monolithischen Abschlußgesimsquader am Podium zu deuten. Auch der sich darüber erhebende Rundbau muß ein Gesims als obere Begrenzung gehabt haben. Als Abschluß darf wohl ein mit Steinen verkleidetes stumpfkegelförmiges »Dach«, vielleicht mit krönendem Pinienzapfen, vermutet werden.

Durch Bäume, Festungsanlagen und Gebäude wird der Eichelstein heute weitgehend verdeckt. In röm Zeit war er, gegenüber der Mainzmündung gelegen, von allen röm Siedlungs- und Lagerplätzen aus zu sehen.

Bühnentheater. Als 1884 der Bahnhof »Mainz-Süd« entstand, kamen röm Mauerwerkspartien von über 100 m Länge zutage, die jedoch wegen des Geleisbaues sofort abgetragen wurden. Erst 30 Jahre später erkannte man die Bedeutung der damals freigelegten Architekturteile und ergänzte die skizzenhaften Bahningenieuraufzeichnungen durch kleine Nachgrabungen. Sichtbar konnte von alledem nichts erhalten bleiben.

Es handelt sich um ein mit den aufsteigenden Sitzreihen in den Hang gebautes röm Bühnentheater üblichen Grundrisses mit Bühne, Orchestra, Zugängen und halbrundem Zuschauerraum. Bemerkenswert ist der Durchmesser des Zuschauerraumes mit 116,25 m sowie die Breite der Bühne

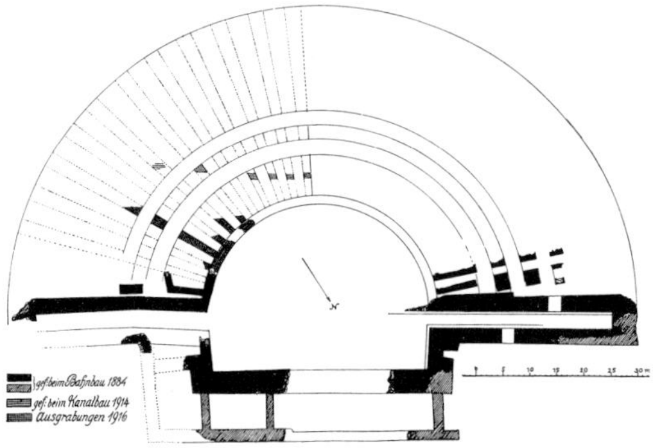

Abb. 379 Mainz. Bühnentheater. Grundrißskizze nach den Ausgrabungen 1914/16

mit 41,25 m. Damit war das Mainzer Theater größer als die südgallischen von *Arausio*-Orange und *Arelate*-Arles sowie das der gallischen Provinzhauptstadt *Lugudunum*-Lyon (108,5 m).
Sollte die Theorie stimmen, daß das Theater im Zusammenhang mit den jährlichen Drususgedenkfeiern am nur ca 300 m SW gelegenen → Eichelstein stand, so wäre seine Bauzeit in die frühe Kaiserzeit zu setzen. Aus einer Textstelle bei Sueton (Galba 6,2) ließe sich die Existenz eines Theaters in *Mogontiacum* mit einer gewissen Wahrscheinlichkeit sogar für das Jahr 39 nChr ableiten. Der archäologische Beweis für eine derartige Frühdatierung steht allerdings noch aus. Seine besondere Größe könnte ebenfalls in diesen Feierlichkeiten begründet liegen, kamen doch nicht nur Abordnungen aus 60 gallischen Gebietskörperschaften (*civitates*), sondern auch Soldaten und Zivilisten aus *Mogontiacum* und wohl dem ganzen röm Germanien. Obwohl nicht mit einem üblichen Stadtrecht ausgestattet, hatte *Mogontiacum* bei diesen Anlässen mehr als normale Zentralortfunktionen, hier manifestierte sich Zusammengehörigkeitsgefühl und Identitätsempfinden, geboren aus militärischem Erfolg und überzeugendem Zivilisationsangebot: ein für Gallien und Germanien politischer Wallfahrtsort.
Große Jupitersäule. Auf dem Grundstück Sömmeringstr 6 wurden 1904/05 ca 2000 skulptierte Steinfragmente sowie mehrere Bruchstücke eines vergoldeten Bronzebildwerkes gefunden. Durch Restaurierung konnte daraus die große Mainzer Jupitersäule wiedergewonnen werden, wobei das auf der Säule (H 9,14 m) thronende überlebensgroße Jupiterstandbild (H 2 m) über die wenigen Bronzeteile (linker Fuß, ein Finger, ein Blitzkeil ua) nur unvollkommen zu erschließen war.
Auf einem Podest erheben sich, von Gesimsplatten jeweils abgedeckt, zwei aufeinandergesetzte, quadratische, verschieden hohe Sockel, über denen eine Säule aus Basis, fünf Trommeln und krönemdem Kapitell steht. Darauf liegt die würfelförmige Basis der Jupiterstatue. Beide Sockel sowie die Säulentrommeln tragen rundum Götterdarstellungen, zT von ornamentalen Verzierungen eingefaßt. Die wie ein Altar profilierte Statuenbasis über dem korinthischen Kapitell ist mit rosettengefüllten Feldern und Rautenmustern versehen. Auf der Vorderseite des oberen Sockels steht die Inschrift:
I(ovi) O(ptimo) M(aximo) / pro [sa]l[ute] [[Nero/nis]] Clau[d]i Cae/saris Au[g(usti)] imp(eratoris) / canaba[rii] Pu[bl]ice / P(ublio) Sulpicio Scribonio / Proculo leg(ato) Aug(usti) p[r(o) p]r(aetore)/ cura et impensa / Q(uinti)·Iuli·prisci·et·/ Q(uinti) ·Iuli·Aucti. (Dem Iupiter Optimus Maximus haben für das Wohlergehen des Nero Claudius Caesar Augustus Imperator die Canabari aufgrund eines öffentlichen Beschlusses dieses Denkmal gesetzt, und zwar als Publius Sulpicius Scribonius Proculus Oberbefehlshaber war. Ausgeführt unter der Leitung und auf Kosten von Quintus Iulius Priscus und Quintus Iulius Auctus [wohl Brüder]).
Auf der Gesimsplatte des unteren Sockels ist die Künstlerinschrift eingemeißelt: [S]*amus et Severus Venicari f(ilii) sculpserunt.* (Die Bildhauerarbeit besorgten Samus und Severus, Söhne des Venicarus.)
Die Jupitersäule wurde in der Regierungszeit des Kaiser Nero, dessen Name später durch Tilgung verschwand, errichtet. Anlaß wird wahrscheinlich die antineronische Verschwörung der Agrippina 59 nChr gewesen sein, die nach ihrer Aufdeckung Danksagungen für die Rettung des Kaisers im ganzen Reich zur Folge hatte.
Die von den beiden Bildhauern Samus und Severus, Söhne des Kelten Venicarus, geschaffene Säule stand für die folgenden 200 Jahre im gesamten röm Germanien Pate für eine Vielzahl ähn-

Abb. 380 Mainz. Ehrenbogen des Dativius Victor. Rekonstruktion am Ernst-Ludwig-Platz

licher und davon abgeleiteter Säulen und begründete einen Bildhauerstil.
Das Original befindet sich heute im Mainzer Landesmuseum, Kopien stehen auf dem Deutschhausplatz in Mainz, bei der Saalburg, im Museum St. Germain-en-Laye und im Museo del Impero Romano in Rom.
Ehrenbogen des Dativius Victor. Von 1898 bis 1911 wurden bei Baumaßnahmen zwischen der Martinstr und der heutigen Str »Am Gautor« 43 Architekturquader gefunden, die allesamt als Spolien in der spätantiken Stadtmauer verbaut waren, in ihrer Erstverwendung aber zu einem Ehrenbogen gehörten. Da die Gesamtzahl der Bauglieder auf 75 geschätzt wird, wären somit nahezu zwei Drittel der ehem Baumasse erhalten, – ein seltener Fall in Mainz.
Der Ehrenbogen (H 6,50 m, B ca 4,50 m, T 0,70 m) überwölbt einen Durchgang von 2,40 m Weite und ca 3,90 m Höhe. Auf der gesamten Schauseite wurde der Bogen verziert, die inneren Schmalseiten sowie die Rückseite weisen Reliefschmuck aber nur bis zur Höhe des Ansatzes des Durchgangsbogens auf. Über dem Gesims befindet sich die Attika mit Stifterinschrift, die ihrerseits wiederum von einem Gesims mit abschließender Platte abgedeckt gewesen sein dürfte.
Die Stifterinschrift, rechts und links von 2 Pelten haltenden Eroten eingefaßt, lautet: *in·h(onorem) ·d(omus)·d(ivinae)·I(ovi)·O(ptimo)·M(aximo) Conservatori·arcum·et·porticus·/ quos·Dativius ·Victor·dec(urio)·civit(atis)·Taun(ensium)·sacerdotalis·Mo/gontiacensibus [·p]romisit·Victorii·Ursus·frum(entarius)·et·Lupus / filii·et·heredes·consummaverunt.* (Zu Ehren des Kaiserhauses haben dem Iupiter Optimus Maximus Conservator den Bogen und die Säulenhalle, die Dativius Victor, Ratsherr der Gebietskörperschaft der Taunenser (Frankfurt-Heddernheim-Nida) und ehem Priester, den Bürgern von *Mogontiacum*-Mainz versprochen hatte, seine Söhne und Erben, Victorius Ursus, Frumentarius [Versorgungsbeamter und Polizist?], und Victorius Lupus fertig errichten lassen.)
Nach epigraphischen Gesichtspunkten muß die Inschrift ins 3. JhnChr datiert werden, so daß damit auch die Errichtung des in ihr erwähnten Bogens in diese Zeit fällt. Mit der erwähnten Säulenhalle wird der Bau gemeint gewesen sein, der sich mit Hilfe der Kämpfer auf den Außenseiten des Bogens, reichlich 2,10 m über der Sockelunterseite, erschließen läßt. Holzbalken dürften dort als waagerechte Stürze sich anschließender Durchgänge zu den dahinter liegenden Portiken aufgelegen haben. Der Ehrenbogen hätte damit den Beginn einer von auf beiden Seiten mit Säulengängen eingefaßten Straße optisch eindrucksvoll überspannt.
Der Grund für die Spendenfreudigkeit eines Ratsherrn aus der fast 40 km entfernten röm Stadt *NIDA* hier in Mainz verwundert zunächst. Angesichts drohender Germaneneinfälle, die schließlich 260 nChr zur Aufgabe aller rechtsrheinischen Gebiete führten, könnte im Erscheinen eines Ratsherrn aus den unsicher gewordenen Siedlungen im noch ungefährdeten *Mogontiacum* ein gewollter Rückzug der Verwaltungsorgane oder eine frühzeitige Absetzungsbewegung vermutet werden.

Als ehem Standort darf angesichts des Sekundärfundplatzes »Gautor-Martinstr« das benachbarte Gebiet O des Fichteplatzes erwogen werden, da dort Ende des 19. Jh Spuren einer Straßenportikus zutage kamen.
Das aufgebaute Original befindet sich heute im Landesmuseum Mainz; am Ernst-Ludwig-Platz, neben dem Römisch-Germanischen Zentralmuseum, steht ein Abguß im Maßstab 1:1.
Spätantikes Stadttor. Mitte des 3. JhnChr erhielt die bis dahin unbewehrte Zivilstadt eine steinerne Stadtmauer, wobei sich diese an die Mauer des Militärlagers anschloß, also die Lagermauer auf einer Strecke von etwa 600 m in den Stadtmauerbering mit einbezog. In die durch den Abriß des Legionslagers um die Mitte des 4. Jh entstandene Lücke in der Stadtmauer wurde schließlich die spätantike Spolienmauer mit Tor eingefügt. Sie verläuft über ehem Lagerterritorium und überdeckt deshalb lagerzeitliche Architekturreste. Ihr Baumaterial könnte aus dem Abbruchmaterial des Legionslagers stammen. H. Büsing meint sogar, in zahlreichen Spolien die Überreste des ehem Lagerhaupttors (*porta praetoria*) erkennen zu können. Jedoch kommen auch andere demolierte Großbauten als Spolienlieferanten in Frage, etwa die Principia oder der Statthalterpalast.
Die 2,70 m breite und noch bis zu 2 m hoch erhaltene Stadtmauer ist auf 4,10 m Länge unterbrochen und endet jeweils in einander gegenüberstehenden T-förmigen Querzügen aus Spolienquadern, die die Wangen der Torgasse bilden. Darüber erhob sich in röm Zeit ein Torturm, der die Stadtmauer überragte. Den Boden der Durchfahrt bedecken nahezu quadratmetergroße rote Sandsteinplatten, die fast diagonal zur Mauerachse verlegt sind. Durch den Torbau bedingte unregelmäßige Ausbrüche zeigen an, daß der qualitätvolle Plattenbelag älter als die Toranlage ist und somit nur aus der Zeit des Legionslagers stammen kann. Da der eine unbeschädigte Rand des Straßenbelags auf den vermuteten Standort des ehem Lagerhaupttores ausgerichtet ist, handelt es sich um Überreste der Lagerhauptstraße (*via principalis*). Die beim Bau des Tores in den Straßenbelag roh eingelassene Schwelle zeigt zusammen mit Torangel- und Klobenlöchern an, daß die Durchfahrt mit zwei Torflügeln verschlossen werden konnte. Aufmerksamkeit verdienen die 1,90 m breiten Fahrspuren in der Torschwelle, die sich übrigens stadteinwärts im weiteren Straßenbelag stärker eingeschliffen haben als stadtauswärts, möglicherweise ein Hinweis darauf, daß mit Versorgungsgütern für die Stadt beladene Fahrzeuge diese Spur benutzten.
Die Toranlage gehört zu den spätesten, die im röm Deutschland bekannt sind. Für Mainz stellt sie eine eindrucksvolle Urkunde der stadtgeschichtlichen Entwicklung dar. Über den noch in die Legionslagerzeit gehörenden Straßenbelag marschierte nicht nur röm Militär, sondern kamen auch germ Gesandtschaften oder gar Gefangene ins Lager. Ein nicht unwesentlicher Teil röm Machtpolitik spielte sich auf dieser Straße ab.
Tor und ansetzende Stadtmauerpartien sind in Originallage erhalten und zugänglich.
Rheinbrücke. Wie das → Lyoner Bleimedaillon zeigt, war *Mogontiacum* mit seinem rechtsrheinischen Brückenkopf *Castellum Mattiacorum* durch eine Brücke verbunden. Sie lag ca 30 m oberhalb der heutigen Theodor-Heuss-Brücke und führte die vom Legionslager herabziehende Straße (heute Emmerich-Josef-Str, Emmeransstr, Reichklarastr, Zeughausgasse) über den Fluß. Ihre Länge betrug 700 m; mindestens 18 Flußpfeiler und mehrere Landpfeiler trugen die Fahrbahn. Alle Steinpfeiler wurden im 19. Jh im Zuge intensivierter Schiffbarmachung weggebaggert, Hunderte von darunter sitzenden Eichenpfählen

Abb. 381 Mainz. Spätantikes Stadttor auf dem Kästrich

Abb. 382 Mainz. Rheinbrücke. Rekonstruktion eines Pfahlrostes im Schloßhof (19. Jh.)

gezogen und wirtschaftlich verwertet. Die Pfeiler standen am Ufer im Abstand von ca 21 m, zur Strommitte hin vergrößerten sich die Zwischenräume bis auf ca 34 m, wodurch eine größere Durchfahrtshöhe erreicht wurde, die aber auch eine Fahrbahnwölbung zur Folge hatte.

Die Brücke gehörte zum Konstruktionstyp der Pfahlrostbrücke. Alle Steinpfeiler gründeten jeweils auf einem längsrechteckigen Balkenrost (ca 12 × 7 m) mit flußaufwärts vorgelagertem bugförmigem, Eis, Treibgut und Flut abweisendem Dreieck. Der Rost bestand aus einem in Grundrißform konstruierten waagerechten Rahmen von Eichenbalken, die zwischen eine Vielzahl von paarweise senkrecht in den Flußgrund eingerammten, zT pfahlschuhbewehrten Vierkanthölzern (L über 3 m) eingespannt waren. Parallel zur Schmalseite steiften waagerechte Querbalken den Rahmen innen aus. Als Holzverbindungen kamen Dübel, Nägel und Überblattung vor. Die Zwischenräume waren mit Steinmaterial und Ton ausgefüllt und bildeten so eine feste Fundamentplatte für den Steinquaderaufbau. Oberhalb der erfahrungsgemäß höchsten Hochwassermarke wurden zwischen die derart gegründeten Steinpfeiler die hölzernen Spannbögen eingezogen, auf denen dann die Fahrbahndecke lag.

Gegenüber dem bisher unter Kaiser Vespasian angenommenen Entstehungszeitraum konnte 1986 mit Hilfe von aus dem Flußgrund gezogenen und dendrochronologisch ausgewerteten Eichenpfählen die Bauzeit mindestens auf das Jahr 27 nChr vorverlegt werden.

In den folgenden Jahrhunderten wurde die Brücke mehrfach beschädigt und repariert. Noch 406 scheinen sie nach W vordringende Germanen benutzt zu haben. Karl der Große benutzte die Pfeiler erneut für den Bau einer Rheinbrücke; sie brannte jedoch kurz nach ihrer Fertigstellung ab.

Lyoner Bleimedaillon. 1862 wurde in der Saône bei Lyon eine runde bleierne Scheibe gefunden, auf der mit dem Stempel für die Rückseite eines Goldmultiplums, vermutlich eines 48fachen Aureus, ein Probeabschlag vorgenommen worden war. Das im Durchmesser knapp 8 cm große Exemplar befindet sich heute im Cabinet des Médailles in der Bibliothèque Nationale in Paris. Das sog Lyoner Bleimedaillon gibt auf dem unteren Bildfeld die ältesten bekannten Ansichten von Mainz und Mainz-Kastel in generalisierter Form wieder. Es wird auf kurz vor 300 datiert.

Schiffe. 1981/82 wurden innerhalb weniger Monate im Mainzer Stadtgebiet zwei Baugruben so tief in das Erdreich vorgetrieben, daß deren Sohle unter dem heutigen Niveau des Rheinspiegels lag. Dadurch kamen Erdschichten zutage, die wegen ihres hohen Feuchtigkeitsgehaltes auch gute Erhaltungsbedingungen für organisches Fundmaterial wie Holz, Leder und Gewebe boten. Besonders bekannt geworden sind daraus die Schiffsfunde, die zum großen Teil geborgen wurden und heute im Detail wissenschaftlich untersucht und für die Konservierung vorbereitet werden. Eine Präsentation in einem eigenen Museum ist vorgesehen.

Aus der Fundstelle »Löhrstr« gegenüber der Rheingoldhalle sind neben Einbaumresten 2 Schiffstypen zu nennen: ein breites Reiseschiff und in mehreren Exemplaren ein schlankes Kriegsschiff (L ca 20 m), das von 26 Ruderern angetrieben wurde.

Dendrochronologisch datierte E. Hollstein die Bauzeit von einem Schiff in das Jahr 376 nChr. Für die folgenden Jahre konnte er mehrere Reparaturen nachweisen, die letzte aus dem Jahr 394. Nahezu 300 Jahre ältere Schiffe wurden in der Baustelle »Kappelhof« entdeckt. Wie schon in der Löhrstr lagen sie ca 7 m unter der heutigen Oberfläche im feuchten Erdreich. E. Hollstein datierte ein Schiff in das Jahr 81 nChr. Im Gegensatz zu den Funden aus der Löhrstr handelt es sich bei diesen Schiffen um breite Schwerlastschiffe, wie sie schon aus den Niederlanden, Belgien und der Schweiz bekannt sind. In seinem Ursprung ist dieser Typ, ein verbreiterter Einbaum, keltisch.

Schwert »des Tiberius«. Das Schwert, 1848 in der Nähe des Mainzer Winterhafens gefunden und heute im Britischen Museum (Kopie im RGZM), gehörte einst einem Centurio einer Mainzer Legion. Die Hervorhebung eines Mainzer Einzelfundes und seine besondere Benennung erklären sich aus der Verzierung der Waffe mit Darstellungen aus dem offiziellen politischen, propagandistischen Bildprogramm unter Kaiser Tiberius. Wie bei keiner anderen Schwertverzierung wird hier auf Ereignisse röm Germanienpolitik angespielt.

Der eiserne Gladius ist 53 cm lang; von seiner hölzernen Scheide blieben nur noch Beschläge aus Messing, zT verzinnt, übrig. Über dem knopfförmigen Ortband befindet sich ein Beschlag mit der Darstellung einer amazonenhaften Gestalt mit Doppelaxt und Lanze. Oberhalb davon ist ein Fahnenheiligtum mit Legionsadler und militärischen Feldzeichen zu sehen. In der Mitte der Scheide wurde ein Medaillon eines Kaisers im Lorbeerkranz angebracht, wahrscheinlich die nach links gewandte Büste des Kaisers Augustus. Das Scheidenmundblech ziert eine Audienzszene: Dem sitzenden Kaiser Tiberius reicht ein vor ihm stehender Feldherr, wohl Germanicus, eine kleine Victoriastatuette. Victoria

Abb. 383 Mainz. Schlankes Kriegsschiff, das von 26 Ruderern angetrieben wurde, erbaut in der 2. Hälfte des 4. Jh. n. Chr.

Abb. 384 Mainz. Sog. Schwert des Tiberius. Ausschnitt einer Schwertscheide

selbst und Mars flankieren den Kaiser, der seinen linken Arm auf einen Rundschild mit der Aufschrift *FELICITAS TIBERI* gelegt hat.
Alle Darstellungen zusammen zeigen Siegessymbolik. Mit Fahnenheiligtum, Adler und Feldzeichen wird an die Bezwingung der Räter und Vindeliker (personifiziert durch die Gestalt mit Doppelaxt) im Jahre 15 vChr erinnert. Der Träger des Schwertes zeigte mit seiner derart verzierten Waffe militärisches Selbstbewußtsein und Stolz – vielleicht war er sogar bei den Kämpfen dabei gewesen. Ru

Lit: Legionslager, Zivilstadt: K-VDecker und WSelzer, Aufstieg u Niedergang d röm Welt II, 5.1, 1976, 457 ff – HBüsing, Militärarchitektur, 1982 – DBaatz, Mogontiacum, 1962 – ders, in: Die Römer in Hessen, 1982, 425 ff
Aquädukt: ChrvKaphengst und GRupprecht, in: Die Wasserversorgung antiker Städte, hrsg von der Frontinus-Gesellschaft, Mainz 1988, 199 ff
Eichelstein: HBellen, Jb RGZM 31, 1983, 385 ff – HGFrenz, Jb RGZM 32, 1985, 394 ff
Bühnentheater: GBehrens, MZ 48/49, 1953/54, 78. Im übrigen siehe Literatur wie bei »Eichelstein«
Jupitersäule: GBauchhenß, CSIR II, 2 Mainz 1984
Ehrenbogen: HGFrenz, Ber RGK 62, 1981, 219 ff
Stadttor: GRupprecht, Archäologie in Deutschland 3/1987, 10 f
Römerbrücke: HCüppers, Die Trierer Römerbrücken, 1969, 185 ff
Bleimedaillon: BStümpel, Fundberichte aus Hessen 19/20, 1979/80, 791 ff – KWeidemann in: Katalog »Gallien in der Spätantike«, 1980, 27 f
Römerschiffe: GRupprecht (Hrsg.), Die Mainzer Römerschiffe, [3]1984 – OHöckmann, Antike Welt 13, 1982, 40 ff – ders, Jb RGZM 30, 1983, 403 ff
Tiberiusschwert: EKünzl, Germanien und Rom, in: Kaiser Augustus und die verlorene Republik, Ausstellungskatalog Antikenmuseum Berlin 1988, 558 f

Mainz-Mombach MZ

Gräberfeld

Ein Hausneubau in der Nikolausstr führte zur Entdeckung eines kleinen röm Brandgräberfeldes des 3. JhnChr, das teilweise ausgegraben werden konnte. Zwischen den Brandgräbern kam auch das Skelettgrab eines kleinen Kindes zutage, das nach anthropologischer Auswertung zwischen 6 und 24 Monaten alt gewesen sein muß. Religiöse Vorschriften verboten es in röm Zeit, verstorbene Kinder dieses Alters zu verbrennen. Als Beigabe hatte es einen schlanken Firnis-Trinkbecher bei sich. – Die zugehörige Siedlungsstelle ist noch nicht bekannt. Ru

Mainz-Weisenau MZ

*Gräberfeld**
Abb 28, 79, 80, 385

Zum Weisenauer Militärlager, das im Bereich des heutigen Steinbruchs lag, und zur Zivilsiedlung, die sich vom Lager aus nach NW hin erstreckte, gibt es nur wenige Erkenntnisse. Während das Legions- und Hilfstruppenlager nur im 1. JhnChr genutzt wurde, bestand die zivile Siedlung bis ins 4. JhnChr.
Demgegenüber ist das Gräberfeld längs der vom Legionslager Mainz zum Lager Weisenau führenden Straße inzwischen durch Grabungskampagnen der Jahre 1982–1989 auf einer ca 180 m langen Strecke bis in alle Einzelheiten untersucht. Hunderte von Brandgräbern liegen, meist einreihig, auf beiden Seiten der Straße, durch einen mehrmals erneuerten Graben von ihr getrennt. Bei zahlreichen Gräbern sind noch Grabsteinfundamentierungen zu erkennen, die Grabsteine selbst fielen im Laufe der Zeit dem Steinraub zum Opfer. Auf der – von *Mogontiacum* aus gesehen – rechten Straßenseite umgeben häufig Mauerumfriedungen von 3 × 3 m und mehr die Gräber; in der der Straßenfront zugewandten Seite blieben die Einlassungen für die Grabsteine erhalten. In einigen Fällen befand sich in der Mitte der Umfriedung ein Grabaltarfundament oder sogar die Unterlage für ein Pfeilergrabmal. Dieser aufwendig ausgestattete Teil des Gräberfeldes gehört in die erste Hälfte des 1. JhnChr. Ru

Lit: ENeeb, MZ 8/9, 1913/14, 37 ff – K-VDecker u WSelzer, Aufstieg und Niedergang d röm Welt II, 5.1, 1976, 526 – K-VDecker, MZ 71/72, 1976/77, 228 ff – WSelzer, ebda, 231 ff

Abb. 385 Mainz-Weisenau. Grabumfriedung eines Brandgrabs

Maring-Noviand WL

*Weinkelter**
Abb 386

Durch ein mit Ziegeln gedecktes Schutzhaus gut erkennbar, ist an der SW Ortszufahrt vor Maring im Weinberg eine röm Kelteranlage konserviert, die, bei Arbeiten des Kulturamtes entdeckt, 1977 vom RLM untersucht werden konnte.
Innerhalb eines größeren, von Schiefermauern umgrenzten rechteckigen Raumes wurden 2 fast quadratische Becken und vorgelagert ein kleineres, tiefer gelegenes Becken freigelegt. Vor die den Raum umgrenzende Wand errichtet, sind die Becken mit Ziegelmauerwerk zum Raum hin abgegrenzt, alle Wandflächen und auch die freistehende vordere Wand mit dichtem, sorgfältig geglättetem Kalkziegelmörtel verputzt und stehen über das Raumbenutzungsniveau noch ca 1 m hoch an. Neben der dünneren Trennmauer ist zum Raum hin in der Wannenecke je eine Abflußrinne angelegt. Sie vereinigen sich an der Außenseite und münden in das vorgelagerte, in den Boden eingetiefte Sammelbecken. Im Gegensatz zu der Anlage von → Piesport wurden hier die größeren Maischbecken vielleicht durch eine entsprechende Anordnung der Kelter (Baumkelter) auch als Preßbecken benutzt. Der so gewonnene Most wurde dann in dem kleinen Becken eingefangen und konnte hier in den Fässern und Bottichen zur Kellergärung und Lagerung abgefüllt werden. Für eine Keltervorrichtung spricht der Fund eines Rotsandsteinquaders mit eingearbeiteter Nut zur Aufhängung als Gewichtstein.
Cü

Lit: ANeyses, ArchKorrbl 7, 1977, 217 – ders, Antike Welt 10, 1979, 56 f – WBinsfeld, in: 2000 Jahre Weinkultur an Mosel, Saar-Ruwer 1987, 107 Nr 46

Abb. 386 Maring-Noviand. Weinkelter, Grabungsfoto

Martinstein KH

Grab

Der Aushub einer Grabgrube im neuen Friedhof führte 1984 zur Entdeckung des ersten röm Fundes in Martinstein. Es handelte sich um ein Steinkistengrab mit Inventar aus der Mitte des 1. JhnChr. Neuerlich beobachtete Lesefunde machen eine Fortsetzung des Friedhofs auf dem benachbarten Acker wahrscheinlich. Die zugehörige Siedlungsstelle ist noch zu suchen. Ru

Maudach → Ludwigshafen

Mayen MYK

Stein- und Lavaabbau
Abb 339

Die Landschaft rund um Mayen bis zum Laacher See ist vulkanischen Ursprungs und wird durch zT kegelförmig ansteigende Berge, Kratermulden und ausgedehnte, durch Aschen zugewehte Flächen gekennzeichnet. Die ausgedehnten Vorkommen an Basaltlava in massiven Bergstöcken, Tuff- und Gesteinshalden wurden seit vorgeschichtlicher Zeit abgebaut und zur Herstellung von Steingerät (Hämmern und Schlagsteinen) und Mahlsteinen (sog Napoleons-Hüte) verwertet.

Seit röm Zeit werden bevorzugt Mühl- und Mahlsteine von Hand- und Getreidemühlen, die Rahmensteine der Feuerstellen (Präfurnien) von Heizungsinstallationen und Bauquader (Römerbrückenpfeiler in Trier), Mörser, Sarkophage und Grabdenkmale aus dem Material gefertigt und in die benachbarten Provinzen exportiert.

Neben den zutage liegenden Basaltlava-Vorkommen, die in großflächigen Tagebauen (→ Kottenheim) ausgebeutet wurden, sind auch zahllose Minen und unterirdische Stollen nach charakteristischen Behauspuren der röm Zeit zuzuweisen. Die vulkanischen Aschen wurden auch dem Baumörtel als Zuschlag beigegeben.

Die Mayener Keramikfabrikation des 4. JhnChr, die sich durch besonders harten, klingenden Brand auszeichnet, zeigt ebenfalls reichliche Magerung von vulkanischen Aschen, die im Brand zT schmelzen und als schwarz glänzende Kristalle an der Gefäßhaut erscheinen. Diese Keramik ist in Nordgallien und den beiden germ Provinzen allgemein bis ins 5. Jh vertreten.

Eine gute Auswahl von Fundmaterial ist in dem Eifeler Landschaftsmuseum in der Genovevaburg in Mayen ausgestellt.

Lit: JRöder, Neue Ausgrabungen in Deutschland, 1958, 268 ff

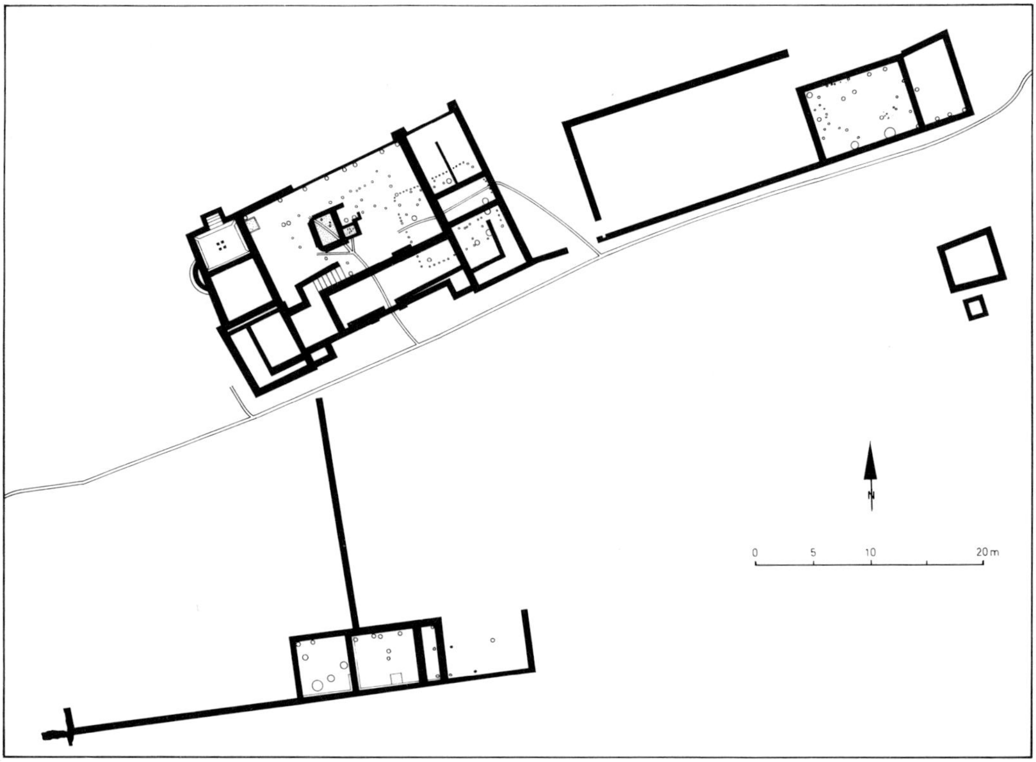

Abb. 387 Mayen. Gutshof. Haupt- und Nebengebäude. Grundriß

Gutshof
Abb 387

Im Mayener Stadtwald in der Flur »Im Brasil« lag ein schon seit langem bekannter röm Gutshof. Aufgrund von Wegebauarbeiten wurden die Reste dieser röm Gebäude angeschnitten und 1922/23 systematisch ausgegraben. Die Besonderheit bei den Grabungsergebnissen waren zunächst der gute Erhaltungszustand der zu erforschenden Reste eines röm landwirtschaftlichen Betriebes und insbesondere die Ergebnisse zur vorröm Epoche. Es kamen deutlich Reste einer eisenzeitlichen und latènezeitlichen Vorläuferbebauung zutage. Daraus ist eine siedlungsgeschichtliche, politisch wirtschaftliche Kontinuität zu entnehmen.

Das Gehöft umfaßt, soweit es durch die Ausgrabungen aufgedeckt wurde, eine ganze Anzahl von Gebäuden verschiedener Größe und Funktion. Alle liegen auf der Sohle des schmalen Tälchens. Diese Lage ist für einen röm Gutshof ausgesprochen ungewöhnlich. Auch die Anordnung der Gebäude entspricht nicht dem üblichen Bild. Es handelt sich um einen sogenannten Streu- oder Haufenhof. Die Wasserversorgung durch eine Quelle lag in unmittelbarer Nähe des Hofes.
Das Hauptgebäude zeigt mit seiner Front nach SSO und ist mit seiner Rückwand in den N Talhang eingetieft. Ein Nebengebäude liegt im O fast in genauer Flucht, ein zweites gegenüber dem Hauptgebäude. Der Bau W von diesem wurde nicht völlig ausgegraben. Zwei einräumige, noch gut erhaltene Gebäude liegen am O-Ende des Ge-

höftes (nicht auf dem Plan). Ein größeres Areal zwischen Haupt- und O-Nebengebäude war von allen Seiten mit Mauern umgeben und offensichtlich nicht überdacht.
Zur Umfriedung des Gehöftes durch eine Mauer konnte die Grabung keine oder kaum nennenswerte Ergebnisse erbringen. Ein Entwässerungskanalsystem für Frisch- und Abwasser durchquerte das gesamte Areal.
Die Gebäude waren durchweg in dem ortsüblichen Schiefermaterial in Form von meist kleinen zurechtgehauenen oder auch bruchsteinartigen Quadern errichtet. Die Wände trugen einen Kalkputz, von dem vereinzelt Reste mit roter und weißer Bemalung zutage traten. Bruchstücke von Fensterglas (grünlich-weiß) beweisen, daß die Fenster teilweise verglast waren. Die Dächer waren überwiegend mit Ziegeln bedeckt, nur selten und vereinzelt wurde auch Dachschiefer nachgewiesen.
Bei dem Hauptgebäude konnten mehrere (Oelmann spricht von 8 Phasen) Bauphasen ermittelt werden. Bei dem ersten Bau handelt es sich um einen reinen Pfostenbau der Latènezeit. Er wurde durch die späteren röm Gebäude überbaut und fand sich unter dem O-Drittel.
Offensichtlich haben wir es hier mit einem landwirtschaftlichen Betrieb zu tun, der aus vorröm Zeit bis in die zweite Hälfte des 4. JhnChr bewirtschaftet wurde. Das hallenförmige Hauptgebäude mit dem ebenerdigen Herd war wohl ursprünglich und in röm Zeit der Kernbau. Nach Um- und Neubauten, Erweiterungen und Anbauten ergab sich ein Gebäude mit den entsprechenden Räumen der allgemeinen Nutzung. Die Räume an der W-Seite sind als Bad, der ganz hypokaustierte Raum als Schlaf- oder Wohnraum anzusprechen, der Eckraum im SO, der auch als einziger einen festen Kalkestrich aufwies, wird wahrscheinlich Gesellschaftsraum oder Speisezimmer gewesen sein. So ließen sich die einzelnen Räumlichkeiten entsprechend dem üblichen Schema der röm Villengebäude der hiesigen Region mit Portikus und Eckrisaliten ihren einzelnen Funktionen zuordnen.
Bei dem kleinen Gebäude im SO handelt es sich nach Oelmann möglicherweise um einen kleinen Tempel. Hierauf verweisen die zahlreich gefundenen Terrakotta-Figürchen, die Tonmasken und Räucherkelche sowie Miniaturgeschirr. Aufgrund der ca 30 röm Münzen von Augustus bis Gratianus und der zahlreichen Funde läßt sich die Siedlungszeit von der späten Eisenzeit bis in das 4. Jh reichlich belegen. We

Ao: RLM Bonn
Lit: FOelmann, BJb 133, 1928, 51 ff

Befestigung

Auf dem Katzenberg befinden sich Siedlungsreste und Hausgrundrisse der jüngeren Steinzeit, aber vor allem auch der spätröm Epoche. Grabungen fanden in den 20er Jahren durch das Rheinische Provinzialmuseum Bonn statt. Neben den vorgeschichtlichen Siedlungsresten wurde eine doppelte Befestigungslinie festgestellt, die in Form zweier Gräben den Berg im NW und O umgibt; auf der S-Seite trat an die Stelle der Gräben eine Mauer mit massiven Rundtürmen. Die beiden parallel angelegten Sohlgräben sind 7–8 m iL voneinander entfernt und haben bergseits eine flache, talwärts eine steile, oft fast senkrechte Böschung. Die Füllung enthielt in ihrem bergab gelegenen Teil, regelmäßig hochkant gestellt, Basaltsteine und Schieferplatten. In der Tiefe fand sich vereinzelt verkohltes Holz. Im oberen Teil der Füllung lagen spätröm Scherben, Ziegel und Dachschieferbruchstücke, offenbar Reste von dem höhergelegenen Gebäude im Innern des umwehrten Bezirkes. Im S Viertel der O-Seite schlossen Mauerstücke an, deren Fundamentgruben den beschriebenen Gräben ähnlich sehen.
Auf der S-Seite erscheint steil über dem Nettetal ein kreisrunder Eckturm (Dm 5,5 m). An einer Seite war er noch 5 Basaltquaderschichten hoch erhalten, die mit dünnen Schieferausgleichsschichten abwechselten. Sie waren mit schlechtem Mörtel ohne Ziegelzusatz gebunden und außen mit einem weißlichen, gut geglätteten Verputz versehen. Etwa 65 m W von diesem Turm stand ein zweiter ebenfalls kreisrunder Turm (Dm 5,60 m). Er war auf der W-Seite noch 11 Basaltschichten hoch, die ebenfalls mit Ausgleichsschichten aus Schiefer abwechselten. Zwischen den Türmen war die Mauer nicht mehr festzustellen. W von dem zweiten Turm standen verschiedentlich noch schwache Trockenmauerreste, die an einer Stelle eine Art Eingang bildeten. Auf der

SW-Seite des Berges war bisher keine Spur von Befestigung zu ermitteln. Das geborgene Fundmaterial wie zahlreiche Einzelfunde, Bronzereste, Keramik und Münzen, belegen das 4. Jh. Einige Stücke sind etwas älter. Die Anlage dürfte also in die konstantinische Zeit fallen und eine ausgedehnte Befestigungsanlage der späten Kaiserzeit bilden.
Es ist nicht davon auszugehen, daß die 3 Beringe gleichzeitig bestanden. Vermutlich werden die beiden größeren den allmählichen Erweiterungen der Besiedlung des Berges ihren Ursprung verdanken. Es könnte sein, daß im Laufe des 4. Jh ein weiterer Ausbau erfolgte. We
Ao: RLM Bonn
Lit: BJb 119, 1910, Beih, 73; 126, 1921, Beih, 12, 18, 21; 127, 1922, 266, 270 ff, 277, 287 f; 128, 1923, 138; 136/37, 1932, 313 f; 138, 1933, 156, 160; 140/41, 1936, 463 – Germania 5, 1921, 25 ff – RvUslar, BJb, Beih, 1964, 17 f, – K-JGilles, TZ, Beih 7, 1985, 153 ff – H-HWegner, Führer z arch Denkmälern in Deutschland 12, 1986, 181 ff

Spätrömisches Gräberfeld
Abb 388

Zwischen Nette und Eisenbahn kamen im Distrikt »Auf der alten Eich« am W-Abhang des Römerhügels bei Ausschachtungsarbeiten für einen Neubau im Frühjahr 1938 zunächst 5 spätröm Steinsärge zutage. Weitere Nachforschungen des RLM Bonn erbrachten 4 weitere Steinsärge und 7 Brandgräber. Von den Steinsärgen war einer leer, die andern enthielten Beigaben aus dem späten 4. JhnChr. Die Brandgräber waren Urnengräber und enthielten wenig Beigaben. Sie sind etwas früher zu datieren.
Schon vor dem 1. Weltkrieg waren hier 42 Gräber aufgedeckt und die verschiedenartigsten Bestattungsarten festgestellt worden.
Das Gräberfeld erstreckt sich auch in das Gebiet N der Eisenbahn »Im Vogelsang«. Bei Ausschachtungsarbeiten wurden hier ebenfalls mehrere Sarkophage bzw Aschenkisten zerstört. Auf dem »Römerhügel« kam außerdem in der Nähe der aufgedeckten spätröm Steinsarggräber eine sehr beachtliche Grabstele (H 0,88 m) zutage, die in das Eifelmuseum Mayen gelangte.
1967 ließ ein Bauherr von seiner Baustelle 13 spätröm Sarkophage desselben Gräberfeldes mit dem Bagger wegräumen und völlig zerstören. Das gleiche gilt für weitere Baustellen. Nur wenige Funde konnten geborgen werden.
Bei weiteren Bauvorhaben in dieser Region wurden 1970 wieder Gräber und Sarkophage angeschnitten und zT zerstört. Dank des energischen Eingreifens eines ehrenamtlichen Mitarbeiters konnte das zuständige Amt in Koblenz eine systematische archäologisch-wissenschaftliche Befunduntersuchung vornehmen. Sie bezog sich auch gleichzeitig auf die Straßentrasse, die hier an der Nahtstelle des spätröm zum frühma Skelettgräberfeld verlief. Dabei wurde das Gräberfeld auf einer Länge von rund 80 m durchquert. 3 Sarkophage hatte der Bagger bereits angeschnitten. Die Bestattungen waren ohne Beigaben, zwei der Gräber waren bereits in früherer Zeit durchwühlt worden. 2 weitere, bereits früher ausgeraubte Gräber wurden unmittelbar an der Rückfront des dort stehenden Hauses freigelegt. Es sieht so aus, als ob das Ende des Gräberfeldes nach SO an dieser Stelle erreicht wäre. Jedenfalls fanden sich auf der etwa 50 m langen Strecke vom Neubaugebiet bis zur Straße keine Bestattungen mehr. Lediglich röm Schuttschichten, stark mit modernen Resten durchsetzt, wurden angetroffen.
Auch der Straßenbau im Bereich des Römerhügels und des Gräberfeldes wurde beobachtet. In den Profilen von Kanal- und Wasserleitungsgräben erkannte man verschiedentlich grubenartige Eintiefungen, die keramisches Material der zweiten Hälfte des 2. bzw der ersten Hälfte des 3. Jh enthielten. Die genaue Deutung dieser Gruben blieb ungewiß. ZT wird es sich um Materialgru-

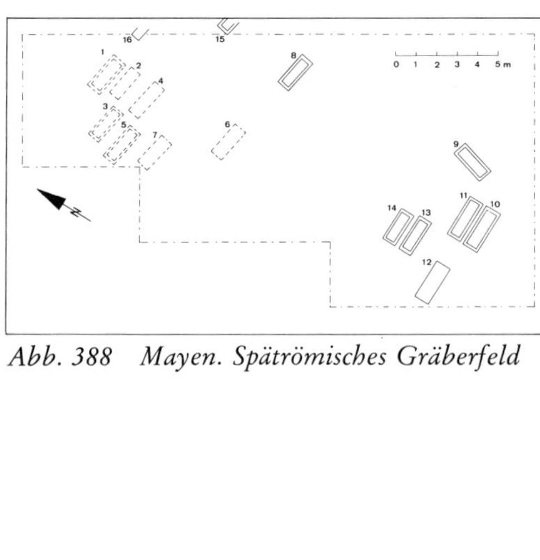

Abb. 388 Mayen. Spätrömisches Gräberfeld

ben gehandelt haben, die mit dem Töpfereigewerbe in Verbindung zu bringen sind. We
Ao: RLM Bonn, Eifelm Mayen, LfD Koblenz
Lit: BJb 142, 1937, 321 f; 145, 1940, 197, 328; 146, 1941, 222, 351 – Schumacher, Siedlungs- und Kulturgeschichte der Rheinlande Band 3, 1925, Tafel II – GBrusin, Aquileia, 1929, 62 – ASchober, Die römischen Grabsteine von Noricum und Pannonien, 1923, 159 – TDucati, Storia del Arte Etrusko, Band 2, Tafel 156 und 230 – WSchulze, Zur Geschichte der lateinischen Eigennamen, oJ, 120 f – AGraf, Übersicht der antiken Geographie von Pannonien, 1936, 107 – K-VDecker, Die jüngere Latènezeit im Neuwieder Becken, 1968, 150 f

Mayen-Allenz MYK

Brandgräber

Bei Planierungsarbeiten durch die Flurbereinigung wurden vorgeschichtliche und röm Fundstellen zerstört. Neben vorgeschichtlichen Siedlungsresten, überwiegend am Abhang einer Anhöhe, lag inmitten einer Erhebung ein röm Gräberfeld, von dem mindestens 7 Bestattungen und ein Verbrennungsplatz noch ermittelt werden konnten. Alle Gräber waren in den anstehenden Schiefer eingetieft. Es handelte sich um Steinkisten und Erdgräber mit Leichenbrand und Beigaben.
Der zugehörige Verbrennungsplatz, eine Grube (2,50 × 1 m, T 0,70 m), lag SO der Gräber. Sie war in den anstehenden Schiefer eingearbeitet. Ihre Ränder waren durch Feuereinwirkung rot gefärbt. Auf der Sohle der Grube befand sich eine 6 cm starke Holzkohlenschicht, die mit verbrannter Keramik, geschmolzenen Glasresten und Bronzestücken sowie mit Eisennägeln und Leichenbrand vermischt war. Dieser Bestattungsplatz entspricht in Aufbau und Inhalt einem reich ausgestatteten röm Grabhügel und dürfte in der Zeit des 1. und 2. JhnChr angelegt worden sein. We
Ao: LfD Koblenz
Lit: Bericht bei den Ortsakten LfD Koblenz

Medard KUS

Spolien an der Kirche und Gutshof*
Abb 100, 389

An der ev Kirche oberhalb des Ortes sind seit langem röm Quader mit figürlicher Verzierung bekannt. Im Kirchturm ist ein Block (65 × 50 × 25 cm) eingemauert, auf dem ein Teil eines großen Kelches mit seitlicher Ranke zu erkennen ist. Weitere Blöcke befinden sich an der SO-Ecke des gotischen Chores. Auf dem unteren Stein (80 × 56 cm) erkennt man neben einem Früchtekorb bzw Füllhorn mit Weinranken einen Vogel, der sich an Weintrauben gütlich tut.
Ein hochkant eingemauerter Block (80 × 53 cm) ist mit Weinranken und Blattwerk geschmückt. Der dritte Stein (80 × 53 cm) ist im linken Feld wiederum mit Weinranken verziert. Im rechten Feld ist Kopf und Arm einer weiblichen Figur zu erkennen, die ein Inschriftfeld flankiert. Davon sind lediglich noch die Buchstaben L und B zu verifizieren. Einen weiteren Block kann man in Fensterhöhe der Chorseite entdecken.
Im Innern der Kirche, an der Wand des linken Seitenschiffes, befindet sich ein Relief mit Darstellung einer mythologischen Szene. Wurde diese bisher Proserpina zugeschrieben, konnte E. Künzl sie als Szene aus einem Medeazyklus deuten. Medea steht links mit gezücktem Schwert in der rechten und der Schwertscheide in der linken Hand, im Begriff ihre Söhne aus Rache für die Untreue ihres Gatten Jason zu töten. Einer der Knaben steht links von Medea. Das Mittelfeld wird von dem schlangengezogenen Wagen mit Medea eingenommen. Mit der nackten männlichen Figur ganz rechts dürfte Jason dargestellt sein.
Alle Skulpturreste gehören wahrscheinlich zu einem größeren Grabmal des frühen 3. Jh. Dem dort Bestatteten wird wohl das Epos Medea von Euripides geläufig gewesen sein. Anders läßt sich diese Darstellung als Ausnahme im Kunstschaffen der Provinz nicht erklären.
Das Grabmal stand wohl unweit des kleinen Landgutes, von dem Reste im W und N der Kirche nachgewiesen sind. Seine Ausdehnung wurde erst seit 1973 erkannt, als der Bereich W der Kirche in ein Neubaugebiet einbezogen wurde. Bei

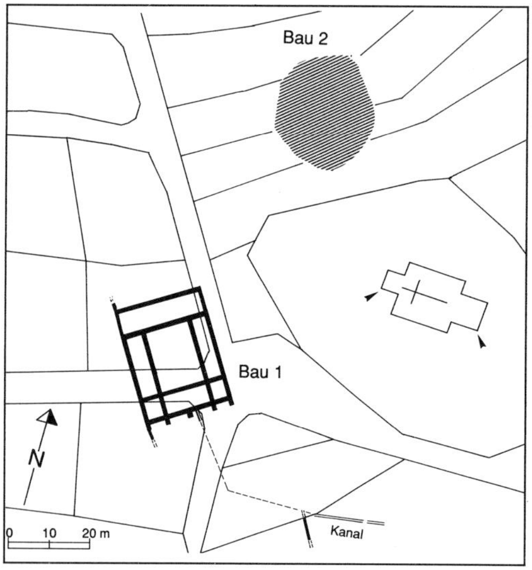

Abb. 389 Medard. Gutshof. Hauptgebäude (Bau 1) und Bad (Bau 2). Pfeile: sichtbare römische Steine

Kanalarbeiten wurden ansehnliche Reste eines größeren, bis dahin unbekannten röm Baus angetroffen. Ausgrabungen bis 1980 haben ein großes Gebäude (21,70 × 22,50 m) ermittelt, an das im N nochmals ein Trakt (B 5,50 m) angefügt wurde. Unzweifelhaft handelt es sich dabei um das Hauptgebäude des landwirtschaftlichen Anwesens. Der Grundriß und das Aussehen der aufgehenden Bauteile sind allerdings nicht leicht zu interpretieren. Man vermißt die klassische Fassadengestaltung mit Eckrisaliten und Säulengang (*porticus*). Ein Raum (B 4 m) im W wäre durchaus als Portikus zu interpretieren, wäre mit dieser möglichen Frontseite nicht ein erhebliches Hanggefälle zu überwinden. Es handelt sich deshalb wohl eher um einen Bautyp mit zentralem offenem Hof, an den sich langschmale überdachte Räume anlehnten. Vielleicht saß die Fassadenfront auch im S des Gebäudes.
Ein weiterer Bau, möglicherweise ein Bad, ist NW des Hauptbaus nachzuweisen. Weitere Gebäude standen sicherlich im S auf einer Terrassenzunge. Dort wurde 1984 ein kurzes Stück einer Umfassungsmauer angetroffen.
Das Landgut wurde im 2. Jh errichtet und wohl um die Mitte des 4. Jh wieder verlassen.

Römerstraße. Auf dem Höhenzug N von Medard verläuft eine Altstraße als Feldweg zwischen den Gemarkungen Medard und Kappeln. An der höchsten Stelle beim trigonometrischen Punkt 355.3 wurde die Straße angeschnitten. Sie zeigte zwischen hochgestellten Randsteinen eine senkrecht gesetzte Steinpackung. Es handelt sich um eine Streckenführung von Bad Kreuznach in Richtung Kusel–Tholey. Be
Ao: LfD Speyer
Lit: Zur Kirche: GBehrens, PfälzMus 49, 1932, 295 – EKünzl, BJb 173, 1973, 126 ff – DMalitius, Römische Inschriften, 200 ff
Zur Straße: BJb 133, 1928, 261 – HEBeier, Untersuchung der Gestaltung des römischen Straßennetzes im Gebiet von Eifel, Hunsrück und Pfalz aus der Sicht des Straßeningenieurs, 1971, 130 f

Meddersheim KH

Wasserleitung
Abb 390

Der Ausbau der Straße Meddersheim–Merxheim führte 1980 zur Aufdeckung eines weiteren Teiles der Wasserleitung, die zur SO des Kurhauses Menschel gelegenen Siedlungsstelle führte. Die ineinandergesteckten Tonröhren waren außen mit Lehm abgedichtet; Steckrichtung und Leitungsgefälle zeigten klar die Fließrichtung des Wassers an. Trotz des über eine längere Strecke

Abb. 390 Meddersheim. Tonröhren einer Wasserleitung. Grabungsfoto

bekannten Leitungsverlaufs konnte das Quellgebiet bisher nicht lokalisiert werden. Ru
Lit: BStümpel, MZ 56/57, 1961/62, 233; 60/61, 1965/66, 182; 71/72, 1976/77, 296

Mehring TR

Landgut
Abb 391,392

Auf der Gemarkung Mehring zieht die röm Fernstraße Trier–Detzem–Neumagen am rechten Ufer der Mosel über den hart bis an das Ufer tretenden Felsgrat, von Riol kommend (oberhalb der Mehringer Moselbrücke) vorbei.
Eine schon im 19. Jh aufgenommene röm Siedlungsstelle im Distrikt »Kirchheck-Hostertsmorgen« wurde bei Neuanlage von Wingerten 1982 im Zuge der Umlegung wieder von Erdbewegungen erfaßt und konnte zum größten Teil von der Gemeinde zur Durchführung von Grabungen erworben werden. Mit freiwilligen Mitarbeitern und Helfern und im Rahmen einer Arbeitsbeschaffungsmaßnahme konnte das Herrenhaus einer größeren Hofanlage fast vollständig ausgegraben, der Befund konserviert und eine Teilrekonstruktion versucht werden.
Ein einfaches Hauptgebäude vom Typ Stahl-Bollendorf mit Hauptraum, vorgelagerter Portikus und Seitenrisaliten bildet die Kernanlage aus der Mitte des 2. JhnChr und ist, in ausgesucht schöner Lage, mit der Fassade nach S orientiert. Von hier hat man den Blick auf den Bergstock der Mehringer Schweiz, die Moselschleife und die langgestreckten Hänge am gegenüberliegenden Ufer. Der turmartig gebildete W-Risalit ist unterkellert und hat einen Treppenzugang aus der Portikus. An der N-Seite wurden frühzeitig 2 Räume angebaut.
Günstige Absatzmöglichkeiten und sicherlich auch eine Vermehrung der Anbauflächen und Ernten boten dem Eigentümer die Möglichkeit, dringenden Raumbedarf durch An- und Erweiterungsbauten zu gewinnen. In symmetrischer Anordnung wurden der Fassade 2 größere Risalitbauten mit jeweils 4 Räumen zugefügt und durch eine Verlängerung der Portikus um die älteren Ri-

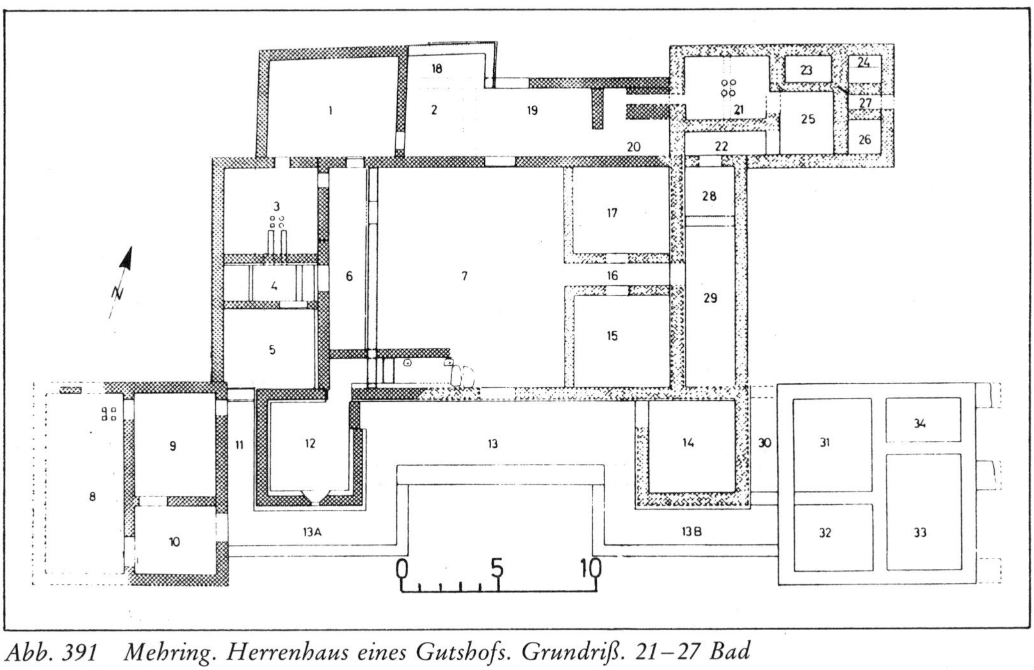

Abb. 391 Mehring. Herrenhaus eines Gutshofs. Grundriß. 21–27 Bad

Abb. 392 Mehring. Herrenhaus. Blick in den Keller mit dem erhaltenen Balkenlager

salite herum auch erschlossen. Der Zugang zum Vorratskeller wurde nun in den Hauptwohnraum gelegt. An die W und O Hausanlage wurden 3 bzw 2 Räume angebaut und an die NO-Seite eine Badeanlage installiert.
Mit Kalt- und Warmbad ist der Bau zusätzlich mit einer Latrine versehen und wurde schon im letzten Drittel des 2. Jh ausgeführt. Im W Erweiterungsbau wurde Raum 5 mit Heizung und Fußbodenmosaik ausgestattet, während die Wandsockel mit schwarzem Marmor verkleidet waren. Einen gewissen Wohlstand bezeugen auch die Kleinfunde, von denen ein tiefblaues Goldglas mit Rebenmotiv beachtenswert ist.
Andere Kleinfunde zeigen Stilelemente, die es wahrscheinlich machen, daß im Umland der Stadt Germanen auf verlassenen oder herrenlosen Bauernhöfen angesiedelt worden sind, um die Versorgung mit Lebensmitteln und anderen Gütern sicherzustellen. Nach dieser Wiederbesiedlung, die teilweise auch zum Eingriff in die ältere Bausubstanz geführt hatte, um Schäden zu beheben, wurde das Gut zu Beginn des 5. JhnChr zerstört und aufgelassen. Weiter S beobachtete Mauerreste und Skulpturenfragmente lassen, unweit der Römerstraße, an einen privaten Friedhof denken, der zum Grundbesitz des Gutsherrn gehört haben wird. Cü

Ao: RLM Trier

Lit: K-JGilles, Kurtrier Jb 25, 1985, 33

Mendig MYK

Speicher

SW des Ortsteiles Obermendig und wenig W des Elisabethbrunnens untersuchte das LfD Koblenz 1976 Mauerreste (H. Eiden/H. Fehr). Die Fundstelle liegt auf einem etwa 5 m aus dem feuchten Wiesental aufragenden kleinen Basalthügel im Anschluß an Höhe 383,7 des Obermendiger Waldes. Im Verlaufe der wissenschaftlichen Ausgrabungen ermittelte man noch zT bis zu 2 m im Aufgehenden vorhandene Mauern des Gebäudes (21,5 × 11,5 m). Es hatte ungewöhnlich starke Mauern (B ca. 1,4 m), die aus Grauwacke im Mörtelverband errichtet waren. Im Innern sind zwei Reihen von je 5 behauenen Steinquadern, zT mit Zapfenloch für Pfosten an der Oberfläche festgestellt worden. Neben Münzen und Keramik der Spätzeit kamen Reste von Mühlsteinen und in nicht unerheblichem Umfang Getreidekörner zutage. Letztere sowie der an die Trierer Speicher in St. Irminen erinnernde Grundriß begründete die Deutung des Gebäudes als Getreidespeicher (*horreum*). Dabei scheint eine profane Nutzung des Gebäudes außer Zweifel. Doch läßt die außerordentliche Mächtigkeit der Umfassungsmauern auch Zwecke der Verteidigung vermuten. Diesen Schluß legt zB das Fehlen eines ebenerdigen Einganges nahe, der in den verhältnismäßig hoch anstehenden Mauern hätte vorhanden sein müssen. Zudem sind in der näheren Umgebung Spuren röm Gebäude bisher nicht festgestellt worden. Daß sie nicht gefehlt haben können, zeigen Reste einer Wasserleitung, die auf der gegenüberliegenden Talseite etwa 500 m SO des Gebäudes zutage gekommen sind. Aus unmittelbarer Nähe des Elisabethbrunnens, etwa 1 km O, sind Spuren der Römerzeit bekannt. Einige Funde aus spätröm Zeit legen eine Datierung in das 4. Jh nahe. We

Ao: LfD Koblenz

Lit: Bericht aus den Ortsakten LfD Koblenz

Miesau → Bruchmühlbach
Miesenheim → Andernach

Mittelstrimmig COC

Siedlung
Abb 393

Im Bereich W der Straße Mittelstrimmig–Blankenrath liegt eine ausgedehnte röm Siedlungsstelle. Bei der intensiven landwirtschaftlichen Nutzung des Areals und bei der Meliorierung des Ackerlandes konnten immer wieder Funde aufgesammelt werden: Neben viel Keramik kam ua auf dem nach S abfallenden Gelände »Auf der Mauer« ein großes, nahezu rechtwinklig gebogenes eisernes Teil mit einer Bronzeöse in Form eines stilisierten Vogelkopfs (als Abschluß) und dem am Dorn anhängenden drehbaren Stück eines vierkantigen Stabes zutage. Vermutlich handelt es sich dabei um ein Teil eines Wagens.

Im Areal »Reimundswiesen« konnten mehrere Reste von hölzernen Wasserleitungen beobachtet werden. Dabei handelt es sich um längsdurchbohrte Eichenstämme (L 2,50–3 m), die in einer Tiefe von 0,60–1,50 m lagen. Die dendrochronologische Untersuchung ergab eine Datierung auf das Jahr 219 ± 6 nChr.

Ein 1908 geborgener Inschriftenstein war in erster Verwendung eine Tempelinschrift aus der zweiten Hälfte des 2. JhnChr. Der Stein wurde durch zwei weitere Quader verlängert, um darauf eine Bauinschrift anzubringen. Diese stammt vom 23. Mai 268 oder 269 und erwähnt einen »Burgus« und dessen Erbauer.

Außerdem sind im Distrikt Grauforst des ehem Mittelstrimmiger Waldes mehrere Grabhügel bekannt. Ua wurden dort eine Grabinschrift und ein Sarkophag aus Buntsandstein mit Beigaben gefunden.

Insgesamt handelt es sich hier um einen bedeutenden Fundplatz, dem im Zusammenhang mit den spätröm Befestigungsanlagen im Rheinland eine entscheidende, bislang noch kaum erkannte Bedeutung zukommt. We

Ao: RLM Bonn, LfD Koblenz, Privatbesitz

Lit: RLaskowski, Bonner Hefte zur Vorgesch 18, 1978, 403 ff – HVogts, Kunstdenkmäler des Kreises Zell/Mosel, 1938, 194 ff – JHagen, Römerstraße der Rheinprovinz, Bonn 1931, 426 ff – BJb 133, 1928, 268 ff – H-HWegner, Berichte z Arch an Mittelrhein und Mosel 1, 1987 237 f

Abb. 393 Mittelstrimmig. Bauinschrift vom Jahre 268 oder 269 n. Chr.

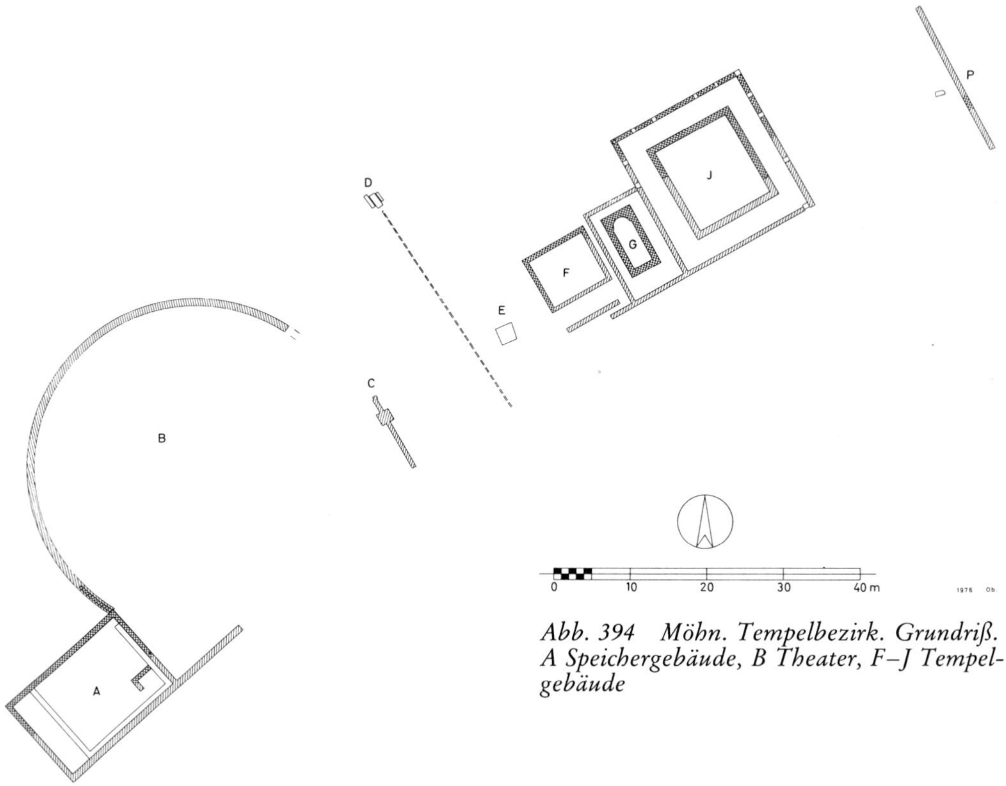

Abb. 394 Möhn. Tempelbezirk. Grundriß. A Speichergebäude, B Theater, F–J Tempelgebäude

Möhn TR

Tempelbezirk
Abb 394

Im Quellgebiet des Kimmlinger Baches, am SO-Hang des Nosterberges und dicht am Weg nach Newel wurden bei Grabungen des RLM 1886/87 Ausschnitte eines größeren Tempelbezirkes freigelegt und untersucht. An der O-Seite ist ein gallo-röm Umgangstempel mit Cella (11,95 × 13,30 m) entdeckt worden. W schloß ein langrechteckiger Tempel mit Apsisnische an (G), der von einer Mauer umgrenzt war. An der W-Seite folgte mit geringem Abstand eine dritte Tempelanlage (F).

Mit etwas Abstand ist nach W hin die Umfassungsmauer eines einfachen Theaters (B) freigelegt worden, an deren Dreiviertelkreisbogen nach W hin ein Vorrats- oder Speicher- und Lagergebäude (A) angelehnt war.

Aus dem Tempel (J) stammt ein Altärchen, das dem Mars Smertius der Treverer und seiner Begleiterin, der Ancamna, geweiht ist. Der Torso einer Porträtstatue und zwei Porträtköpfe des frühen 2 JhnChr sowie zahlreiche Terrakottafiguren wurden hier geborgen. Über 1500 Münzen weisen in ihren zahlenmäßigen Anteilen auf große Spendenfreudigkeit im 1. und 4. JhnChr, die Schlußmünzen reichen bis Arcadius und lassen die Zerstörung durch Brand im 5. Jh erschließen, wie dies auch für die Tempelanlagen in → Dhronecken, Nattenheim und → Pelm bezeugt wird. Eine Fundstreuung über eine Fläche von etwa 40 Morgen, die bisher nicht untersucht worden ist, läßt auf einen Vicus schließen. Auch die Gesamtausdehnung des Kultbezirkes ist keineswegs bekannt. Cü

Ao: RLM Trier

Lit: FHettner, Drei Tempelbezirke, 1–36

Mombach → Mainz

Monreal MYK

Römische Straße mit Gebäude
Abb 395

Bei Rodungsarbeiten in der Flur »Auf der Kond« wurden Reste eines röm Straßenkörpers und Gebäude vorgefunden. Der angetroffene Befund löste eine archäologische Untersuchung aus, die das Gebäude zum großen Teil und die Straße in ihrem Aufbau ermittelte. Die röm Straße war als Steindamm bis zu 80 cm hoch auf 1,30 m erhalten. Der Straßenkörper war beidseits von Gräben begrenzt, die in den anstehenden Felsen eingetieft und durch Verwitterungslehm verfüllt waren. Ihre Sohle liegt dort bei 1,35 m unter dem höchsten noch erhaltenen Punkt des Straßenprofils. Die unterste Packlage des Straßenkörpers (Statumen) ist auf den Verwitterungslehm gesetzt. Die Steine der Packlage hatten einen Durchmesser bis zu 20 cm. Die darüber liegenden Schichten bestanden aus kleineren Steinen. Der gesamte Steindamm ist im genannten Profil noch 45 cm hoch und etwa 3,50 m breit erhalten. Die Straße war die Hauptverbindung von Trier zum Neuwieder Becken (Andernach?).

Parallel zu dieser Straße liegt 21 m O ein rechteckiges Gebäude (23 × 12 m) aus röm Zeit. Zum Bau der Fundamentmauer wurden Schieferbruchsteine, vereinzelt Tuff benutzt. In den untersten Schichten der Fundamente wurden sogar Quarzite verwendet. Das Gebäude hatte mindestens 2 Bauperioden und bestand aus mehreren Räumen. Fundament und aufgehendes Mauerwerk beider Perioden waren mit Lehmmörtel aufgemauert. Der erste Bau hatte nur 2 Räume und einen schmalen Gang. In einer 2. Bauperiode wurde der ursprüngliche Hauptraum durch den Einbau eines Mauerwinkels verkleinert. Der übriggebliebene Gang mit hakenförmigem Grundriß wurde in 2 Räume geteilt. Schließlich wurde während der 3. Ausbauphase S noch ein

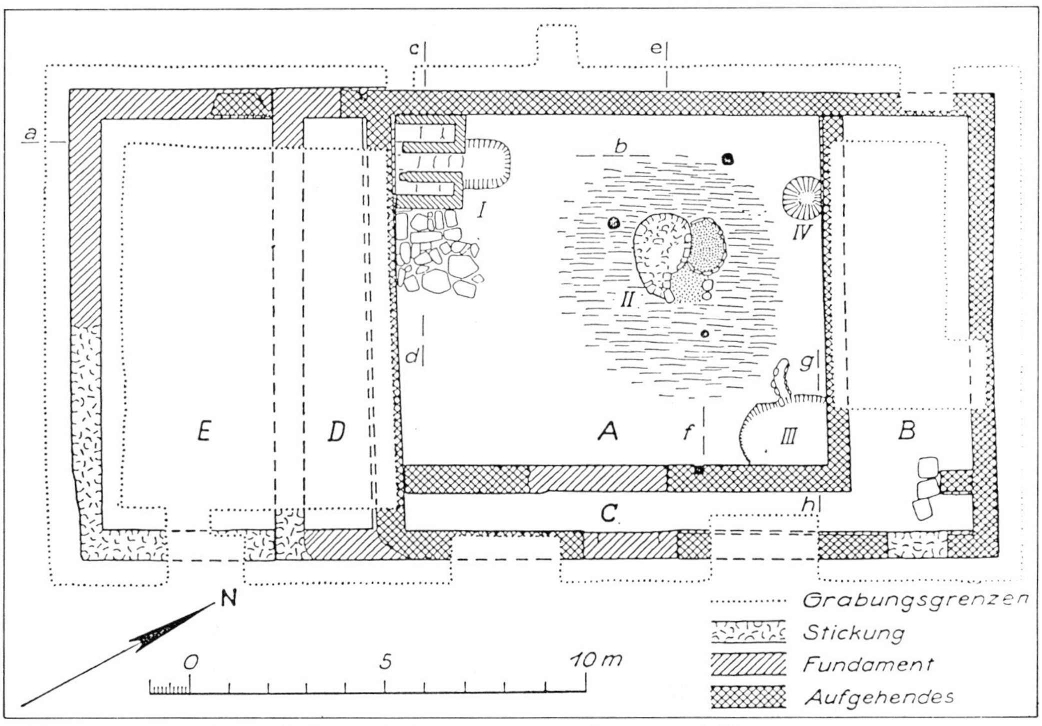

Abb. 395 Monreal. Ländliches Wohnhaus. 3 Bauperioden. Grundriß

Raum angebaut. Im Hauptraum hatte sich ein Lehmboden einigermaßen vollständig erhalten. Er gehörte fast vollständig der ersten Bauphase an.
In der SW-Ecke des Raumes stand ein Ofen (2,40 × 1,80 m) aus der ersten Bauperiode. Die 3 mitten im Raum liegenden offenen Feuerstellen gehörten der 2. Bauperiode an, da in der ovalen Feuerstelle Keramik aus der ersten Hälfte des 4. Jh gefunden wurde.
In der NO-Ecke des Raumes wurde ebenfalls während der 2. Bauperiode eine etwa rechteckige Grube in den Lehmboden eingetieft, in die ein Kanal führte. Ihre Lehmauskleidung und das Mauerwerk zeigen starke Feuereinwirkungen.
Das Gebäude war mit einem Schieferdach gedeckt. Es war offensichtlich bei einer Brandkatastrophe in das Gebäude hinabgestürzt.
In den Resten der Fundstellen und Öfen, der Gruben und Eintiefungen befand sich eine Vielzahl an Fundmaterial wie Gebrauchskeramik verschiedenster Art, aber auch Metallfunde von Pferdegeschirr und Wagenteilen aus Eisen sowie Bronze. Die gesamten Fundkomplexe der 1. Bauperiode gehören in das 2. Jh, die des Umbaus sind der ersten Hälfte des 4. Jh zuzuweisen.
Bei dem Gebäude handelt es sich um einen einfachen Bautyp. Es kann als ein sehr einfaches ländliches Wohnhaus angesehen werden. Aufgrund der Funde wurde das Gebäude um die Mitte oder in der zweiten Hälfte des 2. Jh erstellt. Der Umbau scheint etwa um 200 erfolgt zu sein. Der Bau verbrannte um die Mitte des 4. Jh und wurde nicht wieder erneuert. Möglicherweise ist dies in Zusammenhang mit dem Frankeneinfall zu bringen. We

Ao: RLM Bonn
Lit: HvPetrikovits, BJb 143/44, 1938/39, 408 ff, mit weit Lit

Grabhügel

Im W der Gemarkung lagen im sog »Juckelsberger Wald« im W des Walddistrikts 5 etwa 250 m W der Straße Monreal–Kaisersesch röm Grabhügel. Sie wurden bei der Anlage der dortigen Wohnsiedlung beseitigt, konnten jedoch vorher noch archäologisch untersucht werden. Zunächst handelt es sich in diesem Areal um 2 Hügel mit ähnlichen Ausmaßen. Hügel 2 (Dm 18,5, H 2,5 m) war durch eine Raubgrabung gestört. Das alte Grab war nicht mehr vorhanden, einige Beigaben konnten noch geborgen werden. Das Grab wird datiert um etwa 100 nChr.
Weiter S im Polcher Holz W des Gutes Lehnholz, etwas von der Landstraße Monreal–Kaisersesch W entfernt, lagen einige Grabhügel im Blickfeld der gegenüberliegenden, durch ein kleines Wiesentälchen von den Grabhügeln getrennten Siedlung, die nur durch Oberflächenfunde und Terrassierung im Hang erschlossen wurde. Es handelt sich dabei um 3 größere Grabhügel und noch 2 kleinere, die im Gelände nur noch als kleine Erhebungen erkennbar waren. Abgetragen und vorher untersucht wurden dabei die Hügel 1 und 2. Die Hügel wurden durch Rodungsarbeiten zerstört.
Aufgrund des Fundmaterials kann Grabhügel 1 in die Zeit der Kaiser Nero bis Vespasian, also etwa in das Jahrzehnt zwischen 60 und 70 nChr datiert werden.
Aus dem benachbarten Grabhügel 3 konnten zahlreiche Metallfunde geborgen werden. Besonders bemerkenswert ist ein kleiner goldener Fingerring (1,5 Innendm) mit ovaler Platte. In diese ist grob eingraviert eine stehende gewandete, mit Flügeln versehene Figur, mit ausgestrecktem Arm, vor dem Bein eine zu Boden gesenkte Fackel, vielleicht Hypnos.
Aufgrund der Keramik gehört dieser Grabhügel in das Jahrzehnt zwischen 65 und 75 nChr.
S des Polcher Holzes befand sich eine weitere Hügelgräbergruppe von 14 Hügeln (Dm 6 bis 14 m). Kein Hügel war höher als 1,6 m erhalten. Die Hügel wurden durch die Rodung völlig beseitigt. We

Ao: RLM Bonn
Lit: WHaberey, BJb 148, 1948, 426 ff

Monsheim AZ

Glaspokal
Abb 396

Am »Wachenheimer Pfad« wurden 1906 12 Gräber, darunter auch einige Steinsärge, entdeckt. In ihnen fanden sich verschiedene Gläser, ua ein

Abb. 396 Monsheim. Glaspokal

Glaspokal mit in Schlifftechnik angebrachter Verzierung. Die Gräber datieren in die erste Hälfte des 4. JhnChr. Ru
Ao: M Worms
Lit: GBehrens, MZ 20–21, 1925/26, 74

Morbach-Elzerath WL

*Steinsetzung und Tempel »Judenkirchhof«**

N der Römerstraße-Ausoniusstraße, oberhalb der Einmündung und Wegegabelung von Elzerath, ist in fast ebenem Terrain eine ausgedehnte Steinsetzung aus großen, unregelmäßig gebrochenen Quarzitbrocken erhalten, die im Volksmund »Judenkirchhof« heißt. Die O-Seite der langrechteckigen Umgrenzung verläuft fast geradlinig wie auch die etwas spitzwinklig anschließende N-Seite. Die W Flucht ist nach SO etwas eingezogen. Hier wurde 1963 eine flach hügelförmige Erhebung angegraben.
Ein Mauergeviert (6 × 6 m) ist als Tempelkapelle zu deuten, die in Fortsetzung vorröm Kulttradition hier errichtet worden ist.
In einem schmalen Wiesenplan, nach O durch Hochwald und einen Bachlauf begrenzt, liegen die Tabernae des Ausonius (Mosella 8) dicht unterhalb einer ganzjährig sehr reichlich Wasser spendenden Quelle, dem Heidenpütz.
Bei Grabungen 1962 wurden die in einer Flucht hintereinander gereihten Baureste gefunden, deren Nutzung, nach den Scherbenfunden, dem 4. JhnChr zuzuweisen ist. Cü
Ao: RLM Trier
Lit: TZ 30, 1967, 249 f; 33, 1970, 259 f

Morbach-Wederath/Hinzerath WL

*Straßenvicus Belginum**
Abb 112, 397–401

Die röm Fernstraße Trier–Mainz zieht als geschotterter Feld- und Waldwirtschaftsweg von Niederemmel an als → Ausoniusstraße über den Judenkirchhof und den Heidenpütz in NO-Richtung und trifft an der Kreuzung der beiden Bundesstraßen auf den Zug der alten Post- und Provinzialstraße, der heutigen Hunsrück-Höhenstraße. Hier standen noch bis zum Beginn des 19. Jh die Trümmer einer röm Straßenstation, des *vicus Belginum,* der durch mehrere Inschriften bezeugt ist. Eine Weihinschrift an die Schutzgöttin der Reisenden und der Pferdezucht und eine Bronzeplatte, die dem Gott Merkur geweiht ist, wurden hier entdeckt. Kunstvolle Bronzefiguren einer Quellnymphe mit silbernem Brustband und Diadem und einer altersgebeugten Amme wurden im Vicusbereich entlang der Straße gefunden. Muldenförmige Eintiefungen, die letzten Spuren der früheren Hauskeller, wurden beidseits der Straße bis auf die Höhe des »Stumpfen Turmes«, eines ma Wachturmes, beobachtet und lassen in etwa die Zahl der hier aufgereihten schmalen Hausparzellen auf 70–90 Einheiten schätzen. Vor dem Ausbau der Straßenkreuzung konnten 1969–1973 ausgedehnte Grabungen vorgenommen werden, die zur Freilegung von 3 Hausparzellen und, weiter abwärts am Hang, zurückliegender Bebauung führten.
In einem noch im Gelände erhaltenen Brunnen wurden die hölzerne Deichelleitung und der zugehörige Pumpenstock gefunden, der im Wasser des Brunnenschachtes noch vollständig erhalten war. In der Mitte war die Steigleitung eingearbeitet, die mit einer Zwischenkammer im unteren

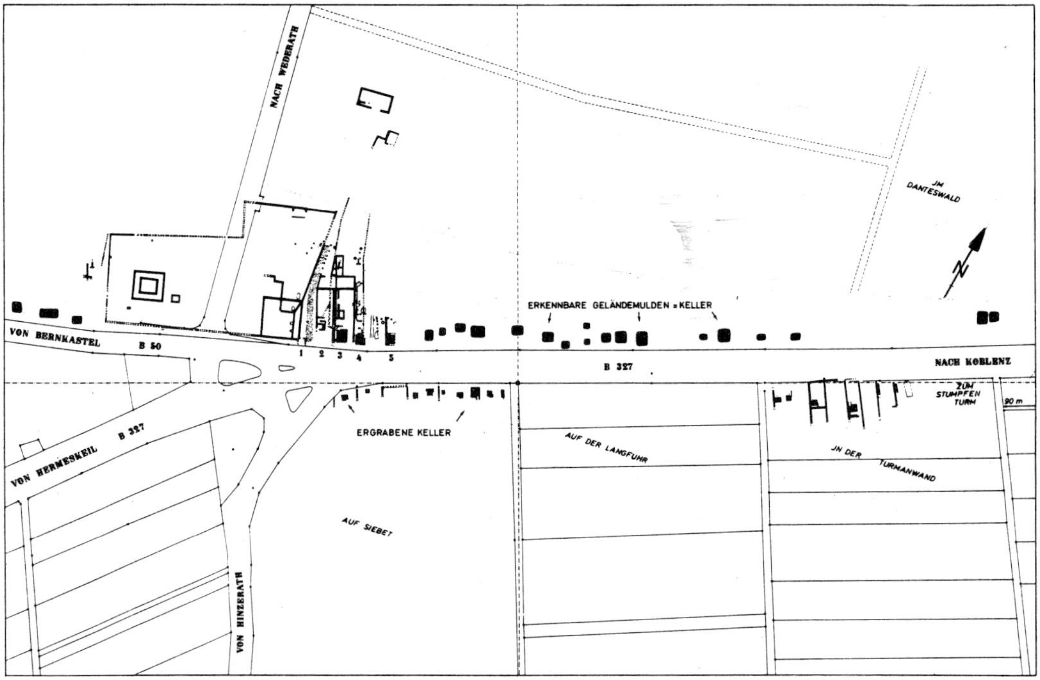

Abb. 397 Morbach-Wederath/Hinzerath. Straßenvicus Belginum

Abb. 398 Morbach-Wederath/Hinzerath. Belginum. Bronzestatuette einer Amme

Teil seitlich mit den Kolbengängen in Verbindung stand. Neben den hölzernen Kolben, die mit Bleischeiben auf Lederscheiben montiert eine funktionstüchtige Dichtung für den Saug- und Druckvorgang bildeten, wurden auch an den Ansaugstutzen zur Steigleitung solche Bleischeiben angetroffen, die auf Lederstreifen montiert, in der Zwischenkammer mittig befestigt, als bewegliche Klappenventile funktionierten. Über eine am Brunnenrand befestigte Hebelvorrichtung und ein entsprechendes Gestänge zu den Kolben, konnten diese auf- und abwärts bewegt werden. Die so erzeugte Druck- und Saugwirkung brachte mit Hilfe der Ventilklappen, von denen auch einige in der Steigleitung angebracht waren, das Wasser bis über den Brunnenrand, wo es be-

Abb. 399 Morbach-Wederath/Hinzerath. Belginum. Pumpenstock aus einem Brunnen

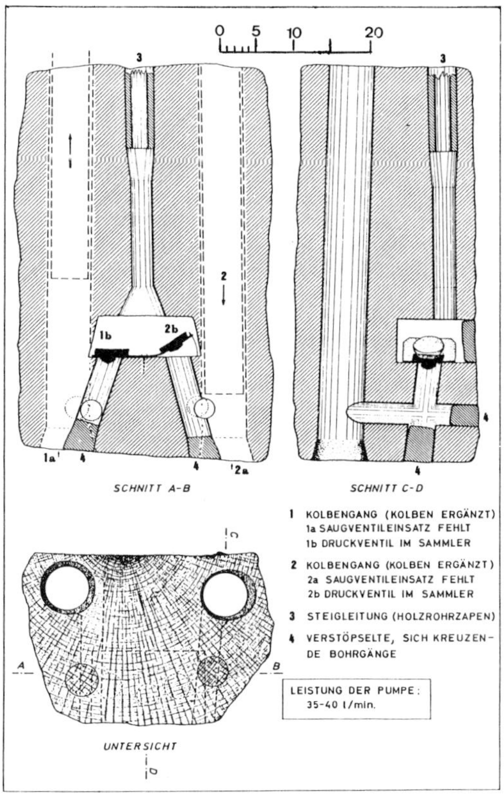

Abb. 400 Morbach-Wederath/Hinzerath. Belginum. Römische Pumpe. Schnitt und Aufsicht

quem in Eimer und Gefäße eingefüllt werden konnte. Pumpen gleicher Konstruktionsweise wurden bei Trier-Oberkirch, im Amphitheater zu Trier geborgen. In Bronze ausgeführt ist eine solche Kolbenpumpe im Museum in Metz ausgestellt.

Im W Bereich der Straßen- und Wegekreuzung wurde die Umfassungsmauer eines heiligen Bezirks verfolgt und ein gallo-röm Vierecktempel mit Umgang sowie eine kleine Kultkapelle freigelegt. Im Vorgelände springt die Mauer winklig nach N und läßt für die vergrößerte Freifläche die Deutung auf eine Schaubühne zu, die auch inschriftlich hier bezeugt ist.

In den durch Mauern abgegrenzten Wohnbereichen lassen die langgestreckten, schmalen Parzellen, in deren straßenseitigem Areal auch die Keller gelegen sind, die Rekonstruktion von Häusern zu, die mit der Giebelfront zur Straße gerichtet sind. Cü

Lit: AHaffner, Kurtrier Jb 10, 1970, 203 ff – WBinsfeld, ArchKorrbl 6, 1976, 39 ff – ders, TZ 39, 1976, 39 ff – ANeyses, ebda 33, 1972, 109 ff

Keltisch-römisches Gräberfeld

Bei Waldabtrieb und Rodung von Ackerflächen wurde, etwa 400 m NO des Straßenvicus *Belginum,* ein ausgedehntes Brandgräberfeld angeschnitten und seit 1959 mit Hilfe der Deutschen Forschungsgemeinschaft und der Thyssen-Stiftung sowie im Rahmen von Arbeitsbeschaffungsmaßnahmen systematisch ausgegraben und untersucht, die riesige Fundausbeute dem Rheinischen Landesmuseum zur wissenschaftlichen Auswertung, der Konservierung und Restaurierung zugeführt. In Anlehnung an eine größere Grabhügelnekropole der eisenzeitlichen Hunsrück-Eifel-Kultur, von der 2 Hügel in dem jünger anschließenden Brandgräberfeld liegen und auch für Flachgräberbestattungen wieder benutzt worden sind, erstreckt sich in einer Wegegabelung und entlang der Römerstraße das Gräberfeld auf eine Strecke von über 400 m Seitenlänge und einer Fläche von über 40 000 m^2.

Um 250 vChr setzt die Belegung des Gräberfeldes der Trevererbevölkerung aus dem Vicus und den benachbarten Siedlungen hier ein und reicht mit Körpergräbern bis in das 4. JhnChr. Neben Ein-

Abb. 401 Morbach-Wederath/Hinzerath. Belginum. Gräberfeld mit »Grabgärten« und Brandgräbern

zelbestattungen in kleinen Erdgruben sind die meisten Gräber aber in umgrenzten »Grabgärtchen« gefunden worden. Diese dürften im Sinne von Familiengräbern durch Gräben und leichtere Umzäunungen, später durch Mauern abgegrenzte Bestattungsflächen sein, in denen in der Folge der Todesfälle Familienmitglieder bestattet worden sind.
Zur Wegegabelung hin wurden Reste von Steindenkmälern und Fundamente für Denkmalaufbauten angetroffen, doch wurden sowohl beim Bau der Provinzialstraße als auch zur Reparatur der alten Poststraße in früherer Zeit Steine und Denkmalreste von hier weggeführt und verbaut. Das zumeist reiche Beigabeninventar bietet in seiner keramischen Vielfalt eine kontinuierliche Entwicklungsreihe der Hauskeramik wie auch der importierten Waren und illustriert, daß mit der röm Besetzung die einheimische Bevölkerung fortbestand und ihren alten Sitten und Gebräuchen, den herkömmlichen Lebens- und Wirtschaftsformen auf Jahrzehnte ungestört anhing.
Cü

Lit: AHaffner, Trierer Grabungen und Forschungen VI 1, 1971; VI 3, 1977; VI 4, 1990

Mülheim-Kärlich MYK

Gutshöfe
Abb 402, 403

Bei der Bimsausbeutung wurden 1977 in der Flur »Im Weikert« in Mülheim-Kärlich röm Mauerreste angeschnitten. Die anschließend durchgeführte Grabung zeigte, daß es sich dabei um das Herrenhaus eines röm Gutshofs von mittlerer Größe handelt. Der Gesamterhaltungszustand war nicht mehr gut. So können über Ausdehnung und Einzelheiten kaum Aussagen gemacht werden. Offensichtlich handelt es sich aber um ein Gebäude von 38 m Länge und 18 m Breite, wobei jedoch noch damit gerechnet werden muß, daß die Mauern sich weiter in die Nachbarparzellen nach N und S hineinziehen. Von Interesse waren 3 Kellerräume, von denen Keller 1 aus 2 Räumen bestand und Reste bemalten Wandverputzes aufwies. Außerdem konnten 2 hypokaustierte Räume mit einem gemeinsamen Heizungskanal festgestellt werden. Einer der Räume überlagerte den erwähnten Keller. Die Umfassungsmauern der Räume waren fast vollständig ausgebrochen und ihre Baugruben mit Abbruchschutt gefüllt. Ein weiterer im Grundriß erkennbarer Raum ließ eine nähere Zweckbestimmung nicht zu. Nach dem bisher geborgenen Fundmaterial handelt es sich hier um eine Anlage, die vom 1. bis 3. Jh in Betrieb war.
Im Ortsteil Depot wurden bei Ausbimsungsarbeiten 1983 röm Mauerreste angeschnitten. Erste Voruntersuchungen 1983 und gründliche Ausgrabungen im Jahr 1984 ließen das Hauptgebäude einer größeren landwirtschaftlichen Anlage erkennen. Freigelegt wurden mehrere Räume eines offensichtlich langrechteckigen Gebäudes mit seitlichen Risaliten. 3 Räume waren hypokaustiert. Außerdem kam eine Badeanlage mit gut erhaltener Badewanne und Hypokausten zutage. Die Mauern waren noch bis zu 0,80 m gut erhalten, zT verputzt und mit Wandmalerei. In der gemauerten halbrunden Badewanne, die innen mit Ziegelsplitt-Trasskalkmörtel sorgfältig ausgestrichen war, lagen die herabgestürzten Reste offensichtlich des Gewölbes, das vollständig mit pflanzlichen Ornamenten ausgemalt war. Nach den derzeitigen Befunden läßt das Gebäude eine

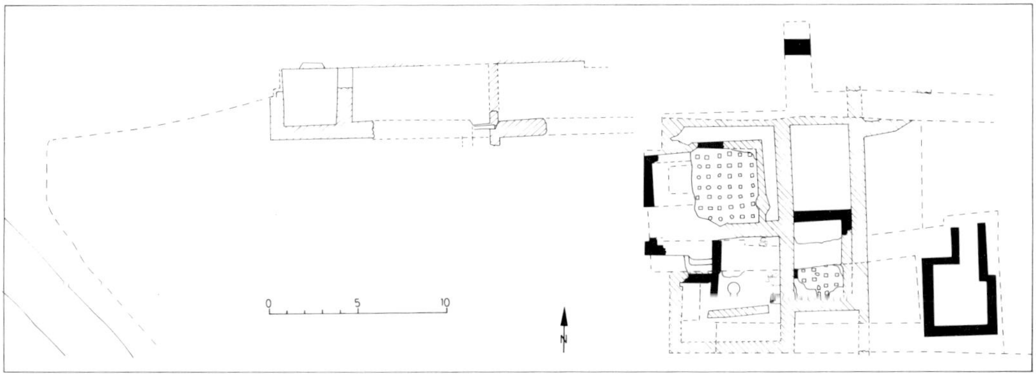

Abb. 402 Mülheim-Kärlich. Hauptgebäude eines Gutshofs in Flur »Im Weikert«

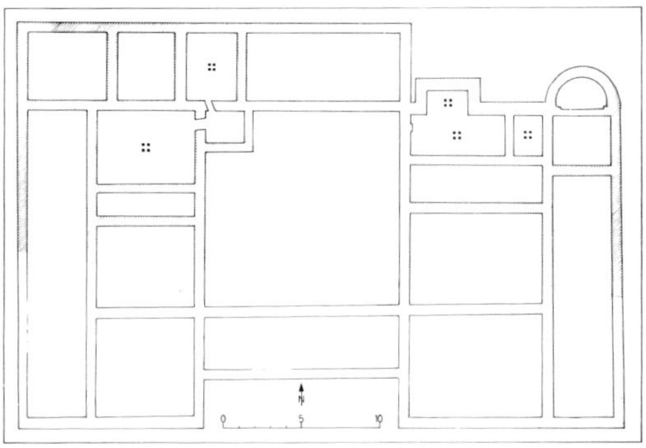

Abb. 403 Mülheim-Kärlich. Hauptgebäude eines Gutshofs im Ortsteil Depot. Grundriß

Ausdehnung von etwa 70 × 35 m erwarten. Aufgrund der bisher geborgenen Funde war es in dem aufgefundenen Ausbauzustand überwiegend im 3. Jh in Benutzung, jedoch finden sich auch Reste einer früheren Phase des 1. Jh. Unter den röm Bauten befanden sich Gruben und Siedlungsreste der Hallstatt- und Latènezeit. We
Ao: LfD Koblenz
Lit: H-HWegner, Denkmalpflege in Rheinland-Pfalz 1982–83, 1984, 170 ders, Führer z arch Denkmälern in Deutschland 12, 1986, 133 ff – ders, Berichte zur Arch an Mittelrhein und Mosel 1/1987, 238 ff

Münchweiler → Glan

Münster-Sarmsheim MZ

Mosaik
Taf 14b

Der hervorragendste Fund von Münster-Sarmsheim ist das farbige Sol-Mosaik, das zusammen mit mehreren ornamentalen Schwarzweiß-Mosaiken 1895 im Herrenhaus eines sonst nicht weiter bekannten röm Gutshofs im heutigen Ortskern entdeckt wurde. Es bedeckte den Boden eines Raumes von etwa 8,5 × 10,5 m. Umgeben von ornamental gefüllten quadratischen Feldern befindet sich in der Mitte ein kreisrundes Feld (Dm 1,80 m), in dem der Sonnengott mit Viergespann dargestellt ist, eingerahmt von den 12 Tierkreiszeichen. Das Mosaik gehört ins 3. JhnChr. Ru
Ao: RLM Bonn
Lit: KParlasca, Mosaiken, 1959, 86 ff

Mußbach → Neustadt

Mutterstadt LU

Vicus, Römerstraße, Straßenstation*
Abb 404

Die dichte Besiedlung keltischer Zeit setzt sich in der röm Periode fort, ohne daß jedoch ein Fortbestehen einer solchen Siedlung oder zumindest eine Kontinuität des Siedlungsplatzes mit Sicherheit nachzuweisen wäre. Entweder enden die keltischen Siedlungen bereits um die Mitte des 1. JhvChr oder die röm Höfe beginnen erst 100 Jahre später. Allein bei der ausgedehnten Siedlung entlang der Bohligstr im Siedlungsgebiet »Stolzgewann« konnten Hinweise auf eine fortbestehende Siedlung gewonnen werden. Aus einer Kellerverfüllung, die bereits 1951 geborgen wurde, stammen die bislang ältesten röm Funde am Oberrhein neben → Speyer und → Mainz. Unter den keramischen Funden sind frühe Terra-Sigillata-Formen, zT noch mit Radialstempel, nachzuweisen. Die Formen entsprechen dem Spektrum der drususzeitlichen Lager von Oberaden an der Lippe oder Dangstetten am Hochrhein. Die mitgefundene gröbere Keramik weist sowohl keltische als auch schon germ Traditionen auf. Die frühen Funde sind nicht direkt mit einer militärischen Anlage in Verbindung zu bringen, da Befestigungsspuren nicht nachgewiesen sind. Wohl aber kann es sich bei den Bewohnern der Siedlung um eine Bevölkerungsgruppe handeln, die im Rahmen der röm Okkupation im Hinterland Aufgaben etwa als Miliz zu erfüllen hatte. Aus der Siedlung Stolzgewann entwickelte sich im Laufe des 1. Jh ein Vicus (L ca 450 m). Über die Struktur der Siedlung sind wir leider nicht unterrichtet, da zwischen 1950 und 1960 im Neubaugebiet lediglich Notbergungen von angeschnittenen Befunden möglich waren. Der Vicus hatte bis zum frühen 5. Jh Bestand. Von den Notzeiten des 3. bzw 4. Jh zeugt ein Depotfund in der Ringstr, der Sense, Bratrost, Kesselteile, Schmiedezange, Amboß, Setzhammer, Spaltkeil und einen Schildbuckel sowie ein Schwertfragment enthielt. Der Hortfund wurde in Notzeiten verborgen und konnte von seinem Besitzer nicht gehoben werden. Das zur Siedlung gehörige Gräberfeld konnte bisher nicht lokalisiert werden. Ein im O gelegener Bestattungsplatz in dem Kurzen Wingertsgewann, 800 m entfernt, gehörte nicht zum Vicus, sondern zu einer gesonderten Hofstelle. Aus diesem Gräberfeld sind bislang Funde bekannt geworden, die eine Belegung von etwa 10–350 nChr andeuten.

Die röm Rheinuferstraße bildet seit dem frühen MA die O Gemarkungsgrenze von Mutterstadt. Die röm Hauptverbindung wurde noch bis weit in die frühe Neuzeit hinein als Verkehrsweg genutzt. Von dem ehem Unterbau der röm Straße

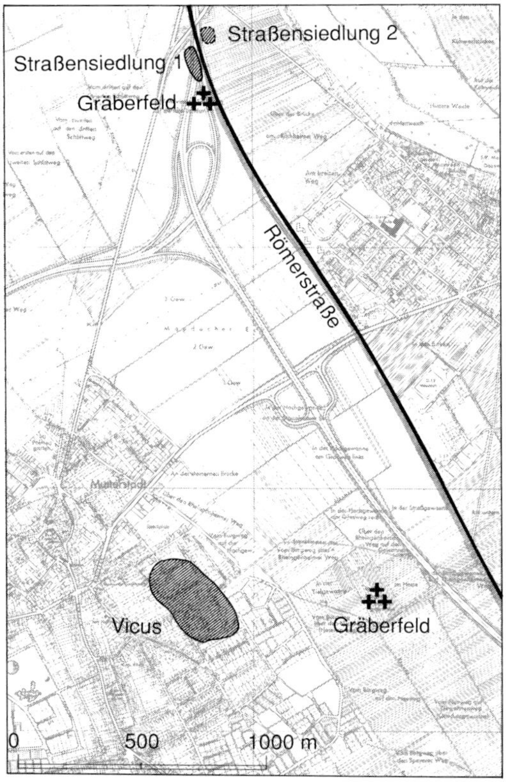

Abb. 404 Mutterstadt. Siedlungen und Römerstraße. Lageplan

sind daher nur noch geringe Spuren in Form einer schwachen Kiesschüttung erhalten. Der Verlauf der Straße ist heute noch als deutlich herausgehobener Damm im Gelände zu erkennen.

Die Neuanlage der B 9 führte 1978 und 1980 zu Entdeckung und teilweisen Ausgrabung einer Straßensiedlung (L 130 m, B 50 m), die sich W der Römerstraße erstreckte. Zur Straße hin hielt sie etwa 10 m Abstand. In diesem kleinen Vicus standen jedoch keine festen Gebäude. Die ältesten Bauspuren gehören zu Pfostenbauten des 1. Jh. Danach wurden Fachwerkbauten auf Steinsockel errichtet. Die Siedlung bestand bis gegen 400 nChr und vielleicht sogar noch im frühen 5. Jh. In einer Brunnenverfüllung fanden sich neben zahlreichen Bauspolien auch Fragmente von 2 Leu-

gensteinen. Stein 1 wurde unter Severus Alexander 222–235 gesetzt, Stein 2 unter Konstantin d. Gr. 306/307.
Die Straßensiedlung liegt genau 17,76 km von dem Zählpunkt in Speyer entfernt. Sie wurde somit im 1. Jh an der 12. Meile gegründet und hat im 2.–4. Jh an der 8. Leuge, nach Umstellung der Strecken auf das gallische Maß (= 2,22 km), fortbestanden.
Spuren von festem Mauerwerk wurden neuerdings O der Straße angetroffen; dort könnte durchaus ein Steingebäude einer Raststation gestanden haben.
S der Siedlung wurde das zugehörige Gräberfeld festgestellt, aus dem 2 germ Gräber des 1. Jh stammen. Be
Ao: M Speyer, M Mutterstadt, LfD Speyer
Lit: HEyselin, Mutterstadt in Vergangenheit und Gegenwart, 1967, 33 ff – HBernhard, MittHVP 83, 1985, 33 f

Nachtsheim MYK

Siedlung

An der Römerstraße Maas–Neuwieder Becken ist durch Bautrümmer eine röm Siedlung nachgewiesen. Sie liegt längs der heutigen Landstraße Mayen–Boos–Kelberg, in den Jagen 14, 15, 22, 23, die sich hier mit der ehem Römerstraße deckt. O davon liegen in den Jagen 19 und 20 vier Hügelgräber. S auf der Nachtsheimer Flur, Distrikt Esch, wurden vor längerer Zeit 2 röm Brandgräber gefunden. We
Ao: Eifeler Landschaftsm Mayen
Lit: JHagen, BJb 135, 1930, 180 f

Nehren an der Mosel COC

Grabkammer »Heidenkeller«
Abb 405, 406

Der Heidenkeller, eine Grabkammer aus der späten Römerzeit in den Weinbergen oberhalb von Nehren ist der einzige noch erhaltene Raum aus der Antike im Rheinland, in dem die ursprüngliche Bemalung der Wände und des Gewölbes noch an Ort und Stelle weitgehend erhalten und gut sichtbar ist. Das Bauwerk, bekannt seit den 20er Jahren, wurde 1973/74 einer archäologischen Untersuchung durch H. Eiden unterzogen. Dabei kamen überraschend noch erhebliche Teile vom aufgehenden Mauerwerk zutage, so daß der Befund eine originalgetreue Rekonstruktion zuließ.
Das Gelände fällt steil in einem Neigungswinkel von 30 Grad zur Mosel ab. Der Grabbau ist demgemäß in zwei Geschossen angelegt. Die eigentliche Grabkammer (4,30 × 2,60 m, H 3 m), ein tonnengewölbter Raum mit talwärts gelegenem Eingang, liegt im Untergeschoß und ist in den Schieferhang getrieben. Daran schließt sich bergseits über der Scheitelhöhe des Tonnengewölbes der Oberbau (Außenmaße 9 × 5,5 m) in Form eines Grabtempelchens mit Cella und Vorhalle an. Dabei liegt die Grabkammer unter der Vorhalle. Die Seitenwände haben je zwei Blendarkarden. Die Außenwände trugen ehedem braunroten Verputz, der Bau war offensichtlich mit Ziegeln gedeckt.
Unerwartet kam im O benachbarten Weinberg, nur wenige Meter neben dem »Heidenkeller« und in derselben Fluchtlinie, ein zweiter Grabbau, offensichtlich mit gleichem Aufbau, zutage. Zwar ist hier das Gewölbe eingestürzt und die Ausmalung bis auf geringe Reste zerstört. Im Gegensatz zum »Heidenkeller« ist jedoch der Estrichboden und der untere Teil des in diesen eingelassenen Sarkophagtroges noch vorhanden.
Von den Beigaben, die dem Toten mitgegeben wurden, konnten nur einige Tongefäße geborgen werden. Sie gehören in die zweite Hälfte des 4. JhnChr. Neben dem Sarkophagtrog, dessen Maße für die Aufnahme eines Erwachsenen bestimmt sind, wurde in der Kammer der Deckel eines Kindersarges gefunden. Es dürfte sich somit um eine Familiengruft gehandelt haben.
Der »Heidenkeller« und der neuentdeckte Grabbau liegen in der Nähe eines alten Straßenzuges. Sie bilden die recht aufwendige Begräbnisstätte für eine Grundbesitzerfamilie, deren Wohnsitz in dem ausgedehnten Trümmerfeld auf der Oberterrasse am Moselbogen oberhalb der heutigen Ortslage von Nehren wiederholt angeschnitten wurde. Auch der zweite Grabbau ist rekon-

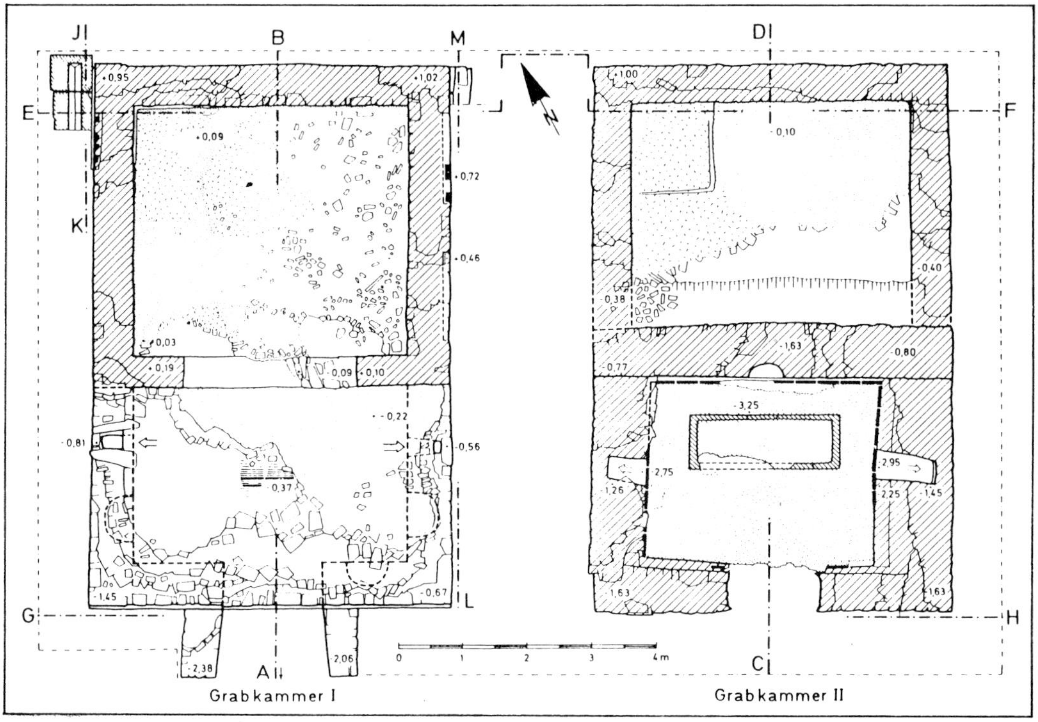

Abb. 405 Nehren. Die beiden Grabkammern im Grundriß

Abb. 406 Nehren. Grabkammer »Heidenkeller«. Ausmalung

struiert worden. Beide Denkmäler geben der Landschaft eine besondere, anmutige Note.

We

Ao: LfD Koblenz
Lit: DKrencker, Germania 8, 1924, 68 ff – HEiden 65 ff – ders, Ausgrabungen an Mittelrhein und Mosel 1963–1976, Tafelband, 1982, 197 ff

Neuhausen → Worms

Neuhofen Lu

Münzschatz und Silvanusrelief
Abb 407

Die Neuhofener Niederterrassenzunge reichte in röm Zeit weit in die Rheinaue hinein. Das W anschließende Neuhofener Bruch war in röm Zeit bereits so weit verlandet, daß innerhalb der Flußschleife eine kleine Siedlungsstelle angelegt werden konnte. Ein Hof in hochwasserfreier Lage befand sich unter dem heutigen Ortskern. Von diesem Hof sind bislang nur indirekt Spuren zutage getreten. Dies sind einmal ein Grabfund in den »18 Morgen« und ein Münzschatz hinter der Kirche. Dort fand ein Landwirt 1924 in einem Tonbecher 353 Münzen des 3. Jh. Die Münzreihe reicht von Caracalla (217) bis Gallienus (257). Damit steht der Verbergungsanlaß im Zusammenhang mit dem Verlust des rechtsrheinischen Limesgebietes und den Alamanneneinfällen um 260 nChr.
Eine Reliefplatte mit schöner Darstellung des Gottes Silvanus wurde 1950 in einem fränkischen Plattengrab verbaut am S-Rand des heutigen Ortes in der Rudolf-Wihr-Str geborgen. Mitgefundene Tuffsteine ließen F. Sprater vermuten, daß die Steine aus Abbruchmaterial der Festung → Altrip stammen. Ebensogut kann die Reliefplatte aus der og benachbarten röm Hofstelle stammen.
Der Stein (H 90 cm) zeigt den Gott mit Lanze in der Rechten und einem großen Rebmesser griechischer Form in der Linken. Ein neben ihm sitzendes Tier ist infolge starker Beschädigung nicht mehr zu deuten. Der Gott gilt als Schützer der Feldflur und des Waldes und wird im Bereich des *mons Vosagus* auch mit diesem personifizierten

Abb. 407 Neuhofen. Das Silvanusrelief

Gott gleichgesetzt, wie die Inschrift aus → Busenberg belegt.

Be

Ao: M Speyer
Lit: FSprater, Pfälzer Heimat 1, 1951, 26 ff – FMRD IV 2, 2218 f

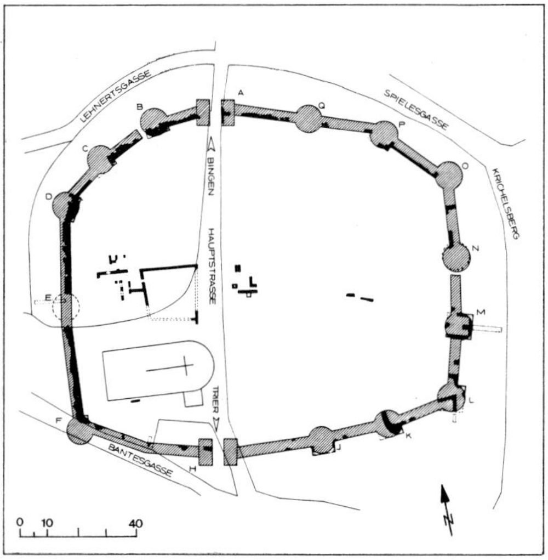

Abb. 408 Neumagen. Das spätrömische Kastell. Grundriß

Neumagen WL

Noviomagus Treverorum–
*Straßenstation und Kastell**
Abb 88, 89, 101, 106, 107, 408–412

An der Fernstraße Trier–Bingen–Mainz ist die Straßenstation an einer Engstelle des Moseltales, etwas oberhalb der Einmündung der Dhron gelegen. Neumagen-*Noviomagus Treverorum* war als Anlegestelle der Schiffahrt und mit einer Fährverbindung nach dem W-Ufer auch Übergangsstelle einer Straße, die offenbar aus der Wittlicher Senke bei Piesport einen Abstieg in das Tal ermöglichte (*porto Bigontio* nach einer Inschrift). Der Ort, der auch Markt und Umschlagplatz für Produkte aus dem Hunsrückgebiet war, wurde in den Invasionen um 275 nChr zerstört. Der strategisch wichtige Platz an der Mosel, dort gelegen, wo die Fernstraße schon auf höherem Terrain oberhalb von Niederemmel das Flußtal verläßt, um dem Hunsrück mit gleichmäßigem, sanftem Abstieg zuzustreben, hatte die Funktion einer Talsperre, die sich Ausonius wie ein Amphitheater darbot.

Nach der Bestimmung Triers als Residenz wurde Neumagen in konstantinischer Zeit mit einer Mauer zu einem Kastell befestigt. Der Befestigungsring, im Grundriß oval mit etwas gestreckter S-Front, auf einer kleinen Plateaufläche am Berg bis hart an das Flußufer sich erstreckend, ist 131 m breit und mißt 112 m in der NS-Achse. Die Fläche ist fast 1,28 ha groß. In NS-Richtung durchquerte die röm Fernstraße das Kastell und passierte an der N- und S-Seite Toranlagen, von denen langrechteckige, massive Fundamente angeschnitten worden sind. 12 bzw 13 massive Rundtürme an den Eckpunkten der polygonal angeordneten Mauerstrecke verstärkten die Verteidigungsfähigkeit. Die Rundtürme, gleichmäßig an Außen- und Innenseite der Mauern vorspringend, an den ausgeprägteren Ecken der Mauerabwinkelungen jedoch als Dreivierteltürme (Dm 9–10 m) ausgeführt, standen teilweise auf rechteckigem Fundament. Leichte Eintalungen vor den Torflächen sind als Reste der Annäherungshindernisse in Form von Graben und Vorwall noch in den Straßenzügen um das Lager zu verfolgen.

Als bei Hausbauten und Kellerausschachtungen an der W-Seite die vermeintlich ma Mauer im Fundament freigelegt wurde, entdeckte man 1877, kurz nach der Gründung des Provinzialmuseums zu Trier, reliefverzierte Quader mit ornamentalem und figürlichem Schmuck, Inschriften und Architekturelemente, die in mehreren Schichten übereinander das Fundament der aufgehenden Schiefermauern bildeten.

Die nun einsetzenden Ausgrabungen hielten bis 1885 an und führten dem Museum den großartigen Bestand der Neumagener Denkmäler zu, die dem Ort den Ehrentitel eines moselländischen Pergamon eintrugen. Die zunächst nur nach Kalkstein und grünlichem Sandstein geordneten Fundmassen erlaubten schon bald eine typologische Ordnung der hier vertretenen Grabmalformen, die neben dem monumentalen Cippus Grabaltäre, Pfeiler und architektonisch gegliederte Grabtürme wenigstens zeichnerisch zu rekonstruieren erlaubten.

Nach einer umfangreichen Erweiterung des Museums konnte W. von Massow die Zusammengehörigkeit und Zuweisung der Quader und zahllosen Fragmente, die Teilrekonstruktion und den Aufbau einzelner Altäre und Grabpfeiler durchführen und auch das umfangreiche Material in ei-

Abb. 409 Neumagen. Grabmal. Große Pachtzahlung

Abb. 410 Neumagen. Grabmal. Frisierszene

ner ausführlichen Publikation dokumentieren. Stilistische Eigentümlichkeiten, technische Details und die Materialverschiedenheit ließen eine Entwicklung der Grabdenkmäler erkennen, die vom Ende des 1. Jh bis in die Mitte des 3. JhnChr reicht und in der Vielfalt der Personendarstellungen und der Szenen aus dem Alltagsleben wie auch der abgehandelten Themen von überdurchschnittlicher Qualität und Kunstfertigkeit zeugen. Die repräsentative Darstellung der Auftraggeber, Totenmahl, Pachtzahlung, Jagd und mythologischen Szenen weisen auf ein Bildhaueratelier, das eher im Gebiet der Stadt Trier als im ländlichen Bereich um Neumagen angesiedelt und tätig gewesen sein muß. Wagenausfahrt, Szenen zum moselländischen Weinbau, der Transport von Weinfässern auf Schiffen, bestens prä-

Abb. 411 Neumagen. Altargrab

Abb. 412 Neumagen. Grabmal. Bär, einen Eber schlagend

sentiert durch die sog Neumagener Schiffe, illustrieren die Aktivitäten von Großkaufleuten, Händlern und Grundbesitzern, die sich auch als Mäzene und Gönner öffentlicher Zirkusrennen empfehlen. Die Erzählweise im Bewegungsablauf und der Gesichtsausdruck der dargestellten Personen wie in der Schulszene, der Pachtzahlung, den Frisierszenen der Hausherrin und Ehefrau ist durch porträthafte, individuelle Ausprägung der Köpfe besonders betont und hebt die Steinmetze und Bildhauer weit über die sonst eher typisierende Darstellungsweise der Bildhauerkunst des Imperiums und der Ateliers in den Provinzen heraus. In der späteren Phase des Ateliers ist sogar eine Tendenz zum Verismus, der peinlich exakten Detailwiedergabe von Haartracht und Gesichtszügen, auch von Gefühls- und Gemütszuständen der Trauer, der sorgenvollen Bestürzung oder der selbstgefälligen Zufriedenheit festzustellen.

Auch die zT überreich plastisch wirkenden Blattfriese der Gesimse und Rosettenornamente, der Akanthuskelche und der Waffenfriese entsprechen der besonderen Lebendigkeit und technischen Begabung der Trierer Werkstätten. Die an vielen Quadern und Fragmenten noch erhaltenen Farbreste erlaubten es, an Ergänzungen größere Flächen der rekonstruierten Denkmäler in Mineralfarben zu fassen und so dem Betrachter in etwa die einst prachtvolle Wirkung zu vermitteln. Hierbei wird nicht nur das einheimische Sandsteinmaterial dem edleren Marmor angenähert, sondern mehr noch werden die Bildreliefs und Ornamente in ihrer plastischen Wirkung gesteigert und dem verwitterungsanfälligen Material eine dauerhaftere Schutzschicht aufgelegt.

Die im RLM Trier in der sog »Gräberstraße« aufgestellten und zT rekonstruierten Neumagener Denkmäler vermitteln einen lebendigen Eindruck der einstigen Pracht röm Gräberfelder und Monumente, die entlang den Ausfallstraßen und auch vereinzelt in der Landschaft aufgerichtet worden waren.

Aus dem Befund ergibt sich, daß diese Denkmalreste im Zuge einer kurzfristig beschlossenen Verteidigungsanstrengung von den Gräberfeldern im N und S der *Augusta Treverorum* per Schiff und Floß nach Neumagen abtransportiert und so wie die Ladungen angekommen in den Fundamenten der künftigen Befestigung verlegt worden sind. Noch bis in das 17. Jh standen Mauerring und Türme als eindrucksvolle Ruinen aufrecht. Cü

Ao: RLM Trier

Lit: WvMassow, Die Grabmäler von Neumagen, Berlin 1932 – HCüppers, FVFD 34, 1977, 246 ff – TZ 45, 1982, 301 ff – TZ 48, 1985, 195 ff

Neupotz GER

Beutefund des 3. Jh
Abb 463

Aus einer Kiesgrube S des Ortes, die offensichtlich in einem heute verlandeten antiken Rheinarm angelegt wurde, werden seit 1967 immer wieder röm Geräte, Waffen, Wagenteile und Bronzegeschirre in großer Zahl hochgebaggert. Mit über 800 Gegenständen ist der Baggerfund der größte Bestand an Metallgeschirr und -gerät in den N-Provinzen.

Die Zusammensetzung des Fundes läßt durchaus den Schluß zu, daß die Metallgegenstände auf mindestens 2 Lastkarren transportiert wurden und beim Überqueren des Rheins mitsamt einem Floß in den Fluten versunken sind. Ein Teil der Metallgefäße war in 2 großen Kesseln regelrecht verpackt gewesen. In einem dieser Kessel lagen auch Münzen der Kaiser Philippus Arabs, Gordian, Trebonianus Gallus und Gallienus. Danach gingen die Sachen um 260 nChr verloren. Während Gerät und Bronzegeschirre zum weiteren Gebrauch bestimmt waren, hatte man Silberplatten und ein Fiederblech wegen des Metallwertes zerschnitten und geteilt.

Damit entspricht ein geringer Teil des Neupotzer Fundes dem → Hagenbacher Wasserfund. Die historische Deutung erhellt aus dieser Tatsache und der Zeitstellung der Funde. Es handelt sich ganz offensichtlich um Beutematerial, das alamannische Gruppen im innergallischen Raum zusammengeraubt hatten. Beim Überqueren des Rheins, auf dem Rückweg in ihre angestammten Siedlungsgebiete, ging der Bestand verloren.

Die Zusammensetzung des Fundes, der sicherlich nur zum Bruchteil auf uns gekommen ist, gibt einen außergewöhnlich guten Querschnitt durch Tafel- und Küchengeschirr des 3. Jh. Für die antike Werkzeugkunde bietet sich ein hervorragendes Anschauungsmaterial. 9 röm Schwerter (*spathae*) und 3 Lanzenspitzen zeigen die militärische Komponente. Von besonderer Bedeutung sind die zahlreichen Wagen- und Pferdegeschirrteile, die in dieser Zahl bislang nirgends vorliegen. Der Fund von Neupotz zeigt, daß die Region um Rheinzabern im 3. Jh unmittelbar von alamannischen Beutezügen berührt und sicherlich auch betroffen war. Be

Ao: M Rheinzabern

Neustadt NW

Gutshof, Skulpturenfunde
Abb 413

Röm Funde aus Neustadt gehören zu den ältesten Beständen des Historischen Museums in Speyer. 1822 wurde bei der Anlage eines Weinbergs ein Weihestein gefunden, den ein Castus den Göttern des Zufalls (*Dis Cassibus*) im späten 2. oder 3. Jh geweiht hatte. Unweit davon fand man 1828 einen vollplastischen Torso der Göttin Maia, der Mutter des Merkur. Ferner eine fragmentierte, in röm Zeit umgearbeitete Weihung an den Schutzgott der Umgebung (*Genius viciniae*), nach der ein namentlich nicht bezeugter Ehemann seiner Frau das Grundstück zur Wiederherstellung eines Heiligtums geschenkt hat. Besonderheit erhält die Inschrift durch die Datierung des Steines auf Mai/Juni 251 nChr. Die als Konsuln genannten Kaisernamen Traianus Decius und Herrenius Decius wurden nachträglich auf der Inschrift getilgt (*damnatio memoriae*). Ein Grabstein wurde von einem Januarius für Mutter und Bruder gesetzt.

Alle diese Steine stehen im Zusammenhang mit einem benachbarten Gutshof, von dem 1970 beim Neubau der AOK an der Maximilianstr Spuren

Abb. 413 Neustadt. Skulptur der Maia

festgestellt werden konnten. Aus diesem Fundbereich stammt noch eine Weihung an den Gott Toutenus. Das zugehörige Brand- und Körpergräberfeld wurde bereits im 19. Jh weitgehend zerstört. Ein Steinsarg des frühen 4. Jh wurde 1911 im Gelände der Weinkellerei Witter gefunden.
Der Gutshof lag an exponierter typischer Stelle an einem S-Hang oberhalb einer breiten Feuchtaue. Be

Ao: M Speyer
Lit: CIL 13, 6113 ff – Espérandieu 8, 1922, 5977 – MittHVP 73, 1976, 127 ff – HBernhard, in: Neustadt an der Weinstraße, 1975, 37 ff

Neustadt-Gimmeldingen NW

*Mithräum**
Abb 414

Im Ortsteil Lobloch zwischen Mußbach und Gimmeldingen wurde 1926 zwischen Oberweg und Loblocher Str bei Bauarbeiten an einem steilen S-Hang ein Mithräum festgestellt. Der Kultraum war in den Hang eingetieft; da sich keine Mauerreste nachweisen ließen, dürfte das Mithräum aus Holz konstruiert gewesen sein. Im rückwärtigen Teil stand auf einem dreiteiligen Steinsockel aus überwiegend zweitverwendeten

Abb. 414 Neustadt-Gimmeldingen. Mithräum. Kultbild des Mithras

Steinblöcken das ziemlich grobe Kultbild des stiertötenden Mithras mit flatterndem Mantel und den Attributen Sol und Luna und seitlich Cautes und Cautopates jeweils mit erhobener, brennender bzw. gesenkter, erloschener Fackel. Der mit den vorderen Hufen bereits eingeknickte Stier wird von einem Hund attackiert. Weiterhin sticht ein Skorpion ihm in die Hoden, daneben ringelt sich ebenfalls als Sendbote des Bösen eine Schlange. Flankiert wird das Kultbild (1,15 × 1,45 m) von fragmentiert erhaltenen Flachreliefs. Links ist ein weiterer Cautes, rechts ist, an dem prallen Geldbeutel kenntlich, Merkur dargestellt. Auf 3 Blöcken unter dem Kultbild ist die Weiheinschrift angebracht.
3 Altäre vor dem Kultbild wiederholen in anderer Fassung die aufgeführten Inschriften. Der Oberteil einer qualitätvoll ausgeführten Platte zeigt noch Vulkan und Minerva. Das Stück ist wohl in das 2./3. Jh zu setzen.
Das auf den 23. Februar 325 nChr datierte Weihebild gehört zu den spätesten Mithrasweihungen überhaupt und wurde zu einem Zeitpunkt errichtet, als das Christentum begann, seinen Siegeszug über die antiken Religionen anzutreten. Als Stifter von Heiligtum und Grundstück wird Materninius Faustinus genannt, der ganz offensichtlich der Landbesitzer des umliegenden Bereiches gewesen ist.
Die Bedeutung des Gimmeldinger Mithrasheiligtums liegt in dem späten Zeitpunkt seiner Errichtung. An der Fundstelle ist in die Wand eine Nachbildung des Kultbildes eingelassen.
Der Gutshof des Faustinus ist gegenüber dem Heiligtum am S-Hang zu lokalisieren. Dort wurden 3 Münzen des späten 4. Jh gefunden. Unweit barg man 1876 einen reich ausgestatteten Steinsarg mit einen Tongeschirrsatz aus Teller, Schüssel, 2 Henkeltöpfchen, einem Terra-Sigillata-Krug und einer Faltenglasschale. Be

Ao: M Speyer, M Bad Dürkheim
Lit: PfälzM 43, 1926, 229 ff – HFinke, 17. BerRGK 1927, 52 ff – ESprater, Die Pfalz unter den Römern 2, 1930, 66 ff – Espérandieu, 10, 1928, 7545, 7548, 7550 – MJVermaseren, Der Kult des Mithras im römischen Germanien, 1974 – HBernhard, MittHVP 73, 1976, 132, 139 – WTransier, Pfälzer Heimat 38, 1987, 145 ff

Neustadt-Hambach NW

Spätantike Höhensiedlung »Hambacher Schloß«

Von der Kuppe des Schloßbergs stammen einige röm Funde, die eine Besiedlung nahelegen. Weitere Spuren sind durch den Bau einer karolingischen Ringwallanlage und die ma Burg seit salischer Zeit weitgehend zerstört. In einer Kulturschicht unter der karolingischen Blockmauer wurden spätantike Scherben des 4. Jh geborgen. 3 Münzen entstammen der gleichen Zeit. Auf dem allseitig steil abfallenden Kegelberg hat wohl während des 4. Jh eine Höhenanlage bestanden, die in geschützter Lage die Funktion einer Handwerkersiedlung übernahm. Vergleichbare Anlagen finden sich bei → Bad Dürkheim auf der Limburg und bei → Annweiler auf dem Trifels. Die wenigen Funde erlauben bislang nicht, den Hambacher Schloßberg der Gruppe von Höhensiedlungen zuzuordnen, die in den Wirren der Magnentiuszeit (350–353) untergegangen sind.
Ein Relief des Gottes Bacchus stammt ebenfalls vom Burgberg und war in Unterhambach in einem Winzerhaus eingemauert. Ein Relief eines »Männchens«, das am S-Aufgang zum Zwinger eingemauert ist und immer als ma angesprochen wird, ist offensichtlich auch röm Ursprungs. Ob diese Steine ein Heiligtum der mittleren Kaiserzeit andeuten, wie immer behauptet wird, erscheint fraglich. Be
Ao: M Speyer
Lit: HBernhard, MittHVP 73, 1976, 133 f – FSprater, Die Pfalz unter den Römern 2, 1930, 51 – JStraub, in: Hambacher Schloß. Ein Denkmal der deutschen Demokratie (oJ)

Neustadt-Lachen-Speyerdorf

Weihung an Vosegus
Abb 415

In einer Sandgrube unweit des Breitensteiner Forsthauses wurde 1938 ein kleiner Altar mit Inschrift geborgen. *Vosego/Iulius Vi/tunis v(otum) s(olvit) l(ibens) l(aetus) m(erito)* (Dem Gott Vose-

gus hat Iulius Vitunis gern und freudig nach Gebühr sein Gelübde erfüllt).
Einzelne Scherben des 2. und 3. Jh bezeugen eine kleinere Ansiedlung am Platz. An der Fundstelle kreuzt eine röm Straße von St. Martin kommend (→ Maikammer) das Elmsteiner Tal und führt in Richtung Esthal.
Die Weihung zeigt, daß der heutige Pfälzer Wald Bestandteil der *Silva Vosegus* war und personifiziert Weihungen dargebracht wurden. Während die Inschrift Vosegus allein nennt, ist auf den Inschriften von → Busenberg, Görsdorf und Zinswiller (Elsaß) Vosegus dem Gott Silvanus gleichgesetzt. Be

Lit: FSprater, Germania 22, 1938, 190 f – HNesselhauf, 27. BerRGK 1937 (1939), 71 Nr 73 – FSprater, Römerstraßen im Haardtgebirge, Festschrift RGZM 1, 1952, 1 ff – OGödel, Pfälzer Heimat 31, 1980, 121 f – EMensching, ebda 33, 1982, 7 ff

Abb. 415 Neustadt-Lachen-Speyerdorf. Weihung an den Gott Vosegus

Gräberfeld »Benzenloch«

Für die Erforschung der röm Einzelhofstruktur sind die jeweils zugehörigen Bestattungsplätze der Hofbewohner eine wichtige demographische Quelle. Leider war es bislang nicht möglich, solche Nekropolen in dem Maß auszugraben wie Gutshöfe. 1965 und 1971/72 konnte ein Bestattungsplatz ländlicher Bevölkerung nahezu vollständig untersucht werden. Er liegt in der Waldabteilung Benzenloch O des Flugplatzes.
Das Gräberfeld schließt an eine Hügelgräbernekropole der Bronze- und Eisenzeit an. Die 95 Brand- und Körpergräber verteilen sich auf einen Zeitraum zwischen rd 60 und 420 nChr. In diesen 360 Jahren wurden etwa 120 Personen einer nahe gelegenen *villa rustica* bestattet. An Beisetzungsformen fanden sich Urnengräber mit ausgelesenem Leichenbrand in einem Gefäß, Leichenbrandhäufchen in organischen Behältnissen oder unter einer Scherbenabdeckung sowie Brandgrubengräber mit den gesamten Scheiterhaufenrückständen in der Grabgrube. Zusätzlich wurden Krüge und Trinkbecher beigegeben. Die Körperbestattung nahm im späten 3. Jh auch hier ihren Einzug und verdrängte die Feuerbestattung. 13 Körpergräber zeigten zT recht reiche Beigaben mit Gläsern und feinem Geschirr. Eine Bestattung mit Tonkrug und prächtigem Glaskrug war in einem Steinsarg niedergelegt. Besondere Beachtung verdienen die Beigaben eines Frauengrabes aus dem frühen 5. Jh. In einer hölzernen Kiste mit Schloß waren ein Krug, ein Henkeltopf, ein Teller, ein Sigillata-Teller, ein Glasbecher, Messer und Spinnwirtel und ein gläserner Löffel niedergelegt. Dieses einzigartige Stück sollte wohl die hausfraulichen Fähigkeiten der verstorbenen Frau aufzeigen. Diese spätesten Funde zeigen wie an anderen Orten in der Nähe der Reichsgrenze am Rhein den Wohlstand der ländlichen Bevölkerung in einer Zeit des allgemeinen Niederganges.
Eine erste Analyse des umfangreichen Fundgutes ergab, daß in der ersten Hälfte des 2. Jh nur ganz wenige Personen bestattet wurden. Die Hauptbelegung umfaßte die Zeit von 150 bis etwa 250 nChr mit rund 56 % der Gräber. Daraus läßt sich eine Zahl von ca 15 ständigen Gutshofbewohnern ermitteln. Be

Ao: LfD Speyer
Lit: HBernhard, ArchKorrBl. 3, 1973, 59 ff – ders, Pfälzer Heimat 29, 1978, 81 ff – ders, Archäologie im Neustadter Raum, Neuere Ausgrabungen und Forschungen, 1980, 10 ff – ders, Germania 60, 1982, 229 ff

Neustadt-Mußbach NW

Gutshof

Nahe der Bahnlinie Neustadt–Ludwigshafen an der Gemarkungsgrenze zu Haßloch befindet sich im Gewann »Steingebiß« eine ausgedehnte Siedlungsstelle, die seit dem 19. Jh bekannt ist. Die Anlage von Sandgruben hat den Gutshof seit 1966 mehrfach angeschnitten. In der W gelegenen Grube wurden 3 Brunnen und ein Erdkeller untersucht und ein Brandgrab des 1. Jh geborgen. In den beiden O gelegenen Gruben kamen Mauerreste eines Hauptgebäudes und eines vermutlichen Wirtschaftsbaus zutage. Von dem nur zT ergrabenen Herrenhaus wurden 2 beheizbare Räume von 7,5 × 6 m bzw 3,85 m Breite und 4 m festgestellter Länge erfaßt. Ein Raumtrakt (L 10,85 m) wurde mittels einer verzweigten Kanalheizung erwärmt. Der Steinbau wurde gegen 100 nChr errichtet und hat wohl bis zum frühen 5. Jh bestanden.
Unweit des Haupthauses wurde eine Abfallgrube mit Funden der Zeit um 20 nChr festgestellt. Neben Importkeramik wie italischen Backplatten und Sigillata ist ein erheblicher Anteil von Gefäßen zu verzeichnen, die ohne Drehscheibe hergestellt worden sind. Die Formen und Verzierungsweisen haben Parallelen im germ Elberaum Mitteldeutschlands und Böhmens. Auch eine Gewandnadel aus Bronze gehört in diesen Zusammenhang. Neben weiteren Funden im Oberrheintal zeigen diese Materialien einen germ Bevölkerungszuzug in augusteisch/tiberischer Zeit. Es handelt sich hierbei um die historisch bezeugten und nunmehr auch archäologisch nachweisbaren Nemeter. Be
Ao: M Speyer, LfD Speyer
Lit: MittHVP 73, 1976, 140 ff – Archäologie im Neustadter Raum, 1980, 24 ff

Neuwied-Engers NR

*Burgus**
Abb 416

Unmittelbar am Rheinufer, auf der hochwasserfreien Niederterrasse, stehen heute noch die Grundmauern eines spätröm Burgus. Er gehört offensichtlich in die spätantike Befestigungsreihe, die auch den Rhein mit in die Nordgrenze einbezog. Erste Untersuchungen führte schon 1819/20 W. Dorow durch. Neuere Grabungen wurden von J. Röder 1951 und 1954 durchgeführt und einige Nachuntersuchungen im Jahr 1977–1980 von K. Wilhelmi.
Aufgrund all dieser Untersuchungen ergibt sich ein nahezu geschlossenes Bild des Befundes. Der Kernbau hat die Innenmaße 15 × 8 m. Vier mächtige Innenpfeiler stützten den Oberbau. Die Mauerstärke beträgt 3 m. Das Gußmauerwerk ist mit Tuff und Grauwacke verblendet. Bei den beiden flußseitigen Köpfen der Seitenmauern handelt es sich um geländebedingte Abstützungen. Der Eingang befindet sich an der zum Rhein gewandten S-Seite. Bei den Ausgrabungen 1819/20 wurde im Innern des Turmes, dessen Dach mit Bleiplatten gedeckt war, Getreide in Schichten von 3–9 Zoll Dicke, an einigen Stellen sogar mehrere Fuß hoch angetroffen. Beidseits stießen an den Mittelbau Flügelmauern, die nach dem Befund an der W- und O-Seite in einen Rundturm endeten und dann im rechten Winkel nach S zum Fluß umbogen, wo die Befestigung nicht geschlossen war. Die ganze Anlage wurde durch einen Graben, von dem die Enden in die Böschung des Rheins mündeten, hufeisenförmig umgeben. Zusätzlich war die Anlage noch durch einen Palisaden- und Pfostenzaun abgegrenzt. Das gesamte Mauerwerk hat auf einem Rost von senkrechten Holzpfosten gestanden und war so stärker fundamentiert. Dies konnte an einzelnen Stellen festgestellt werden. Diese Beobachtungen fielen auch an anderen röm Bauwerken in sandiger Flußnähe auf. Ebenso fußten die zentralen Innenpfeiler auf entsprechenden Pfahlgründungen. Diese Pfeiler trugen offensichtlich eine Zwischendecke des wohl ehem 2 Stockwerke umfassenden Baus.
Noch heute ist das Mauerwerk des Kernbaus bis

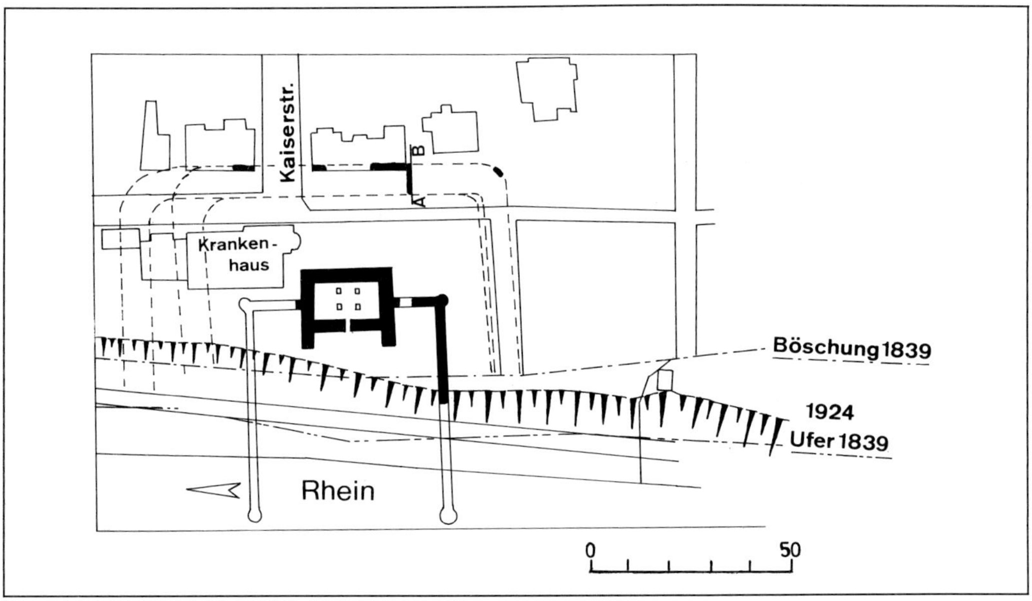

Abb. 416 Neuwied-Engers. Burgus. Grundriß und Rekonstruktionszeichnung

zu 2 m erhalten. Das archäologische Denkmal ist von einer Wohnanlage überbaut. Es ist jedoch im Kellerbereich noch zugänglich. We

Ao: RLM Bonn, LfD Koblenz

Lit: JRöder, Germania 30, 1952, 115 f – HvPetrikovits, Journal of Roman Studies 61, 1971, 178 ff – KWilhelmi, ArchKorrbl 13, 1983, 367 ff – H-HWegner, Berichte zur Arch an Mittelrhein und Mosel 1, 1987, 226 ff

Neuwied-Heddesdorf NR

Kohortenkastell
Abb 417

Seit dem Ende des 1. JhnChr lag in dem Steinkastell Heddesdorf (2,8 ha) die *cohors XXVI voluntariorum civium Romanorum* in Garnison. Sie wurde in der zweiten Hälfte des 2. Jh durch die *cohors II Hispanorum equitata* ersetzt. Ob und wie lange das Kastell den Bau des benachbarten Lagers Niederbieber überdauert hat, ist ungewiß. Das Kastell Heddesdorf ist heute völlig überbaut. Die Straßenbezeichnung Römerstr in dem heutigen Ortsteil von Neuwied bezeichnet den Verlauf der ehem Lagerhauptstraße (*via principalis*), die unter dieser Straße liegt. In kleineren Untersuchungen konnten in Heddesdorf, vor allem im Bereich des Kastellbades, Grabungen vom zuständigen Amt für archäologische Denkmalpflege (H. Eiden, H. Gadenz) durchgeführt werden. We

Ao: RLM Bonn, LfD Koblenz

Lit: DBaatz, Der römische Limes, 1974 – HEiden 36 f

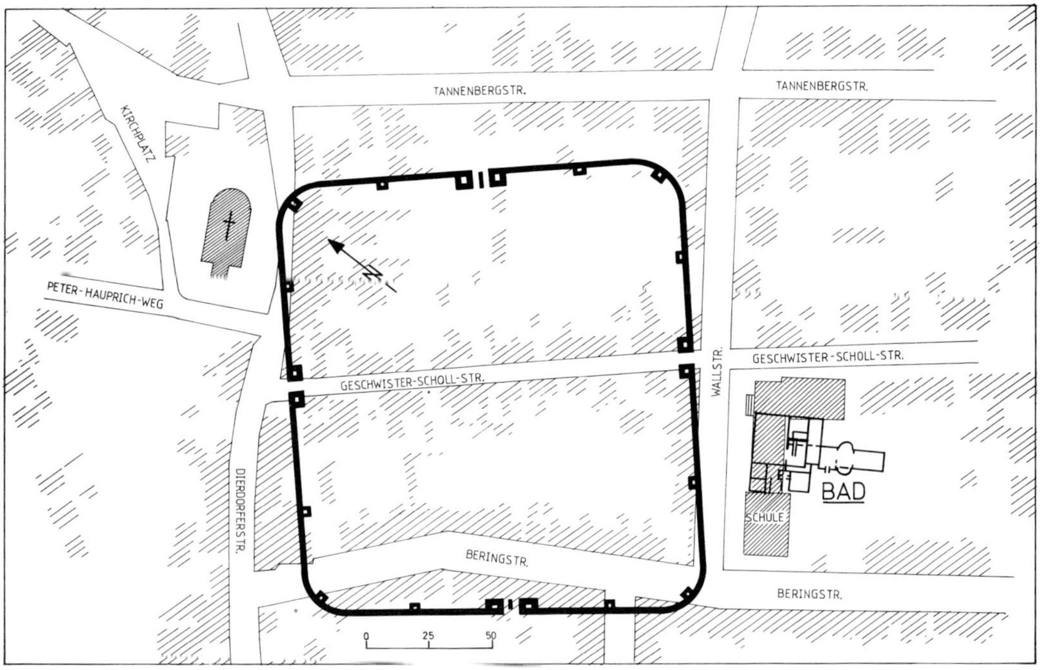

Abb. 417 Neuwied-Heddesdorf. Kastell. Grundriß

Neuwied-Niederbieber NR

Kastell und Vicus*
Abb 48, 94, 110, 111, 418, 419

Im Mündungswinkel zwischen Aubach und Wied befindet sich das Truppenlager Niederbieber, das unter Commodus (180–192) errichtet und 259/60 nChr zerstört wurde. Es war ein Steinkastell für 2 militärische Einheiten und 5,2 ha groß. Durch Steininschrift sind als Besatzung der *numerus Exploratorum Germanicorum Divitiensium* und ein *numerus Brittonum* bezeugt. Bei den Ausgrabungen, die schon 1897–1912 stattfanden, wurde etwa die Hälfte der Innenfläche archäologisch ermittelt. Dabei konnten die Hauptgebäude wie das Stabsgebäude (*principia*), das Kommandantenwohnhaus (*praetorium*) und das Kastellbad (obertätig im Grundriß kenntlich gemacht) festgestellt werden, doch bleibt die Frage nach der Bebauung weiter Innenflächen vollkommen unbeantwortet. Da fand man auch Spuren von Kampfhandlungen, die wohl vom Frankeneinfall von 260 stammen, der zur Vernichtung des Lagers und der Besatzung führte. Dabei ging auch das Feldzeichen der *cohors VII Raetorum equitata* verloren, die aus ihrem Lager in Niederberg zu Hilfe geeilt war.
Vom Kastell Niederbieber ist obertägig wenig zu sehen. Es liegt NO vom heutigen Ortskern und ist größtenteils von Einfamilienhäusern überbaut. Die heutige Kastellstr läuft über einen Teil der Lagerhauptstr (*via principalis*). Vor der Errichtung des Kastells wurde der Limesabschnitt durch das etwa 3 km weiter O gelegene Kastell Heddesdorf gesichert.
Das Kastell war auf allen Seiten von einem weiträumigen großen Lagerdorf umgeben. Grabun-

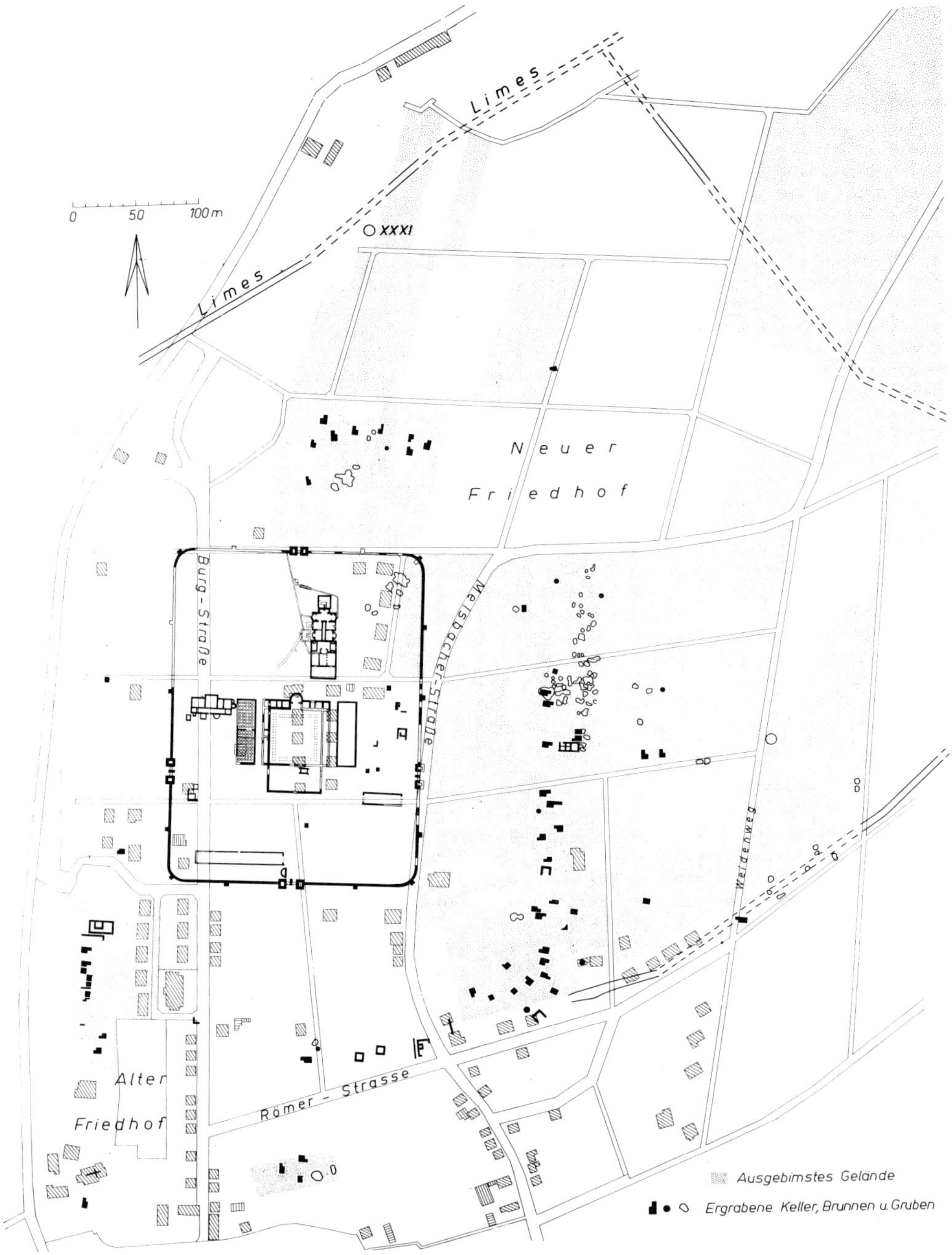

Abb. 418 Neuwied-Niederbieber. Kastell und Lagerdorf

gen 1963–1968 und 1973/74, die im Wettlauf mit dem Bimsabbau vom LfD (H. Eiden, H. Gadenz) durchgeführt werden mußten, ergaben, daß rund um Kastellmauer und Graben ein 150 m breiter Schutzstreifen, vermutlich eine militärische Zone, von der Bebauung frei gelassen wurde. Den anschließenden Baugebieten fehlte eine planmäßige Anordnung der Häuser mit Straßenzügen. Es handelte sich vielmehr um Baugruppen unterschiedlicher Gliederung und Größe. Die Häusergruppen bestanden aus langgestreckten Rechteckbauten, von denen nur die unterkellerten Teile erhalten waren. Selten kamen Wohnhäuser mit beheizten Räumen vor. Tempel und offensichtlich dem Kult dienende Gebäude fehlten völlig. An Fundmaterial wurde neben der Keramik eine Vielzahl von Bronze- und Eisengegenständen und Geräte für die landwirtschaftliche und gewerbliche Nutzung gefunden. Hingewiesen sei auf ein hervorragendes Fundstück: die Reiterstandarte aus Bronze in Form eines Drachenkopfes, gefunden im Lagerdorf in einer Grubeneinfüllung. Der Tierkopf (L 30 cm) ist in Treibarbeit aus 1 mm starkem Kupferblech hergestellt. Unten am Hals und an der Schädeldecke hinter dem Kamm sind je eine Öffnung, offenbar zum Durchstecken einer Stange, angebracht. Der Oberteil des Kopfes ist feuervergoldet, der Unterteil mit einer Legierung aus Blei und Zinn überzogen. Das am hinteren Ende aufgebogene Kupferblech läßt vermuten, daß sich dort aus Stoff oder ähnlichem die Fortsetzung der Darstellung des Kopfes befand. Das Ganze war offensichtlich ein Feldzeichen, das im 2. JhnChr im röm Heer eingeführt wurde und bisher nur aus Beschreibungen und Reliefdarstellungen bekannt war.

Abb. 419 Neuwied-Niederbieber. Drachenstandarte. Oberteil des Kopfes feuervergoldet

Weitere besonders schöne Funde sind der Reiterhelm von Niederbieber, ein Eisenhelm mit Bronzebeschlägen aus der Mitte des 3. Jh, und eine durchbrochene Zierscheibe aus Bronze. We

Ao: RLM Bonn, LfD Koblenz, Privatbesitz

Lit: EFabricius, FHettner, OvSarwey, Der Obergermanische raetische Limes des Römerreiches, 1936 – DBaatz, Der römische Limes, 1974, 79 ff – HEiden 36 ff – ders, Ausgrabungen an Mittelrhein und Mosel 1963–1976, Tafelband, 1982, 137 ff – HKlumbach, Kunst und Altertum am Rhein 51, 1974, 42 f

Newel WL

Landgut
mit Gräberfeld und Tempel
Abb 420, 421

Bei Arbeiten zur Flurbereinigung wurden 1962/63 auf der Flur »Könscherwies« umfangreiche Trümmerreste angeschnitten, die mit den Funden von der Flur »Im Kessel« einen großen landwirtschaftlichen Gutsbetrieb mit Wirtschaftsgebäuden, Herrenhaus, Grab- und Kultbezirk als geschlossene Anlage inmitten der zugehörigen Feldflur ergaben. Schon 1843 hatten Grabungen im Auftrag der gelehrten Trierer Gesellschaft für nützliche Forschungen die Badeanlage, die sich als Trümmerkegel aus dem Gelände hervorhob, angeschnitten.

In der Größenordnung der Bauanlagen wie des zugehörigen Terrains korrespondiert der Baubefund mit den Gütern von Leiwen, Weitersbach im Hunsrück oder Meckel, die zwar ergraben und untersucht, aber nicht an Ort und Stelle mehr erhalten sind, da die landwirtschaftlichen Nutzungen eine Konservierung nicht zuließen.

An einer Querverbindung der röm Fernstraße Trier–Bitburg–Köln und vom Sauertal über Newel zum Biewerer Tal und der links der Mosel verlaufenden Fernstraße nach Quint–Wittlich,

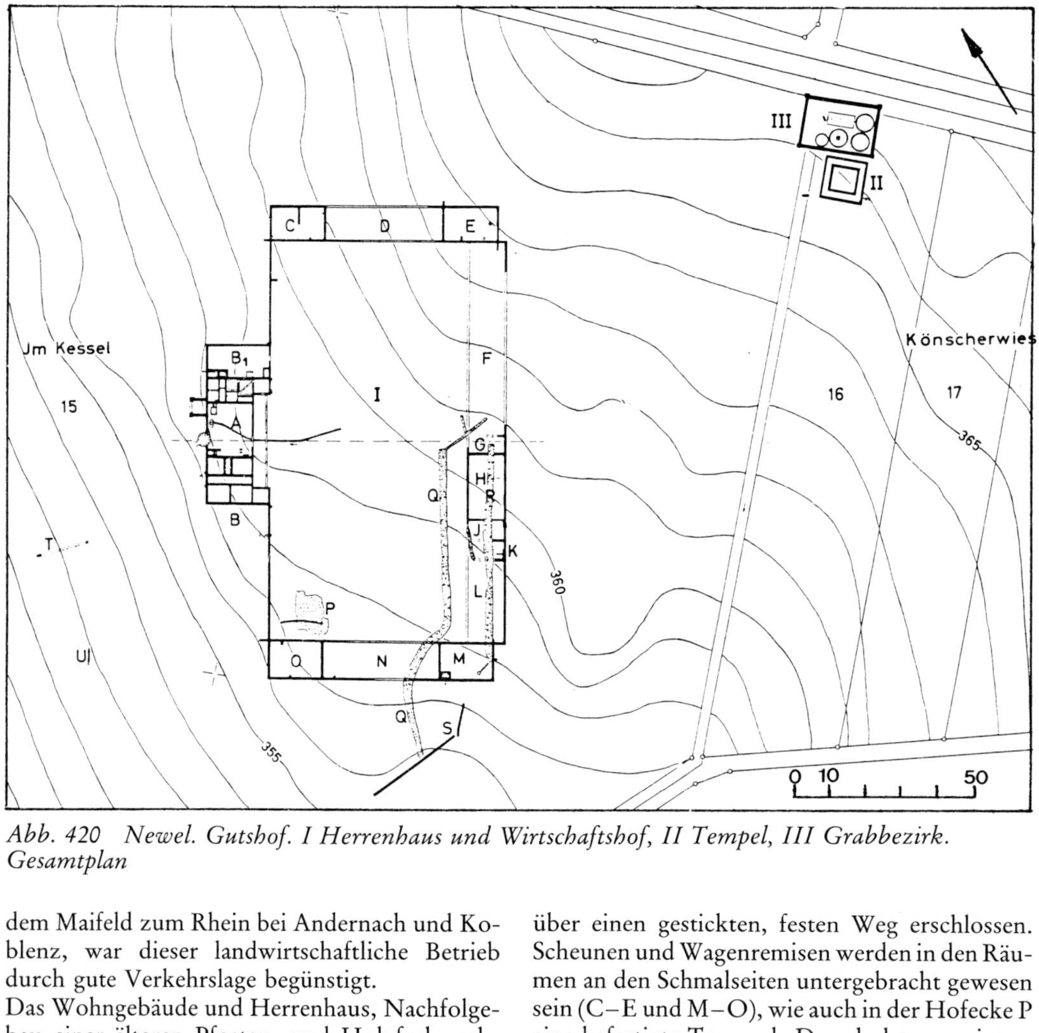

Abb. 420 Newel. Gutshof. I Herrenhaus und Wirtschaftshof, II Tempel, III Grabbezirk. Gesamtplan

dem Maifeld zum Rhein bei Andernach und Koblenz, war dieser landwirtschaftliche Betrieb durch gute Verkehrslage begünstigt.

Das Wohngebäude und Herrenhaus, Nachfolgebau einer älteren Pfosten- und Holzfachwerkkonstruktion, ist als breite Risalitvilla mit langer Portikus gebildet. Die Fassade mit dem Säulengang ist zur Hoffläche und den gegenüberliegenden Stallungen nach SO ausgerichtet. Vom Hauptraum 2 aus sind Keller und die Baderäume im O direkt zu begehen, während die W Raumfolge 4–9 und die Obergeschoßräume nur über die Portikushalle zu begehen und offenbar bewußt abgetrennte private Wohn- und Schlafräume waren, die dem sonstigen »Betriebsverkehr« entzogen werden sollten.

Die große Hoffläche wurde von der SW-Seite her über einen gestickten, festen Weg erschlossen. Scheunen und Wagenremisen werden in den Räumen an den Schmalseiten untergebracht gewesen sein (C–E und M–O), wie auch in der Hofecke P eine befestigte Tenne als Dreschplatz anzeigt.

Durch eine schmale geschotterte Wegeführung ist in den Räumen G–L ein Hinweis gegeben auf die Nutzung als Stall für Zugtiere und Milchvieh, wodurch einerseits ein einigermaßen trockener Stand den Tieren gewährt wurde, andererseits die Entfernung des Mistes und die Zugabe frischen Strohs wesentlich erleichtert wurde.

In etwa 90 m Entfernung liegt N und nahe der Straße, ein umgrenzter Grabbezirk (III). Die Ausgrabungen ergaben ein aus Kalksteinen sorgfältig gebautes Fundament, das auf der mit feinem Kalkziegelmörtel abgestrichenen Oberseite die

Abdrücke eines aus Quadern bestehenden Aufbaus erkennen ließ. Ein Pferdetorso sowie etliche Fragmente von rundplastischen Bildwerken aus hellem Sandstein lassen die Deutung auf ein monumentales, reliefverziertes und von Figuren bekröntes Grabmal zu.

In der restlichen Fläche des Friedhofs markieren 4 Steinkreise aus Bruchsteinmauerwerk den Unterbau der Ringmauern, die die Aufschüttung von Hügelgräbern festhalten. Pinienzapfen verschiedener Größe sind diesen Hügeln als Bekrönung zuzuweisen. Eine Grabkiste mit nischenförmigen Aushöhlungen an den Innenseiten und einfache Grabgruben sind wie bei den Hügeln als Brandbestattungen von Angehörigen des Besitzers zu bestimmen. Außerhalb, vor der SW-Ecke des Tempels, wurde ein Sandsteinsarkophag als spätantike Bestattung aufgedeckt.

Nur 1,50 m vor der W Einfriedungsmauer des Grabbezirks ist ein gallo-röm Vierecktempel mit Umgang (12,10 × 12,25 m) entdeckt worden. Die Umgangsmauern waren bis zu einer Sandsteinplattenabdeckung von 0,65 m hoch erhalten und sorgfältig verputzt. Säulen mit Basen und Kapitellen toskanischer Ordnung waren 1,30 m hoch und trugen ein Gebälk, auf dem das flach geneigte Pultdach ruhte. Die Cella überragte sicherlich den Umgang turmartig und enthielt das Kultbild der hier verehrten Gottheit, die uns leider unbekannt geblieben ist.

Die im Tempel von der Hoffamilie und Besuchern deponierten Weihegaben wurden, offenbar um Platz für neue Geschenke zu schaffen, als Göttereigentum respektiert und in der Tempelcella vergraben.

Das Holzpfosten- und Fachwerkhaus wurde um die Mitte des 1. JhnChr vielleicht in Nachfolge älterer Leichtbauten errichtet und gegen Ende des 1. Jh durch einen größeren und festen Steinbau ersetzt. Die wirtschaftliche Blüte des 2. Jh wird zu dem anspruchsvollen und repräsentativen Gräberbezirk mit Denkmalaufbau sowie der Er-

Abb. 421 Newel. Gallo-römischer Tempel (vorne), dahinter umgrenzter Grabbezirk mit 4 Steinkränzen von Hügelgräbern und Fundament eines Grabdenkmals

richtung des Tempels die materiellen Grundlagen geliefert haben.
In den Wirren der germ Invasionen der zweiten Hälfte des 3. Jh wurde wie die meisten Villen und Betriebe auf dem Lande auch diese Anlage zerstört. Ein begrenzter Wiederaufbau und die Einrichtung einer Trockendarre im Bereich der Portikus wie auch Scherben und Gürtelbeschläge weisen auf eine Wiederbesiedlung. Hof und Grundbesitz an Feldern wurden dann in der zweiten Hälfte des 4. Jh dem → Langmauerbezirk zugeschlagen, der als spätantike, kaiserliche Domäne gedeutet wird.
Mit den Invasionen der Völkerwanderungszeit wird das Anwesen erneut zerstört worden sein und wurde in der Folgezeit als Steinbruch ausgebeutet, als die benachbarten Siedlungen in Newel, Butzweiler und Besslich ausgebaut wurden.

Cü

Lit: HCüppers/ANeyses, TZ 34, 1971, 143 ff

Newel-Butzweiler TR

*Steinbrüche**
Abb 166, 422

Von Butzweiler leicht erreichbar sind die sog Pützlöcher, Steinbrüche im weißen Sandsteinstock, oberhalb der Burg Ramstein und des Kylltales gelegen. Bereits früher beobachtete brunnenschachtförmige Stollenbelüftungen gaben der Örtlichkeit den Namen. In wenigstens 3 Ebenen wurde das Gestein durch Stollen im Minierbau nach abbauwürdigen Kupfervorkommen befahren.
Im 2. JhnChr, wohl in Verbindung mit dem riesigen Bedarf an Quadermaterial für Grabdenkmäler, mehr aber noch für die Torbauten der Stadtbefestigung von Trier, wurde hier der helle, grünlich-olivfarbene Sandstein, von guter Dichte und Festigkeit, abgebaut. So befinden sich gleich neben dem Zugang zu den Kupferstollen treppenförmig abgearbeitete Steilwände, an denen Schrotrillen, Keil- und Hebellöcher zum Abspal-

Abb. 422 Newel-Butzweiler. »Pützlöcher«. Kupferabbaustollen mit Luft- und Materialtransportschächten. Grund- und Aufriß

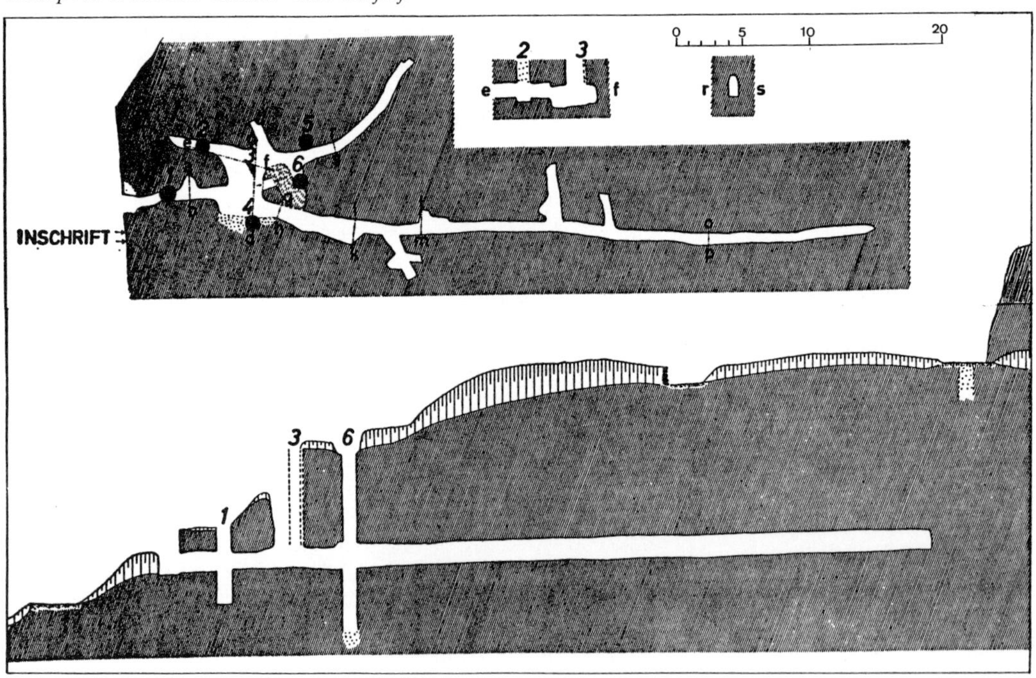

Abb. 423 Nickenich. Familiengrabmal

ten vorbereiteter Quader und größere Abbruch- und Schrotthalden zu sehen sind. An den Ansichtflächen und in den Trennrillen ist eine gleichmäßig angeordnete Scharrur nebeneinandergesetzter Spitzhiebe zu sehen, die mit zunehmender Tiefe und wachsenden Radien bogenförmige Musterungen ergeben. Diese aus dem Arbeitsvorgang sich ergebende Flächenzier genügte offenbar dem allgemeinen Geschmack, denn auch die Sarkophage, zu Tausenden aus den Trierer Gräberfeldern beobachtet und als Bruchsteinmaterial verbaut, sind an Außen- und Innenseiten mit diesen »Arbeitsspuren« versehen und ohne weitere Glättung der Oberflächen zur Bestattung von Leichen benutzt worden.
Im Bereich der Kirche und des Pfarrgartens in Butzweiler wurden immer wieder Ziegel- und Mauerreste eines röm Gutshofs beobachtet.

Cü

Lit: RSchindler, Kurtrier Jb 7, 1967, 5 ff

Nickenich MYK

Familiengrab
Abb 423

Am NW-Ausgang von Nickenich kamen im Juli 1931 bei Ausschachtungsarbeiten für die Badeanstalt behauene Steinblöcke zutage, die die Begräbnisstätte eines röm Landgutes bezeichnen. Die teilweise skulptierten Steine lagen zerbrochen in geringer Tiefe in einer feuchten Wiese. Das Material ist körniger, gelblich weißer Kalkstein vom oberen Moseltal. Es handelt sich um Reste eines Grabmonuments, das teilweise ergänzt werden konnte. 3 Figuren stehen in je einer Nische mit je einer Breite von 64 cm und mit 1,63 bzw. 1,62 m annähernd gleich hoch. Die beiden erhaltenen Nischen verbreitern sich ganz leicht nach oben. Die Figuren standen auf einem Sockel, von dem sich ein mächtiger Block (L 1,12 m, B

0,78 m, H 0,49 m) aus Tuffstein der unmittelbaren Umgegend fand. Die beiden Männer in den Nischen links und rechts (nur noch der untere Teil erhalten) sind mit Mantel (*pallium*) bzw Toga bekleidet und tragen in der Linken die Bürgerrechtsrolle. In der Mitte eine Frau mit Kind, das letztere gekleidet wie der Mann links. Die Frau trägt über dem einheimischen Kleid den röm Mantel. Die Frisur ist einheimisch, der Schmuck röm und einheimisch. Über dem Grabmal eine Sphinx und widderschlagende Löwen.
Aus der Gesamtkonzeption ist zu schließen, daß es sich bei dem Verstorbenen um eine hochgestellte Persönlichkeit, vielleicht einen hohen Magistrat handelt. Das Monument gilt als eines der wichtigsten Zeugnisse für die um die Mitte des 1. JhnChr herrschenden Kunstströmungen am Mittelrhein. We
Ao: RLM Bonn
Lit: ENeuffer, Germania 16, 1932, 22 ff – ders BJb 136–137, 1932, 314M 344 – Auswahlkatalog 38 ff Nr4 – GBauchhenß, Jb RGZM 22, 1975, 91 ff, 36 ff – HGabelmann, BJb 179, 1979, 241 ff – HGHorn, Römische Steindenkmäler 3, Kleine Museumshefte 9, RLM Bonn, 1981, 22 ff, mit weiterer Literatur

Grabbau
Abb 424

Im Zusammenhang mit dem Nischengrabmal aus Nickenich wurde auch ein Rundbau bei den Grabungen ermittelt. Ein zylindrischer Körper aus Tuffsteinquadern (Dm 7 m, H 2,5 m) mit leicht vorspringendem und reich profiliertem Gesims ummantelt den Fuß eines Erdhügels. Zwischen Sockel und Gesims waren 3 Quaderschichten von durchschnittlich 0,60 m Höhe. Annähernd 70% der Quader sind erhalten, in situ fand sich noch die Sockellage und ein Teil der ersten Quaderschicht. Aus dem Befund läßt sich die Höhe des Denkmals auf etwa 4,3 m berechnen. Der Bau war ein Kenotaph (Leergrab), eine Grabkammer fehlte. Von besonderer Bedeutung ist jedoch eine Inschriftenplatte aus Kalkstein (H 0,74 m, B 0,88 m), die 0,47 m über dem Sockelabsatz in den Tuffsteinmantel eingelassen war. Der gesamte Tumulus, aber insbesondere die Inschrift

Abb. 424 Nickenich. Grabbau

ist ein guter Beleg dafür, daß trotz der Eroberung der Rheinzone durch die Römer die einheimische, zT keltische Bevölkerung weitestgehend ihre ethnischen Gewohnheiten und angestammten Eigentümlichkeiten noch lange Zeit beibehielt. Dies galt besonders für die Sprache, wie sich dies auch an der Grabinschrift von Nickenich erkennen läßt. Sie lautet: *Contuinda Esucconis f(iliae) / Silvano Ategnisse f(ilio) h(eredes) ex tes(tamento) f(ecerunt)* (Der Contuinda, der Tochter des Esucco [und] dem Silvanus Ategnisa, ihrem Sohn [haben] die Erben aufgrund testamentarischer Bestimmung [dieses Grabmal] errichtet).
Der bis in Einzelheiten durchaus römisch empfundene Inschrifttext nennt Namen, die weitgehend keltischen Ursprungs sind. Datiert wurde das Grabmal in die Mitte des 1. JhnChr. Der Tumulus von Nickenich ist im Hof des RLM Bonn rekonstruiert wiederaufgebaut. We
Lit: HLehner, Germania 16, 1932, 22 ff – LWeißgerber, Germania 17, 1933, 14 ff – HGHorn, Römische Steindenkmäler 2, RLM Bonn, Kleine Museumshefte 8, 1981

Niederauerbach → Zweibrücken
Niederberg → Koblenz
Niederbieber → Neuwied
Niederemmel → Piesport

Abb. 425 Niederheimbach. Grabfund. Kleines Gefäß

Niederheimbach MZ

Grabfund
Abb 425

Bei einem Bauvorhaben in der Kirchstr 4 im Jahre 1966 wurde bei Ausschachtungsarbeiten ein röm Skelettgrab gefunden, das aufgrund der Grabbeigaben in die erste Hälfte des 4. Jh zu datieren ist. Unter den Grabbeigaben ist besonders bemerkenswert ein kleines Gefäß (H 10 cm, D 8 cm) mit der Darstellung eines Gesichts. Die plastische Gestaltung ist von guter handwerklicher und künstlerischer Qualität und starker Ausdruckskraft. We

Ao: LfD Koblenz

Niederlahnstein → Lahnstein
Nierendorf → Grafschaft

Nierstein MZ

Buconica

Der antike Ort *Buconica* wird sowohl in der Tabula Peutingeriana als auch im Itinerarium Antonini (Reisehandbuch der Zeit Caracallas) als Ort zwischen Worms und Mainz an der Rheinuferstraße gelegen, genannt. Auch auf der Meilensäule von Tongeren (Belgien) wird die Station genannt. In der Tabula liegt er 11 Leugen N von Worms und 8 Leugen S von Mainz. Gemeinhin wird *Buconica* mit dem heutigen Nierstein gleichgesetzt. Es handelte sich wohl eher um eine Station an der Rheinuferstraße als um einen Vicus, der zentralörtliche Funktionen zu erfüllen hatte. Be

Lit: CIL 17/2, 230, 259

Sirona-Bad
Abb 426

An der Niersteiner Fahrt befindet sich im Bereich einer Schwefelquelle ein unterirdisches Heiligtum. Aufgrund eines dort gefundenen Altars für

Abb. 426 Nierstein. Altar für Apollo und Sirona

Apollo und Sirona heißt die Anlage heute Sirona-Bad, obwohl die Raumgestaltung auf die Zeit nach der Wiederentdeckung 1802 zurückgeht. Bei der Freiräumung der bis dahin verschütteten Quelle wurden Votivgaben und Münzen gefunden. Aus diesem Material kann eine Benutzung der Anlage vom 1. bis ins 3. JhnChr abgelesen werden. Die Quelle diente zunächst jahrelang als Heilwasserspender, später wurde sie industriell genutzt. Ru

Lit: CIL XIII 6272 – FLehne, in: Das Sirona-Bad bei Nierstein und seine Mineralquellen, 1827 – KSchumacher, MZ 5, 1910, 12 ff – KKörber, MZ 10, 1915, 117 f – HKlumbach, Führer 12, 1976, 248 f

Nitz DAU

Spätrömische Sarkophage

NW des Ortes wurde bei Ausschachtungsarbeiten für die Errichtung von Wirtschaftsgebäuden in der Flur »Im Glas« ein kleiner spätröm Friedhof zerstört. 2 parallel zueinander im Abstand von 1,80 m SW-NO ausgerichtete Sarkophage standen in einer verfüllten Mulde am leicht nach S zum Nitzbach hin abfallenden Hang. Der O Sarkophag (L 2,10 m, B 0,68 m, H 0,50 m) enthielt reiche Glasbeigaben.
Im Planum ließ sich etwa 2 m S zu den Sarkophagen ein O-W orientierter Grundriß eines Holzbaus (5,50 × 2,40 m) erkennen. Der erhaltene Innenraum wies starke Brandspuren auf. Scherben und sonstiges Fundmaterial fanden sich in diesem Bereich nicht. Aufgrund des Befundes kann angenommen werden, daß dieses Gebäude im Zusammenhang mit der Grablege stand. We
Ao: LfD Koblenz

Noviand → Maring

Nünschweiler PS

Gutshof
Abb 427, 428

Die Fundstelle des röm Gutshofes ist von der B 10 im Ortsteil Bärenhütte nach 900 m zu erreichen. Die Mauerreste waren nach den Grabungen zwischen 1957 und 1963 vor weiterer Zerstörung wieder mit Erdreich abgedeckt worden, so daß sich heute nur noch ein flacher Siedlungshügel zu erkennen gibt.
Die Fundstelle im Plauelwald ist wohl eine der von Tilemann Stella 1564 erwähnten Römersiedlungen. Der freigelegte Baukomplex entspricht dem Herrenhaus einer Gutshofanlage. Jedoch wurden keinerlei Wirtschaftsbauten festgestellt. Vielleicht handelte es sich dabei auch nur um einfache Holzkonstruktionen, die nicht durch Schuttflächen an der Oberfläche kenntlich sind. Der Gutshof liegt an einem S-Hang über der Kellerklamm mit Wasserlauf und Wiesenflächen mit Blickrichtung hangabwärts. Terrassierungen im Umfeld sind wohl als Wirtschaftsflächen anzusprechen.
Es dürfte sich wohl um eine Portikusvilla mit Eckrisaliten gehandelt haben. Als Fundamente dienten mächtige Steinblöcke, auf denen sicherlich eine Fachwerkkonstruktion aufsaß. Die ehem mit Säulen geschmückte Vorhalle C wurde durch den Seitentrakt A mit Baderäumen und den Risalit B mit Fußbodenheizung flankiert. Daran schloß der Hauptraum D (L 25 m, B 12 m) an, der eine umlaufende Steinstückung aufwies. In der NO-Ecke befand sich der Kellerraum E mit einem Steintisch in Versturzlage. Anbauten im N des Hofes konnten nicht genauer erfaßt werden. Neben umfangreichem Scherbenmaterial wurde das Fragment einer sitzenden Göttin gefunden. Die Hofanlage ist im frühen 2. Jh entstanden und um die Mitte des 4. Jh wohl aufgrund des großen Alamanneneinfalles zerstört oder verlassen worden. Be
Ao: LfD Speyer
Lit: Fundberichte aus der Pfalz 1956–1960, MittHVP 68, 1970, 110 f; 1960–1965, ebda 80, 1982, 366

Nußdorf → Landau

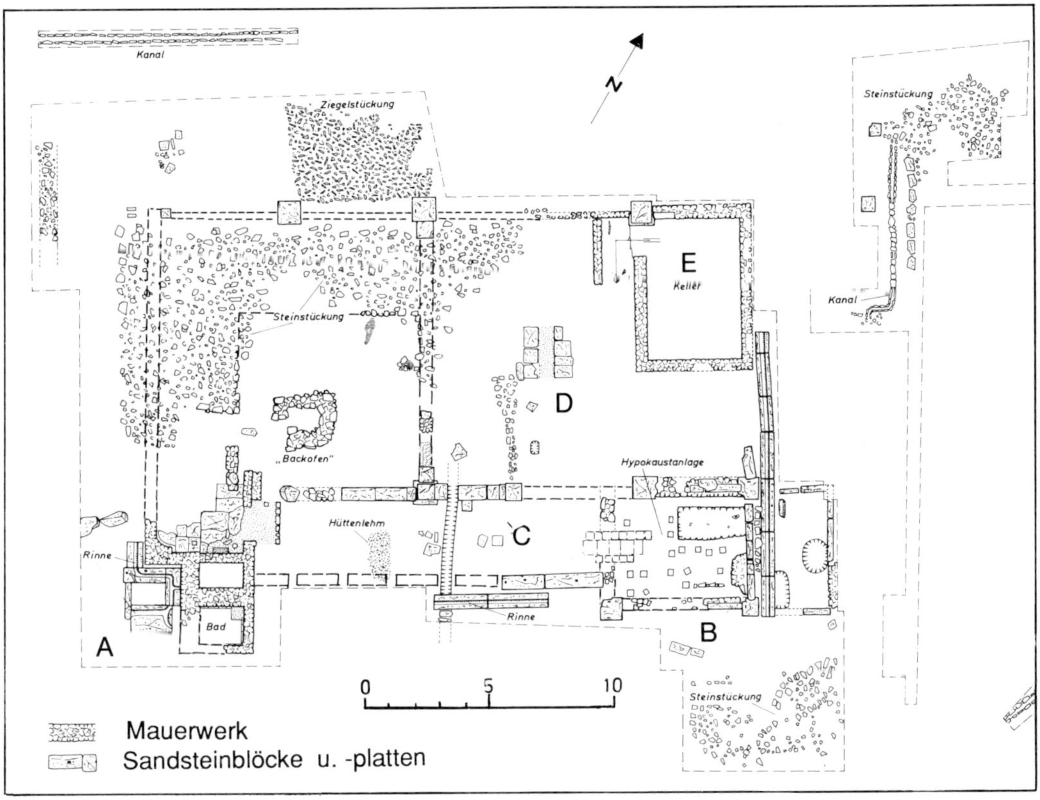

Abb. 427 Nünschweiler. Hauptgebäude eines Gutshofs. Grundriß. A Bad, B Risalit, C Vorhalle, D Hauptraum, E Keller

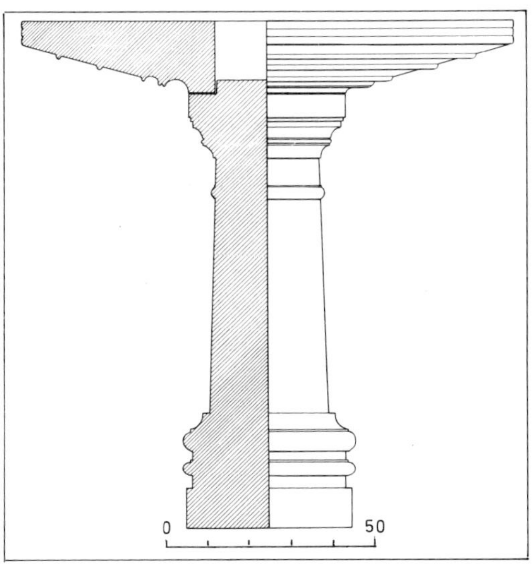

Abb. 428 Nünschweiler. Gutshof. Tisch aus dem Keller

Ober-Olm MZ

Tempelbezirk
Abb 27, 429

Am O-Rand der Gemarkung liegt an der Grenze zu Ebersheim ein Gebiet, das in der Literatur häufig fälschlich zu Klein-Winternheim gerechnet wird. Auf diesem Gelände sind seit Jahrzehnten Funde zutage gekommen, die Votivcharakter haben und auf einen Tempelbezirk für Mars Loucetius und Nemetona hindeuten (zB Weihetafel des Konsul A. Didius Gallus). Eine im Jahr 1983 durchgeführte Grabung erbrachte leider nur

Abb. 429 Ober-Olm. Goldring mit Gemme

spärliche Baubefunde. Über die Datierung der Streufunde läßt sich eine Nutzung des Ortes von der vorröm Zeit bis zur Spätantike belegen.

Ru

Ao: Privatbesitz
Lit: LSchumacher, in: KHSpiess (Hrsg), Nieder-Olm, 1983, 49 ff

Oberstaufenbach KUS

Burganlage mit Skulpturresten
Abb 430, 431

Die ehem 90 × 70 m große Befestigungsanlage auf einem Melaphyr-Bergkegel ist heute bis auf geringe Reste im S völlig abgetragen. In der in Mörteltechnik erbauten Ringmauer und den im Innern angebauten Räumen wurden immer wieder röm Skulptur- und Inschriftsteine geborgen. Die meisten der seit 1885 im Museum in Speyer verwahrten Steine stammen aus dem Abbruch einer schmalen Innenwand.

Die Steine gehören weitgehend zu Resten von qualitätvollen Grabdenkmälern. Von einem Grabmal eines Ehepaares sind 2 große Blöcke erhalten, von einem anderen ein Block mit Darstellung der röm Wölfin und Romulus und Remus. Auf einem dritten erkennt man den Jäger Aktaion, der von seinen eigenen Hunden angefallen wird.

Eine Vielzahl von Inschriftenresten gehört zu Grabdenkmälern. Ein Relieffragment mit Herkules stammt wie zwei Viergöttersteine mit Mars von Weihedenkmälern.

Da sicher überlieferte röm Kleinfunde wie Scherben oder Münzen bislang von der Heidenburg nicht nachzuweisen sind, ist die Anlage sicherlich nicht spätantik, sondern stellt eine hochma Burganlage dar.

Am Hofhaus der Oberstaufenbacher Mühle ist in der oberen linken Ecke ein Fragment eines Grabdenkmals vermauert. Sichtbar ist eine Figur mit seitlich gestreckten Händen. Möglicherweise flankierte sie eine nicht mehr erhaltene Grabinschrift.

Be

Abb. 430 Oberstaufenbach. Grabdenkmal. Römische Wölfin mit Romulus und Remus

Abb. 431 Oberstaufenbach. Grabdenkmal. Der Jäger Aktaion mit seinen Hunden

Ao: M Speyer
Lit: CIL 13, 6184–6193 – Espérandieu, 8, 1922 6078, 6093, 6096, 6097, 6100, 6101, 6105–6108, 6111, 6116, 6122 – FJHildenbrand, Steinsaal, 1911, 32 ff, – FSprater, Die Pfalz unter den Römern 1, 1929, 58, 70 ff, 96; 2, 1930, 16, 18, 24, 30, 32 – ders, Die Pfalz in der Vor- u Frühzeit, 1948, 61.

Oberweis BIT

Landgut
Abb 432, 433

Etwa 300 m N des Orts wurden in der Flur »Auf der Steinrausch« mehrere Trümmerstellen beobachtet, die in dem weiten, ebenen Gelände auf einer rechteckigen Fläche von 500 × 200 m konzentriert sind und die Ausdehnung eines ummauerten Hofbezirkes markieren. Bei Ackerarbeiten aufgelesene Götzenbilder und die Flurbezeichnung »Hunskirchhof« – »Hunnenkirchhof« könnten Tempel und Friedhofsbereich der einstigen Bewohner anzeigen. Nach der Gründung des Trierer Museums führte der erste Direktor F. Hettner 1877/78 hier eine Grabung durch, die das Herrenhaus des Landgutes erfaßte. Aus dem Befund konnten die Ausgräber 2 größere Bauphasen herauslesen, denen im W-Bereich ein älterer Bau als Erstanlage (1–8) und Siedlungsbeginn vorausgegangen sein kann.

Bei einem großzügigen Umbau wurde dem an der W-Seite weit nach SO vorspringenden, zum Risalit des Gesamtgefüges formal umgebildeten Kernbau an der O-Seite ein etwas gestaucht wirkender Risalitbau neben einem Durchgangskorridor zugefügt. Nach O schließen Küche und Vorratskammer (33) mit Backofen sowie in der älteren Bauphase ein Badetrakt (34, 36–43) an. Während an der N-Seite eine Säulenhalle mit Eckpavillon die verschiedenen Bauteile zu einem Ganzen zusammenfügte, erscheint die S- und Hofseite durch die Risalitausbildung und den weit vorstehenden Badetrakt weniger geschlossen, auch wenn die Korridore 12 und 32 als langgestreckte Gänge mit einheitlicher Dachhöhe Mitteltrakt und O-Risalit zusammenfaßten.
Die als Treppenhäuser gedeuteten Räume 14 und 24 erschlossen die beidseits des Mittelsaales gelegenen Obergeschosse. In der Gesamtansicht mußten die unterschiedlichen Dachhöhen des Mittelbaus und der Seitenflügel sowie des Badehauses den insgesamt 124 m langen Bau in gefälliger Form gliedern und mit den so bedingten Dachneigungen, Giebeln und Wandflächen wirkungsvoll beleben. Der frühen Bauperiode gehören 6 mit sehr zarten Farben komponierte Mosaiken an, die geometrisch gegliedert, in Kreisfeldern und polygonalen Rahmen Blütenrosetten und Tiermotive wiedergeben, jetzt im RLM Trier ausgestellt. Qualitätvolle Malereifragmente, zT mit figürlichen Szenen, Stuckgesimse und mar-

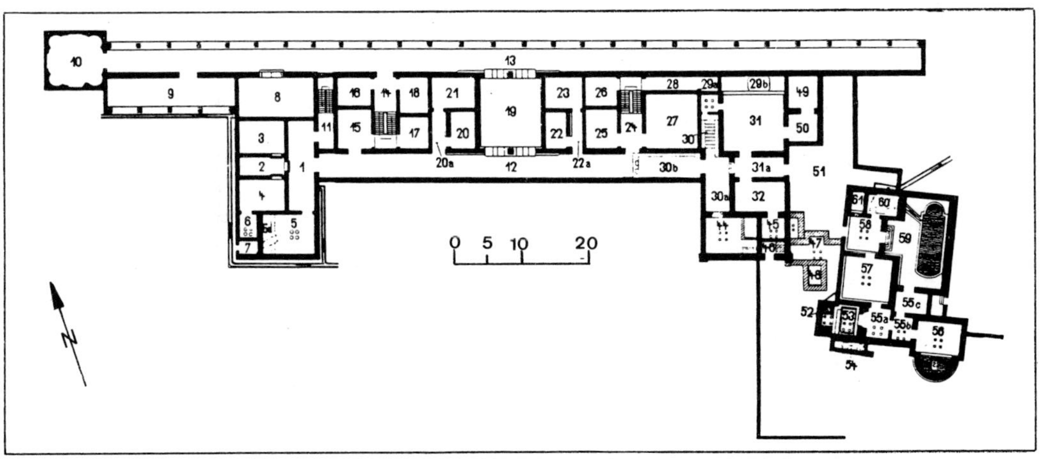

Abb. 432 Oberweis. Herrenhaus eines Landguts. Grundriß

Abb. 433 Oberweis. Herrenhaus eines Landguts. Mosaik

morne Inkrustationen der Wandflächen datieren diese Anlage in ihrem ersten großen Ausbau in die zweite Hälfte des 1. JhnChr.
Nach einer Brandzerstörung um die Wende vom 3. zum 4. Jh wurde der Wiederaufbau unter Abänderung bzw. modernisierender Vergrößerung besonders des Badetraktes (52–61) durchgeführt. In einer klareren Funktionsanordnung ist das Badegebäude auch von dem Villenbau abgesetzt und wirkt durch Breite und die reicher mit Apsiden und Rücksprüngen der aufgehenden Wannenräume gegliederten S- und Außenfront. Dem Eingangsraum 58 wird die Toilette 60 direkt zugeordnet. Die Wegeführung zu Laubad (*tepidarium*), Warmbad (*caldarium*) mit großer Wannennische und Apsis sowie zum Kaltbad (*frigidarium*) ist mustergültig angeordnet, während die zugehörigen Heizungsfeuerungen bequem von außen her bedient werden konnten, ohne den Badeablauf zu stören. Auch dieser Bauphase sind Mosaikreste und Malereifragmente zuzuweisen. Die Scherbenfunde lassen erkennen, daß das Gut seit der zweiten Hälfte des 4. Jh aufgelassen wurde. Cü

Ao: RLM Trier

Lit: HKoethe, TZ 9, 1934, 20 ff

Oberwesel SIM

Vosolvia
Abb 434

Der antike Ortsname, der sich unschwer im heutigen Wesel noch zu erkennen gibt, ist sowohl auf der Meilensäule von Tongeren zwischen Boppard und Bingen als auch in der Tabula Peutingeriana und im Itinerarium Antonini genannt. In der ostgotischen Beschreibung des »Geografen von Ravenna« erscheint der Ort im 5. oder 6. Jh als Bosalvia. Ein archäologischer Nachweis der röm Siedlung und einer evtl spätröm Festung sind bislang nicht geglückt. Immerhin wird um 1450 ein »antiquum castrum« genannt, das nicht mit der ma Befestigung »Schönburg« gleichzusetzen ist. Spätröm Koppelbeschläge in Privatbesitz und in der Sammlung der Schönburg bezeugen die Präsenz spätantiker Truppen. Be

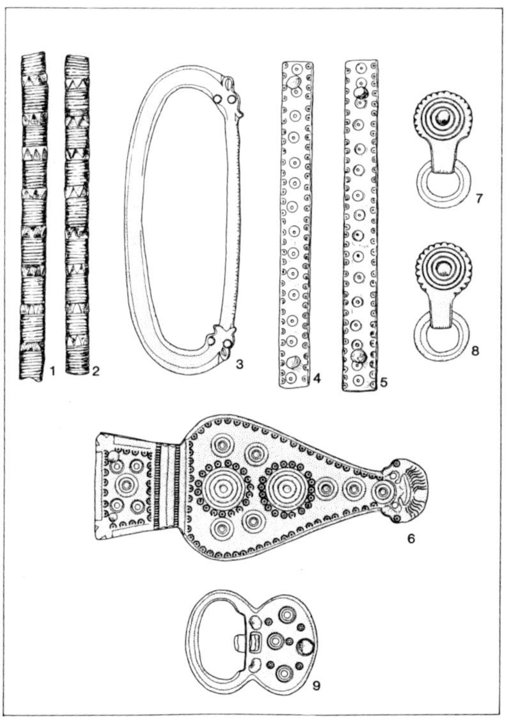

Abb. 434 Oberwesel. Beschläge von spätrömischen Militärgürteln (n. Sommer)

Lit: CIL 17/2 216, 259 – MSommer, Bonner Hefte zur Vorgeschichte 22, 1984, Taf 68 – K-JGilles, Spätrömische Höhensiedlungen in Eifel und Hunsrück 1985, 243

Oberwesel-Dellhofen SIM

Weihestein an Merkur und Maia
Abb 435

Im Frühjahr 1974 wurde beim Pflügen oberhalb des Ortes an der alten Höhenstraße Mauerwerk angerissen und beseitigt. In den Steintrümmern fand sich eine rechteckige Steinplatte (H 35 cm, B 51 cm, T 15 cm) aus Muschelkalk. Die Vorderseite war nur leicht beschädigt und trägt eine fünfzeilige Inschrift, die von einer Profilleiste umgeben ist. Leiste und Buchstaben zeigen in guter Erhaltung die ursprüngliche Bemalung in

Abb. 435 Oberwesel-Dellhofen. Inschrift für Merkur und seine Kultgefährtin Maia

dunkelroter Farbe. Die Inschriftenplatte ist offensichtlich beim Einlassen im Steinverband gearbeitet worden, was sich aus der nur grob angelegten Rückseite schließen läßt. Der Text ist sorgfältig in qualitätvoller Steinmetzarbeit ausgeführten Buchstaben zusammengesetzt und lautet: *Mercurio / et Maiiae / L(ucius) Cavarius Ibliomarus / v(otum) s(olvit) l(ibens) l(aetus) m(erito)* (Merkur und Maia geweiht. Lucius Cavarius Ibliomarus

hat gerne und freudig sein Gelübde nach Gebühr erfüllt).
Die Weihung an die Kultgemeinschaft Merkur und Maia (Handel und Wachstum) stammt von einem Manne, dessen keltischer Personenname (Ibliomarus) charakteristisch für das alte Treverergebiet ist. Maia ist als Kultgefährtin des Merkur in den W-Provinzen der Rosmerta gleichzusetzen. Nach den Schriftzeichen zu urteilen, ist der Inschriftenstein etwa um 100 nChr anzusetzen. An der Fundstelle dürfte zur Römerzeit ein kleiner einheimischer Tempelbezirk gelegen haben. We
Ao: LfD Koblenz
Lit: HEiden 44 ff

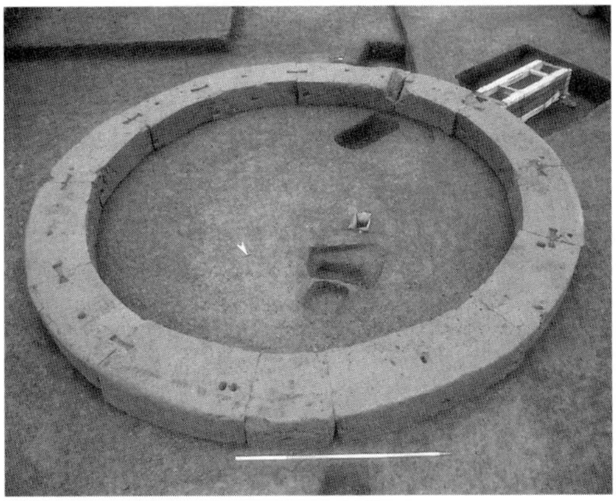

Abb. 436 Ochtendung. Grabtumulus, Steinkranz von mächtigen Tuffsteinblöcken

Obrigheim-Albsheim DÜW

Gräberfeld und Gutshof

An einem N-Hang oberhalb des Eisbaches wurde 1952 ein S-N gerichteter Steinsarg entdeckt, der als Beigaben einen Glaskrug, eine Glaskanne rechts des Oberkörpers und neben dem linken Fuß eine eiserne Schöpfkelle mit 17 Münzen (Cententionales und Halbcententionales) enthielt, geprägt zwischen 364 und 395 nChr. Die Münzen gehören zum letzten ausgegebenen Kupfergeld W Prägestätten, so daß die Sarkophagbestattung wohl erst in den ersten Jahrzehnten des 5. Jh in den Boden kam. Reste von Brandgräbern in unmittelbarer Nähe zeigen, daß es sich um einen größeren Bestattungsplatz handelte, der zu einem Landgut gehörte.
Bedeutung erhält die Siedlungslandschaft im Eistal mit Gutshöfen beidseits des Wasserlaufes durch die wichtige Römerstraße von Worms über → Eisenberg nach Metz, die sich im Flurbild auf dem N Eisbachhang teilweise noch als Gemarkungsgrenze erhalten hat. Be
Ao: M Speyer
Lit: Fundberichte aus der Pfalz 1952, MittHVP 55, 1957, 26, 38 ff; 1953–1955, ebda 65, 1967, 106 – FMRD IV, 2, 2019

Ochtendung MYK

Grabtumulus
Abb 436

Bei Wegearbeiten wurde 1978 in Ochtendung ein archäologischer Befund angeschnitten, der die unteren Lagen eines Grabtumulus erkennen ließ. Zunächst wurde unmittelbar eine Untersuchung angeschlossen. Wegen weiterer Flurbereinigungsmaßnahmen und Planungsvorhaben der Gemeinde mußten die Ausgrabungen 1982 fortgesetzt und abgeschlossen werden. Danach stellt sich der Befund so dar, daß wir es mit einem Steinkranz (Dm ca 15 m) von mächtigen Tuffblöcken zu tun haben, der noch geschlossen vorhanden war. Die Steine (2 × 0,8 × 0,5 m) waren dicht aneinander gesetzt und befanden sich in originaler Lage. Ursprünglich waren sie mit schwalbenschwanzförmigen Klauen miteinander verbunden, vermutlich aus Holz, da sich Reste nicht erhalten haben. Die nächste Steinlage auf den Fundamenten war ein wenig nach innen versetzt aufgebracht worden. So ist der vorhandene Steinkranz als Sockel des Tumulus zu betrachten. Insgesamt wird der Grabbau so ähnlich ausgesehen haben wie der von → Nickenich.
Nahezu in der Mitte des Kreises wurde eine schwere Tuffkiste (1 × 0,8 × 0,28 m) gefunden. Ihre Oberkante war durch den Pflug schon be-

schädigt und der Deckel bereits abgerissen. Daneben kam ein kleines Schieferplattengrab mit einem sog Honigtopf als Urne, ein Grab mit großer Henkelurne und 2 Beigefäßen und außerdem ein Brandschüttungsgrab mit reichhaltiger Keramik, das von einem Skelettgrab überlagert wurde, zutage. W außerhalb des Steinrings befand sich ein Sarkophag, der vollständig zugeschwemmt war und nur wenig Keramikbruchstücke enthielt. Offensichtlich ist er schon vor längerer Zeit beraubt worden. Auffällig ist, daß sich innerhalb des Tumulus von Ochtendung Keramikfunde und sonstige Kleinfunde befunden haben, die eine Datierung vom 1. bis in das 4. Jh angeben. Nicht unwesentlich scheint in diesem Zusammenhang die Beobachtung in der etwas oberhalb gelegenen Talmulde von Resten eines röm Gutshofes zu sein.
We

Ao: LfD Koblenz
Lit: KWilhelmi, ArchKorrbl 9, 1979, 325 ff – H-HWegner, Berichte z. Arch an Mittelrhein und Mosel 1, 1987, 245 f

Odenbach KUS

Römerstraße, Gutshöfe*
Abb 437

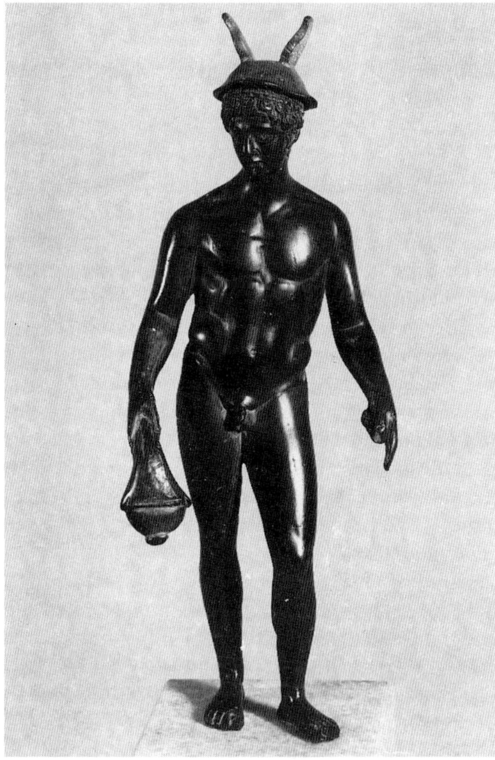

Abb. 437 Odenbach. Statuette des Merkur

Die Gemarkungsgrenze im N verläuft entlang der röm Straßenverbindung von Bad Kreuznach nach Kusel–Tholey. In der Ortsgemarkung sind bislang 2 Landgüter und ein Gräberfeld nachzuweisen.
Auf dem rechten Glanufer liegt im Gewann »Spitzwasen« ein ausgedehnter Gutshof, von dem bislang 3 Gebäude als Schuttflächen und als Dürrestreifen im Acker nachzuweisen sind. Die bislang aufgelesenen Funde reichen nicht über die Mitte des 4. JhnChr hinaus, so daß der Hof wohl um 352 nChr infolge der Wirren unter Magnentius aufgelassen wurde. Der jüngste Fund vom Gutsgelände ist ein Bleiabschlag einer Valentinians-Münze von 367–375, mit dem der untaugliche Versuch unternommen wurde, »Falschgeld« herzustellen.
Der zweite Gutshof liegt auf dem linken Glanufer im Gewann »Hayen«. Von dort stammen bislang nur wenige Lesefunde. Bemalter Wandputz und einige Estrichstücke deuten auf eine gediegene Ausstattung hin.
In der Ortslage wurde 1924 ein Grab mit 2 »Urnen« und einem Spruchbecher entdeckt. Es handelt sich wohl um eine Brand- oder Körperbestattung des 3. oder 4. Jh. Der zugehörige Hof ist auf der N Glanseite zu suchen.
Eine qualitätvolle Statuette des Gottes Merkur (H 21,4 cm) wurde bereits 1820 unweit der Römerstraße im Gewann »Hub« gefunden. Merkur ist mit dem charakteristischen Flügelhut und einem gefüllten Geldsack dargestellt. Spuren einer Ansiedlung konnten in der Umgebung nicht festgestellt werden.
Be

Ao: M Speyer, LfD Speyer, Privatbesitz
Lit: Fundberichte aus der Pfalz 1976–1978, MittHVP 78, 1980, 66 ff; 1961–1965, ebda 80, 1982, 366 – GBehrens, PfälzMus 49, 1932, 295 – HMenzel, Die römischen Bronzen aus Deutschland I, Speyer, 1960, 6 f

Offenbach-Hundheim KUS

*Skulpturreste an der Hirsauer Kapelle**
Abb 438

An der gotischen Kapelle sind einzelne Blöcke von röm Grabdenkmälern sichtbar. Bei Bauarbeiten in der Kapelle selbst wurden spätröm Siedlungsreste festgestellt, so daß die eingemauerten Steine durchaus aus dem Bereich dieser röm Siedlungsstelle stammen können.
An der S-Wand des Langhauses ist ein Relief (42 × 29 cm) zu sehen, auf dem ein nackter Jüngling mit Schwert, Schild und flatterndem Mantel erkennbar ist. Es handelt sich wohl um den Kriegsgott Mars. An der SW-Ecke ist ein Quader (L 1,22 m) mit einem rhombischen Feld von Kreuzblumen zu erkennen. Weitere Steinblöcke ohne Verzierung befinden sich in der NW-Ecke des Langhauses.
Im Innern der Kapelle ist ein trapezförmiger Block mit Darstellung eines Kantharos mit Lilie und flankierenden Delphinen aufgestellt, wohl die Bekrönung eines Grabmales.
Lit: Baudenkmale in der Pfalz 3, 1892–1894, 113 – Espérandieu, 8, 1922, 6089 – GBehrens, PfälzM 49, 1932, 294 – Fundberichte aus der Pfalz 1961–1965, MittHVP 80, 1982, 368 – DMalitius, Römische Inschriften, 205 ff

Abb. 438 Offenbach-Hundheim. Hirsauer Kapelle. Mars an der Südwand des Langhauses

Abb. 439 Otterstadt. Geschirrfund. Hemmoorer Eimer aus dem Rhein

Otterstadt LU

Bronzegeschirrfund aus dem Rhein
Abb 439

Aus einem verlandeten Rheinarm 5 km unterhalb von Speyer wurde um 1940 ein Geschirrfund mit 24 Gefäßen ausgebaggert. Es handelt sich um die typischen Formen des 3. Jh mit Hemmoorer Eimern, Westlandkesseln, Kasserollen, Tellern, Töpfen und Wasserkannen. Bemerkenswert ist ein halbrunder Schildbuckel aus Bronze. Kunsthandwerklich bedeutsam ist ein Messingeimer mit Bildfries, auf dem zwischen 2 Frauenmasken, einer Maske eines jungen Satyrs und eines bärtigen Alten Stier und Löwe, Damhirsch und Panther, Wildschwein und Hund, Antilope und Hindin dargestellt sind.
Der Fund von Otterstadt hat zeitliche Entsprechungen in Wasserfunden von → Neupotz und → Hagenbach. Vielleicht handelt es sich hier um einen Weihefund und nicht um einen verlorenen Beutefund. Be
Ao: M Speyer
Lit: HKlumbach, Germania 24, 1940, 126 ff – VToepfer, Germania 24, 1940, 29 ff – HMenzel, Die römischen Bronzen aus Deutschland I Speyer, 1960, 40 ff – Fundberichte aus der Pfalz 1938–1949, MittHVP 51, 1953, 71; 1953–1955, ebda 65, 1967, 121.

Pallien → Trier

Palzem TR

Brücken

Auf den Plateauflächen oberhalb des relativ engen Moseltales verlaufen vorgeschichtliche und röm Fernwege und Reichsstraßen, die von Metz über Diedenhofen nach Trier führen. Aus dem W-Bereich der Belgica treffen Fernstraßen von Boulogne, Bavay und aus dem Pariser Becken über Virton, Arlon und Luxemburg bei Grevenmacher und Wasserbillig auf die links der Mosel verlaufende Römerstraße. Eine weitere W-O-Verbindung, die, vom Titelberg und von Dalheim kommend, schon für die vorröm Zeit wahrscheinlich ist, überquert die Mosel bei Stadtbredimus–Palzem und trifft auf die rechts der Mosel direkt nach Trier führende Fernstraße, wird aber auch weiter nach Kastel–Saarburg und dem S Hunsrück geführt (Ringwälle bei Otzenhausen, Allenbach).
Anläßlich der Moselkanalisierung 1959–1964 wurde bei Stadtbredimus–Palzem ein Stauwehr errichtet. Bei den Baggerarbeiten und den Baumaßnahmen in der großflächig abgespundeten Baustelle und dem Flußbett konnten Reste einer Furt aufgenommen werden. Pfahlgruppen mehrerer Pfeiler wurden aufgemessen und einzelne Pfähle zur dendrochronologischen Bestimmung und Datierung geborgen. Dünnere, mehrseitig bebeilte Eichenpfähle belegen mit ihren Fällungsdaten Bau und Reparatur einer Brücke um 122 vChr.
Wesentlich stärkere Eichenpfähle, zumeist vierseitig zugerichtet und mit eisernen Pfahlschuhen an der Spitze verstärkt, ergeben ein Bau- und Fällungsdatum um 56 nChr.
Dieser »Brücken-Neubau« dürfte in Verbindung stehen mit dem verstärkten Ausbau der Straßen und Wege nach der Einbeziehung Galliens und der Rheinlande in den Verband der röm Provinzen. Cü
Lit: HCüppers, Die Trierer Römerbrücken, Trierer Grabungen und Forschungen 5, 1969, 177 f – EHollstein, Mitteleuropäische Eichenchronologie, ebda 9, 1980, 107 – ders, in: Trier, Augustusstadt der Treverer, 1984, 119 ff

Pellingen TR

Grabmalquader
Abb 440

An der N-Seite des Turmes der kath Pfarrkirche ist ein größerer Quader eingelassen, auf dem eine Maske mit geöffnetem Mund und zierlich verzierter Perücke in Relief wiedergegeben ist. Der Stein wird von einem Grabmal stammen, das vielleicht zu den Siedlungsresten beim Dreikopf gehörte und mit anderem Baumaterial hierhin gelangte. Cü
Lit: Die Kunstdenkm d Rheinprov Lkr Trier, 1936, 272

Abb. 440 Pellingen. Relief an der kath. Pfarrkirche

Pelm DAU

*Tempelbezirk**
Abb 441

O der die Stadt Gerolstein eindrucksvoll überragenden Kalksteinfelsen der Munterley mit der Buchenlochhöhle und der benachbarten Papenkaule, einem Trockenkrater eines Eifelvulkans, liegt schon auf Gemarkung Pelm der sog Judenfriedhof, eine römerzeitliche Kultstätte mit Tempelbezirk und Kulttheater. Grabungen 1833, 1854–1856 und 1928 ergaben zwar zahlreiche Funde, doch war eine stratigraphische Untersu-

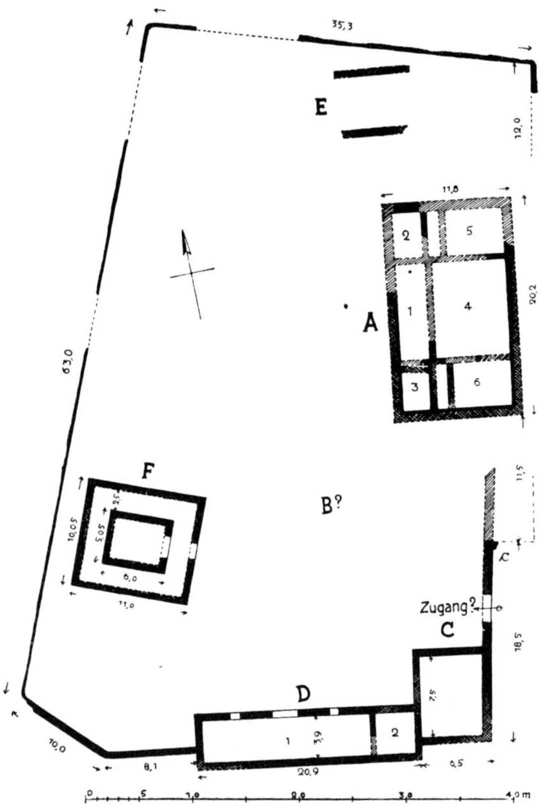

Abb. 441 Pelm. Tempelbezirk. Grundriß

chung nicht mehr möglich, da die Fundstelle als sehr ergiebig vollkommen von Raub- und Schatzgräbern durchwühlt worden ist. Der Versuch, diesem Unwesen durch Aufforstung zu steuern, ist mißlungen, so daß seit 1985 mit freiwilligen Helfern das Gelände geräumt und die Baureste konserviert und durch Ergänzung der Mauerwerke die Grundrißgestalt der Einzelbauten verdeutlicht werden soll. Die etwas trapezförmig geführte Umfassungsmauer hatte an der SO-Seite einen Zugang vom Tal her und Durchlaß in den heiligen Bezirk. Unter dem als Priesterhaus gedeuteten Bau A sind Reste einer kleinen Tempelcella erhalten geblieben, die später durch das rechteckige Haus mit durchgehender Mittelwand und Eingangsraum A 1 überbaut worden ist. Hierbei wurde auch die Umfassungsmauer in ihrem geradlinigen Verlauf unterbrochen und O des Gebäudes auf die Flucht der schmalen N-Mauer geführt. Neben dem Zugang ist Bau C gelegen, der nach den erhaltenen Maueranschlüssen an die Umfassungsmauer ebenfalls einer jüngeren Bauphase zuzurechnen und vielleicht als Pförtnerwohnung zu deuten ist.

Das langgestreckte Gebäude D überbaute die ebenfalls geradlinig geführte Umfassungsmauer um die Breite des Vorsprunges. An der N-Wand sind beidseits einer breiten Türöffnung und Durchfahrt je eine schmale Türöffnung nachgewiesen und erhalten. Die entsprechende Raumteilung war wohl in leichterer Holzfachwerktechnik ausgeführt. Vor der W, NS-gerichteten Bezirksmauer steht der Tempel F mit Cella und Umgang (10 × 11 m). Der Zugang liegt an der O-Seite. Putzreste mit Malerei an der Innenseite des Umganges legen es nahe, eine gemauerte Wand mit nicht zu großen Bogenfenstern für den Umgang zu rekonstruieren, was auch durch die Höhenlage und die Klimaverhältnisse in diesem Gebiet der Eifel wahrscheinlich ist. N, neben Tempel F, weisen eine dichte Schotterlage und nur noch wenige Zentimeter hohe Mauerfundamente auf eine weitere Tempelanlage, als doppelte Cella gebildet.

Neben den stark fragmentierten Resten einer Herkulesfigur mit Knotenkeule ist für den Bezirk die Göttin Caiva als einheimische keltische Gottheit inschriftlich und durch Terrakottafiguren überliefert. Ihr hatte Marcus Victorius Polentinus im Jahre 124 nChr einen Tempel errichtet.

Die hier zahllos geopferten Münzen reichen von Augustus bis Arcadius, die zahlreich aufgefundenen Terrakotten waren überwiegend einer weiblichen Gottheit gewidmet. Daneben wird man für die Zeit der Kultausübung auch mit Naturalgaben in Form von Feld- und Erntefrüchten, aber auch mit Tieropfern zu rechnen haben.

W, am jetzigen Zugangsweg, sind in kaum 20 m Entfernung die leider stark gestörten Reste eines Kulttheaters und eines rechteckigen Gebäudes noch unbekannter Bestimmung beobachtet worden, heute von Buschwerk überwuchert. Cü

Lit: Die Kunstdenkm d Rheinprov, Kr Daun, 1928, 607 ff – RSchindler, FVFD 33, 1977, 314 f – TZ 4, 1929, 175 – TZ 4, 1929, 175 – WBinsfeld, Arch Korrbl 17, 1987, 373

Abb. 442 Perscheid. Siedlung. Bronzelampe

Perscheid SIM

Siedlung
Abb 442

NW des Ortskernes liegen die Reste einer röm Siedlung. Durch zahlreiche Oberflächenfunde ist bekannt, daß dieser Vicus überwiegend in der Zeit des 2. bis 3. JhnChr bestanden hat. In diesem Zusammenhang sind sicher auch die Grabhügel und Grabanlagen in seiner Umgebung zu sehen. Bemerkenswert ist die Lage an der röm Hunsrückhöhenstraße, die von Koblenz nach Alzey führte und in der Region von Perscheid Verbindungen zur Rheintalstraße hatte. Von Interesse ist eine bronzene Öllampe aus der Mitte des 2. Jh aus dem Vicus. We

Ao: LfD Koblenz, Privatbesitz

Lit: H-HWegner, Berichte zur Archäologie an Mittelrhein und Mosel 2, 1989

Pettersheim → Herschweiler
Pfalzel → Trier
Pfeddersheim → Worms

Pfeffelbach KUS

*Grabrelief an der Kirche**

Das Fragment mit Darstellung eines Ehepaares ist in der Giebelwand der ev Kirche eingemauert. Die Buchstaben *D(is) M(anibus)* zeigen, daß es sich um einen Grabstein handelt. Die Köpfe der beiden Figuren sind leicht zueinander gewandt. Be

Lit: EKrüger, BJb 127, 1922, 309 – HFinke, 17. BerRGK 1927, 54 – DMalitius, Römische Inschriften 208

Piesport WL

Spätrömische Kelteranlage
Abb 443, 444

Im Verlauf von Haus- und Straßenbaumaßnahmen wurden an der Straße nach Ferres, nur wenige Meter oberhalb der Mosel, röm Mauerreste beobachtet, die 1985 bei einer Wegebaumaßnahme des Kulturamtes im Wingertsgelände eine umfangreichere Ausgrabung durch das RLM ermöglichten, gefördert von der Orts- und Verbandsgemeinde und dem Kulturamt.
Im schiefrigen Steilhang wurde ein Gebäude angeschnitten, dessen moselseitige Front schon zu früheren Zeiten abgerutscht oder abgegraben worden war. Bergseitig wurden auf 44 m Länge und bis 20 m Breite auf verschiedenen Terrainhöhen 15 Räume freigelegt, die, zT als Kellerräume in den Felsen eingeschrotet, mit Heizung und Bodenestrichen ausgestattet sind. In der jetzigen Wegekehre, hinter einer stärkeren Terrassenmauer, sind 4 Räume von einer festen Mauer umgrenzt, die im höher liegenden Bereich als mit wasserfestem Ziegelputz ausgestrichene Becken von rechteckigem Grundriß gebildet sind. In gleicher Ausstattung ist in dem tiefer gelegenen Bereich ein halbrundes Becken in leichterer Mauerausführung eingebaut, das durch eine Mauer unterteilt ist. Einarbeitungen in der Terrassenwand wie auch im Bodenbereich der so abgegrenzten Restfläche sowie ein großer Quader mit eingearbeiteter Falz oder Nute, die eine Aufhängung und Benutzung als Gewichtstein sichern, weisen auf eine Keltervorrichtung hin, die auch die Funktion der höhergelegenen »Becken« erklärt. Zwei schmale, nach S verlaufende Ausläufe und Rinnen aus dem halbkreisförmigen, unterteilten Becken, die auch durch die stärkere Terrassenmauer an der S-Seite in hier gelegene klei-

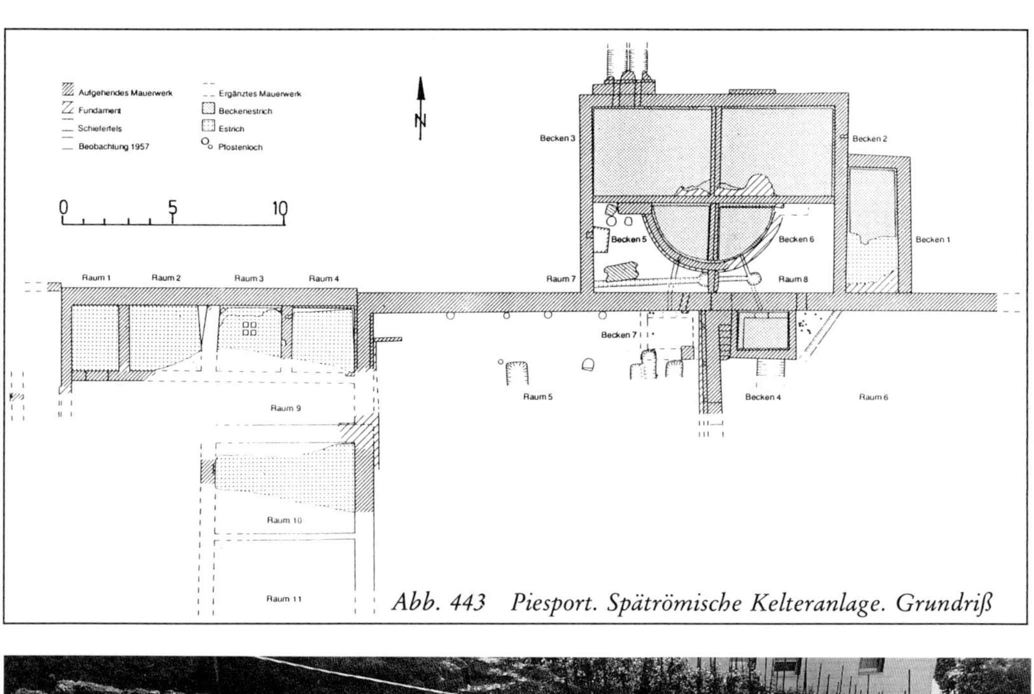

Abb. 443 Piesport. Spätrömische Kelteranlage. Grundriß

Abb. 444 Piesport. Blick auf die spätrömische Kelteranlage

nere Becken führen, sind als Auffang- und Sammelwannen für den Most der ausgepreßten Trauben zu verstehen. Nachträglich wurde an der O-Seite, auf einem Zwischenniveau, eine langrechteckige Wanne angebaut, die durch Vermehrung des Erntegutes und überreichen Ertrag in guten Jahren notwendig geworden war.
So umfaßt die Kelteranlage insgesamt 7 Wannen oder Becken, von denen 2 größere höher gelegene und die Erweiterung als Lesegut und Maischbekken dienten und eine Kapazität von fast 30 000 Litern hatten. Vom höheren Niveau aus wurden die Trauben alsdann mit Eimern und Gabeln in die Kelter umgelagert, von der aus der Most in die kleineren Sammelbecken floß, um hier in Fässer umgefüllt und in den Kellern abgelagert zu werden. Die Installation einer Heizung in Raum 3 wird dazu gedient haben, den Gärprozeß auf den Fässern etwas zu beschleunigen, um so schneller zu einem trinkbaren, ausgegorenen Wein zu gelangen.
Die Kelter war im 4. und 5. JhnChr in Betrieb. Aus der Benutzungsschicht des Raumes 5 wurden mehrere Traubenkerne in verkohltem Zustande geborgen, die die Funktion der Anlage als röm Großkelter zusätzlich bestätigen. Etwas kleiner sind die in der Funktion gleichartigen Konstruktionen bei → Maring-Noviand und → Bad Dürkheim-Ungstein. Cü

Lit: 2000 Jahre Weinkultur an Mosel, Saar und Ruwer (Ausstellungskat. Trier 1987) 108, Nr 47 a – K-JGilles, Kurtrier Jb 27, 1987, 53 ff

Piesport-Niederemmel WL

*Landgut und Gräberfeld**
Abb 445

Im Ort ist eine ergiebige Quelle in einen neuen Brunnen gefaßt, die aus dem Gebirgsstock in einem röm Kanalstollen herangeführt wurde.
Diese Quelle versorgte ein größeres Landgut, das im Bereich des Dorfes gelegen war, durch ma und neuzeitliche Bauaktivitäten aber offenbar vollkommen ausgebeutet, abgebaut worden ist.
Auch die für diese Örtlichkeit vermutete Burg des Bischofs Nicetius, die Venantius Fortunatus in ihrer prachtvollen und beherrschenden Lage

Abb. 445 Piesport-Niederemmel. Diatretglas aus dem Gräberfeld

ausführlich schildert, ist diesen Aktivitäten vollkommen zum Opfer gefallen.
Im Ortsteil Müstert-Monasterium, direkt an der Mosel und der Brücke zu den Wingerten jenseits, sind an der Kapelle 3 Sandsteinsarkophage aufgestellt, die bei Siedlungsbauten S von Niederemmel entdeckt wurden. In einem der Sarkophage wurde neben einer oblongen Glasphiole und schlichter Tonware das Diatretglas von Niederemmel gefunden. Durch den massiven Steindekkel vor Erddruck geschützt, ist die wertvolle Beigabe unzerbrochen geborgen worden. Der große, aus farblosem Glas gefertigte Kelch ist an der Außenseite mit einem Netzwerk von Kreismustern verziert, die an den jeweiligen Schnittstellen der geometrischen Musterung mit kreuzförmig angeordneten Blättchen verziert sind. An diesen Stellen wird das Netzwerk von Füßchen auf dem Gefäßkörper gehalten, die mehrseitig angeschliffen sind.
Die Besonderheit dieses Glases (H 18 cm, Dm

15,5 cm) besteht darin, daß der erhabene, das Glas umfangende Netzdekor nicht gegossen oder geblasen, sondern aus einem massiven, dickwandigen Glasgefäß in minuziöser Technik und peinlichster Sorgfalt herausgeschliffen worden ist. Mit anderen auch buntfarbenen Bechern, Kelchen und flachen Schalen aus dem Trierer Land, dem Kölner Raum und Einzelfunden aus anderen Provinzen des Imperiums rechnen diese Gefäße zu dem erlesensten Luxus und der höchsten technischen Perfektion spätantiken Handwerks, das in der ersten Hälfte des 4. JhnChr bevorzugt im Umkreis des Kaisers und der führenden Beamtenschaft begegnet. Cü

Ao: RLM Trier

Lit: HEiden, TZ 19, 1950, 26 ff – WBinsfeld, Trier, 129

Planig → Bad Kreuznach

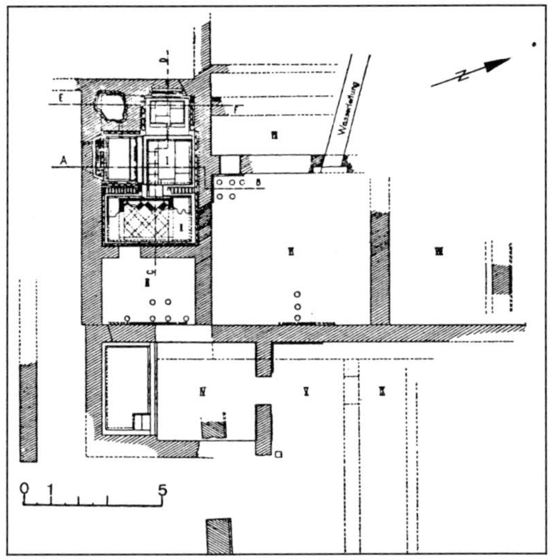

Abb. 446 Pölich. Badeanlage. Grundriß

Pölich TR

Badeanlage
Abb 446, 447

In der Ortslage, am Rand zum W ansteigenden Berg hin, wurden 1887 ff die vorzüglich erhaltenen Reste einer reich ausgestatteten Badeanlage einer *villa rustica* freigelegt. An einem mit Marmorplatten ausgelegten Gang ist ein größeres Kaltwasserbecken gelegen mit an drei Seiten umlaufender Sitzstufe. In seiner Verlängerung der schmalen Seite ist eine tiefe, langrechteckige Wanne ausgebaut, die mit höherreichender Trennwand ausgebildet ist. An der Langseite schließt ebenfalls ein Wannenbecken an, das mit der zur Bergseite hin höher erhaltenen Außenwand eine wesentlich tiefere Wanne bietet. In dem Zwickel zwischen den winklig zueinander angeordneten Wannen war zur Bauecke hin ein massiv mit Schiefersteinen aufgemauerter Sockel erhalten. Die Becken sind mit Hohlziegeln umkleidet und auch die leichteren Trennmauern und stufenartigen Zugänge sind in Leichtbauweise ausgeführt, Boden und Wände jeweils mit großflächigen Marmorplatten verkleidet.
Neben langrechteckigen Bodenplatten sind im Zugangsbereich auch rhombische Platten in geo-

Abb. 447 Pölich. Bad mit marmorverkleideten Wannen

metrischer Musterung neben dreieckigen Platten und dunkleren langrechteckigen Streifen aus Marmor verlegt. Die hier erfaßten Becken sind dem Kaltbad (*frigidarium*) der luxuriös und geschmackvoll ausgestatteten Anlage zuzuweisen. Zur Versorgung der Badeanlage wie auch der Gutsanlage wurde im Berg ein Versorgungsstollen angelegt, der eine höher gelegene Quelle abfaßt und das Wasser zu Tale führt. In dem begehbaren Stollen, der fachmännisch im Schieferge-

stein ausgebrochen war, sind noch kaminartige Luftzulässe und Kontrollschächte erhalten.
Gegenüber der Ortslage wurden am Rand der Römerstraße Trier–Detzem–Neumagen, am Fuß der hier steil ansteigenden Berge der »Mehringer Schweiz« bereits 1820 ein röm Meilenstein und beim Bau der Moseltalbahn weitere 7 Meilensteine gefunden. Der erste wurde unter Trajan um 100 nChr aufgestellt, ein weiterer unter Caracalla um 212 nChr. Sie verzeichnen die Entfernung von Trier mit 8 Leugen. Cü
Lit: Die Kunstdenkm d Rheinprov, Lkr Trier, 1936, 320 – TZ 5, 1930, 156; 6, 1931, 186 – Trierer Jahresber 2, 1909, 16; 3, 1910, 12

Polch MYK

Gräberfeld
Abb 448

Bei Ausschachtungsarbeiten 1973 in der Flur »In den Jaichen« wurden Steinsärge angetroffen und zerstört. Die Sicherungsarbeiten des Befundes und die Ermittlungen zu den Vorgängen brachten als Ergebnis, daß schon am Vorabend der Meldung eine gute Anzahl von Sarkophagen zerschlagen und durch Einwohner von Polch geplündert und ausgeräubert worden waren. Nach den Befundsicherungen und der Dokumentation handelte es sich hier um etwa 10 Erdbestattungen, davon wurden 9 in Steinsärgen festgestellt. Die Sarkophage lagen teilweise in mehreren Schichten übereinander und bargen einen verhältnismäßig reichen Inhalt an Tongefäßen, Gläsern, Waffen und Schmuck überwiegend des 6./7. Jh. Bemerkenswert ist Grab 9, das in einem spätröm Sarkophag lag. Dieses Grab war gestört durch die spätere fränkische Bestattung des 7. Jh. Die im Sarkophag liegende Erstbestattung war durchwühlt. Diese Bestattung ist zweifellos spätröm.
In den Erdschichten außer- und unterhalb des Sarkophages fanden sich Steinstickungen von Mauerfundamenten und Mauerreste. Das spätröm/fränkische Gräberfeld war offensichtlich in den Trümmern eines Anwesens der mittleren Kaiserzeit angelegt worden. In diesem Zusammenhang wurde in einer Grube eine Anzahl von bemerkenswerten Keramikgefäßen und Tellern

Abb. 448 Polch. Fischteller aus dem Gräberfeld

gefunden. Besonders bedeutend ist eine flache Schale (Dm 22 cm) aus grau-weißem, feingeschlämmtem Ton mit mattglänzenden (Seidenglanz) Schwarzfirnisüberzug. Im Innern der flachen Schale wurden vor dem Brand 2 an einem durch das Maul gezogenen und verknoteten Band aufgehängte Fische aufgemalt. Schalen mit vergleichbarem Dekor sind an Rhein und Mosel bisher nicht vertreten. Nach der Gefäßform ist die Schale in die zweite Hälfte des 3. JhnChr zu datieren. We
Ao: LfD Koblenz
Lit: HEiden 64 ff – H-HWegner, in: FJHeyen (Hrsg), Polch im Maifeld. Geschichte und Gegenwart, 1986, 9 ff

Pommern COC

Martberg, Tempelanlage
Abb 449

170–190 m über der Mosel liegt das Plateau des Martberges und des Hüttenberges. Im SW die Pommerner Mart, auch Mart- und Marberg genannt, im NO der Hüttenberg (oder Eisenberg). Beide Höhenrücken sind durch eine schmale, sat-

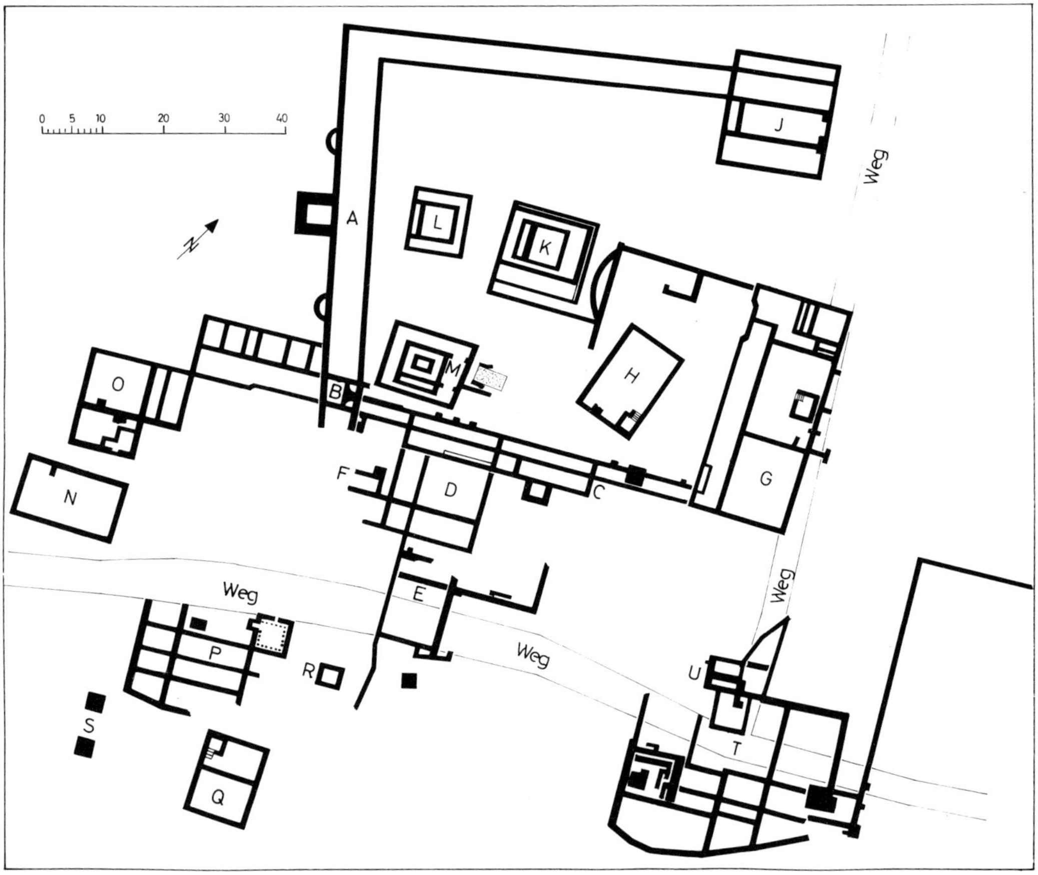

Abb. 449 Pommern. Martberg. Tempelbezirk des Lenus Mars. Grundriß. A Wandel- und Ruhehalle, B Raum für Opfergaben, C Gang, D Wohngebäude mit Anbauten (E, F), G Versammlungsräume, H, N, Q Wirtschafsgebäude, K, L, M gallo-römische Umgangstempel, O, P Wohngebäude, R Grube, S Torpfeilerfundamente, T Wohngebäude, U Refugium (Anbau zu T)

telartige Senke miteinander verbunden. Naturgegebener Steilhangschutz besteht jedoch nicht nur moselseits, auch im NW und NO haben der Pommerbach und der Brohlbach die Hänge steil in das Tal eingefressen. Ein natürlicher Zugang besteht nur von N her über eine schmale, felsige Bergzunge, parallel zum modernen Weg sind hier noch die Spuren alter Wegeführung zu erkennen. Der Martberg liegt an einer wichtigen Verkehrsverbindung, die schon seit alters her in Betrieb war. Besondere Bedeutung erhielt sie in röm Zeit als wieder ausgebaute Querverbindung zwischen Hunsrück und Eifel, die bei Treis-Karden die Mosel überquert.

Bei Ausgrabungen, die bereits 1885–1890 durch das RLM Bonn durchgeführt wurden, konnte auf der höchsten Stelle des Martbergs ein großer Tempelbezirk freigelegt werden. Neben zahlreichen Kleinfunden an Keramik, insbesondere aber auch an Münzen, ist eine lateinisch und griechisch verfaßte Weiheinschrift entdeckt worden. Sie ist eine Danksagung des Griechen Tychikos, der von einer schweren Krankheit geheilt worden war, an den Gott Lenus Mars. Eine zweite Dankesinschrift bestätigt, daß hier ein Heiligtum des Lenus Mars bestanden hat. Dies ist eine einheimische keltische Gottheit, die in röm Zeit in einer sicher falschen Interpretation mit dem Kriegsgott Mars in Zusammenhang gebracht wurde. Der Tempelbezirk des Martbergs bestand bis in spätröm Zeit. Aufgrund der zahlreichen Funde wie Fibeln, Amulette, Waffen und Münzen läßt sich feststellen, daß dieses Heiligtum bereits im Spätlatène bestanden hat. Martberg und Hüttenberg waren in vorröm Zeit intensiv besiedelt und können als keltisches Oppidum gelten. Die Mehrzahl der hier entdeckten Fibeln, Amulette und Münzen aus keltischer Zeit können entsprechend denen aus röm Zeit als Weihegaben interpretiert werden. In diesem Zusammenhang ist auch die offene Talsiedlung, die im Bereich des heutigen Karden auf der linken Moselseite bekannt geworden ist, zu sehen. Hier wurden auch Anzeichen und Reste für keltische Münzprägung beobachtet. We

Ao: RLM Bonn, LfD Koblenz, Privatbesitz

Lit: JKlein, BJb 101, 1887, 62 ff – HEiden, Zur Topographie von Cardena Karden in frühgeschichtlicher Zeit, Festschrift für Alois Thomas, 1967, 109 ff – AHaffner, Trier Augustusstadt der Treverer, 1984, 106 ff – H-HWegner, Berichte zur Arch an Mittelrhein und Mosel 1, 1987, 246 ff

Quint → Trier

Ramsen KIB

*Eisenrevier im Stumpfwald**

Im S des Ortes sind über mehrere Quadratkilometer verstreut Spuren frühgeschichtlicher Eisengewinnung und -verarbeitung nachweisbar. Es besteht ein räumlicher Bezug zur Industrie in → Eisenberg. Bislang konnten etwa 18 zT recht große Schlackenhügel als Spuren von Eisenschmelze nachgewiesen werden. Die Erze wurden im Tagebau durch kleine Schächte (Pingen) im Buntsandstein gewonnen und in unmittelbarer Umgebung verhüttet. Beim Abtrag eines Hügels zwischen 1906 und 1918 wurde durch Funde des frühen 1. Jh die röm Zeitstellung einiger Schlackenhalden einwandfrei nachgewiesen. Ein Großteil der Abbau- und Verhüttungspuren gehört aber sicherlich in das MA. Be

Ao: M Speyer

Lit: FSprater, Germania 17, 1933, 63 – ders, Das römische Eisenberg, 1952, 32 – HWalling, MittHVP 75, 1977, 34, 40 – OKriesel, Kirchheimbolanden, 1978, 154

Reichweiler KUS

*Mithräum**

Abb 450–452

Das Mithräum liegt am Steilhang unterhalb einer Straßenböschung und ist über den saarländischen Ort Schwarzerden zu erreichen. Die Topographie des ehem sumpfigen Weißwiesertales ist heute durch die Anlage eines Weihers erheblich beeinträchtigt.

Bereits in der Beschreibung des Johannes Hoffmann von 1588 wird der »heydnische Tempel« erwähnt. Im 18. Jh beschäftigten sich mit dem Mithräum Daniel Schoepflin und Daniel Hien, die beide Zeichnungen lieferten. Die Sorge um die Erhaltung des Kultdenkmales reicht bis 1824 zurück. Erst 50 Jahre später wurde der noch heute bestehende Schutzbau errichtet.

An der Felswand sind neben dem Kultbild auch noch Spuren des Tempelbaus in Form von Dachanschlägen und Balkenlöchern zu erkennen. Nach einer eingehenden Untersuchung durch D. Krencker war der heute nicht mehr erhaltene Tempelraum (B 5,15 m) mit einem Satteldach ge-

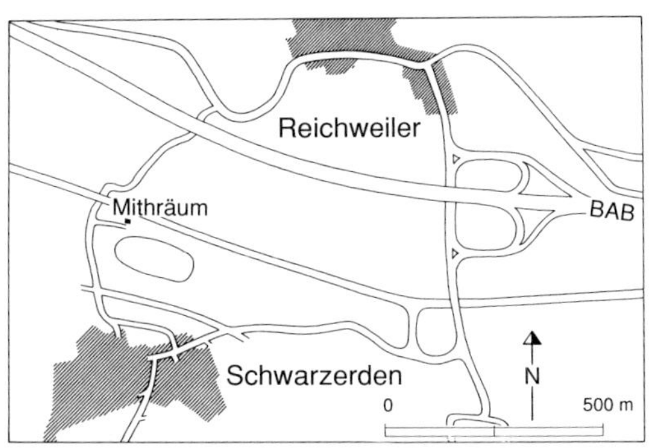

Abb. 450 Reichweiler. Mithräum. Lageplan

Abb. 451 Reichweiler. Mithräum. Kultbild des Mithras

Abb. 452 Reichweiler. Mithräum. Rekonstruktionszeichnung

deckt. Als Imitation des Himmels war darunter eine halbrunde Decke eingezogen. Der so überdeckte Mittelraum (*cella,* B 2,60 m) war von 2 Podien (B je 1,20 m) flankiert. An den eigentlichen Tempel war links noch ein Nebenraum (B 3,70 m) angefügt.

Das Kultbild ist in den Fels eingemeißelt und zeigt den stiertötenden Mithras in üblicher Weise dargestellt. Unter dem sterbenden Stier sind Skorpion, Schlange und Löwe zu erkennen. Dazwischen ist ein Mischgefäß (Krater) sichtbar. Ein Hund springt an dem Stier empor. Auf dreieckigen Sockeln stehen links mit gesenkter Fackel Cautopates und rechts Cautes mit erhobener Fackel als Zeichen für Finsternis und Licht. In den oberen Ecken sind der Sonnengott Sol und die Mondgöttin Luna, über dem Halbkreisbogen, der die Tötungsszene begrenzt, 2 Windgötter zu sehen.

Der Tempelraum war offensichtlich wie in → Neustadt-Gimmeldingen gänzlich aus Holz errichtet gewesen, so daß außer den Einhauungen in der Felswand (H 6 m) keine Spuren mehr zu erkennen sind.

Münzfunde, die von Claudius II. (268–270 nChr) bis Constans (348 nChr) reichen, geben mit Keramikfunden einen Hinweis auf die Benutzung des Heiligtums im 3. und 4. Jh. Die Funde wurden unterhalb des Heiligtums im alten Bachbett entdeckt und mögen mit dem Kultbetrieb in Verbindung stehen. Be

Ao: M Saarbrücken

Lit: DKrencker, Germania 9, 1925, 27 ff – EKrüger, Mitt Verein f Heimatkde im Landkr Birkenfeld, 1939 – DHinkelmann, Das Mithrasdenkmal zwischen Reichweiler und Schwarzerden im Landkreis Kusel, 1976

Reipoltskirchen KUS

*Hofanlage**
Abb 453, 454

Zwischen dem Ingweiler Hof und Reipoltskirchen konnte im Frühjahr 1989, bedingt durch einen Wasserleitungsbau auf der W-Seite des Odenbachtales, ein kleines bäuerliches Anwesen untersucht werden. Der Bau (34 × 16 m) umschließt einen rechteckigen Hof, an den im W und N Wohnräume und Bad angrenzen. Die Beheizung des Bades, das nicht freigelegt wurde, erfolgte von der Hofseite aus. Der Bau entspricht einem rein funktional gegliederten Hoftyp, der auf eine repräsentative Schauseite mit Risaliten und Portikus verzichtet. Unmittelbar SW ist ein Wirtschaftsbau durch eine Trümmerstelle nachgewiesen.
Der Hof liegt in denkbar ungünstiger Lage im Bereich der Odenbachniederung auf einem kleinen Geländesporn und wurde im späten 1. JhnChr als Fachwerkbau angelegt und kurze Zeit später in Stein ausgebaut. Der extrem feuchte Untergrund machte umfangreiche Gründungsarbeiten und das Einbringen einer massiven Fundamentplatte notwendig. Offenbar bereits im 3. Jh wurde der Hof aufgelassen.
Die Gutshoffläche wird aus der landwirtschaftlichen Nutzung herausgenommen und durch entsprechende Bepflanzung und Aufmauerung einzelner Mauerzüge als archäologisches Denkmal der Öffentlichkeit zugänglich gemacht. Be

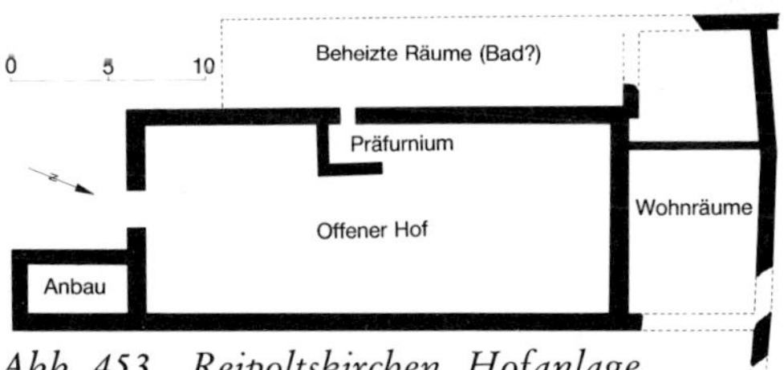

Abb. 453 Reipoltskirchen. Hofanlage. Grundriß

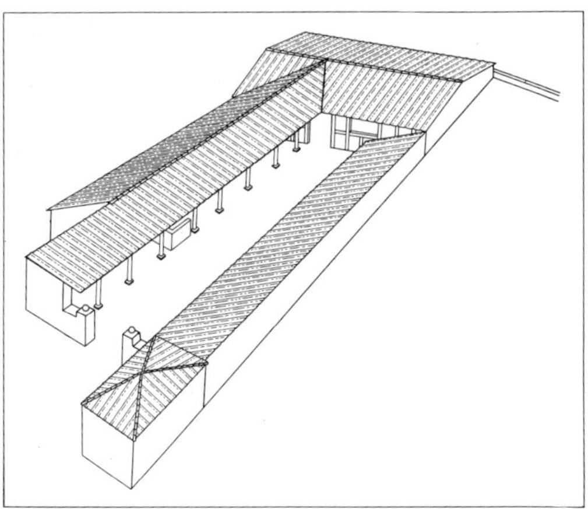

Abb. 454 Reipoltskirchen. Die Hofanlage in der Rekonstruktion

Remagen AW

Kastell Rigomagus
Abb 138, 455, 456

Im NW, am höchsten gelegenen Teil der Stadt, liegt unmittelbar am Rhein das ehem Kastell *Rigomagus*. Es liegt an der Straße von der *Colonia Claudia Ara Agrippinensium*-Köln nach *Confluentes*-Koblenz. Archäologisch bekannt ist ein Holz-Erde-Kastell, das ein etwas verschobenes Rechteck mit abgerundeten Ecken bildete, von etwa 100 m Breite. Die Länge ist nicht bekannt, da es an der Rheinfront in NW-Richtung durch Geländeveränderungen zerstört ist. Sie wird aber nicht mehr als 120 m betragen haben. Umwehrt war die Anlage mit einem Erdwall (B 3 m). 2 Spitzgräben, je 3 m breit, sind an der SO-Seite bekannt. An der SW- und der NW-Seite ist nur ein Graben festgestellt worden. Die Innenbebauung kann als kaum erforscht gelten. An Funden kamen überwiegend Keramik claudisch-neronischer Zeitstellung, außerdem Münzen des 1. JhnChr zutage.
An der gleichen Stelle wurde später ein Steinkastell (B 110 m, L 140–150 m) erbaut. Die Umwehrung bestand aus einer Steinmauer (B 1–1,2 m) mit Erdwall und Spitzgraben sowie nach innen versetzten Türmen. An der SW-Front und an den Ecken waren sie trapezförmig ausgebildet, mit rechteckigem Grundriß und im Ab-

Abb. 455 Remagen. Kastell Rigomagus. Grundriß

stand von 16 m standen sie an der SO-Front. Ein Rest eines Turmes des rechten Seitentores (*porta principalis dextra*) wurde von spätröm Torturmwangen überbaut. Von Innenbauten sind größere Baukomplexe überliefert, die ursprünglich wohl längs der Lagerhauptstraße (*via principalis*, Str »Am Hof«) gestanden haben. Nach L. Lehner war auch eine »tempelartige Anlage« von »28 m Frontbreite« mit Apsidenräumen, Hypokausten, Wasserkanälen vorhanden. Aus der Nähe stammt eine Inschrift für Trajan. Außerdem sind einige Wohngebäude mit Hypokausten und eine zum SW-Tor führende Straße (B 4,5 m), W davon Reste eines größeren Baus mit Keller sowie zahlreiche Entwässerungskanäle festgestellt worden, deren Sohle mit gestempelten Ziegeln ausgelegt war (*legio I Minerva*). Keramik datiert die Anlage bis über die Mitte des 3. Jh. Außerdem wurden Phallusanhänger und zahlreiche Steininschriften gefunden.

Bedeutung gewinnt ein am SO-Tor um 270/280 vergrabener Münzschatz, der 1965 bei Kanalbauarbeiten in der Kirchstr gefunden wurde. In diesem Zusammenhang wurden hier auch noch ergänzende Befunde zur Toranlage ermittelt. Der Münzschatz lag nahe bei der Torwange im Erdreich hinter der Kastellmauer vergraben. Reste eines Münzgefäßes wurden ebenfalls gefunden. Insgesamt konnten von den Münzen 8500 Stück für die wissenschaftliche Bearbeitung sichergestellt werden. Bei dem Remagener Münzfund handelt es sich um barbarisierte Antoniniane, ursprünglich leicht versilberte Bronzemünzen, die offiziell nach röm Reichsmünze als »Notgeld« hergestellt sind. Nach dem derzeitigen Bearbeitungsstand (H. Baldus, München) ist davon auszugehen, daß die Prägungen 270–280 nChr in einer Münzschmiede in der Nähe von Remagen erfolgt sind und zwischen Herstellung und Vergrabungszeit nur eine kurze Zeitspanne gelegen hat. Sicher ist die Vergrabung des Schatzfundes mit der Besetzung des Kastelles *Rigomagus* durch die Franken in Verbindung zu bringen.

Abb. 456 Remagen. Benefiziarierweihung an Jupiter

In spätröm Zeit erfolgte eine erneute Befestigung von *Rigomagus*. Ihre Lage und Größe entspricht ungefähr den vorangegangenen Anlagen, die Kastellmauer wurde auf etwa 3 m Breite erheblich verstärkt. Teile dieser Mauer sind noch heute erhalten. Die Befestigung hatte keinen Graben. Die zugehörigen Innenbauten sind noch unklar, wahrscheinlich gibt es Mauerzüge innerhalb der Pfarrkirche, die spätröm sind. In einem 1969 aufgedeckten Fundament waren 2 Benefiziariersteine und ein Architekturteil verbaut. Eine deutliche Zerstörungsschicht trennt die röm von den frühma Siedlungsspuren. Dabei fand sich verhältnismäßig wenig Keramik zu dieser Zeitspanne des 3. und 4. Jh.

Von der zweiten Hälfte des 2. bis in die Mitte des 3. Jh ist in Remagen eine Benefiziarierstation durch Inschrift nachgewiesen. S des Kastells befand sich der Auxiliarvicus. Hier wurden Töpferöfen des 1. und 2. Jh freigelegt (Hündelgasse, Bachstr, Marktplatz, Neubau Hochhäuser). Zu beiden Seiten der Rheintalstraße südlich des Kastelles sind zahlreiche Brand- und Körpergräber, etwa ab der Mitte des 1. bis weit ins 3. Jh festgestellt worden. Spätröm Gräber lagen überwiegend N vom Kastell, fränkische Reihengräber mit frühchristlichen Grabplatten stellte man eher am Fuße des Apollinarisberges fest. We

Ao: RLM Bonn, LfD Koblenz

Lit: HEiden 68 ff – DHaupt, in: JEBogaers und CBRüger (Hrsg), Der Niedergermanische Limes, 1974, 63, 208 ff mit ausf Lit – OKleemann, Vor- und Frühgeschichte des Kreises Ahrweiler, 1971, 25 ff, 103 ff – H-HWegner, Berichte zur Archäologie am Mittelrhein und Mosel 1, 1987, 247 ff

Rheindürkheim → Worms
Rheingönheim → Ludwigshafen

Abb. 457 Rheinzabern. Luftbild von Tabernae. 1 Vicus, 2 Römerstraße, 3–6 Gräberfelder, 7–15 Siedlungsstellen, 16 Ziegelei und Gräberfeld »Römerbadschule«

Rheinzabern GER

Industrieort Tabernae
Abb 8, 170–173, 457–464

Antike Überlieferung. Rheinzabern gehört neben Altrip und Pforz, heute Maximiliansau, zu den 3 Orten in der Pfalz, die ihre antike Namenswurzel erhalten haben. Der Name *Tabernae* erscheint im Reisehandbuch des Caracalla im 3. Jh, in der Tabula Peutingeriana, einer Straßenkarte des 4. Jh, und in der Notitia dignitatum, einem spätantiken Staatshandbuch. Mit dem häufig für Straßensiedlungen bezeugten Namen *Tabernae* wird Bezug auf die Rastmöglichkeiten an einer wichtigen Verkehrsverbindung genommen.
Geschichte der Erforschung. Das Interesse an der röm Vergangenheit setzte 1531 mit Beatus Rhenanus ein, der Inschriften und Funde beschreibt. Unter v. Stichaner wurden die zahlreicher zutage tretenden Funde seit 1818 gewissenhaft publiziert. Von 1824 bis 1861 spielte der Rheinzaberner Maurer Johann Kaufmann eine unrühmliche Rolle. Nicht nur, daß er auf der Suche nach verwertbarem Baumaterial röm Öfen, Brunnen und Fundamente ausbeutete, er hielt auch durch gezielte Fälschungen von Figuren und Altären die damalige Fachwelt zum Narren. Immerhin stammt aus seinem Nachlaß eine Fundstellenkarte, auf die der Ziegeleibesitzer Wilhelm Ludowici mit seinen gezielten Grabungen 1901–1912 zurückgreifen konnte. Mit diesen Grabungen und ihrer mustergültigen Publikation erhielt Rheinzabern den ihm zustehenden wissenschaftlichen Rang. Durch die Untersuchungen von F. Ricken und Ch. Fischer gehört Rheinzabern heute zu den am besten aufgearbeiteten Reliefsigillata-Töpfereien in den N-Provinzen.
Erst seit den 50er Jahren wurden wegen Kanal- und Hausbauten wieder archäologische Untersuchungen notwendig. Ganzjährige Grabungen werden seit 1975 im S des Ortes (1975–1984 mit Unterstützung der DFG und seit 1986 der BfA) in den »24 Morgen« durchgeführt.
Verkehrslage. Die Gründung der Siedlung steht in engem Zusammenhang mit dem Bau der röm Rheinuferstraße. Der antike Ort liegt gut 1000 m von der Hochuferkante entfernt. Der antike Rheinlauf liegt 3000 m im O bei → Neupotz. Die röm Verkehrsachse ist eine im Laufe der Zeit dammartig aufgehöhte Kiesschüttung (B 6–6,50 m) mit flankierenden Abwassergräben. Die Straße durchzieht als Längsachse den *vicus Tabernae* auf 900 m. Kleine Bachläufe wurden teils durch eine Furt oder mit festen Brücken überquert. Für den Otterbach im S und den Rottenbach im N sind solche durch Bauinschriften bezeugt. Für den Erlenbach, der den antiken Ort im N-Drittel durchquert, ist eine Brücke vorauszusetzen.
Militärperiode. Lange wurde darüber spekuliert, ob der Industriesiedlung eine militärische Anlage, ein Kastell, vorausging, zumal seit etwa 45 nChr die Ziegeleien der obergerm Legionen hier nachzuweisen sind. Grabenspuren wurden in der Mühlgasse und der Hoppelgasse angetroffen, jedoch sind Deutung und Datierung nicht zweifelsfrei. Demgegenüber fand sich militärisches Ausrüstungsgut bislang immer in rein zivilen Streifenhäusern längs der Straße, dh die Zieglerkommandos wohnten eher in diesen Häusern als in einer eigenen Militäranlage.
Militärziegeleien. Durch gestempelte Ziegel sind folgende Mainzer Legionen bezeugt: *legio I adiutrix, IV Macedonia, XIV gemina, XXI rapax* und *XXII primigenia.* Ferner hat die kurzfristig in Obergermanien stationierte *legio VII gemina* in Rheinzabern geziegelt. In die mittlere Kaiserzeit gehört die Ziegelproduktion der Straßburger

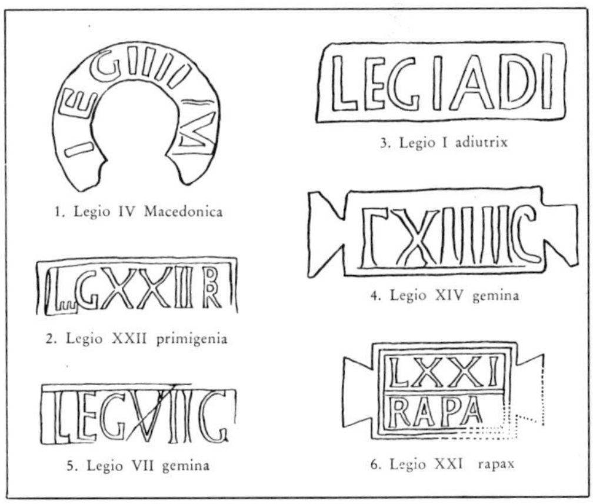

Abb. 458 Rheinzabern. Frührömische Ziegelstempel

legio VIII Augusta. Die Standorte der ersten Ziegeleien sind noch nicht gesichert. Eine Stelle lag sicher am Erlenbach im »Obertsboth«.

Keramikherstellung im 1. JhnChr. Keramische Produktion läßt sich schon seit claudischer Zeit (41–54) belegen. Öfen dieser Zeit lagen in der Faustinastr und im Außerdorf an der Römerstr. Auch erste Versuche mit Terra-Nigra-Feinware gehen in diese Zeit zurück. Um 70 nChr sind Keramiköfen im gesamten Vicus nachweisbar. Bis auf Terra Sigillata wurde das gesamte keramische Spektrum an tongrundiger Ware, Terra Nigra und roter und weißer Überzugware in hervorragender Güte gefertigt.

Frühröm Vicus. Im S der Hauptstraße sind weitere Wegezüge nachgewiesen, welche die Bebauung in rechteckige Felder unterteilen. Die frühröm Bauten sind aber stets zur Hauptstraße ausgerichtet.

Die Bauten der Frühzeit sind als unterste Schichten manchmal bis zu 1,5 m unter der heutigen Oberfläche sehr gut zu fassen. Es handelt sich um Streifenhäuser (L über 40 m, B 7–10 m). Die Wirtschaftskraft der frühen Siedlung zeigt sich in ständigen Neu- und Umbauten. Streifenhäuser dieser Art standen seit 70 nChr auf 900 m Länge beidseits der Straße.

Nach Abzug der Militärziegeleien um 80 nChr wurde von Rheinzabern aus der zivile Bedarf des weiteren Oberrheingebietes an Baukeramik (Ziegel, Hypokaustplatten usw) und an Gebrauchs- und Feinware gedeckt. Die ehem militärischen Einrichtungen und Grundstücke wurden wohl von Pächtern weitergenutzt.

Gräberfelder. Die Siedlung wurde im SW und im NO von Nekropolen begrenzt. Der Bestattungsplatz Rappenfeld hat bislang 442 Brandgräber und 4 Körperbestattungen des 1.–3. Jh geliefert. Die Gräber beginnen dort erst in 40 m Abstand zur Straße. Die zahlreichen Grabbeigaben erlauben gute Einblicke in den Totenkult und geben Kenntnis vom Formenwandel der meist keramischen Beigaben. Das NO-Gräberfeld Rehgärten schließt direkt N an die Römerstraße an. Bisher konnten dort 137 Brandbestattungen und 5 Körpergräber festgestellt werden, die dem 1. und frühen 2. Jh angehören. Dann wurde der Bestattungsplatz für gut 100 Jahre aufgelassen und erst wieder in der Spätantike genutzt.

Terra-Sigillata-Manufaktur. Für die Ansiedlung von hochspezialisierten Terra-Sigillata-Produzenten um die Mitte des 2. Jh waren in Rheinzabern alle Voraussetzungen gegeben: gute Tonlager, ausreichende Brennholzvorräte, gute Verkehrswege zu Land und zu Wasser, nahe Absatzgebiete (zB Limesgebiet) und, wohl ganz wichtig, bodenständiges spezialisiertes Personal.

Die ersten Sigillata-Produzenten wie *Ianus* und *Reginus* und wenig später *Cerialis* und *Belsus* kamen aus dem nahen Heiligenberg/Elsaß, *Cobnertus* aus Mittelgallien. Diese Töpfer brachten das Geheimnis rot glänzender Feintonüberzüge, welche die Güte der Terra Sigillata ausmacht, nach Rheinzabern. Neben Bilderschüsseln, zu deren Herstellung Bildpunzenschneider, Formschüsselhersteller und schließlich Ausformer nötig waren, wurde auch eine breite Palette von glattem Tafelgeschirr produziert, das in den Formen mittel- und ostgallischen Produkten entsprach. Alle diese Gefäße wurden durchgängig mit Namen gestempelt. Frühe Sigillatatöpfer von glattem Geschirr sind *Iuventus, Novanus, Reginus, Placidus* und *Miccio.*

Die ersten Sigillata-Betriebe lagen abseits der Straße im Bereich Safrangarten, wo die notwendigen Betriebseinrichtungen wie Schlämmbecken, Brunnen, Werk- und Trockenhallen und Öfen freigelegt wurden.

Die Organisation der Betriebe ist noch weitgehend ungeklärt. Die Aufgaben reichten von der Gewinnung der Tone im Bereich des Otterbaches über ihre Aufbereitung und Glanztonüberzüge in aufwendigen Schlämmverfahren, Drehen der Gefäßrohlinge bzw Ausdrehen der Formschüsseln, Trocknen, Eintauchen in die Feintonüberzüge, Brennen, Sortieren und Versand. Es ist mehr als fraglich, daß all diese Aufgaben in einer Hand lagen. Vielmehr gab es Spezialisten für verschiedene Aufgaben. Selbst die Beschickung der Öfen ist in Brenngemeinschaften sinnvoll. Letztlich ungeklärt sind bislang auch Fragen nach den Investitoren und den unternehmerisch Verantwortlichen. Durch den großen Bedarf an Gefäß-, aber auch an Baukeramik konnten erhebliche Erlöse erzielt werden.

Erst nach 200 scheinen die Produktionsbetriebe in straßennahe Bereiche einzugreifen. Bislang sind keine zuverlässigen Aussagen über die

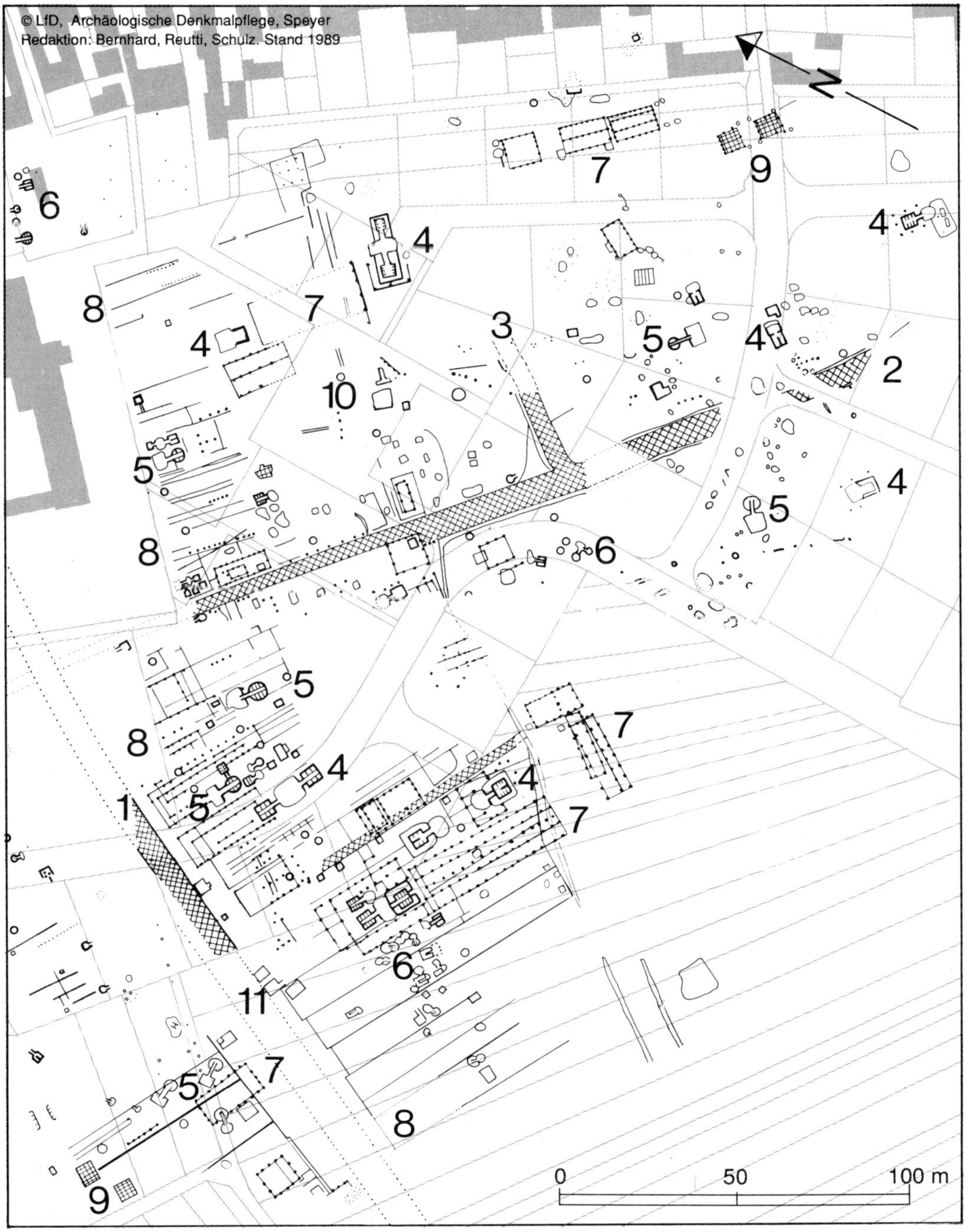

Abb. 459 Rheinzabern. Detail der Töpferei. 1–3 Straßen, 4 Ziegelöfen, 5 Sigillataöfen, 6 kleine Töpferöfen, 7 Werkhallen, 8 Streifenhäuser, 9 Schlämmbecken, 10 Brunnen, 11 Keller

Wohnbauten der Bewohner des 2. und 3. Jh zu gewinnen. Massivere Hausstrukturen mit Kellern an der Straße sind im N-Teil der Siedlung vermehrt anzutreffen. Möglicherweise gab es eine partielle Trennung von Industrie- und Wohnbereichen.

Betriebseinrichtungen. Die antiken Tongruben lassen sich noch heute im Bienwald in der Nähe des Otterbaches als Geländemulden erkennen. Zunächst wurden die 1–4 m starken Sanddeckschichten durchschnitten und der Ton mittels seitlicher Stollen ausgebeutet. Ludowici konnte sogar noch in den Ton eingeschnittene Treppenstufen nachweisen.

Die Tone wurden im Industriebereich in Schlämmbecken aufbereitet. Nachweisbar sind quadratische Schächte, die mit Holz, Ziegeln oder Tonröhren ausgekleidet waren. Größere Schlämmbecken erreichten 6 × 6 m.

Die Gefäßherstellung selbst war in großen Hallen untergebracht. Nachgewiesen sind Hallen mit Ziegelböden von 8 × 15 m Fläche und Holzpfostenbauten bis zu 50 m Länge. Dort wurden auch die Produkte zum Trocknen gelagert.

Zum Brennen der Sigillatagefäße waren Öfen besonderer Bauart notwendig. Zeigten die Öfen des 1. Jh mit 100–150 cm Durchmesser noch geringe Dimensionen, so haben die typischen Sigillataöfen bis 300 cm Innendurchmesser und einen sehr langen Schürkanal. Bislang konnten 6 solcher Rundöfen ausgegraben werden.

Das luftgetrocknete Geschirr wurde auf der durchlochten Brennplatte aufgestapelt. Damit die Heißluft nicht unmittelbar mit dem Geschirr in Verbindung kam, wurden auf die Lochtenne Kaminröhren gesteckt und die Gefäße in einzelnen Gefachen aufgestapelt, um den Ofenraum völlig nutzen zu können. Für den Sigillatabrand waren Temperaturen von 950 Grad nötig. Häufiger sind bislang Rechtecköfen ausgegraben worden, die hauptsächlich für Baukeramik Verwendung fanden.

Eine Vielzahl von Brunnen diente der Wasserversorgung. Entweder waren es einfache Holzkastenbrunnen oder runde Schächte mit Ziegelwand, ganz selten wurden steingemauerte Brunnen gebaut. Die Grundwassersohle lag in der Antike mit 5 m etwa 1–2 m höher als heute.

Die jüngsten Manufaktureinheiten der Zeit vor 260 nChr liegen im Rappenfeld an der Bahnlinie. Dort konnten Öfen, Schlämmgruben, Brunnen und Formschüssellager festgestellt werden.

Aus der Zeit zwischen 150 und 260 nChr sind in Rheinzabern bislang mehr als 300 Töpfernamen durch ihre Stempel bekannt. Bilderschüsseln wurden von 90 Töpfern bzw namentlich nicht bekannten, nur stilistisch faßbaren Meistern hergestellt.

Über die öffentlichen Bauten, die bei einem Ort dieser Wirtschaftskraft zu erwarten wären, sind

Abb. 460 Rheinzabern. Weihung an Merkur

wir bisher nicht unterrichtet. Zu finden sind noch Marktanlagen und die namengebenden *Tabernae* als Raststation und Herberge. Ferner fehlen Thermen oder kleinere Badeanlagen. Größere Verwaltungsbauten sind wohl nicht zu erwarten, da der in der *Civitas Nemetum* gelegene Vicus direkt dem Hauptort *Noviomagus* (→ Speyer) unterstand.

Heiligtümer sind bislang nicht bekannt, wohl aber eine Vielzahl von Denkmälern, wobei für Merkur als Gott des Handels die meisten Weihungen vorliegen, gefolgt von Jupiter und Silvanus. Bildliche Darstellungen zeigen eine Matrone, Epona, Minerva, Juno, Herkules und Vulkan. Von guter Qualität sind 2 Fünfgöttersteine mit Darstellung von Apollo, Fortuna, Vulkan, Minerva und Merkur.

Das Ende der Manufaktur. Durch den Verlust des rechtsrheinischen Absatzgebietes infolge der Alamanneneinfälle um 260 nChr und durch das Vordringen der Germanen über den Rhein wurde die Wirtschafsstruktur von *Tabernae* erheblich betroffen. Inwieweit die Manufaktur einer Zerstörung anheimfiel, läßt sich nicht belegen. Unter dem Eindruck der veränderten Marktsituation wurde die Produktion von Bilderschüsseln aufgegeben.

Einen Hinweis auf eine akute Notsituation im 3. Jh gibt ein Depotfund von Bronzegeschirr und Gläsern, der 1882 in einem Haus N der Römerstraße gefunden wurde. Er besteht aus einem Weinkrug, 3 Töpfen, einem Kelle/Siebpaar, 3 Ausgußbecken, einem Hemmoorer Eimer, einer Kuchenform, 3 Bratrosten. Der Fund wurde um 260 oder 275 nChr von seinem Besitzer verborgen und konnte nicht mehr von ihm gehoben werden. G. Rau konnte 1976 in einer Brandschicht eines Holzbaus eine Münze des Postumus (259–268) bergen. Dies wäre ein erster Hinweis auf eine Brandkatastrophe. Um 270 nChr setzt bis gegen 300 die Münzzufuhr aus, ein deutliches Zeichen für den wirtschaftlichen Niedergang. Auch geben die beiden verlorengegangenen Beutefunde von → Neupotz und → Hagenbach beredte Hinweise auf die Bedrohung der Region durch germ Raubzüge.

Tabernae im 4. Jh – Sigillataproduktion. Trotz der veränderten Lage wurde auch im späten 3. Jh und in der ersten Hälfte des 4. Jh noch Sigillata gefertigt. Ein Ofenbezirk wurde im N des Vicus in den Rehgärten ausgegraben. Die späten Produkte führten Formen und Techniken der klassischen Manufakturzeit fort. Typisch sind nun Ratterdekorverzierungen (mit einem vibrierenden Blättchen aufgebrachte Kerbbänder) und Auflagenware (Barbotinekeramik), die allerdings schon nach 200 nChr in Mode kam. Siedlungsspuren des frühen 4. Jh finden sich über das gesamte Vicusgelände verstreut. Im N-Teil des Vicus scheint im 4. Jh der Siedlungs- und Fabrikationsschwerpunkt gewesen zu sein, denn auch nur im N Gräberfeld sind Bestattungen dieser Zeit nachzuweisen.

Ein gewaltsames Ende fand *Tabernae* in den Wirren der Magnentiuszeit um 352 nChr. Ein 37 Münzen umfassender Börsenfund endet mit einer Prägung des Constans (346–350). Zu diesem Zeitpunkt endete in Rheinzabern nach 300jähriger Tradition die Keramikherstellung.

Die zweite Jahrhunderthälfte war durch militärische Ziegelproduktion bestimmt. Im spätantiken Staatshandbuch Notitia dignitatum wird *Tabernis* als Garnison der Menapier, einer Grenzschutzeinheit, genannt. Die sicher vorauszusetzende Grenzfestung ist bislang nicht gefunden. Der Kirchhügel als Standort hat nach dem derzeitigen Kenntnisstand dafür auszuscheiden. Jedoch

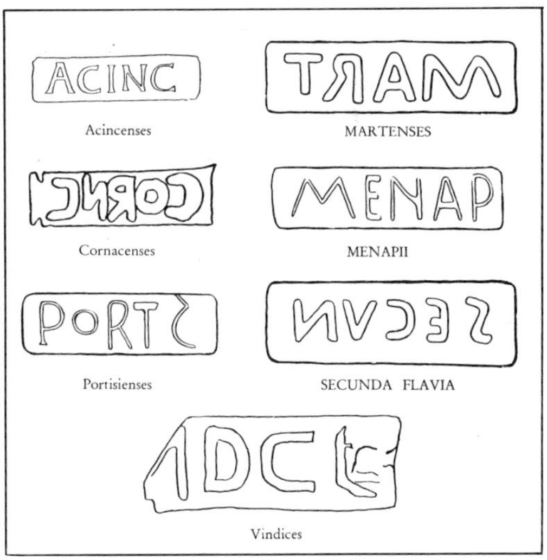

Abb. 461 Rheinzabern. Spätrömische Ziegelstempel

sind Gräber des späten 4. Jh in den Rehgärten und eine große, mehrere hundert Gräber umfassende Nekropole im Oberstboth nachgewiesen. Spätesteröm Funde häufen sich ebenfalls im Vicus-N-Teil. Dort sollte die Befestigung zu suchen sein.

Die spätantike Ziegelei. Gestempelte Ziegel von spätantiken Grenzeinheiten wie *Menapii, Martenses, Acincenses, Cornacenses* und *Portisienses* sind seit den Grabungen Ludowicis bekannt. Ein Ofen der *Cornacenses* wurde in den »24 Morgen« im Bereich des heutigen Kindergartens gefunden. Ein Ofen der *Portisienses* lag im Bereich der Römerbadschule.

Das Ende der Ziegelproduktion steht mit dem Untergang des röm Grenzschutzes zwischen Bingen und Seltz (Elsaß) durch die Völkerwanderung von Germanen und Alanen 406/407 nChr in unmittelbarem Zusammenhang. Ein Münzschatz, der mit Prägungen des Honorius endet, wurde in spätröm Bauresten entdeckt und steht mit diesem Ereignis wohl in Zusammenhang.

Dennoch haben sich bis weit in das 5. Jh – wie andernorts – romanische Bevölkerungsreste in *Tabernae* gehalten. Diese Personen wurden in dem großen Körpergräberfeld Oberstboth gemäß christlicher Sitte ohne Beigaben bestattet.

Die germ Neubesiedlung meidet zunächst den antiken Siedlungsbereich. Das älteste Rheinzabern, das im Spätma mit einem Graben umgeben ist, schließt N der Kirche an.

Röm Besiedlung bei Tabernae. Weitere Siedlungsbereiche sind im Umfeld, etwa auf der Geländezunge gegen Neupotz nachweisbar. Ein Brandgräberfeld des 2.–3. Jh lag im Bereich der Ausfahrt Rheinzabern an der B 9, die zugehörige Siedlung an der S-Terrassenkante.

Ein ausgedehnter Siedlungskomplex fand sich am Otterbach. Dort wurde 1855/1905 ein Bad ausgegraben, das aber nur Teil einer großen Gutsanlage ist, die sich hangaufwärts anschließt. Von dem Bad wurden der Heizkanal (*praefurnium*), das Schwitzbad (*sudatorium*), das Warmbad (*caldarium*) und das Laubad (*tepidarium*) und möglicherweise Kaltbad (*frigidarium*) und Auskleideraum (*apodyterium*) freigelegt. In der gesamten Anlage sind viele gestempelte Legionsziegel des 1. Jh verbaut, so daß die Gründung noch in diese Zeit fallen wird.

Eine kleine Nekropole mit 41 Brandgräbern des

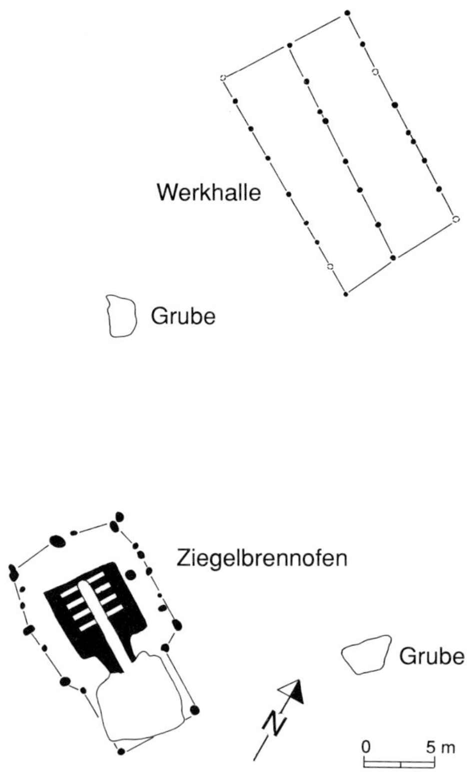

Abb. 462 Rheinzabern. Römerbadschule. Spätrömische Ziegelei der milites Portisienses. Grundriß

späten 2. und frühen 3. Jh wurde unter dem heutigen Sportplatz ausgegraben. Dort lag auch ein spätröm Ziegelofen mit zugehöriger Werk- und Trockenhalle (10 × 18 m). Dort stellten die *Portisienses,* die wohl in *Porza*/Pforz, heute Maximiliansau, stationiert waren, Ziegel her.

Terra Sigillata Museum Rheinzabern. Das alte Schulhaus in der Hauptstr wird in nächster Zeit eine Dokumentation der langjährigen Grabungsergebnisse in *Tabernae* aufnehmen. Schon jetzt sind ausgewählte Funde aus der 350jährigen röm Geschichte Rheinzaberns präsentiert. Ein Raum wird ganz von dem bedeutenden Hortfund von → Neupotz eingenommen, den die Familie Kuhn als Eigentümer als Dauerleihgabe der Öffentlichkeit überlassen hat.

In einem Anbau des Kindergartens werden je ein Sigillata- und Ziegelbrennofen in gutem Erhal-

Abb. 463 Rheinzabern. Der Fund von Neupotz im Museum

Abb. 464 Rheinzabern. Kindergarten. Töpfer- und Ziegelofen

tungszustand gezeigt. Funde in Wandvitrinen und Karten zeigen die Topographie des antiken Industrieortes und geben Erläuterungen zur Keramikherstellung. Im Hof ist die Fundstelle eines Brunnens markiert. Be

Ao: M Speyer, M Rheinzabern, LfD Speyer

Lit: WLudowici, Stempel-Namen römischer Töpfer von meinen Ausgrabungen in Rheinzabern 1901–1904, Katalog I, 1904 – ders, Stempel-Bilder römischer Töpfer aus meinen Ausgrabungen in Rheinzabern 1901–1905, Katalog II, 1905 – ders, Urnengräber römischer Töpfer in Rheinzabern 1905–1908, Katalog III, 1908 – ders, Römische Ziegelgräber 1908–1912, Katalog IV, 1912 – ders, Stempel-Namen und Bilder römischer Töpfer, Legions-Ziegel-Stempel, Formen von Sigillata- und anderen Gefäßen aus meinen Ausgrabungen in Rheinzabern 1901–1914, Katalog V, 1927 – FSprater, Das römische Rheinzabern, 1948 – ORoller, Die römischen Terra-Sigillata-Töpfereien von Rheinzabern, Kl. Schriften zur Kenntnis der röm Besetzungsgeschichte Südwestdeutschlands (Limesmuseum Aalen), 1, 1965 – HGRau, Die römische Töpferei in Rheinzabern. MittHVP 75, 1977, 47 ff – FReutti, Germania 61, 1983, 33 ff – ders, Neue archäologische Forschungen im römischen Rheinzabern, 1984, mit umfangreicher Literatur – HBernhard, SaalbJb 36, 1979, 5 ff – ders, ArchKorrbl 11, 1981, 127 ff

Rhens MYK

Grabdenkmal

Im Jahre 1962 wurden in der Hochstr 13 bei Ausschachtungsarbeiten etwa in einer Tiefe von 2 m Bruchstücke röm Grabdenkmäler angetroffen und geborgen. Bei den geborgenen Bruchstücken und Steindenkmälern handelt es sich um Teile eines größeren Denkmals: Teile einer männlichen und weiblichen Skulptur (je H 70 cm, B 60 cm), Bruchstück eines Reliefs und einer Löwenpranke, außerdem Gesimsstücke mit reliefartiger Verzierung. Das Denkmal ist in die erste Hälfte des 1. JhnChr zu datieren. We
Ao: LfD Koblenz

Rockenhausen KIB

*Besiedlung, Grabmal**
Abb 465

In einem kleinen Seitental W der Alsenz sind seit dem 19. Jh zwei Fundstellen bekannt.
Mithräum und Gutshof. Am Pfingstborn wurde 1898 unter ausgedehntem Brandschutt ein Mithrasheiligtum (10 × 5 m) ausgegraben. Im Innern waren die dafür typischen seitlichen Podeste erkennbar. Von dem im N aufgestellten Kultbild ist nur das Fragment des linken Fackelträgers (Cautopates) erhalten geblieben. Er ist in charakteristischer Weise mit phrygischer Mütze dargestellt. Ferner wurde im Heiligtum noch ein Sandsteinfragment eines bärtigen Kopfes und ein dem Merkur geweihter Altar gefunden. Ein aus 55 Münzen bestehender Fund umfaßt Prägungen von Domitian (81/96) bis Arcadius (392/395). Unweit der Fundstelle wurde bereits vor 1800 ein Grabstein gefunden, den Maturius Serro und Manatia Vicerina ihrer verstorbenen Tochter gesetzt haben.
Der offenbar recht große zugehörige Gutshof schießt unmittelbar an. Fundamente konnten auf einer Fläche von 100 × 150 m festgestellt werden, die sich jedoch zu keinem Grundrißtyp eines Gutshofes zusammenfügen lassen.
Grabmal. Etwa 1000 m nach W ist schon seit 1901 unter den Anwesen Gutenbrunnenstr 3/5 eine runde Steinsetzung bekannt, im Volksmund Römerbrunnen genannt. Freilegungen 1975 und 1982 führten zur Feststellung einer Grabanlage (Dm 4,20 m). Über einem Fundament ist noch der untere Kranz der ersten Steinlage (H 57 cm) erhalten. Auf der Oberseite waren 13 Steinsegmente einst mit Klammern verbunden, wovon noch schwalbenschwanzförmige Vertiefungen zeugen. Ganz offensichtlich handelt es sich hier um ein kleines Rundgrabmal vom Typ → Nickenich. Von der eigentlichen Bestattung ist nichts mehr erhalten. Zugehörig ist vielleicht eine kleine Löwenfigur, die im gleichen Bereich entdeckt wurde.

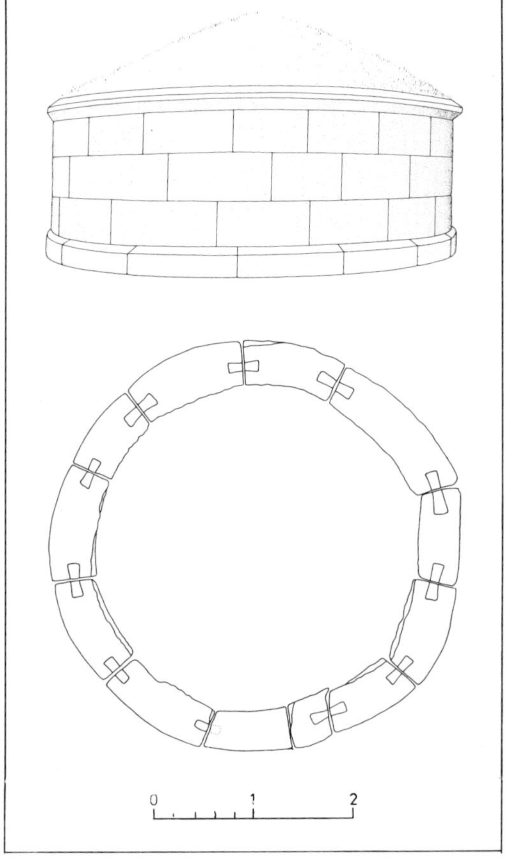

Abb. 465 Rockenhausen. Grabmal. Rekonstruktion

Der untere Steinkranz ist heute in Rockenhausen im Schloßpark aufgestellt.

Weitere Gutshöfe. Im näheren Stadtbereich wurden noch an 2 weiteren Stellen Spuren von Landgütern angetroffen. In der Flur »Am Hollerstrauch«, ebenfalls auf der W-Seite der Alsenz in einem kleinen Tälchen gelegen, wurden Teile eines Holzbaues festgestellt.

Im O der Alsenz liegt an einem N-Hang in der Flur »Mühlacker« ein weiterer Hof, von dem einige Mauerzüge bekannt sind und O davon in der Leopoldstr wurde das zugehörige Gräberfeld angetroffen. Be

Lit: MittHVP 23, 1899, 267 f; 25, 1901, 59 ff – CIL 6151 – Espérandieu 8, 1922, 6036 – FMRD IV, 2, 2307 – HFehr, Kaiserslautern und Rockenhausen, 1972, 169 f – Fundberichte aus der Pfalz 1953–1955, MittHVP 65, 1967, 126 f – Fundberichte aus der Pfalz 1956–1960, MittHVP 68, 1970, 171 f

Römerberg-Heiligenstein LU

Spätrömische Nekropole
Abb 466

Auf einer Geländezunge am Fuß der steilen Hochuferkante zum Rhein wurden bereits 1820 3 Steinsärge gefunden. Der größte Sarkophag zeigt an einer Längsseite die Inschrift: *Perpetuae securitati / Iustiniae Iustinae coniugi / Drombinius Sacer / p(onendum) c(uravit)* (Zur immerwährenden Sicherheit hat Drombinius Sacer seiner Gattin Iustinia Iustina dieses Begräbnis besorgt). Nach der Überlieferung befand sich auf dem Deckel noch die Weihung an die Schattengötter *D(is) m(anibus)*.

Abb. 466 Römerberg-Heiligenstein. Steinsarg mit Inschrift

Der zweite, kleinere Sarg war aus einem älteren Grabstein herausgehauen und läßt noch die Weiheformel *D(is) m(anibus)* erkennen. Von den Beigaben ist lediglich noch ein prachtvoller Kantharos aus entfärbtem Glas mit Schliffmuster erhalten. Erwähnt wird als weitere Beigabe ua eine Schale von samischer Erde (= Terra Sigillata) mit eingedrückten Verzierungen (wohl Kerbschnittsigillata). Die Funde gehören demnach in das frühe 4. Jh. Be

Ao: M Speyer

Lit: IntellBl 1820, 207 – JMKönig, Beschreibung der röm Denkmäler 169 – CIL 6108, 6111

Römerstraße

*Linienführung zwischen Neulauterburg und Worms**
Abb 467, 468

Die röm Rheinuferstraße ist auch heute noch ein eindrucksvolles Verkehrsdenkmal, obgleich die Trasse zum größten Teil unter der B 9 liegt. Als Straßendamm (B ca 6 m) ist sie vor allem im Bienwald zwischen Berg und Jockgrim erhalten geblieben.

Die Straße führt von Italien über den Großen St. Bernhard, Basel, Straßburg, Mainz nach Köln und weiter nach Katwijk. Es ist die einzige Straße des pfälzischen Bereiches, die im Itinerarium Antonini erwähnt und in der Tabula Peutingeriana eingezeichnet ist.

Neulauterburg–Speyer. Von der Grenze bei Neulauterburg verläuft die Strecke rund 1000 m unter der B 9 und zweigt dann nach O ab, um der heutigen Straße in 30–50 m Abstand parallel zu folgen. N von Berg überquerte sie den Heßbach ehem mit einer Brücke, um dann in keineswegs geradem Verlauf W von Hagenbach den Wiebelsbach zu überqueren. Im Bereich eines Sägewerkes bei → Hagenbach wurden 1936 5 Leugensteine entdeckt, welche die Entfernung von *Noviomagus*-Speyer mit 16 Leugen (35,5 km) angeben. An der Fundstelle ist eine Kunststeinkopie eines Leugensteins aufgestellt. Der Straßendamm zieht am Hochufer einer Rheinschlinge vorbei. S dieser

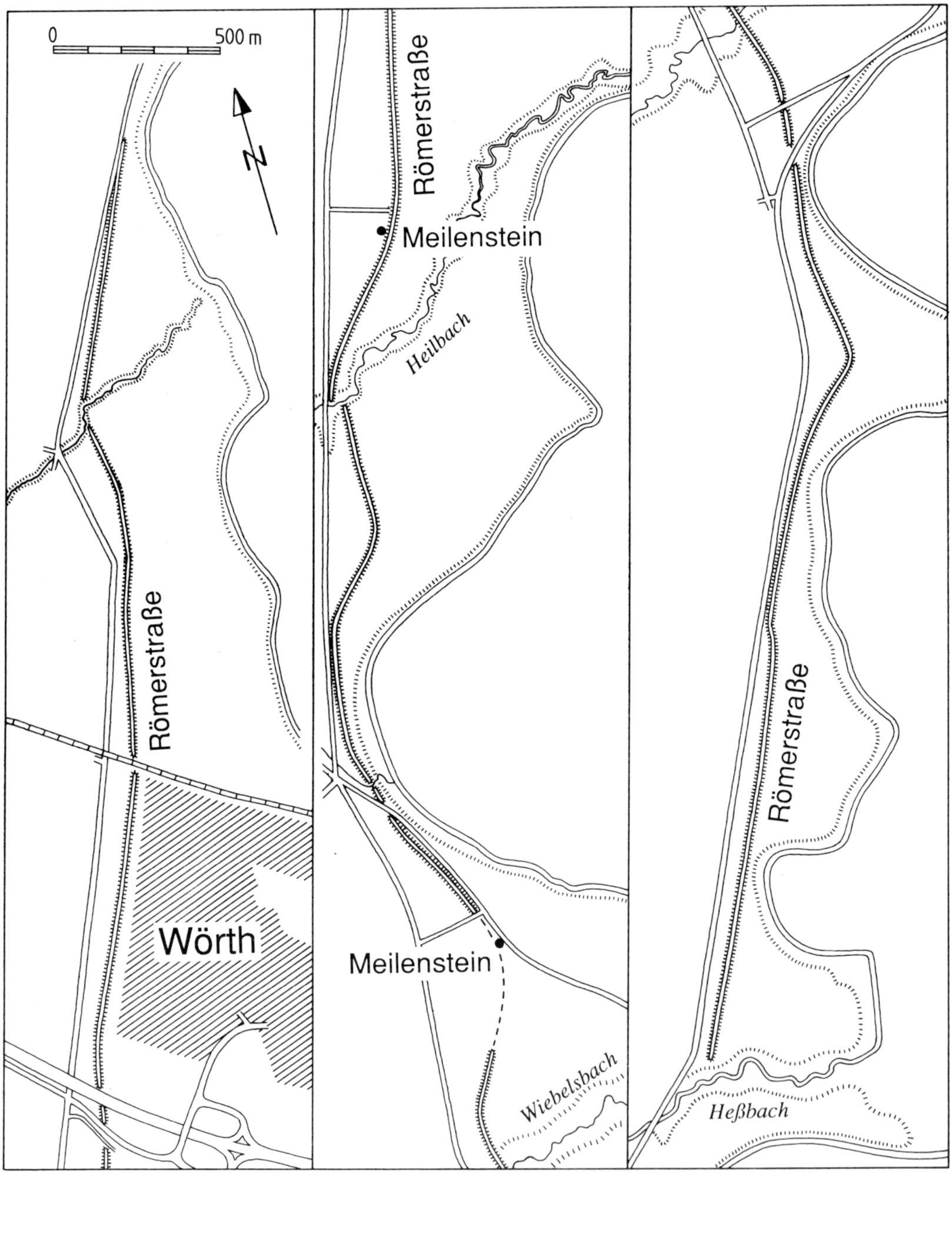

Abb. 467 Römerstraße. Verlauf von Süd nach Nord entspricht Reihenfolge von rechts nach links

Stelle waren große Materialgruben für die Dammschüttung zu sehen. Kleinere Gruben sind im O des Dammes ca 500 m S des Heilbachs zu erkennen. Der tief eingeschnittene Heilbach wurde nicht mit einer Brücke überquert, sondern war durch eine Furt zu passieren. Der Straßendamm führt entsprechend abgewinkelt auf den Bach zu. 400 m N erreicht man die Stelle des 15. Leugensteines, die mit einer Nachbildung markiert ist. An der Stelle des 13. Leugensteines wurde bereits 1824 eine Kaiser Valerius Licinius 317/324 nChr gewidmete Säule gefunden. Schon an dieser Stelle ist der Straßendamm nicht mehr zu erkennen. Als Waldweg zieht die Trasse im W am Jockgrim vorbei. Im Bereich des Otterbachs sind einzelne röm Tongruben noch als flache Mulden zu erkennen. Die Römerstraße, die sich im Gelände nicht mehr sicher nachweisen läßt, führte nach Ausweis einer seit 1509 bekannten Inschrift über eine Brücke, die Lucius Silvanus Probus auf seine Kosten errichtet hatte. Danach erreicht sie das Ackerland S von → Rheinzabern und ist als Kiesschüttung in ihrem Verlauf zu erkennen. Inmitten des Ortes überquert sie den Erlenbach. Eine Brücke ist wie bei allen Übergängen nicht nachgewiesen. N des Friedhofs fällt der Verlauf mit einem Feldweg zusammen, der sich bis 400 m S des Rottenbachs verfolgen läßt. Im Gelände ist die Straße jetzt weitgehend verschwunden, doch gibt der Verlauf der Gemarkungsgrenze zwischen Kuhardt und Rülzheim die Linienführung an. Der Rottenbach wurde wieder mittels einer Brücke überquert, die Silvanus Probus gestiftet hatte. Entlang der Gemarkungsgrenze ist die Rheinuferstraße bis zum Klingbach bei Hördt zu verfolgen. N davon sind keine Hinweise mehr erkennbar. Die Lage der Spiegelburg und zahlreiche Hohlwege unmittelbar S des Spiegelbachs bezeichnen den möglichen Übergang.

Für den Verlauf W von Germersheim gibt es nur geringe Hinweise. Jedenfalls führte die Straße unter Umgehung der Lingenfelder Au quer über den nachröm Rheineinbruch mit der Insel Grün hinweg und verläuft unter der Hochstraße Römerberg-Heiligenstein und Berghausen nach Speyer.

Allerdings ist die bezeichnete Linienführung um knapp eine Leuge (2,22 km) zu lang. Dies mag an dem unklaren Verlauf bei Germersheim und

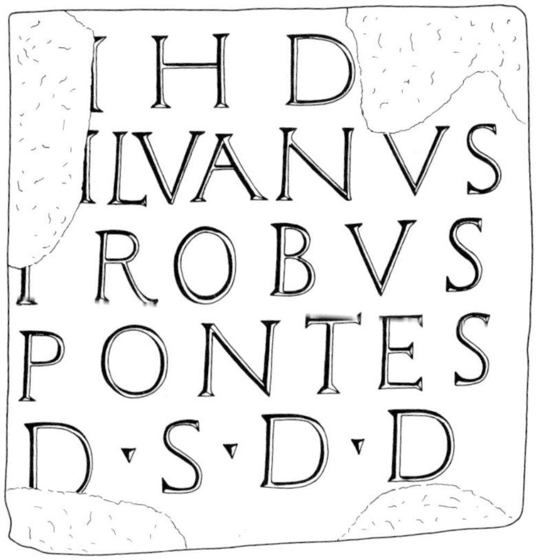

Abb. 468 Römerstraße. Brückeninschrift des Lucius Silvanus Probus

möglicherweise auch an der nicht exakten Setzung der Leugensteine liegen.

Speyer–Worms. Der Ausgangspunkt der Leugenzählung lag in Speyer wohl an der Einmündung der städtischen Hauptstraße in die Rheinuferstraße. Im N folgt die Römerstraße bis zum ma Wartturm der B 9, verläuft 2 km parallel mit der Waldseer Str, biegt dann nach W ab und ist als Feldweg zu erkennen. An einigen Stellen ist die Kiesschüttung des Dammes noch kenntlich. Bei der Autobahnabfahrt Limburgerhof Süd mündet die Straße wieder in die B 9 ein und verläuft W davon im Feld.

Zwischen Mutterstadt und Maudach verläuft die Römerstraße als Feldweg oder Gemarkungsgrenze. Der Straßendamm ist deutlich als herausgehobener Buckel zu erkennen. Bei der Einmündung in die neue Schnellstraße B 9 erreicht sie bei der 8. Leuge die Straßenstation → Mutterstadt. Steine der 2. und 5. Leuge wurden sekundär verbaut in der Festung → Altrip gefunden. Der Verlauf bis Worms fällt mit der Trasse der B 9 zusammen. Die Römerstraße selbst ist als Feldweg W der Straße zumindest bis in die Höhe von Oggersheim weitgehend unversehrt erhalten. Be

Lit: FSprater, Das römische Rheinzabern, 1948, 22 ff – ASchwarz, Pfälzer Heimat 15, 1964, 121 f – HBernhard, MittHVP 83, 1985, 122 f

Rothselberg KUS

Gutshof
Abb 469, 470

Zwischen dem Ort und dem Sellberg liegt an einem nach S geneigten Hang O eines kleinen Waldstückes die Flur Allekirchen, die seit 1894 als Fundstelle bekannt ist. Dort fanden sich ein Grabmalfundament (1,50 × 2,70 m) und fragmentierte Reste von 3 Tiergruppen.
Das zugehörige Hauptgebäude des Gutshofes wurde 1912 ausgegraben. Es handelt sich um einen Portikusbau (L 34,5 m) mit Eckrisaliten. Der Zentralraum (A; L 21 m) war sicherlich ohne Dach als offener Hof gestaltet. Der Raum konnte über 2 Eingänge im N und im O betreten, bzw. befahren werden. In den Räumen B und C fand man Reste von rot bemaltem Wandputz, Raum F hatte einen Estrichboden. Der Keller E hatte 4 Rundbogennischen und einen Lichtschacht. Der Portikusraum C war nach S mit mindestens 7 Säulen geschmückt. Eine 1,20 m hoch erhaltene Halbsäule fand man im Winkel zwischen Raum D und dem Korridor C. 2 Münzen und einige

Abb. 469 Rothselberg. Nekropole eines Gutshofs. Fragmentierte Reste von Tiergruppen

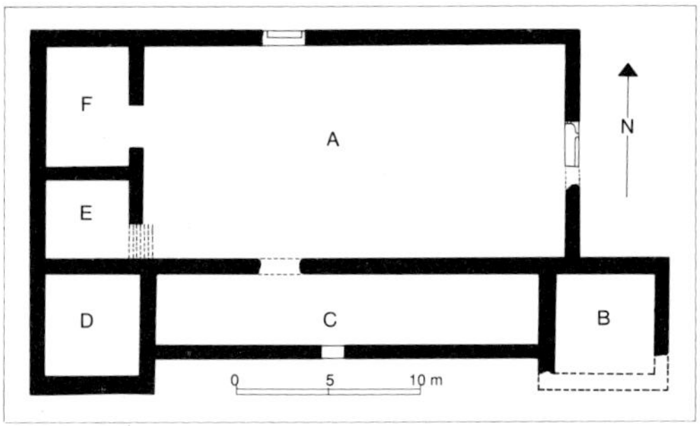

Abb. 470 Rothselberg. Hauptgebäude eines Gutshofs. Grundriß. A Hof, B, D Eckrisalite, C Portikus, E Keller, F Wohnraum

Scherben deuten auf eine Benutzungszeit im 4. Jh hin. Das 3. Jh ist durch 2 Münzneufunde belegt. Sicherlich wurde das Haupthaus oder sein Vorgängerbau spätestens im frühen 2. Jh errichtet. Eine größere Zahl von Eisenschlacken im Bereich der heute wieder unter Ackerland liegenden Mauerreste deutet auf Eisenverarbeitung hin.
NO und SW des Landguts liegen in nur 200 m Entfernung weitere Siedlungsstellen, die auf eine dichte Besiedlung mit kleineren Höfen hinweisen. Das gleiche Bild zeigt sich im S der Gemarkung, wo 6 Gutshöfe in 200–400 m Abstand zueinander liegen. Es handelt sich hierbei um kleinere Landlose. Die Siedlungslandschaft um Rothselberg hat die Wirren der Magnentiuszeit im Gegensatz zu den meisten Siedlungen in der W-Pfalz überdauert; fast alle Siedlungen brachten hier auch Fundmaterial des späten 4. Jh.
Von einer Altstraße, welche die Gemarkung in N-S-Richtung durchzieht ist am W-Fuß des Sellberges auf 400 m Länge ein Dammzug sichtbar.

Be

Ao: M Speyer, LfD Speyer
Lit: MittHVP 18, 1894, 183 – Espérandieu, 8, 1922 5963, 6003 – FSprater, PfälzMus 25, 1912, 31 ff – ders, Die Pfalz unter den Römern 2, 1930, 18 ff – FJHildenbrand, Steinsaal, 1911, 66 – JKeiper, PfälzMus 50, 1933, 27 f – FMRD IV, 2, 2161 – HWalling, MittHVP 75, 1977, 41 – Fundberichte aus der Pfalz 1976–1977, ebda 78, 1980, 72 f; 1961–1965, ebda 80, 1982, 375 – WOtt, Westricher Heimatblätter 18, 1987, 163 ff

Rutsweiler KUS

*Inschrift**

Bei Renovierungsarbeiten an der gotischen Zweikirche wurden Spuren einer röm Siedlung, wohl eines Gutshofes angetroffen. In der N-Wand war ursprünglich ein Grabstein vermauert, der jetzt im Kircheninnern aufgestellt ist. Für die fragmentarisch erhaltene Inschrift wird folgende Lesung vorgeschlagen: *[P]rimin[ia(e)]/Matura(e)/[e]t Amando/filio h(eredes) p(onendum) c(uraverunt)/nati* (Für Priminia Matura und Amandus, ihren Sohn, haben ihre (übrigen) Kinder als Erben (diesen Grabstein) gesetzt). Be

Lit: RWiegels, Pfälzer Heimat 29, 1978, 70 f – Fundberichte aus der Pfalz 1961–1965, 1978, MittHVP 80, 1982, 376 – DMalitius, Römische Inschriften, 210 f

Saffig MYK

Frührömisches Händlerdepot
Abb 471

Im Oktober 1972 wurde bei der Bimsausbeute am SO-Ausgang des Ortes ein Händlerdepot zutage gefördert. Der Raupenfahrer hatte beim Abschieben des Mutterbodens über dem Bims die Fundstelle schon nahezu vollständig zerstört, so daß die einzelnen Gegenstände und die ursprüngliche Lage sowie der Umfang des Depots nicht mehr eindeutig festgestellt werden konnten. Der zur wissenschaftlichen Bearbeitung gekommene Teil besteht aus einem Gitterrost mit 8 Stäben und einem zusammenklappbaren Gestell aus Eisen (Abkochvorrichtung) und aus einer Vielzahl von Bronzegefäßen. Von Bedeutung sind: eine Kanne mit kleeblattförmiger Mündung, das Griffstück einer Schöpfkelle oder eines Siebes mit Herstellermarke, eine tiefe Schüssel mit glattem Rand und 3 Kessel. In einem der Kessel lagen zusammen mit Beschlägen einer Truhe, von denen 2 Handgriffe noch erhalten sind, Eckbeschläge und der Überwurf des Schlosses, außerdem etwa 100 kleine Beschlagstücke aus Bronze. Neben Winkelstücken aus kräftigen bandförmigen Bronzen finden sich darunter mondsichelförmige Beschläge. Weitere 40 Schmuckscheiben sind kreisrund und buckelförmig, zT mit Rosetten in Treibarbeit. Allen diesen Beschlagstücken, die offenbar an Gegenständen verschiedener Zweckbestimmung Verwendung fanden, ist das Fehlen einer erkennbaren Befestigungsmöglichkeit gemeinsam (Nietlöcher, Ösen oder dgl). So mag der Schluß naheliegen, daß es sich hier um Halbfertigfabrikate handelt. Nach der Zusammensetzung der Fundstücke dürfte der Händlerfund in die erste Hälfte des 1. JhnChr zu datieren sein. We

Ao: LfD Koblenz
Lit: HEiden 35 ff

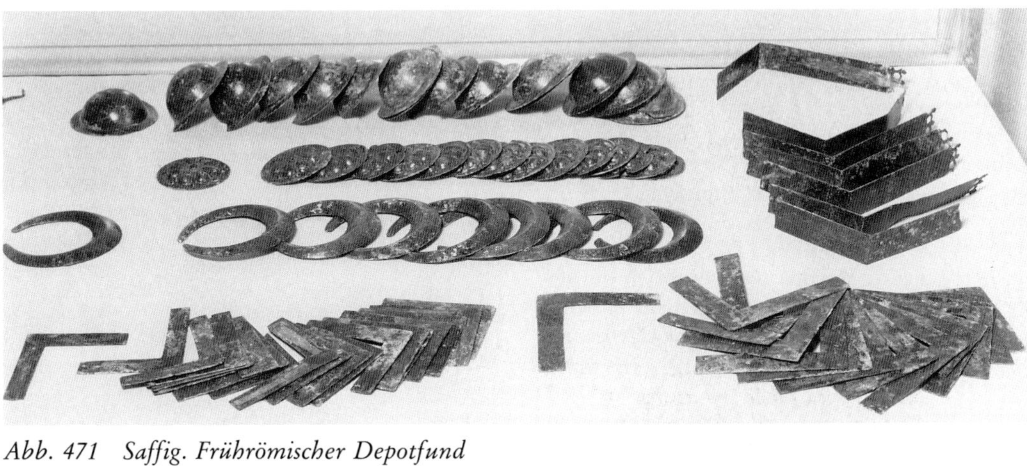

Abb. 471 Saffig. Frührömischer Depotfund

St. Aldegund COC

Steinkammergrab
Taf 7

S des Ortskernes befindet sich auf der Niederterrasse am W Uferhang in den Weinbergen das Hauptgebäude einer röm Gutsanlage. Dieser bereits schon im vorigen und Anfang dieses Jahrhunderts erschlossene Gebäudekomplex steht offensichtlich mit einem röm Kammergrab in Verbindung, das 1953 entdeckt wurde.
In der Flur Klosterkammer, ca 500 m S des Friedhofs und mit ihm auf gleicher Höhe, wurde 1953 beim Umgraben des Weinberges ein röm Steinkammergrab beschädigt. Die Außenmaße der mit großen Steinplatten umfaßten und abgedeckten Kammer betrugen 3,40 × 1,45 m. Die Oberkante der Abdeckplatte von 0,70 m Dicke lag 1,90 m über der Grabsohle, die ebenfalls mit großen Steinplatten ausgelegt war. Die Steinplatte über dem Kopf trug ein eingemeißeltes Labarum, von dem allerdings nur noch geringe Reste vorhanden waren. Insgesamt handelt es sich um das Grab einer bedeutenden Person, worauf außer den Resten eines Goldbrokatgewandes kostbare Beigaben wie Glas und Goldschmuck hindeuten: Besondere Beachtung verdient ein Schiff (L 22,2 cm) aus geschliffenem und poliertem dunkelblauem Glas. Der Bug ist knaufartig zurückgezogen, das Heck endet in einer angedeuteten, erhöhten Ruderbank. Zu ihm ist bislang in Gallien keine Parallele bekannt. Nach einigen italischen Vergleichsgegenständen könnte es bereits um die Mitte des 1. JhnChr entstanden sein.
Dicht O des Grabes wurden unmittelbar neben den Platten 3 jüngere Keramikgefäße geborgen, die wohl zum Inventar eines weiteren Grabes gerechnet werden müssen. Bei der Verstorbenen handelte es sich offensichtlich um eine Christin, wenn das in der Deckplatte eingemeißelte Zeichen als Christogramm und nicht als Steinmetzzeichen gedeutet werden darf, obgleich die reichen Beigaben sich mit den allgemein üblichen christlichen Bestattungssitten kaum vereinbaren lassen. We

Ao: LfD Koblenz
Lit: WHaberey, JRöder, Germania 39, 1961, 128 ff – Trier 245 f

St. Julian KUS

*Reste von Grabdenkmälern**
Abb 472

Beim Abbruch der gotischen Pfarrkirche 1879 fand man in den Fundamenten etwa 30 Reste von Grabdenkmälern. Die Steine wurden herausgenommen und in das Historische Museum nach Speyer verbracht.
Zur unteren Lage eines würfelförmigen Grabmales gehören 4 Blöcke (H 0,89 m). Auf der vollständig erhaltenen Breitseite (L 1,95 m) ist im Mittelfeld ein Seepferdchen dargestellt, in der umgebenden Bordüre flankiert von 2 Kantharoi mit Weintrauben und aufrankenden Reben. Darunter befindet sich ein breites Band von rankenden Akanthusblättern mit Blüten. Ein Abguß dieser Seite ist in der Stützmauer neben der Treppe zum Pfarrgarten eingelassen. Auf der ehem 3,60 m langen Frontseite des Grabmales wird ein Triton mit Delphinen wiederum von einer Bordüre mit Akanthusblättern mit Blüten umrankt. Möglicherweise zum Grabmal gehört als Aufsatz eine Rundfigur eines Tritonen, der einen kleinen Amor mit Delphin hält; ein weiterer Figurrest zeigt ein Meerungeheuer mit Delphin.
Weiterhin wurden die Darstellung eines Greifen, zweier Amoretten mit Früchtekorb, einer sitzenden Sphinx mit Meeresungeheuer und Hund, 2 Amazonenschilde mit Panpfeife und Krug, ferner eine fragmentarische Rundfigur einer Sphinx ge-

Abb. 472 St. Julian. Rest eines Grabmals

borgen. Ein Quader im Mauerwerk des romanischen Turmes zeigt die Darstellung von Pferd und »Sonnenrad«; ein weiterer ein Pferd mit Resten des Reiters. Be

Lit: LMayrhofer, MittHVP 9, 1880, 229 ff – FJHildenbrand, Steinsaal 20, 220 – Espérandieu, 8, 6083–6086, 6088, 6091 – CIL 6177–6183a, 11706 – FSprater, Die Pfalz unter den Römern 2, 1930, 18 – DMalitius, Römische Inschriften, 211 ff

Sarmsheim → Münster
Sausenheim → Grünstadt

Schönenberg-Kübelberg KUS

Frührömisches Gräberfeld
Abb 473

Im O des Eichelscheiderhofes liegt auf einem zungenförmigen Geländeplateau über der Glanniederung ein ausgedehntes Grabhügelfeld der älteren Eisenzeit. Bei Grabungen 1956 wurde unmittelbar S davon eine Brandgräbernekropole mit 10 Bestattungen erforscht. Die Bestattungen gehören zur Gruppe der W-pfälzischen Waffengräber wie Wahnwegen, → Hütschenhausen-Spesbach oder Altenglan-Mühlbach. 2 Gräber enthielten eine Lanzenspitze, eines ein kleines Beil. Die reichlich mit Fibeln und Keramik ausgestatteten Brandgräber wurden zwischen 35 und 60 nChr angelegt. Sie gehören zu einer kleinen Hofsiedlung treverischer Bevölkerung, die im Bereich der Glanniederung zu suchen ist. Der Hofstelle war es nicht vergönnt, im 2. Jh in eine *villa rustica* ausgebaut zu werden.
Das Ende in vorflavischer Zeit mag wie andernorts mit den Umwälzungen nach den Trevereraufständen 69/70 nChr zusammenhängen.
In der Nähe dieses Gräberfeldes wurden 1944 und 1952 im Bereich des Peterswaldes und N davon in den Fluren »Auf der Heide« und »Auf dem Brühlwoog« jeweils ein weiterer Bestattungsplatz wohl gleicher Zeitstellung zerstört. Be

Ao: M Speyer

Lit: ORoller, Pfälzer Heimat 9, 1958, 81 ff (unter Miesau) – Fundberichte aus der Pfalz 1956–1960, MittHVP 68, 1970, 109; 1938–1949, ebda 51, 1953, 71 f.

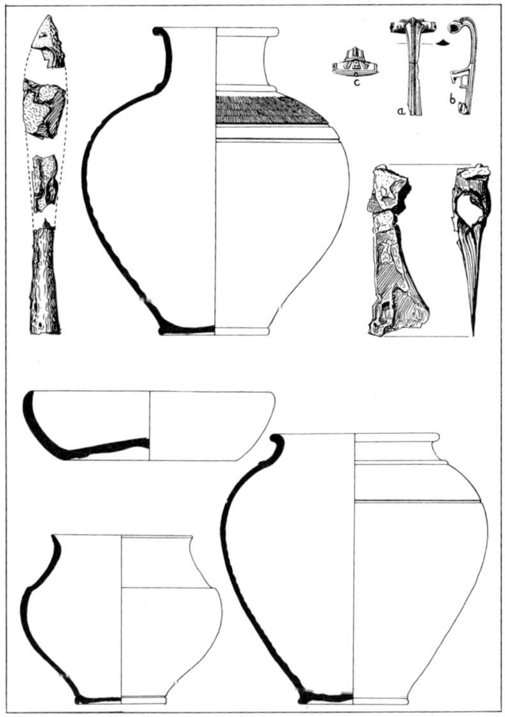

Abb. 473 Schönenberg-Kübelberg. Frührömisches Waffengrab

Schuld AW

Gutshof
Abb 474, 475

Bei Wegarbeiten anläßlich der Flurbereinigung wurden Teile des Gutshofes am S-Hang der Ahrschleife angeschnitten. 1963–1965 und 1968 fand man das Hauptgebäude dieses röm Gutshofes nahezu vollständig und ermittelte Lage und Umfang mehrerer Nebengebäude. Das Landgut liegt geographisch etwa gleich weit entfernt von den bekannten seinerzeit vom RLM Bonn ausgegrabenen Gutshöfen von Blankenheim und → Mayen. Das Gesamtbild ist ähnlich diesen Gutshöfen und zeigt mittlere Größe und einen gehobenen Wohlstand seiner Bewohner. Die Gegend war damals nur wenig erschlossen und man

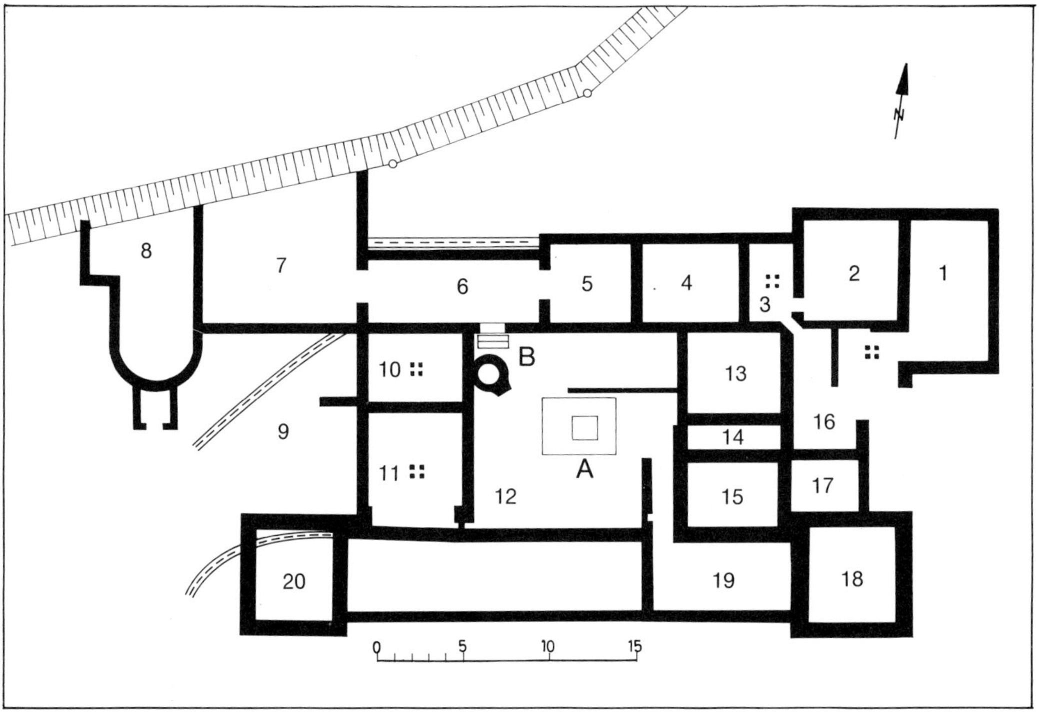

Abb. 474 Schuld. Hauptgebäude eines Gutshofs. Grundriß

Abb. 475 Schuld. Gutshof. Ziegelplatte mit eingeritzten Schriftzeichen und Umsetzung

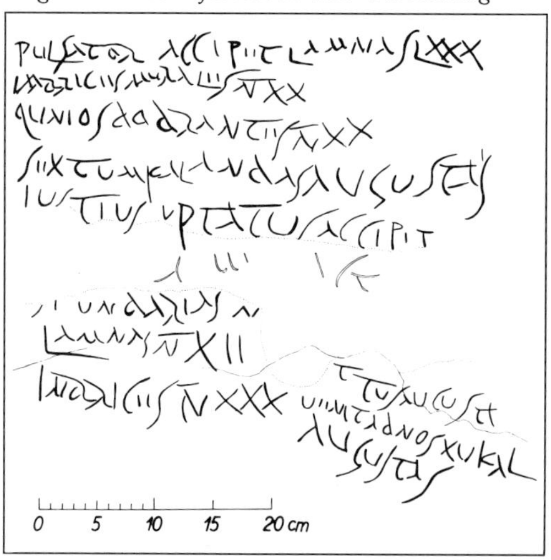

Pulsator accipit Lamnas L XXX
imbrices murales N XX
qunios dodrantes N XX
sextum kalandas Augustas
Iustius Optatus accipit
secundarias N
lamnas N XII
imbrices N XXX

Titus Tusaucus Tf.
venit ad nos XV Kal.
Augustas

Pulsator erhält 80 Platten
Mauerziegel N 20
3/4 Keile N 20
am 27. Juli
Justius Optatus erhält
zweite Wahl N
Platten N 12
Ziegel N 30

Titus Tusaucus, Sohn des Titus
kam zu uns am 18. Juli

konnte kaum auf den keineswegs besonders ertragreichen Böden die immerhin recht aufwendigen Anlagen vermuten.
Das Hauptgebäude ist bis auf geringfügige Raumteile vollständig erfaßt. Es handelt sich um einen Bau im üblichen Portikusschema mit Eckrisaliten und mindestens 20 Einzelräumen. Um den Hauptwohn- und Wirtschaftsraum (12) mit Herdstelle (A) und Backofen (B) und Zugang zu einem Keller (19) gruppieren sich Wohn- und Schlafräume, von denen mehrere mit Fußbodenheizung (*hypocaustum*) versehen sind (3, 10, 11). Das Bad (8) liegt im W. In mehreren Räumen wurde bemalter Wandverputz angetroffen, auch Reste eines Mosaikfußbodens konnten festgestellt werden. Der Hof war nach Ausweis der Kleinfunde im 2./3. JhnChr bewohnt. Spuren einer gewaltsamen Zerstörung konnten nicht ermittelt werden. Von besonderem Reiz ist eine Ziegelplatte, die bei der Abdeckung der Fußbodenheizung in Raum 3 Verwendung gefunden hat. Auf ihr sind vor dem Brand in der Ziegelei am Fabrikationsort Buchstaben und Zahlen in Kursivschrift eingeritzt, die interessante Einblicke in den Fabrikationsbetrieb gestatten. Offensichtlich handelt es sich um eine Art Gedächtnisstütze für den Vorarbeiter oder Verwalter des Betriebes. Der Text besteht aus 9 Zeilen und ist in der Umschrift und Übersetzung nach H. G. Kolbe wiedergegeben. We

Ao: LfD Koblenz
Lit: HEiden 54 ff – ders, Ausgrabungen an Mittelrhein und Mosel 1963–1976, Tafelband, 1982, 101 ff

Schweinschied KH

*Felsendenkmal**
Abb 476

Das aus einem monolithischen Felsblock herausgearbeitete Felsendenkmal erinnert an ähnlich gestaltete Felserhebungen im Saar-Mosel-Raum. Von dem ursprünglich etwa 8 m hohen Denkmal, dessen Schauseiten einen zweigeschossigen und eventuell von einem Giebel bekrönten Nischenbau darstellen, ist heute nur noch ein ca 4 m hoher Felsstumpf übriggeblieben. Trotz der starken Verwitterung aller Felsseiten ist das Relief in der mittleren Nische des Erdgeschosses noch gut zu erkennen und deshalb auch am bekanntesten. Ein Reiter sprengt über eine am Boden liegende Person hinweg, die sich mit einem Schild zu schützen sucht. Wie alle anderen Felsbilder ist auch dieses ein Zeugnis einheimischen keltischen Kultes. In der weiteren Umgebung des Felsendenkmals wurden röm Baureste und Gräber festgestellt. Ru

Abb. 476 Schweinschied. Felsendenkmal

Lit: EBrauner, 15. Bericht der Staatlichen Denkmalpflege im Saarland, 1968, 98 ff – Espérandieu, 1915, 5138 – DKrencker, Germania 5, 1921, 106 ff

Selzen MZ

Grabstein
Abb 477

Während der Selz-Regulierung wurden 1935 nahe des Bahnhofs mehrere röm Grabsteine aufgefunden. Da sie als Bachbettauskleidung zweitverwendet waren, ist der ursprüngliche Standort und somit das zugehörige Gräberfeld unbekannt. Sie werden als Erzeugnisse einer Mainzer Bildhauerwerkstatt angesprochen und in die Mitte des 1. JhnChr datiert. Einer der Grabsteine zeigt einen sitzenden Mann mit Schoßhündchen, flan-

Abb. 477 Selzen. Grabstein

kiert von 2 einheimisch gekleideten Frauen, wohl Gattin und Tochter. Ru

Ao: LM Mainz

Lit: HKlumbach, Führer 12, 1976, 228 ff – HKlumbach, MZ 31, 1936, 33 ff

Serrig TR

*Grabmal, sog Widdert- oder Wichtelhäuschen**
Abb 478, 479

Am S Dorfrand, oberhalb der Saar, der Uferstr und der Bahnlinie, ist am Rande einer großen Wiesenfläche eine Baumgruppe sichtbar, unter der das Grabmal gelegen ist.

Ein größerer Felsblock, der als Findling hier gelegen war, wurde abgeglättet und eine Aschen- und Totenkammer (2,2 × 2,4 m, T 0,9 m) ausgearbeitet. Ein großer Steinblock überdeckt die Öffnung und ist an den 4 Seiten jeweils giebelförmig ausgebildet, während die Seiten und Dachschrägungen in der Mitte zusammentreffen.

Auf einer Giebelseite ist die Grabinschrift in kapitalen Lettern eingearbeitet und lautet: *D(is) M(anibus)/ Restioniu/s Restitutus et M(arcus) / Restitutius Auroria(nus)/et Restitutia Auro-(riana) /vici sibi fecer(unt)* (Den Manen Marcus Restionius Restitutus, Marcus Restitutius Aurorianus und Restitutia Auroriana haben sich zu Lebzeiten (dieses Grabmal) gesetzt).

Wenig oberhalb ist eine ausgedehnte Trümmerstelle als Landsitz der hier Bestatteten zu deuten. Siedlung und Grabstätte liegen an einer landschaftlich besonders reizvollen Stelle des Saartales mit Blick gegen die jenseits des Flusses steil ansteigenden Sandsteinfelsen mit der Klause von Kastel, dem auf der Höhe gelegenen Ringwall, der Kirche und einem Soldaten- und Ehrenfriedhof des 2. Weltkrieges. Cü

Lit: Die Kunstdenkm d Rheinprov, Kr Saarburg, 1939, 229 – CIL XIII 4218

Abb. 478 Serrig. Wichtelhäuschen

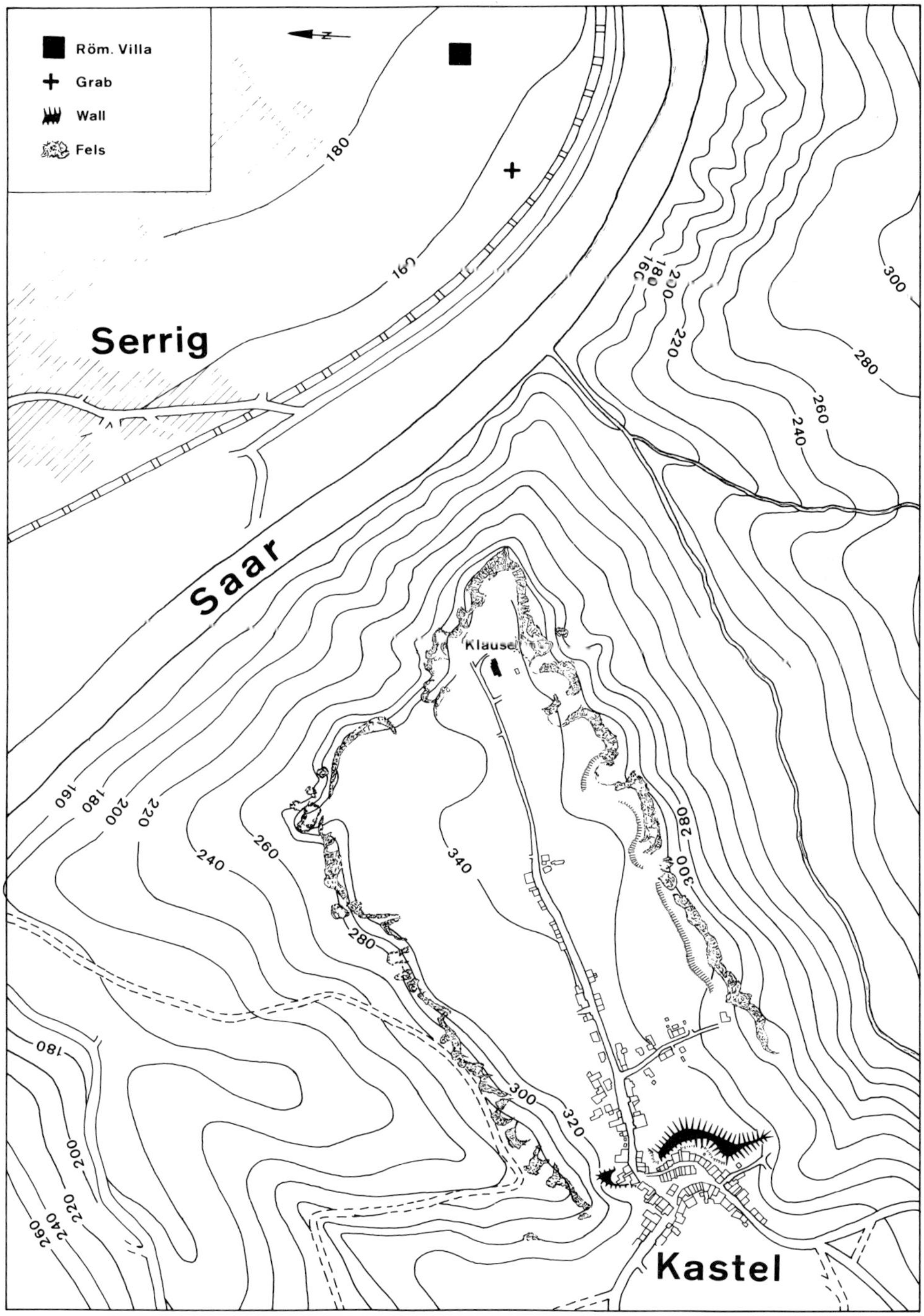

Abb. 479 Serrig. Gesamtsituation

Tempelbezirk
Abb 480, 481

An der Römerstraße von Trier durch den S Hunsrück wurde S der Rodungssiedlung Vierherrenborn im Waldgebiet ein Tempelbezirk entdeckt, der 1930 untersucht werden konnte.
Der heilige Bezirk ist von einer Mauer umgrenzt, die eine Fläche in Form eines unregelmäßigen Sechsecks (L 118 m, B 88 m) abschließt. Dicht beim Eingang in der geradlinigen N-Mauer sind nebeneinander aufgereiht eine Kapelle fast quadratischer Grundfläche (I), ein Tempel (II) mit Umgang (11 × 10 m) sowie 2 weitere Tempel (III, IV). 2 langgestreckte Gebäude (V) an der O-Seite und VI/VII an der NW-Seite sind als Pilger- oder Priesterwohnungen zu deuten. Sockel von Kultbildern, Fragmente einer thronenden Göttin, 2 Altäre und Bruchstücke eines Gigantenreiters wurden geborgen. Auf einem Sockelquader aus rotem Sandstein sind in grober Reliefausführung und relativ zierlich proportioniert 2 kämpfende Gladiatoren und ein Tierkämpfer mit einem Löwen dargestellt.

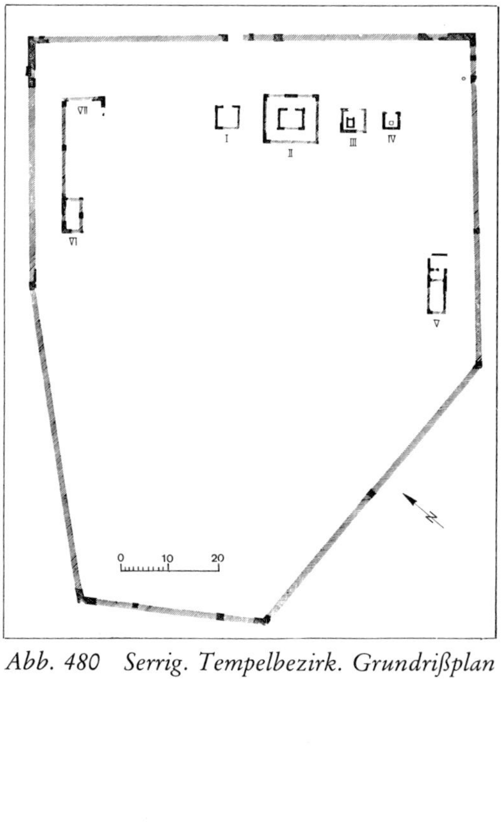

Abb. 480 Serrig. Tempelbezirk. Grundrißplan

Abb. 481 Serrig. Tempelbezirk. Relief mit Gladiatorenkampf

Wohl aus dem heiligen Bezirk verschleppt wurde das stelenförmige Hochrelief einer stehenden Diana mit Köcher und auf den Bogen sich stützend, außerhalb gefunden. Cü
Lit: TZ 3, 1928, 178 f, 189; 6, 1931, 177 ff; 10, 1935, 156 – WBinsfeld, FVFD 34, 1977, 283 ff

Siesbach BIR

*Grabhügel mit Ringmauer**
Abb 482, 483

An der Strudt-Chaussee, etwa 2 km NW der Ortsmitte, wurde vom RLM Trier 1976/77 ein im Volksmund als »Kipp« (Schuttplatz) bezeichneter markanter Grabhügel ausgegraben, nachdem frühere Sondierungen und zunehmend Raubgräber den Hügel schon stark gestört hatten.
Die stark verschliffene Aufschüttung (Dm 34–35 m) war noch bis 3,20 m hoch und wurde bis zur Höhe des ursprünglichen Terrains abgetragen. Trotz stellenweiser tiefreichender Störungen, auch durch Fuchsbauten bedingt, wurden neben einem zentralen Fundament für eine Tu-

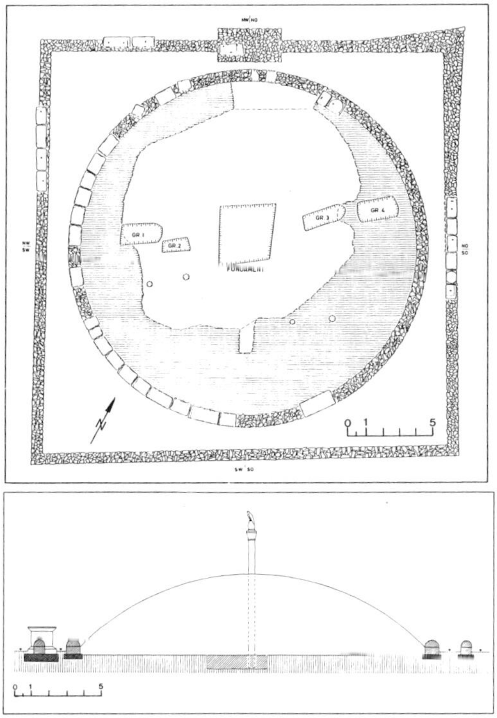

Abb. 482 Siesbach. Grabhügel. Grundriß und Rekonstruktionsversuch (Nord-Süd-Schnitt)

Abb. 483 Siesbach. Bekrönung des Hügelgrabes

mulus-Hügelbekrönung 4 Gräber, in W-O-Richtung angelegt, freigegraben. In die Gruben waren die Scheiterhaufenreste von der Totenverbrennung und den großen Totenmahlen mit allen dafür gebrauchten Gefäßen (Tassen, Teller, Gläser, Töpfe), aber auch zT den Toten gehörende Gerätschaften, eingefüllt worden. E. Hollstein konnte an verkohlten Holzresten die Bestattung der Mitglieder einer reichen Trevererfamilie auf die Jahre 174–176 nChr dendrochronologisch bestimmen. Hierdurch werden auch die Reste einer verkohlten Dattel bestimmt, ein Beleg für den umfassenden Fernhandel der Mittelmeerprovinzen mit den N Grenzprovinzen und den Bewohnern auch abgelegener Gebiete.

Der Grabbereich ist von einer Ringmauer (Dm 21 m) eingefaßt, die mit halbwalzenförmigen Steinen abgedeckt und die Höhe der gerundet geböschten Erdaufschüttung des Grabhügels auf wenigstens 4 m zu rekonstruieren erlaubt. Das Steinfundament (3 × 3,50 m) in Hügelmitte war mit einem Pfeileraufbau versehen, der wahrscheinlich die aus Sandstein gehauene Skulptur eines Adlers, der auf einem Pinienzapfen sitzt und mit den Fängen eine Schlange greift, trug. Das Gefieder am Körper ist mit eingeritzten Schuppen und Kerben angedeutet, während die Schwingen mit langen Federn geziert sind. Dieses Motiv deutet auf die Erwartung, daß die Seelen der Verstorbenen vom Adler des Jupiter zu den Freuden in einem besseren Jenseits getragen werden.

Abschließend wurde der heilige Grabbezirk mit einer quadratischen Umfassungsmauer begrenzt, die 24,50 m Seitenlänge hat. An der N-Seite war ein Altarfundament (3,80 × 2 m) in den Mauerzug eingebunden, auf dem Reste von Sandsteinquadern des Altaraufbaus lagen. Diesem Altar

sind Skulpturen der Götter Mars und Attis zuzuweisen, die in einem Nischenaufbau (*aedicula*) aufgestellt waren, wie Fragmente von Architekturornamentik wahrscheinlich machen.
Entsprechend monumentale Grabhügel sind auch für andere Orte des Treverergebietes bezeugt (→ Horath). Cü
Ao: RLM Trier
Lit: AHaffner, Kurtrier Jb 18, 1978, 197 ff – EHollstein, ebda 18, 1978, 177 – Die Römer an Mosel und Saar, Ausstellungskat. Mainz 1983, Nr 110–115

Sinzig AW

Sigillata-Töpferei und Ziegelei
Abb 484

SO vom Bahnhof Sinzig liegt unmittelbar am Rhein und dem Feldweg »Alte Straße« auf der Niederterrasse das Gelände der ehem Terra-Sigillata-Brennerei und Ziegelei von Sinzig. Hier wurden bei Ausgrabungen 1912/13 des Provinzialmuseums Bonn 4 Töpfereien und ein Ziegelofen mit den dazugehörigen Einrichtungen festgestellt. Dazu kommen große Massen von Sigillatafehlbränden, Formschüsseln, einige gestempelte und zahlreiche ungestempelte Ziegel. Die Keramikbrennöfen waren alle nach einem ähnlichen Schema errichtet und lassen sich in 3 Bestandteile aufgliedern. Einen vorderen Teil mit dem Schür-

Abb. 484 Sinzig. Töpferei. Lageplan

loch und dem von 2 Seitenwangen eingefaßten Schürhals (L 1,30–1,50 m), einen mittleren Teil aus einem überwölbten Heizgang (L 2,80) und einen hinteren Teil, den Feuerrraum unter dem Brennraum (L ca 4,10 m).
Zum Tragen der Decke von Heizgang und Feuerungsraum dienten schräge behauene, oben aneinander stoßende, rote Sandsteine (H 0,70 m, B 0,30 m). Die Gesamthöhe betrug 1,50 m. An die Deckstützen des Heizganges lehnte sich eine ein Scheingewölbe bildende Ziegelreihe an. Darüber schloß sich ein Tonnengewölbe aus Ziegeln an, wovon noch die untersten Lagen in ursprünglicher Schräge erhalten waren. Die ganze Anlage ruhte auf einer Grauwackeunterlage und war mit einem Mantel aus gleichem Steinmaterial verkleidet. Der Feuerraum hatte beidseits 8 schräge Feuerzüge, die in die Höhe führten. Die Oberflächen der Sandsteine des Kanals und des Feuerungsraumes zeigten alle mehr oder weniger starke grüne Verschlackung, besonders stark an den Seiten der Deckenstützen des Feuerraumes, wo die Züge lagen. Sie entstand infolge der großen Hitzeeinwirkung.
Vor dem Ofen lag der Arbeitsraum. Hier befanden sich zwei Tuffsteinblöcke mit Pfostenlöchern und Pfosteneinsätzen. Sie dienten als Stütze für die Holzpfosten, die den Ofen und den Arbeitsraum überdachten. Die Breite des Arbeitsraumes war etwa 2,50 m, die Längsrichtung konnte nicht festgestellt werden. Im Schutt des Vorraumes lagen zahlreiche Formschüsseln und Terra-Sigillata-Scherben, 3 Kugelbecher aus Sigillata und ungebrannte Reliefschüsselreste aus fettem, ockergelbem Ton.
Etwas anders sah ein Ziegelofen aus, bei dem es sich offensichtlich um eine größere Anlage handelte, die aber wegen der örtlichen Gegebenheiten und des Erhaltungszustandes nicht ganz in ihrem Aufbau und in der Größe ermittelt werden konnte. Als Baumaterial dienten Ziegel. Der erhaltene Teil war ein Quadrat von rd 8 m Seitenlänge. Im N brach die Anlage geradlinig ab. Sie war in ihrer ganzen Länge von einem breiten Feuerraum durchzogen, der 1 m tief in den gewachsenen Boden eingesenkt lag. Die geböschten Seitenwände waren rot verbrannt und verziegelt. Ein Bodenbelag konnte nicht festgestellt werden. Vermutlich wurde der Feuerraum von einem Tonnengewölbe überdeckt, in dem sich der Brennraum befand.
Zu den handwerklichen Töpfereibetrieben gehörte offensichtlich noch ein quadratischer Bau und ein Wasserabflußkanal. Die Umfassungsmauern des quadratischen Gebäudes (3 × 3 m) bestanden aus Ziegelplatten. Der mit diesen Mauern umgebene Raum hatte einen festen, etwa 26 cm dicken Ziegelestrich. Darauf folgte ein Belag aus Platten (42 × 42 cm). Neben diesem Bau verlief zur Rheinboschung hin ein 3,70 m langer Wasserabflußkanal mit einem Gefälle von 11 cm, ausgekleidet mit Platten.
Der Bau gehörte wohl zu einem mit dem Töpfereibetrieb zusammenhängenden Bauwerk, in dem viel Wasser Verwendung fand, vielleicht eine Aufbereitungsanlage oder eine Werkstätte zur Formung der Gefäße. Als eigentliche Schlämmgruben wurden weitere Eintiefungen festgestellt, von denen eine näher untersucht werden konnte. Sie war rechteckig (2,00 × 1,70 m), ihre Sohle lag 0,65 m unter der heutigen Oberfläche. Sie enthielt sehr viele Ziegel als Reste des Plattenbelags, zT waren wohl auch die Gruben mit Holz ausgekleidet, das sich nicht mehr erhalten hat. Andere Gruben waren verfüllt mit Ziegel- und Gefäßbruchstücken, Formschüsseln und Barbotinebechern mit Jagdszenen. Einige Gruben waren zunächst Materialentnahmegruben, die anschließend mit dem Schutt aus Fehlbränden und sonstigen Materialien wieder aufgefüllt wurden.
In diesem Zusammenhang fand auch eine Untersuchung der röm Straße Mainz–Köln statt, die als Alte Straße in der Flurkarte verzeichnet ist. Sie ist etwa 10 m breit und besteht aus geschotterter Packung mit dicken Rheinkieseln. Neben dem O-Rand der Straße lagen 5 röm Brandgräber mit wenig Beigaben. Sie waren als runde und ovale Vertiefungen im Boden kenntlich. Kastellreste konnten im Zusammenhang mit dieser Grabung nicht ermittelt werden. Das Sinziger Kastell dürfte »Ober der Alten Straße« zu suchen sein. We

Ao: RLM Bonn, Stadtm Remagen

Lit: BJb 124, 1918 – ChFischer, Rheinische Ausgrabungen 5, 1969

Spay-Oberspay MYK

Götterskulpturen
Abb 93

200 m W des Bahnhofs wurden 1952 am Abhang des Petersberges beim Neubau der B 9 (Umgehung von Spay) die Reste eines röm Kolossaldenkmals zerstört. Bei der unsachgemäßen Bergung durch die Arbeiter kamen Reste von Gliedmaßen zutage, dazu ein 50 cm hoher Kopf eines möglicherweise als Jupiter (?) anzusprechenden Götterstandbildes. Außerdem wurde ein zweiter etwas kleinerer Kopf des Standbildes eines Jugendlichen geborgen. Nähere Fundumstände sind nicht bekannt. We
Ao: LfD Koblenz

Speicher BIT

*Töpferei**
Abb 485, 486

Im Speicherer Wald, etwa 4 km SO des Ortes, wurde 1977 an der durch eine ergiebige Quelle gekennzeichneten Flur »Auf dem Pützchen« eine Grabung durchgeführt. Die Fundstelle, seit dem 19. Jh immer wieder durch Raubgrabungen gestört, brachte 2 Werkstattgebäude, die zT in ihrem Baubestand sehr stark gestört waren, in denen Töpferscheiben und Tongruben aber eine eindeutige Funktionsbestimmung erlauben.
Ein Brunnen sicherte die Versorgung mit Wasser für die Dreharbeiten an der Töpferscheibe. 3 birnenförmige Töpferöfen (2–4), deren Feuerungsraum durch eine Mauerzunge als Unterbau für den breiten Brennboden und die hier einzustellenden Töpferwaren unterteilt war, wurden freigelegt. Dem Ofen 2 (L 3,50 m, B 1,80 m) war ein Bedienungsraum für die Beschickung der Feuerung vorgelagert, der in das Terrain eingetieft war. Ein weiterer Ofen mit rechteckigem Grundriß ist von geringerer Ausdehnung (Ofen 1).
Scherben aus der Produktion dieses Ateliers datieren vom 2. – 4. JhnChr und weisen auf die Herstellung von Schüsseln, Töpfen, Krügen und Reibschalen, aber auch von schweren Amphoren. Namensstempel sind auf die Verfertiger und

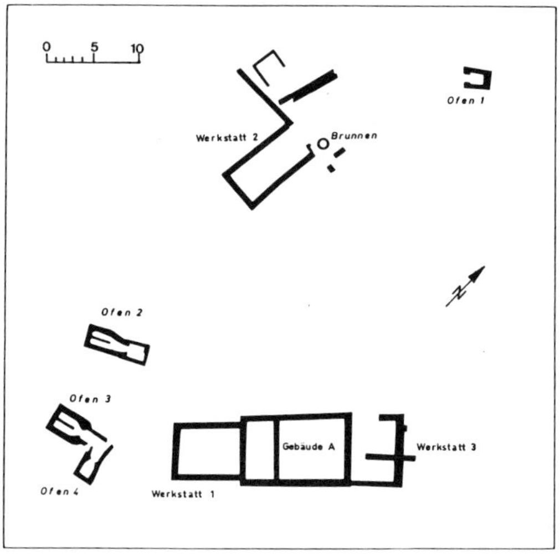

Abb. 485 Speicher. Töpferei am Pützchen. Grundriß. A Gebäude mit Werkstatt 1 und 3, 2 Werkstatt mit Brunnen und Ofen 1, Ofen 2 und Doppelofen 3 und 4

Töpfer zu beziehen, die zugleich auch als Werbung für die Qualität der Firma verstanden werden können.
Neben feintonigen, hellfarbenen Gefäßen (Krügen, Amphoren, Tellern, Schüsseln und Töpfen) wurde seit dem 3. Jh auch hellbraun gestrichene und geflammte Ware produziert. Als lokale Besonderheit wurden bunt bemalte Krüge hergestellt, deren Ausgüsse als Köpfe in Tier- und Menschengestalt (Affe, Maske, bärtiger Treverer) ausgeformt waren.
Nicht minder bedeutend war die Ziegelproduktion, deren Erzeugnisse (Hypokaustziegel rund und quadratisch, Dachziegel, Kamin- und Wandtubuli) in die umfangreichen Bauvorhaben im Stadt- und Landbereich flossen. Größere Ziegelbrennereien sind N von Speicher »Auf der Herst« noch mit den Brennkammern erhalten und zu besichtigen. Cü
Ao: RLM Trier, Heimatm Speicher, Sammlung d. Firma Plein-Wagner
Lit: WBinsfeld, Kurtrier Jb 18, 1978, 180 – Ortskunde Trier-Mettendorf, 1932, 296, 300 ff – FVFD 33, 1977, 200 ff – Trierer Jahresber 12, 1923 – Beil TZ 13, 19

Spesbach → Hütschenhausen

Abb. 486 Speicher. Keramik, geflammte Ware: Krüge mit kopfförmigem Ausguß in Tier- und Menschengestalt, 4. Jh. n. Chr.

Speyer SP

Militärlager – Civitashauptstadt Noviomagus
Abb 134, 168, 487–488, Taf

Die Anfänge städtischer Besiedlung liegen auf der siedlungsgünstigen N-Spitze einer hochwasserfreien Niederterrasse. Offenbar war es von dieser Stelle aus leichter als anderswo möglich, die Rheinaue zu überwinden.
Die röm Siedlung *Noviomagus* ist im Itinerarium Antonini ebenso verzeichnet wie in der Tabula Peutingeriana. Als Truppenstandort der Spätantike findet man *Nemetae,* wie *Noviomagus* später hieß, in der Notitia dignitatum, einem Staatshandbuch. Abschriften aller dieser Verzeichnisse befanden sich ursprünglich in der hochberühmten Speyerer Dombibliothek und gingen 1555 verloren.
Bereits um 1500 setzt die Beschäftigung mit den antiken Funden im Boden Speyers ein. Wolfgang Baur erwähnt kurz nach 1500 einen Merkur- und einen Venustempel. Zeichnungen von Inschriften überliefert Wynand Pighius, die auch in der Stadtgeschichte des Wilhelm Eysengrein Erwähnung finden. Die Chronik der Freien Reichsstadt Speyer von Georg Christoph Lehmann erwähnt 1612 neben Inschriften auch den Fund eines Sarkophages mit Beigaben. Die Funde werden in die Geschichtsvorstellungen der Zeit eingewoben. Georg Litzel legt 1749 mit seiner Beschreibung der Römischen Todten-Töpffe erstmals auch archäologisches Fundgut vor, das hauptsächlich aus den Nekropolen der antiken Stadt stammt und interpretiert es überraschend treffend.
In der zweiten Hälfte des 19. Jh erlaubt die rasche Bautätigkeit das Sammeln von Funden in großem Stil. Aber erst die Kanalarbeiten 1927 eröffnen dem Museumsdirektor Friedrich Sprater Möglichkeiten, den antiken Untergrund der Stadt umfassend zu erforschen. Auf ihn gehen Hinweise

Abb. 487 Speyer. Inventar eines spätkeltischen Grabes

auf die ersten Militäranlagen sowie auf die Ausdehnung der Stadt zurück. Die Stadt blieb im 2. Weltkrieg von Zerstörungen verschont, so daß hier nicht ein rascher Wiederaufbau wesentliche Befunde zerstört hat. Auch die spät begonnenen Stadtsanierungen sind für die archäologische Forschung ein Segen, da nur noch partiell Eingriffe stattfinden. Größere Siedlungsflächen konnten seit 1966 im Judenbad, am Domhügel, im Stiftungskrankenhaus, in der Heydenreichstr, am Kornmarkt, am Königsplatz, Alten Markt, beim Neubau der Sparkasse am Siebertplatz und 1987/88 auf dem Domvorplatz erfaßt und untersucht werden.

Der keltische Name *Noviomagus* (Neufeld) ließ ältere Forschergenerationen immer wieder annehmen, daß der röm Besiedlung eine keltische stadtartige Anlage voranging. Dies ist nicht der Fall. Lediglich 2 kleinere Hofbereiche haben auf der N-Seite der Terrassenkante bestanden. Aus

Abb. 488 Speyer. Frührömisches Lagerdorf

einem Bestattungsplatz ist ein Grab bekannt, das in die Zeit zwischen 50 und 10 vChr gehört. Danach könnte im Bereich der Johannes-/Armbruststr durchaus ein Hof bis zur Ankunft des röm Militärs bestanden haben.

Die Militärperiode. Lager A. Das mittlere Oberrheingebiet spielte in der Okkupationsphase um 10 vChr keine Rolle. Lediglich eine gesicherte Straßenverbindung von Basel nach Mainz konnte militärisches Interesse beanspruchen. Die einheimische keltische Bevölkerung des Oberrheingebietes war schon seit caesarischer Zeit so stark dezimiert, daß von dieser Seite keine Einwirkungen befürchtet werden mußten. So waren nur kleinere Posten entlang des Rheinverlaufes notwendig. Den Graben eines solchen kleinen Kastells konnte F. Sprater 1927 in der Kleinen Pfaffengasse als einen O-W verlaufenden Spitzgraben auf einige Meter Länge verfolgen. Die Anlage erstreckte sich wohl nach N bis zur Terrassenkante. Dort konnte ein N-S laufendes Grabenprofil beobachtet werden, das vielleicht den W-Abschluß des Postens angibt. Wahrscheinlich hatte die Befestigung nur wenig mehr als 100 m Seitenlänge. Aus dem O-W-Graben stammen Scherbenfunde, die für das 1. Jahrzehnt vChr typisch sind. Eine größere Grube im Bereich des Alten Marktes brachte Funde aus der Zeit um Chr. Geb. Es ist also nicht zu entscheiden, ob in Speyer bereits zur Drususzeit (vor 9 v) oder erst kurze Zeit später ein Militärposten bestanden hat. Bereits in die Frühzeit fallen einige Funde, die daraufhin deuten, daß vor Chr. Geb., vielleicht 8 vChr wie am Niederrhein, germ Bevölkerungsgruppen auf das linke Rheinufer übersiedelt wurden. Dies wäre ein archäologischer Hinweis auf die historisch bezeugten Nemeter, die später der Region ihren Namen gaben.

Lager B mit Vicus. Eine jüngere Kastellanlage, wohl erst in spätaugusteischer Zeit gegründet, liegt zwischen Kleiner Pfaffengasse und der S-Terrassenkante (Große Pfaffengasse). Der N-Abschluß konnte mit 180 m Länge ermittelt werden; ebenso ist der Verlauf des O-Grabens zu rekonstruieren. Damit läßt sich eine Fläche von 2,3 bis 2,7 ha errechnen, genug, um eine Hilfstruppe von 500 Mann unterzubringen. Von der Innenbebauung des Kastells B konnten im Bereich des Judenbades einige Barackenspuren untersucht werden. Im Bereich dieses Kastells wurden unlängst Grabenspuren eines vermutlich älteren Spitzgrabens festgestellt. Zu Lager B gehören im O und W Zivilsiedlungen, von denen im Domhügelbereich

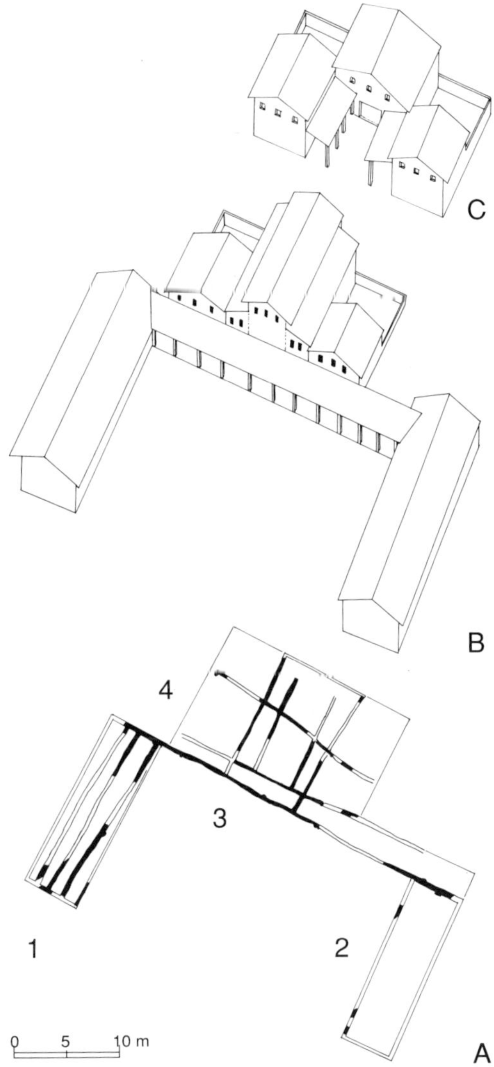

Abb. 489 Speyer. Frührömisches Marktforum im westlichen Vicus von Kastell B. A Grundriß: 1 Speicher, 2 Flügelbau, 3 Portikus, 4 Zentralbau. B Rekonstruktionsversuch als basilikale Anlage. C Rekonstruktionsversuch als peristyle Anlage

Abb. 490 Speyer. Grabstein des Sklaven Peregrinus

im O geringe, im Bereich des Stiftungskrankenhauses im W auf 3000 m² Fläche umfangreiche Spuren festgestellt wurden. Entlang einer Straße waren Streifenhäuser aus Holz in dichter Reihe gebaut. Nach Ausweis der Funde wurde dieser Bereich erst um 15 nChr bebaut und schon wieder um die Mitte des 1. Jh aufgelassen. Im S der Straße wurde um 30 nChr ein großer U-förmiger Bau errichtet, den man als Marktforum deuten kann.

Lager C. Grabungen am Königsplatz und in der Heydenreichstr bewegten sich in dem jüngsten Speyerer Holz-Erde-Kastell, von dem der Verlauf der O- und S-Front bekannt ist. Aber unter den Bauspuren der Mitte des 1. Jh fanden sich Reste einer älteren tiberischen Militäranlage. Zu Kastell C gehört offensichtlich ein Militärbad in der Großen Himmelsgasse. Das Bild des militärisch geprägten frühröm Speyer hat sich seit 1927 in wesentlichen Punkten bestätigt, wenngleich es keineswegs einfacher und klarer geworden ist.

In die Militärperiode gehören frühe Töpfereien. Die älteste, frühtiberische Anlage wurde am Siebertplatz angetroffen, jünger sind Töpfereifunde am Feuerbachpark, die durch einen Ofen in Kastell C, um 50 nChr datiert, ergänzt werden.

Einzelne Gräber mit Waffenbeigabe können zeitgleich mit dem Militärposten A sein und bezeugen föderierte keltisch/germ Milizen. In tiberische Zeit gehört ein Grabstein aus Kalkstein, den ein C(aius) J(ulius) Nigellio seinem 10jährigen Sklaven Peregrinus setzen ließ. Die frühen Brandgräber liegen weitab im SW und bezeugen damit die Ausdehnung der Lagersiedlungen.

Die Zivilstadt Noviomagus. Nach 74 nChr setzt auch in *Noviomagus* die zivile Entwicklung ein. Spätestens mit Einrichtung der Provinz 83 nChr wird *Noviomagus* Verwaltungssitz des Nemetergaues, der vom Seltzbach im S bis zur Isenach im N reicht. Der Ausbau der eher bescheidenen Lagerdörfer in ein repräsentatives Gemeinwesen setzte erhebliche Mittel voraus. Die Anlage von Straßen, Bau des städtischen Zentrums mit Forum, Basilika, Tempel, die Errichtung von Herbergen, Speichern, Thermen, szenischem Theater und Amphitheater und zuletzt neuer Wohnbauten erforderte neben den nötigen Sesterzen auch geeignete Fachkräfte.

Straßennetz. Als Hauptachse wurde über die Mitte der Terrassenzunge im Verlauf der heutigen Ludwigsstr und Kleinen Pfaffengasse eine Straße gezogen, an der sich die wohlhabenderen Bürger ansiedelten. Diese Straße mündete im SW in die röm Rheinuferstraße ein, die unter der Schwerdtstr nachzuweisen ist. Im Bereich der Roßmarktstr kreuzt sie mit einer N-S-Verbindung, die nach N hin wieder in die Rheinuferstraße entlang der Wormser Landstr einmündet. S der Hauptstraße wird die alte Vicusstraße vor

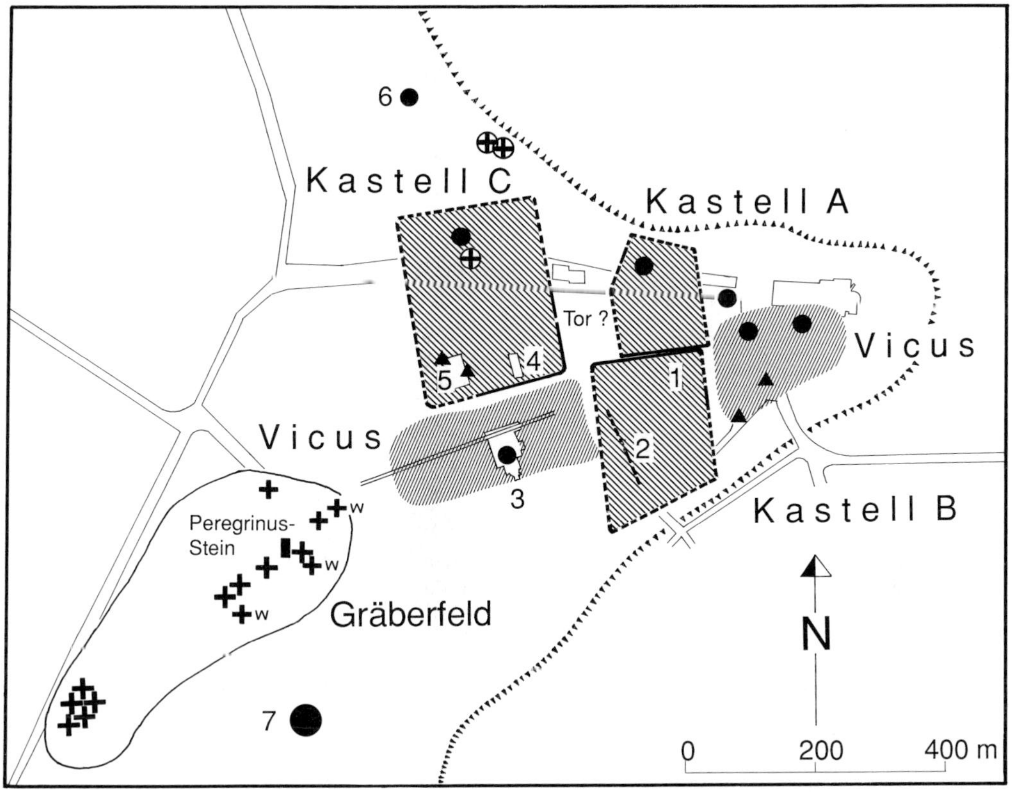

Abb. 491 Frührömische Topographie. 1 Grabung »Judenbad«, 2 älterer Spitzgraben, 3 Grabung Stiftungskrankenhaus, 4 Grabung Königsplatz, 5 Grabung Heydenreichstraße, 6 Töpferei am Siebertplatz, 7 Töpferei am Feuerbachpark. (Kreis mit Kreuz: spätkeltische Gräber, Punkte: augusteisch/tiberische Funde, Kreuze: Grabfunde, Kreuze mit W: Gräber mit Waffenbeigabe)

Kastell B beibehalten. Sie mündet wiederum in eine N-S-Verbindung, die auf die Forummitte zusteuert. Weitere Straßen sind entlang der Terrassenkanten im S und N erforderlich, bislang aber noch nicht sicher nachgewiesen.

Noviomagus war Ausgangspunkt für die Zählung der Wegstrecken entlang der Rheinuferstraße.

Wohnbebauung. Die im 2. Jh in der Form eines Dreiecks bebaute Fläche umfaßte rund 25 ha. Da die Bebauungsdichte derzeit nicht sicher zu ermitteln ist, ist es müßig über Einwohnerzahlen nachzudenken. Eine Zahl zwischen 5000 und 10 000 Bewohnern wird das richtige treffen.

Die neuen Grabungen haben für Speyer als Haupttyp der Privatbauten Streifenhäuser ergeben. Die Bauform ist für die N-Provinzen typisch und leitet sich von den einfachen Holzbauten in den Lagervici der Frühzeit ab. Die Häuser (B ca 7–10 m, L bis 30 m) haben im straßenseitigen Teil meist einen Keller, anfangs mit Holzwänden, später aus Stein oder Ziegeln errichtet. Aufgehende Mauerteile solcher Häuser sind bislang nur im Bereich des Domhügels nachzuweisen; dort wurde massiv in Stein gebaut. Die W davon gelegenen Bereiche hatten Fachwerkkonstruktionen auf Sockelsteinen. Die Ausstattung der Fachwerkbauten scheint recht gut gewesen zu sein. In dem Wohnviertel 2. Gattung S der Hauptstraße an der alten Lagerstraße fand man Reste von hervorragender Wandmalerei mit geometrischen,

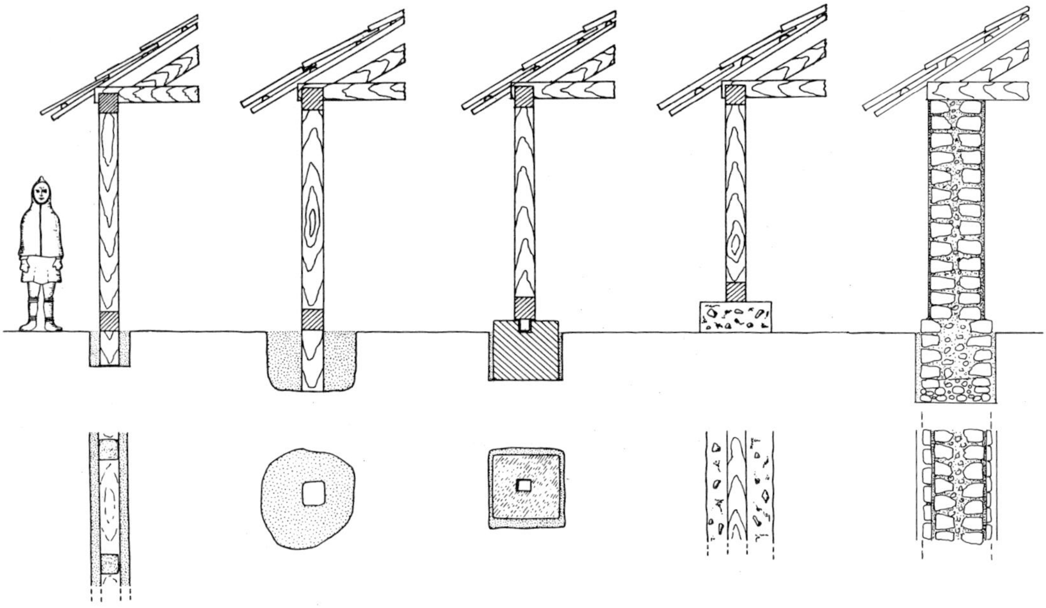

Abb. 492 Speyer. Aufbauskizzen zu archäologisch nachgewiesenen Bauspuren von Portiken. A Pfostengräbchen, B Pfostenloch, C Sockelstein mit Holzpfosten, D Lehmsockel mit Fachwerkbau, E Steinbau

aber auch figürlichen Motiven. Zur Straße hin wurden die Streifenhäuser von Straßenkolonnaden flankiert. Man war somit vom Wetter unabhängig. Neben reinen Wohnzwecken dienten die Bauten natürlich auch der Ausübung von Handel und Gewerben.

Eindeutige Zuweisungen waren bislang noch nicht möglich. Auch werden Gewerbe, die Lärm, Schmutz und Gestank verbreiteten, nicht gerade im Zentrum der Siedlung gelegen haben. Für den Bedarf an Frischwasser reichten wohl die zahlreichen Brunnen in den rückwärtigen Parzellenstücken nicht aus. Man wird für Speyer durchaus eine Wasserleitung voraussetzen dürfen. Allein die Badebereiche in den besseren Häusern brauchten ständige Wasserzuleitung. Die sicher künstliche Ableitung des Speyerbaches läßt sich für die röm Periode nicht nachweisen. In bedenklicher Nähe zu den Brunnen lagen die Latrinen. Der Flüssigkeitsaustausch nicht abgedichteter Brunnen und Fäkaliengruben war ständig eine Quelle für alle möglichen Krankheiten. Zeichnet sich für die straßenseitige Bebauung ein Bild von eng aneinander gereihten Streifenhäusern ab, so waren in rückwärtigen Teilen auch andere Bauformen möglich. Im S der alten Lagerstraße (Bereich Stiftungskrankenhaus) konnte ein L-förmiger Bautrakt mit Keller nachgewiesen werden. Dort stand auch im 3. Jh ein einfacher Holzpfostenbau (7 × 20 m).

Öffentliche Bauten. Als Sitz der Verwaltung der Gaugemeinde (*Civitas Nemetum*) benötigte die antike Kleinstadt eine Basilika mit Curia, Tabularium usw. Vorgelagert war der Marktplatz (*forum*), auf dem die Bevölkerung des Umlandes ihre Produkte feilbieten konnte. In Speyer ist im Gegensatz etwa zu Ladenburg die Basilika noch nicht gefunden worden, wohl aber gibt es Hinweise auf das Forum. Parallel zur röm Hauptstraße im Bereich des heutigen Königsplatzes, also auf altem Fiskalgelände des aufgelassenen Kastells C, wurden 3 parallele Mauerzüge festgestellt, die zur Umbauung des rings geschlossenen Forumhofes gehörten. Zur Straße gewandt

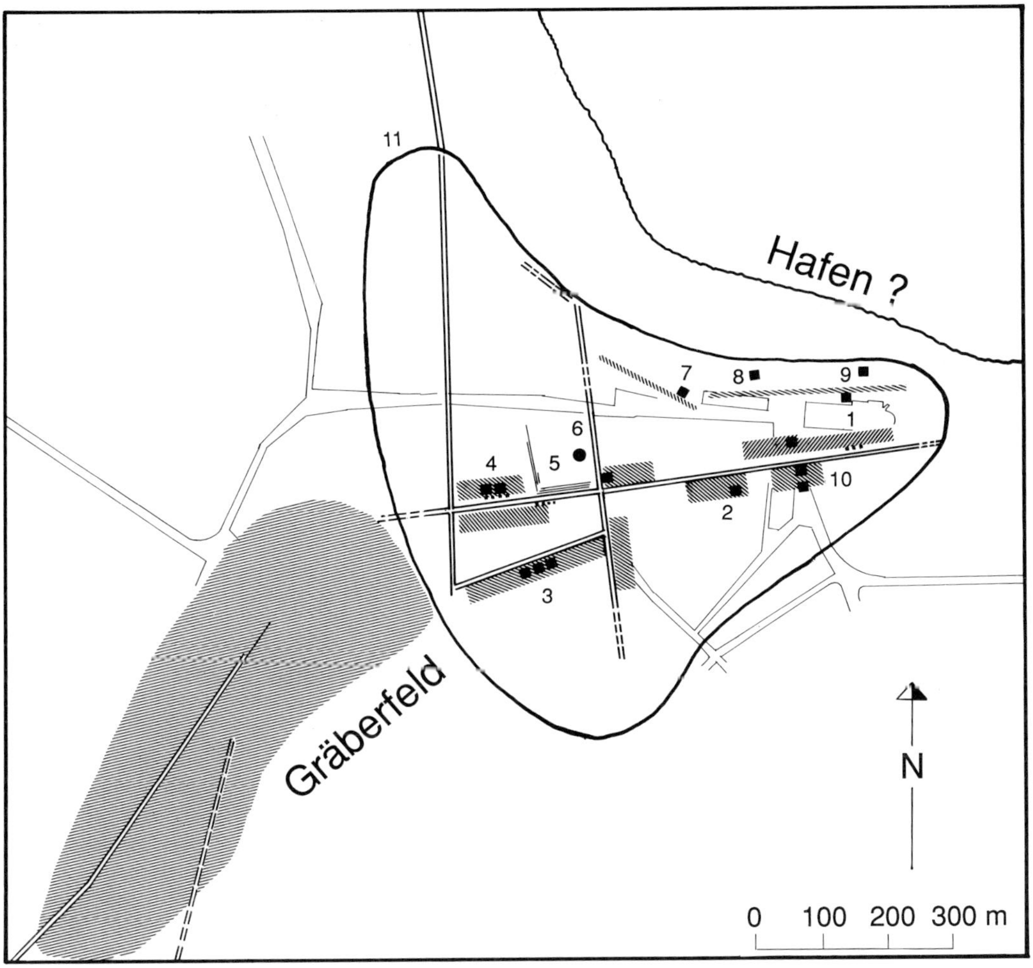

Abb. 493 Speyer. Topographie von Noviomagus im 2.–3. Jh. n. Chr. 1 Domhügel, 2 Kleine Pfaffengasse, Stiftungskrankenhaus, 4 Heydenreichstraße, 5 Forumsbereich, 6 Jupitersäule, 7–9 Keller und rekonstruierte Baufluchten, 10 Domhügelgrabung 1987–1989, 11 Grenze des besiedelten Bereiches, Schraffuren: Baufluchten

wurde der Säulengang der Straßenportikus weitergeführt, zum Hof hin waren kleine Gefache eingebaut, in denen Händler ihre Ware feilboten. Dieses Forum war Ausdruck des Marktrechtes, das in *Noviomagus* schon seit tiberischer Zeit bestanden hatte. Zentraler Punkt im Forumhof war die große Jupitersäule mit Szenen der Weinlese, deren Standort in der Kutschergasse vor dem Schlitzergässchen festgestellt ist. N davon ist wohl die Basilika zu suchen.

Aus Speyer stammt eine Vielzahl von Götterweihungen, jedoch ist es sträflich, schon aus dem Fundort auf ein Heiligtum am Platz zu schließen. So galt lange Zeit der Domhügel als Platz des Tempelbezirkes, nur weil dort zum Bau der spätantiken Festung und später des Domes viele

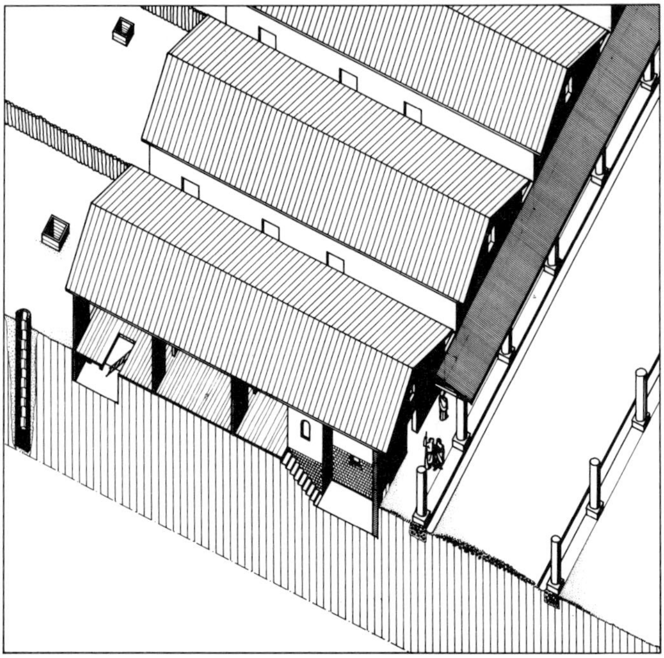

Abb. 494 Speyer. Streifenhäuser an der römischen Hauptstraße. 2.–3. Jh.

Denkmäler zusammengezogen und dann auch gefunden wurden. So läßt sich im Augenblick an keiner Stelle ein Heiligtum auch in der Baugestalt erschließen. An Weihungen oder bildlichen Darstellungen sind neben der capitolinischen Trias mit Jupiter, Juno und Minerva, Herkules, Merkur, Apollo, Luna, Saturn, Venus, Dionysos, Viktoria, Fortuna, Epona, Nantosuelta, Sol und Mithras bezeugt. Ein Tempel für Apollo Grannus lag im Quellbereich am Tafelsbrunnen im SW von Speyer.

Nachweise für Herbergen, Thermen oder kleinere Bäder und Speicher sind bislang noch nicht erbracht.

Ein Amphitheater ist nach Ausweis einer Inschrift allerdings gesichert. Auf einem Brüstungsstein ist aufgrund eines Ratsbeschlusses für eine unbenannte Vereinigung eine gewisse Zahl von Vorzugsplätzen reserviert worden. Bruchstücke von Tonmasken, die bei Possenspielen Verwendung fanden, liegen bislang nur aus Privathäusern vor, so daß nicht unbedingt auf ein eigenes szenisches Theater geschlossen werden muß.

Eine Stadt an einer so wichtigen Verkehrsverbindung wie dem Rhein benötigte eine größere Anlegestelle und einen Stapelplatz. Aus topographischen Gründen kann dieser Ort nur auf der N-Seite an der Einmündung des Speyerbaches in den Rhein gelegen haben. Eine feste Rheinbrücke bestand wohl nicht, wohl aber genügend Fährverbindungen.

Bestattungsplätze. Vor allem das SW Gräberfeld entlang der Ausfallstraße, das schon in der Militärzeit genutzt wurde, wird weiter belegt. Das N Gräberfeld ist seit dem MA zu stark gestört, so daß kaum Aussagen möglich sind. Grabsteine sind nur in geringer Zahl überliefert. Von Grabbauten der reicheren Bevölkerung sind keinerlei Spuren mehr vorhanden.

Nach den Inschriften sind etwa 18 Personen genannt, die nach der Namensform das röm Bürgerrecht besaßen; etwa 20 Personen gehörten der peregrinen Bevölkerung an, die keinen gehobenen Rechtsstatus hatte, wohl aber finanziell in der Lage war, Inschriften zu setzen. Von Ratsmitgliedern sind 3 Inschriften bekannt, nur eine wurde allerdings in Speyer gefunden. Dem Sechsmännerkollegium der Priester gehört der Haruspex Pompeianus an.

Das blühende Gemeinwesen ging im Germaneneinfall 275 nChr durch Brand zugrunde. Überall im Stadtgebiet sind münzdatierte Brandschichten dieser Zeit anzutreffen. Teilweise findet man sogar Skelettreste in Schichten und verfüllten Brunnen. Auch die am Stadtrand gelegenen bislang nachgewiesenen 11 Höfe fielen dem Ansturm zum Opfer.

Beim Wiederaufbau in konstantinischer Zeit reduzierte sich die Besiedlung entlang der Hauptstraßenzüge. In den Ruinen des 3. Jh im Bereich

Abb. 495 Speyer. Jupitersäule mit Bacchus bei Weinlese

Abb. 496 Speyer. Relief der Nantosuelta

Stiftungskrankenhaus wird sogar ein Friedhof angelegt. Eine militärische Besetzung zur Sicherung der Rheingrenze ist nicht nachzuweisen. Für einen gewissen Wohlstand im frühen 4. Jh sprechen aufwendig ausgestattete Steinsärge im SW-Gräberfeld. Einzelne Familiengräber entlang der Ausfallstraße im S bieten reiche Glasbeigaben, darunter auch die Flasche mit dem »Römerwein«.

Durch den Alamanneneinfall im Spätjahr 352 wird die Rheinzone für gut 5 Jahre dem Reichsverband entrissen. Entsprechend sind die Zerstörungen. Unter Valentinian wird die Rheingrenze reorganisiert. Neben → Altrip entsteht auch in *Nemetae* (so heißt Speyer seit dem 4. Jh) eine

Festung. Symmachus, der Preisredner des Valentinian, bezeugt sogar einen Hafen. Grabungen der letzten Jahre lassen erahnen, daß es sich um eine gewaltige Anlage gehandelt haben muß, die nach N ausgerichtet war. Schon jetzt läßt sich eine Breitenausdehnung von 240 m ermitteln. Der S Abschluß ist im Dom- und Archivgarten unter der ma Stadtmauer sichtbar. Zu erkennen sind mächtige Steinblöcke (H 3,50 m, L 20 m). Im Innern der ma Mauer ist das röm Gußmauerwerk noch 7 m hoch erhalten. Von der Innenbebauung der befestigten spätantiken Stadt konnten mehrere Gebäude mit Privatbädern erforscht werden. Im N ist durch einen Tragealtar mit Christusmonogramm Gottesdienst in der Festung belegt. Ob *Nemetae* in der Spätantike bereits Bischofssitz war, ist umstritten. Die Völkerwanderung mit Vandalen, Sueben und Alanen in der Neujahrsnacht 406/407 hat zwar die Grenzverteidigung mit den *Vindices* als Truppe vernichtet, das röm Leben reduziert, aber nicht ausgelöscht. *Nemetae* ging kontinuierlich in das frühma Spira über. Die

Abb. 497 Speyer. Römerwein

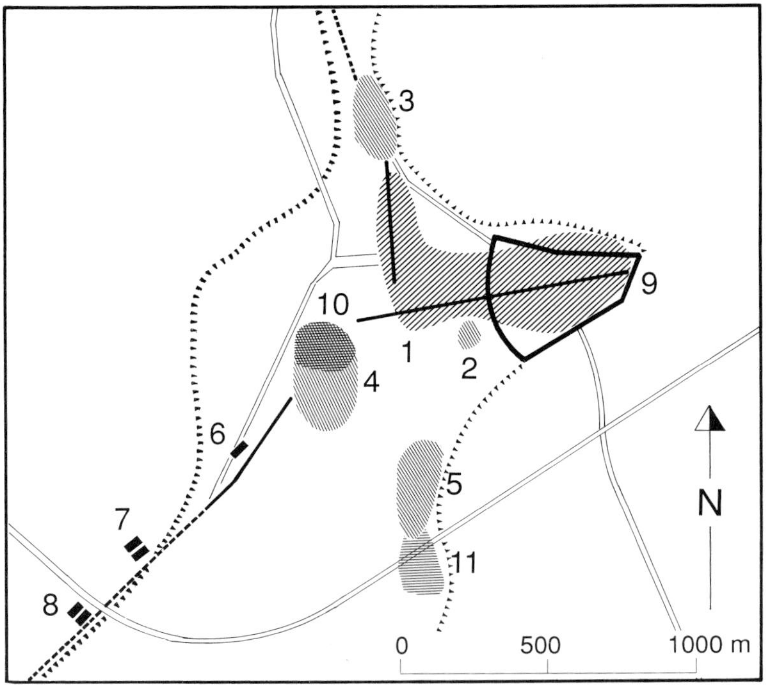

Abb. 498 Speyer/Nemetae in der Spätantike. Erste Hälfte 4. Jh.: 1 Weit schraffiert: Siedlung in der 1. Hälfte 4. Jh., 2 Nekropole am Stiftungskrankenhaus, 3 Nordgräberfeld, 4 Südwestgräberfeld, 5 Südgräberfeld, 6–8 Familiengräber. Zweite Hälfte 4.–5. Jh.: 9 vermutliche Ausdehnung der ummauerten Stadt, 10 Westnekropole, 11 Gräberfeld »St. German«

Abb. 499 Speyer. Spätrömische Festungsmauer

zahlreichen beigabenlosen Bestattungen im Gräberfeld bei St. German zeigen, daß im 5. Jh noch genügend Romanen in *Nemetae* gewohnt haben. Am Eingang zum Priesterseminar sind Sarkophage aus diesem Gräberfeld aufgestellt. Be
Ao: M Speyer, LfD Speyer
Lit: HBernhard, Speyer in der Vor- und Frühzeit, in: (WEger, Red.) Geschichte der Stadt Speyer, [2]1983, 1 ff

Speyerdorf → Neustadt
Staadt → Kastel

Steinwenden KL

Gutshof
Abb 500

Der Gutshof liegt zwischen Römerstr und Bahnlinie an der Spitze einer Geländezunge, die in die Morbachniederung hineinreicht. Die Stelle ist bereits seit 1785 bekannt. 1822 wird von Gewölben mit ausgemalten Wänden berichtet. In den 30er Jahren wurde das ganze Gelände unbeobachtet überbaut. Erst Bauarbeiten zwischen 1969 und 1972 haben die Ausdehnung und auch die Qualität des dort verborgenen Mauerwerkes zur Kenntnis gebracht. Baumaßnahmen legten 1982 den W Seitenflügel des Herrenhauses frei.
Nach der sehr weitgehenden Ergänzung der Mauerzüge ergibt sich ein Baukomplex (L 92 m) mit U-förmiger Portikusfront und rückwärtiger Portikus. Verschiedene Hinweise, ua die Lage von Säulen, ermöglichen die Rekonstruktion eines Innenhofes (Peristyl) im O, der aus Symmetriegründen eine Entsprechung im W-Teil haben muß. Ein Badetrakt war im W angefügt. Ein Keller befand sich in der NO-Ecke.
Von der Innenausstattung haben sich Reste von Wandmalerei und Stukkaturen erhalten. Die 12 Prägungen umfassende Münzreihe reicht von Augustus bis Magnentius und enthält eine Goldmünze (Solidus) des Constantius II. von 347. Nach den restlichen Funden wurde der Bau erst gegen Ende des 2. Jh errichtet und ging in einem Brand um die Mitte des 4. Jh verloren. Zugehörige Wirtschaftsbauten wurden an 2 Stellen zwischen Bahnlinie und Moormühle festgestellt.
Be
Ao: M Speyer
Lit: HFehr, Kaiserslautern und Rockenhausen, 1972, 132 – HBernhard, MittHVP 79, 1981, 24 – ders, Jb zur Geschichte vom Stadt- und Landkreis Kaiserslautern 20/21, 1982/83, 31 ff – Fundberichte aus der Pfalz 1976–1977, MittHVP 78, 1980, 78 ff

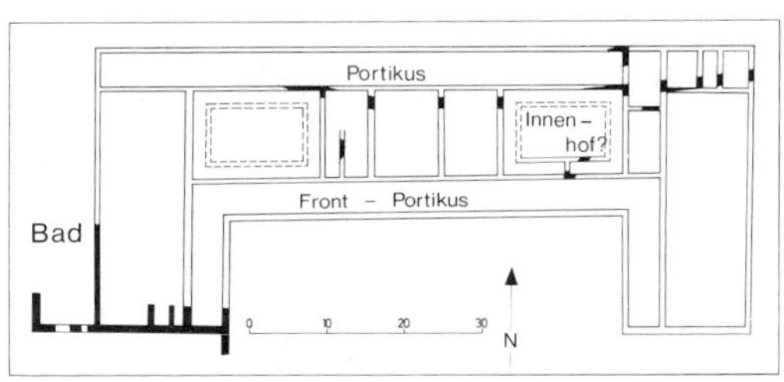

Abb. 500 Steinwenden. Herrenhaus des Gutshofs. Grundriß ergänzt

Stromberg KH

Grabhügel
Abb 501

Die durch Baumaßnahmen 1982/83 erzwungene Ausgrabung röm Grabhügel im Stromberger Stadtwald erbrachte erste genaue Erkenntnisse zu dieser Bestattungsform im Kreis Bad Kreuznach und Rheinhessen. Ein lagenweise, nur teilweise erhaltener, sauber gemauerter Steinring (Dm 6,9 m, H ca 1,5 m) mit rot ausgemalten Scheinfugen an der Außenseite umgab eine gemauerte Grabkammer im Innern. Ihre Öffnung lag im Mauerring unter der Erdoberfläche und war nach der Bestattung sorgfältig zugesetzt worden. Da die hölzerne Grabkammerabdeckung über dem Zugang (L 1,5 m) und dem Innenraum (lW 1,4 × 1,2 m) später zusammenbrach, wurden fast alle Beigaben (Gefäße aus Keramik und Glas sowie die metallenen Bestandteile eines Holzkästchens) zerdrückt. Die Bestattung gehört entsprechend der Funddatierung in die zweite Hälfte des 1. JhnChr. Bemerkenswert ist die Mischung aus handgemachter einheimischer Ware und röm Töpferscheibenkeramik. Außer dem Modellbau wird eine Neuerrichtung des Hügels im Gelände angestrebt. Ru

Ao: M Bad Kreuznach

Abb. 501 Stromberg. Grabhügel. Gemauerter Steinring

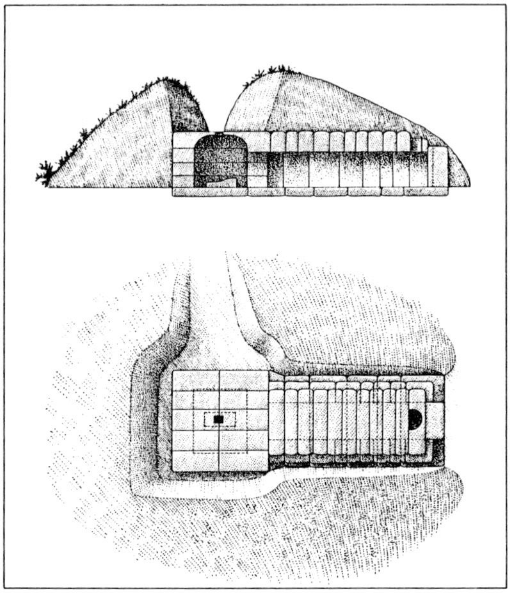

Abb. 502 Strotzbüsch. Grabhügel mit Kammer und Zugang aus Quadern

Strotzbüsch DAU

*Grabhügel mit Grabkammer**
Abb 502

S von Strotzbüsch, rechts der B 421 und kurz hinter der Abzweigung nach Oberscheidweiler liegt, noch von einigen Bäumen bewachsen, ein durch Ackerbau seitlich angefahrener Grabhügel, Strotzbüscher Tumm genannt, der noch etwas von seiner ehem eindrucksvollen Größe erkennen läßt. Bereits 1821 untersucht und von Landrat Avenarius beschrieben und mit Schnitt und Grundrißzeichnung abgebildet, wurde dieses bedeutende Denkmal 1976 gewaltsam beschädigt. Die mächtige Erdanschüttung, einst bis zu 6 m hoch, überdeckt eine aus Rotsandsteinquadern in 4 Lagen aufgebaute und kuppelförmig überwölbte Grabkammer (2,40 × 1,90 m, H ca 1,80 m). Im Gewölbescheitel ist eine rechteckige Öffnung ausgearbeitet. Die Bodenplatte ist aus 10 sorgfältig in Stoß und Oberfläche geglätteten Quadern gefügt. Von der W-Seite der Hügelaufschüttung führt ein aus zugerichteten Lava-

blöcken konstruierter Gang (L 5,70 m, H u B ca 1 m). Er wird aus großen, langrechteckigen Bodenplatten, senkrecht stehenden Quadern und starken Deckquadern gebildet. Auf einigen Quadern wurden Steinmetzzeichen *VI* und *AM* gelesen. Der Verschluß des Zugangs ist nicht mehr erhalten. In dem ersten Deckquader des Ganges ist eine dreiviertelkreisförmige Öffnung eingearbeitet, die vielleicht mit der Zugangssperre in Verbindung zu bringen ist. Die steile Erdaufschüttung macht es wahrscheinlich, daß nach vollzogener Bestattung des Grabeigentümers der Zugang zwar in irgendeiner Form gekennzeichnet war, aber nach Einbringung der Gangverschlüsse an der Außenseite in der Erdaufschüttung verschwand.
Bei der Ausgrabung von 1821 wurden keinerlei Beigaben oder Bestattungsreste mehr in der Grabkammer angetroffen. Dennoch ist der Grabhügel als Familiengrabstätte zu betrachten. Im Bedarfsfalle wurde der Zugang freigelegt und für weitere Bestattungen geöffnet. Die ergänzende Wiederherstellung der Hügelaufschüttung, die auch den Suchschacht über der Grabkammer schließen sollte, ist dringendes Anliegen. Cü
Lit: JFSchannat, GBärsch, Eiflia illustrata, 1824, 573, Taf 21 – HKoethe, TZ 14, 1939, 135 – FVFD 33, 1977, 333 ff

Sulzheim AZ

Sarkophage

Während einer Weinbergsumlegung wurden 1978 auf der Bergkuppe »Der vordere Greifenberg« 3 nebeneinanderliegende Sarkophage entdeckt, deren Deckel schon durch die Planierraupe beschädigt waren. In jedem Sarkophag lag ein Skelett auf einem Gipsbett. Als Beigaben fanden sich im ersten Sarkophag eine lange Glasphiole, im zweiten ein kleiner Glaskrug und im dritten ein vergangener stabartiger Holzgegenstand; außerhalb der Steinsärge konnten keine Beigaben beobachtet werden. Die Sarkophage sind ins 4. JhnChr zu datieren. Die zugehörige Siedlungsstelle wurde noch nicht entdeckt. Ru
Ao: M Alzey
Lit: BStümpel, MZ 76, 1981, 173

Tawern TR

Tempelbezirk in Tabernae
Abb 503, 504

Die links der Mosel verlaufende Römerstr Metz–Trier zieht durch den Ort und zielt mit geringem Gefälle auf die Niederung zwischen Könen und Wasserliesch, um kurz vor der Saarmündung in die Mosel auf einer röm Brückenanlage nach Konz und weiter nach Trier zu führen.
Zahlreiche Streufunde und verschiedentlich beobachtete Mauerreste bestätigen hier die ausgedehnte Siedlung einer Straßenstation mit Raststätten, die *tabernae,* die dem Ort den Namen gaben.
Auf dem Metzenberg wurde bei Wegearbeiten Mauerwerk angeschnitten und eine Inschrift auf Merkur geborgen. 1986 und 1987 konnten die ausgedehnten Reste eines Tempelbezirkes ausgegraben und wenigstens in den Grundrissen zur Darstellung gebracht werden.
In einem leichten Hanggelände oberhalb eines Steilhanges ist der Bering mit trapezförmigem Grundriß etwa 30 bzw 50 m an Schmal- und Langseite (W- und O-Seite) und 36 m in der Tiefe groß. Die längere, talseitig gelegene Mauer ist mit Pfeilervorlagen verstärkt. Der Anlage geht eine ältere Bauphase voraus, die noch dem 1. JhnChr zuzurechnen ist und an der S-Seite in einer längeren Mauer gefaßt werden konnte. Durch eine Geländeabschwemmung oberhalb ist der Bereich über 1 m hoch mit fast homogenem einheitlichem Lehm überlagert worden. In den Mauerzwickeln der W-Seite sind Eckbauten ergraben worden, die vielleicht als Wohnung für Tempelwärter und Pförtner genutzt waren.
Zwei Tempel (II, IV) (6 × 6 m bzw 4 × 4 m) standen wohl als selbständige Cellenräume frei. Der größere ist durch eine Mauer in 1,20 m Abstand U-förmig zur Bergseite hin begrenzt (Tempel IV) und könnte die erste Anlage der zweiten Bau- und Benutzungsphase sein. Tempel I ist in der Cella langrechteckig ausgebildet, wobei durch den älteren Weg der O-Abschluß nicht eindeutig mehr festzulegen war. Ihm sind wenigstens 4 Säulen mit Basen, Kapitellen und Trommeln zuzuweisen, die auf Imposten oder Pfeilersockeln standen. Sie dürften ursprünglich die W-Ein-

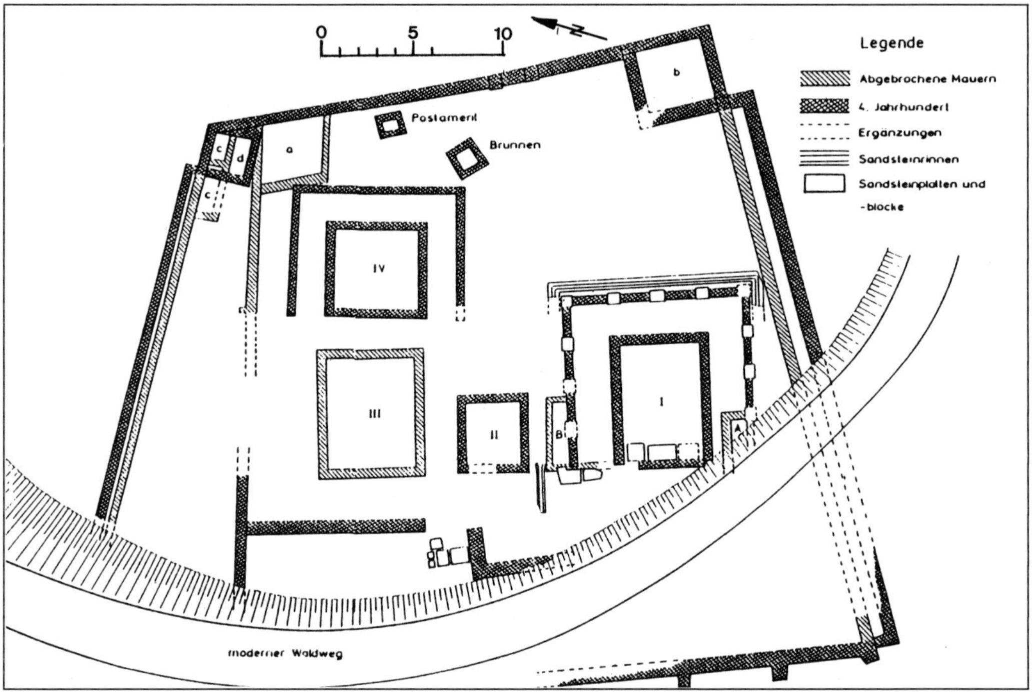

Abb. 503 Tawern. Tempelbezirk. I–IV Tempel, a, b Wohngebäude

gangsfront des Tempels, der nach dem Geländeverlauf über eine Treppe zu dem höheren Podium hin begehbar war, gebildet haben.

Bei einem Umbau wurden der säulengeschmückte Vorbau (*prostylon*) abgetragen, die Eingangsschwelle und Tempelfront ebenfalls etwas einwärts verschoben und ein Umgang mit 2 m bzw 1,80 m lichter Breite angelegt, dem an der W-Seite eine Wasserablaufrinne entsprechend der Dachneigung und Fallrichtung des Regenwassers vorgelegt war. Für die Umgangsmauer wurden Imposte, Säulen und Architekturteile halbiert und als Spolien verbaut. Die Tempel waren mit Estrichen ausgelegt, die Wände verputzt und zT bemalt.

Eine aus Quadern gefügte Steinsetzung vor Tempel II könnte wohl in Verbindung mit den unterschiedlich terrassierten Flächen des Bezirkes erklärt werden, kann aber auch als Rest von Substruktionen gelten, die zu im Freien stehenden Altären erforderlich waren. Etwa in der O-W-Achse ist ca. 3,50 m vor der Westwand des Beringes und am Durchgang ein Brunnen ausgeschachtet worden, der laut Inschrift als Brunnenschacht (*puteus*) vielleicht als heiliger Brunnen zu bewerten ist. Inschriften, Weihreliefs und Fragmente größerer Figuren wurden in der Brunnenfüllung geborgen und dem RLM Trier zugeführt.

Aus unerfindlichen Gründen wurde die Umfassungsmauer an der S- und N-Seite mit geringem Abstand vor den älteren Mauerzügen neu errichtet.

An der NW-Seite ist ein Wohngebäude (b) ergraben worden, das für Tempelpriester und Kultpersonal bestimmt war.

Die Örtlichkeit, nur wenig von der Römerstraße entfernt, wurde offenbar auch von Fernreisenden aufgesucht, wie eine Terrakotta der ephesischen Artemis erweist.

Von der Höhe über der Ortslage von Tawern hat

Abb. 504 Tawern. Tempelbezirk. Grabungsfoto der Tempel I–III

man einen Blick auf über 20 km Entfernung durch den Taleinschnitt und entlang der Römerstraße, über Saarmündung und Mosellauf, das Stadtgebiet von Trier bis an das N-Ende der Trierer Talweite an der Kenner Flur und der Einengung beim Schweicher Herrenberg.
Neben einem Weihealtar für Merkur, oberhalb in einem Wohngebäude beim Wegeabschieben gefunden, sind aus dem Brunnen der Kopf einer etwas überlebensgroßen Merkurstatue, ein Altar mit Weihung an Merkur und Apollo, Reste einer größeren Inschrift an Merkur, ein Relief mit Darstellung des Serapis und der Isis sowie ein Relief der Epona geborgen worden. Besondere Beachtung verdient die 15,5 cm hohe, aus rotbraunem Ton mit weißer Engobe geformte Artemis Ephesia mit reichem Reliefschmuck, dem ephesischen Kultbilde nachgebildet. Die bei der Plangrabung geborgenen Münzen, fast 700 Stück, reichen von den Kelten über einige republikanische Exemplare bis zum Ende des 4. JhnChr. Größere Stückzahlen markieren in etwa die Blütezeit der Kultstätte im 1. JhnChr, in der Zeit um 270, um 340 und 370 nChr. Cü
Lit: SFaust, Kurtrier Jb 27, 1987, 42 ff – K-JGilles, ebda, 49 ff

Thalfang - Bäsch - Dhronecken WL

Tempelbezirk
Abb 505

Von der Hunsrückhöhenstraße (B 327) gegenüber Abfahrt Hilscheid, Wegeabzweigung durch das Röderbachtal, nach 3,9 km in einer Spitzkehre nach links (in Richtung Bäsch), zum Röderberg ansteigend. Der Bezirk liegt ca 600 m nach der Kehre, rechts des Weges auf halber Berghöhe.
Bei Wegebauarbeiten am S-Hang des Röderberges wurden 1889 Mauerreste beobachtet, die, anschließend durch das RLM Trier untersucht, zur Feststellung eines ausgedehnten Tempelbezirkes führten.
In einem ummauerten Geviert (65 × 60 m) ist ein gallo-röm Vierecktempel (A) mit Umgang gelegen, dessen Cella 8,60 × 10,30 m mißt. Über dem Estrichboden der Cella erhoben sich die Wände noch bis zu 0,60 m Höhe und waren mit rot-weiß gemasertem Marmor verkleidet. An der Umgangsmauer konnte der Türdurchgang von O her nachgewiesen werden.
S des Tempels sind 2 kleinere, rechteckige Kapellen (B und C) entdeckt worden. N lag ein T-förmiges Gebäude (D), dessen Funktion ungeklärt ist. Ein versteinter Drainage- und Sickergraben lag zwischen Umfassungsmauer und Bau D, während vor dem Tempel A eine Rinne ebenfalls zur Ableitung von Oberflächenwasser angelegt worden war.
Dem heiligen Bezirk ist an der O-Seite in der Mittelachse ein Torhaus angefügt (G), das als Pförtnerloge für den S vorgelagerten Eingang bestimmt werden konnte. Mauern langrechteckiger Bauten (J, L, M, N und O) und durch Zwischenmauern unterteilter Anlagen (H und K) wurden außerhalb des Bezirkes in zT beträchtlicher Ent-

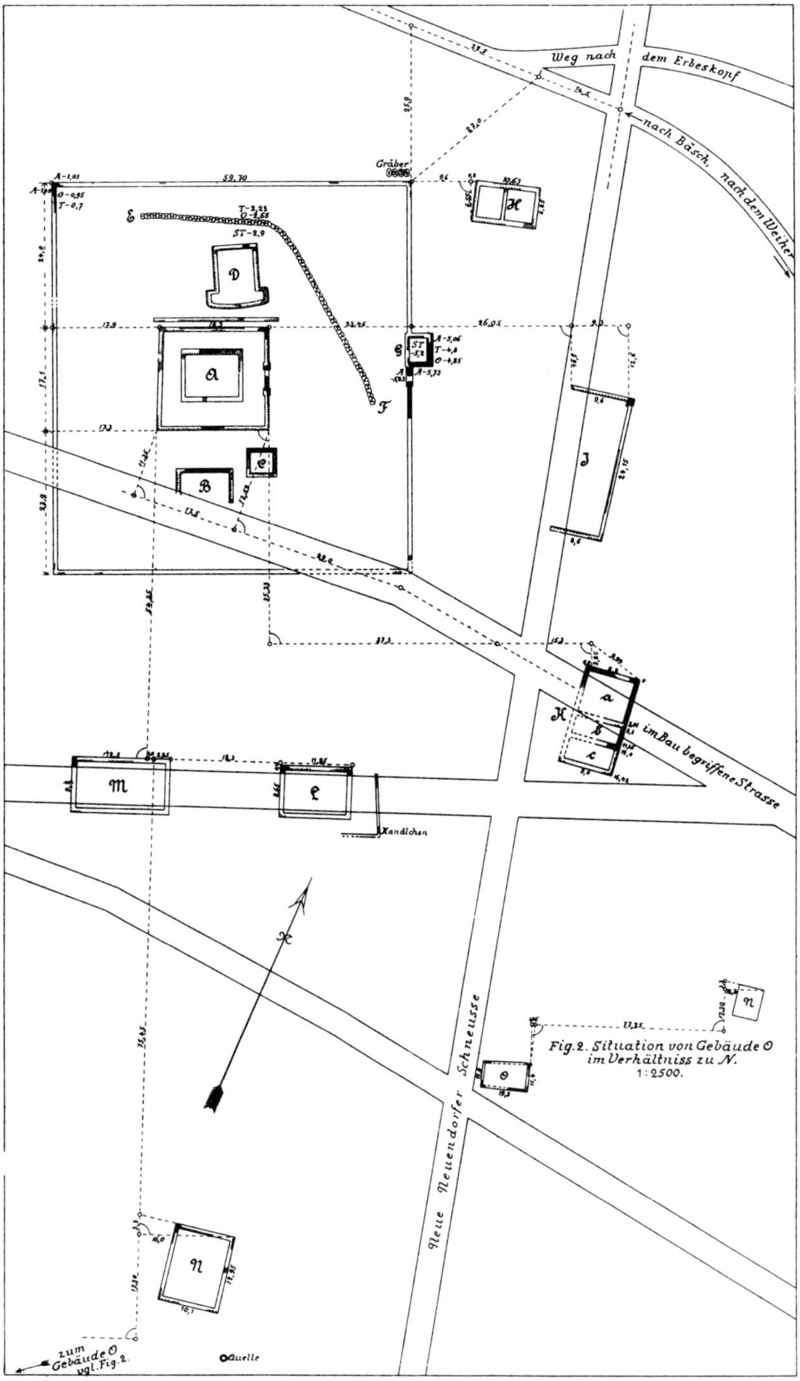

Abb. 505 Thalfang-Bäsch-Dhronecken. Tempelbezirk. Grundriß

fernung nachgewiesen, die als Pilgerhäuser und Gaststätten (J, K) benutzt worden sein können oder einem Vicus zuzurechnen sind und in früh- und spätröm Zeit bestanden.
An der NO-Ecke des Bezirkes wurden vor der Mauer 4 Brandgräber entdeckt, die mit Beigaben von Distel- und Scharnierfibeln, Gladius und Lanzen in das 1. JhnChr datieren.
Innerhalb des heiligen Bezirkes wurden bei Tempel C Skulpturenreste von Bittstellern und Stiftern gefunden. Zwischen A und B/C lag eine Schicht Erde mit zahlreichen figürlichen Terrakotten, die nach den mitgefundenen Münzen im 4. Jh aufplaniert worden ist. Die Darstellungen zeigen Fruchtbarkeitsgöttinnen, Amor, Psyche, Kybele; die Waffenfunde weisen auf Mars: Gottheiten, die hier verehrt worden sind.
Die Münzreihe reicht von Prägungen der späten Republik bis zu Maximus und Arcadius gegen Ende des 4. JhnChr.
Auf dem SW spornartigen Ausläufer des Röderberges liegt der Hunnenring, eine ovale Wallanlage: Hinweis auf eine vorröm Besiedlung des Gebietes. Cü

Ao: RLM Trier

Lit: FHettner, Drei Tempelbezirke im Treverlande, 1901, 37 ff – HCüppers, FVFD 34, 211 ff

Thallichtenberg KUS

Gutshöfe
Abb 506

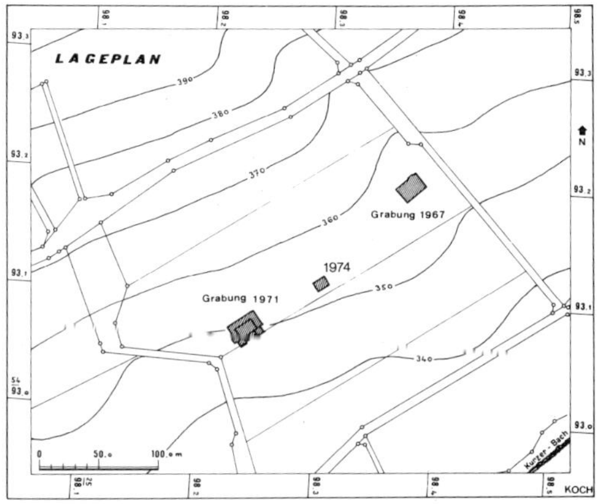

Abb. 506 Thallichtenberg. Römische Bauten. Lageplan

Bereits 1751 erwähnt Daniel Schoepflin in seiner Alsatia Illustrata inmitten des heutigen Ortes den Fund einer Badeanlage, die wohl zu einer *villa rustica* gehörte.
3 Gebäude konnten zwischen 1967 und 1974 auf der »Roterd« NW des Ortes freigelegt werden. Die Gebäude liegen an einem flachen auslaufenden S-Hang unterhalb des Stolzenberges. Die Niederung liegt rund 250 m S unterhalb der Gebäude.
Bau 1/1971 entspricht dem Normaltyp der kleinen Portikusvilla mit Eckrisaliten. Älter sind Mauerzüge eines Kellerraumes an der O-Seite unter Raum 11. In der ersten Baugestalt hat der Bau eine 24 m lange Front mit quadratischen Eckrisaliten. Ein Keller lag im W-Risalit und konnte über eine Treppe begangen werden. Im N schloß eine rechteckige Halle (16,5 × 11 m) an mit 2 Ausgängen nach N in Form von Steinschwellen. Im Zentrum der Halle befand sich eine Herdstelle, die von einem Plattenboden umgeben war. Dem gesteigerten Platzbedarf wurde durch Anbauten rings um die Halle Rechnung getragen. Den NW-Teil nahm ein kleines Bad ein, das von der Haupthalle aus beheizt wurde. Die Badereihenfolge ist auch hier durch Kaltbad mit gemauerter Wanne, lauwarmem Bad und Warmbad gewährleistet. Ein halbrunder Einbau in einem Raum entzieht sich einer Funktionsbestimmung. Die wenigen Funde erlauben eine Datierung des Gebäudes in das 2. und 3. Jh.
Bau 2/1974 (9 × 13 m), 50 m O gelegen, ist eine einfache Halle und als Wirtschaftsbau anzusprechen. Eine Einfahrt (B 2,80 m) in N war einst mit einem zweiflügeligen Tor verschlossen. In der NW-Ecke wurde ein Getreidetrockner (Darre) festgestellt. Der Bau diente sicher als Speicher und Remise, vielleicht sogar als Stall.
Bau 3/1967, 160 m O von Bau 1 gelegen, ist ein eigenständiges Wohngebäude und gehörte sichtlich zu einem eigenen Gutsbezirk. An eine Halle (22 × 12,5 m) mit N-Eingang wurden im N und O weitere Bautrakte angefügt. In der NO-Ecke lag ein kleiner Badebau, der ursprünglich von der

Halle aus, später von einem anderen Raum aus beheizt wurde. Als Zu- und Abfluß konnten ein Blei- und ein Tonrohr in zwei Räumen nachgewiesen werden. Der quadratische Anbau mit seinen deutlichen Eckverstärkungen mag ein Speicher gewesen sein. Im Zentrum der Halle wurden einige Blöcke, ein Trog und ein Pfeiler mit Näpfchen an der Oberseite freigelegt. Eine rot verbrannte Lehmlage deutet diesen Bereich als Werkstatt, vielleicht als Schmiede. Die Gebäude 2 und 3 wurden offensichtlich schon im 3. Jh aufgelassen. Be

Lit: WBinsfeld, Mitteilungen des Vereins für Heimatkunde im Landkreis Birkenfeld 31, 1968, 85 f – DHinkelmann, Pfälzer Heimat 21, 1970, 1 ff – TZ 35, 1972, 323 ff – DHinkelmann, Westricher Heimatblätter 4, 1973, 23

Theisbergstegen KUS

*Spolien an der prot. Kirche**

Als Eckquader in der NW-, bzw NO-Ecke des ehem Turmes sind 2 Blöcke von Grabdenkmälern eingefügt. Ein Stein (52 × 52 cm) zeigt Weintrauben, Ranken und Blattwerk, ein anderer (57 × 50 × 60 cm) trägt ein großes flächendeckendes Blatt. Be

Lit: Fundberichte aus der Pfalz 1966–1970, MittHVP 81, 1983, 150 – DMalitius, Römische Inschriften, 215 f

Thür MYK

Gräberfeld

Beim Ausbau der Trasse der Kreisstraße 44 wurde in der Flur »Auf dem Bungert« ein schon seit 1958 bekanntes röm Brandgräberfeld untersucht. Mehrere unterschiedlich große Grabgärten mit insgesamt 75 Gräbern wurden festgestellt, meist Brandbestattungen und 4 spätröm Körpergräber. Die Ausstattung der Brandgräber war recht einheitlich. Meist waren zwischen 3–6 Gefäße mit ins Grab gegeben, wobei der Leichenbrand fast immer in einem grau-belgischen Schrägrandgefäß eingebracht war. Mitgegeben wurde sehr häufig, und das ist für viele Gräber charakteristisch, eine Falzrandschale mit Knopfdeckel und Speisebeigaben.

50 m SW kamen ein Brunnen und ein Keller zutage. Dabei handelt es sich um einen annähernd rechteckigen Innenraum (2,20 × 2,30 m) etwa 0,70 m unter der heutigen Erdoberfläche eingetieft. Deutlich erkennbar war die Baugrube des Kellers und Pfostenspuren eines vermutlich älteren Gebäudes, die sich in der Umgebung und in der freigelegten Fläche abzeichneten. Der Brunnen (Dm 2,50 m) war im Oberteil kreisrund, im unteren Teil quadratisch angelegt und enthielt Reste eines entsprechenden Einbaus aus Holz. Der Keller und der Brunnen konnten aufgrund der Beigaben in das 1. JhnChr datiert werden. We

Ao: LfD Koblenz

Lit: H-HWegner, Berichte z Arch an Mittelrhein und Mosel 1, 1987, 249 ff

Gutshof

Abb 507

Unmittelbar SO des Hofes Fraukirch wurden durch Luftbilder deutliche Grundrisse einer großen Anlage von Gebäuderesten bekannt. Aus Oberflächenfunden ergab sich röm Zeitstellung. Auf dem Luftbild und der entzerrten Planzeichnung wurde das Grundschema eines großen landwirtschaftlichen Betriebes klar erkennbar. Ein rechteckiges Areal ist offensichtlich von einer Mauer umgeben. Das Hauptgebäude des einen Gutshofs befindet sich an der Schmalseite im NW. Zu beiden Seiten innerhalb des Areals stehen um einen hofähnlichen Freiraum mehrere Gebäude, von denen etwa 10 im Luftbild sichtbar sind. Dabei handelt es sich gewiß um Wirtschaftsgebäude oder ähnliches. Das Areal wurde auf Antrag der archäologischen Fachbehörde durch die Untere Denkmalschutzbehörde der Kreisverwaltung Mayen-Koblenz unter Schutz gestellt und ist vorerst vor der Zerstörung durch Bimsausbeute gesichert. We

Ao: LfD Koblenz

Lit: KWilhelmi, Das Rheinische Landesmuseum Bonn 6, 1980, 4, 80 ff – H-HWegner, Arch Informationen b, 1983, H 2, 18 ff

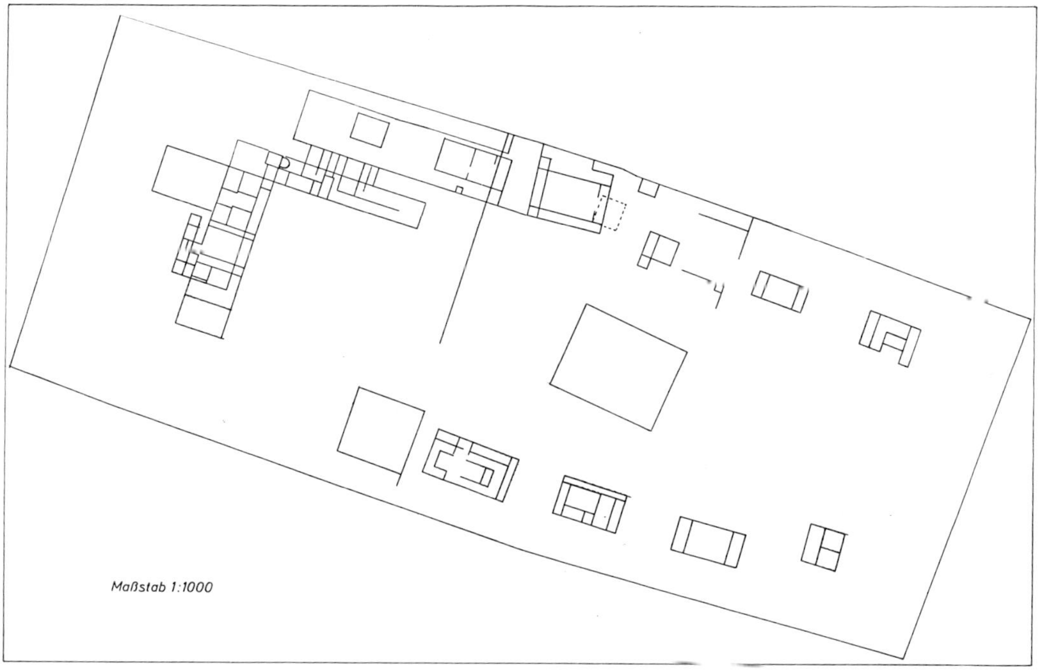

Abb. 507 Thür. Gutshof. Grundriß nach der Umzeichnung eines Luftbildes

Treis-Karden COC

Vicus und Töpferei
Abb 508, 509

Die Frühgeschichte des heutigen Karden geht weit in vorröm Zeit zurück. Sie ist nicht ohne die große, schon in der Latènezeit ausgebaute Siedlung und den in der röm Epoche errichteten Tempelbezirk auf der Hochfläche des Martberges (→ Pommern) zu denken. Hier oben befand sich ein Bergheiligtum von überregionaler Bedeutung, das dem Lenus Mars, dem Hauptgott der Treverer, geweiht war. Dieser überregionalen Bedeutung des Heiligtums auf dem Berg verdankt auch der Vicus am Ufer der Mosel seine wirtschaftliche Blüte. Archäologische Nachweise gibt es für das frühe 1. Jh bis zum Übergang in das MA. Anläßlich einer umfangreichen Baumaßnahme im Zusammenhang mit der Ortskanalisation zwischen 1984 und 1987 konnten intensive archäologische Untersuchungen und Beobachtungen zur frühen Geschichte des Ortes durchgeführt werden. Bei ausgedehnten Bauarbeiten im Innern von St. Kastor zur Sicherung des Gebäudes wurden ebenfalls Ausgrabungen durchgeführt (H. Eiden). Sie beschränkten sich nicht auf das Innere der Kirche, sondern bezogen in großem Umfang auch den Kreuzhof sowie den freien Platz S des Gebäudes, wo früher der Friedhof war, ein.

Aufgrund dieser archäologischen Forschungen bot sich folgendes Bild. Zunächst war im röm Vicus ein Pfahlrost für Speicherbauten, ein Raum mit Kanalheizung, Brunnen und eine Anzahl Keller von anscheinend weitgehend in Fachwerktechnik errichteten Wohngebäuden festzustellen. Bemerkenswert ist ein größeres, mehrfach umgebautes Haus, das im Innern von St. Kastor angeschnitten wurde. Ein guterhaltener Keller mit

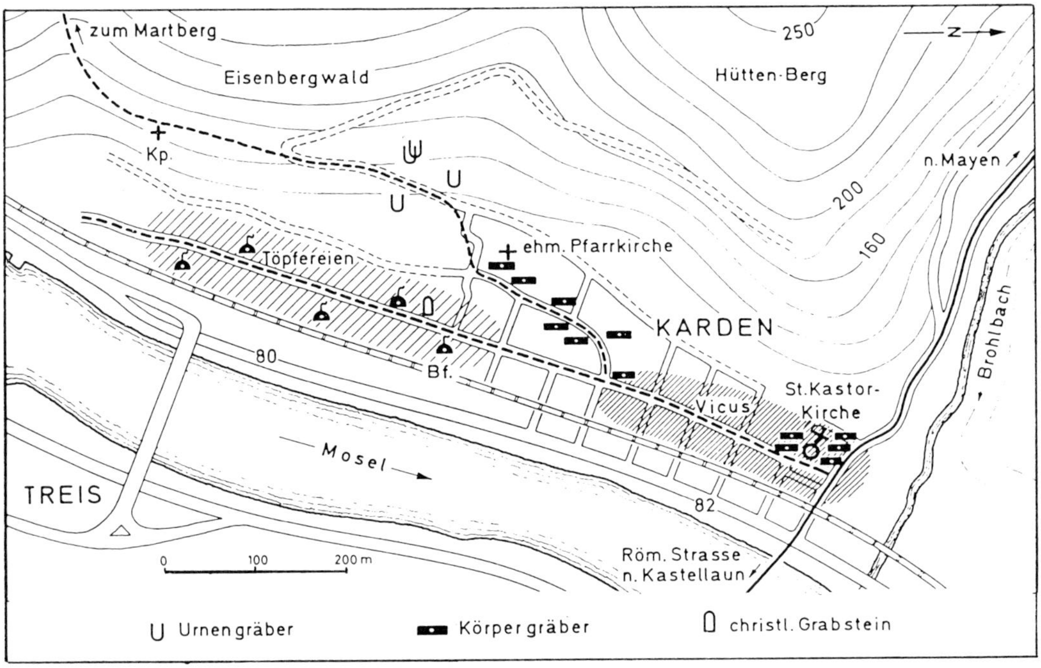

Abb. 508 Treis-Karden. Das römische Karden. Topographische Situation

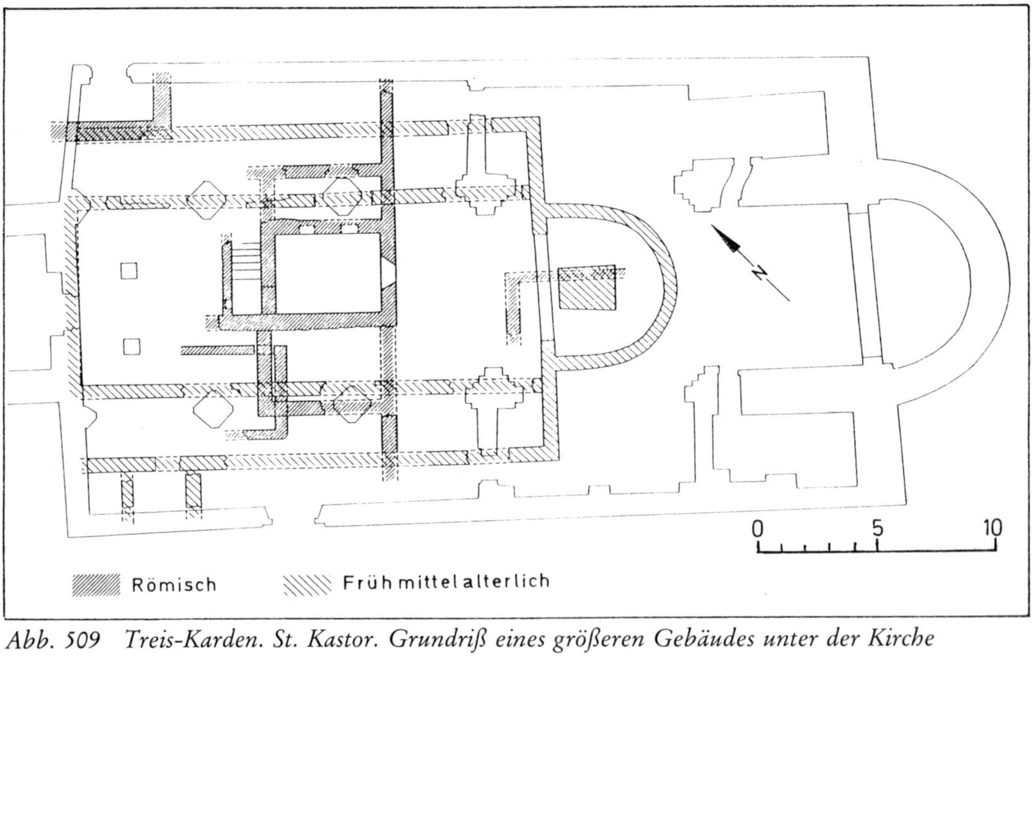

Abb. 509 Treis-Karden. St. Kastor. Grundriß eines größeren Gebäudes unter der Kirche

Treppe und Wandnische liegt innerhalb dieses Gebäudes in der Achse der späteren Sakralbauten. Die Zweckbestimmung als profaner Hauskeller ist gesichert. Einen Zusammenhang mit den späteren christlichen Kultbauten gibt es nicht. Die in ungestörten Erdschichten bei St. Kastor angetroffenen Kleinfunde streuen vom frühen 1. bis zum Ende des 4. JhnChr. Erst die eindringenden und seßhaft gewordenen Franken setzten in die einplanierten Schuttschichten des röm Vicus ihren Friedhof ein. Seine ältesten Bestattungen reichen bis in den Anfang des 6. bzw in die zweite Hälfte des 5. Jh zurück. Die zugehörige Hofsiedlung dürfte in typischer Lage außerhalb des röm Vicus und des fränkischen Friedhofs auf der Hochterrasse der Mündung des Brohlbachtals in der Umgebung des kurtrierischen Amtshauses zu suchen sein.

Von dem röm Vicus aus führte auch der Hauptweg auf den Martberg. Anzeichen für eine ma Belegung und Fortsetzung des Heiligtums sind nicht gegeben. Die Kulttradition übertrug sich auf die St.-Kastor-Kirche in Karden. Zu erwähnen sind noch die zahlreichen Töpfereifunde, die entlang der Straße S des Vicus zutage kamen, und ein Tempelbezirk des 1.–5. JhnChr »Unter den Weinbergen«. We

Ao: LfD Koblenz

Lit: HEiden 77 – ders, Ausgrabungen an Mittelrhein und Mosel 1963–1976, Tafelband 1982, 266 ff – ders, in: JWerner, EEwig (Hrsg), Von der Spätantike zum Frühmittelalter, Vorträge und Forschungen 25, 1973, 339 ff – H-H Wegner, Mosel – Fluß und Wasserstraße, Lebensraum. Ausstellungskatalog RLM Trier, 1982, 32 f

Wachtturm

Auf dem Eierberg N des Ortsteiles Treis lassen sich am Fußweg zur Zilleskapelle bis auf den Gipfel in den Weinbergen des sog Zillesberges röm Ziegel und Scherben auflesen. Außerdem sind kurz unterhalb des Gipfels, insbesondere am N-Hang, buchtenartig »Wohnpodien« in das Bergmassiv eingearbeitet. Aufgrund der Oberflächenfunde handelt es sich hier offensichtlich um eine spätantike Befestigungsanlage. In diesem Zusammenhang dürfte auch die am N-Hang in der Nähe dieser »Befestigungsanlage« in den Felsen eingearbeitete tiefe »Zisterne« gehören. Auf dem Gipfelplateau sind Hinweise erkennbar, die einen ehem röm Wachtturm oder dergleichen an dieser Stelle wahrscheinlich machen. We

Ao: LfD Koblenz, RLM Bonn, RLM Trier, Privatbesitz

Lit: WHaberey, BJb 146, 1941, 359 f – K-JGilles, TZ, Beih 7, 1985, 199 f

Trier TR

*Colonia Augusta Treverorum**

Abb 1, 71, 87, 92, 95–97, 103, 104, 113, 115, 119–121, 125, 144, 145, 147, 153, 159, 161, 162, 169, 174, 510–586, Taf 1, 5, 8–14, 15a, 16–20, 22

Topographische Lage der Stadt. An einer langgestreckten Schleife der Mosel wurde die *Augusta Treverorum* an der Stelle begründet, die mit sanft ansteigendem Gelände oberhalb der Hochwasserschwelle eine ausgedehnte Talung anbot. Sie führt von den Ausläufern des Hunsrucks kommende reichlich Wasser führende fischreiche Bäche (Aulbach, Altbach/Olewiger Bach und Aveler Bach) zur Mosel und bietet mit dem Altbach auch einen relativ langgestreckten Taleinschnitt, der mit dem etwas nördlicher folgenden Ruwertal eine bequeme Erschließung zu den Hunsrückbergen anbot.

Natürliche Quellen beim »Römersprudel« – S außerhalb des Stadtgebietes, beim Kuhgraben-Herrenbrünnchen am Petersberg – sowie leicht mit Brunnenschächten erreichbare Grundwasserschichten begünstigten die Örtlichkeit. Die Talaue wird oberhalb bei Estrich von einem Felsrücken begrenzt, der unterhalb der Saarmündung bei Konz ansetzt und, fast bis an das Ufer vortretend, nur eine schmale Passage gewährt, die mit einer Furt zu dem weiten, fruchtbaren Tal der Eurener Flur auf dem gegenseitigen, linken Ufer eine weite Übersicht gewährt. Flußabwärts ist eine ähnliche Talbegrenzung durch Grüneberg und das Tal der Ruwer vorgegeben, die nach der in weitem Bogen von der Mosel umflossenen Niederung bei Kenn auf der Höhe von Schweich/Kenner Lay eine natürliche Grenze bildet. Zu

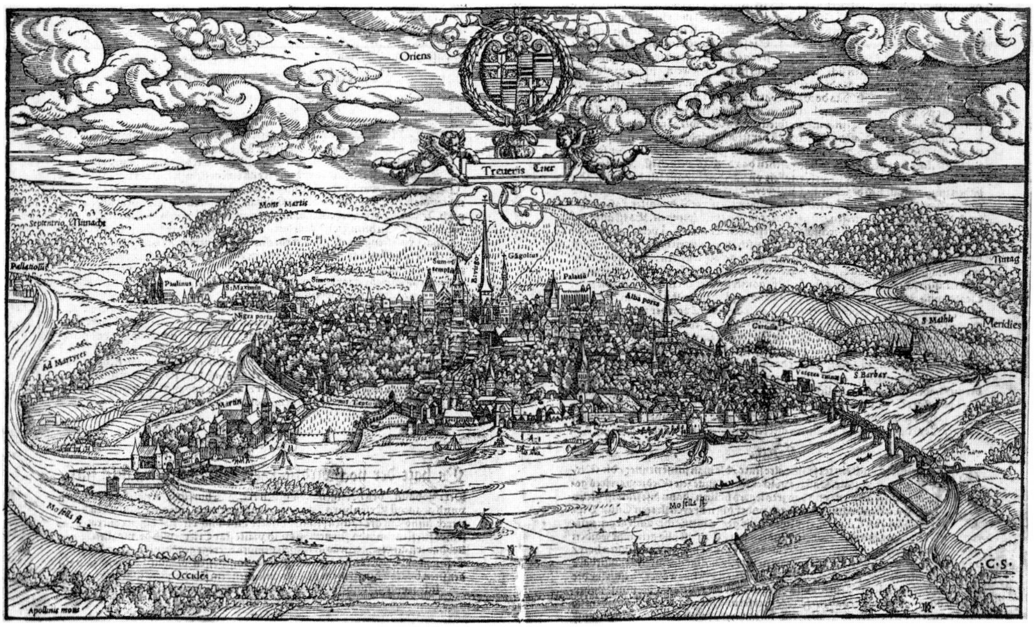

Abb. 510 Trier. Ansicht der mittelalterlichen Stadt (S. Münster)

dieser Abfolge von hohen Bergen, die die Talauen begrenzen, korrespondieren am W, linken Moselufer fruchtbare Talniederungen bei Euren, Biewer-Pfalzel und dem aus der Eifel herankommenden Kylltal, Ehrang bis Quint und Schweich. Der Stadt gegenüber erheben sich hohe, mit Steilhängen schwer zu begehende Berge, die von Pallien bis Biewer als Rotsandsteinfelsen zur Gewinnung von Bruchstein, Quadermaterial und Sarkophagen seit dem 1. JhnChr in starkem Maße abgebaut worden sind. Derart eingegrenzt, war die Talsiedlung auch klimatisch bevorzugt, denn die Kessellage bewirkt in günstigen Jahren eine geradezu südländische Temperatur und ist gegen die kalten O-Winde bestens abgeschirmt.

Vorröm Funde streuen entlang des rechten Moselufers und in den Ausläufern der Seitentäler und Bäche.

Bei größeren Flächengrabungen entdeckte Wohngruben und Pfostenhäuser, Fachwerkhäuser und Bauten aus luftgetrockneten Ziegeln wurden zwischen Mosel und Ostallee, Gilbertstr und St. Irminen auf einer Fläche von ca 800 m × 900 m beobachtet, vereinzelt steht ein wiederverwendeter Holzbalken einer Fachwerkkonstruktion, die dendrochronologisch auf das Jahr 116 vChr datiert. Die Existenz einer frühröm Ansiedlung in weiter Streulage siedelnder Treverer würde erklären, daß auf dem Petersberg bereits 31 vChr mit weitreichender Sicht über die Talniederung, die Flußufer und die hier entlang geführten Wege sowie die Moselfurt auf der Höhe der Römerbrücke ein militärischer Posten angelegt worden ist. Die sicher vorröm Fernwege sowie der Flußübergang, der Pfosten von Brückenstegkonstruktionen der Zeit um 18/17 vChr geliefert hat, beweisen die verkehrsgünstige Lage der hier begründeten *Colonia Augusta Treverorum*, am Kreuzungspunkt bedeutender Fernstraßen, die mit Seitenstrecken auch Eifel und Hunsrück im Zuge vorröm Wegestrecken erschließen.

Vor die Zeit der Stadtgründung wird ein Alenlager angesetzt, auf das möglicherweise auffällig breite Grabenreste, die an der Gilbertstr, an der

Weidengasse beobachtet wurden, und frühe »Scherbenfunde«, aus den hier bei Anlage von Kanalgräben aufgenommenen Befunden, weisen.

Stadtplanentwicklung. In Verbindung mit dem Aufenthalt Agrippas in Gallien 19 vChr und 16–13 vChr des Kaisers Augustus selbst wird die Gründung der Talsiedlung angesetzt, die den Haupt- und Vorort der Treverer bilden sollte.
Für diese Siedlungsgründung waren die natürlichen vorrom Wegeverbindungen in der S-N-Richtung und die vom Olewiger Tal zur Moselfurt führende, mit geringem Gefälle vom Fuß des Petersberges auf einer flach auslaufenden Geländezunge verlaufende, vorgegeben und bestimmten die Hauptachsen (*cardo maximus* S-N, *decumanus maximus* W-O).
Oberhalb der höchsten Hochwasserlinie wurde ein gleichmäßiges Raster rechtwinklig sich schneidender Straßen eingemessen und dauerhaft markiert. Sie ergaben auf der Straßenachse des Decumanus nach O orientierte langrechteckige Quartiere in paarweiser Anordnung, jeweils mit 90–100 m Seitenlänge und 70 m Breite, während N und S jeweils quadratische Bauflächen (100 × 100 m) und W des Cardo zwei schmalrechteckige Flächen (75 × 100 m) nach N orientiert den Straßenplan bestimmen. Ebenso sind auch S der O-W-Achse die Bau- und Siedlungsflächen ausgemessen, jedoch in der symmetrischen Anordnung nur auf 3 Inselbreiten konzipiert worden. So könnte man auch entsprechend N des Decumanus zunächst für die Gründungsstadt mit 3 Inselbreiten einen quadratischen »Stadtgrundriß« rekonstruieren, der mit den schmalen Flächen beidseits des Decumanus und jenen W des Cardo eine Fläche von 850 × 850 m eingenommen hätte und 16 schmale, 12 breitrechteckige und 36 quadratische Bauquartiere, insgesamt 64 große Baulandflächen ausgewiesen hätte.
Wenn auch der Brückenkopf der Pfahlrostbrücke mit triumphbogenartigem Tor den W moselseitigen Beginn des Stadtgebietes anzeigt, und innerhalb dieser Fläche die Holz- und Fachwerkbauten bisher gefunden wurden, so gab es offenbar von Anfang an peripher gelegene Flächen, die vielleicht mit älteren Siedlungsresten und Rechten öffentlich Sonderentwicklungen außerhalb des »Bebauungsplanes« erlaubten, wie Einzelfunde an Keramik und Münzen wahrscheinlich machen. Während erwartungsgemäß das Töpfereigelände und auch die Friedhöfe weit außerhalb dieser »Gründungsstadt« liegen, ist es vor allem der Tempelbezirk im Altbachtal, der in das Schema eines Straßen- und Flächennutzungsplanes nicht einzupassen ist.
Über das beplante Kern- und Baugebiet der Gründungszeit wuchs die Bebauung aber offenbar sehr schnell hinaus, wurden – orientiert auf das Straßennetz – Erweiterungen vorgenommen. Dies läßt sich in S Richtung daraus ablesen, daß die hier folgenden Erweiterungen wechselnde Flächenzuschnitte haben. Besonders aber an der Uferseite sind beachtliche Terrainanfüllungen durchgeführt worden, in deren Verlauf nicht nur die »Hochwassergefahr« zurückgedrängt wurde, sondern auch wirtschaftlich interessante Nutzflächen gewonnen wurden, die – auch im Hinblick auf den Güterverkehr auf der Wasserstraße – mit Anlegestellen und Stapelplätzen von Belang waren. Die mit 13 Pfeilern ursprünglich bis an die Wallstr-Bollwerk geführte Pfahlrostbrücke wie auch die Steinpfeilerbrücke aus der Mitte des 2. JhnChr mit 9 Pfeilern verschwanden mit den stadtseitigen Brückenanfahrten und Pfeilern in den Anschüttungen.
Weisen die im Kerngebiet gelegenen Straßen mehrfache, bis zu 17, Aufhöhungen auf, so sind jene der jüngeren Gebietserweiterungen nur mit 1 bis 4 Aufhöhungen versehen.
In den repräsentativeren Bereichen ist die jüngste Straßendecke mit großen Kalksteinplatten und polygonalen Basaltplatten belegt, die eindeutig noch dem 4. JhnChr zugehören.
In entsprechender Folge ist auch die Anlage der öffentlichen Einrichtungen des neuen Gemeinwesens erfolgt. Hierbei sind allerdings auch einige Besonderheiten zu erwähnen, die nicht nur langfristig vorausschauende Planung erkennen lassen, sondern auch die zeitweise Berücksichtigung von »Planfestlegungen«, die noch aufrecht erhalten wurden, als die Entwicklung schon nach neuen Lösungen verlangte.
Für die Großanlage des Forums (140 × 278 m) wurden am Kreuzungspunkt von Cardo und Decumanus 6 Quartierflächen beidseits der WO-Achse mit älterer »privater« Wohnbebauung unbekannter Eigentümer planiert und dem öffent-

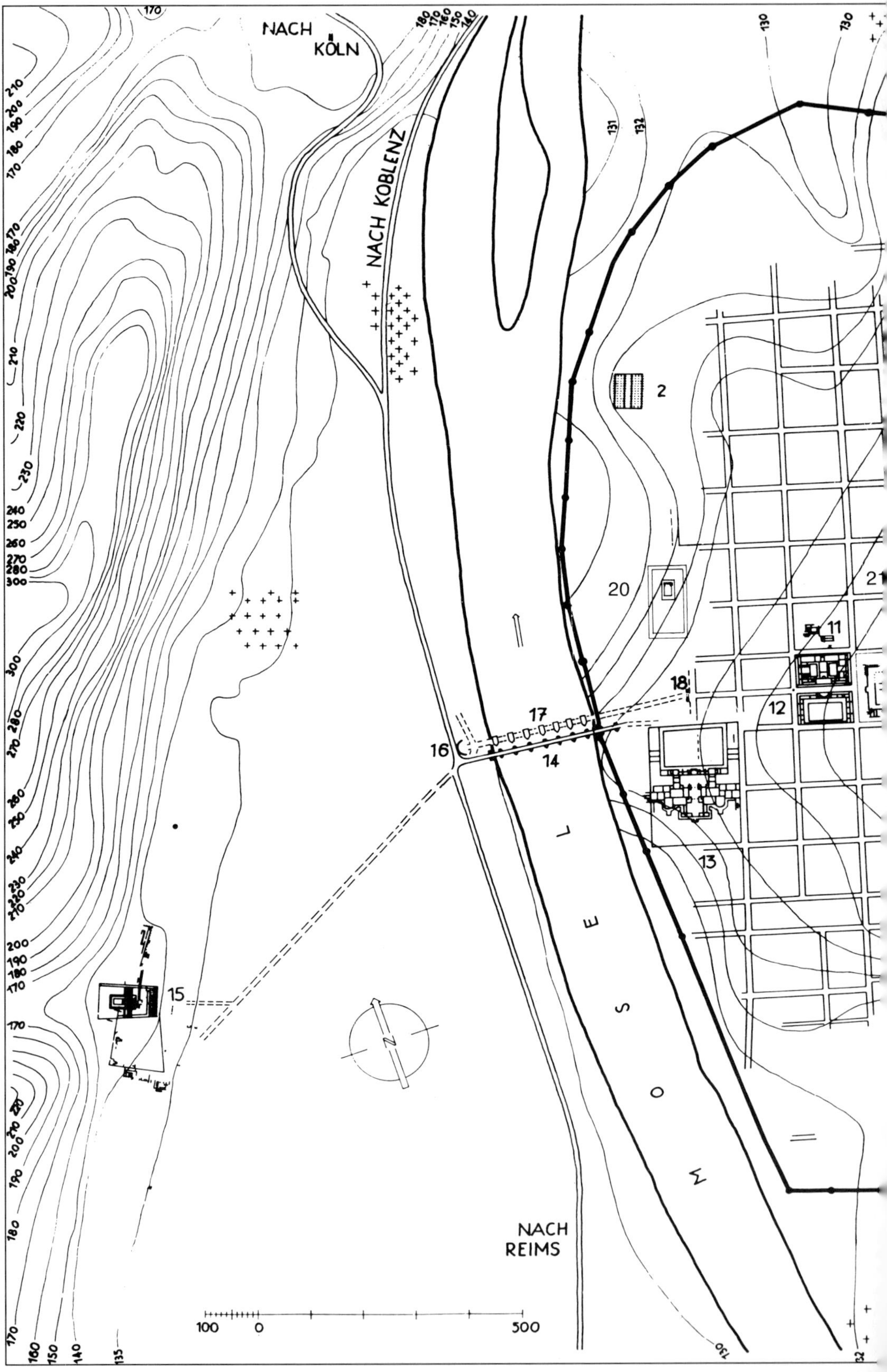
NACH KÖLN
NACH KOBLENZ
NACH REIMS
MOSEL
2
11
12
13
14
15
16
17
18
20
21
100
0
500

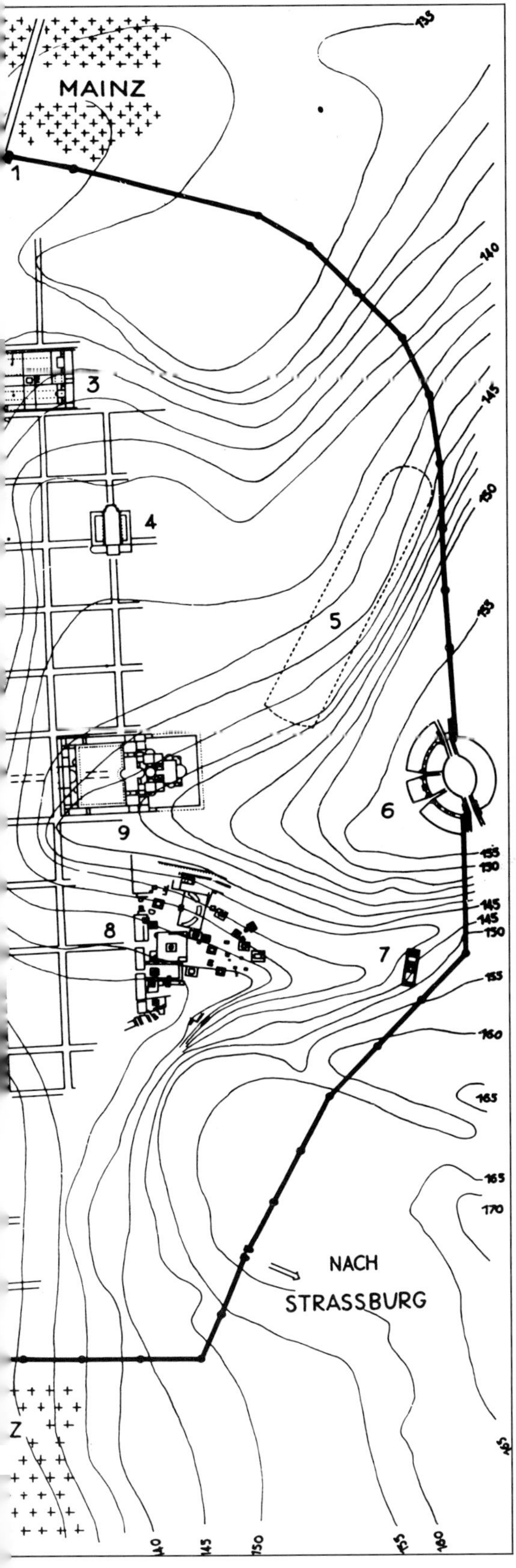

Abb. 511 Trier. Stadtplan des römischen Trier. 1 Porta Nigra, 2 Horrea von St. Irminen, 3 Doppelbasilika, Dom und Liebfrauenkirche-St. Laurentius, 4 konstantinische Palastbasilika, 5 Circus, 6 Amphitheater, 7 Tempel am Herrenbrünnchen, 8 Tempelbezirk im Altbachtal, 9 Kaiserthermen, 10 Forum, 11 Palastanlage, 12 Doppelpalastanlage, 13 Barbarathermen, 14 Römerbrücke (jüngere Steinpfeilerbrücke), 15 Tempelbezirk des Lenus Mars und Theater, 16 großer Nischenbau (Exedra) am westlichen Brückenkopf der älteren Pfahlrostbrücke, 17 Pfahlrostbrücke, 18 Tor- und Bogenfundament am Bollwerk, 19 Tor- und Bogenfundament an der Simeonstraße, 20 Tempel des Asclepius, 21 Thermenanlage auf dem Viehmarkt

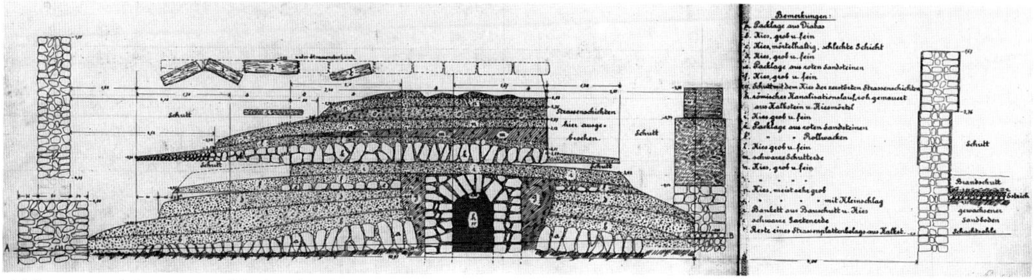

Abb. 512 Trier. Profil durch die römische O-W-Straße in der Neustraße

lichen Bau zugewiesen. Die ältere Decumanusstraße wurde auf die Länge von 3 Insulae ebenfalls aufgelassen, während der Cardo auf die Breite der Anlage von einer Basilika und die parallel W gelegene Straße mit Läden und Hofflächen überbaut worden sind. In der großen Ausbauphase im 3. Viertel des 1. Jh wurde – N des Forums um eine Insel versetzt – W des Cardo maximus eine Thermenanlage zugefügt, die innerhalb der Straßenbegrenzung als freistehender, monumentaler Bau mit sehr kompaktem Grundriß ausgeführt worden ist und später, mit Erweiterungs- und Nebenräumen in den Funktionen ergänzt, die Freifläche fast ganz auffüllte.

Mit der durch Bevölkerungszugang notwendig gewordenen Erweiterung der Stadtsiedlung wurden die Barbarathermen – SW um 2 Inselbreiten versetzt – nahe an der Mosel als wesentlich repräsentativere Großanlage errichtet und machten ebenfalls die Auflassung und Planierung älterer

Abb. 513 Trier. Forum. Grundriß

Wohnbauten erforderlich. Für die N der Brükkenzufahrt gelegene Tempelanlage wurde ebenfalls eine große Quartierfläche besetzt, der ebenfalls ältere Wohnbebauung zum Opfer fiel. Dieser – offenbar zunächst nicht absehbaren Erweiterung – wurden auch Friedhöfe und Bestattungsplätze an der Dampfschiffahrtsstr und an der Schützenstr (W und O der Kernansiedlung) geopfert. Gleichzeitig waren aber im S die Gräberfelder weit vor der geplanten Bebauung bei St. Matthias-Töpferstr, im N vor der Moselstr und Simeonstr angelegt worden.

Einer schon langfristig und großräumig konzipierten Planung, wenn nicht nur besonderen Gegebenheiten des Geländes, verdanken Amphitheater und Circus Maximus die Wahl ihres Standortes und die Art der Ausführung um 100 nChr.

Eine Sonderstellung nimmt sicherlich der weite Bereich des Tempelbezirks am Altbachtal ein. Gunst des Geländes, der Reichtum an Trinkwasser aus dem Bachlauf, dem Quellvorbruch am Kuhgraben/Herrenbrünnchen, eingebettet zwischen dem Heiligkreuzerberg und dem Petersberg, mit der hier vorbeiziehenden Fernstraße zum S Hunsrück, vielleicht aber auch alte, an den Ort gebundene Kulttraditionen brachten eine kontinuierliche Bebauung und Nutzung vom beginnenden 1. Jh bis ins Ende des 4. JhnChr.

Eine Festlegung des städtischen Siedlungsraumes für die Zukunft bedeutete die Errichtung der Stadtmauer im letzten Drittel des 2. JhnChr. Die Mauerführung berücksichtigte noch ausgedehnte Flächen aus »Bauerwartungsland« im Hinblick auf umfangreichen Bevölkerungszuwachs. Gleichzeitig nutzte man wichtige Vorgaben, die aus vorhandenem Baubestand oder dem Gelände begründet werden können.

Nahe an das Moselufer herangeschoben, wurden Flächen dem Siedlungsgebiet zugeschlagen, die durch Aufschüttung hochwasserfrei geworden waren und durch den Mauerbau gewissermaßen eine dauerhafte »Eindämmung« des kapriziösen Flusses versprachen. Moor- und Sumpfgelände zwang, die N Mauerflucht in möglichst geradlinigem Verlauf durch ein schon belegtes Gräberfeld zu legen. An der O-Seite waren Amphitheater und Circus einzubeziehen und der Taleinschnitt des Altbaches mit dem Tempelbezirk und dem großen Tempel des »Apollo« am Herrenbrünnchen mit dem Plateau des Berges von Heiligkreuz abzusichern, um anschließend, fast in rechtem Winkel zur Mosel abzuschwenken, wo das Handwerkerviertel und Töpfereigelände durchzogen wurde, gleichzeitig auch Abgrenzung zu dem Brandgräberfeld.

Die zugehörigen Torsperren oder Torburgen sind im N Porta Nigra, im S ein nicht minder großer Bau, die Porta Media, im O das Amphitheater als monumentale doppelte Sperre mit großem Zwinger, im W ein auf die Anfahrtsrampe gestelltes Tor mit Flankierungstürmen, am W Ufer angelegt, um das technisch bedeutende Brückenbauwerk mit in den Schutzbereich einzubeziehen. Im Zuge der Stadtmauer mochte eine einfache Bogenöffnung als Durchlaß in das Stadtgebiet genügt haben.

Diesen Torbauten gingen »Triumph- und Ehrenbögen« voraus, die durch Grabungen nachgewiesen sind: Am Brückenkopf der Stadtseite stand ein großer Ehrenbogen mit Reliefschmuck, der auf den Decumanus orientiert ist und die leicht S abwinkelnde Flucht der Brücke und Flußpassage gewissermaßen verbarg. Bogensteine mit rosettengeschmückten Kassetten waren vielleicht auf der Brücke selbst aufgestellt, wie im Fluß geborgene Steine wahrscheinlich machen.

An der Straßenabwinkelung des Cardo, an Simeonstr und Moselstr wurde ebenfalls ein reliefgeschmückter, breiter Ehrenbogen mit massivem Fundament und Kalksteinfragmenten aufgedeckt und bei Kanalbaumaßnahmen untersucht.

In den Kaiserthermen verbaute Reste eines mit flachen Pilastern und Bogenprofilen verzierten Bogens lassen einen solchen Aufbau im O-Teil des Thermenareals vermuten, als Abschluß des »Stadtgebietes« ziviler Bebauung vor der Stadterweiterung des 2. JhnChr und wohl auch vor Ausbau von Circus und Amphitheater.

Im S-Bereich wird ein solcher »Abschluß« ebenfalls am Rande der »Gründungsstadt« des 1. Jh gelegen haben, auch wenn ein entsprechender Befund bisher nicht aufgenommen werden konnte. Ein neues, großflächiges Bauprogramm wurde nach den Wirren des 3. Jh, besonders nach den Zerstörungen durch die Germanen um 275 nChr, gegen Ende des 3. und zu Beginn des 4. Jh realisiert, als Trier zur Residenz des Cäsars und Augustus der W Reichshälfte aufrückte. Neben Wiederherstellung zerstörten Wohnvolumens und der wichtigen öffentlichen Anlagen wie der Bäder am Viehmarkt und am Moselufer wurden, wie die Grabungsergebnisse zeigen, auf dem O-Teil der Mittelterrasse 25 Quartiere einplaniert und zu einem großen Baukonzept, der kaiserlichen Residenz, vereinigt. Zwar wäre innerhalb des von der Stadtmauer eingegrenzten Areals im NW oder am NO-Rand der Siedlungsfläche genügend Bauland verfügbar gewesen, doch es ging offenbar, durchaus im modernen Sinne der Stadtplanung, darum, nicht nur die Kriegsschäden zu beheben, sondern die stadträumliche Gesamtsituation zu verbessern und die Residenz mit all ihren Sonderfunktionen der staatlichen Verwaltung in das Gemeinwesen einzubeziehen.

Kaiserthermen, Basilika und kaiserliche Wohnpaläste, später zu der Doppelbasilika von Dom und Liebfrauenkirche umgewandelt, wurden zwischen 289 und 340 nChr in monumentaler Weise errichtet. Dabei ist von Interesse, daß dort, wo die ältere Bausubstanz es zweckmäßig und sinnvoll erscheinen ließ, und auch wo Verwaltung weiterbestand, diese Bauten, Bauteile und einzelne Mauerzüge in das Neubaukonzept eingebracht worden sind, so zB an der Basilika oder im W-Teil der christlichen S-Basilika. Großzügige Planung brachte es mit sich, daß schon früher Teile des Straßennetzes aus der Nutzung genommen und von Palästen und Hallen überbaut worden sind wie bei der Basilika, den Kaiserthermen und zu frühester Zeit schon bei Forum und Barbarathermen.

Die veränderten Wirtschafts- und Versorgungsverhältnisse besorgten als letzten großflächigen öffentlichen Bau die Errichtung der Speicherhallen von St. Irminen am Moselufer, die, soweit bislang erkennbar, auf einer Freifläche ohne Eingriff in Bau- und Wohnsubstanz älterer Zeit erfolgte.

Kennzeichnend für die über 500jährige Bau- und Planentwicklung im Stadtgebiet ist auch der Wandel an Bautechniken und die von praktischen Erwägungen bestimmten Wechsel im Baumaterial. Der Gründungs- und Ausbauzeit bis zur Mitte des 1. JhnChr sind neben einheimischen Fachwerkbauten und offiziellen öffentlichen Quaderbauten wie der »Augustustempel« auch noch »Grubenhäuser« und Lehmziegelbauten zuzuordnen. Die klimabedingte schnellere Abnutzung bedingte schon sehr bald, für die Außenmauern solide Steinmaterialien zu gebrauchen. Kalkstein in sorgfältig zugerichteten handlichen Formaten kennzeichnet die erste Steinbauperiode, die alsbald von dem örtlich bequem erreichbaren Rotsandstein abgelöst worden ist. Bei den öffentlichen Großbauten Forum, Viehmarktthermen, Amphitheater, Barbarathermen, Asklepiostempel ist der Kalkstein verwendet worden. Bei den Wohnquartieren aber ist der Wechsel schon in der zweiten Hälfte des 1. Jh eingetreten.

Bei allen frühen Bauten werden aber durchaus Elemente südländischen Wohnkomforts schon assimiliert wie die Ausschmückung mit Wandmalerei, der festere Bodenbelag mit Kalkziegelestrich, Ziegelplattenböden in ornamentaler Bodenmusterung (Fischgrätendekor), Mosaik in zunächst kleinen teppichartigen Flächen, die Dachdeckung mit Ziegel und Dachschiefer.

Wasserversorgung. Für die ausreichende Versorgung der Neugründung mit Trinkwasser waren die besten Voraussetzungen gegeben. Neben dem Flußwasser der Mosel brachten Bäche von den O in das Tal einmündenden Tälern ebenfalls reichlich trinkbares Süßwasser heran. Quellvorbrüche wurden gefaßt und in Nutzung genommen, zT auch über größere Sammelbecken an ein Rohrversorgungsnetz angeschlossen und zu den Verbrauchern und öffentlichen Brunnen geführt.

Zusätzlich waren im Bereich der Niederterrasse durch Brunnen grundwasserführende Sandschichten leicht zu erschließen, während am Hanggebiet der Mittelterrasse in verwitterten schiefrigen Schotterschichten über festerem Grundgestein zu Tal fließende, reichlich Wasser führende Schichten ebenfalls in Brunnenschächten erreichbar waren.

Der Römersprudel, SO der Stadt oberhalb von Estrich gelegen, war als kohlensäurehaltige heilkräftige Quelle in Nutzung und bestand bis in die Neuzeit. In St. Medard liegt direkt am Ufer der Mosel eine Süßwasserquelle, die allerdings bei jedem Anstieg des Flusses überspült wird.

Für die Versorgung der Gründungssiedlung wurde eine Quelle am Hang des Heiligkreuzerberges in eine Kanalleitung gefaßt, die beim Tem-

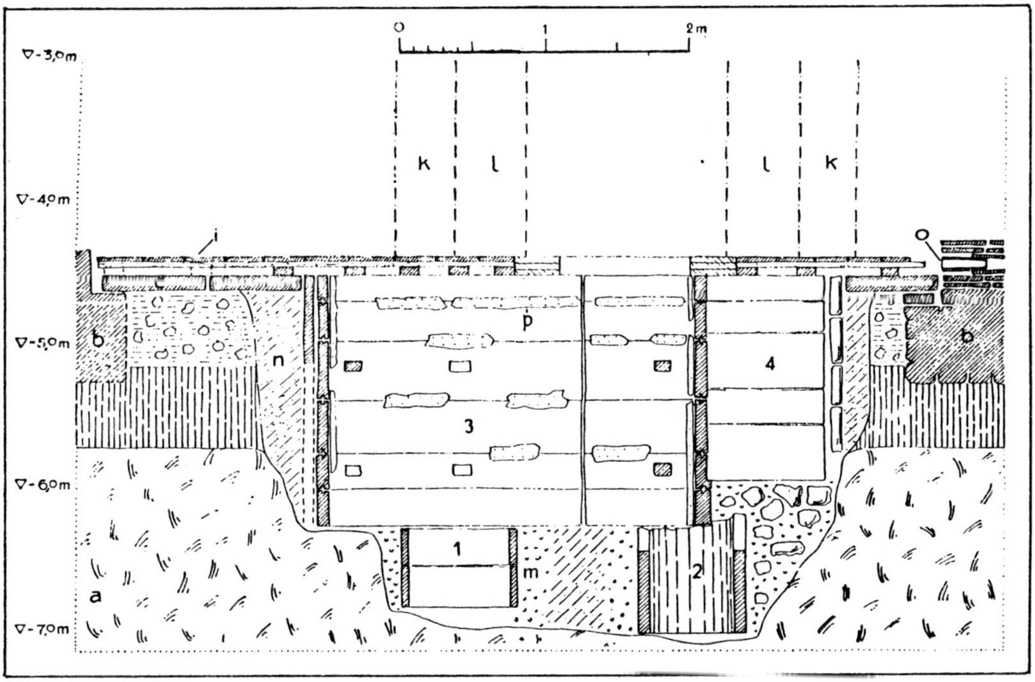

Abb. 514 Trier. »Römersprudel«. 1–4 Quellfassungen, a gewachsener Boden, b Mauerwerk des Brunnenhauses unter dem Plattenfußboden

pel am Herrenbrünnchen dann in eine Kammer geführt und von hier aus dem Stadtgebiet zugeleitet, ihren Überschuß an den Altbach abgab. An die Sammelkammer wurde, zur Versorgung der ma Stadtsiedlung, eine Kanalisierung aus dem Olewiger Tal herangeführt, den gestiegenen Wasserverbrauch stützend.

Im Bereich des Gymnastikplatzes (*palaestra*) der Kaiserthermen sind zwei nacheinander errichtete größere Zisternenbecken als offen zutage liegende Wasserreservoire und »Verteilerbecken« freigelegt worden, deren solide Ausführung die besondere Sorgfalt der frühen Wasserversorgung illustrieren können. Ein Becken ist mit einem dikken Kalkziegelestrichboden auf starkem Unterbau aus Bruchsteinmaterial angelegt, die Außenwände ebenfalls massiv gebildet. Zusätzlich sind die aufrecht stehenden Beckenwände mit Kalksteinplatten verkleidet, die an den Stand- und Stoßseiten mit Rillen versehen sind, in denen eine Dichtung aus Ton eingefüllt war, derart auch eine Isolierung gegen eventuell von außen im Boden eindringende Schmutzwasser bietend.

An der NW-Ecke des Beckens (7 × 12 m) ist eine Aussparung erhalten, die zu einem Leitungsanschluß führte und durch einen Schieber reguliert werden konnte. Dieses Becken ist zugleich auch als Absetzbecken zu betrachten, in dem aus der teilweise offen gelegenen Zuführung oder bei Regen eingespülte Schmutzstoffe, Staub und Lehm hier abgefangen wurden und sich auf den Boden ablagern konnten. Dieser Anlage des 1. JhnChr folgt, etwas versetzt, ein ähnlich angelegtes Bekken in SW-Richtung. 15 × 10 m groß und ursprünglich wenigstens 2 m hoch, ist der Beckenausmauerung eine Schicht großer Sandsteinquader an der Außenseite vorgelagert, an der Oberseite zT durch Begehung geglättet und abgetreten. Das grünliche Sandsteinmaterial, jenem der Porta Nigra entsprechend, trug sicherlich einen ornamentverzierten Schrankenaufbau von Pfeilern und Platten, die das Absetzbecken als öffentlich genutztes Brunnenbecken gefällig darboten. Auf der Bodenfläche wurde noch eine etwa 15 cm starke Lage von hellgrauem Ton angetroffen, in der ein System von Rillen darauf deutet, daß hier eingestellte Bohlen und Bretter den Wasserzulauf in bestimmte Bahnen lenkten und so eine Klärung und das Absetzen von Sinkstoffen beschleunigten.

Im Bereich der Polizeidirektion, früher Villa Schaab, wurden Reste einer Mauer aus luftgetrockneten Ziegeln beobachtet, die in einer Bogen-Nischen-Gliederung mit Durchlässen versehen war, die ebenfalls als eine Art der Wasserverteilung aus einem Sammelbecken zu deuten ist, und der frühesten Ausbauphase der Neugründung zuzurechnen wäre.

Breitere, sorgfältig aufgemauerte Kanäle, mit wasserfestem Kalkziegelmörtel ausgekleidet, sind als Hauptversorgungsleitungen zu betrachten. Ein solcher Kanal in der Palästra der Kaiserthermen ist auf der Sohle mit Dachziegeln ausgelegt, die wie bei einer Fischtreppe jeweils an den Enden der Schmalseite auf der nachfolgenden Platte aufliegen. Diese Art der Ausführung mochte sowohl die Durchlaufgeschwindigkeit bremsen helfen, wie das Absetzen von Sinkstoffen ermöglichen.

An den Randstrecken der Straßen wurden die Höhlungen ausgewitterter Deuchel-Holzstammleitungen (L 3,00 m = 10 Fuß) beobachtet, die an den Stoßstellen der Einzelrohre mit eisernen Bandringen verbunden und abgedichtet sind. Zumeist mit Lehm oder Ton ummantelt, haben sich derartige Leitungen bei ländlichen Siedlungen, vereinzelt auch im Stadtgebiet, erhalten, wenn Zu- und Durchlauf des Wassers oder aber Bodenfeuchtigkeit eine Konservierung gewährten.

Von soliderer Ausführung sind Bleirohrleitungen mit leicht ovalem, an der Oberseite durch einen scharfen Falz spitz zulaufendem Querschnitt, die in genormten Längen von 10 Fuß = 3,00 m verlegt sind. An den Stoßstellen der aus »gewalzten« Bleiplatten geformten, im Falz verlöteten Druckwasserleitungen wurden kleine Bleikästen (Dm 10 × 12 cm) gefunden, an deren Seiten kleinere Bleiröhren angelötet, deren vorstehende Enden mit der Zange zusammengekniffen waren. Es sind dies die vorsorglich für spätere Abnehmer bestimmten Verteilerkästchen, die, mit der Leitungstrasse kartiert, bei Siedlungsauffüllung eine kostensparende, schnelle Abgabe des wertvollen Wassers ermöglichten und nur die Verlegung der »Hausanschlußleitung« erforderten. An der NO-Ecke des Forums wurde diese Art der Wasserversorgung auf eine längere Strecke noch intakt angetroffen und geborgen und war in der ersten Straßentrasse vor Erneuerung und Anlage der zweiten Straßentrasse (Kiesaufhöhung) installiert worden. Sie datiert demnach in die erste Hälfte des 1. JhnChr.

Zur Entsorgung der Haushaltsabwässer und Oberflächenwasser (Dachentwässerungen), verliefen an den Straßenrändern Abwasserrinnen, die mit dem zunehmenden Ausbau der Stadt als unterirdisch verlegte Abwasserkanäle weiter entwickelt worden sind. Während die repräsentativeren Hauptstraßen und jene an Palastbauten, großen Villen oder öffentlichen Gebäuden und Bädern mit größeren, begehbaren Kloaken-Abwasserkanälen ausgestattet worden sind, begnügte man sich in den peripher gelegenen Quartieren mit offenliegenden Ablaufrinnen. Die Entsorgung der Schmutzwässer wurde, wo zulässig und eine Gefährdung der »Hygienevorschriften« nicht zu befürchten war, über Abfall- und Klärgruben erreicht.

*Die Ruwertal-Wasserleitung**. Dem steigenden Verbrauch der an Bevölkerungszahl und Fläche ständig wachsenden Stadt wie auch dem durch die Zivilisationseinflüsse gestiegenen Bedarf konnten diese Anlagen nicht mehr genügen. Da sich auch im näheren Umkreis keine Quellen mit großem Wasserausstoß befanden und das Gelände durch tiefe Taleinschnitte und Steilfelsen eine Lösung des Versorgungsproblems nicht anbot, wurde die Ruwer bei Waldrach oberhalb der Einmündung der Riveris abgefaßt und mit mehreren Zuläufen in Höhe des normalen Wasserstandes und der Durchlaufhöhe einer Kanalleitung zugeführt. Die Ruwer hatte dabei den Vorzug, daß sie in ihrem Lauf zahlreiche Nebenrinnsale und Bäche des S Hunsrücks aufnimmt und das sicherlich auch damals ausgedehnte Waldgebiet als beständigen Zulieferer entwässert.

An den Einlaufstellen liegt der Kanal auf einer Höhe von 161,208 m ü. NN. Viereckige Aussparungen ermöglichen aus dem mit Sand und Kies

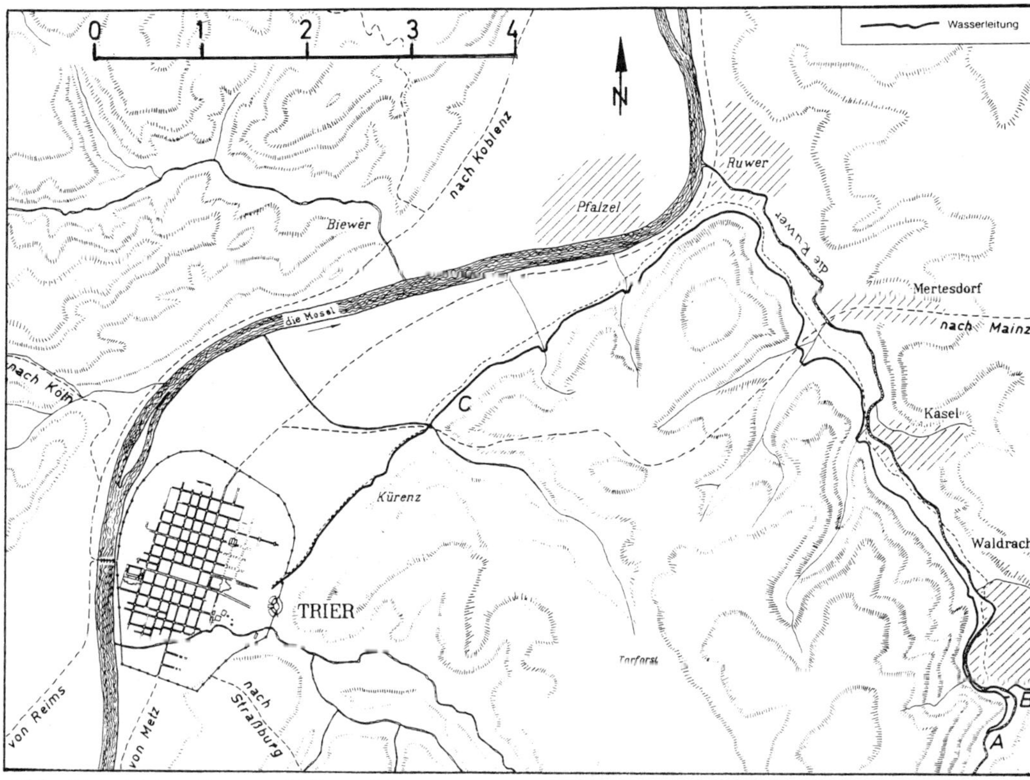

Abb. 515 Trier. Ruwertal-Wasserleitung. A/B Wasserzulauf, C Aufschluß an der Kürenzer Schule

Abb. 516 Trier. Hauptkanal der Ruwertal-Wasserleitung in Waldrach

bestehenden Grundbereich den Zulauf des fast rein gefilterten Wassers. Daß eventuell unterhalb eine Rückstau- und Dammkonstruktion erstellt worden war, ist anzunehmen, konnte aber bisher nicht nachgewiesen werden. Diese Vorrichtung wäre aber für Zeiten extremer Trockenheit im Sommer wie auch bei Hochwasser sinnvoll und nützlich gewesen, um einen gleichmäßigen Zulauf sicherzustellen und zugleich für Sinkstoffe der lehmig-tonigen Erden eine Art Absetzbecken zu bilden. An der Einlaufstelle wurden Quader als Seitenwangen des Kanals beobachtet, die mit horizontal in einen Falz eingelegten Sandsteinplatten abgedeckt waren. Unterhalb wird durch einen von der Ruwer kommenden Seitenkanal

weiteres Wasser zugeleitet. In geschickter Anlehnung an den Geländeverlauf des Ruwertales und der Bodenstrukturen wurde der Kanal mit Wölbung entlang den Berghängen geführt, schwingt vor der Mündung der Ruwer in die Mosel in SW-Richtung ab und wird über den Aveler Bach und den Taleinschnitt vor Kürenz wohl auf einer Aquädukt- und Brückenkonstruktion geführt worden sein. An der Bergstr, am Fuße des Petersberges und N vom Amphitheater, wurde die Leitung von der jüngeren Stadtmauer, mit einer Aussparung für den Kanaleintritt in das Stadtgebiet, überbaut.
Auf die Strecke von 12,798 km fällt die Leitung von der Einlaufhöhe bei Waldrach bis zur Höhe beim Amphitheater von 161,20 m ü. NN auf 153,42 m ü. NN, insgesamt 7,74 m = 0,016 % Gefälle, ausreichend um mit einem nicht zu großen Auslaufdruck das Wasser in einem größeren Becken aufzufangen und in die Hauptleitungen einzuspeisen.
Beim Bau der Kürenzer Schule wurde, wie auch an anderen Stellen, die Leitung als gemauerter, begehbarer Kanal angeschnitten und im Erdprofil neben der Baugrube sichtbar stehen gelassen.
Im Stadtgebiet ist für die Leitung vom Herrenbrünnchen ein Aquädukt nachgewiesen, der am N-Rand des Tempelbezirks zunächst als Mauer mit Blendarkaden eine leichte Geländeeintiefung durchzieht und dann zwischen Eisenbahn und Polizeidirektion wohl auf Pfeilern als Brückenkonstruktion weitergeführt wurde, um auch die Passage der Straßen in N-S-Richtung zu ermöglichen. Bei den späteren Kaiserthermen ist an N- und S-Seite eine Aquäduktleitung auf Pfeilern aus den hier freigelegten Fundamenten der Straßenportikuspfeiler und der Höhe der Einlauföffnungen und Wasserzuleitungen zum Badegebäude selbst zu erschließen.
Bei einem Kanalquerschnitt von 0,72 m Breite und 0,90 m Höhe sind Sohle und Kanalwangen mit einem wasserfesten Kalkziegelputz verstrichen, in den Winkeln ist, zur Erleichterung der Reinigung, ein Stabprofil eingebracht. Sinterspuren lassen auf eine normale Durchlaufhöhe von 0,60 m schließen. In Relation zur mittleren Durchlaufmenge der Ruwer mit 0,295 m^3/sec ist die Tagesleistung der Wasserleitung mit 25 450 m^3 anzusetzen.

Römische Kultbauten
Abb 121, 125, 517–527

Tempelbezirk im Altbachtal. Am O-Rand der Mittelterrasse und S der deutlich ausgeprägten sanftgeneigten Geländeschwelle, die vom Amphitheater zur Mosel ausläuft, liegt in einer weiten Talmulde, dem Fuß des Heiligkreuzerberges vorgelagert, das von Olewig kommende Bachtal mit dem Altbach, der in SW-Richtung zur Mosel abfließt.
Aus dem weiten Terrain waren im 19. Jh immer wieder Götterfiguren, Terrakotten und Scherben geborgen worden, die die Existenz mehrerer Tempel erwarten ließen. Gefördert durch die Notgemeinschaft der Deutschen Wissenschaft wurden zur Behebung sozialer Not und Arbeitslosigkeit 1926–1934 unter der Leitung von S. Loeschcke Ausgrabungen und Sondierungen durchgeführt, die zur Entdeckung von mehr als 70 Tempeln, Kapellen, heiligen Bezirken, einem Kulttheater und Priesterhäusern geführt haben. ZT unter 5 m dicken Erdschichten liegend, wurden komplizierte stratigraphische Befunde aufgenommen, die auch vorröm Holzpfostenbauten und eine dichte Folge von Bau- und Umbauhorizonten mit Terrainanhebungen und Zerstörungsschichten erfaßten. Von der Fläche (5 ha) wurde, mit den Einzelschnitten und Grabungsschichten etwa ein Siebtel aufgeschlossen, aus den Befunden aber die gesamte Grundrißbelegung rekonstruiert. Die Ausbeute der Funde wurde dem Landesmuseum zugeführt und bildet die größte Sammlung von Kultdenkmälern aus einem geschlossenen Bezirk der röm Welt.
Das Gelände wurde nach dem Kriege mit dem Schutt der zerstörten Stadt aufgefüllt und planiert und ist, heute mit Schrebergärten bedeckt, Grabungsschutzgebiet. Zahllose Tempelzellen und Kapellen wurden nur so weit angegraben, wie es die Ermittlung der Grundrißgestaltung erforderte. Der Boden birgt also noch Reste des Inventars und die Spuren älterer Vorgängerbauten.
Neben den Spuren vorröm Besiedlung ist der Bereich seit augusteischer Zeit als Kultbezirk ausgebaut worden. Älteren Holzbauten folgen in der zweiten Hälfte des 1. JhnChr zunehmend festere Steinbauten. Zu den ausschließlich einheimischen, treverischen Göttern und Kulten, die in

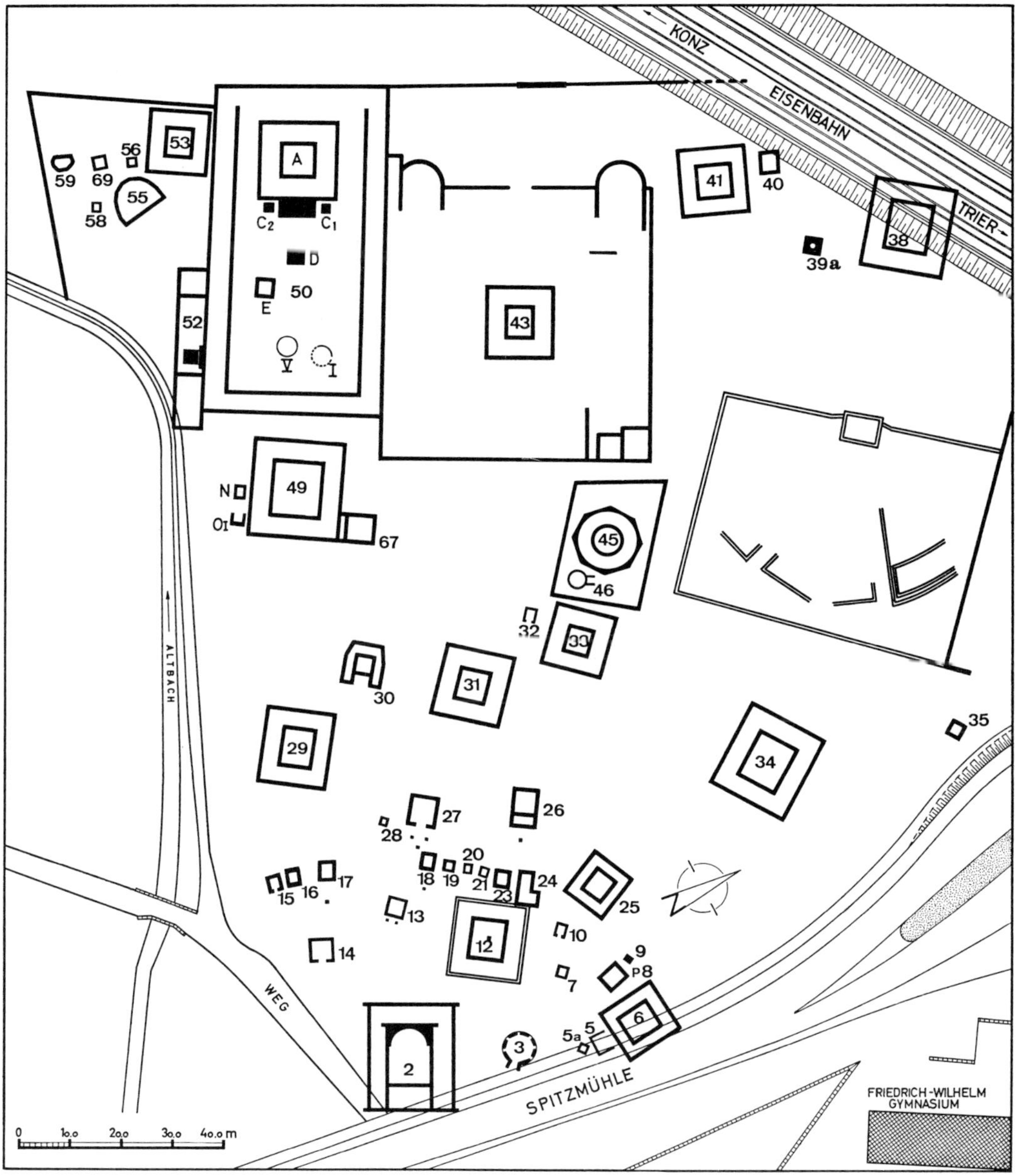

Abb. 517 Trier. Tempelbezirk im Altbachtal. Grundriß

Abb. 518 Trier. Tempelbezirk im Altbachtal. Kulttheater und spätere Überbauung

Abb. 519 Trier. Tempelbezirk im Altbachtal. Stiergottheit mit Gigant

der Bilddarstellung oftmals klassisch röm Vorbildern angelehnt sind (*interpretatio romana*), gesellt sich erst im 4. Jh der Kult des Mithras. Erwartungsgemäß ist für christliche Religiosität hier kein Platz, wenn auch vereinzelt Scherben und Bronzefunde mit dem Christogramm die Anwesenheit von Christen, die vielleicht im Umkreis orientalischer Kultgemeinschaften und Gruppen hier Zugang hatten, nahelegen.
Oberhalb des Einschnitts zum Olewiger Tal erhob sich ein monumentaler → Tempel am Herrenbrünnchen, der gleichnamigen, sehr ergiebigen Quelle benachbart.
Seit dem letzten Drittel des 2. Jh in den weiten Mauerkranz der Stadtbefestigung einbezogen, deuten die Ergebnisse der Materialbearbeitung

darauf hin, daß der Bezirk 337 zur Zeit des Bischofs Maximinus von den Christen zerstört worden ist. Das Gelände wurde im 4. Jh von profanen Wohnbauten besetzt, am Hang des Berges entstanden größere Villen.

*Tempel des Asclepius**. Beim Bau einer Tiefgarage und eines Hauses hinter dem Zollamt-Mutterhaus wurden 1977/1979 im Terrain des Krankenhauses der Borromäerinnen ausgedehnte Mauerzüge freigelegt und die massiven Mauern eines Tempelpodiums mit Umgang und der Cella mit großer Apsisnische aufgedeckt.
Die Auftragung der Befunde und schon zu früherer Zeit beobachtete Mauerreste ergibt einen Hofraum, der von Portiken eingefaßt war und innerhalb des Straßenrasters eine Fläche von wenigstens 170 × 88 m einnahm. Im N-Teil der Fläche erhob sich in der Mittelachse ein hochragendes Tempelpodium (L ca 45 m, B 26 m). Innerhalb des Mauergevierts ist in gleichmäßigem Abstand von 3,20 m zur Außenkante eine Cellamauer aufgedeckt worden, die eine Fläche von 32,50 × 17 m umschloß. An der N Schmalseite ist eine Apsis oder monumentale Nische der rechteckigen Außenmauer einbeschrieben, die am Rundungsansatz eine Spannmauer hatte, von der aus zwei weitere Mauern rechtwinklig ausgingen und so verstärkende Mauern für einen größeren Sockel des Kultbildes gebildet haben werden.
Hohe Aufschüttungen mit wenig Fundmaterial zeigen an, daß im direkten Ufervorland der Mosel das Gelände künstlich aufgehöht worden ist, um es gegen Hochwasser zu schützen.
Im früheren Bering der Johanniter-Kommende waren schon 1734 eine Bau- und Weihinschrift sowie die marmorne Götterfigur eines Asclepius bei Schanzarbeiten gefunden worden. Der damalige Kriegskommissar Descartes ließ die Marmorskulptur nach Metz überführen, wo sie seitdem verschollen ist.
Die in kapitalen Lettern gefaßte Inschrift befindet sich im RLM: *Deo Asclepio/T. Iul Titi filius Fabia/Saturninus Procurator/Augustorum dono dedit* (Dem Gott Asclepius hat [dieses Bildnis] Titus Julius Saturninus des Titus Sohn, aus der Tribus Fabia, Prokurator der Augusti zum Geschenk gegeben). Unter den Augusti sind Mark Aurel und Lucius Verus zu verstehen, wodurch die Weihung in die Zeit 161–169 nChr zu datieren ist. Titus Julius Saturninus war der oberste Finanzbeamte, der in Trier residierte und für die belgische Provinz und die beiden germ Provinzen verantwortlich war.
Die einheitliche Mauertechnik der Baureste,

Abb. 521 Trier. Tempel des Asclepius. Weihung des Finanzprokurators Titus Iulius Saturninus an den Gott

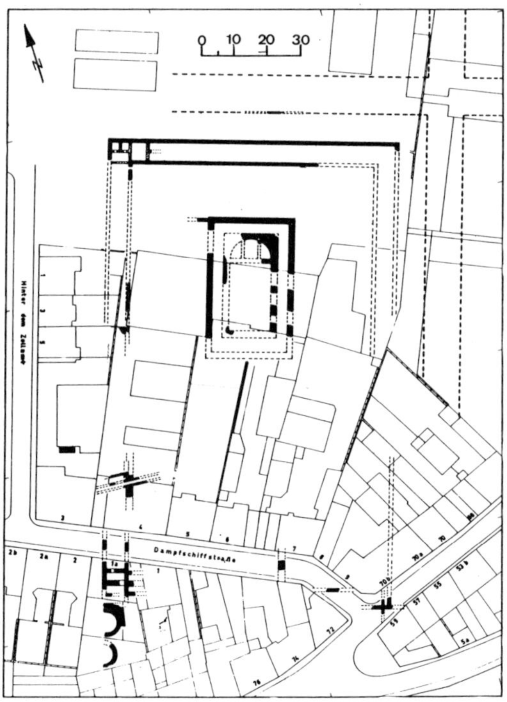

Abb. 520 Trier. Tempel des Asclepius. Plan

Münzfunde und Scherben, sowie große Mengen des ursprünglichen Marmordekors lassen eine Errichtung im letzten Drittel des 1. JhnChr erschließen.

Die Größe des heiligen Bezirks wie auch die Maße des Podientempels konkurrieren mit den großen Tempeln im Stadtgebiet von Trier: → Lenus Mars Tempel am Fuß des Markusberges und → Podientempel am Herrenbrünnchen, oberhalb des Tempelbezirks am Altbachtal.

In Verbindung mit den Großbauten der Barbarathermen und der älteren Römerbrücke bestimmte dieser Tempel die Ansicht der Stadt von der Flußseite her auf eindrucksvolle Weise. Nach Errichtung der heutigen Steinpfeilerbrücke und der Anlage der Stadtbefestigung mit Brückentor, Mauerdurchfahrt und den hochragenden Wehrtürmen war die Stadtansicht in diesem Bereich noch weiter ins Monumentale gesteigert worden.

Die N Außenwand des Tempelpodiums ist in der Tiefgarage konserviert worden, Zugang von der Straße »Hinter dem Zollamt«.

Tempel und Quellhaus am Herrenbrünnchen. Bei Anlage eines Obstgartens oberhalb des Tempelbezirks am Altbachtal waren größere Architekturteile einer Bogenarchitektur mit Reliefschmuck entdeckt worden, die, aus Kalkstein gearbeitet, dem 1. JhnChr zuzuweisen waren. Auch außerordentlich stark dimensionierte Mauern waren angeschnitten worden und veranlaßten das Landesmuseum 1909/1910 auf dem Hartrathschen Grundstück des Weingutes Charlottenau eine Grabung durchzuführen.

An dem nach NO geneigten Hang oberhalb des Altbachtales wurden auf einer Fläche von 65 × 23 m die bis zu 4,10 m starken Mauern eines Podientempels mit vorgelagerter Freitreppe und Altarpodium angeschnitten und vermessen. Nach den aus den Befunden von D. Krencker erarbeiteten Grundrissen und Rekonstruktionen, die sich besonders auch auf die Architekturreste von Säulen und Kapitellen stützen, bestand der Tempel aus der Säulenvorhalle (Pronaos) und der Cella mit einer Nische für ein monumentales Kultbild der hier verehrten Gottheiten (Adyton). Der Tempelfront sind 6 Säulen (H ca 15 m) zuzuordnen, die Architrav und Giebel trugen.

Neben den Quadern der Bogenarchitektur wurden im Umfeld zu früherer Zeit mehrere Inschriften gefunden, die vielleicht von dem Tempel verschleppt worden sind. Einen Altar mit Sockel und Gesims haben die öffentlichen Priester (*haruspices*) der *civitas Treverorum* dem Andenken ihrer Meister und Väter gesetzt. Eine andere Inschrift

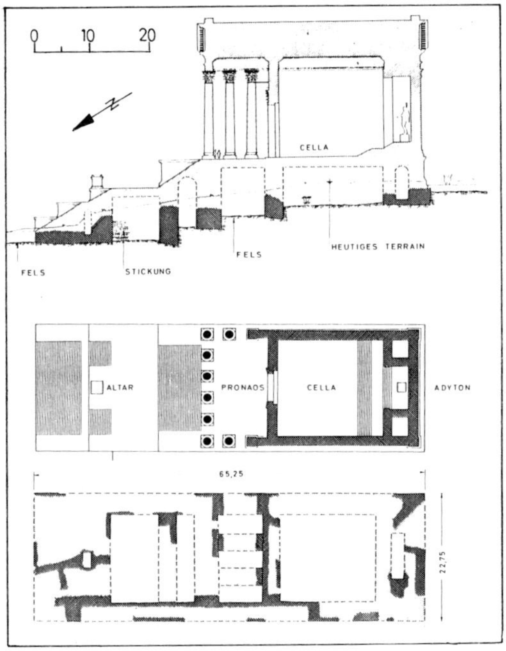

Abb. 522 Trier. Tempel am Herrenbrünnchen. Befundplan

Abb. 523 Trier. Tempel am Herrenbrünnchen. Rekonstruktion

hat G. Alpinius Alpinus (oder -icus), ein kaiserlicher Freigelassener, in Erfüllung eines Gelübdes dem Mars Victor Augustus gesetzt.
Auch eine Liste von 60 namentlich aufgeführten Personen, vielleicht Mitgliedern eines Kultvereins, in sorgfältig gehauener Schrift auf vier Kalksteinblöcken eingehauen, wurde in ihrer Nähe gefunden. Diesem Tempel werden auch vermutungsweise die Kapitelle zugewiesen, die in den popponischen Kreuzpfeilern des röm Quadratbaus des Trierer Doms vermauert sind.
Als Ersatz für die im 5. Jh durch Brand geborstenen Granitsäulen mit ihren prächtigen Marmorkapitellen, hat Bischof Nicetius beim Teilaufbau des Doms 4 mächtige Kalksteinsäulen aufrichten lassen, die mit reich gegliederten Kapitellen bekrönt, einem noch aufrecht stehenden Tempel im Stadtbereich entstammen müßten. Die Säule der SW-Ecke der Vierung ist beim Normannensturm 882 geborsten. Die dreischichtigen Kalksteinkapitelle (H 1,65 m, unterer Dm 1,25 m) sind mit zwei Akanthus-Blattkränzen verziert, die an den Ecken zu wirkungsvollen Blattmasken gearbeitet sind. Aus dem Motiv einer gewundenen Schlange an einer Blattvolute mit Maske könnte auf ein Quellheiligtum geschlossen werden, wie auch eine Schlange in der Hand einer Göttin auf der Bogenarchitektur die Herkunft vom Herrenbrünnchen wahrscheinlich macht.
Nach Größe, Stil und Material wären die Kapitelle und wahrscheinlich auch die Säulen dem Herrenbrünnchen-Tempel zuzuweisen, der, wenn auch in ruinösem Zustand, im 6. JhnChr mit den Säulen erhalten und sichtbar war, zumal bislang kein anderer Tempel nachweisbar ist, von dem die genannten Säulen hätten entnommen oder abgebaut werden können.

Tempel des Lenus Mars. Am Fuß des Markusberges im W der Stadt ist an einer leichten Eintalung

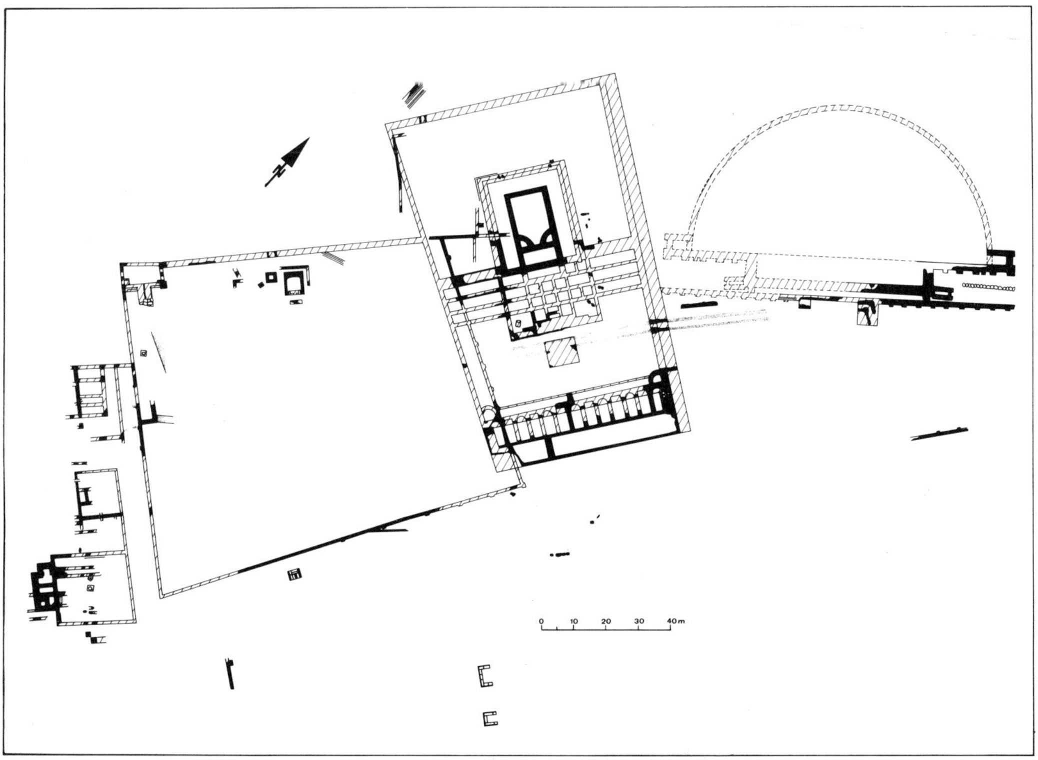

Abb. 524 Trier. Lenus Mars. Tempel, Heilbezirk und Theater. Grundriß

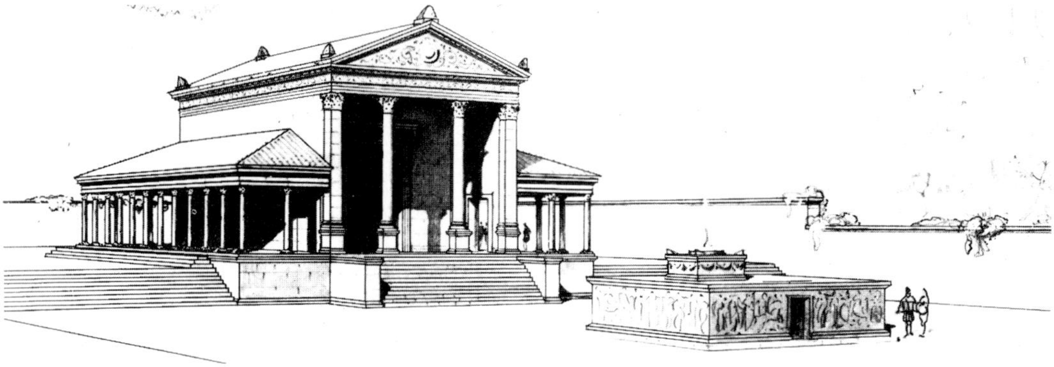

Abb. 525 Trier. Tempel des Lenus Mars. Rekonstruktion von Mylius

und unterhalb einer Felsenquelle beim Heideborn, einer als heilkräftig verehrten Quelle, ein größerer heiliger Bezirk gelegen, der von dem sog Irrbach durchflossen wird. Ein Geländesattel bzw eine Terrassenkante fällt zu dem tiefer gelegenen eigentlichen Tal der Mosel hin sanft geneigt ab, woselbst die Straße Igel–Römerbrücke verläuft.

Im S Bereich des Irminenwingert ist ein Bezirk mit Mauern in Form eines unregelmäßigen Vierecks mit über 100 m Seitenlänge begrenzt, vor dessen W Verlauf an der Bergseite ein Tempel (7 × 6 m) gelegen ist. Dem Eingang der SO-Seite ist eine Nische gegenübergestellt, in der Cella wurden eine fragmentarische Statue einer Göttin sowie Weihegaben gefunden. S ist eine kleinere Kapelle (3 × 3 m), aus der neben Weihegaben 5 Weihungen an Mars Iovantucarus, die Xulsigien-Quellgottheiten und an Lenus Mars geborgen worden.

Dem heiligen Bezirk sind S vorgelagert mehrere Hausbauten angeschnitten worden, die mit zellenartiger Raumgliederung, Wasserleitungen und Kanälen als Herbergen gedeutet werden, in denen Pilger das heilkräftige Wasser zur Gesundheitsförderung und im Schutze der Gottheiten anwenden konnten.

Durch starke Mauern abgeteilt, ist N des Bezirks ein weiterer, langrechteckiger Bering abgegrenzt, dessen hangseitige, geneigte Fläche ein außerordentlich breites Fundament begrenzt. Auf einer ebenen Zwischenterrasse wurde ein großes Altarfundament angeschnitten und nach dem Berg und in die Taleinbuchten hinein ist ein Podientempel gelegen, der über eine breite Freitreppe zu erreichen war. An 3 Seiten von einem Säulenumgang begleitet, erhob sich mit Vorhalle und hohem Giebel der eigentliche Tempel, dessen Cellafundamente und aufgehende Mauern im Podiengeschoß noch erhalten sind mit 20 × 13 m Fläche, während das Podium mit Umgang 32 × 28 m mißt. Unterhalb, etwa 60 m vor der mit einer breiten Portikus verzierten Eingangsfront zu dem Bezirk, wurden an der Zugangs- und Prozessionsstraße zwei Sitzbänke aus dem örtlich anstehenden roten Sandstein und zwei zugehörige Votivaltäre mit Inschrift gefunden.

Die U-förmig im Grundriß angelegten Bänke sind mit einer Weiheinschrift an der Rückenlehne versehen, die die Stiftung durch Gaue des Treverergebietes bezeugen und von Kultvereinen des Lenus Mars und seiner Genossin Ancamna bei festlichen Gelegenheiten als Vorzugsplätze ausgewiesen sind. Ein zweiter Altar ist dem treverischen Gott Intarabus gewidmet.

Als einheimisch treverischer Gott ist Lenus mit dem röm Mars gleichgesetzt und auch bildlich dargestellt worden, war aber nicht kriegerisch wie Mars, sondern ein Gesundheit und Heilung schenkender Gott. Sein Kult wurde im 1. JhnChr eingerichtet und hier als treverisches Nationalheiligtum monumental ausgestaltet. Ein Priester, der zugleich auch Besitzer eines großen Landgutes mit großem Zierteich war, ist auf einer Inschrift aus Mersch/Luxemburg bezeugt.

Der wohl mit der Quelle verbundene Ursprung

des einheimischen Kultes reicht nach der Münzreihe von vorröm Zeit bis in die Zeit des Kaisers Gratian († 383).
Starke Mauerzüge sind NO unter hoher Sandanschüttung freigelegt worden. Sie sind mit einer reich gegliederten Nischenfront und sorgfältig zugerichteten Kalkhandsteinen, mit einer stärkeren, parallel nur in kurzem Abstand gelegenen Mauer als Teil einer Bühnenfront und Außenwand auf ein Theater zu deuten. Es ist, wie in kleinerer Form bei den Tempelbezirken zu → Möhn und dem Quellenheiligtum bei → Heckenmünster, aber auch im Tempelbezirk am Altbachtal zu Trier, als notwendiger Bestandteil für die Durchführung der Kultfeste und Darstellungen der Göttermythen zu betrachten.

Abb. 526 Trier. Tempel des Lenus Mars. Weihealtar und Opferstock an die Xulsigien-Quellgottheiten

Abb. 527 Trier. Tempel des Lenus Mars. Weihefigur aus Marmor

Oberhalb der Niederterrasse im Tal und der Kante zur Mittelterrasse der Eintalung mußte dieses Baugefüge ebenso eindrucksvoll wirken, wie der große → Tempel am Herrenbrünnchen, am O-Rand der Stadt S des Amphitheaters und die große Fläche des → Tempelbezirks am Altbachtal dominieren. Cü

Öffentliche Bauten

Abb. 528–553, Taf 9, 10, 18b

*Amphitheater**. Am Fuße des Petersberges wurde unter geschickter Ausnutzung des Geländes um 100 nChr das Amphitheater als große Freizeit- und Unterhaltungsanlage errichtet. Relativ weit vom damaligen Siedlungszentrum, ist die Anlage an das innerstädtische Straßennetz geschickt angebunden und wird zugleich von der Fernstraße aus dem S Hunsrück und durch das Olewiger Tal an seiner S Hauptzufahrt angebun-

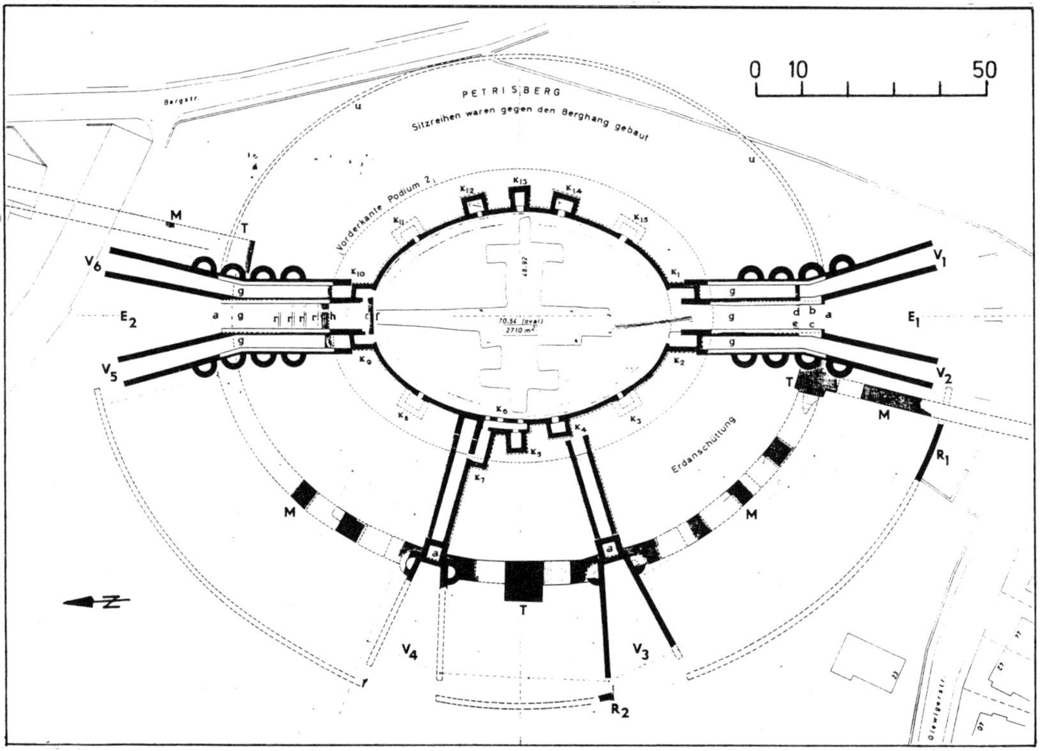

Abb. 528 Trier. Amphitheater. Grundriß

den. Ein aus Holz konstruierter älterer, kleinerer Bau, aus Einarbeitungen in den Felsengrund der N-Zufahrt und der Arenafläche erschlossen, müßte noch in die zweite Hälfte des 1. JhnChr datieren.

Um 100 nChr wird der große Stein-Erde-Bau ausgeführt, die heute noch mit den Erdschüttungen, den Ringmauern und Zugangsgewölben als großartiges Geländedenkmal erhaltene Anlage.

Das weite Oval der Kampf- und Spielfläche und die Schrägflächen der Zuschauerränge (*cavea*) wurden an der Bergseite so aus dem Gelände herausmodelliert und in den Felsen eingeschrotet, daß der anfallende Abraum für die Aufschüttungen an der Gegenseite vollkommen ausreichte.

Im Bauablauf mußten zunächst die Rückhaltemauern für die Erdaufschüttungen an der W- und Talseite, die Arenabegrenzung, die Käfige, Kammern und Gewölbe der Besucherzugänge (*vomitoria*) erstellt werden, bevor mit dem Geländeaushub am Bergfuß begonnen werden konnte. Zur Verstärkung der hochragenden Seitenwände, die entsprechend dem Querprofil der Erdaufschüttungen und des Geländeeinschnittes hohen Seitendruck erwarten ließen, wurden an der N- und S-Zufahrt beidseitig je 4 Halbtürme, an den stadtseitigen Besucherzugängen je ein Halbturm errichtet. Gleichzeitig wurden die repräsentativen Torfronten der Arenazufahrten und der flankierenden Zugänge zu den Besucherrängen als Torfront mit 2 Etagen von Blendarkaden und einem offenen Fensterbogengeschoß in Anlehnung an Stadttore und Ehrenpforten erstellt.

In der N-S-Achse erreichen die Zufahrten zwischen Arenamauer und äußerer Ringmauer eine Länge von 62 m, die der W Besucherzugänge 50 m. Das Oval der Arenakampffläche ist 70,54 × 48,92 m. Während die Seitenzugänge mit Kalkstein in Mörtel vergossen auf einer Lehre ausgebaut worden sind, zeigen die Gewölbereste an der N-Seite eine technisch ebenso interessante wie schwierige Lösung. Aus großen, radial zugerichteten Quadern sind die Gewölbesteine der unterschiedlichen Neigung und Durchgangshöhe angepaßt und mit unterschiedlichen Winkelanschlüssen aus dem Quaderwerk herausgearbeitet. Zum Schutz der Zuschauer gegen wilde Tiere ist die Begrenzungs- und Arenaringmauer mit wenigstens 4 m Höhe zu rekonstruieren und war mit Halbsäulen abgedeckt. In der aus dem Felsen abgeglätteten Arenafläche ist ein Ringkanal mit Gefälle in S-Richtung ausgeschrotet, der in einen großen Entwässerungsstollen in der S-Zufahrt einmündet, der nach dem Olewiger Bachtal entwässert wurde.

Dem Kanal war, durch eine Reihe von Pfostenlöchern und einem Graben nachgewiesen, eine Palisade vorgelagert, die wie in den Stierkampfarenen Spaniens und S-Frankreichs die Kämpfer im Gefahrenfalle die Rettung in der Flucht ermöglichte. Nachträglich ist in den Felsen in mehreren Bauabschnitten ein Keller eingearbeitet worden, der bis zu den Ausgrabungen 1911 noch interessante Reste der früheren technischen Installationen aus Holz bewahrt hatte. In unterschiedlichen Aussparungen und Einarbeitungen lagen die Balken

Abb. 529 Trier. Amphitheater. Ausgrabung Arenakeller mit Holzeinbauten, 1911

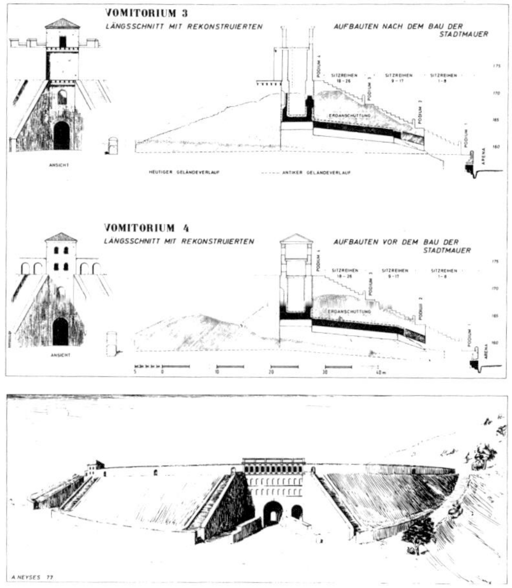

Abb. 530 Trier. Amphitheater. Schnitte und Rekonstruktion

eines Plankenbodens auf. Pumpenrahmen und die Reste einer Spindel bezeugen reichlichen Wasserzufluß aus dem Schiefergestein sowie das Vorhandensein einer »Hebebühne«, die die Verlagerung von Tierkadavern oder Leichen in das Kellergeschoß ermöglichte.

Auf der Hangschüttung wurden noch die treppenförmigen Ansätze der auf den Zuschauerrängen aus Quadern gefügten Sitzränge, der durch Umgänge gegliederten Zonen und der vertikal verlaufenden Erschließungstreppen zu den oberen Rängen aufgenommen. Pfostenstellungen auf der Dammkrone lassen eine sehr steile Holzkonstruktion mit zusätzlichen Zuschauerbänken vermuten, die als nachträgliche Erweiterung zu erklären ist.

Alle Mauern waren mit einer Blenderschicht verkleidet, die als verlorene Schalung mit Gußmauerwerk hinterfüllt wurde. Die außerordentlich kleinformatigen Kalkhandsteine wurden mit einem sehr festen Kalkmörtel verfugt, mit einem Fugeisen nachgezogen und die vertieften Rillen mit rotbrauner Mineralfarbe ausgemalt.

Das Amphitheater bot ca 18 000 Zuschauern Platz.

In Verbindung mit dem Ausbau der Stadtmauer wurde das Amphitheater als Stadttor und selbständig verteidigungsfähige Bastion mit einbezogen. Die Befestigungsmauer wurde an die O-Seite der N-Zufahrt herangeführt und die Umwinklung in W-Richtung mit einem Eckturm verstärkt. Im weiten Halbrund der Dammschüttung folgte die Mauer auf der Dammkrone und winkelte, wiederum durch einen Turm verstärkt an der W-Seite der S-Zufahrt nach S ab.
Auch in der Mitte der Mauerführung, zwischen den zur Stadt führenden Vomitorien, wurde auf tiefem Fundament ein mächtiger Turm errichtet. Um dem Mauerzug einen festen Unterbau zu geben, wurden Pfeiler in ausgeschalten Schächten bis auf das ursprüngliche Terrain hinabgeführt und in etwa 5 m Tiefe Gewölbebögen auf die Pfeiler aufgelegt, die dann das Fundament der Stadtmauer zu tragen bestimmt waren.
Ein Angreifer mußte derart die S Arenazufahrt bezwingen, das weite Oval der Kampffläche bewältigen, um nach Bezwingung der N-Zufahrt erst den Zugang in das Stadtgebiet zu erlangen. Im Gefahrenfalle waren die Zugänge und Stollen leicht mit Balken und Steinen zu verschließen. Als 405/407 die von Hof und Verwaltung geräumte Stadt nicht mehr verteidigungsfähig war, verschanzte sich die Restbevölkerung in der Arena und überstand Belagerung und Kriegsnöte der vandalischen Invasoren.
Die lange Benutzungszeit mit Reparaturen und technischen Verbesserungen brachte es mit sich, daß aus der Frühzeit kaum Funde gemacht werden konnten. Keramik und Münzen gehören zumeist dem 4. JhnChr an. Für die Zeit Konstantins sind blutige Spiele in der Trierer Arena überliefert. In zwei Feldzügen gegen die Franken hatte der Kaiser zahlreiche Gefangene, darunter auch

Abb. 531 Trier. Mosaik aus der Villa in Nennig/Saarland. Gladiatorenkampf im Ampitheater

Abb. 532 Trier. Tonrelief mit Darstellung einer Wasserorgel und Gladiatoren aus der Töpferei am Pacelliufer

die Könige Ascarius und Merogaisus gemacht, die den Bestien vorgeworfen wurden. Diese neue Form der Programmgestaltung und Unterhaltung hat bei den Panegyrikern als *ludi Francici* Erwähnung gefunden (VI 10–11 zum Jahre 305 und XII, 23 zum Jahre 313). In den prachtvollen Mosaikbildern der röm Villa zu Nennig an der Obermosel (Saarland) ist uns eine lebendige Schilderung des Programmablaufs erhalten, die vielleicht von eigener Anschauung im Amphitheater zu Trier inspiriert worden war. Der Eröffnung mit Orgel- und Bläsermusik folgten Prügelszene, Kämpfe wilder Tiere gegeneinander und die Steigerung des Kampfes: Mensch gegen Tier. Höhepunkt der Darbietung aber war der Kampf Mensch gegen Mensch, für den langjährig geschulte Gladiatoren und Netzkämpfer ihre Kunstfertigkeit und Kraft beweisen konnten. Die nach festgesetzten Regeln ablaufende Handlung überwachte ein Schiedsrichter. Auch ein gut erhaltener Mosaikboden der Palastvilla zu Bad Kreuznach bietet uns Einblicke in Amphitheaterspiele. Hier jedoch ist das zentrale Hauptbild mit einer großen Tierhatz dekorativ gestaltet. Unter zunehmendem Einfluß des Christentums ab Theodosius waren die blutigen Gladiatorenspiele verboten.

An der Stätte des Martyriums frühchristlicher Gemeindemitglieder entstand neben und über dem Kellerbereich eine Gedächtnisstätte, die durch den Fund einer Elfenbeinpyxis des 5. Jh mit alttestamentarischen Szenen und einer beinernen Platte mit Inschrift (7. JhnChr) bezeugt wird.

Weit außerhalb der fast entvölkerten Stadt, der fränkischen Ansiedlung und der um den Dom verbliebenen Christengemeinde, aus der die ma Stadtsiedlung neu erwuchs, wurde die unnütze Ruine als bequem gelegener Steinbruch ausgebeutet, ward alsbald von dem Erdreich, das bei jedem Regenwetter vom Petersberg herabgeschwemmt wurde, zu einer unansehnlichen Kaule verschliffen und wurde als Garten- und Weinberggelände genutzt, bis die größeren Ausgrabungsarbeiten zu Beginn des 20. Jh einsetzten und das Geländedenkmal wieder in das öffentliche Interesse gerückt wurde.

Zahlreiche Funde, Inschrift- und Reliefsteine, Verfluchungstäfelchen werden im RLM Trier aufbewahrt und ausgestellt.

Der Circus. Unterhalb und NW vom Amphitheater ist noch heute eine leichte Geländeeinsattelung erkennbar, die in einem fast ebenen Verlauf nach SW verläuft. In dem seit dem 19. Jh bebauten Wohngebiet wurden bei verschiedenen Baumaßnahmen Reste von Architekturteilen, ein Kapitell mit figürlichen Medaillons und Mauerreste im Bereich der Weinbauschule aufgedeckt, die W. von Massow auf den Trierer Circus bezog, ergänzt durch Beobachtungen an der Schützenstr. Die Planauftragung, der Geländeverlauf und auch Hinweise an der Straßenführung Agritiusstr/Bergstr lassen den Grundriß einer Anlage von 500 m Seitenlänge erschließen, die mit der trennenden Mittelmauer, den Fahrbahnen und einigen Sitzrängen zu rekonstruieren ist. Der Circus wird in Verbindung mit der Errichtung des Amphitheaters und der Erschließung des O Stadtgebietes erbaut worden sein und seit dem 2. Jh für die Pferderennen zur Freude der Bewohner der Stadt und des Umlandes gedient haben, zumal die Treverer als Pferdezüchter und gute Reiter bekannt waren. Eine Szene aus dem Trierer Circus darf auch in einem großen Relief erkannt werden, das zur Gruppe der in Neumagen gefundenen Grabdenkmäler gehört: Von zwei Pilastern wird ein Relieffeld eingefaßt, das nach der Lage der erhaltenen Quader noch die Zielsäulen (*metae*) der zu umfahrenden Mittelmauer als

Abb. 533 Trier. Circus. Lage und Ausdehnung (gestrichelte Linie)

obeliskförmige Gebilde wiedergibt. Ein Zierdenkmal, vielleicht ebenfalls auf dieser Mauer aufgesetzt, folgt an dem rechten Pilastervorsprung, während an der linken Gegenseite ein Schiedsrichter auf erhöhtem, die Rennbahn übersehbarem Podest sitzt. An den Vorderseiten der Pilaster führen je ein Jockey ein prächtiges Pferd aus den »Stallboxen« zum Start.
Auch Mosaiken aus Trier handeln das beliebte Thema mit der Darstellung berühmter Pferde und Quadrigen ab wie das Polydus Mosaik mit Compressor.

Unter in Trier gefundenen Kontorniaten (münzähnliche Bronzemedaillen), rechnet jenes, das in Niello, Silber und Kupfer eingelegt, den siegreichen Purfyrius in der Quadriga mit dem Führungspferd Fontanus zeigt, zu den erlesensten der ganzen Denkmalgruppe.
Nach der Völkerwanderungszeit wurde der Circus schneller noch als andere Großbauten zerstört, das leicht abbaubare Quadermaterial verschleppt und verbaut, die lange, planierte und mit Sand ausgestreute Rennfläche wurde bald landwirtschaftlicher Nutzung zugeführt.

Abb. 534 Trier. Circus. Pferdeführer auf dem Neumagener Circusdenkmal

Abb. 535 Trier. Palastbasilika. Zeichnung von Alexander Wiltheim (1616)

*Die Palastbasilika**. Mit dem Ausbau der Residenz wurde als großer Versammlungsraum und Repräsentationsbau die kaiserliche Palastbasilika in den Jahren zwischen 305 und 311 nChr errichtet. Ihr war vorangegangen in der Bauachse eine N-S gerichtete Straße, die von einer W-O-Straße gekreuzt wird. Den W Baublock füllten, an ein Peristyl gelehnt, großzügig ausgelegte Raumfolgen, die zT kunstvoll mit Mosaiken und Marmorbelägen ausgestattet waren, dem 2. JhnChr zugehörend. Als Amtssitz eines kaiserlichen Beamten hoher Rangstellung wurde eine Erweiterung vorgenommen und die N-S-Straße, innerhalb der Hausgrenzen, zu einem basilikalen Versammlungsraum mit Vorhalle und offener Pfeilerlaube im Bereich der Straßenkreuzung gelegen, in Nutzung genommen, eine Nutzungsänderung, die nur ausnahmsweise zugelassen worden ist. An der N-Seite wurde eine Apsis errichtet und der Saal (B 15 m, L 32 m) zwischen die O und W Bebauungsgrenze mit großen Pfeilern als Stützen für die Dachkonstruktion ausgebaut.

Im Gefolge der germ Invasion des 3. Jh waren die Trümmer zT planiert und ein Notbau aus wiederverwendeten Materialien aufgerichtet worden. Für den konstantinischen Großbau wurden die notwendigen Flächen planiert und die Halle mit Apsis auf eine Fläche von 74 × 32,50 m ausgelegt. Durch die Trümmerschichten der vorangegangenen Bebauung wurden die breiten Fundamentgruben gezogen und mit einer festen Pfosten- und Bohlenverschalung versehen, in die ein grobes Gemenge von Kalkbrei und Steingeröll eingefüllt wurde, das sich wie ein Gußfundament moderner Bauweise ausnimmt. Mit einem Mauerabsatz wurde nun das Aufgehende in gleichmäßiger Schichtung von Ziegelplatten und dicken Mörtellagen bis zu einer Höhe von über 33 m aufgeführt. Die Langhauswände und die Apsis sind an der Außenseite durch Pfeilervorlagen mit hochragender Arkadenstellung aufgegliedert. In ihren zurückliegenden Mauerflächen sind in zwei Rängen die weiten Bogenfenster angeordnet. Unter diesen lief über dem hohen Mauersockel jeweils ein begehbares Gesims. Durch diese horizontalen Gesimselemente wurde der hochstrebende Zug der Arkadengliederung gebrochen und dem Bauwerk eine eher breite Gewichtigkeit verliehen.

Der durch Kriegsschäden und vielfältige Ausflikkungen des Mauerwerkes vorherrschende Eindruck buntscheckiger Mauerstruktur war ursprünglich nicht vorhanden, war doch das sorgfältig geschichtete Ziegelmauerwerk gleichmäßig mit einem Ziegelputz überzogen. Die Fenstergewände haben noch heute an vielen Stellen diese Putzschicht. Sie zeigen zusätzlich geglättet und bemalt, auf purpurfarbenem Grund goldockerfarbene Pflanzenvoluten und aus Blattkelchen herauswachsende Flügelwesen, die in die Pflanzenvoluten greifen und Blütenstengel tragen. Da dieser figürlich-ornamentale Dekor zur Innenseite des Raumes orientiert ist, ist davon auszugehen, daß die Glasfenster ursprünglich den Blick auf diesen Schmuck erlaubten, die Gläser also transparenter waren, als es die jetzige Verglasung ist. Der riesige Raum war mit einer Fußbodenheizung ausgestattet, die von 5 Feuerstellen aus beheizt werden konnte. Im Hypokaustbereich, dh unter dem Lauf- und Benutzungsniveau, sind vor der Apsis sowie 25 m S der Triumphbogenwand Trennmauern eingezogen, die das Beheizen der verschiedenen Abschnitte je nach Bedarf und

»Besucherzahl« ermöglichten. Für den Apsidenbereich ist eine Feuerstelle in der zweiten NW-Arkade angelegt, für den N-Teil der rechteckigen Halle sind zwei Präfurnien an der N-Wand eingebaut, während für den S-Teil, diagonal versetzt, je ein Präfurnium im 5. Arkadenjoch der W-Seite und im 9. Joch der O-Seite eingebaut ist.
Diese Heizung bediente zugleich auch die Wandheizung, die die ganze Sockelfläche bis zur ersten Fensteretage einnahm. Eine Folge dicht nebeneinander aufgebauter Kaminstränge aus viereckigen Hohlziegeln (*tubuli*) verkleidete die Wand und war mit Eisenkrampen in der Mauer verankert, die Zwischenräume mit festem Mörtel gefüllt. In direkter Verbindung zum Hypokaustum wurde die heiße Luft hier hochgeführt, in einer horizontalen Ringleitung zusammengefaßt und zu einzeln gelegenen Kaminabzügen in den Lisenenpfeilern der Arkadengliederung schräg ansteigend nach außen abgeleitet.
Der Innenraum war auf das edelste mit Marmor und Malereien ausgeschmückt. Geometrisch gemusterte Marmorplatten waren auf dem Boden in schwarz-weißem Material verlegt. Die Wände, ebenfalls mit Marmor verkleidet, waren mit Lisenen und Kapitellen architektonisch gegliedert. Dazwischen befanden sich kunstvoll in Marmor geschnittene Pflanzen- und Tiermotive in den verschiedensten Farben. In Höhe der ersten Fensteretage waren kräftige, profilierte Gesimse und Leisten angebracht, die zugleich eine horizontale Gliederung bewirkten. Bis zur zweiten Fensteretage waren nach Ausweis der Dübellöcher größerformatige Marmorplatten als Verkleidung angebracht. Die obere Zone der Fenster und des Mauerwerks über den Fenstern war offenbar nur mit bemaltem Putz überzogen. Die N-Wandflächen, Triumphbogen und Apsis wurde durch Nischen belebt, die mit Goldglasmosaiken ausgelegt und von Architekturelementen, Säulen und Giebeln eingerahmt waren.
Der hochragenden Giebelfront der Basilika war eine Vorhalle vorgelagert, die mit einem Mittelsaal von 20 m Breite und 17,50 m Tiefe an der S-Seite zwei breite Toröffnungen hatte. Nach W schloß ein schmalerer rechteckiger Saal mit einer Apsis an. Nach O setzte sich die Eingangshalle ebenfalls mit einem offenen, schmalen Saal fort, dessen Abschlußwand mit einem Türdurchgang

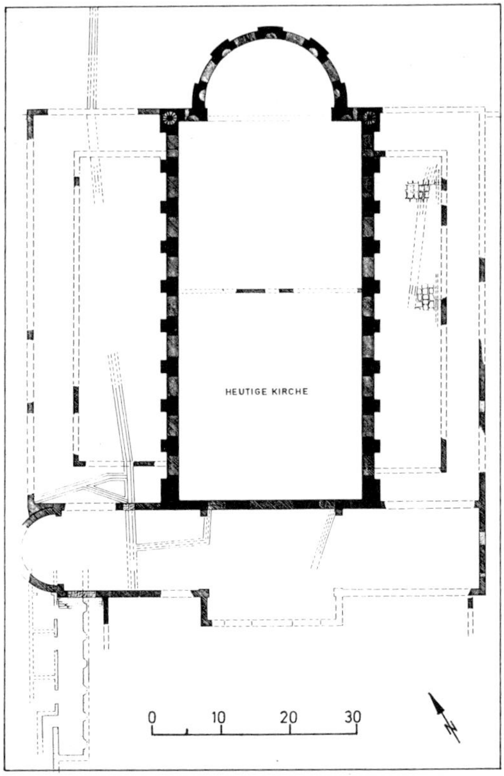

Abb. 536 Trier. Palastbasilika. Plan der konstantinischen Anlage

zu Nebenbauten überleitete. Diese Vorhalle war in ihrer ganzen Ausdehnung ebenfalls mit einer Fußbodenheizung versehen. Sie wurde von zwei Präfurnien in der geraden O-Wand und im Scheitel der Apsis von außen her geheizt. Vor der W Apsis ist ein breiter Durchgang erhalten, der zu einer Treppe mit vier Sandsteinstufen führt und eine N-S gerichtete Halle schließt, der W eine Folge von Räumen angelehnt ist. Diese Halle überbaut und benutzt als Substruktion eine Kryptoportikus mit Kreuzgratgewölben, die der zivilen Bebauung des 2. Jh zuzurechnen ist.
Zur technischen Bauunterhaltung der Palastbasilika, zur Begehung der Dachflächen, der Reinigung der Fenster und Begehung der Gesimsvorlagen in Höhe der Fensteretagen wurden an der NW- und NO-Ecke der breiten Arkadenmauern Treppenspindeln eingebaut, die heute noch be-

nutzt werden und an der Außenwand die Fensterluken zur Belichtung der Treppenspindel sowie die Türen zur Begehung der umlaufenden Gesimse erhalten haben.
An den Präfurnium neben dem NW Treppenzugang sind die feuerfesten, schwarzen Basaltlavaquader der Präfurniumauskleidung und Abdekkung noch fast vollständig erhalten. Desgleichen an der W-Seite im 5. Arkadenjoch. Im 1. Arkadenjoch der W-Wand ist noch die originale Seitentüre zum Innenraum erhalten. Die aus Quadern gefügte Eingangsschwelle überdeckt eine schräg abwärts nach außen führende Kanalrinne, die ehem das Spülwasser der Bodenreinigung aufnahm.
Den Langseiten waren, von Portiken eingefaßt, Licht- und Materialhöfe vorgelagert. Die W Abschlußwand zeigte in den 1983/84 freigelegten Mauerflächen mehrere Durchgänge zu großen Sälen und kleineren Räumen, die ehem der kaiserlichen Verwaltung gedient haben werden. An der O-Seite der Basilika, dem Hof und der Portikus, waren Räume angeschlossen, die nach Größe und Ausstattung einem privaten Wohnpalast zuzurechnen sind. Neben den Resten einer Badeanlage (O des Renaissanceflügels des kurfürstlichen Palais), wurden ein großer Apsidensaal mit Mosaik ausgeschmückt sowie ein Korridor um ein »Wasserbauwerk«, ebenfalls mit Mosaiken ausgelegt, bei Grabungsuntersuchungen 1985/86 aufgenommen. In der O gelegenen Fläche des Stadtparkes bis zur Stadtmauer des MA wurde 1983 eine Tiefgarage bis zur Stadtmauer gebaut, bei deren Ausschachtung eine größere Platzfläche, mit Portiken umbaut, untersucht werden konnte. Ein größeres, aus Bruchsteinen gemauertes Fundament zeigte auf der mit Mörtel abgestrichenen Oberfläche die deutlich an Mörtelstegen erkennbaren Abdrücke eines aus Steinquadern gefügten Aufbaues, der der Größe nach vielleicht einem Tempel oder einem monumentalen Denkmalsokkel zuzuweisen wäre. Ausgedehnte Mauerzüge mit Pfeilervorlagen und einer dreischiffigen Raumgliederung wurden N des Palais bei Neugestaltung des Vorplatzes ausgegraben.
All diese Bauteile und Mauerreste sind dem Gesamtgefüge kaiserlicher Verwaltungsbauten und

Abb. 538 Trier. Palastbasilika. Medusenmosaik, 1983 geborgen

Abb. 537 Trier. Palastbasilika. Palaishof. Ausgrabung östliche Portikushalle und Mosaikraum 1985

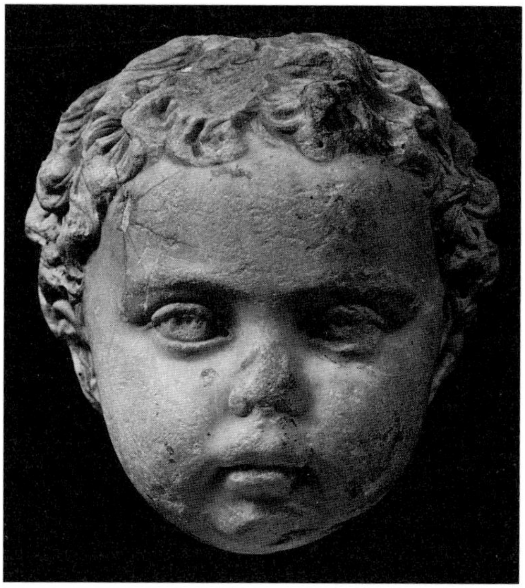

Abb. 539 Trier. Weberbach bei der Basilika. Kinderkopf, Prinzenporträt aus Marmor

privater Paläste zuzurechnen und bringen eine wertvolle Ergänzung zur Bau- und Grundrißentwicklung dieses Bereiches. Im nächsten Umfeld der kaiserlichen Repräsentation ist die auf den Kaiser gehaltene Lobrede des Eumenius vom Jahre 310 zu erwähnen. Begeistert den Wiederaufbau der Stadt preisend, läßt er die Basiliken als königliche Bauten, den Circus, an Größe und Pracht dem röm gleich stehend, den mächtigen Bau der Basilika als Sitz der Gerechtigkeit bis zu den Sternen des Himmels hinaufreichend vor den Augen der Zuhörer Revue passieren. Nach der Verlegung der Residenz, dem Abzug der Truppen vom Rhein, wurde der in der Völkerwanderungszeit ausgebrannte Bau dem fränkischen Königsgut zugeschlagen, und ein fränkischer Gaugraf nahm seinen Sitz in dem Bering. 902 gelangte das noch in eindrucksvoller Höhe als Ruine fortbestehende Gebäude als Schenkung an den Trierer Bischof. Innerhalb des Mauerringes wurden Wohn-, Wirtschafts- und Kellergebäude eingebaut, die Apsis zum Turm geschlossen, die Fensteröffnungen zugemauert und eine wehrhafte Burg im Herzen der Stadt gewonnen. Nach 1614 wurden die O- und S-Wand der Basilika eingerissen und, im Stil der Zeit, dem Palais ein großer Innenhof gegeben, der unter Erzbischof Philipp von Walderdorf mit dem Umbau des Renaissancebaus an der S-Seite die heutige Rokokofassade des S-Flügels mit dem kunstvoll gestalteten Mittelrisalit und dem Treppenhaus erhielt. Die Basilika-Westwand war, durch einen entsprechenden Ausbau zum W-Flügel der Schloßanlage umgewandelt, einer neuen Nutzung zugeführt worden.

Mit der Auflösung des Kurstaates, der Säkularisierung, wurde neben den Kirchen und Klöstern auch das Palais profaniert, das Inventar geplündert und verschleudert, der Bau als Militärlazarett und Kaserne genutzt, eine Funktion, die in preußischer Zeit bis 1918 beibehalten worden ist.

Die altehrwürdige Laurentiuskirche an der NW-Seite der Basilika, seit dem 8. Jh als Pfarrkirche erbaut, wurde 1803 abgerissen zugunsten der Erhaltung der Liebfrauenkirche, in die die Pfarrei umzog.

Die Stadt Trier, seit 1804 im Besitz des Palaisberings hatte dem preußischen König Friedrich Wilhelm IV. die antiken Ruinenreste geschenkt, die nach den Vorstellungen des Trierer Architekten Chr. W. Schmidt als ev Kirche in ihrer ursprünglichen Größe wieder aufgebaut werden sollten. Der junge König griff diese Idee auf und ordnete den Wiederaufbau an, der 1856 mit der feierlichen Einweihung abgeschlosssen, und der ev Gemeinde für ewige Zeiten zur Nutzung für den Gottesdienst übertragen wurde.

Palais und Basilika wurden 1944 und 1945 im Kriege zerstört und waren vollkommen ausgebrannt. Nach Jahren trostloser Armut und hoffnungsloser Daseinsbewältigung wurde 1954 der Beschluß zum Wiederaufbau der Basilika gefaßt, Grabungen und eine genaue Aufnahme des Mauerbestandes im Innern und auch im S Vorbereich der Basilika ausgeführt, während die Baumaßnahmen zügig fortschritten. Der feierlichen Wiederherstellung und Einweihung im Dezember 1956 folgte auch die Sicherung des Bestandes des kurfürstlichen Palastes, der als Sitz der Bezirksregierung wieder aufgebaut, 1977 seine jetzige farbige Fassung erhielt.

*Porta Nigra**. Gleichzeitig mit dem Bau der → Stadtmauer wurden die Stadttore errichtet, die neben der Festungs- und Verteidigungsfunktion

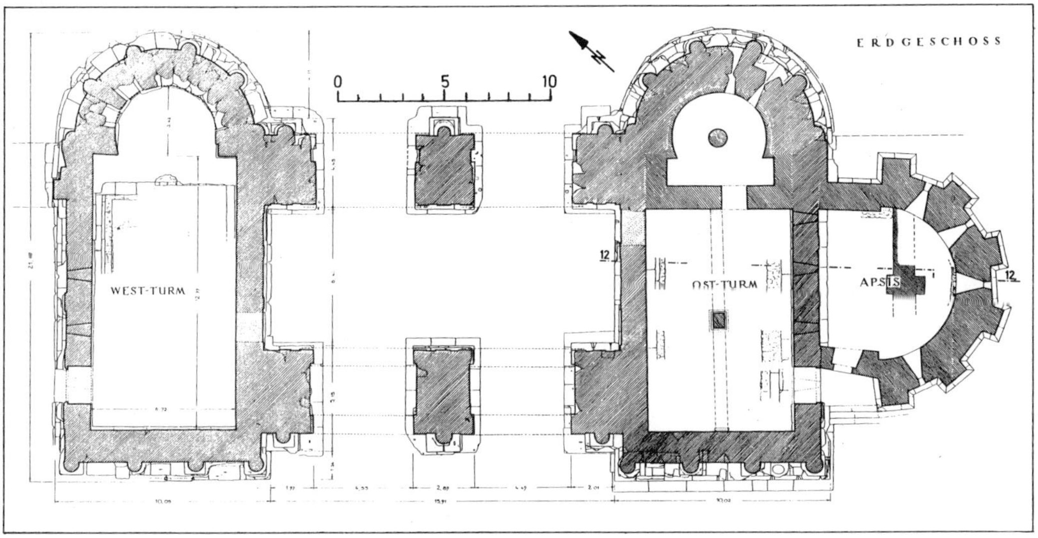

Abb. 540 Trier. Porta Nigra. Grundriß des Erdgeschosses

auch die Aufgabe hatten, nach der Stadtseite hin den hier zuführenden Hauptstraßen einen monumentalen, triumphbogenartigen Abschluß zu geben.
Die Porta Nigra gilt als das am besten erhaltene Stadttor der antiken Welt und ist zugleich das größte Torwerk, das überkommen ist. Für die Zeit seiner Erbauung im letzten Viertel des 2. JhnChr ist es nach Grundriß und Raumgliederung der aufgehenden Mauern auch als selbständig verteidigungsfähiges Festungsbauwerk zu betrachten, das schon den Wandel der Kriegs- und Waffentechnik anzeigt.
Der Torbau ist 36 m lang, 21,50 m breit und 29,30 m hoch. Auf ein bis zu 3,50 Tiefe reichendes Bruchsteinmauerwerk aus Kalksteinen wurden zwei Quaderschichten als Fundamentabsatz und bis zum umlaufenden Deckgesims 52 Quaderlagen aus weißem Sandstein aufgeschichtet, die, ohne Vermörtelung, durch horizontale, in Blei vergossene Eisenkrampen lageweise miteinander verbunden, dem Bauwerk Stabilität verleihen. Der eigentliche Torbau mit zwei großen Toröffnungen und breitem Mittelpfeiler umschließt einen Innenhof und Zwinger, der als Hinterhalt einen Angreifer wie in einer Schlucht einschloß. Das Torgeschoß reicht in seiner Höhe über zwei Normalgeschosse, darüber folgen, jeweils durch weit vorkragende Gesimse abgesetzt, zwei Fensteretagen.
Während zur Stadtseite hin die Passage auf 2,40 m zwischen den Bogenblenden in Quadern keilförmigen Zuschnittes flach gedeckt ist und die Vorrichtung der Türpfannen auf hier eingestellte hohe Türflügel weist, ist die landseitige Durchfahrt von einem Gewölbe überdeckt (3,20 m). Hinter dem äußeren Tor- und Bogengewände ist eine breite Aussparung an den Seiten eingearbeitet, die oberhalb des Kämpferkapitells schmaler ausgeführt, als durchgehender Schlitz im Gewölberund sich fortsetzt. Diese Art der Führungsschiene läßt ein Fallgatter erschließen, das über eine Winde und entsprechende Seilzüge vom Zwischengeschoß unter der ersten Fenstergalerie bedient werden konnte.
Den mit zwei umlaufenden Fenstergalerien, auch um den Binnenhof, ausgestatteten Tor- und Mittelbau flankieren Türme, die zur Stadtseite risalitartig vorspringen, zur Landseite als halbrunde Türme vor die Flucht der Toranlage und der seitlich anschließenden Stadtmauer treten.
Um ein Vollgeschoß den Torbau überragend, demonstriert diese Seite monumentale, wehrhafte Stärke, der auch die Wirkung der weittragenden

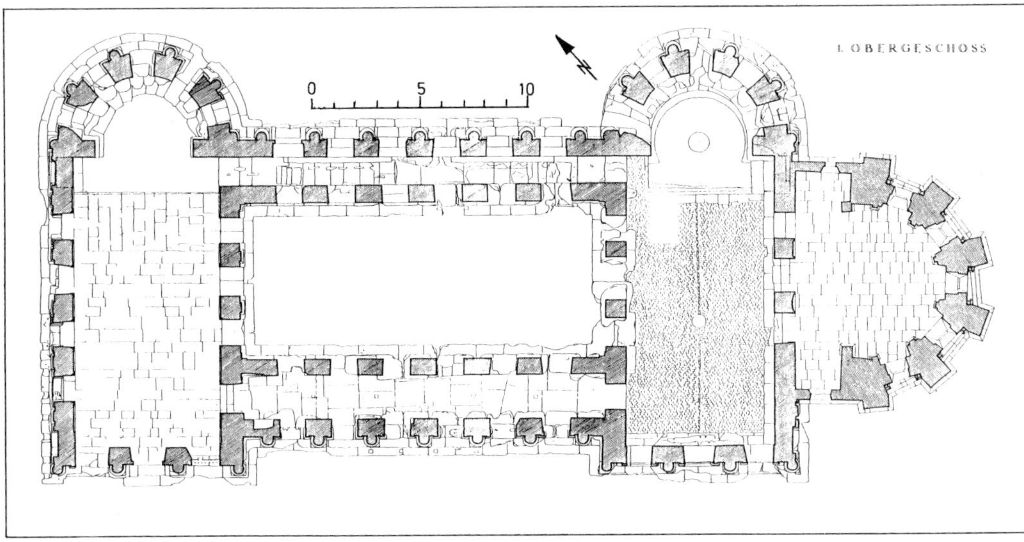

Abb. 541 Trier. Porta Nigra. Grundriß des ersten Obergeschosses

Geschosse von Katapulten, der Schleudern und Pfeile zusätzlich jeden Angreifer beeindrucken und in Schrecken versetzen mußten. Hierzu trug auch die Gliederung des Bauwerkes bei, das an den Turmflächen mit hochragenden Säulen auf vorstehendem Sockel und mit breitem Architrav fensterlos und massiv ausgeführt ist. Auch die Fenstergalerien sind mit Halbsäulen, zierlicher als jene des Sockelgeschosses, verziert, die über dem sehr plastisch wirkenden Architrav ein ausladendes Schräggesims tragen. Der abweisend bedrohende Eindruck wird dadurch verstärkt, daß Säulen, Architrave und Mauerflächen in rohen Bossen belassen sind und nur an einigen Flächen die abschließende Glättung und Ausführung der Profile, der gleichmäßigen Säulentrommeln und Gesims- und Basisschrägen angerissen sind. So ist die rohe Bossenform hier zu einem Ausdrucksmittel geworden, die der Nichtvollendung und Fertigstellung des Bauwerkes verdankt wird, anderwärts aber nachträglich und gewollt als Kunstform ausgearbeitet wird. Je eine schmale Eingangspforte ist ebenerdig an der W- und O-Seite der Turmecken angelegt und konnte im Verteidigungsfall schnell mit Balken und Steinen verschlossen werden. In Höhe der ersten Fensteretagen sind Ausgänge erhalten, die den direkten Zu-

Abb. 542 Trier. Porta Nigra. Torsperre von Süden

gang auf die Stadtmauer gewährten. Im Innern weisen vorkragende Quaderlagen die verschiedenen Geschoßhöhen als Konsolbänke der Balkenlagen für die Böden- und Deckenkonstruktionen aus.
Hier ist von Interesse, daß in dem bis zur vollen Höhe erhaltenen W-Turm sog Tagesinschriften mit Datumsangaben erhalten sind, die, von den Bauleuten eingemeißelt, vielleicht als Zahlungstermine oder als »Versatzdaten« im Bauablauf gedeutet werden können. An der Innenseite der Fensterpfeiler im Halbrund des dritten Fenstergeschosses sind neben- und übereinander (in lateinischer Schreibform) nach dem heutigen Kalender die Daten 29. Juli, 31. Juli, 4. August, 6. und 7. August zu lesen, am zweiten und dritten Pfeiler 28. und 30. Juli sowie 28. Juli, 1., 4. und 5. August und am fünften Pfeiler 28. Juli. Leider sind zu diesen Angaben keinerlei Hinweise auf das Jahr oder das Konsulat angegeben, das dann eine absolute Datierung dieser Quaderschichten und der bevorstehenden Fertigstellung des Bauwerkes ermöglichen würde. Domaszewski deutet die Inschriften auf die Detachierung von Soldaten, die hier das nahende Ende ihres Kommandos und die Rückkehr zur Truppe sehnsüchtig vermerkten.
An Außen- und Innenseite des Bauwerkes sind zahlreiche Buchstaben in großen Lettern zu sehen, die mit dem Verlegen der Steine auch zT auf den Kopf zu stehen kamen. Es sind dies Steinbruchmarken, die auf die Lieferung bestimmter Stückzahlen hinweisen oder nach Planaufriß und »Vergabeliste« gebrochen, zugerichtet und geliefert worden waren und als Nachweis zur Abrechnung gekennzeichnet wurden.
Zur Datierung ist auf die nach Bauinschrift in den Jahren 179/180 errichtete Porta praetoria von Regensburg zu verweisen, die einen gleichartigen Tortyp vertritt. Daß die Porta Nigra im letzten Jahrzehnt des 2. JhnChr schon stand und eine erste Bewährungsprobe mit der Stadtmauer zu bestehen hatte, wird durch ein Ereignis des Jahres 197 illustriert.
Beim Aufstand des Clodius Albinus gegen Septimius Severus wurde die Stadt von den Aufständischen belagert und durch die 22. Legion, die in Mainz stationiert war, von der Bedrohung befreit. Zu diesem Zeitpunkt standen vielleicht noch die Baugerüste, die für die Außenbearbeitung der Flächen und Architekturgliederung gebraucht wurden. Nach vorzeitigem Abbau der Gerüste wegen der plötzlichen Bedrohung hat man in späterer Zeit auf die Wiedereinrüstung der Porta und auf die Fertigstellung der Außenarbeiten verzichtet, Ursache für den ersichtlich unfertigen Zustand des Stadttores.
Das Stadttor hat die Wirren und Zerstörungen der germanischen Invasionen des 3. JhnChr offenbar unbeschädigt überstanden. Brandspuren an der Innenseite des O-Turmes, rot durchglühte und abgeplatzte Steine weisen vielleicht auf die wiederholten Zerstörungen des 5. Jh.
Als die Franken die Stadt um 475 übernahmen, waren die Torbauten beschädigt und zunächst ohne sinnvolle Nutzung sich selbst überlassen und wurden, soweit möglich, ausgebeutet. So sind in normal erreichbarer Höhe die Quaderstöße an vielen Stellen aufgebrochen worden, um hier die Eisenkrampen und Bleifüllungen in metallarmer Zeit zu gewinnen und zu nützlichen Gerätschaften umzuschmieden.
Diesem Unwesen wurde ab 1028 Einhalt geboten, als sich der aus Sizilien stammende Simeon im O-Turm als Einsiedler einrichtete. Als nach dem Tode des Simeon 1034 Erzbischof Poppo zu Ehren des als Heiligen verehrten Eremiten ein Kanonikerstift begründete, wurde die Porta Nigra zur Kirche umgewandelt. Hierzu wurden die hohen Sockelgeschosse und Durchfahrten des Torbaues mit einem gewölbten Terrassen- und Treppenbau umschlossen, das Untergeschoß der Porta bis zur ersten Fenstergalerie zu einer großen Krypta umgebaut und eine dreischiffige Kirche eingerichtet. Unter Erzbischof Albero von Montreuil erfolgte die Erweiterung mit dem Choranbau für die Unter- und Oberkirche, die mit ihrer zierlichen Zwerggalerie eine besondere Bereicherung des sonst strengen Kirchenbaus darstellt. Über dem W-Turm wurde ein Glockenturm aufgerichtet, dem oberen Fenstergeschoß durch Aufhöhung der Mittelschiffwände eine Wölbung zugefügt.
Die im Innern sichtbaren Grabepitaphien und Zierelemente wurden aus der röm Bausubstanz herausgearbeitet. Im Eingangsraum der Volks- und Unterkirche wurden die Fensterpfeiler und die Pfeiler zum Kirchenschiff mit großen Medail-

Abb. 543 Trier. Die Porta Nigra als Simeonsstiftskirche. Kupferstich von Caspar Merian, 1646

lons und Ornamenten verschönert, die, einst farbig gefaßt, die bedeutendsten Personen der trierischen Kirchengeschichte zeigen. Hier sind mit ihren Lebensdaten Athanasius, Ambrosius, Hieronymus, Martin von Tours, Papst Leo um 1750 ebenfalls aus dem röm Gestein skulpiert worden. Nach der Französischen Revolution und der Besetzung Triers sollte die Porta Nigra auf Befehl Napoleons 1804 als »nationalgallisches« Denkmal ausgekernt und von den Vorbauten befreit werden. Bis auf den Choranbau war dieses Vorhaben realisiert worden, als Trier 1815 mit den Rheinlanden zu Preußen kam und das Zerstörungswerk auf Intervention kunstverständiger Bürger gestoppt werden konnte.
Mit der Absenkung des Terrains auf die röm Straßenhöhe, der Herrichtung des Außenterrains und der Gestaltung des S Vorgeländes hat das Bauwerk im Erscheinungsbild und der Wirkung gewonnen. Umfangreiche Sicherungsarbeiten und der Einbau einer aus Fertigelementen zusammengesetzten Treppenspindel ermöglichen den Besuch des Torbaus, aus dessen Fenster man reizvolle Ausblicke auf die Stadt, den Dom und den Hauptmarkt wie auch auf die Landschaft genießen kann.
Von besonderer Bedeutung ist das auf die Stadtmauer, W an die Porta gebaute Kanonikerstift St. Simeon. Um 1030 erbaut wurden Kreuzgang und Dormitorium auf einem hohen Sockelgeschoß errichtet, um der Lage der Kirchengeschosse zu entsprechen und auch direkte Verbindung zu erreichen. Als älteste noch erhaltene Stiftsanlage sind S- und W-Flügel sowie ein Teil des O-Flügels beachtenswert. Der N-Flügel wird in den Obergeschossen als Ausstellungsfläche des Städtischen Museums genutzt.

*Die Römerbrücke**. Im Zuge der Moselkanalisierung 1959–1963 wurden im Bereich des Stadtge-

bietes an den Uferstrecken im Flußbett umfangreiche Erdbewegungen durchgeführt. Im Umfeld der Römerbrücke waren 1929 bei niedrigem Wasserstand Pfahlstellungen beobachtet worden, die älteren Brücken zuzuweisen waren. Das hohe Alter der Übergangsstelle war durch die Lage im System der Fernstraßen und des Stadtplanes schon immer behauptet und auch durch Einzelfunde vermutet worden.
Als einziges größeres Verkehrsbauwerk im Rheinland war die Brücke einer Zerstörung im letzten Krieg entgangen.
Beim Kanalbau wurden 1963, kaum 5 m unterhalb der Brücke und fast den Pfeilerstellungen entsprechend, breite Pfahlroste freigebaggert, deren gegen den Strom gerichtete Seiten, dreieckig mit Pfosten begrenzt, in der Innenfläche ein gleichmäßiges Raster erkennen ließen. In der Gesamtfläche der 19 m langen und 11 m breiten Pfeileranordnungen waren unterschiedlich zugebeilte Pfosten in Reihen, Pfosten kleinerer Formate zT unregelmäßig eingerammt worden, neben vereinzelt angetroffenen Rundstämmen. Zwischen den Pfosten und bis an deren erhaltene Oberseiten reichend, wurde eine Einfüllung von Steingeröll und hellgrauem Ton beobachtet. In der Stützmauer des W Brückenkopfes und des hier gelegenen Leinpfades wurden in dem Quaderwerk aus vulkanischer Basaltlava sowohl die »Straßenrampe« als auch nachträglich angefügte flankierende Turmfundamente eingemessen.
N schloß an den ersten Brückenpfeiler wiederum ein Pfahlrost an, der in Übereinstimmung zu dem Geländeverlauf mit breiterem Fundamentaufbau dem Ufer näher gerückt ist. Schon 1913 waren in der Aachener Str in der Brückenachse Mauerreste beobachtet worden, die, zunächst unverständlich, einen exedrenförmigen Bau mit 25 m Frontöffnung und 11 m Radius ergeben, der den monumentalen Abschluß der Holzbrücke gebildet hat. Die aus den verschiedenen Pfahlstellungen geborgenen Holzproben und Querschnittscheiben, neben ganzen gezogenen Pfählen, wurden von E. Hollstein der dendrochronologischen Belegsammlung am RLM Trier zugeführt und datiert. Auf eine seit frühester Zeit begangene natürliche Moselfurt war eine erste Holzkonstruktion 122 vChr errichtet worden.

Abb. 544 Trier. Die Römerbrücke

Mit datierten Hölzern großer Querschnitte ist für die Zeit 18/17 vChr die Errichtung einer Brücke belegt, die nach Größe und Funktion nicht nur eine Verbindung zu den an beiden Ufern verlaufenden Fernstraßen herstellte, sondern im Hinblick auf die Gründung Triers als Zentrum der Treverer und der am W-Ufer gelegenen Ansiedlung des inschriftlich überlieferten Vicus *Voclannionum* auch »innerstädtischen« Verkehr aufzunehmen hatte. Da die Pfeilerabstände bis zu 21 m betragen, in den Zwischenflächen aber keinerlei Pfostenkonstruktionen beobachtet werden konnten, war mit Jochkonstruktionen der Fahrbahnaufbau kaum stabil aufzulegen. So wird man damit rechnen müssen, daß schon breiter angelegte Pfeiler, mit einem steinernen Quadermantel gegen Hochwasser geschützt, zur Aufnahme einer Tragekonstruktion so hoch reichten, daß die Fahrbahn auf den Pfeilern aufliegend und der Tragekonstruktion eingehängt den Ansprüchen auch höherer Belastungen genügte. Diese Anlage hat in den Wirren des Bataveraufstandes und während der Kämpfe, welche die bei Riol geschlagenen Trierer auf der Brücke im Jahre 69 bei einem Angriff hier führten – Tacitus gibt eine anschauliche Schilderung davon –, Schaden genommen. 71 nChr wurde eine umfassende Reparatur und Erneuerung der Anlage vorgenommen. Auf der bis zu normalem Wasserstand reichenden Substruktion wurde eine horizontale Balkenbühne verlegt, die einen aus Kalksteinquadern errichteten Pfeileraufbau aufnahm. Die Pfeiler, im Abstand von 21 m tragen die Balkenbinderkonstruktion des Fahrbahnunterbaus, der zusätzlich von den Pfeilerseiten her mit einem Sprengwerk winklig aufgestützter Balken abgestützt und verstärkt wird.

Wie die Konstruktion von 18/17 vChr erreicht die Brücke, an der Stadtseite auf den Decumanus maximus einmündend, eine Länge von 370 m. Von 11 Pfeilern stehen 8 im Flußbett, 3 Pfeiler im stadtseitigen Uferbereich wurden nur bei extremem Hochwasser umspült. Die Pfähle der verschiedenen Brückenbauwerke sind allesamt mit eisernen Pfahlschuhen bewehrt, die aus einer massiven, vierseitigen Spitze mit angeschmiedeten Laschen bestehen, andere zeigen rund zugeschmiedete Spitzen oder flachbreite, der Holzspitze angepaßte Laschen.

Von dieser vespasianischen Brücke aus wurden 155 nChr an den gegen den Strom gerichteten Pfeilerspitzen Pfahlreihen eingerammt, die als Baurampen für ein neues Brückenbauwerk, die heutige Römerbrücke, dienen sollten. Wohl aus Gründen einer Verbesserung des Verkehrsflusses auf der Mosel wie auch auf der Brücke selbst, vielleicht aber auch nur Verbesserung der Stadtansicht und der Repräsentation wegen, wurde die Anlage bis 154 nChr ins Werk gesetzt.

An den durch Plan festgelegten Stellen, die in etwa auch der Position der stehenden Anlage entsprachen, wurden doppelte Spundwandrahmen in das Flußbett versenkt und in die Zwischenräume Ton als absolut zuverlässige Abdichtung eingefüllt. Durch Ausschachtung der so umgrenzten Fläche bis auf den festen, felsigen Untergrund wurde eine solide Gründung des aus Quadern aufgeschichteten Pfeilerfundamentes, bis zu 6 Steinlagen hoch, erreicht. Von der bis Normalwasserstand hochreichenden Spundwand ab wurden die Pfeiler an den Außenflächen geglättet und erhielten die wassertechnisch erprobte Form mit winkliger Zuspitzung gegen den Strom und halbkreisförmiger Rundung an der Unterstromseite.

Von der Abwinklung der Pfeilerspitze bis zum Ansatz der gerundeten Rückseite ist in der 6. Steinlagerreihe eine vorkragende Konsolbank ausgebildet, seitlich durch etagenweise zunehmend vorspringende Blendsteine gedeckt, auf der die schräg stehenden Knaggen der Sprengwerkkonstruktion für den Fahrbahnunterbau aus Binderbalken aufgesetzt waren. Am relativ steilen W-Ufer wurde eine Brückenanfahrt als hochstehender Brückenkopf bis an die Wasserlinie herangeschoben und war aus großen Basaltquadern aufgeschichtet. Auch die Pfeiler 2–5, 7 und 8 waren aus diesem Material. Aus unbekannten Gründen wurden Pfeiler 1 und 6 von W aus dem hell patinierenden Maaskohlenkalkstein (Blaustein) in großen Quaderformaten aufgesetzt, während der stadtseitige Pfeiler 9 aus Kalkstein gefügt ist. Alle Pfeiler sind ohne Mörtel ausgeführt, die Quader mit geglätteten Lager- und Stoßflächen wurden durch große Eisenklammern, die in Blei vergossen sind, miteinander verbunden. Zur Verschönerung des Bauwerks und als Zeichen für die Schiffahrt waren auf Pfeiler 3 und 5 Pylone aus

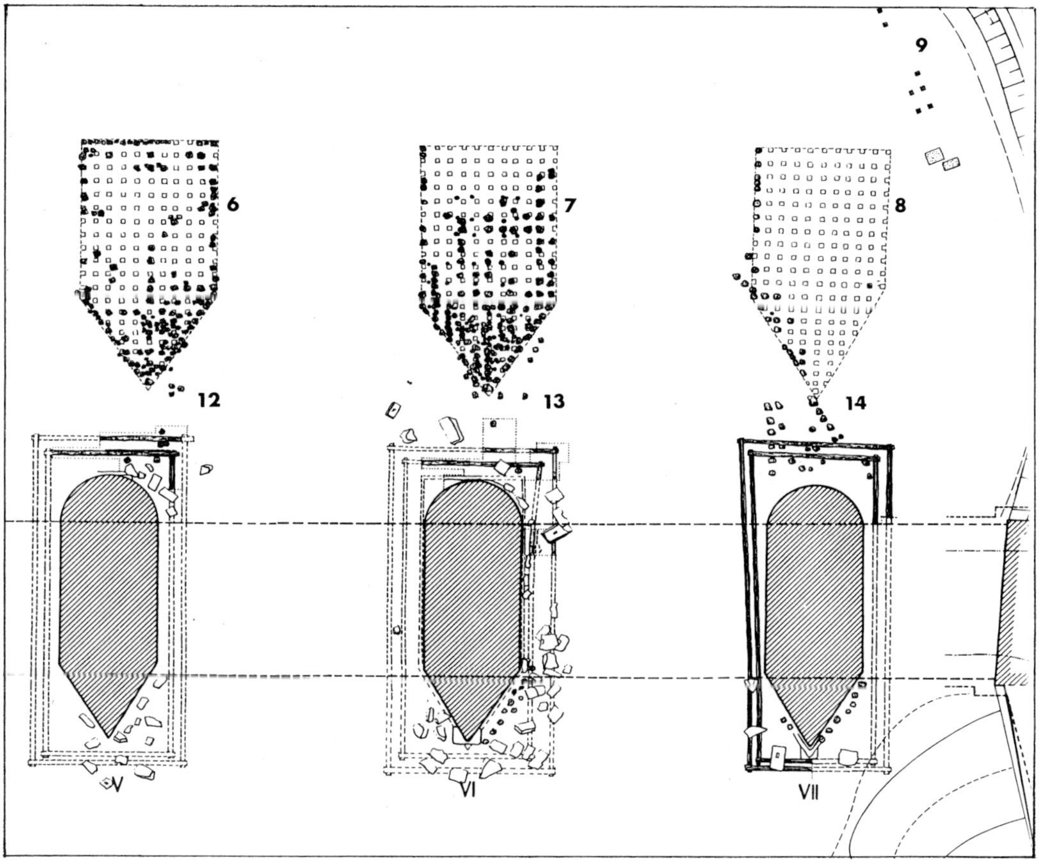

Abb. 545 Trier. Römerbrücke. Pfahlroste und Steinpfeiler. Ausschnitt von der östlichen Brücke

Quadern aufgesetzt, die die Schiffahrtsrinne markieren (am Kreuzigungspfeiler 5 noch im Unterbau erhalten).
Zum Schutze der Pfeiler, aber auch der regen Schiffahrt auf der Mosel wegen, wurden die Fangdämme/Spundwandkonstruktionen an den Pfeilern auch nach Fertigstellung des Brückenbauwerkes stehen gelassen und wirkten bei stärkerer Strömung und Turbulenzen wie Leitplanken, so daß die Schiffe nicht gegen die massiven Pfeiler getrieben werden konnten. Am stadtseitigen Ufergelände waren seit Errichtung der großen Brückenanlage 18/17 vChr Terrainanschüttungen und Aufhöhungen erfolgt, die schon bis zum Bau der vespasianischen Anlage eine Verkürzung von 11 auf 9 Pfeiler ermöglicht haben.

Abb. 546 Trier. Römerbrücke. Rekonstruktionsansicht eines Pfeilers mit Spundwandsystem und Fahrbahnkonstruktion

Abb. 547 Trier. Römerbrücke. Ansicht von Süden, 1670

In Verbindung mit dem repräsentativen Bau der Stadtmauer wurde eine weitere Verkürzung der Brücke um 2 Pfeiler auf 7 Pfeiler bewirkt und das Brückentor an der Stadtseite in den Zug der Mauer eingebunden. Am W Brückenkopf wurden zwei Türme angebaut, die mit einem der Porta Nigra entsprechenden Torbau die Zufahrt zur Brücke im Kriegsfalle sperrten und so das technisch wertvolle Bauwerk vor dem Zugriff des Feindes schützten.
Die mit Aufschüttungen und Mauerbau verbundene Verengung des Flußquerschnitts bewirkte zwangsläufig höhere Wasserstände bei Regenperioden und Schneeschmelzen. So mußten Fahrbahn und Pfeiler angehoben bzw verstärkt werden, eine Folgemaßnahme, die mit zwei Lagen von Sandsteinquadern an der Pfeilerrückseite noch ablesbar ist. Diese Maßnahmen waren um 180 nChr abgeschlossen.
Anders als in südlichen Ländern erschien es den Bauherrn der Brücke nicht sinnvoll und zwingend, die Brücke mit massiven Steinwölbungen zu versehen, vielleicht auch weil bei beständig Wasser führendem Fluß die Aufstellung eines Lehrgerüstes nicht möglich war. So waren nur die aus Holz bestehenden Bauteile der Sprengwerke und Fahrbahnen der Kontrolle und Bauunterhaltung zuzuweisen, die bei leichter Verfügbarkeit von Stammhölzern aus den Waldgebieten rund um Trier ohne erhebliche Kostenaufwendungen leicht zu betreiben war.
Erst unter Balduin von Luxemburg 1343 wurde die bis dahin immer wieder erneuerte Fahrbahn-Holz-Konstruktion durch ein festes Gewölbe ersetzt, Tore und Brückentürme als zusätzliche Verteidigungswerke an den Brückenenden und auf Pfeiler 2 aufgebaut. 1687 von den französischen Truppen gesprengt, wurden die Einwölbungen in barocker Manier mit Masken und bossierten Steinen verziert, 1719 wieder aufgebaut und an der Stadtseite ein zierlich gegliederter Torbau mit den Wappen des Kurfürstentums errichtet, der mit der Aufhebung der Mahl- und Schlachtsteuer und der Niederlegung der Stadt-

Abb. 548 Trier. Römerbrücke. Silberfigur des Harpokrates aus der Mosel

mauer 1864 abgetragen worden ist. 1931 wurde, mit Rücksicht auf den zunehmenden Verkehr, die Fahrbahn verbreitert und Bürgersteige als auskragende Konstruktion aufgelegt.
Als einzige größere Brückenkonstruktion ist diese Anlage in W-Europa erhalten geblieben und dient, ohne daß die tragenden Flußpfeiler verändert worden wären, noch heute dem Verkehr. Es erscheint bedenkenswert, daß die um 150 nChr getätigten Investitionen sich in der Zwischenzeit um ein Vielfaches amortisiert haben, ein »zukunftorientiertes Werk« zum Wohle der Menschen ausgeführt, was wir im Bereich der Baukunst mit verbessertem Gerät offenbar nicht mehr leisten können.
Spiegelbild der geschichtlichen Entwicklung und Folge der Brückenbauten sind die Flußfunde, die seit 1959 in großer Zahl geborgen werden konnten (im RLM Trier ausgestellt): Werkzeuge aus der Bauzeit, Münzen als Flußopfer, Bleiplomben als Zeugnisse des Warenverkehrs, Kleinbronzen und Schmuck als Raub, Beute- und Zerstörungs-

Abb. 549 Trier. Römerbrücke. Bronzenes Vorderteil eines Weiheschiffes, gefunden in der Mosel

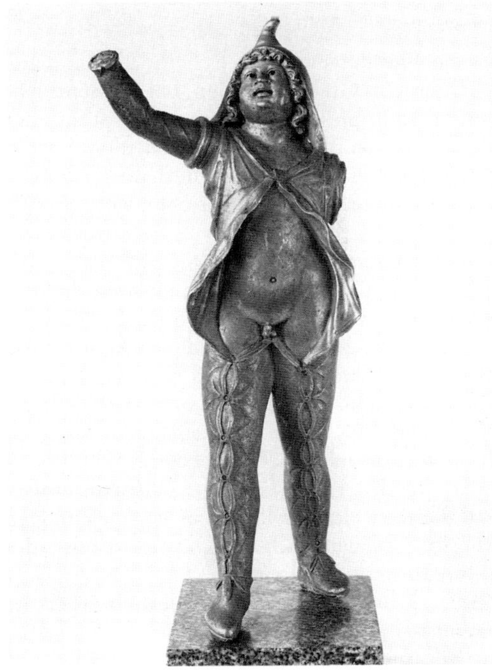

Abb. 550 Trier. Römerbrücke. Figur des Attis, gefunden in der Mosel

Abb. 551 Trier. Römerbrücke. Bleiplomben aus der Mosel, Zeugnisse des Warenverkehrs

gut im Fluß abgeworfen, Reliefquader und Inschriften von Grabdenkmalen, bei Massentransporten verloren oder wegen Überlastung der Flöße und Schiffe abgelegt, reichen bis in die Neuzeit, als im 19. Jh gleich unterhalb der Brücke das preußische Zollamt eingerichtet worden war.

Die Stadtmauer am Schießgraben/Langstr.* Mit einer Gesamtlänge von 6418 m umzieht die röm Stadtmauer eine Fläche von 285 ha. In Übereinstimmung zu den an verschiedenen Mauerstrekken beobachteten Funden, so besonders an der Porta Nigra, durchzieht die Mauertrasse Teile des N Gräberfeldes, dessen Bestattungen innerhalb der Mauer bis in das 3. Viertel des 2. JhnChr reichen. An den Hinterfüllungen, Anschüttungen und Gräben der die Stadtmauer begleitenden Ringstr wurden Scherben vom Ende des 2. JhnChr aufgenommen.

Bis zu 3,50 m tief fundamentiert, besteht die Mauer aus Schieferplatten und Steinen mit reichlich Mörtelbettung und ist von der Terrainhöhe ab sorgfältig mit Kalksandsteinquadern verblendet. Im Fundamentbereich bis 4 m dick, wird die Mauer mit flacher Abschrägung im Aufgehenden bis auf 3 m reduziert. Die Mauerhöhe für den Laufgang ist mit 6,20 m anzunehmen. Diese Höhe ist durch die Türen an der W- und O-Seite der Porta Nigra gesichert, von der aus die Mauern aus dem Innern her direkt begehbar waren.

Im Vorbereich aufgefundene dreieckige Zinnensteine sind als Abdeckung den Mauern und Mauerrückssprüngen oder Zungen zur Bedeckung neben den Schießscharten aufgelegt gewesen. Für diesen oberen Abschnitt wird man mit einer Höhe bis zu 2,20 m rechnen dürfen, um den Wachmannschaften und Verteidigern im Bedarfsfalle genügenden Schutz vor Beschuß aus dem Vorfeld zu sichern. Mit Rücksicht auf den allgemeinen Geländeverlauf und die aus verteidigungstechnischen Überlegungen mit in den Mauerring einbezogenen Flächen am Petersberg und den Höhen bei Heiligkreuz, ergeben sich nur wenige Strecken einer geradlinigen Führung.

Von der Römerbrücke aus folgt die Mauer dem Flußufer nach N und schwingt in einem weiten Bogen auf die W-O-Flucht der N-Seite, an der, etwa inmitten der zum Petersberg ansteigenden

Abb. 552 Trier. Stadtmauer. Grabung am Kiewelsberg

O-Seite, die Torburg der Porta Nigra auf einem ausgeprägten Geländesattel auch die Ausfallstraße in Verlängerung des Cardo maximus aufnimmt.
Bis zum Amphitheater geführt, und dieses als Bastion mit zweifacher Torsperre zum Stadtgebiet einbeziehend, entspricht die Linie des ursprünglichen Decumanus maximus in etwa der Hälfte der W-O-Erstreckung des Stadtgebietes. Vom Amphitheater aus ist die Mauer mit zT steilen Gefällstrecken durch das Tal des Olewiger Baches geführt, um dann über die fast ebene Fläche O des Herrenbrünnchens und dem Heiligkreuzerberg in drei etwas abgewinkelten Teilstrecken zum SO Eckpunkt der hier zur Mosel geradlinig abgewinkelten Trasse an der S-Seite der Stadt zur Mosel zu führen. In der Mitte der S Mauerstrecke ist ein der Porta Nigra entsprechender Torbau auf allerdings rechteckigem Fundament nachgewiesen, der an der Fernstraße Metz–Trier und der von hier bis zum Forum verlaufenden Alttrasse des Cardo maximus als Sperre errichtet worden ist. In der Linienführung der heutigen Ziegelstr wird ein ausgedehntes Töpfereigelände durchschnitten, das nach dem Mauerbau beidseitig noch weiterhin aktiv war. Vom SW-Eckpunkt an der Mosel ist der Mauerverlauf, entsprechend dem relativ niedrigen Siedlungsgelände und Moselufer, fast geradlinig auf den Brückenkopf hin ausgerichtet.
Innerhalb des Mauerkranzes wurden zur Zeit der Erbauung ausgedehnte Geländeflächen mit einbezogen, die auf künftige Bebauung und Bevölkerungszunahme ausgelegt waren. Dies trifft sowohl für Flächen an der N-Seite des Siedlungskernes als auch besonders an der SO-Seite des Gebietes zu. An der gesamten O-Seite wurden Hangflächen einbezogen, die den Tempelbezirk am Altbachtal säumen und am Petersberg schwerlich das Amphitheater und den Circus als öffentliche Großbauten hätten ausgrenzen lassen. Die Mauer war mit Türmen bewehrt, die mit kreisförmigem Grundriß an beiden Seiten der Mauer gleichmäßig vorsprangen, während erst bei Anlagen des 3. und 4. Jh die Türme zur Feindseite weiter ausgreifen (bis zu drei Viertel ihrer Fläche und der Rundung). Die wechselnden Abstände der Türme und die unterschiedlichen Län-

Abb. 553 Trier. Stadtmauer am Schießgraben

gen der Mauerstrecken erklären sich damit, daß an den Enden der Straßenfluchten des Straßennetzes je ein Turm gelegen ist. Hierdurch war nicht nur den Straßenachsen ein sicherlich optisch eindrucksvoller »End- und Zielpunkt« gegeben, mehr noch wird die militärische Überlegung hier bestimmend gewesen sein, daß man jeweils von einer Stadtseite zur gegenüberliegenden freies Blickfeld hatte und über das Kampfgeschehen und die erforderlichen Maßnahmen bei Feindeinbrüchen einen direkten Sichtkontakt hatte und über erforderliche Gegenmaßnahmen sofort entscheiden konnte, wenn Einsatz und Verstärkung den Truppenführern das Eingreifen sinnvoll erscheinen ließen.
So ergeben sich für die verschiedenen, durch Cardo und Decumanus in 4 größere Stadtquartiere aufgegliederte Siedlungsgebiete und die zugehörigen Mauerstrecken, dem Straßennetz entsprechende Turmzahlen: Moselbrücke bis Porta Nigra = 14 Türme; Porta Nigra bis Amphitheater = 10 Rundtürme, 1 Eckturm N-Seite des Amphitheaters; Amphitheater bis S-Tor = 10 Rundtürme, 1 Eckturm S-Seite Amphitheaters; S-Tor bis Römerbrücke = 10 Rundtürme. Auch wenn lange Mauerstrecken schon im MA, besonders im S Stadtgebiet, bis zu den Fundamenten ausgebeutet und die zugehörigen Türme verschwunden sind, so ist auf die gesamte Mauerlänge mit 48–50 Türmen zu rechnen. Zu den Torburgen Porta Nigra, S-Tor, Brückentor und Amphitheater wurde in der Spätzeit ein 5. Tor an der Rotbachstr aufgerichtet.
Im Bereich der auf ein Drittel reduzierten Siedlungsfläche der ma Stadt wurde nur die Mauerstrecke entlang der Mosel und der N-Seite entlang der Porta Nigra bis zum Balduinsbrunnen an der Ostallee in den jüngeren Befestigungsring einbezogen. Alle anderen Mauerstrecken wurden ausgebeutet und haben keinerlei sichtbare Spuren erhalten.
An der Langstr wurde die röm Stadtmauer auf die Länge von 70 m ausgegraben und zugänglich erhalten.
Neben dem Neubau der Berufsbildenden Schule ist die in leichter Rundung geführte Mauer mit einer leichten Abschrägung über dem Fundament versehen, die bis an ein Rundturmfundament herangeführt ist. Auf dem Abbruch des Aufgehenden wurde die wesentlich schwächer dimensionierte ma Mauer errichtet.
Die sorgfältig ausgeführte Kalksteinverblendung war mit hellem Kalkputz ausgefugt, mit dem Fugeisen nachgezogen und mit leuchtend rotbrauner Farbe die Quaderung ausgemalt worden.

Cü

*Die Thermen**

Abb 103, 104, 554–566, Taf 1, 5, 8

Die Barbarathermen. Nach dem Ausbau der Innenstadt und der schnellen Auffüllung der geplanten Baugebiete war der Bevölkerungszuwachs offenbar so groß, daß nach den öffentlichen Thermen am Viehmarkt/Forum eine repräsentativere Badeanlage dringend erforderlich war.

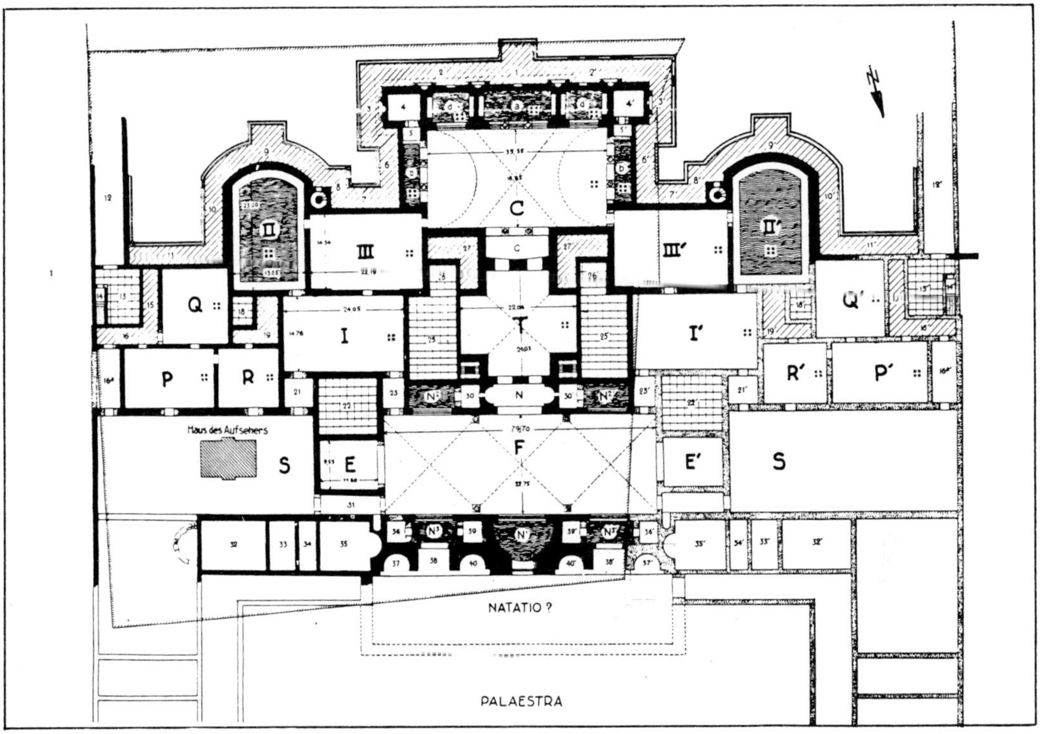

Abb. 554 Trier. Barbarathermen. Badegeschoß. Grundriß

Oberhalb der Pfahlrostbrücke war eine Erweiterung des Terrains durch Aufschüttungen so geartet, daß es zweckmäßig erschien, mit Auflassung von 2 Wohnquartieren die erforderliche Grundfläche für die Anlage zu schaffen. Hierbei mögen auch Aspekte der Sanierung von »Altbaubereichen« und der Stadtplanung eine Rolle gespielt haben, wenn nicht einfach ein kapitalkräftiger Eigentümer Hilfestellung leistete. Mit einer Seitenlänge von 170 × 250 m nimmt die Anlage eine Fläche von 42 500 m² in Anspruch, die im Plan des Stadtgrundrisses vier große Wohnquartiere besetzt.

Auf eine N-S gerichtete Bauachse bezogen sich die klassischen Funktionen von Kaltbad, lauwarmem Bad und Heißbad (*frigidarium, tepidarium, caldarium*) mit vorgelagerter Palästra, in symmetrischer Anordnung der Räume. Die N Schmalseite mit Eingangshalle und die Palästra fassender Portikus reichte bis an den Decumanus und war bei der jüngeren Brückenanlage eben an der Hauptstraße gelegen, die bis zum Amphitheater hinaufführte.

Das eigentliche Badegebäude (170 × 100 m) zeigt an der N-Fassade eine reiche Gliederung von Nischen und Apsiden, denen im Innenraum Kaltwasserwannen und -becken entsprechen. Der anschließende Hallenraum war mit Kreuzgratgewölben überdeckt, dem nach S nochmals mit Marmor ausgekleidete Kaltwasserbecken in nischengegliedertem Wandaufbau folgen. Im Mitteltrakt leitet ein kreuzförmiger Raum mit Fußbodenheizung, das Laubad (*tepidarium*), über zum Heißbadesaal (*caldarium*). Mit Heizung ausgestattet, bilden die mit Pfeilern und Säulen gegliederten Raumnischen eine Folge langrechteckiger und breiterer Wannen. Zu dem freistehenden, nach S vor die allgemeine Gebäudeflucht vorspringenden Raum (30 × 20 m) gehören zwei Kesselräume in der SW- und SO-Ecke. Hier

Abb. 555 Trier. Barbarathermen. Julia Soaemias, Marmorporträt

wurde über den Feuerstellen in metallenen Kesseln oder Boilern heißes Wasser zubereitet und über Leitungen den Wannen zugeführt.
Über zwischengeschaltete Wandelhallen sind die parallel angeordneten Großwannen (13 × 23 m) mit flachen Apsiden zu erreichen. Die neben- und hintereinander gestaffelten Raumfolgen, hohe gewölbte Hallen, niedrigere Wannen- und Nischenräume, ausgedehnte Säle und die großen Schwimmbecken waren im Grundriß so angeordnet, daß über große Lichthöfe und gestufte Baukörper alle Räume mit natürlichem Tageslicht erhellt und so über die Fenster auch belüftet werden konnten. Der Reichtum der einstigen Ausstattung ist durch geometrisch gemusterte, mehrfarbige Marmorbeläge, buntfarbene Marmorsäulen, marmorne Wandinkrustationen, bemalte Putzflächen für alle Raumteile belegt. Eine Besonderheit bilden Fragmente von Gewölbeverputz, in denen auf purpurfarbenem Grund perlmuttschillernde Muscheln in Bändern und Ornamenten eingelassen waren.
Mehr aber noch illustrieren die Reste von Meisterwerken der antiken Bildhauerkunst den Luxus, den hohen Kunstgeschmack und die verfeinerte Badekultur. In einer Nische der N-Fassade war bereits 1845 der Torso einer Amazone entdeckt worden. Aus großkristallinem parischem Marmor gearbeitet, gilt sie im Vergleich mit der sog Amazone Mattei als die beste und dem Original getreueste Kopie des von Phidias im 5. JhvChr geschaffenen Originals. Im gleichen Zusammenhang bezeugen ein Jünglingstorso im Stile des Praxiteles, das Relieffragment eines Jünglingskopfes mit gelocktem Haar und Stirnband, zahllose Fragmente anderer Marmorbildwerke die noble Ausstattung dieser Thermenanlage, die nicht nur dem Badevergnügen diente, der Körperpflege und Hygiene, sondern auch ein gesellschaftliches Zentrum der Moselmetropole darstellte.

Abb. 556 Trier. Barbarathermen. Schlafender Amor. Marmor

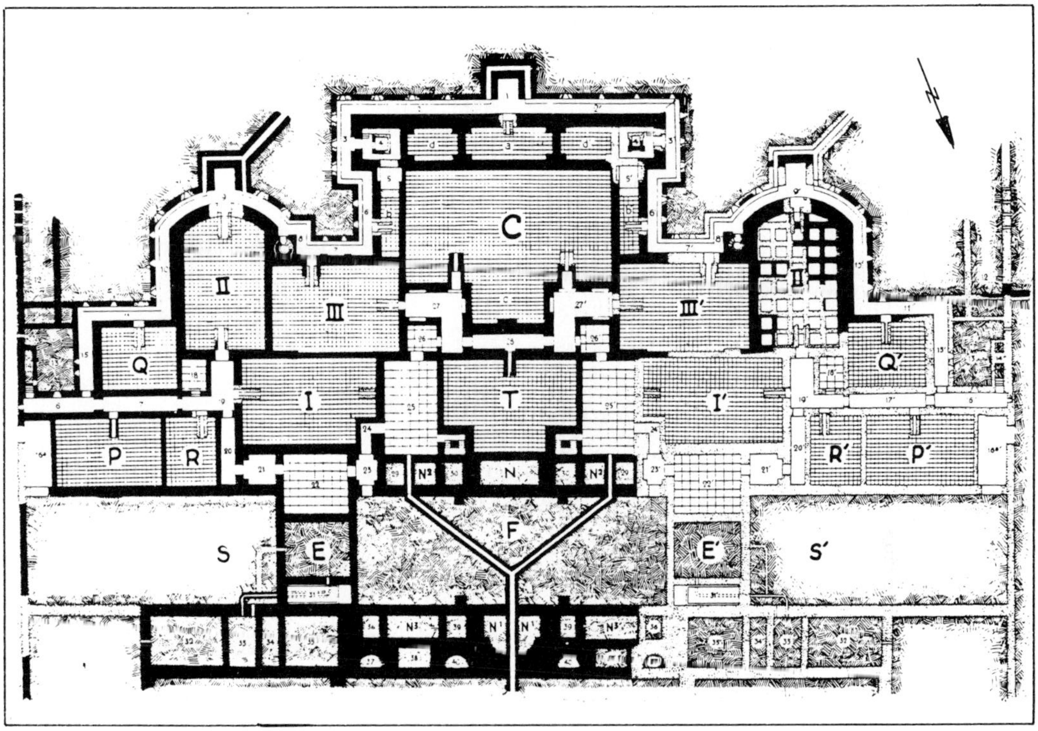

Abb. 557 Trier. Barbarathermen. Kellergeschoß. Grundriß

Die Germaneninvasionen des 3. Jh hatten in der Anlage offenbar keine größeren Schäden zur Folge. Reparaturen wurden an Wannenboden und Heizungsanlagen, Wandinkrustationen und den technischen Installationen wohl durch natürliche Abnutzung erforderlich. Bis ins Ende des 4. Jh bleiben die Barbarathermen, wie die Münz- und Scherbenfunde zeigen, in Nutzung.
Die technische Installation der Feuerungsstellen, der Heißwasserbereitung, der Wasserzuleitungen und Abwasserkanalisation liegt mit einem System von Bedienungsgängen, Lichthöfen und den Zugängen zu den Treppentürmen, die die Gewölbe und Dachflächen erschließen, auf tieferer Ebene, im sog Kellergeschoß. Dieses Geschoß ist für den Besucher zT interessanter als das ruinöse Badegeschoß, da hier noch viele technische Details zu sehen sind. Eindrucksvoll sind auch die mit großen Steinplatten ausgelegten Lichthöfe mit den nach N führenden Abwasserkanälen oder die Feu-

Abb. 558 Trier. Barbarathermen. Zeichnung von A. Wiltheim von Süden

Abb. 559 Trier. Barbarathermen. Blick über das Ruinenfeld von Südwesten

erungsstellen mit Arbeitsbühnen für die Heizer, die von den Kellergängen her bedient wurden. Wie alle öffentlichen Großbauten wurden die Thermen im 5. Jh nicht mehr genutzt, fehlte es doch an Geldern für die Bauunterhaltung wie an Menschen, die in den Zeiten permanenter kriegerischer Bedrohungen noch Zeit und Muße zum Besuch der Thermen gefunden hätten.
Im 8. Jh bezog ein trierisches Dienstmannengeschlecht hier Wohnung und nutzte einen Teil der noch hochragenden Frigidariumsanlage mit dem hier stehengebliebenen Treppenturm als Burg, wie es die Ansicht der S-Fassade von A. Wiltheim um 1670 veranschaulicht. Auch Teile des Caldariums standen zu dieser Zeit bis über die Gewölbe noch aufrecht und waren durch Schließung der in der Mittelachse gelegenen Fensterfront zur Befestigungsanlage umgewandelt worden. Anläßlich des Besuches Kaiser Maximilians 1512 in Trier erprobte man die Zerstörungskraft neuer Geschütze, doch die Ruinen hielten – zum Erstaunen der Zuschauer – auch diesem Test stand.
Das Trümmerfeld vor der Stadtmauer wurde seit 1610 systematisch als Steinbruch genutzt, als man Baumaterial für den Bau des Jesuitenkollegs, das heutige Friedrich-Wilhelm-Gymnasium/theolog. Fakultät bei der Jesuitenkirche brauchte. Zur Verbesserung der Stadtverteidigung gegen die kaiserlichen Truppen sprengten die Truppen Ludwigs XIV. 1673 große Teile der Ruinen, das Bruchmaterial zum Bau von Schanzen und Bastionen nutzend. Nach kleineren Sondierungen wurde erst 1877 mit der Freilegung und Konservierung der einst so prachtvollen Thermenanlage begonnen.

Kaiserthermen. Mit der Bestimmung Triers als Sitz eines Cäsars im Gefolge der Reformen Diokletians ergab sich die Notwendigkeit des Ausbaus einer Residenz. In dem hierfür ausgearbeiteten Plankonzept war die Errichtung einer Thermenanlage für Hofstaat und Reichsverwaltung von Beginn an vorgesehen. Der Flächenbedarf wurde jedoch nicht an den noch unbebauten peripheren Flächen innerhalb des Mauerringes, son-

dern im Randbereich der Siedlung, die offenbar seit den Invasionen und Zerstörungen nach 250 nChr noch in großen Teilen zerstört war, ausgewiesen.
Vier Wohnquartiere des Siedlungsgebietes beidseits des Decumanus maximus, die im Bereich der späteren Palästra 1960–1966 mit Hilfe der DFG zT untersucht werden konnten, zeigen eine kontinuierliche Bebauung vom Beginn des 1. JhnChr bis in die zweite Hälfte des 3. Jh. Frühen Grubenbauten folgten auf die Straßen hin orientierte noch kleinere Wohnbauten entlang der Straßen, die einen größeren Hof an der O-S, einen Hof und Garten mit Umbauung nach der Anordnung der Zugänge, Lage der Flure und inneren Verbindungen erschließen lassen. Teile der W-O-Straße wurden schließlich zugunsten eines privaten Bades dem Grundstück zugeschlagen. Für den Thermenbau wurden die Häuser planiert und noch im letzten Jahrzehnt des 3. Jh der Thermenbau begonnen.

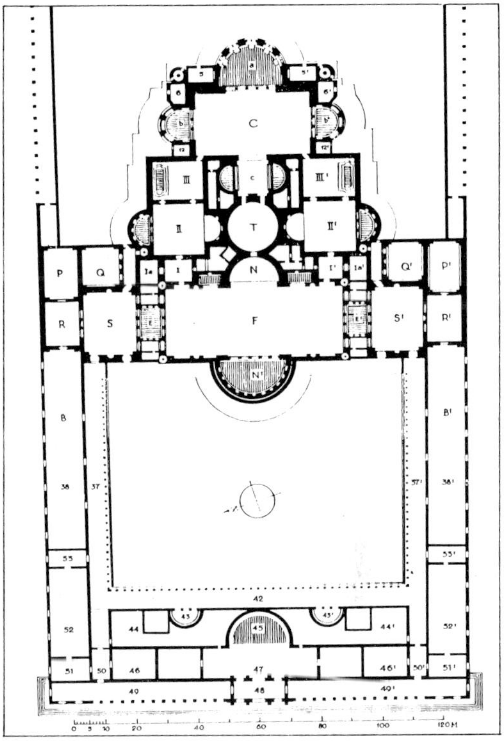

Abb. 561 Trier. Kaiserthermen. Grundriß

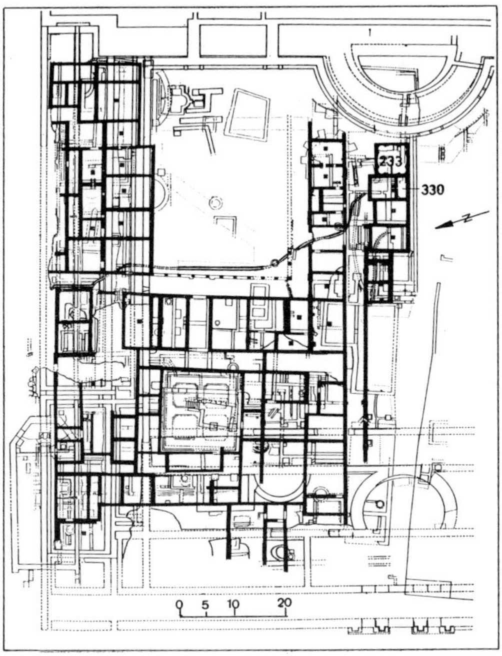

Abb. 560 Trier. Kaiserthermen. Vorthermenzeitliche Bebauung des 2. und 3. Jh. n. Chr. in der Palästra

Der Bau (L 250 m, B 145 m)wird an die W-O-Achse des neuen Decumanus gelegt, der an Barbarathermen und Forum vorbei zum Amphitheater geführt ist. In strenger symmetrischer Anordnung sind Eingangsfront mit Portikushalle, Gymnastikplatz (*palaestra*), Kaltbad (*frigidarium*), Laubad (*tepidarium*) und Heißbad (*caldarium*) von W nach O aneinandergereiht. Parallel sind den Hauptbauten Säle und Funktionsräume zugeordnet, während zwischengeschaltet Lichthöfe eine natürliche Ausleuchtung und Belüftung der Raumfolgen gewähren.
Die Außenkontur des großen Badegebäudes wird durch große Apsiden zu den Außenseiten effektvoll gegliedert, entsprechende Nischen geben auch den Innenräumen eine lebendige Raumwirkung.
Aus den an der O-Seite vorgelagerten Hof- und Materiallagerflächen (Holz) führen gedeckte

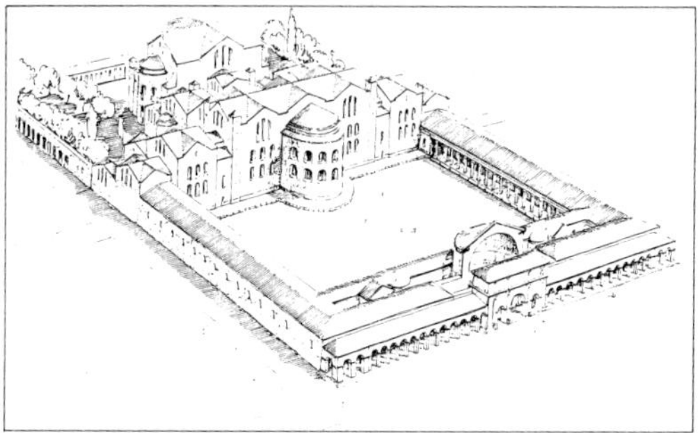

Abb. 562 Trier. Kaiserthermen. Rekonstruktion des ersten Bauzustandes

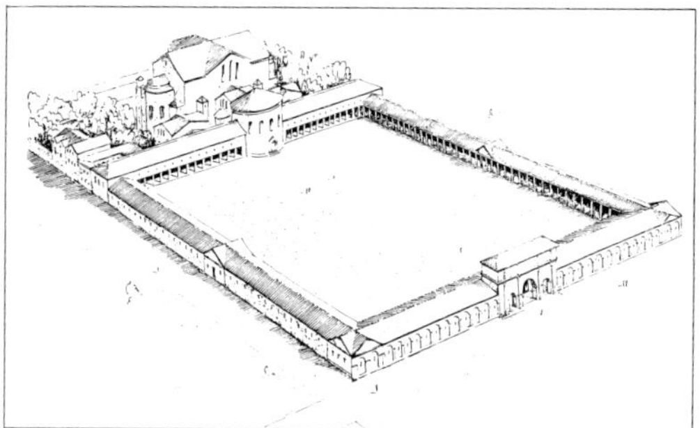

Abb. 563 Trier. Kaiserthermen. Rekonstruktion nach dem Umbau

Umgänge in ein Fundament- und Kellergeschoß, von dem aus die Präfurnien (Feuerstellen) der hypokaustierten, mit Fußboden- und Wandheizungen ausgestatteten Badesäle und Wannenräume bedient wurden. In diesen mit langen Gangfluchten und Stollen den Grundriß begleitenden Bereich werden auch die Abwässer und die Dachentwässerungen eingeleitet und über die W in den Straßen gelegenen Kanäle zur Mosel abgeführt. Mit der Verlegung einer Residenz nach Byzanz und dem Ausbau zur Stadt Konstantinopel waren Geldmittel und ein Teil des Hofstaates von Trier abgezogen worden. Damit bestand kein Bedarf mehr an dem großen Thermenbau.

Unter Valentinian (364–375) wurden die großen Außenmauern des Frigidariums zur Palästra hin abgetragen und die neue Bauflucht auf den »Kuppelbau« des Tepidariums und die ihn flankierenden Apsidenräume aufgelassen. Die Palästra wurde in einen großen Platz gewandelt, der nur noch von einer Portikushalle und vorgelagertem Umgang begleitet wurde. Die Wannenräume wurden der Badeinstallation entkleidet, und übrig blieb eine Folge großer Säle, denen auf höherem aufgeschüttetem Terrain eine Folge von Kammern an der Platzseite angebaut worden war. Auch die Kellergänge in den umgebauten Bereichen wurden aufgelassen bzw mit Schutt aufgefüllt. Über die Nutzung und Bestimmung der so umgebauten Anlage ist leider keine Nachricht erhalten. Bei der Überlegung, ob sie als neues Kaiserforum oder als Palast Ersatz für die aufgegebenen Privatpaläste der kaiserlichen Familie im Dombereich diente, ist die letztere Nutzung wahrscheinlicher. Hierfür spricht, daß an der NO-Seite des Umbaus eine neue Thermenanlage errichtet wurde, die nach Größe und Raumanordnung den Bedürfnissen einer mehr privaten Nutzung genügen konnte.

Nach den Wirren des 5. Jh und dem Abzug der Römer waren die Thermen langsamem Verfall ausgesetzt. Gewölbe und Seitenwände brachen ein und füllten die Räume mit meterhohen Schuttschichten. Nur der O-Teil mit dem Komplex des Caldariums war als bischöfliche Burg im 12. Jh in den Mauerzug der ma Stadtbefestigung einbezogen worden und diente bis 1800 als Eckbastion mit Stadttor. Das untere, SO gelegene Fenster der S-Apsis des Caldariums war an der Außenseite durch eine Quaderaufmauerung verstärkt worden. Bis zu dieser Höhe mit Erdreich aufgefüllt, entstand hier eine Durchfahrtsrampe, die auch Fahrverkehr ermöglichte. Treppenturm und Kesselhaus der Thermen wurden hier wie auch an der gegenüberliegenden N-Seite durch Zwischendecken bewohnbar gemacht, in der großen Raumfläche des Caldariums errichtete man schließlich noch einen Burg- und Wohnturm für die Torwache und den Pförtner. Die ma Stadtbefestigung winkelt hier mit ihren turmbewehrten Mauerstrecken nach W um in Richtung zur Mosel und dem Flußübergang.

Der W Thermenbereich war durch Kirchen- und Klosterbauten in seinem Mauerbestand bis auf die allgemeine Terrainhöhe abgetragen und ausgebeutet worden (Gervasiuskirche und Agnetenkloster). Die Kriegszerstörungen ermöglichten 1960 großflächige Ausgrabungen und die Freilegung der Palästra, die heute als Hubschrauber-

Abb. 564 Trier. Die Kaiserthermen als Stadttor und Eckbefestigung der Stadt

Abb. 565 Trier. Kaiserthermen nach der Restaurierung

Landeplatz für Staatsgäste mit ihrer Grünfläche und Randbepflanzung einen Eindruck der riesigen Ausdehnung der Kaiserthermen vermittelt. Größere Sicherungsmaßnahmen an den aufragenden Mauern des Caldariums führten 1983/84 zur Schließung tiefer Mauerausbrüche und Ergänzungen dort, wo der erhaltene Baubestand Wandaufbau und Gliederung überzeugend zu rekonstruieren erlaubten.

Die bei den Grabungen und Untersuchungen geborgenen Funde der vorthermenzeitlichen Besiedlung (Mosaiken, Malereien, Architekturteile und Kleinfunde) sind im RLM aufbewahrt und ausgestellt.

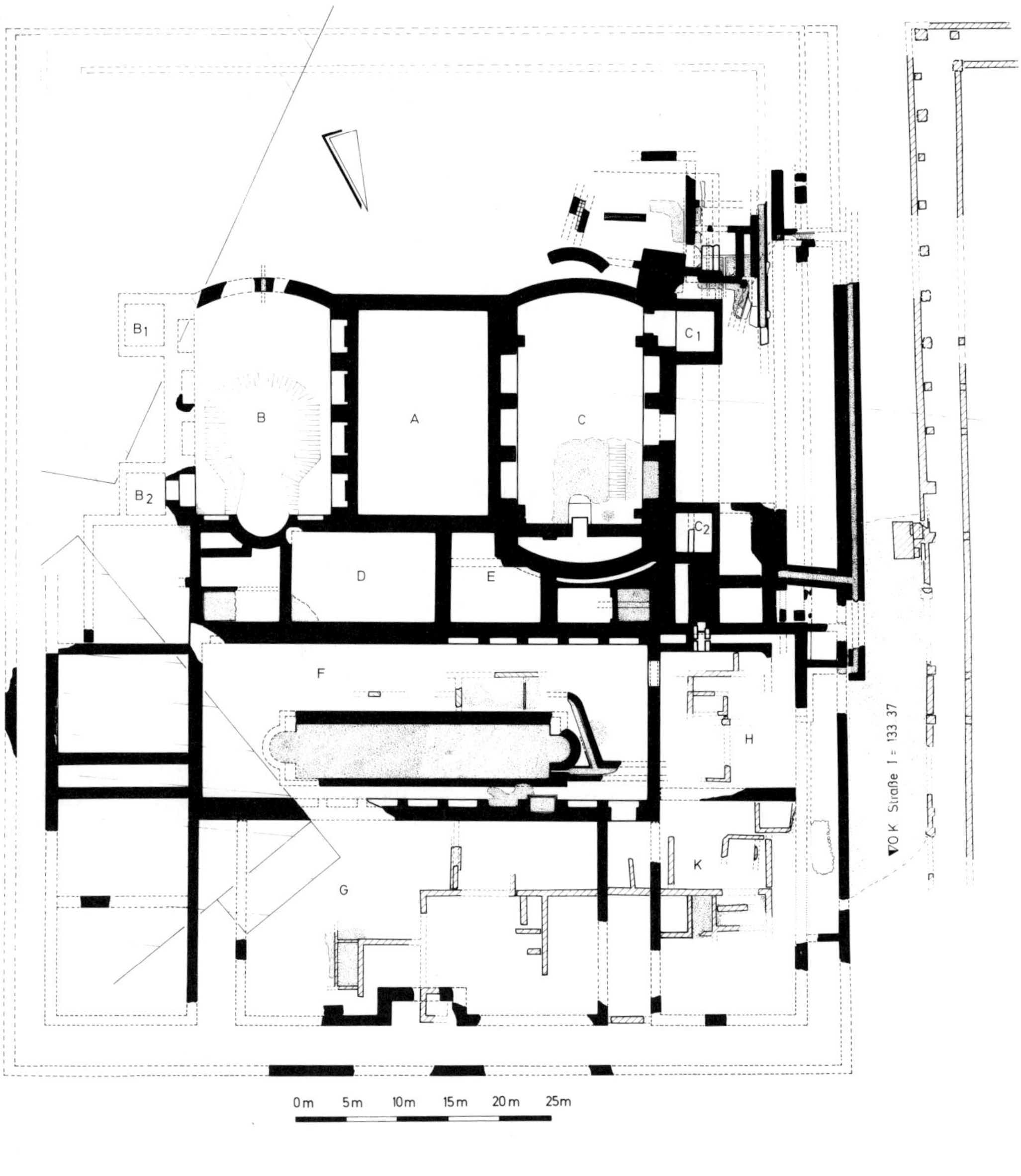

Abb. 566 Trier. Die Thermenanlage am Viehmarkt. A Eingangs- und Umkleideraum, B Tepidarium, B1–2 Treppentürme; C Caldarium, C1–2 Treppentürme; D Durchgangsraum, später mit Kaltwasserbädern ausgestattet; E Lichthof und Bedienungsgang für ältere Anlage; F Frigidarium mit großem Schwimmbecken und Nischenwannen; G Palästra, H Erweiterungsbauten; G, H, K Reste von Vorgängerbauten, Pfosten-Fachwerkhäuser. Westseite: Straße mit Pfeilerportiken und Abwasserkanal

Thermenanlage am Viehmarkt. Nach langjährigen Planungsüberlegungen wurde zur Errichtung einer Tiefgarage und des Hauptgebäudes der Stadtsparkasse im Oktober 1987 mit den Ausschachtungsarbeiten begonnen.

Durch Kanalaufschlüsse und Beobachtungen bei Ausschachtungen während und nach dem Kriege waren Verlauf der Römerstraße und die Größe der Wohnquartiere in diesem Bereich bekannt. Einige Mauerzüge und ein Mauerwinkel von größerer Dimension sowie Lage und Ausdehnung eines 1615 errichteten Klosters der Kapuziner ließen wie üblich im Bereich der röm Bebauung ein palastartiges Gebäude, eine Villa urbana mit peristyler Anlage erwarten. In Höhe der Kellersohle des Klosters wurde der Maueranschluß an die früher beobachteten röm Baureste angetroffen. Bis auf diese Tiefe reichten auch die im Kriege errichteten Schutzanlagen, Splitterschutzgräben als betonierte Stollengänge und ein Löschteich zur Brandbekämpfung.

Im Rahmen einer Arbeitsbeschaffungsmaßnahme konnte das RLM nach Entfernung und Aushub neuzeitlich gestörter Schichten und der im W Bereich angetroffenen Keller- und Wohnbebauung des 18./19. Jh mit einer systematischen Grabungsuntersuchung einsetzen. Neben tiefreichenden Störungen und ma Abgrabungen bis unter die röm Fundamente wurde in der N Platzhälfte ein Thermengebäude freigelegt, das mit jüngeren Anbauten bis zu den röm Straßenfluchten an der W- und N-Seite reicht.

Bisher wurden folgende Befunde aufgenommen: Fast diagonal durchzieht eine N-S gerichtete Straße den Ausschachtungsbereich des Bauprojekts. In mehreren Schnitten zeigt sich der Straßenkörper mit einer starken Rotsandsteinpackung, auf der Grob- und Feinschicht aus Kies mit Sand- und Schiefersplitt vermengt als Straßendecke von großer Festigkeit aufbaut. Die »Bau- und Erschließungsstraße« (B 13,50 m) wird seitlich von Entwässerungsgräben begrenzt. Die Straßendecke ist leicht aufgewölbt. Eine erste Terrainanhebung ist hierauf gelegt und besteht aus einer groben Kalksteinstickung, darüber Grob- und Feinschicht wie zuvor. In der Folgezeit wurden 7–8 weitere Straßendecken aufgetragen, die, seitlich von Pfeilerlauben eingeengt, eine Straßenbreite von 7,50 m ergeben.

Inmitten des vor der O-W-Straße gelegenen Teils der Straße ist ein größerer Ausbruchgraben vorhanden, der den Verlauf eines Hauptentwässerungskanales röm Zeit markiert. Als jüngste Straßenschicht ist eine flache Sand-Kiesschüttung anzusprechen, die als Bettung der allgemein dem 4. Jh zugewiesenen Plattenstraße bestimmt werden kann.

Ein tief gelegener Kellerabgang ist an den Treppenwangen mit sorgfältig zugerichteten Kalksteinen in Trockenmauerwerk aufgeführt. Der Keller selbst war mit Holz verschalt. Eine in den gewachsenen Sandboden eingetiefte Grube kann als Wohn- oder Vorratsgrube gedeutet werden.

Die Fläche im Vorbereich der S-Seite der Thermenanlage ist mit Estrichen und den Gräben einer Holzfachwerkkonstruktion überdeckt.

Auch im N Vorbereich der Thermenanlage wurden Reste von Lehmfachwerkwänden, die mit Malerei bedeckt waren, aufgenommen. Mauerzüge im Wechsel roter Sand- und weißer Kalksteine sind als Kellerbereiche anzusprechen.

Der Kernbau der durch breite Mauern aus Kalkstein gekennzeichneten Thermenanlage zeigt den frühen Versuch, die verschiedenen Badevorgänge in einem kompakten Baugefüge anzuordnen.

Eingangs- und Umkleideraum ist der lange rechteckige Saal A, dem O das Laubad (*tepidarium, B*) und W der Heißbadesaal (*caldarium, C*) mit Beheizung der Wanne, der Fußböden und der Wände zugeordnet ist. N schließt sich ein breiter Durchgangsraum D an, der beidseits von offenen Lichthöfen und Bedienungsgängen zu den Feuerstellen (Präfurnien) flankiert wird. Der N Abschluß bildet der Kaltbadesaal (*frigidarium, F*), der in seiner Breite der S Raumfolge entspricht und neben Einzelwannen in Nischen als jüngste Ausstattung ein langgestrecktes Becken mit Apsiden-Nischen an der W- und O-Seite sowie die Abwasserkanalisation bewahrt hat.

Neben dem großen Kaltwasserbecken wurden, direkt dem Gewachsenen aufliegend, ein Kieselestrich, eine Lehmfachwerkwand auf einer Grundschwelle erstellt und ein Estrich als Kalkgemenge gefunden. Der Estrich weist an einer Randzone noch eine Leiste schwarzer Mosaiksteine auf, die frühere Ausstattung. Malereifragmente ergänzen den Befund.

Die Außenmauern dieser älteren Badeanlage sind

rundum durch eine bis zur Fundamentsohle reichende Lehmschicht (B bis 0,8 m) isoliert. Um- und Erweiterungsbauten haben in der Folgezeit sowohl die Wannen- und Beckeninstallationen verändert als auch die vorgelagerten Hof- und Freiflächen bis zu den begrenzenden Straßen überbaut. An der N-Seite wurde mit Portiken flankiert eine Hoffläche als Palästra hergerichtet. Münz- und Scherbenfunde machen eine Nutzung bis zum Ende des 4. JhnChr wahrscheinlich. Nachfolgend ausgeführte, größere Mauerzüge in Kalksteinbruchstein, lassen relativ große Wohneinheiten der frühen Wohnbebauung erkennen. Zum jetzigen Zeitpunkt kann mit allem Vorbehalt gesagt werden, daß die Wohnbebauung nicht über das dritte Viertel des 1. JhnChr reicht und die nachfolgende Thermenanlage um 80 nChr erbaut worden ist. Cü

Wohnen und Gewerbe
Abb 169, 567–571

*Wohnquartier und Horrea**. Das bis in die Neuzeit durch eine feste Mauer umgrenzte Gebiet des Benediktinerinnenklosters von St. Irminen war bis 1975 noch nicht weiter von Baumaßnahmen und Grabungen berührt worden.
Als das Kloster, seit 1804 durch Dekret Napoleons zu der Stiftung der vereinigten Hospitien umgewandelt, im Dezember 1944 durch Bombardierung zerstört worden war, erwiesen sich stehengebliebene Mauern der Klostergebäude als Teile der hier überlieferten Getreidespeicher (*horrea*), die in der topographischen Bestimmung als namengebend für »Ören« verballhornt überliefert waren. Eine umfassende Bauerweiterung bot 1976–1977 Gelegenheit, das Gelände innerhalb der Immunität zu untersuchen.
An das Raster der röm Kernsiedlung angeschlossen, wurde eine N-S gerichtete Straße im Zuge der Immunitätsmauer und eine nach W zur Mosel führende Straße freigelegt. Entlang der letzteren kam ein Fachwerkhaus zutage, das mit Ziegelestrich- und Holzplankenböden ausgestattet war. Das Fachwerk der Außen- und Innenwände war entgegen der Vorschrift Vitruvs auf hölzernen Grundbalken aufgeständert, da im Ufer- und Hochwasserbereich eine schnelle Verrottung der

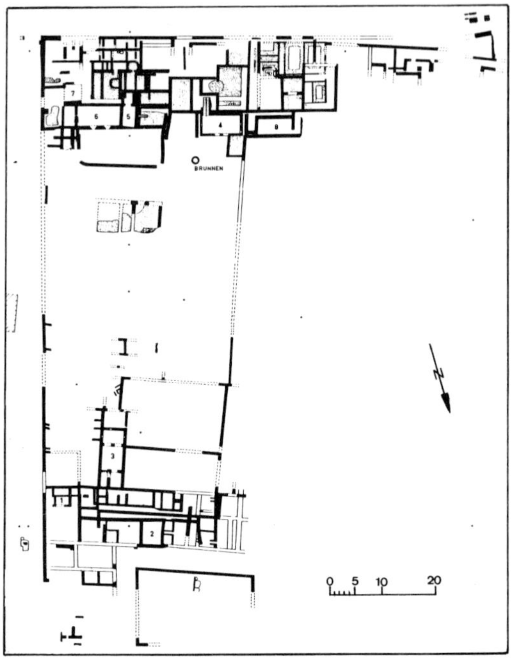

Abb. 567 Trier. St. Irminen. Bebauung des 1.–4. Jh. n. Chr. Grundriß

nicht belüfteten Balkenschwellen zu befürchten war. In der Tat ist auch dieser Schaden hier aufgetreten und veranlaßte den Eigentümer, das Haus zu räumen und nach Aufhöhung des Terrains in Kalkstein einen Neubau zu errichten.
Entlang der Straße erfolgte allmählich eine Auffüllung mit kleineren Wohn- und Handwerkerbauten, die auf schmalen, fest vermessenen und zugewiesenen Parzellen in der Folgezeit mit Bruchsteinmauern aus rotem Sandstein errichtet worden sind. Im rückwärtigen Grundstücksbesitz wurden in einer jüngeren Benutzungsphase Kellerräume angelegt, die, zunächst mit Balken und Bohlen überdeckt, später massive Tonneneinwölbungen erhalten haben. Größere »Hauseinheiten« wurden, wie der Ausgrabungsbefund erkennen ließ, wegen Zunahme der Wohnbevölkerung bzw im Erbgang geteilt.
Auch entlang der N-S gerichteten Straße sind durch Garten- und Hausmauern lange Parzellen abgeteilt, in denen die gleichen Baufolgen von Fachwerkbauten, Kalkstein- und Buntsandstein-

mauern bezeugt sind. Kellerräume mit Mittelstütze oder auf einem Bogen aufliegender Holzbalkendecke waren nach den Funden bis in das 4. Jh in Benutzung.

Die hier siedelnde Bevölkerung dürfte bei der Nähe zum Fluß und den hier vermuteten Schiffsanlegestellen, dem Zuschnitt der Hausgrundrisse entsprechend aus Händlern und Handwerkern bestanden haben. Zu dem Wohnquartier gehört auch eine Badeanlage, die in der klassischen Gliederung von Kaltbad (*frigidarium*), Laubad (*tepidarium*) und Heißbad (*caldarium*) mit Nebenräumen, kleinen Bedienungshöfen der Feuerstellen (Präfurnien) noch auf eine Fläche von 20 × 30 m aufgenommen und neben dem jetzigen Parkplatz konserviert werden konnte.

Parallel zum Ufer und seit dem Ende des 2. JhnChr durch die hochragende Stadtmauer geschützt, lag ein größeres palastartiges Wohngebäude.

Die seit dem Stadtmauerbau durch Anschüttungen und Terrainabgleichung geebnete Fläche wurde im 4. Jh mit großen Getreidemagazinen und Materialdepots (*horrea*) der kaiserlichen Wirtschaftsverwaltung großflächig überbaut.

Zwei Hallen (je 70 × 20 m) liegen parallel zueinander, dazwischen ein Innen- oder Zwischenhof (B 15 m), der durch eine Mauer in der Flucht der Hallengiebel geschlossen ist und je eine Tordurchfahrt (B 6 m) zeigt. Die Hallenmauern (H ca 8 m) sind in symmetrischer Anordnung bis 2 m dick. Die Außenseiten zeigten neben dem Bruchsteinmauerwerk aus Sand- und Kalkstein regelmäßigen Ziegeldurchschuß, waren aber mit einem hellen Kalkziegelmörtel verputzt. Große Blendarkaden gliederten die lange Mauerflucht in gefälliger Weise. In ihnen waren Türen und schmale Luft- und Fensterschlitze angeordnet, die das zu lagernde Gut, Getreide und Früchte, hinreichend belüfteten. Mit Eisendralgen verschlossen waren sie auch vor Einbruch und Diebstahl sicher.

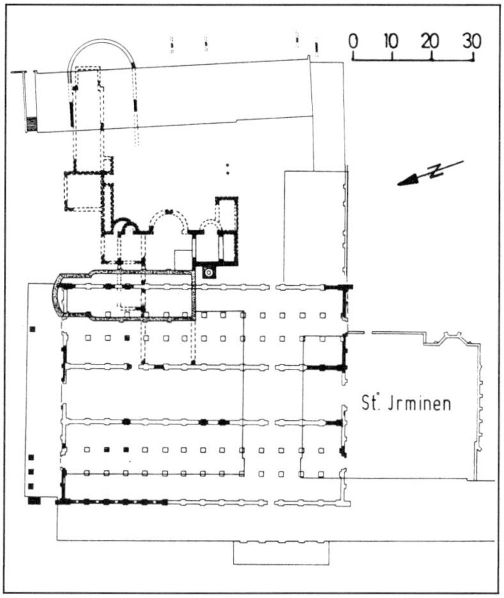

Abb. 568 Trier. St. Irminen. Horrea. Grundriß

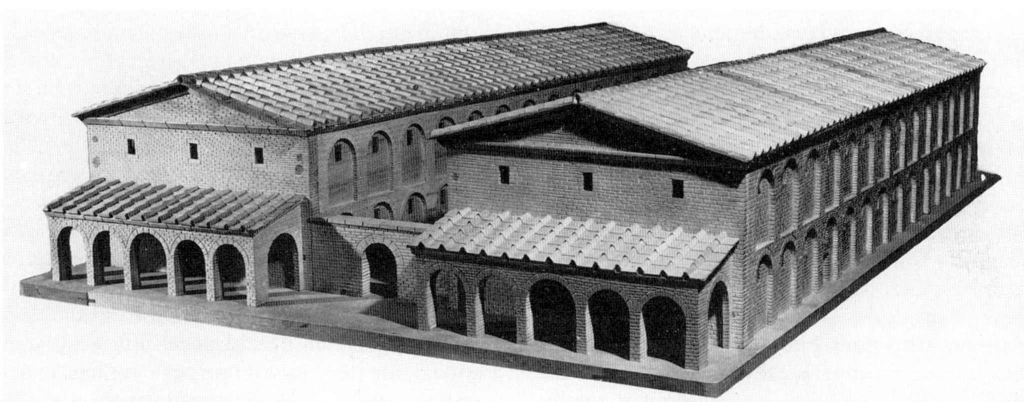

Abb. 569 Trier. St. Irminen. Modell der Horrea

Die Innenflächen der Hallen sind mit breiten Pfeilerfundamenten in regelmäßiger Anordnung besetzt, auf ihnen ruhte eine Balkon- und Bohlenkonstruktion, die in wenigstens zwei Hauptgeschossen die Lagerfläche verdoppelten.
Pfeilerstützen sind auch den Fassaden- und Giebelfronten der N- und S-Seite vorgelagert, die neben einer leichten Rampenausbildung zugleich eine überdeckte Vorhalle für die anliefernden Fahrzeuge und die Lagerbedienung zu rekonstruieren erlauben.
Im Gegensatz zu Speicherbauten militärischer Lager wurden diese Hallenbauten in Trier erst im 4. Jh erforderlich. Neben den Erzeugnissen der für die Spätzeit in Trier bezeugten Waffenfabriken steht diese Installation vielleicht auch mit dem Wandel des freien Güter- und Warenaustausches zur staatlich gelenkten und überwachten Zwangswirtschaft, wie sie mit den Reformen Diokletians und dem Versuch der Einführung von »Festpreisen« (Maximaltarif) eingeleitet worden war, in Wechselbeziehung.
Mit dem Abzug der Armee von den Reichsgrenzen am Rheinlimes und der Verlegung von Residenz und Präfektur nach S um 400 bestand an diesen großen Hallenbauten kein Bedarf mehr. Als nach den Wirren der Völkerwanderung die Franken um 475 das Eifel- und Moselgebiet besetzten, wurde das ehemals staatliche Besitztum dem fränkischen König zugewiesen, der dieses Baugefüge mit geringem Aufwand zu einer befestigten Pfalz umfunktionierte.
Durch Gütertausch erwarb Irmina von Ören im 7. Jh Gebäude und Grund und richtete hier ein Damenstift ein, das zunächst wohl innerhalb des Mauergevierts der Getreidespeicher und -hallen sowie der Innenhoffläche durch Um- und Einbauten in Nutzung genommen werden konnte. Hierauf deuten Nischen- und Mauerausbrüche an der N-Seite der O-Halle.
Auf Wunsch der Irmina begründete der hl. Willibrord eine Kirche des hl. Paulus und eine Genossenschaft von zwölf Brüdern, die die Seelsorge des Klosters und der Pfarrei der Ufersiedlung versehen sollten. Die Kirche bestand auf dem Vorplatz des heutigen Klosters, dem Irminenfreihof bis zum Ende des 19. Jh. Im 12. Jh wurde eine geostete Kirche in den Bereich der Speicherhalle der Römerzeit eingebaut, deren W-

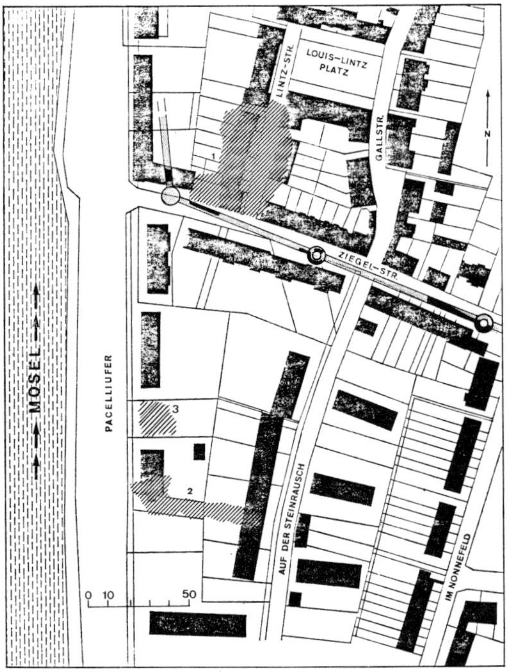

Abb. 570 Trier. Lageplan zu den Töpferei-Grabungen

Abschluß mit der W Hallenmauer fluchtet. Von der O-Apsis und dem S anschließenden Glockenturm mit Seitenkapelle der Kirche (L 33 m, B 13 m) sind noch größere Teile und der Turm erhalten. 1768–1771 wurde die N-S gerichtete Rokokokirche errichtet.
Nach der Umwidmung des Klosters zum Bürgerhospital durch Napoleon wurde die im Kriege als Militärhospital genutzte Anlage 1944 durch Bombardierung vollkommen zerstört. Die in dem moselseitigen Klostergebäude erhaltenen aufgehenden Mauern der röm Speicherhalle wurden im Refektorium und Speisesaal des jetzigen Altersheimes konserviert und sichtbar gelassen. Im gewölbten Kellerbereich des zugehörigen Wein- und Kellereibetriebes der Vereinigten Hospitien sind die unterschiedlichen Baumaßnahmen an Pfeilern und Gewölbestruktur ablesbar. Im N-Bereich beeindrucken die sichtbaren Fundamente der Horrea wie auch die hier angebauten Gewölbe und Säulenstützen.

Töpfereibezirk. Ergiebige Ton- und Lehmablagerungen im S Stadtgebiet waren Anlaß dafür, daß frühzeitig zwischen der Fernstraße Konz–Trier und dem Moselufer ein Industriegebiet entstand, das ursprünglich aus Gründen der erhöhten Brandgefahr auch weit genug von der Ansiedlung entfernt lag. Zwischen Hohenzollernstr und Aulbach und W des antiken Gräberfeldes wurden bei der Ausweitung der modernen Bebauung immer wieder Töpferateliers und Ziegelöfen freigelegt, die seit 1890 kartiert und, trotz des zufälligen, örtlich begrenzten Ausschnitts, die Ausdehnung dieser industriell betriebenen Keramikproduktion und die Vielfalt der Erzeugnisse anschaulich illustrieren. Über 120 Brennöfen wurden bisher aufgenommen. Sie lassen, bei unterschiedlicher Dichte und Konzentration der Werkstätten, darauf schließen, daß hier etwa 500 Öfen, die oft mehrmals beschickt worden sind, vom 1. bis zum 5. JhnChr in Betrieb waren.

Bei unterschiedlicher Größe sind den Werkstatträumen mit Tonlager Drehscheiben und Trokkenspeicher zuzuordnen, in denen die Produkte vor dem Brand etwas trocknen konnten. Die Brennöfen, bis zum Stellboden in die Erde eingetieft, sind mit Feuerungsraum/Bedienungsraum, und den Feuerungskanälen im Erdreich gelegen und mit ungebrannten Lehmziegeln und Lehmverstrich aufgebaut.

Zur gleichmäßigen Beheizung sind die Feuerungskanäle meist mit einer Zwischenmauer in zwei Strängen unter dem Rost angeordnet. Im Grundriß birnenförmig, ist dann über dem Terrain ein verzogen kuppelförmiger Aufbau, in den die zu brennende Ware über dem Brennboden, der mit meist runden Öffnungen und in der Wölbung hochgeführten Kanälen den direkten Zutritt der heißen Luft ermöglichte, eingestellt wurde. Nach Verschließen der Einstellöffnung wurde der Ofen bis zur erforderlichen Brenntemperatur befeuert. Nach Abkühlung wurde der Verschluß zum Brennraum wieder geöffnet und die Ware zum Depot gebracht oder direkt an die Kunden ausgeliefert. Die direkte Nähe zum Ufer ermöglichte es, die Massengüter dem Fernhandel per Schiff zuzuführen.

Abb. 571 Trier. Töpferei Pacelliufer. Sigillatafehlbrand

Im 1. JhnChr setzte die Produktion mit der Herstellung einheimischer Tonwaren ein, die tongrundig grau-schwarz oder rotfarben (oxydierend oder reduzierend) gebrannt wurden.

Neben dünnwandigen Geschirren wurden auch Grobwaren, Reibschüsseln, Kannen und Krüge in das Repertoire aufgenommen. Eine Sonderproduktion stellte mit Goldglimmer überzogene Tongefäße her, die als Imitation teuerer Metallgefäße gelten. Durch Zuwanderung haben südgallische oder gar italische Töpfer, der erhöhten Nachfrage in der Rheinprovinz folgend, hier Niederlassungen oder Filialen zur Herstellung der edleren rot leuchtenden Sigillata gegründet. Dies führte bei steigender Nachfrage zur Ausbildung eigenständiger Ateliers und in der Produktion von reliefgeschmückten Schüsseln zur Entwicklung eines großen Bildrepertoires. Die Produktion begann in der ersten Hälfte des 2. Jh und wurde bis zur Zerstörung 275 nChr aufrechterhalten.

Der Einfallsreichtum der Unternehmer zeichnete die Trierer Töpferei mit dem Sonderprodukt der sog Barbotine-Keramik aus, die nach Dekor und Inschriften ausschließlich der Verschönerung und Kultivierung des Weingenusses diente und als gesichertes Lokalprodukt auch für die Geschichte des Handels und Exportes von Interesse ist. Diese Ware datiert vom 2. bis 4. JhnChr. Terrakotten der verschiedensten Gottheiten wurden für die Devotionalienläden an den Pilger- und Tempelstätten in Massen produziert neben mancherlei Sonderfertigungen wie Wochenkalendern

mit den Büsten der Jahreszeiten und Tagesgötter, Fruchtbarkeitssymbolen und architektonischen Fertigelementen, die zum Dekor von Raumnischen oder als Wanddekor Verwendung fanden. Auch eine Lampenfabrikation ist nachgewiesen. In dem durch Brand und Kriegszerstörungen einplanierten Gebiet wurden nicht nur Töpferscheiben und Handwerksgerät gefunden, sondern auch ganze Ofenfüllungen von Fehlbränden und riesige Mengen von Formschüsseln und Modeln bis hin zu Lampenformen und einzelnen Handstempeln zur freien Komposition figürlichen Reliefschmucks.
Mit diesem Industriezentrum waren auch andere mit Feuer arbeitende Gewerke verbunden. Von einzelnen Ziegelbrennöfen, die rechteckig sind und parallel angeordnete Feuerungskanäle hatten, weisen Glasfritten und Tiegel auch auf Glasbläserei.
Von Interesse ist, daß sowohl Lampen- und Figurenmodel wie auch bei der Masse der Formschüsseln eingeritzte Besitzernamen und Zeichen neben Zeichen der Gefäßgruppen, nach Größen geordnet, eine »Industrienorm« erkennen lassen, die den bestimmten Gefäßinhalt kennzeichnete. Fabrikstempel oder Atelierzeichen warben nicht nur für die Qualität sondern erlaubten auch die gezielte Bestellung für den Kunden und Händler und waren Qualitätsmarken sowie Garantie der Hersteller. Zugleich lassen sich aus den Namen und Stempeln die vielfältigen Aktivitäten und auch die Größe bestimmter Werkstätten wenigstens annähernd rekonstruieren. Cü

Römische Grabdenkmale
Abb 572

Franzensknippchen. Am Höhenrand des Petersberges, wenig S neben der Kreuzkapelle, befindet sich in dem jetzt hochstämmigen Mischwald ein deutlich im Gelände sich abzeichnender Erdhügel, im Volksmund das Franzensknippchen genannt. Die Benennung zielt auf die Belagerung Triers 1522 durch Franz von Sickingen, in deren Verlauf die Stadt mit Kanonaden überzogen worden ist. Auf dem bis um 1900 noch baumlosen Petersberg wurde diese deutliche, künstliche Erhebung auch in späterer Zeit kriegerisch genutzt. Um die Funktion und Bedeutung des von Raub-

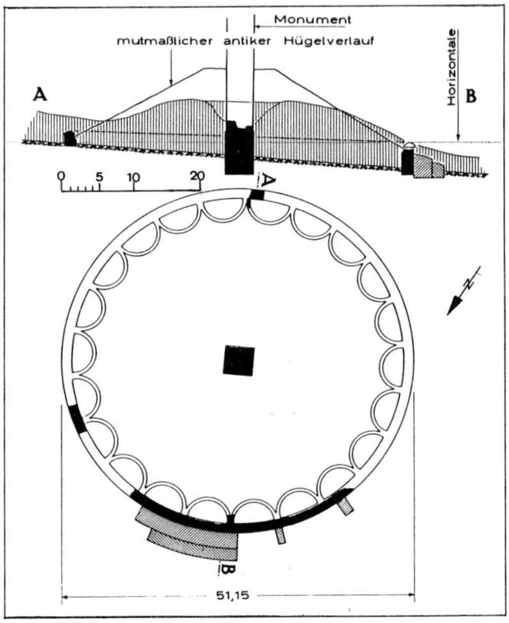

Abb. 572 Trier. Franzensknippchen. Monumentales Hügelgrab oder Ehrenmal. Aufsicht und Schnitt

gräbern und Schatzsuchern angegrabenen Hügels, der einer Legende folgend gar das Grab des sagenhaften Stadtgründers Trebeta sein sollte, zu klären, wurde 1866 im Auftrag der Trierer Gesellschaft für Nützliche Forschungen unter Chr. Schmidt eine wissenschaftliche Grabung durchgeführt.
Das Ergebnis war, daß der stark verschliffene Erdhügel (Dm 51 m) von einer starken Ringmauer (B 1,50 m) umgrenzt war, die im Fundament aus Kalksteinen aufgeführt ist. An der Talseite wurden nachträglich vorgebaute Stützpfeiler beobachtet sowie zwei breite Mauervorlagen, die – der Ringmauer entsprechend – ebenfalls kreisförmig mit größerem Radius angelegt sind. An der Innenseite sind der Ringmauer im Grundriß halbkreisförmige Stützmauern vorgesetzt; in gleichmäßigem Abstand von 6 m sind die Radien fast 3,50 m lang. Solche Verstärkungsbögen, die den Erddruck der Aufschüttung auffangen sollten, sind zB an den Zugangsrampen und Vomitorien des Amphitheaters beobachtet worden. Auch das große Hügelgrab, der Mahlknopf bei

Nennig, zeigt die gleichen Konstruktionselemente. Im Zentrum des Hügels, in dem man üblicherweise eine Grabanlage erwartete, kam ein Pfeilerfundament (4 × 4 m) zutage, das aus Kalkstein, im oberen Bereich aus Buntsandstein aufgemauert war. So läßt der Befund des nur in Ausschnitten untersuchten Hügels offen, ob hier wirklich ein monumentaler Grabhügel oder aber ein Siegesmal, wie es in Stein umgesetzt das Tropaion Alpium bei La Turbie repräsentiert, erhalten geblieben ist. Ein Siegesmal oder ein öffentlich gepflegtes Denkmal könnten sowohl die nachträglich vorgesetzten Stützpfeiler als auch die breiteren, vielleicht einer Zugangsrampe zuzuweisenden Mauern von 2,70 m und 1,50 m Stärke vermuten lassen.
Da Detailangaben über Mörtel und Mauerwerk zum Aufbau der Hügelschüttung und Fotos fehlen, können auch keine zuverlässigen Angaben zum Alter des Geländedenkmals gemacht werden. Sicher aber sind die exponierte Lage und auch die Größe des Hügels, der ehem sichtbaren Ringmauer, die sicherlich aus großflächigen Quadern bestand, und die den Pfeiler überragende Skulptur, weithin sichtbar, von erhabener Wirkung gewesen.

*Röm Grabkammer**. Bei den Neubauten für die Schule am Reichertsberg, wurden S von dem benachbarten Tempelbezirk des Lenus Mars Mauerzüge einer suburbanen Landvilla angetroffen, die die Fortsetzung von Funden an der Udostr bilden. Hier verläuft auch ein sorgfältig ausgeführter Trinkwasserkanal in N-Richtung, der ursprünglich an die Quelle beim Eurener Helenabrunnen angeschlossen war.
In den Hangfuß des Berges ist eine Grabkammer eingebaut, die mit einem Tonnengewölbe über eine Treppe erschlossen war. Das Bruchsteinmauerwerk der Mauern wie das Gewölbe ist in der Kammer verputzt und in zwei Phasen ausgemalt worden. Die gekalkten Wandflächen werden an der Eingangstüre und einem kleinen Belüftungsfenster sowie an den Raumkanten von roten Streifen gefaßt. In der Wölbung ist eine Kassettierung mit polygonalen Feldern aufgetragen, an der W Stirnwand eine Nische mit gewölbter Abdeckung eingebaut. Auf die Mitte der Wölbung wurde später ein von einem Blattkranz eingefaßtes Medaillon aufgetragen, in dem der Seelenführer Merkur mit Flügeln im Haar wiedergegeben ist.
Die Nische zeigt auf dunkler Grundierung in Ockerfarben aufgetragen die Konturen einer stehenden Figur, vielleicht ein Totengenius. Über der Nische ist die Wandfläche, von dem Tonnengewölbe begrenzt, mit einer Pflanzenranke verziert, auf der Vögel sitzen.
Entlang der Wandfläche sind Sargtröge aufgemauert, außen und innen mit Kalkziegelmörtel sorgfältig verputzt, O-W, an der Stirnseite N-S orientiert.
Nachträglich wurden zwischen und auf diese Gräber Sandsteinsarkophage gestellt, so daß die Gruft fast vollständig mit Gräbern ausgefüllt war und die Malereien nicht mehr zu sehen waren.
In den abwärts geführten Zugang waren Treppenstufen und das Türgewände der Kammer aus großen Sandsteinquadern eingebaut, die als Spolien zu einem in Versform abgefaßten Grabgedicht gehören, das, ursprünglich als freistehendes Grabmonument ausgeführt, wohl seines Inhaltes wegen abgetragen und hier verbaut worden ist. Die aus hellgrünlichem Sandstein bestehenden Quader, die sorgfältig ausgeführte Schrift in kapitalen Lettern, machen es wahrscheinlich, daß dieses Denkmal im 3. JhnChr entstanden und um 280–300 nChr für den Bau der Grabkammer wiederverwendet worden ist. Neben Quadern der gleichmäßig scharrierten Seitenflächen ist an der Türe eine zweizeilige Inschrift grob wegscharriert.
In der Böschung über das antike Gelände herausreichend, ist die Wölbung mit einem horizontalen Estrich überdeckt, der einem begehbaren Raum im Aufgehenden zuzurechnen ist. Wie bei den spätantiken Grabkammern im Bereich des Friedhofes von St. Matthias und auf dem Friedhof Trier-West wird ein zellenförmiger Raum für Totenfeiern errichtet worden sein, der wahrscheinlich mit einer doppelläufigen Treppe und einem Podest über dem Treppenabgang zu begehen war. Doch hat im oberen Bereich der Mauerabbruch keine sicheren Hinweise für eine solche Lösung, die aber den tempelförmigen Anlagen bei → Igel/Grutenhäuschen und → Nehren eignet, hinterlassen.
Die bei der Entdeckung durch Feuchtigkeit von

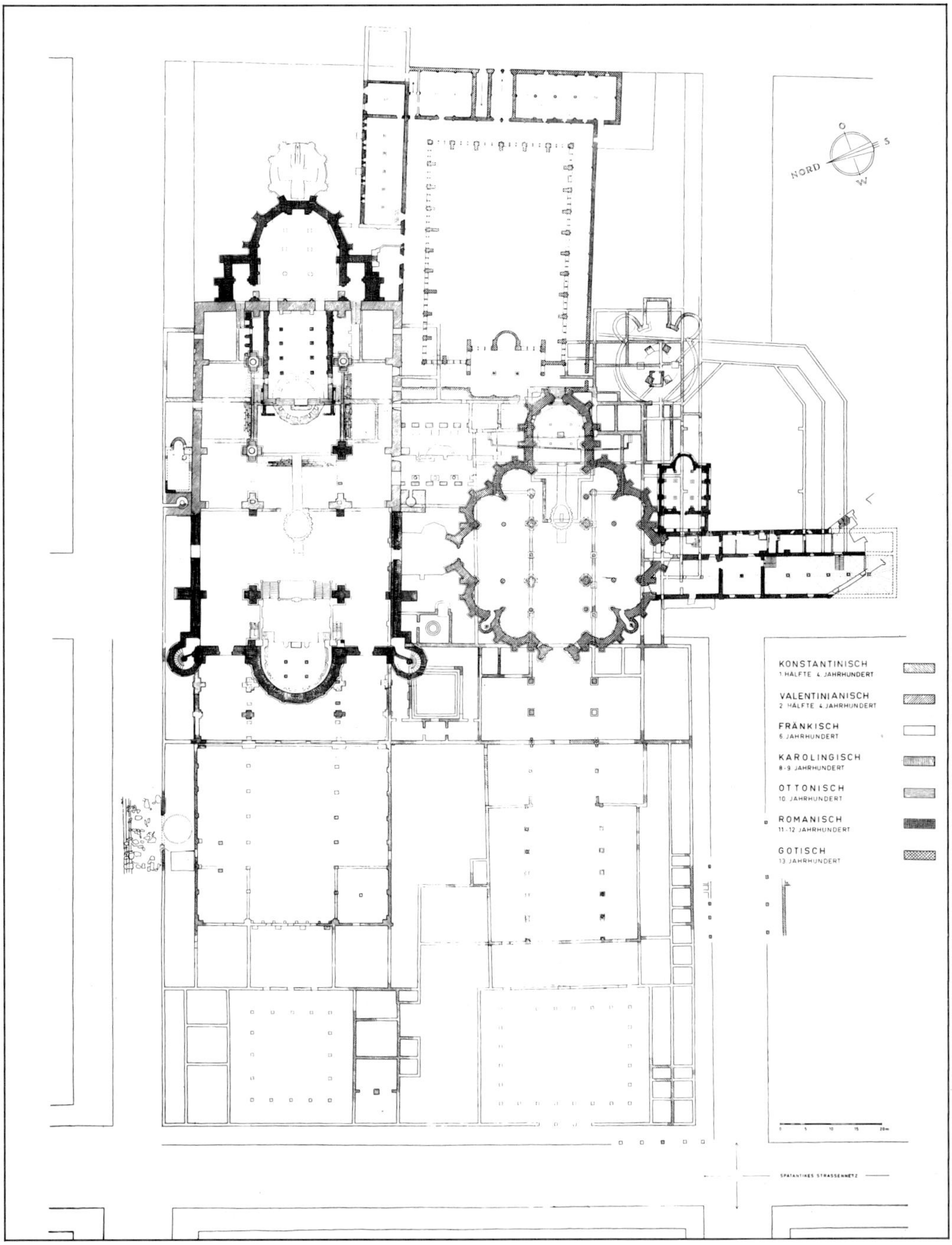

Abb. 573 Trier. Dom und Liebfrauen. Grundriß der frühchristlichen Doppelkirchenanlage

der Bergseite her mit Lehm vollkommen zugeschlämmte Kammer wurde an der Zugangsseite freigestellt, rundum isoliert und konserviert. Die Sicherung der Ausmalung ist noch nicht abgeschlossen. Cü

Frühchristliche Anlagen
Abb 573–586, Taf 11, 12, 19

*Antike Kirche im Bereich von Dom und Liebfrauen**. Die noch heute im Trierer Dom sichtbaren röm Bauteile galten im MA als Reste der »Domus beatae Helenae«, seit der Mönch Altmann von Hautvillers in der Mitte des 9. Jh im Auftrag des Reimser Bischofs Hinkmar seine »vita Helenae« verfaßte, nach der die Kaiserin Helena ihren Palast in eine Kirche zu Ehren des hl. Petrus umwandeln ließ.
Archäologische Untersuchungen wurden erstmals 1843 von J. N. v. Wilmowsky durchgeführt, der seine Ergebnisse 1874 veröffentlichte. Es gelang ihm nicht nur eine recht genaue Bauaufnahme des antiken, noch bis 25 m Höhe aufragenden Mauerwerks, sondern auch der Nachweis, daß dieser röm Kernbau des Doms erst in der zweiten Hälfte des 4. Jh entstanden ist. Weitere Bauuntersuchungen erfolgten während der Domrenovierung um 1900 sowie 1920 von F. Kutzbach, der Sondierungen an verschiedenen Stellen des Dombereiches durchführte. Ab 1942/43 übernahm Th. K. Kempf die Aufgabe der archäologischen Erforschung des Trierer Doms. Vor allem die Grabungen auf dem Domfreihof (1943) und die Untersuchungen im Bereich der Liebfrauenkirche erbrachten wichtige neue Erkenntnisse, die durch die Untersuchungen während der letzten Domrenovierung 1961–1973 erweitert werden konnten. Leider sind die Befunde bisher noch nicht endgültig ausgewertet, so daß es heute noch nicht möglich ist, eine in allen Punkten sichere Interpretation des antiken Befundes vorzutragen. Die in der wissenschaftlichen Literatur verschiedentlich mitgeteilten Ergebnisse betreffen jeweils nur einzelne Aspekte oder sind lediglich als Arbeitsthesen zu werten. Die Grabungen zeigten, daß die antike Doppelkirchenanlage, die heute noch in dem Dom und der danebenstehenden Liebfrauenkirche weiterlebt, auf zwei Häuserinsulae errichtet wurde. Die Lage im NO-Teil der antiken Stadt nutzt eine Geländeschwelle aus, die von W nach O ansteigt. Die »vorkirchenzeitliche« Bebauung der beiden Häuserinseln reicht nach Ausweis der Keramik in die zweite Hälfte des 1. JhnChr zurück; es sind Wohnhäuser, zT mit gewerblicher Nutzung. In der zweiten Hälfte des 3. Jh, wohl anläßlich des sog Franken- und Alamannenüberfalles 275/276, wurden große Teile der Wohngebäude zerstört. Nach Meinung des Ausgräbers wurde in konstantinischer Zeit die die beiden Häuserinseln trennende N-S-Straße aufgegeben und überbaut. Zu diesem Zeitpunkt wurden die Gebäude auf der O Insula umfangreich renoviert. Einzelne Zimmer erhielten neue Fußböden, neuen Wandputz und neue Zimmerdecken. Zu diesem Komplex gehört auch die aus vielen tausend Fragmenten wieder zusammengesetzte konstantinische Deckenmalerei eines Zimmers (ca 10 × 7 m), das 1945/46 unter der Vierung des Doms gefunden wurde.
Der Ausgangspunkt der Kirchenanlage, die nicht in einem Zug gebaut worden ist und der wohl auch keine einheitliche Baukonzeption zugrundeliegt, ist offensichtlich im S-Teil der W Häuserinsel zu suchen (heute Kuriengarten vor der Liebfrauenkirche). Dort wurde im Bereich eines Wohnhauses, vielleicht noch im 3. Jh, ein Apsidenraum eingerichtet, aus dem sich der nachfolgende Bau entwickelte. Zu Beginn des 4. Jh entstand darüber ein dreischiffiger Bau (Bau I) mit

Abb. 574 Trier. Dom. Modell der Doppelkirchenanlage. 2. Hälfte 4. Jh. n. Chr.

rechteckigem Chorraum und kleiner Apsis. Zwei Stützenreihen mit jeweils 5 Säulen teilen das 14 m breite Mittelschiff und die ca. 7 m breiten Seitenschiffe. Im zweiten Jahrzehnt des 4. Jh, nach Meinung des Ausgräbers gegen 315, wurde O von Bau I ein zweiter dreischiffiger Bau mit Rechteckchor und Seitenkammern (Bau II) im Bereich der heutigen Liebfrauenkirche errichtet, von dem die SO-Ecke im Garten des Bischofshofes noch im Aufgehenden erhalten ist. Beide Bauten (I und II) sind in dieser Phase noch voneinander getrennt, ehe sie – in den 30er und 40er Jahren des 4. Jh – miteinander verbunden und zu einem Großraum umgestaltet wurden. Bei dieser Umgestaltung erhielt der ehem Bau I in der W-Wand 3 Portale mit einem vorgelagerten Atrium, über dessen Aussehen aber weitgehend Unklarheit besteht.

N dieser nunmehr langgestreckten Südbasilika entstand ein neuer, dreischiffiger Bau (Bau III), der im Bereich des heutigen Domfreihofes und der Domkirche lag. Auch ihm war ein Atrium vorgelagert. Der O-Abschluß bestand aus einem in der O-Wand fluchtenden Rechteckchor mit Seitenkammern. Damit lagen nun zwei langgestreckte, dreischiffige Kirchenbauten parallel nebeneinander. Zwischen beiden gefand sich ein 64 m^2 großes Baptisterium und andere verbindende Räume. (Über Baubeginn und die Fertigstellung der N-Kirche in ihrer ersten Bauphase besteht noch weitgehend Unklarheit; der erste Estrich kann aufgrund der Münzfunde erst nach 330 gelegt worden sein.)

Wohl kurze Zeit später, nach bisheriger Meinung noch unter Konstantin, erfuhr die N-Kirche eine Änderung, indem man die alte O-Wand niederlegte und einen quadratischen Bau als neuen Abschluß der Basilika konzipierte. Hierzu gehören vier, ca 12 m lange Säulenschäfte aus Granit und große Marmorkapitelle, die aus den röm Steinbrüchen im sog Felsenmeer (Odenwald) nach Trier gebracht wurden. Jedoch wurde dieser Quadratbau, in dessen Mitte ein zwölfeckiger, kapellenartiger Einbau angelegt wurde, nicht fertiggestellt und blieb – durch die politischen Unruhen nach Konstantins Tod († 337) bedingt – als Bauruine längere Zeit liegen. Dieser unfertige Zustand und die durch die späteren Um- und Einbauten reduzierten Befunde erschweren die Interpretation dieser Bauänderung. Auch die Deutung des zwölfeckigen Einbaues als »Memoria« muß bislang hypothetisch bleiben.

In der zweiten Hälfte des 4. JhnChr, unter den Kaisern Valentinian I. (364–375) und Gratian († 383), wurde der sog Quadratbau erst aufgebaut und fertiggestellt. Es wurden die Fundamente verstärkt, zusätzliche Außen- und Innenpfeiler gebaut und statt des zwölfeckigen Einbaues zwischen den vier Innensäulen ein Stufenpodest angelegt. Die vier Innensäulen trugen hohe Schwibbögen, die sich auch zu den Wandpilastern wölbten. Marmorvertäfelung und Mosaikschmuck zierten diesen Quadratbau; 30 große Fenster ließen reichlich Licht in das Innere strömen.

Die Zerstörungen des 5. Jh betrafen auch die Trierer Kirchenanlage. Der N-Bau wurde erst im 6. Jh unter Bischof Nicetius (526/7–561) wiederhergestellt, wobei man anstelle der zerstörten Granitsäulen röm Ersatzsäulen beschaffen und aufstellen ließ. Nach Trier berufene »italische Bauleute« erneuerten in alter Technik das Schwibbogensystem und versuchten auch die ehem Innendekoration in Putz und Malerei zu imitieren.

Der Wiederaufbau des Doms nach den Zerstörungen durch die Normannen (882), vor allem die Arbeiten unter Erzbischof Poppo (1016–1037) berücksichtigten von der antiken N-Kirche nur noch den sog »Quadratbau«, der auch heute noch den Kern des Trierer Domes darstellt. Die ehem Südkirche wurde im 13. Jh von dem gotischen Neubau der Liebfrauenkirche überbaut. Web

Brunnenstube am Herrenbrünnchen. Der ma Überlieferung folgend haben die ersten Glaubensboten des Christentums am Olewiger Bach die Bekehrten getauft.

Der Wasserstollen, der mit nicht genau bekannter Länge einen reichlichen Zulauf aus einer Quelle des Heiligkreuzerberges heranführt, ist in der tiefgelegenen Brunnenstube des zierlichen Pavillons, Herrenbrünnchen genannt, mit einem Zulauf vom Mariahof und einem Stollen von Olewig zusammengeleitet worden.

Die frühe, vielleicht ununterbrochene Nutzung wird aus mehreren Urkunden deutlich: um 1200 wird ein Weingut »iuxta baptisterium sitam« genannt, um 1220 wird die Örtlichkeit genauer be-

stimmt: iuxta fontem DOUF vineam = der Douf abgeleitet von Taufbrunnen, so auch 1453: Weg nach dem Dauffburn.
1673 errichteten die Trierer Ratsherren über dem »Dauffborn« eine Brunnenstube, wohl zur Verbesserung der Versorgung der städtischen Brunnen und der berechtigten Abnehmer an der Leitung. Cü

Paulinuskirche. Paulinus, der sechste Bischof der Trierer Bischofsliste, ist bereits für das Jahr 347 nChr bezeugt, als im Zusammenhang mit den Glaubensstreitigkeiten der Athanasianer und Arianer die Staatsverwaltung und der kaiserliche Hof vermittelnd eingreifen mußten (→ Frühes Christentum). In dem Glaubensstreit, der die Christengemeinden des Reiches spaltete, nahm Paulinus Partei für Athanasius und verweigerte seine Zustimmung zur Verurteilung des Verbannten auf einer Versammlung der Bischöfe des W in Arles, die Kaiser Constantius II. 353 nChr einberufen hatte. Der Trierer Bischof wurde nach Phrygien strafverbannt, ohne daß ihm eine dauerhaftere Bleibe gewährt worden wäre, eine Form der Bestrafung, die dem Kaiser ausdrücklich zum Vorwurf gemacht worden war. Nach dem Tod des mutigen Bekenners 358 nChr setzten in Trier Bemühungen ein, die sterblichen Überreste an den Ort des Wirkens zurückzuführen. Die nach über 20jährigem Ersuchen endlich nach Trier um 386 zurückgeführten Gebeine wurden, einer nicht sicheren Überlieferung nach, zeitweise in der Kirche St. Maximin aufbewahrt.
Unter dem Bischof Felix (386–398/9) wurde eine große Grabbasilika errichtet, in der der Sarg mit den Gebeinen in einem Grab- und Kryptengewölbe aufgehängt und den gläubigen Anhängern zugänglich war.
Von dem über 120 m langen Bau wurden Reste des O Apsidenmauerwerkes beobachtet, neben dem in der heutigen Sakristei noch Teile der Seitenschiff-Außenwand der S-Seite mit Ziegelmauerwerk und Fensterbogen erhalten sind. Vor der Kirche wurden bei Kanalausschachtungen die W Abschlußwand und der Bodenestrich angeschnitten. Die Cömeterialbasilika und das Grab des Bekenners zogen zahlreiche Gräber an, die im Umfeld immer wieder ausgegraben und aufgedeckt werden konnten. Sarkophage mit grobem Bogenschlag, aber auch zahlreiche Spolien zu Sarkophagen umgearbeitet, wurden als Einzelgräber aufgefunden. Die dichte Belegung aber auch mit einfa-

Abb. 575 Trier. Paulinuskirche. Grabung im Vorgelände der Kirchenanlage

chen Erdgräbern mochte in Verbindung mit Erinnerungen an die Verfolgungszeiten der Christen im 3. Jh die Deutung auf das Martyrium der Thebäischen Legion gefördert haben, deren Richtstätte durch 4 profilierte Sandsteine im Vorgelände markiert ist, die auch im Deckengemälde der barocken Kirche abgebildet sind.
Nach ersten Reparaturen an dem Kirchenbau unter Bischof Maurus um 480 nChr, Beschädigungen in Gefolge der Normanneneinfälle von 882, wurde die Kirche am 1. August 1093 durch Brand vollkommen zerstört. Der romanische Nachfolgebau wurde 1148 von Papst Eugen III. feierlich eingeweiht. Mit St. Maximin im Vorfeld der Stadt und der Stadtmauer gelegen, haben die Franzosen 1674 die Kirche gesprengt. Der heutige Kirchenbau wurde 1757 geweiht und nimmt nur die Fläche des Mittelschiffs der romanischen Anlage ein. Nach der Behebung von Kriegsschäden des letzten Krieges (Artillerietreffer 1944), wurde 1987 eine umfassende Konservierung und Restaurierung der Gewölbemalereien eingeleitet, die in einer Bilderfolge das Leben des hl. Paulinus und das Martyrium und den Triumph der Märtyrer schildern. Im ersten Joch der Kirche, über Empore und Orgelprospekt, ist in einer Stimmung des Weltendes die Silhouette der Stadt mit Simeonkirche, Dom und Stadtmauer von Brandflammen und Rauch in fahles Licht getaucht, während nach der N-Seite hin bis zur Neumagener Märtyrerkapelle hin die blutgerötete Mosel vor den Bergen dahinfließt.
In der Krypta sind in den Wänden und auch freistehend röm Sarkophage, zT mit barocker Umformung der Deckel und Sargtröge und mit Zierleisten verschönert, seitlich neben dem Hauptaltar aufgestellt. Hinter dem Altar, mit barocken Ornamenten überzogen und umkleidet, ist ein großer Sargtrog erhalten, der mit einer Liegefigur des hl. Paulinus ausgezeichnet war. Als 1883 der Sarkophag geöffnet und untersucht wurde, fand man im Innern einen aus Brettern der Zeder zusammengefügten Sarg, der mit Bronzebändern, Eisenringen an länglichen Beschlägen und silbernen Zierscheiben sowie reliefierten Blechen dekoriert war (Originale im Diözesanmuseum, galvanoplatische Nachbildungen und eine Rekonstruktion des Holzsarges im RLM Trier).
Im Innern dieser hölzernen Lade, sicherlich auch

Abb. 576 Trier. Paulinuskirche. Holzsarg des hl. Paulinus. Rekonstruktion

die Lade in der die sterblichen Überreste aus Kleinasien nach Trier überführt worden waren, konnten Gebeine und größere Teile verschiedener Textilien geborgen werden, die, nach dem Fachurteil von Kennern antiker Textilien, auf einer besonderen Art orientalischer Webstühle gefertigt worden sind und neben geometrisch gemusterten gelben Seiden, Kreuze, auf purpurner Seide Kreise und Kreuze zeigen. Von den Be-

Abb. 577 Trier. Paulinuskirche. Silberblechbeschlag am Holzsarg des hl. Paulinus

schlägen ist an der mit Verschluß des Deckels versehenen Schmalseite ein Silberblech erhalten, das Adam und Eva am Baum der Erkenntnis und die Auferweckung des Lazarus zeigt. Darunter ist ein schmaler Reliefstreifen mit einer Jagdszene, die die Künstlerinschrift *Martinia(ni) Manvs vivat.* An der Langseite ist eine durchbrochene Silberplatte (Dm 14 cm) angebracht, die in vorzüglich sorgfältiger Bearbeitung ein großes X P und auf dem Rand die Inschrift trägt: *Eleuthera peccatrix posuit* (Eleutherea, die Sünderin hat dies gestiftet).

Ein längliches Silberblech, an einer Seite gerundet geschnitten, zeigt das Christogramm, darunter die Schrift *IXOYC* und leider ein fragmentarisches Monogramm, das wohl auf den Namen Paulinus in griechischen Lettern zu ergänzen ist.

St. Matthias. Frühchristliches Gräberfeld. Außerhalb des Stadtgebietes und der Stadtbefestigung ist ein ausgedehntes Gräberfeld beidseits der röm Fernstraße Trier–Konz–Metz gelegen, aus dem von verstreut liegenden Flächen mehr als 2000 Brandgräberinventare zwischen 1890 und 1920 in die Sammlungen des Landesmuseums gelangt sind. Jenseits dieses Brandgräberfeldes, das seit der Gründung der Stadt belegt wurde, kommt von O, dem Bereich der Mattheiser Weiher, eine Eintalung, die mit dem Aulbach zum Tal verläuft und mit der Einmündung in die Mosel das sich zunehmend verengende Flußtal nach N abgrenzt. Ein suburbane Villa, die in der Legende mit der Familie der Witwe Albana verbunden ist, konnte im Bereich des Pfarrfriedhofes mehrfach angeschnitten werden. Das ma Klostergelände, von der Römerstr an der W-Seite begrenzt, ist mit einer Mauer eingefriedet, die als »Schammatmauer« benannt wird, ein Name, in dem der verballhornte Begriff des »scamnum«, des von Geometern ausgemessenen Feldterrains landwirtschaftlicher Nutzung, herauszuhören ist.

Der suburbanen Villa ist neben einigen größeren Mauerzügen ein langrechteckiger Saal zuzurechnen, der in N-S-Richtung gelegen, an seiner O-Seite mit einem Apsidenbau erweitert worden ist. Unter dem Saal ist an der NW-Ecke ein Keller angelegt gewesen, der über eine Treppe außerhalb des Saales erschlossen wurde. Im Aufgehenden war über der Kellereiwölbung noch Wandmalerei erhalten, die von vorzüglicher Qualität und Ausführung noch dem ersten Bauzustand der Anlage und dem 2./3. JhnChr zugerechnet werden darf. An die SO-Seite des Saales wurde eine einschiffige Basilika (L 17 m) gebaut, die nach O hin mit einer wohlproportionierten Apsis schließt. Über eine Treppe wurde ein Krypteneinbau erschlossen, der mit der Apsis und einer schmalen, langrechteckigen Fläche durch einen Korbbogen unterteilt und in den »Apsidenteil« und den Vorraum gegliedert ist. Der Bogen ruhte auf der Wand vorgelegten Pfeilern, mit dieser im Verband stehend, von dem an N- und S-Seite des geosteten Baues noch bis 1,50 m hohe Teile erhalten sind, während der Bogen selbst an der Wölbung nur in Mörtelabdrücken ablesbar ist. Fünf schräg ansteigende Lichtschlitze belichteten früher den Raum, der durch Anhöhungen des Außenterrains mehr und mehr in die Erde geriet und die Vermauerung der Lichtschlitze erforderte. Der Keller- und Mauersockel aus kleinformatigen Kalkhandsteinen ist verputzt und weiß bemalt. Über einem leichten Mauerrücksprung setzt das Gewölbe der Halbtonne an, die hinter dem Bogen zu einer Halbkugel geformt ist. Im Wölbungsscheitel ist ein breiteres Band von senkrecht gestellten Ziegeln, während im Gewölbe selbst Ziegel und Bruchstein im Schichtenwechsel erscheinen. Im MA, wohl seit dem vergrößerten Ausbau des Klosters im 10. Jh, wurde der Kryptenraum als Karner/Gebeinhaus benutzt, das bis zur Säkularisation in Funktion war.

In der SW-Ecke der Krypta, neben dem Zugang, hatte bereits F. Kutzbach 1923 einen reliefgeschmückten Sarkophag entdeckt, der 1966 im Rahmen einer Konservierungsmaßnahme und Grabungsuntersuchung ganz freigelegt worden ist. Die Besonderheit des Fundes besteht in der ganz erhaltenen farbigen Bemalung der Reliefs, die Sargtrog und Deckel überziehen.

Der Sargtrog zeigt an den Langseiten große Tafeln mit Randprofilen und zwei winkligen Griffen (*tabula ansata*), ohne daß die Fläche mit einer Inschrift versehen worden wäre. Die Tafel wird beidseitig von geflügelten Putten gehalten, die als Haarschmuck ein Band mit einer zierlichen Blütenrosette über der Stirn tragen. Die schmalen Stirnseiten zeigen zwei Rhomben mit Blütenrosetten und Akanthusblättern, ebenfalls farbig

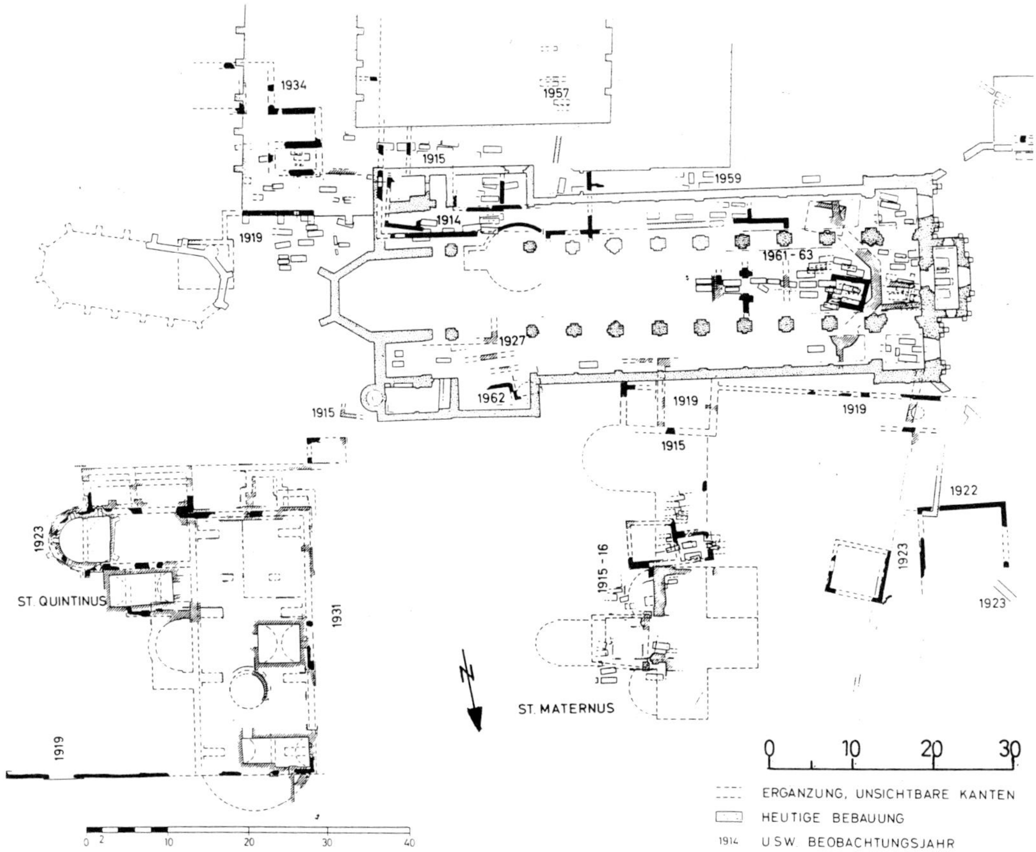

Abb. 578 Trier. St. Matthias. Übersichtsplan der Grabungsergebnisse

ausgemalt. Der Sarkophagdeckel, als Hausdach mit diagonal stehenden Schieferplatten in Malerei vorgetäuscht und durch Relief plastisch gebildet, trägt an einem Giebel die Szene des Totenmahls eines Ehepaares.

Auf dem anderen Giebel ist ein Reiter hoch zu Roß zu sehen, vor und hinter ihm je ein Diener. Inmitten der Langseiten sind Verstärkungsbossen, die mit breiter horizontaler Fläche zu dem ebenfalls geebneten Mittelgrat des Daches übergehen und in der Aufsicht den Eindruck eines Kreuzmusters vermitteln. Auf der rechteckigen Bildfläche des Bossens ist ein Ehepaar in Büstenform dargestellt, die Frau mit allen Details wiedergegeben, während der Mann nur in grober Kontur erscheint. Dies ist wohl so zu deuten, daß der Mann als schon verstorben, ins Jenseits entrückt, die Frau aber als noch Lebende vorgestellt werden.

Auf der Gegenseite sind in einem runden Schild zwei zueinander gerichtete Halbbüsten, leider in der Gesichtspartie stark beschädigt, dargestellt. Es ist das Ehepaar, das, nach dem Tode der Witwe, der in der Überlieferung genannten Albana, nunmehr im Triumph des Todes vereint ist. Der Darstellung entsprechend wurden im Innern des Sarges noch die Gebeine von zwei Individuen aufgefunden, deren anthropologische Bestimmung die unteren Gebeine einem Mann zuweisen, der von kräftiger Statur etwa mit 40 Jahren verstorben ist, während die oberen Gebeine der späteren Bestattung einer 48–50jährigen Frau zugehören, deren graziler Wuchs auch eine höhere soziale Stellung verriet.

Ornamente, Einzelheiten der Reliefs lassen den Sarkophag den moselländischen Bildhauerateliers zuordnen, die durch die große Zahl der in Neumagen gefundenen Grabdenkmalreste Parallelen bieten. Die Datierung in die Zeit um 270 nChr bestimmt auch den Bau der privaten Grabkapelle mit Krypta. Die durch die rundum mit Reliefschmuck und Malerei geforderte zentrale Aufstellung wurde zugunsten bedeutenderer Personen verändert. Die Überlieferung sagt, daß die ersten Missionsbischöfe des Trierer Raumes, Eucharius und Valerius, hier bestattet worden, nicht weit von ihnen Maternus, dessen Grabbau, im Aufgehenden als Kapelle bis zum Ende des 18. Jh weiter im W gelegen war und nachgewiesen ist.

Dies würde erklären, warum der Sarkophag der Stifter aus der Mitte in die SW-Ecke des Kryptenraumes verschoben worden ist. Auch das spätere Zeugnis, daß Bischof Cyrillus die Bischofsgräber um 454 in eine neue Kapelle und Grablege transferiert und die »cella Eucharii« restauriert habe, stützt die kontinuierliche Verehrung und Kommemoration durch den Ritus der Prozessionen des Domklerus zum Grab von St. Matthias, der hier Station machte, bevor das Apostelgrab aufgesucht wurde. Um das Stiftergrab und die Bischofsgräber entstand, jenseits und S des antiken Brandgräberfeldes ein durch eigene Rechtsstellung der Schenkung geschützter Grabbezirk der frühchristlichen Gemeinde, der in kontinuierlicher Folge bis in die Gegenwart in Benutzung ist. Der »Gruft der Albana« direkt benachbart wurden 3 Grabhäuser mit gewölbter Gruft angelegt und im Bereich bis zur Römerstr wurden weitere 18 solcher Mausoleen, entstanden im 4. und 5. JhnChr, entdeckt. Auch im Bereich der heutigen Matthiasbasilika–St. Euchariuskirche sind solche Grabgebäude erhalten, zu denen auch die von Cyrillus gegründete Anlage zu rechnen ist und, als Cömeterialoratorium zur offiziellen Verehrungsstätte des Eucharius und Valerius geworden, einem Rundbau mit rechteckigem Chor angelehnt erscheint, der neben den heutigen Krypten 1914 entdeckt worden war.

In der gesamten Fläche sind auch einzeln und in Gruppen zT bis zu 4 Lagen übereinander aufgeschichtete Sarkophage in großer Zahl aufgedeckt und in der Vergangenheit fast immer zerstört worden, deren Zugehörigkeit zu christlichen Bestattungen auch durch über 400 marmorne Inschriftenplatten und Fragmente illustriert wird. Schon im 17. Jh war der aus Rotsandstein bestehende Noah-Sarkophag gefunden worden – heute im Landesmuseum ausgestellt –, der den frühchristlichen Ursprung dieses Gräber- und Klosterareals dokumentierte.

Mehr aber noch wurde die Tradition bildhaft durch ein heidnisches Götterbild, den Torso einer Venusstatue, veranschaulicht, das an die Kir-

Abb. 579 Trier. St. Matthias. Der Noah-Sarkophag

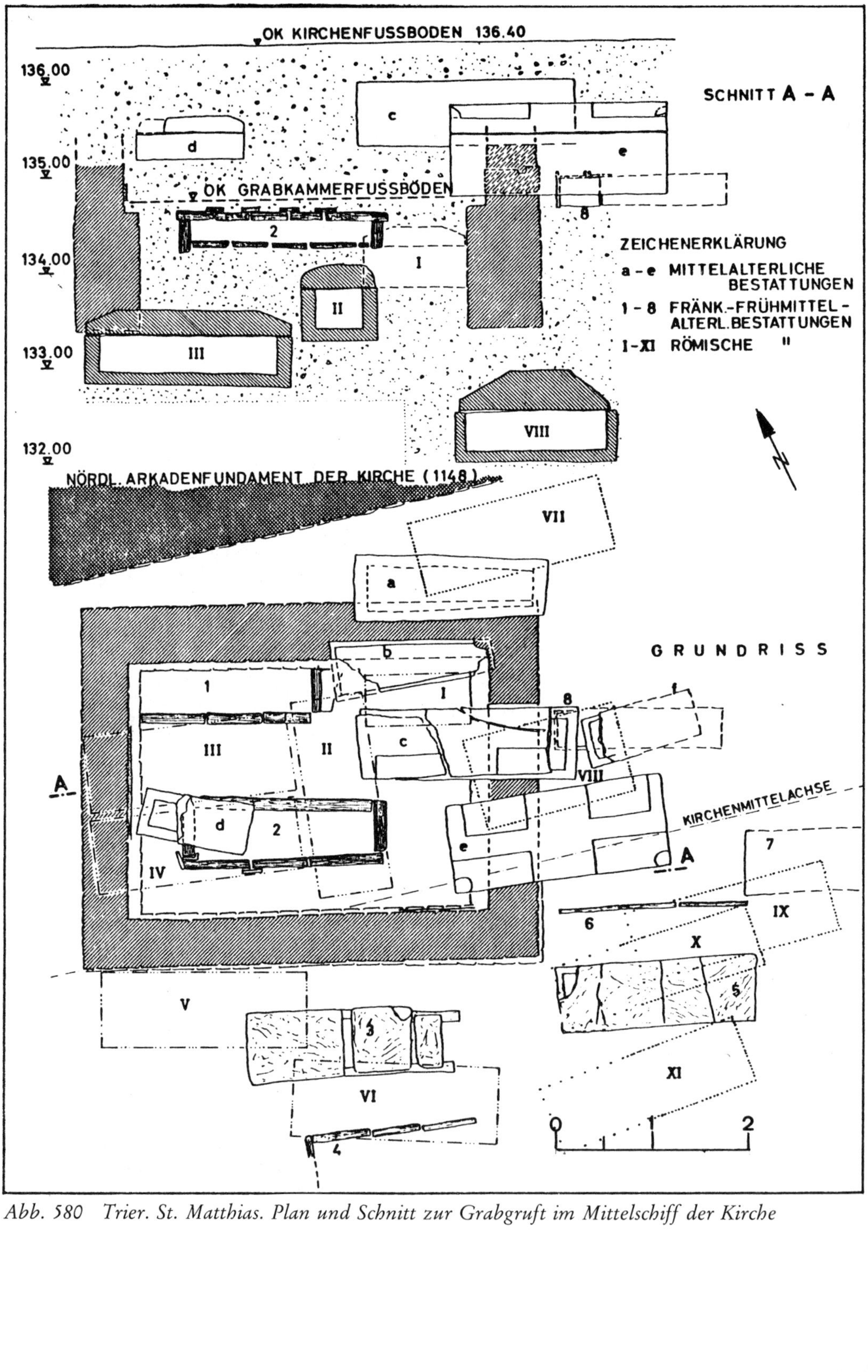

Abb. 580 Trier. St. Matthias. Plan und Schnitt zur Grabgruft im Mittelschiff der Kirche

che mit einer Kette gefesselt, von Pilgern und Gläubigen mit Steinen beworfen worden ist, um symbolisch dem Heidentum abzuschwören. In der Nachfolge älterer Hinweise wurde eine Inschrift mit lateinischem und deutschem Text und der figürlichen Darstellung der drei Missions- und Gründerbischöfe hier angebracht, die eine ausführliche Erklärung gibt:
»Wolt ihr wissen was ich bin / ich bin gewessen ein Abgottin / Da S. Eucharius zu Trier kam / er mich zerbrach, mein Ehr abnahm / ich was geehret als ein Gott / jetzt stehen ich hier der Welt zu Spott.«
Auch die genaue Datierung der Christianisierung des Zeitpunkts wird in Anlehnung an die örtliche Überlieferung mitgeteilt: »Im Jahr 50 nach Christi Geburt sein die 3. H. Bischoffe von Rom zu Trier kommen. Euc(harius), Va(lerius), Mat(ernus).«
Die besondere Bevorzugung dieses Gräberfeldes wird auch deutlich darin, daß über 4000 Sarkophage hier im Laufe des 3.–5. Jh deponiert wor-

Abb. 582 Trier. St. Matthias. Relief mit Lebensbaum und Attismasken. Deckel Sarkophag VIII

Abb. 581 Trier. St. Matthias. Quintinusgruft nach Wiederherstellung von Westen

den sind, was dazu führte, daß das Terrain um über 2 m in die Höhe anstieg, und die älteren Mausoleen schließlich ganz im Erdreich verschwanden.

St. Maximin. Im suburbanen Bereich, N vor der Stadtmauer und O des Gräberfeldes entlang der Römerstr vor der Porta Nigra, lag das festungsartig mit Graben und Mauer umzogene Areal der reichsunmittelbaren Abtei der Benediktiner von St. Maximin. Die bedeutende Anlage, mit ausgedehntem Güterbesitz ausgestattet und wirtschaftlich gut fundiert, soll auf eine Schenkung des Kaisers Konstantin zurückgehen, wie die Tradition und auch die immer wieder entdeckten antiken Inschriften glaubhaft bezeugen. Hier wurden die Gräber der Trierer Bischöfe der frühchristlichen Zeit des 4. JhnChr verehrt, Agritius und Maximinus, sowie der bedeutende Bischof Nicetius, der nach den Wirren der Völkerwanderungszeit den Wiederaufbau des Doms betrieben hatte.

Einzelsondierungen im Innern der seit der Säkularisation zu Kaserne und Garnisonskirche umgebauten Klosterbasilika durch F. Kutzbach ließen erkennen, daß eine Folge größerer Kirchenbauten der im Jahre 942 geweihten ottonischen Anlage vorangegangen war und eine komplizierte Außenkrypta den Bau auszeichnete. Untersuchungen 1959 im Bereich der Außenkrypta und seit 1978 im Innern der Kirchenanlage ermöglichen es jetzt, eine Abfolge der verschiedenen Profan- und Kirchenbauten vom 2. JhnChr bis zur Gegenwart in Grund- und Aufriß darzustellen und ein Beispiel kontinuierlicher Nutzung zu illustrieren, das trotz aller kriegerischen Ereignisse und der Sprengung durch die Franzosen unter Vignory 1674 aus allen Phasen große Baureste bewahrt hat.

In peripherer Lage zur Römerstr/Paulinstr ist das ebene, fruchtbare Terrain im 2. und 3. JhnChr von einer größeren Villa besetzt, deren Mauern aus Schiefersteinen gesetzt sind. Im Bereich dieser Anlage wurden Brandgräber und ein großes »Grabmonument« aufgedeckt, das, eine Grabgrube mit einem monolithen Quader überdekkend, später überbaut worden ist.

An der NO-Seite der Kirche wurde ein Gebäude entdeckt, das mit gangartigen Korridoren und Nebenräumen einen großen Saal in der Mitte umschließt. Das Mauerwerk ist von guter Qualität und läßt, nach der Breite der einzelnen Mauerstrecken zu urteilen, einen hochragenden Bau erschließen, der durchaus als Palast zu bezeichnen ist. Bemalter Wandputz und auch die Mauertechnik weisen in das Ende des 3. JhnChr und entsprechen den Anlagen der kaiserlichen Residenz. Außerhalb der Stadtmauer wäre dieser Bau als ein Sommersitz zu deuten.

S vorgelagert, innerhalb der Kirchenmauern gelegen, wurde ein langrechteckiger, N-S gerichteter isoliert liegender Saal freigelegt, in dessen Mauerwerk zahlreiche Spolien, Fragmente von Tonnendachsteinen mit Inschriftresten verwendet worden sind. Die zugehörige W-Wand ist noch mit einer Wandmalerei ausgestattet, die großflächig eine buntfarbene Marmorinkrustation mit Rhombenfeldern zeigt. An der W-Seite zeigt eine breite ebene Öffnung die Reste eines Türgewändes und das Fundament einer breiten, axial gelegenen Türe. An der O Langwand sind zwei schmalere Türdurchlässe erhalten, deren Schwellen die Abriebspuren der Eisenbeschläge eines Türflügels tragen.

Eine Abbruchschicht von bemalten Mörtelbrokken ist der buntgemalten Deckenausstattung des Raumes zuzuweisen. Ein größerer Fladen zeigt auf dunklem Grund die sehr lebendige Darstellung eines Puttenkopfes mit Oberkörper und Flügelansatz. Die Innenfläche dieses langrechteckigen Raumes ist in mehreren Lagen übereinander mit Sarkophagen gefüllt, die zT bis unter die Fundamente und in den gewachsenen Boden hinabreichen. Vor der O Langwand ist ein gangartiger, schmaler Raum gelegen. Ziemlich in der O-W-Achse der Kirchenanlage ist eine Folge isoliert stehender Grabgrüfte angelegt worden: Im Bereich der Außenkrypta ist der Mittelraum der späteren Raumfolge zunächst als isoliertes Mausoleum ausgebildet, dem mit einem geringen Abstand nach W eine quadratische Grabkapelle folgt, im Innern mit Sarkophagen gefüllt: Drei Sarkophage mit dicken Deckeln geostet, O ein N-S gestellter Sarkophag.

Im W-Teil der Kirche ist ein größerer Raum gelegen, der in der Tiefenlage in etwa dem langrechteckigen Raum entspricht. Die hier angetroffenen Mauern sind mit Putz überzogen und zeigen auf weißem Grund eine gleichmäßige Teilung senkrechter schwarzer Striche. Der in Resten erhaltene Fußbodenestrich wurde durch Sarkophage abgegraben. Am Ende des S Seitenschiffes ist ein Mausoleum erhalten, das, als Podientempel gestaltet, eine Säulenvorhalle hatte, während die Cella als ummauerter Raum an den Außenseiten mit drei Blendarkaden verziert war. Reste eines weißen Putzüberzuges mit roten Beistrichen finden sich an den architekturgliedernden Lisenen und Arkaden. Die Säulen des Vorbaues standen auf einer aus profilierten Quadern gebildeten

Sockel- und »Gangmauer«. Im Durchgangsbereich zur Cella ist ein glatt umgrenzter Kellereinstieg erhalten, der eine Tonnenwölbung des tiefer liegenden »Grabgewölbes« erschließt. Eine Folge von Treppenstufen im Abstand vor der O-Wand des Kellerraumes reicht nur bis drei Viertel der Höhe, so daß für eine Begehung des Grabbereiches eines hölzerne Leiter zusätzlich benötigt wurde. Da an der Wölbungsöffnung keine Vorrichtungen für eine Verschlußvorrichtung oder eine Türe zu erkennen sind, ist davon auszugehen, daß wohl eine weit über die Öffnung greifende Steinplatte hier aufgelegt war. Im Innern des Raumes stehen 4 große Sarkophage, W-O gerichtet, davor 2 kleine Kindersärge, Sandstein. Auf den gut erhaltenen Putzflächen ist eine schlichte Kassettengliederung mit rotbraunen breiten Leisten aufgemalt. Das große Grabgebäude entspricht in der Gliederung wie im Aufbau dem sog → Grutenhäuschen in Igel, einer Grabkammer bei Minden und den im Berghang gelegenen beiden → Grabtempeln bei Nehren an der Mosel. Diese Reihung von Grabkammern und Mausoleen in einem nunmehr ausschließlich christlichen Bestattungen vorbehaltenen Terrain wird man mit der Aufgabe der »Palastnutzung« und der möglichen Schenkung an die christliche Gemeinde der Stadt in Verbindung bringen dürfen. Diese Nutzung ermöglichte dann erst, die Bestattung der Bischöfe hier vorzunehmen.

In der folgenden Benutzungsphase wird der langrechteckige Raum nach N verlängert, die N- und W-Wand niedergelegt und nach W ein langgestreckter Saal (L 45 m, B 17 m) angebaut. Hierbei wird an der S Außenwand im W das tempelförmige Grabgebäude inkorporiert und die N Außenwand wird zur Raumwand des Saalbaus. Die N Saalmauer ist zunächst als Arkadenwand geplant und mit einzelstehenden Pfeilern ausgestattet, im W-Teil wird zudem ein nach N orientierter Raum mit Apsis erstellt.

Noch während des Ausbaus der Anlage werden die Pfeileröffnungen mit etwas schmalerem Mauerwerk geschlossen und im Abstand von 3,5 m eine N Abschlußwand errichtet, vor die die Apsis des nach N gerichteten eingestellten Raums um 2 m vortritt. Die außerordentlich breite Fundamentvorlage der Pfeilerspannmauer und auch die Mauerstärke mit ca. 0,8 m lassen auf eine beachtliche Bauhöhe schließen. An der S-Mauer ist in etwa der halben Länge eine breite Türöffnung mit Seitenwangen und zwei verschiedenen Türschwellen erhalten. Wahrscheinlich war der Zugang durch einen Mittelpfeiler geteilt. Die Mauern dieser Erweiterung bestehen fast ausschließlich aus roten Sandsteinen und Ziegeldurchschuß. Dem Durchgangsniveau entsprechend ist eine dichte Lage von Sarkophagen, ohne Spuren von festen Estrichen in den Flächen, von Beginn an als überdeckter Bestattungsplatz bestimmt gewesen. So wurde auch an der N-Seite die durch Zusetzung der Pfeileröffnungen entstehende Gangsituation mit der Außenmauer sehr schnell in einzelne Räume gegliedert, die als private Mausoleen vergeben worden sind bzw durch Mauerfugen und wechselnde Größe als individuelle Ausbauten bestimmt werden können.

Abb. 583 Trier. St. Maximin. Blick in die Ausgrabung im südlichen Seitenschiff

Abb. 584 Trier. St. Maximin. Blick in die Ausgrabung im nördlichen Seitenschiff

In der zweiten Hälfte des 4. Jh, nach den Schichtenfolgen und Bestattungen sicher einzuengen in die Zeit zwischen 370 und 380 nChr, wurde die »Bautengruppe« nach O großzügig erweitert und eine dreischiffige Basilika ausgebildet.
Die W-Wand des langrechteckigen, nach N erweiterten Raumes erhielt eine Lisene neben dem Durchgang nach W, und in der Flucht wurden 5 Säulen mit gleichmäßigem Abstand nach O aufgerichtet. An der S-Seite wurde ebenfalls die Raumwand nach O verlängert. An der entsprechenden N-Seite war eine ältere »Hofwand mit Durchfahrt«, in der Flucht der W Pfeilerwand der »Saalanlage« um 2 Pfeiler ergänzt, ebenfalls nach O verlängert worden, und das zugehörige Seitenschiff wurde aus dem Vorbau des Palastes entwickelt. Der im Chorbereich gelegene quadratische Grabbau wurde bis über die Bestattungslage abgetragen und die größere O Grabanlage derart in die Erweiterung einbezogen, daß sie mit 2 flankierenden Nebenkammern den rechteckig vorspringenden Chor des Mittelschiffes bildete.
In Relation zu den vorgegebenen Benutzungshöhen mußte der Chorbereich mit den inkorporierten Grabkammern und ihren Gewölben höher reichen, so daß auch der Chor über die Mittelschiffbodenhöhe herausragte.
Um dem aus seinen »Altbau-Elementen« zusammengewachsenen Gefüge eine einheitliche Form in Außenfläche und Dachkonstruktion zu geben, wurde an der S-Seite des Saalbaues in der Flucht der S Außenwand des hier einbezogenen Grabtempels ebenfalls eine Abschlußwand errichtet und entsprechend die Grundrißgliederung der O, dreischiffigen Anlage angepaßt.
Dieser Raumerweiterung entspricht wahrscheinlich die in der S-Wand des Saalbaus höher gelegte Türschwelle, die allerdings auch durch die Einbringung von Sarkophagen und die notwendig gewordene Anhebung des Benutzungsniveaus bedingt gewesen sein kann.
Die Wandflächen waren verputzt und bemalt, die eingebrachten Sandsteinsäulen des O-Teils sind mit festem Stuckputz überzogen und marmoriert bzw mit einer den Granit imitierenden graugesprenkelten Bemalung versehen. Der an der NO-Seite vorgelagerte Palastbau, jetzt mit seiner Außenfront in den Bau einbezogen, wurde offenbar unverändert als Versammlungs- und Wohnbau weiter genutzt.
Die Auffüllung aller Bodenflächen mit dicht aneinander eingebrachten Bestattungen macht es unwahrscheinlich, daß an irgendeiner Stelle ein Altar errichtet worden wäre, so daß das Gesamtgefüge in seiner monumentalen Gesamtgestaltung nur ein mächtiges Grabhaus als Gebetsstätte gebildet hat. Hierfür spricht auch, daß Sarkophage aus der Bodenfläche vorragten und, über längere Zeit begangen, an der Oberfläche abgelaufen erscheinen.
Für die Zeit der Wirren der Völkerwanderungszeit des 5. Jh, mit den mehrfachen Zerstörungen Triers, ist kaum mit größeren Baumaßnahmen hier zu rechnen.
Erst der Einbau eines Bema ovaler Form mit eingegrenztem Zugangsweg weist auf eine liturgische Nutzung des Raumes und würde die Einrichtung eines Altares und einer Schola voraussetzen. Die Ausführung dieses für Lesung und

Abb. 585 Trier. St. Maximin. Agriciussarkophag

Vortrag bestimmten Einbaus aus Steinabfall mit Mörtel verputzt ähnelt in der Ausbildung von Lisenen dem Fund in → Boppard und könnte mit der Restaurierung und Neuordnung der Trierer Kirchen unter Bischof Nicetius (526–566) in Verbindung gebracht werden.

Dieser Wiederaufbau ist auch Voraussetzung dafür, daß nicht nur die Verehrung der Bischofsgräber wieder aufgelebt ist, sondern auch Gräber in merowingischen trapezoiden Kalksteinsarkophagen oder ausgemauerten Gräbern gleicher Form einer neuen Adels- und Führungsschicht zuzuweisen sind und eine stärkere Anziehungskraft dieses Grabbezirkes für die Zeit um 600 nChr illustrieren. Der karolingischen Zeit sind nunmehr rechteckig aufgemauerte Sargtröge zuzurechnen, die an den Innenseiten sorgfältig mit einem dichten Ziegelputz intensiv rötlich-brauner Farbe ausgestrichen werden. Das Bema, durch Bodenanhebung ebenfalls von verändernden »Umbauten« betroffen, wurde schließlich durch eine flache Schrankenanlage ersetzt, die eine um zwei Stufen höher liegende »Vorchorfläche« im Mittelschiff, mit schräg verlaufender Westseite, aus der Mittelschiffsfläche abgrenzt.

Für den Chorbereich sind leider keine zuverlässigen Anhalte über Bodenhöhe und Einrichtung zu gewinnen, da dieser Bereich durch die Veränderungen nach 1700 keine früheren Befunde auf diesem Niveau bewahrt hat.

Immerhin wird durch die kontinuierliche Benutzung der Mausoleen im Chorbereich, der späteren Außenkrypta, sichergestellt, daß die Gewölbehöhe der Höhe des Chorraumes entsprechen mußte.

Innerhalb der Grundrißfläche wurden über 1000 Sarkophage freigelegt, von denen 98% ohne Beigaben und auch die Skelette zumeist vollkommen aufgelöst und vergangen waren. In Sarkophagen der untersten Lage, die zT im gewachsenen Erdreich offenbar eine gleichmäßige Minimalbefeuchtung gehalten haben, wurden Körperbestattungen angetroffen, die an der Körperoberseite noch ihre Gewandung trugen und als lokale Besonderheit mit Hobelspänen zugedeckt waren. In die erst sehr spät eingebrachten dauerhaften Estrichbeläge waren verschiedentlich marmorne Grabinschriften eingelassen, die in frommer Erinnerung auf hier liegende Tote hinweisen sollten, doch zeigte die Nachgrabung, daß die zugehörigen Bestattungen gestört bzw wohl an anderer Stelle in der Nähe gelegen waren.

Eine außerordentlich tief fundamentierte, dicke Mauer wurde in N-S-Richtung in das Mittelschiff und das N Seitenschiff eingezogen, während in der entsprechenden Flucht des S Seitenschiffes vielleicht die Vorhallenmauer des Grabmausoleums diese Funktion übernehmen konnte. Zwei Pfeiler gliedern die Wand, die bis zur Fußbodenhöhe erhalten ist, offenbar in 3 große Blendarkaden. Sie bildet – wahrscheinlich mit 3 Türen durchbrochen – eine neue W-Front der basilikalen Anlage, die, entsprechend der Schichtenfolge, noch der karolingischen Zeit zuzuweisen wäre und eine Verkürzung der großen Kirchenanlage bewirkte.

Dies mag mit einer Funktionsverlagerung zusammenhängen, die mit einer Altarausstattung und einer liturgischen Funktion die ausschließliche Nutzung als Grab- und Bestattungsplatz verdrängte oder reduzierte.
Bis zum Normanneneinfall und der Zerstörung 882 wird die Anlage als aus mehreren Teilen gewachsene Struktur bestanden haben.

*Grabanlage bei St. Maximin**. Beim Bau des Versorgungsamtes 1953 wurde S der Maximinkirche ein Teil des ausgedehnten frühchristlichen Gräberfeldes ausgegraben. In Gruppen und Reihen gestellte Sarkophage, allesamt geostet, aus Spolien zusammengesetzte Särge füllten die Fläche. Im S Baubereich wurde eine Gruppe von 5 Särgen (darunter ein Kindersarg) beobachtet, die im Geviert von Quadern und einer Steinsetzung an der N-Seite umstellt waren, die als Abgrenzung eines privaten Familiengrabes gedeutet werden kann. Ein festes Grabgebäude (5,70 × 6,40 m) war in einer Umbauphase oder durch einen Neubau zT abgetragen, zT mit den Grablegen in den Neubau einbezogen worden, der als einschiffige Kapelle mit Apsis nach W ausgebildet ist. Der rechteckige Raumteil ist 11,70 m lang und 6,70 m breit, der Innenraum 10 m lang und 4,70 m breit. Die Apsis (Radius 2 m) ist auf einem polygonalen Fundament mit breiterer Ausladung errichtet worden. Zu den Langmauern ist sie beidseitig eingezogen und mit einer Spannmauer ausgesteift. Vor der O Abschlußwand ist im Abstand von 2,20 m eine Zwischen- und Trennwand eingezogen, so daß ein schmaler Vor- und Eingangsraum zu dem Hauptraum entstand. Die Innenfläche ist dicht mit Sarkophagen besetzt, darunter auch merowingische trapezoider Form, die mit der breiteren Seite nach O erschließen lassen, daß alle Bestattungen hier zur Apsis hin gewestet waren. Eine letzte Erweiterung nach O vergrößerte den Raum um 1,20 m und wird noch im frühen MA erfolgt sein.
Ein Teil der Grabanlage ist im Treppenhaus/Kellergeschoß des Versorgungsamtes konserviert.

Cü

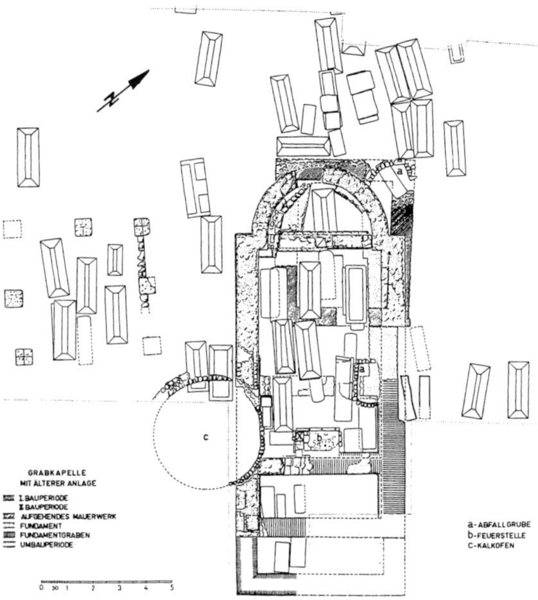

Abb. 586 Trier. Grabanlage bei St. Maximin. Grundrißplan

Sammlungen und Fundmaterialien: FHettner, Die röm Steindenkmäler des Provinzialmuseums zu Trier, 1893 – WBinsfeld, KGoethert-Polaschek, LSchwinden, Katalog der röm Steindenkmäler des Rhein. Landesmuseums Trier, 1 Götter und Weihedenkmäler, Trierer Grabungen und Forschungen 12, 1, 1988 – KGoethert-Polaschek, Katalog der röm Lampen des Rhein. Landesmuseum Trier, ebda 15, 1985: – EGose, Katalog der frühchristl Inschriften in Trier, ebda 3, 1958 – HMenzel, Die röm Bronzen aus Deutschland, II Trier, 1966
Lit: Ruwertal-Wasserleitung: NSamesreuther, 26. BerRGK 1936, 116 – ANeyses, TZ 38, 1975, 75 ff
Tempel: EGose, Der Tempelbezirk im Altbachtal zu Trier, Trierer Grabungen und Forschungen, 1972 – HCüppers, Der Tempel des Asklepios, in: Kurtrier Jb 22, 1982 – EGose, TZ 30, 1967, 82 ff – ders, ebda 24–26, 1956–1958, 440 f
Amphitheater: EKrüger, Führungsbl des LM Trier 2, [9]1944 – EGose, ebda NF 2, [2]1954 – FVFD 32,1, 1977, 165 ff
Circus: WvMassow, TZ 18, 1949, 149 – Trier 190 ff, Nr 77–84
Palastbasilika: KdR 13, 3, 1983, 367 ff – FVFD 32,1, 1977, 141 ff – Trier 139 ff

Porta Nigra: EGose/BMeyer-Plath/JSteinhausen/EZahn, Trierer Grabungen und Forschungen 4, 1969 – KdR, Die kirchlichen Denkmäler der Stadt Trier 13, 3, 1938, 463 ff – FVFD 32,1, 1977, 61 ff
Römerbrücke: HCüppers, Trierer Grabungen und Forschungen 5, 1969 – EHollstein, ebda 11, 1980 – ders, Dendrochronologie in Trier, Augustusstadt der Treverer, 1984, 119 ff
Stadtmauer: HCüppers, TZ 36, 1973, 132 ff
Barbarathermen: DKrencker/EKrüger, Die Trierer Kaiserthermen, 1929 – WWeber, Trier – Barbarathermen, LAD Rheinland-Pfalz, Führungsheft 6, 1976
Kaiserthermen: DKrencker/EKrüger, Trierer Grabungen und Forschungen 1,1, 1929 – WReusch, Germania 42, 1964, 92 ff – ders, 51.–52. BerRGK, 1972, 233 ff – FVFD 32,1, 1977, 178 ff
Wohnen und Gewerbe: KdR 13,3, Die kirchlichen Denkmäler der Stadt Trier, 1938, 104 ff – FVFD 32,1, 1977, 128 ff – HuMPilgram (Hrsg), Die Vereinigten Hospitien in Trier, 1980, 13 ff
Töpfereien: SLoeschcke, Röm Germ Korrbl 8, 1915, 56 – EFölzer, Die Bilderschüsseln der ostgallischen Sigillatamanufakturen, 1913 – IHuld-Zetsche, Trierer Reliefsigillata: Werkstatt I, 1972 – Trierer Jahresber 13, 1921/22, 35 f – TZ 9, 1934, 135 ff, 164 ff; 11, 1936, 220 ff; 36, 1973, 275 – HCüppers, Trier 89 ff
Franzensknippchen: OK 326 ff – ANeyses, Kurtrier Jb 18, 1978, 192 ff
Dom: JNvWilmowsky, Der Dom zu Trier, 1874 – THKempf, Germania 42, 1964, 126 ff – ders, Das Münster 21, 1958, 1 ff – FOswald/LSchaefer/HRSennhauser, Vorromanische Kirchenbauten, 1966, 340 ff – HEKubach/AVerbeek, Romanische Kunst an Rhein und Maas, 1976, 1085 ff – JZink, Der Trierer Dom, 1980, 17 ff
Herrenbrünnchen: EGose, TZ 30, 1976, 99
Paulinuskirche: FVFD 32,1, 86 ff, 97 ff – Frühchristliche Zeugnisse 71, 189 ff – DdeJonghe/MTavernier, TZ 40/41, 1977/78, 145 – Trier, 239 ff, Nr 126–129
St. Maximin: KdR, Die kirchlichen Denkmäler der Stadt Trier, 1938, 283 ff – WSanderson, TZ 31, 1968, 7 ff – HCüppers, Trier 232 ff – HEiden, Neue Ausgrabungen in Deutschland, 1958, 359 ff – TZ 24/26, 1956/58, 455

Abb. 587 Trier-Ehrang. Merkur vom Sockel einer Jupitersäule

Trier-Ehrang

Friedhof, Kyllübergang und Jupitersäule
Abb 410

Im Zuge der röm Fernstraße Trier–Maifeld–Rheintal–Koblenz, war bei Ehrang ein fester Brückenbau als Kyllübergang errichtet worden. Im weiteren Verlauf dieser Straße nach Quint (zum fünften Meilenstein) ist ein ausgedehntes Gräberfeld, O des heutigen Ortes und im Verlauf des Eisenbahndammes, im 19. Jh entdeckt und ausgegraben worden. Neben großen Grabdenkmälern aus Kalk- und Sandstein, Resten von Skulpturen wurden Brandgräber und spätantike Körpergräber (zumeist in Holzsärgen) gefunden

mit zT reichen Beigaben. Am Rande des Gräberfeldes kam eine Grabkammer (5,73 × 4,10 m) zutage, die noch mit gut erhaltenen Wandmalereien ausgestattet war. Die aufgemalte Marmorinkrustation reicht über einen niedrigen Sockelfuß mit einfachen aufgesetzten Paneelen bis zum Gewölbeansatz. Um Kreisfelder sind trapezförmige und rechteckige Felder angelegt, mit zT eingeschwungenen Seiten. An der N-Seite greift die Kammer in die Stützmauer eines Grabhügels (Dm 19,25 m), der jedoch ganz abgetragen ist. Über den röm Gräbern wurden in etwas höherer Schicht 92 fränkische Körpergräber gefunden, die nur spärliche Funde erbracht haben.
An der Straße nach Quint wurden 1890 die Reste einer Jupitersäule gefunden, von denen der Vergötterstein des Sockelaufbaus noch gut erhalten war. An den Seiten sind dargestellt Merkur, Herkules, Minerva und Juno. Von der bekrönenden Gruppe des Gigantenreiters ist ein leider stark fragmentiertes Stück aus rotem Sandstein geborgen worden. Von einer zweiten Säule wurden eine Kalksteingruppe des Gigantenreiters sowie zwei Pfosten der Umgrenzung geborgen. Cü
Lit: Ortskunde Trier-Mettendorf, 1932, 85 f

Trier-Pallien TR

Steinbrüche
Abb 588

Auf eine Länge von mehr als 2,5 km erstrecken sich entlang der eindrucksvollen Felsfront von Pallien bis zum Beginn der Hausbebauung beim Stadtteil Biewer-St. Jost Steinbrüche, die zu verschiedenen Zeiten in Betrieb waren. Etwa auf halber Strecke und gegenüber von St. Marien, heute Nordbad, springt in Richtung zur Mosel ein Felsgrat vor, an dessen steiler Südseite in mehreren Streifen übereinander die gleichmäßigen Arbeitsspuren eines groben Zweispitzes, des Steinbruchgerätes, als halbkreisförmige Rillen zu erkennen sind. Diese Behauspuren sind für die röm Zeit kennzeichnend und begegnen zB an den Außen- und Innenseiten von Sarkophagen. Weiter N sind die Felsen senkrecht abgesprengt und auch rechteckige Gräben in das Gestein eingeschrotet.

Abb. 588 Trier-Pallien. Glasschale. Opferung des Isaak

Ob die noch bis ins 19. Jh und die Gegenwart bei Pallien gebrochenen Steine ältere und höher gelegene Abbaue nachgefahren haben, ist jetzt nicht mehr festzustellen. Auf der ganzen Strecke sind zudem mit unterschiedlicher Breite Abbaue erkennbar, die an den genehmigten oder zugewiesenen Parzellen unregelmäßig verlaufende, allgemein aber senkrecht übereinander versetzt liegende Kanten und vorstehende Felspfeiler zeigen.
Seit der Römerzeit ist der hier anstehende rote Sandstein/Buntsandstein in riesigen Mengen gebraucht worden. Neben den Straßenschotterungen in den ältesten Straßenschichten der Stadt, werden die Laubenpfeiler, Säulen und toskanischen Kapitelle, Türschwellen, Bausteine (so auch für den antiken Basilikabau, den Kernbau des Domes), für Sarkophage, Tür- und Gewändesteine sowie Brunnenfassungen verwendet. Auch die Sitzsteine des Kulttheaters am Altbachtal sowie die Abdecksteine an der Arenamauer sind zT mit den Quadern der Zuschauersitze aus diesem Stein gehauen. Für Bildhauerarbeiten jedoch wurde der dichtere und festere helle Sandstein von Ramstein-Butzweiler bevorzugt. Cü

Trier-Pfalzel TR

*Palatiolum**
Abb 589–592

Neben ansehnlichen und großen Villen im direkten Vorgelände der Stadt wurden in der Kaiserzeit Sommerpaläste in Konz und Pfalzel errichtet. Der Pfalzel gebende Ortsnamen *palatiolum* kennzeichnet einen kleinen Palast in Konkurrenz zu dem *palatium,* der kaiserlichen Residenz in Trier.
Am Beginn eines weit ausschwingenden Moselbogens gelegen, der bei Ehrang/Quint und dem gegenüberliegenden Kenn unterhalb der Kyll- und Ruwermündung ausgedehnte weite Fruchtlandschaften umfließt und bei winterlichem Hochwasser auch überflutet, liegt die kleine Pfalz auf einem hochwasserfreien Rücken direkt an der Mosel, mit Sichtverbindung zu dem 5 km Luftlinie entfernten Trier.
In dem nach Mauerwerk und Material auffallenden Bauwerk hat die ma Überlieferung ein »castrum« des Julius Caesar erkennen wollen, während Venantius Fortunatus um 588 nChr in seinem Reisegedicht einer Moselfahrt in Begleitung des fränkischen Königs die in Ruinen stehenden Anlagen »prisca senatus« = alter Adelssitz nennt. Um einen langrechteckigen Hofraum (26,53 × 18,30 m) mit gedecktem Innenumgang und Treppenhäusern sind in massiver Steinbauweise vier Bauflügel (B 10,50 m) aufgerichtet, die an der Außenseite mit risalitartig vorspringenden Turmbauten versehen sind. Auf jede Außenflucht sind diese in symmetrischer Anordnung so erbaut worden, daß sie dem Betrachter an allen vier Außenseiten wie repräsentative, eindrucksvolle Fassaden erscheinen mußten. Der Grundrißplan zeigt anschaulich, daß dadurch die über Eck stehenden Risalite jeweils einen quadratischen Raum V-förmig wie mit großen Nischen verlängern. Etwas schmaler wirken die jeweils in der Mitte der Seiten angeordneten Türme, von denen jener der W Langseite die einzige Torzufahrt und den Haupteingang mit zwingerartigem Innenraum bildet. Zwei kleinere Schlupfpforten an der N- und O-Seite sind Ausfallpforten und Notausgänge bei kriegerischen Ereignissen. Während das Erdgeschoß an den Außenseiten außer diesen

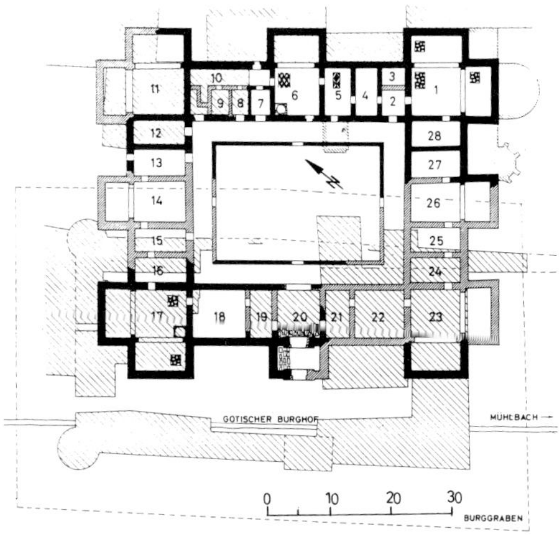

Abb. 589 Trier-Pfalzel. Palatiolum. Grundriß

Abb. 590 Trier-Pfalzel. Palatiolum. Modell

Tor- und Türöffnungen bis zum ersten Fenstergeschoß ganz geschlossen ist und wie eine Burg auf wehrhaftem Mauersockel wirkt, sind von der Hofseite her Türen in den Mauern erhalten, die die durch Zwischenmauern abgeteilten Säle und Kammern erschließen. So sind aus dem Grabungsbefund 28 Räume nachgewiesen, von denen Raum 6 und 17 mit Mosaiken, Raum 1, 4, 5, 6, 17 und 23 mit geometrischen Marmorplatten in einer zweiten Benutzungsphase ausgestattet waren. Wandmosaiken aus Glassteinen mit Schuppendekor zierten den großen Korbbogen des Raumes 1 zwischen der quadratischen, hohen Raumfläche und dem O anschließenden Risalit. Ein gleichartiger Befund bietet sich für die NW-Ecke der Anlage, so daß auch für Raum 11 und 23 eine entsprechende Raumbildung erschlossen werden kann.

Danach reichten die Eckräume, entsprechend ihrer Grundfläche bis zur Decke über 2 Geschosse hinauf (Parterre und 1. Obergeschoß), da die Fenster der unteren Galerie, über dem hohen Mauersockel der Außenfront, diese Räume belichten. Auch für die Mittelrisalite ist, mit Ausnahme des die Zufahrt deckenden Turmes, diese doppelte Raumhöhe vorgegeben, da hofseitig nur die Türen nachgewiesen sind, die Fenster aber erst im 1. Obergeschoß gelegen, die ausreichende Raumbelichtung boten. Anders mag es sich in den Raumfolgen zwischen den Risaliten verhalten. Als Vorrats-, Wirtschafts- und Erschließungsräume erforderte die Nutzung nicht unbedingt reichliche Ausleuchtung. Dies wird dadurch bestätigt, daß im Bereich der Räume 2–5, entsprechend der Anordnung der Fenster an der Außenfront, von der Hofseite her breite Türen die Räume erschließen. Hierfür aber ist Voraussetzung, daß Treppen von dem gedeckten Hofumgang aus eine entsprechende Umgangsanlage auch im 1. Obergeschoß erschlossen.

Sinnvollerweise sind diese Treppen vor den Risalitbauten an der Hofseite angeordnet und erschließen auch noch ein 2. Obergeschoß, das sowohl für die Türme gesichert als auch durch Türen in entsprechender Höhe bei 10 m. Für diese Geschoßebene sind an der Hofseite rechteckige Fenster oberhalb eines Mauerrücksprunges erhalten, die als »hochliegende« Fenster über dem in halber Geschoßhöhe aufliegenden Umgangsdach ausgebildet sind. Da auf der Mauerstrecke keine Türen erhalten und nachweisbar sind, wird die Erschließung der Räume jeweils aus dem Innenraumbereich der Mittelrisalite (hier Raum 6, zweites Obergeschoß) erfolgt sein. An der Außenseite werden an den »Türmen« ebenfalls kleinere Fensteröffnungen zu rekonstruieren sein, während in den Zwischenbereichen loggienartige Gliederung mit Seitenpfeilern und Säulen aus dem Befund nachgewiesen sind. Da auch im Bereich des Raumes 1 im zweiten Obergeschoß Glasmosaiken an den Wänden in Resten erhalten waren, ist die Anlage schon als luxuriös ausgestatteter Palast zu betrachten. Gleichzeitig aber ist sie als verteidigungsfähige Anlage konzipiert. Diese Funktion ergibt sich aus der topographischen Lage an der Mosel, unweit der Fernstraße Trier–Quint–Maifeld–Rheintal und im Sichtfeld der Straße Trier–Neumagen.

Baudetails und die spärlichen Funde lassen die Errichtung der Palastfestung in Verbindung mit den Frankeneinfällen um 353 nChr vermuten. Zu diesem Zeitpunkt war auch die Kaiserstadt und die Residenz in Mitleidenschaft gezogen worden, und zahlreiche Münzschatzfunde illustrieren die allgemeine Gefährdung des Umlandes. Der Erbauungszeit gehören die mit Mosaik ausgelegten Räume 6 und 17 an. In Raum 17 wurde das Mosaik absichtlich zerstört und ausgebrochen, obgleich die nachfolgende Nutzungshöhe sowieso den Boden verdeckt hätte. In Raum 6 sind 5 figürliche Bildfelder in einem sonst geometrisch mit Flechtbändern und Rhombensternen verzierten Mosaik bis zur jeweiligen Rahmenleiste sorgfältig

Abb. 591 Trier-Pfalzel. Römischer Palastbau. Küsterei

ausgebrochen und wurden dann von dem den ganzen Raum füllenden geometrischen Marmorplattenboden überdeckt. So bietet sich die Deutung an, daß einer *damnatio memoriae* gleich dem späteren Benutzer heidnische oder sonstige Motive nicht mehr tragbar waren und eine vollkommene Neugestaltung der Bodenfläche zwingend wurde. Die hier installierten Marmorböden im Wechsel schwarzer und weißer Platten in unterschiedlicher geometrischer Komposition sind für die valentinianische Zeit Triers belegt. Für die Zeit des Cäsars Julian, der später den Augustustitel usurpierte, ist auf das sich ausbreitende und vom Kaiser begünstigte Christentum eine heidnische Reaktion mit der Wiederbelebung der Kulte und Mythen erfolgt, die Julian auch politisch förderte. In diesen Jahren wird der hochgestellte Bauherr die Palastfestung gebaut und ausgeschmückt haben, vielleicht sogar im Auftrag des Cäsars handelnd. Als dann mit Valentinian wieder christliche Kaiser die Macht ausübten und in Trier residierten, wurden die Zeugnisse und Spuren des Apostaten und seiner Anhängerschaft vernichtet und ausgelöscht, das Gedächtnis an ihn verdammt.

An der Zufahrt zum Palatiolum war auch eine Kaserne für eine Leibgarde oder eine Truppeneinheit errichtet worden, die zugleich als »Vorbefestigung« den Zugang sperrte. Dies mag auch als Hinweis auf den Rang und besonderen Schutz verstanden werden, die dem Erbauer zukam. Von den bis zu den letzten Fundamentlagen abgetragenen Mauern wurden Reste im Vorgelände der ma Burg und im Garten der Frühmesserstiftung, heute Kindergarten, freigegraben.

Das langgestreckt rechteckige Gebäude (B 50 m, L 70 m) flankierte, wahrscheinlich von Säulengängen begleitet, die Zugangsstraße zum Palast. Das wohl nur eingeschossige Bauwerk war an den Ecken jeweils mit Türmen bewehrt, die im Grundriß als apsidenförmige Vorsprünge der Langseite erscheinen.

Als um 400 nChr der kaiserliche Hof und die Präfektur von Trier verlegt worden waren, ist die Pfalzeler Anlage aufgegeben und in den Wirren der Völkerwanderung des 5. Jh auch in Mitleidenschaft gezogen worden. So erlebte Venantius Fortunatus das Bauensemble um 588 in ruinösem Zustand.

Palast und zugehörige Ländereien kamen als noch geschlossenes Fiskalgut in Besitz der fränkischen Könige und um 700 durch Gütertausch in den Besitz der Adula, einer Tochter der Irmina von Ören in Trier und des fränkischen Seneschalls Hugobert. Für die Klostergründung nach der Regel des hl. Benedikt wurde der röm Palast übernommen. Soweit die trotz zahlreicher Um- und Einbauten veränderten röm Bauteile erkennen lassen, müssen die Mauern noch intakt gewesen sein und nur die Holzbauteile, Dächer, Böden und Fenster waren neu zu installieren. Die zT in die Kalköfen gewanderten marmornen Fußboden- und Wandbeläge wurden durch einfache Estriche und Verputz ersetzt. Spätestens zu dieser Zeit wurde durch Abbruch der Trennwände von Raum 1 zu den benachbarten Räumen 2,3 und 28 ein Kirchenraum von gleichmäßig kreuzförmigen Grundriß gewonnen. Noch zu Lebzeiten der Gründerin Adula weilte Bonifatius im Jahre 721 in Pfalzel zu Besuch. Als die Klostergemeinschaft mit dem hohen Besuch zum Essen versammelt war, wurde, wie der hl. Liudger berichtet, Gregor, gerade vom Unterricht in der Palastschule zurückgekehrt, zum Vorleser der Heiligen Schrift bestimmt. Die in Latein vorgetragene Lesung hatte der 15jährige gut absolviert, als Bonifatius ihn befragte: »Du liest gut mein Sohn, wenn Du verstehst, was Du liest«. Dies bejahend wollte Gregor die Lateinlesung wiederholen, doch Bonifatius unterbrach ihn und sagte: »Nicht so, mein Sohn, sollst Du mir die Lesung aufsagen; erkläre mir das Gelesene in Deiner Mundart und meiner Muttersprache.« Hier mußte der Junge zugeben, daß er das nicht könne und begehrte freudig die Erklärung des Textes. Er war so beeindruckt, daß er beschloß, Bonifatius auf seinen Missionsreisen zu begleiten. Nach dessen Märtyrertod übernahm er als Administrator das Bistum Utrecht, wo er 776 als Abt von St. Martin verstarb.

Diese lebendige zeitgenössische Schilderung aus dem Pfalzeler Kloster informiert uns auch, daß neben Kirche, Refektorium und den Zellen der Mitglieder der Stiftsgemeinschaft auch eine Palastschule existierte, demnach Lehrer und zahlreiche Schüler das Klostergebäude belebten.

Der Trierer Bischof, als Schutzherr des Klosters an der Entwicklung und dem Wohlergehen der

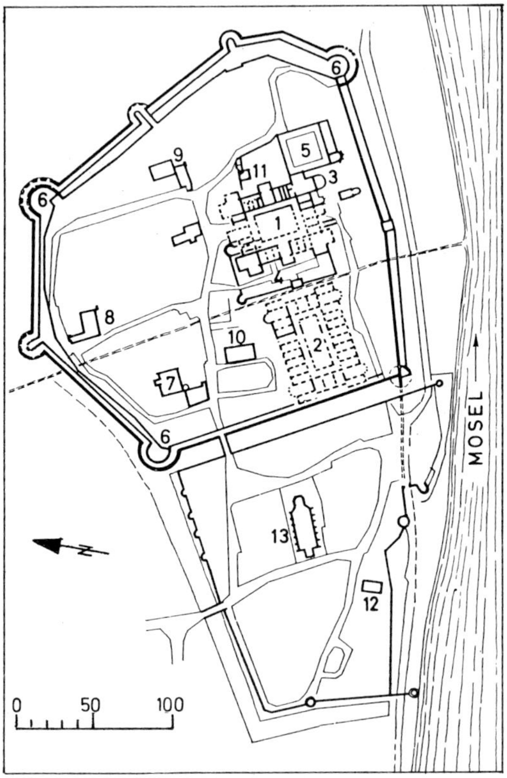

Abb. 592 Trier-Pfalzel. Grundriß des Ortes mit Eintragung der römischen und mittelalterlichen Bauten. 1 Palatiolum, 2 »Niederschloß«, 3 Stiftskirche, 4 erzbischöfliche Burg, 5 Stiftskloster, 6 Befestigung und Bastionen, 7 kurtrierisches Amtshaus, 8 Gerichtshaus und Münze, 9 Stiftskirche, 10 Zehntscheune, 11 Eingang zum Stiftsbezirk, 12 Alte Martinskirche, 13 Pfarrkirche St. Martin

Gemeinschaft interessiert, erkannte auch die strategisch günstige Lage, als in der Zeit des Verfalls der klösterlichen Zucht und Ordnung im 9. Jh, durch die ungünstigen Folgen der Normanneneinfälle von 882 und der drohenden Ungarngefahr noch gesteigert, ein Eingreifen notwendig erschien. Erzbischof Poppo von Trier (1016–1047) löste den Konvent auf und bestimmte Stiftsherren zur Übernahme von Kloster und Kirche. Der Bischof übernahm den W-Teil der antiken Anlage, um im Vorfeld der Stadt eine Burg auszubauen. Noch unter Poppo wurde die Stiftskirche durch Anbau einer großen Apsis mit Nebenkapellen vergrößert und über den Korbbögen der Vierung eine Säulenstellung mit Würfelkapitellen als Quadriforien eingebaut. Gegen Ende des 11. Jh wurde die bis dahin flache Raumdecke durch ein kraftvolles Kreuzgratgewölbe ersetzt und auch ein Glockenturm auf dem SO Risalit aufgerichtet. Die Stiftsanlage, noch auf den O-Flügel des Palatiolums festgelegt, wurde in der Folgezeit erweitert: 1468 Ausbau der Marienkapelle, um 1520 Errichtung des Kreuzganges und der Peterskapelle, später unter einem gemeinsamen Wohnflügel zusammengefaßt.

Für die Bewohner des Immunitäts- und Festungsbereiches wurde die Nikolauskapelle als Pfarrkirche, auch für die im Ruwertal eingepfarrte Gemeinde Mertesdorf, in gotischem Stil 1527 aufgebaut.

Der W-Teil der röm Anlage wurde als bischöfliches Besitztum von der Stiftskirche getrennt, indem Erzbischof Albero 1131–1152 die Mittelrisalite der N- und S-Seite des Palatiolums niederlegen ließ, später durch einen Wassergraben, der die erweiterte Burganlage mit umgrenzte, verstärkt.

Die Burganlage, zahlreichen Bischöfen vor den aufrührischen nach Reichsunmittelbarkeit strebenden Trierer Bürgern Schutz gewährend, wurde bis zum Beginn des 16. Jh durch eine mit Türmen und Bastionen bewehrte Wallanlage um den Stifts- und Burgbering als Immunitätsbereich derart verstärkt, daß sie auch den neuzeitlichen Kriegstechniken mit Kanonenbeschuß genügen konnte. 1685 von den französischen Truppen geschleift und »entfestigt«, wurde die Burg privaten Nutzungen zugeführt. Die im Gefolge der französischen Revolution 1802 säkularisierte Stiftskirche wurde 1945 durch Bomben schwer beschädigt, 1962 als Pfarrkirche mit einem basilikalen Erweiterungsbau vergrößert und im Altbaubestand so gerettet. Mit dem W an die Wallmauer anschließenden Dorfbereich, seit 1346 mit Stadtrecht ausgestattet und ebenfalls mit einer Befestigungsmauer und Stadttor seit dem 15. Jh gesichert, bietet der seit 1969 im Zuge der Gebietsreform nach Trier eingemeindete Stadtteil auch eine

Vielzahl interessanter Hausbauten: Höfe, Zehntscheune, Amtshaus, Palastmühle und Kanonikerhäuser.
In der fast ununterbrochenen Folge der Nutzungen, Umbauten und Ergänzungen vom spätantiken Palastbau bis zum heutigen Ortsbild, sind Elemente der Siedlungs- und Ruinenkontinuität zu fassen, wie sie an kaum einem anderen Orte so anschaulich den geschichtlichen Ablauf nachzuspüren erlauben. Cü

Trier-Quint

Ziegelei
Abb 593

Der Ortsname ist abgeleitet vom Standort des fünften Leugensteines (*ad quintum lapidem*), der röm Fernstraße von Trier über Wittlich nach Andernach am Rhein.
Im Bereich der Eisenhütte und Gießerei wurden in den zur Mosel hin gelegenen Lehmgruben wiederholt Ziegelöfen ausgebrochen, so 1921, 1924 und 1927. Die im Grundriß rechteckigen Anlagen haben einen axial gelegenen Hauptfeuerungskanal, von dem aus seitlich, durch Pfeilerzungen untergliedert, schmalere Kanäle ansteigen und die Hitze in den Brennraum ableiten. Bedienungs- und Feuerungsraum mit dem Schürloch sind in den Boden kellerartig eingetieft, während der Brennboden und das Brenngut, in Terrainhöhe gelegen, von einem aus Lehmziegeln aufgesetzten und mit Lehm verstrichenen Gewölbe überdeckt sind, an dessen rückwärtigem Scheitel der Kaminaustritt gelegen ist. In dem 1924 freigelegten Ofen waren Ziegel verschiedener Hersteller eingebaut, die folgende Stempelmarken trugen: *NOBILLIACUM*, *Q(uintus) V(alorius) SABE(llius)*, *TAMAC* (auch rückläufig *CAMAT*), *VOI DA* = *AD IO(vem)* und *T.C.P.*
Die Fabrikation bestand in Dachziegeln (halbrunden *imbrices* und flachen Leistenziegeln (*tegulae*), Rundziegeln für die Hypokaustkonstruktionen der Fußbodenheizungen und flachen Mauerziegeln. Die verbauten Ziegel mit Stempeln datieren den Ofenbau und seine Nutzung in das 4. JhnChr. Cü
Lit: Ortskunde Trier–Mettendorf, 1932, 261 – PSteiner, TZ III 1928, 184

Abb. 593 Trier-Quint. Ziegelofen bei der Ausgrabung

Ungstein → Bad Dürkheim

Vierherrenborn TR

Landgut
Abb 594

Bei der Rodung von Waldflächen und der Errichtung der landwirtschaftlichen Siedlung Vierherrenborn wurden in der Luftaufnahme die Konturen eines Landgutes erkennbar. Bei der anschließenden Ausgrabung wurden die in der Luftaufnahme erkannten Mauerzüge freigelegt.
Es war von einer Mauer (L 120 m, B 75 m) umgeben, an deren Ecken je ein Bauwerk einfachster Grundrißform gestanden war. Ziemlich in der Mitte der Fläche befand sich das Herrenhaus mit Portikus und Eckrisaliten.
Seiner W- und O-Seite sind ebenfalls umgrenzte Flächen vorgelagert, die als Hausgarten und Pferch gedeutet werden können. Das Villengebäude zeigt einen Mittelsaal, dem SW ein Badetrakt vorgeschaltet ist, mit Latrine und den Entsorgungskanälen. Außerhalb des Hofbezirkes wurden S 3 weitere Bauten beobachtet. Ein Bau,

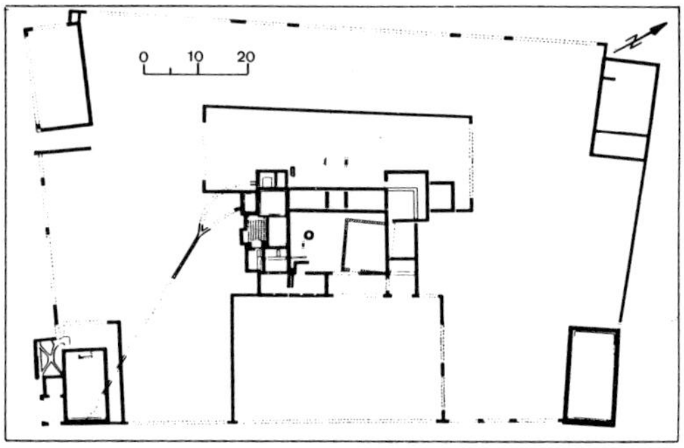

Abb. 594 Vierherrenborn. Gutshof. Grundriß

aus dem zahlreiche Eisengeräte, Handwerkszeug und ein eiserner Faltstuhl geborgen wurden, könnte eine Feldschmiede gewesen sein, die wegen der erhöhten Brandgefahr weiter entfernt angelegt worden ist.
1955 wurde ein weiteres Bauernhaus in 1 km Entfernung aufgenommen. 25 × 19 m groß ist der Grundriß gleichmäßig gebildet und zeigt eine Eingangsportikus mit vorspringenden Eckrisaliten, dahinter der Wohnsaal und an der N-Seite ein korridorartiger Raum mit einer der S-Seite entsprechenden Gliederung. Eine Folge von 5 Räumen der W-Seite ist als Badetrakt zu bestimmen.
Nur 300 m entfernt konnte 1972 ein weiteres Landhaus untersucht werden, das neben den Eckrisaliten eine leicht eingezogene Portikus mit Säulenstellung hatte. An der SO-Schmalseite war der Badetrakt gelegen, von dem das Kaltbad (*frigidarium*) mit Apsiswanne noch erhalten war.

Cü

Lit: TZ 24/26, 1956/58, 571 ff; 37, 1974, 290 ff

Wachenheim DÜW

*Landgut**
Abb 595, 596

Das zu großen Teilen schon ausgegrabene und fertig restaurierte Landgut liegt zwischen Wachenheim und Friedelsheim und ist über Wachenheim oder Bad Dürkheim leicht zu erreichen.
1980 wurden die Baureste anläßlich der Rebflurbereinigung festgestellt, die Fläche aus der Bewirtschaftung herausgenommen, durch Ankauf in öffentliche Hand überstellt und seitdem mit Mitteln des Landes, Kreises und der Verbandsgemeinde und Stadt Wachenheim Zug um Zug restauriert. Damit ist erstmalig im pfälzischen Bereich ein röm Landgut nahezu vollständig mit Herrenhaus und Nebengebäuden der Öffentlichkeit als Kulturdenkmal erhalten und zugänglich.
Die Gutshoffläche (15 000 m^2) liegt an einem S-Hang, bereits weit in der Feuchtaue. Beherrschend ist das Herrenhaus (A; L 65 m) in Form einer U-förmigen Portikusvilla; einen ähnlichen Grundriß hat das Herrenhaus der benachbarten Anlage in → Bad Dürkheim-Ungstein. Der noch nicht vollständig ausgegrabene Hauptteil umfaßte eine Halle im W-Teil und 2 Seitenräume im O-Teil mit einem rückwärtigen Korridor. Die W-Seite nimmt ein Keller (12 × 4 m) mit 6 Fensternischen und 9 Rundbogennischen ein. Daran schließt der Badetrakt 2 (M) an, der ursprünglich vom Haupthaus aus und dann später nach Abmauerung des Kellers von S aus beheizt wurde. Nach der Wärmeleitung ergibt sich die Abfolge von Warmbad, Lauwarmbad zum Kaltbad. Das Abwasser wurde über eine steinerne Wasserrinne abgeleitet. Die restaurierte Anlage zeigt die ältere Bauphase. Im O-Seitenflügel ist ein weiteres Bad (Bad 1, L) eingebaut, das offensichtlich vom Gesinde genutzt wurde. Außerdem wurde S an diesen Flügel ein Anbau mit Fußbodenheizung errichtet. Die Mauerzüge sind mit Platten markiert.
Der Wirtschaftsbau B diente wohl als Remise und als Stall. Der Bau wurde durch ein Tor (B 2,80 m) betreten. Im N anschließend erkennt man eine Gesindewohnung, die mit Fußbodenheizung ausgestattet ist. Der Speicherbau D steht über einer älteren Ofenanlage (I) und einer Getreidedarre. Ein weiterer Bau (E) liegt heute im Rebgelände. Mit Platten sind eine Hofmauer im N mit Anbauten und eine Tenne markiert. Unterhalb des Aussichtshügels liegt ein quadratischer Ofen (G). Im Gelände markiert sind ein Brunnen (H) und ein Kalkbrennofen (K).

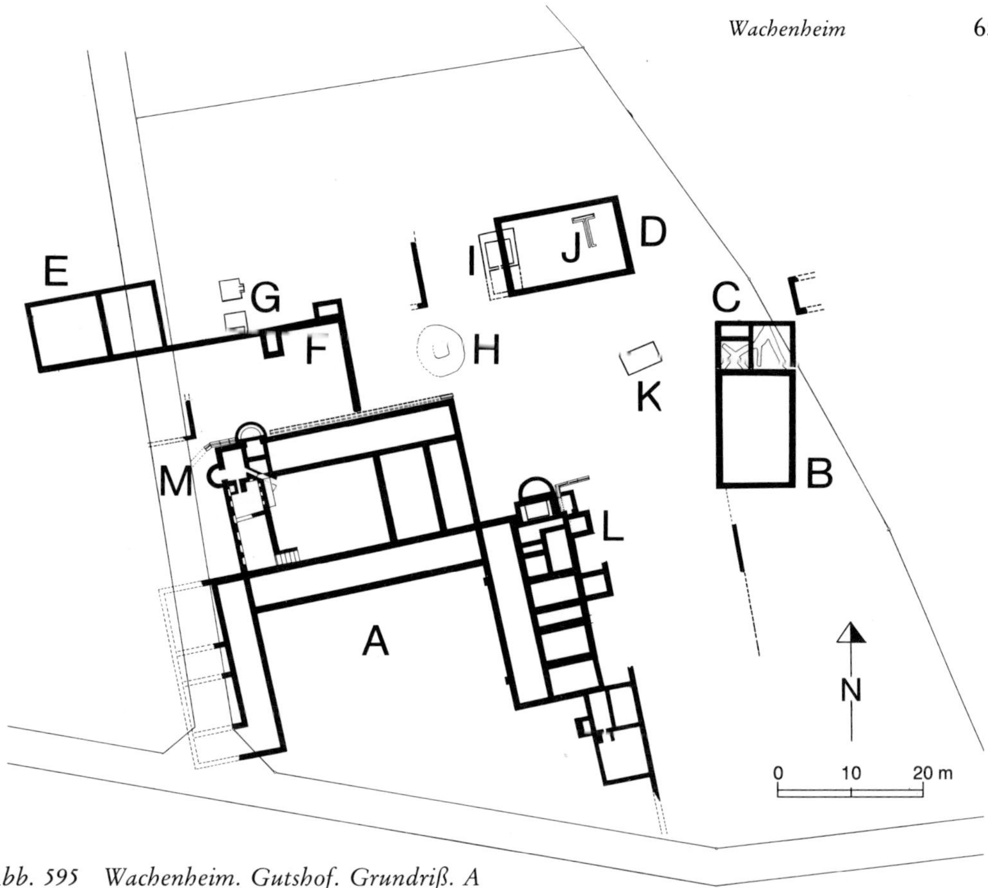

Abb. 595 Wachenheim. Gutshof. Grundriß. A Haupthaus, B Stall, Remise?, C beheizbares Gesindehaus, D Speicher, E Wirtschaftsbau, F Hofmauer mit Anbauten, G Dreschplatz und Darre, H Brunnen, I Räucherofen, J Getreidedarre, K Kalkbrennofen, L Bad 1, M Bad 2

Abb. 596 Wachenheim. Luftbild des Landguts während der Restaurierung von Westen

Das Gelände war bereits seit der Jungsteinzeit besiedelt. Die Anfänge des röm Hofes liegen um 20nChr. Einzelne Spuren von Holzbauten gehören in diese Gründungsphase. Der steinerne Ausbau erfolgte in der jetzt restaurierten Form im 3. Jh und hatte bis zum frühen 5. Jh Bestand. Der Gutshof endete zwar in Brand, wurde aber noch weit im 5. Jh wohl in primitiver Form bewohnt. Ein kleines Gräberfeld dieser Zeit wurde im Bereich des Speicherbaus festgestellt. Be

Ao: LfD Speyer

Abb. 597 Wahlheim. Balkenkopfbeschlag eines Wagens

Wahlheim AZ

Wagenfund
Abb 597

Beim Tiefpflügen auf einem Acker NO des Ortes wurde 1980 ein größerer Wagenkastenteil mit seinen verschiedenen Buntmetallbeschlägen entdeckt. Besonders hervorzuheben sind 4 Balkenkopfbeschläge, die jeweils paarig gefunden wurden, sowie die Blechverkleidung für die Holzkonstruktion einer Wagenkastenseite. Die darüber hinaus geborgenen verschiedenen Eisengegenstände sind in ihrer Funktion noch unklar, gehörten aber am ehesten zu einer Art Klappverdeck. Ru

Lit: BStümpel, MZ 79/80, 1984/85, 265

Waldböckelheim KH

Gräberfeld

Die zunehmende Bedrohung durch tieferreichendes Pflügen machte 1984 die Ausgrabung eines Brandgräberfeldes oberhalb von Leos Ruh notwendig. Vereinzelt waren dort schon 1938 bei der Umlegung der Straße nach Bockenau Steinkistengräber zutage gekommen. Die Belegungsdauer des Friedhofes reicht nach dem jetzigen Forschungsstand von der ersten Hälfte des 1. bis ins 3. JhnChr. An Bestattungsformen sind Urnengräber, Brandgrubengräber, Brandschüttungsgräber, Ziegelgräber und Steinkistengräber verschiedenster Ausprägung zu beobachten. Bei den Beigabeninventaren fallen die zahlreichen einheimischen Gefäße auf. Die zugehörige Siedlungsstelle ist noch unbekannt. Ru

Lit: KGeib, BJb 145, 1940, 341

Walderbach → Warmsroth

Waldfischbach-Burgalben PS

*Spätrömische Höhensiedlung Heidelsburg**
Abb 163, 598–600

Schon in einer Beschreibung des Jahres 1600 wird das Schloß Heidelsburg im Schwarzbachtal O von Waldfischbach beschrieben. Das Bergplateau ist von S her von einem großen Parkplatz aus über den alten Zugang oder aber von N über einen schmalen Waldweg zu erreichen.

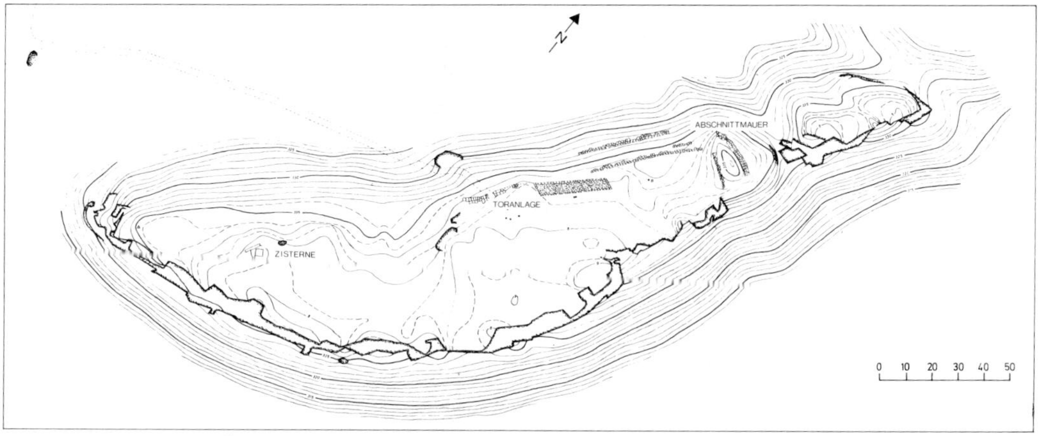

Abb. 598 Waldfischbach. Spätrömische Höhensiedlung Heidelsburg

Das Plateau (L 320 m), das weit in das Schwarzbachtal hineinreicht, wird im N von einem breiten Felseinschnitt vom Drei-Sommer-Berg abgeriegelt. Der sicher natürliche Einschnitt wurde offenbar künstlich erweitert. Nach 60 m zeigt sich ein weiterer Einschnitt. Die nun anschließende Plateaufläche (L 230 m, B bis 50 m) ist von einer bogenförmig angelegten Abschnittsmauer (L 20 m) abgeriegelt. Auf der N-Seite etwa in der Mitte befindet sich eine Toranlage, aus mächtigen Blöcken aufgeschichtet. Dort mündet der steile, von der Talaue heraufführende antike Zugang. Die Torgasse (B 3 m) war 5 m tief. Die W Torwange ist 8 m, die O nur 3,90 m lang. Das Tor selbst ist durch 2 Angellöcher als zweiflüglige Konstruktion zu erschließen. Für die ursprüngliche Höhe ist mindestens noch eine weitere Blocklage anzunehmen. Darauf saß wohl eine Art Torhaus. Spuren einer Randbefestigung sind nicht nachweisbar und am ganzen S-Rand wegen des steilen Felsabfalles kaum notwendig gewesen. Trockenmauern, W an die Toranlage anschließend bei den Grabungen 1927/28 gefunden, gehören viel eher zur keltischen Anlage. Nicht ausgeschlossen bleibt jedoch, daß die N-Seite mit einer Palisade geschützt war. Im W-Teil ist eine tiefe in den Fels eingehauene Zisterne zu erkennen, die der Sammlung von Regenwasser dienen konnte. Ein schmaler Felsabgang im S konnte mit Balken von außen verriegelt werden, wie Einhauungen in den Fels erkennen lassen. Allein diese Tatsache deutet auf eine neuzeitliche Entstehung für Zwecke der Waldweide, Eichelmast usw. hin. Grabungen fanden 1883 durch Christian Mehlis statt, der vor allem zahlreiche Grabsteine aus der Abschnittsmauer bergen konnte. Eine große Zahl von zT behauenen Steinen findet sich in Sturzlage am N-Hang unterhalb der Abschnittsmauer. Erst 1927/28 wurde unter F. Sprater die Heidelsburg genau vermessen. Gegraben wurde an der Abschnittsmauer und vor allem im N Plateaubereich. Der röm Besiedlung geht eine keltische Burg des 2. und frühen 1. JhvChr voraus. Seit dem 1. JhnChr wird das Plateau als Begräbnisplatz genutzt. Es wäre zwar denkbar, daß die in der Abschnittsmauer verbauten Grabdenkmäler von anderer Stelle auf den Berg geschafft wurden, aber der Fund eines Brandgrabes der Zeit um 60/70 nChr gibt doch den begründeten Hinweis, daß auch die Grabdenkmäler des 2. und 3. Jh einst an Ort und Stelle standen. Hinweise auf ein Höhenheiligtum ergaben sich nicht.

Abb. 599 Waldfischbach. Saltuarierinschrift

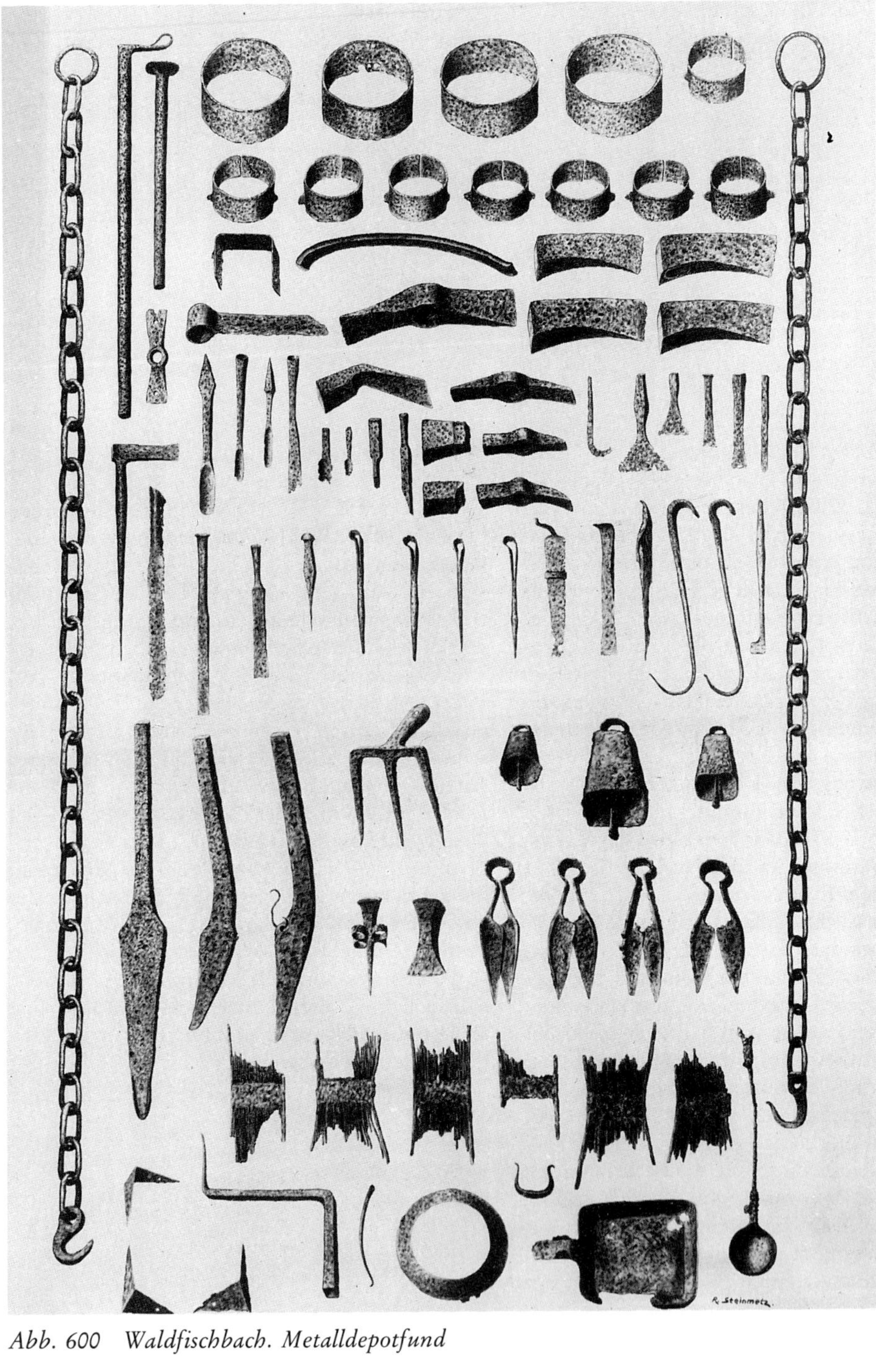

Abb. 600 Waldfischbach. Metalldepotfund

Unter den Grabdenkmälern befinden sich 2 große pfeilerförmige Stelen mit figürlichen Darstellungen. Eine 2,50 m hohe Grabsäule zeigt als Verstorbene eine Frau, eine kleinere ein Ehepaar. Der Mann mit dem Namen Tippa, wie aus der Grabinschrift hervorgeht, trägt als Rangabzeichen die Saltuarieraxt. Zu den spätesten Grabsteinen gehört der bekannte Stein mit dem Försterehepaar. Sie trägt als Zeichen der Kassengewalt ein Börsenarmband, er als Rangabzeichen die Försteraxt. Eine Nachbildung ist am S Felsabgang angebracht. Neben einer Vielzahl weiterer Grabinschriften verdient die Inschrift des Titus Publicus Tertius besondere Beachtung, da er als Saltuarius bezeichnet wird. Dies ist der Verwalter eines Gutsbezirkes, meist in einem Waldbereich. Ob der Saltus am Grenzbereich zwischen Obergermanien und der Belgica als kaiserliche Domäne oder als Besitz eines einflußreichen Großgrundbesitzers zu gelten hat, ist nicht zu entscheiden. Unzweifelhaft wurden die zur Nutzung der Domäne notwendigen Personen auf dem Plateau der Heidelsburg bestattet. Die aufwendigen Grabmale deuten auf einen gewissen Wohlstand hin. Unbekannt bleibt aber die Lage des Domänensitzes. Das Plateau kommt nicht in Frage, da Funde der mittleren Kaiserzeit völlig fehlen.

Gegen Ende des 3. Jh wurden die Grabmale abgebaut und in der Mauer verbaut. In der Notzeit zwischen 260 und 275 nChr diente die Heidelsburg als Befestigung. Im zweiten Drittel des 4. Jh wurde sie im heute sichtbaren Zustand ausgebaut und war dann Dauersiedlung. Die Funde an Münzen, Keramik aus der Eifel, dem Trierer Land und den Argonnen zeigen, daß die abgelegene Gegend voll im antiken Wirtschaftsverbund integriert war. Dies ist nur möglich, wenn eine Straßenverbindung gewährleistet war. Eine eindeutige Streckenführung ließ sich in unmittelbarer Nähe noch nicht rekonstruieren. Die Anlage wurde wohl im Spätjahr 352 verlassen oder zerstört. Zu dieser Zeit brachen die Alamannen vernichtend in Gallien ein. Ein großes Metalldepot mit Wagenteilen, Äxten, Bohrern, Flachshecheln, Schafscheren und Pflugmesser wurde zwar gesichert, konnte aber später nicht mehr geborgen werden. Seitdem ist die Heidelsburg nicht mehr besiedelt. Be

Ao: M Speyer

Lit: CMehlis, BJb 77, 1884, 61 – FSprater, Pfälz Mus 45, 1928, 291 ff – HSchreibmüller, ebda 45, 1928, 11 ff – FSprater, Die Pfalz unter den Römern 1, 1929, 59 ff – FMRD IV, 2, 2287 – ORoller, Roman Frontier Studies, 1967, 116 – ders, Mitt HVP 84, 1986, 59 ff – HBernhard, ebda 79, 1981, 53 ff

Walsheim SÜW

Grabinschrift
Abb 601

In einem fränkischen Plattengrab des 7. Jh verbaut fand man einen röm Grabstein, der in der

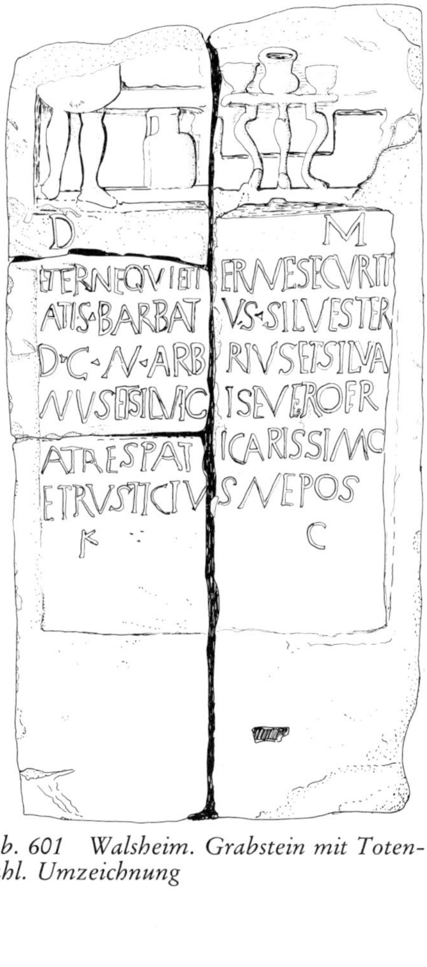

Abb. 601 Walsheim. Grabstein mit Totenmahl. Umzeichnung

Umgebung gefunden sein muß. Er stand ursprünglich auf dem Begräbnisplatz eines Gutshofs, der ebenfalls noch nicht gefunden wurde. Die Stele (H 1,60 m) zeigt im oberen Drittel die Darstellung eines Totenmahles. Links sind Beine und Gewand eines Dieners, eine Kline und ein dreibeiniger Tisch mit 3 Gefäßen und auf dem Boden ein Glaskrug zu erkennen. Die Inschrift wurde offenbar erst im 3. Jh anstelle einer ausgelöschten älteren Grabinschrift eingemeißelt. Benannt wird Barbatius Silvester, ein Ratsherr der *Civitas Nemetum.* Be

Ao: M Speyer

Lit: LHildenbrand, Steinsaal, 42 Nr. 117 – CIL 11 690 – GRupprecht, Untersuchungen zum Dekurionenstand in den nordwestlichen Provinzen, 1975, 224

Warmsroth-Walderbach KH

Gutshof
Abb 602

An der röm Straße Bingen–Stromberg wurde zu Anfang dieses Jh in Walderbach ein röm Gutshof freigelegt, der dem bekannten Risalit-Typ zuzurechnen ist. Das Herrenhaus (24 × 38 m) sowie mehrere Nebengebäude waren von einer Hofmauer umgeben. Der Ausgräber berichtet von besonders gut erhaltenem farbigem Wandverputz. Da Grabungsunterlagen fehlen, ist es heute leider nicht mehr möglich, die im überlieferten Grundriß zusammengezeichneten Bauphasen voneinander zu trennen. Es hat den Anschein, als ob an der SW-Ecke ein kleiner Badetrakt angebaut gewesen sei. Ru

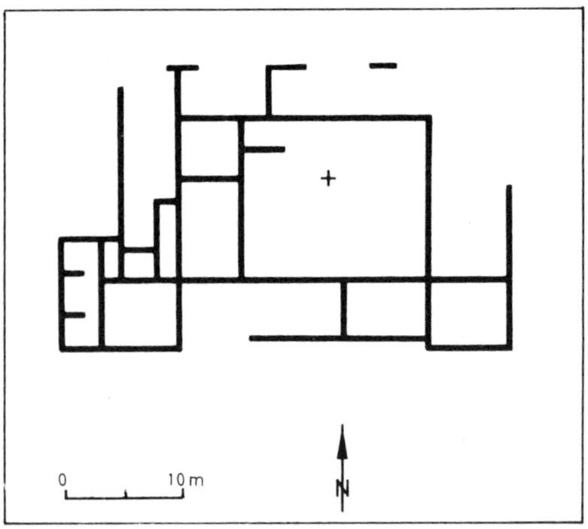

Abb. 602 Warmsroth-Walderbach. Hauptgebäude eines Gutshofs. Grundriß

Ao: M Bingen

Lit: JComo, Kath Kirchenkalender, 1935, 4 ff – GBehrens, Kat Bingen, 1920, 235

Wasserbilligerbrück TR

*Römerstraße, Sauerbrücke**

Die röm Fernstraßen links der Mosel von Metz, Reims und Arlon, von Grevenmacher ab im Moseltal in gemeinsamer Trassenführung, treffen an der Sauermündung auf eine größere Ansiedlung und durchziehen auch jenseits des Flußüberganges eine Siedlung mit Gräberfeld am Brückenkopf, um vorbei an dem Besitztum der Secundinier mit der Igeler Säule, Einzelhöfen bei Zewen und einer spätantiken Palastanlage im Taleinschnitt bei Euren nach Trier und der Römerbrücke über die Mosel zu führen.

Über die Sauer führte eine feste Steinpfeilerbrücke, deren Pfeilerfundamente – gleich N neben der neuzeitlichen Straßenbrücke bei der deutsch-luxemburgischen Zoll- und Grenzstelle – noch im Flußgrund bei Niedrigwasser zu sehen sind. Die Pfeiler (B 6,50 m, L 14–15 m), gegen den Strom sich verjüngend zugespitzt, sind im Abstand von 12,50 m zueinander geordnet. Für die Fahrbahn ist eine Breite von 9 m zu erschließen. Bei ständiger Wasserführung und zuweilen sehr starken Hochwasserschwellen wird der Pfeileraufbau – wie bei der Römerbrücke in Trier – als Sprengewerkkonstruktion in Holzbalken mit Bohlenbelag für die Straßendecke zu rekonstruieren sein. Cü

Lit: HCüppers, Trierer Grabungen und Forschungen 5, 1969, 180

Wasserliesch TR

*Badegebäude eines Gutshofs**
Abb 603

Bei der alten Kirche und dem Friedhof wurde eine größere Gutsanlage im Dorfbereich festgestellt, deren aufwendig gegliederte Badeanlage von dem Trierer Domherrn v. Wilmowsky untersucht und auch mit Abbildungen 1857 veröffentlicht worden ist.
Beim Bau der Eisenbahnlinie Trier–Temmels–Metz 1875 wurden die Baureste in dem Bahneinschnitt zerstört. 1982 wurden der alte Friedhof und die zugehörige angrenzende Altbebauung abgetragen. Hierbei wurden noch Teile der Badegebäude mit Kaltbad (*frigidarium*) und Entwässerungskanälen aufgenommen und die Marmorplattenbeläge des Wannenbeckens geborgen, bevor für die Herrichtung eines öffentlichen Gemeindeparkes tieferreichende Abschachtungen zur Ausführung gelangten. Ein Teil des Hauptentwässerungskanales wurde am Rand der Parkanlage belassen und die zutage liegende Öffnung konserviert und mit einem Verschluß versehen.
Cü

Lit: Jahresber Ges f nützl Forsch 1856, 50, 54; 1857, 73 ff – TZ 6, 1931, 192 – ebda 50, 1987, 413 ff

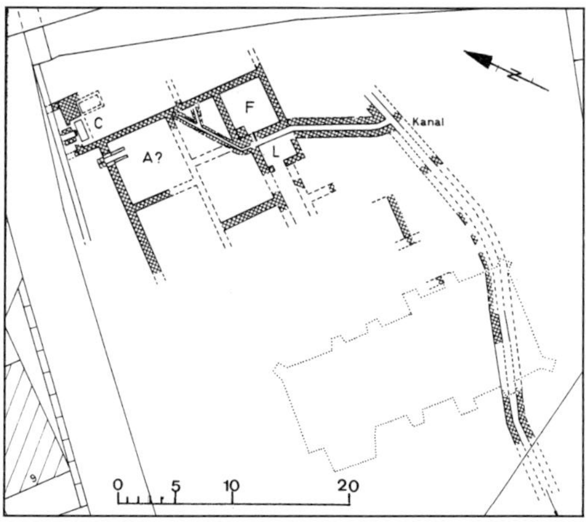

Abb. 603 Wasserliesch. Reste der Badeanlage eines Gutshofs. Grundriß

»Römerlager«

Am SW-Rand des Lierscher Berges liegt auf dem ausgedehnten Plateau, etwas über einer ergiebigen Quelle, das sog Römerlager. Die Örtlichkeit gewährt einen guten Überblick über das Gelände bis zur Saar und der hier in der ebenen Niederung verlaufenden Römerstraße Tawern–Könen–Konz.
Mit einem quadratischen Grundriß (70 × 70 m) liegt das Lager so an der Plateaukante, daß nur an der N- und O-Seite der Umfassungsmauer ein 0,80 m tiefer Graben, dem der Erdaushub als Wall vorgelegt ist, angelegt werden mußte. Inmitten der N-Front gewährt ein stehengelassener Erdsteg Zufahrt in das weite Hofareal, an dessen S-Seite, an die Umfassungsmauer angebaut, eine Folge von etwa 7 schmalen Kammern, 4 größeren Kammern und 2 solidere Häuser mit einer gangartigen Abgrenzung vor der Umfassungsmauer aufgereiht sind.
Schon 1853 ausgeführte Grabungen konnten eine klare Deutung des Grundrisses und seiner Zeitstellung nicht erreichen. Ziegel und vereinzelt geborgene grautonige Scherben mit Muschel-Kalkmagerung lassen die offenbar sehr schnell und sparsam errichtete Anlage röm Zeit zuweisen. Die Reste von Mauermörtel und Wandputz mit reichlicher Sandbeimengung könnten einem begrenzten Wiederaufbau und einer kurzfristigen Wiederbenutzung in der Neuzeit zugeschrieben werden.
Cü

Lit: Die Kunstdenkm d Rheinprov, Lkr Trier, 1936, 384 – Chronik Wasserliesch, 1975, 19 ff

Wederath → Morbach

Weiler COC

Befestigungsanlage

SO von Weiler, im Staatsforst Kaisersesch, liegt eine langgestreckte, nach 3 Richtungen steil abfallende Kippe, die sog Burglay. An der vierten Seite vor einem Sattel befindet sich ein doppelter, tiefer Halsgraben mit mittlerem, kräftigem Wall. Hinter diesem erhebt sich ein steiler Gipfel mit einem Plateau von etwa 20 m Seitenlänge. Hier wurden in einem Schuttkegel innerhalb des umzäunten Raumes Mauerwerk aus gemörteltem Schiefer, Hüttenlehmstücke und spätröm Scherben festgestellt. Im ganzen würde man vom Typ her die Anlage eher ins frühe MA datieren. Doch sind eindeutig von dieser Wallanlage spätröm Scherben aufgesammelt worden. Zudem liegt eine größere röm Siedlung in der Nähe. Im N von Alflen (Weg nach Ulmen) befinden sich ebenfalls röm Gebäude. We

Ao: RLM Bonn

Lit: RvUslar, BJb 142, 1937, 247 f; 31, 1861, 62 ff – K-JGilles, TZ, Beih 7, 1985, 237 f.

Weinsheim → Worms
Weisenau → Mainz

Weißenthurm MYK

Töpferzentrum
Abb 604, 605

Seit 1963 wurde im S-Teil der Gemarkung unmittelbar an der Niederterrasse des Rheins ein ausgedehntes röm Siedlungsareal durch den Bimsabbau nahezu zerstört. In Vorratsgruben und kellerartigen Räumen, die wiederholt zutage kamen, fand sich Keramik vorwiegend des 2. JhnChr. 1974 bis Ende 1975 wurden umfangreiche Flächenuntersuchungen in diesem Areal vorgenommen. Bereits im vorigen Jh waren in der Gemarkung der am Rheinufer stehenden Kapelle »Am guten Mann« Ausgrabungen durchgeführt und röm Siedlungsreste sowie mehrere Töpfereiöfen festgestellt worden. Die Untersuchungen haben schon damals ergeben, daß die im Limeskastell Niederbieber verwendete Keramik des täglichen Gebrauchsgeschirrs in der Töpferei auf dem linken Rheinufer bei Weißenthurm gefertigt worden ist.

Bei den Grabungen 1974/75 wurden insgesamt 10 Brennöfen vollständig untersucht (H. Eiden/H. Fehr). Sie waren im allgemeinen recht gut erhalten und an 2 Geländepunkten im Bereich der Siedlung konzentriert. Es handelt sich ausschließlich um Öfen des »stehenden Typs«, bei denen der Brennraum über dem eigentlichen Feuerungsraum angeordnet ist. Der Grundriß war meist viereckig (bis 4,70 × 4,50 m), seltener waren birnenförmige Öfen. Bei den größten Öfen war der Feuerungsraum in 2 Kammern mit mittlerer Zungenmauer geteilt. Für die Außenwände und die Überwölbung der Feuerungskammer mit

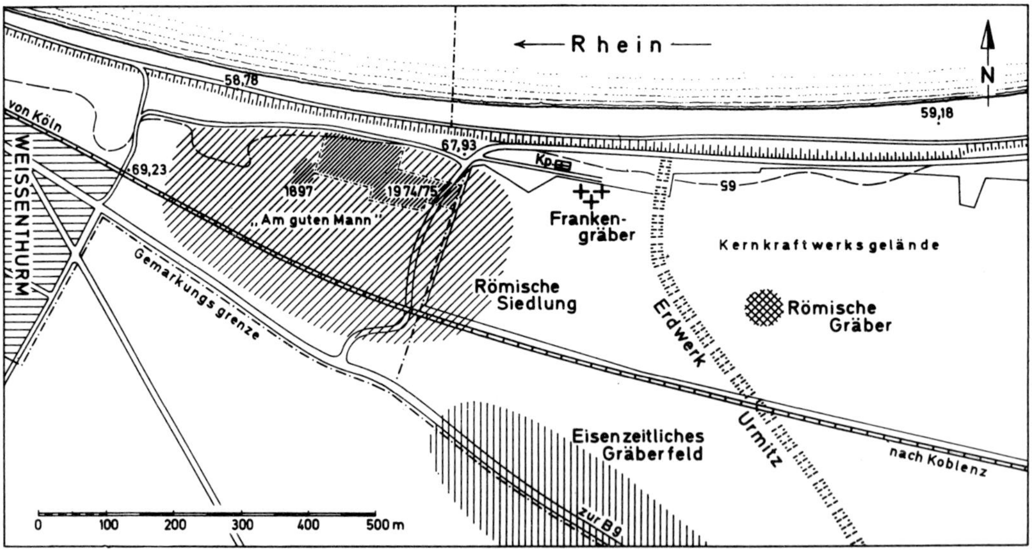

Abb. 604 Weißenthurm. Lageplan zur Befundsituation der römischen Töpferöfen

Abb. 605 Weißenthurm. Töpferei. Blick in Brennofen 1

Keilsteinen wurden in der Regel Formsteine aus Ziegeln verwandt. Die Kuppeln der Brennräume bildeten – soweit feststellbar – Wölbgefäße. Bedienungsraum und Feuerungsraum lagen immer in die Erde eingetieft. Obertägig ragte nur der eigentliche Brennraum hervor. Die meisten Öfen wiesen Ausbesserungen auf. In 2 Fällen beheizte man mehrere Öfen vom gleichen Bedienungsraum aus.
Die Untersuchungen erbrachten insgesamt eine Vielzahl von neuen keramischen Gefäßen und Formen, zweifellos eine wesentliche Erweiterung des Typenspektrums der Keramik.
Unmittelbar an die Töpferwerkstätten scheint sich ein Siedlungskomplex anzuschließen. Es zeigten sich innerhalb der dichten röm Bebauung, die spätestens um die Mitte des 2. Jh im Schutze des Limes eingesetzt hat, mehrere Hausgrundrisse, bei denen sich einige Bauphasen herausarbeiten ließen. Da im MA die röm Trümmer wieder zum Hausbau verwendet worden sind, sind im wesentlichen nur noch die tiefer in den Boden reichenden Brunnen und Keller sowie runde und rechteckige Gruben in Kastenform nachzuweisen, deren Zweckbestimmung im einzelnen offen bleiben muß. Doch scheint gesichert zu sein, daß es sich bei dieser umfangreichen Bebauung mit unterkellerten Kleingebäuden mit mehrräumigen und mitunter heizbaren Gebäuden in Steinbauweise um eine gewerbliche Siedlung handelte. Mehrfache Umbauten sprechen für einen längeren Bestand, die Qualität der Ausstattung mit Wandverputz und Malerei der Wohngebäude, Schmuck und Trachtbestandteile der Bevölkerung zeigen den zunehmenden Wohlstand der Bewohner. Auch Ziegel wurden in dieser Manufaktur produziert. Dies geht aus den zahlreichen, meist in Form von Fehlbränden erhaltenen Ziegeln (*tegulae*) hervor. Eisenschlacke und ein kleiner Ofen mit einer ungewöhnlichen Mauerstärke deuten auf Metallverarbeitung.
Während nach der Aufgabe des Limes der Töpfereibetrieb eingestellt wurde, hat die Siedlung offensichtlich noch weiter bestanden. We
Ao: RLM Bonn, LfD Koblenz
Lit: HEiden 60 ff – ders, Ausgrabungen an Mittelrhein und Mosel 1963–1976, Tafelband, 1982, 171 ff – H-HWegner, Führer z arch Denkmälern in Deutschland 12, 1986, 211 ff – FOelmann, Die Keramik des Kastells Niederbieber, 1914 70 ff

Weitersbach BIR

Gutshof
Abb 606

Bei Waldabtrieb und Rodung wurde SW des Ortes vom RLM Trier ein ausgedehnter Wirtschaftshof untersucht und wieder zugeschüttet. Die Fundstelle ist im Ackergelände vor dem Waldgebiet der »Weitersbacher Strut«, rechts der Straße nach Stipshausen, als leichte Geländeaufwölbung noch erkennbar.
Der langrechteckige, ummauerte Bering (79 × 125 bzw 132 m, 9842 m^2) ist W-O orientiert. An den Enden der S Langseite sind einfache, rechteckige Wirtschaftsbauten aus dem Mauerwinkel gebildet (D mit T-förmiger Trockendarre, B vielleicht Speichergebäude). Der mit Mauern umgrenzte Bereich C wird als Haus- und Gemüsegarten genutzt gewesen sein.
Das Hauptgebäude ist eine Portikusanlage mit weit ausgreifenden Risalitflügeln.

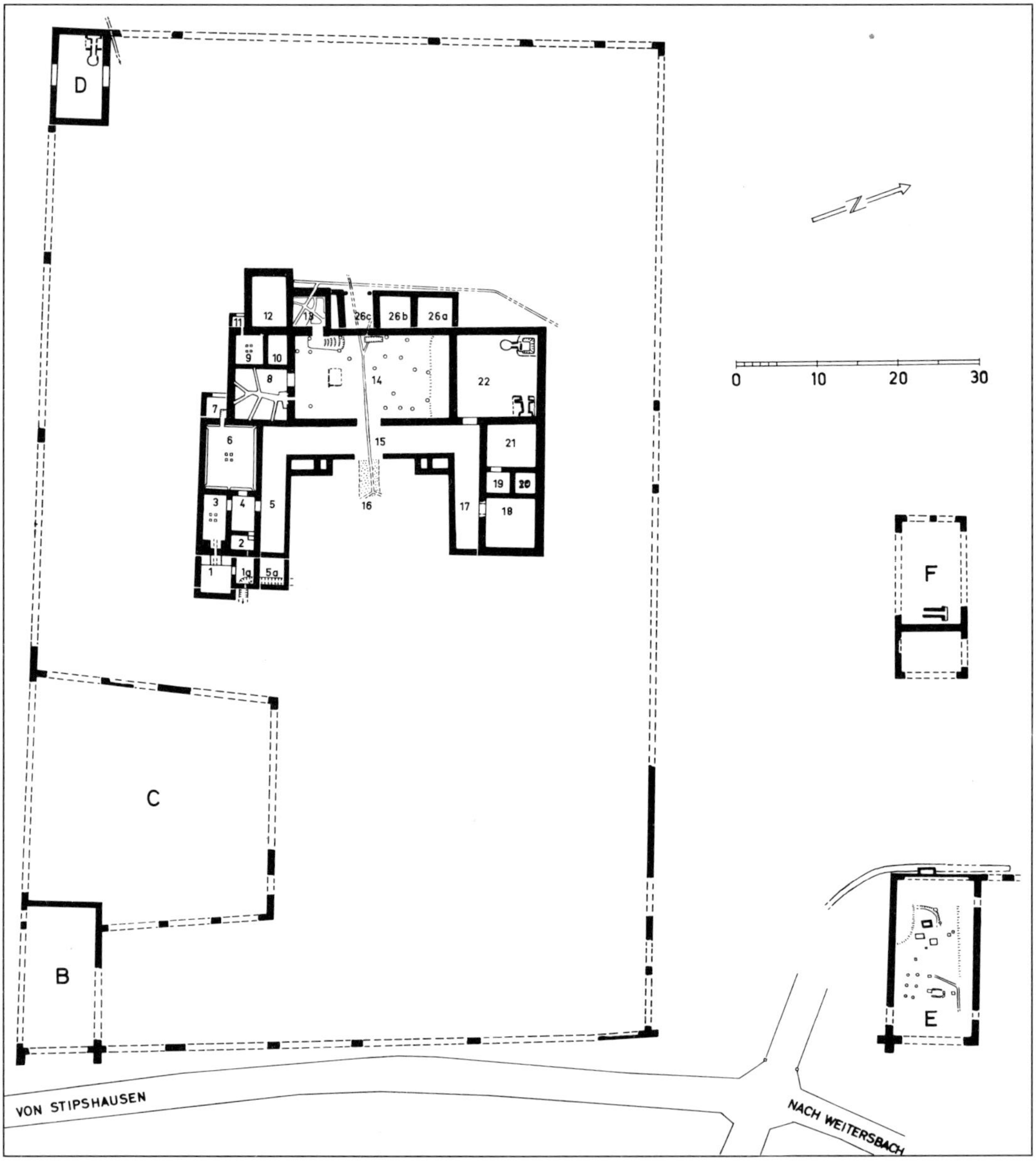

Abb. 606 Weitersbach. Gutshof. Grundriß der Gesamtanlage. A Herrenhaus und Nebengebäude B, D (mit Trockendarre), E und F Nebengebäude, C Gemüsegarten

Bauphase 1: Portikus mit schwach auswinkelnden Seiten zu den rechteckigen Eckrisaliten. Der Haupt- und Wohnraum wird durch einen axialen Zugang erschlossen und von 2 schmalen, den Risaliten entsprechenden Räumen flankiert. Ein korridorartiger, langgestreckter Raum ist auch der Rückseite vorgelagert und erschließt mit einer Treppe einen Kellerraum an der SW-Ecke. Die Portikus- und Eingangsseite sind nach O gerichtet.
Bauphase 2: Durch einen Umbau wurde im Anschluß an den fortbestehenden Haupt- und Mittelraum das Bauvolumen erheblich vergrößert. Die Portikus der Frontseite wurde zu einem Säulengang, die Eckrisalite als Teil der Frontportikus kassiert und entsprechend verschoben, die Risalite als vorspringende Flügelbauten neu angelegt. Im S-Risalit wurde das Bad eingerichtet mit den zugehörigen Heizstellen der hypokaustierten Räume (1–7). Der N-Flügel hatte 4 Räume, deren Nutzung unbestimmt ist. Raum 20 war mit einer Heizung versehen, Raum 21 hatte einen festen Estrich.
Der W Korridor wurde aufgegeben, der Keller durch einen neuen Treppenabgang vom Hauptsaal her erschlossen. Die W-Front wurde, wohl aus repräsentativen Gründen, ebenfalls mit 2 vorspringenden Risaliten gegliedert.
Bauphase 3: Die offene Portikus wurde durch Mauerwerk zu geschlossenen Korridoren umgewandelt. Raum 8 erhielt eine Kanalheizung, und in Raum 22 wurden ein Räucherofen und eine Trockendarre installiert.
Unter Aufgabe eines Risaliten wurde der W-Seite eine Folge kleinerer Kammern (26 a–c) zugefügt. N der Hofanlage sind 2 freistehende Wirtschaftsgebäude angegraben worden, von denen F mit T-förmiger Trockendarre, Bau E mit mehreren Feuerstellen versehen war.
Um 100 nChr, wohl in Nachfolge eines älteren Holzpfosten- und Fachwerkhauses errichtet, ist der erste vergrößernde Umbau der zweiten Hälfte des 2. Jh zuzuweisen. Nach Zerstörungen in der zweiten Hälfte des 3. Jh ist der zweite Umbau eher als Wiederaufbau zu bestimmen. Der Hof wurde jedoch seit der Mitte des 4. Jh nicht mehr betrieben und zerfiel. Cü

Lit: EGose, TZ 24/26, 1956/58, 511 ff

Welschbillig TR

Hermenweiher
Abb 108, 607–609

Nahe der röm Fernstraße Trier–Köln liegt am Talauslauf einer Geländewelle bei Helenenberg der Ort Welschbillig mit den Resten einer Burganlage, deren Graben an der Ortsseite noch erhalten ist. Bei Bauarbeiten wurden innerhalb des Burgberinges und im Vorgelande 1891 die Reste eines großen Wasserbassins entdeckt und von F. Hettner, dem ersten Direktor des RLM Trier untersucht und ausgegraben.
Verschiedentlich innerhalb des Orts angeschnittene Mauerzüge lassen auf eine größere Palastanlage schließen, die mit dem Schwimmteich und Wasserbassin (60 × 18 m) besonders ausgezeichnet war.

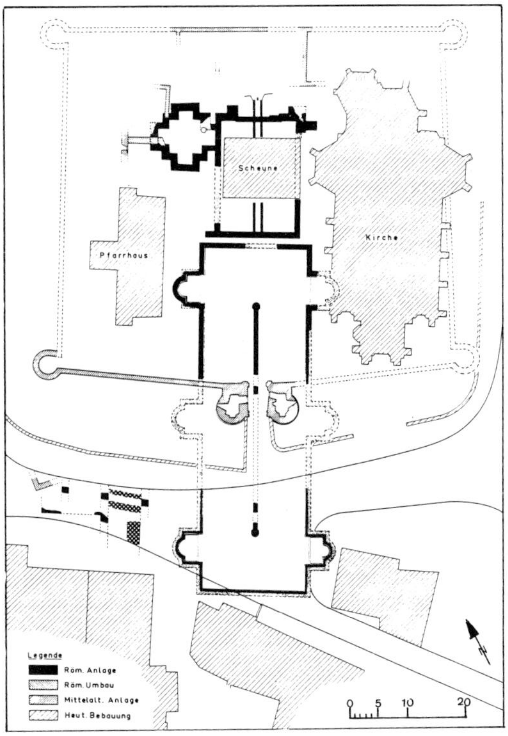

Abb. 607 Welschbillig. Hermenweiher. Grundriß

Abb. 608 Welschbillig. Hermenweiher. Modell

In der Mitte schon früher durch den Burggraben gestört, sind an den Langseiten je 2 einander gegenüberliegende Nischen im Bodenniveau etwas höher ausgebildet als in der Fläche des Hauptbekkens. Wahrscheinlich zierten 6 solcher Nischen in symmetrischer Anordnung das monumentale Wasserbecken. Der Wannenboden war mit großen Steinplatten ausgelegt, die Wände mit Quadern aufgerichtet und an der Oberseite mit einem profilierten Gesims abgedeckt. Als ebenso dekorative wie nützliche Abgrenzung umstanden 112 Pfeiler, am oberen Teil mit menschlichen Köpfen verziert, in gleichmäßigen Abständen das Wasserbecken. In den Zwischenräumen standen lange Kalksteinplatten als Geländer, sie waren in geometrischem Durchbruchmuster verziert, in seitlichen Nuten der Hermenschäfte eingepaßt.
Von den ursprünglich 112 Hermen konnten 71 geborgen und dem Museum zugeführt werden. Sie waren offenbar in den Wirren des 5. Jh von den Eroberern oder den Bewohnern in kindlichem Übermut in das Becken gestoßen worden, das, inzwischen mit Blattwerk und Erdreich versumpft, den Köpfen einen sanften Sturz gewährte, so daß nicht nur die Details der Frisuren, der Kopfbildung, sondern auch die Nasen erhalten geblieben sind. Dergestalt waren die »Hermen« über 1500 Jahre auch dem Zugriff der Menschen und der Verwertung in den unersättlichen Kalköfen entzogen worden.
Die in einem relativ groben Kalkstein ausgeführten Köpfe stellen Götter, Griechen, Römer, Philosophen und Feldherren dar, Personifikationen der im Imperium geeinten Völker, Asiaten mit der phrygischen Kappe, Nubier mit dicht gelocktem Haar, Germanen mit strähnig glattem Haar und Halsreifen mit Bulla, aber auch idealisierte Figuren, Putten mit Früchtekranz auf dem Haupt.
Die an vielen Köpfen horizontal geglättete Schädelkalotte wie auch einige unmotiviert durch die

Abb. 609 Welschbillig. Hermenschaft

Steine verlaufende leitungsförmige Höhlungen zeigen an, daß die Figuren aus großen Quadern eines älteren Bauwerkes herausgearbeitet worden sind. 4 Hermenschäfte bildeten offenbar das Volumen der ursprünglichen Bausteine.
Die Umgangs- und Randzone des Beckens war mit grobem rötlichem und schwarzem Mosaikdekor ausgelegt, dessen einzelne Steine etwa 4 cm^2 groß waren
Der N Schmalseite, im Burghof, ist ein rechtecki ger Bau vorgelagert, durch den in der Mittelachse der Abflußkanal des Wasserbeckens geführt ist. An die NW-Ecke war ein Raum mit kreuzförmigem Grundriß angelehnt, der, auf das einbeschriebene Quadrat bezogen, die Kreuzarme als rechteckige Nischen ausbildete und auch in der Außenkontur so ablesbar war. Leider waren die Benutzungshöhen zerstört und abgetragen, so daß über die Funktion dieser Räume kein Aufschluß zu gewinnen war.
Mit dem ausgedehnten, später durch die Langmauer fest umgrenzten Domänenbereich wird man die Baureste und den Hermenweiher als einen Sommerpalast und Hauptgebäude der Domänenverwaltung bestimmen wollen, in dem selbstverständlich auch der Kaiser Unterkunft finden konnte. Nach Größe und Dekoration war der Hermenteich von Welschbillig nicht nur für erholsame Schwimmfreuden an Sommertagen geeignet, sondern eine in der Mittelachse verlaufende „Trennmauer" mochte auch Schwimm- und Bootswettkämpfen gedient haben, neben der selbstverständlichen Nutzung als Fischteich, wie ihn in einfacherer und schlichter Ausführung das Landgut bei → Horath, die Villa im luxemburgischen Mersch oder die herrschaftliche Anlage in der Schwarzacht bei Echternach aufweist. Ausbau und Nutzung wird man mit den Kaisern Valentinian I. (364–375) und seinem Sohn Gratian (367–383) in Verbindung bringen können, als auch die Stadt Trier eine letzte große Blüte wirtschaftlicher und politischer Bedeutung erlebte.

Cü

Ao: RLM Trier
Lit: Ortskunde Trier-Mettendorf, 1932, 365 ff – FHettner, Die römischen Steindenkmäler des Provinzialmuseums zu Trier, 1983, 251 f – HWrede, Röm Germ Forsch 32, 1972 – FVFD 33, 1977, 190 ff

Westheim GER

Befestigte keltisch-frührömische Siedlung
Abb 22, 610

Die Siedlung liegt zwischen Lingenfeld und Westheim, etwa 100 m N der Bahnlinie Germersheim–Landau. Heute wird der Siedlungsbereich durch die Neutrassierung der B 9 tief durchschnitten. Rettungsgrabungen führten seit 1978 zur Aufdeckung einer mit Wall und Graben befestigten Siedlung. Da einheimische keltische Siedlungen bislang unbekannt sind, wurde die Anlage zunächst wegen der Befestigung für ein frühröm Kastell gehalten. Das Fehlen von militärischen

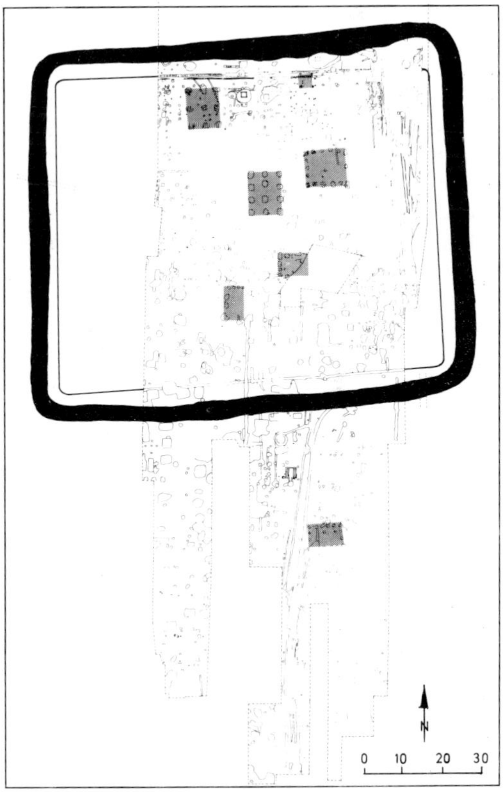

Abb. 610 Westheim. Befestigte keltisch-frührömische Siedlung. Grundriß mit Häusern

Kleinfunden wie der überwiegende Anteil einheimisch keltischer Funde zeigten aber rasch, daß es sich um eine Hofsiedlung der Zeitenwende handeln muß. Hinter dem Spitzgraben (B 4 m) und einer Berme (B 3 m) erhob sich ein Wall (B 1,50 m), der zwischen 2 Palisadenreihen mit Erde aufgefüllt war. An einer Stelle konnte ein turmartiger Einbau (3 × 3 m) nachgewiesen werden. Im Innern wurden 5 Pfostenbauten festgestellt, die eine Größe bis zu 11 × 8 m Fläche erreichten; weitere Bauten lassen sich erschließen. Der Wasserversorgung dienten 2 Brunnen. Im ungestörten nicht ergrabenen Gelände sind die Toranlagen und weitere Gebäude zu vermuten.
Parallelen zu dieser spätkeltischen Hofform gibt es am Oberrhein bislang nicht. Aber vielleicht entsprechen eine Vielzahl der im Luftbild als Viereckschanzen angesprochenen spätkeltischen Heiligtümer dieser Bauform und sind in Wirklichkeit solche Hofstellen. Das Fundmaterial besteht zu 90% aus einheimisch keltischer Keramik. Nur ein Bruchteil entstammt röm Töpfereien. Mit großer Wahrscheinlichkeit handelt es sich um eine in nachcaesarischer Zeit gegründete Siedlung, die allenfalls noch bis in spätaugusteische Zeit weiterbestanden hat. Für eine kurze Siedlungsdauer spricht auch die Einperiodigkeit des Befundes. Nach etwa 60 Jahren Siedlungsunterbrechung wird im S-Teil um 70 nChr eine Kleinbauern-Hofstelle eingerichtet. Be

Ao: LfD Speyer

Lit: Fundberichte aus der Pfalz 1976–1977, Mitt HVP 78, 1980, 90 – HBernhard, Studien zu den Militärgrenzen Roms III,1986, 114 ff – HSchönberger, BerRGK 66, 1985, 352

Wiesoppenheim → Worms

Wiesweiler KUS

*Quader an der ev. Kirche**

Als Eckquader an der SW-Ecke des romanischen Turmes ist hochkant ein Block (L 90 cm) mit Mäanderfries eingemauert. Weitere Spolien wurden 1970 bei der Renovierung der Kirche entdeckt, sind heute aber wieder unter Putz. Be

Lit: DMalitius, Römische Inschriften, 217

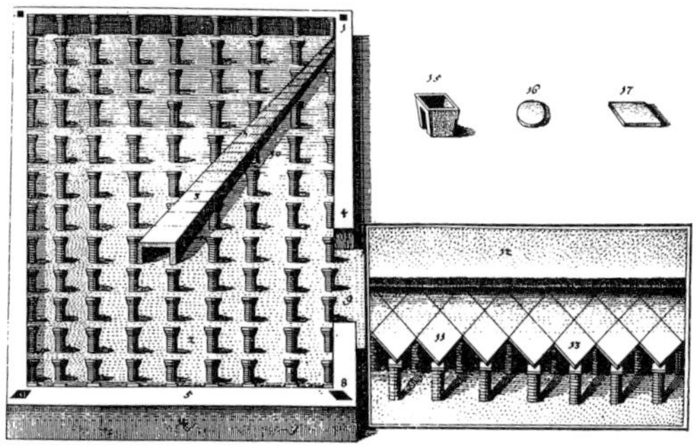

Abb. 611 Windesheim. Gutshof. Archäologische Feldzeichnung der Fußbodenheizung des Bades von Merian, 1645

Windesheim KH

Gutshof

Abb 611, 612

Von diesem Gutshof existiert die älteste archäologische Feldzeichnung an der unteren Nahe und wahrscheinlich weit darüber hinaus. Merian gibt 1645 in seiner Topographie der Pfalz eine »in der Badstub« aufgefundene röm Fußbodenheizung detailliert wieder. Dabei handelt es sich um einen Teil des Baus, der 1983 von der archäologischen Denkmalpflege aus der Luft fotografiert werden

Abb. 612 Windesheim. Gutshof. Luftaufnahme eines Teils des Herrenhauses, 1983

konnte. Zu dem in der Fruchtverfärbung erkennbaren Abschnitt des Herrenhauses muß noch eine Reihe von Nebengebäuden gehört haben, über deren Lage zZ noch keine Aussagen gemacht werden können. Ru

Lit: Zeiller-Merian, Topographia Palatinatus Rheni, 1645, 46 – BStümpel, MZ 65, 1970, 178 – ders, ebda 73/74, 1978/79, 355

Winningen MYK

*Gutshof**
Abb 613, 614

Beim Bau der Autobahn Ludwigshafen–Köln wurde unmittelbar oberhalb der Moselbrücke ein röm Gutshof unter der Leitung von H. Eiden ausgegraben. Der Befund konnte in guter Zusammenarbeit mit den örtlichen Dienststellen der Straßenbauverwaltung Rheinland-Pfalz in den Autobahnrastplatz integriert werden. So wurde das Herrenhaus des ehem Gutsbezirkes als archäologisches Denkmal in den Grundmauern

Abb. 613 Winningen. Gutshof. Grundriß. A Herrenhaus, B, C Wirtschaftsbauten

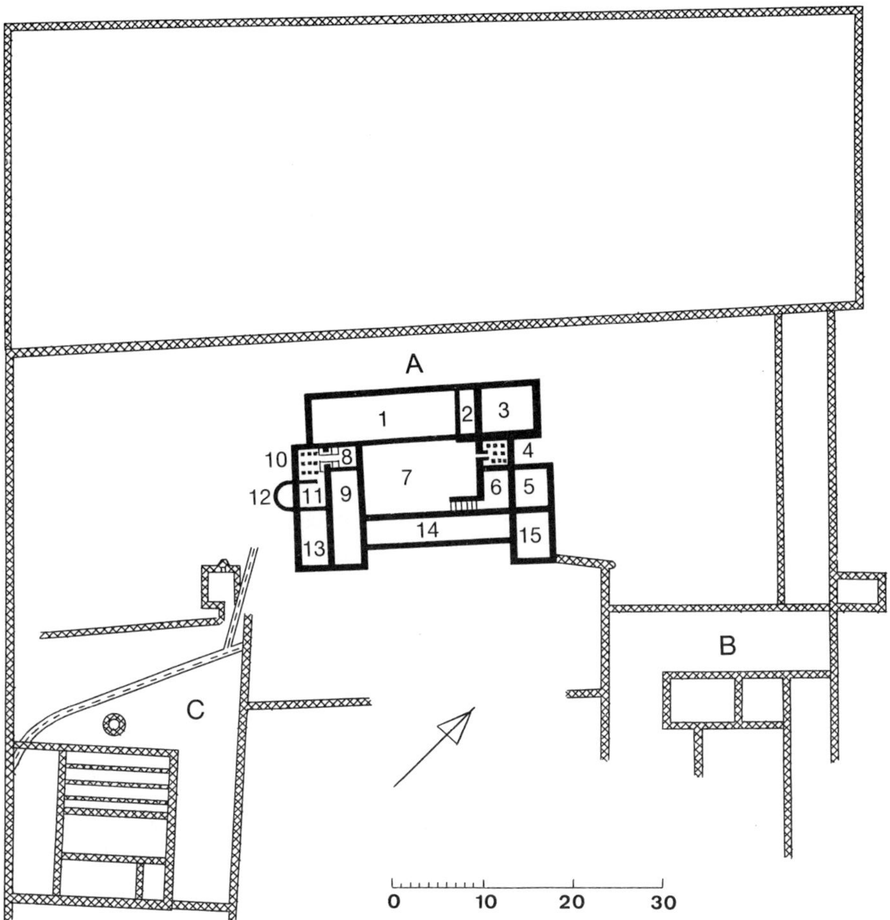

Abb. 614 Winningen. Gutshof. Blick auf das konservierte Herrenhaus

konserviert und zur Besichtigung der Bevölkerung offengehalten.
Dieser Gutshof war bereits 1901 bekannt (P. Arnoldi). Grundlegende Ausgrabungen fanden jedoch erst 1971 statt. Dabei wurde ein röm Landgut mittlerer Größe unmittelbar über den mit Reben bewachsenen N-Steilhängen auf der diluvialen Hochfläche in typischer Lage mit Blick in die offene Landschaft des Rhein-Mosel-Tales freigelegt. Der Gutsbezirk lag auf einer leicht nach S geneigten Fläche und war etwa quadratisch (100 × 100 m). An 3 Seiten konnte noch die ursprünglich den gesamten Gutsbezirk umgebende Hofmauer festgestellt werden.
Das zentralgelegene Gebäude, wohl das Haupthaus (B 30 m, T 20 m), entspricht dem üblichen Schema der Gutshäuser mittlerer Größenordnung mit Portikus und Eckrisaliten. Im O des Hauptgebäudes führt eine Steintreppe in einen unterkellerten Raum (6) mit Wandnischen und Lichtschacht. Im W-Teil des Hauptgebäudes befinden sich die Badeanlagen mit den üblichen Räumen für Kalt- und Warmbad (8–12). Eine Wasserleitung führte Frischwasser aus dem Quellbereich des Büngtelbaches heran. Die Abwässer wurden moselseits abgeleitet.
Das Herrenhaus wurde überwiegend im 2./3. JhnChr bewohnt. Wesentliche Umbauten lassen sich am Grundriß nicht ablesen. Das Gebäude war jedoch noch bis in die Mitte des 4. Jh, vielleicht auch nur in Teilbereichen, belegt. Die Bewohner dieses Hauses sind gewiß vor der Aufgabe des Limes 259/60 schon von ihrem Wohnsitz wegen der häufiger werdenden Germaneneinfälle weggezogen.
Bei den Grabungen wurden auch ältere Bebauungsspuren aus der zweiten Hälfte des 1. JhnChr, aber auch solche aus dem 1. JhvChr festgestellt. Die bei den Ausgrabungen noch ermittelten Nebengebäude werden wohl als handwerkliche Arbeitsräume bzw Wirtschaftsgebäude mit Trokkenspeichern genutzt worden sein, und zwar in der ersten Hälfte des 4. Jh. Bemerkenswerterweise befand sich darin eine Bestattung des 7. Jh.

We

Ao: LfD Koblenz
Lit: RArnoldi, BJb 116, 1907, 363 ff – HEiden, 57 ff – ders, Ausgrabungen an Mittelrhein und Mosel, 1963–1976, Tafelband 1982, 112 ff – H-HWegner, Führer z arch Denkmälern in Deutschland 12, 1986, 215 ff – ders, Berichte z Arch an Mittelrhein und Mosel 1987, 254 ff

Wittlich WL

*Gutshof**
Abb 158, 615, 616

Direkt an der Lieser, heute zT von der Autobahnbrücke überbaut, liegt auf einem Prallhang vor der O neben einem flachen Taleinschnitt steil aufragenden Waldkulisse mit freistehenden Rotsandsteinfelsen eine prachtvolle palastartige Landvilla.
Die in einem flachen Bogen, parallel zum Fluß orientierte Anlage entwickelt zu der weiten Wittlicher Senke und dem ausgedehnten Fruchtland hin ihre Fassade. Nach den erhaltenen Mauerresten und den 1939/49 durchgeführten Ausgrabungen, wurde die 140 m lange und bis zu 28 m tiefe Hausanlage an der Frontseite von einer zweistöckigen Portikushalle mit weiten Bogenstellungen repräsentativ gestaltet. Sie verband zwei- bis dreigeschossige Eckbauten miteinander. In der Mitte erhob sich über hohem, gewölbtem Kellergeschoß das Herrenhaus mit seiner Giebelfront, die Portikus wohl überragend. Große Hof- und Gartenflächen zwischen den 3 Hausbauten waren an der Rückseite ebenfalls durch einen niedrigen Umgang abgegrenzt.
Der Mittelbau ist als das Wohnhaus des Besitzers zu bestimmen und zeichnet sich durch 2 tonnengewölbte Vorratskeller aus, denen im Obergeschoß 2 große Säle entsprochen haben werden. An der Rückseite des »basilikal« überhöhten Baus liegen auf etwas höherem Niveau 3 kleinere Wirtschafts- und Küchenräume, während die Schlafgemächer über ein Treppenhaus im Obergeschoß gelegen haben werden. Auf Kellerebene sind seitlich 2 große Apsidenräume erhalten, denen auf der Wohnebene Pavillons oder ummauerte Wohnräume entsprochen haben. 2 große, aus Quadern gefügte Rinnen mit einem als »Regenwasserablauf« zu deutenden beckenartig gebildeten Endstein dienten dazu, das Regenwasser von den Dachflächen aufzufangen und in einem Fallschacht unterhalb der Kellerebene und der Portikushalle der Lieser zuzuführen. Entsprechende Ablaufrinnen wurden vor den Seitengebäuden hofseitig angetroffen.
Der N Eckbau ist als Badeanlage in einer ersten Bauphase mit einem achteckigen Pavillon ausgestattet worden. In einer Umbauphase wurde das Badehaus erheblich vergrößert, ist jedoch seit der Antike in großen Teilen von der Lieser unterspült und zerstört worden.
Auch das S Eckgebäude ist seit seiner Freilegung, besonders aber auch durch die Stützpfeiler und das Widerlager der Autobahnbrücke 1972/73, bis auf wenige Mauerzüge zerstört worden. In der unteren Geschoßebene war ein großer Stall gelegen, in dessen rückwärtigem, in den Bergfuß gebauten Teil noch die Pflasterungen und Quaderleisten für die Strohschütten und Dungablage, vor der Rückwand die steinernen Futtertröge für das Vieh (hier wohl Pferde) ganz erhalten waren. Seitlich führte eine Treppe mit 6 Stufen als Aufgang zu den etwas höher gelegenen Räumen mit Apsiden und zu Wirtschafts- und Speicherräu-

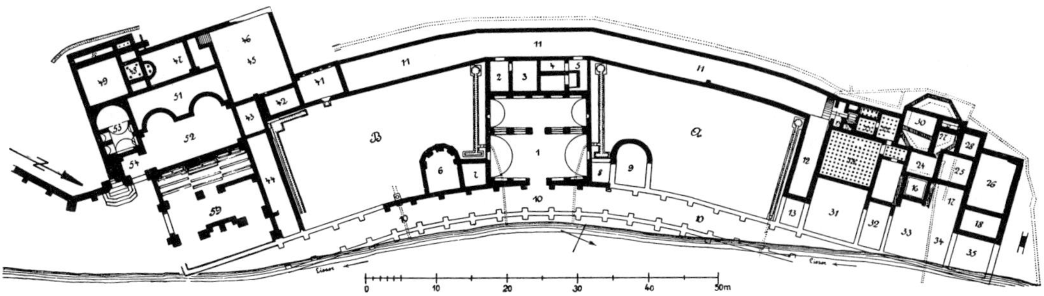

Abb. 615 Wittlich. Herrenhaus mit Portiken (10, 11), Mittelbau (1–9) Wohnräume des Besitzers, N-Bau (12–35) Badeanlage, S-Bau (41–56) Wirtschaftstrakt

Abb. 616 Wittlich. Herrenhaus. Rekonstruktion von Claus Mehs

men sowie den Unterkünften des Gesindes, gleichzeitig auch zu dem gedeckten Verbindungsgang an der Bergseite.
Im jetzt abgetragenen Vorgelände wird in der Achse des Mittelbaus eine Brücke über die Lieser geführt haben, die direkten Zugang zu den größeren Hof- und Wirtschaftsgebäuden im Vorfeld der prachtvollen Anlage gewährte.
Baumaterial und Grundrißentwicklung lassen die Entstehung der Anlage in das 2. JhnChr datieren. Scherben- und Kleinfunde reichen bis in das 4. Jh. Über dem Mittelbau mit Küche, Kammern und dem offen liegenden Kellergeschoß wurde ein ziegelgedecktes Schutzhaus errichtet. Cü
Lit: TZ 16/17, 1941/42, 229 ff – FVFD 33, 1977, 236 ff

Wolfsheim MZ

»Fürstengrab«
Abb 74

An das Ende der röm Herrschaft im rheinhessischen Raum gehört der Grabfund von Wolfsheim, dessen Fundumstände leider weitgehend unklar sind. Sicher ist nur, daß er in der Nähe röm Gräber zutage kam. Die reiche Ausstattung mit Edelmetallobjekten germ und östlicher Herkunft läßt an eine Person denken, die als Führer von germ Föderaten fungierte. Ein fast stempelfrischer Solidus des Valens (364–378) datiert das Grab in die der Prägezeit unmittelbar folgenden Jahrzehnte. Ru
Ao: M Wiesbaden
Lit: HBernhard, SaalbJb 38, 1982, 82 ff

Wolfstein KUS

*Skulpturblock**

In einer Hangstützmauer des Anwesens Reckweilerhof Nr. 13 befindet sich ein Steinblock mit der verwitterten Darstellung von 2 Personen, wohl eines Ehepaars. An der Seite des gleichen Steines ist eine flötenspielende Figur (Pan?) zu erkennen, Rest eines Grabdenkmals. Be
Lit: DMalitius, Römische Inschriften, 217 f

Worms

*Borbetomagus, Hauptort der Civitas Vangionum**
Abb 10, 617–626, Taf 20, 22

In der klimatisch begünstigten Lage auf den schwach ansteigenden Hängen des linken Rheinufers siedeln im Stadtgebiet von Worms Menschen seit der Jungsteinzeit (ca 4000 vChr) ohne Unterbrechung. Die Erforschung auch der röm Zeugnisse ist besonders im inneren Stadtbereich jedoch durch die ma und neuzeitliche Überbauung nur unter großen Schwierigkeiten möglich. Nach der ersten großen Stadtzerstörung 1689 (»Franzosenbrand«) im Zusammenhang mit dem pfälzischen Erbfolgekrieg sind kleinere Senken und Mulden mit Zerstörungsschutt aufgefüllt worden. Die Fundtiefen für die röm Reste schwanken daher zwischen 0,50 und 4 m, röm Keller werden bis 7 m unter heutigem Niveau angetroffen. Während des Neubaus der 1945 wieder großteils zerstörten Stadt wurden archäologische Untersuchungen nicht vorgenommen. So geht alles Wissen über das röm Worms auf die Forschungen und Grabungen des Arztes Dr. Carl Koehl (1847–1929), Friedrich Soldan (1841 bis 1901), August Weckerling (1846–1924) sowie neuere Untersuchungen seit 1980, durchgeführt vom Museum der Stadt, zurück.
Militärlager. Ein augusteisches Kastell muß in Worms angenommen werden, konnte jedoch bislang nicht lokalisiert werden. Hatte man es lange auf der Anhöhe des Domes vermutet, so spricht doch mehr dafür, die Anlage auf der ersten hochwasserfreien Terrasse im Stadtgebiet zu suchen, nämlich zwischen den N-S laufenden Straßenzügen Kämmererstr – Valckenbergstr im W und Bärengasse – Bauhofgasse – Fischmarkt im O. Aus diesem Bereich stammen eine Anzahl mittel- und spätaugusteischer Terra-Sigillata-Scherben, darunter Stempel der Töpfer *Ateius, Macca, MPV, Camus, Attius* etc. Einige Böden tragen auch eingeritzte Besitzernamen bzw -markierungen, was für eine Verwendung im Militärbereich spricht. Das Kastell muß während des 1. JhnChr mit wechselnden Einheiten belegt gewesen sein, die dem Militärkommando in Mainz unterstanden. Durch Grabsteine und Inschriften sind 4 Alen und 4 Kohorten bezeugt: *ala I Hispanorum, ala Sebosiana, ala Indiana, ala Agrippiana, cohors Raetorum, cohors I Thracum, cohors VII Breucorum, cohors Raetorum et Vindelicorum.* Eine andere Inschrift nennt einen *custos armorum* der *legio II Parthica.* Militärische Bautätigkeit bezeugen Ziegelstempel der *legio XXII Primigenia* (→ Worms-Horchheim, Worms-Leiselheim).
Das spätröm Kastell. Nach der Notitia dignitatum, welche die Grenztruppen des Reiches um 390 nChr auflistet, lag in Worms eine Einheit mit dem Namen *milites secundae Flaviae.* Einer ihrer Offiziere könnte den ehem mit vergoldetem Silberblech überzogenen Eisenhelm getragen haben, der 1890 bei Kanalarbeiten in der Schildergasse gefunden wurde. Das Kastell dürfte nach der Vertreibung der Alamannen nach 367 nChr im inneren Stadtgebiet erbaut worden sein. In seiner Besatzung müssen sich bis 455 nChr Elbgermanen, Ostgermanen, Burgunden, Angelsachsen getroffen bzw abgelöst haben. In den alten Friedhöfen der Provinzialbevölkerung liegen die Soldaten begraben.
Jüngste Untersuchungen lassen vermuten, daß die im Fundament 1,70 m breite Mauer an der Bauhofgasse in spätantike Zeit datiert werden muß und es sich um die rheinseitige Begrenzung des Kastells handelt. Die Mauer ist außen von zT sehr großen Sandsteinquadern gebildet, während sie sich auf der Innenseite in Bruchsteinen zeigte und nach oben hin schmäler wurde. Sie ist bislang auf ca 40 m nachgewiesen. Die Innenbauten des Kastells dürften auf einer die planmäßig niedergelegten zivilen Bauten bedeckenden Planierungsschicht aus Ziegelbruch gestanden haben, von ihnen konnte jedoch kaum etwas nachgewiesen

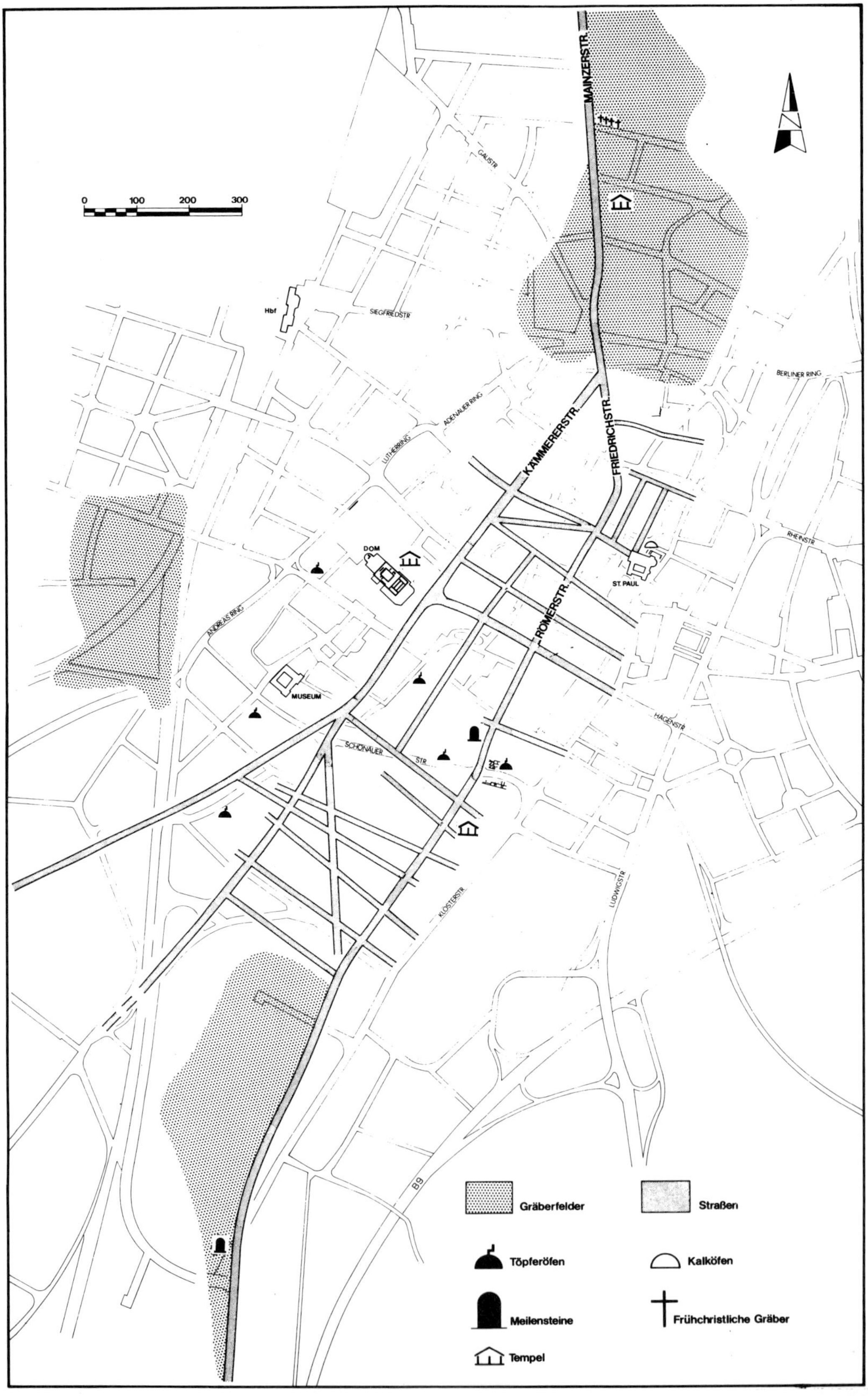

MAINZERSTR.
GAUSTR
0
100
200
300
Hbf
SIEGFRIEDSTR
BERLINER RING
ADENAUER RING
LUTHERRING
KÄMMERERSTR.
FRIEDRICHSTR.
RHEINSTR
DOM
ST. PAUL
ANDREAS RING
RÖMERSTR.
MUSEUM
HAGENSTR
SCHÖNAUER
STR
KLOSTERSTR
LUDWIGSTR
B9
Gräberfelder
Straßen
Töpferöfen
Kalköfen
Meilensteine
Frühchristliche Gräber
Tempel

Abb. 618 Worms. Grabstein des Feldzeichenträgers Carminius aus der Ala Hispanorum

Abb. 617 Worms. Borbetomagus. Römische Straßen und Befunde

Abb. 619 Worms. Helm eines Offiziers der milites secundae Flaviae. Um 400 n. Chr.

werden, da durch den Friedhof der 1689 zerstörten Pfarrkirche von St. Rupert tiefgreifende Störungen verursacht wurden.

Der Mauerzug soll sichtbar gemacht werden.

Zivilsiedlung. Kastell(e) und ziviles Siedlungsareal können derzeit nicht getrennt werden. Jedoch gehören sämtliche bislang durch Grabungen erforschte Gebäude dem zivilen Bereich an. Die vorröm Siedlungsareale scheinen im N gelegen zu haben. Um das Kastell des 1. Jh entwikkelte sich schnell ein blühendes röm Gemeinwesen, das in seiner besten Zeit um 200 nChr etwa um die Hälfte größer war als der innere ma Stadtbereich.

Das röm Straßennetz erforschte C. Koehl. Ein Stück O-W verlaufenden Straßenkörpers (B 7 m) aus Kies, Mörtel und einigen großen Steinen wurde 1988 vor der Pauluskirche aufgedeckt. Die nach S führende röm »Talstraße« (B 5 m) war massiv aus betonähnlichem Material gebaut. Ein Meilenstein von 253 nChr, gefunden Wollstr-Pankratiusgasse, zeigte den Mittelpunkt der Stadt an (*caput viae*), ein zweiter, gesetzt zwischen 293

Abb. 620 Worms. Spätrömisches Kastell. Rheinseitige Kastellmauer in der Bauhofgasse

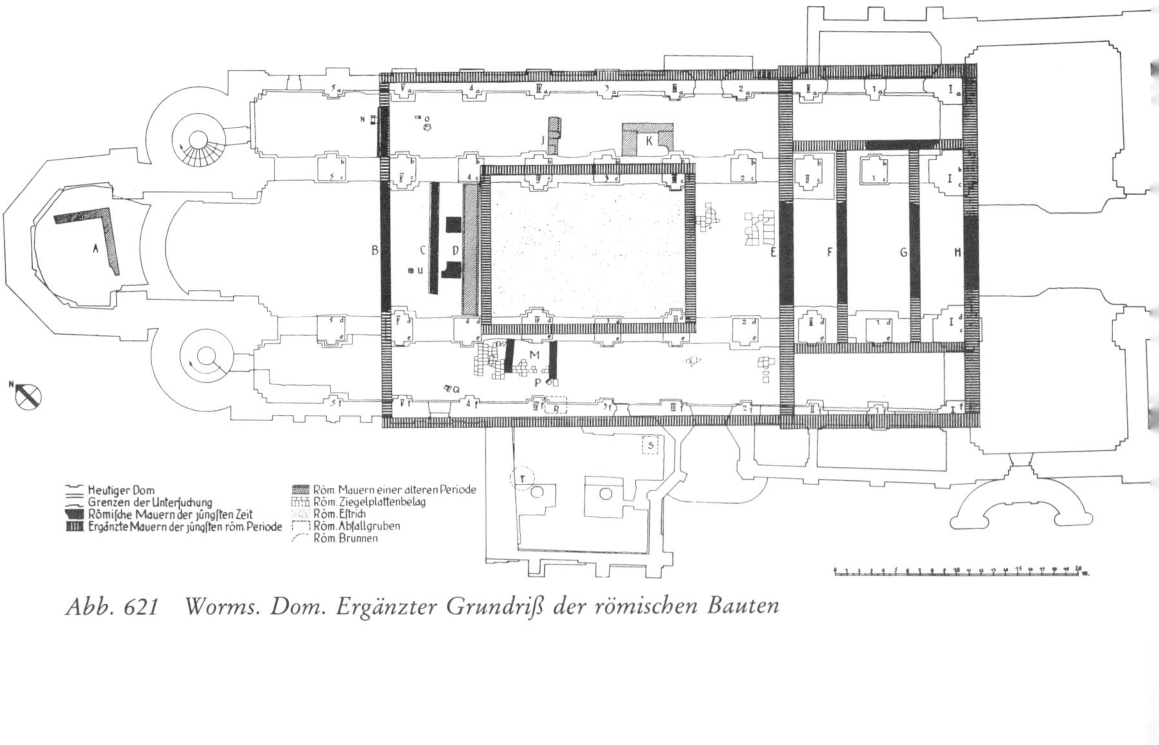

Abb. 621 Worms. Dom. Ergänzter Grundriß der römischen Bauten

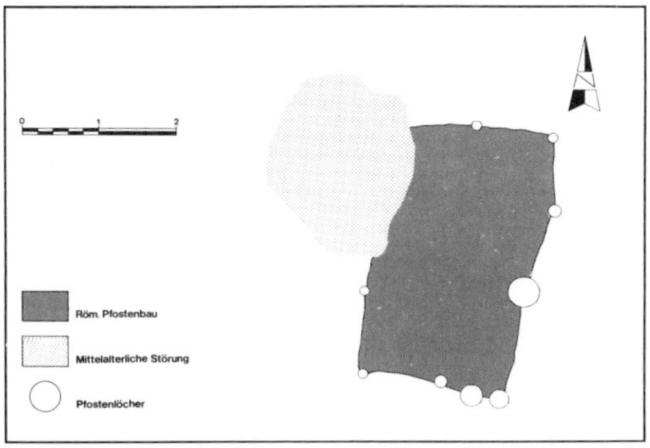

Abb. 622 Worms. Römischer Pfostenbau. Grundriß

und 305 nChr, fand sich 1885 an der Klosterstr. Er nennt als Entfernung von der Stadtmitte der *civitas Vangionum* 1 Leuge (ca 2220 m).
Unter dem Dom legte man Mauerzüge und Fußbodenreste frei, die wohl zu Forum und Marktbasilika ergänzt werden können. Unter dem W-Teil des 1980 neu erbauten Raschihauses S der Synagoge (heute Stadtarchiv) lag eine von O-W und N-S verlaufenden Mauerzügen gebildete Gebäudeecke. W der Synagoge beobachtete man beim Bau einer Tiefgarage Kellermauern, die aus Ziegeln in Lehm gesetzt waren. O der Synagoge lag ein röm Pfostenbau (ca 2 × 3,60 m).

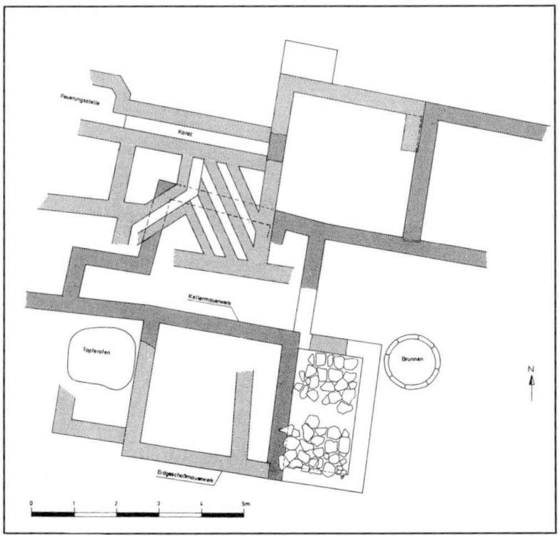

Abb. 623 Worms. Haus mit Kanalheizung und Brunnen

S der Schönauerstr grub Koehl einen Teil eines repräsentativen Hauses mit Portikus und Brunnen aus. N der Straße (Christmann) wurde 1982 ein weiteres Haus teilweise ausgegraben. Es hatte Kellerräume und Kanalheizung sowie ebenfalls einen eigenen Brunnen. In der Heizung war ein Münzschatz von 197 Folles mit Schlußmünzen der Jahre 341/346 nChr versteckt. In eine Mauer verbaut fand sich ein schon antik beschädigter vierseitiger Statuensockel mit Liber pater, einem Begleiter des Bacchus mit einem toten Hasen als Jagdbeute, einer dritten Gestalt ohne Attribute, die vierte Seite ist verloren.
Am Neumarkt notierte Koehl »in ziemlicher Tiefe große Säulenbasen mit Stücken der Säulentrommeln« und an der Speyererstr eine Brücke über einen 15 m breiten Wasserlauf (heute ist der Eisbach bzw seine durch die Stadt führende, vielleicht schon aus röm Zeit stammende Ableitung völlig aus dem Stadtbild verschwunden) aus großen Steinpfeilern und darüber gelegten Dielen.
An der ehem Stiftskirche St. Paul fanden noch bis 1989 Grabungen statt. Außer der og röm Straße fanden sich ein Kalkofen, ein runder Backofen, Gebäudereste mit Hypokaustum und Keller, dessen Wände mit rotem Fugenstrich verziert waren, sowie vor dem Westwerk ein Glasschmelzofen.
Aufgrund mehrerer Altäre bzw Weihungen können einige Heiligtümer lokalisiert werden: im N zwischen Martinstor und Liebfrauenkirche für *Iupiter optimus maximus* und *Iuno regina*, dorther auch eine Stiftung an Merkur und Rosmerta; auf einen Marstempel in der Klosterstr (heute Stadtwerke) weist die Weihung von Amandus, Sohn des Velugnus, aus Deva (Chester) an Mars Loucetius. Der Haupttempelbereich lag N des Domes, neben dem Forum. Hier wurden Jupiter und Juno, die Deae Quadriviae, Neptun ua verehrt. Ein im Zuge der W ma Stadtmauer erhaltenes Mauerstück könnte von diesem heiligen Bezirk stammen.
Mehrere Töpfereien in der S Stadthälfte versorgten Stadt und Umland. Zuletzt fand sich ein Brennofen des 4. Jh im 1982 untersuchten Gebäude N der Schönauerstr (Christmann). Ineinandergesteckte, breit gerillte Becher bildeten das Gerüst der Kuppel. Im Ofen Gerbergasse/Säumergasse brannte man graue fußlose Teller des 4. Jh. Die Spezialität eines Töpfers an der

Hochstr um 300 waren »Wormser Gesichtskrüge«. Unter dem Rand eines schlanken eiförmigen Kruges wurde mittels einer Matrize ein weibliches Gesicht ausgeformt. Manchmal trägt der Kopf Perlendiadem oder Mauerkrone. Es könnte die Wormser Stadtgöttin Pate gestanden haben. Die Krüge wurden oft weiß bemalt, ein Exemplar (Landesmuseum Mainz) hat ein aufwendiges Muster mit Girlanden und Vögeln. Neue Untersuchungen konnten die Produktion von Öllämpchen und Terrakottafiguren in Worms nachweisen.

Stadtmauer. Das bislang als röm Stadtmauer angesehene Mauerstück W des Domes dürfte zum Tempelbereich des Jupiter gehören. Es wurde in die Stadtmauer des 9. Jh einbezogen. Im Stadtbereich hat sich bislang nirgends ein Hinweis auf eine röm zivile Befestigung gefunden. Ein »Stadttor« (oder ein Ehrenbogen?) ist durch eine nur in einer ma Handschrift überlieferte Bauinschrift bezeugt: *C. Lucius Victor, decurio civitatis Vangionum, omnibus honoribus functus, et Victor Florentinus et Victorinus filii, ob amorem patriae et civium portam omni sumptu suo exstructam (in honorem domus divinae).* (C. Lucius Victor, Stadtrat der civitas Vangionum, der alle Ämter innehatte, und seine Söhne Victor Florentinus und Victorinus, aus Liebe zur Vaterstadt und ihren Einwohnern. Das Tor ist ganz auf seine Kosten erbaut [zu Ehren des allerhöchsten Kaiserhauses]).

Außer dem Decurio C. Lucius Victor kennen wir aus einer verschollenen Inschrift noch einen zweiten Stadtrat, Romanius Respectus. Für den Kaiserkult verantwortlich war C. Candidius Martinus. Sein Sarkophag (mit Inschrift) wurde 1561 schon in zweiter Verwendung beim Abriß der St. Ulrichskapelle N der Stephansgasse entdeckt. Er ging verloren.

Gräberfelder. Die Kartierung der Gräberfelder im N, W und S gibt gleichzeitig die größte Ausdehnung der Stadt in der Römerzeit an. Der N-Friedhof begann etwa an der Synagoge und zog sich beidseits der Römerstr nach Mainz (heute Verlauf von Mainzer Str und B 9) wohl bis auf Höhe der Liebfrauenkirche. Aus einem Sarkophag an der Schillerstr stammt der gläserne »Krug im Krug«, ein seltenes Meisterstück antiker Glas-

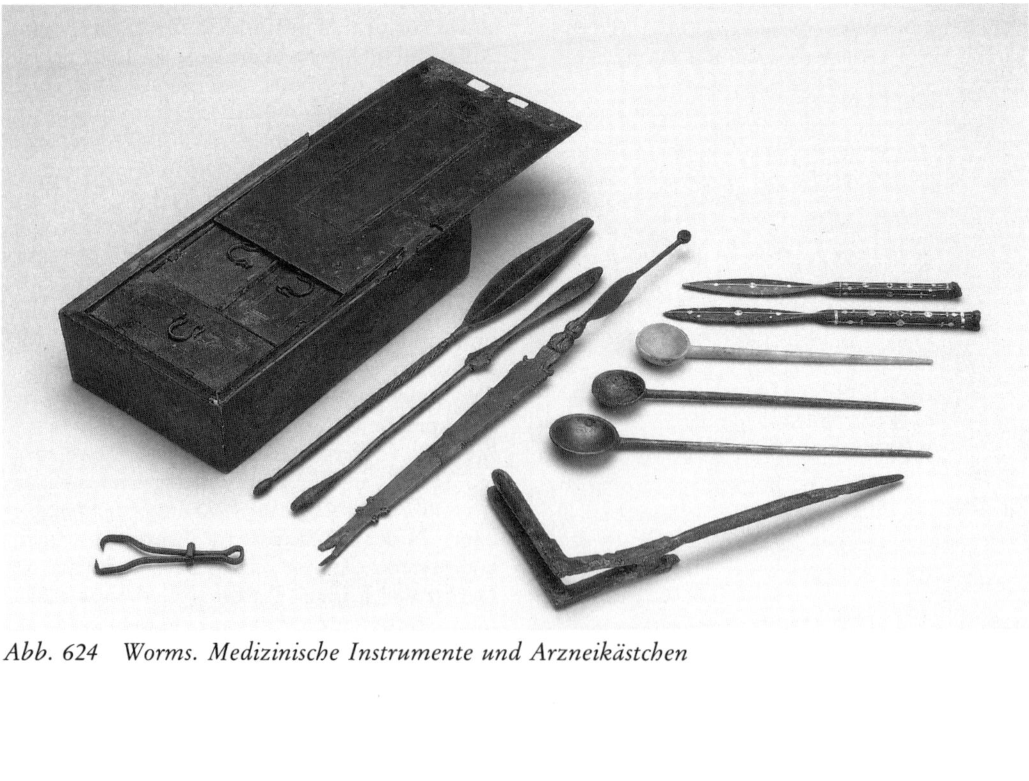

Abb. 624 Worms. Medizinische Instrumente und Arzneikästchen

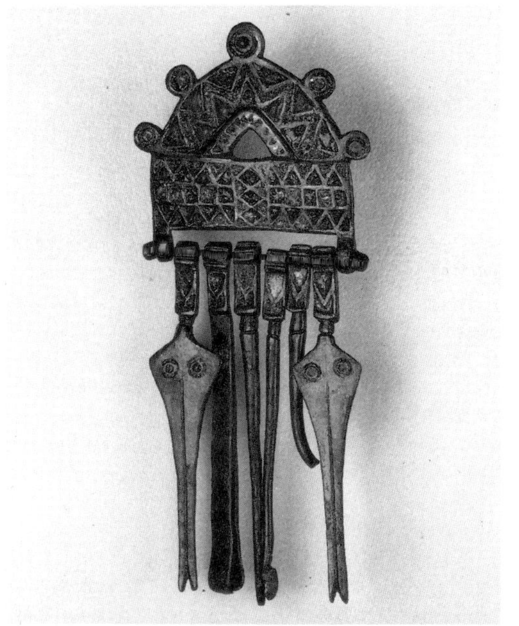

Abb. 625 Worms. Brosche mit Toilettegeräten. Bronze mit Email. 2. Jh. n. Chr.

bläserkunst. In einem erst 1988/89 im Zuge von Bauarbeiten aufgedeckten Bereich an der Mainzer Str lagen Brandgräber, Körperbestattungen und Sarkophage von der Mitte des 1. bis zur Mitte des 4. JhnChr, darunter ein Brandgrab mit reicher Glasausstattung an Balsamarien, Streifenbandtellerchen und Schminkbehälter in Form einer Taube und ein Sarkophag mit einem Zwischengoldglas.
Schon 1842 fand man N der Kapuzinerstr frühchristliche Grabsteine des 5. Jh, die aus der Sammlung Bandel in das Mainzer Landesmuseum gelangten. Im W der röm Stadt hat die Anlage des Bahngrabens vermutlich alle Gräber zerstört. Im SW (Bollwerk) grub man im späten 19. Jh zahlreiche Gräber aus. Im gleichen Friedhof wurden dann 1968/69 am Kirschgartenweg eine große Zahl von Gräbern bei Bauarbeiten zerstört oder von Privatleuten ausgeraubt (reich bemalter Gesichtskrug im Landesmuseum Mainz; Konchylienbecher im Corning Museum, New York). Wenig nur gelangte ins Wormser Museum, darunter die Beigaben des Grabes eines elbgerm Mädchens. Meldungen über einzelne Gräber in der Stephansgasse lassen sich derzeit noch nicht interpretieren.
Im großen S-Friedhof »Maria Münster«, auf dessen Areal das heute verschwundene Kloster lag und im 19. Jh die Heylschen Lederwerke erbaut wurden, deren Errichtung zur Freilegung Hunderter Gräber führte, wurde schon 1728 ein erster Sarkophag geöffnet. Von hier stammt ua das Doppelgesichtsglas.
Einige Gräber des 4. Jh wurden Ecke Alzeyer Str/Seidenbenderstr beobachtet. Hier könnte schon eine der *villae rusticae* der *civitas Vangionum* gelegen haben, welche die Stadt mit Lebensmitteln versorgten. Gr

Ao: M Worms

Lit: AWeckerling, Die röm Abteilung des Paulus-Museums der Stadt Worms I, 1885 – ders, ebda II, 1887 – CKoehl, Korrbl d Deutschen Ges f Anthropologie, Ethnologie u Urgeschichte 34, Nr 10, 1903, 85 ff; 34, Nr 11, 105 ff; 28, Heft 8, 1897, 59 ff; 28, Heft 10, 1897, 101 ff – CIL XIII, II 1, 1905, LXX Borbetomagus – KHMistele, Der Wormsgau 6, 1963/64, 67 f – KHArmknecht, ebda 9, 1970/71, 54 ff – GIllert, FVFD 13, 1972, 1 ff – EKünzl, Der Wormsgau 13, 1979/81, 49 ff – GBauchhenß, ArchKorrbl 13, 1983, 363 ff – MGrünewald, Die Römer in Worms, 1986 – HJSchulzki, Der Wormsgau 15, im Druck – JRemesal Rodriguez, Arch Korrbl 19, Heft 4, 1989 (im Druck)

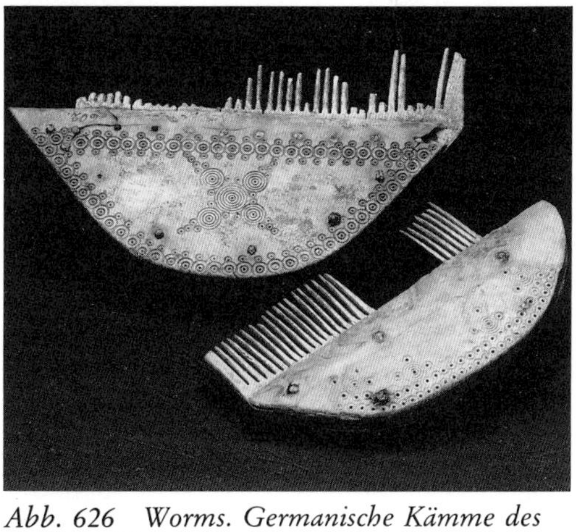

Abb. 626 Worms. Germanische Kämme des 4. Jh. n. Chr.

Worms-Abenheim

Im Gewann Hübelbrunnen am Quotbach gruben Mitglieder des Heimatvereins 1970/71 einen röm Gutshof (*villa rustica*) an, dessen Lage sich somit feststellen läßt. Weitere Gutshöfe liegen am S-Hang des Tales S des Ortes. 1985 wurde ein Villenplatz S des Autobahnzubringers in den Rautwiesen lokalisiert.
1984 kamen in der Welschgasse die mutmaßlichen Beigaben eines Grabes des frühen 5. Jh zutage. Die Bestattung selbst konnte nicht gefunden werden. Die Gürtelschnalle ist das erste linksrheinische Zeugnis eines Burgunden. Gr
Lit: MSchulze-Dörrlamm, Der Wormsgau 14, 1982/86, 91 ff

Worms-Heppenheim a. d. Wiese

Ein röm Gutshof mit Haupt- und Nebengebäuden und Umfassungsmauer liegt W des Ortsteiles an der Stadtgrenze. Neben dem Eingang zum Friedhof fand man eine Aschenkiste. Gräber lagen auch in den Gewannen Burgwiese und Hinter dem obersten Graben. Gr

Worms-Herrnsheim

An der Mainzer Landstr, unter der die Römerstraße verläuft, wurden 1939 in einer Sandgrube 9 Gräber eines Brandgräberfeldes des 1./2. Jh freigelegt. In einem Kindergrab lagen Terrakottafiguren der Venus und eines Hahnes. Gr

Worms-Hochheim

Zwischen dem modernen Friedhof und der Bergkirche St. Peter befand sich ein Gräberfeld, dessen Ausdehnung nach W nicht feststeht. Es enthielt sowohl röm als auch fränkische Bestattungen. O davon wurden 1984 röm Mauern zerstört. Aus Hochheim stammt auch das Fragment einer Jupitergigantensäule. Gr

Worms-Horchheim

Mitten im Ort fand sich ein Brandgrab des 2. JhnChr, aus dem eine Bronzeglocke in das Museum kam.
Bei der Anlage einer Fernleitung wurden 1976 3 Spitzgräben geschnitten, welche die SO-Ecke einer rechtwinkligen Anlage bildeten. An der O-Seite lagen 2 Gräben (B 1,8 m, T 1 m) im Abstand von 5 m. Marsch- oder Übungslager? Gr

Worms-Leiselheim

Auf dem Bösenberg schnitt 1976 eine Fernleitung einen O-W gerichteten Spitzgraben von noch 1,10 m B und 0,70 m T. In der Str im Grund zerstörte 1967 ein Gasanschluß ein Brandgrab aus der ersten Hälfte des 1. Jh mit einem Paar Augenfibeln und sog belgischer Keramik, dabei ein Teller mit unlesbarem Stempel.– Ein röm Gutshof wird aufgrund von Gräbern und Funden bei der Neumühle vermutet. Gr

Worms-Neuhausen

Aus Neuhausen sind 2 Sarkophage bekannt, von denen der mit Inschrift, die einen Rechenlehrer nennt, besonders bemerkenswert ist: *Lupuli Luperco doctori artis calculaturae Novionia Motuca mater per Lupulium Lupianum filium f.* (Dem Rechenlehrer Lupulius Lupercus. Für den Sohn Lupulius Lupianus hat die Mutter [den Sarkophag] machen lassen.) (Verschollen.) Gr
Lit: CIL 6248

Worms-Pfeddersheim

O des Ortskernes wurden 1939 auf dem Firmengelände der Enzinger Union 8 Brandgräber ergraben. Eines gehört mit Nauheimer Fibel und Spätlatèneflasche in das 1. JhvChr. Die anderen Gräber wurden im 1. und 2. JhnChr angelegt (Paar gleichseitiger Fibeln mit Emaille, Terrakotta »Amor und Psyche«). Gr

Worms-Rheindürkheim

Aus dem Bereich S des Ortskernes sind wenige Gräber bekannt geworden, dabei ein Brandgrab, dessen mit einem Bleideckel verschlossene Glasurne in einer Steinkiste beigesetzt war. Gr

Worms-Weinsheim

Im Jahre 1784 fand man an der Straße zwischen Weinsheim und Horchheim den Sarkophag des Ehepaares T. Tummonius und Albisia, den ihnen der Soldat der *legio XXII* T. Restitutus hatte anfertigen lassen (CIL 6237). Er ist heute verschollen. Von einem Acker an der Grenze zu Wiesoppenheim kam ein Viergötterstein mit Herkules, Apollo, Minerva und Merkur in das Museum. Er hatte jahrzehntelang als Grenzstein gedient.
O des Ortes, im Gelände einer Ziegelei, lag vermutlich ein Gutshof (*villa rustica*). Bekannt sind ein Ziehbrunnen mit holzverschaltem Schacht, farbige Wandmalereifragmente und ein reiches Frauengrab. Es enthielt ua einen großen Terra-Sigillata-Becher mit en barbotine aufgetragener Jagdszene und dem weiß aufgemalten Spruch *escipe que ferimus manibusque libentes feliciter* (nimm an, was wir bringen und den Manen gern und froh [opfern]).
Von einem großen Grabmonument erhielten sich als Teile eines fränkischen Plattengrabes 2 Relieftafeln mit Pachtzahlungs- und Botenszene. Gr
Lit: Der Wormsgau I, 6, 1929, 207

Worms-Wiesoppenheim

Im Steingewann, im Bereich der Autobahn A 61, wurden Siedlungsspuren und ein Sarkophag beobachtet, die vielleicht von einer Villa rustica herrühren. Weiter S kamen aus dem fränkischen Gräberfeld einige röm Funde zutage: Relief mit Merkur, vor allem aber ein mit getriebenen Bronzeblechen verkleideter Becher des 4./5. Jh, der christliche Szenen aufweist: Adam und Eva, Christus Salvator mit Petrus und Resten einer Inschrift, die nach Matth. 26, 34 zu ergänzen ist (ehe der Hahn kräht, wirst Du mich dreimal verleugnen). Bis 1883 war in der Kirche St. Peter ein kleiner Altar für die Parzen eingebaut. Gr
Lit: AWeckerling, Die röm Abteilung des Paulus-Museums der Stadt Worms I, 1885, 79 – CIL XIII, II 1, 1905, 6223 – Katalog Gallien in der Spätantike, Mainz 1980, Nr. 144

Zweibrücken-Ixheim ZW

Landgut
Abb 627

Auf einem nach N geneigten Hang oberhalb des Hornbachtales liegt im Bereich der beiden Kirchen eine ausgedehnte Siedlungsstelle, die seit Tilemann Stella als röm Fundplatz bekannt ist. Auf einer Fläche von 370 × 250 m wurden zwischen Friedhof, Kirchbergstr und dem Hang oberhalb der kath Kirche immer wieder Mauerreste angetroffen. Lediglich eine Grabung von F. Sprater oberhalb der Kirche führte 1924 zur Freilegung eines hypokaustierten Gebäudes (L 12, 8 m), das als Bad anzusprechen ist. Weiter oberhalb sind die Schutthügel von 2 weiteren Bauten erkennbar. In diesem Bereich wurden 1884 mehrere Säulenstücke einer Portikusfront gefunden. Beim Bau der Kirche selbst wurden verschiedene Mauerzüge angetroffen. Weitere Gebäude liegen am W-Rand des Friedhofes, in der Kirchbergstr und in der Lappstr. Oberhalb der ev Kirche wurde ein 16 m langer Mauerzug eines weiteren Baues angetroffen. Unterhalb in der Straßenböschung lag ein Kalkbrennofen. Die 33 Prägungen umfassende Münzreihe hat ihren Schwerpunkt im 3. und 4. Jh. Bislang konnte erst eine Münze des späten 4. Jh nachgewiesen werden. Die große Siedlungsausdehnung erschwert bei der mangelnden Fundüberlieferung die Deutung der Siedlung. Vielleicht handelt es sich um ein Landgut von beachtlicher Ausdehnung mit zahlreichen Wirtschaftsbauten.
Auf dem gegenüberliegenden Plateau auf der W-Seite des Hornbachtales wurde 1926 im Bereich eines röm Gutshofes ein Hortfund mit 32 landwirtschaftlichen Geräten entdeckt. Neben Radnaben eines Wagens fanden sich Ketten, Pflugmesser, Deichselstifte, Äxte, Bohrer, eine Trense, eine Glocke, eine Lampe, eine Schere und ein Dengelstock. Die Funde wurden wohl um die Mitte des 4. Jh versteckt und konnten von den Besitzern nicht mehr gehoben werden. Be
Ao: M Speyer, M Zweibrücken
Lit: FSprater, Westpfälz Geschichtsbl 4, 1924 – ders, in: Zweibrücken 600 Jahre Stadt, 1952, 14 ff – Fundberichte aus der Pfalz, 1949–1952, MittHVP 54, 1956, 46; 1952, ebda 55, 1957, 37;

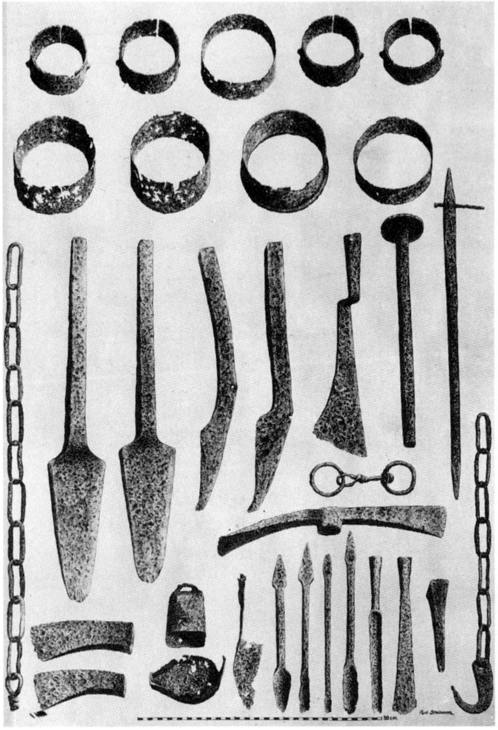

Abb. 627 Zweibrücken-Ixheim. Metalldepotfund

Fundberichte aus der Pfalz 1, 1956–1960, ebda 68, 1970, 141 – 1976–1977, ebda 78, 1980, 90 ff – FMRD IV, 2, 2327

Zweibrücken-Niederauerbach ZW

Landgut und spätrömisches Gräberfeld

Beim Kasernenbau oberhalb des Ortes entdeckte man im Bereich des heutigen Exerzierplatzes einen Bau (26 × 11,5 m) mit einem wohl erhaltenen hypokaustierten Raum, der als Badebecken diente. Obwohl die Möglichkeit nicht ganz auszuschließen ist, daß es sich bei diesem Bau um ein einzeln stehendes Bad gehandelt hat, spricht doch die Wahrscheinlichkeit für ein kleineres landwirtschaftliches Gehöft. Der Wandverputz eines Raumes zeigte einen Fries von grünen vierblättrigen Kleeblättern. Wohl aus diesem Bau stammt auch ein kupfernes Schächtelchen, das 12 Münzen von Commodus bis Magnus Maximus (388) enthielt.

Im W gelegenen Eingangsbereich wurden weitere Mauerreste angetroffen, aber nicht dokumentiert. Zwar wird eine 3 m starke Mauer erwähnt und dieses Gebäude daher als militärische Kleinfestung (*burgus*) angesprochen, es handelt sich aber wohl um einen weiteren Wohnbau, da Fußböden mit Mäanderfries gefunden wurden, wie sie auch für den O gelegenen Bau beschrieben werden.

Eine weitere Siedlungsstelle, vielleicht ein Wirtschaftsbau des gleichen Hofes, läßt sich anhand von Scherben- und Ziegelresten in der Athenstr hangabwärts nachweisen.

Das zur Siedlung gehörige Gräberfeld ist zwischen Turnhallstr und Riedlinger Str nachzuweisen. 1880 wurden aus zahlreichen spätröm Körpergräbern 23 Tongefäße, 5 Gläser, 2 Ringe und eine Schnalle gefunden. Die Funde reichen bis in das frühe 5. Jh hinein. Be

Ao: M Speyer

Lit: FSprater, in: Zweibrücken 600 Jahre Stadt, 1952, 14ff – Fundberichte aus der Pfalz 1938–1949, MittHVP 51, 1953, 74 f – FMRD IV, 2328 f

Anhang

Zeittafel

Museen mit römischen Funden

Literaturverzeichnis

Namen- und Sachregister

Ortsregister

Zeittafel

v. Chr. Geb.

113–100	Kimbern- und Teutonenkriege. 101 Vernichtung der Teutonen bei Aquae Sextiae (Aix). 100 Niederlage der Kimbern bei Vercellae in Oberitalien.
vor 62	Rheinübertritt des Ariovist mit seinen Germanenstämmen als Föderaten der Sequaner gegen die Häduer.
62	Sieg der Ariovistgermanen bei Magetobriga über die Häduer.
59	Ariovist erhält vom römischen Senat den Ehrentitel »König und Freund des römischen Staates«. C. Iulius Caesar tritt die Statthalterschaft in den Provinzen Gallia cisalpina, Gallia transalpina und im Illyricum an.
58	Die Helvetier wandern wegen des ständigen germanischen Druckes aus, werden durch Eingreifen Caesars gestoppt und in ihre alten Sitze zurückgewiesen. Die ehemals helvetischen Gebiete nordöstlich des Rheines bleiben unbesiedelt. Caesar schlägt Ariovist bei Mühlhausen im Elsaß. Ende der suebischen Bedrohung am Oberrhein.
58–51	Caesars Gallischer Krieg. 57 gegen Bündnis der Belger. 56 gegen Küstenvölker. 55 und 53 Rheinübergänge gegen germanische Sugambrer, Usipiter und Tenkterer. 55–54 Britannienexpeditionen. Aufstände der Eburonen und Treverer. 52 großer gallischer Aufstand: Niederlage des Vercingetorix bei Alesia.
39/38	Erste Statthalterschaft des M. Vipsanius Agrippa in Gallien. Umsiedlung der Ubier aus dem Mittelgebirge östlich des Neuwieder Beckens in das ehemalige Eburonenland westlich von Köln. Suebeneinfälle am Nieder- und Mittelrhein Rheinübergang römischer Truppen zur Abschreckung rechtsrheinischer Stämme.
29	Aufstände in Gallien mit suebischer Unterstützung. Römische Militärpräsenz im aufständischen Treverergebiet. Archäologische Nachweise am Petrisberg bei Trier und im Oppidum Titelberg (Luxemburg).
25	Rheinübergang des Statthalters M. Vinicius und Militäraktionen gegen rechtsrheinische Stämme.
22–19	Zweite Statthalterschaft des M. Vipsanius Agrippa in Gallien. Bau einer direkten Straßenverbindung von Lyon über Trier nach Köln.
17/16	Niederlage des Statthalters M. Lollius mit der 5. Legion gegen Sugambrer, Usipiter und Tenkterer.
17	Errichtung einer Brücke über die Mosel: Beginn städtischer Besiedlung in Trier.
16–13	Augustus in Gallien. 15 Alpenfeldzug unter Tiberius und Drusus.

vor 13	Verlegung der Legionen und Hilfstruppen an den Rhein. Standlager in Vetera/Xanten und in Mainz.
12–9	Germanenfeldzug des Drusus. 10–9 Feldzüge gehen von Mainz aus gegen die Chatten. Errichtung eines Siegesmales an der Elbe. Tod des Drusus nach einem Sturz vom Pferd (9).
9–7	Abschluß der Germanenkriege unter dem Oberbefehl des Tiberius. Umsiedlung der rechtsrheinischen Sugambrer in das Gebiet westlich des Niederrheines. Ansiedlung der Vangionen, Nemeter und Triboker am Oberrhein?
n. Chr. Geb.	
7–9	P. Quinctilius Varus Statthalter. Niederlage unter Verlust von drei Legionen und zusätzlicher Hilfstruppen gegen Arminius. Die Gebiete östlich des Rheines gehen verloren.
9–12	Neuordnung der militärischen Verhältnisse am Rhein unter Tiberius.
13–16	Germanicus als Statthalter am Rhein und in Gallien.
14	Tod des Kaisers Augustus. Tiberius (T. Iulius Caesar Augustus) wird Nachfolger (14–37). Meuterei im Rheinheer.
15/16	Germanenfeldzüge des Germanicus ohne bleibenden Erfolg. Abbruch des Krieges und Rückberufung des Germanicus (16). Ende der offensiven Haltung. Rhein ist Grenze.
um 20	Ansiedlung suebischer Stämme im Vorfeld der Rheingrenze am Oberrhein.
21	Aufstand in Gallien unter Florus und Sacrovir.
37–41	Kaiser Caligula (G. Caesar Germanicus). Chattenfeldzug (40).
41–54	Kaiser Claudius (Ti. Claudius Caesar Augustus). Sicherung der Rheingrenze mit einer dichten Kette von Auxiliarlagern. Ausbau des Straßennetzes, Förderung der wirtschaftlichen Entwicklung in Gallien und am Rhein. Britannienfeldzug 43, Eroberung von Südengland. Ein Chatteneinfall 50 wird zurückgeschlagen.
54–68	Kaiser Nero (Nero Claudius Caesar). 68 Selbstmord des Kaisers.
68/69	Vierkaiserjahr (Galba, Otho, Vitellius, Vespasian).
69–79	Kaiser Vespasian (T. Flavius Vespasianus). Gallischer Aufstand (69/70) unter dem Bataver Civilis und den Treverern Classicus und Tutor. Traum von einem eigenständigen »imperium Galliarum«. Vergebliche Belagerung der Legionsfestung Mainz durch Chatten, Mattiaker und Usipiter. Zerstörung von Zivilsiedlungen und Hilfstruppenlagern wie Rheingönheim. Rückgewinnung der abgefallenen Gebiete durch Truppen Vespasians. Das Treverergebiet wird durch Q. Petillius Cerialis gesäubert. Große Teile der treverischen Oberschicht fliehen zu den Germanen. Zusammenbruch des Aufstandes (70). Änderung der Militärkonzeption am Rhein. Die Legionen werden ausgetauscht. Gebietsfremde Hilfstruppen anstelle einheimischer Aufgebote. Ausbau der Legionsfestungen in Stein.
73/74	Eroberung rechtsrheinischer Gebiete unter dem Legaten Cn. Pinarius Clemens. Bau einer direkten Straßenverbindung zur Donau durch den Schwarzwald. Im obergermanischen Bereich werden die Hilfstruppenlager am Rhein aufgelassen.
79–81	Kaiser Titus (T. Flavius Vespasianus).
81–96	Kaiser Domitian (T. Flavius Domitianus).
81–85	Chattenkriege. Anlage eines Limes als Waldschneise mit hölzernen Wachttürmen in Westerwald und Taunus.

um 85	Die beiden Militärbereiche am Rhein werden Provinzen: Germania superior/Obergermanien und Germania inferior/Niedergermanien mit den Hauptstädten Mainz bzw. Köln. Gliederung des Landes in selbstverwaltende Civitates.
88/89	Erfolglose Revolte des obergermanischen Statthalters C. Antoninus Saturninus. Erhebliche Zerstörungen im Rhein-Main-Gebiet.
96–98	Kaiser Nerva (M. Cocceius Nerva).
98–192	Adoptivkaiser (Trajan, Hadrian, Antoninus Pius, Marc Aurel, Commodus).
98–117	Kaiser Trajan (M. Ulpius Traianus). Ausbau der rechtsrheinischen Gebiete. Dakerkriege.
117–138	Kaiser Hadrian (P. Aelius Hadrianus). Ausbau des Limesgebietes.
138–161	Kaiser Antoninus Pius (T. Aelius Hadrianus Antoninus)
161–180	Kaiser Marc Aurel (M. Aurelius Antoninus). Partherkriege 161–165.
162	Chatteneinfall im Rhein-Main-Gebiet.
167–179	Markomannenkriege. 169 erneuter Einfall der Chatten im Rhein-Main-Gebiet. 172 Bedrohung der gallischen Küste durch die Chauken.
180–192	Kaiser Commodus (M. Aurelius Commodus Antoninus). Aufstände bei Thronantritt werden erstickt.
185	Revolte des Maternus (bellum desertorum), Verwüstung ländlicher Besiedlung in Gallien und Germanien. Verstärkung des Limes durch neue Kastelle: Niederbieber, Holzhausen.
193–211	Kaiser Septimius Severus (L. Septimius Severus Pertinax).
196/197	Wirren um Clodius Albinus, als Severus seinen Sohn Caracalla zum Mitregenten (Cäsar) ernennt. Um 197 Belagerung von Trier, wird durch die legio XXII primigenia gesprengt. Bis 205/206 Kämpfe gegen Anhänger des Albinus. Große Bautätigkeit. Steinbruch »Kriemhildenstuhl« bei Bad Dürkheim. Ausbau des Straßennetzes.
211–217	Kaiser Caracalla (M. Aurelius Antoninus).
212	Constitutio Antoniniana: Verleihung des römischen Bürgerrechtes an alle Provinzialen.
213	Alamannische Reiterschwärme im Vorfeld des Limes. Präventivkrieg gegen den neuen Stammesbund und die Chatten. Caracalla nimmt den Siegertitel »Germanicus maximus« an.
217–222	Kaiser Elagabal (M. Aurelius Antoninus).
222–235	Kaiser Severus Alexander (M. Aurelius Severus Alexander). 227 romfeindliche Sassaniden übernehmen in Persien die Macht. Bedrohliche Situation am orientalischen Limes. 233: Alamanneneinfall in Rätien und im obergermanischen Limesgebiet. Ermordung des Kaisers bei Mainz.
235–308	Zeit der Soldatenkaiser.
235–238	Kaiser Maximinus Thrax (G. Iulius Verus Maximinus).
238–244	Kaiser Gordian I., II. und III.
244–249	Kaiser Philippus Arabs (Marcus Iulius Philippus).
249–251	Kaiser Decius (G. Messius Quintus Traianus Decius).
251–253	Kaiser Trebonianus Gallus (G. Vibius Trebonianus Gallus).
253	Kaiser Aemilianus (M. Aemilius Aemilianus).
253–260	Kaiser Valerian (P. Licinius Valerianus).
253–268	Kaiser Gallienus (P. Licinius Egnatius Gallienus).

259/260	Das rechtsrheinische Limesgebiet geht dem Reich für immer verloren. Verheerende Einfälle in der gesamten Rheinzone bis weit nach Gallien. Münzschätze belegen die Ausdehnung der »Unruhezone«. Beutefunde von Hagenbach und Neupotz. Anlage von z. T. befestigten Höhensiedlungen zum Schutz der ländlichen Bevölkerung.
260–274	Gallisches Sonderreich. Hauptstadt Köln, seit 271 Trier.
260–268	Kaiser Postumus (M. Cassianius Latinius Postumus).
268–270	Laelianus (268), Marius (268), M. Piavonius Victorinus (268–270) Kaiser des Gallischen Sonderreiches.
270–274	Kaiser Tetricus (G. Pius Esuvius Tetricus).
268–270	Claudius II. Gothicus (M. Aurelius Claudius), reichsrömischer Kaiser.
270–275	Kaiser Aurelian (L. Domitius Aurelianus) stellt die Reichseinheit wieder her. Tetricus tritt 274 als letzter »Gallischer Kaiser« zurück.
um 275	Vernichtende Germaneneinfälle in den rheinischen Provinzen und in Gallien. Nahezu alle Siedlungen werden zerstört. Auch die Höhensiedlungen sind betroffen.
275/276	Kaiser Tacitus (M. Claudius Tacitus).
276–282	Kaiser Probus (M. Aurelius Probus). Säuberung der Rheinzone und des Hinterlandes von Germanen. Grenzschutzmaßnahmen am Rhein. Vorstöße zu Neckar und Alb. Staatliche Strukturhilfen für den Wiederaufbau. Aufhebung von Anbaubeschränkungen im gallisch/germanischen Weinbau.
282/283	Kaiser Carus (M. Aurelius Carus).
282–285	Kaiser Carinus (M. Aurelius Carinus) und Numerianus (M. Aurelius Nomerius Numerianus).
284–305	Kaiser Diokletian (G. Aurelius Valerius Diocletianus). Aufgabenteilung durch Viererherrschaft (Tetrarchie). Augusti: Diokletian und Maximian (M. Aurelius Valerius Maximianus), Caesares: Constantius Chlorus (G. Flavius Valerius Constantius) und Galerius. Münz- und Verwaltungsreform des Diokletian. Verkleinerte Provinzen und deren Zusammenfassung in Diözesen. Trier unterstehen die Diözesen von Britannien, Gallien und der Viennensis. 293 wird Trier Residenzstadt des Westreiches. Großzügiges Bauprogram im »Regierungsviertel«. Grenzsicherung vor allem am Hochrhein. Germaneneinfälle 286, 287/288, 302, 303, 304. Römische Vorstöße über den Rhein 289, 291/292 und 293 bringen nur kurzzeitig Ruhe. 305 Rücktritt der beiden Augusti zugunsten der Caesares.
Ende 3. Jh.	Bistum in Trier bezeugt.
305–312	System der Tetrarchie bewährt sich nicht. Anstelle der neuen Caesares Maximianus Daia und Severus streben die Söhne der Augusti Maximianus Daia und Konstantin zur Macht.
306	Tod des Constantius Chlorus, Nachfolger Sohn Konstantin. Frankeneinfall, Vorstöße in fränkische Gebiete östlich des Rheines.
307	Tod des Severus. Nachfolger Maxentius (M. Aurelius Valerius Maxentius).
312	Im Kampf um die Alleinherrschaft siegt Konstantin (Flavius Valerius Constantinus) an der Milvischen Brücke bei Rom über Maxentius.
312–337	Konstantin I. (der Große) römischer Kaiser. Seit 323 Alleinherrscher.
313	Edikt von Mailand fördert das Christentum.
337–361	Regentschaft der Konstantinssöhne: Constantius II. (Flavius Iulius Constantius) und Constans (Flavius Iulius Constans). Errichtung von Festungen wie etwa Boppard am Rhein. Sicherung des Hinterlandes und vor allem des Trierer Gebietes durch Höhensiedlungen.

335–337 Der alexandrinische Bischof Athanasius im Streit der Arianer gegen die Athanasianer nach Trier verbannt.

343 Marinus/Martinus erster Bischof in Mainz.

346 Nennung möglicher Bischöfe in Worms und Speyer.

350 Durch die Rebellion des Generals Magnentius (Flavius Magnus Magnentius) gegen Constans Krise im Westreich. Abzug von Truppenverbänden gegen Constantius II. im Osten führt zu verheerenden Germaneneinfällen. 352 gehen weite Teile der Rheinregion dem Reich vorübergehend verloren.

353 Aufstand des Poemenius in Trier. Tod des Magnentius. Erneute Germaneneinfälle. Legionslager Mainz wird aufgelassen.

354 Feldzug des Constantius II. am Hochrhein ohne großen Erfolg.

355–359 Der kaiserliche Vetter Julian säubert das Rheingebiet von Germanen. 357 Schlacht bei Straßburg gegen Alamannen.

360/361 Vorstöße über den Rhein sühnen Vertragbrüche germanischer Fürsten. Sicherung der Rheingrenze.

361–363 Julian (Flavius Claudius Iulianus) wird von den Westtruppen zum Kaiser ausgerufen und ist nach dem plötzlichen Tod seines Vetters Alleinherrscher. Tod Julians auf einem Feldzug gegen die Sassaniden 363.

364–375 Kaiser Valentinianus I. (Flavius Valentinianus).

365 Germaneneinfälle über den zugefrorenen Rhein.

368 Alamannen unter Rando plündern Mainz. Feldzüge dringen weit in den alamannischen Raum vor.

369 Ausführung eines Festungsbauprogrammes an Rhein und Mosel. Festungen wie Altrip mit Schiffländen oder Binnenlandbefestigungen wie Alzey oder Bad Kreuznach dienen der Sicherung der Grenzregion.
Stärkung der spätantiken Flotte auf dem Rhein.

367–383 Gratian (Flavius Gratianus) bis 375 Mitregent. Der Rhetor Ausonius in Trier. Erzieher des Gratian. Mosella-Gedicht anläßlich eines Kriegszuges gegen die Alamannen. Den Einfall der Westgoten in Thrakien 378 nutzen die Alamannen zu Beutezügen. Tod Kaiser Valens in der Schlacht von Adrianopel gegen die Goten. Bis 381 ist Trier Residenzsitz des Westens. Tod Gratians durch die Usurpation des Magnus Maximus.

383–388 Magnus Maximus, Herrscher im Westreich mit Residenz in Trier, verliert in einer Schlacht gegen Arbogast bei Aquileia Macht und Leben.

379–395 Kaiser Theodosius I. (Flavius Theodosius) im Osten. Trier nur noch zeitweilig Kaiserresidenz.

392 Tod des Westkaisers Valentinian II. (Flavius Valentinianus) auf ungeklärte Weise. Verbot der heidnischen Kulte. Christentum wird Staatsreligion.

392/393 Arbogast bestimmt Eugenius (Flavius Eugenius) zum Kaiser des Westens. Sieg des Theodosius gegen Eugenius und Arbogast in den Julischen Alpen.

395 Reichsteilung.

395–423 Honorius (Flavius Honorius) Kaiser im Westreich. Der Vandale Stilicho wird engster Berater, erneuert Verträge mit Franken und Alamannen am Rhein.

nach 394 Sitz der gallischen Präfektur wird von Trier nach Arles verlegt.

401 Zug der Westgoten nach Italien. Feldzug nach Italien unter Einsatz rheinischer Grenzeinheiten. Schwächung der Grenzverteidigung.

406/407 Vernichtung des Grenzschutzes zwischen Seltz und Bingen durch Vandalen, Sueben und Alanen, die bis nach Spanien weiterziehen.

407–411 Konstantin III. (Flavius Constantinus) wird zum Kaiser erhoben. Sicherung der Rheingrenze.

408	Tod des Heermeisters Stilicho.
410–413	Westgoten unter Alarich in Italien.
um 413	Ansiedlung der Burgunder als Föderaten zwischen Seltz und Bingen.
420/421	Fränkischer Einfall in Trier.
425–455	Kaiser Valentinian III. (Flavius Placidus Valentinianus). Heermeister wird Aëtius.
435	Niederlage der Burgunder gegen Aëtius.
437	Weitgehende Vernichtung der Burgunder durch hunnische Kontingente.
443	Umsiedlung des Reststammes in die Sapaudia am Genfer See.
451	Hunnen überqueren auf dem Zug nach Gallien den Oberrhein. Schlacht auf den Katalaunischen Feldern mit Hilfe germanischer Allianzen. Rückzug der besiegten Hunnen.
454	Tod des Aëtius.
455	Niederlage des Heermeisters Aegidius gegen die Franken vor Köln. Plünderung Triers. Alamannische Landnahme in der Germania I. Ende römischer Strukturen am Oberrhein.
459	Fränkische Besetzung Köln.
476	Ende des Weströmischen Reiches.
nach 479	Trier wird fränkisch.
486	Der Frankenkönig Childerich besiegt mit Syagrius den letzten Repräsentanten römischer Macht in Gallien. Gallien völlig in fränkischer, burgundischer, westgotischer Hand.
496	Sieg des Frankenkönigs Clodwig über die Alamannen. Beginn fränkischer Landnahme am Oberrhein.

Museen mit römischen Funden

Adenau	Heimatmuseum Adenau
Alzey	Museum Alzey
Andernach	Andernacher Stadtmuseum
Bad Dürkheim	Heimatmuseum Haus Catoir
Bad Ems	Museum der Stadt Bad Ems
Bad Kreuznach	Schloßparkmuseum – Römerhalle
Bad Neuenahr-Ahrweiler	Ahrgaumuseum Ahrweiler Römervilla am Silberberg (i. Aufbau)
Bendorf	Städtisches Museum Bendorf
Bermel	Heimatmuseum
Bingen	Heimatmuseum Bingen
Birkenfeld	Museum des Vereins für Heimatkunde
Bitburg	Eifel-Ardennen-Museum Kreismuseum Bitburg
Böhl-Iggelheim	Heimatmuseum Böhl-Iggelheim
Boppard	Museum der Stadt Boppard
Diez	Nassauisches Heimatmuseum Schloß Diez
Eisenberg	Heimatmuseum – Haus Isenburg
Frankenthal	Erkenbert-Museum – Stadtgeschichtliches Museum
Fußgönheim	Heimatmuseum – Schloß Fußgönheim
Germersheim	Heimatmuseum Germersheim
Hachenburg	Landschaftsmuseum Westerwald
Haßloch	Heimatmuseum Haßloch
Höhr-Grenzhausen	Keramikmuseum Westerwald
Kaiserslautern	Theodor-Zink-Museum
Kirchheimbolanden	Heimatmuseum für Stadt- und Landkreis
Koblenz	Mittelrhein-Museum
Kusel	Heimatmuseum Kusel
Lahnstein	Museum der Stadt Lahnstein
Landau	Städtisches Heimatmuseum
Ludwigshafen	Stadtgeschichtliches Museum
Mainz	Landesmuseum Mainz Römisch-Germanisches Zentralmuseum Mainz
Mayen	Eifeler Landschaftsmuseum Genovevaburg
Mittelstrimmig	Heimatmuseum Mittelstrimmig
Nassau	Heimatmuseum Nassau
Neuwied	Kreismuseum Neuwied
Nickenich	Pellenz-Museum
Oberwesel	Heimatmuseum Oberwesel
Pirmasens	Heimatmuseum
Remagen	Römisches Museum Remagen
Rheinzabern	Museum Faustinastraße Terra-Sigillata-Museum

Rockenhausen	Nordpfälzer Heimatmuseum	Trier	Bischöfliches Dom- und Diözesanmuseum
Schifferstadt	Heimatmuseum		Rheinisches Landesmuseum
Simmern	Hunsrückmuseum Simmern	Weißenthurm	Eulenthurm-Museum
Sinzig	Heimatmuseum der Stadt Sinzig	Winningen	Wein- und Heimatmuseum Winningen
Speyer	Historisches Museum der Pfalz	Worms	Museum der Stadt Worms im Andreasstift
Treis-Karden	Stiftsmuseum an St. Castor	Zweibrücken	Stadtmuseum

Abkürzungsverzeichnis der Literatur

ArchKorrbl	Archäologisches Korrespondenzblatt
Ber RGK	Bericht der Römisch-Germanischen Kommission
BJb	Bonner Jahrbücher
CIL	Corpus Inscriptionum Latinarum
Eiden	H. Eiden: 10 Jahre Ausgrabungen an Mittelrhein und Mosel, 1977
Espérandieu	E. Espérandieu: Recueil général des bas reliefs, statues et bustes de la Gaule Romaine I–XVI, Paris 1907 ff
FMRD	K. Christ (Bearb.): Die Fundmünzen der römischen Zeit in Deutschland
FVFD	Führer zu vor- und frühgeschichtlichen Denkmälern
Jb RGZM	Jahrbuch des Römisch-Germanischen Zentralmuseums Mainz
Kurtrier Jb	Kurtrierisches Jahrbuch
MittHVP	Mitteilungen des Historischen Vereins der Pfalz
MZ	Mainzer Zeitschrift
PfälzM	Pfälzisches Museum
Saalb Jb	Saalburg-Jahrbuch
Trier	Trier. Kaiserresidenz und Bischofssitz, 1984
TZ	Trierer Zeitschrift für Geschichte und Kunst des Trierer Landes und seiner Nachbargebiete

Literatur

Quellensammlungen

Capelle, W. (Hrsg.): Das Alte Germanien. Die Nachrichten der griechischen und römischen Schriftsteller ([2]1937)

Corpus Inscriptionum Latinarum Bd. XIII 2, 1, hrsg. v. O. Hirschfeld und C. Zangemeister (Berlin 1905); Bd. XIII 4 (1916) mit Nachträgen: R. Finke, Bericht der Römisch-Germanischen Kommission 17, 1927, 85 ff; H. Nesselhauf, ebda. 27, 1938, 93 ff; H. Lieb – H. Nesselhauf, ebda. 40, 1959, 192 ff; U. Schillinger-Häfele, ebda. 58, 1977, 527 ff

Riese, A.: Das römische Germanien in der antiken Literatur (1892)

–: Das römische Germanien in den antiken Inschriften (1914)

Allgemeine Übersichten

Aufstieg und Niedergang der römischen Welt. Geschichte und Kultur Roms im Spiegel der neueren Forschung, hrsg. v. H. Temporini u. W. Haase (zahlreiche Bände, 1972 ff)

Baatz, H., F.-R. Herrmann (Hrsg.): Die Römer in Hessen ([2]1989)

Bengtson, H.: Grundriß der römischen Geschichte mit Quellenkunde 1. Republik und Kaiserzeit bis 284 n. Chr. Handbuch der Altertumswissenschaft III, 5,1 ([2]1970)

Chadwick, H.: Die Kirche in der antiken Welt (1972)

Christlein, R.: Die Alamannen. Archäologie eines lebendigen Volkes (1978)

Drack, W., R. Fellmann (Hrsg.): Die Römer in der Schweiz (1988)

Filtzinger, Ph., D. Planck, B. Cämmerer (Hrsg.): Die Römer in Baden-Württemberg ([3]1986)

Führer zu archäologischen Denkmälern in Deutschland Bd. 12: Koblenz und der Kreis Mayen-Koblenz (1986)

Führer zu vor- und frühgeschichtlichen Denkmälern Bd. 11: Mainz (1969); Bd. 12: Nördliches Rheinhessen (1972); Bd. 13: Südliches Rheinhessen – Nördliche Vorderpfalz (1972); Bd. 32: Trier (1977); Bd. 33: Südwestliche Eifel (1977); Bd. 34: Westlicher Hunsrück (1977)

Germania Romana. Ein Bilder-Atlas ([2]1924)

Günther, R., H. Köpstein: Die Römer an Rhein und Donau (1978)

Harnack, A. v.: Die Mission und Ausbreitung des Christentums in den ersten drei Jahrhunderten ([4]1924)

Horn, H. G. (Hrsg.): Die Römer in Nordrhein-Westfalen (1987)

Katalog »Gallien in der Spätantike. Von Kaiser Constantin zu Frankenkönig Childerich«. Ausstellung des Römisch-Germanischen Zentralmuseums Mainz (1980)

Katalog »Die Römer an Mosel und Saar. Zeugnisse der Römerzeit in Lothringen, in Luxemburg, im Raum Trier und im Saarland«. Ausstellung Bahnhof Rolandseck (1983)

Katalog »Trier. Augustusstadt der Treverer«. Ausstellung des Rheinischen Landesmuseums Trier (1984)

Katalog »Trier. Kaiserresidenz und Bischofssitz«. Ausstellung des Rheinischen Landesmuseums Trier (1984)

Klee, M.: Der Limes zwischen Rhein und Main (1989)

Klein, R. (Hrsg.): Das frühe Christentum im römischen Staat. Wege der Forschung CCLXVII (Wiss. Buchgesellschaft Darmstadt, 1982)

Krüger, B., et al: Die Germanen. Geschichte und Kultur der germanischen Stämme in Mitteleuropa. Bd. 1: Von den Anfängen bis zum 2. Jahrhundert unserer Zeitrechnung ([4]1983). Bd. 2: Die Stämme und Stammesverbände in der Zeit vom 3. Jahrhundert bis zur Herausbildung der politischen Vorherrschaft der Franken (1983)
Lietzmann, H.: Geschichte der alten Kirche (1936–1944)
Menghin, W., T. Springer, E. Wamers (Hrsg.): Germanen, Hunnen und Awaren. Schätze der Völkerwanderungszeit (1987)
Petrikovits, H. v.: Rheinische Geschichte 1,1. Altertum (1978)
Raepsaet-Charlier, M.-Th. G. Raepsaet: Gallia Belgica et Germania inferior. Vingt-cinq années des recherches historiques et archéologiques. In: Aufstieg und Niedergang der römischen Welt II 4 (1975) 3 ff
Reallexikon für Antike und Christentum. Hrsg. v. Th. Klauser u. a. (1954)
Ruhbach, G. (Hrsg.): Die Kirche angesichts der Konstantinischen Wende. Wege der Forschung CCCVI (Wiss. Buchgesellschaft Darmstadt 1976)
Roller, O.: Die Oberrheinlande in der Römerzeit. In: Zeitschrift für die Geschichte des Oberrheines 117, 1969, 1 ff
Schneider, C.: Geistesgeschichte der christlichen Antike (1978)
Stroheker, K. F.: Germanentum und Spätantike (1965)
Ternes, Ch.: Die Römer an Rhein und Mosel (1975)

Römerforschung

Darapsky, E.: Die Erforschung der Altertümer in Mainz. In: Führer zu vor- und frühgeschichtlichen Denkmälern, Bd. 11 (1969) 1 ff
Decker, K.-V., W. Selzer: Mogontiacum – Mainz von der Zeit des Augustus bis zum Ende der römischen Herrschaft. In: Aufstieg und Niedergang der römischen Welt II, Prinzipat, 5.1 (1976) 458 ff
Kaiser, K.: Zur Entwicklung der Heimischen Archäologie in der Pfalz. In: Pfälzer Heimat 11, Heft 2, 47 ff
Steinhausen, J.: Archäologische Siedlungskunde des Trierer Landes (1936)

Die römische Geschichte

Alföldy, G.: Die Legionslegaten der römischen Rheinarmeen. Epigraphische Studien Bd. 3 (1967)
Baatz, D.: Rechtsstand und Verwaltung des flachen Landes in römischer Zeit. In: Germania Romana III. Gymnasium Beiheft 7 (1970) 9 ff
Becker, H., O. Braasch, L. Wamser: Neue Untersuchungen im frührömischen Legionslager Marktbreit, Landkreis Kitzingen, Unterfranken. In: Das Archäologische Jahr in Bayern 1987 (1988) 92 ff
Bernhard, H.: Der spätrömische Depotfund von Lingenfeld, Kreis Germersheim und archäologische Zeugnisse der Alamanneneinfälle zur Magnentiuszeit in der Pfalz. In: Mitteilungen des Historischen Vereins der Pfalz 79, 1981, 5 ff
–: Germanische Funde der Spätantike zwischen Straßburg und Mainz. In: Saalburg-Jahrbuch 38, 1982, 72 ff
Bittel, K.: Der Donnersberg, eine keltische Stadtanlage. Akademie der Wissenschaften und der Literatur. Abhandlungen der geistes- und sozialwissenschaftlichen Klasse Nr. 8, 1981 (1981)
Böhme, H. W.: Das Ende der Römerherrschaft in Britannien und die angelsächsische Besiedlung Englands im 5. Jahrhundert. In: Jahrbuch des Römisch-Germanischen Zentralmuseums Mainz 33, 1986, 469 ff
–: Archäologische Zeugnisse zur Geschichte der Markomannenkriege (166–180 n. Chr.). In: Jahrbuch des Römisch-Germanischen Zentralmuseums Mainz 22, 1975, 153 ff
–: Germanische Grabfunde des 4. bis 5. Jahrhunderts (1974)
Bogaers, J. E., C. B. Rüger (Hrsg.): Der niedergermanische Limes. Materialien zu seiner Geschichte (1974)
Böhner, K.: Die fränkischen Altertümer des Trierer Landes. Germanische Denkmäler der Völkerwanderungszeit. Reihe B, Bd. 1 (1958)
Büsing, H.: Römische Militärarchitektur in Mainz. Römisch-Germanische Forschungen 40 (1982)
Connolly, P.: Die römische Armee (1976)
Cüppers, H., C. B. Rüger: Römische Siedlungen und Kulturlandschaften. Geschichtlicher Atlas der Rheinlande Beiheft III 1–2 (1985)
Decker, K.-V.: Die jüngere Latènezeit im Neuwieder Becken (1968)

Decker, K.-V., W. Selzer: Mogontiacum – Mainz von der Zeit des Augustus bis zum Ende der römischen Herrschaft. In: Aufstieg und Niedergang der römischen Welt II 5,1 (1976) 257 ff
Deman, A.: Germania inferior et Gallia Belgica. Etat actuel de la documentation épigraphique. In: ebda 300 ff
Domaszewski, A. v., B. Dobson: Die Rangordnung des römischen Heeres. Beihefte der Bonner Jahrbücher 14 (²1967)
Eck, W.: Die Statthalter der germanischen Provinzen vom 1.–3. Jahrhundert. Epigraphische Studien 14 (1985)
Filtzinger, Ph: Limesmuseum Aalen (1983)
Gilles, K.-J.: Spätrömische Höhensiedlungen in Eifel und Hunsrück. Trierer Zeitschrift Beiheft 7 (1985)
Heinen, H.: Grundzüge der wirtschaftlichen Entwicklung des Moselraumes zur Römerzeit. In: Trierer Zeitschrift 39, 1976, 75 ff
–: Trier und das Trevererland in römischer Zeit (1985)
Held, W.: Die Grundbesitzverhältnisse in den römischen Rhein- und Donauprovinzen im 3. und 4. Jahrhundert. In: Zeitschrift für Archäologie 5, 1971, 215 ff; 6, 1972, 43 ff
Höckmann, O.: Römische Schiffsverbände auf dem Ober- und Mittelrhein und die Verteidigung der Rheingrenze in der Spätantike. In: Jahrbuch des Römisch-Germanischen Zentralmuseums Mainz 33, 1986, 369 ff
Hoffmann, D.: Das spätrömische Bewegungsheer und die Notitia dignitatum. Epigraphische Studien 7 (1970)
Johnson, A.: Römische Kastelle (1987)
Junkelmann, M.: Die Legionen des Augustus (1986)
Katalog »Gräber – Spiegel des Lebens. Zum Totenbrauchtum der Kelten und Römer am Beispiel des Treverer-Gräberfeldes Wederath-Belginum«. Ausstellung Rheinisches Landesmuseum Trier (1989)
Klumbach, H.: Aresaces. In: Limesstudien. Vorträge des 3. Internationalen Limes-Kongresses in Rheinfelden/Basel 1957 (1959) 69 ff
König, I.: Die gallischen Usurpatoren von Postumus bis Tetricus (1981)
Krier, J.: Die Treverer außerhalb ihrer Civitas (1981)
Kronemayer, V.: Beiträge zur Sozialgeschichte des römischen Mainz (1983)
Kühlborn, S. u. E. Künzl: Germanien und Rom. In: Katalog »Kaiser Augustus und die verlorene Republik«, Ausstellung Antikenmuseum Berlin 1988 (1988) 529 ff
Langhammer, W.: Die rechtliche Stellung der Magistratus municipales und der Decuriones (1973)
Metzler, J., J. Zimmer, L. Bakker: Ausgrabungen in Echternach (1981)
Meyers, W.: L'administration de la province romaine de Belgique. Dissertationes Archaeologicae Gandenses 8 (1964)
Nesselhauf, H.: Die spätrömische Verwaltung der gallisch-germanischen Länder (1938)
Nierhaus, R.: Das swebische Gräberfeld von Diersheim. Römisch-Germanische Forschungen 28 (1966)
Oldenstein-Pferdehirt, B.: Die römischen Hilfstruppen nördlich des Main. In: Jahrbuch des Römisch-Germanischen Zentralmuseums Mainz 30, 1983, 303 ff
Petrikovits, H. v.: Die Innenbauten römischer Legionslager während der Principatszeit (1975)
–: Fortifications in the North-western Roman Empire From the Third to the Fifth Centuries a. d. In: Journal of Roman Studies 61, 1971, 178 ff
–: Kleinstädte und nichtstädtische Siedlungen im Nordwesten des römischen Reiches. In: Jankuhn u. a. (Hrsg.), Das Dorf der Eisenzeit und des frühen Mittelalters. Siedlungform, wirtschaftliche Funktion, soziale Struktur. Abhandlungen der Akademie der Wissenschaften in Göttingen, phil.-hist. Klasse Folge 3 Nr. 101 (1977) 86 ff
Rieckhoff-Pauli, S.: Das Ende der keltischen Welt. Kelten – Römer – Germanen. In: Katalog »Die Kelten in Mitteleuropa«. Salzburger Landesausstellung (²1980) 37 ff
Ritterling, E.: Fasti des römischen Deutschland unter dem Principat (1932)
Robinson, H. R.: The Armour of Imperial Rome (1975)
Rüger, Ch. B.: Germania Inferior. Untersuchungen zur Territorial- und Verwaltungsgeschichte Niedergermaniens in der Principatszeit. Beihefte der Bonner Jahrbücher 30 (1968)
Rupprecht, G.: Untersuchungen zum Dekurionenstand in den nordwestlichen Provinzen des Römischen Reiches. Frankfurter Althistorische Studien 8 (1975)
Schindler, R.: Studien zum vorgeschichtlichen Siedlungs- und Befestigungswesen des Saarlandes (1968)
Schmidt, L.: Die Ostgermanen (1969, Nachdruck)
–: Die Westgermanen (1970, Nachdruck)
Schönberger, H.: Die römischen Truppenlager der frühen und mittleren Kaiserzeit zwischen Nordsee und Inn. In: Bericht der Römisch-Germanischen Kommission 66, 1985, 321 ff

Schönberger, H., H. G. Simon: Römerlager Rödgen. Limesforschungen 15 (1976)
–: Das Kastell Okarben und die Besetzung der Wetterau seit Vespasian. Limesforschungen 19 (1980)
Schumacher, L.: Römische Kaiser in Mainz (1982)
Selzer, W.: Römische Steindenkmäler. Mainz in römischer Zeit (1988)
Sommer, C. S.: Kastellvicus und Kastell. Untersuchungen zum Zugmantel im Taunus und zu den Kastellvici in Obergermanien und Rätien. In: Fundberichte aus Baden-Württemberg 13, 1988, 458 ff
Stein, E.: Die kaiserlichen Beamten und Truppenkörper im römischen Deutschland unter dem Principat (1932)
Steuer, H.: Die Franken in Köln (1980)
Ternes, Ch.: Die Provincia Germania Superior im Bilde der jüngeren Forschung. In: Aufstieg und Niedergang der römischen Welt II 5,2 (1976) 721 ff
–: Die römerzeitliche Civitas Treverorum im Bilde der Nachkriegsforschung. I. Von der Gründung bis zum Ende des 3. Jahrhunderts. In: ebda. II 4 (1975) 320 ff
Waas, M.: Germanen im römischen Dienst (im 4. Jh. n. Chr.) (1971)
Wankenne, A.: La Belgique à l' époque romaine. Sites urbains, villageois, religieux et militaires (1972)
Werner, J.: Beiträge zur Archäologie des Attila-Reiches (1956)
Wightman, E. M., Roman Trier and the Treveri (1970)
–: Gallia Belgica (1985)
Wilmans, J. C. W.: Die Doppelurkunde von Rottweil und ihr Beitrag zum Städtewesen in Obergermanien. In: Epigraphische Studien 12 (1981) 1 ff
Zöllner, E.: Geschichte der Franken bis zur Mitte des 6. Jahrhunderts (1970)

Kunst und Kunsthandwerk

Bauchhenß, G., P. Noelke: Die Jupitersäulen in den germanischen Provinzen. In: Bonner Jahrbücher, Beiheft 41 (1981)
Corpus Signorum Imperii Romani (CSIR) – Corpus der Skulpturen der röm Welt:
I,1. Raetia u. Noricum. Bearb. von G. Gamer u. A. Rüsch (1973)
II,1. Germania superior. Alzey und Umgebung. Bearb. von E. Künzl (1975)
II,2. Germania superior. Die große Iuppitersäule aus Mainz. Bearb. von G. Bauchhenß (1984)
II,3. Germania superior. Denkmäler des Iuppiterkultes aus Mainz und Umgebung. Bearb. von G. Bauchhenß (1984)
III,1. Germania inferior. Bonn und Umgebung. Die militär. Grabdenkmäler. Bearb. von G. Bauchhenß (1978)
III,2. Germania inferior. Bonn und Umgebung. Zivile Grabdenkmäler. Bearb. von G. Bauchhenß (1979)
Dragendorff, H.: Das Grabmal von Igel (1924)
Espérandieu, E.: Recueil général des bas-reliefs, statues et bustes de la Gaule Romaine (1907–1966)
–: Recueil général des bas-reliefs, statues et bustes de la Germanie Romaine (1931)
Gabelmann, H.: Die Typen der römischen Grabstelen am Rhein. In: Bonner Jahrbücher 172, 1972, 65 ff
–: Römische Grabmonumente mit Reiterkampfszenen im Rheingebiet. In: Bonner Jahrbücher 173, 1973, 132 ff
Hahl, L.: Zur Stilentwicklung der provinzialrömischen Plastik in Germanien und Gallien (1937)
Massow, W. v.: Die Grabmäler von Neumagen (1932)
Menzel, H.: Die römischen Bronzen aus Deutschland, I. Speyer (1960)
–: Die römischen Bronzen aus Deutschland, II. Trier (1966)
Parlasca, K.: Die römischen Mosaiken in Deutschland. Römisch-Germanische Forschungen 23 (1959)
Quilling, F.: Die Jupitersäule des Samus und Severus (1918)
Römer am Rhein. Ausstellung Kunsthalle (1967)
Schoppa, H.: Die Kunst der Römerzeit in Gallien, Germanien und Britannien (1957)
Wrede, H.: Die spätantike Hermengalerie von Welschbillig. Römisch-Germanische Forschungen 32 (1972)

Architektur und Urbanistik

Kolb, F.: Die Stadt im Altertum (1984)

Antike Religionen

Drexel, F.: Götterverehrung im römischen Germanien. In: Berichte der Römisch-Germanischen Kommission 14, 1922, 1 ff

Latte, K.: Römische Religionsgeschichte. Handbuch der Altertumswissenschaft V 4 (1960)

Muth, R.: Einführung in griechische und römische Religion (1988)

Kleine Schriften zur Kenntnis der römischen Besetzungsgeschichte Südwestdeutschlands, Limesmuseum Aalen:
Vermaseren, M. J.: Der Kult des Mithras im römischen Germanien (1974) H. 10
–: Der Kult der Kybele und des Attis im römischen Germanien (1979) H. 23
G. Bauchhenß, Jupitergigantensäulen (1976) H. 14
Speidel, M.-P.: Jupiter Dolichenus. Der Himmelsgott auf dem Stier (1980) H. 24

Wissowa, G.: Religion und Kultus der Römer. Handbuch der Klassischen Altertumswissenschaft V 4 ([2]1912)

Die Anfänge des Christentums

Böhner, K. (Hrsg.): Das erste Jahrtausend. Kultur und Kunst im werdenden Abendland an Rhein und Ruhr (1962)

Boppert, W.: Die frühchristlichen Grabinschriften von Andernach. In: Andernach im Frühmittelalter. Andernacher Beiträge 3 (1988) 121 ff

Brennecke, H. Ch.: Hilarius von Poitiers und die Bischofsopposition gegen Konstantius II. Untersuchungen zur dritten Phase des arianischen Streites (337–361) (1984)

–: Synodum congregavit contra Euphratem nefandissimum episcopum. Zur angeblichen Kölner Synode gegen Euphrates. Zeitschrift für Kirchengeschichte 4. Folge, 90, 1979, 176 ff

Gauthier, N.: L'évangelisation des pays de la Moselle. La province romaine de Première Belgique entre Antiquité et Moyen-Age (III–VIII siècles) (1980)

Heinemeyer, K.: Das Erzbistum Mainz in römischer und fränkischer Zeit. I. Die Anfänge der Diözese Mainz (1979)

Heinen, H.: Trier und das Trevererland in römischer Zeit. In: 2000 Jahre Trier I. (1985) bes. 327 ff und Bibliographie 417 ff

Jürgensmeier, F.: Das Bistum Mainz. Von der Römerzeit bis zum II. Vatikanischen Konzil (1988)

Kempf, Th. K., W. Reusch (Hrsg.): Frühchristliche Zeugnisse im Einzugsgebiet von Rhein und Mosel (1965)

Pauly, F.: Aus der Geschichte des Bistums Trier. I. Von der spätrömischen Zeit bis zum 12. Jahrhundert. Veröffentlichungen des Bistumsarchivs Trier 13/14 (1968)

Semmler, J.: Mission und Pfarrorganisation in den rheinischen, mosel- und maasländischen Bistümern (5.–10. Jahrhundert). In: Cristianizzazione ed organizzazione ecclesiastica delle campagne nell'alto medioevo: espansione e resistenze. 10–16 aprile 1980. Il Settimane di studio del centro italiano di studi sull'alto medioevo XXVIII (1982) 813 ff

Wirtschaft und Verkehr

Bassermann-Jordan, F. v.: Geschichte des Weinbaus, 3 Bände, [2]1923

Bender, H.: Römischer Reiseverkehr. Cursus publicus und privater Reiseverkehr. Kl. Schriften zur Kenntnis der römischen Besetzungsgeschichte Südwestdeutschlands 20 (1978)

–: Römische Straßen und Straßenstationen. Kl. Schriften zur Kenntnis der römischen Besetzungsgeschichte Südwestdeutschlands 13 (1975)

Bernhard, H.: Beiträge zur römischen Besiedlung im Hinterland von Speyer, in Mitteilungen des Hist. Vereins der Pfalz 73 (1976)

Blümner, H.: Technologie und Terminologie der Gewerbe und Künste bei Griechen und Römern, 4 Bände (1872–1886)

Cato, M. P.: De agri cultura

Chantraine, H.: Geldumlauf und Geldversorgung in der Pfalz zur Römerzeit. In: Beiträge zur pfälzischen Geld- und Finanzgeschichte. Veröffentl. der Pfälzer Gesellschaft zur Förderung der Wissenschaften 79, Teil II (1986)

Columella, L. J.: Rei rusticae

Duncan-Jones, R.: The Economy of the Roman Empire, [2]1982

Eckoldt, M: Schiffahrt auf kleinen Flüssen Mitteleuropas in Römerzeit und Mittelalter. Schriften des Deutschen Schiffahrtsmuseums 14 (1980)
Finley, M. I.: Die antike Wirtschaft (1977)
Hagenow, G.: Aus dem Weingarten der Antike. Kulturgeschichte der antiken Welt 12 (1982)
Heichelheim, F. M.: Wirtschaftsgeschichte des Altertums, 2 Bände (1938)
Heimberg, U.: Römische Landvermessung. Limitatio. Kl. Schriften zur Kenntnis der römischen Besetzungsgeschichte Südwestdeutschlands 17 (1977)
Höckmann, O.: Antike Seefahrt (1985)
Hughes, J. D.: Ecology in Ancient Civilizations (1975)
Körber-Grohne, U.: Nutzpflanzen in Deutschland (1987)
Kretzschmer, F.: Bilddokumente römischer Technik (1978)
Lamprecht, H.-O.: Opus caementitium – Bautechnik der Römer ([2]1985)
Landels, J. G.: Die Technik in der antiken Welt (1979)
Loeschcke, S.: Denkmäler vom Weinbau aus der Zeit der Römerherrschaft an Mosel, Saar und Ruwer (1933)
Müller-Wille, M.: Die landwirtschaftliche Grundlage der Villae rusticae. In: Germania Romana III. Gymnasium Beiheft 7 (1970)
Oswald, F., T. D. Pryce: An Introduction to the Study of Terra Sigillata (1920)
Pleiner: Die Eisenverhüttung in der »Germania Magna« zur römischen Kaiserzeit. In: Ber. d. RGK 45, 1964
Plinius, Gaius Secundus: Naturalis historia
Roller, O: Die römischen Terra-Sigillata-Töpfereien von Rheinzabern. Kl. Schriften zur Kenntnis der römischen Besetzungsgeschichte Südwestdeutschlands 1 (1965)
–: Die wirtschaftliche Entwicklung des pfälzischen Raumes während der Römerzeit. In: Beiträge zur pfälzischen Wirtschaftsgeschichte (1968)
Rupprecht, G. (Hrsg.): Die Mainzer Römerschiffe. Archäologische Berichte aus Rheinhessen und dem Kreis Bad Kreuznach 1 ([2]1982)
Sitwell, N. H. H.: Roman Roads of Europe (1981)
Varro, Marcus Terentius: Res rusticae
West, L. C.: Roman Gaul, The Objects of Trade (1935)
White, K. D.: Agricultural Implements of the Roman World (1967)
–: Roman Farming (Aspects of Greek and Roman Life). (1970)
–: Farm Equipment of the Roman World (1975)

Namen- und Sachregister

Ortsregister

Abbildungsnachweis

Dietwulf Baatz, Bad Homburg v. d. H.: 300, 374
Badisches Landesmuseum Karlsruhe: 75
Helmut Bernhard, Neustadt/Pfalz: 16, 23, 25, 33, 38, 40, 46, 48, 57, 58, 60, 62, 63, 65–67, 69, 73, 76, 292, 317, 322, 347, 349, 491–494, 498
Bischöfliches Dom- und Diözesanmuseum, Trier: 574, Tafel 12
Hans G. Frenz, Mainz: 116, 135
Nach P. Joseph Fuchs, Alte Geschichte von Mainz Bd. 1, 1771: 4
Hirmer-Verlag, München: 31, 59
Historisches Museum der Pfalz, Speyer: 15, 50, 131, 134, 137, 139, 150, 163, 164, 168, 170–172, 195, 214, 255, 270, 272, 279, 280, 324, 342, 372, 407, 413, 414, 430, 431, 437, 439, 460, 466, 469, 487, 490, 495, 496, 599, 600, 627, Tafel 6a
Nach J. Huttich, Collectanea antiquitatum in urbe atque agro Moguntino repertarum, 1525: 2
Margot Klee, Wiesbaden: 301, 364
Ernst Künzl, Mainz: 100
Landesamt für Denkmalpflege, Amt Koblenz: 140, 143, 182, 183, 185, 208–212, 216, 235, 236, 242, 281, 327, 331–335, 339, 340, 343, 344, 353, 354, 356–368, 360–363, 365, 387, 388, 395, 402, 403, 405, 406, 416–418, 425, 434, 436, 442, 449, 455, 474, 475, 484, 507–509, 604, 605, 613, 614 (freigeg. Bez.reg. Rheinhessen-Pfalz, Außenstelle Mainz Nr. 39982-6), Tafel 6b
Landesamt für Denkmalpflege, Amt Mainz: 58, 180, 181, 187–189, 192, 203–207, 215, 217, 221, 222, 233, 234, 249, 284, 329, 375–377, 379, 381, 383, 385, 390, 426, 429, 476, 501, 597, 602, 611, 612, Tafel 2, 3
Landesamt für Denkmalpflege, Amt Speyer: 61, 152, 156, 173, 175–179, 194, 196–202, 225, 237, 238, 240, 241, 247, 251–254, 256, 268, 269, 274–278, 290, 291, 293, 294, 307, 311, 312, 316, 318, 319 (R. Gensheimer, freigeg. Reg.-Präs. Karlsruhe Nr. 0-29353), 320, 321, 323, 328, 330, 336, 341, 345, 366, 369–371, 373, 389, 404, 415, 427, 428, 438, 450, 453, 454, 457 (freigeg. Reg. Oberbayern Nr. G 7/88609), 458, 459, 461–465, 467, 468, 470, 472, 473, 488, 489, 497, 499, 500, 506, 595, 596 (R. Gensheimer, freigeg. Reg.-Präs. Karlsruhe Nr. 0-29351), 598, 601, 610
Landesbildstelle Rheinland-Pfalz, Koblenz: 355
Landesmuseum Mainz: I. Funck: 26, 28, 30, 51–55; 27, 64, 146, 298, 378, 380, Tafel 4
G. Lenz-Bernhard, Neustadt: 18, 21
Nach W. Ludowici, Römische Ziegelgräber, Katalog IV: 8
Nach Mainzer Zeitschrift 50, 1955: 14
Nach K. Miller, Die Peutingersche Tafel, F. A. Brockhaus, 1962: 149
Museum der Stadt Worms im Andreasstift: 396, 617, 620–623, 626
Nach Neusser Jahrbuch 1979: 11
H. U. Nuber, Freiburg: 33
Nach Pfälzer Heimat 11, Heft 2, 1960: 7
Photo Klein, Boppard: 141, 142
Rheinisches Landesmuseum Bonn: 17, 110, 138, 213, 246, 271, 343, 393, 423, Tafel 14b
Rheinisches Landesmuseum Trier: 13, 71, 87, 88 (H. Thörnig), 89 (H. Thörnig), 92, 96, 97, 101, 103, 104; 106 (H. Thörnig), 107 (H. Thörnig), 108, 109, 112, 113, 115, 118–122, 125–128, 132, 133, 144, 145, 147, 148, 151, 153–155, 158, 159, 160 (H. Thörnig), 161, 162, 165–167, 169, 174 (H. Thörnig), 190, 191, 193, 223, 224, 226–232, 244, 245, 248, 257–260, 261 (H. Thörnig), 262–265, 266 (H. Thörnig), 267, 273, 282, 283, 285–289, 295, 296, 297 (H. Thörnig), 299 (H. Thörnig), 302–306, 308, 309 (H. Thörnig), 310, 313–315, 325, 326 (H. Thörnig), 337, 338, 346, 348, 351, 352, 367, 368, 386, 392 (H. Thörnig), 393, 394, 397–401, 408, 409 (H. Thörnig), 410, 411, 412 (H. Thörnig), 420–422, 432, 433, 440, 441, 443–448, 451, 478–483, 485, 486, 502–505, 510–537, 538 (H. Thörnig), 539–541, 542 (H. Thörnig), 543–550, 551 (H. Thörnig), 552, 553 (H. Thörnig), 554, 555 (H. Thörnig), 556–564, 565 (H. Thörnig), 566–581, 582 (H. Thörnig), 583–586, 587 (H. Thörnig), 588–590, 591 (H. Thörnig), 592–594, 606–609, 615, 616, Tafel 1 (H. Thörnig), 5, 7–11, 13, 14a, 15–17, 18b, 19, 21
Römisch-Germanisches Zentralmuseum Mainz: 1, 5, 49, 74, 77–86, 90, 91, 93–95, 98, 99, 102, 105, 111, 114, 117, 118, 123, 124, 126, 129, 184, 218, 243, 350, 384, 419, 435, 456, 471, 477
Saalburg-Museum, Bad Homburg v. d. H.: 36, 45
Schloßparkmuseum – Römerhalle, Bad Kreuznach: 205, 220
Nach Schumacher-Festschrift, 1930: 12
Stadtarchiv Worms: 619
Stadtbibliothek Trier: Tafel 18a
Nach J. Steinhausen, Archäologische Siedlungskunde des Trierer Landes, 1936: 9
Nach Ch.-M. Ternes, Das römische Luxemburg, Taf. 1: 3
Terra-Sigillata-Museum, Rheinzabern: 463, 464
Visus, Worms: 618, 624, 625, Tafel 20, 22
Nach Der Wormsgau Bd. 12, 1976–78: 10
Nach W. Zimmermann, Kunstdenkmäler, 1935: 239
Karl Zollitsch, Alzey: 136

Legende zur Karte der im archäologischen Teil beschriebenen Objekte

Der Anfang befindet sich hinter dem vorderen Buchdeckel

155 Landstuhl
156 Die Langmauer
157 Langwieden
158 Leimersheim
159 Leisel
160 Leiwen
161 Lemberg
162 Der Limes
163 Lingenfeld
164 Lösnich
165 Lohnweiler
166 Ludwigshafen-Friesenheim
167 – Maudach
168 – Rheingönheim
169 Lutzerath
170 Maikammer
171 Mainz
172 –, Lager und Stadt
173 –, Rheinbrücke
174 – Mombach
175 – Weisenau
176 Maring-Noviand
177 Martinstein
178 Mayen
179 – Allenz
180 Medard
181 Meddersheim
182 Mehring
183 Mendig
184 Mittelstrimmig
185 Möhn
186 Monreal
187 –, Grabhügel
188 Monsheim
189 Morbach-Elzerath
190 – Hinzerath/Wederath
191 –, Gräberfeld
192 Mülheim-Kärlich
193 Münster-Sarmsheim
194 Mutterstadt
195 Nachtsheim
196 Nehren
197 Neuhofen
198 Neumagen
199 Neupotz
200 Neustadt
201 – Gimmeldingen
202 – Hambach
203 – Lachen-Speyerdorf
204 – Mußbach
205 Neuwied-Engers
206 – Heddesdorf
207 – Niederbieber
208 Newel
208 a – Butzweiler
209 Nickenich
210 Niederheimbach
211 Nierstein
212 Nitz
213 Nünschweiler
214 Ober-Olm
215 Oberstaufenbach
216 Oberweis
217 Oberwesel
217 a – Dellhofen
218 Obrigheim-Albsheim
219 Ochtendung
220 Odenbach
221 Offenbach-Hundheim
222 Otterstadt
223 Palzem
224 Pellingen
225 Pelm
226 Perscheid
227 Pfeffelbach
228 Piesport
229 – Niederemmel
230 Pölich
231 Polch
232 Pommern
233 Ramsen
234 Reichweiler
235 Reipoltskirchen
236 Remagen
237 Rheinzabern
238 Rhens
239 Rockenhausen
240 Römerberg-Heiligenstein
241 Rothselberg
242 Rutsweiler
243 Saffig
244 St. Aldegund
245 St. Julian
246 Schönenberg-Kübelberg
247 Schuld
248 Schweinschied
249 Selzen
250 Serrig
251 –, Tempelbezirk
252 Siesbach
253 Spay-Oberspay
254 Speicher
255 Speyer
256 Steinwenden
257 Stromberg
258 Strotzbüsch
259 Sulzheim
260 Tawern
261 Thalfang-Bäsch
262 Thallichtenberg
263 Theisbergstegen
264 Thür
265 Treis-Karden
266 Trier
267 –, Ruwer-Wasserleitung
268 – Ehrang
269 – Pallien
270 – Pfalzel
271 – Quint
272 Vierherrenborn
273 Wachenheim
274 Wahlheim
275 Waldböckelheim
276 Waldfischbach-Burgalben
277 Walsheim
278 Warmsroth-Walderbach
279 Wasserbilligerbrück
280 Wasserliesch
280 a –, Römerlager
281 Weiler
282 Weißenthurm
283 Weitersbach
284 Welschbillig
285 Westheim
286 Wiesweiler
287 Windesheim
288 Winningen
289 Wittlich
290 Wolfsheim
291 Wolfstein
292 Worms
293 – Abenheim
294 – Heppenheim
295 – Herrnsheim
296 – Hochheim
297 – Horchheim
298 – Leiselheim
299 – Neuhausen
300 – Pfeddersheim
301 – Rheindürkheim
302 – Weinsheim
303 – Wiesoppenheim
304 Zweibrücken-Ixheim
305 – Niederauerbach

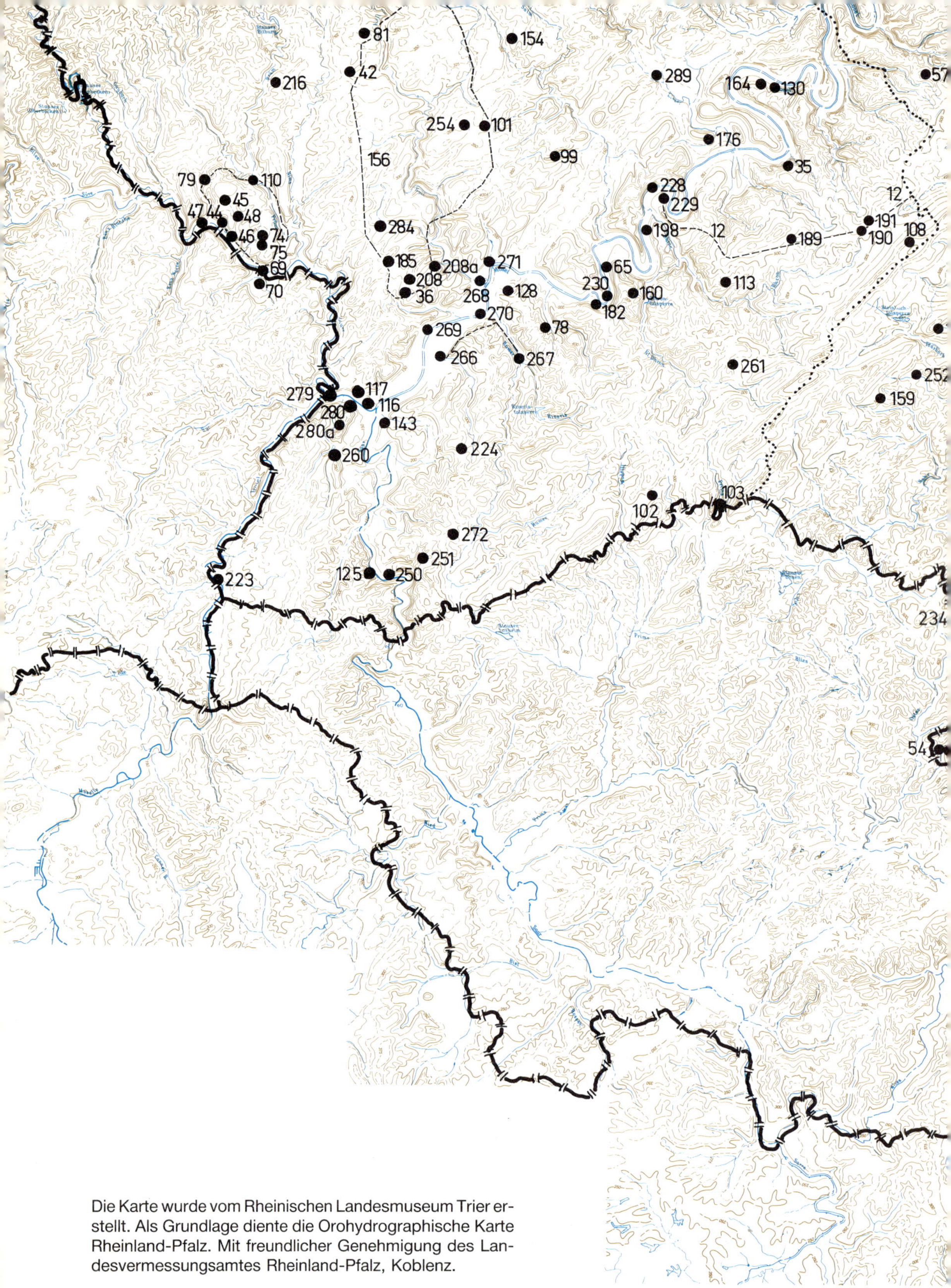

Die Karte wurde vom Rheinischen Landesmuseum Trier erstellt. Als Grundlage diente die Orohydrographische Karte Rheinland-Pfalz. Mit freundlicher Genehmigung des Landesvermessungsamtes Rheinland-Pfalz, Koblenz.